Katrin Stoll
Die Herstellung der Wahrheit

Juristische Zeitgeschichte
Abteilung 1, Band 22

Juristische Zeitgeschichte
Hrsg. von Prof. Dr. Dr. Thomas Vormbaum
(FernUniversität in Hagen)

Abteilung 1:
Allgemeine Reihe
Hrsg. von Prof. Dr. Dr. Thomas Vormbaum

Band 22

De Gruyter

Katrin Stoll

Die Herstellung der Wahrheit

Strafverfahren gegen ehemalige Angehörige der Sicherheitspolizei für den Bezirk Białystok

De Gruyter

ISBN 978-3-11-028009-8
e-ISBN 978-3-11-028014-2

Bibliografische Information der Deutschen Nationalbibliothek

Die Deutsche Nationalbibliothek verzeichnet diese Publikation in der Deutschen Nationalbibliografie; detaillierte bibliografische Daten sind im Internet über http://dnb.d-nb.de abrufbar.

Druck: Hubert & Co. GmbH & Co. KG, Göttingen
∞ Gedruckt auf säurefreiem Papier

Printed in Germany

www.degruyter.com

Vorwort

Bei der vorliegenden Arbeit handelt es sich um die leicht überarbeitete Fassung meiner Dissertation, die im Herbst 2008 von der Fakultät für Geschichtswissenschaft, Philosophie und Theologie der Universität Bielefeld angenommen wurde. Das Literaturverzeichnis entspricht im Wesentlichen dem Stand von 2008. Für die Überarbeitung konnten nur einige der relevanten Studien, die seit dem Abschluss des Promotionsverfahrens erschienen sind, berücksichtigt werden.

Ich möchte allen Menschen danken, die mich auf dem Weg zur Fertigstellung der Arbeit begleitet, unterstützt und ermutigt haben. Mein besonderer Dank gilt meiner Doktormutter, Prof. Dr. Ingrid Gilcher-Holtey, die mich bereits während des Studiums förderte. In ihren Seminaren und Kolloquien habe ich gelernt, analytisch zu denken. Ich danke ihr herzlich dafür, dass sie sich auf das Dissertationsthema eingelassen und mich betreut hat. Sie hatte niemals Zweifel an der erfolgreichen Durchführung des Projekts. Dieses Vertrauen, das sie in mich setzte, und die Freiräume, die sie mir gewährte, waren eine große Hilfe.

Sehr herzlich danken möchte ich auch meinem Zweitgutachter, Prof. Dr. Dr. Thomas Vormbaum, der mich in sein Doktoranden-Kolloquium an der Rechtswissenschaftlichen Fakultät der Fernuniversität in Hagen aufnahm und mir die Gelegenheit gab, juristische Themen und Fragen im Kreis kompetenter Kolleginnen und Kollegen zu diskutieren. Er las während des Entstehungsprozesses des Manuskriptes einzelne Kapitel aufmerksam durch und versah sie mit sachkundigen Anmerkungen und Kommentaren.

Mein dritter Prüfer, apl. Prof. Dr. Hans-Walter Schmuhl, der mein Promotionsvorhaben von Beginn an mit großem Interesse verfolgte, war ein wichtiger Ratgeber. Während meines Studiums besuchte ich seine Lehrveranstaltungen zur Geschichte des Nationalsozialismus. Er hat mein wissenschaftliches Interesse für das Thema Holocaust geweckt.

Mein Dissertationsthema ist aus einem Projekt unter der Leitung von Dr. Freia Anders hervorgegangen. Sie veranstaltete an der Fakultät für Geschichtswissenschaft, Philosophie und Theologie der Universität Bielefeld ein Seminar zu NS-Prozessen in der Bundesrepublik Deutschland und ein Seminar zum Thema NS-Prozesse vor dem Bielefelder Landgericht. Sie hat die Bielefelder Verfahren wegen NS-Gewaltverbrechen als Forschungsgegenstand entdeckt. Unter ihrer Leitung befasste ich mich zusammen mit Hauke-Hendrik Kutscher und Karsten Wilke mit ausgewählten Aspekten des Strafverfahrens gegen Dr. Zimmermann und Andere. Die Ergebnisse unserer Bemühungen wurden 2003 in dem Band „Bialystok in Bielefeld" im Verlag für Regionalgeschichte veröffentlicht. Freia Anders unterstützte mich von den ersten Vorüberlegungen des Promotionsvorhabens bis zur Abgabe der Arbeit im September 2008 auf fachlicher und menschlicher Ebene.

Dr. Andreas Ruppert danke ich herzlich für die zahlreichen inspirierenden Gespräche, den intensiven Austausch über zentrale Probleme und Fragen der Arbeit sowie für die kritische Lektüre des Manuskriptes. Ohne unsere Bekanntschaft, aus der eine schöne Freundschaft wurde, wäre meine Dissertation zum Thema Strafverfahren gegen ehemalige Angehörige der Sicherheitspolizei für den Bezirk Bialystok vermutlich nicht entstanden. Andreas Ruppert half mir dabei, eine entscheidende Weiche zu stellen. Vielen Dank für die intellektuelle und moralische Unterstützung in allen Phasen des Arbeits- und Schreibprozesses!

Ich danke ferner den zahlreichen hilfsbereiten Archivaren und Archivarinnen, die mir die Akten der Verfahren wegen NS-Gewaltverbrechen zur Einsichtnahme zur Verfügung stellten. Zu nennen sind hier in erster Linie die zuständigen Kollegen und Kolleginnen aus dem Landesarchiv Nordrhein-Westfalen (Abteilung Westfalen und Abteilung Ostwestfalen-Lippe)[1] und dem Bundesarchiv Ludwigsburg: Dr. Johannes Burkardt, Dr. Bettina Joergens, Dr. Hermann Niebuhr, Dr. Johannes Kistenich und Dr. Andreas Kunz. Hartmut Kehmeier (Detmold) gewährte mir Zugang zu den Originaltonbandaufnahmen des Bielefelder Białystok-Prozesses und leistete mir Hilfestellung bei technischen Dingen und Fragen.

Wertvolle Denkanstöße erhielt ich von Hauke-Hendrik Kutscher, der in allen Phasen der Arbeit ein wichtiger Gesprächspartner war und mich bei den Vorbereitungen für die Abgabe unterstützte. Sachkundige Kommentare und Ergänzungsvorschläge bekam ich außerdem von Dr. Bruno Haas, Dr. Volker Helmert und PD Dr. Lorenz Schulz, die Teile von Kapitel III lasen. Volker Helmert wies mich auf die Schriften Walter Grasnicks hin. Dr. Andreas Ruppert, meine Schwester Mareike Stoll und Dr. Johanna Warmuth nahmen sich die Zeit, Kapitel VI. 5 kritisch zu kommentieren. Sie gaben mir wertvolle Hinweise und Anregungen. Das erwähnte Teilkapitel, das mir sehr wichtig ist,

1 Als ich meine Dissertation schrieb, hießen die beiden Archive, die wiederholt umbenannt wurden, noch „Landesarchiv Nordrhein-Westfalen, Staats- und Personenstandsarchiv Detmold" und „Landesarchiv Nordrhein-Westfalen, Staatsarchiv Münster". Im Abkürzungsverzeichnis, in den Fußnoten und im Quellenverzeichnis meiner Arbeit finden sich diese Bezeichnungen.

lasen auch Christiane Heß, Dominque Schröder und Karsten Wilke, mit denen ich über ausgewählte Aspekte diskutieren konnte. Andreas Mix und Claus Kröger machten hilfreiche Anmerkungen zu Kapitel IV. Von Rosemarie Zindel-Bösing und Martin Temmen von der Staatsanwaltschaft Bielefeld stammen wichtige Hinweise zu einigen staatsanwaltlichen Argumentations- und Begründungsmustern, die ich in Kapitel V analysiere. Das Gespräch mit ihnen im Frühjahr 2006 in Bielefeld kam genau zum richtigen Zeitpunkt. Angelika Ibrügger, Lena Ekelund, Claus Kröger, Dr. Andreas Ruppert und Dr. Meike Vogel lasen und kommentierten unterschiedliche Fassungen der Einleitung.

Mein Dank gilt auch meinen Kolleginnen und Freundinnen Alexandra Klei und Annika Wienert sowie den Kollegen und Kolleginnen an der Fakultät für Geschichtswissenschaft, Philosophie und Theologie der Universität Bielefeld, die immer ein offenes Ohr hatten. Besonders wichtig waren und sind mir Dr. Friederike Neumann und Dr. Simona Slanička. Von meinen Freunden, die ich an der Universität Bielefeld kennenlernte, möchte ich auch Anja Stübbecke erwähnen. Sie war für mich da, wenn ich moralische Unterstützung brauchte.

Noah Benninga danke ich für die anregenden Gespräche über Sigrid Weigels Überlegungen zum Thema „Zeugnis und Zeugenschaft“ und Dr. Aron Bejlins Aussage vor dem Bielefelder Schwurgericht. Wir sind uns im November 2010 auf einer Konferenz am DHI Warschau begegnet. Wären wir uns ein paar Jahre früher über den Weg gelaufen, hätte ich in der Arbeit vermutlich eine andere Schwerpunktsetzung vorgenommen. Noah Benninga weiß, was mich antreibt. Er versteht, warum mir Bejlin, Dr. Szymon Datner und die anderen jüdischen Zeugen so wichtig sind. Er weiß, warum ich mich zu einer Holocaust-Geschichtsschreibung bekenne, der es um die historische Erfahrung der Opfer und um die individuelle Erinnerung der Überlebenden geht.

Korrekturlesearbeiten in den Monaten vor der Abgabe im September 2008 erledigten Dr. Freia Anders, PD Dr. Gisela Diewald-Kerkmann, Angelika Ibrügger, Hauke-Hendrik Kutscher, Christian Schelpsmeier, Dr. Andreas Ruppert, Martin Steffen sowie Ursula und Gunter Stoll. Burkhard Altevolmer unterstützte mich bei der Überarbeitung des Manuskripts und den Vorbereitungen für die Drucklegung. Er sah den Text sehr genau durch, erstellte das Register und erledigte zeitaufwendige Formatierungen. Thomas Buri gestaltete die Karten im Anhang der Arbeit.

Erste Forschungsergebnisse, die in die Dissertation mündeten, konnte ich im November 2006 auf der Jahrestagung des Zeitgeschichtlichen Arbeitskreises Niedersachsen, im Dezember 2006 auf der internationalen Konferenz *Holo-*

caust and Justice. Post-War Trials and the Holocaust: Representation, Awareness and Historiography in Yad Vashem und im Dezember 2007 auf einer internationalen Tagung in Białystok vorstellen. Ich danke Georg Wamhof (Göttingen), Prof. Dan Michman (Jerusalem, Yad Vashem) und Prof. Edmund Dmnitrów (Białystok), dass sie mir die Gelegenheit gaben, über Teilaspekte meiner Arbeit mit Experten und Expertinnen zu diskutieren. Auf Einladung von Miklos Ferber und Dr. Merlyn Mowrey konnte ich im Herbst 2006 mein Dissertationsthema vor verschiedenen Auditorien der Central Michigan University präsentieren, u. a. vor Wissenschaftlern, die am Department of History tätig sind. Im März 2009 sprach ich am Jüdischen Historischen Institut in Warschau über die Rolle Dr. Szymon Datners als historischer Sachverständiger im Bielefelder Białystok-Prozess. Ich danke Dr. Helena Datner, die mich ins Kolloquium einlud, dafür, dass sie mich motivierte, die Überarbeitung des Manuskripts abzuschließen.

Beate Stollberg machte mich dankenswerterweise auf eine Studienreise von Prof. Dr. Wolfgang Keim nach Warschau und Ostpolen aufmerksam. Seit dieser Reise im Herbst 2003 verfolge ich die Entwicklung Polens sehr intensiv. Ich beschloss, die polnische Sprache zu erlernen, um so die Geschichte und Kultur Polens sorgfältiger studieren und mich der polnischen Mentalität annähern zu können. Es folgten weitere längere Aufenthalte in Polen. Dank Dr. Felix Ackermann hatte ich die Gelegenheit, an einer Studienreise nach Grodno teilzunehmen. Meine Aufenthalte in Białystok sind mit schönen Erinnerungen an Begegnungen mit Maciej Białous, Joanna Furła-Buczek und Radosław Poczykowski (1975–2010) verbunden. Mit Anne Kuka bin ich seit unserer gemeinsamen Teilnahme an der Studienreise „Das Phänomen der Grenze: Ermland-Masuren, Masowien“ im Herbst 2008 freundschaftlich verbunden. Es ist immer bereichernd, sich mit Anne auszutauschen. Sie teilt mein Interesse an jüdischen Themen und der polnischen Sprache und Kultur und ist eine wichtige Gesprächspartnerin.

Für die Hilfe bei der Lektüre schwieriger polnischsprachiger Texte danke ich meinen Freunden Bartosz Janiszewski und Karolina Furmańczyk sowie meiner Polnischlehrerin, Dr. Magdalena Foland-Kugler, sehr herzlich.

Dank eines Promotionsstipendiums der Studienstiftung des Deutschen Volkes und eines Abschlussstipendiums der Gerda Henkel Stiftung konnte ich mich in Ruhe auf die Erstellung der Arbeit konzentrieren. Neben den genannten Stiftungen möchte ich meinen Eltern sowie meiner Tante und meinem Onkel, Annegret und Arnold Wailke, herzlich für die finanzielle Unterstützung danken.

Meine Dissertation wurde im November 2009 mit dem Gustav-Engel-Preis des Historischen Vereins für die Grafschaft Ravensberg e.V. (Bielefeld) ausgezeichnet. Ich freue mich sehr über diese Anerkennung meiner Leistung.

Prof. Dr. Dr. Thomas Vormbaum danke ich für die Aufnahme meiner Arbeit in seine Schriftenreihe, Anne Gipperich für letzte redaktionelle Arbeiten.

Last but not least möchte ich Michael Fitzpatrick, der mich seit meinem Studienjahr an der National University of Ireland, Maynooth, begleitet, sehr herzlich für seine Unterstützung danken.

Warschau, im Februar 2011 *Katrin Stoll*

Inhaltsverzeichnis

ANHANG

Abkürzungsverzeichnis

APuZ	Aus Politik und Zeitgeschichte
ARSP	Archiv für Rechts- und Sozialphilosophie
AŻIH	Archiwum Żydowskiego Instytutu Historycznego
BŻIH	Biuletyn Żydowskiego Instytutu Historycznego
Barch	Bundesarchiv
BdO	Befehlshaber der Ordnungspolizei
BdS	Befehlshaber der Sicherheitspolizei
BGBl.	Bundesgesetzblatt
BGH	Bundesgerichtshof
BGHSt	Entscheidungen des Bundesgerichtshofes in Strafsachen
BrZ	Britische Zone
BStU	Die Bundesbeauftragte für die Unterlagen des Staatssicherheitsdienstes der ehemaligenDeutschen Demokratischen Republik
CdZ	Chef der Zivilverwaltung
Dok.-Slg.	Dokumentensammlung
EGOWiG	Einführungsgesetz zum Ordnungswidrigkeitengesetz
EK	Einsatzkommando der Sicherheitspolizei und des SD
GA	Goltdammer's Archiv für Strafrecht
GenBA	Generalbundesanwalt
GBL	Generalbetriebsleitung
GG	Grundgesetz
Gedob	Generaldirektion der Ostbahn
GStA	Generalstaatsanwalt
GSSt	Großer Senat für Strafsachen
GVD	Generalverkehrsdirektion
GWU	Geschichte in Wissenschaft und Unterricht
HGS	Holocaust and Genocide Studies
HSSPF	Höherer SS- und Polizeiführer
HZ	Historische Zeitschrift
IdS	Inspekteur der Sicherheitspolizei und des SD

IPN	Instytut Pamięci Narodowej
JJZG	Jahrbuch der Juristischen Zeitgeschichte
LG	Landgericht
JuS	Juristische Schulung
JR	Juristische Rundschau
JZ	Juristenzeitung
KJ	Kritische Justiz
KdG	Kommandeur der Gendarmerie
KdO	Kommandeur der Ordnungspolizei
KdS	Kommandeur der Sicherheitspolizei
KdSch	Kommandeur der Schutzpolizei für die Stadt Bialystok
KL	Konzentrationslager
KritV	Kritische Vierteljahresschrift für Gesetzgebung und Rechtswissenschaft
KRG	Kontrollratsgesetz
KZ	Konzentrationslager
LGD	Landgerichtsdirektor
LGR	Landgerichtsrat
L/StADT	Landesarchiv Nordrhein-Westfalen/Staats- und Personenstandsarchiv Detmold
L/StAM	Landesarchiv Nordrhein-Westfalen/Staatsarchiv Münster
MStGB	Militärstrafgesetzbuch
NJ	Neue Justiz
NJW	Neue Juristische Wochenschrift
NRW	Nordrhein-Westfalen
NSDAP	Nationalsozialistische Deutsche Arbeiterpartei
NStZ	Neue Zeitschrift für Strafrecht
OGH	Oberster Gerichtshof
OLG	Oberlandesgericht
OStA	Oberstaatsanwalt
RA	Rechtsanwalt
RBD	Reichsbahndirektion
RFSS	Reichsführer SS

Rg	Rechtsgeschichte. Zeitschrift des Max-Planck-Instituts für europäische Rechtsgeschichte
RJ	Rechtshistorisches Journal
RSHA	Reichssicherheitshauptamt
RStGB	Reichsstrafgesetzbuch
SchwurG	Schwurgericht
SJZ	Süddeutsche Juristenzeitung
SD	Sicherheitsdienst
SS	Schutzstaffel
SSPF	SS- und Polizeiführer
StA	Staatsanwalt
StGB	Strafgesetzbuch
StPO	Strafprozessordnung
StR	Strafsenat
StV	Der Strafverteidiger
UR	Untersuchungsrichter
Vfg.	Verfügung
VfZ	Vierteljahreshefte für Zeitgeschichte
VU	Voruntersuchung
ZNR	Zeitschrift für Neuere Rechtsgeschichte
ZRP	Zeitschrift für Rechtspolitik
ZStW	Zeitschrift für die gesamte Strafrechtswissenschaft
ŻIH	Żydowski Instytut Historyczny

I. Einleitung

Zwischen dem 23. März 1966 und dem 14. April 1967 mussten sich der ehemalige Leiter der Dienststelle „Kommandeur der Sicherheitspolizei und des SD für den Bezirk Bialystok“ (kurz KdS) und drei weitere Angehörige der Sicherheitspolizei vor der Schwurgerichtskammer am Landgericht Bielefeld wegen ihrer Beteiligung an der Verfolgung und Ermordung der polnischen Juden[1] aus dem Bezirk Bialystok[2] verantworten. Gegenstand des so genannten Bielefelder Białystok-Prozesses waren die Deportationen der Juden aus den Ghettos Grodno (im Januar und Februar 1943), Białystok (im Februar und August 1943) und Prużana[3] (im Januar 1943) sowie aus dem Sammellager Zambrów (im Januar 1943) in die Vernichtungslager Auschwitz und Treblinka. Neben der Mitwirkung an den Deportationen wurde den Angeklagten zur Last gelegt, sie hätten Juden auf Befehl oder aus eigener Initiative töten lassen und selbst erschossen. Die Anklage lautete auf Mord und auf Beihilfe zum Mord. Am Ende des Prozesses erklärte die Staatsanwaltschaft in ihrem Plädoyer:

---

1 Im Folgenden ist der Einfachheit halber von „Juden“, nicht von „polnischen Juden“ die Rede.

2 Die Verwaltungseinheit Bezirk Bialystok (vgl. die Karten im Anhang), die von der deutschen Besatzungsmacht am 1. August 1941 eingerichtet wurde, setzte sich zusammen aus Gebieten der ehemaligen polnischen Wojewodschaft Białystok (ohne das Gebiet von Suwałki), zehn Gemeinden aus dem Bezirk Brest / Brześć, Teilen des Kreises Baranowicze und den ursprünglich zu Litauen gehörenden Orten Druskienniki und Marcinkańce. Vgl. *Michał Gnatowski*, Nationalsozialistische Okkupationspolitik im „Bezirk Bialystok“ 1941–1944, in: Freia Anders u.a. (Hrsg.), Bialystok in Bielefeld. Nationalsozialistische Verbrechen vor dem Landgericht Bielefeld 1958–1967, Bielefeld 2003, S. 161–185, hier: S. 161f., Fußnote 2. Auf dem ca. 32.000 km^2 umfassenden Gebiet des Bezirks lebten nach Angaben von Madajczyk 1.682.000 Menschen, davon über eine Million Polen (1.042.000), 199.000 Juden, 427.000 Ukrainer, Weißrussen und Russen, 4.000 Deutsche und ca. 10.000 Angehörige anderer Nationalitäten. Vgl. *Czesław Madajczyk*, Die Okkupationspolitik Nazideutschlands in Polen 1939–1945, Berlin 1988, S. 233–234. In dieser Arbeit wird das diakritische Zeichen ł in Białystok nur verwendet, wenn von der Stadt die Rede ist. Wenn die Verwaltungseinheit gemeint ist, wird – aus Gründen historischer Korrektheit – die damalige deutsche Bezeichnung Bezirk Bialystok (ohne diakritisches Zeichen) benutzt.

3 In den Quellen und in der Literatur kommen auch die Schreibweisen Pruzhany, Prózany und Prużany vor. In dieser Studie wird – dem Statistischen Jahrbuch der Republik Polen der Zwischenkriegszeit folgend – die Bezeichnung Prużana verwendet. Sie findet sich auch im Urteil des Bielefelder Schwurgerichts – indes ohne das diakritische Zeichen ż.

> „Hunderte, tausende, ja zehntausende von Menschen, Männer, Frauen und Kinder aus dem Bezirk Bialystok haben in den Ghettos und in den Vernichtungslagern ihr Leben verloren. Sie sind unter Mitwirkung der Angeklagten ermordet worden. Wenn man dieses furchtbare Geschehen bedenkt, erscheint keine Strafe ausreichend, das Unrecht zu sühnen."[4]

Dieser Aussage lag die Annahme zugrunde, für Taten dieser Größenordnung lasse sich keine angemessene Schuld-Strafe-Relation herstellen. Angesichts des Ausmaßes der Verbrechen erschien es unmöglich, eine gerechte Strafe zu verhängen. Ungeachtet dessen hat die westdeutsche Strafjustiz die Massenmorde strafrechtlich geahndet. Die Bundesrepublik erließ allerdings kein offen rückwirkendes Gesetz, um NS-Gewaltverbrechen[5] zu verfolgen. Die Rechtsgrundlage für die Bestrafung der Täter war das zur Tatzeit geltende Strafrecht. Die Taten wurden nach den Bestimmungen des Reichsstrafgesetzbuches als Mord (§ 211) bzw. Totschlag (§ 212) bewertet. Das juristische Konzept[6] der Rechtsprechung in Verfahren wegen NS-Gewaltverbrechen (NSG-Verfahren) beruhte, so lässt sich in Anlehnung an Gerhard Werle formulieren,[7] auf folgenden Annahmen: 1) der Annahme einer Tatbestandskontinuität vor und nach 1945; 2) der Annahme, die Taten seien nach dem damaligen Recht des „Dritten Reiches" rechtswidrig gewesen; 3) der Annahme, die Beschuldigten und Angeklagten hätten gewusst, dass sie mit ihren Taten gegen geltendes Recht verstießen; 4) der Annahme, die Strafverfolgung auf der Grundlage des Strafgesetzbuches (StGB) verstoße nicht gegen das Rückwirkungsverbot; 5) der Annahme, es habe „Haupttäter" und Gehilfen gegeben.

Auch die Angeklagten des Bielefelder Prozesses wurden als Gehilfen eingestuft. Das Schwurgericht sprach Dr. Wilhelm Altenloh, Lothar Heimbach, Heinz Errelis und Richard Dibus „der gemeinschaftlichen Beihilfe zum ge-

---

4 L/StADT, D 21 A, Nr. 6279, Bl. 88.

5 NS-Gewaltverbrechen „sind strafbare Handlungen, die während des Dritten Reiches zur Durchsetzung von Hitlers Rassenideologie begangen worden sind". Sie sind „keine Kriegsverbrechen", auch wenn sie zum Teil „während des Krieges unter dem Deckmantel und unter Ausnutzung des Kriegsgeschehens" verübt wurden. *Ursula Solf*, Wenn das Recht im Auge des Betrachters liegt: NS-Täter aus juristischer Perspektive, in: Helgard Kramer (Hrsg.), NS-Täter aus interdisziplinärer Perspektive, München 2006, S. 79–93, hier: S. 79f. Zur Abgrenzung von Kriegsverbrechen und NS-Verbrechen vgl. *Rudolf Schlaffer*, GeRechte Sühne? Das Konzentrationslager Flossenbürg. Möglichkeiten und Grenzen der nationalen und internationalen Strafverfolgung von NS-Verbrechen, Hamburg 2001, S. 10–12.

6 Zum juristischen Konzept und zur Kritik an der Annahme, die NS-Verbrechen seien mit dem Tatzeitrecht als strafrechtliches Unrecht zu erfassen, vgl. insbesondere *Gerhard Werle*, Der Holocaust als Gegenstand der bundesdeutschen Strafjustiz, in: NJW 45 (1992), S. 2529–2535.

7 Vgl. ebd., S. 2533.

meinschaftlichen Mord“ an mehreren tausend Menschen schuldig. Sie wurden wegen ihrer Beteiligung an den Deportationen aus Grodno (Februar 1943) und aus Białystok (Februar und August 1943) als Gehilfen der nationalsozialistischen Führungsspitze – der „Haupttäter“ – verurteilt. Der ehemalige Kommandeur der Sicherheitspolizei, Altenloh, und der ehemalige Leiter der Abteilung IV (Gestapo) beim KdS, Heimbach, wurden ferner schuldig befunden, im Februar 1943 an der Erschießung von 100 Menschen des Białystoker Ghettos im Anschluss an das so genannte Säureattentat mitgewirkt zu haben. Bei dem so bezeichneten Vorfall handelte es sich um eine Widerstandshandlung eines zur Deportation bestimmten Juden namens Icchok Małmed, der einem gewaltsam in sein Haus eindringenden KdS-Angehörigen Säure ins Gesicht schüttete, um sich und seine Familie vor dem Abtransport zu schützen. Der geblendete Deutsche erschoss in der Verwirrung versehentlich einen anderen Mitarbeiter des KdS. Zur „Vergeltung“ tötete die Sicherheitspolizei 100 Juden – Männer, Frauen und Kinder.

Hinsichtlich der anderen Tatvorwürfe – der so genannten Exzesstaten – lautete das Urteil in allen Anklagepunkten auf Freispruch. Dass Errelis – der ehemalige Leiter der KdS-Außenstelle in Grodno – eigenhändig Juden des Grodnoer Ghettos[8] und dass Heimbach und Dibus – Mitarbeiter der Abteilung IV (Gestapo) beim KdS in Białystok – bestimmte Juden des Białystoker Ghettos[9]

8 Der Angeklagte Errelis musste sich für die öffentliche Erhängung der Jüdin Lena Prenski und eines namentlich nicht bekannten Juden verantworten, die beide außerhalb des Grodnoer Ghettos angetroffen worden waren, sowie für die Erhängung des jüdischen Hausverwalters Spindler, der ihre Abwesenheit nicht gemeldet hatte. Außerdem wurde ihm vorgeworfen, er habe während der Vorbereitungen zum Abtransport der Juden aus den Ghettos von Grodno im Januar 1943 seinen Untergebenen Kurt Wiese veranlasst, den Vorsitzenden des Grodnoer Judenrates, Dr. David Brawer, auf der Straße zu erschießen. Eigenhändig habe Errelis eine junge Frau namens Okun erschossen, die aus einer zum Abtransport bestimmten Kolonne zu ihren zurückbleibenden Eltern gelaufen sei. Vgl. Anklageschrift des Leiters der Zentralstelle bei der Staatsanwaltschaft Dortmund (45 Js 1/61), v. 15.12.1964, in: L/StADT, D 21 A, Nr. 6270, Bl. 1–184, hier: Bl. 116f.

9 Dem Angeklagten Dibus wurde zur Last gelegt, in vier Fällen Tötungshandlungen als Exzesstaten begangen zu haben. Die Anklage warf ihm vor, er habe während der Deportationen aus dem Białystoker Ghetto im Februar 1943 „zwei oder drei Juden“, die mit anderen aus dem Ghetto geführt worden seien, erschossen, „ohne einen Befehl erhalten oder einen begründeten Anlaß gehabt zu haben“. Im März 1943 habe er einen Juden, der außerhalb des Białystoker Ghettos auf einer Baustelle arbeitete, erschossen. Weiter habe er während der endgültigen Auflösung des Ghettos den jüdischen Chemiker Stefan Mantel sowie die Ehefrau des Zeugen Judelbaum und ihren zweijährigen Sohn Lowa erschossen. Vgl. Anklageschrift des Leiters der Zentralstelle bei der Staatsanwaltschaft Dortmund (45 Js 1/61), v. 15.12.1964, in: L/StADT, D 21 A, Nr. 6270, Bl. 1–184, hier: Bl. 121 und 124f. Der Angeklagte Heimbach wurde beschuldigt, während der Auflösung des Białystoker Ghettos im August 1943 in der Nähe der Kartona-

selbst getötet hatten, war ihnen nicht zweifelsfrei nachzuweisen. Die dem Gericht zur Verfügung stehenden Beweismittel reichten nicht aus, um die Angeklagten dieser Taten zu überführen und sie des in Täterschaft begangenen Mordes schuldig zu sprechen.

Da das Bielefelder Schwurgericht die Angeklagten als Mordgehilfen ansah, die die Taten nicht als eigene gewollt hatten, verhängte es milde Strafen. Altenloh erhielt eine Zuchthausstrafe von acht Jahren, Heimbach von neun, Errelis von sechseinhalb und Dibus von fünf Jahren unter Anrechnung der Untersuchungshaft.[10] Das Urteil des Schwurgerichts wurde vom Bundesgerichtshof (BGH) am 5. Februar 1970 bestätigt.

Ursprünglich richtete sich das Verfahren noch gegen zwei weitere Angeklagte: Altenlohs Nachfolger im Amt als Leiter der KdS-Dienststelle, Dr. Herbert Zimmermann, und Hermann Bloch, damals Angehöriger der Sicherheitspolizei in Zambrów. Beide hatten sich einige Monate vor Beginn der Hauptverhandlung das Leben genommen. Zimmermann, der sich nach dem Krieg als Rechtsanwalt in Bielefeld niedergelassen hatte, war 1959 in einem ersten Verfahren wegen NS-Verbrechen in Białystok vom Bielefelder Landgericht freigesprochen worden. Die Verantwortung für die Erschießung von 100 Gefangenen des Białystoker Gefängnisses im Juli 1944 konnte ihm nicht nachgewiesen werden.[11] Dieses erste Bielefelder Białystok-Verfahren führte zu weiteren Ermittlungen gegen Zimmermann und andere ehemalige Angehörige der Sicherheitspolizei in Białystok. Im Zentrum dieser Studie steht das zweite Bialystok-Verfahren gegen Dr. Zimmermann u.A. (nach Zimmermanns Tod Dr. Altenloh u.A.).[12]

genfabrik den Juden Zutker mit der Pistole erschossen zu haben, als dieser versucht hatte, seine Frau vor dem Abtransport zu bewahren. Heimbach wurde außerdem vorgeworfen, er habe während der August-Deportationen nach der Entdeckung eines unterirdischen Schlupfwinkels veranlasst, dass dessen Insassen, 72 Juden, an Ort und Stelle erschossen wurden. Vgl. Urteil des Schwurgerichts bei dem LG Bielefeld, 5 Ks 1/65 (im Folgenden zitiert als: Urteil 5 Ks 1/65), in: L/StADT, D 21 A, Nr. 6195, Bl. 367–374.

10 Vgl. *Freia Anders / Hauke-Hendrik Kutscher / Katrin Stoll*, Der Bialystok-Prozess vor dem Landgericht Bielefeld 1965–1967, in: dies. (Hrsg.), Bialystok in Bielefeld, Bielefeld 2003, S. 76–133, hier: S. 118.

11 Vgl. *Katrin Stoll*, „[...] aus Mangel an Beweisen". Das Verfahren gegen Dr. Herbert Zimmermann vor dem Bielefelder Landgericht 1958/1959, in: Anders u.a. (Hrsg.), Bialystok in Bielefeld, S. 54–75.

12 Vgl. L/StADT, D 21 A, Nr. 6134–6360.

1. Fragestellung und Erkenntnisinteresse

Die historische Aufarbeitung der Vergangenheit ist ein integraler Bestandteil der juristischen Ahndung „staatsverstärkter Kriminalität“,[13] denn die Rekonstruktion des historischen Kontextes der Verbrechen ist eine notwendige Voraussetzung für die Zurechnung von Schuld. Durch NSG-Verfahren in den 1960er Jahren „leistete die deutsche Strafjustiz“, wie Werner Renz zutreffend konstatiert, „in Form der Anklageschriften und der Schwurgerichtsurteile, die allesamt ausführliche, quellengestützte allgemeine Teile enthielten, durch in Auftrag gegebene historische Gutachten sowie durch die in der Beweisaufnahme erbrachten Erkenntnisse, was die Zeitgeschichtsforschung hierzulande in den fünfziger Jahren versäumt hatte: Aufklärung über den Mord an den europäischen Juden.“[14] Die Staatsanwälte und Gerichte mussten die Arbeit von Zeithistorikern übernehmen, um die Straftaten verfolgen zu können, da die deutsche Geschichtswissenschaft keine empirischen Studien zur nationalsozialistischen Vernichtungspolitik vorgelegt hatte. Die Verfolgung und Ermordung der europäischen Juden – der „Holocaust“, die „Shoah“–[15] „hat bis Mitte der

---

13 Wolfgang Naucke definiert „staatsverstärkte Kriminalität“ als „die Unterdrückung des Wehrlosen durch die in der Staatsorganisation gespeicherte Macht“. Kennzeichen seien ihr „Schein von Legitimität“ und ihre „Ubiquität“. Die Täter dieser Kriminalität „verstoßen gegen die natürlichen Rechte des einzelnen Menschen, gegen das natürliche Recht auf Würde, Freiheit, auf Gleichheit, auf körperliche Unversehrtheit“. *Wolfgang Naucke*, Die strafjuristische Privilegierung staatsverstärkter Kriminalität, Frankfurt a.M. 1996, S. 20, 21, 22, 23 und 26. Der Begriff der staatsverstärkten Kriminalität sei dem Begriff der Makrokriminalität am „nächsten verwandt“. Naucke bevorzugt den Begriff der staatsverstärkten Kriminalität, weil dieser es erlaube, „die verzweifelte Freiheitssituation des Opfers der Makrokriminalität stärker zu betonen“. Ebd., S. 19, Fußnote 19. Zum Begriff der Makrokriminalität siehe: *Herbert Jäger*, Makrokriminalität, Frankfurt a.M. 1989; *ders.*, Makroverbrechen als Gegenstand des Völkerstrafrechts. Kriminalpolitisch-kriminologische Aspekte, in: Gerd Hankel / Gerhard Stuby (Hrsg.), Strafgerichte gegen Menschheitsverbrechen. Zum Völkerstrafrecht 50 Jahre nach den Nürnberger Prozessen, Hamburg 1995, S. 325–354.

14 *Werner Renz*, Der 1. Frankfurter Auschwitz-Prozeß. Zwei Vorgeschichten, in: ZfG 50 (2002), S. 622–641, hier: S. 624.

15 Zu den verschiedenen Namen für das Geschehen vgl. *James E. Young*, Beschreiben des Holocaust. Darstellung und Folgen der Interpretation, Frankfurt a.M. 1997, S. 139–163. Zu den unterschiedlichen Konzeptualisierungen der „Shoah“ bzw. des „Holocaust“ vgl. *Dan Michman*, Die „Shoah“ in den Augen der Historiker: Probleme der Konzeptualisierung, Periodisierung und Deutung, in: ders., Die Historiographie der Shoah aus jüdischer Sicht. Konzeptualisierungen, Terminologie, Anschauungen, Grundfragen, Hamburg 2002, S. 14–45, und *Dan Michman*, The Holocaust as History, in: John K. Roth (Hrsg.), Remembering for the Future. The Holocaust in an Age of Genocide, Bd. 3: Memory, Basingstoke 2001, S. 358–366, hier: S. 362–363. Michman betont, dass der Begriff „Shoah“, ein biblisches Wort, das unvorhergesehene und plötzliche Katastrophe bedeutet, bereits in den 1930er Jahren im Hebräischen verwendet wurde,

80er Jahre nie zu den Forschungsschwerpunkten der deutschen Zeitgeschichte gehört".[16] Es war die westdeutsche Justiz, nicht die westdeutsche Geschichtswissenschaft, die in den 1960er und 1970er Jahren einen wesentlichen Beitrag zur Erforschung des Holocaust leistete. Die wenigen Veröffentlichungen, die seit Mitte der 1950er Jahre in Westdeutschland zu dem Thema erschienen, „did not originate in German professional historiography, but were written either by foreigners like Gerald Reitlinger or by surviving Jews like H.G. Adler or Josef Wulf, who together with Leon Polikov compiled several important collections of documents".[17]

Die Richter im Bielefelder Białystok-Prozess mussten die Aufgaben von Historikern übernehmen. In dem Verfahren wurden erstmals die Deportationen von Juden aus dem Bezirk Bialystok aufgearbeitet. Das Schwurgericht konnte dabei – abgesehen von einem Gutachten, das der Historiker Wolfgang Scheffler (1929-2008)[18] eigens für den Prozess angefertigt hatte – auf keine Studien der deutschen Geschichtswissenschaft zurückgreifen. Deshalb musste es selbst die Entwicklungen rekonstruieren, die zur Deportation und Ermordung der jüdischen Bewohner geführt hatten, und bisher unerforschte Fakten zusammentragen, um die Straftaten einer angemessenen juristischen Bewertung zu unterziehen. Auf der Grundlage von Dokumenten in deutscher, polnischer,

---

um die Verfolgung der Juden durch die Nationalsozialisten zu bezeichnen. Im Nachkriegshebräischen sei es üblich, von „ha-Shoah" (also die Shoah) zu sprechen. Der Terminus „ha-Shoah" impliziert nach Angaben Michmans die Periode von 1933 bis 1945 und bezieht sich nur auf das Schicksal der Juden. Der Begriff Holocaust sei durch die gleichnamige amerikanische TV-Serie von 1978 populär geworden und sei im Laufe der Zeit – mit dem gestiegenen Interesse an den NS-Verbrechen – auch für andere Opfergruppen verwendet worden. In der englischsprachigen Welt ist, wie Michman hervorhebt, heute der Begriff Holocaust am gebräuchlichsten. Indes: This „term [Holocaust] is not understood and defined by all speakers in the same way." *Dan Michman*, Introduction, in: ders. (Hrsg.), Remembering the Holocaust in Germany, 1945-2000. German Strategies and Jewish Responses, New York 2002, 1–5, hier: S. 3f. In dieser Arbeit wird der Begriff Holocaust in der Bedeutung von „ha-Shoah" verwendet.

16 *Ulrich Herbert*, Vernichtungspolitik. Neue Antworten und Fragen zur Geschichte des „Holocaust", in: ders. (Hrsg.), Nationalsozialistische Vernichtungspolitik 1933–1945. Neue Forschungen und Kontroversen, Frankfurt a.M. 1998, S. 9–66, hier: S. 15.

17 *Dieter Pohl*, Prosecutors and Historians: Holocaust Investigations and Historiography in the Federal Republic 1955-1975, in: David Bankier / Dan Michman (Hrsg.), Holocaust and Justice. Representation and Historiography of the Holocaust in Post-War Trials, Jerusalem 2010, S. 117–129, hier: S. 117.

18 Scheffler war in vielen bundesrepublikanischen Verfahren wegen NS-Gewaltverbrechen als historischer Sachverständiger tätig. Einige Gutachten Schefflers finden sich im Anhang des folgenden Sammelbandes: *Helge Grabitz / Justizbehörde Hamburg* (Hrsg.), Täter und Gehilfen des Endlösungswahns. Hamburger Verfahren wegen NS-Gewaltverbrechen 1946–1996, Hamburg 1999.

jiddischer und hebräischer Sprache[19] und Aussagen der Angeklagten und Zeugen zeichnet das Gericht im Urteil ein präzises Bild davon, wie die Deportationen organisiert worden waren und welchen Tatbeitrag die Angeklagten geleistet hatten. Um die ehemaligen Angehörigen der Sicherheitspolizei verurteilen zu können, musste das Gericht den Nachweis erbringen, dass sie zum Zeitpunkt der Deportationen gewusst hatten, dass die Juden am Zielort ermordet wurden. Trotz einer genauen Rekonstruktion des historischen Geschehens gelang der Nachweis des Vorsatzes[20] nicht in allen Fällen.

Die vorliegende Untersuchung behandelt am Beispiel der Verfahren gegen ehemalige Angehörige des KdS für den Bezirk Bialystok die Strafverfolgung von NS-Verbrechen durch die westdeutsche Justiz. Die Vorgaben des Gesetzgebers – ab dem 9. Mai 1960 galten Totschlagsdelikte sowie Körperverletzung mit Todesfolge, Freiheitsberaubung mit Todesfolge und Raub als verjährt – führten dazu, dass sich die Ermittlungen wegen NS-Gewaltverbrechen im Bezirk Bialystok auf die schwersten Straftaten, nämlich Morde – täterschaftlich oder teilnehmend begangen – richteten. Bei der Frage, ob es sich bei den Tötungen um Mord handelte, galt es zu prüfen, ob eines der für NS-Verbrechen relevanten Mordqualifikationsmerkmale („grausam“, „niedrige Beweggründe“, „heimtückisch“)[21] vorlag.

Diese Arbeit fragt danach, wie die verschiedenen Ermittlungsbehörden und das Bielefelder Schwurgericht vor dem Hintergrund der strafrechtlichen Rahmenbedingungen und des historiographischen Kenntnisstandes über die deutsche Besatzungspolitik im Bezirk Bialystok mit den Verbrechen der KdS-Angehörigen umgingen. Das Erkenntnisinteresse richtet sich auf die Logik der juristischen Aufklärung und die Herstellung wahrer Sachverhalte, die Kom-

---

19 Hunderte von Urkunden wurden während der Beweisaufnahme in den Prozess eingeführt, darunter das Tagebuch des Widerstandskämpfers Mordechai Tenenbaum-Tamaroff und die Dokumente des Białystoker Judenrats. Vgl. Kapitel V 4. sowie *Freia Anders / Katrin Stoll / Karsten Wilke* (Hrsg.), Der Judenrat von Białystok. Dokumente aus dem Archiv des Białystoker Ghettos 1941–1943, Paderborn 2010.

20 Der Vorsatz im strafrechtlichen Sinn ist gebunden „an ein *Kennen* bzw. an eine *Vorstellung*“, denn „wenn der Täter bei Tatbegehung einen zum gesetzlichen Tatbestand gehörenden Umstand ‘nicht kennt’, dann handelt er nach § 16 Abs. 1 StGB ‘nicht vorsätzlich’, und ohne ‘die Vorstellung’ der ‘Verwirklichung des Tatbestandes’ (§ 22 StGB) begeht er keinesfalls den Versuch einer Straftat“. *Rolf Dietrich Herzberg*, Der Vorsatz als „Schuldform“, als „aliud“ zur Fahrlässigkeit und als „Wissen und Wollen“?, in: Claus-Wilhelm Canaris u.a. (Hrsg.), 50 Jahre Bundesgerichtshof. Festgabe aus der Wissenschaft, Bd. IV: Strafrecht, Strafprozeßrecht, München 2000, S. 51–82, hier: S. 64.

21 Vgl. dazu: *Helge Grabitz*, NS-Prozesse – Psychogramme der Beteiligten, Heidelberg 1985, S. 91–104.

munikations- und Interaktionsprozesse vor Gericht sowie auf die rechtliche Beurteilung der Straftaten. Die Studie erforscht, wie die „Zentrale Stelle der Landesjustizverwaltungen zur Aufklärung nationalsozialistischer Verbrechen“ in Ludwigsburg (im Folgenden: Zentrale Stelle Ludwigsburg),[22] die „Zentralstelle im Lande Nordrhein-Westfalen für die Bearbeitung von nationalsozialistischen Massenverbrechen bei der Staatsanwaltschaft Dortmund“ (im Folgenden: Zentralstelle bei der Staatsanwaltschaft Dortmund)[23] und das Bielefelder Schwurgericht vorgingen, um die Straftaten der KdS-Angehörigen aufzuklären und individuelle Schuld nachzuweisen. Sie untersucht, welches Bild die Strafverfahren von der Vernichtungspolitik im Bezirk Bialystok vermitteln, wie die Juristen die Geschehnisse rekonstruierten und darstellten und wie sie die Tötungen rechtlich bewerteten. Sie fragt ferner nach Handlungs- und Aushandlungsprozessen vor Gericht und untersucht anhand ausgewählter Beispiel die Logik des Erzählens und des Erzählten.

Im Gegensatz zu Studien, die allein auf der Grundlage statistischer Urteilsauswertungen eine Untersuchung der juristischen Aufarbeitung von NS-Verbrechen vornehmen, führt diese Studie anhand ausgewählter Strafverfahren eine detaillierte Analyse der Ermittlungstätigkeit und der juristischen Wirklichkeitsrekonstruktion durch. Die einzelnen Stadien des Verfahrens gegen Dr. Zimmermann u.A. (später Dr. Altenloh u.A.) in den Blick nehmend diskutiert sie Charakteristika und Schwierigkeiten der Strafverfolgung und untersucht die Struktur der juristischen Argumentation. Die staatsanwaltlichen Ermittlungen und die gerichtliche Voruntersuchung erstreckten sich über fünf Jahre. Zwischen Anklageerhebung und dem Beginn der Hauptverhandlung vor dem Bielefelder Schwurgericht vergingen erneut fast zwei Jahre. Nur in wenigen Fällen führten die Ermittlungen gegen ehemalige Angehörige der Sicherheitspolizei zur Anklageerhebung. Es gilt, nach den Gründen zu fragen und eine Analyse der Einstellungsverfügungen vorzunehmen. Das Augenmerk richtet sich indes nicht allein auf staatsanwaltliche Interpretations- und Argumentationsmuster, sondern auch auf die gerichtliche Sachverhaltsarbeit und auf

22 Vgl. *Hans Pöschko* (Hrsg.), Die Ermittler von Ludwigsburg. Deutschland und die Aufklärung nationalsozialistischer Verbrechen, Berlin 2008; *Annette Weinke*, Eine Gesellschaft ermittelt gegen sich selbst. Die Geschichte der Zentralen Stelle Ludwigsburg 1958–2008, Darmstadt 2008.

23 Vgl. *Eberhard Rundholz*, Dortmund zum Beispiel. Eine deutsche Zentralstelle für die Bearbeitung nationalsozialistischer Massenverbrechen, in: Blätter für deutsche und internationale Politik 41 (1996), S. 1339–1348; *Ulrich Maaß*, Beschreibung der Zentralstelle Dortmund und Darstellung der Verfolgung von NS-Tätern an einem Fallbeispiel, in: Alfred Gottwaldt u.a. (Hrsg.), NS-Gewaltherrschaft. Beiträge zur historischen Forschung und zur juristischen Aufarbeitung, Berlin 2005, S. 409–419.

richterliche Begründungsmuster. „Jede gerichtliche Entscheidung" basiert „auf zwei Säulen: auf der Feststellung der zugrunde liegenden Tatsachen und auf der Rechtsanwendung, die auf dieser Tatsachenfeststellung aufbaut".[24] Die Studie befasst sich mit den Versuchen des Gerichts, die für den Schuldnachweis relevanten historischen Fakten zusammenzutragen und die strafrechtliche Verantwortlichkeit der Angeklagten auf der Grundlage des Strafgesetzbuches zu bestimmen. Der hier gewählte Ansatz, anhand von Tonbandmitschnitten der Hauptverhandlung eines NS-Prozesses eine Feinanalyse der gerichtlichen Sachverhaltsarbeit vorzunehmen und die verschiedenen Deutungen der Geschehnisse durch die Prozessbeteiligten zu analysieren, ist neu. Es gibt bisher keine Studie, die am Beispiel eines Tatvorwurfs (vgl. Kapitel VI. 5) eine Analyse der forensischen Interaktionsdynamik im Verhältnis zur juristischen Wirklichkeitsrekonstruktion vornimmt.

2. *Juristische Vergangenheitsbewältigung als Forschungsgegenstand*

Die Geschichte des Umgangs mit der nationalsozialistischen Vergangenheit ist mittlerweile zu einem eigenständigen Thema der zeitgeschichtlichen Forschung geworden.[25] Die ersten Monographien zu dieser Problematik erschienen in den 1990er Jahren. Ulrich Brochhagen untersuchte die „personelle Vergangenheitsbewältigung"[26] in der Adenauer-Zeit, Jeffrey Herf widmete sich der „geteilten Erinnerung" in den beiden deutschen Staaten[27] und Norbert Frei analysierte die Revision der alliierten Säuberungspolitik und die Amnestie- und Integrationspolitik in der frühen Bundesrepublik.[28]

Peter Reichel unterscheidet in Bezug auf die „zweite Geschichte des Nationalsozialismus" vier Handlungsfelder: die politisch-justitielle Auseinanderset-

---

24 *Hans-Udo Bender*, Merkmalskombinationen in Aussagen, Tübingen 1987, S. 1.

25 Jürgen Wilhelm meint gar, dass „das Interesse an den Verarbeitungsformenen" [sic] inzwischen „meist stärker" sei „als das Interesse an dem historischen Geschehen selbst". *Jürgen Wilhelm*, Einführung, in: Anne Klein / Jürgen Wilhelm (Hrsg.), NS-Unrecht vor Kölner Gerichten nach 1945, Köln 2003, S. 7–19, hier: S. 9.

26 *Ulrich Brochhagen*, Nach Nürnberg. Vergangenheitsbewältigung und Westintegration in der Ära Adenauer, Hamburg 1994, S. 12

27 *Jeffrey Herf*, Zweierlei Erinnerung. Die NS-Vergangenheit im geteilten Deutschland, Berlin 1998.

28 *Norbert Frei*, Vergangenheitspolitik. Die Anfänge der Bundesrepublik und die NS-Vergangenheit, München 1996.

zung, die öffentliche Erinnerungs- oder Memorialkultur, die Geschichte der ästhetischen Kultur und die wissenschaftliche Auseinandersetzung mit der Geschichte des Nationalsozialismus.[29] Die vorliegende Arbeit beschäftigt sich mit einem Teilbereich der justitiellen Auseinandersetzung mit der NS-Vergangenheit. Diese vollzog sich auf verschiedenen Ebenen (national und international), durch verschiedene Gerichte (den Internationalen Militärgerichtshof, Besatzungsgerichte, Gerichte in der Bundesrepublik Deutschland, der DDR und im Ausland) und mittels verschiedener Maßnahmen (Strafverfolgung, Entnazifizierung, Wiedergutmachung, Entschädigung).[30]

Reichel verwendet in seiner Studie, welche die Entnazifizierung, die Nürnberger Prozesse, die Wiedergutmachung, den Remer-Prozess, Amnestie und Rehabilitierung, Antisemitismus und politische Skandale, den Auschwitz-Prozess und die Verjährungsdebatten des Bundestages untersucht, den Begriff Vergangenheitsbewältigung als Bezeichnung für die politisch-justitielle Auseinandersetzung.[31] Der Terminus wird jedoch von einigen Autoren allgemeiner gefasst.[32] Helmut König versteht unter Vergangenheitsbewältigung „das gesamte Spektrum der politischen, kulturellen, ästhetischen und religiösen Dimension“ der Auseinandersetzung mit dem Nationalsozialismus.[33] Michael Bock unterscheidet vier Dimensionen: die politisch-institutionelle, die juristisch-personelle, die biographisch-existentielle und die theoretisch-geistige Vergangenheitsbewältigung.[34]

Norbert Frei hat für den Aspekt der politisch-justitiellen Auseinandersetzung den Begriff „Vergangenheitspolitik“ eingeführt. „Vergangenheitspolitik“

---

29 Vgl. *Peter Reichel*, Vergangenheitsbewältigung in Deutschland. Die Auseinandersetzung mit der NS-Diktatur von 1945 bis heute, München 2001, S. 9.

30 Ein kurzer Überblick findet sich bei *Christina Möller*, Völkerstrafrecht und Internationaler Strafgerichtshof – kriminologische, straftheoretische und rechtspolitische Aspekte, Münster 2003, S. 75–92.

31 Vgl. *Reichel*, Vergangenheitsbewältigung in Deutschland.

32 Vgl. *Jürgen Weber*, Vergangenheitsbewältigung, in: Wolfgang Benz (Hrsg.), Legenden, Lügen, Vorurteile. Ein Lexikon zur Zeitgeschichte, München 1990, S. 180–183, hier: S. 180. *Peter Steinbach*, Nationalsozialistische Gewaltverbrechen. Die Diskussion in der deutschen Öffentlichkeit nach 1945, Berlin 1981, S. 10. *Dirk von Laak*, Widerstand gegen die Geschichtsgewalt. Zur Kritik an der „Vergangenheitsbewältigung“, in: Norbert Frei u.a. (Hrsg.), Geschichte vor Gericht. Historiker, Richter und die Suche nach Gerechtigkeit, München 2000, S. 11–28, hier: S. 11.

33 *Helmut König*, Die Zukunft der Vergangenheit. Der Nationalsozialismus im politischen Bewußtsein der Bundesrepublik, Frankfurt a.M. 2003, S. 8.

34 Vgl. dazu *Michael Bock*, Metamorphosen der Vergangenheitsbewältigung, in: Clemens Albrecht u.a., Die intellektuelle Gründung der Bundesrepublik. Eine Wirkungsgeschichte der Frankfurter Schule, Frankfurt a.M. 2000, S. 530–572.

bezeichne einen politischen Prozess, „der sich ungefähr über eine halbe Dekade erstreckte und durch hohe gesellschaftliche Akzeptanz gekennzeichnet war".[35] Frei führt dazu aus:

> „In erster Linie ging es dabei um Strafaufhebungen und Integrationsleistungen zugunsten eines Millionenheeres ehemaliger Parteigenossen, die fast ausnahmslos in ihren sozialen, beruflichen und staatsbürgerlichen – nicht jedoch politischen – Status quo ante versetzt wurden, den sie im Zuge der Entnazifizierung, Internierung oder der Ahndung 'politischer' Straftaten verloren hatten. In zweiter Linie [...] ging es um die politische und justitielle Grenzziehung gegenüber den ideologischen Restgruppen des Nationalsozialismus; dem jeweiligen Bedarf entsprechend, wurde der anti-nationalsozialistische Gründungskonsens der Nachkriegsdemokratie dabei punktuell neu kodifiziert. Was als Vergangenheitspolitik verstanden und untersucht werden soll, konstituiert sich somit aus den Elementen Amnestie, Integration und Abgrenzung."[36]

Freis Schüler Marc von Miquel übernimmt den Begriff „Vergangenheitspolitik" in seiner Studie zur Kontroverse über die belasteten Juristen und die Debatte über die Ahndung nationalsozialistischer Verbrechen in den 1960er Jahren. „Vergangenheitspolitik" bezeichne „das politische Handeln gegenüber den 'Tätern', all jenen also, die an den nationalsozialistischen Repressionen, Ausplünderungen und Tötungsverbrechen beteiligt gewesen waren".[37] Untersucht wird das vergangenheitspolitische Handeln von Parteien, Parlament und Regierung und „Pressure-groups". Laut von Miquel lassen sich in den 1960er Jahren „zwei gegenläufige Tendenzen in Politik, Justiz und Öffentlichkeit" feststellen. Einerseits sei auf eine Ausweitung der Strafverfolgung gedrängt worden, andererseits hätten sich außerhalb und innerhalb des Regierungsapparates einflussreiche „Pressure-groups" formiert, „die die weitverbreiteten Vorbehalte gegen die NS-Prozesse für ihre Amnestieinteressen zu nutzen" gewusst hätten.[38]

Annette Weinke untersucht die Strafverfolgung von NS-Tätern für den Zeitraum von 1949 bis 1969 in gesamtdeutscher Perspektive. Im Zentrum ihrer Monographie „steht die Frage nach den Zusammenhängen zwischen vergangenheitspolitischer Systemkonfrontation und dem strafrechtlichen Umgang mit

---

35 Vgl. *Frei*, Vergangenheitspolitik, S. 13.

36 Ebd., S. 13f.

37 *Marc von Miquel*, Ahnden oder amnestieren? Westdeutsche Justiz und Vergangenheitspolitik in den sechziger Jahren, Göttingen 2004, S. 11.

38 Vgl. ebd., S. 18.

der NS-Vergangenheit".[39] Die Autorin behandelt eine Vielzahl von Themenfeldern, darunter die Auseinandersetzungen um NS-Belastete Juristen im bundesdeutschen Justizdienst und – am Beispiel ausgewählter NS-Prozesse – Charakteristika der deutsch-deutschen Rechtshilfebeziehungen.[40] Weinke konstatiert in ihrer Schlussbetrachtung, dass die „Heterogenität der Masse von Einzelfällen" es „recht schwierig" mache, „generalisierende Einschätzungen zu den Auswirkungen des deutschen Systemkonfliktes auf den Umgang mit NS-Tätern" zu treffen. Die Frage, „ob das deutsch-deutsche Konkurrenzverhältnis die Ahndung von NS-Verbrechen gefördert oder behindert habe", werde „wahrscheinlich mit einem 'sowohl-als-auch' beantwortet werden müssen".[41]

Im Untertitel von Weinkes Studie findet sich die Formulierung: „Vergangenheitsbewältigungen 1949-1969". Während der Begriff Vergangenheitsbewältigung von einigen Historikern aufgrund „seiner definitorischen Unschärfe"[42] abgelehnt und deshalb nicht verwendet wird, sind die Termini „Vergangenheitsbewältigung" oder Bewältigung durch Recht in der Rechtswissenschaft durchaus geläufig.[43] Als Analysekategorie ist der Begriff „juristische Vergangenheitsbewältigung" von Ralf Dreier verwendet worden. „Juristische Vergangenheitsbewältigung" wird definiert als „Aufarbeitung der Vergangenheit totalitärer Systeme in rechtlich geregelten Verfahren, die auf die Herstellung

39 *Annette Weinke*, Die Verfolgung von NS-Tätern im geteilten Deutschland. Vergangenheitsbewältigungen 1949–1969 oder: Eine deutsch-deutsche Beziehungsgeschichte, Paderborn 2002, S. 11.

40 Vgl. ebd., S. 22.

41 Ebd., S. 355.

42 *von Miquel*, Ahnden oder amnestieren, S. 10.

43 *Günter Frankenberg / Franz J. Müller*, Juristische Vergangenheitsbewältigung – Der Volksgerichtshof vorm BGH, in: KJ 16 (1983), S. 145–163; *Friedrich Dencker*, Vergangenheitsbewältigung durch Strafrecht? Lehren aus der Justizgeschichte der Bundesrepublik, in: KritV 73 (1990), S. 299–312; *Helmut Quaritsch*, Theorie der Vergangenheitsbewältigung, in: Der Staat 31 (1992), S. 519–551; *Alexander Blankenagel*, Verfassungsgerichtliche Vergangenheitsbewältigung, in: ZNR 13 (1991), S. 67–82; *Josef Isensee* (Hrsg.), Vergangenheitsbewältigung durch Recht. Drei Abhandlungen zu einem deutschen Problem, Berlin 1992; *Walter Odersky*, Die Rolle des Strafrechts bei der Bewältigung politischen Unrechts, Heidelberg 1992; *Bernhard Schlink*, Die Bewältigung der Vergangenheit durch Recht, in: Helmut König u.a. (Hrsg.), Vergangenheitsbewältigung am Ende des zwanzigsten Jahrhunderts, Opladen 1998, S. 433–451; *Stefan Zimmermann*, Die strafrechtliche „Bewältigung" der deutschen Diktaturen, in: JuS 36 (1996), S. 865–871; *Hans-Jürgen Papier / Johannes Möller*, Die rechtsstaatliche Bewältigung von Regime-Unrecht nach 1945 und nach 1989, in: NJW 52 (1999), S. 3289–3297; *Klaus Rogall*, Bewältigung von Systemkriminalität, in: Canaris u.a. (Hrsg.), 50 Jahre Bundesgerichtshof, Bd. IV, S. 383–438.

verbindlicher Entscheidungen gerichtet sind".[44] Sie umfasse alle Bereiche des Rechts und schließe „Entscheidungen des Gesetzgebers, der vollziehenden Gewalt und der Rechtsprechung" ein. Dreier unterscheidet verschiedene Formen juristischer Vergangenheitsbewältigung: die legislative, administrative und die judizielle Vergangenheitsbewältigung. Die „judizielle Vergangenheitsbewältigung", die ihm als „juristische Vergangenheitsbewältigung im engeren Sinne" gilt, umfasse strafrechtliche, zivilrechtliche, sozialrechtliche, staats-, verwaltungs- und völkerrechtliche Probleme.[45]

Ausgehend von der Definition Ralf Dreiers nähert sich die vorliegende Studie dem Forschungsgegenstand der juristischen Vergangenheitsbewältigung aus einer mikrohistorischen Perspektive[46] an. Einen Aspekt der „judiziellen Vergangenheitsbewältigung" in der Bundesrepublik Deutschland in den Blick nehmend analysiert sie anhand von Strafverfahren gegen ehemalige Angehörige des KdS für den Bezirk Bialystok Möglichkeiten und Grenzen der juristischen Ahndung des Holocaust. Dies setzt eine vorherige Einführung in die Problematik der juristischen Aufarbeitung von NS-Verbrechen (Kapitel II) und die Diskussion zentraler strafrechtlicher und strafprozessualer Probleme, die sich aus der bundesrepublikanischen Konzeption zur Verfolgung von NS-Verbrechen ergeben, voraus (Kapitel III). Die problemorientierte Vorgehensweise beruht auf der Annahme, dass für die Untersuchung eines NSG-Verfahrens eine fundierte Kenntnis der rechtsdogmatischen Rahmenbedingungen und Rechtsfiguren notwendig ist. Die rechtliche Entscheidung eines bestimmten Falles ist zum einen, wie Dietrich Busse betont, das Resultat eines komplexen Prüfungsprozesses. Weiterhin stehe sie „in einem Geflecht von text-systematischen und rechts-dogmatischen Wissensbezügen [...], welches für mögliche Interpretationsakte und / oder Anwendungsentscheidungen ein enges Korsett bilden" könne, „das nur wenig Spielraum" übriglasse.[47] In Kapitel III werden zentrale Elemente dieses Korsetts skizziert.

---

44 *Ralf Dreier*, Juristische Vergangenheitsbewältigung, Baden-Baden 1995, S. 11.

45 Ebd., S. 11.

46 Ausgehend von der Annahme, dass „durch die Konzentration auf ein begrenztes Beobachtungsfeld für historische Rekonstruktionen und Interpretationen" eine „qualitative Erweiterung der historischen Erkenntnismöglichkeiten erreicht" werde, versucht die Mikro-Historie im „Kleinen zu schauen". Sie betrachtet historische Gegenstände aus einem „mikroskopischen Blick, wie er durch die Verkleinerung des Beobachtungsmaßstabes entsteht". *Hans Medick*, Mikro-Historie, in: Winfried Schulze (Hrsg.), Sozialgeschichte, Alltagsgeschichte, Mikro-Historie, Göttingen 1994, S. 40–53, hier: S. 44.

47 *Dietrich Busse*, Juristische Semantik, Grundfragen der juristischen Interpretationstheorie in sprachwissenschaftlicher Sicht, Berlin 1993, S. 293.

Um die juristische Ahndung von NS-Verbrechen ehemaliger KdS-Angehöriger untersuchen und bewerten zu können, ist es ferner erforderlich, den Verfahrensgegenstand in einen größeren Zusammenhang einzuordnen: die deutsche Verfolgungs- und Vernichtungspolitik im Bezirk Bialystok. Diese ist von der deutschen Zeitgeschichtsforschung bisher nur am Rande behandelt worden.[48] Die Geschehnisse in Białystok und Umgebung werden in Kapitel IV zunächst aus einer ereignisgeschichtlichen Perspektive analysiert. Der zweite Abschnitt befasst sich mit der Struktur der Besatzungsverwaltung, der dritte gibt einen Überblick über die Quellen- und Literaturlage. Es gilt herauszuarbeiten, aus welchen Quellen sich unser Wissen über die deutsche Besatzungspolitik speist und auf welchen historiographischen Kenntnisstand die Justiz bei ihrem Bemühen, die NS-Verbrechen im Bezirk Bialystok zu verfolgen, zurückgreifen konnte. In dem Kapitel wird gezeigt, dass eine Vielzahl deutscher Institutionen mit der Verfolgungs- und Vernichtungspolitik befasst war. Die Białystoker KdS-Dienststelle und die KdS-Außenstellen in Grodno, Wołkowysk, Bielsk, Łomża und Augustów waren seit November 1942 federführend für die Ghettos im Bezirk verantwortlich. Als leitende Exekutoren der Vernichtungspolitik spielten sie eine zentrale Rolle bei der Organisation der Deportationen von Juden. Wenn sich diese Arbeit darauf beschränkt, ein Sammelverfahren gegen ehemalige Angehörige der Sicherheitspolizei zu untersuchen, greift sie die wichtigste Institution des SS- und Polizeiapparates im Bezirk Bialystok heraus.

Dem von der Zentralstelle bei der Staatsanwaltschaft Dortmund unter dem Aktenzeichen 45 Js 1/61 geführten Verfahren gegen Dr. Zimmermann u.A., das in Kapitel V analysiert wird, kommt aufgrund der behandelten Tatkomplexe und aufgrund seines Umfangs eine besondere Bedeutung zu. Von diesem Sammelverfahren, das mit Teileinstellungen und einer Anklageerhebung vor dem Landgericht Bielefeld endete, wurden mehrere Tatkomplexe abgetrennt und in gesonderten Strafverfahren behandelt. Um einen Einblick in die Dimensionen des Sammelverfahrens zu geben, werden einige dieser abgetrennten Verfahren im dritten Teil von Kapitel V behandelt. Das Kapitel beginnt mit einer Analyse der Vorermittlungen durch die Zentrale Stelle Ludwigsburg. Danach wird die Ermittlungstätigkeit der Dortmunder Zentralstelle in den Blick genommen. Es wird untersucht, wie sich die rechtlichen Rahmenbedingungen auf die Ergebnisse der Ermittlungen auswirkten und welche Probleme sich bei der Rekonstruktion des tatsächlichen Geschehens und bei der Bestimmung der individuellen Verantwortlichkeit für die Taten ergaben. Besonderes

48 Vgl. *Christian Gerlach*, Kalkulierte Morde. Die deutsche Wirtschafts- und Vernichtungspolitik in Weißrussland 1941 bis 1944, Hamburg 2000, S. 174ff., 217ff. und S. 723ff.

Augenmerk richtet sich auf die Einstellungsbegründungen. Es wird untersucht, aus welchen Gründen Verfahren gegen ehemalige KdS-Angehörige eingestellt wurden. Orientiert an Bernhard Diestelkamp lautet die zentrale Leitfrage hier: Inwieweit waren bestimmte Auslegungen des Sachverhalts und Beweiswürdigungen durch die Ermittlungsbehörden für die Einstellungsbeschlüsse entscheidend, und inwieweit orientierten sich die Staatsanwälte an den Prinzipien, die von der Gesetzgebung und der Rechtsprechung vorgegeben worden waren?[49] Gegenstand des Verfahrens gegen Dr. Zimmermann u.A. waren neben den Deportationen auch zahlreiche Erschießungen der jüdischen und nichtjüdischen Bevölkerung. Die Tötungen von Polen wurden lediglich als Totschlag qualifiziert und wegen Verjährung eingestellt. Vor dem Bielefelder Schwurgericht wurden ausschließlich die Morde an den Juden verhandelt.

Ein besonderes Kennzeichen des untersuchten Verfahrens ist darin zu sehen, dass das Schwurgericht während der Hauptverhandlung Ermittlungen durchführte. Da den Richtern das von der Staatsanwaltschaft zusammengetragene Beweismaterial nicht ausreichend erschien, um die Angeklagten wegen ihrer Beteiligung an den Deportationen schuldig zu sprechen, begaben sie sich selbst auf die Suche nach Dokumenten. Anhand ausgewählter Beispiele wird im vierten Teil von Kapitel V untersucht, wie das Gericht die in den Prozess eingeführten Urkunden auf ihre inhaltliche Richtigkeit überprüfen ließ und welche Bedeutung sie für den Schuldnachweis hatten. In diesem Zusammenhang stellt sich die Frage, warum der Nachweis des Vorsatzes in einigen Fällen gelang, in anderen nicht. Am Beispiel des Tatvorwurfs der Deportationen wird analysiert, wie das Gericht die Aussagen der Angeklagten bewertete, wie es mit ihren Selbstdarstellungen umging und welche Gründe es für die strafrechtliche Verantwortung der Angeklagten anführte. Der letzte Teil des Kapitels befasst sich am Beispiel der Revision des Angeklagten Altenloh mit der Sachrüge und der Entscheidung des 4. Strafsenats des BGH. Es wird gezeigt, warum der Revision der Erfolg versagt blieb, und analysiert, wie der Senat die strafbaren Handlungen der Angeklagten rechtlich beurteilte.

Auf der Grundlage von Tonbandmitschnitten der Hauptverhandlung des Bielefelder Białystok-Prozesses befasst sich Kapitel VI mit der forensischen Interaktionsdynamik und der gerichtlichen Wirklichkeitsrekonstruktion. Es beginnt mit einem Überblick über die verschiedenen Ansätze zur Erforschung der Interaktions- und Kommunikationsvorgänge vor Gericht. Anschließend wird am Beispiel von § 55 StPO (Auskunftsverweigerungsrecht) die Anwen-

---

49 Vgl. *Bernhard Diestelkamp*, Die strafrechtliche Ahndung von NS-Unrecht. Ein Forschungsbericht, in: ZNR 21 (1999), S. 417–435, hier: S. 429.

dung und Auslegung strafprozessualer Regeln untersucht. Georg Michalsen, ehemaliger Mitarbeiter im Stab des SS- und Polizeiführers für den Distrikt Lublin, Odilo Globocnik, war der einzige ehemalige SS-Angehörige, der von seinem Auskunftsverweigerungsrecht nicht Gebrauch machte und eine deutliche Aussagewilligkeit erkennen ließ. Michalsens Bekundungen zur Organisation der Deportationen aus Białystok im August 1943 werden im dritten Teil von Kapitel VI genauer analysiert. Der vierte Teil untersucht am Beispiel der Vernehmungen von Dr. Aron Bejlin und Sara Perman die Perspektive der Opfer auf die Deportationen aus dem Białystoker Ghetto im Februar 1943 und analysiert anhand ausgewählter Vernehmungsausschnitte die Erzählstrukturen in den Aussagen. Die Auszüge verdeutlichen, warum das Gericht zu der Feststellung kam, dass die Februar-„Räumung“ grausam durchgeführt worden war.

Am Beispiel des Tatkomplexes der Erschießung von hundert Juden im Białystoker Ghetto im Februar 1943 befasst sich der letzte Teil des Kapitels mit der gerichtlichen Sachverhaltsherstellung. Das Augenmerk richtet sich auf die Versuche des Gerichts, auf der Grundlage der verschiedenen Darstellungen von Zeugen und Angeklagten das historische Geschehen zu eruieren. Die zentrale Leitfrage lautet hier: Wie gelangte das Schwurgericht zu seinen Tatsachenfeststellungen über die Erschießung von 100 Menschen im Anschluss an das „Säureattentat“?

In Kapitel VII werden die wichtigsten Ergebnisse der Arbeit zusammengefasst und Überlegungen über mögliche zukünftige Forschungsprojekte zum Komplex der Białystok-Verfahren vorgestellt.

3. Quellen

Diese Arbeit versteht sich als Beitrag zu einer Zeitgeschichtsforschung, die die Akten der Justiz nicht mehr ausschließlich als Quellen für die Rekonstruktion der historischen Ereignisse verwendet, sondern die Dokumente in ihrem Entstehungskontext analysiert und die Verfolgungspraxis der Justizbehörden vor dem Hintergrund der rechtspolitischen und strafrechtlichen Rahmenbedingungen untersucht. Sie folgt damit einem Plädoyer Norbert Freis, der in einem Aufsatz von 2005 zum Thema „Justiz und Zeitgeschichte nach dem Holocaust“ schrieb, es müsse „nunmehr“ darum gehen, die im Rahmen staatsanwaltlicher Ermittlungen und der Rechtsprechung in NSG-Verfahren hervorgebrachten Akten „als Dokumente der Ahndungsbemühungen beziehungsweise der Ahndungsverhinderung zu lesen".[50] Dabei wird in dieser Arbeit mit Ruth Bettina Birn davon ausgegangen, dass „eine Wechselwirkung zwischen Rechtspflege und gesellschaftlicher Erkenntnis" besteht. „In der Gesellschaft verbreitete historische Erkenntnisse und Vorurteile gingen", so Birn, „in strafrechtliche Ermittlungen ein", während zugleich „die Feststellungen von Gerichten die Akzeptanz der historischen Wahrheit in der Gesellschaft" beförderten.[51]

Die Ermittlungen gegen die ehemaligen Angehörigen des KdS für den Bezirk Bialystok wurden von den Staatsanwaltschaften Bielefeld und Köln, der Zentralen Stelle Ludwigsburg und der Zentralstelle bei der Staatsanwaltschaft Dortmund geführt. Von Bedeutung für das Erkenntnisinteresse der Arbeit waren insbesondere die staatsanwaltlichen und gerichtlichen Entscheidungen – Einstellungsverfügungen, Anklage- und Urteilsschriften –, die Korrespondenz zwischen den verschiedenen Ermittlungsbehörden, die von den Juristen für das Verfahren zusammengetragenen Quellen sowie ausgewählte Vernehmungsprotokolle.

Was die Vernehmungsniederschriften von Beschuldigten und „Täter-Zeugen"[52] anbetrifft, gilt es, die methodologischen Überlegungen Ahlrich Meyers zu berücksichtigen. Hier wird mit Meyer davon ausgegangen, dass die in NSG-Verfahren entstandenen Vernehmungsprotokolle als „eigenständige historische Quelle für die Erforschung des Genozids an den Juden ernst zu nehmen sind".[53] Sein Befund, dass die Aussagen von Beschuldigten und Zeugen, die an der Organisation der Deportationen von Juden aus Frankreich beteiligt waren, „im allgemeinen wenig zur Klärung der historischen Vorgänge" beitrugen, trifft – von wenigen Ausnahmen abgesehen – auch auf die Aussagen von Beschuldigten und „Täter-Zeugen" im Verfahren gegen

50 Norbert Frei plädiert dafür, die im Rahmen staatsanwaltlicher Ermittlungen und der Rechtsprechung in NSG-Verfahren hervorgebrachten Akten „als Dokumente der Ahndungsbemühungen beziehungsweise der Ahndungsverhinderung zu lesen". *Norbert Frei*, Die Rückkehr des Rechts. Justiz und Zeitgeschichte nach dem Holocaust, in: ders., 1945 und Wir. Das Dritte Reich im Bewußtsein der Deutschen, München 2005, S. 63–82, hier: S. 65.

51 *Ruth Bettina Birn*, Wehrmacht und Wehrmachtsangehörige in den deutschen Nachkriegsprozessen, in: Rolf-Dieter Müller / Hans-Erich Volkmann (Hrsg.), Die Wehrmacht. Mythos und Realität, München 1999, S. 1081–1099, hier: S. 1082.

52 Der Begriff „Täter-Zeugen" ist nicht im juristischen, sondern im historischen Sinn zu verstehen. Er bezieht sich auf diejenigen Zeugen aus dem Kreis der ehemaligen deutschen Besatzer, die potentiell an der Verfolgungs- und Vernichtungspolitik beteiligt waren.

53 *Ahlrich Meyer*, Täter im Verhör. Die „Endlösung" der Judenfrage in Frankreich 1940–1944, Darmstadt 2005, S. 299.

Dr. Zimmermann u.A. zu. Die Vernehmungsprotokolle enthalten ferner, wie Meyer hervorhebt, nur Angaben darüber, ob und wie sich Zeugen oder Beschuldigte an die historischen Fakten erinnern. Diese Erinnerung sei „nicht spontan, sondern vielfach vermittelt", d.h., sie sei „zu einer sozialen Konstruktion geworden". Aus Meyers Sicht liegt die „eigentliche Herausforderung" bei der Verwendung der Vernehmungsprotokolle „nicht darin, den – eher geringen – historischen Sachverhalt zu finden". Es komme vielmehr darauf an, „die übereinstimmenden, stereotypen und scheinbar 'nichtssagenden' Aussagemuster aufzuschlüsseln".[54]

Wie ist es nun um den Quellenwert der Aussagen von Beschuldigten und „Täter-Zeugen" im Verfahren gegen Dr. Zimmermann u.A. bestellt? Sie geben darüber Auskunft, wie die ehemaligen Besatzer über die Verfolgung und Vernichtung der Juden des Bezirks Bialystok sprachen, wie sie ihr eigenes Verhalten und das anderer darstellten und welche Verteidigungs- und Entlastungsstrategien sie verwendeten. Kurzum: Sie geben Aufschluss über das Aussageverhalten der ehemaligen Akteure und über ihre Selbst- und Fremddeutungen.

Bei der Auswertung der Zeugenvernehmungen gilt es zu unterscheiden zwischen gerichtsrelevanten, historisch relevanten und irrelevanten Aussagen, d.h. Erklärungen, die für die Rekonstruktion des Geschehens kaum etwas hergaben und für den Schuldnachweis keine Rolle spielten. In die letzte Kategorie fallen viele Aussagen der „Täter-Zeugen". Hätte das Gericht auf historische Studien über die deutsche Besatzungspolitik im Bezirk Bialystok zurückgreifen können, hätte es möglicherweise auf die Vernehmung vieler Zeugen, die damals dem deutschen Besatzungsapparat angehörten, verzichtet. Bemüht, sich selbst nicht zu belasten, unterließen es viele „Täter-Zeugen", eine umfassende Beschreibung der Geschehnisse zu liefern. Während die Aussagen der „Täter-Zeugen" aus der Perspektive der beteiligten Juristen nur von geringem Wert waren, stellen sie für Historiker eine wichtige Quelle dar, denn sie geben Aufschluss über das Selbstverständnis der am Massenmord Beteiligten. Diese waren keine gesellschaftlichen Außenseiter, sondern typische Repräsentanten der nationalsozialistischen und bundesrepublikanischen Gesellschaft, die ihre Mitwirkung am Holocaust in ihrer überwiegenden Mehrheit „wie eine ganz normale Berufstätigkeit" auffassten: „Zeitbedingt hatten sie aufgrund eines vorübergehenden 'Arbeitsplatzwechsels' nunmehr das Geschäft des Tötens

54 Ebd., S. 300.

abzuwickeln. Nach dem Untergang des ‘Dritten Reiches’ übten sie mit derselben Selbstverständlichkeit ihre bürgerlichen Berufe wieder aus.“[55]

Die Analyse der Hauptverhandlung des Schwurgerichtsprozesses gegen Dr. Altenloh u.A. stützt sich auf den Protokollanlageband, die persönlichen Erinnerungen des beisitzenden Richters Dr. Horst Gaebert und den Tonbandmitschnitt, eine seltene und bisher noch nicht vollständig ausgewertete Quelle. Tonbandaufnahmen von Gerichtsverhandlungen großer NSG-Verfahren wurden nur zur Gedächtnishilfe des Gerichts angefertigt. Deshalb wurden sie in der Regel mit Rechtskraft des Urteils gelöscht, wie zum Beispiel der Mitschnitt des Treblinka-Prozesses.[56] Dass die Tonbandaufnahmen des ersten Frankfurter Auschwitz-Prozesses[57] nicht gelöscht wurden, ist auf die Intervention von Hermann Langbein, Zeuge im Verfahren und Repräsentant des Comité International de Camps, zurückzuführen.[58] Neben den Tonbandaufnahmen des Auschwitz-Prozesses und des Białystok-Prozesses sind nur wenige Mitschnitte von Hauptverhandlungen aus NSG-Verfahren überliefert.[59]

Die Aufnahme der Verhandlung auf Tonband hatte für das Bielefelder Schwurgericht den Vorteil, dass es über den genauen Wortlaut der Vernehmungen verfügte und sich jederzeit einzelne Teile der Aussagen in Erinnerung rufen konnte. Die Zeugen wurden vor Beginn ihrer Vernehmung vom Vorsit-

---

55 *Grabitz*, NS-Prozesse, S. 115.

56 *Wolfgang Scheffler*, Der Beitrag der Zeitgeschichte zur Erforschung der NS-Verbrechen – Versäumnisse, Schwierigkeiten, Aufgaben, in: Jürgen Weber / Peter Steinbach (Hrsg.), Vergangenheitsbewältigung durch Strafverfahren? NS-Prozesse in der Bundesrepublik Deutschland, München 1984, S. 114–133, hier: S. 118f.

57 Vgl. *Werner Renz*, Opfer und Täter: Zeugen der Shoah. Der Tonbandmitschnitt des 1. Frankfurter Auschwitz-Prozesses als Geschichtsquelle, in: Tribüne. Zeitschrift zum Verständnis des Judentums 41 (2002), S. 126–136, hier: S. 126. Teile des Tonbandmitschnitts wurden der Öffentlichkeit Ende 2004 zugänglich gemacht. Siehe: *Fritz Bauer Institut / Staatliches Museum Auschwitz-Birkenau* (Hrsg.), Der Auschwitz-Prozess. Protokolle und Dokumente, Berlin ^{2}2005. Vgl. dazu: *Annette Weinke*, Überreste eines „unerwünschten Prozesses“. Die Edition der Tonbandmitschnitte des 1. Frankfurter Auschwitz-Prozesses (1963–1965), in: Zeithistorische Forschungen / Studies in Contemporary History 2 (2005), S. 314–320. Online unter: http://www.zeithistorische-forschungen.de/16126041-Weinke-2-2005, Aufruf am 2. September 2008.

58 In einem Schreiben vom August 1965 an den Vorsitzenden Richter in der Strafsache gegen Mulka u.A. und den hessischen Minister der Justiz verweist Langbein auf den „außerordentlichen historischen Wert“ der Tonbänder und bat darum, sie nicht zu löschen. Der hessische Justizminister verfügte per Erlass den Erhalt der Bänder. Vgl. *Werner Renz*, Tonbandmitschnitte von NS-Prozessen als historische Quelle, in: Jürgen Finger u.a. (Hrsg.), Vom Recht zur Geschichte. Akten aus NS-Prozessen als Quellen der Zeitgeschichte, Göttingen 2009, S. 142–153, hier: S. 144.

59 Vgl. die Aufstellung bei *Renz*, Tonbandmitschnitte von NS-Prozessen, S. 150f.

zenden Richter Günter Witte gefragt, ob sie mit der Aufnahme ihrer Aussage auf Tonband einverstanden seien, und darüber belehrt, dass das Band ausschließlich für die Zwecke des Gerichts bestimmt sei und nur von den Gerichtsbeteiligten verwendet werde. Die Prozessbeteiligten hatten keine Einwände gegen die Aufnahme ihrer Aussagen erhoben. Die Angeklagten Heimbach, Errelis und Dibus äußerten zwar am ersten Verhandlungstag zunächst Bedenken gegen die Verwendung eines Tonbandgerätes, erklärten sich dann aber noch am selben Tag mit der Aufnahme ihrer Aussagen einverstanden. Die Verteidiger bekundeten nach der Erklärung ihrer Mandanten keinen Widerspruch gegen die Verwendung des Tonbandgerätes. Auf Wissen und Willen der Aussagepersonen Rücksicht nehmend und den Verwendungszweck der Aufnahmen bekannt machend handelte das Gericht im Sinne einer BGH-Entscheidung vom 4. Februar 1964. Darin legte der erste Strafsenat dar, dass das Gericht Aussagen von Angeklagten, Zeugen und Sachverständigen mit ihrer Zustimmung auf Tonband aufnehmen dürfe, um das Band bei der Urteilsberatung als Gedächtnisstütze zu benutzen.[60]

Der Vorsitzende im Bielefelder Białystok-Prozess versicherte den Zeugen, dass die Tonbandaufnahmen mit Rechtskraft des Urteils vernichtet würden. Warum die vierzig erhaltenen Bänder, die sich seit 1987 im Staatsarchiv Detmold befinden,[61] nicht gelöscht worden sind, wissen wir nicht. Sie sind dank adäquater Aufbewahrung auch heute noch verständlich abspielbar und damit von einem Hilfsmittel für das Gericht zu einer historischen Quelle[62] geworden, die den Verlauf der Hauptverhandlung dokumentiert und Auskunft

60 Vgl. BGH, Urteil v. 4.2.1964 – 1 StR 510/63, in: JZ 19 (1964), S. 561–562. Siehe dazu auch: *Eberhardt Schmidt*, Der Stand der Rechtsprechung zur Frage der Verwendbarkeit von Tonbandaufnahmen im Strafprozeß, in: JZ 19 (1964), S. 538–542.

61 Vgl. *Katrin Stoll*, Einführung zu den ausgewählten Tonbandausschnitten aus den Vernehmungen der Hauptverhandlung, in: Anders u.a. (Hrsg.), Bialystok in Bielefeld, S. 209–215, hier: S. 209. Die Tonbänder befanden sich – von einer kurzen Unterbrechung abgesehen – bis zur Übergabe der Akten des Verfahrens gegen Dr. Zimmermann (später Dr. Altenloh) u.A. an das Staatsarchiv Detmold beim Landgericht in Bielefeld. Im November 1972 wurden sie der Zentralstelle bei der Staatsanwaltschaft Dortmund zur Verfügung gestellt, die sie im April 1973 „zum Verbleib" nach Bielefeld zurücksandte. Vgl. Schreiben des Leitenden OStA an die Staatsanwaltschaft Dortmund v. 27.11.1972 und Schreiben des Justizangestellten Kampmeier an die Staatsanwaltschaft Bielefeld v. 11.4.1973, in: L/StAM, Staatsanwaltschaft Dortmund, Zentralstelle für NS-Verbrechen, Nr. 1390 (keine Aktenpaginierung).

62 Das gilt auch für die Tonbandaufnahmen des Auschwitz-Prozesses. Vgl. *Aleida Assmann*, History, Memory, and the Genre of Testimony, in: Poetics Today. International Journal for Theory and Analysis of Literature and Communication 27 (2006), S. 261–273, hier: S. 270.

gibt über die forensische Atmosphäre und die Kommunikation zwischen den Prozessbeteiligten.

Die schriftlichen Vernehmungsniederschriften des Ermittlungsverfahrens und der gerichtlichen Voruntersuchung spiegeln nicht den genauen Verlauf der Befragungen und den Wortlaut der Aussagen. Bei den Protokollen handelt es sich überwiegend um eine zusammenfassende Darstellung der Aussagen von Zeugen und von Beschuldigten. Die Fragen des Vernehmenden fehlen in der Regel. Die Tonbandaufnahmen dokumentieren dagegen die einzelnen Sequenzen der mündlichen Kommunikation und damit auch die Fragen der Prozessbeteiligten. Sie sind im Gegensatz zu den Vernehmungsprotokollen nicht „geglättet".[63] Der Tonbandmitschnitt gibt Auskunft darüber, an welchen Stellen die Angeklagten oder Zeugen auf eine Frage mit Verzögerung reagierten, wann sie schwiegen oder bei einer Antwort ins Stocken gerieten. Das gerichtliche Handeln ist jedoch nicht vollständig auf Tonband festgehalten worden. So wurde die Aufnahme nach einer Zeugenvernehmung in der Regel kurz unterbrochen.

Die Verfasserin, ihre Kollegin Freia Anders und ihr Kollege Hauke-Hendrik Kutscher waren die ersten Historiker, die Zugang zu den Tondokumenten erhielten. Die Auswertung ausgewählter Zeugenaussagen aus dem Bielefelder Białystok-Prozess, die Christoph Bitterberg 1995 im Rahmen seiner Magisterarbeit[64] vorgenommen hatte, beruht nicht auf den Tonbandaufnahmen, sondern auf den Abschriften von Vernehmungen, die das Gericht hatte anfertigen lassen. Es liegen Maschinenschriftübertragungen von Aussagen derjenigen Zeugen vor, die beim Bemühen des Gerichts, den Angeklagten ihre Schuld nachzuweisen, eine wichtige Rolle spielten.[65] Einige dieser Gerichtstranskriptionen wurden der Öffentlichkeit Mitte der 1980er Jahre durch Beate und Serge Klarsfeld zugänglich gemacht.[66] Leitendes Kriterium bei der Erstellung der wörtlichen Abschriften war die Gerichtsrelevanz der Aussagen. Fragen und

63 So die Formulierung Akim Jahs. *Akim Jah*, Juristische und historische Wahrheitssuche im Berliner Bovensiepen-Verfahren. Die Deportation der Berliner Juden und das Verfahren gegen Mitarbeiter der Stapoleitstelle Berlin, in: Traverse. Zeitschrift für Geschichte 11 (2004), S. 51–63, hier: S. 60.

64 *Christoph Bitterberg*, Der Bielefelder Prozeß als Quelle für die deutsche Judenpolitik im Bezirk Bialystok, unveröff. Magisterarbeit, Hamburg 1995, in: Bibliothek des L/StADT, T 102.4°.

65 Vgl. L/StADT, D 21 A, Nr. 6204, Nr. 6205 und Nr. 6207.

66 Vgl. *Serge Klarsfeld* (Hrsg.), Documents Concerning the Destruction of Jews of Grodno 1941–1944, Bd. IV: Grodno in the Bialystok Trial (1966–1967), Paris 1986. In Band IV sind u.a. die Protokolle von Vernehmungen jüdischer Zeugen aus Grodno abgedruckt.

Antworten, die als irrelevant betrachtet wurden, fehlen. Das gilt zum Beispiel für die Verteilung des Frage- und Rederechts durch den Vorsitzenden. Auslassungen wurden indes nur zum Teil in den Gerichtstranskripten kenntlich gemacht.

Wichtige Merkmale der mündlichen Kommunikation (Unterbrechungen, gleichzeitiges Sprechen, Verwendung von Füllwörtern wie „ä", „also", „hm", umgangssprachliche Formulierungen, Nachfragen, Pausen, Betonung einzelner Wörter, Wiederholungen, Lautstärke der Stimme etc.) wurden bei den Übertragungen, die vom Gericht in Auftrag gegeben worden waren, nicht berücksichtigt. Über die sprachlichen Besonderheiten der Äußerungen in der Hauptverhandlung geben die Abschriften somit nur bedingt Auskunft. Daher fertigte die Verfasserin von ausgewählten Aussagen eigene Transkripte an, die den tatsächlichen Ablauf genauer wiederzugeben versuchen. Es bestand jedoch nicht der Anspruch, das kommunikativ-interaktive Geschehen ganz genau aufzuzeichnen. Dies hätte die Anwendung eines innerhalb der Konversationsanalyse akzeptierten Transkriptionsnotationssystems[67] vorausgesetzt, auf das mit Blick auf die Länge und Lesbarkeit der ausgewählten Fragmente verzichtet wurde. In den angefertigten Transkripten[68] fehlen Angaben über Pausenlängen, fallende und steigende Intonation, Dehnungen und Überlappungen. Bei längeren Sprechpausen findet sich der Vermerk *schweigt* in runden Klammern, abgebrochene Sätze wurden mit einem Unterstrich (_) gekennzeichnet. Betonungen wurden nur in ausgewählten Fragmenten durch Unterstreichung des betreffenden Wortes vermerkt. Weitere Angaben über Besonderheiten des Sprechens der Gerichtsbeteiligten finden sich in der Interpretation der ausgewählten Fragmente.

Die Tonbandaufnahmen und die Gerichtsakten bilden den Hauptquellenbestand von Kapitel V und VI. Einige Teile dieser Arbeit fußen jedoch auf anderen Quellen. So wurden für Kapitel III neben der umfangreichen Sekundärliteratur, die in letzten Jahren entstand, Beiträge in juristischen Periodika aus den 1960er Jahren und für Kapitel IV Quellen in deutscher und polnischer Sprache ausgewertet.

67 Vgl. *Hermann Wolff / Stephan Müller*, Kompetente Skepsis. Eine konversationsanalytische Untersuchung zu Glaubwürdigkeit in Strafverfahren, Opladen 1997, S. 297.

68 Bei der Lektüre gilt es zu berücksichtigen, dass die Transkriptionen keine objektive Wiedergabe der Gerichtskommunikation leisten und nicht vollkommen fehlerfrei sein können.

4. Literatur

Erste Untersuchungen, die sich mit der strafrechtlichen Verfolgung von NS-Verbrechen befassten, erschienen in den 1960er Jahren.[69] Das Interesse an den Verfahren blieb zunächst vornehmlich auf die juristische Zunft beschränkt.[70] Zu nennen sind hier insbesondere die Arbeiten von Herbert Jäger,[71] Adalbert Rückerl,[72] der zwischen 1966 und 1984 die Zentrale Stelle Ludwigsburg leitete, Barbara Just-Dahlmann und Helmut Just,[73] die an NSG-Verfahren beteiligt waren, und Fritz Bauer,[74] dem hessischen Generalstaatsanwalt, der eine wichtige Rolle beim Zustandekommen des Frankfurter Auschwitz-Prozesses spielte. Just-Dahlmann, Just und Bauer wiesen schon früh auf Unzulänglichkeiten und Versäumnisse bei der Strafverfolgung von NS-Verbrechen hin. So kritisierten sie, dass die Gerichte in einer großen Zahl von Fällen die Angeklagten nicht wegen Täterschaft, sondern wegen Beihilfe verurteilten. Folgt man Fritz Bauer, offenbart diese Rechtsprechungstendenz eine Deutung des NS-Staates, die mit der historischen Realität wenig zu tun

---

69 *Karl Forster* (Hrsg.), Möglichkeiten und Grenzen für die Bewältigung historischer und politischer Schuld in Strafprozessen, Würzburg 1962; *Peter Schneider / Hermann J. Meyer* (Hrsg.), Rechtliche und politische Aspekte der NS-Verbrecherprozesse, Mainz 1968.

70 Frühe Ausnahmen sind die Studie von *Steinbach*, Nationalsozialistische Gewaltverbrechen, und der von *Weber* und *Steinbach* herausgegebene Sammelband Vergangenheitsbewältigung durch Strafverfahren? NS-Prozesse in der Bundesrepublik Deutschland.

71 Vgl. *Herbert Jäger*, Verbrechen unter totalitärer Herrschaft. Studien zur nationalsozialistischen Gewaltkriminalität, Konstanz 1967; *ders.*, Verbrechen unter totalitärer Herrschaft, in: Rudolf Sieverts / Hans Joachim Schneider (Hrsg.), Handwörterbuch der Kriminologie, Berlin 1975, S. 453–464.

72 *Adalbert Rückerl*, Die Strafverfolgung von NS-Verbrechen 1945–1978. Eine Dokumentation, Heidelberg 1979. Die Arbeit analysiert die Strafverfolgung durch Gerichte der Alliierten und ausländische Gerichte und gibt einen Überblick über die geschichtliche Entwicklung der Verfolgung nationalsozialistischer Verbrechen durch deutsche Justizorgane auf dem Gebiet der Bundesrepublik von 1945 bis 1979.

73 *Barbara Just-Dahlmann / Helmut Just*, Die Gehilfen. NS-Verbrechen und die Justiz nach 1945, Frankfurt a.M. 1988.

74 *Fritz Bauer*, Im Namen des Volkes. Die strafrechtliche Bewältigung der Vergangenheit, in: Helmut Hammerschmidt (Hrsg.), Eine deutsche Bilanz 1945–1965, München 1965, S. 301–314. Zu Fritz Bauer vgl.: *Irmtrud Wojak*, Fritz Bauer 1903–1968. Eine Biographie, München 2009; *dies*, Im Labyrinth der Schuld. Fritz Bauer und die Aufarbeitung der NS-Verbrechen nach 1945, in: dies. / Susanne Meinl (Hrsg.), Im Labyrinth der Schuld. Täter – Opfer – Ankläger, Frankfurt a.M. 2003, S. 17–40; *Matthias Meusch*, Von der Diktatur zu Demokratie. Fritz Bauer und die Aufarbeitung der NS-Verbrechen in Hessen, Wiesbaden 2001; *Claudia Fröhlich*, Wider die Tabuisierung des Ungehorsams. Fritz Bauers Widerstandsbegriff und die Aufarbeitung von NS-Verbrechen, Frankfurt a.M. 2006.

hat. Hinter der „beliebten Annahme bloßer Beihilfe“ stehe „die nachträgliche Wunschvorstellung, im totalitären Staat habe es nur wenige Verantwortliche gegeben, es seien nur Hitler und ein paar seiner Allernächsten gewesen, während alle übrigen lediglich vergewaltigte, terrorisierte Mitläufer oder depersonalisierte und dehumanisierte Existenzen waren, die veranlaßt wurden, Dinge zu tun, die ihnen völlig wesensfremd gewesen“ seien.[75]

Im Schrifttum dominiert die Auffassung, die bundesdeutsche Justiz habe bei der Ahndung von NS-Verbrechen versagt. Laut Joachim Perels ist die rechtliche Aufarbeitung von NS-Verbrechen „überwiegend gescheitert“ oder folgte gar der Logik des NS-Rechts. Strukturelemente „maßnahmenstaatlichen Denkens, das sich auf den Ausschluss der Ahndung von Staatsverbrechen“ beziehe, seien in der frühen Bundesrepublik „in der Gesetzgebung, der Justiz und der Exekutive“ wirksam geworden.[76] Jeffrey Herf spricht mit Blick auf die Strafverfolgung der 1950er Jahre von einem „juristische[n] Fiasko“,[77] Norbert Frei von „schwersten Unterlassungsschäden“ bei der justitiellen Verfolgung von NS-Verbrechen.[78] Frei gilt das krasse Missverhältnis zwischen der Zahl der eingeleiteten Verfahren und den tatsächlichen Verurteilungen als Beleg dafür, dass es der bundesdeutschen Justiz an „Entschlossenheit“ gefehlt habe, „die ‘im Osten’ begangenen Verbrechen konsequent zu ahnden“.[79] Michael Greve konstatiert, dass „zahlreiche seit der Gründung der Zentralen Stelle eingeleitete Strafverfolgungsmaßnahmen zu spät, zu zögernd oder zu inkonsequent erfolgten“.[80] Der bundesdeutschen Justiz sei es nicht gelungen, „der Dimension der Verbrechen und dem Funktionieren des NS-Staates gerecht zu werden“.[81] Gerhard Pauli bemängelt, dass sich die deutsche Strafjustiz „mit der Sühne von NS-Unrecht“ zu spät auseinandergesetzt habe und dass sie nur wenige Täter bestraft und diese häufig mit außergewöhnlich milden Strafen bedacht habe.[82]

---

75 *Bauer*, Im Namen des Volkes, S. 307.

76 Vgl. *Joachim Perels*, Entsorgung der NS-Herrschaft? Konfliktlinien im Umgang mit dem NS-Regime, Hannover 2004, S. 14f.

77 *Herf*, Zweierlei Erinnerung, S. 404 u. S. 447.

78 *Frei*, Vergangenheitspolitik, S. 100.

79 *Frei*, Rückkehr des Rechts, S. 79.

80 Vgl. *Michael Greve*, Der justitielle und rechtspolitische Umgang mit den NS-Gewaltverbrechen in den sechziger Jahren, Berlin 2001, S. 395.

81 Ebd., S. 402.

82 *Gerhard Pauli*, Sühne von NS-Unrecht unter deutscher Strafjustiz vor und nach Gründung der Bundesrepublik, in: Klein / Wilhelm (Hrsg.), NS-Unrecht vor Kölner Gerichten, S. 37–44, hier: S. 37.

Zu den wenigen Autoren, die ein positives Gesamturteil über die Tätigkeit der Justizbehörden fällen, gehören Wolfgang Scheffler und Helge Grabitz. Scheffler wurde in zahlreichen NSG-Verfahren als historischer Sachverständiger gehört, Grabitz war als Oberstaatsanwältin bei der Staatsanwaltschaft Hamburg von 1966 bis 1998 mit der Strafverfolgung von NS-Verbrechen befasst.[83] Sie betonen, dass die Juristen durch ihre Ermittlungstätigkeit Grundlagen erarbeitet hätten, „ohne die die Historiker später nicht ihre Untersuchungen hätten schreiben können". Ihrer Meinung nach „spielt es im Grunde genommen keine Rolle, ob ein Verfahren bis zum Urteil gelangte oder auch nach umfangreichen Ermittlungen aus unterschiedlichen Gründen eingestellt werden mußte". Scheffler und Grabitz sind überzeugt, dass die „Leistung der Ermittlungsbehörden" nicht „dadurch geschmälert" werde, dass es „aufgrund unseres Rechtssystems zu unbefriedigenden Urteilen" gekommen sei und dass „mitunter Ermittlungen auch unzulänglich" verlaufen seien. „Die damit verbundenen Probleme" seien ein „weites Feld" und könnten „nur bei eingehender Beschäftigung mit den in Frage kommenden Verfahren beurteilt werden".[84]

Die unterschiedlichen Einschätzungen zeigen, dass unklar ist, woran sich genau bemessen lässt, ob die juristische Aufarbeitung von NS-Verbrechen gelungen oder misslungen ist. Dieses Problem erfordert eine eigene Untersuchung und kann in dieser Arbeit nicht behandelt werden. Es kann aber festgehalten werden, dass Fragen nach den Ahndungsbemühungen bzw. -verhinderungen der Justiz nicht allein auf der Grundlage von Statistiken beantwortet werden können. Es gilt, die politischen und gesellschaftlichen Rahmenbedingungen, die strafrechtlichen und strafprozessualen Schwierigkeiten und Hindernisse und die personalpolitischen Bedingungen zu berücksichtigen. Natascha Doll verspricht sich neue Erkenntnisse von einem Forschungsansatz, „der sowohl die juristischen Probleme der Verfahren als auch ihre rechtstheoretischen, rechtspolitischen und rechtssoziologischen Implikationen ins Auge fasst".[85]

---

83 Vgl. *Lore Maria Peschel-Gutzeit*, Vorwort, in: Grabitz / Justizbehörde Hamburg (Hrsg.), Täter und Gehilfen des Endlösungswahns, S. 7. Siehe auch: *Peter Jochen Winters*, Helge Grabitz (2. August 1934 – 17. Juli 2003) – eine Würdigung, in: Gottwaldt u.a. (Hrsg.), NS-Gewaltherrschaft, S. 531–536.

84 *Wolfgang Scheffler / Helge Grabitz*, Einleitung, in: Grabitz / Justizbehörde Hamburg (Hrsg.), Täter und Gehilfen des Endlösungswahns, S. 9–26, hier: S. 22.

85 *Natascha Doll*, Streichelstrafen für Mördernazis, in: Rg 2 (2003), S. 198–200, hier: S. 200.

Unabhängig von der Frage, wie die Geschichte der strafrechtlichen Verfolgung von NS-Verbrechen zu untersuchen und zu bewerten ist, gilt es, auf die Bedeutung der Materialien hinzuweisen, die von der Zentralen Stelle Ludwigsburg, den Staatsanwaltschaften und den Gerichten im Rahmen der NSG-Verfahren zusammengetragen und produziert wurden. Es war, wie Stefan Hördler hervorhebt, die Zentrale Stelle in Ludwigsburg, „die eine *Täterforschung* in der Bundesrepublik begründete und dauerhaft prägte".[86] Die Ermittlungen der Justiz enthüllen das ungeheure Ausmaß der NS-Verbrechen und die Beteiligung zahlreicher Organisationen und Behörden an den Massenmorden. „Die Erkenntnisse über die 'willigen Vollstrecker' gehörten", wie Scheffler und Grabitz betonen, „seit den sechziger Jahren zum ständigen Gerichtsalltag der NSG-Verfahren".[87] Die Öffentlichkeit nahm jedoch, abgesehen von einigen Ausnahmen, wie dem Auschwitz- und dem Majdanek-Prozess, nur wenig Notiz von den Prozessen. Die meisten NS-Prozesse fanden, so Grabitz und Scheffler, „vor leeren Zuschauerbänken" statt.[88] Auch die Medien zeigten kein großes Interesse, die Prozesse kontinuierlich zu begleiten.[89] Selbst die deutsche Zeitgeschichtsforschung hat die Verfahren lange Zeit nicht zur Kenntnis genommen.[90] Erst seit Anfang der 1990er Jahr nutzten Historiker die Justizakten vermehrt als Quellen für die Untersuchung der deutschen Verfolgungs- und Vernichtungspolitik. Damit verbunden waren jedoch nicht nur neue Erkenntnisgewinne, sondern auch methodische Proble-

86 *Stefan Hördler*, Aspekte der *Täterforschung*. Eine kritische Bilanz, in: Petra Fank / Stefan Hördler (Hrsg.), Der Nationalsozialismus im Spiegel des öffentlichen Gedächtnisses. Formen der Aufarbeitung und des Gedenkens, Berlin 2005, S. 23–45, hier: S. 26. Zur „Täterforschung" vgl. auch die folgenden Sammelbände: *Gerhard Paul* (Hrsg.), Die Täter der Shoah. Fanatische Nationalsozialisten oder ganz normale Deutsche?, Göttingen ²2003; *Kramer* (Hrsg.), NS-Täter aus interdisziplinärer Perspektive.

87 *Scheffler / Grabitz*, Einleitung, S. 11.

88 Ebd., S. 21. Dies gilt z.B. für den Hamburger Prozess gegen Dr. Ludwig Hahn wegen NS-Massenverbrechen in Warschau. So schreibt Peggy Parnass in ihrer Gerichtsreportage vom Mai 1972: „Das Schwurgericht ist in einen kleinen Saal umgezogen. Auch der ist noch zu groß, da weder Presse noch Publikum die wenigen Plätze in Anspruch nehmen. Die Leute kommen nicht mal aus Geschichtsinteresse." *Peggy Parnass*, Im Namen des Volkes, in: dies., Prozesse. 1970 bis 1978, Frankfurt a.M. 1978, S. 209–220, hier: S. 217.

89 Vgl. *Heiner Lichtenstein*, Niemand spricht für die Zeugen. Medien, öffentliches Interesse und NS-Prozesse, in: Klein / Wilhelm (Hrsg.), NS-Unrecht vor Kölner Gerichten, S. 158–164.

90 Vgl. *Wolfgang Scheffler*, NS-Prozesse als Geschichtsquelle. Bedeutung und Grenzen ihrer Auswertbarkeit durch den Historiker, in: Werner Bergmann / Wolfgang Scheffler (Hrsg.), Lerntag über den Holocaust als Thema im Geschichtsunterricht und in der politischen Bildung, Berlin 1988, S. 13–27, hier: S. 21.

me[91] sowie eine eingeschränkte, täterzentrierte Sichtweise auf das Geschehen, in der die Opfer lediglich als Objekte vorkommen.[92]

Der bisherige Schwerpunkt in der Erforschung von NSG-Verfahren liegt auf quantitativen Analysen. Bereits in den 1970er Jahren erschienen drei Dissertationen, in denen eine statistische Urteilsauswertung durchgeführt wird.[93] Stefan Klemps Studie „Nicht ermittelt“ strebt eine systematische Erfassung von Ermittlungsverfahren gegen ehemalige Angehörige von Polizeibataillonen an. Laut Klemp wurden in der Bundesrepublik Deutschland und in der DDR insgesamt 220 Verfahren gegen Angehörige von 90 Polizeieinheiten bekannt, darunter 75 Polizeibataillone. Für die Studie wurden 102 Verfahren ausgewertet. Allein 65 davon seien von der Staatsanwaltschaft bei der Zentralstelle Dortmund geführt worden. In Nordrhein-Westfalen wurden, so das Ergebnis, 61 von 75 Verfahren gegen ehemalige Angehörige von Polizeibataillonen eingestellt (81 %). Nur in zwei Fällen sei es zu einer Verurteilung gekommen (2,6 %). Auch in den übrigen Bundesländern habe die Zahl der Verfahrenseinstellungen bei 80 % gelegen, indes sei die Wahrscheinlichkeit einer Verurteilung „weit höher“ gewesen.[94] Klemp widmet sich mit den staatsanwaltlichen Verfahrenseinstellungen einem Thema, das bislang kaum untersucht wurde.[95] Er nennt eine Reihe von Faktoren „für das Ausbleiben der Strafverfolgung von NS-Tätern aus Polizeibataillonen“, darunter die Verjährungsproblematik, das „gesellschaftliche ‘Klima der Nachsicht’“, die „politische Vergangenheit vieler Richter und Staatsanwälte“, die Tatsache, dass beschuldigte Polizisten von Kollegen vernommen wurden, „fehlendes Ermittlungsinteresse bei Staatsan-

---

91 Vgl. dazu: ebd., S. 16ff.; *Gerlach*, Kalkulierte Morde, S. 30–33 sowie die Ausführungen in Kapitel IV.3 dieser Arbeit. Zum Umgang mit Gerichtsakten vgl. auch: *Claudia Kuretsidis-Haider*, „Das Volk sitzt zu Gericht“. Österreichische Justiz und NS-Verbrechen am Beispiel der Engerau-Prozesse 1945–1954, Innsbruck 2006, S. 19–21.

92 Vgl. *Herbert* (Hrsg.), Nationalsozialistische Vernichtungspolitik.

93 Vgl. *Günter E. Hirsch*, Die Strafzumessung bei nationalsozialistischen Gewalt- und Kriegsverbrechen, Neuburg a.d. Donau 1973; *Volker Ducklau*, Die Befehlsproblematik bei NS-Tötungsverbrechen, Freiburg i.Br. 1976; *Ulrich-Dieter Oppitz*, Strafverfahren und Strafvollstreckung bei NS-Gewaltverbrechen, Ulm 1976.

94 Vgl. *Stefan Klemp*, „Nicht ermittelt“. Polizeibataillone und die Nachkriegsjustiz – Ein Handbuch, Essen 2005, S. 399f.

95 Vgl. *Michael Greve*, Neuere Forschungen zu NS-Prozessen. Ein Überblick, in: KJ 32 (1999), S. 472–480, S. 475 und S. 477. Eine systematische Auswertung der Einstellungsbeschlüsse liegt bisher nicht vor. Bislang wurden lediglich die Verfahrenseinstellungen der Dortmunder und Kölner Zentralstellen zur Bearbeitung von NS-Massenverbrechen dokumentiert und analysiert. Vgl. *Justizministerium des Landes NRW* (Hrsg.), Die nordrheinwestfälische Justiz und ihr Umgang mit der nationalsozialistischen Vergangenheit. Abschlussbericht. Interdisziplinäres Forschungsprojekt der Westfälischen Wilhelms-Universität Münster, Düsseldorf 2001, S. 98–130.

wälten", fehlende Finanzmittel, „massive Zeugenbeeinflussungen durch Beschuldigte" und die Rechtsprechung des BGH.[96] Klemps Studie gliedert sich nach Polizeieinheiten. Damit wählt er eine Vorgehensweise, die sich von dem bisherigen Trend der Forschung, Tatkomplexe in den Mittelpunkt der Untersuchung zu stellen, unterscheidet.

Die Orientierung der Forschung zu NSG-Verfahren an bestimmten Tatkomplexen, weniger an der Verfolgungspraxis einzelner Gerichtsbezirke,[97] steht im Zusammenhang mit der Sammlung deutscher Strafurteile von Christiaan Frederic Rüter, der zehn Deliktkategorien von NS-Tötungsverbrechen unterscheidet.[98]

Kerstin Freudigers Untersuchung „Die juristische Aufarbeitung von NS-Verbrechen" stützt sich auf acht Kategorien Rüters, die den folgenden vier „Großverbrechen" des Nationalsozialismus zugeordnet werden: Vernichtung des europäischen Judentums (Massenvernichtungsverbrechen in Lagern und durch Einsatzgruppen,[99] Schreibtischverbrechen), „Euthanasie",[100] Vernichtungskrieg (Kriegsverbrechen, NS-Gewaltverbrechen in Lagern) und Justiz-

96 *Klemp*, „Nicht ermittelt", S. 400f.

97 Ausnahmen sind: *Grabitz / Justizbehörde Hamburg* (Hrsg.) Täter und Gehilfen des Endlösungswahns; *Volker Zimmermann*, NS-Täter vor Gericht. Düsseldorf und die Strafprozesse wegen nationalsozialistischer Gewaltverbrechen, Düsseldorf 2001; *Friedrich Hoffmann*, Die Verfolgung der nationalsozialistischen Gewaltverbrechen in Hessen, Baden-Baden 2001.

98 Es sind dies: „Schreibtischverbrechen", „Kriegsverbrechen", „Justizverbrechen", „Verbrechen gegen deutsche Soldaten", „Massenvernichtungsverbrechen durch Einsatzgruppen", „Massenvernichtungsverbrechen in Lagern", „Verbrechen des Völkermords, andere Massenvernichtungsverbrechen", „Verbrechen der Endphase", „Denunziationsfälle", „andere NS-Tötungsverbrechen". *Adelheid L. Rüter-Ehlermann / Christiaan Frederic Rüter*, Einleitung, in: dies. (Hrsg.), Justiz und NS-Verbrechen. Sammlung deutscher Strafurteile wegen nationalsozialistischer Tötungsverbrechen 1945–1966, Bd. I, Amsterdam 1968, S. XI–XXIII, hier: S. XXII. Die Urteile der westdeutschen und ostdeutschen Verfahren sind im Internet einsehbar. Die Sammlung der Urteile aus westdeutschen Verfahren umfasst mittlerweile 38 Bände. Vgl. http://www1.jur.uva.nl/ junsv/brd/ Lfdnrfr.htm, Aufruf am 2. September 2008.

99 Vgl. *Alfred Streim*, Zum Beispiel: Die Verbrechen der Einsatzgruppen in der Sowjetunion, in: Adalbert Rückerl (Hrsg.), NS-Prozesse nach 25 Jahren Strafverfolgung: Möglichkeiten – Grenzen – Ergebnisse, Karlsruhe 1972, S. 65–106; *Bettina Nehmer*, Täter als Gehilfen? Zur Ahndung von Einsatzgruppenverbrechen, in: Redaktion Kritische Justiz (Hrsg.), Die juristische Aufarbeitung des Unrechts-Staats, Baden-Baden 1998, S. 635–668.

100 Vgl. *Susanne Benzler / Joachim Perels*, Justiz und Staatsverbrechen – Über den juristischen Umgang mit der NS-„Euthanasie", in: Hanno Loewy / Bettina Winter (Hrsg.), NS-„Euthanasie" vor Gericht. Fritz Bauer und die Grenzen juristischer Bewältigung, Frankfurt a.M. 1996, S. 15–34.

verbrechen (Richterliche Todesurteile, Denunziationen). Die Studie analysiert die gerichtliche Urteilspraxis in der Bundesrepublik auf der Grundlage von 142 Urteilen westdeutscher Gerichte zu NS-Tötungsverbrechen.[101] Freudigers zentrale These lautet, dass „Taten aus den verschiedenen Verbrechenskomplexen trotz vergleichbaren Sachverhalts unterschiedlich stark sanktioniert und die Beteiligten ungleich behandelt“ worden seien.[102] Die Unterschiede der Ahndung werden an den „strafrechtlichen Denkfiguren“ der „Strafmilderung durch ‘Beihilfe’ zum Mord und durch ‘Totschlag’“ sowie des „Schuldausschlusses wegen ‘fehlenden Unrechtsbewusstseins’“ festgemacht.[103] Lediglich im Bereich der Verbrechen an den europäischen Juden seien „Ansätze einer rechtsstaatlich angemessenen Ahndung“ festzustellen. Nur bei diesem Verbrechenskomplex seien „über den gesamten Zeitraum der Rechtsprechung sowohl Verurteilungen wegen Täterschaft als auch solche wegen Beihilfe ausgesprochen worden“.[104] Jene NS-Verbrechen, an denen „die bürgerlichen Führungsschichten wie Ärzteschaft, Justiz und Wehrmacht maßgeblich beteiligt waren“, seien von der westdeutschen Justiz „tendenziell milde“ behandelt worden.[105]

Freudigers Vorgehensweise erlaubt es, eine Vielzahl von Prozessen in den Blick zu nehmen, hat aber zwangsläufig den Nachteil, dass eine tiefer gehende Analyse der Verfahrensabläufe nicht erfolgen kann. Das gilt auch für die Arbeit von Greve, der in seiner Dissertation den rechtspolitischen und justitiellen Umgang mit NS-Gewaltverbrechen in den 1960er Jahren untersucht.

In einem Teil seiner Dissertation nimmt Greve eine Analyse von NSG-Urteilen unter besonderer Berücksichtigung der BGH-Rechtsprechung vor. Bei 70 % der zwischen 1959 und 1965 durchgeführten und mit einem rechtskräftigen Urteil beendeten Verfahren lautete die Anklage auf Täterschaft zum Mord. Die Schwurgerichte seien aber nur in einem Viertel der Verfahren dem Votum der Staatsanwaltschaft gefolgt, indem sie zumindest einen der Angeklagten wegen Täterschaft verurteilt hätten. Plädierte die Staatsanwaltschaft auf Beihilfe, folgten die Gerichte in der Regel der Anklagebehörde.[106] Greves Untersuchung der Strafzumessung in NSG-Verfahren der 1960er Jahre hat ergeben, dass die seit den Taten vergangene Zeit und das abnehmende „Sühnebedürfnis“ der

101 *Kerstin Freudiger*, Die juristische Aufarbeitung von NS-Verbrechen, Tübingen 2002, S. 7.

102 Ebd., S. 407.

103 Vgl. ebd., S. 6.

104 Ebd., S. 407.

105 Vgl. ebd., S. 416.

106 *Greve*, Der justitielle und rechtspolitische Umgang, S. 156f.

Gesellschaft „zu den häufigsten Milderungsgründen" gehörten.[107] Zu den weiteren Schuldmilderungsgründen zählten u.a. „die exzeptionellen Verhältnisse" (darunter die ideologische „Beeinflussung und Verhetzung aller Berufsstände und Schichten") im Nationalsozialismus, „das Alter der Angeklagten zur Tatzeit", die erfolgreiche Reintegration in die bundesrepublikanische Gesellschaft, „Kriegsgefangenschaft, Internierungshaft, Kriegsverletzung, Vertreibung und Familien- und Vermögensverlust" sowie „Handeln auf Befehl, mangelnde Tatherrschaft, geringe eigene Initiative, Tatausführung mit innerem Widerstreben oder das Bemühen um Ablösung oder Versetzung".[108] Die Analyse der NSG-Urteile zeigt eine unterschiedliche Bewertung der Umstände: „Während ein Schwurgericht den durch jahrelange Indoktrination erwirkten Antisemitismus als Milderungsgrund ansah, reduzierte ein anderes Gericht die Strafhöhe, weil der Angeklagte bei der Ausübung seiner Taten keine antisemitischen Gefühle hegte." Dadurch „ließen sich", so Greve, auch die Strafen der „schlimmsten Überzeugungstäter ebenso herabsetzen – sie galten als zu verblendet, um das Unrecht ihrer Taten erkennen zu können –, wie die Strafen von NS-Tätern, die gegen die ideologische Verhetzung resistent waren und die Mordbefehle aus soldatischem Pflichteifer oder aus purer Gleichgültigkeit ausführten".[109]

Greve nennt die Rechtsprechungsergebnisse in den 1960er Jahren „unbefriedigend". Er übt Kritik an der milden Urteilspraxis, die in erster Linie durch die Gehilfenkonstruktion erreicht worden sei. Charakteristisch für die „Gehilfenurteile" sei, dass „die Richter zunächst detailliert den Geschehensablauf sowie die Grausamkeit und Brutalität der Verbrechen schilderten, um sie dann auf dem Wege der rechtlichen Würdigung durch milde Strafen oder sogar Freisprüche zu verharmlosen oder zu entkriminalisieren". In einigen Fällen dränge „sich der Eindruck auf", dass „die Richter die Grausamkeit der Verbrechen nur aus dem Grunde negierten, um ein bestimmtes Rechtsprechungsergebnis zu erzielen".[110] Den Versuch, die Angeklagten zu exkulpieren, meint Greve auch beim Bielefelder Schwurgericht erkennen zu können. „Zur Einstellung des Verfahrens" habe sich das Schwurgericht bemüht, „die Taten der Angeklagten, darunter die Ermordung von Kleinkindern, als nicht grausam darzustellen".[111] Greve unterstellt, das Gericht habe das tatbezogene Mord-

107 Ebd., S. 162.

108 Vgl. ebd., S. 161ff., Zitate S. 164, 166, 168.

109 Ebd., S. 168.

110 Ebd., S. 397.

111 *Michael Greve*, Amnestierung von NS-Gehilfen – eine Panne? Die Novellierung des § 50 Abs. 2 StGB und dessen Auswirkungen auf die NS-Strafverfolgung, in: KJ 33

merkmal der Grausamkeit absichtlich negiert, um die Angeklagten mit Hilfe des § 50 Abs. 2 StGB[112] amnestieren zu können. Diese Deutung gilt es zu hinterfragen, denn das Bielefelder Schwurgericht weist in der Sachverhaltsdarstellung im Urteil mehrfach auf die grausame Tatausführung durch die Angeklagten hin.[113]

Mit Heribert Ostendorf lässt sich zusammenfassend feststellen, dass quantitative Untersuchungen „schwerlich die tatsächlichen Schwierigkeiten und rechtlichen Probleme vermitteln" können, „die in den einzelnen Verfahren einer gerechten Ahndung entgegenstanden".[114] Zur Ergänzung sei eine „qualitative Analyse" gefordert, die Ostendorf am Beispiel des Düsseldorfer Majdanek-Prozesses (1975–1981) durchführt. Er behandelt den Prozessverlauf, die Tatvorwürfe, Beweisprobleme und die Strafzumessung.[115]

Bisher liegen kaum qualitative Analysen von NS-Prozessen vor. „In vielen Fällen fehlen", worauf Peter Reichel hingewiesen hat, „Spezialstudien zu den oft langjährigen Verfahren, einschließlich ihrer öffentlichen, nationalen wie internationalen Resonanz".[116] Aufmerksamkeit erlangten bisher hauptsächlich die Nürnberger Prozesse,[117] der in Israel durchgeführte Eichmann-Prozess

---

(2000), S. 412–424, hier: S. 423. Siehe auch *Greve*, Der justitielle und rechtspolitische Umgang, S. 389f.

112 Die Neufassung des § 50 II schrieb vor, dass die Strafe eines Gehilfen zu mildern sei, wenn bei diesem „besondere persönliche Eigenschaften, Verhältnisse oder Umstände (besondere persönliche Merkmale), welche die Strafbarkeit des Täters begründen", fehlen (BGBl. 1965 I, 506). Die Folge der Strafminderung war „eine Veränderung der Verjährungsfristen, sofern der Gehilfe selbst nicht aus niedrigen Beweggründen und ohne Täterwillen gehandelt hatte". *Greve*, Amnestierung von NS-Gehilfen, S. 413. Folglich hätte der BGH für das Urteil des Bielefelder Schwurgerichts Verjährung annehmen können, weil den Angeklagten eigene „niedrige Beweggründe" nicht nachgewiesen worden waren und das tatbezogene Mordmerkmal „grausam" in der rechtlichen Würdigung nicht berücksichtigt worden war. Vgl. *Anders / Kutscher / Stoll*, Der Bialystok-Prozess vor dem Landgericht Bielefeld 1965–1967, S. 129 sowie Kapitel V.5 dieser Arbeit.

113 Vgl. Kapitel V.4 und V.5 dieser Arbeit.

114 *Heribert Ostendorf*, Die – widersprüchlichen – Auswirkungen der Nürnberger Prozesse auf die westdeutsche Justiz, in: Hankel / Stuby (Hrsg.), Strafgerichte gegen Menschheitsverbrechen, S. 73–97, hier: S. 82.

115 Vgl. ebd., S. 82–90.

116 *Reichel*, Vergangenheitsbewältigung in Deutschland, S. 11.

117 Vgl. *Annette Weinke*, Die Nürnberger Prozesse, München 2006. Weinke betont, dass es „bis heute keine sozial- und kulturgeschichtlich informierte Gesamtdarstellung zu Vorgeschichte, Ablauf und Folgen des Nürnberger Kriegsverbrecherprogramms" gebe. Ebd., S. 9. Zu den Nürnberger Prozessen vgl. auch die Beiträge in: *David Bankier / Dan Michman* (Hrsg.), Holocaust and Justice.

(1961–1962),[118] der erste Frankfurter Auschwitz-Prozess (1963–1965),[119] der Prozess gegen Kurt Lischka, Herbert Hagen und Ernst Heinrichsohn vor dem LG Köln (1979–1980),[120] der Düsseldorfer Majdanek-Prozess[121] und der Prozess gegen Dr. Friedrich Engel (2002).[122] Ein Blick auf die Forschungslandschaft zu ebenfalls größeren und bedeutenden bundesdeutschen Verfahren wie den Prozessen gegen das Personal der Vernichtungslager bestätigt Reichels Befund. Weder die Treblinka-Prozesse noch das Bełżec-, Chełmno- oder Sobibór-Verfahren sind Gegenstand einer Monographie. Die 1977 von Adal-

---

118 Vgl. *Hanna Yablonka*, As Heard by Witnesses, the Public, and the Judges: Three Variations on the Testimony in the Eichmann Trial, in: David Bankier / Dan Michman (Hrsg.), Holocaust Historiography in Context. Emergence, Challenges, Polemics and Achievements, Jerusalem 2008, S. 567–587; *José Brunner*, Trauma in Jerusalem? Zur Polyphonie der Opferstimmen im Eichmann-Prozess, in: Fritz Bauer Institut (Hrsg.), Zeugenschaft des Holocaust. Zwischen Trauma, Tradierung und Ermittlung, Frankfurt a.M. 2007, S. 92–115; *Hanna Yablonka*, The State of Israel vs. Adolf Eichmann, New York 2004; *Peter Krause*, Der Eichmann-Prozeß in der deutschen Presse, Frankfurt a.M. 2002; *Lawrence Douglas*, The Memory of Judgement. Making Law and History in the Trials of the Holocaust, New Haven / London 2001, S. 97–182 sowie die bibliographischen Hinweise bei: *Viktoria Pollmann*, NS-Justiz, Nürnberger Prozesse, NSG-Verfahren. Auswahl-Bibliographie, Frankfurt a.M. 2000, S. 67–71 und S. 43f.

119 Vgl. *Irmtrud Wojak*, Die Verschmelzung von Geschichte und Kriminologie. Historische Gutachten im ersten Frankfurter Auschwitz-Prozeß, in: Norbert Frei u.a. (Hrsg.), Geschichte vor Gericht, S. 29–45; *Werner Renz*, Der erste Frankfurter Auschwitz-Prozeß. Völkermord als Strafsache, in: 1999. Zeitschrift für Sozialgeschichte des 20. und 21. Jahrhunderts 15 (2000), S. 11–48; *Fritz Bauer Institut* (Hrsg.), „Gerichtstag halten über uns selbst ..." Geschichte und Wirkung des ersten Frankfurter Auschwitz-Prozesses, Frankfurt a.M. 2001; *Joachim Perels*, Die Strafsache gegen Mulka und andere 4 Ks 2/63 – Juristische Grundlagen, in: Irmtrud Wojak (Hrsg.), Auschwitz-Prozeß 4 Ks 2/63 Frankfurt a.M., Köln 2004, S. 124–147. Zuletzt erschienen zwei Dissertationen zum Auschwitz-Prozess. Vgl. *Rebecca Wittmann*, Beyond Justice. The Frankfurt Auschwitz Trial, Cambridge Mass. 2005; *Devin Pendas*, The Frankfurt Auschwitz Trial, 1963–1965. Genocide, History, and the Limits of the Law, Cambridge Mass. 2006.

120 Vgl. *Bernhard Brunner*, Der Frankreich-Komplex. Die nationalsozialistischen Verbrechen in Frankreich und die Justiz der Bundesrepublik Deutschland, Frankfurt a.M. 2007, S. 340–359; *Heiner Lichtenstein*, Kurt Lischka. Ein Prozeß mit skandalöser Vorgeschichte, in: ders., Im Namen des Volkes? Eine persönliche Bilanz der NS-Prozesse, Köln 1984, S. 99–112; *Heinz Faßbender*, Der Prozess gegen Lischka, Hagen und Heinrichsohn aus der Sicht des damaligen Schwurgerichtsvorsitzenden, in: Klein / Wilhelm (Hrsg.), NS-Unrecht vor Kölner Gerichten, S. 177–182.

121 *Ostendorf*, Die – widersprüchlichen – Auswirkungen der Nürnberger Prozesse, S. 82–90; *Sabine Horn*, „... ich fühlte mich damals als Soldat und nicht als Nazi": Der Majdanek-Prozess im Fernsehen – aus geschlechtergeschichtlicher Perspektive betrachtet, in: Ulricke Weckel / Edgar Wolfrum (Hrsg.), „Bestien" und „Befehlsempfänger". Frauen und Männer in NS-Prozessen nach 1945, Göttingen 2003, S. 222–249.

122 *Ingo von Münch*, Geschichte vor Gericht. Der Fall Engel, Hamburg 2004.

bert Rückerl herausgegebene kommentierte Dokumentation bleibt bis dato die einzige Studie zu diesem Verfahrenskomplex.[123]

Die neuere Forschung zu NS-Prozessen fragt danach, welche Bilder in den Verfahren von der NS-Zeit, den Verbrechen und den Tätern und Täterinnen produziert wurden, wie die Verfahren medial repräsentiert und wie die Angeklagten öffentlich wahrgenommen wurden.[124] In den Blickpunkt des Interesses geraten auch die in den Verfahren vorherrschenden Argumentations- und Deutungsmuster. Andreas Mix analysiert am Beispiel des Verfahrens gegen Heinrich Klaustermeyer vor dem Landgericht Bielefeld und des Prozesses gegen Josef Blösche vor dem Bezirksgericht Erfurt, welches Bild die Staatsanwaltschaften in West- und Ostdeutschland von den Angeklagten und ihren im Warschauer Ghetto begangenen Taten entwarfen, wie die Zeugenaussagen bewertet wurden und wie sich die Rechtshilfe mit den Behörden aus dem Lager des Systemgegners gestaltete.[125] Jan Kiepe untersucht in seiner Magisterarbeit über das Verfahren gegen ehemalige Angehörige des Hamburger Reservepolizeibataillons 101 die Selbstdarstellung und Fremddarstellung von NS-Tätern,[126] Birga Meyer analysiert anhand des Bremer Prozesses (1950–1953) gegen Fritz Hildebrandt, den ehemaligen Kommandanten der Zentralen Arbeitslager in Borysław und Drohobycz im Distrikt Galizien, wie Vorstellungen von Täterschaft und Menschlichkeit diskursiv hergestellt wurden.[127] Der

123 *Adalbert Rückerl* (Hrsg.), Nationalsozialistische Vernichtungslager im Spiegel deutscher Strafprozesse. Belzec, Sobibor, Treblinka, Chelmno, München 1977.

124 Vgl. dazu den von *Weckel* und *Wolfrum* herausgegebenen Sammelband „Bestien" und „Befehlsempfänger" und den Bericht Rüdiger Grafs über die Tagung „Das Gericht als Tribunal oder: Wie der NS-Vergangenheit der Prozess gemacht wurde", die vom 24. bis zum 25. November 2006 in Göttingen stattfand. Tagungsbericht *Das Gericht als Tribunal oder: Wie der NS-Vergangenheit der Prozess gemacht wurde.* 24.11.2006–25.11.2006, Göttingen, in: H-Soz-u-Kult, 21.12.2006, http://hsozkult.geschichte.hu-berlin.de/tagungsberichte/id=1427, Aufruf am 2. September 2008.

125 Vgl. *Andreas Mix*, Das Ghetto vor Gericht. Zwei Strafprozesse gegen Exzeßtäter aus dem Warschauer Ghetto vor bundesdeutschen und DDR-Gerichten im Vergleich, in: Stephan Alexander Glienke u.a. (Hrsg.), Erfolgsgeschichte Bundesrepublik? Die Nachkriegsgesellschaft im langen Schatten des Nationalsozialismus, Göttingen 2008, S. 319–345.

126 *Jan Henning Kiepe*, Zur Selbstdarstellung und Fremddarstellung von NS-Tätern in den Ermittlungs- und Strafverfahren gegen ehemalige Mitglieder des Hamburger Reservepolizeibataillons 101 in den 1960er Jahren, unveröffentl. Magisterarbeit, Göttingen 2005.

127 *Birga Meyer*, Im Zeichen der Zeit. Die Konstruktion von Täterschaft im Prozess gegen den ehemaligen Lagerkommandanten Fritz Hildebrand, in: Wojciech Lenarczyk u.a. (Hrsg.), KZ-Verbrechen. Beiträge zur Geschichte der nationalsozialistischen Konzentrationslager und ihrer Erinnerung, Berlin 2007, S. 73–88.

von Georg Wamhof herausgegebene Band „Das Gericht als Tribunal"[128] rückt „das Geschehen vor Gericht selbst, das Tun und Lassen, Reden und Schweigen im Verhandlungssaal sowie vor allem dessen mediale Aufbereitung und die davon ausgehenden möglichen Folgen und Wirkungen in den Mittelpunkt des Interesses".[129]

Auch in der vorliegenden Studie geht es um die Analyse der juristischen Sprachhandlungen, die Kommunikations- und Interaktionsprozesse im Gerichtssaal, Reden und Schweigen. Das Sammelverfahren in Sachen KdS für den Bezirk Bialystok bietet sich aus dreierlei Gründen als Untersuchungsgegenstand an: Erstens ist es auf der Grundlage der Tonbandaufnahmen der Hauptverhandlung des Bielefelder Prozesses möglich, die forensischen Handlungs- und Aushandlungsprozesse der Beteiligten zu analysieren. Zweitens handelt es sich bei der Strafsache gegen Dr. Zimmermann und Andere bzw. Dr. Altenloh und Andere um das größte und wichtigste Verfahren wegen NS-Gewaltverbrechen im Bezirk Bialystok, aus dem viele weitere Strafverfahren hervorgingen. Es wurde deshalb von den mit den Ermittlungen befassten Staatsanwälten als „Ursprungsverfahren" bezeichnet. Drittens sind die Verfahren wegen Deportationen von Juden aus dem Bezirk Bialystok bisher nicht systematisch untersucht worden.

Zur juristischen Aufarbeitung der Kategorie der Deportationsverfahren liegen bislang kaum Studien vor. Nach den Erkenntnissen Rüters wurden vor deutschen Gerichten nur wenige Strafverfahren gegen die Verantwortlichen der Deportationen von Juden aus dem Deutschen Reich durchgeführt: dreizehn Prozesse in der Bundesrepublik und sechs Prozesse in der DDR.[130] Rüter befasst sich mit der Frage, warum es angesichts der Vielzahl von Behörden und Personen, die an den Deportationen mitwirkten, nur wenige Strafverfahren und wenige Verurteilungen gab.[131] Akim Jah untersucht „das Spannungsfeld zwischen der fehlgeschlagenen juristischen Überführung" der Beschuldigten und der „präzisen historischen Rekonstruktion" der Geschehnisse im Verfah-

128 Vgl. *Georg Wamhof* (Hrsg.), Das Gericht als Tribunal oder: *Wie* der NS-Vergangenheit der Prozess gemacht wurde, Göttingen 2009.

129 *Georg Wamhof*, Einleitung, in: ders. (Hrsg.), Das Gericht als Tribunal, S. 9–37, hier: S. 11.

130 Vgl. *Christiaan Frederik Rüter*, Ost- und westdeutsche Strafverfahren gegen die Verantwortlichen für die Deportation der Juden, in: Klein / Wilhelm (Hrsg.), NS-Unrecht vor Kölner Gerichten, S. 45–56, hier: S. 46f. Die ost- und westdeutschen Strafverfahren gegen die Verantwortlichen für die Deportationen von Juden aus dem besetzten Polen sind bisher nicht systematisch untersucht worden.

131 In den 19 Verfahren wurden nach Angaben Rüters insgesamt 15 Angeklagte verurteilt. Vgl. *Rüter*, Ost- und westdeutsche Strafverfahren, S. 47.

ren gegen ehemalige Angehörige der Stapoleitstelle Berlin, die an der Deportation der Berliner Juden beteiligt waren.[132] Ahlrich Meyer analysiert die Verteidigungs- und Entlastungsstrategien der Verantwortlichen für die Deportationen von Juden aus Frankreich.[133] Die Organisatoren der Transporte von Juden aus Berlin und aus Frankreich behaupteten – genau wie die ehemaligen Angehörigen des KdS für den Bezirk Bialystok –, von der Ermordung der Deportierten zur Tatzeit nichts gewusst zu haben. Meyer vertritt die These, dass es sich bei den Aussagen der Täter nicht allein um individuelle Entlastungsversuche gegenüber der Justiz handele. Als Ausdruck deutscher Mentalitätsstrukturen spiegeln sie aus seiner Sicht eine Erinnerungskonstruktion der bundesrepublikanischen Nachkriegsgesellschaft, die dem Selbstbild der Täter entsprochen habe:

> „Wenn unzählige Angehörige deutscher Dienststellen in Frankreich über Jahre hinweg in unterschiedlichen Ermittlungskomplexen gegenüber verschiedenen Vernehmungsbeamten in stereotypen Redewendungen übereinstimmend angaben, sie hätten an der Verfolgung von Juden nicht mitgewirkt, keine Kenntnis von den Deportationen gehabt und von Auschwitz erst nach dem Krieg erfahren, dann verweist das – unabhängig von der Frage nach Lüge oder Wahrheit – auf eine gesellschaftliche Erinnerungskonstruktion, auf das langjährige Einüben einer Sprechweise über den Judenmord, bei der gleichzeitig das Verbrechen und seine Täter verschwanden.“[134]

Meyer moniert, dass die Ermordung von mehr als 76.000 französischen Juden „aus dem deutschen Geschichtsbild wie aus der Historiographie lange ausgeklammert blieb“.[135] Das gilt auch für die Ermordung der Juden des Bezirks Bialystok. Es gibt weder eine Monographie, welche die dortige deutsche Besatzungspolitik zum Gegenstand hat, noch eine quantitative Untersuchung über die Vielzahl der Strafverfahren wegen NS-Gewaltverbrechen im Bezirk Bialystok. Aufmerksamkeit gefunden haben bisher nur der Wuppertaler Białystok-Prozess (1967–1968) gegen ehemalige Angehörige des Polizeibataillons 309,[136] die am 27. Juni 1941 an der Tötung von mindestens 800 Juden

132 Vgl. *Jah*, Juristische und historische Wahrheitssuche im Berliner Bovensiepen-Verfahren, S. 51.

133 *Meyer*, Täter im Verhör, Kapitel VII.

134 Ebd., S. 306.

135 Ebd., S. 358.

136 Vgl. *Heiner Lichtenstein*, Polizisten als Mörder. Das Verbrechen von Bialystok, in: ders., Im Namen des Volkes?, S. 63–82; *Michael Okroy*, „Man will unserem Batl. was tun [...]“ – Der Wuppertaler Bialystok-Prozess 1967/68 und die Ermittlungen gegen Angehörige des Polizeibataillons 309, in: Alfons Kenkmann / Christoph Spieker (Hrsg.), Im Auftrag – Polizei, Verwaltung und Verantwortung, Münster 2001, S. 301–317.

in der Großen Synagoge in Białystok mitgewirkt hatten, und der Białystok-Prozess vor dem Landgericht Bielefeld. Im Mittelpunkt der bereits erwähnten Magisterarbeit Bitterbergs über den Bielefelder Prozess steht die Frage nach der Verwertbarkeit von Materialien aus NSG-Verfahren für die historische Forschung über die Verfolgung und Vernichtung der Juden. Bitterberg wertete nicht alle 221 Aktenbände zum Verfahren gegen Dr. Zimmermann u.A. aus, die sich im Staatsarchiv Detmold befinden. Er beschränkte sich auf diejenigen, die in unmittelbarem Zusammenhang mit der Hauptverhandlung stehen. Auch die Tonbandmitschnitte standen ihm nicht zur Verfügung. Der Aufsatz „Der Bialystok-Prozess vor dem Bielefelder Landgericht 1965–1967" von Freia Anders, Hauke-Hendrik Kutscher und der Verfasserin legt einen Schwerpunkt auf die Analyse der Hauptverhandlung.[137] Das umfangreiche Ermittlungsverfahren wird in dem Aufsatz – genau wie in Bitterbergs Arbeit – nur am Rande behandelt. Genese und Verlauf der staatsanwaltlichen (Vor-)Ermittlungen werden in dieser Studie anhand der Akten aus den Staatsarchiven Münster und Detmold des Landesarchivs Nordrhein-Westfalen sowie dem Bundesarchiv Ludwigsburg untersucht. Sie leistet damit eine qualitative Analyse des Verfahrensablaufs – vom Beginn der Ermittlungen bis zum Urteil des BGH vom 2. Februar 1970. Die Ahndungsbemühungen der Strafverfolgungsbehörden detailliert nachzeichnend verfolgt die Arbeit auch ein dokumentarisches Interesse.

5. Theoretische Überlegungen

Einer Aufarbeitung des Holocaust durch strafrechtliche Verfahren sind, so die Ausgangshypothese dieser Studie, hinsichtlich der Erfassung der Ereignisse von vornherein Beschränkungen auferlegt. Diese Annahme ist an eine Voraussetzung geknüpft, welche die Beziehung zwischen Ereignissen und deren sprachlicher Aufbereitung betrifft. In dieser Arbeit wird mit Reinhart Koselleck, der analytisch zwischen Sprache und Geschichte trennt,[138] davon ausgegangen, dass „die Differenz zwischen einer Geschichte im Vollzug ihres Geschehens und ihrer sprachlichen Verarbeitung […] konstitutiv ist für deren Beziehung" und nie geschlossen werden kann.[139] „Zwischen Sprechen und Tun bzw. zwischen Sprechen und Leiden" bleibe, so Koselleck, „eine Differenz,

137 Vgl. *Anders / Kutscher / Stoll*, Der Bialystok-Prozess vor dem Landgericht Bielefeld 1965–1967, S. 76–133.

138 *Reinhart Koselleck*, Sprachwandel und Ereignisgeschichte, in: ders., Begriffsgeschichten. Studien zur Semantik und Pragmatik der politischen und sozialen Sprache, Frankfurt a.M. 2006, S. 32–55, hier: S. 33.

139 Ebd., S. 33. Siehe auch ebd., S. 55.

auch wenn Sprechen eine Sprachhandlung ist und auch wenn Tun und Leiden sprachlich vermittelt werden".[140]

Aus Kosellecks Sicht ist Sprache sowohl „rezeptiv" als auch „aktiv". Einerseits registriere sie, „was außerhalb ihrer der Fall" sei, sie stelle fest, was sich ihr aufdränge, „ohne selbst sprachlich zu sein, die Welt also, wie sie vorsprachlich und nichtsprachlich vorhanden" sei. Andererseits eigne „sich die Sprache alle außersprachlichen Sachverhalte und Gegebenheiten an".[141] Folgt man Koselleck, dann gilt: „Was außersprachlich erfahren und erkannt und verstanden werden soll, muß auf seinen Begriff gebracht werden."[142] Außersprachliche Erfahrungen müssen also, wenn sie mitgeteilt werden sollen, versprachlicht werden. Erst durch die Übersetzung in Sprache werden sie aus Kosellecks Sicht zu Erfahrungen: „Wer wollte leugnen, daß alle konkreten Erfahrungen, die wir machen, nur durch Sprache vermittelt zu Erfahrungen werden und somit Geschichte erst möglich wird."[143] Koselleck beschreibt das Verhältnis zwischen Wirklichkeit und Sprache wie folgt: „Keine Wirklichkeit" lasse „sich auf ihre sprachliche Deutung und Gestaltung reduzieren, aber ohne solche sprachlichen Leistungen" gebe „es – jedenfalls für uns – keine Wirklichkeit".[144]

Keine Geschichte aus der Feder eines Historikers oder einer Historikerin ist identisch mit dem, was sich tatsächlich ereignet hat:

> „Die Faktizität ex post ermittelter Ereignisse ist nie identisch mit der als ehedem wirklich zu denkenden Totalität vergangener Zusammenhänge. Jedes historisch eruierte und dargebotene Ereignis lebt von der Fiktion des Faktischen, die Wirklichkeit selber ist vergangen. Damit wird ein geschichtliches Ereignis aber nicht beliebig oder willkürlich setzbar. Denn die Quellenkontrolle schließt aus, was nicht gesagt werden darf. Nicht aber schreibt sie vor, was gesagt werden kann. Negativ bleibt der Historiker den Zeugnissen vergangener Wirklichkeit verpflichtet. Positiv nähert er sich, wenn er ein Ereignis deutend aus den Quellen herauspräpariert, jenem literarischen Geschichtenerzähler, der ebenfalls der Fiktion des Faktischen huldigen mag, wenn er seine Geschichte dadurch glaubwürdig machen will."[145]

Die vergangene Wirklichkeit kann mit Hilfe der zur Verfügung stehenden Quellen nicht so rekonstruiert werden, dass ein genaues Abbild der Realität

---

140 Ebd., S. 33.

141 *Reinhart Koselleck*, Die Geschichte der Begriffe und Begriffe der Geschichte, in: ders., Begriffsgeschichten, S. 56–76, hier: S. 61.

142 Ebd., S. 61f.

143 *Koselleck*, Sprachwandel und Ereignisgeschichte, S. 32.

144 Vgl. *Koselleck*, Die Geschichte der Begriffe und Begriffe der Geschichte, S. 62.

145 *Reinhart Koselleck*, Darstellung, Ereignis und Struktur, in: Fernand Braudel, Wie Geschichte geschrieben wird, Berlin 1998, S. 113–125, hier: S. 120f.

entstünde. Aufgrund der Unverfügbarkeit primärer Erfahrungen, der Lückenhaftigkeit der Quellen und der Standortbindung des Historikers oder der Historikerin kann nur eine perspektivische *Annäherung* an vergangene Geschehnisse erreicht werden. Die ein für allemal vergangene Wirklichkeit ist für uns, wie Koselleck betont, nur durch die sprachliche Verarbeitung real. Das Vorsprachliche und das Sprachliche werde „dank der sprachlichen Leistung 'erfahrungsanalog' wieder zusammengeführt". Es sei „die Fiktion des Faktischen". Was „sich tatsächlich vollzogen" habe, sei „– im Blick zurück – real nur im Medium sprachlicher Darstellung".[146] Seine These zum Verhältnis vergangener Wirklichkeit und ihrer sprachlichen Aufbereitung lautet: „Geschichte ex post existiert für uns nur, indem sie auf-, ab- und umgeschrieben wird."[147]

Die Einsichten Kosellecks über Wirklichkeit und Sprache sind für die juristische Vergangenheitsrekonstruktion ebenfalls relevant, auch wenn es freilich in Bezug auf die Arbeitsweise, das Ziel, den Gegenstand und die Grundlage der Untersuchung erhebliche Unterschiede zwischen Historikern und Richtern gibt.[148] Die Differenz zwischen sprachlichen und außersprachlichen Elementen ist zentral für die juristische Tätigkeit, welche „die Herstellung einer Beziehung zwischen (sprachlich gefaßter) Rechtsnorm und (außersprachlichem, d.h. zunächst auch außerrechtlichem) Sachverhalt zur Grundlage" hat.[149] Gabriele Löschper bezeichnet das Gerichtsverfahren als „ein Interaktionsgefüge, in dem *in Form von Sprache gehandelt*" werde. „Der Richterspruch, sein Urteil am Ende des Gerichtsverfahrens" sei „ein Stück (schriftlicher und mündlicher) Text, eine Handlung, eine Redeform", die sich „auf andere Texte – beispielsweise protokollierte, verschriftlichte mündliche Aussagen vor Gericht bzw. aus anderen Verfahrensausschnitten, auf Paragraphen und Gesetzestexte" – beziehe. „Allen diesen Texten" sei „gemeinsam, daß sie Aussagen über etwas machen". Sie sprächen „über Vorfälle oder Vorgänge, die – weil sie sich zeitlich und räumlich außerhalb des aktuellen Gerichtsverfahrens ereignet haben (Delikt) oder ereignen werden (Urteilsvollstreckung) oder weil sie sich

146 *Koselleck*, Sozialgeschichte und Begriffsgeschichte, in: ders., Begriffsgeschichten, S. 9–31, hier: S. 20.

147 *Koselleck*, Sprachwandel und Ereignisgeschichte, S. 54. Ausführlich erläutert wird die These auf S. 49–54.

148 Vgl. *Gregor Spuhler*, Die Bergier-Kommission als „Geschichtsbarkeit"? Zum Verhältnis von Geschichte, Recht und Politik, in: Traverse. Zeitschrift für Geschichte 11 (2004), S. 100–114, hier: S. 101–103.

149 *Busse*, Juristische Semantik, S. 12.

in der Innenwelt beteiligter Personen abspielen (Motive des Täters, richterliche Überzeugung) – nur über Sprache zugänglich" seien.[150]

In NSG-Verfahren werden die realen Gewalthandlungen im Hinblick auf eine Norm in einer sprachlichen Ordnung verarbeitet. Die Handlungen können nicht unmittelbar in Worte übersetzt werden.[151] Bezogen auf den Mord an den europäischen Juden heißt das: Die historischen Fakten des Holocaust existieren außerhalb ihrer textlichen Darstellung.[152] Dennoch beruht unser Wissen über die Ereignisse überwiegend auf vermittelnden Texten. In NSG-Verfahren setzen sich diese Texte aus Vernehmungsprotokollen, Einstellungsverfügungen, Anklageschriften, Gutachten, Dokumenten und Urteilen zusammen. Das vergangene Geschehen wird in diesen Quellen jeweils aus einer bestimmten Perspektive dargestellt. Vor Gericht werden verschiedene Interpretationen der vergangenen Wirklichkeit konstruiert und formuliert. Das Gericht deutet die Aussagen von Angeklagten und Zeugen und beschreibt im Urteil, was es als wahr festgestellt und als verbindliche Lesart durchgesetzt hat. Das Urteil gibt somit Auskunft darüber, wie das Gericht die Geschehnisse im Bezirk Bialystok rekonstruierte und wie es die Aussagen von Zeugen und Angeklagten bewertete.

Die Grenzen der Erfassung des Holocaust in Strafverfahren ergeben sich aus der juristischen Arbeitsweise und Zielsetzung. Das Erkenntnisinteresse des Staatsanwalts und des Richters richtet sich auf die Tat des Individuums, das unter Verdacht steht, rechtswidrig und schuldhaft gehandelt zu haben. Das Gericht muss sich mit den angeklagten Handlungen befassen und individuelle Schuld nach den strafrechtlichen Vorgaben und Normen bestimmen. Der Richter interessiert sich nur für Umstände und Details, die für die Rekonstruktion des verhandelten Gegenstandes von Bedeutung sind. Geschehnisse, die für den Schuldnachweis keine Relevanz besitzen, finden in den Verfahren keine Beachtung. Im Bielefelder Białystok-Prozess spielten beispielsweise im Rahmen des Tatkomplexes der „Bezirksräumung im Januar 1943" nur die Deportationen aus dem Ghetto Grodno und dem Sammellager Zambrów eine Rolle. Die Deportationen aus den anderen Orten des Bezirks, wie z.B. Sokólka und Wołkowysk, wurden nicht berücksichtigt, weil sie nicht Gegenstand der

---

150 *Gabriele Löschper*, Bausteine für eine psychologische Theorie richterlichen Urteilens, Baden-Baden 1999, S. 63.

151 Vgl. *Cornelia Vismann*, Sprachbrüche im Nürnberger Kriegsverbrecherprozess, in: Stephan Braese (Hrsg.), Rechenschaften. Juristischer und literarischer Diskurs in der Auseinandersetzung mit den NS-Massenverbrechen, Göttingen 2004, S. 47–66, hier: S. 47.

152 Vgl. *Young*, Beschreiben des Holocaust, S. 17.

gerichtlichen Voruntersuchung gewesen waren.[153] Kurzum: NS-Prozesse nehmen nur einen ausgewählten Teil der vergangenen Wirklichkeit in den Blick. Sie „stellen", wie Fritz Bauer hervorhebt, „Ausschnitte aus einem jeweils umfassenderen Geschehen dar", sie „sind „Mosaiksteinen eines größeren Bildes oder – besser – Teilen eines Monumentalfotos vergleichbar".[154]

Einige Historiker vertreten die Auffassung, NS-Prozesse lieferten aufgrund der rechtlichen Zwänge ein verzerrtes Bild der vergangenen Wirklichkeit.[155] Michael Marrus schreibt, „a trial's historical message is often blurred, difficult to discern, and accessible only with the aid of the most careful, even expert, attention".[156] Er meint: We „should not look to trials to validate our general understanding of the Holocaust or to provide a special platform for historical interpretations."[157] Devin Pendas kritisiert die Interpretation des Holocaust im ersten Frankfurter Auschwitz-Prozess. Aus seiner Sicht gelang es in Frankfurt nicht, die Komplexität, Totalität und Systematik des staatlich organisierten Massenmords zu erfassen. Die juristische Arbeitsweise habe zu einer Fragmentierung des Holocaust geführt: „By reducing the complexity and systematicity of the Holocaust to the dynamics of individual psychology, by relegating history to the status of a background condition for individual agency, and by bracketing the experiential truth of the Auschwitz survivors, the trial helped to fragment, rather than to conceptually organize, the Holocaust."[158] Der Prozess war Pendas zufolge „incapable of articulating an understanding of its coherence, which would have required a confrontation with the structural dimensions of systematic genocide that was beyond the bounds of German criminal law".[159] Diese Kritik geht jedoch an der Zielsetzung des Prozesses vorbei. Das Frankfurter Schwurgericht war nicht berufen, „Auschwitz" aufzuarbeiten. Es hatte vielmehr die Aufgabe, die strafbaren Handlungen aufzuklären und die Schuld der Angeklagten zu bestimmen. Es ging in der Strafsache gegen Mulka u.A. nicht um die Auseinandersetzung mit den

153 Urteil 5 Ks 1/65, in: L/StADT, D 21 A, Nr. 6194, Bl. 73.

154 *Fritz Bauer*, Ideal- oder Realkonkurrenz bei nationalsozialistischen Verbrechen?, in: JZ 22 (1967), S. 625–628, hier: S. 625.

155 Ausführlich dazu: *Katrin Stoll*, Hitler's Unwilling Executioners? The Representation of the Holocaust through the Bielefeld Białystok Trial of 1965–1967, in: Bankier / Michman (Hrsg.), Holocaust and Justice, S. 159–193, hier: S. 161–163.

156 *Michael R. Marrus*, History and the Holocaust in the Courtroom, in: Ronald Smelser (Hrsg.), The Holocaust and Justice (Lessons and Legacies, Bd. V), Evanston 2002, S. 215–239, hier: S. 229.

157 Ebd., S. 235.

158 *Pendas*, The Frankfurt Auschwitz Trial, 1963–1965, S. 302.

159 Ebd., S. 302f.

„strukturellen Dimensionen" des Völkermordes, sondern um konkrete Tötungsfälle, die während des Bestehens des Konzentrations- und Vernichtungslagers Auschwitz begangen worden waren. Das Gericht musste den Angeklagten bestimmte nach Ort und Zeit genau festgestellte Straftaten nachweisen.

Michael Wildt betont, dass die juristische Untersuchung der nationalsozialistischen Massenverbrechen „ins Historiographische übersetzt immer Ereignisgeschichte" heiße. Die Tat müsse „präzise bestimmbar, der individuelle Täter klar zu beweisen sein". Der Beweis, dass die Tat stattgefunden habe und einen Täter besitze, erkläre jedoch, so Wildt, „weder die Tat noch den Täter". Er räumt ein, dass die „präzise Bestimmung der Ereignisse zweifelsohne einen nicht zu unterschätzenden Wert" hat, verweist aber gleichzeitig auf die Grenzen, die sich im Hinblick auf das Verstehen ergeben: „In der Ereignisgeschichte allerdings geht die Erklärung historischer Zusammenhänge nicht auf."[160] Tatsächlich geht aber die Leistung des Schwurgerichts im Bielefelder Białystok-Prozess über die reine Aufklärung der strafrechtlich relevanten Ereignisse – der angeklagten Handlungen – hinaus. Die Richter rekonstruieren im Urteil die organisatorische Struktur der Mordmaschinerie im Bezirk Bialystok und sie ordnen die Straftaten der Angeklagten in die Komplexität der Judenvernichtung während des Zweiten Weltkriegs ein. Die Richter waren auch bemüht, das Verhalten der Angeklagten zu erklären und ihre Tatmotive zu verstehen. Allerdings sind die Ausführungen zu der Frage, warum die Angeklagten die Taten begingen, für die „Täterforschung" nur von begrenztem Wert, weil die Richter innerhalb eines engen juristischen Rahmens argumentierten.

Richter und Historiker nähern sich mit Hilfe von Quellen dem vergangenen Geschehen an. Um aus den Quellen Aussagen entnehmen zu können, muss der Historiker die Dokumente befragen, die Vergangenheit, wie Lucien Febvre betont, „mit einer präzisen Absicht, einem Problem, das es zu lösen, einer Hypothese, die es zu überprüfen gilt", durchstreifen.[161] „Eine Tatsache konstatieren" heiße „konstruieren". Oder anders ausgedrückt: Auf „eine Frage eine Antwort liefern. Und wenn es keine Frage gibt, dann gibt es überhaupt nichts."[162] Über die Quellen des Richters gibt die Strafprozessordnung (StPO) Auskunft: Sie nennt Zeugen (§§ 48ff. StPO), Sachverständige (§§ 72ff. StPO),

---

160 *Michael Wildt*, Differierende Wahrheiten. Historiker und Staatsanwälte als Ermittler von NS-Verbrechen, in: Frei u.a. (Hrsg.), Geschichte vor Gericht, S. 46–57, hier: S. 57.

161 *Lucien Febvre*, Ein Historiker prüft sein Gewissen, in: Fernand Braudel (Hrsg.), Wie Geschichte geschrieben wird, Berlin 1998, S. 15–29, hier: S. 19.

162 Ebd., S. 20.

Urkunden (§ 249 StPO) und den Augenschein (§§ 86ff. StPO) als Beweismittel. Die Vernehmung der Angeklagten und Zeugen durchführend verhält sich der Richter „wie ein Historiker, der verschiedene Dokumente miteinander vergleicht, um sie zu analysieren".[163] Während Historiker ihre Fragestellung frei wählen können, müssen Richter auf der Grundlage der ihnen zugänglichen Beweismittel die Frage beantworten, ob es wahr ist, dass „der Angeklagte jenen Sachverhalt verwirklicht hat, der ihm vorgeworfen wird", d.h., er soll klären, ob sich „jener Sachverhalt als geschichtliches Ereignis *tatsächlich* so ereignet" hat, „wie es dem Angeklagten vorgeworfen wird oder – so – *nicht*".[164]

Als „eigentliches Forum" der „Wahrheitsfindung"[165] im Strafprozess gilt die Hauptverhandlung: Gemäß § 261 StPO entscheidet „das Gericht nach seiner freien, aus dem Inbegriff der Verhandlung geschöpften Überzeugung" über „das Ergebnis der Beweisaufnahme". Diese Vorschrift verbietet es somit, „der Urteilsfindung ein Wissen zugrunde zu legen, das nicht *durch* die Verhandlung und *in* der Verhandlung gewonnen worden ist".[166] Aus Sicht der Richter des 2. Strafsenats des BGH bedeutet „freie Beweiswürdigung", dass es „für die Beantwortung der Schuldfrage allein darauf" ankommt, „ob der Tatrichter die Überzeugung von einem bestimmten Sachverhalt erlangt" habe „oder nicht; diese persönliche Gewißheit" sei „für die Verurteilung notwendig, aber auch genügend". Es sei „die ihm allein übertragene Aufgabe des Tatrichters, ohne Bindung an gesetzliche Beweisregeln und nur seinem Gewissen verantwortlich zu prüfen, ob er die an sich möglichen Zweifel überwinden und sich von einem bestimmten Sachverhalt überzeugen" könne „oder nicht".[167] Für die Wahrheitssuche des Gerichts sind somit subjektive und objektive Aspekte relevant: Es muss, wie Frauke Stamp betont, „auf einer rationalen, objektiven Basis zu

163 *Carlo Ginzburg*, Der Richter und der Historiker. Überlegungen zum Fall Sofri, Berlin 1991, S. 42.

164 *Karl Heinz Gössel*, Ermittlung oder Herstellung von Wahrheit im Strafprozeß?, Berlin 2000, S. 8.

165 Das Gericht muss gemäß § 264 Abs. 1 StPO „die in der Anklage bezeichnete Tat" wahrheitsgemäß erforschen. Was wahrheitsgemäße Feststellung des Sachverhalts konkret bedeutet, wird in Kapitel VI.5 dieser Arbeit gezeigt.

166 BGH, Urteil v. 4.2.1964 – 1 StR 510/63, in: JZ 19 (1964), S. 561–562, hier: S. 562.

167 BGH, Urteil v. 9.2.1957 – 2 StR 508/56, in: BGHSt 10 (1958), S. 208–217, hier: S. 209.

einer subjektiven Überzeugung von der Wahrheit seiner Tatsachenfeststellungen gelangen“.[168]

Der prozessualen Tatsachenfeststellung sind jedoch Grenzen gesetzt, weil der für das Strafverfahren relevante Ausschnitt aus der Vergangenheit niemals vollständig erfasst werden kann. Darüber hinaus gibt es rechtliche Hindernisse für die gerichtliche „Wahrheitsfindung“, wie z.B. das Zeugnisverweigerungsrecht und das Auskunftsverweigerungsrecht. § 55 StPO bestimmt, dass jeder Zeuge die Auskunft auf solche Fragen verweigern kann, deren Beantwortung ihm selbst oder einem Angehörigen die Gefahr der Verfolgung wegen einer Straftat (oder einer Ordnungswidrigkeit) einbringen würde. Im Gegensatz zu Zeugen sind Angeklagte nicht verpflichtet, zur Wahrheitsfindung beizutragen. Gemäß § 243 Abs. 4 StPO steht es dem Angeklagten frei, „sich zu der Anklage zu äußern oder nicht zur Sache auszusagen“.

Thomas Vormbaum spricht dem Strafprozess in Bezug auf die „Wahrheitsfindung“ drei Funktionen zu. Er sei „der *Ort* (und zwar der einzige Ort), an welchem strafrechtliche Wahrheitsfindung rechtsverbindlich erfolgen“ könne; er sei – „in seinen der Wahrheitsfindung förderlichen Normen – *Instrument* der Wahrheitsfindung“; drittens sei „er aber auch *Hemmnis* der Wahrheitsfindung“. Kurzum: „Wahrheitsfindung“ erfolge „also *im* Prozeß, *durch* den Prozeß und u.U. *trotz* des Prozesses“.[169]

Richter müssen ihre Tatsachenfeststellungen, die auf das für den Schuldnachweis Wesentliche beschränkt sind, juristisch bewerten. Im Urteil wird begründet, warum sich ein Sachverhalt so und nicht anders zugetragen hat und warum diese und keine andere Rechtsansicht vertreten wird. Die strafrechtliche Feststellung von Schuld steht dabei, wie Lorenz Schulz betont, „unter dem Anspruch auf Richtigkeit, auf Wahrheit“.[170] Wodurch zeichnet sich eine (materiell) richtige Entscheidung aus? „Zu den Anforderungen einer nach den Maßstäben des materiellen Strafrechts richtigen Entscheidung“ gehöre, so Vormbaum, dass „der Sachverhalt, welcher der materiellrechtlichen Norm subsumiert werden soll, zutreffend ermittelt“ werde „(‘Wahrheitsfindung’ im engeren Sinne), ferner die rechtsfehlerfreie Vornahme der Subsumtion,

168 *Frauke Stamp*, Die Wahrheit im Strafverfahren. Eine Untersuchung zur prozessualen Wahrheit unter besonderer Berücksichtigung der Perspektive des erkennenden Gerichts in der Hauptverhandlung, Baden-Baden 1998, S. 284.

169 *Thomas Vormbaum*, Der strafrechtliche Schutz des Strafurteils. Untersuchungen zum Strafrechtsschutz des strafprozessualen Verfahrenszieles, Berlin 1987, S. 126.

170 Vgl. *Lorenz Schulz*, Kollektive Erinnerung durch Feststellen strafrechtlicher Verantwortung, in: Anders u.a. (Hrsg.), Bialystok in Bielefeld, S. 18–53, hier: S. 39.

schließlich ein den Anweisungen des Strafzumessungsrechts (insb. des § 40 StGB) gerecht werdender Sanktionsspruch oder ggf. ein Freispruch".[171]

Im Gegensatz zu Historikern müssen Richter am Ende ihrer Tätigkeit definitiv *entscheiden.* „Verfahrensziel des Strafprozesses, wie es sich aus dem Begriff des Prozesses als dessen autogene Zielsetzung" ergebe, sei, so Vormbaum, *„die Fällung einer aus dem Verfahren resultierenden Entscheidung*".[172] Die prozessuale Tatsachenermittlung ist also geprägt vom Entscheidungszwang. Darin unterscheidet sich die Arbeit eines Juristen von der eines Historikers. In den Worten Vormbaums:

> „Streitfragen unter Historikern über geschichtliche Vorgänge können notfalls so lange ungelöst bleiben, bis sich die Quellenlage gebessert hat, notfalls ad kalendas graecas vertagt werden; praktische Rechtsfragen hingegen – einschließlich der zu ihrer Beantwortung zu lösenden Tatsachenfragen – müssen innerhalb einer angemessenen Zeit entschieden werden. Mit diesem aus dem Gebot der Rechtssicherheit folgenden Zwang erhöht sich aber ersichtlich das Risiko einer Entscheidung auf falscher Tatsachengrundlage. Dem trägt der […] Grundsatz 'in dubio pro reo' Rechnung."[173]

Historiker können während ihrer Forschungsarbeit zu dem Ergebnis kommen, dass die vorliegenden Erkenntnisse nicht ausreichen, um eine Fragestellung zufriedenstellend zu beantworten. Richter müssen dagegen auf der Grundlage der ihnen zur Verfügung stehenden Informationen über den Sachverhalt – seien sie noch so spärlich – ein Urteil fällen. Sie müssen den Grundsatz *in dubio pro reo* anwenden und den Angeklagten eventuell freisprechen. Das Gericht muss im Falle einer Verurteilung von der Schuld des Angeklagten überzeugt sein. Zweifel an der Schuld führen zu einem Freispruch.

In dieser Arbeit wird gezeigt, warum das Bielefelder Schwurgericht hinsichtlich der Deportationen aus Białystok und Grodno (im Februar 1943) und der Erschießung von 100 Juden des Białystoker Ghettos von der Schuld der Angeklagten überzeugt war.

---

171 *Vormbaum*, Der strafrechtliche Schutz des Strafurteils, S. 122.

172 Ebd., S. 125.

173 Ebd., S. 123.

II. Zur Ahndung nationalsozialistischer Verbrechen in der Bundesrepublik Deutschland

1. Nicht subsumierbar unter Paragraphen: Die Position Hannah Arendts

„Die Taten, die geschehen sind, entziehen sich, meiner Meinung nach, jeder menschlichen Beurteilung. Nur Gott kann das Entmenschte richten, und er mag gnädig richten, wo alle menschliche Barmherzigkeit vermessen wäre."[1] Mit diesen Worten endet Wolfgang Koeppens 1948 unter dem Pseudonym Littner erschienener Roman über einen jüdischen Deutschen, der das Ghetto von Zbaraz im besetzten Polen überlebt.[2] Die ungeheure Dimension der deutschen Vernichtungspolitik dient hier als Argument gegen eine strafrechtliche Verfolgung der Täter. Verbrechen gegen die „Menschlichkeit", so die Argumentation, könnten nicht von anderen Menschen beurteilt werden. Die Beteiligten sollen sich für ihre Taten nicht vor einem Gericht zu verantworten haben, sondern nur vor Gott. Durch die Verlagerung auf eine transzendente, religiöse Ebene werden sowohl die Täter als auch die Gesellschaft entlastet: Die Handlungen der Täter werden außerhalb des menschlichen Bereichs verortet („das Entmenschte"), so dass die Bestimmung individueller Verantwortlichkeit nicht möglich erscheint. Die Gesellschaft wird entlastet, indem die Frage des Umgangs mit den Tätern und ihren Taten einer höheren Macht überlassen wird. Die Frage, wie man die Verantwortlichen behandeln soll, beschäftigt Jakob Littner zum ersten Mal, als er nach der Befreiung Zbaraz' durch die Rote Armee auf dem Marktplatz an einem Galgen den gefürchteten SS-Mann namens Jetzt hängen sieht:

> „Jetzt hat Hunderte von Juden erschossen und ist mit mancher Greueltat belastet vor seinen Richter getreten. Aber so schwer sich auch dieser Scherge wider die Menschlichkeit vergangen haben mag, es wäre mir lieber gewesen, ihn hier nicht hängen zu sehen. Ich weiß nicht, was man mit den Funktionären des Mordes anfangen soll, mit denen, die so grausam und so unvorstellbar vielfach geschlagen und getötet haben. Ich kenne die Strafe nicht, die die Ermordeten lebendig, die das

---

1 *Wolfgang Koeppen*, Jakob Littners Aufzeichnungen aus einem Erdloch, Frankfurt a.M. 1992, S. 150.

2 Jakob Littner erzählte seine Verfolgungsgeschichte einem deutschen Verleger, der in Wolfgang Koeppen einen Schriftsteller fand, der die „Leidensgeschichte eines deutschen Juden" schrieb, aber sich erst 43 Jahre später zu dem Buch bekannte. Vgl. das Vorwort *Wolfgang Koeppens*, in: ebd., S. 5–6, Zitat S. 6.

> Unrecht ungeschehen machen könnte. Die erlittene Bitternis läßt mich keine Antwort auf die alte Frage finden: Was ist Gerechtigkeit in dieser Welt? Ich möchte nicht, daß das Morden nunmehr fortgesetzt, daß weiterhin Galgen errichtet werden und Erschießungskommandos ihr blutiges Werk tun. Ich sage, es ist genug getötet worden. Der Mensch hat genug Blut vergossen. Kain hat immer wieder Abel getötet. Es ist für alle Zeit genug!"[3]

Littner ist sich nur darüber im Klaren, dass die Todesstrafe kein angemessenes Mittel sei, um die NS-Verbrechen zu ahnden. Auf die Frage, was mit den Tätern stattdessen geschehen soll, findet er keine Antwort.

Folgt man Hannah Arendt, kann die Gesellschaft gar nicht angemessen auf „Menschheitsverbrechen" reagieren. Ihr galt die „totalitäre Herrschaft"[4] als „ein Ereignis, das in seiner Beispiellosigkeit mit den überkommenen Kategorien politischen Denkens nicht begriffen, dessen 'Verbrechen' mit den traditionellen Maßstäben nicht beurteilt und mit Hilfe bestehender Gesetze nicht adäquat gerichtet und bestraft werden könne".[5] Das totalitäre Systeme kennzeichnende „radikale Böse" könne weder vergeben noch bestraft werden. In ihrem Buch *Elemente und Ursprünge totaler Herrschaft* führt sie dazu aus:

> „ [...] in ihrem Bestreben, unter Beweis zu stellen, daß alles möglich ist, hat die totale Herrschaft, ohne es eigentlich zu wollen, entdeckt, daß es ein radikal Böses wirklich gibt und daß es in dem besteht, was Menschen weder bestrafen noch vergeben können. Als das Unmögliche möglich wurde, stellte sich heraus, daß es identisch ist mit dem unbestrafbaren, unverzeihlichen radikal Bösen, das man weder verstehen noch erklären kann durch die bösen Motive von Eigennutz, Habgier, Neid, Machtgier, Ressentiment, Feigheit oder was es sonst noch geben mag und demgegenüber daher alle menschlichen Reaktionen gleich machtlos sind; dies konnte kein Zorn rächen, keine Liebe ertragen, keine Freundschaft verzeihen, kein Gesetz bestrafen. So wie die Opfer in den Fabriken zur Herstellung von Leichen und den Höhlen des Vergessens nicht mehr 'Menschen' sind in den Augen ihrer Peiniger, so sind diese neuesten Verbrecher selbst jenseits dessen, womit jeder von uns bereit sein muß, sich im Bewußtsein der Sündhaftigkeit des Menschen zu solidarisieren."[6]

Konzepte wie Strafe oder Vergebung müssen in Bezug auf das „radikale Böse" laut Arendt scheitern, weil die Täter mit ihren Taten den Bereich des Menschlichen, in dem diese Kategorien Gültigkeit besitzen, verlassen haben. Von dem

---

3 *Koeppen*, Jakob Littners Aufzeichnungen, S. 138f.

4 In ihrem Buch *Elemente und Ursprünge totaler Herrschaft* begreift Arendt sowohl den Nationalsozialismus als auch den Bolschewismus als totalitäre Staatsform. Vgl. *Hannah Arendt*, Elemente und Ursprünge totaler Herrschaft. Antisemitismus, Imperialismus, Totalitarismus, München [8]2001.

5 *Ursula Ludz* (Hrsg.), Hannah Arendt. Zwischen Vergangenheit und Zukunft. Übungen im politischen Denken I, München 1994, S. 35.

6 *Arendt*, Elemente und Ursprünge totaler Herrschaft, S. 941.

„radikal Bösen" könne man sich keinen Begriff machen. Es könne lediglich festgestellt werden, dass es „im Zusammenhang eines Systems aufgetreten" sei, „in dem alle Menschen gleichermaßen überflüssig werden".[7] Was das „radikal Böse nun wirklich" sei, wisse sie nicht, schreibt Arendt in einem Brief an Karl Jaspers, aber ihr scheine, es habe mit folgendem Phänomen zu tun: „Die Überflüssigmachung von Menschen als Menschen (nicht sie als Mittel zu benutzen, was ja ihr Menschsein unangetastet läßt und nur ihre Menschenwürde verletzt, sondern sie qua Menschen überflüssig machen)." Dies geschehe „sobald man alle unpredictability" ausschalte, „der auf der Seite des Menschen die Spontaneität" entspreche. Dies alles entspringe und hänge zusammen „mit dem Wahn von einer Allmacht *des* Menschen. Wäre *der* Mensch qua Mensch allmächtig, dann wäre in der Tat nicht einzusehen, warum es *die* Menschen geben sollte". Die „Allmacht *des* Menschen" mache Menschen überflüssig.[8]

Die „Originalität totalitärer Herrschaft" zeigt sich aus Arendts Sicht „in dem, was man gemeinhin als die Verbrechen dieser Systeme bezeichnet". Sie sieht das „Charakteristische der in Nürnberg abgeurteilten Verbrechen des Nazi-Regimes" darin, dass „sie sich weder mit unseren Begriffen von Sünde und Vergehen [...] fassen, noch mit den uns zur Verfügung stehenden juristischen Mitteln aburteilen und bestrafen ließen. Der Satz 'Du sollst nicht töten'" versage „gegenüber einer Bevölkerungspolitik, die systematisch und fabrikmäßig" darangehe, „die 'lebensuntauglichen und minderwertigen Rassen und Individuen' oder die 'sterbenden Klassen' zu vernichten". Die Todesstrafe werde „absurd, wenn man es nicht mit Mördern zu tun" habe, „die wissen, was Mord ist, sondern mit Bevölkerungspolitikern, die den Millionenmord so organisieren", dass „alle Beteiligten subjektiv unschuldig sind: die Ermordeten, weil sie sich nicht gegen das Regime vergangen haben, und die Mörder,

---

7 Ebd., S. 942. Enzo Traverso konstatiert, dass sich Arendts Vorstellung vom „radikal Bösen" nach dem Eichmann-Prozess geändert habe. Zur Stützung seiner These verweist er auf einen Brief Arendts an Gershom Scholem, in dem sie schreibt, das Böse sei niemals 'radikal', sondern nur extrem. Es besitze weder Tiefe noch irgendeine dämonische Dimension. Vgl. *Enzo Traverso*, Auschwitz denken. Die Intellektuellen und die Shoah, Hamburg 2000, S. 142f. Arendt, bemerkt Adi Ophir, verwende zwar in ihrem Buch *Eichmann in Jerusalem. Ein Bericht von der Banalität des Bösen* das Konzept des „radikal Bösen" nicht mehr. Dennoch, so seine These, repräsentiere ihre Darstellung Eichmanns sowohl das „radikale" als auch das „banale" Böse: „The banality of evil does not make radical evil less radical, awful or abominable. It rather means the legalization, bureaucratization and systematization of radical evil." *Adi Ophir*, Between Eichmann and Kant: Thinking on Evil after Arendt, in: History and Memory 8 (1996), S. 89–136, hier: S. 115.

8 *Hannah Arendt* an Karl Jaspers, Brief v. 4. März 1951, in: Lotte Köhler / Hans Saner (Hrsg.), Hannah Arendt, Karl Jaspers. Briefwechsel 1926–1969, München ²2001, S. 201–205, hier: S. 202.

weil sie keineswegs aus 'mörderischen' Motiven handelten". Stelle man sich „angesichts dieser neuesten Ereignisse auf den Boden spezifisch abendländischer Geschichte", so könne man sagen: „Dies hätte nicht geschehen dürfen."[9]

Arendt verneint die Möglichkeit, das Strafrecht als Mittel der „Vergangenheitsbewältigung" einzusetzen. Sie stellt Karl Jaspers Begriff der „kriminellen Schuld" in Frage. Jaspers unterscheidet vier Schuldbegriffe, neben der kriminellen Schuld „die politische Schuld", „die moralische Schuld" und „die metaphysische Schuld". Die Definition „krimineller Schuld" lautet: „Verbrechen bestehen in objektiv nachweisbaren Handlungen, die gegen eindeutige Gesetze verstoßen. Instanz ist das Gericht, das in formellem Verfahren die Tatbestände zuverlässig festlegt und auf diese Weise die Gesetze anwendet."[10] Für Arendt besteht kein Zweifel, dass die von den Nationalsozialisten verübten Verbrechen „juristisch nicht mehr [zu] fassen" seien. Gerade das mache „ihre Ungeheuerlichkeit" aus. Für die NS-Verbrechen gebe es „keine angemessene Strafe mehr. Diese Schuld, im Gegensatz zu aller kriminellen Schuld, übersteigt und zerbricht alle Rechtsordnungen". Ebenso unmenschlich wie diese Schuld sei die Unschuld der Opfer. „Mit einer Schuld, die jenseits des Verbrechens" stehe, und „einer Unschuld, die jenseits der Güte oder der Tugend" liege, könne man „menschlich oder politisch überhaupt nichts anfangen". Die Deutschen seien „dabei mit Tausenden oder Zehntausenden oder Hunderttausenden belastet, die innerhalb eines Rechtssystems adäquat nicht mehr zu bestrafen sind; und wir Juden sind mit Millionen Unschuldiger belastet, auf Grund deren sich heute jeder Jude gleichsam wie die personifizierte Unschuld" vorkomme.[11]

In seiner Antwort auf Arendts Kritik gibt Jaspers zu bedenken, dass ihr Schuldbegriff „unvermeidlich einen Zug von 'Größe' – satanischer Größe – bekomme, die seinem Gefühl „angesichts der Nazis so fern" sei, „wie das Reden vom 'Dämonischen' in Hitler und dergleichen".[12] Arendt hielt jedoch daran fest, dass sich das „beispiellose Verbrechen unseres Jahrhunderts" nicht

9 *Arendt*, Elemente und Ursprünge totaler Herrschaft, S. 945. Mit dem Satz „Dies hätte nicht geschehen dürfen" meint Arendt, dass „wir dieser Ereignisse mit den großen und durch große Traditionen geheiligten Mitteln unserer Vergangenheit weder im politischen Handeln noch im geschichtlich-politischen Denken Herr werden können". Ebd., S. 945.

10 Vgl. *Karl Jaspers*, Die Schuldfrage, Heidelberg 1946, S. 31.

11 *Hannah Arendt* an Karl Jaspers, Brief v. 17. August 1946, in: Köhler / Saner (Hrsg.), Hannah Arendt, Karl Jaspers, S. 88–93, hier: S. 90.

12 *Karl Jaspers* an Hannah Arendt, Brief v. 19. Oktober 1946, in: ebd., S. 97–100, hier: S. 99.

„in Kategorien einteilen und unter Paragraphen subsumieren" lasse.[13] In einem Brief Arendts an Jaspers vom 4. März 1951 heißt es: „Das Böse hat sich als radikaler erwiesen als vorhergesehen. Äußerlich gesprochen: Die modernen Verbrechen sind im Dekalog nicht vorgesehen."[14] Das Strafrecht galt ihr als unzureichendes Mittel, den Dimensionen des Geschehens gerecht zu werden.

Ein wesentliches Kennzeichen des Holocaust war die Arbeitsteilung, mit der die Verantwortlichen den Völkermord organisierten. Es gab verschiedene Abteilungen und Organisationen im bürokratischen Apparat mit unterschiedlichen Funktionen, die einen eigenständigen Beitrag zur Vernichtung leisteten. Raul Hilberg betont, dass die Verfolgung der Juden „nicht zentralisiert" gewesen sei:

> „Weder hatte man eine Behörde für Judenangelegenheiten gegründet noch ein Budget für den Vernichtungsprozeß bereitgestellt. Die antijüdischen Maßnahmen verteilten sich auf den Staatsdienst, das Militär, die Unternehmen und die Partei. Alle deutschen Organisationen wurden in das Projekt einbezogen. Jede einzelne Behörde trug dazu bei; man nutzte jede Spezialisierung; und an der Umklammerung der Opfer waren durchweg alle Gesellschaftsschichten beteiligt."[15]

Eine Schwierigkeit im juristischen Umgang mit dem Geschehen besteht in der Zuweisung und Feststellung individueller Schuld und Verantwortung. Arendts Zweifel an der Möglichkeit, strafrechtliche Schuld festzustellen, gründen in dem besonderen Charakter des „Verwaltungsmassenmordes", zu dessen „Bedienung man nicht Tausende und nicht Zehntausende ausgesuchte Mörder, sondern ein ganzes Volk gebraucht hat und gebrauchen konnte". Zur Schuld gehöre ein Bewusstsein, schuldig zu sein. Dieses, so ist Arendt überzeugt, konnte sich aufgrund der arbeitsteiligen Organisation und der Mentalität der am „Verwaltungsmassenmord" Beteiligten nicht entwickeln.[16]

Der Jerusalemer Prozess gegen Adolf Eichmann (1961) und der erste Frankfurter Auschwitz-Prozess (1963–1965) bestätigten Arendt in ihrer Auffassung von der „Unzulänglichkeit des herrschenden Rechtssystems und der gängigen juristischen Begriffssprache angesichts der Tatbestände des staatlich organi-

---

13 *Hannah Arendt*, Der Auschwitz-Prozeß, in: Eike Geisel / Klaus Bittermann (Hrsg.), Hannah Arendt. Nach Auschwitz. Essays und Kommentare 1, Berlin 1989, S. 99–136, hier: S. 134f.

14 *Hannah Arendt* an Karl Jaspers, Brief v. 4. März 1951, in: Köhler / Saner (Hrsg.), Hannah Arendt, Karl Jaspers, S. 202.

15 *Raul Hilberg*, Täter, Opfer, Zuschauer. Die Vernichtung der Juden 1933–1945, Frankfurt a.M. 1997, S. 33.

16 Vgl. *Hannah Arendt*, Organisierte Schuld, in: dies., Die verborgene Tradition. Acht Essays, Frankfurt a.M. 1976, S. 32–45.

sierten Verwaltungsmassenmords".[17] In jedem Strafprozess gehe es um die Frage von Schuld und Unschuld. Auch im Eichmann-Prozess habe es um nichts anderes gehen können. „Nur daß hier", so Arendt, „das Gericht mit einem Verbrechen konfrontiert war, das es in den Gesetzbüchern vergeblich suchen wird".[18] Dem Jerusalemer Gericht sei es nicht gelungen, „drei grundsätzlichen Problemen [...] gerecht zu werden: der Beeinträchtigung der Gerechtigkeit und Billigkeit in einem Gerichtshof des Siegers, der Klärung des Begriffes von 'Verbrechen an der Menschheit' und dem neuen Typus des Verwaltungsmörders, der in diese Delikte verwickelt" sei. Zum ersten Punkt schreibt Arendt, dass „das Verfahren in Jerusalem anfechtbarer als in Nürnberg" gewesen sei, weil das Gericht „Belastungszeugen" nicht zugelassen habe. „Prozessual gesehen war dies", so Arendt, „der schwerwiegendste Fehler".[19] Was den Begriff „Verbrechen an der Menschheit" anbetrifft, habe das Jerusalemer Gericht es versäumt, den Unterschied zwischen „'unmenschlichen Handlungen' (deren Zweck: Expansion und Kolonisation, zwar verbrecherisch, aber nicht neu war)" und „dem in jeder Hinsicht beispiellosen 'Verbrechen an der Menschheit'" vorzunehmen. „Weder im Verfahren noch im Urteil" habe der Prozess „je die Möglichkeit auch nur erwähnt", dass „die Auslöschung ganzer Völker – der Juden, der Polen oder der Zigeuner – mehr als ein Verbrechen gegen das jüdische oder das polnische Volk oder das Volk der Zigeuner sein könnte", dass „vielmehr die völkerrechtliche Ordnung der Welt und die Menschheit im ganzen dadurch aufs schwerste verletzt und gefährdet sind".[20] Da Arendt den Völkermord an den europäischen Juden als ein Verbrechen „an dem 'Status des Menschseins' oder an dem Wesen des Menschengeschlechtes"[21] deutete, hätte es aus ihrer Sicht „eines internationalen Gerichtshofs bedurft, um in dieser Sache Recht zu sprechen".[22] Hinsichtlich des „neuen Typus des Verwaltungsmörders", mit dem das Gericht konfrontiert war, konstatiert Arendt, die Richter hätten hilflos vor der Aufgabe gestanden, „den Angeklagten zu verstehen, über den sie zu Gericht saßen". Für Arendt war das „beunruhigende an der Person Eichmanns", dass er „wie viele" war und dass „diese vielen weder pervers noch sadistisch, sondern schrecklich

---

17 Vgl. *Hannah Arendt*, Eichmann in Jerusalem. Ein Bericht von der Banalität des Bösen, München [10]2000, S. 64.

18 Ebd., S. 68.

19 Ebd., S. 398.

20 Ebd., S. 400.

21 Ebd., S. 391.

22 Ebd., S. 392.

und erschreckend normal waren und sind".[23] Diese „Normalität" impliziere, so Arendt, dass „dieser neue Verbrechertypus [...] unter Bedingungen handelt, die es ihm beinahe unmöglich machen, sich seiner Untaten bewußt zu werden". Die Frage des Schuldbewusstseins gehörte aus Arendts Sicht „zweifellos zu den zentralen Problemen", die der Eichmann-Prozess aufwarf. „Wo Absicht, Unrecht zu tun", fehle, „wo, aus welchen Gründen immer [...], der Angeklagte nicht in der Lage war, zwischen Recht und Unrecht zu unterscheiden", gelte die Tat als strafrechtlich nicht fassbar.[24] Obwohl Arendt die Auffassung vertrat, dass Eichmanns Taten nicht strafrechtlich zu fassen waren, sah sie die Todesstrafe als gerechtfertigt an. Eichmann konnte aus Arendts Sicht „nicht länger auf der Erde unter den Menschen bleiben, weil er in ein Unternehmen verwickelt war, das bestimmte 'Rassen' vom Erdboden verschwinden lassen wollte".

Beim Frankfurter Auschwitz-Prozess sah Arendt das Problem, dass jemand, der für den Tod von Tausenden von Menschen verantwortlich war, im kriminellen Sinne als weniger schuldig galt als jemand, der „nur" hundert Menschen, dafür aber aus eigenem Antrieb getötet hatte. Ihre Kritik richtet sich darüber hinaus gegen das Konzept der strafrechtlichen Unschuldsvermutung. Gegen jeden SS-Mann, der in einem Vernichtungslager Dienst tat, und auch gegen viele andere SS-Männer, die niemals in einem solchen waren, hätte aus ihrer Sicht die Anklage des Massenmordes und der Beihilfe zum Massenmord erhoben werden müssen. Die Angeklagten sollten nicht so lange als unschuldig gelten, bis ihre Schuld bewiesen war, sondern als schuldig, bis sie ihre Unschuld beweisen konnten: „Within the setting of Auschwitz, there was indeed 'no one who was not guilty', as the witness (Dürmayer) said, which for the purposes of the trial clearly meant that 'intolerable' guilt was to be measured by rather unusual yardsticks not to be found in any penal code."[25]

Das Frankfurter Schwurgericht war jedoch an die prozessualen Regeln gebunden, und es musste die NS-Verbrechen nach dem geltenden Recht beurteilen. Im Gegensatz zur Staatsanwaltschaft wertete das Gericht das Gesamtgeschehen in Auschwitz nicht als eine „natürliche Handlungseinheit".[26] Die „gesamten Vernichtungsaktionen" könnten, heißt es im Urteil, „nicht als eine einzige Handlung angesehen werden", weil das deutsche Strafrecht den Begriff des

---

23 Ebd., S. 400.

24 Ebd., S. 401.

25 *Hannah Arendt*, Introduction, in: Bernd Naumann, Auschwitz. A Report on the Proceedings against Robert Ludwig Mulka and Others before the Court at Frankfurt, London 1966, S. xi-xxx, hier: S. xxii.

26 Vgl. dazu *Renz*, Der erste Frankfurter Auschwitz-Prozeß, S. 20f.

Massenmords nicht kenne.[27] Das Schwurgericht ging vielmehr von mehreren selbstständigen Tötungshandlungen aus. Diese Sichtweise wurde vom BGH bestätigt. In seinem Urteil vom 20. Februar 1969 verwies der 2. Strafsenat darauf, dass sich nur derjenige strafbar mache, der die „Haupttat" konkret fördere. Die Ansicht der Staatsanwaltschaft, dass „jeder, der in das Vernichtungsprogramm eingegliedert" gewesen sei und „dort *irgendwie* anläßlich dieses Programms tätig" geworden sei, „sich objektiv an den Morden beteiligt" habe und „für alles Geschehene verantwortlich" sei, ließ der 2. Strafsenat nicht gelten. Dies „würde bedeuten", heißt es in der Urteilsbegründung, dass „auch ein Handeln, das die Haupttat in keiner Weise konkret" fördere, „bestraft werden müßte". Demnach „wäre auch der Arzt, der zur Betreuung der Wachmannschaft bestellt" gewesen sei und „sich streng auf diese Aufgabe beschränkt" habe, „der Beihilfe zum Mord schuldig". Auch der Arzt, „der im Lager Häftlingskranke behandelt und sie gerettet" habe, hätte sich nach dieser Rechtsauffassung strafbar gemacht. Die Revision der Staatsanwaltschaft komme, so die Kritik des 2. Strafsenats, „auf dem Umweg über den Begriff der natürlichen Handlungseinheit zu der Annahme eines Massenverbrechens, die in der Rechtsprechung des BGH immer abgelehnt worden" sei. Der 2. Strafsenat konstatierte:

> „In Auschwitz handelte es sich, was die Angeklagten betrifft, nicht um einen fest umgrenzten, abgeschlossenen Tatkomplex *eines einzigen bestimmten Täters*, sondern um Tötungen aus den verschiedensten Beweggründen, zum Teil auf Befehl, zum Teil durch eigenmächtiges Handeln, zum Teil als Täter, zum Teil als Gehilfe, wobei zwischen den Tatkomplexen oft große Zeiträume liegen und die Tatkomplexe sich wesentlich voneinander unterscheiden".[28]

Der 2. Strafsenat stellte bei seiner Entscheidung in Rechnung, dass das deutsche Strafrecht nur die Ahndung einzelner bewiesener Straftaten vorsieht.

Ungeachtet der Schwierigkeiten, die nationalsozialistischen Massenverbrechen strafrechtlich zu fassen, gilt: Die Justiz steht aus rechtsethischen, politisch-gesellschaftlichen und strafrechtlichen Gründen in der Pflicht, Systemunrecht zu verfolgen.[29] Aus rechtsethischen Erwägungen ist darauf zu verweisen, dass „der Stellenwert der Prozesse auf ein zentrales Moment" zielt, „das ohne den strafrechtlichen Blick verfehlt würde: die Zerstörung des fundamentalen

27 Urteil 4 Ks 2/63, zit. n. ebd., S. 22.

28 BGH, Urteil v. 20.2.1969 – 2 StR 280/67, in: NJW 22 (1969), S. 2056–2057, hier: S. 2056f.

29 Vgl. *Herwig Roggemann*, Politischer Systemwechsel, Systemunrecht und Strafrecht – Zur Kritik des deutschen Modells aus vergleichender Sicht, in: Jürgen Weber / Michael Piazolo (Hrsg.), Justiz im Zwielicht: ihre Rolle in Diktaturen und die Antwort des Rechtsstaates, München 1998, S. 325–349, hier: S. 326.

Rechts auf Leben".[30] Der amerikanische Hauptankläger im Nürnberger Prozess gegen die Hauptkriegsverbrecher, Justice Robert H. Jackson, verwies in seinem Eröffnungsplädoyer darauf, dass das Ausmaß des geschehenen Unrechts die menschliche Zivilisation verpflichte, die Rechtsbrüche zur Kenntnis zu nehmen und entsprechend auf sie zu reagieren: „Die Untaten, die wir zu verurteilen und zu bestrafen suchen, waren so ausgeklügelt, so böse und von so verwüstender Wirkung, daß die menschliche Zivilisation es nicht dulden kann, sie unbeachtet zu lassen, sie würde sonst eine Wiederholung solchen Unheils nicht überleben."[31] Die durch Rechtsbrüche aus dem Gleichgewicht geratene Rechtsordnung, die verlangt, dass rechtswidriges Verhalten unterlassen wird, muss wiederhergestellt werden.

Politisch-gesellschaftliche Gründe sprechen dafür, dass die im Rahmen der rechtsförmigen Aufarbeitung geleistete Aufklärung zur inneren und äußeren Friedensfähigkeit der Zivilgesellschaft beiträgt.[32] Ferner ist auf den konstitutiven Zusammenhang zwischen dem Prinzip der Rechtsstaatlichkeit und der Ahndung von NS-Verbrechen zu verweisen.[33] Winfried Hassemer gilt die „Verwirklichung des Rechtsstaats" als „das eigentliche, das kurz- und langfristige Ziel" der Aufarbeitung staatsverstärkter Kriminalität nach einem politischen Systemwechsel.[34] Vom Standpunkt des Strafrechts aus gesehen lässt sich die Pflicht zur Verfolgung staatsverstärkter Kriminalität wie folgt beantworten: „Was gesetzlich als strafbar bestimmt ist, muß strafrechtlich verfolgt werden."[35] Mord und Totschlag waren, so die Argumentation der westdeutschen Strafjustiz, auch während des Nationalsozialismus als strafbar bestimmt.

---

30 *Joachim Perels*, Die Strafsache gegen Mulka und andere 4 Ks 2/63 – Juristische Grundlagen, in: Fritz Bauer-Institut (Hrsg.), Auschwitz-Prozeß 4 Ks 2/63 Frankfurt a. M., Köln 2004, S. 124–147, hier: S. 129.

31 Der Nürnberger Prozess gegen die Hauptkriegsverbrecher vor dem Internationalen Militärgerichtshof vom 14. November 1945 bis 1. Oktober 1946, Bd. 1, S. 115.

32 *Roggemann*, Politischer Systemwechsel, Systemunrecht und Strafrecht, S. 332.

33 Vgl. *Joachim Perels*, Die Nachwirkungen der NS-Diktatur im demokratischen Rechtsstaat, in: ders., Das juristische Erbe des „Dritten Reiches". Beschädigung der demokratischen Rechtsordnung, Frankfurt / New York 1999, S. 11–38.

34 *Winfried Hassemer*, Staatsverstärkte Kriminalität als Gegenstand der Rechtsprechung. Grundlagen der „Mauerschützen"-Entscheidungen des Bundesgerichtshofs und des Bundesverfassungsgerichts, in: Canaris u.a. (Hrsg.), 50 Jahre Bundesgerichtshof, S. 439–463, hier: S. 452.

35 Ebd., S. 447.

2. Crimes against Humanity: Die Konzeption der Alliierten

Im Gegensatz zu Arendt betont Jaspers die Zuständigkeit des Rechts und der Rechtsordnung gegenüber den Verbrechen des Nationalsozialismus. Auch für ihn stellen die Massenmorde eine „neue Art des Verbrechens" dar, das „in keinem Strafgesetzbuch definiert" sei.[36] Das „Verbrechen des staatlichen Verwaltungsmassenmordes" könne „nur in einer Ausnahmesituation", namentlich „im Verbrecherstaat" stattfinden. „Der Verbrecherstaat" müsse „vorher vernichtet sein, damit Urteil und Strafe erfolgen können".[37] Die Menschheit, wäre, vorausgesetzt, sie besäße „eine gerichtliche Institution mit Vollstreckungsgewalt", aus Jaspers Sicht „Instanz für eine Aburteilung solcher Verbrechen". Denn: Der „Mord an einer Menschengruppe – an den Juden –" betreffe „die ganze Menschheit".[38] Zur Frage der Bestrafung der Verbrechen schreibt Jaspers, es bedürfe „einer Erweiterung des Strafgesetzbuches auf einen Bereich, den es im normalen Rechtsstaat nicht" gebe. Dieser Teil des Strafgesetzbuches beziehe sich „auf einen künftigen oder vergangenen Verbrecherstaat, dessen Täter durch dieses Gesetz für die Zukunft bedroht, für die Vergangenheit belangt werden".[39] Jaspers gilt das Strafgesetzbuch, das von der Annahme ausgeht, dass der Einzelne sich für Gut und Böse entscheiden kann, als unzureichendes Mittel zur Verfolgung staatlich gesteuerten Unrechts. Massenmord sei im StGB nicht vorgesehen. Jaspers schreibt:

> „Diese Täter, ganz anderer Art, wären nie zu diesen Verbrechern geworden, wenn nicht der Verbrecherstaat sie unter Motivationen, die im StGB nicht vorkommen, veranlaßt hätte, ohne Mordlust und ohne jene Triebhaftigkeiten die Massenmorde geplant und organisatorisch verwirklicht zu haben."[40]

Nach dieser Sichtweise liegt die Hauptverantwortung für die Straftaten nicht beim Individuum, sondern beim „Verbrecherstaat". Die Erkenntnis, dass „diese Mordtaten mit dem vorliegenden Gesetzbuch nicht aufzufangen" seien, dass „es sich um einen geschichtlichen Ausnahmezustand, den Verbrecherstaat," handele und dass „für diesen auch Ausnahmegesetze erforderlich" seien, verlange „unerbittlich die radikalen Konsequenzen des Abstandnehmens

---

36 *Karl Jaspers*, Die Bundestagsdebatten vom 10. und 25. März 1965 über die Verjährung von Morden des NS-Staates, in: ders., Wohin treibt die Bundesrepublik? Tatsachen, Gefahren, Chancen, München 1966, S. 47–123, hier: S. 58.

37 Ebd., S. 59.

38 Ebd., S. 59f.

39 Ebd., S. 60.

40 Ebd., S. 62.

von diesem Staat im Ganzen". Mit „Abstand nehmen" meint Jaspers, „diese Morde als qualifizierte zu begreifen, die keinem vorgegebenen Allgemeinbegriff des Mordes entsprechen".[41] Erst wenn „der Abstand wirklich radikal vollzogen" sei, dann sei „die Forderung: ein Strafgesetzbuch zu schaffen, das dem neuen Verbrechen Genüge" tue.[42] Zur Durchführung des Massenmordes gehörten aus Jaspers' Sicht:

> „das Planen und Organisieren; die Deportationen; die Errichtung der Bauten, der Gaskammern, Krematorien usw.; das Hinführen zu den Mordstätten und Gaskammern; das Erschießen; die Zuleitung des Gases; die Arbeit in den Büros: vom Schreibtischmörder bis zur Sekretärin, die die Mordbefehle schrieb."[43]

Jaspers schreibt, dass „alle Arten und Stufen der Mitwirkung bei der Durchführung des Verbrechens" differenziert werden müssten, „wenn man entschlossen ist, das ungeheure Verbrechen wirklich zu erkennen" und zu sühnen.[44] Das Problem sei, „ein neues Gesetz zu schaffen, für den neuen Tatbestand des neuen Verbrechens des staatlichen Massenmordes, für den jeder einzelne, der irgendwie daran" teilnehme, „auch in irgendeinem Maße mitschuldig" sei, „bei dessen Ausführung es keine Begriffe wie 'staatliche Souveränität', 'Befehlsnotstand' geben" könne, „außer dem Fall, daß bei Weigerung der sichere Tod die Folge war".[45]

Es gilt hervorzuheben, dass sich Jaspers' Vorstellungen in dem von den Alliierten angewandten Modell zur strafrechtlichen Ahndung nationalsozialistischer Gewaltverbrechen finden. Zu verweisen ist auf Art. II Abs. 2 des Kontrollratsgesetzes (KRG) Nr. 10 betreffend die „Bestrafung von Personen, die sich Kriegsverbrechen, Verbrechen gegen den Frieden oder gegen die Menschlichkeit schuldig gemacht haben". Demnach konnten nicht nur Täter, Gehilfen oder Anstifter, sondern auch diejenigen bestraft werden, die durch „ihre Zustimmung an Verbrechen teilgenommen", mit „ihrer Planung oder Ausführung im Zusammenhang gestanden" oder „einer Organisation oder Vereinigung angehört hatten, die mit der Ausführung des Verbrechens im Zusammenhang stand".[46] Das vom Alliierten Kontrollrat am 20. Dezember 1945 erlassene KRG Nr. 10 galt als Rechtsgrundlage für die von den Amerikanern durchgeführten „Nürnberger Nachfolgeprozesse" gegen die militärischen,

41 Ebd., S. 61.
42 Ebd., S. 62.
43 Ebd., S. 63.
44 Ebd., S. 63.
45 Ebd., S. 64.
46 Vgl. Amtsblatt des Kontrollrats in Deutschland, Nr. 3, 31.1.1946, S. 50f.

bürokratischen und wirtschaftlichen Eliten des NS-Staates und für die meisten anderen Prozesse vor den Militärgerichten der vier Besatzungszonen.[47] Das KRG Nr. 10 geht, wie der Oberste Gerichtshof der Britischen Zone am 15. November 1949 ausführte, „davon aus, daß es im Bereich aller Kulturvölker bestimmte mit dem Wert und der Würde der menschlichen Persönlichkeit zusammenhängende Grundsätze menschlichen Verhaltens gibt, die für das Zusammenleben der Menschen und für das Dasein eines jeden einzelnen so wichtig sind, daß auch kein diesem Bereich angehörender Staat berechtigt ist, sich davon loszusagen".[48] Artikel II Abs. 1. des KRG Nr. 10 definiert, in Anlehnung an Artikel 6 des Statuts für den Internationalen Militärgerichtshof in Nürnberg, die drei Tatbestände „Verbrechen gegen den Frieden", „Kriegsverbrechen" und „Verbrechen gegen die Menschlichkeit" wie folgt:

a) *Verbrechen gegen den Frieden.* Das Unternehmen des Einfalls in andere Länder und des Angriffskrieges unter Verletzung des Völkerrechts und internationaler Verträge einschließlich der folgenden den obigen Tatbestand jedoch nicht erschöpfenden Beispiele: Planung, Vorbereitung, Beginn oder Führung eines Angriffskrieges oder eines Krieges unter Verletzung von internationalen Verträgen, Abkommen oder Zusicherungen; Teilnahme an einem gemeinsamen Plan oder einer Verschwörung zum Zwecke der Ausführung eines der vorstehend aufgeführten Verbrechen.

b) *Kriegsverbrechen.* Gewalttaten oder Verbrechen gegen Leib, Leben oder Eigentum, begangen unter Verletzung der Kriegsgesetze oder -gebräuche, einschließlich der folgenden den obigen Tatbestand jedoch nicht erschöpfenden Beispiele: Mord, Mißhandlung der Zivilbevölkerung der besetzten Gebiete oder ihre Verschleppung zur Zwangsarbeit oder zu anderen Zwekken; Mord oder Mißhandlung von Kriegsgefangenen oder Personen auf hoher See; Tötung von Geiseln; Plünderung von öffentlichem oder privatem Eigentum; mutwillige Zerstörung von Stadt oder Land; oder Verwüstungen, die durch militärische Notwendigkeit nicht gerechtfertigt sind.

c) *Verbrechen gegen die Menschlichkeit.* Gewalttaten und Vergehen, einschließlich der folgenden den obigen Tatbestand jedoch nicht erschöpfenden Beispiele: Mord, Ausrottung, Versklavung, Zwangsverschleppung, Freiheitsberaubung, Folterung, Vergewaltigung oder andere an der Zivilbevölkerung begangene unmenschliche Handlungen; Verfolgung aus politischen, rassischen oder religiösen Gründen, ohne Rücksicht darauf, ob sie

47 Vgl. *Gerd R. Ueberschär* (Hrsg.), Der Nationalsozialismus vor Gericht. Die alliierten Prozesse gegen Kriegsverbrechen und Soldaten 1943–1952, Frankfurt a.M. 1999.

48 NJW 3 (1950), S. 272–275, hier: S. 272f.

> das nationale Recht des Landes, in welchem die Handlung begangen worden ist, verletzen.[49]

Mit der Einführung der Strafnorm *crimes against humanity*[50], die im Deutschen mit „Verbrechen gegen die Menschlichkeit"[51], nicht „Menschheit", übersetzt und zum ersten Mal mit Artikel 6c der *Charter of the International Military Tribunal for the Trial of the Major War Criminals* zu einem eigenständigen Tatbestand erhoben worden war,[52] reagierten die Alliierten auf die bis dahin undenkbare Qualität der von den Nationalsozialisten begangenen Verbrechen an der Zivilbevölkerung. Das Statut für den Internationalen Militärgerichtshof war Teil des von den Alliierten ratifizierten Londoner Viermächte-Abkommens vom 8. August 1945 und diente als Rechtsgrundlage für das Internationale Militärtribunal in Nürnberg.[53]

Die tatbestandliche Normierung des Begriffs *crimes against humanity* gilt zu Recht als bemerkenswerte Errungenschaft des Nürnberger Tribunals. So betont Michael Marrus:

> „Originally introduced into the indictment for technical reasons, 'crimes against humanity' came to stand for crimes of unprecedented magnitude – akin to what the French prosecutor, François de Menthon, referred to at one point as a 'crime against the human status'. The reason for the usage has something to do with the origins of 'crimes against humanity' at Nuremberg but also with their association with the murder of European Jews – widely accepted, as Sir Hartley Shawcross put

---

49 Amtsblatt des Kontrollrats in Deutschland, Nr. 3, 31.1.1946, S. 50f.

50 Zu den Ursprüngen des Begriffs *crimes against humanity* vgl. M. Cherif Bassiouni, Crimes Against Humanity in International Criminal Law, The Hague ²1999, S. 60–88; *Michael R. Marrus*, The Holocaust at Nuremberg, in: Yad Vashem Studies 26 (1998), S. 5–41, hier: S. 9–13.

51 Hannah Arendt kritisierte die deutsche Übersetzung mit der Bemerkung, es sei „wahrhaftig *das* Understatement des Jahrhunderts", wenn angeführt werde, die Nazis hätten es lediglich an Menschlichkeit fehlen lassen, „als sie Millionen in die Gaskammern schickten". *Arendt*, Eichmann in Jerusalem, S. 399. Arendt plädierte dafür, von „Verbrechen gegen die Menschheit" zu sprechen. Sie sah es als „neuartig" an. Daniel Marc Segesser hat kürzlich gezeigt, dass es sich bei der Formulierung „Verbrechen gegen die Menschlichkeit" um eine „Weiterentwicklung der völkerrechtlichen Diskussion" handelt, die „schon seit der zweiten Hälfte des 19. Jahrhunderts im Gang war". *Daniel Marc Segesser*, Die historischen Wurzeln des Begriffs „Verbrechen gegen die Menschlichkeit", in: JJZG 8 (2006/2007), S. 75–101, hier: S. 100.

52 Die Strafbarkeit des Tatbestands „Verbrechen gegen die Menschlichkeit" war jedoch „noch dadurch begrenzt, dass diese nur gegeben war, wenn ein Zusammenhang zu einem Verbrechen bestand, für welches das Internationale Militärtribunal zuständig war". *Segesser*, Die historischen Wurzeln, S. 99.

53 Zum Londoner Viermächte-Abkommen und dem Statut des *International Military Tribunal* vgl. *Weinke*, Die Nürnberger Prozesse, S. 17–23.

> it in his case against the Jew-baiter Julius Streicher, as 'the most frightful crime the world has ever known'."[54]

Allerdings wurden nur Streicher und Baldur von Schirach – neben dem Anklagepunkt der Verschwörung – wegen „Verbrechen gegen die Menschlichkeit" angeklagt und schuldig gesprochen.[55]

Zwar erkannten die amerikanische und britische Anklagevertretung an, dass es sich bei dem Massenmord an den Juden um ein präzedenzloses Verbrechen handelte. So erklärte der amerikanische Chefankläger Justice Robert H. Jackson in seiner Zusammenfassung: „The Nazi movement will be of evil memory in history because of its persecution of Jews, the most far-flung and terrible racial persecution of all time."[56] Sir William Hartley Shawcross, Mitglied der britischen Anklagebehörde, hob die Vernichtung der Juden mit folgenden Worten hervor:

> „There is one group to which the method of annihilation was applied on a scale so immense that it is my duty to refer separately to the evidence. I mean the extermination of the Jews. If there were no other crimes against these men, this one alone, in which all of them were implicated, would suffice. History holds no parallel to these horrors."[57]

Indes: Der Mord an den Juden stand im Nürnberger Prozess gegen die Hauptkriegsverbrecher nicht im Zentrum der Aufmerksamkeit.[58] Annette Weinke nennt mehrere Gründe für diese „Unterbelichtung des Holocaust". Zum einen habe die Anklagestrategie auf der Vorstellung basiert, „die Gewalttaten an den Juden seien kein Verbrechen sui generis gewesen, sondern Teil eines übergeordneten, von der NS-Führung ersonnenen Plans, andere Länder und Völker zu unterjochen".[59] Das Gericht stufte die Verfolgung der jüdischen Bevölkerung vor Beginn des Zweiten Weltkriegs nicht als „Verbrechen gegen die Menschlichkeit" ein, da, so die Begründung, „ein Zusammenhang zum Angriffskrieg oder zu Kriegsverbrechen nicht erkennbar sei".[60] Nach Auffassung Weinkes ist die Vernachlässigung des Holocaust ferner auf politisch-ideologische und psychologische Faktoren zurückzuführen. So habe sich während der Verneh-

---

54 *Marrus*, The Holocaust at Nuremberg, S. 9.

55 Vgl. *Segesser*, Die historischen Wurzeln, S. 99.

56 Zit. n. ebd., S. 18.

57 Zit. n. ebd., S. 18f.

58 *Weinke*, Nürnberger Prozesse, S. 47; *Marrus*, The Holocaust at Nuremberg, S. 6.

59 *Weinke*, Nürnberger Prozesse, S. 51.

60 Ebd., S. 51. Vgl. auch *Arieh J. Kochavi*, The role of the Genocide of European Jewry in the Preparations for the Nuremberg Trials, in: Bankier / Michman, Holocaust and Justice, S. 59–80, hier: S. 78.

mung der sowjetischen Holocaust-Überlebenden abgezeichnet, „dass die angelsächsischen Richter die Glaubwürdigkeit der Berichte vor allem deshalb anzweifelten, weil die Zeugen von den Sowjets benannt worden waren". Hinzu kamen Weinke zufolge „Wahrnehmungsabwehr" und „mentale Blockaden". Der Holocaust habe „schlichtweg jedes normale Maß an menschlicher Vorstellungskraft" überstiegen, „so dass auch die Nürnberger Richter nicht ohne weiteres in der Lage" gewesen seien, „den Dimensionen des Geschehens Rechnung zu tragen". Schließlich hätten sich die Richter in ihrem Verständnis des Holocaust stark von der „intentionalistischen Argumentation der Ankläger" beeinflussen lassen. Dies habe dazu geführt, dass, so Weinke, „konkrete Motive und Verantwortlichkeiten hinter der Rolle Hitlers verschwammen".[61]

Der Tatbestand *crimes against humanity* wurde vom Militärtribunal eng verknüpft mit dem Tatbestand *war crimes*: „In practice, as in theory, crimes against humanity were constantly tangled in war crimes and throughout the trial there was little effort to distinguish between them."[62] Erst in den Nürnberger Nachfolgeprozessen erhielt, worauf Segesser hingewiesen hat, der Tatbestand „Verbrechen gegen die Menschlichkeit" eine größere Bedeutung, „da das Kontrollratsgesetz No. 10 die Bestimmung fallen ließ, wonach Verbrechen gegen die Menschlichkeit nur dann strafbar seien, wenn sie in Verbindung mit einem anderen Verbrechen begangen wurden".[63]

Resümierend kann konstatiert werden, dass die Alliierten mit dem im Nürnberger Prozess und in den Nürnberger Nachfolgeprozessen angewandten Tatbestand „Verbrechen gegen die Menschlichkeit" die nationalsozialistischen Verbrechen an der Zivilbevölkerung, darunter auch der Völkermord an den Juden, zu erfassen versuchten. Zu einem juristischen Tatbestand und als Verbrechen unter Strafe gestellt wurde Völkermord indes erst mit der Völkermordkonvention vom 9. Dezember 1948.[64] Der 1954 ins deutsche Strafgesetzbuch eingefügte Tatbestand des Völkermords (§ 220a StGB) konnte aufgrund des Rückwirkungsverbots nicht auf Taten, die während der Zeit des Nationalsozialismus begangen worden waren, angewendet werden.

Der von den Alliierten beschrittene Weg, neue Tatbestände mit rückwirkender Kraft zu schaffen, um die NS-Verbrechen unabhängig vom damals geltenden positiven Recht bestrafen zu können, wurde vom deutschen Gesetzgeber und

---

61 Ebd., S. 52.

62 *Marrus*, The Holocaust at Nuremberg, S. 15f.

63 *Segesser*, Die historischen Wurzeln, S. 99.

64 Vgl. *Norman Paech*, Die vergessenen Leiden der Herero, in: Frankfurter Rundschau Nr. 9 v. 12.1.2004, S. 8.

der deutschen Rechtsprechung nicht weiter gegangen. Nur in der frühen Phase der Strafverfolgung ahndeten deutsche Gerichte in der britischen und französischen Zone[65] die NS-Straftaten auf der Basis des KRG Nr. 10,[66] das von Teilen der westdeutschen Justiz mit dem Verweis auf den vermeintlichen Verstoß gegen den Grundsatz *nullum crimen sine lege, nulla poena sine lege* und die Unbestimmtheit der Tatbestände als Rechtsgrundlage für die Bestrafung von NS-Gewaltverbrechen abgelehnt wurde.[67] Zwischen 1947 und 1951 wurden in den Ländern Berlin, Nordrhein-Westfalen, Niedersachsen und Rheinland-Pfalz 1.980 Personen auf der Grundlage des KRG Nr. 10 verurteilt.[68]

3. Subsumierbar unter Paragraphen des StGB: Die Konzeption der Bundesrepublik

Nachdem den deutschen Gerichten die Ermächtigung entzogen worden war, das KRG Nr. 10 anzuwenden,[69] erfolgte die Aburteilung von NS-Gewaltverbrechen nach den Vorschriften des deutschen Strafrechts.[70] Rechtsgrundlage waren die vor und nach 1945 geltenden Bestimmungen des Strafgesetzbuches (RStGB bzw. StGB). Die während der Zeit des Nationalsozialismus begangenen Verbrechen wurden somit nach bereits zur Tatzeit geltendem Recht abgeurteilt. Die wichtigsten mit Strafe bedrohten Handlungen waren:

---

65 Die britische und französische Besatzungsmacht erteilten den Amts-, Land- und Oberlandesgerichten die Ermächtigung, das Kontrollratsgesetz Nr. 10 anzuwenden. In der amerikanischen Zone kam das Kontrollratsgesetz Nr. 10 dagegen nur im völkerrechtlichen Rahmen zur Geltung. Es durfte nicht von deutschen, sondern nur von amerikanischen Gerichten und vom Internationalen Militärgerichtshof angewendet werden. Vgl. *Edith Raim*, Der Wiederaufbau der Justiz in Westdeutschland und die Verfolgung von NS-Verbrechen 1945–1949, in: Hans Braun / Uta Gerhardt / Everhard Holtmann (Hrsg.), Die lange Stunde Null. Gelenkter sozialer Wandel in Westdeutschland nach 1945, Baden-Baden 2007, S. 141–173, hier: S. 151.

66 Vgl. ebd., S. 149-161.

67 Eine Zusammenfassung der Debatte um das KRG Nr. 10 findet sich bei *Clea Laage*, Die Auseinandersetzung um den Begriff des gesetzlichen Unrechts nach 1945, in: KJ 22 (1989), S. 409–432, hier: S. 423–432. Vgl. auch *Gisela Diewald-Kerkmann*, Politische Denunziation im NS-Regime oder Die kleine Macht der Volksgenossen, Bonn 1995, S. 153–155.

68 Ebd., S. 430.

69 Die Ermächtigung zur Anwendung des KRG Nr. 10 wurde für die französische Zone durch eine Verordnung vom 31. Mai 1951, für die britische Zone durch eine vom 31. August 1951 aufgehoben. Vollständig außer Kraft gesetzt wurde das KRG Nr. 10 indes erst durch das „1. Gesetz zur Aufhebung des Besatzungsrechts“ vom 30. Mai 1956. Vgl. BGBl. 1956, I, S. 437.

70 Vgl. *Rückerl*, Die Strafverfolgung von NS-Verbrechen, S. 41.

Mord (§ 211 StGB), Totschlag (§ 212 StGB) und minder schwerer Fall des Totschlags (§ 213 StGB) sowie Körperverletzung mit Todesfolge (§ 226 StGB), Freiheitsberaubung mit Todesfolge (§ 239 Abs. 3 StGB), einfacher und schwerer Raub (§§ 249, 250 StGB), schwere Körperverletzung (§ 225 StGB), Freiheitsberaubung von mehr als einer Woche (§ 239 Abs. 2 StGB) und andere Formen der Körperverletzung, Freiheitsberaubung und Nötigung, bedroht mit Freiheitsstrafen von geringerer Dauer, im Höchstmaß mit einer Dauer von fünf Jahren. Die Bestimmungen des StGB für Mord (§ 211) lauten:

> „(1) Der Mörder wird mit lebenslanger Freiheitsstrafe bestraft.
>
> (2) Mörder ist, wer
>
> aus Mordlust, zur Befriedigung des Geschlechtstriebs, aus Habgier, oder sonst aus niedrigen Beweggründen, heimtückisch, oder grausam oder mit gemeingefährlichen Mitteln oder um eine andere Straftat zu ermöglichen oder zu verdecken, einen Menschen tötet."

§ 212 StGB bestimmt Totschlag wie folgt:

> „(1) Wer einen Menschen tötet, ohne Mörder zu sein, wird als Totschläger mit Freiheitsstrafe nicht unter fünf Jahren bestraft.
>
> (2) In besonders schweren Fällen ist auf lebenslange Freiheitsstrafe zu erkennen."

§ 213 StGB lautet:

> „War der Totschläger ohne eigene Schuld durch eine ihm oder einem Angehörigen zugefügte Mißhandlung oder schwere Beleidigung von dem getöteten Menschen zum Zorn gereizt und hierdurch auf der Stelle zur Tat hingerissen worden oder liegt sonst ein minder schwerer Fall vor, so ist die Strafe Freiheitsstrafe von einem Jahr bis zu zehn Jahren."

Rechtliche Schwierigkeiten bei der Ahndung nationalsozialistischer Gewaltverbrechen zeigten sich bei der Verfolgung der Denunziationen.[71] Denunzianten wurden nach der Aufhebung der generellen Ermächtigung zur Aburteilung von „Verbrechen gegen die Menschlichkeit" nach KRG Nr. 10 nicht konsequent zur Verantwortung gezogen, da bei der Anwendung des StGB die Tatbestände der fälschen Verdächtigung, der Freiheitsberaubung, der Beihilfe zum Mord oder des Totschlags erfüllt sein mussten.[72] Für eine Bestrafung nach dem KRG Nr. 10 reichte dagegen bereits „das Auslösen der politischen Verfolgung des Opfers"[73] bzw. „die Überantwortung des Opfers an die Organe des

71 Vgl. dazu *Diewald-Kerkmann*, Politische Denunziation im NS-Regime, S. 155–166 und *Hoffmann*, Verfolgung nationalsozialistischer Gewaltverbrechen, S. 186f.

72 Vgl. *Diewald-Kerkmann*, Politische Denunziation im NS-Regime, S. 164.

73 Vgl. ebd., S. 164.

NS-Regimes“[74] aus. Die Außerkraftsetzung des KRG Nr. 10 hatte, wie Gisela Diewald-Kerkmann nachgewiesen hat, zur Folge, dass Angeklagte, die „zuvor bereits wegen Verbrechen gegen die Menschlichkeit zu Freiheitsstrafen verurteilt worden waren, jetzt nach den Strafnormen des StGB straffrei blieben und das Verfahren eingestellt wurde“.[75] Ferner wurden nach den Erkenntnissen Diewald-Kerkmanns Menschen, die bereits nach dem KRG Nr. 10 verurteilt worden waren, „in erneuten Verhandlungen freigesprochen“.[76]

Eine Einschränkung der deutschen Gerichtsbarkeit bei Verurteilungen durch alliierte Gerichte ergab sich aus dem 1955 in Kraft getretenen „Vertrag zur Regelung aus Krieg und Besatzung entstandener Fragen“, dem so genannten Überleitungsvertrag.[77] Danach durfte eine Strafverfolgung nicht gegen Personen erfolgen, wenn „die Untersuchung wegen der angeblichen Straftat von den Strafverfolgungsbehörden der betreffenden Macht oder Mächte endgültig abgeschlossen war oder diese Straftat in Erfüllung von Pflichten oder Leistung von Diensten für die Besatzungsbehörden begangen wurde“.[78]

3.1. Kontinuität der rechtlichen Basis?

Die Aburteilung der NS-Straftaten auf der Grundlage des Strafgesetzbuchs wirft die Frage nach der Kontinuität der rechtlichen Basis – vom NS-Recht zum Recht der Bundesrepublik – auf. Die Alliierten bemühten sich um eine Entnazifizierung des deutschen Strafrechts. Michael Stolleis hat die Vorgehensweise der Alliierten wie folgt beschrieben:

> „Beseitigung des ideologischen Kernbestands durch Gesetzgebung in Form von offenen, jederzeit zu erweiternden Katalogen, im übrigen Lenkung des aus praktischen Erwägungen nicht vollständig austauschbaren Justizpersonals durch Verpflichtung auf eine neue Werteordnung.“[79]

Zentrale Gesetze des Nationalsozialismus wurden aufgehoben bzw. für ungültig erklärt.[80] Für das in Kraft bleibende NS-Recht wurden Anwendungs- und

---

74 Ebd., S. 166.

75 Vgl. ebd., S. 164.

76 Ebd., S. 165.

77 Diese Einschränkung galt indes nicht bei Verurteilungen durch sowjetische, polnische oder tschechische Gerichte.

78 Zit. n. *Rückerl*, Die Strafverfolgung von NS-Verbrechen, S. 48.

79 *Michael Stolleis*, Rechtsordnung und Justizpolitik, in: Norbert Horn (Hrsg.), Europäisches Rechtsdenken in Geschichte und Gegenwart. Festschrift für Helmut Coing zum 70. Geburtstag, Bd. I, München 1982, S. 383–407, hier: S. 388.

80 Vgl. Gesetz Nr. 11, Aufhebung einzelner Bestimmungen des deutschen Strafrechts, Amtsblatt des Kontrollrates in Deutschland, Nr. 3, 31.1.1946.

Auslegungsregeln erlassen. So wurde eine Auslegung des fortgeltenden Rechts im Sinne der NS-Weltanschauung untersagt. Verwaltungsgerichte und ordentliche Gerichte wurden geschlossen, andere gerichtliche Institutionen (das Reichsgericht, der Volksgerichtshof, Sondergerichte, Parteigerichte und SS- und Polizeigerichte) wurden abgeschafft.[81] „Im Übrigen wurden", wie Edith Raim betont, „die Strukturen des deutschen Justizwesens beibehalten".[82] Ab September 1945 erfolgte die Wiedereröffnung der Amts- und Landgerichte, ab 1946 nahmen die Oberlandesgerichte ihre Tätigkeit wieder auf.[83] Nach den Erkenntnissen Reims gingen die westlichen Besatzungsmächte mit dem Problem der Entnazifizierung des Justizpersonals, die in Artikel IV des Kontrollratsgesetztes Nr. 4 vom 30. Oktober 1945 geregelt wurde, unterschiedlich um.[84] Der Artikel IV untersagte die Zulassung von Personen als Richter und Staatsanwälte, die der NSDAP angehört und sich „aktiv" betätigt hatten sowie von Personen, die „direkten Anteil" an den Strafmaßnahmen des Regimes gehabt hatten.[85] Man war sich nur einig, auf ehemalige SS-Angehörige und Personen zu verzichten, die *vor* 1933 der Partei beigetreten waren, sowie auf ehemalige Angehörige der genannten NS-Gerichte.[86] Während die Amerikaner zunächst keine Juristen im Amt belassen wollten, die der NSDAP angehört hatten, waren die Briten und Franzosen bereit, ehemalige NSDAP-Mitglieder für den Justizdienst wiederzuverwenden.[87] Die Briten beschränkten sich darauf, so Reim, „zuverlässige Personen in die sogenannten Schlüsselpositionen zu befördern". Dazu gehörten die Generalstaatsanwälte und die OLG-Präsidenten. Die britische Militärregierung habe „ein 1:1 Verhältnis" akzeptiert: „Je ein unbelasteter Jurist auf einen belasteten Juristen." Ähnlich sei die französische Besatzungsmacht vorgegangen, die „von Anfang an leichter bereit" gewesen sei, „frühere NSDAP-Angehörige wieder zum deutschen Justizdienst zuzulassen, insbesondere wenn ihre Mitgliedschaft nicht vor dem Jahr 1933 datierte".[88] Staatsanwälte und Richter, die als unverdächtig galten und nicht in der Partei gewesen waren, wurden in der Regel von den westlichen Besatzungsmächten wiedereingestellt.[89]

---

81 Vgl. MilRegG Nr. 2, MilRegABl Nr. 3, S. 4.

82 *Raim*, Der Wiederaufbau der Justiz in Westdeutschland, S. 143.

83 Vgl. ebd., S. 143f.

84 Vgl. ebd., S. 145-148.

85 Vgl. ebd., S. 145.

86 Vgl. ebd., S. 145f.

87 Vgl. ebd., S. 146.

88 Ebd., S. 146.

89 Vgl. ebd., S. 147.

Ein zentrales Problem für die Alliierten war ferner die Säuberung des Strafrechts von nationalsozialistischem Gedankengut. Bereits während des Krieges war, worauf Joachim Perels hingewiesen hat, auf amerikanischer Seite ein Programm der *decontamination* der Rechtsordnung entwickelt worden.[90] Das *Field manual 27-5* in der Fassung vom 22. Dezember 1943 zielte darauf ab, „diskriminierende Gesetze" aufzuheben. In Punkt III. A. 4. des Potsdamer Protokolls vom 2. August 1945 heißt es:

> „All Nazi laws which provided the basis of the Hitler regime or established discrimination on grounds of race, creed, or political opinion shall be abolished. No such discriminations, whether legal, administrative or otherwise, shall be tolerated."[91]

Dieser Grundsatz fand Eingang in die Proklamation Nr. 3 des Alliierten Kontrollrats vom 20. Oktober 1945. Art. II Nr. 5 beauftragte die Besatzungsmächte, „Verurteilungen, die unter dem Hitler-Regime ungerechterweise aus politischen, rassischen oder religiösen Gründen erfolgten", aufzuheben. Das Militärregierungsgesetz Nr. 1 verbot die „Auslegung oder Anwendung deutschen Rechts nach nationalsozialistischen Lehren, gleichgültig wie und wann dieselben kundgemacht wurden". Das KRG Nr. 10 setzte 25 „Gesetze politischer Natur oder Ausnahmegesetze, auf welchen das Nazi-Regime beruhte", außer Kraft. Die Entlegitimierung des nationalsozialistischen Diskriminierungsrechts wurde fortgeführt durch das KRG Nr. 11 vom 30. Januar 1946 sowie das KRG Nr. 34 vom 20. August 1946 und vom 20. Juli 1947. Durch das KRG Nr. 11 wurden 40 StGB-Normen wie Hoch- und Landesverrat außer Kraft gesetzt, und weiteres Sonderstrafrecht wurde aufgehoben.[92] Die Besatzungsmächte, die, wie erwähnt, hinsichtlich der Frage, wie mit der deutschen Justiz umzugehen sei, unterschiedliche Konezpte besaßen,[93] setzten zusätzlich in ihren jeweiligen Zonen NS-Recht außer Kraft.[94] Als Beispiel für die Entle-

90 Vgl. *Joachim Perels*, Pläne der US-Administration für ein anderes Deutschland. Die Arbeiten der Neumann-Gruppe, in: ders., Das juristische Erbe des „Dritten Reiches", S. 39–46.

91 Zit. n. *Joachim Rückert*, Strafrechtliche Zeitgeschichten – Vermutungen und Widerlegungen, in: KritV 84 (2001), S. 223–254, hier: S. 247.

92 Vgl. *Matthias Etzel*, Die Aufhebung von nationalsozialistischen Gesetzen durch den Alliierten Kontrollrat (1945–1948), Tübingen 1992, S. 83–87 und S. 128–130.

93 Vgl. dazu *Stolleis*, Rechtsordnung und Justizpolitik, S. 391–398.

94 Zur Aufhebung nationalsozialistischer Gesetze in den einzelnen Zonen vgl. *Wolfgang Fikentscher / Reiner Koch*, Strafrechtliche Wiedergutmachung nationalsozialistischen Unrechts, in: NJW 38 (1983), S. 12–15. Indes bestand nicht immer Übereinstimmung in der Frage, was typisches NS-Recht sei und was nicht. Ein Beispiel: Die Briten hoben § 48 Abs. 2 des Testamentgesetzes vom 31. Juli 1938 und die Erbrechtsregelungsverordnung vom 4. Oktober 1944 für ihre Besatzungszone auf. Weder der Kontrollrat noch

gitimierung der NS-Rechtsprechung in den einzelnen Zonen sei auf das Bayerische Gesetz zur Wiedergutmachung des nationalsozialistischen Unrechts auf dem Gebiet des Strafrechts vom 28. Mai 1946 verwiesen, das am 9. September 1947 zum zoneneinheitlichen Gesetz erklärt wurde. Die Süddeutsche Juristen-Zeitung kommentierte die Strafrechtsaufhebungen der Alliierten wie folgt: „Das Außerkrafttreten dieser Gesetze versteht sich größtenteils von selbst aus dem Zusammenbruch der nationalsozialistischen Herrschaft und der Beendigung des Krieges.“[95]

Das Urteil im so genannten Nürnberger Juristenprozess („Fall 3“ der Nürnberger Nachfolgeprozesse) erklärt das „drakonische, korrupte und verderbte nationalsozialistische Rechtssystem“ als solches zum Kriegsverbrechen und Verbrechen gegen die Menschlichkeit.[96] Der Nürnberger Juristenprozess blieb indes ohne Wirkung auf die bundesdeutsche Justiz.[97] Wegen Beteiligung an Justizverbrechen wurden nur zwei Berufsrichter, die im April 1945 als Vorsitzende von Standgerichten Todesstrafen verhängt hatten, rechtskräftig verurteilt.[98] Insgesamt fanden ab 1948 nur 15 Prozesse mit 23 Angeklagten statt.[99] Richter und Staatsanwälte, die an den Justizverbrechen im Dritten Reich mitgewirkt hatten, „blieben fast völlig von der Strafverfolgung verschont – Richterprivileg, Beratungsgeheimnis, formaler Rechtsgehorsam waren die

---

die US-Militärregierung schlossen sich dieser Maßnahme an. Vgl. *Bernhard Diestelkamp / Susanne Jung*, Die Justiz in den Westzonen und der frühen Bundesrepublik, in: APuZ 39 (1989), S. 19–29, hier: S. 24.

95 Zur Auswirkung der Gesetzgebung der Besatzungsmächte auf das deutsche Strafgesetzbuch, in: SJZ 1 (1946), S. 121–124.

96 Zit. n. Rudolf Wassermann, Fall 3: Der Nürnberger Juristenprozeß, in: *Ueberschär* (Hrsg.), Der Nationalsozialismus vor Gericht, S. 99–109.

97 Vgl. *Heribert Ostendorf*, Der „Nürnberger Juristenprozess“ und seine Auswirkungen auf eine internationale Strafgerichtsbarkeit, in: ders. / Uwe Danker (Hrsg.), Die NS-Strafjustiz und ihre Nachwirkungen, Baden-Baden 1999, S. 125–135, hier: S. 133f.

98 *Joachim Perels*, Die schrittweise Rechtfertigung der NS-Justiz. Der Huppenkothen-Prozeß, in: ders., Das juristische Erbe des „Dritten Reiches“, S. 181–202, hier: S. 181; *Freudiger*, Juristische Aufarbeitung, S. 298. Zur strafrechtlichen Aufarbeitung der NS-Justizverbrechen vgl. *Greve*, Der justitielle und rechtspolitische Umgang, S. 102–110; *Freudiger*, Juristische Aufarbeitung, S. 294–324; *Ingo Müller*, NS-Justiz im Spiegel bundesdeutscher Nachkriegsrechtsprechung, in: Justizministerium des Landes NRW (Hrsg.), Justiz und Judentum (Reihe Juristische Zeitgeschichte, Bd. 8), Geldern 1999, S. 37–46.

99 *Hubert Rottleuthner*, Kontinuität und Identität: Justizjuristen und Rechtslehrer vor und nach 1945, in: Franz Jürgen Säcker (Hrsg.), Recht und Rechtslehre im Nationalsozialismus, Baden-Baden 1999, S. 241–254, hier: S. 243.

rechtlichen Instrumente, auf die sich die Justiz stützte".[100] Der 5. Strafsenat des BGH räumte später Versäumnisse beim Umgang mit dem NS-Justizunrecht[101] ein. In einem Urteil vom 16. November 1995 heißt es, die Rechtsprechung des BGH habe einen wesentlichen Anteil daran gehabt, dass die vom Volksgericht gefällten Todesurteile ungesühnt geblieben seien und dass keiner der am Volksgericht tätigen Richter und Staatsanwälte sowie keiner der Richter der Sondergerichte und Kriegsgerichte wegen Rechtsbeugung verurteilt worden sei. Der 5. Strafsenat stellte fest, dass „das Scheitern der Verfolgung von NS-Richtern vornehmlich durch eine zu weitgehende Einschränkung bei der Auslegung der subjektiven Voraussetzungen des Rechtsbeugungstatbestands bedingt war".[102]

Die Rechtsanordnungen der Alliierten zur Aufhebung nationalsozialistischer Unrechtsgesetze wurden, soweit sie das Gebiet der künftigen Bundesrepublik betrafen, Recht der Bundesrepublik.[103] Der bundesdeutsche Gesetzgeber orientierte sich bei der Betrachtung des Strafrechts von 1933 bis 1945 an dem Schema rechtsstaatskonform / rechtsstaatswidrig. Dieses von der „Perversion" des Strafrechts ausgehende Deutungsmuster[104] unterteilt das materielle Strafrecht in einen typisch nationalsozialistischen und einen nicht nationalsozialistischen Bereich. Die Interpretation anhand des Maßstabes „rechtsstaatliches

---

100 Justiz im Dritten Reich und die Aufarbeitung des Justizunrechts, Ansprache des Präsidenten des Bundesgerichtshofs Prof. Dr. Günter Hirsch bei der Sonderveranstaltung der Münchener Juristischen Gesellschaft während der Ausstellung „Justiz und Nationalsozialismus" am 29. September 2004, http://www.bundesgerichtshof.de/DE/BGH/Praesidenten/Hirsch/HirschReden/rede29092004.html?nn=544442, Aufruf am 25. September 2010.

101 Zum Umgang des BGH mit den NS-Justizverbrechen und den Argumentationsmustern in der Rechtsprechung vgl. *Ulrike Homann*, Herausforderungen an den Rechtsstaat durch Justizunrecht. Die Urteile bundesdeutscher Gerichte zur strafrechtlichen Aufarbeitung von NS- und DDR-Justizverbrechen, Berlin 2003, S. 48–10.

102 Vgl. BGH, Urteil v. 16.11.1995 – 5 StR 747/94, in: NJ 50 (1996), S. 154–157, hier: S. 154.

103 Das Besatzungsrecht wurde entweder aufgrund von Art. 1 S. 2 und 3 des Überleitungsvertrages vom 26. Mai 1952 oder, falls es sich um Landesrecht handelte, gemäß Artikel 125 Nr. 2 GG vom 23. Mai 1949 Bundesrecht. Vgl. *Fikentscher / Koch*, Strafrechtliche Wiedergutmachung, S. 15.

104 Werle stellt in seiner Studie „Justiz-Strafrecht und polizeiliche Verbrechensbekämpfung im Dritten Reich" zwei rechtshistoriographische Deutungsmuster zum Justiz-Strafrecht 1933–1945 vor, von denen er sich abgrenzt. Die eine Richtung interpretiert die Strafrechtsentwicklung der NS-Zeit als Einheit, die andere unterscheidet zwischen nationalsozialistischem Straf(un)recht und nicht nationalsozialistischem Strafrecht. Den Vertreter der „Trennungsthese" gilt das Naturrecht, das rechtsstaatliche Strafrecht oder die nationalsozialistische Ideologie als Maßstab. Vgl. *Gerhard Werle*, Justiz-Strafrecht und polizeiliche Verbrechensbekämpfung im Dritten Reich, Berlin / New York 1989, S. 5–48.

Strafrecht" orientiert sich an der *äußeren* Entwicklung der strafrechtlichen Regelsetzung 1933–1945. Der nationalsozialistische Gesetzgeber verzichtete auf eine Suspendierung der bis 1933 entwickelten Strafgesetzgebung und auf eine vollständige gesetzliche Neuordnung des materiellen und formellen Strafrechts.[105] Aus vornationalsozialistischer Zeit stammende Bestimmungen des RStGB galten auch während der Zeit des Nationalsozialismus. Diese wurden vom bundesdeutschen Gesetzgeber als rechtsstaatlich vertretbar bewertet und übernommen. Für die ab 1933 erfolgten Änderungen galt die Perspektive der Rechtsstaatsverträglichkeit als Maßstab. Artikel 123 Abs. 1 GG lautet: „Recht aus der Zeit vor dem Zusammentritt des Bundestages gilt fort, soweit es dem Grundgesetze nicht widerspricht." Rechtsnormen aus der Zeit des Nationalsozialismus blieben, sofern sie nicht aufgehoben worden waren oder als unvereinbar mit rechtsstaatlichen Prinzipien galten, somit in Kraft. Die „Reinigung" der Gesetzgebung von rechtsstaatswidrigen Elementen wurde gesetzlich geregelt.[106] Die Rechtsbereinigung wurde indes erst 1998 abgeschlossen. Das „Gesetz zur Aufhebung nationalsozialistischer Unrechtsurteile in der Strafrechtspflege vom 25. August 1998" hob „strafgerichtliche Entscheidungen" auf, „die unter dem Verstoß gegen elementare Gedanken der Gerechtigkeit nach dem 30. Januar 1933 zur Durchsetzung und Aufrechterhaltung des nationalsozialistischen Regimes aus politischen, militärischen, rassischen, religiösen und weltanschaulichen Gründen ergangen sind".[107] Aufgehoben wurden Entscheidungen des Volksgerichtshofes, Entscheidungen der aufgrund der Verordnung über die Einrichtung von Standgerichten vom 15. Februar 1945 gebildeten Standgerichte sowie Entscheidungen, die auf 59 gesetzlichen Vorschriften einschließlich aller zusätzlichen Durchführungsbestimmungen, Verordnungen und Erlasse beruhen. Genannt werden in dem Gesetz u.a.: das Gesetz zur Wiederherstellung des Berufsbeamtentums vom 7. April 1933, das Gesetz zum Schutze des deutschen Blutes und der deutschen Ehre vom 15. September 1935, die Verordnung gegen Volksschädlinge vom 5. September 1939 und die Verordnung über die Strafrechtspflege gegen Polen und Juden in den eingegliederten Ostgebieten vom 4. Dezember 1941. Ein Blick auf die Rechtsprechungspraxis zeigt indes, dass bestimmte gegen Gedanken der Gerechtigkeit verstoßende Gesetze der Nationalsozialistischen –

---

105 Vgl. ebd., S. 27.

106 Vgl. ebd., S. 25.

107 BGBl. Teil I 1998, S. 2501–2504, hier: S. 2501. Das Gesetz wurde als Artikel 1 des Gesetzes vom 25. August 1998 I 2501 vom Bundestag mit Zustimmung des Bundesrates beschlossen. Es ist gemäß Artikel 3 dieses Gesetzes am 1. September 1998 in Kraft getreten. Vgl. http://bundesrecht.juris.de/bundesrecht/ns-aufhg/gesamt.pdf, Aufruf am 28. August 2008.

z.B. die Kriegssonderstrafrechtsverordnung[108] und die Standgerichtsverordnung vom 15. Februar 1945 – in ihrer Rechtsgültigkeit bestätigt wurden.[109]

3.2 Zur Strafverfolgung nationalsozialistischer Gewaltverbrechen in der Bundesrepublik: Entwicklung und Schwerpunkte

In den ersten Jahren nach der Befreiung von der NS-Herrschaft war die Strafverfolgung vor allem auf NS-Verbrechen gegen deutsche Opfer ausgerichtet: Nach Recherchen Andreas Eichmüllers war in 95 % der in den Jahren 1945 bis 1949 eingeleiteten Verfahren wegen NS-Verbrechen die Straftat in Deutschland begangen worden.[110] Ein Grund für diese hohe Zahl war die beschränkte Zuständigkeit deutscher Gerichte. Die Alliierten erteilten diesen lediglich eine Zuständigkeitsermächtigung für die Verfolgung der von Deutschen an Deutschen oder an Staatenlosen begangenen Verbrechen.[111] Erst seit Anfang Januar 1950 konnten deutsche Gerichte auch NS-Straftaten verfolgen, die an Angehörigen alliierter Nationen verübt worden waren.[112]

Nach dem Wegfall der durch die alliierte Gesetzgebung aufgerichteten Schranken erfolgte indes keine systematische Strafverfolgung durch die westdeutsche Justiz. Bis zur Gründung der „Zentralen Stelle der Landesjustizverwaltungen zur Aufklärung nationalsozialistischer Verbrechen“ am

108 Sie wurde am 17. August 1938 erlassen und am 26. August 1938 modifiziert. Vgl. *Werle*, Justiz-Strafrecht, S. 210.

109 Vgl. *Freudiger*, Juristische Aufarbeitung, S. 307ff.; *Hans-Ulrich Thamer*, Die nordrhein-westfälische Justiz und der Umgang mit der nationalsozialistischen Vergangenheit, in: Justizministerium des Landes NRW (Hrsg.), Justiz und Judentum, S. 47–57, hier: S. 57; *Friedrich Dencker*, Die strafrechtliche Beurteilung von NS-Rechtsprechungsakten, in: Peter Salje (Hrsg.), Recht und Unrecht im Nationalsozialismus, Münster 1985, S. 294–310; *Joachim Perels*, Späte Entlegitimierung der NS-Justiz, in: KJ 29 (1996), S. 504–510.

110 *Andreas Eichmüller*, Die Strafverfolgung von NS-Verbrechen durch westdeutsche Justizbehörden seit 1945, in: VfZ 56 (2008), S. 621–640, hier: S. 629. Was die in den Strafverfahren behandelten Verbrechenskomplexe anbetrifft, lagen für den Zeitraum von 1945 bis 1949 die Schwerpunkte auf: Denunziation (38 %), Verbrechen während der „Reichskristallnacht“ (15,4 %) und Verbrechen an politischen Gegnern in der ersten Zeit nach der Machtübernahme der Nationalsozialisten (16,3 %). Nur in sehr wenigen Fällen war die Ermordung der europäischen Juden Gegenstand der Verfahren (1,2 %).

111 Artikel III des KRG Nr. 10 vom 20.12.1945 betreffend die „Bestrafung von Personen, die sich Kriegsverbrechen, Verbrechen gegen den Frieden oder gegen die Menschlichkeit schuldig gemacht haben“ regelte die Zuständigkeitserklärung deutscher Gerichte. Diese wurde in der britischen und der französischen Besatzungszone in der Regel erteilt, in der amerikanischen nur im Einzelfall. Vgl. *Freudiger*, Die juristische Aufarbeitung, S. 14.

112 Vgl. KRG Nr. 13 v. 1.1.1950, in: Amtsblatt der Alliierten Hohen Kommission, S. 54ff.

1. Dezember 1958 ermittelten westdeutsche Staatsanwaltschaften nur in geringem Ausmaß von Amts wegen gegen NS-Verbrecher. Wurden 1950 noch 1.951 Ermittlungsverfahren eingeleitet, sanken die Zahlen in den nächsten vier Jahren kontinuierlich.[113] Im Jahr 1954 belief sich die Zahl der eingeleiteten Verfahren auf 162. Ab 1955 stiegen die Zahlen wieder an. Die Gründung der Zentralen Stelle führte zu einem starken Anstieg in der Ermittlungstätigkeit. So betrug im Jahr 1958 die Zahl der eingeleiteten Strafverfahren wegen NS-Gewaltverbrechen 488, ein Jahr später erreichte sie einen Wert von 1075.[114]

Die 1950er Jahre zeichnen sich, so die Annahme, nicht durch eine konsequente Strafverfolgung nationalsozialistischer Gewaltverbrechen aus, sondern durch eine konsequente Integration einstiger NS-Beamter in die deutsche Nachkriegsgesellschaft. Der im Jahr 1951 verabschiedete Artikel 131 des Grundgesetzes[115] ermöglichte mehr als 50.000 ehemaligen NS-Beamten, darunter auch ehemalige Gestapobeamte, die Rückkehr in den Staatsdienst.[116] Den Verfahrensakten wegen NS-Gewaltverbrechen lässt sich entnehmen, dass viele ehemalige Angehörige der Sicherheitspolizei und der Ordnungspolizei in den Polizeidienst der Länder und Kommunen übernommen wurden. Auch viele Richter und Staatsanwälte wurden nach 1945 für den Justizdienst wiederverwendet. So waren beispielsweise in Nordrhein-Westfalen in den 1950er und 1960er Jahren „in erheblichem Umfang“ Richter und Staatsanwälte, „die zumindest eine formelle NS-Belastung aufwiesen“, wieder im Dienst.[117] Die bei der Dortmunder Staatsanwaltschaft angesiedelte Zentralstelle für die

113 Auch die Zahl der rechtskräftigen Verurteilungen sank in den Jahren 1949 bis 1955 stark ab. Vgl. *Eichmüller*, Die Strafverfolgung von NS-Verbrechen, S. 626 und S. 627.

114 Ebd., S. 626 und S. 627.

115 Der Bundesgesetzgeber war nach Artikel 131 des Grundgesetzes verpflichtet, „die Rechtsverhältnisse von Personen [...], die am 8.5.1945 im öffentlichen Dienst standen, aus anderen als beamten- oder tarifrechtlichen Gründen ausgeschieden und bis zu diesem Zeitpunkt nicht oder nicht ihrer Rechtsstellung gemäß wiederverwendet“ worden waren, zu regeln. *Wilhelm Kümmel*, Gesetz zur Regelung der Rechtsverhältnisse der unter Artikel 131 des Grundgesetzes fallenden Personen in der Fassung vom 11. Mai 1951, vom September 1953, vom 11. September 1957, vom 21. August 1961, Hannover 1961, S. 6. Das Gesetz begünstigte sämtliche Berufssoldaten und Beamte des „Großdeutschen Reiches“ ausschließlich Österreichs. Vgl. *Frei*, Vergangenheitspolitik, S. 79.

116 Vgl. *Norbert Frei*, Vergangenheitspolitik in den fünfziger Jahren, in: Wilfried Loth / Bernd-A. Rusinek (Hrsg.), Verwandlungspolitik: NS-Eliten in der westdeutschen Nachkriegsgesellschaft, Frankfurt a.M. 1998, S. 79–92, hier: S. 86.

117 *Hans-Eckhard Niermann*, Die nordrhein-westfälische Justiz und ihr Umgang mit der nationalsozialistischen Vergangenheit. Ergebnisse eines Forschungsprojektes, in: JJZG 2 (2001), S. 288–307, hier: S. 289.

Bearbeitung von NS-Massenverbrechen soll „von ihrer Gründung 1961 bis 1972 durchgängig fest in der Hand ehemaliger NS-Juristen" gewesen sein.[118]

Ob ein konkreter Zusammenhang zwischen der personellen Kontinuität in den Reihen der Polizeibeamten, Staatsanwälte und Richter und der geringen Ermittlungstätigkeit der Justiz in den 1950er Jahren besteht, lässt sich indes anhand der Quellen – von wenigen Ausnahmen wie der Heyde/Sawade-Affäre[119] abgesehen – nur schwer nachweisen. Angenommen werden kann lediglich, dass der Systemwechsel zunächst wenig Veränderungen in Bezug auf Einstellungen und Mentalitäten bewirkt hat. Edgar Wolfrum hat zu Recht betont, dass sich die Strafverfolgung von NS-Verbrechen „in einem tendiziell auf Verdrängung und Schuldabwehr ausgerichteten gesellschaftlichen Klima" vollzog. Die „Solidarität mit den Tätern" sei oft „stärker ausgeprägt" gewesen „als die mit den Opfern".[120]

Von Seiten der Politik erfolgten in den 1950er Jahren keine Impulse zur verstärkten Strafverfolgung der NS-Verbrechen. Im Gegenteil: Am 31. Dezember 1949 hatte die Bundesrepublik als eines ihrer ersten Gesetze eine Amnestie für Straftäter erlassen, die eine Strafe von bis zu sechs Monaten Gefängnis erhalten oder zu erwarten hatten.[121] Von diesem Gesetz profitierten auch NS-Verbrecher, da neben Delikten wie Freiheitsberaubung und Amtsver-

118 *Rondholz*, Dortmund zum Beispiel, S. 1339.

119 Vgl. *Klaus Detlev Godau-Schüttke*, Die Heyde / Sawade-Affäre, Baden-Baden ²2001; *ders*., Die Heyde / Sawade-Affäre. Wie Juristen und Mediziner in Schleswig-Holstein den NS-Euthanasieprofessor Werner Heyde deckten und straflos blieben, in: Heribert Ostendorf / Uwe Danker (Hrsg.), Die NS-Strafjustiz und ihre Nachwirkungen, Baden-Baden 1999, S. 167–187. Werner Heyde leitete seit Mai 1940 die „Aktion T 4". Als „Obergutachter" entschied er über den Tod von psychisch Kranken und Behinderten. Er war für die Ermordung von mindestens 10.000 Menschen verantwortlich. Nach dem Krieg verschaffte er sich Papiere unter dem Namen Dr. med. Fritz Sawade und ließ sich in Flensburg als Nervenarzt nieder. Die Behörden prüften seine ärztliche Bestallungsurkunde, die den Namen Heyde trug, nicht. Er verfasste zahlreiche Gutachten zu Fragen auf neurologisch-psychiatrischem Gebiet, u.a. für die Staatsanwaltschaft Flensburg, das OLG Schleswig, das Sozialgericht Schleswig und das Landessozialgericht Schleswig. Heyde / Sawade wurde von Juristen und Medizinern gedeckt. Polizei und Staatsanwaltschaft – 1952 war ein Haftbefehl wegen Mordes gegen ihn erlassen worden – gelang es nicht, ihn ausfindig zu machen. Heyde / Sawade stellte sich am 12. November 1959 freiwillig den Ermittlungsbehörden. Vgl. *Klaus-Detlev Godau-Schüttke*, Holocausttäter machen Nachkriegskarriere in Schleswig-Holstein, in: Gottwald u.a. (Hrsg.), NS-Gewaltherrschaft, S. 369–377, hier: S. 370f.

120 *Edgar Wolfrum*, Täterbilder. Die Konstruktion der NS-Täter durch die deutsche Nachkriegsjustiz, in: Braun / Gerhardt / Holtmann (Hrsg.), Die lange Stunde Null, S. 117–139, hier: S. 118.

121 Vgl. Gesetz über die Gewährung von Straffreiheit vom 31.12.1949, in: BGBl. 1949, S. 37f.

gehen auch minder schwere Fälle von Körperverletzung mit Todesfolge und Totschlag einbezogen worden waren.[122] Insbesondere das zweite Straffreiheitsgesetz von 1954 hatte eine negative Folgen für die Ermittlungstätigkeit der Justiz. Durch das „Gesetz über den Erlaß von Strafen und Geldbußen und die Niederschlagung von Strafverfahren und Bußgeldverfahren" wurden alle, die eine Strafe von 3 Monaten erhalten oder zu erwarten hatten (§ 2), amnestiert. Gemäß § 6 konnten Straftaten, die unter dem Einfluss des Zusammenbruchs und des Umbruchs in der Zeit zwischen dem 1. Oktober 1944 und dem 31. Juli 1945 begangen worden waren, unter dieses Gesetz fallen, wenn keine höhere Strafe als drei Jahre verhängt worden war oder zu erwarten war. Darunter fiel gemäß § 9 auch Totschlag in den Fällen des § 6.[123] Die beiden Gesetze kommentierend, konstatiert Helge Grabitz, „diese gesetzgeberische Verdrängungspraxis" habe „einen nicht unerheblichen Einfluß auf die Anzahl und das Ergebnis der NS-Verfahren in der Frühzeit" bewirkt.[124] Ein Blick auf die Statistik bestätigt diese Aussage. Zu Beginn der 1950er Jahre nahm die Zahl der eingeleiteten und durchgeführten NSG-Verfahren stark ab. Für das Jahr, in dem das zweite Straffreiheitsgesetz beschlossen wurde, ist ein Tiefstand zu verzeichnen: 1954 wurden nur 162 Verfahren eingeleitet.[125]

„Gegen Mitte der fünfziger Jahre mußte", konstatiert Norbert Frei, „in der Bundesrepublik niemand mehr befürchten, ob seiner NS-Vergangenheit von Staat und Justiz behelligt zu werden".[126] In diesem Gefühl der Sicherheit wiegte sich auch ein ehemaliger Angehöriger des Einsatzkommandos Tilsit, das im deutsch-litauischen Grenzgebiet im Sommer 1941 Massenerschießungen an Juden durchgeführt hatte. Seine SS- und NSDAP-Mitgliedschaft verschweigend erlangte der frühere Polizist Bernhard Fischer-Schweder nach dem Krieg eine Anstellung als Leiter eines Ulmer Flüchtlingslagers.[127] Nachdem der zuständigen Bezirksregierung von einer Mitarbeiterin und ehemaligen Angestellten der Polizeidirektion Memel mitgeteilt worden war, dass der

---

122 Vgl. *Norbert Frei*, Amnestiepolitik in den Anfangsjahren der Bundesrepublik, in: Gary Smith / Avishai Margalit (Hrsg.), Amnestie oder Die Politik der Erinnerung, Frankfurt a.M. 1997, S. 120–136, hier: S. 129.

123 Vgl. Gesetz über den Erlaß von Strafen und Geldbußen und die Niederschlagung von Strafverfahren und Bußgeldverfahren, in: BGBl. I 1954, S. 203–209; vgl. *Helge Grabitz*, Überblick, in: Grabitz / Justizbehörde Hamburg (Hrsg.), Täter und Gehilfen des Endlösungswahns, S. 27–50, hier: S. 31.

124 Ebd., S. 31.

125 Vgl. *Eichmüller*, Die Strafverfolgng von NS-Verbrechen, S. 626.

126 *Frei*, Amnestiepolitik, S. 133.

127 Die folgenden Ausführungen zum Fall Fischer-Schweder basieren auf *von Miquel*, Ahnden oder Amnestieren?, S. 151–152.

Leiter des Flüchtlingslagers während des Krieges an Erschießungen litauischer Juden beteiligt gewesen war, beschloss Fischer-Schweder, seine Stellung zu kündigen. Seine Kündigung kurze Zeit später bereuend klagte er gerichtlich auf Wiederbeschäftigung. Fischer-Schweder, der sich auf das Ausführungsgesetz zum „131er Gesetz" berief, bewarb sich ferner um eine Aufnahme in den Polizeidienst. Die Abweisung der Klage und die Ablehnung seiner Bewerbung veranlassten ihn dazu, einen Leserbrief an die Lokalzeitung zu senden, in dem er auf das Unrecht aufmerksam machte, das einem ehrenhaften Bürger und „Freund der Juden und Polen" widerfahren sei.[128] Erst als die beiden ehemaligen Chauffeure Fischer-Schweders, die den Leserbrief zufällig lasen, mitteilten, sie würden die Morde ihres früheren Vorgesetzten auch vor Gericht bezeugen, und dies dem Rabbiner Stuttgarts, der während des Zweiten Weltkrieges in Litauen gelebt hatte, bekannt wurde, kam das Ermittlungsverfahren in Gang. Der Rabbiner Bloch stellte im September 1955 im Namen der jüdischen Gemeinde Stuttgart Strafanzeige gegen Fischer-Schweder.[129] Das Ermittlungsverfahren führte zum Ulmer „Einsatzgruppen-Prozess" von 1958, das, so Marc von Miquel, „seinerzeit umfangreichste und aufwendigste Strafverfahren" wegen Mordes in der Justizgeschichte der Bundesrepublik.[130] Verhandlungsgegenstand des Prozesses waren die Morde an über 5.502 Menschen, mehrheitlich Juden, im September 1941 im deutsch-litauischen Grenzgebiet.[131]

Der nur aufgrund einer Reihe von Zufällen zustande gekommene „Einsatzgruppen-Prozess" verdeutlicht die Defizite der strafrechtlichen Ahndung von NS-Gewaltverbrechen, vor allem hinsichtlich der in den besetzten Gebieten verübten Verbrechen. Um diese zu beheben, schlug der Stuttgarter Generalstaatsanwalt Erich Nellmann die Einrichtung einer zentralen Ermittlungsstelle vor.[132] Auf die Entstehungsgeschichte der „Zentralen Stelle der Landesjustiz-

---

128 Vgl. ebd., S. 151. Der Leserbrief wurde am 26. Mai 1955 in den Ulmer Nachrichten veröffentlicht.

129 Vgl. *von Miquel*, Ahnden oder Amnestieren?, S. 152.

130 Ebd., S. 156.

131 Die Hauptverhandlung wurde am 28. April 1958 eröffnet, das Urteil am 28. August 1958 verkündet. Das Schwurgericht Ulm verurteilte die zehn Angeklagten wegen „gemeinschaftlicher Beihilfe zum gemeinschaftlichen Mord". Fischer-Schweder wurde wegen Beihilfe zum Mord an 526 Menschen zu zehn Jahren Zuchthaus verurteilt. Vgl. *von Miquel*, Ahnden oder Amnestieren?, S.158–159.

132 Von Miquel schreibt, „den ersten aus den Akten ersichtlichen Vorstoß zur Gründung einer zentralen Ermittlungsstelle für NS-Strafsachen" habe Nellmann am 22. Juli 1958 in einem Schreiben an das baden-württembergische Justizministerium unternommen. Nellmanns Ausführungen wurden am 3. September 1958 unter dem Titel „Zentrale Ermittlungsbehörde muß Klarheit über NS-Verbrechen schaffen" in der Stuttgarter Zei-

verwaltungen zur Aufklärung nationalsozialistischer Verbrechen“ in Ludwigsburg, deren Errichtung die Justizminister und -senatoren der Bundesländer auf ihrer Konferenz Anfang Oktober 1958 in Bad Harzburg beschlossen, kann an dieser Stelle nicht eingegangen werden.[133] Von Interesse sind hier lediglich ihre Zuständigkeit und ihre Auswirkungen auf die Strafverfolgung. Die Aufgabe der Zentralen Stelle Ludwigsburg, die am 1. Dezember 1958 ihre Tätigkeit aufnahm, besteht in der Vorbereitung und Koordinierung der Strafverfolgung von NS-Straftaten, denen Tötungsdelikte zugrunde liegen. Die Ludwigsburger Behörde ist nicht auf Anzeigen gegen Tatverdächtige angewiesen. Sie setzt vielmehr aus eigener Initiative Ermittlungen in Gang. Erreichbares Material wird gesammelt, gesichtet und ausgewertet; nach Ort, Zeit und Täterkreis begrenzte Tatkomplexe werden herausgearbeitet, und es wird festgestellt, welche an den Tatkomplexen beteiligten Personen noch verfolgt werden können. Ist dies geschehen, werden die Vorermittlungen an die zuständigen Staatsanwaltschaften abgegeben. Diese sind wiederum verpflichtet, der Zentralen Stelle die in den Ermittlungsverfahren anfallenden Dokumente, insbesondere die gerichtlichen Entscheidungen, zuzuleiten. Die Zuständigkeit der Zentralen Stelle beschränkte sich bis zum 11. Dezember 1964 auf NS-Verbrechen, deren Tatort außerhalb des Bundesgebiets lag. Mit der geographischen Beschränkung wurde, wie Christiaan Frederik Rüter betont, „weitgehend sichergestellt, dass alle noch ungeahndeten NS-Verbrechen“, welche „die in Westdeutschland ansässige Bevölkerung in ihrer eigenen Umgebung gegen Juden, Roma und Sinti, Fremdarbeiter und andere begangen hatte, unermittelt blieben“.[134] Ferner konnten zunächst nur NS-Gewaltverbrechen, die gegen die Zivilbevölkerung begangen worden waren, verfolgt werden. „In erster Linie“ war, so der Leiter der Zentralen Stelle Rückerl, „gedacht an die in Konzentrationslagern, Zwangsarbeitslagern, Ghettos sowie an die von den Einsatzgrup-

tung veröffentlicht. Vgl. *von Miquel*, Ahnden oder Amnestieren?, S. 162–164, Zitat S. 162; siehe auch *Rüdiger Fleiter*, Die Ludwigsburger Zentrale Stelle – eine Strafverfolgungsbehörde als Legitimationsinstrument? Gründung und Zuständigkeit 1958 bis 1965, in: KJ 35 (2002), S. 253–272, hier: S. 258f.

133 Vgl. *Fleiter*, Die Ludwigsburger Zentrale Stelle; *Claudia Fröhlich*, Die Gründung der „Zentralen Stelle“ in Ludwigsburg, in: Gerhard Pauli / Thomas Vormbaum (Hrsg.), Justiz und Nationalsozialismus – Kontinuität und Diskontinuität, Berlin 2003, S. 213–249; *Greve*, Der justitielle und rechtspolitische Umgang, S. 43–56; *von Miquel*, Ahnden oder Amnestieren?, S. 162–185; *Gerhard Pauli*, Die Zentrale Stelle der Landesjustizverwaltung in Ludwigsburg – Entstehung und frühe Praxis, in: Justizministerium des Landes NRW (Hrsg.), Die Zentralstellen zur Verfolgung nationalsozialistischer Gewaltverbrechen. Versuch einer Bilanz (Juristische Zeitgeschichte, Bd. 9), Geldern 2001, S. 45–62.

134 *Rüter*, Ost- und westdeutsche Strafverfahren, S. 55.

pen und Einsatzkommandos der Sicherheitspolizei und des SD begangenen als Mord oder Totschlag zu qualifizierenden Straftaten".[135]

Die trotz erheblicher Behinderungen[136] erfolgreiche Arbeit der Ludwigsburger Behörde zeigt sich in der Bearbeitung bis dahin fast völlig unbeachtet gebliebener Tatkomplexe, beispielsweise Verbrechen in den Konzentrations- und Vernichtungslagern, sowie in einer erhöhten Anzahl von Vor- und Ermittlungsverfahren. Zwischen dem 1. Dezember 1958 und dem 31. Dezember 1964 wurden 701 Vorermittlungsverfahren eingeleitet, darunter Sammelverfahren gegen zum Teil mehrere Hundert Tatverdächtige.[137] Allein im Jahre 1959 leitete die Zentrale Stelle 400 Vorermittlungsverfahren ein.[138] Bis zum 31. Dezember 2007 belief sich die Zahl auf insgesamt 7.367, davon wurden fast alle (7.343) zur Einleitung eines strafrechtlichen Ermittlungsverfahrens an Staatsanwaltschaften abgegeben.[139]

Aus einer Statistik Andreas Eichmüllers geht hervor, dass zwischen 1958 und 1970 9.200 Strafverfahren wegen NS-Verbrechen eingeleitet wurden.[140]

---

135 *Rückerl*, Strafverfolgung, S. 50.

136 Bernd Hey nennt vier Faktoren: Die anfängliche Zuständigkeitsbeschränkung auf die NS-Verbrechen außerhalb des Gebietes der Bundesrepublik; die Hallstein-Doktrin, die bis 1964 verhinderte, Behörden in Ostblockstaaten um Amtshilfe zu ersuchen und entsprechende Angebote anzunehmen; die Weigerung Interpols, bei der Aufklärung von NS-Verbrechen mitzuwirken; die dünne personelle Besetzung der Zentralen Stelle Ludwigsburg. Vgl. *Bernd Hey*, Die NS-Prozesse – Versuch einer juristischen Vergangenheitsbewältigung, in: GWU 6 (1981), S. 331–362, hier: S. 343. In den Jahren 1960 und 1961 waren nur sieben bis neun Sachbearbeiter für die Zentrale Stelle tätig. Vgl. Schreiben der Zentralen Stelle Ludwigsburg, OStA Dr. Rückerl, an den GStA bei dem OLG Köln v. 5.7.1973, in: Barch, B 162/3156; Bd. II, Bl. 50–59, hier: Bl. 52. Wolfgang Scheffler und Helge Grabitz kommentieren die geringe personelle Ausstattung der Ludwigsburger Behörde wie folgt: „Erst durch die drei Verjährungsdebatten bedingt wurde das Personal 1964 auf 20, später auf 50 Juristen aufgestockt. Da die Einarbeitungszeiten einen ziemlich langen Zeitraum in Anspruch nahmen, wirkte die später eingeführte Abordnung der 'auf Zeit' – in der Regel zwei Jahre – nach Ludwigsburg versetzten Juristen aus den einzelnen Bundesländern nicht sehr förderlich. Als die 'Gründungscrew' später nach und nach in ihre Heimatländer zurückging, kehrten hochqualifizierte Spezialisten auf dem Gebiet der NSG-Verfahren zur allgemeinen Kriminalitätsbekämpfung zurück, ohne daß in ihren Heimatländern von ihrem Spezialwissen in der Regel Gebrauch gemacht wurde. Dies geschah noch zu einer Zeit, als zwischen dem öffentlichen historischen Wissen und dem, was sich in den Gerichtssälen abspielte, buchstäblich Welten klafften." *Scheffler / Grabitz*, Einleitung, S. 21f.

137 Vgl. *Weinke*, Die Verfolgung von NS-Tätern im geteilten Deutschland, S. 161f.

138 Vgl. *Rückerl*, Die Strafverfolgung von NS-Verbrechen, S. 55.

139 Vgl. Zentrale Stelle der Landesjustizverwaltungen zur Aufklärung von NS-Verbrechen, http://www.zentrale-stelle.de, Zentrale Stelle in Zahlen, Aufruf am 2. September 2008.

140 *Eichmüller*, Die Strafverfolgung von NS-Verbrechen, S. 626. In den 9.200 Verfahren wurden 411 Personen rechtskräftig verurteilt.

Weinke sieht die Ursache für die Intensivierung der Strafverfolgung nach 1958 nicht allein in der Arbeit der Zentralen Stelle Ludwigsburg. Auch „die Impulse, die von der verstärkten Erörterung" des Themas „in Parlamenten, Ministerien und Medien" ausgegangen seien, hätten dazu geführt, dass die Staatsanwaltschaften auch unabhängig von der Ludwigsburger Vorermittlungsbehörde „vermehrt NS-Verfahren einleiteten".[141]

Die „bei weitem größte Zahl von NS-Verfahren", darunter „vielfach Großverfahren", war Mitte der 1960er Jahre in Nordrhein-Westfalen anhängig.[142] Dort waren im Herbst 1961 zwei Schwerpunktstaatsanwaltschaften zur Verfolgung nationalsozialistischer Gewaltverbrechen geschaffen worden. Die beim Leitenden Oberstaatsanwalt in Dortmund eingerichtete Zentralstelle verfolgte nationalsozialistische Massenverbrechen, die außerhalb des Bundesgebietes verübt worden waren. Für die Bearbeitung von Strafverfahren, die Massenverbrechen in nationalsozialistischen Konzentrationslagern zum Gegenstand hatten, war die Zentralstelle beim Leitenden Oberstaatsanwalt in Köln zuständig.[143] Die Zahl der Anklageerhebungen während der ersten zehn Jahre des Bestehens der Zentralstellen beläuft sich auf 13,4 % aller Fälle in Dortmund und auf 6,1 % in Köln.[144] Die Analyse sämtlicher in den 1960er Jahren erfolgten Einstellungsbeschlüsse, die im Rahmen eines vom Justizministerium des Landes Nordrhein-Westfalen in Auftrag gegebenen Forschungsprojekts durchgeführt wurde, lässt keine Hinweise darauf erkennen, ob die hohe Zahl der Einstellungsbeschlüsse auf individuelle und politische Fehlleistungen oder auf Einflussnahmen zurückzuführen ist.[145] Was die Frage nach den Folgen der personellen Kontinuität für die strafrechtliche Aufarbeitung anbetrifft, konnte „nicht zweifelsfrei" beantwortet werden, ob sich bei den Staatsanwälten der Zentralstellen „eine Spannungslage zwischen der Ermittlungsaufgabe, NS-

---

141 *Weinke*, Die Verfolgung von NS-Tätern im geteilten Deutschland, S. 162.

142 *OStA Rückerl*, Stand der Aufklärung von NS-Verbrechen, in: Barch, B 162, Dok.-Slg. 74, Bl. 9.

143 Die Dortmunder Zentralstelle wurde durch Rundverfügung vom 25. September 1961 mit Wirkung vom 1. Oktober 1961, die Kölner durch Rundverfügung vom 21. Oktober 1961 mit Wirkung vom 1. November 1961 geschaffen. Vgl. *Jürgen Kapischke*, Die Zentralstellen zur Verfolgung nationalsozialistischer Gewaltverbrechen im Land Nordrhein-Westfalen – Entstehung und Aufgabenfeld, in: Justizministerium des Landes NRW (Hrsg.), Die Zentralstellen zur Verfolgung nationalsozialistischer Gewaltverbrechen. Versuch einer Bilanz (Juristische Zeitgeschichte, Bd. 9), Geldern 2001, S. 1–11, hier: S. 6f. Zur Zentralen Stelle Köln vgl. *Wolfgang Weber*, Die Kölner Zentralstelle zur Aufklärung von NS-Verbrechen, in: Anne Klein / Jürgen Wilhelm (Hrsg.), NS-Unrecht vor Kölner Gerichten nach 1945, Köln 2003, S. 57–71.

144 Vgl. *Niermann*, Justiz und NS-Vergangenheit, S. 304.

145 Vgl. ebd., S. 302.

Unrecht aufzuklären, einerseits und der eigenen mentalen Prägung und Sozialisation während des Nationalsozialismus [...] andererseits auf die Ermittlungsergebnisse ausgewirkt“ habe.[146]

Zusammenfassend lässt sich konstatieren, dass die bundesdeutsche Justiz seit der Gründung der Zentralen Stelle Ludwigsburg größere Anstrengungen unternahm, die NS-Verbrechen zu ahnden. Bezüglich der in den Verfahren behandelten Verbrechenskomplexe ergab sich eine Schwerpunktverschiebung: Seit den 1960er Jahren konzentrierte sich die Strafverfolgung auf Straftaten, die in Konzentrationslagern und anderen Haftstätten verübt worden waren (Anteil 1960 bis 1969: 24 %; Anteil 1970 bis 2005: 27 %), sowie auf die Massenvernichtungsverbrechen an den Juden (jeweils 23 %) und auf Kriegsverbrechen (18 und 30 %).[147] Die Statistiken zeigen aber auch, dass bestimmte Verbrechenskomplexe unberücksichtigt blieben bzw. nicht vor die Gerichte gelangten. Auf die Versäumnisse bei der Ahndung des NS-Justizunrechts wurde bereits hingewiesen. Die Tatsache, dass der „Großteil“ der Verfahren gegen ehemalige Angehörige der Wehrmacht eingestellt wurde,[148] trug sicherlich mit dazu bei, dass der Mythos von der „sauberen Wehrmacht“ in der Öffentlichkeit so lange wirkmächtig bleiben konnte. Die strafrechtliche Verfolgung von Verbrechen, die von ehemaligen Angehörigen des Reichssicherheitshauptamtes (RSHA) verübt worden waren, scheiterte nicht an dem mangelnden Ahndungswillen der beteiligten Staatsanwälte, sondern – infolge einer im Oktober 1968 in Kraft getretenen gesetzgeberischen Entscheidung – an der Verjährung wegen Beihilfe zum Mord.

Bereits seit Anfang der 1960er Jahre waren die Strafverfahren vom Wettlauf mit der drohenden Verjährung bestimmt. Ab dem 9. Mai 1960 galten Totschlagsdelikte sowie Körperverletzung mit Todesfolge, Freiheitsberaubung mit Todesfolge und Raub als verjährt. Die Zentrale Stelle Ludwigsburg setzte sich

---

146 Ebd., S. 303.

147 Vgl. *Eichmüller*, Die Strafverfolgung von NS-Verbrechen, S. 629.

148 Vgl. *Birn*, Wehrmacht und Wehrmachtsangehörige, S. 1082. Birn stieß in den Einstellungsverfügungen in Verfahren gegen ehemalige Angehörige der Wehrmacht und in den wenigen Urteilen auf „wiederkehrende Argumentationsmuster“, die die „Exkulpations- und Erklärungsstrategien der deutschen Nachkriegsgesellschaft“ spiegeln. Eine Argumentationsstrategie der Juristen verfolgte das Ziel, die Wehrmacht „von eindeutig nationalsozialistischen und besonders verbrecherischen Institutionen, wie der Sicherheitspolizei, der SS und der politischen Führungsspitze“ abzugrenzen. Zweitens wurde nach den Erkenntnissen Birns eine innere und moralische Trennung der militärischen Führung zur politischen Führung vorgenommen. Ein drittes Argumentationsmuster der Juristen geht von der „angeblichen Nichtakzeptanz nationalsozialistischer Inhalte durch die Wehrmacht“ aus. Ebd., S. 1090–1099, Zitate auf S. 1090, 1093.

deswegen zum Ziel, „bei möglichst vielen Fällen von Tötungsdelikten“ vor dem Stichtag den Ablauf der Verjährung zu unterbrechen, um sicherzustellen, dass auch danach als Totschlag qualifizierte Tötungsfälle noch verfolgt werden konnten.[149] Auch Beihilfe zum Mord, die vor dem 5. Dezember 1939 begangen worden war, verjährte, es sei denn, die Verjährung wurde unterbrochen. Hinsichtlich der Verjährung von Mord, über die in der Öffentlichkeit eine intensive Debatte geführt wurde,[150] wurde zunächst entschieden, bei der Berechnung der Verjährungsfristen für Verbrechen, die mit lebenslangem Zuchthaus bedroht waren, die Zeit vom 8. Mai 1945 bis zum 31. Dezember 1949 unberücksichtigt zu lassen. Bedenkt man die Masse der noch anhängigen NS-Verfahren – zwischen 1965 und 1967 wurden gegen mehr als 15.000 Personen neue Ermittlungsverfahren eingeleitet –,[151] so wird deutlich, dass der Zeitraum von viereinhalb Jahren viel zu knapp bemessen war. Auch die Erfassung und Auswertung des für die Ahndung von NS-Verbrechen bedeutsamen Beweismaterials erschien bis zum Ende des Jahre 1969 unmöglich.[152] Dies traf insbesondere auf das von den osteuropäischen Staaten zur Verfügung gestellte Beweismaterial zu. In einem Vortrag, gehalten in Bonn am 14. Januar 1969 vor den Arbeitskreisen „Rechtswesen“ und „Außenpolitik“ der Bundestagsfraktion der CDU/CSU, betonte der Leiter der Zentralen Stelle Ludwigsburg, Oberstaatsanwalt Dr. Adalbert Rückerl, dass seit 1965 in mehreren hundert Fällen Rechtshilfeersuchen insbesondere an Polen, die CSSR und die Sowjetunion gerichtet worden seien.[153] Die unbefriedigende Lösung der Verjährungsfrage veranlasste Rückerl zu folgender Aussage:

> „Es wird vielfach gesagt, es sei unbefriedigend und letztlich ungerecht, daß es in NS-Prozessen weitgehend vom Zufall abhängt, ob ein Täter entdeckt wird oder nicht. Der Zufall spielt, wenn auch in geringerem Maße, bei der Aufklärung ande-

---

149 *Joachim Riedel*, Zweideutsche Diktaturen und ihre strafrechtliche Aufarbeitung im Vergleich, in: Pöschko (Hrsg.), Die Ermittler von Ludwigsburg, S. 152–161, hier: S. 156.

150 Vgl. *von Miquel*, Ahnden oder Amnestieren?, S. 224–369.

151 Stand der Aufklärung von NS-Verbrechen in der Bundesrepublik Deutschland 18.6.1968. Referat von *OStA Rückerl* auf der 4. Arbeitstagung der in der Bundesrepublik Deutschland mit der Strafverfolgung von NS-Verbrechen befaßten Staatsanwälte in Freiburg, in: Barch, B 162, Dok.-Slg. 74, Bl. 5.

152 *OStA Rückerl*, Stand der Aufklärung von NS-Verbrechen in der Bundesrepublik Deutschland, in: Barch, B 162, Dok.-Slg. 74, Bl. 23.

153 „Derzeitiger Stand der Aufklärung und künftige Möglichkeiten der Verfolgung von NS-Verbrechen in der Bundesrepublik Deutschland.“ Referat des Leiters der Zentralen Stelle Ludwigsburg, *OStA Dr. Adalbert Rückerl*, gehalten vor den Arbeitskreisen „Rechtswesen“ und „Außenpolitik“ der Bundestagsfraktion der CDU/CSU, Bonn 14.1.1969, in: Barch, B 162, Dok.-Slg., Bl. 13.

rer Verbrechen ebenfalls eine Rolle. Eine verstärkte Bedeutung würde dem Zufall in NS-Prozessen dann zukommen, wenn die Möglichkeit der Verfolgung schließlich davon abhängen soll, ob ein Täter [...] am 31. Dezember 1969 oder erst am 1. Januar 1970 entdeckt wird."[154]

Die Macht des Zufalls sollte jedoch eingeschränkt werden: 1969 wurde die damals 20-jährige Verjährungsfrist für Mord um 10 Jahre auf 30 Jahre verlängert[155] und schließlich – 1979[156] – gänzlich aufgehoben.[157] Infolge der Änderung des § 50 Abs. 2 StGB verjährte allerdings Beihilfe zum Mord rückwirkend zum 8. Mai 1960, wenn „besondere persönliche Merkmale" beim Gehilfen fehlten.

Die Gerichte in NSG-Verfahren gingen davon aus, dass die „Haupttäter" – die nationalsozialistische Führungsspitze – aus Rassenhass und Antisemitismus und damit aus „niedrigen Beweggründen" im Sinne des § 211 StGB gehandelt hatten. Diejenigen NS-Funktionseliten, die an der Ausführung der Vernichtungspolitik unmittelbar beteiligt waren, galten in der Regel als Gehilfen *ohne* eigene „niedrige Beweggründe", die lediglich in Kenntnis der niedrigen Gesinnung der Haupttäter agiert hatten. Angesichts der Neufassung des § 50 Abs. 2 StGB durch Art. 1 des Einführungsgesetzes zum Ordnungswidrigkeitengesetz (EGOWiG) vom 24. Mai 1968, die am 1. Oktober 1968 in Kraft trat,[158] entschied der 5. Strafsenat des BGH am 20. Mai 1969, dass „Beihilfe zu einem Tötungsverbrechen, das allein wegen niedriger Beweggründe des Täters

---

154 *OStA Rückerl*, „Derzeitiger Stand der Aufklärung und künftige Möglichkeiten der Verfolgung von NS-Verbrechen", Bl. 21f.

155 Der Bundestag beschloss durch das 9. Strafrechtsänderungsgesetz vom 4.8.1969 die Verlängerung der Verjährungsfrist um 10 Jahre. Vgl. BGBl. 1969 I, S. 1065.

156 Mit dem 16. Strafrechtsänderungsgesetz vom 16.7.1979 beschloss der Bundestag, die Verjährung von Mord und Völkermord aufzuheben. Vgl. BGBl. 1979 I, S. 1046.

157 Vgl. *Hey*, Die NS-Prozesse, S. 340.

158 Bis zum 30. September 1968 galt folgende Fassung des § 50 StGB: „(1) Sind mehrere an einer Tat beteiligt, so ist jeder ohne Rücksicht auf die Schuld des anderen nach seiner Schuld strafbar. (2) Bestimmt das Gesetz, daß besondere persönliche Eigenschaften oder Verhältnisse die Strafe schärfen, mildern oder ausschließen, so gilt dies nur für den Täter oder Teilnehmer, bei dem sie vorliegen." Abs. 2 dieser Bestimmung ist nach Art. 1, Nr. 6 EGOWiG vom 24. Mai 1968 ersetzt worden und zum 1. Oktober 1968 in Kraft getreten: „(2) Fehlen besondere persönliche Eigenschaften, Verhältnisse oder Umstände (besondere persönliche Merkmale), welche die Strafbarkeit des Täters begründen, beim Teilnehmer, so ist dessen Strafe nach den Vorschriften über die Bestrafung des Versuchs zu mildern. (3) Bestimmt das Gesetz, daß besondere persönliche Eigenschaften oder Verhältnisse die Strafe schärfen, mildern oder ausschließen, so gilt dies nur für den Täter oder Teilnehmer, bei dem sie vorliegen." BGH, Urteil v. 20.5.1969 – 5 StR 658/68, in: NJW 22 (1969), S. 1181–1184, hier: S. 1181. Zur Debatte um die „Beihilfe-Novelle" vgl. *von Miquel*, Ahnden oder Amnestieren?, S. 327–343.

Mord ist“, nach 15 Jahren verjähre, „wenn der Gehilfe nicht ebenfalls aus niedrigen Beweggründen handelte“.[159] Ein Angehöriger des „Judenreferates“ beim Kommandeur der Sicherheitspolizei und des SD in Krakau, der 1968 vom Schwurgericht Kiel wegen seiner Beteiligung an Vernichtungsmaßnahmen gegen Juden wegen Beihilfe zum Mord verurteilt worden war, wurde vom 5. Strafsenat des BGH straffrei gestellt, weil der Angeklagte nicht aus Rassenhass und damit nicht aus eigenen „niedrigen Beweggründen“ im Sinne des § 211 StGB gehandelt hatte.[160] Mit der BGH-Entscheidung sei, schrieb Michael Kirn 1969 in einem Kommentar, die am 21. April 1965 „mit großer Mehrheit vom Bundestag beschlossene Verjährungsverlängerung ausgehöhlt worden“.[161] In der Tat: Misslang die Zurechnung „niedriger Beweggründe“ bei den Mordgehilfen, mussten die NSG-Verfahren aufgrund der Neufassung des § 50 Abs. 2 StGB wegen Verjährung eingestellt werden, es sei denn, dem Gehilfen konnte nachgewiesen werden, dass er die grausamen und heimtückischen Umstände der Tatausführung gekannt hatte.

Joachim Perels bezeichnet die Änderung des § 50 Abs. 2 als „gesetzliche Amnestieregelung“,[162] als „Exkulpationsregelung zugunsten der Funktionseliten des Planungszentrums für die rechtswidrigen Massentötungen in ganz Europa“.[163] Tatsächlich konnten zahlreiche NSG-Verfahren gegen NS-Funktionäre nicht mehr stattfinden, oder sie wurden mit Hilfe des § 50 Abs. 2 eingestellt, wie die Verfahren gegen ehemalige Angehörige des RSHA.[164] Seit Frühjahr 1964 ermittelten elf Staatsanwälte unter der Aufsicht des Generalstaatsanwaltes beim Kammergericht Berlin in Sachen RSHA-Verbrechen.[165] Gegenstand der Ermittlungen waren nach Angaben Wildts folgende drei Sachkomplexe: die Beteiligung des RSHA an der Ermordung der europäischen Juden; die Tätigkeit der Einsatzgruppen in den von Deutschland besetzten

159 BGH, Urteil v. 20.5.1969 – 5 StR 658/68, in: NJW 22 (1969), S. 1181–1184, hier: S. 1181.

160 Vgl. ebd., S. 1181.

161 *Michael Kirn*, Heißes Eisen kalt geschmiedet. Zur Entscheidung des BGH über die Verjährungsfristen vom 20.5.1969, in: ZRP 2 (1969), S. 124–125, hier: S. 124.

162 Vgl. *Joachim Perels*, Amnestien für NS-Täter in der frühen Bundesrepublik, in: ders., Das juristische Erbe des „Dritten Reiches“, S. 203–214, hier: S. 211.

163 *Perels*, Entsorgung der NS-Herrschaft?, S. 17.

164 Vgl. *Greve*, Der justitielle und rechtspolitische Umgang, S. 388. Zu den Folgen der Neufassung des § 50 Abs. 2 und der Entscheidung des BGH vom 20. Mai 1969 für die Ermittlungen des RSHA-Komplexes vgl. *Weinke*, Die Verfolgung von NS-Tätern im geteilten Deutschland, S. 301–306; *Michael Wildt*, Generation des Unbedingten. Das Führungskorps des Reichssicherheitshauptamtes, Hamburg 2002, S. 823–838.

165 Vgl. ebd., S. 824.

europäischen Ländern; die Ermordung von Kriegsgefangenen, Zwangsarbeitern, Priestern, Justizhäftlingen und Angehörigen der „Roten Kapelle". Die Staatsanwälte leiteten gegen mehrere Hundert Beschuldigte Ermittlungsverfahren ein.[166] Aufgrund der Neufassung des § 50 Abs. 2 StGB und der Entscheidung des BGH vom 20. Mai 1969 wurden jedoch fast alle Verfahren eingestellt. Lediglich in vier Fällen wurde Anklage erhoben und eine Hauptverhandlung vor dem LG Berlin durchgeführt.[167] Insbesondere die Zentralstelle Dortmund verfügte nach Erkenntnissen Michael Greves zahlreiche Einstellungen aufgrund des § 50 Abs. 2.[168] Er betont, dass nicht allein so genannte Schreibtischtäter, sondern auch andere NS-Gewaltverbrecher von der Gesetzesänderung profitiert hätten. Insbesondere „die kleinen Täter" hätten zu den Nutznießern gezählt, darunter Todesschützen und Angehörige von Polizeibataillonen.[169]

Neben der drohenden Verjährung waren die NSG-Verfahren mit zunehmender zeitlicher Distanz auch von beweisrechtlichen Schwierigkeiten gekennzeichnet. Der Leiter der Zentralen Stelle Ludwigsburg, Oberstaatsanwalt Rückerl, erklärte im Juni 1968 vor den in der Bundesrepublik mit der Strafverfolgung von NS-Verbrechen befassten Staatsanwälten, „die empfindlichste Beeinträchtigung" der Ermittlungsergebnisse werde durch „zunehmende Beweisschwierigkeiten" verursacht. Aufgrund von Todesfällen und Vernehmungsunfähigkeit vermindere sich die Zahl der noch verfügbaren Zeugen. Ein weiteres Problem sah Rückerl in dem Aussageverhalten der Beschuldigten, deren abnehmende Geständnisbereitschaft darauf zurückgeführt wurde, dass sich die Beschuldigten „von der Gemeinschaft eher bemitleidet als ausgestossen [sic]" fühlten. Eine erkennbare Aussagemüdigkeit und -unwilligkeit der Zeugen gelte auch für diejenigen aus dem Kreis der Opfer. Zahlreiche Überlebende hätten „ihre Aussage-Unwilligkeit damit begründet, daß die Konfrontation mit den grauenhaften Geschehnissen und zugleich der – manchmal unvermeidbaren, oft aber geradezu skandalösen – Härte und Rücksichtslosigkeit der Verteidiger mehr und mehr zu einer seelischen und gesundheitlichen Strapaze" werde. Die „Aussagetüchtigkeit der gutwilligen Zeugen" leide „immer mehr an schwindendem Erinnerungsvermögen". Oft würden die „prozeßentscheidenden konkreten Einzelheiten vergessen".[170] Hinsichtlich des Zeugenbeweises kann

---

166 Vgl. ebd., S. 825.

167 Vgl. ebd., S. 835.

168 Vgl. *Greve*, Der justitielle und rechtspolitische Umgang, S. 390ff.

169 Vgl. ebd., S. 392 und S. 393.

170 *OStA Rückerl*, Stand der Aufklärung von NS-Verbrechen in der Bundesrepublik Deutschland, in: Barch, B 162, Dok.-Slg. 74, Bl. 15–17.

resümierend konstatiert werden, dass ein grundsätzliches Problem bei NSG-Verfahren schon allein im Fehlen „neutraler“ Zeugen bestand. Fast alle in solchen Verfahren auftretenden Zeugen befanden sich zur Tatzeit entweder auf der Seite der Opfer oder der Täter. Viele „Täter-Zeugen“ waren in irgendeiner Form mit den Beschuldigten verbunden, so z.B. durch die Zugehörigkeit zur gleichen Einheit oder Dienststelle.[171]

Wie sieht die Gesamtbilanz der strafrechtlichen Verfolgung von NS-Verbrechen aus? Aus einer vom Bundesministerium der Justiz geführten Statistik vom 1. Januar 2004 ergibt sich, dass seit dem 8. Mai 1945 gegen insgesamt 106.496 Beschuldigte Vorermittlungs- und Ermittlungsverfahren eingeleitet wurden. Rechtskräftig verurteilt wurden nur 6.498 Personen.[172] Nach Recherchen des Instituts für Zeitgeschichte betrug die Zahl der rechtskräftigen Verurteilungen durch westdeutsche Gerichte 6.656.[173] Das Missverhältnis der Zahlen der Verfahrenseinstellungen gegenüber den Zahlen der Verurteilungen ist vor dem Hintergrund der Einstellungsgründe zu sehen. Helge Grabitz, die als Staatsanwältin in der Strafverfolgung von NS-Verbrechen tätig war, nennt sieben Punkte, die aus ihrer Sicht eine „gewisse Erklärungsmöglichkeit“ bieten:

> „1. Es handelt sich nur deshalb um Beschuldigte (sog. abstrakte Beschuldigte), weil sie zwar einer betroffenen Einheit angehört hatten, eine konkrete Tatbeteiligung aber nicht nachweisbar gewesen war.
>
> 2. Die Beschuldigten waren unbekannt oder zwar namentlich bekannt, aber ihr Aufenthalt war nicht zu ermitteln.
>
> 3. Die Beschuldigten waren verstorben (infolge Kriegseinwirkung, Kriegsgefangenschaft, natürlichem Tod, Suizid, vollstrecktem Todesurteil durch die Alliierten oder durch andere ausländische Staaten).
>
> 4. Der Überleitungsvertrag hatte eine Verfolgung ausgeschlossen.
>
> 5. Es gab keine Auslieferungsmöglichkeit mangels entsprechender Verträge, z.B. mit südamerikanischen oder arabischen Staaten [...].
>
> 6. Die Beschuldigten waren nicht verhandlungsfähig.
>
> 7. Das Verfahren mußte mangels Beweises oder mangels Tatverdachts eingestellt werden.“[174]

---

171 Vgl. *Adalbert Rückerl*, NS-Prozesse: Warum erst heute? – Warum noch heute? – Wie lange noch?, in: ders. (Hrsg.), NS-Prozesse. Nach 25 Jahren Strafverfolgung: Möglichkeiten – Grenzen – Ergebnisse, Karlsruhe 1972, S. 13–34, hier: S. 26.

172 Barch, Benutzerinformation, Zentrale Stelle Ludwigsburg, S. 8f.

173 Vgl. *Eichmüller*, Die Strafverfolgung von NS-Verbrechen, S. 634.

174 *Helge Grabitz*, Die Verfolgung von NS-Verbrechen in der Bundesrepublik Deutschland und in der DDR, in: Claudia Kuretsidis-Haider / Winfried R. Garscha (Hrsg.), Keine

Folgt man Grabitz, machen die Einstellungen mangels Beweises oder mangels Tatverdachts „die Masse der Einstellungsbegründungen aus". Als Beispiel verweist sie darauf, dass „von 101 bekannten Ghetto-Aussiedlungen im Distrikt Lublin des Generalgouvernements nur knapp zwanzig angeklagt werden" konnten. Zwar sind Dokumente über die Deportationen in die Vernichtungslager vorhanden. Es seien indes nur wenig Überlebende vorhanden oder zu finden, „die bezeugen könnten, daß die konkret Beschuldigten an diesen Vernichtungsmaßnahmen beteiligt gewesen waren". Der dokumentarische oder der Zeugenbeweis, der auf eine Beteiligung einer Einheit verweist, ersetze „nicht die konkrete Schuldzuweisung auf einen bestimmten Angehörigen dieser Einheit, auch beteiligt gewesen zu sein".[175]

Die von Grabitz genannten Faktoren müssen bei einer Bewertung der strafrechtlichen Verfolgung von NS-Gewaltverbrechen in der Bundesrepublik in Rechnung gestellt werden. Man würde es sich zu einfach machen, wollte man *allein* aus den hohen Zahlen der Einstellungen ein Versagen der Justiz bei der strafrechtlichen Verfolgung von NS-Verbrechen ableiten oder die Legitimität der Strafverfolgung nachträglich bezweifeln. Bernd Hey hat die Geschichte der „juristischen Vergangenheitsbewältigung" als eine „Geschichte der Versäumnisse und dennoch erzielter Erfolge" bezeichnet.[176] Diese Arbeit zeigt an einem konkreten Beispiel, worin die Erfolge, aber auch die Versäumnisse im Einzelfall bestehen konnten. Sie kann die folgende Aussage Lore Maria Peschel-Gutzeits empirisch belegen:

> „Die Bilanz der Strafverfolgung bleibt zwar unbefriedigend. Anspruch und Wirklichkeit klafften weit auseinander. Aber ohne den Einsatz der Justiz und ohne die Prozesse wäre das ganze Ausmaß der nationalsozialistischen Verbrechen weder aufgedeckt noch ins öffentliche Bewußtsein gerückt worden."[177]

Letzteres gelang trotz der strafrechtlichen und strafprozessualen Schwierigkeiten, die sich aus dem bundesrepublikanischen Modell zur Verfolgung nationalsozialistischer Gewaltverbrechen ergaben.

„Abrechnung". NS-Verbrechen, Justiz und Gesellschaft in Europa nach 1945, Leipzig 1998, S. 144–179, hier: S. 157.

175 Ebd., S. 157.

176 *Hey*, Die NS-Prozesse, S. 343.

177 *Lore Maria Peschel-Gutzeit*, Aufarbeitung von Systemunrecht durch die Justiz, Berlin 1996, S. 6.

III. Strafrechtliche und strafprozessuale Probleme bei der Verfolgung von NS-Gewaltverbrechen

Das folgende Kapitel hat nicht den Anspruch, die strafrechtlichen und strafprozessualen Probleme bei der Ahndung von NS-Verbrechen umfassend zu behandeln. Es soll, indem es zentrale Begriffe einführt und diskutiert, das Verständnis des empirischen Teils der Arbeit erleichtern. Untersucht wird im Folgenden nicht allein die Rechtsprechungspraxis, sondern auch die Debatte in der Strafrechtswissenschaft. Ein besonderer Schwerpunkt wird dabei auf die Diskussionen der 1960er Jahre gelegt, um den rechtsdogmatischen Hintergrund aufzuzeigen, vor dem die an den Strafverfahren gegen ehemalige Angehörige der Sicherheitspolizei in Białystok beteiligten Juristen agierten.

1. Rückwirkende Bestrafung „rechtmäßiger" Handlungen? Zur Strafbarkeit von NS-Gewaltverbrechen

Wenn das „Gesetz zur Aufhebung nationalsozialistischer Unrechtsurteile in der Strafrechtspflege" vom 25. August 1998 positives, gesetztes Recht wegen des Verstoßes gegen elementare Normen des Rechts für ungültig erklärt, stellt sich die Frage nach dem Begriff von Recht. Kann ein Gesetz, dessen Inhalt gegen Prinzipien der Gerechtigkeit verstößt, Geltung beanspruchen? Schwierigkeiten in der Diskussion ergeben sich daraus, dass die Begriffe Recht, positives Recht, Naturrecht, überpositives Recht und Rechtsgeltung nicht statisch definierbar sind. Ein weiteres Problem besteht darin, dass das Verhältnis von Recht und Moral umstritten ist. Folgt man der so genannten Trennungsthese, enthält der Rechtsbegriff keine moralischen Elemente. Nach der so genannten Verbindungsthese ist der Begriff des Rechts dagegen so zu definieren, dass er moralische Merkmale einschließt.[1] In der Debatte um die Problematik der Strafbarkeit von NS-Gewaltverbrechen wird die grundlegende Frage nach dem Begriff des Rechts und der Rechtsgeltung aufgeworfen. Die folgende kurze Einführung, die verschiedene Begriffsdefinitionen von Recht und Rechtsgeltung vorstellt, soll das Verständnis der verschiedenen Argumentationsmuster erleichtern. Angesichts der Vielfalt der Meinungen zu der Frage,

1 Vgl. *Robert Alexy*, Begriff und Geltung des Rechts, Freiburg i.Br. / München 2002, S. 15–17. Alexy vertritt die These, dass es „sowohl begrifflich als auch normativ notwendige Zusammenhänge zwischen Recht und Moral" gibt. Ebd., S. 44.

was Recht sei, musste eine Auswahl von Autoren und damit auch von Positionen getroffen werden.

a) Zum Begriff des Rechts

Für Immanuel Kant ist Recht „der Inbegriff der Bedingungen, unter denen die Willkür des einen mit der Willkür des anderen nach einem allgemeinen Gesetz der Freiheit zusammen vereinigt werden kann".[2] Bei Gustav Radbruch ist Recht „die Wirklichkeit, die den Sinn hat, dem Rechtswerte, der Rechtsidee zu dienen". Das Recht sei „eine Ordnung und Satzung, die ihrem Sinn nach bestimmt ist der Gerechtigkeit zu dienen". Radbruch unterscheidet folgende Wesensmerkmale des Rechts: 1. Das Recht muss positiv sein (Seinscharakter); 2. es ist wertend und fordernd und damit normativ (Sollenscharakter); 3. um der Gerechtigkeit willen muss es Gleichheit für alle setzen, es ist generell; 4. es verlangt die Verwirklichung des Gemeinwohls und muss folglich sozial sein.[3] Radbruchs Schüler Arthur Kaufmann verweist auf den analogischen Charakter des Rechts. Recht sei „die Entsprechung von Sollen und Sein".[4] In Anlehnung an Radbruch unterscheidet Arthur Kaufmann vier Wesensmerkmale des Rechts: Sozialität, Gleichheit, Normativität und Rechtssicherheit.[5] Robert Alexy nennt mit der sozialen Wirksamkeit, der inhaltlichen Richtigkeit und der ordnungsgemäßen Gesetztheit drei Hauptelemente des Rechtsbegriffs.[6] Diese drei Elemente finden sich bei Ralf Dreier, der folgende Definition von Recht vorschlägt:

> „Recht ist die Gesamtheit der Normen, die zur Verfassung eines staatlich organisierten oder zwischenstaatlichen Normensystems gehören, sofern dieses im großen und ganzen sozial wirksam ist und ein Minimum an ethischer Rechtfertigung oder Rechtfertigungsfähigkeit aufweist, und der Normen, die gemäß dieser Verfassung gesetzt sind, sofern sie, für sich genommen, ein Minimum an sozialer Wirksamkeit oder Wirksamkeitschance und ein Minimum an ethischer Rechtfertigung oder Rechtfertigungsfähigkeit aufweisen."[7]

---

2 *Immanuel Kant*, Metaphysik der Sitten, S. 230, zit. n. Arthur Kaufmann, Rechtsphilosophie, München ²1997, S. 136. Die nachfolgende Zusammenfassung orientiert sich an den Ausführungen Kaufmanns. Vgl. ebd., Kapitel 9, S. 134–150.

3 *Gustav Radbruch*, Vorschule der Rechtsphilosophie, Göttingen ³1965, S. 34.

4 *Arthur Kaufmann*, Analogie und „Natur der Sache", Heidelberg ²1982, S. 18.

5 *Arthur Kaufmann*, Gustav Radbruch und die Radbruchsche Formel. Brief an meinen Enkel Finn Baumann, in: RJ 19 (2000), S. 604–607, hier: S. 605–607.

6 *Alexy*, Begriff und Geltung, S. 29 und 139.

7 *Ralf Dreier*, Der Begriff des Rechts, in: ders., Studien zur Rechtslehre, Bd. 2: Recht – Staat – Vernunft, Frankfurt a.M. 1991, S. 95–119, hier: S. 116.

Reinhart Koselleck betont die Wiederholungsstruktur des Rechts: „Recht ist nur Recht, wenn es wiederholt anwendbar ist." Darin liege seine Gerechtigkeit. Auch wenn es sich langfristig – oder schnell – ändere, bleibe ein „Minimum an Wiederholbarkeit erforderlich, damit es sich nicht in Unrecht" verwandele.[8]

In der positivistischen Tradition stehende Autoren verstehen unter Recht ausschließlich das Gesamtsystem der staatlichen gesetzten Normen. Einer der bedeutendsten Vertreter eines setzungsorientierten Rechtspositivismus[9] ist Hans Kelsen.[10] Folgt man Kelsen, „kann jeder beliebige Inhalt Recht sein".[11] Kelsen definiert Recht als eine „normative Zwangsordnung", deren Geltung auf einer vorausgesetzten Grundnorm beruht, „derzufolge man einer tatsächlich gesetzten, im großen und ganzen wirksamen Verfassung und daher den gemäß dieser Verfassung tatsächlich gesetzten, im großen und ganzen wirksamen Normen entsprechen soll".[12]

Positives Recht sei, so Jürgen Habermas, „dadurch bestimmt", dass „als Recht gilt, was nach rechtsgültigen Prozeduren Rechtskraft" erlange – „und trotz der rechtlich gegebenen Möglichkeit der Derogation Rechtskraft" behalte.[13] Dies ist eine sehr enge Auffassung vom positiven Recht.

Überpositives Recht ist die Bezeichnung für Normen, die „unabhängig von staatlicher Anerkennung als Rechtsnormen gelten", also den staatlichen Gesetzen übergeordnet sind.[14] Das überpositive Recht beinhaltet eine Aussage über die Norm rechten Handelns. Gegen elementare Prinzipien der Gerechtigkeit verstoßende Gesetze sind demnach nicht Teil der „objektiven Sollensordnung", sie verpflichten den Adressaten nicht. Die entscheidende Schwierigkeit liegt in der Bestimmung der außergesetzlichen Normen. Die Lehre vom überpositiven Recht enthält keine allgemeine, von der Legitimität der Staatsgewalt und dem Inhalt des Gesetzes abstrahierende Aussage darüber, ob man Gesetzen gehorchen soll oder nicht.[15] Den meisten Autoren zufolge besteht die

---

8 *Reinhart Koselleck*, Diesseits des Nationalstaats. Föderale Strukturen der deutschen Geschichte, in: Transit 7 (1994), S. 63–76, hier: S. 65.

9 Für die positivistische Theorie lassen sich zwei Rechtsdefinitionen unterscheiden: wirksamkeitsorientierte und setzungsorientierte Rechtsdefinitionen. Vgl. *Dreier*, Der Begriff des Rechts, S. 96–99.

10 Vgl. *Hans Kelsen*, Reine Rechtslehre, Wien 1960.

11 Ebd., S. 201.

12 Ebd., S. 37.

13 *Jürgen Habermas*, Faktizität und Geltung. Beiträge zur Diskurstheorie des Rechts und des demokratischen Rechtsstaats, Frankfurt a.M. 1998, S. 47.

14 *Gerald Grünwald*, Zur Kritik der Lehre vom überpositiven Recht, Bonn 1971, S. 7.

15 Vgl. ebd., S. 27.

Grenze für die Verpflichtungskraft allein in der „krasse[n] Ungerechtigkeit des einzelnen Gesetzes". Damit löst die Lehre vom überpositiven Recht „das einzelne Gesetz auch aus einem Zusammenhang mit der Rechtsordnung als Ganzem". Gefragt werde nicht, so Gerald Grünwald[16], „wie sehr die Rechtsordnung eines Staates im Ganzen eine gerechte oder ungerechte Ordnung" sei. „Die Feststellung der Ungültigkeit" solle „sich jeweils nur auf das einzelne extrem ungerechte Gesetz beziehen, ohne daß dadurch die Verpflichtungskraft der sonstigen Gesetze berührt würde".[17]

b) Geltung des Rechts

Der Begriff *Geltung des Rechts*[18] umfasst verschiedene Dimensionen. Unterschieden wird zwischen ideeller (ethischer, moralischer, normativer), faktischer (soziologischer) und juristischer (verfassungsmäßiger, positiver) Geltung. Naturrechtliche und vernunftrechtliche Grundsätze gelten *ideell*. Die Geltung einer Norm des Natur- oder Vernunftrechts beruht ausschließlich „auf ihrer inhaltlichen Richtigkeit, die durch eine moralische Rechtfertigung zu erweisen ist".[19]

Mit dem Begriff der faktischen Geltung wird die Rechts*wirklichkeit* beschrieben. Der Terminus bezeichnet die empirische Wirksamkeit (Effektivität) von Rechtsnormen, unabhängig davon, ob sie richtiges Recht, gerechtes Recht oder positives Recht darstellen. Rechtsnormen gelten faktisch, „1. wenn sie von Seiten der Rechtsgenossen im Durchschnitt der Fälle *befolgt* werden; 2. wenn sie in der Rechtspraxis *habituelle Anwendung* finden; 3. wenn sie im Vollzug die *generelle Chance der Durchsetzbarkeit* haben".[20] Die Rechtsnormen, die faktische Geltung besitzen, sind jene, die das Tätigwerden des Sanktionsapparates beschreiben.[21] Die Nichtbefolgung der Norm wird sanktioniert. Der Begriff der *juristischen oder verfassungsmäßigen Geltung* verweist auf den Entstehungszusammenhang einer Rechtsnorm innerhalb eines gegebenen Rechtssystems. Die Rechtsnorm setzt Maßstäbe für die rechtliche Beurteilung von Verhaltensweisen und Zuständen und hat die Funktion, die Adressaten zu normkonformem Verhalten zu motivieren. Fragt man nach den Kriterien,

16 Grünwald ist ein Vertreter der Kritik am überpositiven Recht.

17 Ebd., S. 14.

18 Vgl. *Rupert Schreiber*, Die Geltung von Rechtsnormen, Berlin u.a. 1966, S. 58ff.; *Alexy*, Begriff und Geltung des Rechts, S. 139ff.; *Klaus Lüderssen*, Genesis und Geltung in der Jurisprudenz, Frankfurt a.M. 1996, S. 94–97.

19 *Alexy*, Begriff und Geltung, S. 141f.

20 *Heinrich Henkel*, Einführung in die Rechtsphilosophie. Grundlagen des Rechts, München 1977, S. 545.

21 *Rupert Schreiber*, Die Geltung von Rechtsnormen, Berlin u.a. 1966, S. 60 und S. 61.

anhand derer sich beurteilen lässt, ob eine bestimmte Norm Bestandteil eines bestimmten Rechtssystems ist, können folgende drei benannt werden: Gesetzestexte, die Praxis der Gerichte und die moralische Qualität der fraglichen Normen. Diesen Kriterien lassen sich wiederum folgende drei Positionen zuordnen: Gesetzespositivismus, Rechtsrealismus und Rechtsmoralismus.[22] Positivität, Faktizität und Moralität als Elemente des geltenden Rechts sind im Idealfall ausgeglichen:

> „Die formell und materiell verfassungskonformen Gesetze (Aspekt der Positivität) stehen mit den anerkannten Maßstäben der Gerechtigkeit (Aspekt der Moralität) in Einklang und werden von den zuständigen staatlichen Instanzen korrekt angewendet (Aspekt der Realität)."[23]

In der Regel bestehen marginale Differenzen, die im Verfassungsstaat durch interne Mechanismen bereinigt werden. Diese Ausgleichungsmechanismen greifen indes nicht mehr in Systemen, die eine weitreichende Instrumentalisierung des Rechts betreiben.[24] Wie im Folgenden gezeigt wird, ist in der Diskussion um die Strafbarkeit von NS-Gewaltverbrechen die Gewichtung der drei Geltungskriterien von entscheidender Bedeutung.

1.1 Positionen der Strafrechtswissenschaft

Art. 103 Abs. 2 des Grundgesetzes lautet: „Eine Tat kann nur bestraft werden, wenn die Strafbarkeit gesetzlich bestimmt war, bevor die Tat begangen wurde." Diese Vorschrift, die den Grundsatz *nullum crimen sine lege, nulla poena sine lege* normiert, ist im Strafgesetzbuch in § 1 niedergelegt. Die Probleme, die sich im Zusammenhang mit dieser Bestimmung im Hinblick auf die Bestrafung von NS-Gewaltverbrechen auf der Grundlage des StGB ergeben, beziehen sich auf den Bereich der Rechtswidrigkeit, nicht auf den Bereich der Tatbestandsmäßigkeit. Dies war eine Folge der Annahme der westdeutschen Justiz, es habe eine Kontinuität des Tatbestands in der Zeit vor und nach 1945 gegeben.

Die deutsche Strafrechtslehre systematisiert die Straftat in die drei Elemente der Tatbestandsmäßigkeit, der Rechtswidrigkeit und der Schuld. Tatbestandsmäßigkeit des Verhaltens bedeutet, dass das Verhalten der gesetzlichen De-

---

22 Vgl. *Ulfried Neumann*, Rechtspositivismus, Rechtsrealismus und Rechtsmoralismus in der Diskussion um die strafrechtliche Bewältigung politischer Systemwechsel, in: Cornelius Prittwitz u.a. (Hrsg.), Festschrift für Klaus Lüderssen. Zum 70. Geburtstag am 2. Mai 2002, Baden-Baden 2002, S. 109–126, hier: S. 112.

23 Ebd., S. 112f.

24 Vgl. ebd., S. 113f.

liktsbeschreibung entspricht.[25] Auch bei der Rechtswidrigkeit geht es um Kriterien der rechtlichen Bewertung. Nicht jedes Verhalten, das einem Tatbestand entspricht, ist jedoch rechtswidrig. Auf der Ebene der Rechtswidrigkeit geht es um die Frage, ob ein tatbestandsmäßiges Verhalten ausnahmsweise durch einen Rechtfertigungsgrund gerechtfertigt ist. Rechtfertigungsgründe wie z.B. Notwehr oder rechtfertigender Notstand schließen die Rechtswidrigkeit aus. Auf der dritten Ebene, der strafrechtlichen Schuldfeststellung, erfolgt die subjektive Zurechnung des Unrechts gegenüber einer Person. Jemand, der eine tatbestandsmäßig-rechtswidrige Handlung begeht, ist nicht automatisch schuldfähig. Es gibt Schuldausschließungsgründe, wie z.B. den Tatbestandsirrtum oder den entschuldigenden Notstand.

Fragt man nach der Strafbarkeit oder Straflosigkeit von NS-Verbrechen, gilt es die Unterscheidung zwischen Tatbestandsebene und Rechtswidrigkeitsebene zu berücksichtigen. Die Strafbarkeit der NS-Verbrechen war bereits zur Tatzeit durch die jeweiligen Vorschriften des RStGB gesetzlich bestimmt. Die Rechtswidrigkeit wäre jedoch nicht gegeben, wenn sich aus NS-Gesetzen Rechtfertigungsgründe für tatsächliche Tötungshandlungen ableiten ließen.[26]

Gestattet der Grundsatz *nullum crimen sine lege, nulla poena sine lege* die Verfolgung und Bestrafung von NS-Gewaltverbrechen auf der Grundlage des StGB? So stellte sich die Frage für die Strafrechtswissenschaft in den 1960er Jahren. Zwischen den Rechtsgelehrten bestand weniger Dissens um die Frage, *ob* die NS-Verbrechen strafrechtlich geahndet werden sollten, als vielmehr darum, *auf welche Weise* dies geschehen solle. Zumindest anfänglich stellt sich die Diskussionslage so dar: Während die eine Gruppe von Autoren am Grundsatz *nullum crimen sine lege, nulla poena sine lege* festhält, meinen andere, die Bundesrepublik hätte für die Bestrafung der NS-Verbrechen das Rückwirkungsverbot suspendieren und eine rückwirkende Gesetzgebung einführen müssen.

1.1.1 Die Diskussion um die Rechtsverbindlichkeit von „Führer"-Befehlen in den 1960er Jahren

1964 wurde in der Neuen Juristischen Wochenschrift (NJW) folgende Frage kontrovers diskutiert: Besitzen geheime „Führer"-Befehle, wie die Anweisung zur Durchführung der „Euthanasie"-Aktion oder der angeblich mündlich

---

25 Vgl. *Winfried Hassemer*, Einführung in die Grundlagen des Strafrechts, München ²1990, S. 209.

26 Vgl. *Zimmermann*, Die strafrechtliche „Bewältigung" der deutschen Diktaturen, S. 866.

ergangene Befehl Hitlers zur Vernichtung aller europäischen Juden,[27] Rechtsqualität und Rechtsverbindlichkeit? Ausgelöst wurde die Debatte in der NJW durch einen Artikel des Rechtsanwalts Dr. Anton Roesen mit dem Titel „Rechtsfragen der Einsatzgruppen-Prozesse".[28] Roesen war als Verteidiger in NS-Prozessen tätig. So übernahm er die Verteidigung von Constantin Canaris, dem ehemaligen Inspekteur der Sicherheitspolizei in Königsberg, gegen den die Zentrale Stelle bei der Staatsanwaltschaft Dortmund ein Ermittlungsverfahren wegen NS-Gewaltverbrechen in Białystok führte.[29] Roesens Aufsatz scheint von Juristen des Sammelverfahrens gegen Dr. Zimmermann u.A. zur Kenntnis genommen worden zu sein.[30] Die Schriftleitung der NJW wollte mit der Veröffentlichung des Aufsatzes eine fachwissenschaftliche Diskussion schwieriger Rechtsfragen eröffnen, denen sich Richter, Staatsanwälte und Rechtsanwälte in der Praxis der NS-Prozesse gegenübergestellt sahen.[31] Eine breite Debatte mit den genannten Akteuren fand indes nicht statt. Es meldeten sich lediglich die Strafrechtswissenschaftler Hans Welzel und Jürgen Baumann sowie die Rechtsanwälte Dr. Konrad Redeker, Dr. Adolf Arndt und Dr. Walter Lewald zu Wort.

Roesen argumentiert, der „Grundsatzbefehl" Hitlers zur „Endlösung der Judenfrage" habe den Charakter eines Gesetzes gehabt. Die Form dieses

27 Es existiert kein schriftlicher Befehl Hitlers, der die Ermordung der europäischen Juden anordnet. In NS-Prozessen wurde jedoch von einem mündlichen Befehl Hitlers ausgegangen. Konrad Kwiet hat darauf hingewiesen, dass die Legende vom „Führerbefehl" von Otto Ohlendorf – im „Dritten Reich" Führer der Einsatzgruppe D und Amtschef III im Reichssicherheitshauptamt – während des Nürnberger „Einsatzgruppen-Prozesses" in die Welt gesetzt wurde. Ohlendorf legitimierte die Ermordung von 90 000 Menschen mit einem „Führerbefehl", „der angeblich die Vernichtung aller europäischen Juden vorschrieb". Ein „Führerbefehl", so Kwiet, sei indes mit Quellen der Zeit nicht belegbar. Der Vernichtungs-'Wille' oder Vernichtungs-'Wunsch' des „Führers" habe „sich vielmehr in allgemein gehaltenen Handlungsanweisungen" manifestiert. Diese „reichten aus, die zentralen Leitinstanzen des NS-Regimes und deren Spitzenvertreter zu ermächtigen, das Programm der 'Endlösung' vorzubereiten und durchzusetzen". *Konrad Kwiet*, Von Tätern zu Befehlsempfängern, in: Jürgen Matthäus / Konrad Kwiet / Jürgen Förster / Richard Breitmann, Ausbildungsziel Judenmord? „Weltanschauliche Erziehung" von SS, Polizei und Waffen-SS im Rahmen der „Endlösung", Frankfurt a.M. 2003, S. 114–138, hier: S. 119f.

28 Vgl. *Anton Roesen*, Rechtsfragen der Einsatzgruppen-Prozesse, in: NJW 17 (1964), S. 133–136.

29 Das Verfahren gegen Canaris u.A., das am 20. Februar 1974 eingestellt wurde, ist aus dem Verfahren gegen Dr. Zimmermann u.A. hervorgegangen. Canaris sagte als Zeuge im Bielefelder Białystok-Prozess aus. Vgl. L/StAM, Staatsanwaltschaft Dortmund, Zentralstelle für NS-Verbrechen, 45 Js 30/65, Bd. 1, Bl. 5 und Berichtsheft, Bl. 62–67.

30 In den Akten des Verfahrens gegen Dr. Zimmermann u.A. findet sich eine Kopie.

31 NJW 17 (1964), S. 1398.

Grundsatzbefehls – seine Mündlichkeit – spreche genauso wenig gegen seine Geltung wie die Tatsache, dass er nur einem kleinen Kreis zur Kenntnis gebracht worden sei. Wesensmerkmal der Geltung sei lediglich seine „Durchsetzbarkeit“. Der Grundsatzbefehl habe damit die Strafbarkeit der Tötung von Juden gesetzlich beseitigt und die während der Zeit des Nationalsozialismus gültigen §§ 211, 212 StGB (Mord und Totschlag), nach denen in NS-Prozessen die Angeklagten bestraft wurden, aufgehoben. Es bestehe kein Zweifel, dass „die Tötung von Juden, Funktionären und Geisteskranken naturrechtswidrig“ sei. Diese Tatsache sei jedoch kein Kriterium für die Strafbarkeit: Würden die §§ 211, 212 StGB vom Gesetzgeber aufgehoben, „blieben Mord und Totschlag in den Augen der Naturrechtslehre naturrechtswidrig, könnten aber nicht mehr bestraft werden“.[32] Roesen folgert, die Bestrafung der NS-Gewaltverbrechen nach §§ 211, 212 StGB stehe rechtlich auf „schwankendem Boden“, und er kritisiert, dass der deutsche Gesetzgeber im Gegensatz zu den Alliierten keine „eigene, den Geschehnissen angepaßte Grundlage“ geschaffen habe, die „eine ungekünstelte, widerspruchlose Rechtsprechung ermöglichte“. Der Gesetzgeber habe „sich gegenüber den Tötungen auf Befehl Hitlers einer auf ihn zukommenden Aufgabe entzogen, die rechtswissenschaftlich und judiziell nicht befriedigend zu lösen“ sei.[33]

In seiner Antwort auf Roesen übt Welzel Kritik an der Deutung des Geheimbefehls Hitlers als gesetzesgleich. Er sei kein Gesetz, sondern „ein reiner Befehl“, „ein Mordbefehl“ gewesen. Roesen habe „die faktische Geltung eines Gesetzes mit der bloßen Durchsetzbarkeit verwechselt“.[34] „Führer“-Befehle hätten weder formell noch materiell eine Beseitigung der §§ 211, 212 StGB herbeiführen können. Welzels Beurteilung der Frage nach der faktischen Geltung eines Gesetzes basiert auf der Rekonstruktion der während der Zeit des Nationalsozialismus herrschenden Rechtssicht. Sich auf Werner Webers Schrift „Die Verkündung von Rechtsvorschriften“ und Ernst Rudolf Huber berufend, sieht Welzel die „öffentliche Verkündung“ als „das Minimum an Voraussetzungen“ an, die an den Begriff des Gesetzes zu stellen seien, denn erst sie weise das Gesetz als einen Bestandteil positiven Rechts aus. Der Befehl Hitlers hätte somit den „Betroffenen“, also den Juden, bekannt gemacht werden müssen. Als „Gesetz“ hätte er folgenden Inhalt haben müssen: „§ 1. Juden wird das Recht auf Leben aberkannt; sie sind unverzüglich zu töten. § 2. Die Durchführung dieses Gesetzes wird dem Reichsführer SS

32 *Roesen*, Rechtsfragen, S. 134.

33 Ebd., S. 135.

34 *Hans Welzel*, Gesetzmäßige Judentötungen?, in: NJW 17 (1964), S. 521–522, hier: S. 522.

übertragen."[35] Ein solches „Gesetz" habe es nie gegeben, es hätte nie Recht sein können: „Wo ein Mensch über das Leben eines Mitmenschen nach seinem Gutdünken verfügt, handelt es sich ausschließlich und allein um einen Akt der Macht, nicht des Rechts." Der Befehl Hitlers habe als „Ausfluß überlegener Macht funktionieren" können, jedoch „niemals ein Rechtssatz über das Recht am Leben von Juden sein" können.[36]

Adolf Arndts Diskussionsbeitrag zufolge ist mit der Frage nach der Gesetzgebungsbefugnis Hitlers das Problem gestellt, ob es Kriterien für das gebe, „was ein Gesetz zum Gesetz" mache „und es mit der Verbindlichkeit des Rechts als einer für das menschliche Zusammenleben notwendigen Kulturleistung" ausstatte. Arndts Kritik richtet sich gegen Roesens Rechtsbegriff. Ausgangspunkt bei Roesen sei ein „reiner Legalismus, ja ein Nominalismus, der als Recht" benenne, „was nach äußerlicher und temporärer Effektivität dem augenblicklichen Machthaber" einfalle.[37]

In seiner erneuten Stellungnahme betont Roesen, er sei sich in seinem Bekenntnis zum Rechtsstaat mit Arndt einig.[38] In diesem Zusammenhang verweist Roesen auf seine 1957 auf dem Deutschen Anwaltstag in Hamburg vorgetragene Bemerkung, dass der Rechtsstaat nicht in einem beliebig zu ändernden positiven Recht wurzeln könne, dass er einen rechtsphilosophischen Inhalt habe und „vorstaatliche Menschenrechte" in sich schließe. Das Problem bestehe in der Konfrontation des Rechtsstaates der Bundesrepublik mit dem nationalsozialistischen Gesetzeserbe. Auch wenn man überpositive Maßstäbe des Naturrechts und des „unantastbaren Kernbereichs" anlege, blieben „Risse, die schwerlich durch rechtsstaatliche *Gedanken* überbrückt werden können, sondern durch rechtsstaatliche Maßnahmen, Aufhebung früherer, Erlaß neuer Gesetze, geschlossen werden müssen".[39]

Bezugnehmend auf Hans Buchheims Ausführungen am 60. Verhandlungstag des Frankfurter Auschwitz-Prozesses zum Thema „Das Problem des Befehlsnotstandes bei den vom NS-Regime befohlenen Verbrechen" diskutiert Walter Lewald die Frage der Legitimation von „Führer"-Befehlen. Buchheims Argumentation, die auf einer Analyse der geistigen Situation der Zeit beruhe, eröffne eine neue Perspektive für die Beurteilung von „Führer"-Befehlen. Der

35 Ebd., S. 522.

36 Ebd., S. 523.

37 *Adolf Arndt*, Umwelt und Recht, in: NJW 17 (1964), S. 486–488, hier: S. 487.

38 Vgl. *Anton Roesen*, Nochmals: Rechtsfragen der Einsatzgruppen-Prozesse, in: NJW 17 (1964), S. 1111–1112, hier: S. 1111.

39 Ebd., S. 1111.

Blick des Historikers dringe tiefer „in das wahre Wesen des Nationalsozialismus“ ein als der des Juristen.[40] Buchheim unterscheidet zwei Arten von Befehlen, die sich den zwei Exekutivbereichen des nationalsozialistischen Herrschaftssystems zuordnen lassen: der Befehl in Weltanschauungssachen dem nicht normativen, der Befehl in Dienstsachen dem normativen Exekutivbereich.[41] Lewald zitiert eine längere Passage aus Buchheims Gutachten, in dem im Zusammenhang mit der Frage nach einer zutreffenden Beurteilung des Gehorsams gegenüber verbrecherischen Befehlen der Rechtscharakter von „Führer“-Befehlen diskutiert wird. „Führer“-Befehle seien nicht rechtsverbindlich, sondern außernormativer Natur gewesen. Die Gehorsamspflicht gegenüber diesen Befehlen sei keine Rechtspflicht, sondern eine Treuepflicht gewesen. Bei Buchheim heißt es:

> „Der Inhalt der außer-normativen Befehle wurde durch den ‘Führer’-Befehl auch nach damaligen Vorstellungen nicht rechtsgültig, sondern blieb vom geltenden Recht nicht gedeckt, hatte also unverkennbar Unrechtscharakter. Gerade das gehörte aber zu den Pflichten des überzeugten Gefolgsmannes des Führers, daß er aus weltanschaulicher Überzeugung das geschichtlich Notwendige unter Umständen auch unter bewußter Verletzung der Gesetze tat und die daraus resultierende Spannung ertrug.“[42]

Bei seiner Interpretation Buchheims betont Lewald, Hitler und seine Gefolgsleute hätten sehr wohl von der Geltung der Strafgesetze gewusst, sich aber unter Berufung auf die geschichtliche Mission von ihnen befreit und sich damit über die geltende Rechtsordnung hinweggesetzt. Hitler und seine Gefolgsleute hätten geglaubt, dass „der ‘geschichtliche Auftrag’ den übergesetzlichen Rechtfertigungsgrund für die von ihnen verübten Verbrechen bilde“. Die Annahme, Hitler sei bei der Erteilung verbrecherischer Befehle als „Gesetzgeber“ aufgetreten, gehe fehl, sie verkenne die damals gegebene Situation. § 211 StGB habe auch im NS-Staat „immer gegolten“, sei aber „in den konkreten Fällen der auf ‘Führer’-Befehl verübten Verbrechen praktisch nicht angewendet worden“.[43] Die Bestrafung eines auf „Führer“-Befehl begangenen Mordes aufgrund des § 211 StGB verstoße deshalb nicht gegen das Rückwirkungsverbot.

---

40 *Walter Lewald*, Das Dritte Reich – Rechtsstaat oder Unrechtsstaat?, in: NJW 17 (1964), S. 1658–1661, hier: S. 1658 und 1661.

41 Vgl. in Buchheims Kapitel „Befehl und Gehorsam“ den Teil „Der Befehl in Weltanschauungssachen und die normative Ordnung“. *Hans Buchheim*, Befehl und Gehorsam, in: ders. u.a., Anatomie des SS-Staates, München [7]1999, S. 263–289.

42 Ebd., S. 274.

43 *Lewald*, Das Dritte Reich, S. 1660.

In diesem Abschnitt wurden die wichtigsten Beiträge der Diskussion referiert, die 1964 in der NJW um die Frage geführt wurde, ob ein „Führer"-Befehl die geltende Rechtslage verändern konnte. Als Fazit ergibt sich, dass die Autoren sowohl verschiedene Rechts- und Geltungsbegriffe verwendeten als auch über die Frage der Interpretation von „Führer"-Befehlen unterschiedlicher Ansicht waren. Der Rechtsauffassung Roesens zufolge waren die Tötungen von Juden zur Tatzeit gemäß StGB nicht strafbar. Welzel, Arndt und Lewald hielten dagegen an der Möglichkeit einer Ahndung der NS-Tötungsverbrechen auf der Grundlage des StGB fest. In den nächsten beiden Abschnitten wird der Versuch unternommen, die Argumentationsmuster dieser beiden Grundpositionen weiter zu erhellen. Dabei wird auch auf neuere rechtswissenschaftliche Literatur Bezug genommen.

1.1.2 Argumente für die Aufhebung des Rückwirkungsverbots

In den 1990er Jahren kam es vor dem Hintergrund der Frage der Strafbarkeit der „Mauerschützen"[44] zu einer Neuauflage der Diskussion um die Strafbarkeit von NS-Verbrechen. Die Strafrechtsprofessoren Gerhard Werle und Günther Jakobs stellten die Legitimität der Rechtsgrundlage für die Bestrafung nationalsozialistischer Verbrechen mit dem Argument in Frage, die Ermordung der Juden und die Ermordung psychisch Kranker und geistig Behinderter sei nach dem zur NS-Zeit geltenden Recht rechtmäßig gewesen. Zuletzt hat Friedrich Dencker die These vertreten, die „Euthanasie"-Aktion sei „vom NS-Recht gedeckt" gewesen.[45] Der Zweifel der genannten Autoren richtete sich gegen das juristische Konzept der bundesdeutschen Justiz, wonach die Massenmorde mit den zur Tatzeit geltenden Rechtsregeln als strafbares Unrecht zu erfassen seien. Grundlage der Argumentation war in allen Fällen ein faktischer Geltungsbegriff.

Unrecht, Schuld und Strafen für NS-Verbrechen können Werle zufolge nicht aus dem Recht des Nationalsozialismus legitimiert werden. Eine solche Sicht-

44 Vgl. *Günther Jakobs*, Untaten des Staates – Unrecht im Staat. Strafe für die Tötungen an der Grenze der ehemaligen DDR?, in: GA 141 (1994), S. 1–14; *Michael Pawlik*, Strafrecht und Staatsunrecht. Zur Strafbarkeit der „Mauerschützen", in: GA 141 (1994), S. 472–483; *Lorenz Schulz*, Rechtsbeugung und Mißbrauch staatlicher Macht. Die Rechtsprechung des Bundesgerichtshofs zur Rechtsbeugung unter dem SED-Regime, in: StV 15 (1995), S. 206–212; *Silke Buchner*, Die Rechtswidrigkeit der Taten von „Mauerschützen" im Lichte von Art. 103 II GG unter besonderer Berücksichtigung des Völkerrechts: ein Beitrag zum Problem der Verfolgung von staatlich legitimiertem Unrecht nach Beseitigung des Unrechtssystems, Frankfurt a.M. 1996.

45 Vgl. *Friedrich Dencker*, Strafverfolgung der Euthanasie-Täter nach 1945, in: JJZG 7 (2005/2006), S. 113–124, hier: S. 119.

weise verkenne die rechtshistorische Tatsache, dass die Massenmorde durch innerstaatlich geltendes Recht abgesichert gewesen seien. Ausgangspunkt der Argumentation ist die Annahme, Hitler habe Recht schaffen können. Ein Befehl Hitlers sei im damaligen Rechtssystem „rechtsverbindlich" gewesen, die Anerkennung Hitlers als „Rechtsquelle" sei „Kern des NS-Rechts" gewesen. Der „Führer" sei als „unmittelbare Rechtsquelle" an keine bestimmten Formen der Rechtsetzung gebunden gewesen. Auch der unveröffentlichte Befehl habe Recht setzen können. Die „Massenvernichter" hätten im Rahmen der NS-Rechtsordnung rechtmäßig gehandelt. Das real geltende Recht des Nationalsozialismus verneine für die Juden ein Recht auf Leben. Werle folgt hier Arndt, der von einem „neuen Recht" Hitlers ausgeht, welches die Tötungen gefordert und nach der Überwindung der Tötungshemmung verlangt habe. Der Versuch deutscher Gerichte nach 1945, sich bei der Begründung der Rechtswidrigkeit der Judenvernichtung auf das Naturrecht zu berufen, ändere nichts daran, dass „die ungeheuerlichen Verbrechen vom damals geltenden Recht gedeckt" gewesen seien.[46] Zur Stützung seiner These führt Werle die Bestrafung so genannter Exzesstäter an. In einem Urteil des Obersten SS- und Polizeigerichts vom Juni 1943, das gegen einen Untersturmführer erging, der ohne Befehl mit seinen Untergebenen Hunderte von Juden grausam umgebracht hatte, heißt es:

> „Wegen der Judenaktionen als solcher soll der Angeklagte nicht bestraft werden. Die Juden müssen vernichtet werden, es ist um keinen der getöteten Juden schade. Wenn sich auch der Angeklagte hätte sagen müssen, daß die Vernichtung der Juden Aufgabe besonders hierfür eingerichteter Kommandos ist, soll ihm zugute gehalten werden, daß er sich befugt gehalten haben mag, auch seinerseits an der Vernichtung des Judentums teilzunehmen. [...] Er hat sich dabei in Alexandria allerdings zu Grausamkeiten hinreißen lassen, die eines deutschen Mannes und SS-Führers unwürdig sind. [...] Der Angeklagte hat es zu einer so üblen Verrohung seiner Männer kommen lassen, daß sie sich unter seinem Vorantritt wie eine wüste Horde aufführten. [...] Der Angeklagte hat sich deshalb nach § 147 MStGB [wegen Verletzung der Aufsichtspflicht] strafbar gemacht."[47]

Nicht der Mord an den Juden wird in diesem Urteil als strafwürdiges Verhalten gewertet, sondern der Verstoß gegen § 147 Militärstrafgesetzbuch (MStGB).

Werle leugnet nicht, dass das Recht des „Dritten Reiches" nach rechtsstaatlichen Maßstäben „Un-Recht" war. Aufgrund dieser Tatsache sei die „Behauptung von einer Kontinuität des Rechts im Verhältnis von NS-Staat und

---

46 Vgl. *Werle*, Der Holocaust als Gegenstand der bundesdeutschen Strafjustiz, S. 2535.

47 Das Urteil ist abgedruckt in: *Buchheim*, Befehl und Gehorsam, in: ders. u.a., Anatomie des SS-Staates, S. 215–320, S. 267.

Rechtsstaat historisch falsch und juristisch eine Fiktion".[48] Im Gegensatz zum juristischen Bewertungsmaßstab der Alliierten leugne das juristische Konzept der bundesdeutschen Justiz die Kluft zwischen der nationalsozialistischen Rechtsordnung und dem Rechtsstaat. Werle kritisiert die „rechtsstaatsfreundliche Auslegung des positiven NS-Rechts" und die Unwilligkeit der Gerichte, „klar auszusprechen, dass es sich beim 'Dritten Reich' um einen Verbrecherstaat handelte, der auch seine innerstaatlichen Gesetze zur Begehung schwerster Verbrechen einsetzte".[49] Der Verzicht auf Sonderregeln für die Bestrafung von NS-Verbrechen gilt Werle als ein Versäumnis, das mangelnde Einsicht in das Wesen des NS-Staates offenbare. Die Justiz habe „sich geweigert, die ganze Tragweite des Geschehenen zur Kenntnis zu nehmen". Der „kollektive Anteil der Genese des Holocaust" sei „mit juristischen Ausweichmanövern" ausgeblendet worden. Resümierend bezeichnet Werle die „Vergangenheitsverarbeitung durch juristische Bewertung" als „missglückt" und als „Lehrstück im negativen Sinne".[50] Die „bessere Lösung" wäre laut Werle die Anwendung völkerstrafrechtlicher Normen auf die nationalsozialistischen Gewaltverbrechen gewesen. Das Rückwirkungsverbot wäre von der bundesdeutschen Rechtsprechung nicht verletzt worden, weil bei staatlich organisierten oder geduldeten Völkerrechtsverbrechen auch nach Maßgabe des Art. 103 Abs. 2 GG menschenrechtswidrige Legalisierungen unbeachtlich sind. Das Rückwirkungsverbot setze Rechtsstaatskontinuität voraus.[51]

Genau wie Werle verneint auch Günther Jakobs die Frage nach der positivrechtlichen Strafbarkeit nationalsozialistischer Verbrechen mit dem Verweis auf die Rechtsordnung der Nationalsozialisten, in der die Verfolgung und Tötung von Juden und anderen „Feinden" des Regimes kein Unrecht, sondern vielmehr Recht gewesen sei:

> „Nicht nur konnte das Sollen die Tat erlauben, sondern es konnte auch die – gemessen in den Kategorien des Nationalsozialismus – als geschichtlich notwendig definierte Tat ihr eigenes Gewolltsein erzeugen. Und daß die physische Ausrottung der als Gegner Definierten im Nationalsozialismus als Geschichte prägende Tat unternommen wurde, also [...] als – wiederum gemessen in den Kategorien des

48 *Werle*, Der Holocaust als Gegenstand der bundesdeutschen Strafjustiz, S. 2535.

49 *Gerhard Werle*, Rückwirkungsverbot und Staatskriminalität, in: NJW 41 (2001), S. 3001–3008, hier: S. 3002.

50 *Werle*, Der Holocaust als Gegenstand der bundesdeutschen Strafjustiz, S. 2535.

51 Vgl. *Werle*, Rückwirkungsverbot, S. 3003.

Nationalsozialismus – gesollte Tat, wird sich als historisches Faktum so schwer bezweifeln lassen, wie es heute leicht ist, dies als Unvernunft zu erkennen."[52]

Es sei eine „Verharmlosung des Nationalsozialismus", wenn man von der Existenz einer Rechtsordnung zum Schutz der Juden und anderer als Regimegegner definierter Personen ausgehe. Eine Strafbarkeit zur Tatzeit lasse sich nicht begründen. Die Bundesrepublik hätte, so Jakobs, „das verfassungsrechtliche Rückwirkungsverbot suspendieren müssen, um nationalsozialistische Gewalttäter bestrafen zu können".[53]

Jakobs' Argumentation beruht auf der von Kelsen entwickelten These, wonach die Rechts*wirksamkeit* eine Bedingung der Geltung darstellt.[54] Dass beispielsweise der Mordparagraph 211 StGB auch während der Zeit des Nationalsozialismus formal galt und folglich auch der Mord an den Juden strafbar war, ist nach dieser Sichtweise nicht das entscheidende Kriterium für die Geltung. Diese wird vielmehr an der *Anwendung* des Paragraphen, der Rechts*wirklichkeit* gemessen. Bei der Tötung von Juden und anderer verfolgter Minderheiten hatte, folgt man Jakobs, der § 211 StGB keine Chance, angewendet zu werden. Ein „Führer"-Befehl sei dagegen nach der faktisch gelebten Verfassung des Nationalsozialismus wirksam und somit Recht gewesen. Ein „Führer"-Befehl habe Recht aufheben und neues schaffen können.[55] Für Jakobs ist hier allein das real geltende Recht der Maßstab der Beurteilung. Nach seiner Logik stellen die Massenmorde nach dem Recht des Nationalsozialismus keine Rechtsverletzungen dar.

Diese Position vertritt auch Friedrich Dencker. Er schreibt: „Zwar galt § 211 StGB in nur unwesentlich modifizierter Form während der gesamten Euthanasie-Aktion; diese aber war vom Recht des Dritten Reiches gedeckt."[56] Das Recht des „Dritten Reiches" sei so „scheußlich" gewesen, dass es „Morde von Rechts wegen, im damaligen Verständnis des Begriffs", habe erlauben können. Die westdeutsche Justiz habe, so Dencker, „eine verdeckte Rückwirkung praktiziert, indem sie ein zur Tatzeit geltendes (scheußliches) Recht (aus der Rechtsquelle des Führers) außer Acht" gelassen habe, „welches zur Tatzeit

52 *Günther Jakobs*, Vergangenheitsbewältigung durch Strafrecht? Zur Leistungsfähigkeit des Strafrechts nach einem politischen Umbruch, in: Josef Isensee (Hrsg.), Vergangenheitsbewältigung durch Recht. Drei Abhandlungen zu einem deutschen Problem, Berlin 1992, S. 37–64, hier: S. 47.

53 Ebd., S. 48.

54 *Kelsen*, Reine Rechtslehre, S. 215ff.

55 *Jakobs*, Vergangenheitsbewältigung durch Strafrecht?, S. 44.

55 *Dencker*, Strafverfolgung, S. 119.

rechtfertigend" gewirkt habe.[57] Folgt man Dencker, verschleiert die „verdeckte Rückwirkung" die Tatsache, dass das Recht der Bundesrepublik keine Kontinuität des NS-Rechts, kein „NS-Recht in verbesserter, von den schlimmsten Auswüchsen befreiter Auflage", sondern vielmehr „ein ganz anderes Recht"[58] war. Der Autor kommt zu dem Schluss: „Eine konsequentere, in sich stimmigere Beurteilung der Taten wäre möglich gewesen auf der Basis eines offen rückwirkenden Gesetzes." Die „Anordnung der Rückwirkung" sei nötig, und es könne nicht darauf verzichtet werden, „verbrecherische Normen für unbeachtlich zu erklären, will man die Täter von Unrechtsregimes bestrafen können".[59]

Zurück zum Problem des NS-Rechts und seiner Wirksamkeit: Dass die Rechtsordnung des Nationalsozialismus ihre Gegner rechtlos gestellt und eines rechtlichen Schutzes beraubt habe, wie Jakobs und andere betonen, sei, so Klaus Rogall, „zweifellos richtig". Rechtstechnisch sei es „dabei belanglos, ob man dieses Ergebnis mit der Wirksamkeit eines Führerbefehls, mit einer Gesetzesänderung oder mit einem Einvernehmen innerhalb der NS-Justiz" begründe, „bestimmte Normen einfach nicht anzuwenden, wenn das Tatopfer zu den Gegnern des Nationalsozialismus gehörte".[60] Die zentrale Frage ist aus Rogalls Sicht, ob Bestimmungen des Nationalsozialismus auch heute noch Rechtswirksamkeit beanspruchen können:

> „Die Entrechtung, von der *Jakobs* und andere gesprochen haben, wäre perfekt zum Ausdruck gekommen, wenn § 212 StGB vom NS-Regime wie folgt geändert worden wäre: 'Mensch im Sinne des Gesetzes ist nur ein Träger deutschen oder artverwandten Blutes.' Aber die Frage ist doch, ob eine solche Gesetzesänderung, die ja nach dem Ermächtigungsgesetz offenbar von der Reichsregierung beschlossen worden wäre, auch noch heute als *wirksam* behandelt werden müßte. Wenn man dieser Meinung ist, wäre man allerdings genötigt, alle Vorschriften, die von Unrechtsregimen erlassen werden, konsequent als wirksam zu behandeln. Dann wären die Nürnberger Rassengesetze rechtswirksam und der Verstoß gegen sie ('Rassenschande') aus heutiger Perspektive strafbar, ebenso die Ausbürgerungen und die Vermögenskonfiskationen, die Entlassungen aus dem Staatsdienst, und schließlich wären auch die Morde im Zusammenhang mit dem sog. *Röhm-Putsch* tatsächlich aufgrund 'Staatsnotwehr' rechtens gewesen."[61]

Nach dieser Logik gehe es „dann nicht an, zwischen einzelnen Bereichen staatlicher Gesetzgebung Unterschiede zu machen, auch wenn der strafrechtli-

---

56 Ebd., S. 120.

57 Ebd., S. 120.

59 Ebd., S. 121.

60 *Rogall*, Bewältigung von Systemkriminalität, S. 394.

61 Ebd., S. 394.

che Bereich wegen des nulla-poena-Satzes vielleicht ein besonders kritischer Bereich" sei.[62] Die Folge ist aus Rogalls Sicht eine *Reductio* des Gedankens: Dann müssten alle Unrechtsgesetze heute noch als verbindlich aufgefasst werden. Als Alternative skizziert der Autor eine andere Vorgehensweise: Wenn man, systemtheoretisch gesprochen, als „Beobachter 2. Ordnung" auf das NS-Regime blicke, könne man – im Gegensatz zum an die Binnenperspektive des NS-Regimes gebundenen „Beobachter 1. Ordnung" – „systemkritisch operieren und die *Frage externer Bindungen eines Systems* thematisieren". Folgt man Rogall, sind die Rechtsbrüche aus dieser Perspektive als solche erkennbar. So könne das Ergebnis einer solchen Betrachtung durchaus sein, dass „die internen Systemoperationen nicht nur internen, sondern auch externen Verarbeitungsregeln unterstehen und gerade diese externen Regeln verletzt haben, weshalb sie als fehlerhaft zu bezeichnen sind".[63]

In diesem Abschnitt sind drei Argumentationsmuster hervorgetreten, die Vertreter der These vorbringen, eine Bestrafung auf der Grundlage des StGB, also unter Wahrung des Rückwirkungsverbots, sei unmöglich. Erstens bedienen sich Werle und Jakobs des positivistischen Rechts- und Geltungsbegriffes Kelsens, wonach Gesetze allein durch ein Geflecht aus Rechtsprechungs- und anderen sozialen Praxen zu Recht werden. Werle, Jakobs und Dencker sehen das NS-Recht trotz seiner Scheußlichkeit als Recht an, das zur Tatzeit eine rechtfertigende Wirkung hatte. Zweitens argumentieren die referierten Autoren normativ, dass eine Bestrafung auf der Grundlage des StGB den NS-Staat verharmlose und eine nicht gegebene Rechtsstaatskontinuität unterstelle. Ein drittes, ebenfalls normatives Argument, bringt Rogall vor, der die Wehrlosigkeit der gegenwärtigen Justiz verdeutlicht, ohne externe Maßstäbe klare Unrechtsgesetze als gültig behandeln zu müssen. Im Zusammenhang mit Rogalls systemtheoretischem Vorschlag stellt sich die Frage, auf welche Weise eine von ihm eingeforderte Beurteilung zweiter Stufe konzipiert werden kann. Der wichtigste und einflussreichste Ansatz hierzu ist die naturrechtliche Auffassung Gustav Radbruchs.

1.1.3 Das materiell-naturrechtliche Argument

Im Zentrum von Radbruchs Artikel „Gesetzliches Unrecht und Übergesetzliches Recht", der 1946 in der „Süddeutschen-Juristenzeitung" erschien, steht das Verhältnis von Rechtssicherheit und Gerechtigkeit. Die Hauptthese des

62 Ebd., S. 394.

63 Ebd., S. 395.

Heidelberger Rechtsphilosophen und Strafrechtlehrers ist als *Radbruchsche Formel* bekannt. Sie lautet:

> „Der Konflikt zwischen der Gerechtigkeit und der Rechtssicherheit dürfte dahin zu lösen sein, daß das positive, durch Satzung und Macht gesicherte Recht auch dann den Vorrang hat, wenn es inhaltlich ungerecht und unzweckmäßig ist, es sei denn, daß der Widerspruch des positiven Gesetzes zur Gerechtigkeit ein so unerträgliches Maß erreicht, daß das Gesetz als 'unrichtiges Recht' der Gerechtigkeit zu weichen hat. Es ist unmöglich, eine schärfere Linie zu ziehen zwischen den Fällen des gesetzlichen Unrechts und den trotz unrichtigen Inhalts dennoch geltenden Gesetzen, eine andere Grenzziehung aber kann mit aller Schärfe vorgenommen werden: wo Gerechtigkeit nicht einmal erstrebt wird, wo die Gleichheit, die den Kern der Gerechtigkeit ausmacht, bei der Setzung des positiven Rechts bewußt verleugnet wurde, da ist das Gesetz nicht etwa nur 'unrichtiges Gesetz', vielmehr entbehrt es überhaupt der Rechtsnatur. Denn man kann Recht, auch positives Recht, gar nicht anders definieren als eine Ordnung und Satzung, die ihrem Sinn nach bestimmt ist, der Gerechtigkeit zu dienen. An diesem Maßstab gemessen sind ganze Partien nationalsozialistischen Rechts niemals zur Würde geltenden Rechts gelangt."[64]

Die Radbruchsche Formel besteht manchen Interpreten zufolge aus mindestens zwei Formeln, aus der „Unerträglichkeitsformel",[65] wonach das inhaltlich ungerechte Gesetz der Gerechtigkeit zu weichen habe, wenn der Gegensatz des positiven Gesetzes zur Gerechtigkeit ein *unerträgliches Maß* erreicht hat, und aus der „Verleugnungsformel", nach der ein *das Prinzip der Gerechtigkeit bewusst verleugnendes Gesetz* trotz seiner Positivität Nicht-Recht ist.[66] Radbruch hat die Verleugnungsformel konkret auf nationalsozialistische Diskriminierungs- und Terrorgesetze bezogen: „Der Rechtscharakter fehlt weiter allen jenen Gesetzen, die Menschen als Untermenschen behandelten und ihnen die Menschenrechte versagten." Als weitere Beispiele nennt Radbruch „alle jene Strafdrohungen, die ohne Rücksicht auf die unterschiedliche Schwere der Verbrechen, nur geleitet von momentanen Abschreckungsbedürfnissen, Straftaten verschiedenster Schwere mit der gleichen Strafe, häufig mit der Todesstrafe, bedrohten".[67]

---

64 *Gustav Radbruch*, Gesetzliches Unrecht und übergesetzliches Recht, in: Erik Wolff / Hans-Peter Schneider (Hrsg.), Gustav Radbruch. Rechtsphilosophie, Stuttgart ^{8}1973, S. 339–350, hier: S. 345f. Zuerst erschienen in: SJZ 1 (1946), S. 105–108.

65 Vgl. *Frank Saliger*, Radbruchsche Formel und Rechtsstaat, Heidelberg 1995.

66 *Walter Ott*, Rechtspositivismus. Kritische Würdigung auf der Grundlage eines juristischen Pragmatismus, Berlin ^{2}1992, S. 188; *Kaufmann*, Gustav Radbruch und die Radbruchsche Formel, S. 609.

67 *Radbruch*, Gesetzliches Unrecht, S. 346f.

Folgt man Radbruch, kann der Grundsatz *nulla poena sine lege* kein Hindernis für die Bestrafung nationalsozialistischer Gewaltverbrechen bilden, da das nationalsozialistische Diskriminierungs- und Willkürrecht keine Rechtsqualität besitzt und sich folglich die Frage der Rechtfertigung nicht stellt. Bereits 1945 hatte Radbruch geschrieben, es könne „Gesetze mit einem solchen Maße von Ungerechtigkeit und Gemeinschädlichkeit geben", dass „ihnen die Geltung, ja der Rechtscharakter abgesprochen werden" müsse.[68] Für Radbruchs Konzeption des „gesetzlichen Unrechts" ist es völlig unerheblich, ob man dem Willen des „Führers" Gesetzescharakter beimisst oder nicht.[69] Die objektive Rechtswidrigkeit der „Euthanasie"-Ermächtigung oder des angeblichen „Führer"-Befehls zur Ermordung der Juden ist allein aufgrund der Ungeheuerlichkeit ihres Verstoßes gegen das Prinzip der Gerechtigkeit gegeben.

In Bezug auf die Frage, welche Auswirkungen der im Zusammenhang mit der Ermordung der Juden angeblich mündlich ergangene „Führer"-Befehl auf die Fortgeltung der §§ 211 und 212 StGB hat, ist das naturrechtliche Argument von Jürgen Baumann und Hans Welzel vertreten worden. Welzel betont, dass es bei dem Befehl „nicht bloß um Aufhebung des Strafrechtsschutzes für die Juden, sondern sogar um die aktive Tötung der Juden" gegangen sei. Ein solches Gesetz müsse nichtig sein, weil hier der „Kernbereich des Rechts" getroffen werde.[70]

Die Frage, ob in der Anordnung der „Endlösung" eine Rechtfertigung für Tötungshandlungen zu erblicken sei, wird von Baumann verneint. Den Geheimbefehlen des „Führers" sei der Rechtscharakter aufgrund ihres Verstoßes gegen höherrangige Normen des Naturrechts auch dann abzusprechen, wenn eine Veröffentlichung im Reichsgesetzblatt erfolgt wäre. Auch wenn über das Naturrecht, seine Geltung und seinen Geltungsbereich gestritten werden könne, bestehe Einigkeit darüber, dass „Mord befehlende Gesetze naturrechtswidrig und nichtig" seien.[71] Die Strafbarkeit eines bestimmten Verhaltens sei nicht nur eine Angelegenheit staatlicher Gesetze, sondern auch eine

---

68 *Gustav Radbruch*, Fünf Minuten Rechtsphilosophie (1945), in: Arthur Kaufmann (Hrsg.), Gustav Radbruch Gesamtausgabe, Bd. 3: Rechtsphilosophie, Heidelberg 1990, S. 78–79, hier: S. 79.

69 Vgl. *Fritz Bauer*, Das „gesetzliche Unrecht" des Nationalsozialismus, in: Arthur Kaufmann (Hrsg.), Gedächtnisschrift für Gustav Radbruch, Göttingen 1968, S. 302–307, hier: S. 304.

70 *Hans Welzel*, Gesetzmäßige Judentötungen?, in: NJW 17 (1964), S. 521–522, hier: S. 522.

71 *Jürgen Baumann*, Die strafrechtliche Problematik der nationalsozialistischen Gewaltverbrechen, in: Reinhard Henkys, Die nationalsozialistischen Gewaltverbrechen. Geschichte und Gericht, Stuttgart / Berlin 1964, S. 267–322, hier: S. 295.

Sache „vorstaatlichen Rechts".[72] Naturrechtswidriges Verhalten sei „nachträglicher Kriminalisierung" somit „grundsätzlich zugänglich". Sperren könnten diese Kriminalisierung nur positives Verfassungsrecht (Art. 103 GG) oder Gesetzesrecht (§ 2 StGB). Eine derartige Sperre zugunsten von NS-Verbrechern sei vom Gesetzgeber nicht beabsichtigt worden.

Im Gegensatz zu Baumann hält es Lewald für „verfehlt, mittels des Naturrechts ex post die Nichtigkeit der angeblich partiellen Aufhebung des § 211 StGB durch geheimen Mordbefehl Hitlers festzustellen". Von Rückwirkung könne keine Rede sein, „wenn der Täter eines auf Führerbefehl begangenen Mordes auf Grund des § 211 StGB noch heute bestraft" werde.[73]

Nach der materiell-naturrechtlichen Argumentation kann eine rechtfertigende Wirkung von „Führer"-Befehlen und NS-Gesetzen verneint werden. Gesetze und Handlungen, die gegen die Gerechtigkeit verstoßen, sind nach dieser Position verbrecherisch und für strafbar zu erklären. Strittig zwischen manchen der hier referierten Autoren ist lediglich, ob eine solche Verwendung des Naturrechts als eine legitime Ausnahme des Rückwirkungsverbots zu bezeichnen sei (Baumann) oder ob vielmehr der Grundsatz *nullum crimen sine lege, nulla poena sine lege* unbeschadet gelte (Lewald).

Insgesamt ist deutlich geworden, dass eine Antwort auf die Frage, ob geheime „Führer"-Befehle Rechtsqualität besitzen oder nicht, unterschiedlich ausfallen kann. Argumentiert man vom Standpunkt des faktischen / soziologischen Geltungsbegriffes, ist ein geheimer „Führer"-Befehl als Gesetz anzusehen. Nach dem juristischen Geltungsbegriff erfüllt ein geheimer „Führer"-Befehl die Kriterien eines Gesetzes dagegen nicht. Legt man einen ideellen / ethischen Geltungsbegriff zugrunde, ist ein geheimer „Führer"-Befehl allein deswegen kein Gesetz, weil er gegen Prinzipien des Naturrechts verstößt. Ein Vorzug der im letzten Abschnitt skizzierten naturrechtlichen Argumentation ist, dass der Wehrlosigkeitseinwand sowie der Einwand, man dürfe den NS-Staat nicht zu einem Rechtsstaat erklären, berücksichtigt werden können. Zugleich versucht Radbruchs Vorgehen, indem es lediglich ein negatives Kriterium der Nicht-Gültigkeit bestimmter menschenverachtender Gesetze formuliert, das Rückwirkungsverbot so weit wie möglich aufrechtzuerhalten.

---

72 *Jürgen Baumann*, Rechtmäßigkeit von Mordgeboten?, in: NJW 17 (1964), S. 1398–1405, hier: S. 1404.

73 *Lewald*, Das Dritte Reich, S. 1660.

1.2 Rechtsprechungspraxis

Die „Europäische Konvention zum Schutze der Menschenrechte und Grundfreiheiten“ (EMRK) sieht eine gewisse Durchbrechung des Rechtsgrundsatzes *nullum crimen sine lege, nulla poena sine lege* vor. Das in Artikel 7 festgeschriebene Verbot rückwirkenden Strafens wird in Absatz 2 wie folgt eingeschränkt:

> „Durch diesen Artikel darf die Verurteilung oder Bestrafung einer Person nicht ausgeschlossen werden, die sich einer Handlung oder Unterlassung schuldig gemacht hat, welche im Zeitpunkt ihrer Begehung nach den allgemeinen von den zivilisierten Völkern anerkannten Rechtsgrundsätzen strafbar war.“[74]

Das diesem Artikel zugrunde liegende Argument lautet, dass es einen allgemein anerkannten Kernbereich des Rechts gebe, den keine staatliche Gesetzgebung antasten dürfe, und dass ein Verstoß gegen die „von den zivilisierten Völkern anerkannten Rechtsgrundsätze“ auch ohne ausdrückliche gesetzliche Festsetzung seiner Strafbarkeit verfolgt werden könne. Der Europarat bekräftigt mit diesem Artikel gleichzeitig die Legitimität der Verfahrensweise der Alliierten, die sich bewusst über den Grundsatz *nullum crimen sine lege, nulla poena sine lege* hinweggesetzt hatten. Die Bundesregierung lehnte jedoch 1952 die Aufnahme des Artikels 7 Abs. 2 der EMRK in innerstaatliches Recht ab. Helmut König wertet die Vorbehalte des Bundestages gegen eine Ausnahme vom Rückwirkungsverbot als Ausdruck der Intention, „den Verfahren der Alliierten gegen die NS-Verbrecher die juristische Legitimation abzusprechen und weitere NS-Prozesse unmöglich zu machen“.[75] Zumindest dem zweiten Teil dieser Interpretation ist zu widersprechen, denn aus der Geltung des Satzes *nullum crimen sine lege, nulla poena sine lege* folgt – geht man von der Voraussetzung der Tatbestandskontinuität aus – keineswegs die Nichtbestrafung der NS-Verbrechen.

Der BGH hat die Grundsatzfrage der Strafbarkeit von NS-Gewaltverbrechen bejaht[76] und sich in seiner Begründung auf ein formal-rechtliches und ein materiell-naturrechtliches Argument gestützt.[77] Hinsichtlich der Anordnungen, auf denen die Massenvernichtungsaktionen beruhten – die „Euthanasie“-Ermächtigung und der mündliche Befehl Hitlers zur Judenvernichtung –, wird festgestellt, dass diese nicht den Kriterien eines Gesetzes entsprochen hätten, weshalb § 211 StGB weiter gegolten habe und die Taten auch nach damaligem

74 BGBl. 1952 II, S. 686.

75 *König*, Zukunft der Vergangenheit, S. 78.

76 Vgl. *Rogall*, Bewältigung von Systemkriminalität, S. 389–392.

77 Vgl. *Freudiger*, Juristische Aufarbeitung, S. 328ff.

Recht rechtswidrig gewesen seien.[78] Die materiell-naturrechtliche Argumentation orientiert sich an den Überlegungen Radbruchs, wonach krassen Auswüchsen des NS-Rechts die Rechtsqualität fehle. So stellte der 1. Strafsenat des BGH 1952 fest, dass „die Freiheit eines Staates, für seinen Bereich zu bestimmen, was Recht und was Unrecht sein" solle, „nicht unbeschränkt" sei. Im „Bewußtsein aller zivilisierten Völker" bestehe „ein gewisser Kernbereich des Rechts, der nach allgemeiner Rechtsüberzeugung von keinem Gesetz und keiner sonstigen obrigkeitlichen Maßnahme verletzt werden" dürfe. Er umfasse „bestimmte als unantastbar angesehene Grundsätze des menschlichen Verhaltens, die sich bei allen Kulturvölkern auf dem Boden übereinstimmender sittlicher Grundanschauungen im Laufe der Zeit herausgebildet" hätten und „die als rechtlich verbindlich gelten, gleichgültig, ob einzelne Vorschriften nationaler Rechtsordnungen es zu gestatten scheinen, sie zu mißachten".[79] Der BGH stellte klar:

> „Anordnungen, die die Gerechtigkeit nicht einmal anstreben, den Gedanken der Gleichheit bewußt verleugnen und die allen Kulturvölkern gemeinsamen Rechtsüberzeugungen, die sich auf den Wert und die Würde der menschlichen Persönlichkeit beziehen, deutlich mißachten, schaffen kein Recht und ein ihnen entsprechendes Verhalten bleibt Unrecht. Bei ganz offensichtlich groben Verstößen gegen den Grundgedanken der Gerechtigkeit und Menschlichkeit ist nicht nur die Rechtmäßigkeit einer staatlichen Maßnahme zu verneinen; die Gröblichkeit und Offensichtlichkeit der Verletzung wird regelmäßig auch ein sicheres Anzeichen (für ein Handeln im Bewußtsein der Widerrechtlichkeit) sein."[80]

Der BGH wies auch, wie Klaus Rogall zu Recht hervorhebt, das Argument zurück, das damalige Recht sei faktisch im Sinne einer Entrechtung bestimmter Bevölkerungsgruppen angewandt worden und deshalb verbindlich:[81]

> „Nur begrenzten Wert besitzt der Gedanke, die Angeklagten hätten von keinem Gerichtsurteil und keiner Anklage der Staatsanwaltschaft erfahren, durch die Festnahmen und sonstige Maßnahmen durch die Gestapo als Unrecht bezeichnet worden seien; sie hätten sich daher in Zweifeln an der Rechtmäßigkeit der Behandlung der Juden von den Richtern und Staatsanwälten als den berufenen Wahrern des Rechts nicht unterstützt, sondern mißbilligt gesehen. Der Gedanke verlor in dem Augenblick jede Überzeugungskraft, in dem die Angeklagten mit der Möglichkeit staatlich gelenkten Unrechts unter Mißbrauch von Formen und Gestaltungsmöglichkeiten des Rechts rechneten. […] Im Laufe der Jahre waren offenkundige Gewalttaten gegen Juden, gegen ihre Freiheit, ihr Vermögen, gegen Leib und Leben

78 Vgl. ebd., S. 329.

79 BGH, Urteil v. 29.1.1952 – 1 StR 563/51, in: BGHSt 2 (1952), S. 234–242, hier: S. 237.

80 Ebd., S. 238f.

81 Vgl. *Rogall*, Bewältigung von Systemkriminalität, S. 391.

> und gegen ihre heiligsten Gefühle ungesühnt geblieben, ohne daß jemand im Ernst auf den Gedanken kommen konnte, diese seien damit als 'Recht' anerkannt worden."[82]

Dass die Justiz die Gewalttaten gegen Juden nicht geahndet und damit die rechtswidrigen Handlungen nicht als solche benannt hatte, war nach dieser Interpretation völlig unmaßgeblich. Nach Überzeugung des BGH waren auch im „Dritten Reich" allein naturrechtliche Grundsätze wie das Recht auf Leben und auf physische Freiheit rechtlich verbindlich, staatliche Anordnungen, die auf Unrecht abzielten, dagegen unverbindlich. Das von den Nationalsozialisten gesetzte Recht, das gegen die Prinzipien der „gemeinsamen Rechtsüberzeugungen" verstieß, als Nicht-Recht und seine Anwendung als Unrecht beurteilend, vermied der BGH einen Konflikt mit dem Rückwirkungsverbot.

Die Gerichte in NS-Prozessen orientierten sich bei der rechtlichen Würdigung an den vom BGH aufgestellten Maximen. So wurde die „Kernbereichstheorie des Rechts" vom Bielefelder Schwurgericht übernommen:

> „Keine Staatsführung darf frei über Leben und Tod der ihrer Macht unterworfenen Menschen entscheiden. Die keinen Widerstand leistende ruhig in einem streng bewachten Getto lebende unschuldige Zivilbevölkerung eines im Kriege besetzten Landes darf nicht grundlos getötet werden, nur weil sie aus Juden besteht. [...] Die Ausrottung einer nach ihrer Volks- und Religionszugehörigkeit bestimmten Gruppe wird selbstverständlich vom Völkerrecht nicht gedeckt. Sie wird auch durch den zugrunde liegenden Hitler-Befehl zur Judenvernichtung nicht gerechtfertigt, selbst wenn der Führer nach nationalsozialistischer Rechtslehre selbständig durch Befehl Recht setzen konnte. [...] Es gibt in allen zivilisierten Nationen einen Rechtsbereich, dessen Bestehen Voraussetzung dafür ist, daß staatliche Ordnung überhaupt als Rechtsordnung angesehen und empfunden werden kann. Hierzu gehört die grundsätzliche Anerkennung der Unantastbarkeit des menschlichen Lebens. Diesen Rechtsbereich kann keine Staatsmacht, sei sie auch absolut, antasten, auch dann nicht, wenn sie ihr Handeln mit dem Schein des Rechts umgibt."[83]

Dass die Vernichtung der Juden rechtswidrig war, wird hier von den Richtern in Übereinstimmung mit der BGH-Rechtsprechung durch ein materiell-naturrechtliches Argument begründet.

Nicht allein die Urheber der Tat, so die Argumentation der NSG-Rechtsprechung, hätten gewusst, dass der von ihnen staatlich organisierte Massenmord an den Juden Unrecht war. Auch die an den Massenmorden Beteiligten hätten um die Rechtswidrigkeit der Taten und deren Verstoß gegen die allgemeinen Rechtsüberzeugungen wie das Recht auf Unverletzlichkeit des

---

82 BGH, Urteil v. 29.1.1952 – 1 StR 563/51, in: BGHSt 2 (1952), S. 234–242, hier: S. 241f.

83 L/StADT, D 21 A, Nr. 6195, Bl. 382f.

eigenen Lebens gewusst. Während die Frage der Rechtswidrigkeit der NS-Gewalttaten in der Strafrechtswissenschaft umstritten war, bestand für die westdeutschen Gerichte, die sich mit Taten wegen Vernichtung der europäischen Juden, der „Euthanasie" und Verbrechen an sowjetischen Kriegsgefangenen befassten, kein Zweifel an der objektiven Rechtswidrigkeit. Dass Taten in der NS-Zeit für straffrei erklärt wurden, galt nicht als Hinderungsgrund für eine Bestrafung.

Die Rechtsauffassung der Gerichte in NSG-Verfahren ist von Vertretern der Strafrechtswissenschaft kritisiert worden. So bezeichnet Friedrich Dencker das Recht, mit dem sich die Gerichte den NS-Verbrechen näherten, als „selbst gemachtes, nicht vorgegebenes Recht". Indem die Rechtsprechung bestimmte Teile des NS-Rechts als „gesetzliches Unrecht" „aus dem Tatzeitrecht" ausgeblendet und damit „gelöscht" habe, habe „sie ein Tatzeitrecht konstruiert, das es als positives geltendes Recht nicht" gegeben habe. Das von der Rechtsprechung in NSG-Verfahren angewendete Recht gilt Dencker als „eine Collage aus Teilen von Tatzeitrecht und Teilen von Urteilszeitrecht nach Maßgabe eines (nie definierten) Naturrechts" und „damit im Ergebnis" als „ein außerpositives oder überpositives Recht".[84]

Folgt man dem BGH, schränken Menschenrechte, unabhängig davon, ob sie von einem Staat beachtet werden oder nicht, die Möglichkeit dessen ein, was ein Regime als geltendes Recht setzen kann, da sie universal und zeitlos sind. Die Verfasserin hält diese Argumentation für die am meisten überzeugende und einzig angemessene. Die Ermordung von Menschen, die als „rassisch minderwertig" stigmatisiert wurden, stellt eine Verletzung des überpositiven Grundsatzes der Unantastbarkeit menschlichen Lebens dar. Ein Staat, der ein derart grundlegendes Prinzip öffentlich missachtet und verhöhnt, disqualifiziert sich in Bezug auf die legitime Rechtsetzung.

2. Täter oder Gehilfe? Zur strafrechtlichen Beurteilung der Beteiligung an NS-Gewaltverbrechen

Bei der strafrechtlichen Beurteilung der Beteiligung an NS-Gewaltverbrechen spielen die Rechtsfiguren Täterschaft und Teilnahme eine entscheidende Rolle. Nach in Deutschland tradierter Auffassung entscheidet über Täterschaft und Teilnahme, wie Claus Roxin hervorhebt, „ob ein an der Herbeiführung des Erfolges Beteiligter den Täterwillen (animus auctoris) oder den Teilnahme-

---

84 Vgl. *Friedrich Dencker*, Täterschaft und Beihilfe bei NS-Gewaltverbrechen, in: ZNR 27 (2005), S. 49–61, hier: S. 58 und 59.

willen (animus socii) innehat".[85] Auch die NSG-Rechtsprechung orientierte sich bei der Unterscheidung zwischen Täterschaft und Teilnahme an subjektiven Kriterien: Nicht der äußere Tatbeitrag, sondern die innere Einstellung zur Tat war demnach ausschlaggebend. Als Täter galt, wer die Tat „als eigene" wolle, als Gehilfe hingegen, wer „fremdes Tun" fördere.[86] Das bedeutete in Bezug auf die Verfahren wegen Ermordung der Juden:

> „Das Gericht hatte in jedem Einzelfall zu prüfen, ob der Täter die Massentötungen von Juden innerlich bejaht und sich die Ziele der NS-Machthaber zu seinen eigenen gemacht hatte, ob er selbst im Zusammenwirken mit NS-Machthabern und SS-Führern die Juden vernichten wollte, weil er es im Interesse des NS-Staates für richtig hielt. Dann handelte er mit Täterwillen. Wollte er die Taten der Haupttäter ohne innere Anteilnahme fördern, war er Gehilfe."[87]

Die Einstufung von Beschuldigten als Täter oder Gehilfen ist deswegen von besonderer Bedeutung, weil § 211 StGB für Täterschaft bei Mord eine absolute Strafdrohung aufstellt. In Täterschaft begangener Mord muss mit lebenslangem Freiheitsentzug geahndet werden. Wird dagegen auf Beihilfe zum Mord erkannt, kann nach §§ 49/44 StGB eine mildere Strafe verhängt werden.[88]

Quantitative Urteilsauswertungen von NS-Tötungsverbrechen offenbaren eine Dominanz der Beihilfe-Konstruktion. Ein wesentlicher Kritikpunkt derjenigen Autoren, die auf Defizite und Fehlleistungen bei der juristischen Aufarbeitung von NS-Gewaltverbrechen verweisen, bezieht sich auf diese „Gehilfenrechtsprechung".[89] Der Vorwurf geht dahin, die Gerichte hätten die Rechtsfigur der Teilnahme dazu genutzt, um Beschuldigte und Angeklagte zu exkulpieren.[90] Die „Verwandlung" von Tätern in Gehilfen habe der Schuldabwehr und der Selbstentlastung der deutschen nach-nationalsozialistischen Gesellschaft

---

85 *Claus Roxin*, zit. n. Hans Vest, Genozid durch organisatorische Machtapparate. An der Grenze von individueller und kollektiver Verantwortlichkeit, Baden-Baden 2002, S. 200.

86 Vgl. *Ernst-Walter Hanack*, Zur Problematik der gerechten Bestrafung nationalsozialistischer Gewaltverbrecher, in: JZ 22 (1967), S. 329–338, hier: S. 331.

87 *Solf*, NS-Täter aus juristischer Perspektive, S. 90.

88 Vgl. *Baumann*, Die strafrechtliche Problematik, S. 305. Von 1939 bis 1974 war die Strafmilderung fakultativ, seit dem 1. Januar 1975 galt und gilt für die Beihilfe eine zwingende Strafmilderung. Vgl. *Dencker*, Täterschaft und Beihilfe, S. 49.

89 Vgl. *Just-Dahlmann / Just*, Die Gehilfen; *Greve*, Der justitielle und rechtspolitische Umgang, S. 145–171. Vgl. auch *Michael Greve*, Täter oder Gehilfen? Zum strafrechtlichen Umgang mit NS-Gewaltverbrechen in der Bundesrepublik Deutschland, in: Wekkel / Wolfrum (Hrsg.), „Bestien" und „Befehlsempfänger", S. 194–221, hier: S. 202.

90 Vgl. *Freudiger*, Juristische Aufarbeitung, S. 408; *Greve*, Der justitielle und rechtspolitische Umgang, S. 38.

gedient.[91] Joachim Perels meint, die Dominanz der Gehilfen-Konstruktion habe „keine innerjuristischen Gründe". Er vertritt die These, die „Aushöhlung des Täterbegriffs zu Gunsten der Administration und Exekutoren der Massenvernichtung" resultiere „aus einem interessegeleiteten Geschichtsbild der 50er und 60er Jahre", das „die Mitverantwortung der funktionellen Eliten des Militärs, der Justiz, der Wirtschaft, der Ärzteschaft und der Universitäten für die Ausübung der nationalsozialistischen Herrschaft und ihrer Verbrechen aus dem Gesichtskreis fast vollständig" verbannt habe.[92]

Kritisiert wird ferner, dass es der bundesdeutschen Justiz nicht gelungen sei, ein Konzept zu entwickeln, wie strafbare Handlungen, die in und mit Hilfe von Kollektiven begangen wurden, juristisch zu erfassen und zu bewerten sind.[93] Staatlich geplante Massenverbrechen sind auf die Mitwirkung einer Vielzahl von Funktionsträgern angewiesen: auf Vordenker, Planer, Berater, Bürokraten, Befehlsgeber, Ausführende, Helfer und Helfershelfer, Mitläufer, Mitwisser etc. Es stellt sich die Frage, wer von den Genannten im juristischen Sinne Täter, wer Anstifter und wer Gehilfe ist.[94] Allein die Abgrenzung des strafbaren Gebiets ist mit Schwierigkeiten verbunden. So gilt Ernst-Walter Hanack „die Frage, wann der Bereich der strafbaren Beihilfe zu den Verbrechen beginnt", als eines „der heikelsten Probleme" bei dem Bemühen, die Massenverbrechen strafrechtlich zu „bewältigen".[95] Hanack betont, dass nach traditioneller Auffassung „jeder irgendwie in die Maschinerie Verstrickte, sofern er nur wußte, daß es um Tötungen ging, Gehilfe sein" müsste: „Jede Sekretärin, jedes Mitglied der Wachmannschaften, jeder Fahrdienstleiter und jeder Lokomotivführer, jeder Arbeiter und jeder Baudienstleiter, der an KZ-Baracken in Vernichtungslagern mitgebaut hat.[96]

Der Versuch, die Beteiligung an NS-Gewaltverbrechen strafrechtlich zu bewerten, erfordert die Auseinandersetzung mit einer Vielzahl dogmatischer Schwierigkeiten. In der Wissenschaft war die staatsverstärkte Kriminalität

---

91 *Perels*, Entsorgung der NS-Herrschaft?, S. 231; *Freudiger*, Juristische Aufarbeitung, S. 408.

92 *Perels*, Entsorgung der NS-Herrschaft?, S. 231.

93 Vgl. *Greve*, Der justitielle und rechtspolitische Umgang, S. 402; *Perels*, Entsorgung der NS-Herrschaft?, S. 180.

94 Vgl. *Günter Heine*, Täterschaft und Teilnahme in staatlichen Machtapparaten. NS- und DDR-Unrecht im Vergleich der Rechtsprechung, in: JZ 55 (2000), S. 920–926, hier: S. 920.

95 *Hanack*, Zur Problematik der gerechten Bestrafung nationalsozialistischer Gewaltverbrecher, S. 329.

96 Ebd., S. 329.

indes lange Zeit nur ein Randthema.[97] Herbert Jäger und Claus Roxin gehören zu den wenigen Strafrechtlern, die sich in den 1960er Jahren mit der Thematik befassten: Jäger aus kriminalphänomenologischer, Roxin aus strafrechtsdogmatischer Perspektive.

In seiner 1967 erschienenen Habilitationsschrift „Verbrechen unter totalitärer Herrschaft" entwirft Jäger eine Typologie, die versucht, das Bild der NS-Verbrechen „kriminalphänomenologisch zu differenzieren, indem sie zeigt, auf welch verschiedenartige Weise individuelle Taten und Tatbeiträge mit dem Kollektivnetz des Verbrechens verflochten waren". Jäger unterscheidet „drei Erscheinungsformen totalitärer Kriminalität": „1. befehlslose Verbrechen (Exzeßtaten), 2. relativ selbständige Formen der Befehlsausführung (Initiativtaten) und 3. unselbständige Formen der Ausführung, bei denen ein individueller Einfluß auf das Geschehen nicht bestand (Befehlstaten)."[98] Die drei Typen werden jeweils weiter differenziert. Zu den Exzesstaten zählt Jäger: „a) Ungedeckte Taten"; „b) Willkürakte"; „c) Aktionsexzesse"; „d) Willfährigkeitstaten"; „e) Pogrombeteiligung"; „f) Eigenmächtige Befehle". Die Erscheinungsformen der Initiativtaten sind: „a) Freiwillige Beteiligung"; „b) Selbständige Einzeltaten"; „c) Eigene Befehlsgewalt"; „d) Initiative nach oben"; „e) Kooperatives Verhalten"; „f) Persönliche Aktivität"; „g) Ausführungsverhalten". Die Differenzierung der Befehlstaten lautet wie folgt: „a) Überzeugungstaten"; „b) Automatischer Gehorsam"; „c) Kriminelle Nebenmotive"; „d) Opportunismus und Gruppenanpassung"; „e) Konfliktsituationen".[99]

Roxin entwickelte mit seinem für die Aufarbeitung von Systemverbrechen richtungweisenden Konzept der *Willensherrschaft kraft organisatorischer Machtapparate*, das erst 30 Jahre später von der Rechtsprechung angenommen wurde, ein Modell zur Begründung mittelbarer Täterschaft. Bevor die Roxinsche Doktrin und einige kritische Stellungnahmen aus den 1960er Jahren zu

---

97 Herbert Jäger kritisierte rückblickend, dass nach 1945 weder ein Institut für Genozid-Forschung unter Beteiligung verschiedener wissenschaftlicher Disziplinen noch ein interdisziplinärer Arbeitszusammenhang hergestellt worden sei. Vgl. *Herbert Jäger*, Makrokriminalität und das Selbstverständnis der Kriminologie, in: ders., Makrokriminalität, S. 11–39, hier: S. 16 sowie: *Herbert Jäger*, „... ich hatte die naive Vorstellung, Juristerei nach 1945 ist Auseinandersetzung mit dem Holocaust, mit Völkermord", in: Thomas Horstmann / Heike Litzinger (Hrsg.), An den Grenzen des Rechts. Gespräche mit Juristen über die Verfolgung von NS-Verbrechen, Frankfurt a.M. 2006, S. 35–67, hier: S. 48.

98 *Jäger*, Verbrechen unter totalitärer Herrschaft, S. 21.

99 Ebd., S. 22–75.

seinem Ansatz vorgestellt werden,[100] soll eine kurze Einführung in die Theorien zur Abgrenzung von Täterschaft und Teilnahme gegeben werden, ohne dass dabei angestrebt wird, die komplexe Problematik umfassend zu entfalten.

2.1 Positionen der Strafrechtswissenschaft

Die Abgrenzung zwischen Täterschaft und Teilnahme ist in der Rechtswissenschaft im Wesentlichen mit Hilfe dreier verschiedener Theorien vorgenommen worden: der objektiven Theorie, der subjektiven Theorie und der Tatherrschaftstheorie.[101] Bei der objektiven Theorie, die in der Außenwelt vorfindbare Kriterien zu bestimmen versucht und diese für die Abgrenzung von Täterschaft und Teilnahme für maßgeblich hält, lassen sich zwei Varianten unterscheiden: die formal-objektive und die materiell-objektive Theorie.

Die formal-objektive Theorie sieht denjenigen als Täter an, der die in den Tatbeständen des StGB beschriebenen Handlungen ganz oder teilweise selbst ausführt. Alle anderen sind Anstifter oder Gehilfen. Was beispielsweise den Tatbestand des Mordes anbetrifft, gilt jemand als Täter, der einen Menschen „zur Befriedigung des Geschlechtstriebs, aus Habgier oder sonst aus niedrigen Beweggründen heimtückisch oder grausam oder mit gemeingefährlichen Mitteln oder um eine andere Straftat zu ermöglichen oder zu verdecken" tötet. Roxin sieht die Stärke der formal-objektiven Theorie darin, dass sie „die Einzeltat in ihrer Ganzheit als sozial sinnhafte Handlung" erfasse und den die Tatbestandshandlung Ausführenden „als Täter ins Zentrum ihrer Betrachtung" rücke. Ihre Schwächen beständen in ihrer Unfähigkeit, die mittelbare Täterschaft zu erklären. Auch könne sie der Mittäterschaft nicht gerecht werden.[102]

Bei den materiell-objektiven Theorien beruht die Unterscheidung der Täterschaft von der Teilnahme auf Gefährlichkeitskriterien,[103] d.h. auf der Annahme, dass der Täter sich vom Teilnehmer durch die größere Gefährlichkeit

---

100 Eine umfassende Analyse der Literatur – auch der neuesten – zur mittelbaren Täterschaft von Leitungsorganen in staatlichen Machtapparaten findet sich bei: *Jan Schlösser*, Soziale Tatherrschaft. Ein Beitrag zur Frage der Täterschaft in organisatorischen Machtapparaten, Berlin 2004, S. 52–80. Für eine Auseinandersetzung mit den Kritikern der Annahme einer mittelbaren Täterschaft vgl. *Claus Roxin*, Probleme von Täterschaft und Teilnahme bei organisierter Kriminalität, in: Erich Samson u.a. (Hrsg.), Festschrift für Gerald Grünwald zum siebzigsten Geburtstag, Baden-Baden 1999, S. 549–561.

101 Vgl. den Überblick bei *Claus Roxin*, Täterschaft und Tatherrschaft, Göttingen 1963, Kapitel II und VI.

102 Ebd., S. 36ff.

103 Vgl. *Friedrich-Christian Schroeder*, Der Täter hinter dem Täter. Ein Beitrag zur Lehre von der mittelbaren Täterschaft, Berlin 1965, S. 32ff.

seines Verhaltens unterscheide. Dieser Gedanke ist in den verschiedenen Lehren der materiell-objektiven Theorie begründet. Roxin bezeichnet folgende Theorien als materiell-objektiv: I. Die Lehre von der Notwendigkeit des kausalen Beitrags (Notwendigkeitstheorie); II. die Lehre von der Mitwirkung vor und während der Tat (Gleichzeitigkeitstheorie); III. Physisch und psychisch vermittelte Kausalität; IV. Die Lehre von der Überordnung des Täters (Überordnungstheorie).[104] Laut Birkmeyer, einem Vertreter der „Gleichzeitigkeitstheorie", ist derjenige ein Täter, der die „wirksamste Bedingung" setzt. Die Notwendigkeitstheorie versucht zu bestimmen, wann eine Bedingung als *sine qua non* für ein Verbrechen gilt. Arthur Baumgarten sieht denjenigen als Täter an, „dessen Handlung nicht hinweggedacht werden" könne, „ohne daß die Begehung des Verbrechens auf den Nimmermehrstag verschoben" werde, „Gehilfe" sei „derjenige, der durch Unterlassung seine Handlung nur erreicht hätte, daß das Verbrechen nicht nach Zeitpunkt und näheren Umständen so begangen worden wäre, wie es begangen worden ist".[105]

Subjektive Theorien (Dolustheorie und Interessentheorie) grenzen Täterschaft und Teilnahme nach mentalen Kriterien (Willen, Absicht, Motivation, Gesinnung) ab. Nicht der objektive Tatbeitrag, sondern die „innere" Einstellung der Beteiligten gilt hier als entscheidendes Kriterium. Folglich kann derjenige als Täter gelten, der selbst keine Merkmale des Tatbestandes verwirklicht, und derjenige kann als Gehilfe angesehen werden, der eine Tatbestandshandlung allein durchführt.[106]

Die so genannte Dolustheorie, die zwischen dem Willen des Täters und dem des Gehilfen unterscheidet, hat in der von Maximilian von Buris beschriebenen Form eine maßgebliche Wirkung auf das Reichsgericht ausgeübt. Von Buris erklärte, die „Verschiedenheit des Urhebers von dem Gehilfen" könne nur „in der Selbständigkeit des urheberischen und der Unselbständigkeit des beihelfenden Willens" gefunden werden. Der Gehilfe wolle den Erfolg nur für den Fall, dass ihn der Urheber wolle. Die Entscheidung, ob der Erfolg eintreten solle oder nicht, müsse er dem Urheber anheimstellen.[107] In einer grundlegenden Entscheidung aus dem Jahr 1881 sah das Reichsgericht den Unterschied von Beihilfe und Mittäterschaft darin, dass „der Gehilfe nur einen von demjenigen des Täters abhängigen Willen haben" dürfe. Der Gehilfe unterwerfe seinen Willen demjenigen des Täters dergestalt, dass er es ihm anheimstelle,

---

104 Vgl. *Roxin*, Täterschaft und Tatherrschaft, S. 38f.

105 *Arthur Baumann*, zit. n. ebd., S. 39.

106 Vgl. *Günther Wieland*, Nazi-Verbrechen und deutsche Strafjustiz, Berlin 2004, S. 335.

107 Zit. n. *Roxin*, Täterschaft und Tatherrschaft, S. 35.

„ob die Tat zur Vollendung kommen solle oder nicht“. Im Gegensatz zu diesem „abhängigen Willen des Gehilfen“ erkenne „der Mittäter einen den seinigen beherrschenden Willen nicht an“.[108]

Roxins Kritik an der Dolustheorie richtet sich gegen ihre mitunter „höchst sonderbaren Lösungen“. Nimmt man einen Fall an, bei dem zwei Personen gemeinsam eine Tat begehen und jeder die Ausführung innerlich dem anderen anheimstellt, kann es nach der Dolustheorie keinen Täter, sondern nur Gehilfen geben. Auch derjenige, der eine Tatbestandshandlung allein ausführt, seinen Willen aber einem anderen unterordnet, ist nach dieser Theorie als Gehilfe anzusehen.[109]

Für die Bestimmung des Täterwillens sind nach der Anfang des 20. Jahrhunderts entwickelten Interessentheorie nicht „Beherrschung“ oder „Abhängigkeit“ die entscheidenden Kriterien. Als maßgebend gilt vor allem das Eigeninteresse. Täter ist demnach, wer ein Interesse am Erfolg einer Tatbestandshandlung hat. Der Gehilfe darf im Gegensatz dazu kein selbstständiges Interesse an der Verursachung der Tat haben. Diese Auffassung hat das Reichsgericht im so genannten Badewannenfall vertreten. In diesem Fall hatte eine Mutter ihre Schwester davon überzeugt, ihr kleines Kind für sie zu töten. Das Gericht verurteilte die Mutter als Täterin, die Schwester, die die Tat ausgeführt hatte, als Gehilfin.[110] Claus Roxin sieht den Wert der Interessentheorie darin, dass „sie ein greifbares Indiz für die von der Doluslehre geforderte ‘Unterordnung des Willens’“ liefere und „einem Abgleiten in rein formelhafte Wendungen“ vorbeuge. Einwände werden indes gegen eine uneingeschränkte Anwendung der Interessentheorie geltend gemacht. Sie sei nur mit der Dolustheorie verwendbar. Die Abgrenzung werde unrichtig, „wenn man den Interessenstandpunkt“ verselbstständige und „trotz fehlender Unterordnung jemandem nur deshalb die Täterqualität absprechen“ wolle, „weil er zum Nutzen eines anderen“ handele.[111]

Roxin ist der Begründer der Tatherrschaftslehre, die eine Ausprägung der materiell-objektiven Theorie ist und in den 1960er Jahren an Einfluss in der Rechtswissenschaft gewann. Die Tatherrschaftslehre beruht auf der Annahme, dass „Täterschaft Tatbestandsverwirklichung im materiellen (nicht nur formalen) Sinne ist“. In einem „materiellen Sinne“ töte auch, so Roxin, „der, der sich dazu eines vorsatzlos handelnden oder genötigten anderen bedient, so wie auch

108 Zit. n. ebd., S. 53.

109 Vgl. ebd., S. 54f.

110 RGSt 74, S. 84–85.

111 *Roxin*, Täterschaft und Tatherrschaft, S. 56f.

die Mitbeherrschung bei Ausführung einer Tötung Mitverwirklichung des Tatbestandes" sei.[112]

Nach Auffassung von Jürgen Baumann stellen sich auch für die Tatherrschaftslehre hinsichtlich „der organisierten anbefohlenen Verbrechen" beträchtliche dogmatische Probleme:

> „Tatherrschaft des unteren ausführenden Organs schlösse eine Tatherrschaft über den Geschehensablauf beim oberen anordnenden Organ zumeist aus, und umgekehrt. Wenn Tatherrschaft die Beherrschung des tatsächlichen Geschehensablaufes ist, so ist schwer vorzustellen, daß sie zugleich oben und unten vorliege, daß, um es auf die Spitze zu treiben, sowohl Hitler als auch der Schütze am Rande der Erschießungsgrube den konkreten Geschehensablauf beherrscht habe. Außerdem bleibt höchst fragwürdig, wo die in der Mitte der Befehlskette Stehenden einzuordnen sind, diejenigen, die nur einen winzigen Bruchteil zum Gesamtgeschehen beitrugen. Von einer Beherrschung des *Gesamt*geschehens kann ganz sicher keine Rede sein. Sollten aber alle zwischen Hitler und dem Schützen stehenden Personen nur Gehilfenqualität haben, auch dann, wenn sie *ihren Teil* des Gesamtgeschehens in eigener Verantwortung und mit Freuden beigesteuert haben, nur deshalb, weil es nur Stückwerk war, erst im Rahmen der Gesamtorganisation, in diesem Rahmen aber von nicht zu unterschätzender Bedeutung wurde?"[113]

Weitere Schwierigkeiten, die sich aus dem „Organisationscharakter der Verbrechen" ergeben, haben aus Baumanns Sicht mit „dem *Anbefohlensein* der einzelnen Tatbeiträge" zu tun:

> „Hat der 'Tatherrschaft', der auf Befehl handelt? Wer nur Diener einer höheren Instanz ist, kann nicht selbst Beherrscher des Geschehensablaufes, ja nicht einmal Beherrscher seines Teilstückes am Gesamtgeschehen sein. Würde man nach den vorstehenden Ausführungen zur Organisation dazu neigen, die Tatherrschaft bei den unteren ausführenden Organen festzustellen, weil sie eben 'richtig' direkt töteten und diesen wichtigsten Teil des Gesamtgeschehens in Händen hielten, so müßten die Überlegungen zum Anbefohlensein gerade das umgekehrte Ergebnis nahelegen. Schließlich ist es so […], daß je weiter die Befehlskette nach unten ging, desto stärker die Bindung und desto enger der Spielraum der Ausführung wurde. Also Tatherrschaft nach unten oder Tatherrschaft nur oben? Volle Tatherrschaft nirgends?"[114]

Roxin hat durch eine neue dogmatische Konzeption zu zeigen versucht, dass sowohl die anordnenden Instanzen als auch die Ausführenden bei der Begehung von NS-Gewaltverbrechen Täter sein können. Aus seiner Sicht konnte das Problem der Zuschreibung täterschaftlicher Verantwortung nur mit Hilfe

---

112 *Claus Roxin*, Die Abgrenzung von Täterschaft und Teilnahme in der höchstrichterlichen Rechtsprechung, in: Canaris u.a. (Hrsg.), 50 Jahre Bundesgerichtshof, Bd. IV, S. 177–198, hier: S. 181.

113 *Baumann*, Die strafrechtliche Problematik, S. 311.

114 Ebd., S. 311.

der Tatherrschaftslehre gelöst werden. Sich an die Unterscheidung von Einzeltäterschaft, mittelbarer Täterschaft und Mittäterschaft anlehnend differenziert Roxin zwischen *Handlungsherrschaft*, *Willensherrschaft* und *funktioneller Tatherrschaft*. Als „Prototyp der Täterschaft" gilt Roxin der alleinige Täter, der den Tatbestand durch eigenes Handeln verwirklicht: „Wer ungenötigt und ohne von einem anderen in mehr als sozialüblicher Weise abhängig zu sein, alle Tatbestandsmerkmale eigenhändig verwirklicht, ist Täter. Er hat in jedem denkbaren Falle die Tatherrschaft."[115]

Die Willensherrschaft sei denkbar kraft Nötigung, Irrtums oder organisatorischer Machtapparate. In allen Fällen geht es darum, ob und wann eine Person auch ohne eigene Beteiligung an der Tatausführung aufgrund seiner Willensmacht Täter sein kann. Für diese Studie ist *die Willensherrschaft kraft organisatorischer Machtapparate* von Interesse, da mit dieser Konzeption des „Täters hinter dem Täter"[116] Kriegs-, Staats- und Organisationsverbrechen erfasst werden und die dogmatische Beurteilung der Täterverhältnisse am Beispiel des Eichmann-Prozesses erfolgt.

Roxin bezeichnet *die Willensherrschaft kraft organisatorischer Machtapparate* als eine „eigenständige Form mittelbarer Täterschaft [...], die eine Beherrschung des Geschehens trotz voller Verantwortlichkeit des Tatmittlers" gestatte.[117] Kennzeichnend für Fälle, die sich dieser Erscheinungsform der Tatherrschaft zuordnen lassen, sei, dass dem Hintermann ein – meist staatlich organisierter – personeller „Apparat" zur Verfügung stehe, „mit dessen Hilfe er seine Verbrechen durchführen" könne, „ohne ihre Realisierung einer selbständigen Entscheidung der Ausführenden überlassen zu müssen".[118] *Die Willensherrschaft kraft organisatorischer Machtapparate* unterscheide sich von der Anstiftung durch die spezifische Arbeitsweise des den Hintermännern zur Verfügung stehenden Machtapparates, dessen Wirkung vom wechselnden Bestand seiner Mitglieder unabhängig sei. Er funktioniere, ohne dass es auf die individuelle Person des Ausführenden ankomme, gleichsam „automatisch". Der Hintermann könne sich darauf verlassen, dass seinen Weisungen Folge

115 *Roxin*, Täterschaft und Tatherrschaft, S. 127.

116 Vgl. *Friedrich-Christian Schroeder*, Der Sprung des Täters hinter dem Täter aus der Theorie in die Praxis, in: JR (1995), S. 177–180; *Günther Spendel*, Der „Täter hinter dem Täter" – eine notwendige Rechtsfigur? Zur Lehre von der mittelbaren Täterschaft, in: Günter Warda u.a. (Hrsg.), Festschrift für Richard Lange zum 70. Geburtstag, Berlin 1976, S. 147–171; *Claus Roxin*, Bemerkungen zum „Täter hinter dem Täter", in: ebd., S. 173–195.

117 *Claus Roxin*, Straftaten im Rahmen organisatorischer Machtapparate, in: GA 110 (1963), S. 193–207, hier: S. 200.

118 *Roxin*, Täterschaft und Tatherrschaft, S. 243.

geleistet werde. Er brauche den Ausführenden nicht zu kennen, noch sei es erforderlich, dass er „zu den Mitteln der Nötigung oder Täuschung" greife. Denn er wisse, dass, „wenn eines der zahlreichen bei der Deliktrealisierung mitwirkenden Organe sich seiner Aufgabe" entziehe, „sogleich ein anderer an seine Stelle" trete, „ohne daß die Durchführung des Gesamtplans dadurch beeinträchtigt" werde.[119] Der für die Begründung der *Willensherrschaft kraft organisatorischer Machtapparate* entscheidende Faktor liege „in der Fungibilität der Ausführenden", also in ihrer Ersetzbarkeit und Auswechselbarkeit. Der Ausführende sei, so wenig an seiner Handlungsherrschaft gerüttelt werden könne, „doch gleichzeitig nur ein in jedem Augenblick ersetzbares Rädchen im Getriebe des Machtapparates". Diese doppelte Perspektive rücke den Hintermann „neben ihn ins Zentrum des Geschehens".[120] Ob der Hintermann „auf eigene Initiative oder im Interesse und Auftrag höherer Instanzen" handele, sei „unerheblich". Entscheidend für seine Täterschaft sei allein der Umstand, dass „er den ihm unterstellten Teil der Organisation lenken" könne, „ohne die Deliktsverwirklichung dem Entschluß der Aufgeforderten überlassen zu müssen". Zur Abgrenzung der einzelnen Beteiligungsformen innerhalb organisatorischer Machtapparate führt Roxin zusammenfassend aus:

> „Wer die Tat eigenhändig ausführt, ist Täter. Wer aber in einen Organisationsapparat an irgendeiner Stelle in der Weise eingeschaltet ist, daß er untergebenen Personen Befehle erteilen kann, ist ebenfalls Täter, wenn er seine Befugnisse zur Durchführung strafbarer Handlungen einsetzt."[121]

Für die Tatherrschaft des mittelbaren Täters sind somit dessen Befehlsbefugnisse im Organisationsapparat und seine Lenkungsgewalt über das Kollektiv entscheidend. Für die Organisationsherrschaft sei eine längere Kette von „Tätern hinter dem Täter" charakteristisch. „Eine Herrschaft der Organisationsspitze" werde „gerade dadurch ermöglicht", dass „auf dem Wege vom Plan zur Realisierung des Verbrechens jede Instanz von Stufe zu Stufe den von ihr ausgehenden Teil der Kette" weiterlenke, „auch wenn von höherer Warte aus gesehen der jeweils Lenkende selbst nur als Glied einer über ihn hinaus nach oben sich verlängernden, beim ersten Befehlsgeber endenden Gesamtkette" erscheine.[122] Teilnahme bei strafbaren Handlungen im Rahmen organisatorischer Machtapparate liegt laut Roxin dann vor, wenn eine Tätigkeit „den Apparat nicht selbständig weiterbewegt": Gehilfe ist, so Roxin, „wer lediglich

---

119 *Roxin*, Straftaten im Rahmen organisatorischer Machtapparate, S. 200.

120 *Roxin*, Täterschaft und Tatherrschaft, S. 245.

121 Ebd., S. 203.

122 Ebd., S. 203f.

in beratender Funktion beteiligt ist, wer ohne Befehlsgewalt Vernichtungspläne entwirft, wer Mordmittel" liefere.[123]

Voraussetzung für die Anwendbarkeit der Rechtsfigur einer mittelbaren Täterschaft kraft organisatorischer Machtapparate ist nach Roxin die Rechtsgelöstheit des Apparates. So folge aus „der Struktur der Organisationsherrschaft", dass „sie nur dort vorliegen" könne, „wo der Apparat als ganzer außerhalb der Rechtsordnung tätig" werde:

> „Denn solange Leitung und Ausführungsorgane sich prinzipiell an eine von ihnen unabhängige Rechtsordnung gebunden halten, kann die Anordnung strafbarer Handlungen nicht herrschaftsbegründend wirken, weil die Gesetze den höheren Rangwert haben und im Normalfall die Durchführung rechtswidriger Befehle und damit die Willensmacht des Hintermannes ausschließen."[124]

Für die Tatherrschaft mittels organisatorischer Machtapparate kommen aus Roxins Sicht nur „zwei typische Erscheinungsformen in Betracht": der Staat und der „Staat im Staate". Im ersten Fall begingen „die Inhaber der Staatsmacht selbst mit Hilfe ihnen unterstehender Personen Delikte". Normalerweise könne „allein die Staatsgewalt rechtsgelöst operieren, und auch sie" könne es nur, „wenn rechtsstaatliche Garantien nicht oder nicht mehr wirksam" seien. Kennzeichnend für Gruppen, die einen „Staat im Staate" bilden und bei denen man von einer mittelbaren Täterschaft der Hintermänner bei der Durchführung von Straftaten sprechen könne, sei zum einen, dass es sich um „eine auf Befehlsverhältnisse gegründete, vom Wechsel der Einzelmitglieder unabhängige Organisation" handeln müsse. Zum anderen müssten die Gemeinschaftsordnungen „eine der innerstaatlichen Rechtsordnung zuwiderlaufende Zielsetzung des Gesamtapparates" aufweisen.[125]

Es ist deutlich geworden, dass für Roxins Ansatz drei zentrale Merkmale kennzeichnend sind: die „Fungibilität" der Ausführenden, die Beherrschung des Apparates durch den Hintermann und die Begrenzung der Organisationsherrschaft auf Machtapparate, die außerhalb der Rechtsordnung wirken. Zusammenfassend kann konstatiert werden: Die Theorie der Tatherrschaft kraft organisatorischer Machtapparate geht davon aus, dass der Hintermann durch einen Organisationsapparat und aufgrund seiner Stellung innerhalb dieses Apparates den Ausführenden, der jederzeit ersetzbar ist, mittelbar beherrscht. Für den Fall, dass sich jemand weigere, den Befehl auszuführen, trete ein anderer an die Stelle des Ausfallenden, dessen Ausscheiden aus dem

---

123 Ebd., S. 204.

124 Ebd., S. 204.

125 Ebd., S. 205.

Apparat nach Roxin kein Misslingen des Delikts zur Folge haben kann. Der Hintermann beherrsche „mittels des Apparates ohne Rücksicht auf die Person dessen, der mehr oder weniger als zufällig ausführendes Organ in Erscheinung" trete, den Tatbestandserfolg.[126] Der Hintermann habe die „Tatherrschaft" und sei damit mittelbarer Täter. Mittelbarer Täter ist Roxin zufolge „jeder, der im Rahmen der Hierarchie die Verbrechensanweisung mit selbständiger Befehlsgewalt" weitergebe. Er sei „auch dann noch Täter, wenn er selbst im Auftrage höherer Stellen" handele.[127] Eine mittelbare Täterschaft kraft organisatorischer Machtapparate komme „nur in Frage, wenn das betreffende Verhalten nach der bestehenden Rechtsordnung strafbar" sei, möge es „auch von staatlichen Stellen mehr oder weniger toleriert oder gar gefördert werden".[128]

Friedrich-Christian Schroeder, der fast zur gleichen Zeit wie Roxin die Rechtsfigur des „Täters hinter dem Täter" begründete,[129] kritisierte die Konzeption der *Willensherrschaft kraft organisatorischer Machtapparate* mit dem Argument, dass hier „kein weiterer selbständig abgrenzbarer Fall" mittelbarer Täterschaft gegeben sei, denn, so Schroeder: „Innerhalb verbrecherischer Organisationen werden vielfach Befehlszwang und nötigungsähnliche Fälle vorliegen." Die jederzeitige Auswechselbarkeit des Ausführenden sei „dagegen kein typisches Merkmal dieser Fälle". Ferner könne Roxins Theorie „das typische langsame Hineinwachsen" in verbrecherische Organisationen „und vor allem in entscheidende Funktionen" nicht berücksichtigen. Entscheidend ist nach Schroeder, dass „sich auch, wenn die Ausführenden nicht auswechselbar sind [...], an der Verantwortlichkeit der Beteiligten nichts" ändere.[130] Für Schroeder liegt das ausschlaggebende, die Täterschaft des Hintermannes begründende Element in der „Benutzung eines Tatentschlossenen". Die Auswechselbarkeit sei „nur ein Mittel zur Erlangung der Tatherrschaft, aber nicht deren tragender Grund".[131]

Schroeder betont genau wie Roxin den automatischen, regelhaften Ablauf des Geschehens. Das konstituierende Merkmal der Regelhaftigkeit besteht aus Schroeders Sicht jedoch nicht in der beliebigen Austauschbarkeit der unmittel-

126 Vgl. *Roxin*, Probleme von Täterschaft und Teilnahme bei organisierter Kriminalität, S. 550.

127 Ebd., S. 556.

128 Ebd., S. 557.

129 Schroeders Buch „Der Täter hinter dem Täter" erschien zwei Jahre nach Roxins Thesen zur Organisationsherrschaft.

130 *Schroeder*, Der Täter hinter dem Täter, S. 168.

131 Ebd., S. 168.

bar Handelnden, sondern in deren Tatbereitschaft.[132] Für ihn ist die Auswechselbarkeit „nur ein Mittel zur Erlangung der Tatherrschaft, aber nicht deren tragender Grund".[133] Schroeder vertritt die These, dass „das Wesen der mittelbaren Täterschaft nicht in der Beherrschung einer anderen Person, sondern in der der unmittelbaren Täterschaft gleichen Nähe zum Erfolg" bestehe.[134]

Hans-Joachim Korns Kritik an Roxins These der „Fungibilität des Ausführenden" richtet sich gegen die Fokussierung auf äußere Umstände bei gleichzeitiger Vernachlässigung der inneren Einstellung des Handelnden. „Man sollte", so Korn, „nicht bei der Beschreibung einer äußeren Situation, der Fungibilität, stehen bleiben, sondern sich fragen, welche Kräfte dazu führten".[135] Korn geht davon aus, dass bestimmte äußere Umstände (darunter „die straffe militärische Befehlsgewalt und die Erziehung des Handelnden, Befehle widerspruchslos zu befolgen", sowie das „Über- und Unterordnungsverhältnis in einer hierarchischen Ordnung und die weitgehende Aufsplitterung der 'Zuständigkeit'"), die den organisatorischen Machtapparat ermöglichen, in dem Einzelnen die Einstellung bewirken, dass „er zwar notwendiges, aber von anderer Stelle in Bewegung gesetztes Glied der Verbrechensorganisation" sei.[136] Das sei das Bewusstsein, „den Geschehensablauf unter den gegebenen Umständen nicht beherrschen zu können und nicht beherrschen zu wollen". Zusammenfassend konstatiert Korn, der Einzelne könne „sich als Werkzeug empfinden, wenn er derart in einem organisatorischen Machtapparat [...] tätig" werde, dass er „ohne Tatherrschaftswillen" handele.[137] Von der Annahme ausgehend, dass der Tatherrschaftswille „nicht aus der Position abgelesen" werden könne, „in der der Betreffende handelt", kommt Korn hinsichtlich der Frage nach Täterschaft oder Teilnahme bei staatlich organisierten Verbrechen zu folgendem Ergebnis:

> „Wirkt jemand bei der Verübung eines Verbrechens mit, das mit Hilfe eines staatlich organisierten Machtapparates begangen wird und tut er dabei lediglich das, was ihm strikt aufgetragen wird, so hat dieser Teilnehmer regelmäßig nicht das Bewußtsein und den Willen, den Geschehensablauf zu beherrschen; er ist mangels Tatherrschaftswillen nicht Täter, sondern lediglich Gehilfe. Das gilt insbesondere

132 Vgl. *Thomas Rotsch*, Die Rechtsfigur des Täters hinter dem Täter bei der Begehung von Straftaten im Rahmen organisatorischer Machtapparate und ihre Übertragbarkeit auf wirtschaftliche Organisationsstrukturen, in: NStZ 18 (1998), S. 491–495, hier: S. 492.

133 *Schroeder*, Der Täter hinter dem Täter, S. 168.

134 Ebd., S. 197.

135 *Hans-Joachim Korn*, Täterschaft oder Teilnahme bei staatlich organisierten Verbrechen, in: NJW 18 (1965), S. 1206–1210, hier: S. 1209.

136 Ebd., S. 1209.

137 Ebd., S. 1209.

für denjenigen, der als Mitglied eines Exekutionskommandos selbst Menschen erschießt. Hat jemand innerhalb eines Machtapparates eine Weisung erhalten, die ihm nicht striktes Verhalten abverlangt, sondern ihm einen Ermessensspielraum beläßt, so kann dieser Teilnehmer sowohl mit als auch ohne Tatherrschaftswillen tätig werden."[138]

Korn entwickelt für den Fall, dass ein Mitglied des „SS-Kommandanturpersonals" eine Weisung erhält, die ihm bezüglich des 'Ob, Wann und Wie' der Verbrechensausführung einen Spielraum gestattet, drei denkbare Verhaltensweisen gegenüber den Häftlingen: 1. Der Teilnehmer nutzt seinen Handlungsspielraum „zugunsten der Häftlinge" durch Ergreifen der „jeweils mildesten Maßnahmen, die ihm der Ermessensspielraum gestattet". Als Beispiel verweist Korn auf einen Bewacher, der den Häftlingen „Arbeitserleichterungen" verschafft, „um ihr Leben zu schonen". Für den Fall, dass „trotz dieser Behandlungsweise infolge der verbleibenden Härten des Lagerlebens ihm anvertraute Häftlinge sterben" sollten, bleibe „der Bewacher aus subjektiven Gründen mangels bedingten Vorsatzes (= fehlende Erfolgsbilligung) straflos".[139] 2. Der Teilnehmer nutzt seinen Handlungsspielraum „bewußt zuungunsten der Häftlinge aus, indem er die jeweils schärfsten Maßnahmen, die ihm der Ermessungsspielraum gestattet, ergreift".[140] Als Beispiel nennt Korn einen Wachmann, der „einen vor Entkräftung zusammenbrechenden Häftling bei „ohnehin schwerer körperlicher Arbeit" antreibt, so dass der Häftling „an diesen Quälereien" stirbt. Er sei in diesem Fall „nicht derjenige, der ohne Eigeninitiative den Verbrechensplan weiterleitet oder ausführt, sondern er gebe dem Ablauf des Geschehens eigene Impulse. Kurzum: „er ist Täter."[141] 3. Der Teilnehmer nutzt seinen Handlungsspielraum bei der Behandlung von Häftlingen oder bei der Weitergabe von Befehlen „weder zu deren Gunsten noch zu deren Nachteil". Es handelt sich nach Auffassung Korns in diesem Fall um ein Mitglied des Lager-Personals, der „eine allgemeine Weisung ohne eigene, verschlechternde oder erleichternde Modifikationen" weitergibt oder „im täglichen Lagerleben seine Tätigkeit unter bereits vorgegebenen unmenschlichen Verhältnissen" ausführt, „ohne sie seinerseits zu verbessern oder zu verschlechtern".[142] Als Beispiel verweist er auf einen Leiter der politischen Abteilung eines Konzentrationslagers, der den Akten die Anordnung entnahm, dass die Rückkehr bestimmter Häftlinge „unerwünscht"

---

138 Ebd., S. 1209.

139 Ebd., S. 1209.

140 Ebd., S. 1209.

141 Ebd., S. 1210.

142 Ebd., S. 1210.

sei. Angenommen dieser Leiter habe „nichts weiter" getan, „als diese Anordnung" an die unteren Instanzen weiterzuleiten und die in Rede stehenden Häftlinge „damit den allgemein erschwerten Lebensbedingungen für diese Häftlingskategorie auszusetzen", so entwickelte er nach Auffassung Korns „keine Eigeninitiative", die einen Schluss „auf einen Tatbeherrschungswillen und seine Klassifizierung als Täter" zulasse. Er sei dann „lediglich" Gehilfe.[143]

Korns Konzeption, die Elemente der Tatherrschaftstheorie und der subjektiven Theorie zusammenführt, lässt sich als Ausdruck des Bemühens begreifen, die Bedenken zu beseitigen, die Abgrenzung zwischen Täterschaft und Teilnahme könne nicht nach subjektiven Gesichtspunkten vorgenommen werden.

Auch Baumann, dem es fraglich erschien, ob Roxins Ansatz die Abgrenzungsprobleme zwischen Täterschaft und Teilnahme lösen könne,[144] hielt daran fest, dass die subjektive Theorie „mit den Indizien Interesse und Tatherrschaftswille" in der Lage sei, „die Problematik beim Verbrechen auf Befehl und bei staatlich befohlenen und organisierten Verbrechen zu bewältigen".[145] Grundsätzlich könne Täter sein, „wer seinen Beitrag in Übereinstimmung mit dem System und mit eigenem Interesse" leiste „oder wer zwar das System" ablehne, „aber mit seinem Tatbeitrag eigene Sonderinteressen" verfolge.[146] An der besonderen Problematik der Einsatzgruppenmorde zeige sich, dass „gerade in diesem Bereich nur eine *subjektive* Abgrenzung, also eine Abgrenzung nach dem Täterwillen oder Teilnahmewillen erfolgen" könne. Diese erlaube „an jeder Stelle der Befehlskette der Organisation eine Abgrenzung nach der verbrecherischen Intensität des einzelnen Handelnden, nach der Stärke eines verbrecherischen Willens". Sie sei „außerdem in der Lage, der besonderen psychischen Situation des Befehlsempfängers Rechnung zu tragen und diese Situation, die die Intensität des verbrecherischen Willens entscheidend" beeinflusse, „in Täterschaft oder Teilnahme umzumünzen".[147]

Roxins Theorie blieb, wie bereits angedeutet, in der Strafrechtswissenschaft nicht unbestritten.[148] Dennoch stieß seine These, dass die unmittelbar an der

---

143 Ebd., S. 1210.

144 Vgl. *Baumann*, Die strafrechtliche Problematik, S. 312.

145 Vgl. *Jürgen Baumann*, Beihilfe bei eigenhändiger voller Tatbestandserfüllung, in: NJW 16 (1963), S. 561–565, hier: S. 563.

146 Ebd., S. 564.

147 *Baumann*, Die strafrechtliche Problematik, S. 310.

148 Vgl. *Roxin*, Probleme von Täterschaft und Teilnahme bei organisierter Kriminalität, S. 552 mit Verweisen auf seine Kritiker. Zur Kritik Herzbergs an der Annahme mittelbarer Täterschaft und Roxins Antwort vgl. *Rolf Herzberg*, Mittelbare Täterschaft und Anstiftung in formalen Organisationen, in: Knut Amelung (Hrsg.), Individuelle Ver-

Ausführung von NS-Verbrechen Beteiligten Täter und nicht Gehilfen waren, bei einem Gremium, das sich mit der Abgrenzung von Täterschaft und Teilnahme befasste, auf Zustimmung.[149] Vom 1. bis zum 3. April 1966 diskutierte auf der Königsteiner Klausurtagung ein von der Ständigen Deputation des Deutschen Juristentages eingeladener Kreis von Sachverständigen über die strafrechtlichen und strafprozessualen Probleme bei der Verfolgung und Ahndung nationalsozialistischer Gewaltverbrechen. An der Tagung nahmen teil: Generalstaatsanwalt Dr. Fritz Bauer, Professor Dr. Jürgen Baumann, Dr. Hans Buchheim, Generalstaatsanwalt Dr. Hannes Dünnebier, Professor Dr. Ernst-Walter Hanack, Senatspräsident Dr. Hans Hofmeyer, Wiss. Assistent Dr. Herbert Jäger, Professor Dr. Ulrich Klug, Professor Dr. Karl Lackner, Rechtsanwalt Henry Ormond, Rechtsanwalt Dr. Anton Roesen, Ministerialrat Werner Roth, Professor Dr. Claus Roxin, Erster Staatsanwalt Dr. Adalbert Rückerl, Senatspräsident Professor Dr. h.c. Werner Sarstedt, Rechtsanwalt und Notar Dr. Erich Schmidt-Leichner und Professor Dr. Peter Schneider. In der von den Teilnehmern gefassten Entschließung, die auf der Sonderveranstaltung des Essener Juristentages am 27. September 1966 vorgestellt wurde, heißt es zur Frage der Täterschaft:

> „Täter ist nach Ansicht der Kommission auf jeden Fall, ohne Rücksicht auf seine Beweggründe im übrigen, a) wer ohne konkreten Befehl getötet hat; b) wer mehr getan hat, als ihm befohlen war; c) wer als Befehlsgeber mit selbständiger Entscheidungsgewalt oder eigenem Ermessensspielraum Tötungen befohlen hat."

Die Kommissionsmitglieder waren, unabhängig davon, ob sie Vertreter einer subjektiven oder einer materiell objektiven Teilnahmetheorie waren, der „einhelligen Auffassung", dass Gerichte in NSG-Verfahren „vielfach zu Unrecht Beihilfe an Stelle von Täterschaft" angenommen hatten.[150]

2.2 Rechtsprechungspraxis

In der Tat tendierten die Gerichte in Verfahren wegen NS-Gewaltverbrechen dazu, diejenigen, die sich an der Ermordung der europäischen Juden und an

---

antwortung und Beteiligungsverhältnisse bei Straftaten in bürokratischen Organisationen des Staates, der Wirtschaft und der Gesellschaft, Sinzheim 2000, S. 33–55; *Claus Roxin*, Anmerkungen zum Vortrag von Prof. Dr. Herzberg, in: ebd., S. 55–56; *Rolf Herzberg*, Antwort auf die Anmerkungen von Prof. Dr. Roxin, in: ebd., S. 57–61.

149 Vgl. *Claus Roxin*, „Wir wollten ein neues Strafrecht schaffen", in: Horstmann / Litzinger (Hrsg.), An den Grenzen des Rechts, S. 203–215, hier: S. 209.

150 *Ständige Deputation des Deutschen Juristentages* (Hrsg.), Probleme der Verfolgung und Ahndung von nationalsozialistischen Gewaltverbrechen. Sonderveranstaltung des 46. Deutschen Juristentages in Essen 1966. Entschließung der Königsteiner Klausurtagung, Bericht, Referate und Schlusswort, München / Berlin 1967, C 9.

den Morden im Rahmen der NS-„Euthanasie“ beteiligt hatten, nicht als Täter, sondern – auf der Grundlage der subjektiven Teilnahmetheorie – als Gehilfen der „Haupttäter“ (Hitler, Himmler, Heydrich, Göring und andere Mitglieder der nationalsozialistischen Führungsspitze) einzustufen.[151] So verurteilten westdeutsche Gerichte in fast 91 % aller Einsatzgruppenverbrechen die vor Ort Handelnden und direkt am Morden Beteiligten wegen Beihilfe zum Mord.[152] Dabei hatte der 5. Strafsenat des BGH in einem Urteil vom Januar 1956 eine eigenhändige Tatbegehung im Grundsatz als Täterschaft gewertet. Er stellte fest, dass jemand, der einen Menschen „mit eigener Hand“ tötet, grundsätzlich auch dann Täter sei, „wenn er es unter dem Einfluß und in Gegenwart eines anderen nur in dessen Interesse“ tue.[153] Die Frage nach der Abgrenzung zwischen Täterschaft und Beihilfe wurde jedoch in der BGH-Rechtsprechung keineswegs einheitlich beantwortet. Der 1. Strafsenat des BGH formulierte in einer Entscheidung von 1955 folgenden Kompromiss zwischen subjektiver Theorie und Tatherrschaftstheorie:

> „Die Frage, ob Täterschaft oder Beihilfe vorliegt, beantwortet sich nach der inneren Haltung des Angeklagten zur Tat und zum Erfolg. Dabei sind Willensrichtung, Tatherrschaft und Interesse am Erfolg unter Berücksichtigung des Umfangs der eigenen Tatbestandsverwirklichung ins Auge zu fassen.“[154]

Diese Entscheidung, die subjektive und objektive Kriterien gleichermaßen berücksichtigt, ließ den Gerichten einen weiten Spielraum, den sie auch nutzten.

Viele Schwurgerichte in NS-Prozessen beriefen sich bei der Annahme der Beihilfe auf die so genannte Staschynskij-Entscheidung des 3. Strafsenats des BGH vom 19. Oktober 1962. Der Sowjetbürger Staschynskij hatte im Auftrag des KGB in München zwei ukrainische Exilpolitiker mit einer Giftspritze getötet. Der BGH bezeichnet Staschynskij jedoch nicht als Täter, sondern als Mordgehilfen, weil er es „unter Berücksichtigung aller Umstände“ und der inneren Haltung des Angeklagten als erwiesen ansah, dass der Angeklagte „diese Taten nicht als eigene gewollt“, dass „er kein eigenes Interesse an ihnen und keinen eigenen Tatwillen gehabt“, dass „er sich letztlich der Autorität seiner damaligen politischen Führung wider sein Gewissen unterworfen und“ dass „er die Tatausführung in keinem wesentlichen Punkte selber bestimmt“ habe. Der 3. Strafsenat wertet diesen Fall als Ausnahme. *Regelmäßig* Täter sei,

---

151 Vgl. *Freudiger*, Juristische Aufarbeitung, S. 143–251.

152 Vgl. *Nehmer*, Täter als Gehilfen?, S. 641.

153 BGH, Urteil v. 10.1.1956 – 5 StR 529/55, in: NJW 12 (1956), S. 475–477, hier: S. 475.

154 Zit. n. *Roxin*, Die Abgrenzung von Täterschaft und Teilnahme, S. 187.

wer „politischer Mordhetze willig“ nachgebe, „sein Gewissen zum Schweigen“ bringe und „fremde verbrecherische Ziele zur Grundlage eigener Überzeugung und eigenen Handelns“ mache oder „wer in seinem Dienst- oder Einflussbereich dafür“ sorge, dass „solche Befehle rückhaltlos vollzogen werden, oder wer dabei anderweitig einverständlichen Eifer“ zeige oder „solchen staatlichen Mordterror für eigene Zwecke“ ausnutze.[155] Es stellt sich die Frage, was mit dem Terminus „einverständlicher Eifer“ gemeint ist. Ernst-Walter Hanack hat darauf verwiesen, dass die Kriterien für einen „einverständlichen Eifer nicht nur oft ganz ungewiß und kaum feststellbar“ seien, „sondern meistens vielfältige, sich merkwürdig kreuzende oder widersprechende Gesichtspunkte ergeben“.[156]

Akzentuierend, dass „nur Hitler Täter wäre“, wenn „der Befehl in jedem Falle zur Beihilfe des Befehlsempfängers führen würde“,[157] warnte Baumann „vor einer kritiklosen und blinden Übernahme der Sondersituation, die der 3. Senat zu beurteilen hatte, auf die NS-Gewaltverbrechen“.[158] Die Aussicht, alle übrigen an der Tatausführung Beteiligten, darunter Himmler und andere Angehörige der NS-Führungsspitze, könnten auf der Grundlage des Staschynskij-Urteils lediglich als Gehilfen eingestuft werden, rief bei Baumann Bestürzung hervor: „Ein Täter und 60 Millionen Gehilfen oder das deutsche Volk ein Volk von Gehilfen, eine nur für wenige erhebende, für den Verfasser eine entsetzliche Vorstellung.“[159] Baumann betonte, dass der BGH „lediglich einer Ausnahmesituation Rechnung getragen“ habe, „einer Situation, die keineswegs bei allen oder auch nur den meisten Einsatzgruppenmorden gegeben“ sei. „Wer in Übereinstimmung mit dem Regime oder in Verfolgung eigener Sonderinteressen“ töte, handele „auch nach der Staschynskij-Entscheidung mit Interesse“ und sei „Täter“. Für Baumann war klar:

> „Wer zwar in einem streng hierarchischen Befehlssystem, welches mit grausamen Mitteln seine Befehle durchzusetzen weiß, Befehle freudigen Herzens und ganz mit diesem Regime übereinstimmend befolgt, hat auch den Willen zur Tatherrschaft. Nicht der Befehl und nicht der Druck, sondern nur die Kenntnis und das

155 BGH, Urteil v. 19.10.1962 – G. St. 9 StE 4/62, in: NJW 16 (1963), S. 355–358, hier: S. 358.

156 *Hanack*, Zur Problematik der gerechten Bestrafung nationalsozialistischer Gewaltverbrecher, S. 332.

157 *Baumann*, Beihilfe bei eigenhändiger voller Tatbestandserfüllung, S. 561.

158 *Jürgen Baumann*, Vorsicht bei Verjährung von NS-Gewaltverbrechen!, in: NJW 22 (1969), S. 1279–1282, hier: S. 1279.

159 *Baumann*, Beihilfe bei eigenhändiger voller Tatbestandserfüllung, S. 561.

Gefühl des Bedrängtseins, nur die Kenntnis der Notlage oder der Nötigung beseitigt diesen Willen."[160]

Während Baumann daran festhielt, die „subjektive Abgrenzungstheorie mit den Indizien Interesse und Tatherrschaftswille" sei „in der Lage, die Problematik beim Verbrechen auf Befehl und bei staatlich anbefohlenen und organisierten Verbrechen zu bewältigen",[161] galt Roxin das BGH-Urteil im Fall Staschynskij als Beleg dafür, dass die subjektive Teilnahmetheorie keine angemessene Rechtsfigur darstellte, um die Beteiligung an NS-Gewaltverbrechen strafrechtlich zu erfassen. So wandte er gegen die Staschynskij-Entscheidung ein, dass die darin vorgenommene Differenzierung gegen das positive Gesetz, das Erfordernis der Rechtssicherheit und gegen die Aufgabenverteilung zwischen Norm und Richterspruch verstoße,[162] und warnte davor, dass die Lehre des BGH im Bereich der Teilnahmedogmatik „unausweichlich [...] zu einer irrationalen richterlichen Gefühlsjurisprudenz" führe, „die sich der objektivierten Norm entzieht und durch eine Art von 'intuitiver Ganzheitsbetrachtung' zu mehr oder minder beliebigen Ergebnissen" komme.[163]

Roxins Bedenken hinsichtlich einer „Gefühlsjurisprudenz" und „beliebigen Ergebnissen" verweisen auf ein grundsätzliches Problem, das sich einstellt, wenn man versucht, Aussagen darüber zu treffen, ob ein Beschuldigter eine Straftat „als eigene wollte" oder nicht, denn der Wille eines Täters lässt sich, wie Walter Grasnick betont, nicht gegenständlich erkennen.[164] Daraus folgt, dass die Bejahung oder Verneinung des Täterwillens keine empirische Feststellung ist, sondern eine *wertende*. Zu dieser Erkenntnis kam auch der 5. Strafsenat des BGH in einem Urteil vom 17. Mai 1955, in dem es heißt: „Die gebräuchliche Wendung, Mittäter sei, wer die Tat als eigene wolle, ist mißverständlich. Diese Willensrichtung ist keine innere Tatsache, die der Tatrichter bindend feststellen kann. Es handelt sich vielmehr um eine wertende Beurteilung." Für sie sei ein wesentlicher Anhaltspunkt, wieweit der Beteiligte

---

160 Ebd., S. 565.

161 Ebd., S. 563.

162 Vgl. *Roxin*, Straftaten im Rahmen organisatorischer Machtapparate, S. 194ff.

163 Ebd., S. 197.

164 Vgl. *Walter Grasnick*, Wille und Willensbenehmen. Zum sogenannten Täterwillen und seiner Feststellbarkeit, in: Hermann Witter (Hrsg.), Der psychiatrische Sachverständige im Strafrecht, Berlin 1987, S. 287–312, hier: S. 293 und S. 298. Sich gegen den Dualismus von Innen und Außen wendend konstatiert Grasnick, „das Reden vom Willen des Angeklagten und seinen willentlichen Handlungen" tauge *„zum Beschreiben von Handlungen* und *Zuschreiben von Verantwortung*". Ebd., S. 306. Grasnick spricht in Anlehnung an Wittgenstein von „Willensbenehmen, wenn der Angeklagte handelt und dabei weiß, was er tut". Ebd., S. 307.

den Geschehensablauf mitbeherrsche.[165] Entscheidend war für den 5. Strafsenat somit *das Verhalten* des Beteiligten. In der Staschynskij-Entscheidung distanzierte sich der 3. Strafsenat des BGH indes von dieser Auffassung, indem er die Formulierung, der Angeklagte habe „die Tat nicht als eigene gewollt", wieder einführte.

Fragt man danach, welche Auswirkungen das Staschynskij-Urteil auf die NSG-Rechtsprechung hatte, ergibt sich ein uneinheitliches Bild ohne klare Tendenz. Es finden sich sowohl Urteile, in denen mit Berufung auf das Staschynskij-Urteil auf Beihilfe, als auch solche, in denen auf Täterschaft entschieden wurde.[166] Eine Änderung der Rechtsprechung lässt sich nach dem Essener Juristentag vom September 1966 feststellen. Einige Gerichte verurteilten Angeklagte seitdem häufiger als Täter.[167]

Friedrich Dencker betont, dass „für lange Zeit und für einen erheblichen Teil der Fälle die Einordnung eines Angeklagten als Gehilfe im Verfahren wegen Tötungsdelikten keineswegs nur oder auch nur überhaupt eine Begünstigung zur Folge hatte".[168] Die Einstufung als Gehilfe war zwar, so Dencker, bei bestimmten Mordhandlungen – Mordtaten mit so genannten tatbezogenen Merkmalen („heimtückisch oder grausam oder mit gemeingefährlichen Mitteln") – „oft die einzige Möglichkeit, den Beteiligten milder zu bestrafen als mit der für Mord zwingend angeordneten Freiheitsstrafe – insoweit und dann war sie also begünstigend".[169] Laut Dencker gilt es jedoch, die Täter-Gehilfen-Problematik und die Frage einer möglichen Begünstigung nicht nur vor dem Hintergrund der Strafzumessung, sondern auch vor dem Hintergrund der Verjährung zu beurteilen. Wurden Tötungsaktionen nicht „heimtückisch" durchgeführt und handelte ein Angeklagter ohne nachweisbare „niedrige Beweggründe" (z.B. Rassenhass) als Beteiligter an der Ermordung von Menschen aus Rassenhass (niedrige Beweggründe der Täter), führte die Einstufung eines Beteiligten als Täter „zwangsläufig zur Verurteilung wegen Totschlags".[170] Totschlag war jedoch gemäß der Verjährungsfrist von 15 Jahren seit 1960 verjährt. Wurden die Beteiligten dagegen als Gehilfen beurteilt, galt die Verjährungsfrist für Mord, denn Gehilfen können nur wegen Beihilfe zum

165 BGH, Urteil v. 17.5.1955 – 5 StR 350/54, in: JR (1955), S. 304–305.

166 Vgl. *Greve*, Der justitielle und rechtspolitische Umgang, S. 184–194.

167 Vgl. ebd., S. 250 mit Verweisen auf Urteile in der von C.F. Rüter zusammengestellten Sammlung deutscher Strafurteile wegen nationalsozialistischer Tötungsverbrechen.

168 *Dencker*, Täterschaft und Beihilfe, S. 53.

169 Ebd., S. 53f.

170 Vgl. ebd., S. 54.

Mord, nicht wegen Beihilfe zum Totschlag verurteilt werden. Die Möglichkeit, durch die Entscheidung auf Beihilfe die Verjährung auszuschließen, galt indes nur bis 1968. Nach der Änderung des § 50 Abs. 2 StGB im Oktober 1967 verjährte die Beihilfe zu einem Tötungsverbrechen, das allein wegen „niedriger Beweggründe" des Täters ein Mord ist. Zusammenfassend konstatiert Dencker, dass in der Zeit von 1960 bis 1968 „die Einstufung des Angeklagten als Gehilfe eine Strafverfolgung erst ermöglichte". Vor diesem Hintergrund lasse sich die Tatsache, dass damit zugleich ein milderer Strafrahmen als der für den Täter vorgesehene eröffnet werde, „nur sehr schwer als begünstigend erfassen".[171]

Als Fazit ergibt sich: Obwohl Roxin die Figur der mittelbaren Täterschaft ausdrücklich für „extreme Formen deliktischen Handelns"[172] wie die NS-Verbrechen entwickelt hatte, fand sein Modell keinen Eingang in die NSG-Rechtsprechungspraxis. Dies lag einerseits an der Dominanz der subjektiven Theorie und andererseits daran, dass die Gesetzgebung die mittelbare Täterschaft erst seit Inkrafttreten des § 25 StGB vom 1. Januar 1975 kodifiziert hat.[173] Erst bei der strafrechtlichen Aufarbeitung des DDR-Unrechts hat sich der BGH in einer Entscheidung zur strafrechtlichen Verantwortlichkeit von Mitgliedern des Nationalen Verteidigungsrats für vorsätzliche Tötungen von Flüchtlingen durch Grenzsoldaten der Rechtsfigur des „Täters hinter dem Täter" bedient.[174] Der 5. Strafsenat bemerkte in einem Urteil vom 8. November 1999 zur Frage der mittelbaren Täterschaft, es gebe Fallgruppen, „bei denen trotz eines uneingeschränkt verantwortlich handelnden Tatmittlers der Beitrag des Hintermannes nahezu automatisch zu der von diesem Hintermann erstrebten Tatbestandsverwirklichung" führe. Solches könne vorliegen, „wenn der Hintermann durch Organisationsstrukturen bestimmte Rahmenbedingungen" ausnutze, „innerhalb derer sein Tatbeitrag regelhafte Abläufe" auslöse. Aus Sicht des 5. Strafsenats kommen „derartige Rahmenbedingungen mit regelhaften Abläufen insbesondere bei staatlichen, unternehmerischen oder geschäftsähnlichen Organisationsstrukturen und bei Befehlshierarchien in Betracht". Der BGH konstatierte:

> „Handelt in einem solchen Fall der Hintermann in Kenntnis dieser Umstände, nutzt er insbesondere auch die unbedingte Bereitschaft des unmittelbar Handelnden, den

---

171 Ebd., S. 55.

172 *Roxin*, Straftaten im Rahmen organisatorischer Machtapparate, S. 207.

173 Vgl. *Roxin*, Die Abgrenzung von Täterschaft und Teilnahme, S. 188.

174 Vgl. BGH, Urteil v. 8.11.1999 – 5 StR 632/98, in: NJW 53 (2000), S. 443–451.

> Tatbestand zu erfüllen, aus und will der Hintermann den Erfolg als Ergebnis seines eigenen Handelns, ist er Täter in der Form mittelbarer Täterschaft."[175]

Es ist deutlich geworden, dass das Strafrecht sehr wohl Möglichkeiten bietet, die verschiedenen Tatbeiträge der innerhalb eines Organisationsapparates eingesetzten Akteure zu erfassen. Mit dem Roxinschen Konzept der *Willensherrschaft kraft organisatorischer Machtapparate* hätten sich auch indirekt Handelnde, wie etwa die „Schreibtischtäter" beim Holocaust, als Täter klassifizieren lassen. Mit Herbert Jäger lässt sich konstatieren, dass die Schwierigkeiten bei der strafrechtlichen Bewertung der Beteiligung an NS-Gewaltverbrechen „eher in den unterschiedlichen Interpretationen des Täterbegriffs durch die Rechtsprechung und die Strafrechtslehre" liegen.[176]

3. Beschuldigter oder Zeuge? Zur Begründung der Beschuldigteneigenschaft in Verfahren wegen NS-Gewaltverbrechen

3.1 Positionen der Strafrechtswissenschaft

Laut Strafprozessordnung gibt es – abgesehen vom Sachverständigen – als Aussage- oder Auskunftspersonen nur den Beschuldigten und den Zeugen. Sowohl ein Zeuge als auch ein Beschuldigter kann einer Tat verdächtig sein. Als verdächtig gilt, so Theodor Kleinknecht in seinem Kommentar zur Strafprozessordnung, jeder, „bei dem konkrete Anhaltspunkte dafür bestehen, daß er durch strafrechtlich vorwerfbares Verhalten den Ablauf des Geschehens beeinflußt haben kann".[177] Nach § 60 StPO darf ein verdächtiger Zeuge nicht vereidigt werden. Ein Verstoß gegen diese Bestimmung kann zu einer Aufhebung des Urteils führen. Das Vereidigungsverbot basiert auf der Annahme, dass „einem solchen Zeugen die Unbefangenheit" fehle, „seine Aussage vielmehr der eines Beschuldigten ähnlich" sei und dass „der Zweck der Vereidigung, die Glaubwürdigkeit der Aussage zu steigern, im allgemeinen nicht erreichbar" sei.[178] Im Bielefelder Białystok-Prozess war die Frage der Vereidigung von Zeugen, die potentiell an den vor Gericht behandelten Verbrechen beteiligt gewesen waren, ein zentrales strafprozessuales Problem. Viele deutsche Zeugen blieben gemäß § 60 StPO unvereidigt.

---

175 Ebd., S. 448.

176 *Herbert Jäger*, Arbeitsteilige Täterschaft. Kriminologische Perspektiven auf den Holocaust, in: Hanno Loewy (Hrsg.), Holocaust: Die Grenzen des Verstehens. Eine Debatte über die Besetzung der Geschichte, Reinbek 1992, S. 160–165, hier: S. 164.

177 *Theodor Kleinknecht*, Strafprozeßordnung. Gerichtsverfassungsgesetz, Nebengesetze und ergänzende Bestimmungen, München 1975, Anmerkung D zu § 60, S. 185.

178 Ebd., siehe Anmerkung 6 zu § 60, S. 184.

Es lassen sich verschiedene Verdachtsgrade unterscheiden. Der „Anfangsverdacht“ oder einfache Tatverdacht ist gem. §§ 152 Abs. 2, 160 Abs. 1 StPO „die empirisch erhärtbare Hypothese in einem Aufklärungsgeschehen, das prozessual nach dem Hier und Jetzt zu individualisieren ist“. Der Anfangsverdacht liegt „zwischen Vermutung und Wissen“.[179] Das Kriterium für den „hinreichenden Tatverdacht“, der von der Staatsanwaltschaft am Ende des Ermittlungsverfahrens und vom Gericht am Beginn der Hauptverhandlung geprüft wird, besteht in der Wahrscheinlichkeit einer späteren Verurteilung (§ 203 StPO). Der „dringende Tatverdacht“ bildet die Voraussetzung für die gerichtliche Zulassung der Anklage. § 112 StPO gestattet die Anordnung der Untersuchungshaft gegen den Beschuldigten, „wenn er der Tat dringend verdächtig ist und ein Haftgrund besteht“. Ein dringender Tatverdacht liegt gemäß StPO vor, wenn „nach dem gegenwärtigen Stand der Ermittlungen die Wahrscheinlichkeit groß ist, dass der Verfolgte schuldiger Täter oder Teilnehmer ist“.

Der Tatverdacht ist somit kein Kennzeichen des Beschuldigtenbegriffs. Wodurch erlangt jemand die Rechtsstellung eines Beschuldigten? Diese Frage ist von derjenigen zu unterscheiden, unter welchen Voraussetzungen die Strafverfolgungsbehörden verpflichtet sind, jemanden als Beschuldigten zu behandeln.[180] Diese Verpflichtung ergibt sich aus dem Legalitätsprinzip (§ 152 Abs. 2 StPO), das Verfolgung und, wenn die Voraussetzungen gegeben sind, Anklage zwingend vorschreibt, wenn „zureichende tatsächliche Anhaltspunkte“ dafür vorliegen, dass jemand Täter oder Teilnehmer einer Straftat ist. In der Strafprozessordnung wird der Begriff des Beschuldigten indes nicht genau definiert, sondern lediglich festgelegt, dass dieser auch den Angeschuldigten und den Angeklagten umfasse.[181] „Angeschuldigter“ ist gemäß § 157 StPO „der Beschuldigte, gegen den die öffentliche Klage erhoben ist, Angeklagter der Beschuldigte oder Angeschuldigte, gegen den die Eröffnung des Hauptverfahrens beschlossen worden ist“. Der Beschuldigte ist, wie der BGH in einem Urteil vom Februar 1954 feststellte, „Beteiligter, nicht Gegenstand des Verfahrens“.[182] Für von Gerlach ist der Beschuldigte indes „Objekt der staatlichen Strafverfolgung“. Er sei derjenige, gegen den sich das Ermittlungsverfahren

---

179 *Lorenz Schulz*, Normiertes Misstrauen. Der Verdacht im Strafverfahren, Frankfurt a.M. 2001, S. 530.

180 Vgl. *Bernhard Kramer*, Grundbegriffe des Strafverfahrensrechts. Ermittlung und Verfahren, Stuttgart u.a. 1984, S. 29, Rdnr. 29.

181 Der Begriff „Beschuldigte“ ist sowohl Oberbegriff für die Begriffe Angeschuldigter und Angeklagter als auch ein Begriff, der einen eigenen Anwendungsbereich bezeichnet, nämlich die Phase im Strafverfahren, in der die Angeschuldigtenstellung noch nicht eingesetzt hat, d.h. die Zeit vor Erhebung der öffentlichen Klage.

182 BGH, Urteil v. 16.2.1954 – 1 StR 578/53, in: NJW 7 (1954), S. 649–651.

richte und der für eine strafbare Handlung verantwortlich gemacht werde.[183] Roxin betont dagegen, der Beschuldigte sei vor allem „Prozeßsubjekt, d.h. ein als Aktiv- und Passivbeteiligter am Verfahren mit selbständigen Rechten Mitwirkender“. Seine wichtigsten Rechte als „Aktivbeteiligter“ sind im Vorverfahren laut Roxin das Recht auf Anwesenheit (§ 168c II StPO), das Recht auf Verteidigung (§ 137 StPO) und das Recht auf Gehör (§ 163a StPO). Als „Passivbeteiligter“ habe er ein Recht darauf, dass „die Freiheit seiner Willensentschließung uneingeschränkt gewahrt“ bleibe.[184] Der Beschuldigte ist berechtigt, jede Einlassung zu verweigern (§§ 161 I 2; 163a III 2 und IV 2 StPO). Ferner dürfen seine Aussagen nur verwendet werden, wenn sie ohne Zwang und Täuschung zustande gekommen sind (§§ 136a, 163a III, IV StPO).[185]

Die erste Vernehmung des Beschuldigten kann von der Polizei, von der Staatsanwaltschaft oder von dem Ermittlungsrichter durchgeführt werden. Gemäß § 136 Abs. 1 StPO ist dem Beschuldigten bei Beginn der ersten Vernehmung „zu eröffnen, welche Tat ihm zur Last gelegt wird und welche Strafvorschriften in Betracht kommen“. Der Beschuldigte ist „darauf hinzuweisen“, dass „es ihm nach dem Gesetz“ freistehe, „sich zu der Beschuldigung zu äußern oder nicht zur Sache auszusagen und jederzeit, auch schon vor seiner Vernehmung, einen von ihm zu wählenden Verteidiger zu befragen“. Zu den Belehrungspflichten gehört ferner, den Beschuldigten darauf hinzuweisen, dass er zu seiner Entlastung einzelne Beweiserhebungen beantragen kann. Laut Kohlhaas setzt die Belehrungspflicht einen „konkretisierenden Tatverdacht“ voraus. Die Polizeibeamten sollten „den Bezichtigten“ deshalb vor der vorgeschriebenen Belehrung zunächst „informatorisch“ hören.[186] Von „informatorischer Befragung“ spricht man, wenn ein Gespräch zwischen dem Beschuldigten und dem Ermittlungsbeamten „ohne Befragung von Förmlichkeiten“ stattfindet.[187] Von Gerlach vertritt dagegen die Auffassung, dass der Bezichtigte „bei der ersten den Untersuchungskomplex betreffenden Frage als Beschuldigter belehrt werden“ müsse und „nicht erst nach den ersten informatorischen Fragen“.[188]

---

183 Vgl. *Jürgen von Gerlach*, Die Begründung der Beschuldigteneigenschaft im Ermittlungsverfahren, in: NJW 22 (1969), S. 776–780, hier: S. 777.

184 *Claus Roxin*, Strafprozeßrecht, München [15]1997, S. 52.

185 Ebd., S. 52.

186 *Max Kohlhaas*, Vom ersten Zugriff zum Schlußgehör, in: NJW 18 (1965), S. 1254–1257, hier: S. 1255.

187 Vgl. *Kramer*, Grundbegriffe des Strafverfahrensrechts, S. 31, Rdnr. 28.

188 *Von Gerlach*, Die Begründung der Beschuldigteneigenschaft im Ermittlungsverfahren, S. 778.

Bei der Frage nach der Begründung der Beschuldigteneigenschaft ist zu unterscheiden, ob sich die Ermittlungen von Anfang an gegen eine bestimmte Person richten (täterbezogene Ermittlungen) oder ob das Ermittlungsverfahren gegen Unbekannt geführt wird und zunächst auf die Erforschung des Sachverhalts beschränkt ist (tatbezogene Ermittlungen).[189] Täterbezogene Ermittlungen liegen vor, wenn die Strafverfolgungsbehörde aufgrund des Verdachts einer strafbaren Handlung ein Ermittlungsverfahren einleitet. In diesen Fällen wird die Beschuldigteneigenschaft „mit der ersten Ermittlungshandlung, mit der das Verfahren gegen den Betroffenen beginnt, eo ipso begründet".[190] Gemäß § 152 Abs. 2 StPO ist die Staatsanwaltschaft „verpflichtet, wegen aller verfolgbaren Straftaten einzuschreiten, sofern zureichende tatsächliche Anhaltspunkte vorliegen". Unabhängig vom Verdachtsgrad ist derjenige, gegen den die Ermittlungen geführt werden, Beschuldigter. Dies gilt auch, wenn ein Ermittlungsverfahren aufgrund einer Anzeige eingeleitet wird.[191] Die Beschuldigteneigenschaft steht fest mit der Ladung zur Beschuldigtenvernehmung, der Vernehmung, der Festnahme oder vergleichbaren Maßnahmen.[192]

Bei tatbezogenen Ermittlungen muss der Beschuldigte aus einer Vielzahl potentieller Verdächtiger herausgefunden werden. Eine Voraussetzung für die Begründung der Beschuldigteneigenschaft besteht in diesem Fall darin, dass die Sachverhaltsaufklärung abgeschlossen und dazu übergegangen worden ist, einen oder mehrere Verantwortliche anzuschuldigen.[193] In Verfahren gegen Unbekannt ist die Frage, wonach sich richtet, wann ein Verdächtiger zum Beschuldigten wird, umstritten. Es lassen sich hinsichtlich dieser Frage zwei gegensätzliche Positionen unterscheiden. Vertreter der subjektiven Auffassung machen den Beginn der Beschuldigteneigenschaft vom „Willen" des jeweiligen Strafverfolgungsorgans abhängig, das Verfahren gegen eine bestimmte Person zu führen. Nach der objektiven Auffassung wird der Beginn der Beschuldigteneigenschaft durch „objektive" Gesichtspunkte, namentlich durch die Lage des Verfahrens und den Stand der Ermittlungen, bestimmt. Aus

---

189 Vgl. ebd., S. 777; *Heinz Artzt*, Die Begründung der Beschuldigteneigenschaft in Ermittlungsverfahren wegen NS-Verbrechen, S. 13, in: Barch B 162/197.

190 *Von Gerlach*, Die Begründung der Beschuldigteneigenschaft im Ermittlungsverfahren, S. 778.

191 Vgl. *von Gerlach*, Die Begründung der Beschuldigteneigenschaft im Ermittlungsverfahren, S. 778.

192 Vgl. *Cornelius Prittwitz*, Der Mitbeschuldigte im Strafprozeß, Frankfurt a.M. 1984, S. 89.

193 Vgl. *Artzt*, Die Begründung der Beschuldigteneigenschaft in Ermittlungsverfahren wegen NS-Verbrechen, S. 19.

diesen ergebe sich, ob gegen einen Tatverdächtigen verantwortlich ermittelt werde.[194]

Im Fall von tatbezogenen Ermittlungen besteht das Problem der Abgrenzung zwischen Verdächtigen und Beschuldigten vor allem dann, wenn verschiedene Personen als verantwortliche Beschuldigte in Frage kommen, von denen nur einer der Schuldige sein kann. Folgt man Kohlhaas, haben bei dieser Sachlage alle Beteiligten als Beschuldigte zu gelten.[195] Für von Gerlach ist dagegen in diesem Falle nur derjenige Beschuldigter, der aus dem Kreis der übrigen Verdächtigen herausragt. Er vertritt die Auffassung, dass die Begründung der Beschuldigteneigenschaft in einem Verfahren gegen Unbekannt „mit dem Recht zur vorläufigen Festnahme" zusammenfalle. Als entscheidendes Kriterium gilt ihm „die Konkretisierung des Verdachts", die einen solchen Grad erreicht haben müsse, dass „der Verdächtige vom Standpunkt eines objektiven Betrachters vernünftigerweise als der wahrscheinliche Täter angesehen werden" könne.[196] Damit widerspricht er der Ansicht, dass die Strafverfolgungsbehörden jeden, der nach ihrer Überzeugung tatverdächtig ist, als Beschuldigten behandeln müssen.[197] Von Gerlach plädiert vielmehr dafür, „den Beschuldigtenbegriff enger zu fassen" und „als Beschuldigten nur denjenigen anzusehen, gegen den die Ermittlungen *als Verantwortlichen* betrieben werden". Dies sei nur dann der Fall, „wenn konkrete Verdachtsgründe die Täterschaft einer Person nahelegen".[198]

Als Fazit ergibt sich, dass der Unterschied zwischen Zeugen und Beschuldigten nicht durch den Verdacht bestimmt wird. Sowohl Zeugen als auch Beschuldigte können einer Tat verdächtig sein. Der Verdächtige gilt nicht als Vorstufe des Beschuldigten. Die Verdachtsklärung endet nicht mit dem Ermittlungsverfahren. Sie wird im Hauptverfahren fortgeführt.

3.2 Rechtsprechungspraxis

Der 4. Strafsenat des BGH nahm in einem Urteil vom 18. Oktober 1956 zum Problem um den Beginn der Beschuldigteneigenschaft Stellung. Der Leitsatz lautet, dass jemand nur dann Beschuldigter ist, „wenn das Strafrechtspflegeor-

194 Vgl. *Prittwitz*, Der Mitbeschuldigte, S. 90.

195 *Kohlhaas*, Vom ersten Zugriff zum Schlußgehör, S. 1255.

196 *Von Gerlach*, Die Begründung der Beschuldigteneigenschaft im Ermittlungsverfahren, S. 780.

197 Vgl. ebd., S. 780.

198 Vgl. ebd., S. 781.

gan, welches das Verfahren in seinem jeweiligen Abschnitt maßgeblich gestaltet, es gegen ihn gerade als Beschuldigten" betreibt.[199]

Die Frage, ob und wann ein potentieller Beteiligter eines NS-Verbrechens strafprozessual als Zeuge oder als Beschuldigter zu gelten hat, wurde von den mit NS-Gewaltverbrechen befassten Staatsanwälten unterschiedlich beantwortet und folglich in der Praxis unterschiedlich gehandhabt. Laut Oberstaatsanwalt Dr. Heinz Artzt, der 1960 zur Ludwigsburger Zentralstelle abgeordnet wurde und von 1963 bis 1975 als ständiger Vertreter des Dienststellenleiters fungierte, kristallisierten sich im Rahmen der Diskussionen, an denen Staatsanwälte aus verschiedenen Bundesländern beteiligt waren, zwei gegensätzliche Standpunkte heraus. Vertreter der ersten Position sind der Ansicht, dass jeder mögliche Verdächtige als Beschuldigter zu behandeln ist. Verdächtig ist nach dieser Sichtweise beispielsweise jemand bereits dann, wenn bekannt wird, dass er Angehöriger eines Polizeibataillons war, das Erschießungen durchführte. Ein Verdächtiger kann nach dieser Auffassung nicht als Zeuge behandelt werden. Der zweite Standpunkt fasst den Beschuldigtenbegriff enger. Als Beschuldigter wird erst der Verdächtige angesehen, gegen den entweder ein hinreichender oder ein konkreter Tatverdacht besteht oder für dessen Beteiligung eine gewisse Wahrscheinlichkeit spricht.[200]

Eine Statistik der Zentralen Stelle Ludwigsburg deutet auf eine unterschiedliche Auslegung des Beschuldigtenbegriffs in den einzelnen Bundesländern hin. Auf Hessen, Nordrhein-Westfalen und Hamburg entfielen 1968 83 % der Gesamtzahl der Beschuldigten, gegen die Ermittlungsverfahren wegen Mordes oder Beihilfe zum Mord eingeleitet worden waren, auf die übrigen Bundesländer dagegen nur 17 %.[201] Die Zentralstelle bei der Staatsanwaltschaft Dortmund tendierte dazu, alle Angehörigen einer Einheit oder Dienststelle als Beschuldigte zu behandeln. Ein Grund für die extensive Auslegung des Beschuldigtenbegriffs war die drohende Verjährung für die vor Juli 1943 liegenden Beihilfetaten. Die Vernehmung eines Beschuldigten führt nach § 78c Abs. 1 Ziff. 1 StGB zur Unterbrechung der Verjährung. Durch die Aufführung von Verdächtigen als Beschuldigte sollte sichergestellt werden, dass diese Personen in die unterbrechenden richterlichen Handlungen miteinbezogen wurden.

Mit dem Problem der Begründung der Beschuldigteneigenschaft ist bereits die Zentrale Stelle in Ludwigsburg konfrontiert. In den meisten Fällen muss sie

---

199 BGH, Urteil v. 18.10.1956 – 4 StR 278/56, in: BGHSt 10 (1958), S. 8–15, hier: S. 8.

200 Vgl. *Artzt*, Die Begründung der Beschuldigteneigenschaft in Ermittlungsverfahren wegen NS-Verbrechen, S. 4.

201 Vgl. ebd., S. 22.

ihre Vorermittlungen „gegen Unbekannt“ führen und zunächst nach Ort, Zeit und Täterkreis begrenzte Tatkomplexe feststellen sowie herausfinden, welche an den Tatkomplexen beteiligten Personen verfolgt werden können. Die Ermittlungsergebnisse werden in Abschlussberichten zusammengefasst, in denen die Tatkomplexe dargestellt und die verfolgbaren Täter und ihre Beteiligung an den Verbrechen aufgelistet werden. Die genannten Personen sind in der Regel Beschuldigte in dem nun beginnenden Ermittlungsverfahren der Staatsanwaltschaften.[202]

Oberstaatsanwalt Artzt plädiert in seinem im April 1970 verfassten Text „Die Begründung der Beschuldigteneigenschaft in Ermittlungsverfahren wegen NS-Verbrechen“ für eine enge Auslegung des Beschuldigtenbegriffs und verweist in seiner Begründung auf drei Punkte.[203] Erstens könnten dadurch „nicht vertretbar[e] Nebenfolgen“ vermieden werden. Darüber hinaus seien die Zeiten vorbei, in denen „mit dem Überraschungseffekt einer frühzeitigen Vernehmung oder gar Verhaftung Erfolge“ erzielt werden könnten. Drittens müsse „in allen Verfahrensstadien“ gewährleistet sein, dass der Beschuldigte „als Prozeßsubjekt“ behandelt werde. Das Hauptproblem, das Artzt als unlösbar betrachtet, sei jedoch, dass die verschiedenen Verdachtsgrade nicht objektiv erfasst werden könnten. Der Verdacht sei „etwas sehr Flexibles“ und die Prüfung desselben „ein sehr subjektiver Faktor, der bei einem entschlußfreudigen Staatsanwalt oder Polizeibeamten ganz anders ausfallen kann als bei einem ewig Zweifelnden“.[204] Der Verdacht ist, wie Lorenz Schulz betont, „ein immer wieder zu fixierender Punkt im Zwischenraum von Normativität und Empirie“, er gleiche „einem kreisförmigen Platz, auf den verschiedene Straßen“ zuliefen. Diese „stehen für die logischen, tatsächlichen und normativen Elemente des Verdachts“.[205] Diese verschiedenen Elemente können in dieser Untersuchung indes nicht näher behandelt werden.

Ziel der bisherigen Ausführungen war es, durch die Erörterung zentraler strafrechtlicher und strafprozessualer Probleme die Rahmenbedingungen für die strafrechtliche Verfolgung von NS-Verbrechen, die von Angehörigen des KdS für den Bezirk Bialystok begangen wurden, zu umreißen. Nachdem der rechtliche Hintergrund aufgezeigt worden ist, gilt es im Folgenden, den historischen Kontext zu skizzieren.

---

202 Vgl. ebd., S. 18.

203 Vgl. ebd., S. 26ff.

204 Ebd., S. 7 und 8.

205 *Schulz*, Normiertes Misstrauen, S. 3 und S. 1.

IV. Białystok und Umgebung unter deutscher Besatzung. Ein Problemaufriss

1. Zur Vorgeschichte: Sowjetische und deutsche Besatzer

Ostpolen erlebte im Zweiten Weltkrieg zwei Besatzungsregime verschiedener totalitärer Systeme: das sowjetische und das deutsche. Das Deutsche Reich überfiel am 1. September 1939 Polen – in Absprache mit der Sowjetunion, wie das geheime Zusatzprotokoll zum so genannten Hitler-Stalin-Pakt vom 24. August 1939 belegt. Die deutsche Wehrmacht trat die östlichen Gebiete Polens nach etwas mehr als zwei Wochen an die sowjetischen Truppen ab, die am 17. September 1939 in Ostpolen einmarschierten. Am 15. September 1939 nahmen deutsche Truppen die nordostpolnische Stadt Białystok ein, übergaben diese jedoch nach nur einer Woche der Roten Armee, die sie die nächsten 21 Monate besetzt hielt. Białystok wurde zum Anlaufpunkt für jüdische Flüchtlinge aus den von der Wehrmacht besetzten westlichen Gebieten Polens.[1] Schon während der ersten deutschen Besatzung in Białystok und Umgebung wurden vereinzelt jüdische Einwohner ermordet.[2] Die systematische Verfolgungs- und Vernichtungspolitik begann indes nicht im September 1939, sondern im Juni 1941, als die Deutschen zum zweiten Mal die ostpolnischen Gebiete besetzten.

Am 28. September 1939 unterzeichneten der deutsche Außenminister, Joachim von Ribbentrop, und der sowjetische Volkskommissar für Auswärtige Angelegenheiten, Wjatscheslaw Molotow, einen die Teilung Polens schriftlich fixierenden Grenz- und Freundschaftsvertrag. Die Flüsse San und Bug bildeten die Grenze. Die östlichen Gebiete Polens, die *Kresy Wschodnie*, wurden der Sowjetunion einverleibt; die nördlichen Teile wurden der Weißrussischen, die

---

1 Shalom Cholawsky schätzt, dass insgesamt 250.000 jüdische Flüchtlinge aus Westpolen das Gebiet des westlichen Weißrusslands erreichten. In Białystok wurde ein Flüchtlingskomitee gegründet. Vgl. *Shalom Cholawsky*, The Jews of Bielorussia during World War II, Amsterdam 1998, S. 9. Siehe auch: Dok. 22 Der Flüchtling Artur Szlifersztejn beschreibt am 15. Oktober 1939 sein Leben im sowjetisch besetzten Teil Polens sowie Dok. 275 The Contemporary Jewish Record: Artikel zur Lage der jüdischen Flüchtlinge in Ostpolen bis zum April 1941, in: *Klaus-Peter Friedrich* (Bearb.), Die Verfolgung und Ermordung der europäischen Juden durch das nationalsozialistische Deutschland 1933-1945. Band 4. Polen, September 1939–Juli 1941, München 2011, S. 108–110 und S. 594–605.

2 *Szymon Datner*, Eksterminacja ludności żydowskiej w okręgu białostockim, in: Biuletyn ŻIH 60 (1966), S. 3–50, hier: S. 18.

südlichen der Ukrainischen Sowjetrepublik angegliedert. Auf dem 201.000 km² umfassenden Territorium des sowjetisch besetzten Ostpolen lebten Schätzungen zufolge circa 13 Millionen Menschen, von ihnen waren 5.270.000 Polen (40 %), 4.530.000 Ukrainer (34 %), 1.960.000 Weißrussen und „Hiesige" (14,7 %) und 1.110.000 Juden (8,4 %).[3] Obwohl die Polen in einigen Gebieten die Mehrheit der Bevölkerung stellten, war eine Polnische Sowjetrepublik nicht vorgesehen.[4] Die Woiwodschaften Wilna, Nowogródek, Polesie und Teile der Wojewodschaft Białystok wurden am 15. November 1939 der Weißrussischen Sozialistischen Sowjetrepublik einverleibt und in fünf Bezirke eingeteilt: Baranowicze, Białystok, Brest, Wilia und Pińsk.[5]

1.1 Zur sowjetischen Besatzung Ostpolens

Wie reagierte die lokale Bevölkerung auf die sowjetische Besatzung Ostpolens? Ben Cion Pinchuk schreibt, die „überwiegende Mehrheit" habe das neue Regime akzeptiert und in verschiedenen Ausmaßen mit den sowjetischen Besatzern zusammengearbeitet.[6] Folgt man Jan Tomasz Gross, waren nicht

---

3 Vgl. *Bernhard Chiari*, Alltag hinter der Front. Besatzung, Kollaboration und Widerstand in Weißrussland 1941–1944, Düsseldorf 1998, S. 46. Jan T. Gross geht davon aus, dass zwischen 1939 und 1941 ungefähr 1,5 Millionen Juden (einschließlich der Flüchtlinge aus West- und Zentralpolen) auf dem Gebiet des sowjetisch besetzten Ostpolens lebten. Vgl. *Jan T. Gross*, A Tangled Web: Confronting Stereotypes Concerning Relations between Poles, Germans, Jews, and Communists, in: István Deák / Jan T. Gross / Tony Judt (Hrsg.), The Politics of Retribution in Europe. World War II and its Aftermath, New Jersey 2000, S. 74–129, hier: S. 122.

4 Vgl. *Bogdan Musial*, Das Schlachtfeld zweier totalitärer Systeme. Polen unter deutscher und sowjetischer Herrschaft 1939–1941, in: Klaus-Michael Mallmann / Bogdan Musial (Hrsg.), Genesis des Genozids. Polen 1939–1941, Darmstadt 2004, S. 13–35, hier: S. 22.

5 Vgl. *Marek Wierzbicki*, Die polnisch-jüdischen Beziehungen unter sowjetischer Herrschaft. Zur Wahrnehmung gesellschaftlicher Realität im westlichen Weißrussland 1939–1941, in: Mallmann / Musial (Hrsg.), Genesis des Genozids, S. 187–205, hier: S. 201, Fußnote 1. Die jüdische Bevölkerung lebte vor allem im städtischen und kleinststädtischen Bereich, die ländlichen Gegenden waren polnisch-weißrussisch oder weißrussisch-polnisch geprägt. Vgl. ebd., S. 187.

6 „In one way or another, when active fighting against the invaders ceased, the vast majority of the population accepted the new regime and in varying degrees collaborated with the Soviet rulers." *Ben Cion Pinchuk*, Facing Hitler and Stalin. On the Subject of Jewish "Collaboration" in Soviet-Occupied Eastern Poland 1939–1941, in: Joshua D. Zimmermann (Hrsg.), Contested Memories. Poles and Jews during the Holocaust and its Aftermath, New Brunswick, 2003, S. 61–68, hier: S. 61f. Nach Auffassung Pinchuks ist der Begriff der „Kollaboration", den er vermeidet, günstigenfalls problematisch und im schlimmsten Fall irreführend, denn: „By its very use, it implies negative moral judgement and comes pretty close to meaning actual treason. Its use in research means a priori the assumption of an unwarranted moral superiority of the investigator and

ideologische, sondern opportunistische Beweggründe und Erwägungen ausschlaggebend: "But the vast majority of local residents responded to the Soviet presence, one way or other, on opportunistic grounds. They were motivated less by preconceived ideological notions than by immediate experiences and expectations. The Jews, for instance, had a very clear awareness as to what might have happened had the Soviets not arrived."[7] Angehörige von ethnischen Minderheiten – Weißrussen, Ukrainer, Juden –verloren nach Auffassung Gross' das demütigende Gefühl, Bürger zweiter Klasse zu sein.[8]

Gross nennt drei Hauptgesichtspunkte, die die sowjetische Politik in den polnischen Ostgebieten[9] kennzeichnen: „étatisation of the economy, de-

---

prejudgment of the subjects of the research. It is misleading rather than enlightening. Neverthelesss 'collaboration' remains the standard term used by Polish researchers and commentators to describe Jewish-Soviet relations during the first years of the Second World War." Ebd., S. 61.

7 *Gross*, A Tangled Web, S. 94.

8 Ebd., S. 95.

9 Die erste Arbeit zur sowjetischen Besatzungspolitik Ostpolens legte Jan Tomasz Gross vor. Vgl. *Jan Tomasz Gross*, Und wehe, du hoffst [...] Die Sowjetisierung Ostpolens nach dem Hitler-Stalin-Pakt 1939–1941, Freiburg i.B. 1988 [die englische Originalausgabe erschien 1986 unter dem Titel Revolution from Abroad.]. Zur Situation der Juden unter der sowjetischen Besatzung vgl. *Dov Levin*, The Lesser of Two Evils: Eastern European Jewry under Soviet Rule, 1939–1941, Jerusalem 1995, zur Lage der polnischen Bevölkerung vgl. *Albin Głowacki*, Sowieci wobec Polaków na ziemiach wschodnich II Rzeczypospolitej 1939–1941, Łódź 1997. Vgl. auch die unter dem Kapitel „Under Soviet Rule" versammelten Aufsätze in: *Elzar Barkan / Elizabeth A. Cole / Kai Struve* (Hrsg.), Shared History – Divided Memory. Jews and Others in Soviet-Occupied Poland, 1939–1941, Leipzig 2007; Marek Wierzbicki schrieb eine Monographie zur polnisch-jüdischen Beziehungsgeschichte und eine Studie zum polnisch-weißrussischen Verhältnis. Vgl. *Marek Wierzbicki*, Polacy i Białorusini w zaborze sowieckim. Stosunki polsko-białoruskie na ziemiach północno-wschodnich II Rzeczypospolitej pod okupacją sowiecką 1939–1941, Warszawa 2000; *ders.*, Polacy i Żydzi w zaborze sowieckim. Stosunki polsko-żydowskie na ziemiach północno-wschodnich II RP pod okupacją sowiecką (1939–1941), Warszawa 2001. Alexander Brakel untersucht am Beispiel der Stadt Baranowicze und Umgebung in der gleichnamigen Verwaltungseinheit im westlichen Weißrussland, wie die einheimische Bevölkerung die sowjetische und deutsche Besatzungsmacht wahrnahm und wie sie auf sie reagierte. Vgl. *Alexander Brakel*, Unter Rotem Stern und Hakenkreuz. Baranowicze 1939 bis 1944. Das westliche Weißrussland unter sowjetischer und deutscher Besatzung, Paderborn 2009. Die Untersuchung beantwortet folgende Leitfragen: „Welche Anpassungsstrategien verfolgte die Bevölkerung? Wer leistete Widerstand, wer arbeitete mit den Besatzern zusammen? Welche Konflikte gab es in der Bevölkerung, und standen diese in Beziehung zu den nationalen Unterschieden zwischen den einzelnen Bewohnern?". Vgl. ebd., S. 4. Zur sowjetischen Besatzungspolitik vgl. auch die relevanten Beiträge in folgendem Band: *Jacek Andrzej Młynarczyk* (Hrsg.), Polen unter deutscher und sowjetischer Besatzung 1939–1945, Osnabrück 2009.

polonisation, and secularization."[10] Die Sowjetisierung führte zu einschneidenden Veränderungen auf politischer, sozialer, wirtschaftlicher und kultureller Ebene. Die Staats- und Selbstverwaltungsinstanzen wurden zerstört und durch Organe nach sowjetischem Muster ersetzt; die Industrie wurde verstaatlicht, die landwirtschaftliche Fläche neu verteilt, politischen Parteien und wissenschaftlichen, kulturellen und gesellschaftlichen Vereinigungen die Tätigkeit verboten. Wanda Roman konstatiert eine „Uniformierung der Gesellschaft".[11] Die Bevölkerung war von Anfang an durch Verfolgungen und Repressalien bedroht, denn zu den Methoden der Sowjetisierung zählten neben einem umfassenden Austausch der Eliten auch die Etablierung eines alle Lebensbereiche erfassenden Überwachungssystems, Verhaftungen, Folter, Zwangsumsiedlungen, Erschießungen und Massendeportationen.[12] Angehörige aller gesellschaftlichen Gruppen waren von Inhaftierungen betroffen.[13]

Hier interessiert vor allem die Besatzungspolitik in den ehemals polnischen Gebieten der Weißrussischen Sozialistischen Sowjetrepublik, da Teile dieses Gebiets 1941 der von der deutschen Besatzungsmacht eingerichteten Einheit Bezirk Bialystok angegliedert wurden. Eine Folge der Sowjetisierung war ein Austausch der Eliten. In der Zweiten Polnischen Republik waren fast alle Angehörige der staatlichen Verwaltung Polen gewesen. Unter dem neuen Regime wurden Posten in der Verwaltung nach den Erkenntnissen Chiaris „mit sowjetischen Kadern aus den westlichen Landesteilen, aber auch aus anderen Gebieten der Sowjetunion besetzt".[14] Was die Arbeitsmarktsituation im wirtschaftlichen Sektor anbetrifft, herrschte nach Angaben Chiaris Chancengleichheit für Weißrussen und Juden, wobei gleichzeitig „den Polen aber viele Wege des Aufstiegs verschlossen blieben" und „polnische Funktionsträger mehr und mehr von den Schaltstellen der öffentlichen Verwaltung" entfernt und „bei der Arbeitsabgabe" benachteiligt worden seien.[15] Indes arbeiteten nach Erkennt-

10 Vgl. *Jan Tomasz Gross*, The Sovietisation of Western Ukraine and Western Byelorussia, in: Norman Davies / Antony Polonsky (Hrsg.), Jews in Eastern Poland and the USSR, 1939–46, London 1991, S. 60–76, hier: S. 70.

11 *Wanda Krystyna Roman*, Die sowjetische Okkupation der polnischen Ostgebiete 1939 bis 1941, in: Bernhard Chiari (Hrsg.), Die polnische Heimatarmee. Geschichte und Mythos der Armia Krajowa seit dem Zweiten Weltkrieg, München 2003, S. 87–109, hier: S. 107.

12 Vgl. *Gross*, The Sovietisation of Western Ukraine and Western Byelorussia, S. 72ff.; *Bogdan Musial*, Indigener Judenhaß und die deutsche Kriegsmaschinerie, S. 1833ff.; *Bogdan Musial*, „Konterrevolutionäre Elemente sind zu erschießen". Die Brutalisierung des deutsch-sowjetischen Krieges im Sommer 1941, Berlin ²2001, S. 42ff.

13 *Roman*, Die sowjetische Okkupation der polnischen Ostgebiete, S. 102.

14 *Chiari*, Alltag hinter der Front, S. 40.

15 Ebd., S. 41.

nissen Jasiewiczs Angehörige aller ethnischen Gruppen im sowjetischen Besatzungsapparat mit.[16] Es fällt auf, dass in den Dorfräten nur sehr wenige Juden vertreten waren.[17]

Alexander B. Rossino geht davon aus, dass „eine gewisse Zahl" der Juden mit der sowjetischen Besatzungsmacht „kollaborierte". Indes, so Rossino, „when speaking of an unholy union between all Jews and communists, one can only conclude that scholars are dealing with a fantasy imagined by resentful Poles, a perceived reality that proved to be more influential than reality itself".[18] Die letztgenannte Aussage wird durch die Forschungsarbeit Alexander Brakels bestätigt, der in seiner Fallstudie zu Baranowicze zu folgendem Ergebnis kommt:

> "neither the composition of the occupational machinery, including its local abettors and helpers, nor the policy this machinery conducted in the field, justifies the impression of a close nexus between Jews and the occupying Soviet power. In spite of that, this was exactly the impression many inhabitants, especially the Poles, harboured and nurtured. [...] The fact that large numbers of Jews also fell victim to the new rulers was ignored. Similarly, people ignored the much larger numbers of Belarussians in nearly all political and administrative positions, concentrating only on those Jews working within the Soviet administration. This indicates that the stereotype of alleged 'Jewish collaboration' was not adopted and internalized mainly because it was anchored in genuine facts, but rather principally as a result of the cliché of the 'Jewish bolshevism' (żydokomuna). Already in the interwar period, this cliché had been widespread. Now in a

---

16 *Krzysztof Jasiewicz*, Pierwsi po diable. Elity sowieckie w okupowanej Polsce 1939–1941 (Białostocczyna, Nowogródczyzna, Polesie, Wileńszczyzna), Warszawa 2001.

17 *Gross*, A tangled web, S. 97 und Fußnote 56, S. 123f. Als Beleg verweist Gross auf ein Dokument, das Auskunft über die Etablierung provisorischer Behörden und Bauernkomitees im Westlichen Weißrussland gibt. Es enthält eine Liste von 28 Mitgliedern des Kriegsrats der Weißrussischen Front. Gross schreibt, vielleicht drei oder vier Mitglieder, „judging by their names, might be Jewish". Vgl. ebd., S. 124. Nach Erkenntnissen Wierzbickis gab es in den Dorfräten – z.B. im Bezirk Wilia – „nur 2,4 % Juden". Dies sei „wegen ihrer spezifischen Siedlungsstruktur verständlich". Zur Repräsentation der Juden in den städtischen Räten schreibt er, dass sie in den Bezirken Wilia und Białystok eine „ansehnliche Gruppe" ausgemacht hätten: „so im Stadtrat von Białystok 20,6 %, in Łomża 24 % und in Grodno 26,5 % aller Deputierten." Nach Angaben Wierzbikkis gab es in den Stadträten des Bezirks Wilia 31% jüdische Abgeordnete und in Pińsk 26 %. Indes sei ihr Anteil in der Zwischenkriegszeit zum Teil viel höher gewesen sei, so habe er in Pińsk rund 70 % betragen. Vgl. *Wierzbicki*, Die polnisch-jüdischen Beziehungen unter sowjetischer Herrschaft, S. 192.

18 *Alexander B. Rossino*, Polish „Neighbours" and German Invaders: Anti-Jewish Violence in the Białystok District during the Opening Weeks of Operation Barbarossa, in: Polin. A Journal of Polish Jewish Studies 13 (2003), S. 431–452, hier: S. 443.

> climate of growing animosity toward the occupiers and their allies, it could be easily adopted to the new political situation. Another indicator for this thesis is the often heard accusation that Jews were informers, denouncing their neighbours, colleagues, etc. What is curious about this is the fact that almost no one could know who had 'informed' on him or her, for it is the very nature of such informing to remain confidential. Therefore we can assume that it was the stereotype of żydokomuna that determined the perception, and not the other way round. Actually, existing examples of collaborating Jews or of a collaborating Jewish minority only served as evidence for already ingrained stereotypes, and were projected upon the Jewish population as a whole."[19]

Anhänger des Stereotyps der „Żydokomuna"[20] nehmen also unzulässige Verallgemeinerungen vor, die jeder empirischen Grundlage entbehren.[21] Sie blenden mehrere Aspekte aus. Erstens waren jüdische Kommunisten nur eine Minderheit innerhalb der jüdischen Gemeinschaft, zweitens war die kommunistische Ideologie, wie Jan T. Gross betont, nicht repräsentativ für die Shtetl-Juden: „But left-wing and other secular ideologies had relatively few local adherents and were not representative among the shtetl Jews."[22] Drittens, auch darauf hat Gross hingewiesen, litt die jüdische Bevölkerungsgruppe in erheblichem Maße unter der Sowjetisierung der Wirtschaftspolitik und des kulturellen Lebens.[23] Zu einer ähnlichen Einschätzung kommt Chiari, der darauf hinweist,

---

19 *Alexander Brakel*, Was there a „Jewish Collaboration" under Soviet Occupation? A Case Study from the Baranowicze Region, in: Barkan / Cole / Struve (Hrsg.), Shared History – Divided Memory, S. 225–244, hier: S. 242 und S. 234–244.

20 Vgl. *Agnieszka Pufelska*, Die „Judäo-Kommune". Ein Feindbild in Polen. Das polnische Selbstverständnis im Schatten des Antisemitismus 1939–1948, Paderborn 2007.

21 Das Stereotyp des pro-sowjetischen und anti-polnischen Juden findet sich auch, worauf Joanna B. Michlic hingewiesen hat, in den Schriften einiger polnischer Historiker zur sowjetischen Besatzungspolitik Ostpolens. Sie führt überzeugend aus, warum Tomasz Strzembosz, Bogdan Musiał, Marek J. Chodakiewicz und Marek Wierzbicki als Vertreter einer nationalistischen Geschichtsschreibung („ethno-nationalist school of history writing") gelten können. Vgl. *Joanna B. Michlic*, Anti-Polish and Pro-Soviet? 1939–1941 and the Stereotyping of the Jew in Polish Historiography, in: Barkan / Cole / Struve (Hrsg.), Shared History – Divided Memory, S. 67–101, hier: S. 85–100.

22 *Jan Gross*, The Jewish Community in the Soviet-Annexed Territories on the Eve of the Holocaust. A Social Scientist's View, in: Lucjan Dobroszycki / Jeffrey S. Gurock (Hrsg.), The Holocaust in the Soviet Union. Studies and Sources on the Destruction of the Jews in the Nazi-Occupied Territories of the USSR, 1941–1945, New York 1993, S. 155–171, hier: S. 158.

23 Gross schreibt: „Given the socioeconomic circumstances of the Jewish population – that refugees made up such a significant fraction of the total; that Jews were predominantly self-employed, and hence belonged to the propertied, capitalist class; that the language of Jewish religious identity and practice, Hebrew, was proscribed by the Soviets, who in the name of emancipation of the common man and secularization pro-

dass die jüdische Bevölkerung „besonders stark von den ökonomischen Auswirkungen betroffen“ war, „die die Sowjetisierung der Wirtschaft mit sich brachte“. Ferner, so Chiari, bedeutete Sowjetisierung für sie „den Verlust religiöser und kultureller Selbstbestimmung“.[24] Nichtsdestotrotz hielten viele Polen die Juden für Profiteure des verhassten sowjetischen Systems.

Agnieszka Pufelska hat darauf hingewiesen, dass die sowjetische Besatzungspolitik in Ostpolen in erster Linie „auf sozio- und machtpolitischen und erst in zweiter Linie auf ethnopolitischen Kategorien“ basierte: „Sowjetische Kooperationsangebote richteten sich gleichermaßen“, so Pufelska, „an alle ethnischen Gruppen, so wie ihr Klassenkampf allen konterrevolutionären Elementen galt“.[25] Angehörige der weißrussischen Intelligenz galten den sowjetischen Machthabern der Weißrussischen Sozialistischen Sowjetrepublik als „Nationalisten und Reaktionäre“. Bernhard Chiari zufolge gehörten sie zu den ersten Opfern von Repression und Vertreibung.[26] Zu den brutalsten Methoden der Sowjetisierung zählten Deportationen. Für alle Bewohner der Weißrussischen Sowjetrepublik gehörten, so Chiari, die sowjetischen Deportationen zwischen 1939 und 1941 „zum Alltag“.[27] Er geht davon aus, dass 990.000 Einwohner unter dem Etikett „unzuverlässig“ in das östliche Gebiet der Sowjetunion transportiert wurden.[28] Im Jahr 1940 – im Februar, April und Juni – wurden drei Deportationen durchgeführt.[29] Die Opfer wurden auf der Grundlage

---

moted Yiddish instead – for all these reasons, the Jewish community, though not deliberately discriminated against as an ethnic group, suffered probably the heaviest adverse impact of sovietization.“ *Gross*, The Jewish Community in the Soviet-Annexed Territories, S. 166.

24 *Chiari*, Alltag hinter der Front, S. 50. Pinchuk hat die Folgen des Verlustes kultureller und religiöser Autonomie für die jüdische Bevölkerungsgruppe wie folgt beschrieben: „The elaborate network of Jewish autonomous institutions was destroyed within a couple of months after the occupation. For the Jews, a non-territorial, ethnic-religious minority, the destruction of the collective organizations and institutions meant, in the long run, the death of a distinct and separate group existence. Thus the *kehilla*, the Jewish communal organization, which had an official status in independent Poland with the right to raise taxes, ceased to exist. A similar fate befell the many philanthropic, welfare, cultural, and educational institutions in the area. Actually, all organized Jewish life came to a standstill, except for a de-nationalized Yiddish school system that was under constant pressure to change the language of instruction.“ *Pinchuk*, Facing Hitler and Stalin, S. 65f.

25 *Pufelska*, Die „Judäo-Kommune“, S. 75.

26 Vgl. *Chiari*, Alltag hinter der Front, S. 42.

27 Ebd., S. 46.

28 Ebd., S. 47.

29 Vgl. ebd., S. 47f.

nationaler und sozialer Kriterien ausgewählt.[30] Von der Deportationswelle im April 1940 waren nach Erkenntnissen Chiaris fast alle gesellschaftlichen Gruppen betroffen: „ehemalige Offiziere und Unteroffiziere der Armee, Polizeiangehörige, Landbesitzer, Lehrer in Grund- und Mittelschulen, Unternehmer und Geschäftsleute (viele von ihnen Juden), Politiker nichtkommunistischer und nationaler Parteien, Angehörige lokaler politischer Vertretungen, Rechtsanwälte, Angestellte, weißrussische, ukrainische und jüdische 'nationale Aktivisten', ehemalige Angehörige der Kommunistischen Partei, aber auch wohlhabende Bauern."[31] In der Region um Łomża und Białystok fand am 19. und 20. Juni 1941 eine weitere große Deportation statt: Nach sowjetischen Angaben wurden 22.353 Personen deportiert und 2.059 verhaftet.[32]

Abschließend lässt sich mit Bogdan Musial feststellen, dass das ehemalige Ostpolen am Vorabend des Überfalls auf die Sowjetunion „einem Hexenkessel" glich, „in dem sich negative Emotionen und Leidenschaften – vor allem Haß und Rachegelüste – infolge der sowjetischen Besatzungspolitik auf unvorstellbare Weise aufgeheizt hatten". In erster Linie richteten sich, so Musial, Hass und Rachegelüste „gegen sowjetische Täter, Angehörige des sowjetischen Besatzungsapparates, einheimische Kollaborateure, gleichgültig welcher ethnischen Herkunft, aber vielfach auch gegen alle Juden, die in den Augen vieler Nichtjuden unter sowjetischer Besatzung angeblich besonders privilegiert waren".[33]

1.2 Beginn der Vernichtungspolitik: Zu den Morden an den Juden in den ersten Monaten der deutschen Besatzung

Die Sowjetisierung Ostpolens wurde mit dem deutschen Überfall auf die Sowjetunion am 22. Juni 1941 unterbrochen. Wenige Tage nach der Invasion begannen deutsche SS- und Polizeiverbände mit Massenmorden an der jüdischen Bevölkerung.[34] In der weißrussischen Sowjetrepublik, zu der die Woje-

30 *Roman*, Die sowjetische Okkupationspolitik der polnischen Ostgebiete, S. 104f.

31 Vgl. *Chiari*, Alltag hinter der Front, S. 48.

32 Vgl. *Bogdan Musial*, Indigener Judenhaß und die deutsche Kriegsmaschinerie. Der Nordosten Polens im Sommer 1941, in: Osteuropa 53 (2003), S. 1830–1841, hier: S. 1834.

33 Ebd., S. 1837.

34 Vgl. *Peter Longerich*, Politik der Vernichtung. Eine Gesamtdarstellung der nationalsozialistischen Judenverfolgung, München 1998, Kapitel V; *Christian Gerlach*, Die Ausweitung der deutschen Massenmorde in den besetzten sowjetischen Gebieten im Herbst

wodschaft Białystok gehörte, waren die Einsatzgruppe B der Sicherheitspolizei und des SD[35], kleinere vom Befehlshaber der Sicherheitspolizei (BdS) Krakau aufgestellte Kommandos[36] und das Polizei-Regiment Mitte mit den Polizeibataillonen 307, 309, 316 und 322 hauptverantwortlich für die Morde an der jüdischen Bevölkerung.[37] Beinahe in allen Orten auf dem Gebiet des späteren Bezirks Bialystok wurden während der ersten Okkupationstage Gruppen von Juden ermordet, zum Teil sogar sämtliche Bewohner eines Viertels. Schauplätze der Vernichtungsaktionen waren das Gebiet um den Urwald Białowieża sowie verschiedene Kreise – Łomża, Wysokie Mazowieckie, Grajewo – und Teile der Kreise Białystok, Kolno und Ostrów Mazowiecka.[38]

An der ersten Mordaktion in der Stadt Białystok am 27. Juni 1941 beteiligte sich auch die Wehrmacht. Das Infanterieregiment 350 ermordete russische

---

1941, in: ders., Krieg, Ernährung, Völkermord. Forschungen zur deutschen Vernichtungspolitik im Zweiten Weltkrieg, Hamburg 1998, S. 10–84, hier: S. 56ff.

35 Die Einsatzgruppe B unter Arthur Nebe gliederte sich in die Sonderkommandos 7a und 7b und in die Einsatzkommandos 8 und 9. Die Sonderkommandos 7a und 7b waren der 9. bzw. 4. Armee zugeordnet, das Einsatzkommando 9 der 403. und das Einsatzkommando 8 der 221. Sicherungsdivision. Vgl. *Christian Gerlach*, Die Einsatzgruppe B, in: Peter Klein (Hrsg.), Die Einsatzgruppen in der besetzten Sowjetunion 1941/42. Die Tätigkeits- und Lageberichte des Chefs der Sicherheitspolizei und des SD, Berlin 1997, S. 52–70, hier: S. 54. Das Einsatzkommando 8 unter SS-Sturmbannführer Dr. Bradfisch „operierte vom 1.7. bis 4.7.1941 in Bialystok und Umgebung (Bereich der Sicherungsdivision 221)". Tätigkeitsbericht des Chefs der Einsatzgruppe B für die Zeit vom 23.6.1941 bis zum 13.7.1941, in: *Klein* (Hrsg.), Die Einsatzgruppen, S. 375–386, hier: S. 377.

36 In der Ereignismeldung Nr. 25 vom 17. Juli 1941 heißt es, der BdS Krakau habe aus „Angehörigen der Sipo und des SD im Generalgouvernement Einsatzkommandos bzw. Einsatztrupps zur Erfüllung von Aufgaben sicherheitspolizeilicher und SD-mäßiger Art in dem dem Generalgouvernement gegenüberliegenden neubesetzten Raum gebildet". Zit. n.: Barch, B 162/1500, Bd. 1, Bl. 5. In einem am 14. Juli 1941 verfassten Tätigkeitsbericht des Chefs der Einsatzgruppe B ist vermerkt: „Am 3.7.1941 wurden vom Kommandeur der Sicherheitspolizei und des SD in Warschau 4 Unterstützungstrupps unter Führung des SS-Sturmbannführers Wenzel nach Bialystok in Marsch gesetzt. [...] Der unter Führung von SS-Hauptsturmführer Birkner stehende Trupp – 6 Führer, 22 Unterführer und Männer – blieb in Bialystok. Von ihm wird noch später Bielsk und später Grodno mitbetreut." Tätigkeitsbericht des Chefs der Einsatzgruppe B, S. 375. Nach den Erkenntnissen der Zentralen Stelle Ludwigsburg waren im Bezirk Bialystok vier EK zBV zur Unterstützung und Ablösung der regulären Einsatzkommandos tätig. Es handelte sich neben dem EK Bialystok des KdS Warschau mit den Einsatzgebieten Kreis Białystok und Bielsk um das EK der Stapostelle Zichenau-Schröttersburg, das EK der Stapostelle Allenstein (Einsatzgebiet Grajewo) und das EK der Stapostelle Tilsit (Einsatzgebiet Grodno, Gebiet um Augustów). Vgl. Aktenvermerk AGR Opitz v. 8.5.1962, in: Barch, B 162/AR-Z 13/62, Bl. 2.

37 Vgl. *Gerlach*, Kalkulierte Morde, S. 540.

38 *Datner*, Eksterminacja ludności żydowskiej w okręgu białostockim, S. 21.

Soldaten und Juden. Der „schlesischen" 221. Sicherungsdivision, die als erste deutsche Einheit in Białystok einmarschierte, war das Polizeibataillon 309 unterstellt. Die 1. Kompanie dieses Bataillons erschoss zunächst bei der Durchsuchung der Stadt 250 Juden. Schließlich ließ sie etwa 800 weitere Juden – Männer, Frauen und Kinder – in der Großen Synagoge lebendig verbrennen.[39] Wenige Tage später wurden weitere Juden aus Białystok ermordet. So führte das Einsatzkommando 8 der Einsatzgruppe B nach Feststellungen des Landgerichts München in den ersten Julitagen zwei Erschießungsaktionen in der Stadt durch, „bei denen eine nicht mehr genau feststellbare Zahl von Juden männlichen Geschlechts im Alter von 18–65 Jahren, mindestens jedoch einmal 800 und einmal 100, getötet wurden".[40] Seit der Nacht vom 5. auf den 6. Juli 1941 befanden sich die Polizeibataillone 316 und 322 in Białystok. Der Höhere SS- und Polizeiführer (HSSPF) für Russland-Mitte, Erich von dem Bach-Zelewski, erteilte zwischen dem 8. und 11. Juli 1941 dem Kommandeur des Polizeiregiments Mitte (zu dem die Polizeibataillone 316 und 322 gehörten), Max Montua, den Befehl, jüdische Männer im Alter von 17 bis 45 festzunehmen und außerhalb der Stadt erschießen zu lassen.[41] Nach Feststellungen des Landgerichts Freiburg beteiligten sich Angehörige der 1. Kompanie des Polizeibataillons 322 „an einem nicht näher bestimmbaren Tage zwischen dem 5. und 18. Juli 1941"[42] an der Erschießung

39 Die Angaben über die Zahl der Opfer differieren bei Gerlach und Golczewski um ca. 100 Personen. Vgl. *Gerlach*, Kalkulierte Morde, S. 542f.; *Frank Golczewski*, Polen, in: Wolfgang Benz (Hrsg.), Dimension des Völkermords. Die Zahl der jüdischen Opfer des Nationalsozialismus, München 1991, S. 411–497, hier: S. 445. Christopher Browning spricht von mehr als 500 Personen. Vgl. *Christopher Browning*, Die Entfesselung der „Endlösung". Nationalsozialistische Judenpolitik 1939–1942. Mit einem Beitrag von Jürgen Matthäus, Berlin 2006, S. 374. Ausführliche Darstellungen des Massakers finden sich bei: *Daniel Goldhagen*, Hitlers willige Vollstrecker. Ganz gewöhnliche Deutsche und der Holocaust, München 2000, S. 226ff.; *Christopher Browning*, Ganz normale Männer. Das Reserve-Polizeibataillon 101 und die „Endlösung" in Polen, Hamburg 1998, S. 31f.; *Edmund Dmitrów*, Die Einsatzgruppen der deutschen Sicherheitspolizei und des Sicherheitsdienstes zu Beginn der Judenvernichtung im Gebiet von Łomża und Białystok im Sommer 1941, in: ders. u.a. (Hrsg.), Der Beginn der Vernichtung. Zum Mord an den Juden in Jedwabne und Umgebung im Sommer 1941. Neue Forschungsergebnisse polnischer Historiker, Osnabrück 2004, S. 95–208, hier: S. 146ff. und bei: *Wolfgang Curilla*, Die deutsche Ordnungspolizei und der Holocaust im Baltikum und in Weißrussland 1941–1944, Paderborn 2006, S. 510ff.

40 LG München I (v. 21.7.1961) 22 Ks 1/61, in: *Christiaan F. Rüter* (Hrsg.), Justiz und NS-Verbrechen. Sammlung deutscher Strafurteile wegen nationalsozialistischer Tötungsverbrechen 1945–1966, Bd. XVII, Amsterdam 1977, Lfd. Nr. 519, S. 672.

41 Vgl. *Curilla*, Die deutsche Ordnungspolizei und der Holocaust, S. 528ff.

42 LG Freiburg (v. 12.7.1963) I AK 1/63, in: *Christiaan F. Rüter* (Hrsg.), Justiz und NS-Verbrechen. Sammlung deutscher Strafurteile wegen nationalsozialistischer Tötungsverbrechen 1945–1966, Bd. XIX, Amsterdam 1978, Lfd. Nr. 555, S. 437. Andrej

von mindestens 1.000 männlichen Juden[43] aus Białystok, die in einem Wald in der Nähe von Białystok durchgeführt wurde. An dem Massenmord nahmen auch Angehörige der Sicherheitspolizei und Angehörige des Polizeibataillons 316 teil. Das Landgericht Bochum stellte fest, dass mindestens 1.200 Männer von Angehörigen aller drei Kompanien des Polizeibataillons 316 sowie von Angehörigen der ersten Kompanie des Polizeibataillons 322 erschossen wurden.[44] Wolfgang Curilla schätzt, dass es wahrscheinlich 3.000 jüdische Opfer gab,[45] Datner geht davon aus, dass 4.000 Männer aus Białystok mit Lastwagen aus der Stadt gefahren und in Pietrasze, zwei Kilometer von Białystok entfernt, ermordet wurden.[46]

Das Polizeibataillon 322 führte im Sommer 1941 weitere Erschießungsaktionen größeren Ausmaßes in Białystok und Umgebung durch. So heißt es im Kriegstagebuch des Polizeibataillons 322 unter dem Eintrag vom 17. Juli 1941: „Im Verlauf der vom Batl. in Bialystok vom 6.7.1941 bis 17.7.1941 durchge-

---

Angrick, Martina Vogt, Silke Ammerschubert und Peter Klein datieren den Zeitpunkt der Erschießung auf den 8. Juli 1941. Vgl. *Andrej Angrick / Martina Vogt / Silke Ammerschubert / Peter Klein*, „Da hätte man schon ein Tagebuch führen müssen“. Das Polizeibataillon 322 und die Judenmorde im Bereich der Heeresgruppe Mitte während des Sommers und Herbst 1941, in: Helge Grabitz u.a. (Hrsg.), Die Normalität des Verbrechens. Bilanz und Perspektiven der Forschung zu den nationalsozialistischen Gewaltverbrechen. Festschrift für Wolfgang Scheffler zum 65. Geburtstag, Berlin 1994, S. 325–385, hier: S. 335f. Browning geht davon aus, dass die Erschießung am 12. Juli oder am Morgen des 13. Juli stattfand. Vgl. *Browning*, Ganz normale Männer, S. 35. Datner nennt Samstag, den 11. Juli, als Zeitpunkt. Die Opfer seien „sobotni“ genannt geworden. Sobotni ist abgeleitet von dem polnischen Wort sobota, Samstag. Vgl. *Szymon Datner*, Walka i zagłada białostockiego ghetta, Łódź 1946 [Der Kampf und die Vernichtung des Białystoker Ghettos], Übersetzung für das LG Bielefeld, in: Barch, B 162/AR-Z 900/68, Bl. 0351–0416, hier: Bl. 0366.

43 Die genaue Zahl der Opfer konnte in dem Strafverfahren gegen Angehörige des Polizeibataillons 322 nicht festgestellt werden. Die Anklage ging von ca. 3.000 Erschossenen aus, das Landgericht Freiburg von mindestens 1.000 jüdischen Männern. „Wahrscheinlich“, so das Gericht im Urteil, „ist die Zahl noch um einiges höher“. LG Freiburg (12.7.1963) I AK 1/63, in: *Rüter* (Hrsg.), Justiz und NS-Verbrechen, Bd. XIX, Lfd. Nr. 555, S. 438.

44 Vgl. LG Bochum (v. 5.6.1968) 16 Ks 1/66, in: *Christiaan F. Rüter / Dick W. de Mildt* (Hrsg.), Justiz und NS-Verbrechen. Sammlung deutscher Strafurteile wegen nationalsozialistischer Tötungsverbrechen 1945–1999, Bd. XXIX, Amsterdam / München 2003, Lfd. Nr. 678.

45 Vgl. *Curilla*, Die deutsche Ordnungspolizei und der Holocaust, S. 531 und S. 549; *Datner*, Der Kampf und die Vernichtung, in: Barch, B 162/AR-Z 900/68, Bl. 0366.

46 Ebd., Bl. 0366.

führten Aufgaben wurden wegen begangener Plünderungen bzw. Fluchtversuche 105 Zivilisten und Soldaten des russischen Heeres [...] erschossen."[47]

An einigen Orten des Bezirks Bialystok unterstützten Teile der einheimischen Bevölkerung die Verfolgungs- und Vernichtungsmaßnahmen der Deutschen.[48] In der Region des westlichen Weißrussland, in der es in vielen Kleinstädten und Dörfern brutale Überfälle auf Juden gab, beteiligten sich die nichtjüdischen Einwohner an antijüdischen Ausschreitungen, Raubüberfällen, Pogromen und Mordaktionen.[49] Nach Recherchen Andrzej Żbikowskis begann die antijüdische Gewalt in 51 von 67 Ortschaften, die in den Quellen genannt werden, vor dem 4. Juli 1941, also dem Tag, an dem eine Spezialeinheit der Sicherheitspolizei unter dem Kommando des SS-Hauptsturmführers Wolfgang Birkner Białystok erreichte.[50]

Zwar veranlassten die Deutschen nicht in allen Fällen die Verbrechen. Dennoch war die deutsche Besetzung Ostpolens am 22. Juni 1941 eine notwendige Bedingung dafür, dass Teile der polnischen Bevölkerung Morde an der jüdischen Bevölkerung verübten. Paweł Machcewicz hat darauf hingewiesen, dass sich die „entscheidende Frage nach der Rolle der Deutschen" bei den Pogromen und der Gewalt gegen Juden „in jedem Ort" in der Gegend von Białystok und Łomża „etwas anders darstellte".[51] Er konstatiert, dass die Deutschen in „vielen Fällen", z.B. in Tykocin[52], Rajgród[53], Suchowola[54] und Zaręby Koś-

47 Aus dem Kriegstagebuch 1 des Polizeibataillons 322 vom 8. bis 22. August 1941 bei Bialystok, in: *Werner Röhr* (Hrsg.), Die faschistische Okkupationspolitik in Polen (1939–1945), Berlin 1989, Dokument 89, S. 200–202, hier: S. 200.

48 Vgl. *Datner*, Eksterminacja ludności żydowskiej w okręgu białostockim, S. 22; *Wierzbicki*, Polacy i Żydzi w zaborze sowieckim, S. 194f.; *Sara Bender*, The „Reinhardt Action" in the „Bialystok District", in: Anders u.a. (Hrsg.), Bialystok in Bielefeld, S. 186–208, hier: S. 191.

49 Vgl. *Andrzej Żbikowski*, Pogromy i mordy ludności w Łomżyńskiem i na Białostocczyźnie latem 1941 roku w świetle relacji ocalałych Żydów i dokumentach sądowych, in: *Paweł Machcewicz / Krzysztof Persak* (Hrsg.), Wokół Jedwabnego, Tom 1, Studia, Warszawa 2002, S. 159–271; *Andrzej Żbikowski*, Pogroms in Northeastern Poland – Spontaneous Reactions and German Instigations, in: Elzar Barkan / Elizabeth A. Cole / Kai Struve (Hrsg.), Shared History, S. 315–353; *Andrzej Żbikowski*, Żydzi na kresach północno-wschodnich II Rzeczypospolitej, wrzesień 1939–lipiec 1941, Warszawa 2006.

50 Vgl. *Żbikowski*, Pogroms in Northeastern Poland, S. 316.

51 *Paweł Machcewicz*, Rund um Jedwabne, in: Dmitrów u.a. (Hrsg.), Der Beginn der Vernichtung, S. 19–94, hier: S. 51.

52 Vgl. das Zeugnis Menachem Tureks vom 29. Oktober 1946, in: *Machcewicz / Persak* (Hrsg.), Wokół Jedwabnego, Tom 2, S. 346–355. Eine Zusammenfassung findet sich bei Żbikowski, der außerdem auf das Zeugnis Icchak Felers verweist. Vgl. *Żbikowski*, Pogromy i mordy ludności, S. 213–215.

cielne[55], als „Anstifter und Hauptvollstrecker der Exekutionen" auftraten und sich die Polen „der von ihnen initiierten Aktion" anschlossen. Zur Rolle der Polen in diesen Fällen führt er zusammenfassend aus: „Sie beteiligten sich daran, Juden aus ihren Häusern zu treiben, sie zu bewachen und im Konvoi abzuführen, zu schlagen, und in einigen Fällen begingen sie auch Morde." Polen, so Machcewicz, „fungierten häufig als Informanten der einrückenden Einheiten und lieferten den Deutschen tatsächliche oder vermeintliche Kommunisten, sprich Juden aus". In anderen Orten, z.B. in Goniądz[56], Wąsosz[57], Jedwabne und Radziłów[58], waren Polen dagegen „die unmittelbaren Täter" der Morde an den Juden. Die Deutschen traten in diesen Fällen „als Anstifter und Mitorganisatoren des Judenmordes in Erscheinung, ermunterten zum Schlagen und Ermorden und gaben zu verstehen, dass die jüdische Bevölkerung außerhalb jeden Rechts stand". Aus den Quellen geht ferner hervor, dass in den Ortschaften Kolno[59], Rutki[60], Grajewo[61] und Szczuczyn[62] „ein Teil der lokalen polnischen Bevölkerung aus eigenem Antrieb" kurz nach dem 22. Juni 1941 Pogrome an der jüdischen Bevölkerung verübte, „die offenbar nicht direkt von den Deutschen veranlasst wurden".[63] Nach Angaben von Machcewicz kam es in mehr als zwanzig Orten zu Mordaktionen mit polnischer Beteiligung, wobei die Dimensionen der Verbrechen an zwei Orten sehr groß waren.[64] Es handelt sich um die Pogrome am 7. Juli in Radziłów und am 10. Juli in Jedwabne. In diesen Fällen ermordeten polnische Täter ihre jüdischen Nachbarn auf besonders grausame Weise. Hunderte jüdische Männer, Frauen und Kinder wurden – nachdem zunächst einzelne Juden in Radziłóws und Jedwabnes auf brutale Art

53 Vgl. das Zeugnis Lejb Lewintins vom 2. Juli 1947, in: *Machcewicz / Persak* (Hrsg.), Wokół Jedwabnego, Tom 2, S. 326–327 sowie *Żbikowski*, Pogromy i mordy ludności, S. 184–186.

54 Vgl. *Żbikowski*, Pogromy i mordy ludności, S. 194–200.

55 Vgl. das Zeugnis Cypa Goldbergs vom 12. Juni 1945, in: *Machcewicz / Persak* (Hrsg.), Wokół Jedwabnego, Tom 2, S. 370–371 sowie das Zeugnis Rachel und Mindel Olszaks, in: ebd., S. 370–374.

56 Vgl. *Żbikowski*, Pogromy i mordy ludności, S. 186–194.

57 Vgl. ebd., S. 228–230.

58 Vgl. ebd., S. 231–259.

59 Vgl. das Zeugnis Fajgel Gołąbeks vom 28. Juli 1946, in: *Machcewicz / Persak* (Hrsg.), Wokół Jedwabnego, Tom 2, S. 242–243.

60 Vgl. *Żbikowski*, Pogromy i mordy ludności, S. 225–226.

61 Vgl. ebd., S. 180–183.

62 Vgl. das Zeugnis Basia Kacpers vom 11. August 1946, in: *Machcewicz / Persak* (Hrsg.), Wokół Jedwabnego, Tom 2, S. 340–341.

63 Ebd., S. 51.

64 Vgl. ebd., S. 51.

und Weise ermordet worden waren – in eine Scheune getrieben und verbrannten bei lebendigem Leibe.[65]

Insgesamt fielen zwischen Juli und September 1941 31.000 bis 50.000 Juden des Bezirks dem Massenmord zum Opfer.[66] Die Überlebenden wurden in Ghettos verbracht.[67] Die meisten Ghettos des Bezirks wurden im Sommer und Herbst 1942 eingerichtet. Die größten Ghettos befanden sich in den Städten Białystok[68] und Grodno.

1.3 Fazit und Ausblick

Mit dem Einmarsch der Deutschen in Białystok und Umgebung im Juni 1941 eskalierte die Gewalt in einem für die Bevölkerung bisher nicht bekannten und nicht vorstellbaren Maße. Der Terror der Besatzungsmacht richtete sich gegen

---

65 *Jan Tomasz Gross*, Nachbarn. Der Mord an den Juden von Jedwabne, München 2001. Zu den Morden in Radziłów vgl. die Zeugnisse Menachem Finkelsztejns aus dem Jahr 1945. Sie sind abgedruckt in: *Paweł Machcewicz / Krzysztof Persak* (Hrsg.), Wokół Jedwabnego, Tom 2, Dokumenty, Warszawa 2002, S. 246–257, zu den Geschehnissen in Jedwabne die Zeugnisse von Szmul Wasersztejn und Abrahahm Śniadowicz, in: ebd., S. 223–226. Die Originale der Aussagen befinden sich im Archiv des Jüdischen Historischen Instituts Warschau. Gross zitiert den Bericht Wasersztejns vom 5. April 1945 vor der Jüdischen Historischen Kommission und das Zeugnis Finkelsztejns vom 27. September 1945 in seinem Buch. Vgl. *Gross*, Nachbarn, S. 23–26 und S. 49–56. Wasersztejn gab zu Protokoll, dass von den 1600 jüdischen Einwohnern Jedwabnes nur sieben überlebten. Vgl. ebd., S. 23. Die Forschung geht mittlerweile davon aus, dass die Zahl der Ermordeten geringer war. Tomasz Szarota meint, es seien wahrscheinlich „viermal weniger Juden" gewesen als im Buch „Nachbarn" angegeben. Vgl. *Tomasz Szarota*, Mord w Jedwabnem. Udział ludności miejscowej w Holokauście, in: ders., Karuzela na placu Krasińskich. Studia i szkice z lat wojny i okupacji, Warszawa 2007, S. 172–186, hier: S. 182.

66 Vgl. *Yitzhak Arad*, Belzec, Sobibor, Treblinka. The Operation Reinhard Death Camps, Indianapolis 1987. Bender geht von ungefähr 30.000 Opfern aus. Vgl. *Bender*, The „Reinhardt Action", S. 192. Golczewski spricht mit Berufung auf Datner von 40.000 bis 50.000 Toten in den ersten drei Besatzungsmonaten. Vgl. *Golczewski*, Polen, S. 446. Datner erklärte in seiner Vernehmung in der Hauptverhandlung der Strafsache gegen Dr. Altenloh u.A. (5 Ks 1/65) vor dem Landgericht Bielefeld v. 23.5.1966, im Juni und Juli 1941 seien vor allem männliche Juden erschossen worden. Vgl. L/StADT, D 21 A, Nr. 6341, Tonband 18 Vorderseite.

67 Vgl. *Arad*, Belzec, Sobibor, Treblinka, S. 131. Zu den Ghettos im Bezirk Bialystok siehe die Kurzbeschreibungen bei: *Roman Mogilanski*, The Ghetto Anthology, Los Angeles 1985 und die Einträge in: *Guy Miron / Shlomit Shulhani* (Hrsg.), The Yad Vashem Encyclopedia of the Ghettos during the Holocaust, Jerusalem 2009.

68 Zum Białystoker Ghetto liegen mittlerweile zwei Monographien vor. Vgl. *Sara Bender*, The Jews of Białystok during World War II and the Holocaust, Waltham Mass. 2008; *Ewa Rogalewska*, Getto Białostockie. Doświadczenie Zagłady – świadectwa literatury i życia, Białystok 2008.

Menschen, die im Sinne der NS-Ideologie als „rassisch minderwertig“ galten. Auf der untersten Stufe der Rassenhierarchie standen die Juden. Die Deutschen zeigten bereits in den ersten Tagen der Besatzung ihren Willen und ihre Bereitschaft, die jüdische Bevölkerung in Białystok und Umgebung umzubringen. An der Verfolgungs- und Vernichtungspolitik beteiligten sich Angehörige verschiedenster Institutionen der Besatzungsverwaltung. Für das Białystoker Ghetto gilt, dass die „Kompetenzen“ der einzelnen deutschen Besatzungsinstitutionen nicht eindeutig geregelt waren. Pesach Kapłan, ein Mitglied des Białystoker Judenrats,[69] äußerte sich 1943 wie folgt über die Politik der deutschen Dienststellen gegenüber dem Judenrat:

> „Die Beziehungen zu den Behörden waren erschwert infolge des Chaos, das in ihren Organen herrschte. Was die interne Hierarchie in der deutschen Militär-, Zivil- und Polizeiverwaltung anbetrifft, existiert nicht eine Behörde, sondern ein ganzes Konglomerat von Abteilungen und jede hält sich für die wichtigste in der Hierarchie und erlässt diktatorische, drakonische Anordnungen. Ganz oft stehen die Anordnungen der einen mit den Anordnungen der anderen im Widerspruch und man weiß nicht, auf wen man hören soll. Man spielt dann mit dem Leben, weil nicht selten mit Erschießung der Hälfte oder aller Judenratsmitglieder oder mit der Tötung von 100 bis 300 Juden gedroht wird.“[70]

Für den Judenrat und die jüdische Bevölkerung gab es in unter diesen Bedingungen keine Sicherheit, sondern nur die Gewissheit, dass von *allen* deutschen Stellen Forderungen, Drohungen, Demütigungen und Terror zu erwarten waren. Der Judenrat musste sich insbesondere mit Vertretern der Zivilverwaltung, mit dem Stadtkommissar, mit verschiedenen Abteilungen der Stadtverwaltung, mit der „Treuhandstelle für den Bezirk Bialystok“, mit dem Polizeipräsidenten und mit Angehörigen des SS- und Polizeiapparates auseinandersetzen. Das Białystoker Ghetto war auch für die Wehrmacht von Interesse. Mitte August 1941 wurde in Białystok eine Außenstelle der Rüstungsinspektion der Wehrmacht eingerichtet, deren Aufgabe es war, den Bezirk Bialystok auf seine rüstungswirtschaftliche Ausnutzung zu erkunden, Betriebe zu errichten und zu betreuen.[71] Auch im Białystoker Ghetto gab es Betriebe, die für die Belange der Wehrmacht produzierten.

---

69 Sara Bender untersucht in ihrer Arbeit Struktur, Abteilungen und Personal des Białystoker Judenrats. Vgl. *Bender*, The Jews of Białystok, S. 115–154. Zum Białystoker Judenrat vgl. auch: *Jenny Wajsenberg*, Toward an Interpretation of Ghetto: Bialystok, a Case Study, in: John Milfull (Hrsg.), Why Germany? National Socialist Anti-Semitism and the European Context, Oxford 1993, S. 193–207, hier: S. 201–207.

70 *Pesach Kapłan*, Judenrat w Białymstoku, in: Biuletyn ŻIH 60 (1966), S. 51–76, hier: S. 53. Kapłan schrieb den Artikel zwischen Februar und März 1943 auf Jiddisch. Er wurde von Adam Rutkowski ins Polnische übersetzt.

71 Vgl. Urteil 5 Ks 1/65, in: L/StADT, D 21 A, Nr. 6194, Bl. 33f.

Die Konkurrenzsituation zwischen verschiedenen Militär-, Zivil- sowie Polizei- und SS-Dienststellen war ein typisches Merkmal der deutschen Judenpolitik. Dan Michman hat am Beispiel der Organisationsformen „Judenrat" und „Judenvereinigungen" gezeigt, dass die vom SS- und Polizeiapparat bevorzugten Modelle auf Kompetenzkonflikte innerhalb der NS-Verwaltungsbehörden zurückgehen.[72] Andreas Ruppert verweist in seiner Analyse des Tagebuchs des Adam Czerniaków darauf, dass es für den Vorsitzenden des Warschauer Judenrats keine Chance gab, die Rivalität der verschiedenen deutschen Stellen zugunsten des Ghettos zu nutzen, da „sich alle Beteiligten in der Zielsetzung" einig gewesen seien und auch die Zivilverwaltung 1942 darauf gedrängt habe, „am Morden beteiligt zu werden".[73]

2. Der Bezirk Bialystok: Zur Struktur des Besatzungsapparates

Der Bezirk Bialystok wurde zunächst von den Militärbehörden verwaltet. Das Białystoker Ghetto wurde Ende Juli 1941, noch unter der Herrschaft der Militärverwaltung, eingerichtet. Im Zusammenhang mit der Einweisung in ein bestimmtes Stadtviertel verlangten die Deutschen von den in Białystok lebenden Juden die Abgabe von 10 kg Gold.[74] Der Arzt Dr. Aron Bejlin, der im Ghetto Direktor des in der Jurowiecka-Straße 7 gelegenen Spitals für Infektiöse Krankheiten war, bemerkte über den Umzug der Juden:

> „Wir sind ins Ghetto eingewiesen worden, das war ein seltsamer Anblick: Im Laufe von drei Tagen musste eine Bevölkerung von ungefähr 60.000 Menschen mit Frauen, Kindern, Greisen in einem Wohnviertel konzentriert werden, das so viele Leute gar nicht fassen konnte. Und Białystoks Straßen waren überschwemmt. Kinderwägelchen, alte Frauen, die sich mit ihren Bündeln auf den Schultern langsam zum Tor schleppten. Und deutsche Offiziere haben es fotografiert."[75]

---

72 *Dan Michman*, „Judenräte" und „Judenvereinigungen" unter nationalsozialistischer Herrschaft. Aufbau und Anwendung eines verwaltungsmäßigen Konzepts, in: ZfG 46 (1998), S. 293–304.

73 *Andreas Ruppert*, Das Tagebuch des Adam Czerniaków. Warschau 6. September 1939 – 23. Juli 1942, in: Freia Anders / Katrin Stoll / Karsten Wilke (Hrsg.), Der Judenrat von Białystok. Dokumente aus dem Archiv des Białystoker Ghettos, Paderborn 2010, S. 493–506, hier: S. 495.

74 Vgl. Aussage des Zeugen Dr. Aron Bejlin vor dem Schwurgericht Bielefeld (Strafsache gegen Dr. Altenloh u.A., 5 Ks 1/65) v. 25.5.1966, in: L/StADT, D 21 A, Nr. 6341, Tonband 18 Rückseite.

75 Vgl. ebd.

Am 1. August 1941 erfolgte der Übergang von der Militär- auf die Zivilverwaltung.[76] Die Militärregierung im rückwärtigen Armeegebiet der 9. Armee wurde weiter nach Osten verlegt. Die neue Verwaltungseinheit Bezirk Bialystok setzte sich zusammen aus Gebieten der ehemaligen Wojewodschaft Białystok (ohne die Gegend von Suwałki), zehn Gemeinden aus dem Bezirk Brest / Brześć (Hajnówka, Kamieniec, Kleszczele, Porozów, Prużany, Różana, Siemiatycze, Szereszew, Wysokolitew und Teilen von Kossów), Teilen des Kreises Baranowicze (Mostów, Szczuczyn, Wasilków und Zelwiensk) und den ursprünglich zu Litauen gehörenden Orten Druskienniki und Marcinkańce.[77] Der Bezirk grenzte an die ostpreußischen Regierungsbezirke Sudauen, Allenstein und Zichenau, an das Generalgouvernement und die Reichskommissariate Ukraine und Ostland. Auf dem ca. 32.000 km^2 umfassenden Gebiet[78] des Bezirks Bialystok lebten 1.682.000 Menschen, davon über eine Million Polen (1.024.000), 199.000 Juden, 427.000 Ukrainer, Weißrussen und Russen, 4.000 Deutsche und ca. 10.000 Angehörige anderer Nationalitäten.[79]

2.1 Quasi-Annexion: Zur Sonderstellung des Bezirks Bialystok

Das Schicksal der Region um Białystok wurde am 16. Juli 1941 auf einer Besprechung Hitlers mit Rosenberg, Lammers, Keitel und Göring erörtert. Thema war die Frage der Aufteilung und Ausbeutung der besetzten sowjetrussischen Gebiete unter dem Motto: „Grundsätzlich kommt es also darauf an, den riesenhaften Kuchen handgerecht zu zerlegen, damit wir ihn erstens beherrschen, zweitens verwalten, drittens ausbeuten können."[80] In einem Aktenvermerk vom 17. Juli heißt es, Reichsmarschall Göring halte es für

---

76 Vgl. *Wolfgang Scheffler*, Zur Organisation der Judendeportation unter besonderer Berücksichtigung des Schicksals der Juden im Bezirk Bialystok (1941–1943), Gutachten v. 8.7.1966, erstattet vor dem Schwurgericht Bielefeld, in: Barch, B 162/153, 4063, Bl. 1–94, hier: Bl. 33; *Waldemar Magunia*, Bericht über den Bezirk Bialystok (Berichtszeit 1.8.1941 bis 31.1.1942), in: Barch, Ost-Dok. 8/803, Bl. 1–4, hier: Bl. 2; Landesstelle Ostpreußen für Nachkriegsgeschichte, Die völkischen Verhältnisse des Bezirkes Bialystok und ihre geschichtliche Entwicklung, (Bericht Nr. 8) 1942, S. 19.

77 Vgl. *Michal Gnatowski*, Nationalsozialistische Okkupationspolitik im „Bezirk Bialystok", S. 165, Fußnote 1.

78 Vgl. *Gerlach*, Kalkulierte Morde, S. 174.

79 *Madajczyk*, Die Okkupationspolitik Nazideutschlands in Polen, S. 233–234. Meindl zufolge belief sich die Einwohnerzahl auf ungefähr 1,5 Millionen. Vgl. *Ralf Meindl*, Ostpreußens Gauleiter. Erich Koch – eine politische Biographie, Osnabrück 2007, S. 298.

80 Zit. n. *Scheffler*, Zur Organisation der Judendeportation, Bl. 32.

richtig, „verschiedene Teile des Baltenlandes, z.B. die Bialystoker Forsten, Ostpreußen zuzuteilen“.[81] Warum das Białystoker Gebiet schließlich in einem eigenen Bezirk zusammengefasst wurde, ist unklar. Der Historiker Michał Gnatowski nimmt an, „dass vollendete Tatsachen aus völkerrechtlichen Gründen vor Beendigung des Krieges mit der Sowjetunion vermieden werden sollten“.[82] Der ehemalige Oberpräsident und Gauleiter in Ostpreußen, Erich Koch, dem mit „Führer“-Erlass vom 17. Juli 1941 die Verantwortung für die Zivilverwaltung im Bezirk Bialystok übertragen wurde,[83] schreibt in seinem Lebenslauf, den er nach dem Krieg während des gegen ihn geführten Strafverfahrens in Polen verfasste, er habe versucht die Pläne Görings zu verhindern, den Bezirk Bialystok in ein Naturschutzgebiet umzuwandeln und die Bevölkerung vollständig auszusiedeln. Koch behauptet, er habe Hitler über die wirtschaftlichen Folgen des Göring-Planes informiert und dieser habe Koch daraufhin das Gebiet gegen seinen – Kochs – Wunsch übertragen. Die Zivilverwaltung habe seine Behörde übernehmen sollen.[84] Mit „Führer“-Erlass vom 15. August 1941 über „die vorläufige Verwaltung des Bezirks Bialystoks“ wurde Koch als „Chef der Zivilverwaltung“ (CdZ) bestätigt. Gemäß dem Erlass unterstand er Hitler unmittelbar und war befugt, „durch Verordnung Recht“ zu setzen.[85] Mit der Übernahme der Zivilverwaltung durch Koch erfolgte auch die Ernennung des Generalleutnants Hans-Erich Nolte zum Wehrmachtsbefehlshaber des Bezirks Bialystok.[86]

Der Bezirk Bialystok hatte eine staatsrechtliche Form „sui generis“, die als Provisorium gedacht war.[87] Laut Michał Gnatowski existierten zwischen 1941

---

81 Der Prozeß gegen die Hauptkriegsverbrecher vor dem Internationalen Militärgerichtshof, Bd. 38, Nürnberg 1949, S. 86ff., Dokument 221-L, zit. n. *Scheffler*, Zur Organisation der Judendeportation, Bl. 32.

82 *Gnatowski*, Nationalsozialistische Okkupationspolitik im „Bezirk Bialystok“, S. 163, Fußnote 5.

83 In dem „Führer“-Erlass v. 17.7.1941 heißt es: „Die Zivilverwaltung in dem Bezirk Bialystok übernimmt der Oberpräsident Ostpreußen“. Zit. n. *Scheffler*, Zur Organisation der Judendeportation, Bl. 32.

84 Akta procesu Kocha, in: IPN, Sąd Wojewódzki dla województwa warszawskiego (SWWW), sygn. 746, Bl. 66–68.

85 Vgl. Abschrift: Erlaß des Führers über die vorläufige Verwaltung des Bezirks Bialystoks v. 15.8.1941, in: L/StADT, D 21 A, Nr. 6333, B III, 2, Bl. 30.

86 Vgl. Barch, Ost-Dok. 8/797, *Hans-Erich Nolte*, Übergang d. Aufgaben d. Militärverwaltung auf zivile Behörden, Behandlung der einheimischen Bevölkerung und Bildung von Partisanengruppen.

87 Vgl. Einstellungsverfügung der Zentralstelle Dortmund, Verfahren gegen Fromm u.A. (Az. 45 Js 18/64), OStA Dr. Hesse, v. 2.2.1968, in: L/StAM, Staatsanwaltschaft Dortmund, Zentralstelle für NS-Verbrechen, 45 Js 18/64, Nr. 3652, Bl. 1–124, hier: Bl. 4.

und 1943 Pläne der deutschen Besatzungsmacht, den Bezirk Bialystok Ostpreußen und damit dem Deutschen Reich anzugliedern. Der Kriegsverlauf habe die Realisierung dieses Vorhabens indes verhindert.[88] Von der Annahme ausgehend, dass eine „direkte Annexion“ aufgrund des äußerst geringen Anteils der deutschen Einwohner unterblieb, konstatiert Christoph Bitterberg: „Ziel war die schrittweise Rechtsangleichung an das Deutsche Reich und die Vorbereitung der Annexion.“[89] Wolfgang Benz bezeichnet in seiner Typologie deutscher Herrschaftsformen die Unterstellung von Territorien unter „Chefs der Zivilverwaltung“ als „Form der De-Facto-Annexion“[90], Günther Moritz fasst den Bezirk Bialystok unter die Kategorie „quasi-annektierte Gebiete“.[91] Christian Gerlach spricht von einer „heimlichen bzw. inoffiziellen“ Annexion des Bezirks durch Ostpreußen.[92] Zeitgenössische Quellen bestätigen die These einer Quasi-Annexion oder inoffiziellen Annexion.[93] So heißt es in einem Schreiben des Innenministeriums vom 31. Oktober 1941 an die Reichskanzlei, es entspreche „dem Willen des Führers [...], Białystok jetzt so zu behandeln, als wenn es in die Provinz Ostpreußen eingegliedert wäre“.[94] Erste Schritte der Rechtsangleichung wurden vollzogen: Im November 1941 wurde die Zollgrenze aufgehoben,[95] am 1. November 1942 das deutsche Strafrecht eingeführt und eine deutsche Gerichtsbarkeit aufgebaut.[96] 1942 nahmen die Amtsgerichte

---

88 Vgl. *Gnatowski*, Nationalsozialistische Okkupationspolitik im „Bezirk Bialystok“, S. 163.

89 *Bitterberg*, Der Bielefelder Prozeß, S. 11.

90 *Wolfgang Benz*, Typologie der Herrschaftsformen in den Gebieten unter deutschem Einfluß, in: ders. u.a. (Hrsg.), Die Bürokratie der Okkupation. Strukturen der Herrschaft und Verwaltung im besetzten Europa, Berlin 1998, S. 11–25, hier: S. 15. Die Herrschaftsform der „De-Facto-Annexion“ betraf Benz zufolge Elsaß, Lothringen, Luxemburg, die Unter-Steiermark und den Bezirk Bialystok.

91 Vgl. *Günther Moritz*, Gerichtsbarkeit in den von Deutschen besetzten Gebieten 1939–1945, Tübingen 1955, S. 12.

92 Vgl. *Gerlach*, Kalkulierte Morde, S. 177 und S. 174f.

93 Zur Stützung seiner These führt Gerlach an, dass der Bezirk ab März 1942 ‘in der deutschen Außenhandelsstatistik als Inland geführt’ wurde und dass beim Rückzug der deutschen Truppen im Juli 1944 der Befehl galt, die Truppe befinde sich mit dem Erreichen der Kreise Sokółka, Grodno und Suwałki auf Reichsgebiet. Vgl. *Gerlach*, Kalkulierte Morde, S. 175, Fußnote 292.

94 BA Koblenz, R 43 II/132b, zit. n. *Madajczyk*, Die Okkupationspolitik Nazideutschlands, S. 144.

95 Vgl. ebd., S. 145.

96 Vgl. Verordnung des Oberpräsidenten als Chef der Zivilverwaltung über die Einführung des deutschen Rechts im Bezirk Bialystok v. 30.9.1942, in: Amtsblatt des Oberpräsidenten, Zivilverwaltung für den Bezirk Bialystok, Folge 16, 29.10.1942, S. 129. Die Verordnung trat am 1. November in Kraft. Vgl. ebd. § 8.

Białystok und Grodno sowie das Landgericht Białystok ihre Tätigkeit auf.[97] In einer Allgemeinen Verfügung des Reichsministers der Justiz vom 13. November 1942 heißt es: „Die Gerichte im Bezirk Bialystok sind als inländische Gerichte anzusehen."[98] Der deutschen Gerichtsbarkeit in Strafsachen waren indes nur die im Bezirk Bialystok tätigen und ansässigen Deutschen unterworfen.[99] Die einheimische Bevölkerung war der SS-Standgerichtsbarkeit unterstellt.[100]

Als Fazit ergibt sich: Der Bezirk Bialystok hatte sowohl rechtlich als auch verwaltungstechnisch einen Sonderstatus. Mit dem Reich und der Provinz Ostpreußen war er über Erich Koch als „Chef der Zivilverwaltung" verbunden.[101] Die Struktur des Besatzungsapparates im Bezirk Bialystok vereinigt – wie im Folgenden auf der Basis des relevanten Quellenmaterials aus deutschen und polnischen Archiven gezeigt wird – Elemente, die sowohl für das Reich als auch für das Generalgouvernement charakteristisch sind. In den nächsten beiden Abschnitten werden zentrale Institutionen und Dienststellen des zivilen Verwaltungs- sowie des SS- und Polizeiapparates vorgestellt, und es wird dargelegt, in welcher Form sie sich an der Verfolgungs- und Vernichtungspolitik beteiligten.

---

97 Vgl. *Moritz*, Gerichtsbarkeit, S. 84. Der Amtsgerichtsbezirk Grodno umfasste die Kreise Grodno, Sokółka und Augustów, der Amtsgerichtsbezirk Białystok die Kreise Białystok, Bielsk, Lomża, Wołkowysk und Grajewo. Vgl. *Schikowsky*, Die Einführung des deutschen Rechts in Bialystok, in: Zeitschrift für osteuropäisches Recht 10 (1943), S. 50–53, hier: S. 52; vgl. Verordnung des Oberpräsidenten als Chef der Zivilverwaltung über die Einführung des deutschen Rechts im Bezirk Bialystok v. 30.9.1942, § 6 (3).

98 Zit. n. *Schikowsky*, Die Einführung des deutschen Rechts, S. 50.

99 Vgl. Verordnung des Oberpräsidenten als Chef der Zivilverwaltung über die Einführung des deutschen Rechts im Bezirk Bialystok v. 30.9.1942, in: Barch, Ost-Dok. 13/439, Bl. 17; vgl. *Schikowsky*, Die Einführung des deutschen Rechts in Bialystok, S. 51; vgl.Vernehmung OStA Gerhard Herrmann durch StA Schaplow v. 10.8.1961, in: Barch, B 162/2062, Bd. 10, Bl. 182–187, hier: Bl. 183. Herrmann war von 1938 bis 1945 Leiter der Staatsanwaltschaft Lyck, Ostpreußen, die auch für den Bezirk Bialystok zuständig war. Vgl. ebd., S. 183. Siehe auch: *Schikowsky*, Die Einführung des deutschen Rechts, S. 52.

100 Verordnung des Oberpräsidenten als Chef der Zivilverwaltung über die Einführung der Strafrechtspflege im Bezirk Bialystok v. 19.12.1941, in: Amtsblatt des Oberpräsidenten, Folge 1, 20.1.1942, S. 1; Verordnung zur Abänderung der VO. über Einführung der Strafrechtspflege im Bezirk Bialystok (19.12.1941) v. 12.4.1942, in: Barch, Ost-Dok. 13/439, Auszüge aus Amts- und Versorgungsblättern des Chefs der Zivilverwaltung des Bezirks Bialystok, Bl. 15; vgl. *Schikowsky*, Die Einführung des deutschen Rechts in Bialystok, S. 51.

101 Vgl. *Meindl*, Ostpreußens Gauleiter, S. 302.

2.2 Zur zivilen Verwaltungsstruktur

Die personelle Ausgestaltung der Zivilverwaltung wurde weitgehend von Ostpreußen bestimmt. Amtschefs des selten im Bezirk anwesenden CdZ Erich Koch[102] waren der Leiter der Handwerkskammer und der Deutschen Arbeitsfront Ostpreußen, Waldemar Magunia, und der ehemalige Landrat in Tilsit-Land, Dr. Friedrich Brix. Magunias Dienstbezeichnung lautete „Der Beauftragte des Zivilkommissars für den Bezirk Bialystok". Er blieb bis Ende Januar 1942 in Białystok.[103] Nach der Abberufung Magunias nach Kiew war Brix, der sein Amt im Stabe Magunias bereits am 1. August 1941 angetreten hatte, der ständige Vertreter des CdZ und damit der höchste Beamte in der Zivilverwaltung des Bezirks. Koch soll Brix seine Direktiven nur mündlich erteilt haben.[104]

Jegliche Verantwortung für den Bezirk Bialystok abstreitend behauptete Koch nach dem Krieg, seine einzige Diensttätigkeit in Białystok sei die Amtseinführung seines Vertreters Brix in die Dienststelle „Chef der Zivilverwaltung" gewesen.[105] Die Zivilverwaltung, die ihren Sitz im Branicki-Schloss in der Stadt Białystok hatte, veröffentlichte ihre Verordnungen im „Amtsblatt des Oberpräsidenten, Zivilverwaltung für den Bezirk Bialystok". Die ersten von Koch gezeichneten Verordnungen regelten den Raub des Vermögens der einheimischen Bevölkerung: In einer Verordnung vom 22. August 1941 wurde der gesamte Wohn- und Grundbesitz im Bezirk beschlagnahmt, und eine Verordnung vom 3. September 1941 verfügte, dass das „Recht zur Beschlagnahme, zur Erfassung und Verwaltung der ehemals russischen, polnischen und jüdischen Vermögensobjekte" der „Treuhandstelle für den Bezirk Bialystok" zustehe.[106] Zum Leiter dieser Einrichtung wurde der frühere Leiter der von der „Haupttreuhandstelle Ost" errichteten Treuhandstelle Zichenau, Landrat Horst

102 Koch will nur zwei oder dreimal in Białystok gewesen sein. Vgl. Akta procesu Kocha, in: IPN, SWWW–759, Bl. 1367.

103 Vgl. *Gerlach*, Kalkulierte Morde, S. 175, Fußnote 296.

104 Vernehmung des Zeugen Dr. Friedrich Brix in der Hauptverhandlung der Strafsache gegen Dr. Altenloh u.A. (5 Ks 1/65) v. 30.3.1966, in: L/StADT, D 21 A, Nr. 6341, Tonband 3 Vorderseite.

105 Akta procesu Kocha, in: IPN, SWWW–759, Bl. 1367.

106 Verordnung des Oberpräsidenten als Chef der Zivilverwaltung für den Bezirk Bialystok über die Beschlagnahme des gesamten Wohn-Grundbesitzes im Bezirk Bialystok v. 22.8.1941; Verordnung des Oberpräsidenten als Chef der Zivilverwaltung für den Bezirk Bialystok über die Errichtung der Treuhandstelle für den Bezirk Bialystok v. 3.9.1941, in: Amtsblatt des Oberpräsidenten, Zivilverwaltung für den Bezirk Bialystok, Folge 11, 21.9.1941.

von Einsiedel, ernannt.[107] Beim Raub des jüdischen Vermögens sollte die „Treuhandstelle für den Bezirk Bialystok" eng mit der Zivilverwaltung zusammenarbeiten. So heißt es in einer von Brix gezeichneten Verordnung, die nach der Schließung der Ghettos im Bezirk und der Auflösung der ersten Ghettos bekannt gemacht wurde, die Treuhandstelle trete „in die von dem Stadtkommissar in Bialystok getroffenen vorläufigen Maßnahmen zur Verwertung jüdischen Vermögens ein" und übernehme „deren Abwicklung".[108]

Magunia erklärte nach dem Krieg, neben „der Sicherung des Landes und dem Aufbau einer personell und finanziell sparsamen Verwaltung" habe die „Hauptaufgabe" des CdZ und der Landräte „in der Nutzbarmachung der Wirtschaftskraft für das Deutsche Reich und für die Bedürfnisse der Landeseinwohner" bestanden.[109] Die Beamten der Zivilverwaltung hatten den Auftrag, die Ernährung des „Deutschen Volkes" sicherzustellen und die Arbeitskraft der nichtdeutschen Bevölkerung auszubeuten. Koch soll seinem ständigen Stellvertreter Brix folgende Richtlinien über die Behandlung der einheimischen Bevölkerung mit auf den Weg gegeben haben:

> „Dieses ist ein erobertes Gebiet, die Bevölkerung, die drin ist, hat Arbeit zu leisten für den Aufbau des Zerstörten, hat Arbeit zu leisten für die Kriegswirtschaft, hat Arbeit zu leisten für die Ernährung, für die Volksernährung und muss eingesetzt werden mit allen denkbaren Mitteln."[110]

Die Versorgung der einheimischen Bevölkerung sollte für die deutschen Beamten der Zivilverwaltung keine Rolle spielen. Göring wies Ende September 1941 in einem Schreiben an das Reichswirtschaftsministerium darauf hin, dass „die nichtdeutsche Bevölkerung mit Verbrauchsgütern und Waren aller Art, die dem Bezirk von außen zugeführt werden müssen, grundsätzlich nicht

---

107 Vgl. ebd. Siehe auch: *Bernhard Rosenkötter*, Treuhandpolitik. Die „Haupttreuhandstelle Ost" und der Raub polnischer Vermögen 1939–1945, Essen 2003, S. 257f. Der ständige Stellvertreter des CdZ, Brix, behauptete im Bielefelder Białystok-Prozess, die Treuhandstelle habe nicht der Zivilverwaltung, sondern unmittelbar dem Oberpräsidenten in Königsberg unterstanden. Vernehmung des Zeugen Dr. Friedrich Brix in der Hauptverhandlung der Strafsache gegen Dr. Altenloh u.A. (5 Ks 1/65) v. 30.3.1966, in: L/StADT, D 21 A, Nr. 6341, Tonband 3 Vorderseite.

108 Verordnung des Oberpräsidenten als Chef der Zivilverwaltung für den Bezirk Bialystok über die Verwertung jüdischen Vermögens im Bezirk Bialystok v. 27.11.1942, I.V. gez. Dr. Brix, in: Amtsblatt des Oberpräsidenten, Zivilverwaltung für den Bezirk Bialystok, Folge 18, 1.12.1942.

109 Waldemar Magunia, Bericht über den Bezirk Bialystok (Berichtszeit 1.8.1941 bis 31.1.1942) v. 10.4.1955, in: Barch, Ost-Dok. 8/803, Bl. 1–4, hier: Bl. 2.

110 Vernehmung des Zeugen Dr. Friedrich Brix in der Hauptverhandlung der Strafsache gegen Dr. Altenloh u.A. (5 Ks 1/65) v. 30.3.1966, in: L/StADT, D 21 A, Nr. 6341, Tonband 2 Rückseite.

versorgt" werde.[111] Koch unterstützte diese Position. So schrieb der ehemalige Landrat Graf von der Groeben[112], der zuständig für den Kreis Lomscha (Łomża) war, nach dem Krieg, Koch habe die Auffassung vertreten, dass die Versorgung der einheimischen Bevölkerung „unwesentlich" sei und „dass es für die Entwicklung des Kreises ohne Belang sei, ob einige Millionen Angehörige eines fremden Volkes verhungerten oder nicht". Auf Graf von der Groebens „in vorsichtiger Form vorgebrachte Anregung, die Lebensmittelsätze etwas zu erhöhen", sei mit schroffer Ablehnung reagiert worden.[113]

Der Bezirk gliederte sich in das Stadtkommissariat Białystok und, analog zu Ostpreußen, in sieben Kreiskommissariate – Bialystok (Białystok), Bielsk, Grajewo, Grodno, Lomscha (Łomża), Sokolka (Sokółka) und Wolkowysk (Wołkowysk) –, die in Amtskommissariate unterteilt wurden. Die Kreiskommissariate wurden mit Ausnahme Grodnos zum 1. August 1941 gebildet. Zunächst bestanden noch die Kreiskommissariate Prużana und Augustów. Prużana wurde am 16. Oktober 1941 mit Bielsk vereinigt, Augustów am 11. März 1942 mit Grajewo.[114] Das Kreiskommissariat Grodno wurde erst am 7. Oktober 1941 geschaffen, weil die zweitgrößte Stadt des Bezirks, Grodno, ursprünglich zum Reichskommissariat Ostland gehörte und erst durch einen „Führer"-Erlass vom 18. September 1941 zum Bezirk Bialystok kam.[115] Die Kreiskommissariate wurden durch vom CdZ eingesetzte und im Dienstverkehr

111 Schreiben Reichsmarschall an Reichswirtschaftsministerium v. 30.9.1941, zit. n. *Meindl*, Ostpreußens Gauleiter, S. 302.

112 Der Jurist Graf von der Groeben, Jahrgang 1902, war zuvor Landrat im Kreis Insterburg gewesen. Er trat am 1. April 1932 der NSDAP bei. Nach dem Krieg machte er in Rheinland-Pfalz Karriere. In einem Schreiben des Ministerium des Innern der DDR heißt es: „Von der Groeben war bis 1964 Oberregierungsrat im Sozialministerium in Rheinland-Pfalz. Er leitete dort die Abteilung V / Landesflüchtlingsverwaltung, Kriegsfolgenhilfe." Schreiben der Regierung der Deutschen Demokratischen Republik, Ministerium des Innern, Staatliche Archivverwaltung, Dokumentationsstelle, an die Zachodnia Agencja Prasowa v. 9.3.1965, in: IPN, GK 162/1314, Bl. 6-7, hier: Bl. 7.

113 Die Verwaltung des Kreises Lomscha 1941–1944, Landrat Graf von der Groeben, in: Barch, Ost-Dok. 8/793, Bl. 3–72, hier: Bl. 46.

114 Vgl. Schreiben des „Chef der Zivilverwaltung für den Bezirk Bialystok" an den Reichsminister des Innern, z.Hd. Herrn Kramer, v. 8.5.1943, Nachweisung über die Kreiskommissariate unter Angabe der Kreiskommissare der Zivilverwaltung Bialystok, in: IPN, II 531, Bl. 94–96, hier: Bl. 95–96.

115 Vgl. Vfg. der Zentralen Stelle Ludwigsburg v. 16.4.1973, in: Barch, B 162/3155. Zur Geschichte der Stadt Grodno siehe: *Felix Ackermann*, Palimpsest Grodno. Nationalisierung, Nivellierung und Sowjetisierung einer mitteleuropäischen Stadt, 1919–1991, unveröffentl. Dissertation, Frankfurt/Oder 2008.

als Landräte[116] bezeichnete Kreiskommissare verwaltet, die auf Landratskonferenzen alle wichtigen Angelegenheiten des Bezirks diskutierten.[117] Koch machte den Landräten anlässlich ihrer Amtseinführung deutlich, dass alle im Kreis zu regelnden Fragen ihrer Verantwortung unterlägen. Er informierte sie nicht allein über ihre Machtbefugnisse, sondern formulierte auch Erwartungen in Bezug auf die Verwirklichung der ideologischen Ziele: Die Landräte sollten Vorbereitungen für die Ansiedlung von Deutschen treffen und die „Ausschaltung" der Juden in Angriff nehmen.[118]

Die Kreiskommissare ernannten Amtskommissare in einem Gebiet mit etwa 5.000 bis 20.000 Einwohnern[119] zu Beamten auf Widerruf.[120] Den Amtskommissaren unterstanden Gemeindevorsteher (Wójts) und Ortsvorsteher (Sołtys). Die Positionen dieser untersten Verwaltungsebene im Bezirk wurden mit Einheimischen, die leitenden Positionen der Zivilverwaltung mit deutschen Beamten besetzt.[121] Hier zeigt sich eine Parallele zum zivilen Verwaltungsapparat des Generalgouvernements. Auch im Generalgouvernement gab es

---

116 Zwischen dem 1. August 1941 und 30. März 1943 waren folgende Landräte eingesetzt: Białystok Land und Stadt: Dr. Schwendowius; Białystok Land (abgetrennt v. Stadtkreis am 16.10.1941): Landrat Nikolaus; Prużana (vereinigt mit Bielsk am 16.10.1941): Landrat Nikolaus; Bielsk: Landrat von Bünau bis 19.2.1942, Landrat Tubenthal ab 20.2.1942; Augustów (vereinigt mit Grajewo am 11.3.1942): Landrat Schmidtsdorff; Grajewo: Landrat Tubenthal bis 19.2.1942; Landrat Rachor ab 20.2.1942; Łomża: Landrat Graf von der Groeben; Sokółka: Landrat Behrendt [Behrend] bis 26.2.1942, Landrat Seiler ab 27.2.42; Wołkowysk: Landrat Crewell bis 26.2.1942; Reg. Rat Hieronymus vom 27.2. bis 9.4.1943, seit 10.4.1943 unbesetzt; Grodno: Landrat Dr. v. Ploetz vom 7.10.1941 bis 8.3.1943, Landrat Bochum ab 9.3.1943. Vgl. Nachweisung über die Kreiskommissariate unter Angabe der Kreiskommissare der Zivilverwaltung, in: IPN, II 531, Bl. 95. Zwischen Spätfrühjahr 1943 bis Sommer 1944 war Oberregierungsrat Günter Pfeiffer als Kreiskommissar in Wołkowysk tätig. Vgl. Barch, Ost-Dok. 13/70, Der Kreis Wolkowysk unter deutscher Verwaltung im Zweiten Weltkrieg.

117 Vgl. Schreiben des Deutschen Gemeindetags, Prov. Dienstst. Ostpreussen an die Herren Bürgermeister der kreisangehörigen Städte im Bezirk des Chefs der Zivilverwaltung von Bialystok v. 28.11.1942, Verhandlungsniederschrift über die Tagung der kreisangehörigen Städte im Bezirk Bialystok v. 25.10.1942, in: Barch, Ost-Dok. 13/71, Bl. 22–29, hier: Bl. 23.

118 Vgl. *Meindl*, Ostpreußens Gauleiter, S. 305.

119 Vgl. Einstellungsverfügung der Zentralstelle Dortmund, Verfahren gegen Fromm u.A., Bl. 6.

120 Vgl. Barch, Ost-Dok. 13/70, Bl. 16.

121 Vgl. Schreiben des „Chef der Zivilverwaltung für den Bezirk Bialystok" an den Reichsminister des Innern, z.Hd. Herrn Kramer, v. 8.5.1943, in: IPN, II 531, Bl. 94–96.

unterhalb der deutschen Zivilverwaltung eine Kommunalverwaltung, die Weisungen der deutschen Behörden entgegennehmen und ausführen musste.[122]

Beim Białystoker Stadtkommissar Dr. Heinz Schwendowius wurde im März 1942 eine Ghettoverwaltung eingerichtet.[123] Sie soll für die Versorgung der jüdischen Bevölkerung mit Lebensmitteln, für finanzielle Angelegenheiten der Ghettobetriebe und für die Vermittlung jüdischer Arbeitskräfte an deutsche Betriebe außerhalb des Ghettos zuständig gewesen sein.[124] Die Ghettoverwaltung gab sich gegenüber dem Judenrat als einziger Ansprechpartner und Befehlsgeber aus. So schreibt Kapłan, die Ghettoverwaltung habe dem Judenrat einen Brief ausgehändigt, der den offiziellen Beschluss enthalte, dass außer ihr keine andere deutsche Stelle das Recht habe, Forderungen zu stellen. Indes sei die Zahl der Befehlsgeber, die etwas vom Judenrat verlangten, weiterhin beträchtlich.[125] In den Worten Kapłans: „Sie fordern, dass alles geliefert wird: von A bis Z. Und alles muss man ihnen geben. Es gibt nichts, das sie nicht bräuchten, und wenn etwas gebraucht wird, fordern sie, dass es sofort vom Judenrat geliefert wird."[126] De facto änderte die Einrichtung der Ghettoverwaltung nichts an dem Kompetenzgerangel zwischen den einzelnen deutschen Dienststellen und deren Politik der Ausbeutung.

In der Stadt Białystok existierte neben dem Stadtkommissar eine weitere Behörde: die staatliche Polizeiverwaltung unter der Leitung eines Polizeipräsidenten,[127] die nach der Erinnerung des Friedrich Brix „orts- und kreispolizeiliche Funktionen in einer Zuständigkeit" hatte, d.h. verwaltungspolizeiliche Aufgaben wahrnahm.[128] Der Polizeipräsident Dorsch, dessen Dienstvorge-

---

122 Vgl. *Robert Seidel*, Deutsche Besatzungspolitik in Polen. Der Distrikt Radom 1939–1945, Paderborn 2006, S. 34 und S. 57–60.

123 Vgl. *Scheffler*, Zur Organisation der Judendeportation, Bl. 50.

124 Erklärung Fritz Friedel v. 4.4.1950, in: AŻIH, Procesy 35, Notatki o getcie w Białymstoku, Heft XIX, S. 16.

125 Vgl. Kapłan, Judenrat w Białymstoku, S. 53.

126 Im Original heißt es: „Żądają dostarczenia wszystkiego: od A do Z. I wszystko musi się im dać. Nie ma nic takiego, czego by nie potrzebowali, a jak czegoś potrzeba, to natychmiast żądają dostarczenia tego przez Judenrat." *Kapłan*, Judenrat w Białymstoku, S. 53.

127 Vgl. Verordnung des Oberpräsidenten, Zivilverwaltung für den Bezirk Bialystok (in Vertretung gez. Dr. Brix), über die Errichtung einer staatlichen Polizeiverwaltung in der Stadt Bialystok v. 16.5.1942, in: Amtsblatt des Oberpräsidenten, Folge 8, 30.5.1942.

128 Vernehmung des Zeugen Dr. Friedrich Brix in der Hauptverhandlung der Strafsache gegen Dr. Altenloh u.A. (5 Ks 1/65) v. 30.3.1966, in: L/StADT, DT, D 21 A, Nr. 6341, Tonband 2 Rückseite.

setzter der CdZ war,[129] bearbeitete auch Anträge von „Deutschstämmigen und angeheirateten Fremdstämmigen", die sich um die Verleihung der deutschen Staatsangehörigkeit bewarben.[130]

Die Kreisbehörden – Polizeipräsident, Stadtkommissar und Kreiskommissare – waren seit dem 21. Juli 1942 ermächtigt, „im Rahmen der ihnen übertragenen Zuständigkeiten mit Genehmigung des Oberpräsidenten – Zivilverwaltung für den Bezirk Bialystok – Rechtsverordnungen zu erlassen".[131] Die Zivilverwaltung beteiligte sich an dem Terror gegen die Zivilbevölkerung. So wurden Verordnungen erlassen, die das Leben der Bevölkerung einschränkten[132] und alle Einwohner zwischen dem 15. und 60. Lebensjahr zur Zwangsarbeit verpflichteten.[133] Kreis- und Amtskommissariate oder die Bürgermeister und das Stadtkommissariat Białystok waren in der Regel zudem zuständig für die Errichtung der Ghettos, die Ernährung und den Arbeitseinsatz der Juden sowie für das Wohnungs- und Gesundheitswesen.[134] Als Beispiel sei auf die vom Landrat erlassene „Judenordnung" für den Kreis Bielsk vom 19. August 1942 verwiesen, in der die Unterbringung von Juden „in einem geschlossenen Ghetto" angeordnet wird.[135] Die „Ghetto-Ordnung" enthält Bestimmungen über die „jüdische Selbstverwaltung", Bedingungen für die Arbeit außerhalb der Ghettos, Vorschriften hinsichtlich des Ankaufes und der Zuweisung bezugsbeschränkter Lebensmittel sowie Bestimmungen über das Betreten des Ghettos. Aus der Verordnung, die am 15. September 1942 in Kraft treten sollte, geht hervor, dass die Juden das Ghetto nur zur Aufnahme der Arbeit verlassen durften und im Besitz eines gültigen Passierscheins sein mussten. Über die „jüdische Selbstverwaltung" heißt es, sie setze sich aus dem „Judenältesten, Judenrat und jüdischen Ordnungsdienst zusammen". Der Judenälteste

---

129 Vgl. Einstellungsverfügung der Zentralstelle Dortmund, Verfahren gegen Fromm u.A., Bl. 14.

130 Vgl. IPN, 522/170, Der Polizeipräsident in Bialystok.

131 Verordnung über den Erlass von Rechtsverordnungen durch die Kreisbehörden im Bezirk Bialystok v. 21.7.1942, in: Amtsblatt des Oberpräsidenten, Folge 21, 1.8.1942, S. 93.

132 Vgl. Amtliches Kreisblatt Bielsk 3 (1941), S. 3, S. 5 und S. 7. Dok. „Versorgung mit Fleisch, Brot und Butter; Steinhandel im Kreise Bielsk", in: IPN, Akta procesu Kocha, SWWW–745, Bl. 50 u. 53.

133 Vgl. Verordnung des Oberpräsidenten als Chef der Zivilverwaltung über die Einführung der Arbeitspflicht im Bezirk Bialystok v. 1.4.1942, in: Amtsblatt des Oberpräsidenten, Folge 6, 15.4.1942, S. 41.

134 Vgl. Der Bezirk Bialystok, hrsg. von der Zivilverwaltung Bialystok (1.3.1942), zit. n. *Gerlach*, Kalkulierte Morde, S. 656.

135 Vgl. Akta procesu Kocha, in: IPN, SWWW–749, Bl. 245–247.

und die Mitglieder des Judenrats mussten vom zuständigen Bürgermeister bzw. Amtskommissar bestätigt werden. Der jüdische Ordnungsdienst sollte „im Auftrage des Judenrates für Ruhe, Ordnung und Sauberkeit und Sicherheit innerhalb des Ghettos“ sorgen.[136]

Zusammenfassend lässt sich festhalten: Die deutsche Zivilverwaltung im Bezirk Bialystok war dreistufig gegliedert. An der Spitze standen Erich Koch und seine Stellvertreter Magunia bzw. Brix. Die Kreiskommissare und der Stadtkommissar bildeten die mittlere, die Amtskommissare die untere Verwaltungsebene. Unterhalb der deutschen Zivilverwaltung gab es mit den Wójts und Sołtys einen weiteren Verwaltungszweig. Die Kreiskommissare und der Stadtkommissar bildeten die tragende Säule der Zivilverwaltung. Sie hatten die Aufgabe, die deutsche Herrschaft vor Ort zu sichern und die einheimische Bevölkerung auszubeuten. Sie beteiligten sich zusammen mit den Amtskommissaren an der deutschen Unterdrückungs-, Verfolgungs- und Terrorpolitik. Die Durchführung von Tötungsverbrechen fiel dagegen in die Zuständigkeit des SS- und Polizeiapparats.

2.3 Zum SS- und Polizeiapparat

An der Spitze von SS und Polizei im Bezirk Bialystok standen der Höhere SS- und Polizeiführer (HSSPF)[137] Nord-Ost in Königsberg, Wehrkreis I, Hans-Adolf Prützmann und sein Stellvertreter George Ebrecht. Aufgabe der dem Reichsführer-SS (RFSS) und Chef der deutschen Polizei Heinrich Himmler unterstellten HSSPF war die Leitung „aller gemeinsamen Vorbereitungen der SS, Ordnungspolizei und der Sicherheitspolizei und des SD, die der Erfüllung der Reichsverteidigungsaufgaben“ dienten.[138] Dem HSSPF in Königsberg war seit Mitte Januar 1942 der in Białystok ansässige SS- und Polizeiführer (SSPF) Werner Fromm unterstellt, der am 2. Mai 1943 vom SS-Brigadeführer und Generalmajor der Polizei Otto Hellwig[139] abgelöst wurde.[140] Durch die HSSPF

136 Vgl. ebd., Bl. 245.

137 Dienstanweisung für die HSSPF v. 18.12.1939, zit. n. Jens Banach, Heydrichs Elite. Das Führungskorps der Sicherheitspolizei und des SD 1936–1945, Paderborn ³2002, S. 209.

138 Vgl. Schreiben des HSSPF beim Oberpräsidenten in Ostpreußen, im Wehrkreis I an den SS-Oberführer Ebrecht v. 18.1.1942, in: L/StADT, D 21 A, Nr. 6180, Nr. 41 e1, e2. Ebrecht trat sein Amt am 1. Januar 1942 an.

139 Hellwig war zuvor SSPF in Shitomir gewesen. In einem Schreiben des HSSPF in Königsberg vom 20. März 1944 an den Chef des SS-Personalhauptamtes, SS-Gruppenführer und Generalleutnant der Waffen-SS von Herff, wird Hellwig wie folgt beurteilt: „Der SS-Brigadeführer füllt seine Stellung in Bialystok sehr gut aus und hat sich sowohl in der Bewältigung der dort nicht leichten internen politischen Verhältnisse

war es Himmler möglich, über den Sonderbefehlsweg RFSS – HSSPF – SSPF am RSHA, am Hauptamt Ordnungspolizei und am SS-Führungsamt vorbei direkt einzugreifen.[141] Jegliche Verantwortung bestreitend behauptete der stellvertretende HSSPF Ebrecht dagegen vor dem Bielefelder Schwurgericht, er habe keine Befehlsbefugnisse gegenüber dem Kommandeur der Sicherheitspolizei und dem SSPF besessen, sondern lediglich eine „Art Dienstaufsicht" gehabt.[142]

In den Distrikten des Generalgouvernements unterstanden dem SSPF die Polizeikräfte der Sicherheitspolizei und der Ordnungspolizei.[143] Es ist daher davon auszugehen, dass dieses Unterstellungsverhältnis auch im Bezirk Bialystok galt und der SSPF gegenüber dem Kommandeur der Ordnungspolizei (KdO) *und* dem KdS Befehlsbefugnis besaß, auch wenn der ehemalige SSPF Werner Fromm Letzteres in seiner Zeugenaussage vor dem Bielefelder Schwurgericht bestritt. Die Stellung des SSPF für den Bezirk Bialystok, der im Gegensatz zum KdS nur wenig Personal zur Verfügung hatte,[144] sei, so

---

als geschickter Diplomat erwiesen als auch in der Lenkung des militärischen Einsatzes der ihm unterstellten Verbände Vorbildliches geleistet. Nach meiner festen Überzeugung kann Hellwig dem RFSS für eine spätere Verwendung als HSSPF vorgeschlagen werden." Schreiben des HSSPF beim Oberpräsidenten in Ostpreußen, im Wehrkreis I, Königsberg 20.3.1944 an den Chef des SS-Personalhauptamtes, SS-Gruppenführer u. Generalleutnant d. Waffen-SS v. Herff, in: L/StADT, D 21 A, Nr. 6180, Nr. 41h3.

140 Vgl. *Scheffler*, Zur Organisation der Judendeportation, B. 37, in Bezugnahme auf Dienststellenverzeichnisse und Befehlsblätter des Chefs der Sicherheitspolizei und des SD.

141 Vgl. *Gerlach*, Kalkulierte Morde, S. 181.

142 Vgl. Vernehmung des Zeugen George Ebrecht in der Hauptverhandlung der Strafsache gegen Dr. Altenloh u.A. (5 Ks 1/65) v. 30.3.1966, in: L/StADT, D 21 A, Nr. 6341, Tonband 3 Vorderseite.

143 Vgl. *Andreas Mix*, Organisatoren und Praktiker der Gewalt. Die SS- und Polizeiführer im Distrikt Warschau, in: Timm C. Richter (Hrsg.), Krieg und Verbrechen. Situation und Intention: Fallbeispiele, München 2006, S. 123–134.

144 In einem Schreiben des SSPF an den Polizeipräsidenten Bremen heißt es, Fromm verfüge „lediglich über einen kleinen Führungsstab". Schreiben des SS- und Polizeiführers beim Oberpräsidenten, Zivilverwaltung für den Bezirk Bialystok an den Polizeipräsidenten Bremen v. 25.4.1943, in: L/StAM, Staatsanwaltschaft Dortmund, Zentralstelle für NS-Verbrechen, 45 Js 18/64, Nr. 3651, Bl. 3. Werner Fromm sagte in seiner Vernehmung durch den Vorsitzenden Richter vor dem Bielefelder Schwurgericht aus, ihm habe lediglich ein Adjutant, ein Kraftfahrer, ein Kraftwagen und eine halbe Stenotypistin zur Verfügung gestanden. Vgl. Vernehmung des Zeugen Werner Fromm in der Hauptverhandlung der Strafsache gegen Dr. Altenloh u.A. (5 Ks 1/65) v. 4.4.1966, in: L/StADT, D 21 A, Nr. 6341, Tonband 4 Rückseite. Die Dienststellen des Adjutanten beim SSPF bekleidete in der Zeit vom 2. Juli 1942 (Kommandierungsdatum) bis zum 1. Juni 1943 Alfred Friehe. Vgl. Schreiben des LKA Bremen an den

Fromm, nicht mit der Stellung der SSPF in den besetzten Gebieten zu vergleichen. In Białystok habe lediglich ein „koordinierendes Verhältnis" zum KdS bestanden. Seine Aufgabe als SSPF sei gewesen, zusammen mit dem Chef der Zivilverwaltung „in einer koordinierten Weise, den ganzen Einsatz der Polizei zu lenken".[145] Indes fragt man sich, wie eine Koordination sämtlicher Polizeikräfte ohne Weisungsbefugnisse möglich gewesen sein soll. Außerdem gilt es zu berücksichtigen, dass Fromm aufgrund des Verdachts, sich selbst an strafbaren Handlungen beteiligt zu haben, vom Gericht nicht vereidigt wurde. Zum Zeitpunkt seiner Aussage vor dem Bielefelder Schwurgericht führte die Zentralstelle bei der Staatsanwaltschaft Dortmund ein Ermittlungsverfahren gegen ihn und andere ehemalige Angehörige der Dienststellen SSPF und Ordnungspolizei wegen Massentötungen an Einwohnern des Bezirks Bialystok.[146] Die Dortmunder Staatsanwaltschaft kam zu der Erkenntnis, dass der SSPF „den nachgeordneten Ordnungspolizeidienststellen gegenüber Weisungsbefugnisse auf Einzelgebieten" und die „generelle Aufgabe und Befugnis" hatte, „erforderlichenfalls die Tätigkeit aller Polizeiorgane untereinander oder mit anderen Behörden zu koordinieren". Er war, so die Zentralstelle bei der Staatsanwaltschaft Dortmund, „befugt, jederzeit Polizeikräfte anzufordern und einzusetzen".[147] Das Bielefelder Schwurgericht konstatierte dagegen, der SSPF habe „grundsätzlich keine Weisungsbefugnis" gegenüber dem KdS besessen. Nur in Fällen, in denen der SSPF Polizeikräfte koordiniert habe, sei ihm ein Weisungsrecht eingeräumt worden.[148]

Es sind Bekanntmachungen erhalten geblieben, in denen der SSPF die einheimische Bevölkerung auf Deutsch, Polnisch und Russisch über die Durchführung von Exekutionen und die Niederbrennung von Dörfern informiert. Drei Beispiele seien hier angeführt. In einer Bekanntmachung Fromms vom 16. Juni 1942 heißt es, 140 Bewohner des Dorfes Rajsk seien „auf Anordnung der deutschen Behörden erschossen" worden. Der Rest der Bevölkerung sei evakuiert und das Dorf niedergebrannt worden. Der Vernichtungsaktion war der Bekanntmachung zufolge ein Überfall am Rande des Dorfes Rajsk voraus-

---

Lt. OStA bei dem LG in Dortmund v. 2.6.1964, in: L/StAM, Staatsanwaltschaft Dortmund, Zentralstelle für NS-Verbrechen, 45 Js 18/64, Nr. 3651, Bl. 2.

145 Vernehmung des Zeugen Werner Fromm in der Hauptverhandlung der Strafsache gegen Dr. Altenloh u.A. (5 Ks 1/65) v. 4.4.1966, in: L/StADT, D 21 A, Nr. 6341, Tonband 4 Rückseite.

146 Vgl. L/StAM, Staatsanwaltschaft Dortmund, Zentralstelle für NS-Verbrechen, 45 Js 18/64, Nr. 3629–3672.

147 Einstellungsverfügung der Zentralstelle Dortmund, Verfahren gegen Fromm u.A., Bl. 8.

148 Vgl. Urteil 5 Ks 1/65, in: L/StADT, D 21 A, Nr. 6194, Bl. 46f.

gegangen, bei dem vier Menschen (drei Deutsche und ein Pole) erschossen wurden.[149] In einer Bekanntmachung des „SSPF beim Oberpräsidenten, Zivilverwaltung für den Bezirk Bialystok“ vom 9. August 1942 heißt es:

> „Banden haben in Rudniki (Kreis Bielsk) den Gendarmerieposten angegriffen. 3 Gendarme fanden bei diesem Überfall den Tod. Die umliegenden Dörfer: Kozly, Lichacze, Niemkowicze, Postolowo, Czarnolozy, Krasne, Ustron, Silicze, als bandenfreundlich bekannt, wurden auf dem Wege der Vergeltung niedergebrannt und die männliche Bevölkerung erschossen. Beim Niederbrennen explodierte eine Unmenge Munition verschiedener Waffen, die von der Bevölkerung in Häusern und Scheunen versteckt gehalten wurde.
>
> Einheimische!
>
> Kampf den Banden und denen, die Banden unterstützen! Schützt so Euch und das Leben Eurer Familien!
>
> Organisiert Euch, auf dem flachen Lande!
>
> Brutal ist das Handwerk der Banden, jedoch härter und rücksichtsloser wird zurückgeschlagen, wenn das Leben eines Deutschen angetastet wird.
>
> SSPF
>
> Standartenführer“.[150]

Nach einer Bekanntmachung des SSPF vom 6. November 1942 wurden als Vergeltung für einen tödlichen Überfall auf einen deutschen Wachposten in Białystok 25 Personen, „die aus dem Lebenskreis der möglichen Täter stammen“, erschossen und 50 weitere Personen festgenommen.[151]

Die erhalten gebliebenen Bekanntmachungen aus dem Jahr 1943 sind dagegen vom KdS unterzeichnet. So heißt es beispielsweise in einer Bekanntmachung vom 10. Juli 1943, der KdS habe angeordnet, „85 Personen aus der örtlichen Bevölkerung – hauptsächlich aus der Intelligenz, als Vertreter der Polen, die sich nicht unterordnen wollen – zu erschiessen“.[152] Nach einer Bekanntmachung des KdS in Białystok vom 23. Juli 1943 sollen 100 Personen mit ihren Familienangehörigen aus dem Kreis Białystok erschossen worden sein.[153]

---

149 Vgl. Kopie einer Bekanntmachung des „SS- u. Polizeiführer beim Oberpräsidenten der Zivilverwaltung für den Bezirk Bialystok“ v. 16.6.1942, in: L/StAM, Staatsanwaltschaft Dortmund, Zentralstelle für NS-Verbrechen, 45 Js 18/64, Nr. 3654 (keine Aktenpaginierung).

150 Akta w sprawie Fromma, in: IPN, sygn. 368, Bl. 3ff.

151 Vgl. ebd., Bl. 59.

152 Vgl. Bekanntmachung v. 11.7.1943, in: L/StADT, D 21 A, Nr. 6333, B III, 3, Bl. 9.

153 Vgl. Einstellungsverfügung der Zentralstelle Dortmund im Verfahren gegen Erdbrügger u.A. (Az. 45 Js 16/65) v. 28.2.1973, in: L/StAM, Staatsanwaltschaft Dortmund, Zentralstelle für NS-Verbrechen, 45 Js 16/65, Nr. 4800, Bl. 64–114, hier: Bl. 92.

Dem KdS war in den besetzten Gebieten ein Befehlshaber der Sicherheitspolizei (BdS) übergeordnet, der das RSHA gegenüber dem KdS vertrat. Im Bezirk Bialystok gab es indes keinen BdS. Der KdS in Białystok war vielmehr formal dem Inspekteur der Sicherheitspolizei und des SD (IdS) für den Wehrkreis I in Königsberg unterstellt. Die Inspekteure der Sicherheitspolizei und des SD, die im Reichsgebiet eingesetzt waren, fungierten als Vermittler zwischen dem RSHA und den regionalen Dienststellen der Sicherheitspolizei und des SD.[154] Dem IdS in Königsberg unterstanden die Staatspolizeileitstelle in Königsberg sowie Staatspolizeileitstellen in Tilsit, Allenstein und später Zichenau. IdS für den Wehrkreis I in Königsberg war bis zum Sommer 1942 formal Dr. Dr. Otto Rasch, ab Dezember 1941 indes faktisch sein Stellvertreter und Nachfolger Dr. Constantin Canaris, der seit Dezember 1941 Leiter der Stapostelle Königsberg war und im November 1942 zum IdS ernannt wurde. Formal besaß der IdS gegenüber dem KdS Befehlsbefugnisse. Canaris, der in der Hauptverhandlung des Bielefelder Białystok-Prozesses als Zeuge gehört, aber nicht vereidigt wurde, sagte vor dem Schwurgericht aus, der IdS habe keine Befehlsbefugnisse gegenüber dem KdS besessen, sondern nur „inspizierende Aufgaben" wahrgenommen. Es habe zwar Pläne gegeben, die Inspekteursstelle zu einer BdS-Stelle auszubauen und Canaris mit den Befugnissen eines Befehlshabers auszustatten. Diese seien indes nicht verwirklicht worden.[155] Auch Canaris' ehemaliger Adjutant Otto Alberti sagte vor dem Bielefelder Schwurgericht aus, seiner Erinnerung nach sei der IdS gegenüber dem KdS nicht weisungsbefugt gewesen.[156] Altenloh erklärte dagegen 1963 vor dem Untersuchungsrichter, er habe etwa um die Jahreswende 1942/1943 oder etwas früher vom RSHA einen Erlass erhalten, durch den dem IdS gegenüber dem KdS in Białystok Befehlshaberrechte zugewiesen worden seien. Canaris und sein Adjutant Alberti hätten sich laufend in die Dienstgeschäfte eingeschaltet und ihm Weisungen erteilt.[157] Das Bielefelder Schwurgericht und die Zentrale

---

154 Vgl. *Banach*, Heydrichs Elite, S. 196f.

155 Vgl. Vernehmung des Zeugen Dr. Constantin Canaris in der Hauptverhandlung der Strafsache gegen Dr. Altenloh u.A. (5 Ks 1/65) v. 4.4.1966, in: L/StADT, D 21 A, Nr. 6341, Tonband 4 Rückseite.

156 Vgl. Vernehmung des Zeugen Otto Alberti in der Hauptverhandlung der Strafsache gegen Dr. Altenloh u.A. (5 Ks 1/65) v. 4.4.1966, in: L/StADT, D 21 A, Nr. 6341, Tonband 5 Vorderseite.

157 Vgl. Vernehmung des Angeschuldigten Dr. Wilhelm Altenloh v. 19.8.1963, Bl. 150f. Dass Canaris auf die Durchführung der „sicherheitspolitischen Aufgaben" im Bezirk Einfluss genommen haben soll, erklärte auch Waldemar Macholl, damals Leiter des Referats Widerstand in der Abteilung IV beim KdS. Laut Macholl glaubte Canaris, dass Altenloh „nicht scharf genug" vorgegangen sei und die ihm unterstellten Beamten nicht mit dementsprechenden Weisungen versehen habe. Vgl. *Macholl*, Entwicklung und Or-

Stelle bei der Staatsanwaltschaft Dortmund folgten der Aussage Altenlohs und gingen davon aus, dass der „IdS gegenüber dem KdS [in Białystok] die Rechte eines Befehlshabers ausübte".[158] Der KdS war indes nicht verpflichtet, im Verkehr mit dem RSHA den Dienstweg über den IdS einzuhalten, sondern konnte direkt mit dem RSHA kommunizieren und erhielt auch direkte Anweisungen und Befehle vom Reichssicherheitshauptamt.[159] In einem Kommandobefehl des RFSS, Heinrich Himmler, vom 7. August 1942 betreffend „die Unterdrückung der Bandentätigkeit im Regierungsbezirk Bialystok" wurde dem IdS Canaris die „Führung des sicherheitspolizeilichen Einsatzes" im Bezirk übertragen.[160] Ziel der „Aktion Wisent", die laut Himmler „hart und rücksichtslos durchgeführt" werden sollte, war die „totale Befriedung der unter deutscher Verwaltung stehenden Gebiete".[161] Über die Durchführung des Unternehmens wissen wir aufgrund der dünnen Quellenlage wenig. Aus Tätigkeitsberichten geht hervor, dass mindestens 350 Menschen durch „Einsätze" der SS-Infanterieregimenter 8 und 10 ihr Leben verloren.[162]

Unabhängig von der Frage, ob der IdS gegenüber dem KdS die Rechte eines Befehlshabers ausübte oder nicht, gilt es festzuhalten, dass der KdS sowohl Befehle und Anweisungen vom RSHA als auch vom SSPF erhalten konnte. Für den Historiker Hanns von Krannhals war es zum einen „eine Frage der Persönlichkeit", ob der SSPF selbst handelte oder „dies dem KdS überließ", zum anderen war es eine „Frage der 'Geographie'", ob der SSPF handeln konnte, d.h., „je weiter der Ort der 'Endlösung' vom Sitz des SSPF entfernt war, um so niedriger die Instanz, die sich technisch mit der Endlösung" befasste. In Białystok war es laut Krannhals der KdS, in kleineren Orten eine Außenstelle des KdS oder auch örtlich vorhandene Kräfte der Ordnungspolizei oder der Gendarmerie.[163]

---

ganisation des Sicherheitswesens in der nationalsozialistischen Periode, Teil I, in: AŻIH, Procesy 86, Materiały pisane w więzieniu, Bl. 13.

158 Vgl. Einstellungsverfügung des Leiters der Zentralen Stelle Dortmund (45 Js 30/65) v. 20.2.1974, in: Barch, B 162/2090, Bl. 317–331, hier: Bl. 320. Vgl. auch Urteil 5 Ks 1/65, in: L/StADT, D 21 A, Nr. 6194, Bl. 45.

159 Vgl. Urteil 5 Ks 1/65, in: L/StADT, D 21 A, Nr. 6194, Bl. 46.

160 Vgl. Geheime Reichssache, Der Reichsführer-SS, Kommandobefehl v. 7.8.1942, in: BStU, MfS-HAXX, Nr. 3871, Bl. 60–61, hier: Bl. 60.

161 Ebd., Bl. 61.

162 Vgl. *Gerlach*, Kalkulierte Morde, S. 934.

163 Schreiben Dr. Hanns von Krannhals an das LG Bielefeld, z.Hd. Herrn Landgerichtsdirektor Witte, v. 10.3.1966, in: L/StADT, D 21 A, Nr. 6171, Bl. 1–3, hier: Bl. 2.

Der KdS war für die Verfolgung und Vernichtung politischer Gegner und als „rassisch minderwertig“ stigmatisierter Gruppen zuständig. Seit November 1942 war die KdS-Dienststelle mit den Außenstellen in Grodno, Wołkowysk, Bielsk, Łomża und Augustów[164] federführend für die Ghettos verantwortlich. Die KdS-Dienststelle wurde im April 1942 in Białystok eingerichtet. Zuvor hatten in Białystok nur eine von Waldemar Macholl geführte Außenstelle der Staatspolizeileitstelle Allenstein (von August 1941 bis April 1942) und eine von Johannes Krebs geführte Außenstelle der Kriminalleitstelle in Königsberg bestanden. Die KdS-Dienststelle gliederte sich seit Oktober 1942 in die Abteilungen Personal und Verwaltung (I/II), Sicherheitsdienst (III), Gestapo (IV) und Kriminalpolizei (V). Kommandeur der Sicherheitspolizei und des SD für den Bezirk Bialystok war vom 4. April 1942 bis zum 3. April 1943 der Jurist Dr. Wilhelm Altenloh,[165] der zunächst Stapostellenleiter in Allenstein blieb und erst am 1. Oktober 1942 nach Białystok übersiedelte. Bis dahin übernahm seine Funktion vor Ort der stellvertretende Kommandeur Dr. Theodor Paeffgen.[166] Seit Mitte Mai lag die Leitung der Sicherheitspolizei in den Händen des Juristen Dr. Herbert Zimmermann.[167] Die zur KdS-Dienststelle versetzten deutschen Beamten kamen überwiegend von den Stapoleitstellen Königsberg, Tilsit und Allenstein. Die wichtigste Abteilung beim KdS war die von Lothar Heimbach geleitete Abteilung IV, Gestapo. Sie gliederte sich in mehrere Unterabteilungen. An der Spitze des Referates IV A („Widerstand“) stand Waldemar Macholl, das „Judenreferat“ (IV B) wurde von Fritz Friedel geleitet. Friedel und Heimbach erteilten dem Judenratsvorsitzenden Gedaliah Rozenman und seinem Stellvertreter Barasz – dem eigentlichen Leiter des Judenrats – bei deren täglichen Gängen zur Gestapo Befehle.[168] Erster Ansprechpartner für den Judenrat war laut Kapłan Friedel, bei wichtigen Angele-

164 In einem Dienststellenverzeichnis des RSHA aus dem Jahre 1943 sind indes unter der Rubrik KdS Białystok nur die Außendienststellen Augustów, Grajewo und Łomża angegeben. Vgl. Entwurf eines Schreibens von AGR Opitz, Zentrale Stelle Ludwigsburg, an den Leitenden Oberstaatsanwalt bei dem LG Dortmund, z.Hd. StA Schaplow, v. 4.3.1963, in: Barch, B 162/2077, Bd. 24–27, Bl. 78–79.

165 Vgl. *Scheffler*, Zur Organisation der Judendeportation, Bl. 37, in Bezugnahme auf Dienststellenverzeichnisse und Befehlsblätter des Chefs der Sicherheitspolizei und des SD.

166 Zu Paeffgen vgl. *Wildt*, Generation des Unbedingten, S. 940.

167 Urteil 5 Ks 1/65, in: L/StADT, D 21 A, Nr. 6195, Bl. 306f. Offiziell wurde Dr. Zimmermann am 3. Juli 1943 als Kommandeur der Sicherheitspolizei eingesetzt. Vgl. Befehlsblatt Nr. 32/43 v. 3.7.1943, Schreiben der Zentralen Stelle Ludwigsburg an StA Schaplow v. 21.5.1962, in: L/StADT, D 21 A, Nr. 6324, Bl. 97–100, hier: Bl. 99.

168 Vgl. *Kapłan*, Judenrat w Białymstoku, S. 52.

genheiten soll Heimbach auf den Plan getreten sein.[169] Als Verbindungsmann der Gestapo zum Judenrat fungierte außerdem Richard Dibus, ein Angehöriger von Friedels „Judenreferat".[170] Mit dem Białystoker Ghetto befassten sich beim KdS auch Angehörige der anderen Abteilungen. So war in der Verwaltungsabteilung beim KdS Polizeiinspekteur Gerhard Klein für das Ghetto zuständig. SD-Chef Hans-Heinrich Moller erklärte, er habe einen seiner Mitarbeiter, der perfekt Jiddisch gesprochen habe, mit dem Auftrag, die Stimmung unter den Juden zu ergründen, ins Ghetto „geschleust".[171] Bei den Deportationen der Juden aus dem Białystoker Ghetto waren nicht nur die Angehörigen der Abteilung IV beteiligt. So soll bei der Februar-Räumung „die ganze Dienststelle" eingesetzt worden sein.[172] Bei den Deportationen im August 1943 erteilte der Leiter der Personal- und Verwaltungsabteilung, Polizeirat Friedrich, seinem Untergebenen Heinrich Kallender den Auftrag, Möbel aus dem Ghetto herauszuholen.[173]

Der Kommandeur der Sicherheitspolizei führte den Vorsitz des Standgerichts. Als Beisitzer fungierten Kriminalräte und Kriminalkommissare des KdS.[174] Die Urteile des Standgerichts, die nach Aussage Altenlohs dem SSPF zur Bestätigung vorgelegt werden mussten,[175] lauteten auf Todesstrafe, Freispruch oder auf Abgabe der Akten an die Gestapo oder Kriminalpolizei für weitere Ermittlungen oder zur Einweisung in ein Konzentrationslager.[176] Gnatowski zufolge verhängte das Standgericht über 500 Todesurteile.[177] Heimbach gab in einer staatsanwaltlichen Vernehmung an, wegen der Vielzahl der Festgenom-

169 Vgl. ebd., S. 52, Fußnote 6.

170 Vgl. Urteil 5 Ks 1/65, in: L/StADT, D 21 A, Nr. 6195, Bl. 228.

171 Vgl. Vernehmung des Zeugen Hans-Heinrich Moller in der Hauptverhandlung der Strafsache gegen Dr. Altenloh u.A. (5 Ks 1/65) v. 22.4.1966, in: L/StADT, D 21 A, Nr. 6341, Tonband 9 Rückseite.

172 Vernehmung des Zeugen Alfred Salden in der Hauptverhandlung der Strafsache gegen Dr. Altenloh u.A. (5 Ks 1/65) v. 22.4.1966, in: L/StADT, D 21 A, Nr. 6341, Tonband 9 Rückseite. Salden war Angehöriger der Abteilung V.

173 Vgl. Vernehmung des Zeugen Heinrich Kallender in der Hauptverhandlung der Strafsache gegen Dr. Altenloh u.A. (5 Ks 1/65) v. 18.4.1966, in: L/StADT, D 21 A, Nr. 6341, Tonband 8 Rückseite.

174 Vgl. Vernehmung Dr. Wilhelm Altenloh durch LGR Dr. Fischer als Untersuchungsrichter in der Voruntersuchungssache gegen Dr. Zimmermann u.A. (VU 13/62) v. 19.8.1963, in: L/StADT, D 21 A, Nr. 6156, Bl. 114–124, hier: Bl. 124.

175 Vgl. ebd., Bl. 124.

176 Vgl. ebd., Bl. 124; Verordnung über die Einführung der Strafrechtspflege im Bezirk Bialystok v. 19.12.1941, S. 1.

177 Vgl. *Gnatowski*, Nationalsozialistische Okkupationspolitik im „Bezirk Bialystok", S. 177.

menen sei vom Jahre 1943 an keine formgerechte Durchführung von Standgerichtsverfahren mehr erfolgt. Zahlreiche Personen, denen ein strafbares Verhalten zur Last gelegt wurde, seien ohne ordentliches Verfahren hingerichtet worden.[178] Nach Feststellungen der polnischen Regionalen Kommission zur Untersuchung von NS-Verbrechen (OKBZH) wurden zwischen 1941 und 1944 8.000 Gefangene des Białystoker Gefängnisses erschossen. Mindestens 25 Gefangenentransporte gingen in die Konzentrationslager Dachau, Groß-Rosen, Majdanek, Auschwitz, Ravensbrück und Stutthof.[179]

Neben der Sicherheitspolizei war die Ordnungspolizei die zentrale Säule des SS- und Polizeiapparates im Bezirk Bialystok. An der Spitze der Kräfte der Ordnungspolizei, die sich in Schutzpolizei und Gendarmerie gliederte, stand der Kommandeur der Ordnungspolizei (KdO), dem ein Befehlshaber der Ordnungspolizei (BdO) übergeordnet war. Dieser unterstand wiederum dem Hauptamt Ordnungspolizei in Berlin. Es ist davon auszugehen, dass neben der einen Befehlskette (Hauptamt Ordnungspolizei – Befehlshaber der Ordnungspolizei – Kommandeur der Ordnungspolizei – Kommandeur der Schutzpolizei und der Gendarmerie) auch im Bezirk Bialystok ein zweiter Befehlsweg existierte, der vom RFSS über den HSSPF, den SSPF und den KdO verlief.[180] Dem KdO im Bezirk – bis Ende April 1943 war dies der Oberst der Polizei Hans-Georg Hirschfeld, dem im Mai 1943 Major Leberecht von Bredow folgte – waren der Kommandeur der Gendarmerie (KdG), Major Helmut Limpert, und der Sachbearbeiter für Angelegenheiten der Schutzpolizei, Major Artur Baumann,[181] unterstellt. Ferner unterstand dem KdO eine aus drei Zügen bestehende und 60 bis 70 Mann starke motorisierte Gendarmeriekompanie (Gendarmeriekompanie mot.), die nach Erkenntnissen der Zentralstelle bei der Staatsanwaltschaft Dortmund „häufig Exekutionskommandos für Erschießungen stellen“ musste.[182] Die Gendarmerie des Bezirks Bialystok, die sich in drei

178 Einstellungsverfügung des Leiters der Zentralstelle Dortmund im Ermittlungsverfahren 45 Js 1/61 v. 18.3.1965, L/StADT, D 21 A, Nr. 6159, Bl. 84–170.

179 Vgl. *Gnatowski*, Nationalsozialistische Okkupationspolitik im „Bezirk Bialystok“, S. 178.

180 Dieser zweite Befehlsweg existierte im Generalgouvernement. Vgl. *Browning*, Ganz normale Männer, S. 28.

181 Baumann kam im Februar 1942 nach Białystok. Seiner Erinnerung nach waren ungefähr 120 Beamte in der Schutzpolizei zusammengefasst. Vgl. Vernehmung des Zeugen Artur Baumann in der Hauptverhandlung der Strafsache gegen Dr. Altenloh u.A. (5 Ks 1/65) v. 13.4.1966, in: L/StADT, D 21 A, Nr. 6341, Tonband 6 Vorderseite.

182 Vgl. Einstellungsverfügung der Zentralstelle Dortmund im Verfahren gegen Fromm u.A. (Az. 45 Js 18/64) v. 2.2.1968, Bl. 36.

Hauptmannschaften einteilte,[183] umfasste im Mai 1942 829 Mann,[184] die Schutzpolizei soll 110 bis 120 Mann[185] gezählt haben. Während die Schutzpolizeibeamten in den Städten des Bezirks stationiert waren,[186] hatte die Gendarmerie ihre Dienststellen auf dem Lande eingerichtet.[187] Schutzpolizeibeamte waren in verschiedenen Städten wie Białystok, Grodno und Łomża zur Ghettobewachung eingesetzt.[188] Dem Kommandeur der Gendarmerie waren ferner mehrere motorisierte Gendarmeriezüge unterstellt, die nach den Ermittlungen der Zentralstelle bei der Staatsanwaltschaft Dortmund „vornehmlich im Rahmen der Partisanenbekämpfung" eingesetzt wurden.[189]

Die Schutzpolizei war der inneren Verwaltung unterstellt. Der „Kommandeur der Schutzpolizei für die Stadt Bialystok" (KdSch) unterstand dem Polizeipräsidenten in Białystok.[190] KdSch war der Major der Schutzpolizei Gustav Zernack, der im April 1942 vom Major der Gendarmerie Heinrich Schwalm abgelöst wurde. Im Bereich der Stadt Białystok wurden unter dem KdSch vier Polizeireviere eingerichtet. Das vierte Revier war ausschließlich für die Aufrechterhaltung der Ordnung im Ghetto zuständig, den übrigen Revieren oblag die Erfüllung des polizeilichen Ordnungsdienstes innerhalb der Stadt, ähnlich einer Großstadt im Reich. Die Beamten des vierten Reviers waren berechtigt, Passierscheine für Juden auszustellen, die das Ghetto zu Arbeitszwecken verlassen durften.[191] Zur besonderen Verwendung war dem KdSch eine so

183 Eine war zuständig für die Kreise Grodno, Wołkowysk und Sokółka, die zweite für Białystok-Land und Grajewo, die dritte für die Kreise Bielsk und Łomża. Es gab in den einzelnen Kreisen Gendarmeriekreisführer, denen die jeweiligen Gendarmerieabteilungen mit den verschiedenen Gendarmeriestationen und -posten unterstanden. Vgl. Einstellungsverfügung der Zentralstelle Dortmund, Verfahren gegen Fromm u.A., Bl. 24.

184 Fernschreiben Major v. Bredow an den Reichsführer-SS v. 18.12.1941, zit. n. *Gerlach*, Kalkulierte Morde, S. 191.

185 Vgl. *Artur Baumann*, Schutzpolizei-Einsatz in Bialystok (1941–1944), in: Barch, Ost-Dok. 8/805, Bl. 1–6, hier: Bl. 2.

186 In den Städten Bielsk, Grodno, Łomża, Prużana, Wołkowysk, Augustów, Siemiatycze und Sokółka wurden so genannte Schutzpolizeidienstabteilungen eingerichtet. Die Schutzpolizeiabteilung in Grodno war die größte, sie wurde mit 40 bis 44 deutschen Beamten besetzt. Vgl. Einstellungsverfügung der Zentralstelle Dortmund (Verfahren gegen Fromm u.A., Az. 45 Js 18/64) v. 2.2.1968, Bl. 21ff.

187 *Baumann*, Schutzpolizei-Einsatz in Bialystok (1941–1944), Bl. 3.

188 Ebd., Bl. 4.

189 Vgl. Einstellungsverfügung der Zentralstelle Dortmund, Verfahren gegen Fromm u.A., Bl. 40.

190 Vgl. ebd., Bl. 15.

191 Vgl. ebd., Bl. 16f.

genannte Einsatzkompanie des Wachbataillons „Ostpreußen" zugewiesen. Die Polizeibeamten dieser Einheit hatten die Aufgabe, Objekte in der Stadt Białystok zu schützen. Sie wurden auch zur Bewachung des Ghettos eingesetzt. Nach Erkenntnissen der Zentralstelle bei der Staatsanwaltschaft Dortmund wurden Angehörige der Einsatzkompanie zu Exekutionen herangezogen.[192]

Angehörige der Ordnungspolizei beteiligten sich auch an anderen Orten des Bezirks an der deutschen Verfolgungs- und Vernichtungspolitik, insbesondere an der Konzentrierung der Juden in Ghettos und Sammellagern und an Auflösungen der Ghettos. Nach den Recherchen Wolfgang Curillas wirkten neben der Gestapo, den Kreiskommissaren und der Gendarmerie auch das Reserve-Polizeibataillon 13, das Reserve-Polizeibataillon 11 sowie das Reserve-Polizeibataillon 22 an der Zusammenfassung der Juden des Bezirks mit.[193] Bei der gewaltsamen Auflösung des Ghettos Białystok im August 1943 waren das Polizeiregiment 26 und das Polizei-Schützen-Regiment 34 beteiligt.[194] Auch Erschießungen wuden von deutschen Polizisten durchgeführt.[195]

Bevor die deutschen Besatzer im Juli 1944 aus dem Bezirk Bialystok abzogen, versuchten sie, die Spuren ihrer Verbrechen zu verwischen. Von Mai bis Juli 1944 beseitigte eine von Waldemar Macholl befehligte Einheit des „Sonderkommandos 1005",[196] die sich aus wenigen SD-Männern, 40 bis 50 Polizisten einer mobilen Gendarmerieeinheit und 40 bis 50 jüdischen Zwangsarbeitern zusammensetzte, Massengräber in Augustów, Grodno, Skidiel und

192 Vgl. ebd., Bl. 19.

193 Vgl. *Curilla*, Die deutsche Ordnungspolizei und der Holocaust, S. 254. Aus einem Eintrag in der Personalakte des Bataillonskommandeurs geht hervor, dass das Reserve-Bataillon 22 vom 30.10. bis 21.11.1942 Bewachungsaufgaben wahrnahm. Vgl. ebd., S. 254, Fußnote 96.

194 Vgl. Einstellungsverfügung der Staatsanwaltschaft Hamburg im Ermittlungsverfahren 147 Js 23/65 v. 16.1.1970, in: Barch, B 162/AR-2684/65, Bl. 354–409, hier: Bl. 355. Vgl. auch *Curilla*, Die deutsche Ordnungspolizei und der Holocaust, S. 687 und 702.

195 Vgl. Einstellungsverfügung der Staatsanwaltschaft Stuttgart (14 Js 1091/68), in: Barch, B 162/AR-Z 900/68, Bd. 3, Bl. 615–677, hier: Bl. 638.

196 Vgl. Zu den Aktionen des Sonderkommandos 1005-Mitte in Weißrussland und in Łomża: 147 Ks 2/67, Urteil des LG Hamburg in der Strafsache gegen Max Krahner, Otto Goldapp und Otto Drews v. 9.2.1968, in: Staatsarchiv Hamburg, 213–12, StA-LG – Nationalsozialistische Gewaltverbrechen, 0597–022, Bl. 7930–8215, hier: Bl. 8010–8043. Siehe auch: *Shmuel Spector*, Aktion 1005 – Effacing the Murder of Millions, in: HGS 5 (1990), S. 157–173; *Curilla*, Die deutsche Ordnungspolizei und der Holocaust, S. 745–769. Zur Aktion 1005 liegt seit 2008 eine Monographie vor. Vgl. *Jens Hoffmann*, „Das kann man nicht erzählen". Aktion 1005 – Wie die Nazis die Spuren ihrer Massenmorde in Osteuropa beseitigten, Hamburg 2008.

Grabówka.[197] Am 13. Juli 1944 war die „Enterdungsaktion“ in den genannten Orten beendet, und die 43 jüdischen Gefangenen, die die Leichen ausgraben und verbrennen mussten, sollten alle erschossen werden. 11 von ihnen gelang die Flucht.[198] Sie gehören zu den wenigen Juden, die der deutschen Verfolgungs- und Vernichtungspolitik im Bezirk Bialystok entgingen. Für die zwischen dem 15. Juli und Mitte August durchgeführten Exhumierungsarbeiten in Łomża wurden nach den Erkenntnissen des Schwurgerichts Hamburg polnische Zivilisten eingesetzt, die von den Deutschen „in eigens für das Sonderkommando veranstalteten Razzien festgenommen“ worden waren.[199] Die mindestens 20 Arbeitskräfte wurden nach Beendigung der Aktion von Angehörigen des Kommandos erschossen.[200]

Resümierend kann konstatiert werden: Der Sonderstatus des Bezirks spiegelt sich auch in den Besatzungsinstitutionen. Die Zivilverwaltung war wie ein ostpreußischer Regierungsbezirk gegliedert. Der Aufbau von SS und Polizei im Bezirk Bialystok entsprach dagegen im Wesentlichen der Struktur des SS- und Polizeiapparates im Generalgouvernement. Im Gegensatz zum Generalgouvernement gab es jedoch im Bezirk Bialystok keinen Befehlshaber der Sicherheitspolizei, sondern einen Inspekteur der Sicherheitspolizei.

3. Die deutsche Besatzungspolitik im Bezirk Bialystok als Gegenstand der Forschung

3.1 Quellen

Eine Geschichte der deutschen Besatzungspolitik im Bezirk Bialystok, die ausführlich die an der Zivilbevölkerung begangenen Verbrechen thematisiert und versucht, die Täter zu benennen, kann – wie bereits an den Verweisen in den ersten beiden Teilkapiteln deutlich geworden ist – ohne Bezugnahme auf die nach 1945 entstandenen Strafverfahrensakten und die darin enthaltenen Aussagen von Zeugen und Beschuldigten nicht geschrieben werden. Zum einen ist nur eine geringe Anzahl zeitgenössischer Quellen erhalten geblieben. Die Akten von SS und Polizei, die den Bezirk Bialystok betreffen, sind zu

197 Vgl. *Szymon Datner*, Sonderkommando 1005 i jego działalność ze szczególnym uwzględnieniem okręgu Białostockiego, in: Biuletyn ŻIH 100 (1976), S. 63–78, hier: S. 71–78.

198 Ebd., S. 76.

199 147 Ks 2/67, Urteil des LG Hamburg in der Strafsache gegen Max Krahner, Otto Goldapp und Otto Drews v. 9.2.1968, in: Staatsarchiv Hamburg, 213–12, StA-LG – Nationalsozialistische Gewaltverbrechen, 0597–022, Bl. 7930–8215, hier: Bl. 8038.

200 Vgl. ebd., Bl. 8040–8042.

großen Teilen verloren. So beschränkt sich die Überlieferung aus den Beständen des KdS auf wenige Schreiben. Die „Ereignismeldungen“ und einige Kriegstagebücher sind dagegen erhalten geblieben. Ferner sind Teile zeitgenössischer Verwaltungsakten, darunter die Korrespondenz deutscher Behörden mit der Ghettoverwaltung in Białystok,[201] sowie einzelne Bekanntmachungen, Erlasse und Verordnungen überliefert. Zum anderen enthalten zeitgenössische Dokumente, die Auskunft über die völkerrechtswidrige deutsche Besatzungspolitik geben, in der Regel nur allgemeine Informationen über die verübten Tötungen. Eine Ausnahme stellt die Anordnung des SSPF für den Bezirk Bialystok vom 2. Mai 1943 dar, die Bewohner der Ortschaft Laski (Kreis Bielsk) zu erschießen und das Dorf niederzubrennen. Die Einwohner werden beschuldigt, „Banditen“ unterstützt zu haben; sie werden „an den zahlreichen Überfällen der ‘Bande’ am Südrand des Reichsjagdgebietes“ für mitschuldig befunden, weil sie „durch ihr Verhalten die Voraussetzungen für die Bandentätigkeit geschaffen“ hätten. Das mit dem Stempel *Geheim* versehene Schreiben enthält detaillierte Informationen über den geplanten Ablauf der als Vergeltungsmaßnahme bezeichneten Tötung der Einwohnerschaft und konkrete Handlungsanweisungen an die mit der Durchführung beauftragten deutschen Dienststellen:

> „Die Vergeltungsaktion wird am 4.5.1943 durchgeführt.
>
> 2. Mit der Durchführung der Aktion wird der Kommandeur I./Pol.-Schützen Reg. 34 beauftragt.
>
> 3. Für die Aktion stehen folgende Kräfte zur Verfügung:
>
> a) zur Absperrung bzw. Umstellung der Ortschaft: eine Kompanie Luftwaffe unter Führung von Hauptmann Frewert, Forstamt Bialowies.
>
> b) Zur Durchführung der Vergeltungsmassnahme: die 2./34., die gemäss Fernspruch vom 1.5.1943 ab 3.5.1943 abends für ein Sonderunternehmen bereitzustellen ist.
>
> 4. Die Absperrung bzw. Umstellung der Ortschaft Laski ist gemäss Vereinbarung mit Hauptmann Frewert bis 4.5.1943, 04.20 Uhr, durchgeführt.
>
> 5. Die Kräfte des 2./34. sind so rechtzeitig heranzuziehen, dass sie am 4.5.1943, 04.20 Uhr, an der Wegkreuzung Wisznia-Czemery – Wola – Laski (2 km nördlich Wola) Karte 1: 100000, eintreffen. Zeitpunkt des Treffens ist genau einzuhalten. Verfrühtes Vorgehen ist wegen Beunruhigung der Bevölkerung zu vermeiden.
>
> Die Kräfte des 2./34. sind erst nach der Durchführung der Umstellung an die Ortschaft Laski heranzuführen.

---

201 Vgl. AŻIH, Dokumenty Niemieckie Białystok 221/58, Ghettoverwaltung, Korrespondenzen.

6. Die Absperrkräfte verhindern jegliches Entweichen von Dorfbewohnern. Gegen Personen, die die Absperrung zu durchbrechen versuchen, ist rücksichtslos von der Schusswaffe Gebrauch zu machen.

7. Kommandeur der Sicherheitspolizei Bialystok stellt für die Aktion ein Kommando unter Führung von Kriminal-Kommissar Erdbrügger.

8. Die Eingrabung der Leichen und sonstige Einzelheiten regelt Kommandeur I./34. unmittelbar mit dem zuständigen Amtskommissar.

Mit den beteiligten Dienststellen (Hauptmann Frewert, Führer des Kommandos der Sicherheitspolizei, Amtskommissar) ist strengstens zusammenzuarbeiten.

9. Vor Durchführung der Aktion ist durch den Kommandeur I./34. im Benehmen mit Kriminalkommissar Erdbrügger und dem Amtskommissar zu prüfen, ob sich in der Ortschaft Laski Personen oder reichseigene Gebäude deutscher Dienststellen befinden, die evt. von der Aktion auszunehmen sind.

10. Die Absperrung bleibt bis zur Beendigung der Aktion, also Abbrennen der Ortschaft, bestehen.

11. Den Einsatzkräften ist Marschverpflegung für einen Tag mitzugeben.

12. Kommandeur I./34. legt mir Abschrift seines Einsatzbefehles vor. Durchführung u. Beendigung der Aktion sind mir zu melden."[202]

Im Kriegstagebuch des Jägersonderkommandos der Luftwaffe Bialowies heißt es unter dem Eintrag vom 4. Mai 1943, die Aktion verlaufe „planmäßig": „Gegen 12,30 Uhr werden die Häuser angezündet. Eine Stunde später ist das Dorf abgebrannt. 207 Personen wurden erschossen."[203]

Auch den öffentlichen Bekanntmachungen für den Bezirk Bialystok lässt sich entnehmen, dass Erschießungen Teil der deutschen Besatzungsherrschaft waren, nicht indes, wer die Tötungen anordnete, welche Besatzungsinstitutionen an der Vorbereitung beteiligt waren und wer sie durchführte. Antworten auf Fragen wie diese konnten – wenn überhaupt – nur im Rahmen der Verfahren wegen NS-Gewaltverbrechen gegeben werden. Dies soll an einem Beispiel erläutert werden. Am 16. Juni 1942 machte der SSPF Fromm die Erschießung

---

202 Der SSPF für den Bezirk Bialystok, Bialystok den 2. Mai 1943. Verteiler: Kommandeur I. Pol-Schützen-Regt. 34, Hauptmann Frewert, Forstamt Bialowies, Kommandeur der Sicherheitspolizei, Kommandeur der Gendarmerie, Gendarmerie-Kreisführer Bielsk; Nachrichtlich: Höherer SS- und Polizeiführer, B.d.O. Königsberg, Chef der Zivilverwaltung Bialystok, Division 461, Kreiskommissar Bielsk, Kriegstagebuch, abgedruckt in: L/StAM, Staatsanwaltschaft Dortmund, Zentralstelle für NS-Verbrechen, 45 Js 16/65, Nr. 4814, Bl. 422–424. Die Erschießung von 207 Einwohnern des Dorfes Laski war Gegenstand des Ermittlungsverfahrens gegen Fromm und Andere. Das Verfahren wurde hinsichtlich dieses Falles eingestellt. Vgl. Einstellungsverfügung der Zentralstelle Dortmund, Verfahren gegen Fromm u.A., Bl. 76.

203 Auszug aus dem Kriegstagebuch des Jäger-Sonderkommandos der Luftwaffe Bialowies (4.5.1943), in: L/StAM, Staatsanwaltschaft Dortmund, Zentralstelle für NS-Verbrechen, 45 Js 16/65, Nr. 4814, Bl. 369.

der Bewohner des Dorfes Rajsk bekannt. Nach den Erkenntnissen der Zentralstelle bei der Staatsanwaltschaft Dortmund sprechen „Zeugenaussagen und die gesamten Umstände dafür“, dass „die Maßnahmen gegen die Bevölkerung von Rajsk auf Grund einer koordinierenden Besprechung des Beschuldigten Fromm mit dem KdS und dem KdO“ in Białystok „durchgeführt und von Fromm persönlich geleitet worden“ seien. Anhaltspunkte für eine Beteiligung Fromms an Geiselerschießungen im Oktober und November 1942 ergeben sich indes aus Sicht der Ermittlungsbehörde nur aus den entsprechenden Bekanntmachungen, die seinen Namen tragen. Der Beschuldigte Fromm behauptete, die Bekanntmachungen seien von nachgeordneten Dienststellen oder Beamten verfasst worden, ohne ihm vorgelegen zu haben. Einen Befehl zur Erschießung habe er nicht gegeben. Der Oberstaatsanwalt konnte aufgrund „verständiger Würdigung der zur Tatzeit in Bialystok bestehenden Situation“ nicht ausschließen, dass die Tötungen vom KdS angeordnet und von seinen Untergebenen durchgeführt worden sind.[204]

Die Mehrzahl der Verfahren wegen NS-Verbrechen im Bezirk Bialystok wurde von der bundesdeutschen Justiz geführt. Die von Angehörigen des deutschen Besatzungsapparates begangenen Verbrechen waren jedoch auch Gegenstand von Strafverfahren in Polen.[205] So wurde im Rahmen der Untersuchungen zur Erforschung der Ereignisse in Białystok und Umgebung im Sommer 1941 bekannt, dass die Beteiligung von Polen an Ausschreitungen gegen Juden Gegenstand von 61 Gerichtsverfahren vor polnischen Gerichten gewesen war. Die Verfahren betrafen 23 im Bezirk Bialystok gelegene Orte: Choroszcz, Czyżew, Goniądz, Grajewo, Jedwabne, Jasionówka, Kleszczele, Knyszyn, Kolno, Kuźnica, Narewka, Piątnica, Pilki (Bielsk Podlaski), Radziłów, Rajgród, Sokoły, Stawiski, Suchowola, Szczucin, Trzcianne, Tykocin, Wasilków, Wąsosz, Wizna.[206]

Das größte und mit Abstand bedeutendste polnische Verfahren wegen NS-Gewaltverbrechen im Bezirk Bialystok wurde gegen den ehemaligen Oberpräsidenten und Gauleiter in Ostpreußen sowie Chef der Zivilverwaltung für den

---

204 Schreiben OStA Hesse an den Justizminister des Landes NRW v. 10.9.1964, in: L/StAM, Staatsanwaltschaft Dortmund, Zentralstelle für NS-Verbrechen, 45 Js 18/64, Nr. 3651, Bl. 28–36, hier: Bl. 31ff.

205 Eine allgemeine Einführung zu den Verfahren vor polnischen Gerichten findet sich bei: *Bogdan Musial*, NS-Kriegsverbrecher vor polnischen Gerichten, in: VfZ 47 (1999), S. 25–56. Zu den Ausgelieferten vgl. *Elżbieta Kobierska-Motas*, Ekstradycja przestępców wojennych do Polski z czterech stref okupacyjnych Niemiec 1946–1950, Część I, Warszawa 1991 und Część II, Warszawa 1992.

206 Vgl. *Paweł Machcewicz*, Rund um Jedwabne, S. 38f.

Bezirk Bialystok, Erich Koch, geführt. Koch wurde am 27. Mai 1949 in Hamburg von den britischen Behörden festgenommen[207] und am 10. Januar 1950 aufgrund eines Beschlusses des Auslieferungstribunals (*Extradition Tribunal*) vom 30. Dezember 1949 an die polnischen Behörden ausgeliefert.[208] Die Hauptverhandlung fand vom 20. Oktober 1958 bis zum 5. März 1959 vor dem Wojwodschaftsgericht für die Warschauer Wojwodschaft (*Sąd Wojewódzki dla województwa warzsawskiego*) in Warschau statt.[209] Koch wurde wegen Verbrechen in den Bezirken Zichenau und Bialystok am 9. März 1959 zum Tode verurteilt, das Urteil wurde jedoch nicht vollstreckt, sondern in lebenslange Haft umgewandelt.[210] In dem Urteil heißt es, im Bezirk Bialystok seien „13.397 Männer, 6.579 Frauen und 4.858 Kinder ermordet worden; 17.581 Personen in Konzentrationslager, 25.812 in Arbeitslager verschleppt worden". Insgesamt seien 72.399 Personen ums Leben gekommen.[211] Der Zivilverwaltung wird in dem Urteil die Verantwortung für sämtliche im Bezirk Bialystok begangenen Verbrechen zugeschrieben. Alles, was vom 1. August 1941 bis zur endgültigen Auflösung des Ghettos in Białystok geschehen sei, falle „der Zivilverwaltung mit ihrem Exekutivorgan der deutschen Polizei zur Last".[212] An einer anderen Stelle werden die Erich Koch unterstellten Verwaltungsbehörden als „Urheber und Ordner" der von der Polizei verschiedener Formationen durchgeführten „Massenmorde" bezeichnet.[213] Der Argumentation des Gerichts liegt die Annahme zugrunde, dass die „verbrecherischen Methoden" der SS und Polizei von der Partei und der Verwaltung akzeptiert worden seien.[214] Das polnische Gericht sah es aufgrund von Zeugenaussagen, Bekanntmachungen und Erklärungen der ehemaligen KdS-Angehörigen Macholl und Friedel als erwiesen an, dass Koch bei der Niederbrennung von Dörfern und bei den Morden an der Zivilbevölkerung „eng" mit dem SS- und Polizeiapparat zusammengewirkt hatte.[215] Um den Nachweis zu führen, dass Koch im Bezirk Bialystok „tatsächlich selbst die Gewalt ausgeübt hat", führt

207 Vgl. Schreiben der Allied Liaison & Protocol Section 82 HQ CCG an die Polish Military Mission Berlin v. 2.7.1949, in: IPN, SWWW–749, Bl. 112.

208 Vgl. Schreiben des Allied Liasion Branch an die Polish War Crimes Mission Bad Salzuflen v. 14.7.1950, in: IPN, SWWW–749, Bl. 182.

209 Koch war gemäß Artikel 1, Punkt 1 des Dekrets vom 31. August 1944 angeklagt. Zu den Anklagepunkten vgl. *Meindl*, Ostpreußens Gauleiter, S. 479.

210 Vgl. ebd., S. 486. Koch verstarb am 12. November 1986.

211 Wyrok, Az. IV K. 311/58, in: IPN, SWWW, sygn. 753, Bl. 1634.

212 Ebd., Bl. 1670f.

213 Ebd., Bl. 1695.

214 Ebd., Bl. 1757.

215 Ebd., Bl. 1705.

das Gericht ferner Zeitungsartikel an, die als Beleg für seine Methoden der Machtausübung dienen sollen.

Die Argumentation des polnischen Wojewodschaftsgerichts beruht auf einer pyramidalen Befehlskette mit dem CdZ an der Spitze. Koch hätten, so die Annahme, nicht nur die verschiedenen Organe der Verwaltung, sondern auch der SS- und Polizeiapparat unterstanden. Der bei dem CdZ akkreditierte SSPF habe „die Funktion einer Transmissionsstation" ausgeübt. Er habe der Zivilverwaltung die Wünsche Himmlers übermittelt, und andererseits habe der SSPF die Wünsche Kochs an die ihm unterstellten Behörden übermittelt. Falls Koch gewünscht hätte, Repressalien zu verhängen, habe er sich an Himmler bzw. an den HSSPF in Königsberg gewandt und nach Einvernahme mit ihm dem SSPF Aufträge erteilt.[216] Eine solche, die polykratischen Elemente der Besatzungsstruktur ignorierende Sichtweise überschätzt Kochs Einflussmöglichkeiten und unterschätzt die autonomen Handlungsspielräume und Entscheidungsbefugnisse des SS- und Polizeiapparates bei der Ausübung von Verbrechen an der Zivilbevölkerung. Ein Verdienst des Urteils besteht hingegen darin, die Rolle der Ordnungspolizei als „Vollstrecker" hervorzuheben.[217]

Die polnischen Behörden bemühten sich auch darum, Strafverfahren gegen die Spitzen des SS- und Polizeiapparates durchzuführen. Der an die britischen Behörden gerichteten Bitte, die ehemaligen SSPF Hellwig und Fromm sowie den ehemaligen Kommandeur der Sicherheitspolizei Altenloh auszuliefern, wurde indes nicht entsprochen.[218] Es wurden jedoch Strafverfahren gegen die ehemaligen KdS-Angehörigen Friedel und Macholl in Białystok geführt. Der Prozess gegen den ehemaligen Leiter des „Judenreferates" Fritz Friedel fand vom 26. bis zum 28. Oktober 1949 vor dem Białystoker Appellationsgericht (Sąd Apelacyjny, Wydział Karny w Białymstoku) statt[219] und das Verfahren

216 Ebd., Bl. 1696f.

217 Vgl. ebd., Bl. 1698.

218 Vgl. Schreiben des Extradition Section Legal Branch Hamburg an den Allied Liaison Branch, Bad Salzuflen v. 5.10.1949, in: IPN, Akta w sprawie Fromma, sygn. 368, Bl. 64; Schreiben des Extradition Tribunal Legal Branch Hamburg an Governor No 6 CIC 405 HQ CCG BAOR 3 v. 22.5.1948, in: IPN, SWWW–749, Bl. 26; Vermerk des Allied Liaison Branch, Bad Salzuflen, v. 28.7.1949, in: IPN, Akta w sprawie Altenloh, sygn. BD-92, Bl. 390.

219 Vor dem Appellationsgericht wurden die Massenverbrechen an der jüdischen Bevölkerung Białystoks in den Jahren 1942 und 1943 sowie verschiedene Erschießungen verhandelt. Vgl. IPN, GK 214/20A. Zum Friedel-Prozess vgl. auch: *Ewa Rogalewska*, Sprawa Fritza Friedla, in: Biuletyn IPN, Heft 3 (2004), S. 65–69. Szymon Datner war Sachverständiger in dem Prozess. Sein Gutachten wurde Jahre später veröffentlicht. Vgl. *Szymon Datner*, Opinia biegłego w procesie szefa Referatu Żydowskiego w białostockim Gestapo (1942–1944), in: Biuletyn ŻIH 99 (1976), S. 42–58.

gegen den ehemaligen Leiter des Referates „Widerstand“ in der Abteilung IV beim KdS Waldemar Macholl vom 8. bis zum 25. März 1949 vor dem Bezirksgericht in Białystok.[220] Beide wurden zum Tode verurteilt und hingerichtet.

Die Strafverfahren in Ost und West sind für Historiker, die über die von Deutschen im Zweiten Weltkrieg begangenen Verbrechen forschen, eine unentbehrliche Quelle. Die Nutzung von Gerichtsakten für die historische Forschung wirft indes einige methodische Fragen und Probleme auf.[221] Zunächst ist der Entstehungskontext der Dokumente zu berücksichtigen: In den Strafverfahren geht es um die Ermittlung strafrechtlich relevanter Taten oder Tatbeiträge, die einzelnen Personen zugeordnet werden müssen. Historische Vorgänge und Geschehnisse interessieren nur, insofern sie für den Nachweis der Schuld von Belang sind. Die Prozessunterlagen sind eingebettet in ein Gefüge, „dem eine spezifische Untersuchungsmethode nach rechtlich-normativen Grundsätzen zugrunde liegt, aus dessen Zusammenhang ein Vernehmungsprotokoll nicht willkürlich herausgerissen werden darf“.[222] So können die Aussagen der oft mehrfach vernommenen Zeugen und Beschuldigten in den Strafverfahren voneinander abweichen. Vernehmungsprotokolle müssen daher in ihrem Entstehungszusammenhang und im Rahmen der Erkenntnisse des gesamten Verfahrens betrachtet und wenn möglich mit zeitgenössischen Quellen verglichen werden. Bei der Interpretation von Vernehmungen gilt es folgende Aspekte zu berücksichtigen: den Zeitpunkt der Aussage im Verfahren (z.B. staatsanwaltliche Vernehmung oder gerichtliche, gegebenenfalls eidliche Vernehmung), die Stellung des Aussagenden zur Tatzeit (beispielsweise Mitglied des KdS) und seinen Zugang zu Informationen sowie seine Stellung im Gerichtsverfahren (Beschuldigter oder Zeuge). Was dies konkret bedeutet, hat Christoph Bitterberg in seiner Magisterarbeit für den Fall des Bielefelder Białystok-Prozesses an einigen Beispielen deutlich gemacht. Er konnte zeigen, dass die Aussagen von Zeugen und Beschuldigten für Fragen nach dem historischen Geschehen bedeutsam sein können. „Die Kenntnis und die methodische Entschlüsselung derjenigen Verteidigungsstrategien, die während des Gerichtsverfahrens angewandt wurden, geben“, so

---

220 Vgl. AŻIH, procesy 344/27; 80; IPN, Sąd Okręgowy w Białymstoku, SOB, 279.

221 Vgl. *Scheffler*, NS-Prozesse als Geschichtsquelle, S. 16ff.; *Gerlach*, Kalkulierte Morde, S. 30ff.; *Bitterberg*, Der Bielefelder Prozeß; *Andrej Angrick*, Besatzungspolitik und Massenmord. Die Einsatzgruppe D in der südlichen Sowjetunion 1941–1943, Hamburg 2003, S. 17.

222 *Ralf Ogorreck*, Die Einsatzgruppen und die „Genesis der Endlösung“, Berlin 1996, S. 15.

Bitterberg, „Hinweise auf das tatsächliche Geschehen, über das sonst keine Quellen mehr aufzufinden sind".[223] Beispielsweise ist die Tatsache, dass im Bezirk Bialystok eine Konferenz zur Konzentrierung und Deportation der Juden stattfand, durch keine zeitgenössische Quelle, sondern nur – wie Bitterberg gezeigt hat – durch Aussagen Beschuldigter und Zeugen belegt. Hinsichtlich der Teilnehmer an dieser Konferenz und der Frage nach ihren Folgen weichen die Aussagen indes voneinander ab. Folglich gilt es, die Aussagen zu vergleichen, Verteidigungsstrategien zu hinterfragen, möglichst alle zugänglichen zeitgenössischen Quellen heranzuziehen und vor allem: mehrere Perspektiven auf das historische Geschehen darzustellen.

Welche Quellen stehen Historikern für eine Geschichte der deutschen Besatzungspolitik im Bezirk Bialystok noch zur Verfügung? Neben den wenigen erhalten gebliebenen Quellen der deutschen Besatzungsmacht und der Fülle von Strafverfahrensakten sind zu nennen: die Erinnerungsberichte sowohl der ehemaligen Angehörigen des deutschen Besatzungsapparates[224] als auch der Überlebenden der deutschen Verfolgungs- und Vernichtungspolitik[225] sowie

---

223 *Bitterberg*, Der Bielefelder Prozeß, S. 68.

224 Hier handelt es sich um Erlebnisberichte aus den Beständen der Ostdokumentation des Bundesarchivs. Die den Bezirk Bialystok betreffenden Materialien sind im Bundesarchiv Bayreuth archiviert unter Ost-Dok. 13: „Berichte über die Tätigkeit der Deutschen Verwaltung in den annektierten und okkupierten Gebieten Polens, auch des Baltikums und der Sowjetunion" und Ost-Dok. 8: „Berichte von Angehörigen der politischen Führungsschicht aus den ostdeutschen Vertreibungsgebieten zum Zeitgeschehen von 1939–1945 (Intelligenzberichte)". Zur Ostdokumentation vgl. *Matthias Beer*, Die Ost-Dokumentation. Zur Genesis und Methodik der größten Sammlung biographischer Zeugnisse in der Bundesrepublik, in: Heinke M. Kalinke (Hrsg.), Brief, Erzählung, Tagebuch. Autobiographische Dokumente als Quellen zu Kultur und Geschichte der Deutschen in und aus dem östlichen Europa, Freiburg 2000, S. 23–50.

225 Zu nennen sind die Zeugnisse Überlebender in jiddischer und polnischer Sprache, die von der Zentralen Jüdischen Historischen Kommission und den regionalen jüdischen historischen Kommissionen gesammelt wurden. Zu den Geschehnissen in Białystok und Umgebung vgl. die relevanten Berichte aus dem Bestand 301 des Archivs des Jüdischen Historischen Instituts in Warschau. Ferner gibt es autobiographische Berichte Überlebender, die veröffentlicht wurden. Vgl. *David Klementinowski*, leben un umkum in bialistoker geto, New York 1946; *Rafael Reisner*, der umkum fun bialistoker jidntum 1939–1945, Melbourne 1948; *Chaika Grossman*, Die Untergrundarmee. Der jüdische Widerstand in Bialystok. Ein autobiographischer Bericht, Frankfurt a.M. 1993; *Felix Zandman*, Nie die letzte Reise. Vom polnischen Ghetto an die Wallstreet, München 1999; *Felicja Nowak*, Mein Stern. Erinnerungen einer Holocaust-Überlebenden, Gerlingen 2001; *Chasia Bornstein-Bielicka*, Jüdischer Widerstand in Grodno und Bialystok. Erinnerungen eines Verbindungsmädchens zur arischen Seite, in: Dachauer Hefte 20 (2004), S. 71–87. Bei dem Text Bornstein-Bielickas handelt es sich um Auszüge aus ihren Erinnerungen, die 2003 unter dem Titel Achat Mimeatim [Eine von Wenigen] auf Hebräisch und 2009 in englischer Übersetzung erschienen. Vgl. *Neomi Izhar*, Chasia

Befragungen der ehemaligen KdS-Angehörigen Friedel und Macholl und des ehemaligen Amtskommissars Paul Melzer durch Szymon Datner.[226] Eine außergewöhnliche Quelle stellt das auf Initiative des Widerstandskämpfers Mordechai Tenenbaum-Tamaroff gegründete und von Zwi Mersyk geleitete Geheimarchiv im Ghetto Białystok dar,[227] das einen Einblick in das Leben und Sterben der jüdischen Ghettobevölkerung gibt und verschiedene Reaktionsweisen auf die deutsche Verfolgungs- und Vernichtungspolitik offenbart. In dem Archiv befinden sich Quellen in jiddischer, polnischer, hebräischer und deutscher Sprache, darunter Dokumente des Judenrats (Protokolle und Bekanntmachungen)[228], ein Flugblatt mit Angaben zur Funktion des Vernichtungslagers Treblinka, Augenzeugenberichte über die Ermordung der Juden in Białystok und die Geschehnisse in verschiedenen Ghettos und kleinen Orten im Bezirk Bialystok, Materialien der polnischen Untergrundbewegung, Dokumente der Widerstandsgruppen im Białystoker Ghetto. Weil Tenenbaum von der bevorstehenden Ermordung aller Juden überzeugt war, führte er ein Tagebuch und verfasste Artikel, Briefe und Manifeste, die ebenfalls Bestandteil des Archivs

---

Bornstein-Bielicka, One of the Few. A Resistance Fighter and Educator 1939–1947, Jerusalem 2009.

226 Vgl. AŻIH, Procesy 30, 31, 35, 36, 37, 85, 86. Aleksander Omiljanowicz führte im Jahre 1948 für einige Wochen ein Interview mit Waldemar Macholl, das 1998 veröffentlicht wurde. Vgl. *Aleksander Omiljanowicz*, Macholl, August Artur – Przed wyrokiem: rozmowy z gestapowcem, Białystok 1998.

227 In einem Artikel, der im April 1960 in der jiddischsprachigen Zeitschrift der Białystoker *landsmanshaft* „Bialystoker Szytme" erschien, schlug Szymon Datner vor, dem Archiv den Namen Merysk-Tenenbaum-Archiv zu geben. In der Ausgabe von September 1961 findet sich ein kurzer Artikel Datners über die Auffindung des Archivs nach dem Krieg. Vgl. *Szymon Datner*, Getto białostockie i jego podziemne archiwum, in: Jerzy Antoniewicz / Jerzy Jok (Hrsg.), Studia i materiały do dziejów miasta Białegostoku, tom II, Białystok 1970, S. 93–112, hier: S. 99, Fußnote 8. In dem polnischsprachigen Aufsatz beleuchtet Datner die Entstehung und Überlieferungsgeschichte des Untergrundarchivs, stellt 23 Dokumente vor, die mit einer kurzen archivarischen Notiz versehen sind und veröffentlicht Auszüge aus drei Dokumenten, die er aus dem Hebräischen und Jiddischen ins Polnische übersetzt und annotiert hat. In einem jiddischsprachigen Aufsatz von 1970, der in der Zeitschrift des Jüdischen Historischen Instituts erschien, findet sich ein Bestandsverzeichnis des Archivs. Datner stützt sich auf ein Inventar Bronia Klibańskas, das 69 Dokumente umfasst. Klibańska sichtete und verzeichnete die Materialien des Archivs, die in Yad Vashem verwahrt werden. Vgl. *Szymon Datner*, der untererdischer bialistoker geto-archiv (m-t-archiv), in: bleter far geszichte 18 (1970), S. 3–23.

228 Vgl. *Nachman Blumenthal* (Hrsg.), Conduct and Actions of a Judenrat. Documents from the Bialystok Ghetto, Jerusalem 1962. Der Theologe Dr. Hans-Peter Stähli fertigte auf der Grundlage von Blumenthals Edition eine deutsche Übersetzung der jiddischsprachigen Meldungen und Protokolle an. Vgl. *Hans-Peter Stähli*, Die Protokolle und Meldungen des Białystoker Judenrats in einer Übersetzung und mit einem Vorwort, in: Anders / Stoll / Wilke (Hrsg.), Der Judenrat von Białystok, S. 39–288.

sind.[229] Die Mehrzahl der Materialen wurde nach der Vernichtung der Ghettos in der Bialystoker Provinz (also nach dem 2. November 1942) geschrieben und gesammelt.[230] Die Quellen des Geheimarchivs sind zuerst von Szymon Datner ausgewertet worden. Er arbeitete während seiner Tätigkeit für das Jüdische Historische Institut in Warschau, das Teile des Archivs verwahrt, mit den Quellen. 1951 legte er eine Analyse der Białystoker Judenratsmeldungen vor.[231] Auch Wolfgang Scheffler griff in seinem für das Bielefelder Schwurgericht im Verfahren gegen Dr. Altenloh u.A. verfassten Gutachten auf Meldungen und Protokolle des Judenrats zurück. Zuletzt hat die Historikerin Sara Bender für ihre Dissertation über die Juden Białystoks während des Zweiten Weltkriegs die Materialien des Untergrundarchivs verwendet.[232]

3.2 Zum Stand der Forschung

Eine umfassende Geschichte der deutschen Besatzungspolitik im Bezirk Bialystok unter Auswertung aller zur Verfügung stehenden Quellen ist bisher noch nicht geschrieben worden. Dieter Pohl konstatierte 2004 in einem Forschungsbericht zur Besatzungspolitik in Polen:

> „The comparatively most neglected area of the annexed territories was the Bezirk Bialystok in northeastern Poland, which came under German rule only after June 1941. Most of its occupation files have been destroyed, important work has not been published and the research is very thinly spread."[233]

In der Forschung zur deutschen Besatzungspolitik in Polen standen und stehen andere Regionen – vor allem das Generalgouvernement – und Themen[234] im Vordergrund.

Grundzüge der Okkupationspolitik im Bezirk Bialystok behandeln der deutsche Historiker Christian Gerlach und der polnische Historiker Michał Gnatowski. Gnatowski befasst sich in seiner zusammen mit Waldemar

229 Eine Kopie des Geheimarchivs befindet sich im Jüdischen Historischen Institut Warschau. Vgl. AŻIH, Podziemne Archiwum Getta Białostockiego, 204/1–19. Vgl. dazu: *Bronia Klibanski*, The Underground Archives of the Bialystok Ghetto Founded by Mersyk and Tenenbaum, in: Yad Vashem Studies 2 (1958), S. 285–329.

230 Vgl. *Datner*, Getto białostockie i jego podziemne archiwum, S. 96.

231 Vgl. *Szymon Datner*, Di meldungen fun bialystoker judenrat, in: Bleter far geszichte 4 (1951), S. 56–74.

232 Vgl. *Bender*, The Jews of Białystok.

233 *Dieter Pohl*, War, Occupation and the Holocaust in Poland, in: Dan Stone (Hrsg.), The Historiography of the Holocaust, Basingstoke 2004, S. 88–119, hier: S. 92.

234 Vgl. *Hans-Jürgen Bömelburg*, Die deutsche Besatzungspolitik in Polen 1939–1945, in: Bernhard Chiari (Hrsg.), Die polnische Heimatarmee, S. 51–86.

Monkiewicz und Józef Kowalcyzk angefertigten Studie aus dem Jahr 1981 mit Aspekten der Wirtschaftspolitik, der Arbeitskräftepolitik und der Verfolgungs- und Vernichtungspolitik.[235] Aus Gnatowskis Sicht verfolgte die deutsche Okkupationspolitik drei Ziele: „die Ausbeutung der Wirtschaft und der Rohstoffressourcen, die extensive Ausnutzung der Arbeitskräfteressourcen und die schrittweise Vernichtung der Bevölkerung, insbesondere so genannter 'unerwünschter Elemente'."[236]

Christian Gerlach thematisiert in seiner im Jahre 1999 erschienenen Studie über die deutsche Wirtschafts- und Vernichtungspolitik in Weißrussland einzelne den Bezirk Bialystok betreffende Aspekte, u.a. deutsche Umsiedlungs- und Besiedlungspläne, die Partisanenbekämpfung und die den weißrussischen Teil des Bezirks betreffende Verfolgungs- und Vernichtungspolitik (Ermordungen von Juden und anderen Zivilisten, von Kriegsgefangenen und von psychisch und physisch Kranken). Dabei stützt er sich in erster Linie auf zeitgenössische Quellen der deutschen Besatzer und auf westdeutsche Strafverfahrensakten. Ein besonderes Kennzeichen der deutschen Besatzungspolitik im Bezirk Bialystok war seiner Ansicht nach „der Versuch, Probleme besonders im südöstlichen Gebiet Białowieża-Pruzany durch Umsiedlungen zu lösen".[237] Maßgebend waren, so Gerlach, nicht die Ausbeutungsbedingungen des Wirtschaftsstabes Ost, sondern „die Angleichung an reichsdeutsche Standards".[238] Die Siedlungspläne sahen vor, von den 1,628 Millionen Einwohnern alle bis auf 35.000, die als „eindeutschungsfähig" galten, zu entfernen und durch 1,138 Millionen deutsche Siedler zu ersetzen.[239] Indes scheiterte die geplante Ansiedlung Volksdeutscher durch den Reichskommissar für die Festigung deutschen Volkstums (RKF) und die (Volksdeutsche Mittelstelle

235 Vgl. *Michał Gnatowski*, Białostocczyzna w latach wojny i okupacji hitlerowskiej, Białystok 1979; ders. / u.a., Wieś białostocka oskarża. Ze studiów nad eksterminacja wsi na Białostocczyźnie w latach wojny i okupacji hitlerowskiej, Białystok 1982. Gnatowskis Mitautoren Waldemar Monkiewicz und Józef Kowalczyk befassten sich später mit der Ermordung der Juden in der Stadt Białystok. Vgl. *Waldemar Monkiewicz / Józef Kowalczyk*, Zagłada ludności żydowskiej w Białymstoku, Białystok 1983

236 *Gnatowski*, Nationalsozialistische Okkupationspolitik im „Bezirk Bialystok" 1941–1944, S. 166f.

237 *Gerlach*, Kalkulierte Morde, S. 938.

238 Vgl. ebd., S. 118.

239 Vgl. Dispositionen und Berechnungsunterlagen für einen Generalsiedlungsplan, 29. Oktober 1942 und 23. Dezember 1942, abgedruckt bei: *Karl Heinz Roth*, „Generalplan Ost" – „Gesamtplan Ost". Forschungsstand, Quellenprobleme, neue Ergebnisse, in: Mechthild Rössler / Sabine Schleiermacher (Hrsg.), Der „Generalplan Ost". Hauptlinien der nationalsozialistischen Planungs- und Vernichtungspolitik, Berlin 1993, S. 96–117, hier: S. 107.

Vomi) weitgehend. So wurden vom RKF nach eigenen Angaben bis zum 31. Mai 1943 nur acht Volksdeutsche angesiedelt.[240] Bei der Anfang des Jahres 1944 erfolgten Ansiedlung von Volksdeutschen aus der Ukraine übernahmen die RKF und die Vomi, die nach der Befreiung des größten Teils der Ukraine durch die Rote Armee etwa 200.000 Ukrainedeutsche evakuiert hatten, keine federführende Rolle. Zwischen dem 6. und 22. Januar 1944 kamen 11.603, bis zum 22. Februar mindestens 23.765 von den erwarteten 40.000 bis 60.000 Flüchtlingen aus den Regionen Shitomir und Wolhynien im Bezirk Bialystok an.[241] Koch hatte nach Angaben Gerlachs den NSDAP-Kreisleiter Alfons Tresp am 10. Januar 1944 mit der Umsiedlungsaktion beauftragt.[242] Tresp griff auf Personal der Zivilverwaltung zurück. Unter Ausschaltung des RKF und der Vomi vertrieben die Zivilverwaltung und die NSDAP Tausende Einheimische aus ihren Wohnungen und quartierten in kürzester Zeit die Volksdeutschen aus den Auffanglagern um. Die SS-Stellen Himmlers hatten sich vergeblich um Mitarbeit bemüht.[243] Die Ansiedlungsaktion fand ein Ende mit dem wenig später erfolgten Abtransport der Volksdeutschen in den „Reichsgau Wartheland".[244]

Das Vorgehen bei der Partisanenbekämpfung im Bezirk Bialystok unterschied sich nach den Erkenntnissen Gerlachs von der in den übrigen Gebieten Weißrusslands angewandten Taktik. An die Stelle von „Großoperationen" traten, so Gerlach, „eine Mischung verschiedener anderer Unterdrückungs- und Verfolgungsmethoden" wie „eine relativ dichte Belegung der Region mit Polizei- und Sicherungskräften, individuelle Verfolgungsmaßnahmen, Zwangsumsiedlungen und Repressalien gegen einzelne Dörfer zur Abschreckung der Bevölkerung". Indes betont der Autor, dass von „Frieden oder einer völkerrechtskonformen Besatzungspolitik" keine Rede sein konnte. Bei einer Reihe von „schweren Repressionsakten" wurden seit 1942 „mehrere tausend Men-

240 Vgl. *Gerlach*, Kalkulierte Morde, S. 119.

241 Vgl. ebd., S. 119.

242 Vgl. ebd., S. 119 f. und Fußnote 524. Gerlach verweist auf ein Dokument des KdS (Umsiedlungen von Deutschen aus der Ukraine) v. 22.1.1944.

243 Gerlach schreibt dazu: „Die Zivilverwaltung verfügte personell und organisatorisch über ganz andere Möglichkeiten als RFK und Vomi und spielte diesen Vorteil aus. Diese SS-Dienststellen erhielten keine Gelegenheit zur Mitarbeit und meldeten resigniert nach Berlin, sie sähen keine inhaltlichen Kritikpunkte, mit denen sie die Notwendigkeit ihres Engagements begründen könnten." *Gerlach*, Kalkulierte Morde, S. 120.

244 Vgl. ebd., S. 119f.

schen ermordet und diese Fälle im ganzen Bezirk bekannt gemacht, ja damit agitiert".[245]

Hinsichtlich der Vernichtung der Juden betont Gerlach die Tatsache, dass die Mehrheit der Menschen nicht erschossen oder auf andere Weise vor Ort ermordet, sondern in den Vernichtungslagern umgebracht worden sei.[246] Ausführlicher wird die Ermordung der Juden aus dem weißrussischen Abschnitt des Bezirks (November 1942 bis März 1943) behandelt.[247] Beschrieben werden die Vorbereitungen für die Deportationen der jüdischen Bevölkerung, die an wenigen Orten konzentriert wurde, und das Vorgehen der deutschen Besatzungsinstitutionen bei den Auflösungen der Ghettos und Sammellager.

Am 2. November 1942 wurden alle Ghettos im Bezirk Bialystok geschlossen, und es wurde mit den Deportationen in die Vernichtungslager Auschwitz und Treblinka begonnen. Die Mehrheit der jüdischen Bewohner des Bezirks wurde jedoch zunächst in fünf so genannten Sammellagern konzentriert – in Bogusze, in ehemaligen Baracken der polnischen Kavallerie in der Nähe von Białystok, in Kiełbasin, in Wołkowysk und in Zambrów. Von dort aus wurden die Menschen zwischen November und Januar 1943 nach Auschwitz und Treblinka deportiert.[248] Die ersten Deportationen erfolgten aus dem Grodnoer Raum: Am 9., 14., 18. und 25. November sowie am 2. und 8. Dezember 1942 kamen Menschen aus dem Ghetto II in Grodno und dem Sammellager Kiełbasin in Auschwitz an.[249] Zwischen dem 11. Januar und dem 1. Februar 1943 brachten die deutschen Besatzer nach Feststellungen des Bielefelder Schwurgerichts in 17 Transporten Menschen aus Zambrów, Grodno, Sokółka, Wołkowysk und Prużana in die Vernichtungslager.[250] Allein aus der Stadt Grodno deportierten sie innerhalb von vier Tagen – zwischen dem 20. und 24. Januar – ungefähr 10.000 Menschen nach Auschwitz. Dort wurde die Mehrheit kurz nach ihrer Ankunft ermordet.[251] Das Ghetto Białystok wurde dreimal, wie es in der Sprache der Nationalsozialisten hieß, „geräumt". Die erste „Teilräumung" fand vom 5. bis zum 12. Februar 1943 statt: Die Deutschen deportierten unter Leitung und Federführung der Sicherheitspolizei etwa 10.000 Einwohner in die Vernichtungslager Treblinka und Auschwitz, weitere 900 Menschen

245 Vgl. ebd., S. 935.

246 Vgl. ebd., S. 933.

247 Vgl. ebd., S. 723–733.

248 *Bender*, The „Reinhardt Action" in the „Bialystok District", S. 194f.

249 Vgl. Urteil 5 Ks 1/65, in: L/StADT, D 21 A, Nr. 6194, Bl. 57.

250 Vgl. ebd., Bl. 69.

251 Vgl. ebd., Bl. 83.

wurden im Ghetto getötet.[252] Etwa 30.000 Juden verblieben in Białystok. Zwei Jahre nach seiner Errichtung, im August 1943, wurde das Ghetto fast vollständig aufgelöst. SS- Hauptsturmführer Georg Michalsen, Angehöriger des Stabes beim SS- und Polizeiführers des Distriktes Lublin, Odilo Globocnik, organisierte zusammen mit Angehörigen der Dienststelle des KdS in Białystok unter Mithilfe des SS- und Polizeiregiments 26,[253] des Polizei-Schützen-Regiments 34[254] und einer dem KdS unterstellten „weißruthenischen Schutzmannschaft" die Deportationen, die am 16. August 1943 begannen.[255] Am „dritten oder vierten Tag" der zweiten Ghetto-„Räumung" leistete die Untergrundbewegung des Białystoker Ghettos bewaffneten Widerstand. Nach Erkenntnissen des Bielefelder Schwurgerichts war er „jedoch nicht erheblich und wurde sofort mit Waffengewalt gebrochen".[256] Die Widerstandskämpfer Mordechai Tenenbaum-Tamaroff und Daniel Moszkowicz kamen im Ghetto um.[257] Insgesamt gab es während der Ghettoauflösung „mindestens 300 Todesopfer".[258] 11.000 Juden wurden nach Lublin gebracht; sie wurden größtenteils am 3. und 4. November 1943 bei Massenerschießungen im Rahmen der „Aktion Erntefest"[259] ermordet. Die übrigen 17.000 bis 19.000 Ghettobewohner wurden im August in die Vernichtungslager deportiert – die Mehrzahl nach Treblinka – und dort ermordet.[260] Unter denjenigen, die in Vernichtungslagern getötet

---

252 *Gerlach*, Kalkulierte Morde, S. 730.

253 Vgl. L/StAM, Staatsanwaltschaft Dortmund, Zentralstelle für NS-Verbrechen, Nr. 2977–2986 und Nr. 3012–3017. Zur Beteiligung von Angehörigen des SS- und Polizei-Regiments 26 an den August-Deportationen vgl. *Katrin Stoll*, Die „Räumung" des Białystoker Ghettos in den Aussagen von „Täter-Zeugen", in: Wolfgang Schulte (Hrsg.), Die Polizei im NS-Staat. Beiträge eines internationalen Symposiums an der Deutschen Hochschule der Polizei in Münster, Frankfurt a.M. 2009, S. 263–304.

254 Vgl. Einstellungsverfügung der Staatsanwaltschaft Hamburg (Az. 147 Js 26/65) v. 16.1.1970, in: Barch, B 162, AR 2684/65, Bl. 354–409, hier: Bl. 355.

255 Vgl. *Anders / Kutscher / Stoll*, Der Bialystok-Prozess vor dem Landgericht Bielefeld, S. 88.

256 Vgl. Urteil 5 Ks 1/65, in: L/StADT, D 21 A, Nr. 6195, Bl. 314.

257 *Jüdisches Historisches Institut Warschau* (Hrsg.), Faschismus – Getto – Massenmord, Berlin [2]1961, S. 558.

258 Urteil 5 Ks 1/65, in: L/StADT, D 21 A, Nr. 6195, Bl. 315.

259 „Erntefest" war der Deckname für die Ermordung der meisten Juden im Distrikt Lublin. Die Aktion wurde in den Lagern Majdanek, Trawniki und Poniatowa gleichzeitig durchgeführt. Insgesamt wurden 42.000 bis 43.000 Juden getötet. Vgl. Artikel Erntefest, in: *Eberhard Jäckel* u.a. (Hrsg.), Enzyklopädie des Holocaust. Die Verfolgung und Ermordung der europäischen Juden, Berlin 1993, Bd. I, S. 418–419.

260 Vgl. *Gerlach*, Kalkulierte Morde, S. 732. Barbara Schwindt geht im Gegensatz zu Gerlach davon aus, dass 11.400 Juden nach Treblinka und 16.800 Juden nach Lublin deportiert wurden. Von den nach Lublin deportierten Juden aus dem Ghetto Białystok seien etwa 4.000 in das Zwangsarbeitslager Radom-Bliżyn und 11.000 nach Majdanek

wurden, waren auch 1.264 Kinder, die zunächst nach Theresienstadt verbracht worden waren, bevor sie später in Auschwitz ermordet wurden.[261] Der ehemalige KdS-Angehörige Richard Dibus erklärte in seiner Vernehmung als Angeschuldigter vor dem Untersuchungsrichter Dr. Fischer in Bielefeld, er habe auf Befehl seines Kommandeurs Zimmermann einen Transport von jüdischen Frauen und Kindern nach Theresienstadt begleiten müssen. Ihm sei gesagt worden, dass diese gegen andere Personen ausgetauscht werden sollten.[262] Der Kindertransport, der Białystok am 21. August 1943 verließ, kam am 24. August 1943 in Theresienstadt an.[263] Die Kinder blieben jedoch nur zwei Monate dort. Sie wurden am 5. Oktober 1943 nach Auschwitz deportiert. Unmittelbar nach ihrer Ankunft am 7. Oktober wurden sie ermordet.[264]

Vorläufig ausgenommen von den August-Deportationen blieben einige Männer, die zur Arbeit bei der Gestapo gezwungen worden waren. Sie gehören zu

---

geschickt worden. Vgl. *Barbara Schwindt*, Das Konzentrations- und Vernichtungslager Majdanek. Funktionswandel im Kontext der „Endlösung“, Würzburg 2005, S. 258f. Tomasz Kranz beziffert die Zahl der Juden, die nach Majdanek deportiert wurden, auf 6.500. Vgl. *Tomasz Kranz*, Eksterminacja Żydów na Majdanku i rola obozu w realizacji „Akcji Reinhardt“, in: Zeszyty Majdanka 22 (2003), S. 7–55, hier: S. 18.

261 Zu den Białystoker Kindern vgl. *Bender*, The Jews of Białystok, S. 269–273; *Anna Buchowska*, „Te dzieci są moje!“ Losy białystockiego transportu dziecięcego z 5 października 1943r. w relacjach świadków, in: Studia Podlaskie XVI (2006), S. 179–296; *Tobias Cytron*, Das tragische Schicksal der Kinder aus dem Getto in Białystok, in: Hefte von Auschwitz 22 (2002), S. 363–370.

262 Vgl. Vernehmung des Angeschuldigten Richard Dibus in der Voruntersuchung Dr. Zimmermann u.A. (VU 13/62) durch Landgerichtsrat Dr. Fischer als Untersuchungsrichter beim LG Bielefeld v. 2.9.1963, in: L/StADT, D 21 A, Nr. 6156, Bl. 164–178, hier: Bl. 171.

263 Vgl. Urteil 5 Ks 1/65, in: L/StADT, D 21 A, Nr. 6195, Bl. 334–336. Die Angaben des Bielefelder Schwurgerichts beruhen auf Adlers Buch über Theresienstadt (*Hans G. Adler*, Theresienstadt, 1941–1945, Tübingen ²1960) sowie auf der Aussage des Zeugen Dr. Aron Bejlin, der bekundete, er habe am 26. August in Auschwitz brieflichen Kontakt mit seiner Frau gehabt, die vermutlich zwei Tage vorher in Auschwitz eingetroffen sei. Sie habe ihm in diesem Brief mitgeteilt, dass sie einen Transport mit 1.200 Kindern von Białystok nach Theresienstadt auf einer drei Tage langen Fahrt begleitet habe. Sie sei mit den übrigen Begleitern sofort nach ihrer Ankunft weiter nach Auschwitz transportiert worden. Vgl. Aussage des Zeugen Dr. Aron Bejlin vor dem Schwurgericht Bielefeld (Strafsache gegen Dr. Altenloh u.A., 5 Ks 1/65) v. 25.5.1966, in: L/StADT, D 21 A, Nr. 6341, Tonband 18 Rückseite und 19 Vorderseite; siehe auch Kapitel VI.4 dieser Arbeit.

264 Vgl. Urteil 5 Ks 1/65, in: L/StADT, D 21 A, Nr. 6195, Bl. 336, unter Verweis auf Adler, Theresienstadt, und auf Czechs Kalendarium der Ereignisse im Konzentrationslager Auschwitz-Birkenau.

den wenigen Überlebenden aus Białystok.[265] Nach den August-Deportationen verblieb ein kleines Ghetto in Białystok, das im September endgültig aufgelöst wurde.[266] Die letzten Bewohner des Ghettos, unter ihnen Efraim Barasz, der geschäftsführende Vorsitzende des Judenrats, wurden entweder nach Majdanek deportiert und im Rahmen der Aktion „Erntefest" am 3. November 1943 ermordet oder ins Gefängnis nach Białystok gebracht und von dort ins Konzentrationslager Stutthof verschleppt.[267] 300 Juden – 139 Frauen und 161 Männer – wurden am 21. November 1943 aus dem Białystoker Gefängnis nach Stutthof deportiert.[268]

Das erste Büchlein über das Białystoker Ghetto wurde von dem Überlebenden Dr. Szymon Datner (1902-1989)[269] verfasst. Es wurde Anfang 1945 fertig

---

265 Vernehmung Chaim Kapłan v. 12.4.1962 durch StA Schaplow im Ermittlungsverfahren der Zentralstelle Dortmund gegen Dr. Zimmermann u.A. (45 Js 1/61), in: L/StADT, D 21 A, Nr. 6148, S. 118–125.

266 Gerlach schreibt, am 16. September 1943 seien 1.200 bis 2.000 Juden aus Białystok deportiert worden. Vgl. *Gerlach*, Kalkulierte Morde, S. 732, Fußnote 1237. Das Bielefelder Schwurgericht ging davon aus, dass die letzten Juden aus dem Białystoker Ghetto am 8. September abtransportiert wurden. Dies ergebe sich aus dem Schreiben des Reichspropagandaamtes Ostpreußen vom 24. September 1943. Vgl. Urteil 5 Ks 1/65, in: L/StADT, D 21 A, Nr. 6195, Bl. 317.

267 Vgl. Vernehmung Helen Kyman v. 3.6.1966 durch das Generalkonsulat der Bundesrepublik Deutschland New York im Verfahren 45 Js 1/61, 5 Ks 1/65 StA Bielefeld, in: L/StADT, D 21 A, Nr. 6173; *Urszula Kraśnicka*, Wstęp, in: dies. / Krzysztof Filipow, Żydzi białostoccy. Getto – KL Stutthof – KL Auschwitz Białystok 2003, S. 5–7, hier: S. 5.

268 Vgl. ebd., S. 5. Die Deutschen brachten 253 (119 Männer und 134 Frauen) von ihnen am 12. Januar 1944 ins Konzentrationslager Auschwitz. Vgl. Kommandanturbefehl Nr. 4 v. 8.1.1944, in: *Kraśnicka / Filipow*, Żydzi białostoccy, S. 31.

269 Datner, 1902 in eine jüdische Familie geboren, wuchs in seiner Geburtsstadt Krakau auf. Er absolvierte dort nicht nur seine Schulzeit, sondern auch sein Studium und seine Promotion. 1925 wurde er mit einer Arbeit über die Anthropologie jüdischer Kinder in der Kielce-Region promoviert. Er kam 1928 nach Białystok. Dort unterrichte er am Hebräischen Gymnasium Sport, Musik und Geschichte. Nachdem die Deutschen die Stadt besetzt hatten, wurde er zusammen mit seiner Frau und seinen Töchtern gezwungen, ins Ghetto zu ziehen. Nach der ersten Deportationswelle aus dem Białystoker Ghetto im Februar 1943 schloss sich Datner der Widerstandsbewegung der Kommunistin Judyta Nowogródzka an. Im Juni 1943 gelang es ihm, aus dem Ghetto zu fliehen. Er kämpfte in den Partisaneneinheiten „Forojs" (Vorwärts) und „26 Jahre Oktober". Als Mitglied verschiedener Institutionen beteiligte sich Datner nach dem Holocaust sowohl am Wiederaufbau jüdischen Lebens in Polen als auch an der Dokumentation und Erforschung der NS-Verbrechen. So wurde er nach der Befreiung Vorsitzender der Jüdischen Gemeinde und des Jüdischen Wojewodschaftskomitees in Białystok. Er arbeitete ferner als Korrespondent für die Jüdische Historische Kommission beim Komitee. Die Mitglieder der Kommission hatten die Aufgabe, Zeugnisse von Holocaust-Überlebenden zu sammeln. Datner protokollierte Berichte von Juden, die überlebt hatten, und legte auch selbst Zeugnis – auf Jiddisch und auf Polnisch – von seinen Erfah-

gestellt und 1946 von der Zentralen Jüdischen Historischen Kommission[270] herausgegeben.[271] Quellengrundlage sind seine eigenen Beobachtungen, Erlebnisse und Erfahrungen im Ghetto sowie Berichte von Überlebenden, die von der Jüdischen Historischen Kommission in Białystok gesammelt worden waren. Neben dieser Arbeit schrieb Datner im gleichen Jahr für die Jüdische Historische Kommission beim Wojewodschaftskomitee in Białystok einen jiddischsprachigen Text (*der kamf un khurbn fun yidishn bialistok un bialistoker provints*) über die Ermordung der Juden in Białystok und Umgebung.[272] Darin liefert er auf der Grundlage von Zeugnissen Überlebender eine detaillierte Beschreibung der antijüdischen Gewalt und der Pogrome in Wąsosz, Radziłów, Jedwabne, Stawiski, Kolno, Wizna und Zaręby Kościelne, an denen polnische Einwohner der Ortschaften beteiligt waren.[273] Bisher wurde lediglich ein Teilkapitel von Datners Arbeit aus dem Jahr 1946 veröffentlicht. Das Kapitel handelt von der Ermordung der Juden in Wąsosz.[274]

Datner war der erste Historiker, der im Jahr 1966 in einem wissenschaftlichen Aufsatz auf die Pogrome von Wąsosz (5. Juli 1941), Radziłów (7. Juli 1941)

---

rungen unter deutscher Besatzung ab. Nach dem Krieg war er als Historiker für das Jüdische Historische Institut in Warschau (von 1948 bis 1953 als wissenschaftlicher Mitarbeiter sowie von 1969 bis 1970 als Direktor) und die polnische „Hauptkommission zur Untersuchung hitleristischer Verbrechen in Polen" (von 1956–1969) tätig.

270 Vgl. *Natalia Aleksiun*, The Central Jewish Historical Commission in Poland 1944–1947, in: Polin. Studies in Polish Jewry 20 (2008), S. 74–97. *Feliks Tych*, The Emergence of Holocaust Research in Poland. The Jewish Historical Commission and the Jewish Historical Institute (ŻIH), 1944–1989, in: Bankier / Michman (Hrsg.), Holocaust Historiography in Context, S. 227–244.

271 Vgl. *Datner*, Walka i zagłada.

272 Die Arbeit, die 21 Kapitel umfasst, ist im Archiv des Jüdischen Historischen Instituts in verschiedenen Teilen abgelegt. Die Kapitel 1 bis 11 sind zu finden in: AŻIH, 301/1859; Kapitel 12 trägt die Archivsignatur 301/1992, Kapitel 13 die Signatur 301/1993, Kapitel 14 die Signatur 301/1994, Kapitel 15 die Signatur 301/1995, Kapitel 16 die Signatur 301/1996, Kapitel 17 die Signatur 301/1997, Kapitel 18 die Signatur 301/1998, Kapitel 19 die Signatur 301/1999, Kapitel 20 die Signatur 301/2000, Kapitel 21 die Signatur 2001. Datners ausführliche Beschreibung der Pogrome in Radziłów (Kapitel 14) und Jedwabne (Kapitel 15) basiert auf den Zeugnissen Finkelsztejns und Wasersztejns.

273 Einige Zitate aus den Kapiteln finden sich in einem Zeitungsartikel Andrzej Żbikowskis, der während der Jedwabne-Deatte erschien. Vgl. *Andrzej Żbikowski*, Es gab keinen Befehl, in: Ruth Henning (Hrsg.), Die „Jedwabne-Debatte" in polnischen Zeitungen und Zeitschriften (Transodra 23: Deutsch-polnisches Informationsbulletin), Potsdam 2001, S. 88–93. Der Beitrag Żbikowskis wurde von Katrin Steffen aus dem Polnischen übersetzt.

274 Vgl. Opracowanie Szymona Datnera dotyczące wystąstpień antyżydowskich w Wąsoszu, Białystok, in: *Machcewicz / Persak* (Hrsg.), Wokół Jedwabnego, Tom 2, S. 359–360.

und Jedwabne (15. Juli 1941) verwies.[275] Der Text, der von der Verfolgungs- und Vernichtungspolitik im Bezirk Bialystok handelt, erschien in der polnischsprachigen Zeitschrift des Jüdischen Historischen Instituts. Datner ging von der deutschen Urheberschaft für die Morde aus. Ein deutsches Einsatzkommando, das „von Ort zur Ort" gefahren sei, habe die Verbrechen angestiftet. „Dort, wo die Deutschen keine freiwilligen Helfer fanden", so Datner, „führten sie ihr Werk selbst aus". Bei den polnischen Teilnehmern an den Verbrechen in Łomża und Umgebung im Sommer 1941 handelte es sich nach seiner Darstellung um „Kriminelle" oder um „erbitterte Faschisten und asoziale Elemente".[276] Die politischen Realitäten in Polen unter kommunistischer Herrschaft, die Einflüsse der Selbstzensur und / oder die Zensur der Behörden[277] sowie bestimmte Annahmen der polnischen Forschung zur NS-Vernichtungspolitik und zu den polnisch-jüdischen Beziehungen unter deutscher Besatzung hinderten Datner daran, die Mörder als gewöhnliche Polen zu bezeichnen. In der volkspolnischen Geschichtsschreibung ging man von der „Gleichartigkeit des Schicksals von Polen und Juden"[278] unter deutscher

---

275 Vgl. *Datner*, Eksterminacja ludności żydowskiej w okręgu białostockim, S. 22. Datner stützt sich auf die Zeugnisse von Abraham Śniadowicz, Szmul Wasersztajn und A. Belowicki sowie auf eine Quelle aus dem Untergrundarchiv des Białystoker Ghettos. Tomasz Szarota hat darauf hingewiesen, dass Datner keinen Zugang zu den Akten des Prozesses gegen Bolesław Ramatowski und 21 Mitangeklagte wegen der Beteiligung an den Verbrechen in Jedwabne hatte. Vgl. *Szarota*, Mord w Jedwabnem, S. 172. Rechtsgrundlage des Prozesses war das sog. „August-Dekret" von 1944 „über das Strafmaß für faschistisch-hitleristische Verbrecher, die sich des Mordes und Quälens der Zivilbevölkerung oder Kriegsgefangener schuldig machten, sowie für Verräter der polnischen Nation". *Machcewicz*, Rund um Jedwabne, S. 31.

276 *Datner*, Eksterminacja ludności żydowskiej w okręgu białostockim, S. 22.

277 Vgl. *Szarota*, Mord w Jedwabnem, S. 173. Machcewicz meint, „wir" würden „sicher nie erfahren", ob Datners Darstellung „vor allem das Ergebnis seiner Selbstzensur war, die Angst davor, ein so drastisches Thema in seinem vollen Ausmaß aufzugreifen, oder eher Resultat eines Eingriffs von höherer Stelle". *Machcewicz*, Rund um Jedwabne, S. 28. Angesichts der Tatsache, dass Datner die Geschehnisse bereits 1946 in seiner unveröffentlichten jiddischsprachigen Arbeit bis ins Detail geschildert hatte, erscheint die Mutmaßung, er habe möglicherweise „Angst" davor gehabt, das Thema zu behandeln, nicht plausibel.

278 *Klaus-Peter Friedrich*, Erinnerungspolitische Legitimierungen des Opferstatus: Zur Instrumentalisierung fragwürdiger Opferzahlen in Geschichtsbildern vom Zweiten Weltkrieg in Polen und Deutschland, in: Dieter Bingen (Hrsg.), Die Destruktion des Dialogs: Zur innenpolitischen Instrumentalisierung negativer Fremd- und Feindbilder. Polen, Tschechien, Deutschland und die Niederlande im Vergleich, 1900–2005, Wiesbaden 2007, S. 176–191, hier: S. 180. Die gegen Ende der 1960er Jahre von der volkspolnischen Geschichtsschreibung betonte „Gleichartigkeit des Schicksals von Polen und Juden" konnte sich nach Erkenntnissen Friedrichs bis zum Ende des kommunistischen Regimes – und sogar noch darüber hinaus – durchsetzen. Vgl. ebd., S. 180.

Besatzung aus.[279] Die Tatsache, dass Polen auch Mittäter und Profiteure der Judenvernichtung waren, wurde verschwiegen, weil sie nicht in das offizielle Bild vom polnischen Martyrium passte. Polen traten in der polnischsprachigen Historiographie der 1960er, 1970er und 1980er Jahre zum Holocaust überwiegend als Helfer der Juden in Erscheinung.[280]

Datners Aufsatz zur Ermordung der jüdischen Bevölkerung im Bezirk Bialystok wurde von polnischen Historikern erst während der sog. „Jedwabne-Debatte" zur Kenntnis genommen, die Jan Gross mit seinem im Jahr 2000 erschienenen Buch *Sąsiedzi* (Nachbarn)[281] in der polnischen Öffentlichkeit auslöste.[282] Die Debatte, die im November 2000 begann, veranlasste das Institut für Nationales Gedächtnis (*Instytut Pamięci Narodowej*, IPN) zur Herausgabe zweier umfangreicher Bände, die einen Einblick geben in die Untersuchungen polnischer Historiker und Juristen zu der Frage nach den Geschehnissen in Białystok und Łomża im Sommer 1941; darin wird auch eine Fülle von Dokumenten aus verschiedenen polnischen und ausländischen

279 Die Tatsache, dass Polen und Juden „ungleiche Opfer" (Feliks Tych) der deutschen Besatzung waren, wurde ausgeblendet. Zu dem Problem, was „ungleiche Opfer" bedeutet, führt Tych aus: „Beide, Polen *und* Juden, waren Opfer der deutschen Besatzung. Sie waren aber *ungleiche* Opfer, ungleich im existenziellen Sinne, in dem die beiden Gruppen der Bevölkerung durch den Okkupanten behandelt wurden. Diese *Ungleichheit* kann man auf ein Problem reduzieren: die ungleichen Überlebenschancen. [...] Die Juden waren für die totale Vernichtung bestimmt, die Polen dagegen sollten ‚nur' selektiv – vor allem die geistigen Eliten, auch die Widerstandskämpfer – ausgerottet werden. Das ist auch in der Proportion der Opfer zu sehen: Die Polen haben insgesamt im Krieg und durch den Terror des Okkupanten etwa 7 % der Bevölkerung verloren, die Juden 98–99 %. Das gilt für die Juden, die in den Machtbereich der deutschen Besatzung gerieten." *Feliks Tych*, Deutsche, Juden, Polen: Der Holocaust und seine Spätfolgen, Bonn 2000, S. 11

280 Vgl. *Natalia Aleksiun*, Polish Historiography of the Holocaust – Between Silence and Public Debate, in: German History. The Journal of the German History Society 22 (2004), S. 406–432, hier: S. 421–423. Auch Datner veröffentlichte einige Arbeiten, darunter eine Monographie, über polnische Hilfeleistungen für Juden während des Holocaust. Vgl. *Szymon Datner*, Las sprawiedliwych: Karta z dziejów ratownictwa Żydów w okupanowanej Polsce, Warszawa 1968.

281 Auch Gross, der die Verbrechen in Jedwabne und Radziłów einer breiteren Öffentlichkeit bekannt machte, bezieht sich in seinem Buch nicht auf Datner.

282 An der öffentlichen Debatte in Polen beteiligten sich Wissenschaftler, Publizisten, Politiker, Leser, Theologen, Staatsanwälte, Archivare, Exhumierungsexperten und Kriminalisten. Eine Dokumentation der Debatte mit 53 zentralen Beiträgen liegt seit 2001 in deutscher Übersetzung vor. Vgl. *Henning* (Hrsg.), Die „Jedwabne-Debatte". Zur Jedwabne-Debatte vgl. auch *Beate Kosmala*, Polen – Juden – Deutsche. Die Debatte um die Ereignisse in Jedwabne, in: Wolfgang Benz (Hrsg.), Wann ziehen wir endlich den Schlussstrich? Von der Notwendigkeit öffentlicher Erinnerung in Deutschland, Polen und Tschechien, Berlin 2004, S. 113–133; *Karol Sauerland*, Polen und Juden. Jedwabne und die Folgen, Berlin 2004.

Archiven präsentiert.[283] Die Themen, die von den Wissenschaftlern behandelt werden, betreffen u.a.: die Tätigkeit deutscher Mordkommandos zu Beginn der Judenvernichtung im Gebiet von Białystok und Łomża, die Auswirkungen der sowjetischen Besatzung auf die polnisch-jüdischen Beziehungen, die Orte und das Ausmaß der antijüdischen Gewalt im Sommer 1941, die Voraussetzungen für die Gewalt- und Mordaktionen, die Rolle der Deutschen und das Verhalten der Polen, die Zahl der Opfer, die Motive für die Pogrome und die soziale Herkunft der Täter.

Was die Rolle der Deutschen anbetrifft, wird betont, dass die Pogrome ohne die Anwesenheit der Besatzer mit ihrer gezielten Verfolgungs- und Vernichtungspolitik nicht in einem so großen Ausmaß hätten stattfinden können.[284] Edmund Dmitrów verweist auf die deutschen Befehle zu „Selbstreinigungsbestrebungen" und „Reinigungsaktionen", also die Ermordung von Menschen, die zu Feinden des Deutschen Reiches erklärt worden waren.[285] In einem Fernschreiben Reinhard Heydrichs, Chef der Sicherheitspolizei und des SD, an die vier Einsatzgruppenchefs Arthur Nebe, Otto Ohlendorf, Otto Rasch und Franz Walter Stahlecker vom 29. Juni 1941 heißt es:

> „Den Selbstreinigungsbestrebungen antikommunistischer oder antijüdischer Kreise in den neu zu besetzenden Gebieten ist kein Hindernis zu bereiten. Sie sind im Gegenteil, allerdings spurenlos auszulösen, zu intensivieren, wenn erforderlich in die richtigen Bahnen zu lenken, ohne daß sich diese örtlichen 'Selbstschutzkreise' später auf Anordnungen oder auf gegebene politische Zusicherungen berufen können."

Die Einsatzgruppen und Einsatzkommandos sollten, heißt es in dem Schreiben weiter, mit einem „Vorkommando" in die besetzten Gebiete einrücken, „damit sie das Erforderliche veranlassen können". Zunächst zu vermeiden sei die „Bildung ständiger Selbstschutzverbände mit zentraler Führung". An „ihrer Stelle sind zweckmäßig örtliche Volkspogrome, wie oben dargelegt, auszulösen".[286] Bestrebt, die antikommunistische und antijüdische Stimmung in Teilen

---

283 *Machcewicz / Persak* (Hrsg.), Wokół Jedwabnego. Die Quellensammlung enthält laut Leon Kieres, dem damaligen Präsidenten des IPN, „alle heute erreichbaren Archivdokumente", welche „sich auf die Geschehnisse des Sommers 1941 in Jedwabne und anderen Orten um Białystok und Łomża beziehen". Prof. *Leon Kieres*, Vorwort, in: Dmitrów u.a. (Hrsg.), Der Beginn der Vernichtung, S. 7–9, hier: S. 9. In dem Sammelband „Der Beginn der Vernichtung" sind deutsche Übersetzungen einiger Texte abgedruckt, die in Band 1 von Wokół Jedwabnego erschienen sind. Es handelt sich um die Beiträge Machcewiczs, Dmitrόws und Szarotas.

284 Vgl. *Wierzbicki*, Polacy i Żydzi w zaborze sowieckim, S. 200ff.

285 Vgl. *Dmitrów*, Die deutschen Einsatzgruppen, S. 124ff.

286 Fernschreiben Heydrichs an die Einsatzgruppenchefs v. 29.6.1941, in: *Klein* (Hrsg.), Die Einsatzgruppen, S. 318–319, hier: S. 318.

der polnischen Bevölkerung auszunutzen, erließ Heydrich Handlungsanweisungen, um die Voraussetzungen für die „örtlichen Volkspogrome“ zu schaffen. Angehörige der polnischen Intelligenz waren aus seiner Sicht sowohl bei der Anstiftung von Pogromen wie auch als Auskunfts- und Vertrauenspersonen bedeutsam. Die entsprechende Passage in dem Einsatzbefehl Heydrichs an die Einsatzgruppenchefs vom 29. Juni 1941 lautet:

> „Die in den neu besetzten, insbesondere ehemals polnischen Gebieten wohnhaften Polen werden sich auf Grund ihrer Erfahrungen sowohl antikommunistisch als auch antijüdisch zeigen. Es ist selbstverständlich, daß die Reinigungsaktionen sich primär auf die Bolschewisten und Juden zu erstrecken haben. Hinsichtlich der polnischen Intelligenz usw. kann [...] später das Wort gesprochen werden. Es ist daher selbstverständlich, daß in die Reinigungsaktionen primär nicht derart eingestellte Polen einbezogen zu werden brauchen, zumal sie als Initiativelement [...] sowohl für Pogrome als auch als Auskunftspersonen von besonderer Wichtigkeit sind.“ [287]

Den „tieferen Sinn“ dieser Sätze kommentierend schreibt Dmitrów: „Die Polen sollten zunächst soweit wie möglich gegen Juden und Kommunisten ausgenutzt werden. Mit ihnen selbst konnte man zu einem späteren Zeitpunkt fertig werden, wenn sie nicht mehr gebraucht würden.“[288]

Hinsichtlich der Gründe für die Beteiligung von Polen an der antijüdischen Gewalt nennt Paweł Machcewicz vier Hauptfaktoren, die „sowohl den Kontext der Ereignisse beeinflusst als auch die Mechanismen und Dynamik der Ausschreitungen selbst bestimmt haben“: den Antisemitismus eines Teils der lokalen polnischen Bevölkerung „als Grundlage und unerlässliche Bedingung für die Ausschreitungen im Juli 1941“; „Raub des jüdischen Eigentums als ein Hauptmotiv für die Aggressionen gegen die jüdischen Nachbarn“; „Rache für die tatsächliche oder eingebildete Zusammenarbeit von Juden mit den sowjetischen Besatzern als Katalysator der Gewaltspirale, die sich zuerst gegen tatsächliche [...] Mitarbeiter und Anhänger der Besatzungsmacht“ gerichtet habe „und sich dann nach dem Prinzip der Kollektivschuld“ bzw. der Kollektivverantwortung „auf Grund antisemitischer Vorurteile auf die gesamte jüdische Bevölkerung ausgedehnt“ habe „und auch völlig unschuldige Menschen, Frauen und Kinder nicht ausnahm“ sowie die „deutsche Anstiftung, die meist im Organisieren oder Mitorganisieren eines Pogroms (bzw. Mords) bestand, dem sich Polen anschlossen“.[289]

---

287 Heydrichs Einsatzbefehl Nr. 2 v. 1.7.1941, in: ebd., S. 320–321, hier: S. 320.

288 *Dmitrów*, Die deutschen Einsatzgruppen, S. 125.

289 *Machcewicz*, Rund um Jedwabne, S. 64.

Zurück zu Datner, der in dem genannten Aufsatz zur Ermordung der jüdischen Bevölkerung im Bezirk Bialystok nicht nur über die Pogrome im Sommer 1941 schrieb, sondern auch ausführlich auf die Ghettoisierungspolitik der deutschen Besatzer eingeht.[290] Die Mehrzahl der Ghettos wurde Datner zufolge im September 1941 eingerichtet. Zunächst existierten zwei Typen von Ghettos: geschlossene und offene. Die geschlossenen Ghettos, die die Mehrheit bildeten, wurden doppelt bewacht – von außen von deutschen Wachmännern, in der Regel Schutzpolizisten, und von innen vom jüdischen Ordnungsdienst. Juden, die außerhalb der Ghettos arbeiteten, mussten im Besitz eines Passierscheins sein; sie verließen in der Regel in bewachten Kolonnen das Ghetto und kehrten nach der Arbeit wieder ins Ghetto zurück. Offene Ghettos, in denen den Bewohnern mehr Bewegungsfreiheit gewährt wurde, befanden sich vor allem in den mittleren und östlichen Gegenden des Bezirks. Sie existierten nach Erkenntnissen Datners u.a. in folgenden Orten: Choroszcz, Druskieniki, Gródek Białostocki, Janów, Jasionówka, Knyszyn, Łapy, Porozów, Różana, Sokoły, Siemiatycze, Supraśl, Trzcianna, Wołkowysk.[291] Es stellt sich die Frage, warum diese Ghettos von den Deutschen nicht geschlossen wurden. Datner nennt zwei mögliche Gründe: die Vernichtungspolitik der deutschen Besatzer und Korruption. In einigen Fällen habe die „individuelle Einstellung“ des Bürgermeisters oder des Amtskommissars eine Rolle gespielt. Bestechungsgelder und andere iridische Güter hätten einen bedeutsamen oder sogar entscheidenden Einfluss auf die „individuelle Einstellung“ gehabt.[292]

Datner weist darauf hin, dass manche offene Ghettos später in geschlossene umgewandelt worden seien. Dies sei vor allem auf dem Gebiet des Kreiskommissariats Bielsk Podlaski der Fall gewesen, wo 1942 etliche Ghettos geschlossen worden seien, namentlich Orla, Brańsk, Drohiczyn, Kleszczele und Siemiatycze.[293] Ferner sei das offene Ghetto in Rajgród, Kreiskommissariat Grajewo, in ein geschlossenes umgewandelt worden. In der Stadt Grodno existierten zwei Ghettos: In Ghetto I, in der Grodnoer Innenstadt, mussten nach Schätzungen Datners etwa 15.000 Menschen leben, die meisten davon waren Facharbeiter. In Ghetto II, in der Grodnoer Vorstadt, befanden sich nach Angaben Datners ungefähr 7.000 Menschen, vor allem ungelernte Arbeiter mit ihren Familien.[294]

---

290 Vgl. *Datner*, Eksterminacja ludności żydowskiej w okręgu białostockim, S. 13–18.

291 Vgl. ebd., S. 14.

292 Vgl. ebd., S. 14.

293 Vgl. ebd., S. 17.

294 Vgl. ebd., S. 17.

Am 2. November 1942 sperrten die deutschen Besatzer sämtliche Ghettos im Bezirk ab und begannen mit den Deportationen der Ghettobewohner in die Vernichtungslager des Generalgouvernements bzw. mit den Vorbereitungen dafür. Da die Abriegelung aller Ghettos zur gleichen Uhrzeit stattfand, hält Datner es für sehr wahrscheinlich, dass die Besatzungsverwaltung Anweisungen aus Berlin oder Königsberg erhalten hatte. Die Gründe für die Konzentrierung von etwa 100.000 Juden des Bezirks in fünf Sammellagern[295] in Bogusze, in der Nähe von Białystok, in Kiełbasin, in Wołkowysk und in Zambrów,[296] aus denen die Opfer nach drei bis zehn Wochen in Todeslager deportiert wurden, beruhten nach Datner auf Transportproblemen und einer „Überlastung" der Gaskammern in den Vernichtungslagern.[297] Nach dem 2. November 1942 blieben vorläufig nur einige wenige Ghettos unberührt: Jasionówka, Prużana, Reste des Ghettos Krynki und Sokółka sowie das Ghetto I in Grodno und das Ghetto in Białystok. In den beiden Letztgenannten befanden sich Produktionsstätten für die Rüstungsindustrie. Daher existierten sie länger als andere Ghettos. Als letztes Ghetto im Bezirk wurde das in der Stadt Białystok errichtete aufgelöst.

Wer trägt die Verantwortung für die Auflösungen der Ghettos? Welche Rolle spielten der IdS in Königsberg, das RSHA in Berlin und die verschiedenen Besatzungsinstitutionen im Bezirk Bialystok (Zivilverwaltung, SS- und Polizeiapparat, Bahnbehörden)? Aus welchen Einheiten oder Dienststellen kamen die Täter, die die Juden aus den Ghettos in die Sammellager und aus den Sammellagern in die Vernichtungslager brachten? Datner geht davon aus, dass bei der Liquidation der Białystoker Provinz im November 1942 alle in Frage kommenden deutschen Behörden – sowohl die im Bezirk Bialystok (Zivilverwaltung und SS- und Polizeiapparat) und in Königsberg (HSSPF und IdS) als auch das RSHA in Berlin – an den Deportationen beteiligt waren und dass der KdS in Białystok, insbesondere das „Judenreferat" in der Abteilung IV (Gestapo) beim KdS, eine federführende Rolle spielte. Der Gestapoleiter

295 Aus den Ghettos des Kreises Bielsk, die nicht weit vom Vernichtungslager Treblinka entfernt lagen, (z.B. Ciechanowiec, Drohiczyn und Siemiatycze) wurden die Bewohner nicht in Sammellager verbracht, sondern direkt ins Vernichtungslager deportiert. Vgl. *Datner*, Eksterminacja ludności żydowskiej w okręgu białostockim, S. 26.

296 In Bogusze wurden Datner zufolge ungefähr 9.000 Juden aus dem Kreiskommissariat Grajewo konzentriert, in Białystok ungefähr 12.000 bis 15.000 Juden aus dem Kreis Białystok und teilweise aus Bielsk, in Kiełbasin ungefähr 35.000 Juden aus Grodno und aus Teilen Sokółkas, in Wołkowysk ungefähr 20.000 Juden aus dem Kreis Wołkowysk und in Zambrów ungefähr 20.000 aus dem Kreis Łomża. Vgl. *Datner*, Eksterminacja ludności żydowskiej w okręgu białostockim, S. 26.

297 Vgl. ebd., S. 25.

Lothar Heimbach habe die Aufsicht gehabt und zur Durchführung der „Aktion“ für die einzelnen Kreise des Bezirks „Bevollmächtigte“ aus den Reihen des KdS bestimmt: Norbert Berg-Trips und Richard Dibus (Kreis Białystok), Wolfgang Erdbrügger und Ennulat (Kreis Bielsk Podlaski), Heinz Errelis und Heinz Schott (Kreis Grodno), Alfred König (Kreis Wołkowysk), Reder (Kreis Sokółka), Helmut Slogsnat und Helmut Ziemann (Kreis Grajewo). Beteiligt an den Verbrechen waren Datner zufolge ferner Organe der Zivilverwaltung (Kreiskommissare, Amtskommissare etc.) sowie die Schutzpolizei, die Gendarmerie und die Hilfspolizei.[298]

Das Zusammenspiel zwischen den verschiedenen Behörden und Institutionen erläutert Datner nicht näher – es ist anzunehmen, dass ihm keine Quellen zur Verfügung standen, die darüber Auskunft geben konnten. Scheffler geht in seinem für das Bielefelder Schwurgericht am 8. Juli 1966 erstatteten Gutachten „Zur Organisation der Judendeportation unter besonderer Berücksichtigung des Schicksals der Juden im Bezirk Bialystok (1941–1943)“ davon aus, dass „die Durchführung der Räumungsarbeiten im Bezirk Bialystok von den Kräften der Sicherheitspolizei und des SD in Zusammenarbeit mit den sonstigen Polizeieinheiten und unter Absprache mit den örtlichen Zivilverwaltungsbehörden erfolgte“. „Inwieweit der SSPF mit eingeschaltet war“, sei „eine offene Frage, da der normale Befehlsweg RSHA-KdS gegeben war“. Scheffler zweifelt indes nicht daran, dass „sowohl der SSPF als auch der IdS in Königsberg über die Aktion unterrichtet worden waren“.[299] Er betont, dass im Reichsgebiet, im Generalgouvernement und im Bezirk Bialystok die Durchführung der Deportationen nur aufgrund der Zusammenarbeit aller tangierten Behörden unter der Federführung der Sicherheitspolizei möglich war.[300] In seinem Gutachten, das im fünften Kapitel dieser Arbeit ausführlicher behandelt wird, geht Scheffler auch auf die „Räumungen“ des Ghettos Białystok im Februar und August 1943 ein.

Die Zusammenarbeit von Mitgliedern verschiedener lokaler deutscher Besatzungsinstanzen bei der Ermordung der Juden im Bezirk Bialystok schildert Christopher Browning am Beispiel der Ghettoauflösung in Marcinkańce, einem kleinen Dorf im Bezirk, westlich der litauischen Grenze.[301]

---

298 Vgl. ebd., S. 24f.

299 *Scheffler*, Zur Organisation der Judendeportation, Bl. 57.

300 Ebd., Bl. 58.

301 Vgl. *Christopher R. Browning*, Judenmord. NS-Politik, Zwangsarbeit und das Verhalten der Täter, Frankfurt a.M. 2001, S. 235ff.

Als Fazit ergibt sich: Eine umfassende Gesamtdarstellung zur deutschen Besatzungspolitik im Bezirk Bialystok fehlt bis heute. Das gilt auch für die Verfolgung und Ermordung der Juden. Diese müsste vor dem Hintergrund der „Aktion Reinhardt“[302] im Generalgouvernement analysiert werden. Es gilt zu fragen, inwieweit es einen Transfer von Erfahrung und Wissen bei der Ghettoisierung und den Ghettoauflösungen gab. Auch die Reaktionen der Opfer müssten in einer Monographie ausführlich behandelt werden. Einen Anfang machte hier Szymon Datner, der die Zeugnisse der Überlebenden in seinen Arbeiten zum Bezirk Bialystok berücksichtigte und zur Sprache brachte.[303] Sehr wenig wissen wir bislang über die Zustände in den Sammellagern. Einige Informationen dazu finden sich in einem Aufsatz Sara Benders zur „Aktion Reinhardt“ im Bezirk Bialystok. Darin schildert sie auch ausführlich den Verlauf der „Räumungen“.[304]

In Zusammenhang mit der Frage, wie die Opfer auf die Verfolgungs- und Vernichtungsmaßnahmen der deutschen Besatzer reagierten, fanden bisher in erster Linie die Verhaltensweisen verschiedener Gruppen im Białystoker Ghetto, darunter die Aktivitäten der Widerstandsbewegung und die Rolle des Judenrats, sowie die jüdische Partisanenbewegung im Bezirk Bialystok Aufmerksamkeit.[305]

3.3 Ausblick

Die westdeutsche Justiz konnte bei der strafrechtlichen Verfolgung von NS-Gewaltverbrechen nur in begrenztem Umfang auf schriftliche Quellen und auf wissenschaftliche Literatur zur Verfolgungs- und Vernichtungspolitik im Bezirk Bialystok zurückgreifen. In Polen nahmen sich die Historiker Datner

302 Vgl. *Bogdan Musial* (Hrsg.), „Aktion Reinhardt“. Der Völkermord an den Juden im Generalgouvernement 1941–1944, Osnabrück 2004.

303 Vgl. *Datner*, der kamf un khurbn fun yidishn bialistok un bialistoker provints, in: AŻIH, 301/1859 und 301/1992–2001; *Datner*, Eksterminacja ludności żydowskiej w okręgu białostockim.

304 Vgl. *Bender*, The „Reinhardt Action“ in the „Bialystok District“, S. 194–200.

305 Vgl. *Bernard Mark*, der ojfschtand in bialistoker geto, Warszawa 1950; *Bernard Mark*, W dziesiątą rocznicę powstania w getcie białostockim (16 sierpnia 1943–16 sierpnia 1953), in: Biuletyn ŻIH 6/7 (1953), S. 181–192; *Szymon Datner*, Szkice do studiów nad dziejami żydowskiego ruchu partyzankiego w Okręgu Białostockim, in: Biuletyn ŻIH 73 (1970), S. 3–46; *Reuben Ainsztein*, Jüdischer Widerstand im deutschbesetzten Osteuropa während des Zweiten Weltkrieges, Oldenburg 1993, S. 202–275; *Sara Bender*, From Underground to Armed Struggle – The Resistance Movement in the Bialystok Ghetto, in: Yad Vashem Studies 23 (1993), S. 145–171; *Tuvia Citron*, The History of the Bialystok Ghetto Uprising, Tel Aviv 1995.

und Bernard Mark (1908-1966)[306] zwar schon früh des Themas an, aber ihre Arbeiten wurden nur teilweise für die NSG-Verfahren aus dem Polnischen oder Jiddischen ins Deutsche übersetzt; Datners wegweisender Aufsatz aus dem Jahr 1966 konnte vom Bielefelder Schwurgericht nicht berücksichtigt werden – nach Angaben Andrzej Kaczyńskis erschien er erst im Jahr 1969.[307] Bemüht um eine genaue Rekonstruktion der Geschehnisse in den verschiedenen Städten und Ortschaften des Bezirks Bialystok unternahm Datner in dem oben genannten Aufsatz auch den Versuch, die Zahl der Opfer zu bestimmen. Datner schätzt, dass zwischen 226.000 und 254.000 Juden des Bezirks unter deutscher Besatzung ermordet wurden.[308]

Für die westdeutsche Historiographie war die deutsche Besatzungspolitik, d.h. die Ausbeutungs-, Terror- und Vernichtungspolitik im Bezirk Bialystok, lange Zeit kein Forschungsgegenstand. Das Gutachten, das Scheffler für das Bielefelder Schwurgericht anfertigte, war in den 1960er Jahren die einzige Arbeit eines deutschen Historikers zum Mord an den Juden des Bezirks Bialystok. Das Thema wurde erst dreißig Jahre später wieder von seinem Schüler Gerlach aufgegriffen. Die wichtigste Quellengrundlage für Gerlachs Analyse der Ermordung der Juden aus dem weißrussischen Abschnitt des Bezirks bilden Akten der Verfahren wegen NS-Gewaltverbrechen, insbesondere die Verfahren gegen ehemalige Angehörige des KdS in Białystok. Er wertete das Material aus, das die deutschen Juristen bei ihren Ermittlungen zusammengetragen hatten.

306 Zu Bernard Mark vgl. *Joanna Nalewajko-Kulikov*, Trzy kolory: szary. Szkic do potretu Bernarda Marka, in: Zagłada Żydów 4 (2008), S. 263–284.

307 Vgl. Jedwabne, 10. Juli 1941 – Verbrechen und Erinnerung. Diskussion in der Redaktion der Tageszeitung *Rzeczpospolita* am 3. März 2001, in: *Henning* (Hrsg.), Die „Jedwabne-Debatte", S. 159–173. Es diskutierten die Historiker Jan T. Gross, Tomasz Strzembosz, Andrzej Żbikowski, Paweł Machcewicz, der Staatsanwalt Radosław Ignatiew und der Journalist Andrzej Kaczyński.

308 Ebd., S. 28. Aufgrund der Quellenlage ist es schwierig, die Zahl der Opfer genau zu bestimmen. Es liegen kaum zeitgenössische Dokumente vor, in denen die Täter detaillierte Angaben zur Verfolgung und Vernichtung der Juden machen. Eine Ausnahme ist das Schreiben des Amtskommissars Grodno an den Chef der Zivilverwaltung, in dem genau aufgelistet ist, wie viele Juden aus dem Kreis Grodno und der Stadt Grodno „in Lager" eingeliefert (43.999 Menschen) und „abtransportiert" (41.700 Menschen) wurden, wie viele Juden erschossen (238 Menschen) wurden oder auf andere Weise umkamen („sonstiger Abgang": 700 Menschen), wie viele „geflüchtet" (300 Menschen) sind, und wie viele sich am 13. Februar noch im Kreis Grodno aufhielten („Gesamtstand am 13.2.": 1.061 Menschen). Vgl. Schreiben des Amtskommissars Grodno an den Chef der Zivilverwaltung für den Bezirk Bialystok v. 5.3.1943, in: Barch, B 162/3155, Bl. 165.

Da den Ermittlungsbehörden keine Untersuchungen über den Aufbau des Besatzungsapparates zur Verfügung standen, mussten sie auf der Grundlage von Zeugenaussagen versuchen, die organisatorische und personelle Struktur und die Kompetenzen der zivilen und polizeilichen Behörden zu rekonstruieren. Ferner galt es, die Tatbeiträge der verschiedenen Besatzungsinstanzen zur Verfolgungs- und Vernichtungspolitik festzustellen. Die Massenmorde an den Juden wurden, wie das Sammelverfahren in Sachen KdS für den Bezirk Bialystok belegt, unter Federführung und Leitung der Sicherheitspolizei durchgeführt.

V. Das „Ursprungsverfahren" wegen NS-Gewaltverbrechen im Bezirk Bialystok: Sammelverfahren in Sachen KdS

Dieses Kapitel legt den Schwerpunkt auf die Analyse der Ermittlungsverfahren gegen ehemalige Angehörige der Sicherheitspolizei für den Bezirk Bialystok. Das Ermittlungsverfahren dient der Klärung eines Verdachts. Die Strafverfolgungsbehörden haben zu prüfen, ob gegen den Beschuldigten ein zur Eröffnung des Hauptverfahrens hinreichender Tatverdacht besteht, ein Verdacht, der eine spätere Verurteilung wahrscheinlich macht. Ist kein hinreichender Tatverdacht gegeben, ist das Verfahren von der Staatsanwaltschaft gemäß § 170 II StPO einzustellen. Nach § 170 II StPO erfolgt eine Einstellung, wenn der Sachverhalt keinen Straftatbestand erfüllt, sich kein hinreichender Tatverdacht gegen einen bestimmten Beschuldigten ergeben hat oder Verfahrenshindernisse vorliegen bzw. Verfahrensvoraussetzungen fehlen. Wird der hinreichende Tatverdacht bejaht, folgt im Regelfall die Erhebung der öffentlichen Klage. Die Staatsanwaltschaft kann das Verfahren jedoch nach § 153 I StPO einstellen, wenn die Schuld des Täters als gering anzusehen ist und wenn ein öffentliches Interesse an der Strafverfolgung fehlt. Gemäß § 153 II StPO kann das Gericht, das mit der Einreichung der Anklageschrift die Verfahrensherrschaft übernimmt, das Verfahren einstellen.[1] Gemäß § 154 Abs. 1 wird das Verfahren von der Staatsanwaltschaft vorläufig eingestellt, wenn der Beschuldigte eine Strafe wegen einer anderen Tat zu erwarten hat.

Eine Verfahrenseinstellung durch die Staatsanwaltschaft erfolgt durch eine Verfügung, die der dazu berechtigte Staatsanwalt unterzeichnen muss.[2] Die Gründe können entweder in einem zu erteilenden Bescheid oder in einem Vermerk, der nur für den internen Dienstgebrauch bestimmt ist, zusammengefasst werden. In einem NSG-Verfahren werden Einstellungsgründe in der Regel in einem Aktenvermerk dargelegt, der Angaben zu den Beschuldigten, zum allgemeinen Sachverhalt und zu den Tatkomplexen enthält.[3] Die Einlas-

1 Vgl. *Werner Beulke*, Strafprozessrecht, Heidelberg [8]2005, S. 183, Randnummer 320, S. 193, Randnummer 334, S. 195, Randnummer 335. Für einen allgemeinen Überblick über Verfahrenseinstellungen aus Opportunitätsgründen vgl. ebd., S. 193–201.

2 Vgl. *Horst Jäger / Robert Schmidt*, Die praktische Entscheidung der Staatsanwaltschaft. Anklageschrift – Antrag auf Erlaß eines Strafbefehls – Einstellungsverfügung, Düsseldorf 1972, S. 15.

3 In einigen Fällen ist die das Verfahren einstellende Verfügung der Form nach wie ein gerichtlicher Beschluss mit Tenor und Gründen gefasst. Vgl. z.B. Einstellungsverfü-

sungen der Beschuldigten werden zusammengefasst und gewürdigt, d.h., es wird ausgeführt, aus welchen Gründen sie nicht widerlegt werden können. Darüber hinaus werden die Beweismittel und die Zeugenaussagen genannt und gewürdigt. Im Folgenden gilt es, die verschiedenen Stadien des Sammelverfahrens in Sachen KdS für den Bezirk Bialystok zu skizzieren und eine Analyse der Einstellungsverfügungen vorzunehmen.

Der Anlass für Ermittlungen gegen ehemalige Angehörige des KdS für den Bezirk Bialystok ergab sich 1957/58 im so genannten Ulmer Einsatzgruppenprozess.[4] Der ehemalige KdS-Bedienstete Adolf Morrosch hatte ausgesagt, ein KdS-Angehöriger habe kurz vor dem Einmarsch der Roten Armee im Juli 1944 Häftlinge des Białystoker Gefängnisses erschossen, ohne dass ein standgerichtliches Verfahren vorausgegangen war. Die Staatsanwaltschaft musste die Beteiligung Herbert Zimmermanns, der von Mai 1943 bis Juli 1944 der KdS-Dienststelle vorstand, an dem Vorgang überprüfen. Auf Anregung des Generalstaatsanwaltes in Stuttgart leitete die Generalstaatsanwaltschaft in Frankfurt ein Ermittlungsverfahren gegen Zimmermann wegen Mordes ein, da man seinen Wohnsitz in Hessen vermutete. Als sich herausstellte, dass Zimmermann in Bielefeld lebte, wurde das Verfahren zuständigkeitshalber an die Generalstaatsanwaltschaft in Hamm und von dort zur Weiterbearbeitung an den Leitenden Oberstaatsanwalt in Bielefeld abgegeben.[5]

Herbert Zimmermann wurde am 22. August 1908 in Eisleben geboren. Im Jahr 1933 wurde er zum Dr. jur. promoviert und trat der NSDAP und der SS bei. Nach Abschluss der Zweiten Juristischen Staatsprüfung im September 1936 war er zunächst als Verwaltungsassessor beim Landeshauptmann der Provinz Sachsen tätig, bevor er im November 1937 „in die Dienste der Geheimen Staatspolizei" trat. Im Geheimen Staatspolizeiamt übernahm er die Leitung des Sachgebietes für Ausbürgerungen, Pass- und Heimatsachen. 1939 wurde er zur Stapoleitstelle Münster versetzt, 1940 zur Stapostelle Bremen abgeordnet und mit ihrer kommissarischen Leitung beauftragt; 1942 wurde er dort „endgültig

---

gung der Staatsanwaltschaft beim LG München I, gez. StA Dr. Schemmel, im Verfahren 119c Js 7/71, v. 17.5.1971, in: L/StAM, Staatsanwaltschaft Dortmund, Zentralstelle für NS-Verbrechen, Nr. 3653, Bl. 22–31.

4 Das Ulmer Landgericht verhandelte gegen den ehemaligen Polizeichef von Memel, Bernhard Fischer-Schweder, und neun andere Personen, die an den Tötungen der Einsatzgruppe A beteiligt waren. Vgl. *Haus der Geschichte Baden-Württemberg* (Hrsg.), Die Mörder sind unter uns. Der Ulmer Einsatzgruppen-Prozess 1958, Stuttgart 2008.

5 Vgl. Verfügung des GStA Frankfurt a.M. v. 26.3.1958, das Schreiben desselbigen an den GStA Hamm v. 31.3.1958 sowie Schreiben des OStA Bielefeld an den GStA Frankfurt v. 2.5.1958, in: L/StADT, D 21 A, Zug. 25/94, 5 Ks 3/59, Staatsanwaltschaft beim LG Bielefeld, Voruntersuchung, Bd. I, Bl. 61, 63, 68.

als Leiter eingesetzt".[6] Im Mai 1943 löste er Altenloh als Leiter der KdS-Dienststelle in Białystok ab.[7] Diese Stellung behielt er, bis sowjetische Truppen die Stadt im Juli 1944 besetzten. Vorübergehend übernahm Zimmermann das Amt eines Inspekteurs des Zollgrenzschutzes im Bereich der Heeresgruppe Mitte, bis er im November 1944 als KdS Westmark in das Gebiet der Westfront abkommandiert wurde. Bei Kriegsende geriet er in Gefangenschaft, konnte jedoch fliehen. Bis 1954 war er unter dem Namen Zöllner als Ingenieur tätig. Seine Legende schützte ihn vor dem Auslieferungsersuchen der polnischen Behörden, die ihm vorwarfen, in seiner Eigenschaft als KdS Białystok für die Erschießung von 1.125 Polen und die Ermordung der Einwohner zweier Dörfer verantwortlich zu sein. Im Juli 1953 wurde Zimmermann vom Justizminister des Landes Schleswig-Holstein als Anwaltsassessor und im Dezember 1954 als Rechtsanwalt beim Amts- und Landgericht Kiel zugelassen. Aus familiären Gründen beantragte er im November 1956 seine Zulassung beim Amts- und Landgericht Bielefeld, der im Januar 1957 durch den Präsidenten des OLG Hamm entsprochen wurde. Im Februar des Jahres erfolgte sein Eintrag in die Bielefelder Rechtsanwaltslisten.[8]

Das Ermittlungsverfahren der Staatsanwaltschaft Bielefeld gegen Zimmermann endete mit einer Anklageerhebung. Die Anklageschrift vom 14. August 1959 beschuldigt ihn, „gemeinschaftlich mit anderen Tätern heimtückisch etwa 100 Menschen vorsätzlich getötet zu haben".[9] Seine Beteiligung an der Erschießung von Gefangenen des Białystoker Gefängnisses konnte ihm indes nicht zweifelsfrei nachgewiesen werden. Zimmermann wurde am 25. November 1959 mangels Beweises freigesprochen.[10]

---

6 Vermerk des RSHA v. 7.10.1943 betr. Beförderung des SS-Sturmbannführers Dr. Zimmermann mit Wirkung vom 9.11.1943 zum SS-Obersturmbannführer, in: L/StADT, D 21 A, Nr. 6324.

7 Urteil 5 Ks 1/65, in: L/StADT, D 21 A, Nr. 6195, Bl. 306f.

8 Vgl. Barch, BDC, SSO-Akte (Herbert Zimmermann); L/StADT, D 21 A, Nr. 6324; Art. „Bielefelder Rechtsanwalt verhaftet", in: Freie Presse v. 23.4.1959, StADT, D 21 A, Zug. 25/94, 5 Ks 3/59, Pressemappe; Schreiben der französischen Botschaft an das Auswärtige Amt Bonn v. 6.4.1960, L/StADT, D 21 A, Nr. 6134, Bl. 24f.; Antrag des GStA Hamm auf Eröffnung der gerichtlichen Voruntersuchung und Verhängung eines Berufsverbots v. 9.5.1958, L/StADT, D 21 A, Zug. 25/94, 5 Ks 3/59, Berichtsheft, Bl. 4–6, hier: Bl. 4.

9 Vgl. L/StADT, D 21 A, Zug. 25/94, 5 Ks 3/59, Handakte, Bl. 63–92, hier: Bl. 63.

10 Das Verfahren gegen Zimmermann wurde von der Verfasserin an anderer Stelle ausführlich analysiert. Vgl. *Katrin Stoll*, „[...] aus Mangel an Beweisen". Das Verfahren gegen Dr. Herbert Zimmermann vor dem Bielefelder Landgericht 1958/1959, in: Anders u.a. (Hrsg.), Bialystok in Bielefeld, S. 54–75.

Die Bedeutung des ersten Bielefelder Białystok-Verfahrens ist darin zu sehen, dass es neue Ermittlungen gegen Zimmermann und andere ehemalige KdS-Angehörgie wegen NS-Verbrechen im Bezirk Bialystok anstieß. So leitete der Oberstaatsanwalt in Bielefeld noch im Verlauf des Verfahrens – am 1. September 1959 – aufgrund von Hinweisen aus Polen ein neues Ermittlungsverfahren wegen Mordes und anderer Straftaten gegen Dr. Zimmermann ein. Es bestand der Verdacht, dass Zimmermann für die Erschießung von 1.125 Polen und für die „Einäscherung“ von drei Dörfern verantwortlich gewesen war[11] und dass er seit seiner Ankunft in Białystok im Juni 1943 bei einer „Vielzahl von Fällen zur heimtückischen, grausamen oder aus niedrigen Beweggründen begangenen Tötung von Menschen wissentlich Hilfe geleistet“ und als KdS die gewaltsame Auflösung des Białystoker Ghettos organisiert hatte. Die Staatsanwaltschaft ging davon aus, dass Zimmermann kranke Juden an Ort und Stelle töten und nicht arbeitsfähige in Vernichtungslager zur „Sonderbehandlung“ abtransportieren ließ, von denen mindestens 15.000 in Treblinka ermordet worden seien. Weiter habe er zur Tötung von mehreren hundert Białystoker Kindern beigetragen, die er im Wissen um die tödlichen Folgen nach Theresienstadt habe transportieren lassen.[12]

Ferner verfügte der Bielefelder Oberstaatsanwalt, dass ein Ermittlungsverfahren gegen Lothar Heimbach, der im Verfahren gegen Zimmermann als Zeuge vernommen wurde, in Vortrag zu bringen sei.[13] Aus einem Bericht des ehemaligen „Judenreferenten“ beim KdS, Fritz Friedel, vor dem Review and Interrogation Staff des Civilian Internment Camp No. 6 ergab sich der Verdacht, dass der ehemalige Leiter der Abteilung IV (Gestapo) beim KdS, Lothar Heimbach, den Befehl zu einer Erschießung erteilt hatte. Friedel gab zu Protokoll, dass im Mai oder Juni 1943 durch das Standgericht beim KdS 10 bis 15 Partisanen zum Tode durch Erschießen verurteilt worden seien. Von einer strafbaren Handlung der Opfer sei ihm nichts bekannt gewesen. Der Referent des Standgerichts sei der Kriminalkommissar Alfred König, der Sachbearbeiter sei Alois Fischer gewesen. Er, Friedel, sei von dem Leiter der Abteilung IV, Lothar Heimbach, unter der Androhung, bei Gehorsamsverweigerung vor ein SS- und Polizeigericht gestellt zu werden, mit der Vollstreckung des Urteils beauftragt worden. Er habe die Aufsicht bei der Exekution geführt und die KdS-

---

11 Vgl. Staatsanwaltschaft Bielefeld 5 Js 342/59, Vermerk des OStA Bielefeld v. 1.9.1959, in: L/StADT, D 21 A, Nr. 6134, Bl. 1.

12 Haftbefehl des AG Bielefeld (9 Gs 1012/61) v. 25.8.1961, L/StADT, D 21 A, Nr. 6249, Haftheft Dr. Zimmermann, Bd. I, Bl. 3.

13 Vgl. Vfg. des OStA v. 3.8.1959, in: L/StADT, D 21 A, Nr. 6136, Bl. 1. Das Aktenzeichen des Verfahrens lautet: 5 Js 294/59.

Angehörigen Zühlke, Dibus, Plaumann, Tiefensee, Schmidt und Reichardt mit der Durchführung beauftragt.[14] Während der Voruntersuchungssache gegen Zimmermann vom Untersuchungsrichter zu den Vorwürfen Friedels befragt, erklärte Heimbach, dass er „niemals irgendeinem" Angehörigen der KdS-Dienststelle „den Befehl gegeben habe, erlassene und bestätigte Todesurteile zu vollstrecken, bzw. bei der Exekution die Aufsicht zu führen".[15] Der Bielefelder Oberstaatsanwalt übersandte die Akten im Verfahren gegen Heimbach (5 Js 294/59), der seinen Wohnsitz in Köln hatte, am 2. November 1959 mit der Bitte um Übernahme an die Staatsanwaltschaft Köln. Ein Zusammenhang mit dem Verfahren gegen Zimmermann wegen Mordes sei nicht erkennbar. Der Oberstaatsanwalt in Bielefeld informierte seinen Kollegen in Köln außerdem darüber, dass er gegen die von Friedel genannten ehemaligen Kriminalbeamten (ausgenommen gegen den verstorbenen Zühlke), die die Erschießung durchgeführt haben sollen, gesonderte Verfahren eingeleitet habe. Auch in diesen Verfahren sei indes „eine hiesige Zuständigkeit" nicht gegeben.[16] Die Ermittlungsverfahren gegen Hermann Plaumann (5 Js 292/59), Richard Dibus (5 Js 293/59), Walter Reichardt (5 Js 295/59), Heinz Tiefensee (5 Js 296/59) und Waldemar Schmidt (5 Js 297/59) wurden ebenfalls am 2. November an die Staatsanwaltschaft Köln abgegeben.[17] Das Verfahren gegen Alfred König (5 Js 298/59) wurde am 25. November an die Staatsanwaltschaft Bremen weitergeleitet[18] und dort unter dem Aktenzeichen 16a Js 11/60 geführt. Es wurde am 19. Februar 1960 mangels Beweises eingestellt.[19] In den übrigen Verfahren, die später in das Sammelverfahren der Zentralen Stelle Dortmund (Az. 45 Js

---

14 Vgl. Abschrift aus der Akte 30/465: Review and Interrogation Staff No. 6 Civilian Internment Camp, Friedel, Nr. 356020, in: L/StADT, D 21 A, Nr. 6136, Bl. 2–3.

15 Vernehmung des Zeugen Lothar Heimbach durch LGR Franz Krause als Untersuchungsrichter beim LG Bielefeld v. 20.2.1959, in: L/StADT, D 21 A, Nr. 6136, Bl. 5–7, hier: Bl. 6.

16 Vgl. Vfg. des Oberstaatsanwalts in Bielefeld v. 2.11. 1959: an den Herrn Oberstaatsanwalt in Köln, in: L/StADT, D 21 A, Nr. 6136, Bl. 10. Das Verfahren gegen Heimbach wurde von der Staatsanwaltschaft Köln unter dem Aktenzeichen 24 Js 783/59 weitergeführt.

17 Das Verfahren gegen Hermann Plaumann wurde von der Staatsanwaltschaft Köln unter dem Aktenzeichen 24 Js 784/59 geführt, das Verfahren gegen Dibus unter dem Aktenzeichen 24 Js 785/59, das Verfahren gegen Reichardt unter dem Aktenzeichen 24 Js 786/59, das Verfahren gegen Tiefensee unter dem Aktenzeichen 24 Js 787/59 und das Verfahren gegen Schmidt unter dem Aktenzeichen 24 Js 788/59.

18 Vgl. die Verfügung des Oberstaatsanwalts in Bielefeld v. 6.4.1960, in: L/StADT, D 21 A, Nr. 4821, Handakten der Staatsanwaltschaft beim LG Bielefeld, Bl. 10. Das Verfahren gegen König (16a Js 11/60) wurde

19 Für diesen Hinweis sei Andreas Eichmüller herzlich gedankt.

1/61) integriert wurden, führte die Zentrale Stelle Ludwigsburg die Ermittlungen weiter.

1. Die Vorermittlungen der Zentralen Stelle Ludwigsburg

„Es soll diesmal versucht werden, die damaligen Vorgänge restlos zu klären.“[20]

1.1 Zur Arbeitsweise der Zentralen Stelle Ludwigsburg

Sowohl die Kölner als auch die Bielefelder Staatsanwaltschaft wurden in ihren Ermittlungen von der Zentralen Stelle Ludwigsburg unterstützt.[21] Die Zentrale Stelle war bestrebt, sämtliche im Bezirk Bialystok bekannt gewordene Straftaten zu erfassen und bis zur Abgabe an die zuständige Staatsanwaltschaft aufzuklären. Die Bearbeitung des Białystok-Komplexes in Ludwigsburg fiel in die Zuständigkeit des Referates 5 (später 205), das den örtlichen Bereich des Bezirks Bialystok, Ostpreußen (einschließlich des Bezirks Zichenau) und Ostoberschlesien umfasste. In diesem Referat, in dem bis 1966 außerdem noch alle Verfahren wegen NS-Verbrechen in der CSSR, in Litauen und im Konzentrationslager Groß-Rosen geführt worden waren, waren bis 1973 231 Vorermittlungsverfahren anhängig, darunter 14 große Sammelverfahren und 555 AR-Vorgänge.[22]

Aufgrund eines Ermittlungsauftrages des Oberstaatsanwalts in Bielefeld und der Staatsanwaltschaft in Köln bezog die Zentrale Stelle die Ermittlungen gegen Zimmermann sowie gegen Heimbach, Dibus, Plaumann, Schmidt, Reichardt und Tiefensee in ihre Vorermittlungen wegen NS-Gewaltverbrechen im Bezirk Bialystok ein.[23] In Ludwigsburg ging man davon aus, dass sämtliche

---

20 Schreiben der Zentralen Stelle Ludwigsburg, AGR Opitz, an Dr. med. Heinrich Brockmann v. 6.6.1961, in: Barch, B 162/2094, Bl. 10.

21 Vgl. „Übersicht über die den Bezirk Bialystok betreffenden Verfahren wegen NS-Gewaltverbrechen“, Zentrale Stelle Ludwigsburg (AGR Opitz), 10.2.1961, in: L/StADT, D 21 A, Nr. 6272, Bl. 53–70.

22 Vgl. Schreiben der Zentralen Stelle Ludwigsburg, OStA Dr. Rückerl, an den GStA bei dem OLG Köln v. 5.7.1973, in: Barch, B 162/3156; Bd. II, Bl. 50–59, hier: Bl. 51.

23 Vgl. Entwurf eines Schreibens des StA Pieh an den OStA beim LG Bielefeld v. 11.8.1960, in: L/StADT, D 21 A, Nr. 6134, Bl. 47–48, Bl. 47. Das Vorermittlungsverfahren der Zentralen Stelle Ludwigsburg gegen Dr. Zimmermann wurde unter dem Aktenzeichen 5 AR-Z 226/60, das gegen Heimbach unter dem Az. 5 AR-Z 270/60, das gegen Dibus unter dem Az. 272/60, das gegen Schmidt unter dem Az. 5 AR-Z 273/60,

Vorfälle, an denen die genannten ehemaligen Gestapoangehörigen beteiligt gewesen waren, entweder auf Heimbachs „ausdrückliche Anordnung oder mit seiner Billigung" geschehen waren.[24]

Die Vorermittlungen der Zentralen Stelle Ludwigsburg ergaben, dass bei den Taten, die Angehörigen des KdS zuzuschreiben waren, ein starker sachlicher Zusammenhang bestand. Diesem Umstand trug man durch die Führung eines Sammelverfahrens gegen den ehemaligen Dienststellenleiter Altenloh Rechnung. In dem Vorermittlungsverfahren gegen Dr. Altenloh und 30 Andere (5 AR-Z 71/60), das später in das Verfahren gegen Dr. Zimmermann u.A. (5 AR-Z 226/60 Zentrale Stelle Ludwigsburg = 5 Js 342/59 StA Bielefeld = 45 Js 1/61 StA Dortmund) integriert wurde,[25] „sollten alle diejenigen NS-Gewaltverbrechen aufgeklärt werden, die durch Angehörige der Dienststelle KdS Bialystok begangen wurden".[26] Ausgehend von der Annahme, dass dem KdS die Erfüllung der „sicherheitspolitischen Aufgaben" im Bezirk Bialystok oblag und insbesondere die Abteilung IV, Gestapo, als Träger des Terrors gegen die Zivilbevölkerung des Bezirks Bialystok fungierte, richtete sich das Vorermittlungsverfahren „in der Hauptsache gegen die Angehörigen der Abteilung IV".[27] Überzeugt, dass „grundsätzlich jeder Angehörige der Abteilung IV in irgend einer Form an den von der Dienststelle zu verantwortenden Verbrechen teilgenommen" habe, nahm die Zentrale Stelle alle diejenigen bekannten Personen als Beschuldigte auf, die wegen ihrer Dienststellung überhaupt in Frage kamen.[28] Darunter waren folglich auch ehemalige KdS-

---

das gegen Tiefensee unter dem Az. 5 AR-Z 274/60 und das gegen Plaumann unter dem Az. 5 AR-Z 271/60 geführt. Die Plaumann in dem Verfahren 5 AR-Z 71/60 zur Last gelegten Taten wurden in das Verfahren 5 AR-Z 271/60 übernommen. Vgl. Vermerk der Zentralen Stelle Ludwigsburg (AGR Opitz), v. 23.11.1960, in: L/StADT, D 21 A, Nr. 6318, Bd. V, Bl. 30. Zu Plaumann vgl. den Abschlussbericht der Zentralen Stelle v. 4.2.1961, in: L/StADT, D 21 A, Nr. 6318, Bd. V, Bl. 123–130, zu Dibus die Zusammenfassung der Ermittlungen im Falle Dibus durch die Zentrale Stelle Ludwigsburg v. 17.11.1960, in: L/StADT, D 21 A, Nr. 6318, Bd. IV, Bl. 88–91.

24 Entwurf eines Schreibens der Zentralen Stelle Ludwigsburg an die 5. Große Strafkammer beim LG Köln, v. 28.9.1960, in: L/StADT, D 21 A, Nr. 6318 (keine Aktenpaginierung).

25 Vgl. Barch, B 162/2063.

26 Schreiben der Zentralen Stelle Ludwigsburg an das Landeskriminalamt NRW Düsseldorf v. 3.3.1961, in: L/StADT, D 21 A, Nr. 6143, Bd. XI, Bl. 9.

27 Abschlussbericht der Zentralen Stelle Ludwigsburg (5 AR-Z 71/60) v. 13.2.1961, in: L/StADT, D 21 A, Nr. 6317, Bl. 329–347, hier: Bl. 330.

28 Vgl. Zusammenfassung der Ermittlungen im Fall Dibus durch die Zentrale Stelle Ludwigsburg v. 17.11.1960, in: L/StADT, D 21 A, Nr. 6140, Bl. 88–90.

Angehörige, gegen die zunächst keine konkreten Belastungen vorlagen.[29] Allein aufgrund ihrer ehemaligen Zugehörigkeit zum KdS in Białystok galten sie als verdächtig, sich an strafbaren Handlungen beteiligt zu haben.

Als Beschuldigte in dem Verfahren 5 AR-Z 71/60 kamen 31 ehemalige KdS-Angehörige in Betracht, darunter Männer, die wichtige Führungspositionen ausgeübt hatten: Dr. Theodor Paeffgen (stellvertretender KdS bis einschließlich Oktober 1942), Wolfgang Erdbrügger (bis Ende 1942 Leiter der KdS-Außenstelle in Łomża, seit 1943 Leiter des Referats „Bandenerkundung und Bandenbekämpfung" beim KdS in Białystok), Alfred König (Referatsleiter in der Abteilung IV), Johannes Krebs (Referatsleiter in der Abteilung V), Hans-Heinrich Moller (Leiter der Abteilung III), Heinz Errelis (bis Frühjahr 1943 Leiter der KdS-Außenstelle in Grodno) und Kurt Wiese (Angehöriger der KdS-Außenstelle in Grodno).[30]

Gegenstand der Ludwigsburger Vorermittlungen zu den von KdS-Angehörigen begangenen NS-Gewaltverbrechen im Bezirk Bialystok waren neben einer größeren Anzahl von Erschießungsmaßnahmen, darunter auch die Vollstreckung von Standgerichtsurteilen, die Deportation und die Ermordung der jüdischen Bevölkerung des Bezirks Bialystok. Die „Schlüsselfiguren" in den genannten Vorfällen waren nach Auffassung der Zentralen Stelle der Kommandeur der KdS-Dienststelle und der Leiter der Abteilung IV. Keine Maßnahme gegen die einheimische Bevölkerung habe „ohne Anordnung oder Billigung durch den Dienststellenleiter und den Leiter der Abteilung IV erfolgen" können.[31]

Was die Ermordung der jüdischen Bevölkerung anbetrifft, konzentrierten sich die Vorermittlungen zunächst auf folgende Tatkomplexe: die Konzentrierung der Juden aus den Ghettos des Bezirks in den Sammellagern im November 1942, die zwischen November und Februar 1943 aus verschiedenen Ghettos des Bezirks durchgeführten Transporte in die Vernichtungslager sowie die Deportationen von Bewohnern des Ghettos Białystok im Februar und August 1943. Ferner galt es, die im Zusammenhang mit den Deportationen erfolgten

29 Vgl. Abschlussbericht der Zentralen Stelle Ludwigsburg (5 AR-Z 71/60) v. 13.2.1961, in: L/StADT, D 21 A, Nr. 6317, Bl. 329–347, hier: Bl. 330.

30 Vgl. L/StADT, D 21 A, Bd. II 1, Vorblatt 1; Abschlussbericht der Zentralen Stelle Ludwigsburg v. 13.2.1961, in: L/StADT, D 21 A, Nr. 6272, Bl. 329–347, hier: Bl. 342ff.

31 Vgl. Schreiben der Zentralen Stelle Ludwigsburg an das LKA NRW v. 20.7.1960, in: L/StADT, D 21 A, Nr. 6135, Bl. 25–27.

Erschießungen[32] und den Kindertransport aus dem Ghetto Białystok im August 1943 aufzuklären. Die Zentrale Stelle ging davon aus, dass die Verantwortung für die genannten Aktionen in erster Linie beim KdS lag.

Eine Überführung der Beschuldigten, die eine Verantwortung bestritten, erschien der Zentralen Stelle nur durch Augenzeugen möglich.[33] Aus den Akten der Landesentschädigungsämter konnte eine Anzahl Überlebender aus Białystok ermittelt werden. In einem Schreiben an die Israel-Mission Köln bat die Ludwigsburger Vorermittlungsbehörde bezüglich der Ermittlung und Vernehmung der in Israel lebenden Personen um Rechtshilfe.[34] Die Untersuchungsstelle für NS-Gewaltverbrechen beim Landesstab der Polizei in Israel führte aufgrund des Rechtshilfeersuchens der deutschen Justizbehörden vom 21. Oktober 1960 Zeugenvernehmungen durch[35] und verfasste einen zusammenfassenden Bericht mit den aus den Vernehmungen gewonnenen Erkenntnissen.[36]

Bei der Suche nach Zeugen wurde die Zentrale Stelle Ludwigsburg vom World Jewish Congress in New York unterstützt. Nehemiah Robinson sandte Oberstaatsanwalt Erwin Schüle am 23. Dezember 1960 eine Liste mit den Namen und Adressen von Zeugen, die in Israel lebten.[37] Wenige Tage später folgte eine Liste aller eventueller Zeugen für NS-Verbrechen in Białystok und

---

32 Die Zentrale Stelle Ludwigsburg stellte in ihren Vorermittlungen fest, dass im Rahmen der Überführung der Juden in Sammellager in vielen Orten die Kranken, Alten und Insassen der Gefängnisse an Ort und Stelle erschossen worden waren. Auch diejenigen, die den Fußmarsch zum Sammellager nicht bewältigten, wurden erschossen. Nach Ermittlungen der Zentralen Stelle erschossen die Deutschen auch bei den Deportationen aus dem Białystoker Ghetto eine große Anzahl der Juden.

33 Vgl. Schreiben der Zentralen Stelle Ludwigsburg an das Bayrische LKA NRW v. 18.11.1960, in: L/StADT, D 21 A, Nr. 6317, Bl. 187–188, hier: Bl. 188.

34 Vgl. Schreiben der Zentralen Stelle Ludwigsburg an die Israel-Mission Köln v. 21.10.1960, in: L/StADT, D 21 A, Nr. 6138, Bd. III 4, Bl. 502–504.

35 Vernommen wurden folgende ehemalige Insassen des Białystoker Ghettos: Majer Zawadzki, Borys Schewach, Lazar Gronowicz, Sonia Sara Lin, geborene Rosenblum, Bronisława Ferber, geborene Szajn, Hirsz Uganik und Sara Perman, geborene Golabowicz.

36 Vgl. Abschrift eines Schreibens der Untersuchungsstelle für NS-Gewaltverbrechen beim Landesstab der Polizei in Israel an Dr. Eytan Otto Liff v. 10.5.1961, in: L/StADT, D 21 A, Nr. 6318, Zentrale Stelle Ludwigsburg, Bd. VI, N 91.

37 Vgl. Schreiben Nehemiah Robinson, World Jewish Congress, New York, an Dr. E. Schuele, Zentrale Stelle der Landesjustizverwaltungen Ludwigsburg, Deutschland v. 23.12.1960, in: L/StADT, D 21 A, Nr. 6144, Bl. 108–109. Auf der Liste werden folgende Zeugen genannt: Dr. T. Cytron, M. Tamir, Mordechai Kulik, M. Grynberg, Arie-Leib Efron, Erich Okon, Chaim Kapłan, Moshe Weinstein, Mordechai Krugla, Mr. Mass, Leizer Granowicz.

Grodno, die Robinson bis zu diesem Zeitpunkt bekannt geworden waren. Es handelte sich um 31 Personen.[38] In einem Schreiben vom 11. Mai 1960 informierte Landgerichtsrat Werner von der Zentralen Stelle Ludwigsburg Robinson darüber, dass er ein Ermittlungsverfahren gegen Wiese, Rinzner[39] und Streblow führe. Gegenstand der Verfahren waren Tötungsverbrechen an der jüdischen Bevölkerung in Grodno und im Lager Kiełbasin. Zum Stand der Ermittlungen schrieb Werner, „nähere Einzelheiten" müssten „erst noch ermittelt werden". Er nehme an, Robinson sei in der Lage, Zeugen zu den in den Verfahren behandelten Vorfällen zu benennen. Er wäre ihm dankbar, wenn er ihm hierzu Zeugenaussagen vermitteln könnte.[40] Mitte Juli nannte Robinson Landgerichtsrat Werner sechs weitere Zeugen, die in Australien bzw. Neuseeland lebten.[41] Auf die Frage Robinsons, ob Werner eidesstattliche Aussagen der Zeugen erhalten wolle, antwortete dieser, er benötige für die weiteren Ermittlungen „vorerst noch keine eidesstattlichen Versicherungen und Vernehmungen". Schriftliche Schilderungen „der Vorfälle, an denen die Beschuldigten beteiligt waren", genügten. Werner fügte hinzu, dass neben der Darstellung „solcher Vorfälle" für ihn von Interesse sei, „Näheres zur Person der Beschuldigten (z.B. damaliges Alter, Körpergröße, Haarfarbe, besondere

---

38 Schreiben Nehemiah Robinson, World Jewish Congress, New York, an Dr. E. Schuele, Zentrale Stelle der Landesjustizverwaltungen Ludwigsburg, Deutschland v. 27.12.1960, in: L/StADT, D 21 A, Nr. 6144, Bd. XIV, Bl. 110-111. Auf der Liste (vgl. ebd., Bl. 111) sind die Anschriften folgender Personen aufgeführt: Choney, Rose, U.S.A.; Cyrulnicki, Zelig, Australien; Cohen, Jack, U.S.A.; Datner (Dr.) [,Szymon], Polen; Frank (F.), U.SA.; Golde, Aron, Kanada; Gornick, Ely, U.S.A.; Gelchinsky, Sol, U.S.A.; Golub, Max, Costa Rica; Illin (E.), Australien; Kot, Israel, Argentinien; Kozak, Harry, U.S.A.; Kozak, Murray, U.S.A.; Kyman, Helen, U.S.A.; Lewin, Nathan, Argentinien; Linenberg (P.), U.S.A.; Novik, Ajzik, Argentinien; Oniman, Abram, Australien; Orbach, Josef, Australien; Pozer, Tania, Australien; Piazkovski, Rachel, Argentinien; Reizer (L.), Neuseeland; Rabinowicz, Jehuda, Australien; Ribald, Anna, U.S.A.; Rosenblum, Chaim, Australien; Sarna, Henry, U.S.A.; Shulkes (Ber & Lana), Australien; Solnicki, Pola, Argentinien; Srugo, Bella, Argentinien; Sulkies (Rabbiner Leizer), Brasilien; Winicki, Gottlieb, Argentinien.

39 In dem Schreiben ist irrtümlicherweise von Rinzler anstatt Rinzner die Rede. Die richtige Schreibweise des Namens konnte erst durch die Vernehmung Hermann Blochs am 29. Juni 1961 geklärt werden. Vgl. AGR Opitz, Aktenvermerk v. 4.7.1961, in: L/StADT, D 21 A, Nr. 6144, Bd. XIV, Bl. 150.

40 Schreiben LGR Werner, Zentrale Stelle Ludwigsburg, an N. Robinson, World Jewish Congress, New York v. 11.5.1960, in: L/StADT, D 21 A, Nr. 6144, Bd. XV, Bl. 12-13, hier: Bl. 13.

41 Vgl. Schreiben Nehemiah Robinson, World Jewish Congress, New York, an LGR Werner, Zentrale Stelle der Landesjustizverwaltungen, Ludwigsburg v. 15.7.1960, in: L/StADT, D 21 A, Nr. 6144, Bd. XV, Bl. 14.

Merkmale, Dialekt, Dienstgradabzeichen u.a.m.) zu erfahren“.[42] Anfang August 1960 erkundigte sich Robinson bei Werner, „ob schon jemand von diesen Personen [Rinzner, Wiese, Streblow] oder sonstigen fuer die Aussiedlungen Verantwortlichen in Haft genommen worden“ sei. Das gleiche betreffe das Białystok-Verfahren. Er werde „mit Anfragen ueberhaeuft, die wissen wollen, ob die Schuldigen verhaftet worden“ seien. Man glaube „sonst naemlich oefters nicht, dass die Sache ernst“ sei.[43] Die Zentrale Stelle informierte Robinson mit Schreiben vom 11. August 1960 darüber, dass der Aufenthalt Rinzners[44], Wieses und Streblows „bisher noch nicht ermittelt werden konnte“. Indes „haben wir“, so Staatsanwalt Pieh, „bereits eine erhebliche Anzahl der für die Aussiedlungen und sonstigen Verbrechen verantwortlichen Personen ausfindig machen können“, darunter Altenloh, Zimmermann, Heimbach, König, Erdbrügger, Plaumann. Obwohl zum Teil „bereits erhebliches Belastungsmaterial“ vorliege, reiche es zum Erlass eines Haftbefehls noch nicht aus. Pieh wies ferner darauf hin, dass im Zusammenhang mit den „Aktionen“ im Białystoker Ghetto im Februar und August 1943 Vorermittlungen „gegen einen gewissen Günther vom RSHA und gegen einen angeblichen Stabsführer Machel (oder Michalsen, nicht jedoch Macholl)“ liefen. Auch hier fehlten „noch die erforderlichen Kenntnisse zur Person, die nur durch Aussagen von Tatzeugen erlangt werden“ könnten. Sobald das Material zur Verhaftung ausreiche, werde „gegen die Beschuldigten ohne Ansehen ihrer Person Haftbefehl beantragt werden, wie das schon in vielen Fällen durch die Arbeit der Zentralen Stelle“ geschehen sei. Pieh schloss mit den Worten: „Weisen Sie bitte die Anfrager auf diesen Umstand hin und ermuntern Sie sie, sachdienliche Aussagen zu machen, die wohl am besten durch Ihre Vermittlung an die Zentrale Stelle weitergeleitet werden sollten.“[45] Im Dezember 1960 übermittelte der Jewish Congress in New York der Zentralen Stelle Aussagen von Abram Oniman, Chaim Rosenblum, Gottlieb Winicki, Pola Solnicki, Nathan Lewin, Ajzik Novik, Rachel Piazkowski und Bella Srugo.[46]

---

42 Schreiben LGR Werner, Zentrale Stelle Ludwigsburg, an N. Robinson, World Jewish Congress, New York v. 25.7.1960, in: ebd., Bl. 15.

43 Schreiben Nehemiah Robinson, World Jewish Congress, New York, an LGR Werner, Zentrale Stelle der Landesjustizverwaltungen, Ludwigsburg v. 2.8.1960, in: ebd., Bl. 16.

44 In dem Schreiben ist irrtümlicherweise von Rinzler die Rede.

45 Schreiben der Zentralen Stelle Ludwigsburg an N. Robinson, World Jewish Congress, New York v. 11.8.1960, in: L/StADT, D 21 A, Nr. 6144, Bd. XV, Bl. 16.

46 Vgl. Schreiben der Zentralen Stelle Ludwigsburg, Schüle, an N. Robinson, World Jewish Congress, v. 13.12.1960, in: L/StADT, D 21 A, Nr. 6144, Bd. XIV, Bl. 75; Schreiben des World Jewish Congress, New York, v. 23.12.1960, in: ebd., Bl. 76.

Die jüdischen Zeugen sollten, wenn möglich, die genaue oder ungefähre Zeit der Vorfälle, die Namen der Beteiligten sowie die Zahl der Opfer angeben können.[47] Die meisten „Opfer-Zeugen" waren indes nicht in der Lage, Angaben zur Identität der Täter zu machen. So schrieb Felix Zandman, der die deutsche Mordpolitik in Grodno überlebt hatte, an Amtsgerichtsrat Martin Opitz von der Zentralen Stelle Ludwigsburg:

> „I have received your letter […], and I am glad to see that the German authorities continue to follow up and prosecute such murderers such as Rinzler, Wiese, Streblow, Errelis, and Schott, who are mentioned in your letter.
>
> I gather from your letter that you are interested in detailed information about their military ranks, their origins, their first names, etc., so that you can track them down. While I can testify to specific events and to examples of hanging or shooting which occurred in my presence, the information which you need would not have been available to me, since those crimes occurred in the years 1942-1943 and at that time I was a boy of the age of 15. I would therefore not remember these details, if they had ever been available to me.
>
> If I were to be confronted with those men you named, I might recognize them, but even so, it would be difficult. If you should find them through other inquiries, I would be more than glad to testify.
>
> It is to be hoped that all those who took part in those crimes will be relentlessly pursued and punished, and that by this means the German people will one day be able to wash the blood from their hands. […]"[48]

Opitz bat Zandman daraufhin, ihm eine genaue Beschreibung der erwähnten Fälle von Erhängungen und Erschießungen zu liefern.[49]

---

47 Vgl. Schreiben der Zentralen Stelle Ludwigsburg an Leiser Granowicz v. 14.12.1960, in: L/StADT, D 21 A, Nr. 6317, Bd. II, 2, Bl. 265.

48 Schreiben Felix Zandman an die Zentrale Stelle Ludwigsburg, undatiert, eingegangen in Ludwigsburg am 6.12.1960, in: L/StADT, D 21 A, Nr. 6144, Bd. XIV, Bl. 69. In einem weiteren Schreiben nannte Zandman der Zentralen Stelle eine Person namens „Nostroi" oder „Nastroi", gegen die auch Ermittlungen eingeleitet werden sollten. Diese Person sei auch Teil der Gestapo in Grodno gewesen. Zandman fügte hinzu: „I am sure that you are aware that Mr. Errelis was the chief of the group, his assistant was Schott, and that Rinzler was the Commandant of the Kelbasin Transit Camp near Grodno (where I spent seven days). Wiese was the Commandant of Ghetto No. 1." Zandman wies Opitz außerdem auf den Zeugen Leon Trachtenberg hin und teilte ihm dessen Anschrift mit. Vgl. Schreiben Felix Zandman an Mr. Opitz, Zentrale Stelle Ludwigsburg, in: L/StADT, D 21 A, Nr. 6144, Bd. XIV, Bl. 72. Zandman und Trachtenberg wurden sowohl in der Hauptverhandlung der Strafsache gegen Wiese und Errelis vor dem Langderich Köln als auch in der Strafsache gegen Dr. Altenloh und Andere vor dem Landgericht Bielefeld als Zeugen vernommen.

49 „[…] Please send me a complete description of these events and please state the exact or approximate time of such happenings; the names of the victims and the names of the ordering or acting Gestapo men; those who gave the orders, those who carried out and

Den Aussagen jüdischer Zeugen konnte vor allem entnommen werden, dass Verbrechen stattgefunden hatten. So berichtete Isaak Gielczynski, der im Ghetto Białystok gelebt hatte, in einer Vernehmung von einer Erschießung, die im Anschluss an eine Widerstandshandlung eines Juden bei der Teilliquidierung des Białystoker Ghettos im Februar 1943 durchgeführt worden war. Ein junger Jude namens Malmed habe einen Deutschen mit einer Säureflasche beworfen, als dieser in sein Zimmer getreten sei. Dafür seien in der Umgebung seines Hauses „etwa 2000 Menschen" erschossen worden.[50] Die Erschießungen seien sowohl in den Wohnungen als auch auf den Straßen durchgeführt worden. Rücksicht auf Frauen und Kinder sei dabei nicht genommen worden. Die Leichen seien von den Ghettobewohnern gesammelt und bestattet worden. Gielczynski gab an, nicht zu wissen, wer die Erschießungen angeordnet und durchgeführt habe, weil er sich während der „Februar-Aktion" versteckt gehalten und von dem Zwischenfall, der die Ursache für die Erschießungen gewesen sein soll, nur durch Dritte erfahren habe. Gielczynski war auch nicht bekannt, wer für die Erhängung Malmeds und einiger anderer verantwortlich gewesen war.[51] Die Erschießung im Anschluss an das „Säureattentat" war ein Anklagepunkt im Bielefelder Białystok-Prozess. Die Staatsanwaltschaft ging jedoch davon aus, es seien 50 Menschen, nicht 2.000 erschossen worden.[52]

In ihrem Bemühen, die Verbrechen aufzuklären und Ermittlungsverfahren gegen die Beschuldigten zu erwirken, stützte sich die Ludwigsburger Ermittlungsbehörde indes nicht allein auf Zeugenaussagen. Sie wertete auch Literatur und Dokumente aus.[53] Konkrete Hinweise auf Straftaten, die von ehemaligen

---

those who eyewitnessed these incidents. Would you please also mention at the end of your statement whether you are willing to repeat your statement and to swear before a German court." Opitz fügte hinzu: „I assure you that everything will be done to trace and punish these individuals responsible for the crimes committed at that time, nevertheless we only can succeed with the utmost possible assistance of those survivors who were eyewitnesses of these events. In case you know other witnesses from the Bialystok area please get in touch with them and ask them to send me their statements too." Schreiben AGR Opitz, Zentrale Stelle Ludwigsburg, an Felix Zandman v. 15.12.1960, in: L/StADT, D 21 A, Nr. 6144, Bd. XIV, Bl. 71.

50 Vgl. Vernehmung Isaak Gielczynski v. 23.11.1960 durch das Bayrische LKA, in: L/StADT, D 21 A, Nr. 6138, Bl. 698–700, hier: Bl. 699.

51 Vgl. ebd., Bl. 698–700.

52 Anklageschrift des Leiters der Zentralstelle bei der Staatsanwaltschaft Dortmund v. 15.12.1964 (45 Js 1/61), in: L/StADT, D 21 A, Nr. 6270, Bl. 119f.

53 Vgl. „Auswertung der Literatur über Grodno und das Lager in Kielbasin", in: L/StADT, D 21 A, Nr. 6144, Bd. XIV, Bl. 3; „Literaturauswertung zu Grodno", in: ebd., Bl. 4 und Bl. 5; Vorläufiger Abschlussbericht der Zentralen Stelle Ludwigsburg (5 AR-Z 46/50) v. 6.4.1960, AGR Opitz, in: ebd., Bl. 6–7; Schreiben der Zentralen Stelle Ludwigsburg, OStA Schüle, an Nehemia Robinson, World Jewish Congress, v.

KdS-Angehörigen begangen worden waren, fand die Zentrale Stelle in dem 1950 in Warschau auf Jiddisch erschienenen Buch von Bernard Mark, „Der Aufstand im Ghetto Białystok", das ihr in Auszügen vorlag. Mark erwähnt beispielsweise eine am 31. Dezember 1942 durchgeführte öffentliche Erhängung von drei Juden im Ghetto wegen der Beschuldigung, in der Ölmühle von Białystok Kürbiskerne entwendet zu haben. Die Erhängung sollte unter der Leitung von Heimbach in Anwesenheit von Friedel, Dibus, Plaumann und einem anderen Gestapobeamten stattgefunden haben.[54] In einer staatsanwaltlichen Vernehmung ließ sich Heimbach hinsichtlich des Vorwurfes, die Erhängung angeordnet zu haben, dahin ein, er sei zu diesem Zeitpunkt noch nicht in Białystok gewesen.[55]

Um den Werdegang ehemaliger KdS-Angehöriger nachvollziehen zu können, forderte die Zentrale Stelle SS-Personalakten aus dem Bestand des Document Center an und wertete Befehlsblätter aus, die Aussagen über Versetzungen ehemaliger SS-Mitglieder geben konnten. In den Prozessunterlagen des Internationalen Militärgerichtshofes in Nürnberg fand sich ein Schreiben Heinrich Müllers, Chef des Amtes IV Gestapo im RSHA, an den Reichsführer-SS, Heinrich Himmler, in dem Müller vorschlug, „im Zuge der bis 30.1.1943 befohlenen verstärkten Zuführung von Arbeitskräften in die KL" zwischen dem 11. und 31. Januar 1943 mindestens 45.000 Juden, darunter 30.000 aus dem Bezirk Bialystok, in die Konzentrationslager zu bringen. In der Zahl von 45.000 sei der „arbeitsunfähige Anhang" mit inbegriffen. 10.000 bis 15.000 Menschen sollten „bei der Ausmusterung der ankommenden Juden in Auschwitz" als Arbeitskräfte ausgewählt werden. Nach den Vorstellungen der SS sollte somit die Mehrzahl der Menschen ermordet werden.[56] Das Schreiben Müllers vom 16. Dezember 1942 ist, obwohl der Ausführungsbefehl an die

---

7.2.1961. OStA Schüle bedankt sich in dem genannten Schreiben für die Zusendung des Buches von Kot über das Białystoker Ghetto.

54 Vgl. Bernard Mark, Der Aufstand im Ghetto Bialystok, Warschau 1950, in: L/StADT, D 21 A, Nr. 6317, Bd. I, Bl. 141–166 (entspricht: S. 1–27, hier: S. 12); Abschlussbericht der Zentralen Stelle Ludwigsburg in dem Vorermittlungsverfahren 5 AR-Z 71/60 v. 13.2.1961, in: ebd., Bd. II, 2, Bl. 329–347, hier: Bl. 337.

55 Heimbach gab an, im Winter 1942/1943 anlässlich eines „Osteinsatzes" an Fleckfieber erkrankt und in Lazaretten in Deutschland und Russland gelegen zu haben. Vgl. Vernehmung Lothar Heimbach v. 13.12.1960 durch Gerichtsassessor Schmidt als vernehmender Beamter der Staatsanwaltschaft Köln, in: L/StADT, D 21 A, Nr. 6138, Bl. 605–630; Schreiben der Zentralen Stelle Ludwigsburg an das Krankenbuchlager beim LVA Bayern v. 4.10.1960, in: L/StADT, D 21 A, Nr. 6318, Bl. 25.

56 Vgl. Bd. XXVII IMHof Nürnberg, S. 251, Dok. 1472-Ps (Müller an Himmler v. 16.12.1942 über Abtransport v. 45.000 Juden aus Bialystok nach Auschwitz), in: L/StADT, D 21 A, Nr. 6144, Bl. 5.

örtlichen Dienststellen der Sicherheitspolizei nicht erhalten geblieben ist, insofern von Bedeutung, als es Hinweise auf die zwischen November und Februar 1943 erfolgten Transporte von Juden aus dem Bezirk Bialystok in die Vernichtungslager gibt. Durch Funde von Wagenzetteln und Fahrplananordnungen der Deutschen Reichsbahn über Transporte von Juden aus Białystok und Grodno konnte der Zeitpunkt der Deportationen genauer bestimmt werden.[57]

Einem in der Zeitschrift „Yad Vashem Studies" veröffentlichten Aufsatz von Bronia Klibanski konnte entnommen werden, dass die Gedenkstätte Yad Vashem und das Jüdische Historische Institut (Żydowski Instytut Historyczny)[58] in Warschau im Besitz einer Anzahl von Quellen aus dem Białystoker Geheimarchiv (Judenratsmeldungen, Tagebuchaufzeichnungen, schriftliche Zeugenaussagen) sind, die das Ghetto Białystok und andere Ghettos des Bezirks Bialystok betreffen. Aus den Aufzeichnungen des Widerstandskämpfers Mordechai Tenenbaum, die bei Klibanski auszugsweise wiedergegeben werden, geht hervor, dass die erste Deportation von Juden aus dem Białystoker Ghetto vom 5. bis zum 12. Februar 1943 stattfand. Ein wichtiger Hinweis für die Zentrale Stelle war ferner die Information, dass die Gefangenen des Ghettos in einem Waggon mit Lumpen, die für die Textilindustrie nach Białystok gesandt wurden, Kleidungsstücke von Juden fanden, die in Treblinka ermordet worden waren. Die Klebezettel an dem Waggon trugen das Datum vom 22. Januar 1943.[59]

Als bedeutsam für die Vorermittlungen erwiesen sich zudem Materialien, die der Zentralen Stelle aus Polen zugeleitet wurden. Dazu zählen vom Amtsgericht Białystok durchgeführte Erhebungen betreffend die Erschießungen von Juden und Polen,[60] Abhandlungen des Historikers Dr. Szymon Datner[61] sowie

57 Vgl. die folgende Aufstellung, in: L/StADT, D 21 A, Nr. 6318, Bd. I, Bl. 47–60, Legeschein. Kopien der Fahrplananordnungen Nr. 552 und Nr. 290 befinden sich in: L/StADT, D 21 A, Nr. 6215 und in: *Raul Hilberg*, Sonderzüge nach Auschwitz, Berlin 1987, Anlage 48, S. 216–217 und Anlage 57, S. 228.

58 Zur Geschichte des Jüdischen Historischen Instituts vgl. *Stephan Stach*, Geschichtsschreibung und politische Vereinnahmungen: Das Jüdische Historische Institut in Warschau 1947–1968, in: Jahrbuch des Simon-Dubnow-Instituts / Simon Dubnow Institute Yearbook VII (2008), 401–431.

59 Vgl. Zentrale Stelle Ludwigsburg, 5 AR-Z 226/60, 5. August 1969, zusammenfassende Übersetzung aus: *Bronia Klibanski*, The Underground Archives of the Bialystok Ghetto Founded by Merski and Tenenbaum, in: L/StADT, D 21 A, Nr. 6134, Bd. I 2, Bl. 45–46.

60 Vgl. Zentrale Stelle Ludwigsburg, 5 AR-Z 709/60, 8.7.1960, in: L/StADT, D 21 A, Nr. 6140, Bl. 5 und Vermerk der Zentralen Stelle Ludwigsburg v. 15.9.1960, in: L/StADT, D 21 A, Nr. 6318, Bd. IV, Bl. 6.

beglaubigte Kopien von Aussagen der ehemaligen KdS-Angehörigen Fritz Friedel und Waldemar Macholl.[62]

1.2 Zur Beteiligung der Sicherheitspolizei an den „Räumungen“ des Białystoker Ghettos

Insbesondere der Beschuldigte Lothar Heimbach wurde durch das Material aus Polen schwer belastet. Der ehemalige Leiter des „Judenreferates“ beim KdS in Białystok, Fritz Friedel, hatte im Juni 1949 im Gefängnis von Białystok in Anwesenheit Szymon Datners erklärt, dass der Kommandeur der Sicherheitspolizei, Altenloh, dem Leiter der Abteilung IV, Heimbach, nach dessen Eintreffen in Białystok[63] „alle Judenfragen, insbesondere auch die Leitung des Ghettos Bialystok“, übertragen habe. In der ersten Hälfte des Oktober 1942 sei ein Erlass des RSHA eingegangen, der die „Evakuierung der Juden“ aus dem Bezirk Bialystok angeordnet habe. Altenloh habe „die Angelegenheit“ mit dem stellvertretenden CdZ, Friedrich Brix, im Beisein von Heimbach besprochen und sich danach beim RSHA für den Verbleib des Ghettos in Białystok mit dem Argument eingesetzt, ein Ausfall der Fabrikation könne sich ungünstig auf die Schlagfähigkeit der kämpfenden Truppe auswirken. In der zweiten Oktoberhälfte sei ein weiterer Erlass des RSHA eingegangen, der die „Evakuierung“ der Juden des Bezirks Bialystok angeordnet, den Erhalt des Ghettos jedoch genehmigt habe. Die „Evakuierung“ der Juden des Bezirks habe am 2. November 1942 begonnen. Im Februar 1943 sei SS-Sturmbannführer Günther vom RSHA in Białystok erschienen und habe „selbständig etwa 10 000 Juden festgenommen und abtransportiert, wohin blieb unbekannt“. Heimbach habe aufgrund der Unruhe im Ghetto dem Judenratsvorsitzenden Barasz den Auftrag gegeben, beruhigend auf das Ghetto einzuwirken und „bekannt zu geben, dass eine weitere Evakuierung nicht beabsichtigt, auch nicht befohlen sei“. Im Juni 1943 habe das RSHA vom KdS eine Aufstellung über die Fabrikationsbetriebe des Ghettos für die Wehrmacht eingefordert. Es sollte über den zu

---

61 Vgl. Abschrift einer auszugsweisen Übersetzung aus: Neues Material zur Erforschung des Bezirks Bialystok, von Syzmon Datner, in: bleter far geszichte III, Hefte 3 bis 4 (1950), in: L/StADT, D 21 A, Nr. 6138, Bd. IV, Bl. 8–11.

62 Vgl. Abschrift einer auszugsweisen Übersetzung aus: Szymon Datner, Materiały: Macholl – Friedel – Melzer, Pozycja XVIII (Friedel), Erklärung Friedel v. 28.10.1949 im Gerichtssaal, Temat: likwidacja getta białostockiego, in: L/StADT, D 21 A, Nr. 6136, Bl. 45. Die Originaldokumente befinden sich im Jüdischen Historischen Institut in Warschau. Vgl. AŻIH, 344/30, 31, 35, 36, 37, 85, 86.

63 Friedel nannte Anfang Oktober 1942 als Datum von Heimbachs Eintreffen in Białystok. Nach Erkenntnissen der Ermittlungsbehörden traf Heimbach erst im Januar 1943 in der Stadt ein.

erwartenden Ausfall der Produktion bei der Verlegung des Ghettos berichtet werden. Der Kommandeur Zimmermann habe sich bei einer Besprechung mit Rittmeister Froese und Brix, der sich beim Gauleiter Koch für die Beibehaltung des Ghettos einsetzen sollte, für die Umwandlung des Ghettos in ein Konzentrationslager ausgesprochen. Mitte Juli 1943 habe im RSHA in Berlin eine Besprechung der Kommandeure der Sipo und der Stapoleiter stattgefunden, an der auch Zimmermann teilgenommen und die Verhältnisse im Białystoker Ghetto geschildert habe. Zu dieser Zeit habe das Ghetto von der Rüstungsinspektion den Auftrag erhalten, 500 Panjewagen für die Wehrmacht anzufertigen. Zimmermann habe diesen Auftrag auf der Besprechung in Berlin erwähnt, die Dringlichkeit der Ausfertigung betont und darauf hingewiesen, dass keine andere Ausfertigungsmöglichkeit bestehe. Nach seiner Rückkehr aus Berlin habe Zimmermann mit Brix gesprochen, der sich bei Koch erneut für den Erhalt des Ghettos eingesetzt habe. Weil sich auch Zimmermann für den Erhalt des Ghettos ausgesprochen habe, sei der SSPF für den Distrikt Lublin, Odilo Globocnik, von Himmler mit der „Evakuierung" beauftragt worden und habe diese „unter Ausschaltung von Zimmermann" durchgeführt.[64] Vor der Liquidierung des Ghettos seien die Ghettobetriebe von der „Evakuierungskommission" aus Lublin besichtigt worden. Diese sei am 15. August erneut in Białystok eingetroffen, wo eine geheime Besprechung mit Zimmermann stattgefunden habe, an der auch Heimbach teilgenommen habe. Dieser habe ihm, Friedel, mitgeteilt, dass die Evakuierung des Ghettos am 16. August beginne, und ihn beauftragt, den Judenratsvorsitzenden Barasz zu bestellen, um ihn über die Verlegung der maschinellen Einrichtungen nach Lublin zu informieren. Heimbach habe Barasz eröffnet, dass das Ghetto „trotz des Protestes des KdS und des Chefs der Zivilverwaltung sowie des Rittmeisters Froese doch liquidiert" werde, und zwar am nächsten Morgen um drei Uhr. Heimbach habe den Judenratsvorsitzenden noch ermahnt, den Juden zu sagen, dass niemand versuchen solle, aus dem Ghetto zu fliehen. Es sei bereits eine andere Ghettobewachung eingesetzt, und jeder riskiere bei einem Fluchtversuch sein Leben. Heimbach habe gesagt, es sollten nicht wieder so viele Menschen erschossen werden wie im Februar.[65] Am 19. August 1943 seien

---

64 Abschrift einer Erklärung Fritz Friedels v. 12. und 13. 6.1949 im Gefängnis von Białystok. Vgl. Szymon Datner, Materiały: Macholl – Friedel – Melzer, Pozycja XVI, in: L/StADT, D 21 A, Nr. 6136, Bl. 11–15 und in: L/StADT, D 21 A, Nr. 6318, Bd. III, Bl. 11–15. Das Original befindet sich im Jüdischen Historischen Institut Warschau. Vgl. AŻIH, 344/30, Zeznania F. G. Friedla.

65 Abschrift einer auszugsweisen Übersetzung aus: Materiały Macholla – Friedla – Melzera Pozycja XVIII (Friedel), Erklärung Friedel v. 28.10.1949 im Gerichtssaal, Warschauer Str. 57a; Temat: likwidacja getta białostockiego, in: L/StADT, D 21 A, Nr. 6136, Bl. 45.

etwa 500 Kinder in Begleitung von 40 Frauen abtransportiert worden. Das Ziel des Transports erwähnte Friedel indes nicht.[66] Von der Funktion des Vernichtungslagers Treblinka will er erstmalig im Juni 1943 durch den Judenratsvorsitzenden Barasz gehört haben, der von Ghettobewohnern darüber informiert worden sei, dass Juden in diesem Lager durch Gas getötet würden. Friedel gab an, die „Geheime Reichssache" Treblinka „nicht zu Gesicht bekommen zu haben".[67] Bei der Liquidierung des Ghettos sei „mit keinem Wort die Rede von der Judenvernichtung" gewesen, es habe lediglich geheißen, „die Verlagerung des Ghettos Białystok nach Lublin erfolge deshalb, weil die Juden dort produktiver beschäftigt werden können".[68] Das Eigentum der Juden sei nach der Auflösung des Ghettos von den Kreiskommissaren gesammelt und an die polnische Bevölkerung verkauft worden. Die Beträge seien an die Treuhandgesellschaft Białystok abgeführt worden.[69]

In Friedels Erklärungen, die vor dem Hintergrund der Tatsache zu bewerten sind, dass die polnischen Behörden ihm die Beteiligung an den Verbrechen in Białystok vorwarfen, erscheinen die verantwortlichen Behörden in Białystok als Befürworter des Ghettos, die sich der Politik der höheren SS-Führung entgegengestellt und große Anstrengungen unternommen hatten, um die Deportationen zu verhindern. Gleichzeitig widerlegen Friedels Aussagen – wie Szymon Datner zu Recht betont – die Behauptung, die Auflösung des Ghettos sei für die lokalen Behörden überraschend gekommen.[70] Die Hauptverantwortung für den Abtransport der Menschen des Białystoker Ghettos im Februar und August sah Friedel beim RSHA und bei Globocnik, einen Beitrag des KdS, dem das Ziel der Transporte angeblich unbekannt geblieben war, leugnete er. Indem Friedel eine federführende Rolle des KdS bei den Deportatio-

66 Vgl. Erklärung Friedel v. 29.10.1949 im Gefängnis von Białystok, in: AŻIH, 344/36, Zeznania F. G. Friedla.

67 Erklärung Friedel v. 13.6.1949 im Gefängnis von Białystok, in: AŻIH, 344/30, Zeznania F.G. Friedla o Baraszu.

68 Erklärung Fritz Friedel v. 14.6.1949 im Gefängnis von Białystok, in: AŻIH, 344/36, Zeznania F.G. Friedla o Baraszu.

69 Vgl. Fritz Friedel, Dokument niniejszy – odpwiedzi na postawione przeze mnie pytania – sporządził Fritz Friedel, kat Żydów Białostoczyzny, przebywający w więzieniu w Warszawie, w grudniu 1950 r., Dr. Szymon Datner, Warszawa 4.1.1951, in: AŻIH, 344/31, Zeznania F.G. Friedla o getcie białostockim.

70 Vgl. Szymon Datner, Materiały Macholla, Friedela i Melzera – nowe źródła do badań historycznych Okręgu Białostockiego, S. 1–19, hier: S. 16, in: AŻIH, 344/37, Materiały Macholla, Friedela i Melzera z wstępem, komentarzami i tłumaczeniem Szymona Datnera.

nen verneinte, sprach er sich gleichzeitig selbst von der Verantwortung frei, beschuldigte andere[71] und trat Vorwürfen anderer gegen ihn entgegen.[72]

Auch die Zentrale Stelle Ludwigsburg sah das RSHA bei den Abtransporten der Juden aus dem Białystoker Ghetto in der Hauptverantwortung, ging jedoch davon aus, dass der KdS Beihilfe zum Mord geleistet habe. Die Befehle zur Verbringung der Juden in die Vernichtungslager seien vom RSHA gekommen und an den KdS weitergegeben worden. Der KdS habe die zur Ausführung der RSHA-Befehle geeigneten Anordnungen getroffen und die Kräfte hierfür zur Verfügung gestellt bzw. abgeordnet.[73] Die Zentrale Stelle gewann diese Erkenntnis aus der Aussage des Zeugen Georg Michalsen, eines ehemaligen Angehörigen des Stabes von Globocnik, sowie aus dem Buch von Mark „Der Aufstand im Ghetto Białystok", das u.a. auf Dokumente aus den Prozessen gegen Friedel und Macholl aus dem Jahr 1949 als Quellenmaterial zurückgreift.

Mark schreibt, Heimbach und Friedel hätten die „Aussiedlungsaktion" im Februar 1943 zusammen mit Günther vom RSHA durchgeführt. Die Deutschen hätten von Barasz 17.000 der 42.000 Menschen, die sich offiziell im Ghetto befunden hätten, zum Abtransport gefordert. Insgesamt seien 10.000 Juden nach Treblinka geschickt und weitere 800 bis 900 Juden vor Ort erschossen worden. Der Judenrat sei gezwungen worden, Listen mit zum Abtransport bestimmten Personen zusammenzustellen. Nachdem die Liquidierung abgebrochen worden sei, habe Heimbach Barasz befohlen, auf die Juden

---

71 Neben Heimbach beschuldigte Friedel den Leiter des Referats IV A 3, Waldemar Macholl, der Beteiligung an den Deportationen. So erklärte er auf die Frage, wie viele Juden nach der „Räumung" vom 16. August 1943 zu welchem Zweck und wie lange noch im Ghetto blieben, Macholl habe die Juden, die sich versteckt hatten und dann entdeckt wurden, in dem kleinen Ghetto gesammelt und Ende August 1943 nach Lublin deportiert. Mit dieser letzten Deportation will Friedel nichts zu tun gehabt haben. Vgl. AŻIH, 344/31, Zeznania F.G. Friedla o getcie białostockim.

72 So beschuldigte Macholl Friedel, während der „Februar-Aktion" eine große Zahl von Menschen erschossen zu haben und im August 1943 der „Haupthelfer" von Globocniks Mördern gewesen zu sein. Macholl zufolge hatte Friedel die Gesamtleitung der Deportationen aus dem Ghetto Białystok. Macholl selbst will während seines ganzen Aufenthalts in Białystok „mit Ghettoangelegenheiten weder dienstlich noch privat etwas zu tun gehabt" haben. Vgl. Abschrift einer auszugsweisen Übersetzung aus: Szymon Datner, Neues Material zur Erforschung des Bezirks Bialystok, in: bleter far geszichte III, Hefte 3 bis 4 (1950), in: L/StADT, D 21 A, Nr. 6138, Bd. IV, Bl. 8–11, hier: Bl. 6f.; AŻIH, 344/85, Materiała Macholla, Dokument niniejszy sporządził 25.10.1949 w więzieniu białostockim w obecności W. Macholl na dzień przed swym straceniem (26.10.1949).

73 Vgl. Entwurf eines Schreibens der Zentralen Stelle Ludwigsburg an die 5. Große Strafkammer beim LG Köln, v. 28.9.1960, in: L/StADT, D 21 A, Nr. 6318, Bl. 3f.

beruhigend einzuwirken, da keine weitere Evakuierung stattfinden werde. Während der Aktion habe der jüdische Widerstandskämpfer Malmed ein Säureattentat auf einen deutschen SS-Angehörigen verübt. Heimbach habe Friedel damit beauftragt, 100 Juden als Geiseln festzunehmen. Diese seien im Garten Pragers [Pragas] unter der Leitung von Günther erschossen worden. Bei seiner Schilderung der „August-Räumung“ folgt Mark hinsichtlich der Beteiligung Heimbachs vor allem den Aussagen Friedels. Nach einer Besprechung mit Zimmermann und einem Bevollmächtigten Globocniks habe Heimbach Friedel mitgeteilt, dass man für den 16. August bereit sein müsse, und Barasz informiert, dass das Ghetto mit allen Familien nach Lublin übergesiedelt werde. Heimbach habe gegenüber Barasz gefordert, dass sich die Juden auf der Straße aufstellten und vor ihren Häusern warteten, und er habe den Judenratsvorsitzenden darüber hinaus ermahnt, den Juden zu sagen, dass niemand aus dem Ghetto fliehen solle und jeder Einzelne bei der Flucht den Tod riskiere.[74]

Heimbach bestritt Marks Ausführungen und bezeichnete sie als „erfunden“. Sie galten ihm als „diffamierende Beschuldigungen, die von Feindseite gegen ihn vorgetragen werden“. Er sei der „Aufhänger für alle möglichen unsinnigen Anlastungen, seit sein Name einmal bei diesen Berichten von ehemaliger Feindseite ins Spiel gebracht“ worden sei.[75] In einer Vernehmung durch die Zentrale Stelle Ludwigsburg behauptete er, von der „Aktion“ im Februar 1943 keine Kenntnis erhalten zu haben, und er lastete seinem ehemaligen Untergebenen die Hauptverantwortung an. Friedel, der praktisch aus seiner Abteilung herausgenommen worden sei, habe weitgehende Befugnisse besessen und selbstständig mit der Dienststelle des SSPF verhandelt. Hinsichtlich der August-Deportationen ließ Heimbach sich dahin ein, die Liquidierung des Ghettos sei durch ein Sonderkommando unter der Führung von Globocnik erfolgt, und der KdS sei daran nicht beteiligt gewesen. Heimbach leugnete, mit Barasz gesprochen und ihn angewiesen zu haben, für Ruhe und Ordnung zu sorgen, damit es nicht so viele Tote gebe wie im Februar.[76] In einer weiteren Vernehmung durch die Staatsanwaltschaft Köln zu den Vorwürfen Friedels und Marks befragt, ließ sich Heimbach dahingehend ein, er habe nur formell die Abteilung IV geleitet. Die Leitung der Abteilung habe er in Wahrheit

---

74 Vgl. Mark, S. 15–18 und S. 21ff.

75 Vgl. Vernehmung Lothar Heimbach v. 13.12.1960 durch Gerichtsassessor Schmidt als vernehmender Beamter der Staatsanwaltschaft in Köln, in: L/StADT, D 21 A, Nr. 6138, Bl. 605–630, hier: Bl. 617 und Bl. 627.

76 Vgl. Vernehmung Lothar Heimbach v. 22.9.1960 durch AGR Opitz als Vernehmender der Zentralen Stelle Ludwigsburg, in: L/StADT, D 21 A, Nr. 6317, Bd. II, 1 (keine Aktenpaginierung).

Macholl überlassen, während er – Heimbach – sich mit Aufgaben, die in den Zuständigkeitsbereich der Abteilung III und V fielen, befasst habe. Hierfür will er einen Spezialauftrag von Walter Schellenberg, dem Amtschef VI des RSHA in Berlin, mitgebracht haben.[77] Ferner habe er keine Einwirkungsmöglichkeiten auf Friedel gehabt. Dieser habe seine Anweisungen ausschließlich vom SSPF bekommen.[78] Im Februar sei er noch nicht als Chef der Abteilung IV tätig gewesen, die „Sonderaktion Günther" sei ihm nicht bekannt. Die „August-Aktion" sei für den KdS „überraschend von einer Stelle angeordnet und entscheidend durchgeführt worden", die mit dem RSHA nichts zu tun gehabt habe.[79]

Von jenen in dem Ludwigsburger Vorermittlungsverfahren Vernommenen, die sich später während der gerichtlichen Voruntersuchung vor dem Landgericht Bielefeld zu den Geschehnissen im August 1943 einließen, behauptete nur Heimbach gegenüber Amtsgerichtsrat Opitz, der KdS habe mit der endgültigen Liquidierung des Białystoker Ghettos nichts zu tun gehabt.[80] Errelis, Plaumann und Dibus bestätigten dagegen in ihren Vernehmungen eine Teilnahme an den August-Deportationen, behaupteten aber, dabei keine Tötungshandlungen begangen zu haben. So erklärte der ehemalige Leiter der KdS-Außendienststelle in Grodno, Heinz Errelis, auf Befehl am ersten Tag der „Räumung" zusammen mit einem SS-Führer der „Aktion Reinhardt" zur Bestellung von Güterwagen für den Abtransport der Białystoker Juden nach Königsberg gefahren zu sein.[81] Plaumann beteiligte sich nach eigener Aussage an der „Durchkämmung des Ghettos nach der erfolgten Räumung", und er durchsuchte Häuser, in denen sich Bewohner versteckt hielten. Diese seien

77 Vgl. Vernehmung Lothar Heimbach durch den Leitenden OStA Köln (24 Js 783/59) v. 20.10.1960, in: L/StADT, D 21 A, Nr. 6137, Bl. 206–234; Schreiben des Leitenden OStA an das LKA NRW v. 23.12.1960, in: L/StADT, D 21 A, Nr. 6138, Bl. 714–719, hier: Bl. 718.

78 Vgl. Vernehmung Lothar Heimbach v. 13.12.1960 durch Gerichtsassessor Schmidt als vernehmender Beamter der StA Köln, in: L/StADT, D 21 A, Nr. 6138, Bl. 605–630, Bl. 617 und Bl. 627.

79 Vgl. Vernehmung Lothar Heimbach v. 25.10.1960 durch Gerichtsassessor Schmidt als vernehmender Beamter der StA in Köln, in: L/StADT, D 21 A, Nr. 6137, Bl. 241–268. Heimbach betonte ausdrücklich, von der Ermordung der deportierten Ghettobewohner nichts gewusst zu haben. Vgl. Erklärung des Beschuldigten Heimbach vor dem AG Köln am 23.9.1960, in: L/StADT, D 21 A, Nr. 6317, Bd. II, 1 (keine Aktenpaginierung).

80 Vgl. Vernehmung Lothar Heimbach durch AGR Opitz (Zentrale Stelle Ludwigsburg) v. 22.9.1960, in: L/StADT, D 21 A, Nr. 6317, Bd II, 1, Bl. 6.

81 Der Sonderzug zum Abtransport der Juden sei von dem Untersturmführer angeordnet worden. Vernehmung von Heinz Errelis durch AGR Opitz (Zentrale Stelle Ludwigsburg) v. 6.12.1960, in: L/StADT, D 21 A, Nr. 6317, Bd. II, Bl. 257–261, hier: Bl. 260.

indes nicht erschossen worden, sondern zu einem Sammelplatz gebracht und abtransportiert worden.[82] Dibus gab zu Protokoll, an der August-„Räumung" seien zwar Angehörige der Abteilung IV, Gestapo, beteiligt gewesen, die „anfallende Arbeit", so seine Wortwahl, sei aber in der Hauptsache von Globocniks Leuten erledigt worden. Er behauptete, genau wie Heimbach und Errelis,[83] die endgültige Auflösung des Ghettos sei für den KdS überraschend gekommen: „Wir waren völlig überrascht, als wir eines morgens hörten, daß das Ghetto von einem fremden SS-Bataillon umzingelt war."[84] In einer späteren Vernehmung erklärte Dibus, er habe sich bei der „Räumung" im August „wie alle dort stationierten Polizeikräfte im Ghetto" befunden, aber niemanden erschossen.[85]

Der Topos von „fremden" Einheiten, die als federführende Akteure bei den Deportationen der Juden im August erschienen, taucht in vielen Aussagen ehemaliger KdS-Angehöriger auf. So erklärte Johann Poensgen, der lediglich „vom Hörensagen" von der Ghettoauflösung erfahren haben will, über die Anzahl der abtransportierten Juden, über das Ziel und den Zweck der Transporte und über die „fremde Polizeieinheit", die mit der „Räumung" befasst gewesen sei, seien ihm keine Einzelheiten bekannt geworden. Weder er selbst noch andere Kollegen des KdS hätten an den Deportationen mitgewirkt.[86] Auch der ehemalige Angehörige der Abteilung V, Gerhard Löschen, erklärte, nur vom „Hörensagen" zu wissen, dass viele Juden aus dem Ghetto Białystok abtransportiert worden seien. Das Schicksal der Juden sei ihm nicht bekannt. Die „Aussiedlungsaktionen" seien von der Gestapo durchgeführt worden, wobei die letzte Aktion hauptsächlich von einem „fremden Polizeibataillon" durchgeführt worden sei.[87]

---

82 Vgl. Vernehmung Hermann Plaumann durch AGR Opitz (Zentrale Stelle Ludwigsburg) v. 24.2.1961, in: L/StADT, D 21 A, Nr. 6318, Bd V (keine Aktenpaginierung).

83 Auszüge aus der Vernehmung von Heinz Errelis durch AGR Opitz (Zentrale Stelle Ludwigsburg) v. 6.12.1960, in: L/StADT, D 21 A, Nr. 6138, Bl. 676–678, hier: Bl. 677.

84 Vernehmung Richard Dibus durch die Zentrale Stelle Ludwigsburg v. 20.9.1960, in: L/StADT, D 21 A, Nr. 6136, Bd. II, 1 (keine Aktenpaginierung).

85 Vgl. Vernehmung Richard Dibus durch AGR Kerber (AG Hamm, 11 Gs 1193/60) v. 2.12.1960, in: L/StADT, D 21 A, Nr. 6318, Bd. IV (keine Aktenpaginierung).

86 Vernehmung Johann Poensgen durch das LKA-NW, Dez. 15 v. 12.4.1961, in: L/StADT, D 21 A, Nr. 6318, Zentrale Stelle Ludwigsburg, Bd. VI, 5 AR-Z 273/60, Bl. 51–59, hier: Bl. 55.

87 Vgl. Vernehmung Gerhard Löschen durch das LKA-NW, Dez. 15 v. 13.4.1961, in: L/StADT, D 21 A, Nr. 6318, Zentrale Stelle Ludwigsburg, Bd. VI, 5 AR-Z 273/60, Bl. 60–68, hier: Bl. 64f.

Auch in Aussagen anderer ehemaliger Mitglieder des deutschen Besatzungsapparates im Bezirk Bialystok zeigt sich die Tendenz, die eigene Beteiligung an der endgültigen Auflösung des Białystoker Ghettos zu leugnen und stattdessen die Tätigkeit anderer, ortsfremder Organisationen zu betonen. Der ehemalige Kommandeur der Ordnungspolizei, Leberecht von Bredow, erklärte in einer Vernehmung, am Abend vor der Ghetto-„Räumung" sei ihm mitgeteilt worden, dass „eine Polizeieinheit unter Führung von Globocnik im Anmarsche sei, um noch in dieser Nacht das Ghetto zu umstellen und es endgültig zu räumen". Örtliche Polizeikräfte seien möglicherweise zur „äußeren Absperrung" eingesetzt worden.[88] Der stellvertretende Chef der Zivilverwaltung, Friedrich Brix, ließ sich dahin ein, dass die Deportation der Juden im August 1943 „von einem besonderen Einsatzkommando durchgeführt worden" sei, dessen Führer seiner Erinnerung nach Globocnik gewesen sei.[89] Ausführlichere Angaben hinsichtlich der endgültigen Auflösung des Ghettos Białystok machte der ehemalige SSPF, Otto Hellwig, obwohl auch er behauptete, „weder unmittelbar noch mittelbar" an den August-Deportationen beteiligt gewesen zu sein. Ausgangspunkt der August-„Räumung" war aus seiner Sicht ein Schreiben Himmlers an Gauleiter Koch, an ihn oder den KdS, das die Mitteilung enthalten habe, „Himmler beabsichtige, die Insassen des Ghettos Białystok in das rückwärtige polnische Gebiet zu verlagern".[90] Hellwig zufolge hatten sich „alle für das Gebiet mehr oder weniger betroffenen Instanzen aus den verschiedensten Gründen" nicht einverstanden erklärt. Der Gauleiter, der Chef der Zivilverwaltung und die Wehrmacht hätten die „Evakuierung" der Juden abgelehnt, weil die Juden kriegswichtige Güter im Bezirk Bialystok produzierten; die Polizei sei der Auffassung gewesen, die Räumung sei „nicht ohne Schwierigkeiten" durchzuführen. Himmler habe in einem weiteren Schreiben erklärt, dass es bei der „Räumung" bleibe, dass er Globocnik „mit einem Polizeibataillon mit der Durchführung" beauftragt und ihm „sämtliche Vollmachten" erteilt habe. Vierzehn Tage vor der Ghetto-„Räumung" sei Globocnik in Białystok erschienen, und bei einer Besprechung mit Brix und

88 Vernehmung Leberecht von Bredow durch die Zentrale Stelle Ludwigsburg v. 23.11.1960, in: L/StADT, D 21 A, Nr. 6317, Bl. 191–196, hier: Bl. 193.

89 Vgl. Vernehmung Fritz Brix durch Gerichtsassessor Schmidt als Leitenden Beamten der Staatsanwaltschaft Köln v. 21.1.1961, in: L/StADT, D 21 A, Nr. 6317, Bl. 209–217, hier: Bl. 216.

90 Vernehmung Otto Hellwig v. 18.10.1960 und Fortsetzung der Vernehmung am 20.10.1960 durch die Sonderkommission Z in Hannover, in: L/StADT, D 21 A, Nr. 6138, Bl. 486–490 und Bl. 491–495.

Zimmermann sei die „Räumung" erörtert worden.[91] In Gegenwart von Globocnik oder später in einer besonderen Vereinbarung zwischen dem CdZ, dem KdS und Hellwig sei beschlossen worden, „ein paar Personen des Judenrats an Ort und Stelle in das neue Lager in Polen zu entsenden, um feststellen zu lassen, wohin sie kommen sollten". Auf die Frage des CdZ, ob die Juden in ein Vernichtungslager kämen, habe Globocnik gesagt, sie kämen in ein großes Arbeitslager, in dem Juden aus dem Ghetto Białystok aufgrund eines Mangels an Fachkräften dringender gebraucht würden als in Białystok selbst.[92] Für die „Übergabe des Ghettos" an Globocnik sei Zimmermann verantwortlich gewesen, und für die Geschehnisse nach der „Übergabe des Ghettos", von denen er jedoch nichts wisse, trage allein Globocnik die Verantwortung.[93]

Die ausführlichste Stellungnahme zur Auflösung des Białystoker Ghettos im August 1943 gab der ehemalige Untergebene Globocniks, Georg Michalsen, in einer Vernehmung durch die Zentrale Stelle Ludwigsburg vom Februar 1961. Michalsen erklärte, im August 1943 von Globocnik den Auftrag erhalten zu haben, nach Białystok zu fahren, um mit dem KdS „Fühlung aufzunehmen wegen der Räumung des dortigen Ghettos". Dort wisse man Bescheid, habe Globocnik ihm gesagt. Transportraum und Polizeikräfte seien bereitgestellt, nötig sei lediglich „eine Besprechung über die technische Durchführung". Er habe von Globocnik „keine Vollmacht" bekommen, „nach eigenem Ermessen zu handeln", sondern sei ausdrücklich an den KdS verwiesen worden, „dem er zur Unterstützung beigeordnet" worden sei. Diese Unterstützung sei erforderlich gewesen, weil Globocnik beabsichtigt habe, kriegswichtige Rüstungsbetriebe aus dem Getto Białystok nach Lublin zu verlagern. Michalsen gab an, eine Woche vor der „Räumung" nach Białystok gefahren zu sein. Dort habe beim KdS eine von Zimmermann geleitete Besprechung stattgefunden, an der KdS-Angehörige und der Führer der für die „Räumung" vorgesehenen Polizeieinheit teilgenommen hätten. Allen bei der Besprechung Anwesenden sei klar gewesen, dass „nur die kriegswichtigen Arbeiter nach Lublin kommen sollten,

91 Vernehmung Otto Hellwig durch AGR Opitz von der Zentralen Stelle Ludwigsburg v. 21.2.1961, in: Barch, B 162/2066, Bd. 4, Bl. 217–225, hier: Bl. 222.

92 Hellwig erklärte in einer späteren Vernehmung, dass „jedem einzelnen, der sich damals im Osten befand" die Existenz von Vernichtungslagern bekannt gewesen sei. Der Zielort Treblinka sei jedoch keinem der an der Vorbesprechung Beteiligten bekannt gewesen, zumal Globocnik von einem Arbeitslager gesprochen habe. Vgl. Vernehmung Otto Hellwig durch StA Schaplow (45 Js 1/61) v. 24.11.1961, in: Barch, B 162/2073, Bd. 17, Bl. 4–10, hier: Bl. 7.

93 Vernehmung Otto Hellwig v. 18.10.1960 und Fortsetzung der Vernehmung am 20.10.1960 durch die Sonderkommission Z in Hannover, in: L/StADT, D 21 A, Nr. 6138, Bl. 486–490 und Bl. 491–495.

während die übrigen Insassen des Gettos in die polnischen Vernichtungsläger [sic] gebracht werden sollten". Den Angehörigen der Sicherheitspolizei war Michalsen zufolge bekannt gewesen, dass die Juden in den Lagern ermordet wurden. Die Leitung der „Räumung" „im eigentlichen Sinne" habe in den Händen des KdS Zimmermann gelegen, während die Leitung im „technischen Sinne" seine Aufgabe gewesen sei. Michalsen gab an, „die nötigen Anweisungen an Ort und Stelle von Zimmermann erhalten" zu haben. Am Vorabend der Ghetto-„Räumung" habe eine Einsatzbesprechung im Gebäude des KdS stattgefunden; anwesend seien auch weitere SS-Führer des KdS gewesen, da laut Michalsen ein Kommando der Sicherheitspolizei eingesetzt werden sollte und in seine Aufgabe eingewiesen werden musste. Dieses habe sich bei der „Räumung" zusammen mit einer fremden Polizeieinheit im Ghetto aufgehalten. Die Aufgaben der KdS-Angehörigen hätten darin bestanden, die Selektion der „auszusiedelnden Juden" durchzuführen: „Sie bestimmten, wer entweder in Bialystok verblieb, wer mit den Fabrikeinrichtungen nach Lublin kam und wer in die Transportzüge kam, welche für die Vernichtungslager bestimmt waren." Der KdS sei auch für die Zusammenstellung des Kindertransports zuständig gewesen. Zum Beginn der Auflösung des Ghettos gab Michalsen Folgendes zu Protokoll:

> „Am Tage der Ghetto-Räumung, früh morgens etwa gegen 4.00 Uhr, begab ich mich mit einigen Angehörigen der Sicherheitspolizei und meines Kommandos in das Ghetto. Die Angehörigen der Sicherheitspolizei weckten den Ältesten des Judenrates und brachten ihn herbei. Ich habe ihm darauf eröffnet, daß das Ghetto jetzt geräumt wird und daß sich die Insassen bis zu einem bestimmten Zeitpunkt mit nur wenig Gepäck zum Abtransport bereitzustellen hätten. Diese Bereitstellung wurde von den Juden freiwillig durchgeführt. Wir verblieben dann im Gebäude des Judenrates. Die Juden begannen sich freiwillig zu sammeln, und die Kolonnen wurden vom angegebenen Zeitpunkt an durch jüdische Polizei auf einem abgesperrten Wege auf ein großes freies Feld geführt. Dort mußten sie längere Zeit warten, weil noch kein Transportraum zur Verfügung stand. [...] Nach einiger Zeit begann die freiwillige Zusammenstellung des Abtransportes zu stoppen. [...] Es wurde daraufhin die fremde Polizeieinheit zum Durchkämmen des Ghettos und Zusammentreiben der Juden eingesetzt. Hierbei flammte bewaffneter Widerstand auf, so daß es zu regelrechten Feuergefechten kam. Da es sich als unmöglich erwies, ohne größere Eigenverluste an die Häuser, in denen Widerstand geleistet wurde, heranzukommen, wurden sie angezündet. Bei diesen Kämpfen kamen natürlich eine Anzahl von Juden ums Leben, und ich habe auch einige dieser toten Juden herumliegen gesehen."[94]

Durch die wiederholte Verwendung des Wortes „freiwillig" suggerierte Michalsen, die Juden hätten das Ghetto ohne Zwang und Gewalt verlassen. Nach

94 Vernehmung Georg Michalsen durch die Zentrale Stelle Ludwigsburg (AGR Opitz) v. 23.2.1961, in: L/StADT, D 21 A, Nr. 6134, Bd. I, 3, Bl. 262–269, hier: Bl. 267.

seiner Darstellung wurde gewaltsam nur gegen die Juden vorgegangen, die der Aufforderung, sich zum Transport bereitzustellen, nicht nachgekommen seien. Michalsen erklärte, er habe keine Anweisung gegeben, dass Juden, die „nicht freiwillig" gehen wollten, sowie die Insassen des Hospitals zu erschießen seien. Wenn es tatsächlich geschehen sein sollte, hätte „dies mit zu den Sonderaufträgen gehört, welche die Sicherheitspolizei im Ghetto auszuführen hatte". Die Auflösung des Ghettos, bei der Michalsen zufolge etwa 25.000 Juden abtransportiert wurden, sei in vier oder fünf Tagen durchgeführt worden. Abends im Casino habe er mit Zimmermann „über den Einsatz des vergangenen Tages gesprochen und auch die Pläne für die kommenden Tage erörtert". Die anwesenden SS-Führer der Dienststelle KdS hätten sich an dem Gespräch beteiligt.[95] Michalsen, der während der Hauptverhandlung im Bielefelder Białystok-Prozess vernommen wurde, gehörte zu den wenigen „Täter-Zeugen", die einen Beitrag zur Sachaufklärung leisteten.[96] Die Ausführungen des Gerichts im Urteil zur Vorgeschichte und Organisation der Ghetto-„Räumung" beruhen im Wesentlichen auf den Bekundungen Michalsens.

Aus den Aussagen der von der Zentralen Stelle Ludwigsburg vernommenen „Opfer-Zeugen" geht hervor, dass die KdS-Angehörigen bei den Deportationen mit ungeheurer Brutalität vorgingen. Als Beispiel sei auf die Vernehmungsprotokolle Selman Judelbaums und Chaim Rosenblums verwiesen. Judelbaum, der im Ghetto Białystok beim Jüdischen Ordnungsdienst beschäftigt gewesen war, sagte über den Verlauf der Februar-„Aktion" aus, Dibus, Friedel und noch zwei weitere Gestapoangehörige seien eines Tages bei Barasz erschienen und hätten ihn aufgefordert, eine große Anzahl Frauen, Kinder, Kranke und Gebrechliche zum Abtransport herauszugeben. Barasz habe sich diesem Befehl verweigert. Daraufhin seien die zum Abtransport bestimmten Juden mit Gewalt zusammengetrieben worden. Im Rahmen der August-„Aktion" sei das Krankenhaus ausgeräumt, die Kranken aus dem Ghetto gebracht und die Schwerkranken an Ort und Stelle in ihren Betten erschossen worden. Bei den Selektionen der Juden im August 1943 seien Dibus, Friedel und andere Gestapoangehörige beteiligt gewesen. Dibus, so Judelbaum, habe seine Frau und sein Kind vor seinen Augen erschossen. Er selbst sei zusammen mit anderen zu den Arbeitsfähigen selektiert worden; dann sei er erst nach Treblinka gebracht, dort aber nicht ausgeladen, sondern

95 Ebd., Bl. 268.

96 Vgl. Kapitel VI.2 und 3 dieser Arbeit.

weiter nach Majdanek verbracht worden. 1944 wurde Judelbaum nach Auschwitz verschleppt.[97]

Chaim Rosenblum, der als Schlosser für die KdS-Dienststelle arbeiten musste, erklärte, dass die Gestapo, einschließlich Dibus, Klein und Tiefensee, in Begleitung von Soldaten am 5. Februar 1943 ins Ghetto gekommen sei, um Juden aus dem Ghetto abzutransportieren. Die Aktion, die schätzungsweise 10.000 Juden betroffen habe, habe etwa eine Woche gedauert. Dibus, Klein und Tiefensee hätten bei der Februar-„Aktion" Juden erschossen, darunter eine Familie namens Berger (Herr Berger, seine Frau und seine beiden Töchter), die Tiefensee ermordet habe.[98] Auch während der endgültigen Auflösung des Ghettos im August 1943 soll Tiefensee Juden erschossen haben, die versucht hatten, sich unter die Gestapoarbeiter zu mischen, die vom Abtransport ausgenommen werden sollten:

> „Am Anfang, als alle Gettobewohner auf einen Sammelplatz in der Nähe des Bahnhofs getrieben wurden, versammelten sich die 20 Handwerker, die im Hauptquartier der Gestapo arbeiteten und unter denen auch ich mich befand, zusammen mit ihren Angehörigen, auf einem Grundstück neben dem Gebäude des Judenrates. An der Eingangstür zu diesem Grundstück brachten wir ein Schild in deutscher Sprache mit der Aufschrift 'SD-Fachleute' an. Im Verlauf des 16. oder 17.8.1943 versammelten sich auch zahlreiche andere Juden, die nicht zu den Fachleuten gehörten, auf dem Grundstück. Auf die Dauer blieb dies nicht verborgen. Tiefensee sortierte alle diejenigen, die nicht zu den Fachleuten gehörten bzw. deren Familienangehörige waren, aus. Nachdem die Fachleute und ihre Familienangehörigen auf das Nachbargrundstück verwiesen worden waren, mußten die zurückgebliebenen Personen niederknien und wurden sodann von Tiefensee erschossen. Es waren etwa 30 bis 40 Menschen, unter ihnen mein Freund Chone [...] und seine Familie (Vater, Mutter und zwei Schwestern). Ich habe alles dies genau aus der Nähe beobachtet, weil ich meinen Vater, der irrtümlich zurückgeblieben war, zu uns holen wollte und hierdurch Augenzeuge der Erschießung wurde. Am nächsten Tage wurden auch die Fachleute und deren Familien auseinandergerissen. Bei jener Kontrolle konnte ich nur noch meinen jüngeren Bruder Moses Rosenblum schützen. Meine Eltern und meine beiden anderen Brüder wurden nach Treblinka abtransportiert, und ich habe sie nicht wiedergesehen."[99]

Die Aussagen der jüdischen Zeugen sind wichtig, weil sie belegen, dass Angehörige der Sicherheitspolizei während der Deportationen Erschießungen durchführten. Einige Opfer konnten von den Überlebenden namentlich benannt

97 Vgl. Vernehmung Selman Judelbaum durch die Zentrale Stelle Ludwigsburg v. 15.11.1960, in: L/StADT, D 21 A, Nr. 6138, Bl. 536–544.

98 Vgl. Übersetzung einer Erklärung Chaim Rosenblums vor dem Jewish Board of Deputies (undatiert), in: L/StADT, D 21 A, Nr. 6317, Bd. II, 2, Bl. 220–221.

99 Vgl. Aussage Chaim Rosenblums vor dem Konsulat der Bundesrepublik Deutschland in Melbourne v. 16.3.1961, in: L/StADT, D 21 A, Nr. 6318, Bd. VIII, Bl. 30–32.

werden. Sie wurden damit dem Dunkel der Anonymität und des Vergessens entrissen.

Zusammenfassend lässt sich festhalten, dass die Zentrale Stelle Ludwigsburg davon ausging, dass die Auflösung des Białystoker Ghettos im August 1943 unter der verantwortlichen Leitung des KdS und ihres Kommandeurs, Zimmermann, gestanden hatte.[100] Der Verdacht, dass sich der KdS maßgeblich an den Ghettoauflösungen beteiligt habe, wurde durch den Fund einer Fahrplananordnung der Deutschen Reichsbahn, Direktion Königsberg, vom 17. August 1943 über „Sonderzüge" von „Aussiedlern" aus Białystok nach Treblinka erhärtet, auf die die Zentrale Stelle bei Recherchen im Zusammenhang mit der Untersuchung der Vorgänge der „Aktion Reinhardt" gestoßen war. Besteller dieser Transporte war laut dem Dokument der KdS in Białystok.[101] Die Ankunft von Transporten aus Białystok in Treblinka zur Zeit der Auflösung des Ghettos im August 1943 wurde von einem ehemaligen Zugbegleiter aus Białystok bekundet. Das Protokoll der Vernehmung des Bundesbahnsekretärs Egon Weber durch den Untersuchungsrichter in Düsseldorf in der Voruntersuchung gegen den ehemaligen Kommandanten des Vernichtungslagers Treblinka und Andere wurde der Zentralen Stelle von Landgerichtsrat Schwedersky zugesandt. Weber sagte am 2. Februar 1961 aus, einen Wagenzettel über den Transport Pj 129 (von Białystok nach Treblinka) vom 10. Februar 1943 ausgefüllt und im August 1943 so genannte Pj-Züge – Pj steht für polnische Juden – nach Treblinka begleitet zu haben. „Auf dem Bahnhof von Treblinka war mein Fahrauftrag beendet", erklärte Weber in seiner Vernehmung. Der Zug sei dann nach einiger Zeit in Fahrtrichtung weitergefahren, und zwar, wie er annehme, auf ein Anschlussgleis.

> „Das Lager konnte man vom Bahnhof nicht sehen. Wer für die Fahrt vom Bahnhof Treblinka zum Lager verantwortlich war, das weiß ich nicht. Ich habe in Erinnerung, als hätte ich mich nie sehr lange in Treblinka aufhalten müssen. Ich kann nicht mehr sagen, ob ich dann die Leerzüge zurückbegleitet habe. Ich erinnere mich aber, daß die Züge leer zurückgekommen sind. Damals habe ich angenom-

---

100 Vgl. Abschlussbericht der Zentralen Stelle Ludwigsburg (5 AR-Z 71/60) v. 13.2.1961, in: L/StADT, D 21 A, Nr. 6317, Bl. 329–347, hier: Bl. 338.

101 Vermerk der Zentralen Stelle Ludwigsburg v. 27.6.1960, L/StADT, D 21 A, Nr. 6317, Bl. 26–29, hier: Bl. 28. Die Fahrplananordnung ist abgedruckt in: *Hilberg*, Sonderzüge nach Auschwitz, Anlage 57, S. 228. In dem Dokument sind die Züge von Białystok nach Treblinka vom 21. bis zum 23. August 1943 aufgeführt, namentlich Pj 207, Pj 208, Pj 209, Pj 210 und Pj 211.

men, es handelte sich bei Treblinka um ein Arbeitslager oder Durchgangslager, heute weiß ich, was dort in Wirklichkeit geschehen ist."[102]

Die Ermittlungsbehörden standen vor dem Problem, den Beteiligten nachweisen zu müssen, dass sie damals von der Funktion Treblinkas als Vernichtungslager für Tausende von Juden gewusst hatten.

1.3 Zum Abschlussbericht der Zentralen Stelle Ludwigsburg

Im Februar 1961 legte die Zentrale Stelle Ludwigsburg ihren Abschlussbericht in dem Vorermittlungsverfahren gegen Dr. Altenloh u.A. vor,[103] der zusammen mit den Akten an den Leitenden Generalstaatsanwalt in Hamm „zur weiteren Veranlassung" gesandt wurde.[104] Aus den Vorermittlungen hatte die Ludwigsburger Behörde die Erkenntnis gewonnen, dass „grundsätzlich jeder Angehörige der Abteilung IV in irgend einer Form an den von der Dienststelle zu verantwortenden Verbrechen teilgenommen" habe. Deshalb seien auch „solche Angehörige der Abteilung IV als Beschuldigte aufgenommen worden, denen eine Teilnahme in konkreten Fällen bisher noch nicht nachgewiesen werden konnte".[105] Die Zentrale Stelle führt in ihrem Bericht 32 ehemalige KdS-Angehörige als Beschuldigte an, darunter Altenloh, Tiefensee und Errelis, gegen die das Landgericht Bielefeld vom 19. Dezember 1962 bis zum 7. November 1963 die gerichtliche Voruntersuchung führte.[106] Unter den 32 Personen befanden sich auch ehemalige Angehörige der Abteilungen I und II (Verwaltung und Personal), III (SD) und V (Kripo) als Beschuldigte, die der Teilnahme in einzelnen Fällen verdächtig waren. Aus den Zeugenaussagen ging hervor, dass sich an größeren „Aktionen" gegen die Zivilbevölkerung neben der Abteilung IV auch Angehörige der anderen Abteilungen beteiligt hatten, da der Gestapo nicht genug Kräfte zur Verfügung gestanden hatten.

---

102 Vgl. Schreiben des UR beim Landgericht Düsseldorf an die Zentrale Stelle Ludwigsburg v. 7.4.1961, in: L/StADT, D 21 A, Nr. 6318, Bd. III und die Vernehmung Egon Webers durch LGR Schwedersky v. 2.2.1961 in der Voruntersuchung gegen Franz u.A. v. 2.2.1961 (Az. UR I 21/59), in: ebd.

103 Vgl. Abschlussbericht der Zentralen Stelle Ludwigsburg (5 AR-Z 71/60) v. 13.2.1961, in: L/StADT, D 21 A, Nr. 6317, Bd. II, 2, Bl. 329–347.

104 Vgl. Schreiben der Zentralen Stelle Ludwigsburg, OStA Schüle, über den GStA Hamm an den Leitenden OStA beim LG Hamm v. 13.2.1961, in: Barch, B 162/2062, Bd. 1, Handakten (keine Aktenpaginierung).

105 Abschlussbericht der Zentralen Stelle Ludwigsburg (5 AR-Z 71/60) v. 13.2.1961, in: L/StADT, D 21 A, Nr. 6317, Bl. 329–347, hier: Bl. 330.

106 Heimbach, Dibus, Plaumann und Dr. Zimmermann befanden sich nicht unter den 32, da die Staatsanwaltschaft Köln ein gesondertes Ermittlungsverfahren gegen die Genannten einleitete.

Der Bericht enthält eine Aufstellung aller NS-Gewaltverbrechen, „die nach den bisherigen Ermittlungen dem KdS zur Last gelegt werden müssen", namentlich Verbrechen gegen die jüdische Bevölkerung, „Maßnahmen gegen Polen und sonstige Bevölkerungsteile" und Tötungshandlungen bei den „Enterdungsaktionen" (Kommando 1005). Was die jüdische Bevölkerung anbetrifft, werden folgende Verbrechen genannt: Erschießungen von Juden aus Grodno, Łomża, Bielsk, Białystok, Hajnówka, Pobikry und Wołkowysk, eine Erhängung von drei Juden im Ghetto Białystok sowie die Deportationen von Juden aus den Ghettos Grodno, Białystok und Prużana in die Vernichtungslager Auschwitz und Treblinka. Gegenstand der Verbrechen an Polen und anderen Bevölkerungsteilen des Bezirks Bialystok waren gegen die Regeln des Völkerrechts verstoßende „Repressalien". Die Ermittlungen der Zentralen Stelle Ludwigsburg ergaben, dass nach Partisanenüberfällen oder sonstigen Überfällen auf Deutsche „in der Regel das nächstgelegene Dorf eingeäschert und die gesamte Einwohnerschaft erschossen" wurde, „ohne Rücksicht darauf, ob dieses Dorf irgend etwas mit dem Überfall zu tun hatte". Konkrete Verdachtsmomente ergaben sich aufgrund von Bekanntmachungen, Zeugenaussagen und dem Buch von Mark, demzufolge allein durch Friedel in den Jahren 1942/43 im Kreis Białystok 18 Dörfer niedergebrannt und dabei über 3.000 Bewohner erschossen worden sein sollen.

Auch in dem Vorermittlungsverfahren der Zentralen Stelle Ludwigsburg gegen Dr. Zimmermann (5 AR-Z 226/60) ergab sich aufgrund einer Bekanntmachung ein Verdacht gegen den Beschuldigten. Laut einer vom KdS Białystok unterzeichneten Bekanntmachung vom 15. Juli 1943 wurden wegen verschiedener Attentate auf Deutsche folgende „Vergeltungsmaßnahmen" durchgeführt: Das Dorf Szaulicze im Kreis Wołkowysk wurde niedergebrannt, und alle Einwohner des Ortes wurden erschossen. 75 Häftlinge aus der Einwohnerschaft von Białystok und 50 aus der Ortschaft Wasilków, „bezüglich derer festgestellt worden war, daß sie der polnischen Widerstandsbewegung angehörten oder sie unterstützten", wurden erschossen. 1.000 Personen aus dem Kreise Łomża wurden ebenfalls erschossen.[107] Aufgrund seiner Stellung als Kommandeur der Sicherheitspolizei und aufgrund einer Zeugenaussage, wonach bei derartigen Maßnahmen der KdS federführend war, bestand der Verdacht, Zimmermann habe die Verantwortung für die rechtswidrigen Erschießungen getragen.[108]

---

107 Vgl. Übersetzung einer Bekanntmachung v. 15.7.1943 aus dem Polnischen, in: L/StADT, D 21 A, Nr. 6136, Bl. 61–62.

108 Vgl. Übersicht über die den Bezirk Bialystok betreffenden Verfahren, Zentrale Stelle Ludwigsburg, AGR Opitz, 10.2.1961, in: L/StADT, D 21 A, Nr. 6272, Bl. 53–70, hier: Bl. 68.

Weiterhin war Zimmermann verdächtig, für die „Enterdungsaktion" und die Tötung der mit den Arbeiten beauftragten Juden verantwortlich gewesen zu sein und die endgültige Auflösung des Białystoker Ghettos geleitet zu haben.

Die beiden Ludwigsburger Vorermittlungsverfahren gegen Altenloh und 30 Andere sowie gegen Zimmermann wurden auf Vorschlag der Zentralen Stelle Ludwigsburg zusammengefasst und seit September 1961 von der Zentralstelle bei der Staatsanwaltschaft in Dortmund weitergeführt.

2. 45 Js 1/61: Das Verfahren gegen Dr. Zimmermann und Andere

2.1 Von Ludwigsburg über Bielefeld nach Dortmund: Die Frage nach der zuständigen Staatsanwaltschaft

Bereits im Juli 1960 hatte die Zentrale Stelle Ludwigsburg in einem Schreiben an das Landeskriminalamt Nordrhein-Westfalen „im Interesse einer konsequenten Durchführung der Ermittlungen" angeregt, die Ermittlungen der Staatsanwaltschaft Köln gegen die ehemaligen Gestapoangehörigen Heimbach, Plaumann, Dibus, Reichardt, Tiefensee und Schmidt, gegen die ehemaligen KdS-Dienststellenleiter Altenloh und Zimmermann sowie gegen die ehemaligen SSPF Fromm und Hellwig bei einer Behörde zu koordinieren. In Ludwigsburg war man der Ansicht, dass ein Zusammenhang mit dem Verfahren gegen Heimbach bestehe und warnte vor einer „Zerstückelung" der Ermittlungen.[109] Sowohl der Oberstaatsanwalt in Bielefeld als auch der in Hagen sprachen sich gegen die Durchführung eines Sammelverfahrens bei der Kölner Staatsanwaltschaft aus.[110] Bei einer Besprechung beim Bielefelder Oberstaatsanwalt Dr. Heinz Glang, an welcher der für den Bezirk Bialystok zuständige Sachbearbeiter der Zentralen Stelle Ludwigsburg, Amtsgerichtsrat Opitz, und der Erste Bielefelder Staatsanwalt, Werner Kny,[111] teilnahmen, wurde die Ansicht vertreten, dass für ein Sammelverfahren nur Hagen, wo Altenloh seinen Wohnsitz hatte, oder Bielefeld in Frage kämen. Gegen die Durchführung in Bielefeld wurden keine Einwände erhoben, aber zu bedenken gegeben, dass es ab dem 1. Januar 1961 einen neuen Untersuchungsrichter beim Land-

---

109 Schreiben der Zentralen Stelle Ludwigsburg an das Landeskriminalamt NRW, z.Hd. Kriminaldirektor Dr. Wenzky, v. 20.7.1960, in: L/StADT, D 21 A, Nr. 6273, Bl. 25–27, Zitate Bl. 26.

110 Vgl. Schreiben der Zentralen Stelle Ludwigsburg an den Leitenden OStA beim LG Köln v. 13.12.1960, in: L/StADT, D 21 A, Nr. 6138, Bd. III 5, Bl. 670–671, hier: Bl. 671.

111 Die Ermittlungen wurden später von Staatsanwalt Schaplow weitergeführt.

gericht Bielefeld geben werde, der, „im Gegensatz zum bisherigen, weder über die nötigen Kenntnisse, Fähigkeiten noch über die dazu notwendige Lust verfüge". Auch wurde darauf hingewiesen, dass sich die Zusammensetzung der entsprechenden Kammer ändern werde und somit die Richter „völlig neu in der Materie" sein würden.[112] Dennoch wurde die Hauptverhandlung schließlich vor dem Bielefelder Landgericht durchgeführt.

Im Februar 1961 plädierte die Ludwigsburger Zentralstelle erneut für eine Zusammenlegung aller den Komplex KdS in Białystok betreffenden Einzelverfahren bei einer einzigen Staatsanwaltschaft.[113] Gegenüber dem Generalstaatsanwalt beim OLG Hamm, der über diese Frage zu entscheiden hatte, betonte sie, es sei „unbedingt erforderlich, die weiteren Ermittlungen [...] einheitlich durchzuführen".[114] Entgegen der Annahme von Amtsgerichtsrat Opitz und „seinem nicht zum Ausdruck gebrachten Wunsch" wurde nicht die Staatsanwaltschaft Hagen, sondern die Bielefelder Staatsanwaltschaft mit der Durchführung des Sammelverfahrens beauftragt.[115] In einem Schreiben an den Leitenden Oberstaatsanwalt in Bielefeld vom 4. Mai 1961 übersandte der Generalstaatsanwalt in Hamm die ihm einen Tag zuvor vom Generalstaatsanwalt Köln zugeleiteten Vorgänge mit der Bitte, die in Köln anhängigen Verfahren gegen Heimbach, Dibus, Plaumann, Reichardt, Tiefensee und Schmidt zu dem dortigen Verfahren gegen Dr. Zimmermann u.A. (5 Js 342/59) zu übernehmen.[116] Die Ermittlungsvorgänge gegen die genannten Personen wurden daraufhin im Mai 1961 in das Verfahren gegen „Dr. Zimmermann und Andere" der Staatsanwaltschaft Bielefeld integriert.[117] Für die Verbindung der Verfahren in Bielefeld sprach, dass die Staatsanwaltschaft 1958/1959 bereits gegen den dort ansässigen Zimmermann ermittelt hatte.[118] Sämtliche Ermitt-

---

112 Aktenvermerk der Zentralen Stelle Ludwigsburg, AGR Opitz, über die Besprechung bei dem Herrn OStA in Bielefeld v. 3.12.1960, in: Barch, B 162/2094, Bd. 43, Bl. 3.

113 Vgl. Übersicht über die den Bezirk Bialystok betreffenden Verfahren, Zentrale Stelle Ludwigsburg, AGR Opitz, 10.2.1961, in: L/StADT, D 21 A, Nr. 6272, Bl. 53–70.

114 Schreiben der Zentralen Stelle Ludwigsburg, OStA Schüle, an den GStA beim OLG Hamm v. 10.2.1961, in: Barch, B 162/2062, Bd. 1, Handakten (keine Aktenpaginierung).

115 Vgl. Schreiben Zentrale Stelle Ludwigsburg, AGR Opitz, an den UR I beim LG Hagen, Dr. Stich, v. 28.4.1961, in: Barch, B 162/2062, Bd. 1, Handakten (keine Aktenpaginierung).

116 Vgl. Schreiben der Zentralen Stelle Ludwigsburg an den Leitenden OStA beim LG Köln v. 20.4.1961; Schreiben des GStA beim OLG Köln an den Leitenden OStA beim LG Köln v. 9.5.1961, in: L/StADT, D 21 A, Nr. 6273, Bl. 100.

117 Vgl. Vermerk des OStA Köln v. 15.5.1961, in: L/StADT, D 21 A, Nr. 6273, Bl. 104.

118 Vgl. Schreiben des Leitenden OStA am LG Köln an den GStA am OLG Köln v. 8.3.1961, in: L/StADT, D 21 A, Nr. 6273, Bl. 91–93, hier: Bl. 92.

lungsvorgänge zu dem Białystok-Komplex waren mit dem Aktenzeichen 5 Js 342/59 verbunden.[119] Damit wurden die Ermittlungen gegen Heimbach, Dibus, Plaumann, Schmidt, Reichardt, Tiefensee, die Anfang November 1959 von der Staatsanwaltschaft Bielefeld an die Staatsanwaltschaft Köln übergeben worden waren, wieder von Bielefeld aus geleitet.[120] Die Ludwigsburger Zentralstelle stellte der Bielefelder Staatsanwaltschaft ihre Kenntnisse über Białystok zur Verfügung, gab Ermittlungsempfehlungen[121] und bot eine Zusammenarbeit hinsichtlich der „technischen Einzelheiten der weiteren Ermittlungen“ an.[122] Hervorzuheben ist das Engagement von Amtsgerichtsrat Opitz und Oberstaatsanwalt Schüle, die der Bielefelder Staatsanwaltschaft und später der Dortmunder Zentralstelle auch Erkenntnisse aus anderen Vorermittlungsverfahren wegen NS-Verbrechen im Bezirk Bialystok zukommen ließen, von denen sie annahmen, sie könnten für das Verfahren gegen Dr. Zimmermann u.A. von Bedeutung sein.[123]

Staatsanwalt Schaplow und Amtsgerichtsrat Opitz waren sich einig, dass die in Ludwigsburg anhängigen Vorermittlungsverfahren, „die in direkter Verbindung zur Dienststelle des KdS Bialystok stehen, mit dem Bielefelder Sammelverfahren zu verbinden sind“.[124] Die Ludwigsburger Vorermittlungsbehörde übersandte ihre Vorermittlungsverfahren gegen die Angehörigen der KdS-Außenstelle Grodno, Wiese, Streblow und Rinzner (5 AR-Z 46/60),[125] sowie

119 Vgl. Vfg. des Leitenden OStA Bielefeld v. 10.5.1961, in: L/StADT, D 21 A, Nr. 6142.

120 Die Zeugenvernehmungen beim LG Bielefeld wurden von Staatsanwalt Schaplow durchgeführt. Vgl. Barch, B 162/2069, Bde. 9 und 10.

121 So informierte Amtsgerichtsrat Opitz Staatsanwalt Schaplow darüber, dass sich in den SS-Befehlsblättern ein Verzeichnis der Stapo-, Kripo- und SD-Dienststellen nebst Außenstellen befand, und er empfahl eine Auswertung, um die Besetzung der Dienststellen und den Wechsel zu präzisieren. Vgl. Schreiben der Zentralen Stelle Ludwigsburg, AGR Opitz an den Leitenden OStA bei dem LG Dortmund, z.Hd. StA Schaplow, v. 28.9.1962, in: Barch, B 162/2094, Bl. 122–127.

122 Schreiben der Zentralen Stelle Ludwigsburg, OStA Schüle, über den GStA beim OLG Hamm an den OStA beim LG Bielefeld v. 23.6.1961, in: Barch, B 162/2094, Handakten und Überstücke, Bl. 13–14, hier: Bl. 14.

123 Vgl. Schreiben der Zentralen Stelle Ludwigsburg, OStA Schüle, an den Leitenden OStA bei dem LG Bielefeld v. 23.10.1961, in: Barch, B 162/2094, Handakten und Überstücke, Bl. 57; Schreiben der Zentralen Stelle Ludwigsburg, AGR Opitz an den Leitenden OStA bei dem LG Dortmund, z.Hd. StA Schaplow, v. 23.1.1963, in: Barch, B 162/2077, Bde. 24–27, Bl. 59–60. Vgl. Schreiben der Zentralen Stelle Ludwigsburg, AGR Opitz an StA Schaplow v. 21.5.1962, in: Barch, B 162/2094, Bl. 94–97.

124 Vgl. Schreiben der Zentralen Stelle Ludwigsburg, AGR Opitz, an den Leitenden OStA bei dem LG Bielefeld z.Hd. StA Schaplow v. 20.7.1961, hier: Bl. 17.

125 Das Vorermittlungsverfahren, das sich ursprünglich nur gegen die drei Beschuldigten Rinzner, Wiese und Streblow richtete, beinhaltete alle den Angehörigen der KdS-

gegen Stenzel (5 AR-Z 260/60);[126] diese Verfahren wurden zunächst wegen Sachzusammenhangs mit dem Sammelverfahren gegen Dr. Zimmermann u.A. (5 Js 342/59) vereinigt.[127] Das Verfahren gegen Wiese u.A. wurde durch eine Verfügung vom 31. Oktober 1963 vom „Ursprungsverfahren" gegen Dr. Zimmermann u.A. wieder abgetrennt.[128]

Durch Erlass des Justizministers des Landes Nordrhein-Westfalen vom 25. September 1961 wurde die Bearbeitung des Białystok-Komplexes der bei der Staatsanwaltschaft Dortmund angesiedelten Zentralstelle für die Bearbeitung von nationalsozialistischen Massenverbrechen übertragen.[129] Das Sammelverfahren der Staatsanwaltschaft Dortmund gegen Dr. Zimmermann u.A. (Az. 45 Js 1/61), das sich zunächst gegen sämtliche Angehörige der Sicherheitspolizei im Bezirk Bialystok richtete, hatte sich ursprünglich aus folgenden Einzelverfahren zusammengesetzt: gegen Dr. Zimmermann, gegen Dr. Altenloh, gegen Heimbach, gegen Dibus, gegen Plaumann, gegen Reichardt, gegen

---

Außendienststelle Grodno zur Last gelegten NS-Gewaltverbrechen, darunter die Deportationen aus dem Ghetto Grodno. Gegenstand des Vorermittlungsverfahrens gegen Rinzer wegen Beihilfe zum Mord war die Deportation von mehreren Tausend Juden aus dem Durchgangslager Kiełbasin bei Grodno im November 1942. Das Vorermittlungsverfahren wurde später wegen Sachzusammenhangs mit dem Verfahren gegen Wiese u.A. wegen Mordes und wegen Beihilfe zum Mord verbunden. Es wurde am 4. August 1961 an den Leiter der Zentralstelle bei der Staatsanwaltschaft Dortmund abgegeben und im Oktober 1963 von dem Sammelverfahren gegen Dr. Zimmermann u.A. abgetrennt und unter dem Az. 45 Js 24/63 geführt. Vgl. Abschlussbericht der Zentralen Stelle Ludwigsburg, AGR Opitz, v. 2.8.1961, in: Barch, B 162/2071, Bd. 14, Bl. 78; Vorläufiger Abschlussbericht (5 AR-Z 45/60) der Zentralen Stelle Ludwigsburg (AGR Opitz) v. 6.4.1960, in: Barch, B 162/2071, Bd. 13, Bl. 8; Abschlussbericht der Zentralen Stelle Ludwigsburg, AGR Opitz, v. 3.8.1961, in: L/StADT, D 21 A, Nr. 6272, Bl. 168–181, hier: Bl. 168; Barch, B 162/2072, Bd. 15.

126 Der ehemalige KdS-Angehörige Stenzel wurde durch Zeugenaussagen, die im November 1945 vor dem polnischen Amtsgericht abgegeben wurden, belastet. Er wurde der Erhängung eines Polen und der Erschießung von zwei Polen beschuldigt. Da die Taten zum Gesamtkomplex der dem KdS zur Last gelegten Taten gehörten und andererseits der dringende Verdacht bestehe, dass Stenzel auch an anderen Taten teilgenommen habe, plädierte die Zentrale Stelle Ludwigsburg für eine Verbindung mit dem Verfahren gegen Dr. Zimmermann u.A. Vgl. Abschlussbericht der Zentralen Stelle Ludwigsburg (AGR Opitz) v. 3.8.1961, in: L/StADT, D 21 A, Nr. 6143, Bl. 21.

127 Vgl. Schreiben des Leitenden OStA bei dem LG Bielefeld an die Zentrale Stelle Ludwigsburg v. 28.8.1961, in: Barch, B 162/2094, Bl. 36. Der 2. Strafsenat des BGH übertrug in seinem Beschluss vom 29. April 1960 die Strafsache gegen Wiese und Streblow wegen Beihilfe zum Mord gemäß § 13a StPO dem LG Bielefeld. Vgl. L/StADT, D 21 A, Nr. 6144, Bl. 9.

128 Vfg. StA Schaplow v. 31.10.1963, in: L/StADT, D 21 A, Nr. 6157, Bl. 111–112.

129 Vgl. 45 Js 1/61 Vermerk der Zentralstelle bei der Staatsanwaltschaft Dortmund (undatiert), in: L/StADT, D 21 A, Nr. 6345, Bl. 2.

Schmidt, gegen Tiefensee, gegen Stenzel, gegen Rinzner, gegen „Dr. Josef"[130] sowie gegen Wiese, Streblow, Lottermoser, Brecht, von Dobbert, Fuchs, Niestroj und Zyga.[131]

Gegenstand des Verfahrens 45 Js 1/61 waren die in den Jahren 1941 bis 1944 während des Bestehens der Dienststelle KdS an der Zivilbevölkerung des Bezirks Bialystok verübten Tötungshandlungen. Es galt zu untersuchen, „ob und inwieweit sich Angehörige der Dienststelle KdS in der Zeit von August 1941 bis Juli 1944 an Vernichtungsmaßnahmen gegen die einheimische Bevölkerung" des Bezirks beteiligt hatten.[132] Dies erforderte zunächst eine genaue Kenntnis der organisatorischen Struktur der KdS-Dienststelle, ihrer Aufgaben und ihrer Tätigkeiten sowie der Befehlsverhältnisse und der Zuständigkeitsabgrenzungen zu anderen Besatzungsbehörden (Zivilverwaltung, HSSP, SSPF, Ordnungspolizei, IdS) hinsichtlich der Ermordung der Zivilbevölkerung des Bezirks Bialystok. Es galt zu klären, wie sich die Befehlsgewalt des RSHA in Berlin sowie des HSSPF in Königsberg bezüglich des KdS Białystok gestaltet hatte und welche Aufgaben dem KdS in eigener Zuständigkeit übertragen worden waren. Des Weiteren war zu untersuchen, wer „Repressalien" angeordnet und wer sie durchgeführt hatte. Bei der Untersuchung der von Angehörigen des KdS begangenen Straftaten war zu klären, wer bei den Morden an der Bevölkerung des Bezirks die Verantwortlichkeit gehabt hatte und wie hoch die Zahl der Opfer war. Dies erwies sich jedoch als schwierig. Der Kölner Oberstaatsanwalt bat in einem Schreiben an die Zentrale Stelle Ludwigsburg um „Mitteilung, wie die Ermordung der Vielzahl von Personen im Raum" Białystok, „insbesondere zahlenmäßig, einem Gericht nachgewie-

---

130 Kein Zeuge, der in den Vorermittlungsverfahren der Zentralen Stelle Ludwigsburg, die den Bezirk Bialystok betreffen, nach dem angeblichen Doktor Josef befragt wurde, konnte Angaben zu diesem Namen machen. Es wurde vermutet, dass „Doktor Josef" ein Spitzname war, der möglicherweise einem KdS-Angehörigen galt, der eine gewisse Ähnlichkeit mit Josef Goebbels aufwies. Der Zentralen Stelle galten weitere Ermittlungen „nur noch erfolgversprechend im Verein mit den übrigen Ermittlungen gegen die Angehörigen des KdS Bialystok". Aktenvermerk der Zentralen Stelle Ludwigsburg, AGR Opitz, v. 24.11.1961, in: Barch, B 162/2084, Bl. 145. Das Verfahren gegen Dr. Josef wurde am 18. März 1965 von dem Leiter der Zentralstelle bei der Staatsanwaltschaft Dortmund eingestellt, da die Person des „Doktor Josef", gegen den die Ludwigsburger Zentralstelle Vorermittlungen führte, nicht festgestellt werden konnte. Vgl. Einstellungsverfügung des Leiters der Zentralen Stelle bei der Staatsanwaltschaft Dortmund, 45 Js 1/61, OStA Hesse, v. 18.3.1965, in: L/StADT, D 21 A, Nr. 6159, Bl. 87–170, hier: Bl. 96.

131 Vgl. 45 Js 1/61, Vermerk StA Schaplow v. 17.2.1965, in: L/StADT, D 21 A, Nr. 6159, Bl. 84-86.

132 Vgl. Vfg. v. 6.11.1962, 45 Js 1/61, in: L/StADT, D 21 A, Nr. 6150, Bl. 146–148, Bl. 147f.

sen werden" könne. Bisher fehlten in den Akten beweiskräftige Unterlagen zu der Frage, ob amtliche polnische Unterlagen existierten, ob es einen sachverständigen Zeugen oder einen Sachverständigen gebe, der einem Gericht die Unterlagen erläutern könne, der auch sagen könne, wie die Erhebungen angestellt worden seien und wie sich die Zahl der Ermordeten ergeben habe.[133]

Im Zentrum des Ermittlungsverfahrens standen die Tatkomplexe „Vergeltungs-Maßnahmen", „Räumungs-Aktionen im Ghetto Bialystok" und die „Enterdungsaktion". Bei den Vernehmungen von Zeugen, die über ihr Wissen zu diesen Geschehnissen befragt wurden, galt es zu unterscheiden, welche Wahrnehmungen sie selbst gemacht hatten, was ihnen in Dienstbesprechungen oder auf anderem dienstlichen Wege bekannt geworden war und welche Kenntnisse aus anderen Quellen stammten.[134]

Im Laufe des Verfahrens wurden zahlreiche Tötungsmaßnahmen gegen die jüdische Bevölkerung des Bezirks Bialystok bekannt, die zum Teil während der Ghettoauflösungen, teilweise unabhängig von diesen geschehen waren. In einem undatierten Vermerk der Zentralen Stelle Dortmund werden Tötungen von Juden in Białystok (30 Fälle), Bielsk (4 Fälle), Ciechanowiec (1 Fall), Gródek (1 Fall), Grodno (44 Fälle), Łomża (6 Fälle), Pobikry (1 Fall), Prużana (1 Fall), Sokółka (1 Fall), Tykocin (1 Fall), Wołkowysk (3 Fälle) und Zambrów (8 Fälle) aufgeführt.[135] Es „konnten jedoch nicht in allen Fällen konkrete Tatumstände oder die Täterschaft bestimmter Personen festgestellt werden".[136]

Was die Vernichtungsmaßnahmen gegen die nichtjüdische Bevölkerung anbetrifft, konnten u.a. „Aktionen" gegen die so genannte polnische Intelligenz (Erschießungen von Personengruppen in Białystok, Grodno, Bielsk und Sokółka) festgestellt werden. Im Rahmen des Ermittlungsverfahrens gewann die Staatsanwaltschaft die Erkenntnis, dass Vergeltungsaktionen für Überfälle auf Deutsche und für Sabotageakte sowie die Tätigkeit der Partisanen eine „willkommene Gelegenheit zur schnelleren Verwirklichung des Zieles der Auslöschung der polnischen Intelligenz" dargestellt hatten.[137] Die Sicherheitspolizei sei davon ausgegangen, dass „die Initiatoren der gegen die deutsche

---

133 Vgl. Vfg. des OStA Köln v. 5.11.1960, in: L/StADT, D 21 A, Nr. 6137, Bl. 405.

134 Vgl. Vfg. des Leitenden OStA beim LG Dortmund v. 20.11.1961, in: L/StADT, D 21 A, Nr. 6145, Bl. 186.

135 Bei der Mehrzahl der Fälle handelt es sich um Erschießungen. Vgl. 45 Js 1/61, Vermerk der Zentralen Stelle bei der Staatsanwaltschaft Dortmund, in: L/StADT, Nr., Bl. 37–49.

136 Ebd., Bl. 36f.

137 Ebd., Bl. 49.

Besatzungsmacht gerichteten Handlungen bei der polnischen Widerstandsbewegung zu suchen seien, als deren Träger die polnische Intelligenz" galt.[138] Im Laufe des Ermittlungsverfahrens wurden „aber auch zahlreiche Gewaltmaßnahmen bekannt, die sich nicht ausschließlich gegen die geistige Führungsschicht richteten, sondern die einheimische Bevölkerung allgemein trafen". Dabei handelte es sich zum einen „um die Vollstreckung von Todesurteilen des Standgerichts", zum anderen um „Aktionen gegen Personengruppen oder gegen die gesamte Einwohnerschaft einzelner Dörfer", die „den Charakter von Vergeltungsmaßnahmen für vorausgegangene Übergriffe festgestellter oder nicht ermittelter Täter" trugen. Bezüglich des Ablaufes dieser Tötungshandlungen konnte die Staatsanwaltschaft feststellen, dass „für die Auswahl der Personengruppe oder des Dorfes offenbar jeweils der in der Nähe gelegene Tatort entscheidend" war. Bei diesen Vergeltungsmaßnahmen habe, so die Erkenntnisse der Staatsanwaltschaft, „keine Norm" bestanden, „wieviele Angehörige der einheimischen Bevölkerung jeweils für einen getöteten Deutschen oder für eine Person anderer Nationalität im Dienste der deutschen Besatzung erschossen" wurden. Das Verhältnis habe „zwischen 1 zu 25 und 1 zu 100 und mehr" geschwankt. Nach den Ermittlungen müsse „aber auch davon ausgegangen werden", dass „in vielen Fällen Erschießungen von Personengruppen erfolgt" seien, „obwohl eine ordnungsmäßige standgerichtliche Verurteilung nicht vorgelegen" habe, „sondern lediglich eine – entgegen den Bestimmungen der Standgerichtsverordnung – aktenmäßige Verurteilung ausgesprochen worden" sei.[139]

Die Ermittlungen zur „Enterdungsaktion" ergaben, dass im Bezirk Bialystok „Massengräber mit etwa 40 000 Leichen" bestanden.[140] Ein von Zimmermann abgestelltes Kommando der KdS-Dienststelle unter der Leitung von Macholl war seit Frühjahr 1944 damit beschäftigt, die Leichenreste aus den Massengräbern zu entfernen, sie zu verbrennen und die Grabstätten einzuebnen. Als Absperrkommando seien „besonders zuverlässige Nationalsozialisten", namentlich „ausgewählte Angehörige" der motorisierten Gendarmeriekompanie aus Białystok sowie aus dem Bezirk herangezogen worden. „Als Arbeitskräfte" standen nach Erkenntnissen der Zentralen Stelle bei der Staatsanwaltschaft Dortmund „etwa 30 Juden zur Verfügung". Diese seien nach Erledigung der Arbeiten erschossen worden.[141]

---

138 Ebd., Bl. 50.

139 Ebd., Bl. 52.

140 Ebd., Bl. 56.

141 Ebd., Bl. 56.

Insgesamt waren 204 Tatkomplexe Gegenstand des Verfahrens 45 Js 1/61, darunter Erschießungen von Juden, Polen, Kriegsgefangenen und Geisteskranken sowie die gewaltsamen Auflösungen der Ghettos in Bielsk, Białystok, Grodno und Łomża. Als Beteiligte an den Verbrechen kamen ursprünglich 205 Personen in Betracht.[142]

2.2 Die Ermittlungen: Schwierigkeiten, Probleme, Hindernisse

Im Mai 1961 schrieb der Dortmunder Staatsanwalt, die Ermittlungen gestalteten „sich schwierig" und kämen „nur langsam voran".[143] Dies lag zum einen an der großen Zahl der in Betracht kommenden Beteiligten und deren Aussageverhalten. Beschuldigte und potentielle Beschuldigte ließen sich kaum ein und bestritten eine Tatbeteiligung an den Verbrechen. Herbert Zimmermann verweigerte jede Aussage: Er äußerte sich weder zu den gegen ihn erhobenen Tatvorwürfen, noch war er bereit, als Zeuge Angaben zu machen. Der Versuch des Staatsanwalts Schaplow, durch eine eingehende Erörterung der gesamten Umstände Zimmermann zu einer Einlassung zu den Vorwürfen zu bewegen, scheiterte. Zimmermann erklärte, er habe nicht die Absicht, irgendwelche Angaben zu machen. Gründe für seine Weigerung nannte er nicht.[144] Aus einer Notiz Zimmermanns vom 14. Juni 1960 geht hervor, dass er eine Verantwortung bei der endgültigen Auflösung des Białystoker Ghettos in Abrede stellte. Er könne heute den genauen Zeitpunkt der „Räumung" nicht mehr nennen, und er sei nicht mehr in der Lage, anzugeben, ob er kurz vor der „Räumung" durch Berlin oder durch den SSPF des Distriktes Lublin, Globocnik, davon Kenntnis erhalten habe. Er wisse aber mit Sicherheit, dass Globocnik auf seiner Dienststelle erschienen sei und „mit seinen Kräften das Getto räumte". Seine Dienststelle habe nichts mit der „Räumung" des Ghettos zu tun gehabt und auch keine Leute zur Unterstützung abgestellt. Er habe die „Räumung" nicht verhindern können, da sie ohne sein Zutun und auf höheren Befehl durch Globocnik erfolgt sei.[145]

---

142 Vgl. Einstellungsverfügung des Leiters der Zentralen Stelle bei der Staatsanwaltschaft Dortmund, 45 Js 1/61, OStA Hesse, v. 18.3.1965, in: L/StADT, D 21 A, Nr. 6159, Bl. 87–170, hier: Bl. 87.

143 Vfg. des leitenden OStA beim LG Dortmund v. 12.5.1961, in: L/StADT, Nr. 6142, Bl. 36.

144 Vgl. Entwurf eines Schreibens von StA Schaplow an RA Wegner v. 9.5.1962, in: L/StADT, Nr. 6148, Bl. 47–48. Vgl. Vfg. 45 Js 1/61, hier: Vermerk, in: L/StADT, D 21 A, Nr. 6148, Bl. 186–187.

145 Brief Dr. Herbert Zimmermann an Thea Hack v. 20.6.1960, Notiz 14.6.1960, in: L/StADT, D 21 A, Nr. 6255.

Offenbar schien auch die Taktik der Vernehmenden nicht geeignet, den Beschuldigten genauere Informationen zu entlocken. So vermerkte der Dortmunder Staatsanwalt im Februar 1962, den Beschuldigten solle vorgehalten werden, dass die umfangreichen Ermittlungen bereits zu „weitgehenden Erkenntnissen" geführt hätten und dass es „wenig zweckvoll" sei, „durch unrichtige oder ausweichende Angaben den Dingen aus dem Wege gehen zu wollen".[146]

Nicht nur die Beschuldigten, sondern auch Zeugen, die damals Institutionen des deutschen Besatzungsapparates angehört hatten, hielten sich mit Informationen über die Geschehnisse zurück. Wenn sie von Verbrechen berichteten, dann waren ihre Angaben oft so allgemein und ungenau, dass sie für die Staatsanwaltschaft keinen Wert besaßen. Viele ehemalige KdS-Angehörige gaben zu Protokoll, nur Erschießungen gesehen oder von ihnen gehört, sie aber nicht angeordnet zu haben oder an ihnen beteiligt gewesen zu sein. Als Beispiel sei auf die Aussage Willi Schröders verwiesen. Schröder war nach eigenen Angaben im Mai 1943 zur KdS-Dienststelle in Białystok gekommen und hatte einen Monat später den Auftrag erhalten, die KdS-Außenstelle in Bielsk zu besetzen. Auf die Frage des Staatsanwalts, ob er in Bielsk „entweder allein oder im Zusammenwirken mit der Gendarmerie Festnahmen getätigt oder Erschießungen durchgeführt oder veranlaßt" habe, antwortete Schröder:

> „Von mir selbst oder den Angehörigen meiner Außenstelle sind keine Festnahmen erfolgt. Ich erinnere mich jedoch genau, daß durch die Gendarmerie von Bielsk auf Befehl von Bialystok ohne unsere Mitwirkung Angehörige der Intelligenz festgenommen worden sind. Den genauen Zeitpunkt vermag ich allerdings nicht zu nennen ... Mir ist nachher bekannt geworden, daß ein Teil dieser Festgenommenen auf Befehl von Bialystok aus erschossen worden ist."

Schröder bestritt, Erschießungsbefehle erteilt zu haben. Gefragt, ob er selbst oder Angehörige seiner Dienststelle „an Erschießungen teilgenommen oder die Durchführung etwa auf Befehl von Bialystok aus veranlaßt" hätten, erklärte er:

> „Weder ich selbst noch die Angehörigen meiner Außenstelle haben an Erschießungen unmittelbar teilgenommen. Ich habe auch keine Erschießungen angeordnet. Sollten durch die örtlichen Gendarmerieposten Erschießungen durchgeführt worden sein, so sind derartige Befehle nicht durch meine Außenstelle weitergegeben oder überhaupt erteilt worden. Derartige Befehle müssen von Bialystok aus erteilt worden sein."[147]

---

146 Vfg. 45 Js 1/61 v. 14.2.1962, in: L/StADT, D 21 A, Nr. 6147, Bl. 12–14, hier: Bl. 14.

147 Vernehmung Willi Fritz Schröder durch Staatsanwalt Schaplow (45 Js 1/61) v. 27.3.1962, in: L/StADT, D 21 A, Nr. 6148, Bd. XXII, Bl. 1–6, hier: Bl. 3f.

Bestrebt, sich selbst nicht zu belasten, machte Schröder Aussagen, die der Staatsanwaltschaft bei ihrem Bemühen, die Geschehnisse zu rekonstruieren und individuelle Verantwortung für die Verbrechen zu bestimmen, nicht weiterhalfen.

Ehemalige Angehörige der Zivilverwaltung versuchten, eine klare Trennung zwischen den zivilen Behörden und der Polizei zu ziehen und sich als pflichtbewusste Beamte darzustellen, die mit den Verbrechen nichts zu tun gehabt hatten. Der ehemalige Landrat von Prużana, Sozialgerichtsrat Günther Nikolaus,[148] war überzeugt, dass die Mehrzahl der im Bezirk Bialystok „eingesetzten Berufsbeamten ihre Pflicht erfüllt" habe, „ohne die Grundsätze der Menschlichkeit zu verletzen". Sie hätten sich schon damals von Maßnahmen „politischer Dienststellen" distanziert, die mit diesen Grundsätzen unvereinbar schienen.[149] Die Größe des Bezirks Bialystok und die schwache Besetzung der zivilen Dienststellen wurden als Gründe dafür angeführt, dass „nicht alle Geschehnisse im Kreise zur Kenntnis kommen konnten".[150]

Eine Klärung der Befehlsbefugnisse zwischen den verschiedenen Besatzungsbehörden gelang nicht, weil die ehemaligen Verantwortlichen unterschiedliche Angaben machten und sich gegenseitig die Verantwortung zuschoben.[151] So behauptete der ehemalige Gestapochef Heimbach, er habe keine Einwirkungsmöglichkeit auf seinen Untergebenen Friedel gehabt, der seine Befehle vom SSPF erhalten habe. Der HSSPF Ebrecht habe einen erheblichen Einfluss auf die Judenverfolgungen und die „Banden"- und Partisanenbekämpfung im Bezirk Bialystok gehabt. Ebrecht stellte dies in Abrede. Er ließ sich dahin ein, er habe keine Anordnung und keinen Befehl erlassen, wonach Juden zu verfolgen oder zu liquidieren seien. Auch der Einfluss des HSSPF auf die „Bandenbekämpfung" sei gering gewesen. Zu der Frage nach den Befehlsverhältnissen

148 Nikolaus war vom 1. August 1941 bis Ende März 1943 Landrat von Prużana. Seit dem 1. Mai 1943 fungierte er als Landrat von „Bialystok Land". Vgl. Schreiben des Chefs der Zivilverwaltung für den Bezirk Bialystok an den Reichsminister d.I., z.Hd. Herrn Kramer, v. 8.5.1943, Nachweisung über die Kreiskommissariate unter Angabe der Kreiskommissare der Zivilverwaltung Bialystok, in: IPN, II 531, Bl. 94–95, hier: Bl. 95.

149 Erklärung Nikolaus v. 3.5.1957, in: L/StADT, D 21 A, Nr. 6147, Bl. 64–65.

150 Schreiben Sozialgerichtsrat Nikolaus v. 5.2.1962 an Leitenden OStA beim LG Dortmund, in: L/StADT, D 21 A, Nr. 6147, Bl. 61–62, hier: Bl. 62.

151 Vernehmung Lothar Heimbach durch den Leitenden OStA Köln v. 20.10.1960, in: L/StADT, D 21 A, Nr. 6137, Bl. 206–234; Vernehmung George Ebrecht v. 17.10.1960 durch das LKA Baden-Württemberg, in: L/StADT, D 21 A, Nr. 6137, Bl. 375–386.

und Zuständigkeitsabgrenzungen hinsichtlich der Juden- und der „Bandenbekämpfung" könne er heute keine Aussage mehr machen.[152]

Ferner erwies es sich als schwierig, die in der ganzen Welt verstreut lebenden Zeugen zu finden.[153] Die Ermittlungsbehörden waren jedoch bei der Aufklärung der Tatvorwürfe auf die Aussagen der Überlebenden angewiesen, „da fast alle deutschen Staatsangehörigen, die damals im Bezirk Bialystok Zeugen der gegen die jüdische Bevölkerung begangenen Verbrechen waren, selbst zur Gestapo und ihren Helfern gehört hatten". Daher, so Amtsgerichtsrat Opitz, war „eine brauchbare Aussage" von ihnen nicht zu erwarten.[154] Es gab jedoch nur wenige Überlebende, die befragt werden konnten und die konkrete Tatvorwürfe gegen die Beschuldigten vorbringen konnten. Für den Überlebenden Isaak Gielczynski war klar, dass die Verbrechen und Morde „von der damaligen Verwaltung in Bialystok begangen wurden und nicht von der Hand zu weisen" sind.[155] Die Staatsanwaltschaft musste indes die Verantwortlichkeit einzelner Organisationen und Personen für die Tötungshandlungen genau klären. Es galt zu ermitteln, wer Tötungen angeordnet und durchgeführt hatte. Der Leitende Oberstaatsanwalt in Köln bat die „Hauptkommission zur Untersuchung hitleristischer Verbrechen in Polen"[156] um Ermittlungshilfe bei der Aufklärung der Tatkomplexe „weitgehende Vernichtung der jüdischen Bevölkerung", Geiselerschießungen und Vollstreckung von Todesurteilen des Standgerichts beim KdS. Es werde ein zusammenfassender allgemeiner Bericht über die von Angehörigen des KdS begangenen Straftaten benötigt, „der auch die Zahl der Opfer erkennen" lasse und aus dem hervorgehe, „wer im einzelnen der Verantwortliche für die Maßnahmen gegen die polnische und jüdische Bevölkerung des Bezirks Bialystok" gewesen sei.[157]

---

152 Vernehmung Lothar Heimbach v. 20.10.1960; Vernehmung George Ebrecht v. 17.10.1960.

153 Vgl. Vfg. des Leitenden OStA beim LG Köln, in: L/StADT, D 21 A, Nr. 6139, Bl. 738–39.

154 Schreiben AGR Opitz, Zentrale Stelle Ludwigsburg an Mayer Zawadzki v. 6.2.1961, in: L/StADT, D 21 A, Nr. 6144, Bd. XV, Bl. 58.

155 Schreiben Isaak Gielczynski an die Staatsanwaltschaft Dortmund, z.Hd. StA Schaplow, v. 13.4.1962, in: L/StADT, D 21 A, Nr. 6148, Bl. 103.

156 Vgl. *Andreas Mix*, Von der „Hauptkommission" zum Institut des Nationalen Gedenkens, in: Wolfgang Benz (Hrsg.), Wann ziehen wir endlich den Schlussstrich? Umgang mit schwieriger Geschichte in Deutschland, Polen und Tschechien, Berlin 2004, S. 75–94.

157 Vgl. Vfg. des Leitenden OStA Köln v. 2.1.1961, in: L/StADT, D 21 A, Nr. 6139, Bd. III–6, Bl. 738–739.

Die Ermittlungen wurden darüber hinaus durch den Versuch der Beschuldigten behindert, die Aussagen anderer ehemaliger KdS-Angehöriger in eine bestimmte Richtung zu lenken bzw. die Aussagen untereinander abzustimmen. Die Beschuldigten waren sowohl untereinander als auch mit anderen Kollegen, die als Zeuge vernommen wurden, in Verbindung. In den Akten finden sich zahlreiche Belege für brieflichen Kontakt ehemaliger KdS-Angehöriger.[158] Im September 1960 informierte Heimbach, der am 1. Juli 1956 als Kriminalobersekretär in Köln wiedereingestellt worden war, Zimmermann über Ermittlungen im Zusammenhang mit dem „Kommando 1005" sowie über die Vorgehensweise der Ermittlungsbehörden. Heimbachs Prognose lautete: „Haben somit noch allerlei zu erwarten."[159]

Erste Absprachen und Kontaktaufnahmen ehemaliger Verantwortlicher für die Besatzungspolitik im Bezirk Bialystok erfolgten während des Verfahrens gegen Zimmermann 1958/1959. Der KdS-Angehörige Hilderich Hillers gab an, während der Ermittlungen gegen Zimmermann von seinem ehemaligen Kollegen Ernst Kopperschmidt aufgesucht und gefragt worden zu sein, ob er bereits vernommen worden sei; er behauptete aber, dass Absprachen nicht erfolgt seien.[160]

Den Akten lässt sich entnehmen, dass einige Verantwortliche für die Besatzungspolitik im Bezirk Bialystok durch Absprachen versuchten, der Einleitung neuer Ermittlungsverfahren entgegenzuwirken und die Ermittlungsergebnisse zu beeinflussen. So erklärte der ehemalige KdS-Mitarbeiter Hans Rumpf, der ehemalige Leiter der KdS-Außendienststelle in Łomża, Wolfgang Erdbrügger, habe ihn beim Zimmermann-Prozess gefragt, ob er etwas über die Erschießung

---

158 So gab der ehemalige KdS-Angestellte Rumpf an, nach dem Krieg mit vielen ehemaligen KdS-Angehörigen in brieflicher Verbindung gestanden zu haben. Persönliche Kontakte habe er mit König, Erdbrügger, Rhoden und Diekmann gehabt (vgl. Vernehmung Hans Rumpf durch StA Schaplow v. 18.1.1962, in: L/StADT, D 21 A, Nr. 6146, Bl. 127–130, hier: Bl. 129). Heimbach stand in Kontakt mit dem ehemaligen KdS-Angehörigen Wilhelm Befeld und von 1950–1955 mit Heinz Schott, der von 1942–1944 stellvertretender Leiter der KdS-Außendienststelle in Grodno gewesen war (vgl. Schreiben der Zentralen Stelle Ludwigsburg v. 27.9.1961 an das LKA NRW, in: L/StADT, Nr. 6137, Bl. 272–273, hier: Bl. 273; Brief Heimbach an Dr. Zimmermann v. 27.6.1960, in: L/StADT, D 21 A, Nr. 6255). Zimmermann war neben Heimbach mit dem ehemaligen Angehörigen der KdS-Außenstelle in Grodno, Kurt Wiese, und dem ehemaligen Referenten beim Inspekteur der Sicherheitspolizei in Königsberg, Otto Alberti, brieflich verbunden. Vgl. den Briefwechsel zwischen Zimmermann und Lothar Heimbach, in: L/StADT, D 21 A, Nr. 6255.

159 Vgl. Brief Lothar Heimbach an Herbert Zimmermann v. 16.9.1960, in: L/StADT, D 21 A, Nr. 6255.

160 Vernehmung Hilderich Hillers durch StA Schaplow v. 16.6.1961, in: L/StADT, D 21 A, Nr. 6142, Bl. 173–175, hier: Bl. 174f.

von 120 Personen in Łomża ausgesagt habe.[161] Heimbach gab in einer Vernehmung zu Protokoll, verschiedene Personen, die mit ihm in Białystok gewesen seien, seien während des Zimmermann-Verfahrens 1958/59 mit der Frage an ihn herangetreten, was zu tun sei, wenn es zur Einleitung eines Ermittlungsverfahrens gegen sie kommen sollte. Heimbach will einen Brief vom „Bielefelder Kreis“ („Kreis um Zimmermann“) mit dem Vermerk „Nach dem Lesen sofort vernichten“ bekommen haben.[162] Aus der Vernehmung geht nicht hervor, wann und zu welchem Zweck die Bildung dieser Gruppe erfolgte und wer zu ihr zählte. Erdbrügger zufolge bestand der „Kreis um Zimmermann“ aus sämtlichen Angehörigen seiner Dienststelle und möglichen Bekannten von Zimmermann.[163] Heimbach nutzte die Begegnungen im Bielefelder Gericht auch dazu, die Erinnerung an die gemeinsame Zeit in Białystok wiederzubeleben. Erdbrügger zeigte er ein in Białystok aufgenommenes Foto der Faustballmannschaft der SS, auf dem die KdS-Angehörigen Erdbrügger, Heimbach, Neumann, Tefehne und Kapteina abgebildet sind.[164] Dieses Foto, auf dem die fünf Männer als Einheit erscheinen, schickte Heimbach später zusammen mit der Anfrage nach einem Treffen an Erdbrügger.

Bereits Ende Dezember 1960 wies der Kölner Oberstaatsanwalt auf die „dringende Gefahr“ hin, dass „die Mitbeschuldigten ihre zu machenden Einlassungen untereinander absprechen“. Er ging davon aus, dass Heimbach aus seinen zahlreichen Vernehmungen die Tatvorwürfe kannte und in der Lage war, die Einlassungen seiner zukünftigen Mitbeschuldigten zu steuern, zumal ihm auch ein Teil der Beweismittel bekannt war.[165] Ein Beispiel für den Versuch der Einflussnahme auf die Zeugenaussagen stellt die Kontaktaufnahme Kapteinas dar. Heimbach gab in einer staatsanwaltlichen Vernehmung an, durch Angehörige der Kriminalpolizei und „durch andere Stellen, deren Namen er nicht nennen wolle“, früh von der Einleitung eines Ermittlungsverfahrens gegen ihn

---

161 Vernehmung Hans Rumpf durch StA Schaplow v. 18.1.1962, in: L/StADT, D 21 A, Nr. 6146, Bl. 127–130, hier: Bl. 130.

162 Vgl. Vernehmung Lothar Heimbach durch StA Schaplow v. 27.4.1961, in: L/StADT, Nr. 6142, Bl. 11–17, hier: Bl. 14.

163 Vgl. Vernehmung Wolfgang Erdbrügger v. 5.3.1962, in: L/StADT, D 21 A, Nr. 6147, 92–97, hier: Bl. 96f.

164 Zur Interpretation des Fotos und anderen bei Heimbach sichergestellten Aufnahmen vgl. *Karsten Wilke*, Momentaufnahmen des Angeklagten Lothar Heimbach. Fotografische Quellen zur nationalsozialistischen Besatzungspolitik aus dem „Bezirk Bialystok“, in: Anders u.a. (Hrsg.), Bialystok in Bielefeld, S. 144–160.

165 Verfügung des OStA Köln v. 16.12.1960, in: L/StADT, Nr. 6138, Bl. 639–640.

erfahren zu haben. Zimmermann habe ihm dies auch brieflich mitgeteilt.[166] Daraufhin habe er mit den ehemaligen KdS-Angehörigen Johannes Quapp und Otto Kapteina Verbindung aufgenommen. Erstgenannten habe er aufgesucht und ihn nach dem Inhalt seiner Zeugenaussage während des Zimmermann-Verfahrens befragt. Quapp hatte im November 1959 zu Protokoll gegeben, durch den KdS-Angehörigen Kapteina von der Beteiligung Heimbachs an einer Erschießung von durch das Standgericht zum Tode verurteilten Personen gehört zu haben. Heimbach habe laut Kapteina in betrunkenem Zustand an einer Erschießung teilgenommen. Mit einer Maschinenpistole habe er auf die schon im Grabe liegenden Exekutierten geschossen und dabei gerufen: „Wer will noch was?“[167] Der Besuch bei Kapteina sollte laut Heimbach dazu dienen, in Erfahrung zu bringen, „wie er als Kamerad zu seinen früheren Mitarbeitern, insbesondere Erdbrügger und Dr. Zimmermann stehen würde“. Sie befürchteten, dass Kapteina als Angehöriger einer christlichen Sekte und aufgrund seiner „streng christlichen Einstellung zu viel sagen würde“.[168] Zusammen mit dem bei der Polizei in Bielefeld beschäftigten Erdbrügger und mit Heinz Maser[169] habe er Kapteina in Gelsenkirchen aufgesucht.[170] Die Initiative für dieses Treffen sei von Zimmermann ausgegangen.[171] Die Gründe für das

166 Vgl. Vernehmung Lothar Heimbach durch StA Schaplow v. 27.4.1961, in: L/StADT, Nr. 6134, Bl. 297–303.

167 Vgl. Vernehmung Johannes Quapp v. 17.3.1959, in: L/StADT, D 21 A, Zug. 25/94, 5 Ks 3/59, Voruntersuchung Bd. IV, Bl. 389–561. Quapp bestätigte in einer Vernehmung Heimbachs Besuch, der am 20. Mai 1960 stattgefunden haben soll. Heimbach habe ihm mitgeteilt, dass „es mit der Exekution nichts auf sich habe“ und er bei einer solchen nicht anwesend gewesen sei. Vernehmung Johannes Quapp v. 25.11.1960 durch die Sonderkommission „P“ Mainz, in: L/StADT, D 21 A, Nr. 6138, Bl. 686–691, hier: Bl. 691. In einer späteren Vernehmung erklärte Quapp, Heimbach mitgeteilt zu haben, dass er seine Aussage „auch weiterhin bestätigen könnte und würde“. Vernehmung Johannes Quapp durch StA Schaplow v. 11.4.1962, in: L/StADT, D 21 A, Nr. 6148, Bl. 113–117, hier: Bl. 115.

168 Vgl. Vernehmung Lothar Heimbach v. 27.12.1961, in: L/StADT, D 21 A, Nr. 6146, Bl. 11–16, hier: Bl. 15.

169 Maser hatte ein „gutes persönliches Verhältnis“ zu Zimmermann und war dessen Trauzeuge. Der Kontakt zu Zimmermann wurde 1950/1951 durch den ehemaligen SSPF Fromm hergestellt. Maser war beim ersten Zimmermann-Prozess als Zuhörer anwesend. Er trat in Bielefeld mit den Zeugen Erdbrügger, Heimbach und König in Kontakt. Vgl. Vernehmung Heinz Maser durch StA Schaplow v. 15.12.1961, in: L/StADT, D 21 A, Nr. 6146, Bl. 1–3; Vernehmung Heinz Maser durch StA Schaplow v. 3.3.1962, in: L/StADT, D 21 A, Nr. 6147, Bl. 88–91.

170 Kapteina bestätigte in einer Vernehmung sowohl das von Heimbach erwähnte Treffen als auch das Thema des Gesprächs. Vgl. Vernehmung Otto Kapteina durch StA Schaplow v. 31.5.1961, in: L/StADT, D 21 A, Nr. 6142, Bl. 109–111.

171 Vgl. Vernehmung Lothar Heimbach durch StA Schaplow v. 27.4.1961, in: L/StADT, Nr. 6134, Bl. 297–303, hier: Bl. 299. Dies wurde von Erdbrügger zunächst bestätigt. In

Zusammentreffen bestanden Erdbrügger zufolge darin, Kapteina „auf die für die ehemaligen Angehörigen des KdS herausgegebene Generallinie zurückzuführen und mit ihm die angeblich von ihm stammende Heimbach belastende Aussage zu erörtern“. Der Besuch bei Kapteina sei „im Gesamtinteresse der Angehörigen des KdS deswegen angezeigt“ erschienen, weil „Kapteina als anfälliger und labiler Mensch bekannt“ sei. Kapteina habe sinngemäß erklärt, „er wolle von der Sache nichts wissen und sähe von sich aus keine Veranlassung, an die Dinge aus der Bialystoker Zeit zu rühren“.[172] Eine Einflussnahme Kapteinas sei nicht bezweckt worden, „obwohl der Wunsch im Raum gestanden“ habe, „in dieser Richtung vorzufühlen“.[173] Erdbrügger selbst hatte nach eigenen Angaben ein „gewisses Interesse“ daran, festzustellen, „welche Einstellung Kapteina unter den gegebenen Umständen zu den Dingen haben würde, die mit unserer gemeinsamen Tätigkeit bei der damaligen KdS-Dienststelle in Zusammenhang“ standen.[174]

Wie sah die „Generallinie“[175] für die Vernehmungen aus, und von wem wurde sie herausgegeben? Antworten auf diese Fragen können den Akten nicht entnommen werden. Es lässt sich lediglich feststellen, dass die Betroffenen sich gegenseitig nicht belasten wollten,[176] Informationen zurückhielten und unterschiedliche Aussagen machten. Gefragt, warum er sich trotz konkreter

---

späteren Vernehmungen nahm Erdbrügger seine Aussage, Zimmermann sei mitverantwortlich für das Zustandekommen des Treffens gewesen, zurück. Vgl. Vernehmung Wolfgang Erdbrügger durch StA Schaplow v. 2.6.1961, in: L/StADT, D 21 A, Nr. 6142, Bl. 113–114, Schreiben Wolfgang Erdbrügger an den Leitenden OStA beim LG Bielefeld, z.Hd. Herrn Schapelow (sic!) v. 8.6.1961, in: L/StADT, D 21 A, Nr. 6142, Bl. 138–140; Vernehmung Erdbrügger durch StA Schaplow v. 5.3.1962, in: L/StADT, D 21 A, Nr. 6147, Bl. 92–97.

172 Vgl. Vernehmung Wolfgang Erdbrügger v. 2.6.1961, Bl. 114.

173 Vernehmung Wolfgang Erdbrügger v. 8.6.1961, Bl. 138.

174 Vgl. Vernehmung Wolfgang Erdbrügger v. 5.3.1962, Bl. 96.

175 Erdbrügger nahm die Formulierung „Generallinie“ in einem Schreiben an Staatsanwalt Schaplow zurück. Diese sei „unglücklich gewählt“ und „irreführend“. „Sicherlich“ gäbe es „in dem Gedankengut der ‘betroffenen Kreise’ ein ‘Wunschbild’, das dem Begriff einer ‘Generallinie’“ nahekomme, ihm sei jedoch nicht bekannt, dass sie den „Charakter einer Parole“ habe und „als fester Begriff“ gelten könne. Was die Führung gerichtlicher Untersuchungen angehe, „könnte“ man darunter „den Wunsch der Betroffenen verstehen, sich gegenseitig nicht zu belasten“. Schreiben Wolfgang Erdbrügger an den Leitenden OStA beim LG Bielefeld v. 8.6.1961, Bl. 139.

176 Diese Tendenz zeigte sich bereits im Vorermittlungsverfahren. So notierte Amtsgerichtsrat Opitz von der Zentralen Stelle Ludwigsburg nach einer Vernehmung des Beschuldigten Altenloh, sein Verhalten habe auf ihn den Eindruck gemacht, er befürchte, „seine früheren Untergebenen könnten ihrerseits gegen ihn aussagen, wenn er gegen sie aussage“. Vermerk zur Vernehmung von Dr. Wilhelm Altenloh v. 21.9.1960 durch AGR Opitz, in: L/StADT, D 21 A, Nr. 6136, Bl. 81.

Fragen mit seinen Angaben zurückgehalten habe, erklärte der ehemalige KdS-Angehörige Alfred Salden, der nach 1945 wieder bei der Polizei beschäftigt war, er habe kein großes Interesse daran gehabt, „all die Dinge offenbar werden zu lassen“, mit denen er damals in „Berührung“ gekommen sei und an denen er sich – wenn auch seiner Überzeugung nach „ohne strafrechtliche Schuld“ – habe beteiligen müssen.[177] Heimbach gab in einer Vernehmung an, bei seinen „bisherigen möglichen unterschiedlichen Äußerungen“ sei zu berücksichtigen, dass er sich „eingespannt sah als Kamerad unter Kameraden in den Kreis aller Angehörigen“ seiner früheren Dienststelle. Sein Bestreben sei es gewesen, zu verhindern, dass andere ehemalige KdS-Angehörige inhaftiert würden. Er habe nicht gewollt, dass „frühere Kameraden in die Schußlinie kamen mit all den Folgen im persönlichen und materiellen Bereich“. Das habe der für seinen Kreis „selbstverständlichen Generallinie“ entsprochen. Er habe „nichts getan, um andere zu gefährden und dementsprechend“ seine Aussagen eingerichtet. Mit dem Verweis auf seine „persönliche Situation“ bat er um Verständnis dafür, dass seine „Angaben nur zögernd, je nach Sachlage vorsichtig und hier und da wenig konkret, und erst im Laufe mehrerer Vernehmungen erfolgt“ seien.[178]

Die Staatsanwaltschaft reagierte auf den Versuch der Beschuldigten, die Ermittlungen zu behindern. Vernehmungen im Białystok-Verfahren sollten aufgrund von Heimbachs Querverbindungen zur Polizei künftig nicht mehr durch die Kriminalpolizei geführt werden. Ferner beantragte die Staatsanwaltschaft Haftbefehl gegen einige Beschuldigte, um der Verdunkelungsgefahr, die sich aus dem Zusammentreffen ehemaliger KdS-Angehöriger ergeben hatte, vorzubeugen. Am 12. Juni 1961 erließ das Amtsgericht Bielefeld Haftbefehl gegen Plaumann, am 13. Juni gegen Heimbach und am 19. Juni gegen Dibus.[179]

177 Vernehmung Alfred Salden durch StA Schaplow v. 24.5.1962, in: L/StADT, D 21 A, Nr. 6148, Bl. 165–171, hier: Bl. 171.

178 Vernehmung Lothar Heimbach durch StA Schaplow v. 16.10.1963, in: L/StADT, D 21 A, Nr. 6157, Bl. 81–84, hier: Bl. 82ff. Vor dem Untersuchungsrichter Dr. Fischer hatte Heimbach erklärt, er sei „nicht bereit“, sich „vor einer etwaigen Hauptverhandlung zur Sache vernehmen zu lassen“, weil er sich „im juristischen Sinne völlig unschuldig fühle“ und er nicht verstehen könne, dass „der Hauptverantwortliche aus der damaligen Zeit, Dr. Brix, heute noch amtierender Richter“ sei. Erklärung des Angeschuldigten Lothar Heimbach in der VU 13/62 vor dem UR beim LG Bielefeld LGR Dr. Fischer v. 27.8.1964, in: L/StADT, D 21 A, Nr. 6156, Bl. 162–163, hier: Bl. 163.

179 Vgl. Beschluss AG Bielefeld v. 12.6.1961, 13.6.1961 und 19.6.1961, in: L/StADT, D 21 A, Nr. 6142, Bd. IX, Bl. 181–190.

2.3 Weder Täter noch Gehilfe: Zu den Reaktionen des Beschuldigten Lothar Heimbach

In einem Schreiben aus der Untersuchungshaft an die Bielefelder Staatsanwaltschaft vom 11. Dezember 1961 beklagte sich Heimbach über die angebliche Brandmarkung als „Massenmörder“ und die vermeintliche „Ausnahmebehandlung“ durch die deutsche Justiz. Das Amtsgericht Bielefeld hatte Heimbach in seinem Haftbefehl beschuldigt, als Leiter der Abteilung IV beim KdS von 1942 bis 1944 in Białystok in „einer noch unbestimmten Vielzahl von Fällen Beihilfe zum Mord begangen zu haben“. Die Anschuldigungen betrafen neben „völkerrechtswidrigen Repressalien“ gegen Einwohner des Bezirks Bialystok die Deportationen der jüdischen Bevölkerung aus dem Ghetto Białystok in die Vernichtungslager Treblinka und Auschwitz. Heimbach soll „Anordnungen getroffen haben, durch die im Februar 1943 etwa 2000 Juden im Verlauf einer“ von SS-Sturmbannführer Günther aus dem Referat IV B 4 beim RSHA „geleiteten Aktion in das Vernichtungslager Treblinka gebracht“ wurden und durch die im August 1943 sämtliche Juden des Białystoker Ghettos „unter Leitung des vom Reichssicherheitshauptamt gesandten Kommandos in Vernichtungslager des Generalgouvernements gebracht wurden, wo sie zum größten Teil getötet wurden“.[180]

Wegen dieser Vorwürfe war Heimbach die Ausübung seiner Dienstgeschäfte bei der Kriminalpolizei in Köln untersagt worden. Heimbach bestritt, „Täter oder Gehilfe“ zu sein, und leugnete mit dem Verweis auf seine Eingebundenheit in staatliche Institutionen eine individuelle Verantwortung:

> „Ich stand als Soldat, Offizier und Angehöriger der Sicherheitspolizei während des Krieges in der Pflicht und unter meinem Eid, hatte Befehle entgegenzunehmen und zu befolgen, wozu ich noch als Polizeibeamter unter den erschwerenden Strafbestimmungen der SS-Gerichtsbarkeit stand mit den uns ständig angedrohten schwersten Strafen (Tod durch Erschiessen) bei Nichtbefolgung von Befehlen. Eine derartige Position, dass ich hätte selbständig Befehle erteilen können, wie sie in diesem Verfahren angelastet sind, hatte ich nicht.“[181]

180 Haftbefehl des AG Bielefeld (9 Gs 703/61) gegen Lothar Heimbach v. 13.6.1961, in: L/StADT, D 21 A, Nr. 6142, Bl. 187–188. Der Haftbefehl folgt in seinem Wortlaut dem des Kölner Amtsgerichts vom 23. September 1960. Vgl. Haftbefehl des AG Köln (25 Gs 2119/60) gegen Lothar Heimbach v. 22.9.1960, in: L/StADT, D 21 A, Nr. 6136, Bd. III – 2, Bl. 105. Bereits gegen diesen ersten Haftbefehl hatte Heimbach Beschwerde eingelegt.

181 Schreiben Lothar Heimbach v. 11.12.1961, in: L/StADT, D 21 A, Nr. 6145, Bd. XVII, Bl. 134–156, hier: Bl. 134. Bei seiner Haftprüfung am 18. September 1961 hatte er ausgesagt, dass er damals als Hauptsturmführer weisungsgebunden gewesen sei und

Von der Annahme ausgehend, einer „Ausnahmebehandlung" unterworfen zu sein, sah Heimbach sich als willkürliches Opfer einer Justiz, die angeblich bei der Verfolgung von im Zweiten Weltkrieg begangenen Straftaten „zweierlei Recht" anwende. Während andere ehemalige SS-Führer innerhalb der westdeutschen Polizei, die ebenso wie er während des Krieges „zum Einsatz befohlen" gewesen seien, heute „treu und brav ihren Dienst versehen" und „zu Hunderten Spitzenpositionen innehaben und das Rückgrat der Polizei bilden", sitze er – bei angeblichem Verstoß gegen die rechtsstaatliche Maxime „gleiches Recht für alle" – seit 15 Monaten in Untersuchungshaft. Er habe „nicht mehr und nicht weniger getan als jeder Angehörige der Polizei". Heimbach behauptete, jeder „Kenner der Verhältnisse" wisse darum, aber es werde darüber nicht gesprochen. Die gesamte Kölner Kriminalpolizei sei, so Heimbach, mit ehemaligen „SS-Führern im Einsatz" besetzt. Wenn das, was er im Kriege „an dienstlichen Handlungen" begangen habe, strafbar sein solle, dann „müsste, um der Gerechtigkeit willen, die Westdeutsche Polizei von heute auf morgen von ihrer Führung entblösst werden, müssten tausende qualifizierte Exekutivbeamte [...] unter Haftbefehl gestellt werden, dann wäre der Staat ohne Stütze".[182]

Heimbach sah sich als „Sündenbock", als Opfer der Justiz, die ihn stellvertretend für andere Beteiligte verfolge. In einer staatsanwaltlichen Vernehmung vom Dezember 1960 bezeichnete er sich „als kleinen Mann" und fragte, warum gerade er derjenige sei, der unter schwere Anklage gestellt werde, „wo hingegen Verfahren mit weitaus schwerwiegenderen oder gleich oder ähnlich lautenden Vorwürfen gegen die Generalität und einen Bundesminister eingestellt" worden seien.[183] Im April 1961 schrieb er an den Leitenden Oberstaatsanwalt in Köln, es sei eine Tatsache, dass er „stellvertretend stehe für abertausende Polizisten in Diensten der bundesdeutschen Länder (besonders in NRW)", die wie er „im Einsatz standen und deren Handlungen keine anderen waren als die [ihm] angelasteten". Laut Heimbach bestand die gesamte Leitung der Kriminalpolizei aus ehemaligen SS-Angehörigen.[184] Der nordrhein-westfälische Innenminister Dufhues würde, mutmaßte Heimbach, sicherlich

„nicht tun konnte", was er gewollt habe. Vgl. Haftprüfung Lothar Heimbach v. 18.9.1961, in: L/StADT, D 21 A, Nr. 6143, Bl. 128.

182 Schreiben Lothar Heimbach v. 11.12.1961, Bl. 154.

183 Vgl. Vernehmung Lothar Heimbach v. 13.12.1960 durch Gerichtsassessor Dr. Schmidt als vernehmender Beamter der Staatsanwaltschaft Köln, in: L/StADT, D 21 A, Nr. 6138, Bl. 605–630, hier: Bl. 617f.

184 Schreiben Lothar Heimbach an den leitenden Oberstaatsanwalt in Köln v. 18.4.1961, in: L/StADT, D 21 A, Nr. 6140, Bl. 989–993, hier: Bl. 990.

nicht die Spitzenpositionen bei der Landeskriminalpolizei mit ehemaligen SS-Führern besetzt halten, wenn er nicht der Überzeugung sei, dass sie im Krieg „ihre Pflicht" getan hätten.[185] Heimbach selbst verstand seine Tätigkeit in Białystok als Pflicht und Dienst am Vaterland. Er sei „nun einmal von diesem Teufelskreis eingefangen und dadurch in ihm verhaftet".[186] Indirekt schränkte er seine Verantwortung jedoch ein, indem er auf den höchsten Verantwortlichen für den Bezirk Bialystok, den Chef der Zivilverwaltung, Erich Koch, verwies. Er sei damals der Überzeugung gewesen, Koch würde diejenigen zur Verantwortung ziehen, „die gegen die Juden 'nicht genügend scharf vorgingen'".[187] Heimbach betonte, dass er auch in Freiheit zu „diesen Dingen" stehe und sich nicht der Verantwortung entziehen wolle.[188]

Die Integration ehemaliger SS-Führer in den westdeutschen Staatsapparat galt Heimbach als Beleg für die gesellschaftliche Anerkennung der NS-Beamten, die ihre Karrieren nach 1945 unbehindert fortsetzen konnten oder sogar noch einen Aufstieg erlebten. Der 1951 verabschiedete Artikel 131 GG[189] ermöglichte mehr als 50.000 ehemaligen NS-Beamten die Rückkehr in den Staatsdienst.[190] Im Zuge seiner Novellierung[191] wurden auch ehemalige Gestapobeamte wie Heimbach wiedereingestellt. Heimbachs erste Versuche um Einstellung bei der Polizei erfolgten in den Jahren 1951 und 1952. Anfang Dezember 1951 richtete er eine Bewerbung an die Polizeibehörde der Stadt Düsseldorf und im Januar des folgenden Jahres an das BKA – auf Anregung von Kriminalrat Schürmann von der Stadtpolizei Bonn. Bei diesen Bewerbungen stützte Heimbach sich auf Beziehungen zu ehemaligen Kollegen, die, so

185 Schreiben Lothar Heimbach v. 11.12.1961, Bl. 136.

186 Vernehmung Lothar Heimbach v. 30.6.1961, in: L/StADT, D 21 A, Nr. 6142, Bl. 41–48, hier: Bl. 48.

187 Vgl. Schreiben Lothar Heimbach v. 11.12.1961, Bl. 146.

188 Diese Tatsache hob er auch in einem während der Untersuchungshaft verfassten Brief hervor, in dem es heißt, es wäre ihm ein Leichtes gewesen, ins Ausland zu gehen, denn er habe seit langem gewusst, „was gespielt wurde", habe seiner „Front" jedoch nicht den Rücken kehren wollen. Vgl. Brief Lothar Heimbach an Marianne Claesges v. 24.9.1960, in: L/StADT, D 21 A, Nr. 6136, Bl. 131–132, hier: Bl. 132.

189 Artikel 131 GG vom 23. Mai 1949 verpflichtete den Bund, die Rechtsverhältnisse derjenigen Personen zu regeln, „die am 8. Mai 1945 im öffentlichen Dienste standen, aus anderen als beamten- oder tarifrechtlichen Gründen ausgeschieden sind, oder bisher nicht oder nicht in ihrer früheren Stellung entsprechend verwendet werden". Bundesgesetzblatt 1949, S. 17.

190 Vgl. *Frei*, Vergangenheitspolitik in den fünfziger Jahren, S. 86. Siehe auch: *Joachim Perels*, Die Übernahme der Beamtenschaft des Hitler-Regimes. Benachteiligung der Entlassenen und Privilegierung der Amtsinhaber der Diktatur, in: KJ 37 (2004), S. 186–193.

191 Novellierungen erfolgten 1953, 1957 und 1961.

Amtsgerichtsrat Opitz von der Zentralen Stelle Ludwigsburg, „einwandfrei über seine NS-Vergangenheit Bescheid wußten und die ihm z.T. bereits Bescheinigungen unter Verschweigung dieses Umstandes ausgestellt hatten".[192] Am 25. Juli 1952 beantragte Heimbach Gewährung von Versorgungsbezügen gemäß Gesetz zum Art. 131 GG. In dem Antrag machte er falsche Angaben. Er verschwieg, dass er seit 1935, kurz nach seiner Ernennung zum Kriminalkommissar, bei der Gestapo Dortmund tätig gewesen war, und gab an, vom 1. Mai 1938 bis Kriegsende als Kriminalbeamter beim Befehlshaber der Sicherheitspolizei in Königsberg beschäftigt gewesen zu sein. Seine Tätigkeiten bei der Einsatzgruppe D[193] und beim KdS für den Bezirk Bialystok (Januar 1943 bis Anfang 1944)[194] blieben unerwähnt. Beigefügt waren dem Antrag eidesstattliche Erklärungen ehemaliger Kollegen. Ende Oktober 1952 erhielt Heimbach einen Unterbringungsschein, in dem vermerkt ist, dass gemäß Erlass des Innenministers von Nordrhein-Westfalen vom 20. Januar 1952 die bei der Gestapo abgeleistete Dienstzeit nicht angerechnet werde und die dort erfolgte Beförderung zum Kriminalrat unberücksichtigt bleibe.[195] Am 15. Juni 1955 richtete Heimbach schließlich ein Gesuch an den Innenminister des Landes Nordrhein-Westfalen um Wiedereinstellung. Heimbach wurde geraten, sich bei der Kreispolizeibehörde Köln um Anstellung als Kriminalsekretär zu bewerben, was er Ende September 1960 tat. Im Zusammenhang mit seinem Wiedereinstellungsgesuch forderte er Bescheinigungen ehemaliger Kollegen an. Zu nennen sind hier der Regierungs- und Kriminalrat Kurt Amend vom Bundeskriminalamt Wiesbaden, der Leiter der Kriminalhauptstelle Recklinghausen, Kriminalrat Johannes Otto,[196] Oberregierungsrat und Kriminalrat Anton

---

192 Amtsgerichtsrat Opitz, Zentrale Stelle Ludwigsburg, „Auswertung der beim Beschuldigten Heimbach vorgefundenen und als Beweismittel zu den Akten genommenen Vorgänge „Wiedereinstellung" v. 17.10.1960, in: L/StADT, D 21 A, Nr. 6137, Bl. 321–329, hier: Bl. 324.

193 Heimbach war von Frühjahr 1942 bis zum Herbst 1942 Mitglied des Sonderkommandos 10a der Einsatzgruppe D, das allein im Raum Krasnodar etwa 7.000 Menschen ermordete. Vgl. *Angrick*, Besatzungspolitik und Massenmord, S. 621.

194 Heimbach wurde im Dezember 1942 nach Białystok versetzt. Vgl. Befehlsblatt des Chefs der Sicherheitspolizei und des SD, Nr. 56, 3. Jahrgang v. 19.12.1942, S. 370, in: L/StADT, D 21 A, Nr. 6180, Nr. 41 i.

195 Eine beglaubigte Kopie des Unterbringungsscheins v. 29.10.1952 findet sich in: L/StADT, D 21 A, Nr. 6138, Bd. IV–4, Bl. 558.

196 Otto wurde vom nordrhein-westfälischen Innenminister Dufhues vom Polizeidienst suspendiert, nachdem die Staatsanwaltschaft Frankfurt ein Ermittlungsverfahren gegen ihn eingeleitet hatte. Otto wurde vorgeworfen, „Zigeuner" in Konzentrationslager eingewiesen und Sterilisationen angeordnet zu haben. Vgl. Schreiben der ÖTV an den Leitenden Oberstaatsanwalt Köln v. 9.1.1961, Anlage: Rund-Schreiben der ÖTV v. 4.10.1960, in: L/StADT, D 21 A, Nr. 6139, Bl. 758–761. Otto beging Selbstmord. In

Wilhelm Paar vom Landeskriminalamt Niedersachsen sowie der in Bielefeld ansässige Rechtsanwalt Zimmermann. Zur Wiedereinstellung reichte Heimbach einen Lebenslauf mit unrichtigen bzw. unvollständigen Angaben ein.[197] So verschwieg er seinen Dienst bei der Gestapo. Er wurde am 1. Juli 1956 als Kriminalobersekretär in Köln eingestellt.[198] Viereinhalb Jahre später wurde ein Ermittlungsverfahren gegen Heimbach wegen Betruges eingeleitet. Der Verdacht ging dahin, Heimbach habe sich „durch Täuschung seine Wiedereinstellung in den Polizeidienst erschlichen".[199]

Die strafrechtliche Ahndung nationalsozialistischer Gewaltverbrechen galt Heimbach als gesellschaftlich nicht konsensfähig. So behauptete er, es sei der „klar und eindeutig formulierte Wille der Sprecher und Experten aller in den Parlamenten von Bund und Ländern vertretenen demokratischen Parteien und damit Volkes Wille, dass Schluss gemacht werde mit der Einsperrung von Menschen", die schließlich im Kriege nichts anderes getan hätten „als ihre Pflicht, von der es hinterher hiess, sie sei falsch interpretiert worden".[200] Heimbach stellte den verbrecherischen Charakter seines Handelns in Abrede, indem er argumentierte, ein von der Mehrheit der nationalsozialistischen Gesellschaft und der Nachkriegsgesellschaft gewolltes und gebilligtes Verhalten könne keinesfalls Unrecht sein.

Auf Unverständnis stieß bei dem Beschuldigten außerdem die Tatsache, dass sich andere frühere Angehörige der deutschen Besatzungsbehörden im Bezirk Bialystok im Gegensatz zu ihm auf freiem Fuß befänden. Heimbach betonte, „als national empfindender Deutscher" habe er „nicht das geringste Interesse an einer Verfolgung, Bestrafung oder materiellen Schlechterstellung" anderer

---

seinem Abschiedsbrief heißt es, er fühle sich schuldlos, „habe jedoch nicht mehr die Kraft, die dauernde Diskriminierung seiner persönlichen Ehre, die seiner Familie und die vieler Polizeibeamter in ähnlicher Situation länger unverdient zu ertragen". Vgl. die Zeitungsnotiz aus dem Kölner Stadtanzeiger Nr. 6 v. 7.–8.1.1961, in: ebd., Bl. 750. In einem Brief an seine Mutter beschreibt Heimbach seine Reaktion auf den Selbstmord des Freundes. Den Ausschluss und die Ausgrenzung der ehemaligen SS-Männer aus der Polizei und der Gesellschaft beklagend forderte Heimbach: „Sein Tod müsste als Aufschrei durch die Lande gehen [,] und die gesamte Polizei müsste auf die Strasse gehen u. demonstrieren." Er könne nicht begreifen, warum dies nicht geschehe. Vgl. Abschrift eines Briefes von Lothar Heimbach an seine Mutter v. 7.1.1961, in: ebd., Bl. 751–752, hier: 751.

197 Vgl. L/StADT, D 21 A, Nr. 6137, Bl. 326–329.

198 L/StADT, D 21 A, Nr. 6194, Bl. 15.

199 Verfügung des Leitenden Oberstaatsanwalts Köln v. 12.1.1961, in: L/StADT, D 21 A, Nr. 6139, Bl. 782.

200 Vgl. Schreiben Lothar Heimbach v. 11.12.1961, in: L/StADT, D 21 A, Nr. 6145, Bd. XVII, Bl. 134–156, hier: Bl. 154f.

Verantwortlicher des deutschen Besatzungsapparates in Białystok, nur „mit Gerechtigkeit" habe „diese unterschiedliche Behandlung nichts zu tun".[201] Die Offiziere, Beamten, leitenden Angestellten sowie Parteifunktionäre der mittleren und höheren Ebene mitverantwortlicher Führungsstellen in Stadt und Bezirk Bialystok besäßen ebenso viel Verantwortung wie er und sein „Wissen um all die Dinge, die nunmehr mit behauptetem Schwerpunkt der Verantwortung in vollkommener Verkennung der Lagebeurteilung der Gestapo angelastet" würden.[202] Sechs Monate später schrieb Heimbach an den Dortmunder Staatsanwalt Schaplow, „wenn die Anklagebehörde die wirklichen Verantwortlichen auf die Anklagebank bringen" wolle, dürften „die Sitzplätze im Schwurgerichtssaal nicht ausreichen".[203]

Die Faktoren, die Heimbachs zweite Karriere in der Polizei ermöglichten, waren auch bei der Integration anderer NS-Kriminalisten entscheidend. Patrick Wagner führt in seiner Analyse über die Resozialisierung ehemaliger NS-Kriminalisten in der Bundesrepublik drei Faktoren an. Erstens habe die Funktionselite der leitenden Kriminalbeamten „letztlich selbst" entschieden, „wen sie erneut in ihre Reihen aufnehmen wollte". Wagner weist in diesem Zusammenhang darauf hin, dass „nur jene Kollegen" als „untragbar galten", die „zuvor gegen den internen Komment der Funktionselite verstoßen hatten". Ferner seien „Verbrechen an Menschen, die selbst nicht der Funktionselite angehört hatten", als „verzeihlich" angesehen worden. Zweitens sei der Reintegrationsprozess „durch das Gegeneinander konkurrierender Cliquen und Seilschaften geprägt" gewesen, „deren Zusammenhänge bis in die NS-Zeit zurückreichten". Nach Erkenntnissen Wagners hing es von solchen Verbindungen ab, wer „von welcher Behörde übernommen wurde". Als dritten Punkt führt Wagner die Tatsache an, dass „sich die früheren NS-Kriminalisten um 1950 quer durch alle Cliquen auf eine kollektive Verteidigungsstrategie" festlegten, die sie offensiv und erfolgreich in der Öffentlichkeit vertraten.[204] „Zwei Leitlinien" kennzeichneten diese Strategie:

> „Einerseits mußte jede institutionelle Verbindung zur Gestapo in Abrede gestellt und die Zugehörigkeit von Kriminalbeamten zur SS als eine nur im Interesse des Überlebens einer unpolitischen Kripo ertragene Zumutung der Machthaber darge-

201 Vgl. Schreiben Lothar Heimbach v. 11.12.1961, Bl. 155f.

202 Ebd., Bl. 145.

203 Schreiben Lothar Heimbach an Staatsanwalt Schaplow v. 12.6.1962, in: L/StADT, D 21 A, Nr. 6149, Bd. XXIII, Bl. 85–86.

204 Vgl. *Patrick Wagner*, Die Resozialisierung der NS-Kriminalisten, in: Ulrich Herbert (Hrsg.), Wandlungsprozesse in Westdeutschland. Belastung, Integration, Liberalisierung 1945–1980, Göttingen ²2003, S. 179–213, hier: S. 192.

stellt werden. Den höheren Kriminalbeamten seien gegen ihren Willen automatisch ihrem polizeilichen Rang entsprechende SS-Dienstgrade verliehen worden, hieß es nun von Seiten der Kriminalisten. In Einzelfällen war diese Argumentation sogar richtig – so hatten im besetzten Ausland eingesetzte Kriminalbeamte auch dann SS-Uniformen getragen, wenn sie nicht Mitglied des Schwarzen Ordens gewesen waren. Ein Großteil der höheren Kriminalbeamten war dagegen freiwillig in die SS eingetreten, verstand es aber nun, sich hinter der Mär von der passiv hingenommenen 'Dienstgradangleichung' zu verstecken. Andererseits mußte die Deportationspraxis der Kriminalpolizei entweder beschwiegen werden oder unter Anknüpfen an die allgemein verbreiteten Ressentiments gegenüber 'Verbrechern' und 'Asozialen' kleingeredet, relativiert und zu einer Tat ohne Täter stilisiert werden.“[205]

Wagner betont, die Kriminalisten hätten sich „nach 1950 eine in den Kernpunkten fiktive Tradition unbeirrter Rechtsstaatlichkeit und unpolitischer Professionalität“ geschaffen.[206] Auch Heimbach nahm für sich in Anspruch, aus der „alten Kriminalpolizei“ zu stammen. Er betrachtete sich als unpolitischen Kripobeamten, der nie daran gedacht hätte, „einmal zur Gestapo zu kommen“,[207] und stellte sich und seine ehemaligen Kollegen als Opfer dar. So schrieb er, dass „wir uns, die wir damals zur geheimen Staatspolizei abgeordnet und hinterherversetzt [sic] wurden und nach dem Nürnberger Spruch, wonach wir kollektiv schuldig seien, als politische Parias vorkommen“ und „der Meinung sind, wir seien in der Bundesrepublik zweitklassige Menschen“.[208]

---

205 Ebd., S. 194.

206 Ebd., S. 194.

207 Vgl. Vernehmung Lothar Heimbach v. 22.9.1960 durch AGR Opitz als Vernehmender der Zentralen Stelle Ludwigsburg, in: L/StADT, D 21 A, Nr. 6136, Bl. 82–89, hier: Bl. 85. In einer späteren Vernehmung erklärte Heimbach, er sei zur Gestapo abgeordnet und später versetzt worden, weil er „leistungsmässig [...] besondere Voraussetzungen mitbrachte“. Vgl. Vernehmung Lothar Heimbach durch die Staatsanwaltschaft Köln v. 7.11.1960, in: L/StADT, D 21 A, Nr. 6138, Bl. 422–431, hier: Bl. 427f. Von der Staatsanwaltschaft München nach den Umständen für seine Abordnung und spätere Versetzung zur politischen Polizei nach Dortmund befragt, antwortete Heimbach, er habe sich „persönlich keineswegs darum bemüht“. Er sei vielmehr auf Empfehlung eines Freundes vom damaligen Amtschef Bovensiepen zur Stapo geholt worden. „Ausschlaggebend hierfür war meine politische Vorbildung, sowie der Wunsch Bovensiepens, innerhalb seines 'Sauhaufens' aufzuräumen bzw. Ordnung zu schaffen. Dass ich selbstverständlich nicht gegen das damalige Regime eingestellt war, braucht wohl nicht besonders festgehalten zu werden.“ StA München I, 22 Js 202/61, Vernehmung Lothar Heimbach v. 9.5.1962, zit. n. *Angrick*, Besatzungspolitik und Massenmord, S. 422.

208 Vernehmung Lothar Heimbach durch die Staatsanwaltschaft Köln v. 8.11.1960, in: L/StADT, D 21 A, Nr. 6138, Bl. 431–452, hier: Bl. 445.

Wie sind die Aussagen Heimbachs zu bewerten? Auffällig ist zunächst, dass er sich indirekt zu seinen Handlungen während des Krieges bekannte. Die Verbrechen an der Zivilbevölkerung wurden jedoch nicht als solche benannt, sondern mit dem Wort „Einsatz" umschrieben. Heimbach fühlte sich „im juristischen Sinne völlig unschuldig"[209] und empfand es als ungerecht, für Verbrechen zur Rechenschaft gezogen zu werden, an denen sich neben ihm viele andere Personen beteiligt hatten, die angeblich nicht ins Visier der Staatsanwaltschaft gerieten. Die Tatsache, dass eine Vielzahl von deutschen Stellen und Abteilungen mit der Verfolgungs- und Vernichtungspolitik im Bezirk zu tun hatte, erlaubte es Heimbach, seine Schuld zu leugnen und die Hauptverantwortung anderen ehemaligen Angehörigen des deutschen Besatzungsapparates zuzuschieben.

2.4 Zum Gegenstand der gerichtlichen Voruntersuchung

Die gerichtliche Voruntersuchung gegen Heimbach, Altenloh, Zimmermann, Errelis, Bloch, Plaumann und Tiefensee wurde im Frühjahr und Sommer 1962 vorbereitet.[210] In diesem Zusammenhang verfasste Staatsanwalt Schaplow ein Schreiben an Paul Mentzel, den ehemaligen Ordonanzführer beim SSPF, um „ermessen zu können, in welchem Umfange" seine „beabsichtigte richterliche Vernehmung – als Zeuge – in Betracht" komme. Statt dass der Zeuge vorgeladen wurde, erhielt dieser Hinweise auf zentrale Punkte des Ermittlungsverfahrens und damit die Möglichkeit zur Vorbereitung. Mentzel bekam einen Fragenkatalog, den er beantworten sollte. Darin wurde er aufgefordert, Stellung zu nehmen zu den dienstlichen Beziehungen zwischen dem SSPF und dem KdS sowie zu der Mitwirkung des SSPF an der Verhängung von Standgerichtsurteilen, und er wurde nach seinem Wissen gefragt über Gewaltmaßnahmen der Polizei gegen die einheimische Bevölkerung und die Beteiligung des SSPF an diesen. Hinsichtlich der Vernichtungsmaßnahmen wurde er gebeten, Angaben über die Verantwortlichen zu machen, und er wurde gefragt, an welchen Besprechungen er im Zusammenhang mit den „Aussiedlungsaktionen" der Juden teilgenommen habe und wann und von wem das Ziel der Transporte bekannt gegeben worden sei. Das Schreiben endet mit der Bitte,

---

209 Vernehmung des Angeschuldigten Lothar Heimbach durch Landgerichtsrat Fischer als Untersuchungsrichter vor dem LG Bielefeld v. 27.8.1963, in: L/StADT, D 21 A, Nr. 6156, Bl. 162–163, hier: Bl. 163.

210 Im April schrieb Staatsanwalt Schaplow an den Polizeipräsidenten von Berlin, er beabsichtige, gegen die Hauptbeschuldigten in Kürze den Antrag auf Eröffnung der Voruntersuchung zu stellen. Vgl. Vfg. v. 24.4.1962, 45 Js 1/62, in: L/StADT, D 21 A, Nr. 6148, Bl. 171.

„über die Tatsache des Schreibens und dessen Inhalt anderen Personen, insbesondere früheren Dienststellenangehörigen gegenüber, Stillschweigen zu bewahren“.[211] Warum enthüllte der Staatsanwalt, wissend, dass die ehemaligen Verantwortlichen für die Besatzungspolitik im Bezirk Bialystok miteinander in Kontakt standen, einem möglichen Zeugen für die gerichtliche Voruntersuchung das Erkenntnisinteresse der Staatsanwaltschaft? Ob Schaplow den Zweck der Ermittlungen gezielt gefährden wollte oder ob er einen Ermittlungsfehler beging, ist unklar.

Das Verhalten des Staatsanwalts erscheint vor dem Hintergrund der Tatsache überraschend, dass der Verteidigung die Einsicht in die Ermittlungsakten lange Zeit vorenthalten wurde – mit der Begründung, durch eine „Überlassung der Akten vor den anstehenden Vernehmungen der übrigen Angeschuldigten“ sei „eine nicht unerhebliche und daher nicht vertretbare Verzögerung zu befürchten“.[212] Rechtsanwalt Wegner, Verteidiger des Angeschuldigten Zimmermann, der im September 1961 vergeblich um Akteneinsicht gebeten hatte, kritisierte, dass die Verteidigung über den Inhalt der gegen den Angeklagten erhobenen Vorwürfe nur dürftig unterrichtet worden sei und dass Unterlagen, die ihr einen Einblick in den Gesamtkomplex geben könnten, nicht zur Verfügung gestellt worden seien.[213] Im August 1963 wies die IV. Ferienstrafkammer des LG Bielefeld schließlich den Untersuchungsrichter an, dem Verteidiger des Angeschuldigten Zimmermann Einsicht in die gerichtlichen Untersuchungsakten zu gestatten.[214]

Der Antrag auf Eröffnung der Voruntersuchung gegen die Beschuldigten Zimmermann, Altenloh, Heimbach, Errelis, Dibus, Plaumann, Bloch und Tiefensee wurde am 16. November 1962 gestellt.[215] Einen Monat später, am 19. Dezember 1962, wurde sie eröffnet.[216] Den Beschuldigten wurde zur Last

211 Schreiben des Leitenden OStA Dortmund an Paul Mentzel v. 9.7.1962, in: L/StADT, D 21 A, Nr. 6149, Bl. 126–127.

212 Vgl. Schreiben der Zentralen Stelle bei der Staatsanwaltschaft Dortmund an den UR beim LG Bielefeld v. 15.7.1963, i.A. OStA Dr. Hesse, in: L/StADT, D 21 A, Nr. 6152, Bl. 198.

213 Vgl. Schreiben RA Wegner an den UR am LG Bielefeld v. 22.6.1963, in: L/StADT, D 21 A, Nr. 6152, Bl. 163–165.

214 Vgl. Beschluss der IV. Ferienstrafkammer des LG Bielefeld v. 2.8.1963, in: L/StADT, D 21 A, Nr. 6152, Bl. 211.

215 Vgl. Schreiben des Leiters Zentrale Stelle bei der Staatsanwaltschaft Dortmund an den UR beim LG Bielefeld v. 16.11.1962, in: L/StADT, D 21 A, Nr. 6150, Bl. 155–178.

216 Vgl. Entwurf eines Schreibens des Untersuchungsrichters beim LG Bi an das Generalkonsulat der BRD, USA v. 9.8.1963, in: L/StADT, D 21 A, Nr. 6157, Bl. 6–10, hier: Bl. 7.

gelegt, in der Zeit von Ende 1942 bis 1944 an der Ermordung der jüdischen Bevölkerung im Bezirk Bialystok sowie an der Tötung einer Vielzahl von Polen aus dem Bezirk beteiligt gewesen zu sein.

Dr. Herbert Zimmermann wurde vorgeworfen, im August 1943 in Białystok zusammen mit Heimbach, Errelis, Dibus, Plaumann, Tiefensee und anderen Personen „zu der aus niedrigen Beweggründen, heimtückisch und grausam begangenen Tötung von mindestens 15.000 Menschen wissentlich Hilfe geleistet zu haben“. Zimmerman wurde zur Last gelegt, als Befehlshaber der KdS-Dienststelle „die Gesamtleitung der Räumungsaktion im August 1943 gehabt“ und die Angehörigen seiner Dienststelle dazu eingesetzt zu haben. Zimmermann wurde ferner beschuldigt, im Rahmen der Maßnahmen gegen die polnische Intelligenz Tötungshandlungen in Białystok und anderen Orten befohlen zu haben und im Zusammenhang mit der Beseitigung von Massengräbern KdS-Angehörige veranlasst zu haben, die „Enterdungsarbeiten“ im Bezirk Bialystok zu beaufsichtigen und die mit dem Verbrennen der Leichen beauftragten Juden zu erschießen.

Dr. Wilhelm Altenloh wurde – zusammen mit Errelis – vorgeworfen, „in Kenntnis des den Juden bevorstehenden Schicksals“ Beihilfe geleistet zu haben zur „aus niedrigen Beweggründen, heimtückisch und grausam begangenen Tötung“ von mindestens 10.000 Menschen aus dem Ghetto in Grodno, Beihilfe zur Tötung von mindestens 6.000 Menschen aus dem Durchgangslager in Zambrów zusammen mit Plaumann, Bloch und anderen und – zusammen mit Heimbach, Dibus, Plaumann und Tiefensee – Beihilfe zur Tötung von mindestens 6.000 Menschen aus dem Ghetto Białystok. Altenloh sollte im Februar 1943 Rolf Günther vom Referat IV B 4 im RSHA auf dessen Anforderung Angehörige seiner Dienststelle für die Aussiedlung der alten, kranken und nicht arbeitsfähigen Juden zur Verfügung gestellt haben. Im Rahmen der Februar-„Aktion“ habe Altenloh darüber hinaus das „Säureattentat“ im Ghetto dem RSHA fernschriftlich gemeldet und eine Vergeltungsaktion – die Tötung von 50 Menschen – vorgeschlagen.

Lothar Heimbach wurde im Zusammenhang mit den Deportationen von Juden aus dem Białystoker Ghetto im Februar und August 1943 der Beihilfe zum Mord beschuldigt. Er sollte im Februar 1943 auf Befehl von Altenloh den Einsatz von Angehörigen der Abteilung IV beim KdS bei der Erfassung und dem Abtransport von mindestens 6.000 Juden in die Vernichtungslager geleitet haben. Zudem sollte er im Februar 1943 aufgrund eines Fernschreibens des RSHA die Exekution der 50 Juden als Vergeltung für das „Säureattentat“ veranlasst haben, ohne Altenloh davon unterrichtet zu haben.

Heinz Errelis wurde beschuldigt, strafbare Handlungen in Grodno und Białystok begangen zu haben. Während der Auflösung des Ghettos Grodno sollte er „befehlsgemäß den Abtransport von mindestens 10.000 Juden in die Vernichtungslager geleitet haben". Im August 1943 sollte er bei der Reichsbahndirektion in Königsberg zusammen mit einem anderen SS-Führer die erforderlichen Züge zum Transport der Juden Białystoks in die Vernichtungslager bestellt haben. Bei der Auflösung des Ghettos sollte Errelis mit der ihm unterstehenden weißruthenischen Schutzmannschaft an den Deportationen der Juden mitgewirkt haben. Außerdem sollte er im Ghetto Grodno eine Exekution befohlen und geleitet haben, eine Frau selbst erschossen und seinen Untergebenen Wiese dazu veranlasst haben, den Vorsitzenden des Judenrats auf der Straße zu erschießen.

Richard Dibus wurde der Teilnahme an den Abtransporten von Juden aus dem Ghetto Białystok im Februar und August 1943 beschuldigt. Ferner wurde ihm vorgeworfen, im März 1943 selbstständig einen Juden erschossen und während der August-Deportationen drei Juden getötet zu haben.

Hermann Plaumann wurde beschuldigt, in drei Fällen Menschen – Inhaftierte des Durchgangslagers Zambrów – aus „niedrigen Beweggründen" (in zwei Fällen auch „grausam") getötet und in „sechs Fällen aus niedrigen Beweggründen, teilweise auch heimtückisch und grausam, zu der Tötung von Menschen wissentlich Hilfe geleistet zu haben". Als Kommandant des Durchgangslagers Zambrów, in dem etwa 10.000 Menschen aus dem Bezirk Bialystok untergebracht waren, sollte er bei der Zusammenstellung von Transporten in die Vernichtungslager Auschwitz und Treblinka mitgewirkt und dadurch zum Tod von mindestens 6.000 Menschen beigetragen haben. Im Zusammenhang mit der „Räumung" des Durchgangslagers in Zambrów wurde ihm die Tötung der bettlägerigen oder nicht transportfähigen Juden zur Last gelegt. Ferner wurde ihm Beihilfe zum Mord im Zusammenhang mit den „Räumungen" des Białystoker Ghettos vorgeworfen. Im Spätsommer 1941 sollte er im Rahmen der Vernichtungsmaßnahmen gegen die einheimische Bevölkerung Beihilfe zur Tötung von mindestens 40 Geisteskranken geleistet haben, indem er sich an dem Transport der zur Tötung bestimmten Menschen zu dem Exekutionsort beteiligte. Im Februar 1942 sollte er in der Nähe von Wołkowysk die Erschießung von 100 bis 150 russischen Kriegsgefangenen „auf Befehl veranlasst haben".

Heinz Tiefensee wurde die Beteiligung an den Deportationen von Juden aus dem Ghetto Białystok im Februar und August 1943 zur Last gelegt. Bei den Deportationen im August sollte er in einem Fall vier Menschen erschossen und in einem anderen Fall mehrere Menschen durch das Inbrandsetzen eines

Hauses getötet haben; in einem weiteren Fall sollte er zur Tötung von Menschen Hilfe geleistet haben, indem er aus einer Gruppe von Juden etwa 30 bis 40 Personen aussuchte und sie durch ein Kommando der weißruthenischen Schutzmannschaft erschießen ließ.

Hermann Bloch wurde vorgeworfen, in Zambrów Ende 1942, Anfang 1943 durch drei selbstständige Handlungen „aus niedrigen Beweggründen“ und „grausam“ zwei Menschen getötet zu haben; zusammen mit Plaumann sollte er zu der „aus niedrigen Beweggründen, heimtückisch und grausam begangenen Tötung von mindestens zwei Menschen wissentlich Hilfe“ geleistet haben.

Die gerichtliche Voruntersuchung vor dem Untersuchungsrichter in Bielefeld (VU 13/63), die am 7. November 1963 von Landgerichtsrat Dr. Fischer geschlossen wurde,[217] wurde somit nur gegen acht der 204 Personen geführt, die ursprünglich als Beteiligte an den an der Zivilbevölkerung des Bezirks verübten Tötungshandlungen in Betracht gekommen waren. Anklage erhoben wurde schließlich gegen sechs ehemalige KdS-Angehörige, namentlich Zimmermann, Altenloh, Heimbach, Errelis, Dibus und Bloch. Im Folgenden wird untersucht, warum das Verfahren gegen 198 übrige Personen, darunter Plaumann und Tiefensee, eingestellt wurde.

2.5 Zu den Einstellungsgründen

Die Teileinstellungsverfügung der Zentralstelle bei der Staatsanwaltschaft Dortmund vom 18. März 1965 gibt Auskunft über die Einstellungsgründe.[218] Bei 52 Personen wurde das Verfahren wegen Todes als erledigt erklärt.[219] Unter den Verstorbenen befand sich auch **Hermann Plaumann**.[220] Bei 13 Personen, die nicht der KdS-Dienststelle, sondern der Staatspolizeistelle Allenstein angehörten, erfolgte die Einstellung mangels Tatverdachts.[221]

Das Verfahren gegen Kurt Wiese und 9 weitere KdS-Angehörige war bereits durch Verfügung vom 31. Oktober 1963 vom „Ursprungsverfahren“ 45 Js 1/61 abgetrennt worden. Gegenstand des neuen Ermittlungsverfahrens (45 Js 24/63)

---

217 Vgl. Vfg. des Untersuchungsrichters beim LG Bielefeld v. 7.11.1963, in: L/StADT, D 21 A, Nr. 6157, Bl. 109–110.

218 Vgl. hierzu und zu Folgendem die Einstellungsverfügung des Leiters der Zentralstelle bei der Staatsanwaltschaft Dortmund, OStA Hesse, v. 18.3.1965 im Verfahren 45 Js 1/61, in: L/StADT, D 21 A, Nr. 6159, Bl. 87–170.

219 Vgl. ebd., Bl. 91–93.

220 Plaumann verstarb am 3. Februar 1963.

221 Einstellungsverfügung des Leiters der Zentralstelle bei der Staatsanwaltschaft Dortmund (45 Js 1/61), v. 18.3.1965, Bl. 94.

waren vornehmlich die im Raume Grodno an der Zivilbevölkerung begangenen Tötungshandlungen.[222] Zur Begründung heißt es, die Ermittlungen gegen Wiese würden noch längere Zeit in Anspruch nehmen. Eine Abtrennung des Verfahrens vom „Ursprungsverfahren" gegen Dr. Zimmermann u.A. hielt die Staatsanwaltschaft auch deswegen für angebracht, weil aus ihrer Sicht gegen Zimmermann „wegen der Vorfälle in Grodno keine Vorwürfe abzuleiten" waren.[223] Als Zimmermann Kommandeur der Sicherheitspolizei wurde, waren die beiden Ghettos in Grodno bereits aufgelöst und die Bewohner in die Vernichtungslager Auschwitz und Treblinka gebracht worden.

Eine vorläufige Einstellung gemäß § 205 StPO erfolgte bei 14 Personen, darunter bei dem Angeschuldigten **Heinz Tiefensee**, da ihr Aufenthalt nicht ermittelt werden konnte, und bei einer Person, die nicht identifiziert werden konnte.[224] Am 28. Juni 1965 stellte das Landgericht Bielefeld das Verfahren bezüglich Tiefensee wegen Abwesenheit des Angeschuldigten vorläufig ein.[225] Aus den Akten ergibt sich, dass die Behörden hinsichtlich Tiefensees, der bis 1954 in Berlin unter falschem Namen gelebt hatte und zwei Jahre später nach Australien ausgewandert war, keinen großen Aufwand betrieben, um ihn ausfindig zu machen.[226] Die Deutsche Botschaft in Canberra, Australien, informierte die Zentralstelle bei der Staatsanwaltschaft Dortmund am 20. Juni 1963 darüber, dass Tiefensee, der „mit ziemlicher Sicherheit" noch die deutsche Staatsangehörigkeit besitze, unter der letztbekannten Anschrift, die dem

222 Vgl. Verfügung des Leiters der Zentralstelle bei der Staatsanwaltschaft Dortmund v. 5.8.1965, in: L/StAM, Staatsanwaltschaft Dortmund, Zentralstelle für NS-Verbrechen, Nr. 3297, Bl. 1–19; Antrag des Leiters der Zentralstelle bei der Staatsanwaltschaft Dortmund v. 27.7.1965 auf Eröffnung der Voruntersuchung gegen die Beschuldigten Wiese und Errelis v. 27.7.1965, in: ebd., Bl. 20–35; Zum Ergebnis der Ermittlungen und der Voruntersuchung vgl. die Verfügung des Leiters der Zentralstelle bei der Staatsanwaltschaft Dortmund v. 4.4.1967, in: L/StAM, Staatsanwaltschaft Dortmund, Zentralstelle für NS-Verbrechen, Nr. 3302. Siehe auch die Anklageschrift der Zentralstelle bei der Staatsanwaltschaft Dortmund v. 4.4.1967 und das Urteil des LG Köln (24 Ks 1/67) v. 27.6.1968, in: L/StAM, Staatsanwaltschaft Dortmund, Zentralstelle für NS-Verbrechen, Nr. 3306.

223 Vfg. StA Schaplow v. 31.10.1963, in: L/StADT, D 21 A, Nr. 6157, Bl. 111–112.

224 Vgl. Einstellungsverfügung des Leiters der Zentralstelle bei der Staatsanwaltschaft Dortmund (45 Js 1/61), v. 18.3.1965, Bl. 94–96.

225 Vgl. undatierter Vermerk der Zentralstelle bei der Staatsanwaltschaft Dortmund (45 Js 1/61), in: L/StAM, Staatsanwaltschaft Dortmund, Zentralstelle für NS-Verbrechen, 45 Js 12/75, Heft Arbeitsunterlagen.

226 Vgl. Schreiben der Zentralen Stelle Ludwigsburg an das Generalkonsulat in Sydney v. 22.10.1962, in: L/StADT, D 21 A, Nr. 6150, Bl. 57; Schreiben des Generalkonsulats der BRD an den Leiter der Zentralstelle in Dortmund v. 5.12.1962, in: L/StADT, D 21 A, Nr. 6151; Bl. 126; Nr. 6155; 6157; 6159.

Leitenden Oberstaatsanwalt beim Bielefelder Landgericht im Oktober 1961 vom Generalkonsulat in Sydney mitgeteilt worden war,[227] nicht mehr wohnhaft sei. Die Gültigkeit seines Reisepasses laufe 1965 ab. Ob Tiefensee sich noch in Australien aufhalte oder das Land inzwischen verlassen habe, lasse sich „zuverlässig nicht feststellen“. Angesichts „der Schwere der Tiefensee zur Last gelegten Verbrechen“ falle auf, dass Tiefensee nicht im Deutschen Fahndungsbuch ausgeschrieben sei.[228] Zur Erklärung führte die Dortmunder Zentralstelle an, im „Hinblick auf die in Australien laufenden“ Fahndungsmaßnahmen sei „von einem Antrag auf Ausschreibung im Deutschen Fahndungsbuch abgesehen worden“. Nachdem die Dortmunder Zentralstelle von der Deutschen Botschaft über den Sachstand hinsichtlich des Aufenthalts von Tiefensee informiert worden war, änderte sie ihre Position: „Nunmehr“, heißt es in einem Vermerk vom 5. September 1963, solle „auch die Ausschreibung im Deutschen Fahndungsbuch erfolgen“.[229] Der deutschen Botschaft in Australien wurde der Aufenthaltsort Tiefensees schließlich bekannt, weil er im Jahr 1967 beim Generalkonsulat in Sydney die Ausstellung eines Reisepasses beantragt hatte.[230] Das vorläufig eingestellte Verfahren gegen den Angeschuldigten wurde deshalb aufgrund eines Beschlusses der I. Strafkammer des Landgerichts Bielefeld vom 27. Mai 1967 wieder aufgenommen.[231] Die Dortmunder Zentralstelle beantragte kurze Zeit später beim Landgericht Bielefeld einen Auslieferungshaftbefehl.[232] Dieser erging indes nicht, da eine Auslieferung „aus inneraustralischen Gründen“ nicht in Betracht

---

227 Vgl. Schreiben des Generalkonsulats der BRD in Sydney an den Leitenden OStA bei dem LG Bielefeld v. 11.10.1961, in: L/StAM, Staatsanwaltschaft Dortmund, Zentralstelle für NS-Verbrechen, 45 Js 12/75, Sonderheft betr. Auslieferung Tiefensee, Bl. 1.

228 Schreiben der Deutschen Botschaft in Canberra, Australien, an die Zentralstelle Dortmund v. 20.6.1963, in: L/StADT, D 21 A, Nr. 6152, Bl. 194.

229 Vfg. (45 Js 1/61) der Zentralstelle bei der Staatsanwaltschaft Dortmund v. 5.9.1963, hier: Vermerk, in: L/StAM, Staatsanwaltschaft Dortmund, Zentralstelle für NS-Verbrechen, 45 Js 12/75, Staatsanwaltschaft Dortmund, Strafsache gegen Tiefensee, Bd. VIII des Verfahrens gegen Altenloh u.A., Bl. 105.

230 Vgl. Schreiben der Deutschen Botschaft in Canberra an die StA Dortmund vom 20.4.1967, in: L/StAM, Staatsanwaltschaft Dortmund, Zentralstelle für NS-Verbrechen, 45 Js 12/75, Sonderheft betr. Auslieferung Tiefensee, Bl. 4.

231 Vgl. Schreiben der Zentralstelle bei der Staatsanwaltschaft Dortmund (im Auftrage: Erster Staatsanwalt Carree), an den Vorsitzenden der II. Strafkammer des Landgerichts Bielefeld v. 15.6.1967, in: L/StADT, D 21 A, Nr. 6171, Bl. 345.

232 Schreiben des Leiters der Zentralstelle bei der Staatsanwaltschaft Dortmund, OStA Hesse, an Consugerma Sydney v. 25.4.1967, in: L/StAM, Staatsanwaltschaft Dortmund, Zentralstelle für NS-Verbrechen, 45 Js 12/75, Sonderheft betr. Auslieferung Tiefensee, Bl. 10.

kam.[233] Wie die deutsche Botschaft erfuhr, hatten die australischen Behörden „Bedenken, einem Auslieferungsantrag zu entsprechen, solange kein deutsch-australisches Auslieferungsabkommen abgeschlossen" sei.[234] Auch die Abschiebung des Angeschuldigten, um die sich der nordrhein-westfälische Justizminister bemühte,[235] erschien – genau wie die Auslieferung – aufgrund der australischen Rechtslage[236] nicht erfolgversprechend. Das Ministerium für Auswärtige Angelegenheiten in Australien teilte der Deutschen Botschaft im April 1968 mit, Tiefensee könne der Bundesrepublik nicht übergeben werden, „um sich wegen angeblich in Polen begangener Straftaten zu verantworten".[237] Da jedoch eine freiwillige Rückkehr Tiefensees in die Bundesrepublik nicht ausgeschlossen schien, ließ die Dortmunder Zentralstelle die Ausschreibung zur Festnahme verlängern.[238] Im Juni 1967 war ein neuer Haftbefehl gegen

---

233 Schreiben des Untersuchungsrichters beim LG Bielefeld, AGR Groß, an den Leiter der Zentralstelle bei der Staatsanwaltschaft Dortmund v. 6.6.1967, in: L/StAM, Staatsanwaltschaft Dortmund, Zentralstelle für NS-Verbrechen, 45 Js 12/75, Sonderheft betr. Auslieferung Tiefensee, Bl. 24.

234 Schreiben der Deutschen Botschaft in Canberra an den Untersuchungsrichter bei dem LG Bielefeld v. 28.4.1967, in: L/StAM, Staatsanwaltschaft Dortmund, Zentralstelle für NS-Verbrechen, 45 Js 12/75, Sonderheft betr. Auslieferung Tiefensee, Bl. 12–13, hier: Bl. 13.

235 Schreiben des Bundesministers der Justiz an das Auswärtige Amt – Rechtsabteilung – v. 22.6.1967, in: L/StAM, Staatsanwaltschaft Dortmund, Zentralstelle für NS-Verbrechen, 45 Js 12/75, Sonderheft betr. Auslieferung Tiefensee, Bl. 36.

236 Der Leiter des Legal and Treaties Branch der Division 3 des Department of External Affairs erklärte der Deutschen Botschaft am 27. Juni 1967, Auslieferung oder Abschiebung (Deportation) seien in Australien grundsätzlich möglich aufgrund des *War Crimes Act* von 1945, des *Extradition (Foreign States) Act of 1966* und des *Migration Act 1958* (Fassung von 1964). Nach dem *War Crimes Act* dürften „die australischen Behörden eine Person einem anderen Land nicht zur Aburteilung überstellen". Der *Extradition (Foreign States) Act of 1966* setze „ein formelles Auslieferungsbegehren voraus" und gestatte die „Auslieferung einer Person nur an dasjenige Land, auf dessen Boden die den Gegenstand des Strafverfahrens bildende Straftat begangen" worden sei. Nach dem *Migration Act 1958* in der Fassung von 1964 sei eine Abschiebung in drei Fällen möglich: 1) nach „rechtskräftiger Verurteilung durch ein australisches Gericht wegen eines in Australien begangenen Gewaltverbrechens"; 2) bei „ordnungswidriger Führung in Australien oder einem anderen Lande"; 3) beim „Nachweis von 'Unregelmäßigkeiten' bei den Formalitäten der Einwanderung der betroffenen Person". Schreiben der Botschaft der Bundesrepublik Deutschland Canberra an das Auswärtige Amt v. 28.6.1967, in: L/StAM, Staatsanwaltschaft Dortmund, Zentralstelle für NS-Verbrechen, 45 Js 12/75, Sonderheft betr. Auslieferung Tiefensee, Bl. 43–46.

237 Nichtamtliche Übersetzung eines Schreibens des Ministeriums für Auswärtige Angelegenheiten v. 26.4.1968, in: L/StAM, Staatsanwaltschaft Dortmund, Zentralstelle für NS-Verbrechen, 45 Js 12/75, Beiakten, Bl. 187–188.

238 Vgl. Schreiben des Leiters der Zentralstelle bei der Staatsanwaltschaft Dortmund an den Untersuchungsrichter bei dem LG Bielefeld v. 28.6.1968, in: L/StAM, Staatsan-

Tiefensee erlassen worden, der sich auf zwei Fälle der Beihilfe zum Mord beschränkte (Beteiligung an den Deportationen der Białystoker Juden im Februar und August 1943).[239] Durch Beschluss des Bielefelder Landgerichts vom 5. Juli 1968 wurde die gerichtliche Voruntersuchung gegen Tiefensee erneut gemäß § 205 StPO vorläufig eingestellt, da „eine Auslieferung oder Abschiebung aus Australien zum damaligen Zeitpunkt nicht erfolgversprechend erschien". [240]

Mangels hinreichenden Tatverdachts wurde das „Ursprungsverfahren" 45 Js 1/61 gegen 37 Personen eingestellt.[241] Die Ermittlungen ergaben, dass diese Personen „nicht nachweisbar oder nur vorübergehend" Angehörige der KdS-Dienststelle in Białystok gewesen waren und „nicht während der Zeit, in der die in der Anklageschrift aufgeführten Straftaten begangen wurden". Bei diesen Personen hätten sich „keine konkreten Anhaltspunkte für strafbare Handlungen" ergeben.[242]

Mangels Beweises wurde das Verfahren gegen 67 Beschuldigte, darunter **Walter Reichardt** und **Waldemar Schmidt**, eingestellt.[243] Eine Überführung dieser Personen – zum großen Teil Angehörige der Abteilung IV –, die insbesondere der Beteiligung an der Auflösung des Ghettos Białystok im August 1943 verdächtig waren, schien der Staatsanwaltschaft nicht möglich. Zwar sprächen nicht nur der Umfang dieser Aktion, sondern auch die Angaben des Angeschuldigten Heimbach, denen zufolge bei der endgültigen „Räumung" des Ghettos die gesamte Dienststelle zum Einsatz gekommen war, für eine Mitwirkung der Personen. Diese hätten jedoch eine Teilnahme in Abrede gestellt und auch eine Mitwirkung bei Tötungshandlungen geleugnet.[244] Die

---

waltschaft Dortmund, Zentralstelle für NS-Verbrechen, 45 Js 12/75, Beiakten, Bl. 183–184, hier: Bl. 184.

239 Aus Sicht der Dortmunder Zentralstelle war hinsichtlich der Exzesstaten (vgl. dazu den Voruntersuchungsantrag v. 16.11.1962) kein dringender Tatverdacht mehr gegeben. Mit einer Verurteilung sei nicht zu rechnen. Vgl. Schreiben des Leiters der Zentralstelle bei der Staatsanwaltschaft Dortmund an den Generalstaatsanwalt bei dem OLG in Hamm v. 13.6.1967, in: L/StAM, Staatsanwaltschaft Dortmund, Zentralstelle für NS-Verbrechen, 45 Js 12/75, Sonderheft betr. Auslieferung Tiefensee, Bl. 32–34.

240 Vgl. undatierter Vermerk der Zentralstelle bei der Staatsanwaltschaft Dortmund (45 Js 1/61), in: L/StAM, Staatsanwaltschaft Dortmund, Zentralstelle für NS-Verbrechen, 45 Js 12/75, Heft Arbeitsunterlagen.

241 Einstellungsverfügung des Leiters der Zentralstelle bei der Staatsanwaltschaft Dortmund (45 Js 1/61), v. 18.3.1965, Bl. 96f.

242 Ebd., Bl. 97.

243 Ebd., Bl. 98f.

244 Ebd., Bl. 100.

Ermittlungen hätten „keine sicheren Beweise für einen konkreten Tatbeitrag ergeben". In der Einstellungsverfügung heißt es weiter: „Wenn auch gegen die Richtigkeit der Einlassung einiger Beschuldigter Bedenken nicht ausgeräumt werden" könnten, sie „doch deren Überführung nicht zu erwarten".[245]

Im Zusammenhang mit der Auflösung des Białystoker Ghettos im August 1943 erfolgte bei sieben weiteren Beschuldigten die Einstellung *gemäß § 153 a Abs. 1 StPO*[246] in Verbindung mit § 47 Abs. 2 Militärstrafgesetzbuch (MStGB).[247] Der Tatbeitrag der Beschuldigten („Durchkämmung von Häusern im Getto, Zusammentreiben der Juden, Bewachen der Kolonne auf dem Marsch zum Transportzug u.a.") erfülle zwar den äußeren Tatbestand der Beihilfe zum Mord. Auch hätten sich die Personen strafbar gemacht, „weil sie den verbrecherischen Zweck des Befehls zur Teilnahme an der Judenvernichtung erkannt hatten". Der Schuldvorwurf sei jedoch „verhältnismäßig gering". Dies ergebe sich aus der „damaligen Gesamtsituation, die es den Angehörigen der Dienststelle im Dienstrang der Beschuldigten unter Vorgesetzten wie Dr. Zimmermann und Heimbach nicht gestattet habe, das Tatgeschehen maßgeblich zu beeinflussen". Die Staatsanwaltschaft sah keine Anhaltspunkte dafür, „dass die Beschuldigten ihren Tatbeitrag aus eigener Überzeugung wollten". Deshalb solle gemäß § 47 Abs. 2 MStGB, § 153a Abs. 1 StPO von der Erhebung der öffentlichen Klage abgesehen und beim Gericht die Zustimmung hierzu beantragt werden.[248]

Von 204 Tatkomplexen[249] des Sammelverfahrens waren nur 26 Gegenstand der Anklageschrift vom 15. Dezember 1964 gegen Zimmermann, Altenloh, Heimbach, Errelis, Dibus und Bloch.[250] Aus der Einstellungsverfügung geht hervor, dass einige Tatkomplexe in anderen Ermittlungsverfahren behandelt wurden. So waren 45 Fälle Gegenstand des Ermittlungsverfahrens gegen Wiese und Andere, das durch Verfügung vom 31. Oktober 1963 vom Sammelverfahren abgetrennt worden war.[251] In 26 weiteren Fällen erachtete die Staats-

245 Ebd., Bl. 99.

246 § 153a Abs. 1 StPO lautet: „Liegen die Voraussetzungen vor, unter denen das Gericht von Strafe absehen könnte, so kann die Staatsanwaltschaft mit Zustimmung des Gerichts, das für die Hauptverhandlung zuständig wäre, von der Erhebung der öffentlichen Klage absehen."

247 Vgl. Einstellungsverfügung des Leiters der Zentralstelle bei der Staatsanwaltschaft Dortmund (45 Js 1/61), v. 18.3.1965, in: L/StADT, D 21 A, Nr. 6159, Bl. 100.

248 Ebd., Bl. 101.

249 Ebd., Bl. 102–119.

250 Vgl. ebd. Bl. 119–122.

251 Vgl. ebd., Bl. 154–158.

anwaltschaft es für geboten, die Ermittlungen in verschiedenen gesonderten Verfahren fortzusetzen, weil sie die Ermittlungsmöglichkeiten noch nicht für ausgeschöpft hielt.[252] Bei 32 Tatkomplexen – fast ausschließlich Erschießungen – bestand nach Angaben der Staatsanwaltschaft für eine Beteiligung von Angehörigen des KdS kein Tatverdacht.[253] Als Beschuldigte kamen in diesen Fällen Angehörige von Einsatzkommandos, Polizeibataillonen, Ordnungspolizei und Schutzpolizei in Betracht. 14 Tatkomplexe erledigten sich aufgrund des Todes der in Betracht kommenden KdS-Angehörigen,[254] 9 Tatkomplexe wurden von der vorläufigen Einstellung gemäß § 205 StPO[255] erfasst,[256] da die Beschuldigten nicht zu ermitteln waren, und bei 28 Tatkomplexen erbrachten die Ermittlungen keine konkreten Hinweise auf die Beteiligung bestimmter KdS-Angehöriger.[257] Bei 19 Tatkomplexen[258] erfolgte die Einstellung aus „den jeweils angeführten Gründen“.[259]

Die ausführlichen Begründungen lassen sich in Fallgruppen einteilen. In vier Fällen reichten die der Staatsanwaltschaft vorliegenden Beweise für die Überführung der Beschuldigten nicht aus. Bei den Tötungsfällen handelt es sich um: die „Erschießung von Kommunisten in Białystok durch Dibus“ (Fall 1), die „Erschießung von 70 Kindern nach der Februar-Räumung“ in der Nähe von Białystok (Fall 2), den „Kindertransport nach Theresienstadt“ (Fall 3) und die „Tötung von 4 Juden und 1 Polen“ (Fall 4). Mark schreibt in seinem Buch „Der Aufstand im Getto Białystok“, einige Tage nach der Schließung des Ghettos sei eine Gruppe jüdischer Kommunisten bis auf einen auf dem Hof der KdS-Dienststelle erschossen worden. Nur der Schuster Berel Schatzmann habe sich retten können. Die Staatsanwaltschaft nahm angesichts der „bekannt

252 Ebd., Abschnitt K). Unter Punkt K) sind keine Aktenzeichen für die neuen Verfahren angegeben. Die Recherche ergab, dass die abgetrennten Tatkomplexe u.a. in den folgenden Ermittlungsverfahren behandelt wurden: 45 Js 13/65; 45 Js 14/65; 45 Js 15/65; 45 Js 16/65; 45 Js 17/65.

253 Vgl. Einstellungsverfügung des Leiters der Zentralstelle bei der Staatsanwaltschaft Dortmund (45 Js 1/61), v. 18.3.1965, Bl. 122–127.

254 Ebd., Bl. 128–129.

255 § 205 StPO lautet: „Steht der Hauptverhandlung für längere Zeit die Abwesenheit des Angeschuldigten oder ein anderes in seiner Person liegendes Hindernis entgegen, so kann das Gericht das Verfahren durch Beschluss vorläufig einstellen. Der Vorsitzende sichert, soweit nötig, die Beweise.“

256 Einstellungsverfügung des Leiters der Zentralstelle bei der Staatsanwaltschaft Dortmund (45 Js 1/61), v. 18.3.1965, Bl. 129–131.

257 Ebd., Bl. 131–134.

258 Vgl. ebd., Bl. 134–150.

259 Vgl. Einstellungsverfügung des Leiters der Zentralstelle bei der Staatsanwaltschaft Dortmund (45 Js 1/61), v. 18.3.1965, Bl. 134–150.

gewordenen Maßnahmen gegen die Zivilbevölkerung des Bezirks, insbesondere gegen die Juden", an, dass „diese Personen wirklich getötet worden sind". Es erschien ihr aber mangels geeigneter Beweismittel nicht möglich, Dibus die Tat nachzuweisen. Der Beschuldigte stelle „die Tat jedoch in Abrede", und der Zeuge sei nicht ermittelt worden. Die Darstellung Marks, der selbst nicht unmittelbar Zeuge gewesen sei, reiche zur Überführung des Beschuldigten nicht aus.[260] Auch im Fall der von Mark erwähnten Tötung von vier Juden und einem Polen, die für einen deutschen Installateur arbeiten mussten, lagen keine Zeugenaussagen als Beweismittel vor. Da der Beschuldigte Dibus die Tötungshandlungen bestritt und keine Zeugen ermittelt werden konnten, wurde das Verfahren hinsichtlich dieses Tatkomplexes eingestellt.[261] Was die Erschießung von 70 Kindern anbetrifft, standen der Staatsanwaltschaft keine Augenzeugen zur Verfügung. Der Zeuge Judelbaum bekundete, nach den Februar-Deportationen aus dem Białystoker Ghetto seien 70 Kinder durch Friedel, Dibus und andere Gestapoangehörige fortgeschafft worden. Judelbaum erfuhr nach eigenen Angaben später von einem Polen, dass diese Kinder erschossen worden seien. Soweit Friedel als Beschuldigter in Betracht komme, sei das Verfahren erledigt, da er tot sei. Dibus leugne die Erschießung. Da Judelbaum „die behauptete Erschießung nicht selbst" beobachtet habe, sei „seine Darstellung nicht geeignet, den Beschuldigten zu überführen".[262] Im Fall des Kindertransports konnte die Einlassung des Beschuldigten Dibus, er habe nicht gewusst, dass die Kinder, die er nach eigenen Angaben auf Befehl Zimmermanns und Heimbachs zusammen mit einigen Beamten der Schutzpolizei nach Theresienstadt gebracht hatte, von dort nach Auschwitz deportiert worden seien, nicht widerlegt werden. Dibus bekundete, „ihm sei damals erklärt worden, die jüdischen Kinder seien für den Austausch vorgesehen". Auch den Vorgesetzten des Beschuldigten könne, heißt es in der Einstellungsverfügung, bei dieser Sachlage „eine Mitwirkung bei der Tötung dieser jüdischen Kinder mangels geeigneter Beweise nicht nachgewiesen werden".[263]

In einem Fall (Fall 19) konnte eine rechtswidrige Tötung nicht festgestellt werden, da es sich um die Erschießung standgerichtlich verurteilter Personen handelte. Der Zeuge Quapp hatte ausgesagt, der Beschuldigte Witzel habe – gemeinschaftlich mit dem Beschuldigten Gronau – in Hajnówka zwei standgerichtlich zum Tode verurteilte Polen mit der Pistole erschossen. Insoweit lasse

---

260 Ebd., Bl. 134.
261 Ebd., Bl. 136.
262 Ebd., Bl. 135.
263 Ebd., Bl. 136.

„sich nicht feststellen", dass es „sich um eine rechtswidrige Tötung gehandelt" habe.[264]

Im Fall der Tötung eines polnischen Angestellten in Białystok (Fall 11) konnte mangels geeigneter Beweismittel nicht geklärt werden, wer an der Erschießung beteiligt gewesen war. Der Zeuge Seele gab an, im Jahre 1943 sei ein Pole namens Koslowski, der bei der deutschen Kreissparkasse in Białystok als Kassierer tätig gewesen sei, von Gestapoangehörigen festgenommen und einige Tage darauf erschossen worden. In der Einstellungsverfügung heißt es, der Zeuge vermute eine Mitwirkung Macholls, sei „aber nicht in der Lage, Einzelheiten der Erschießung und die Namen der Täter anzugeben".[265] Da Macholl bereits tot war und aus Mangel an weiteren Beweismitteln „keine Anhaltspunkte für die Beteiligung bestimmter anderer Angehöriger der Dienststelle KdS" bestanden, entschied die Staatsanwaltschaft, das Verfahren hinsichtlich dieses Tatkomplexes einzustellen.

In sechs Fällen (10, 13, 14, 15, 17 und 18) galt der Staatsanwaltschaft die Einlassung der Beschuldigten als nicht widerlegbar. Fall 10 betraf die „Erschießung von 15 angeblichen Banditen". Der ehemalige Angehörige der Abteilung IV beim KdS, Karl Fischer, erklärte in einer Vernehmung vor dem Untersuchungsrichter, er sei zusammen mit anderen KdS-Angehörigen unter der Leitung Saldens „zwecks Durchführung einer Vergeltungsmaßnahme zu einem unbekannten Dorf gefahren". Dort habe sich eine Anzahl von Gendarmeriebeamten befunden, die „eine Gruppe von etwa 15 Zivilpersonen zusammengetrieben hatte". Die Menschen seien nach Ankunft des KdS-Kommandos von den Angehörigen der Gendarmerie abseits geführt worden. Fischer gab an, anschließend eine Maschinenpistolensalve gehört und später erfahren zu haben, dass es sich bei den Erschossenen um „polnische Banditen gehandelt habe, die einen Polizeiposten überfallen hätten". Fischer vermutete, dass der Kriminaloberassistent Johannes Franke vom Referat „Bandenbekämpfung" beim KdS, der sich bei den Gendarmeriebeamten befunden habe, die Aktion geleitet habe. Während der Beschuldigte Salden sich „an diesen Einsatz nicht mehr erinnern" wolle, so die Staatsanwaltschaft in ihrer Einstellungsbegründung, stelle Franke „in Abrede, die Erschießung angeordnet zu haben". Im Hinblick „auf die unwiderlegbare Einlassung Fischers" lasse sich den Beschuldigten Salden und Fischer „eine Mitwirkung bei der Festnahme und späteren Erschießung der 15 Zivilpersonen nicht nachweisen". Aus Mangel an geeigneten Beweismitteln könne aber ebenso wenig eine strafbare Beteiligung

264 Ebd., Bl. 150.

265 Ebd., Bl. 144.

des Beschuldigten Franke festgestellt werden, „zumal Fischer lediglich die Vermutung geäußert" habe, „Franke habe die Aktion geleitet und damit auch die Erschießung angeordnet".[266]

Nach den Bekundungen polnischer Zeugen vor dem Amtsgericht in Białystok im November 1945 sollen unter Mitwirkung des Beschuldigten Stenzel im März 1944 ein Pole erhängt und am 21. Juli 1944 zwei Polen erschossen worden sein (Fall 13). Stenzel erklärte, er sei bei der von der Abteilung IV beim KdS durchgeführten Erhängung lediglich anwesend gewesen. Der Beschuldigte sagte in seiner Vernehmung außerdem aus, dass er sich an die Erschießung der beiden Polen nicht erinnern könne. In der Einstellungsverfügung heißt es, die Einlassung Stenzels sei „nicht zu widerlegen". Im ersten Fall könne „allein in der Anwesenheit des Beschuldigten eine strafbare Handlung nicht gesehen werden". Im zweiten Fall lasse sich „nicht mit hinreichender Sicherheit feststellen", dass „der Beschuldigte an der Erschießung überhaupt in irgendeiner Form beteiligt gewesen" sei.[267] Die Aussagen der polnischen Zeugen reichten aus Sicht der Staatsanwaltschaft nicht aus, um den Beschuldigten juristisch zu überführen.

Zwei der sechs Fälle (14 und 15) betrafen das Ghetto Bielsk. Der damalige Leiter der Schutzpolizeiabteilung in Bielsk, Lampe, bekundete bei seinen Vernehmungen, dass das Ghetto Ende 1942, Anfang 1943 aufgelöst worden sei. Etwa 3.500 Juden seien unter Mitwirkung einer Polizeieinheit und einer großen Zahl von SS-Angehörigen zum Bahnhof Bielsk geführt und anschließend mit dem Zug abtransportiert worden (Fall 14). Da zu diesem Zeitpunkt ein Kommando der KdS-Dienststelle unter der Leitung des Beschuldigten Paul Schweda in Bielsk stationiert war, bestand der Verdacht, dass „auch hier – wie an anderen Orten, an denen sich Außenstellen oder Kommandos der KdS-Dienststelle befanden – die Leitung der Räumung in den Händen dieses Kommandos" gelegen habe. Der Beschuldigte stelle jedoch, so die Staatsanwaltschaft, „sowohl die eigene als auch die Mitwirkung seines Kommandos bei dieser Räumungsaktion in Abrede". Die Einlassung Schwedas sei „nicht zu widerlegen". Es sei nicht auszuschließen, dass die Auflösung des Bielsker Ghettos „im Hinblick auf die Lage im Süden des großen Bezirks von Bialystok einem anderen unbekannten Kommando übertragen worden" sei, „da zu dem damaligen Zeitpunkt der Personalbestand der gesamten KdS-Dienststelle verhältnismäßig gering" gewesen sei.[268] Der Zeuge Lampe sagte außerdem

266 Ebd., Bl. 143f.

267 Ebd., Bl. 146.

268 Ebd., Bl. 147f.

aus, im Zusammenhang mit der „Räumung" des Ghettos Bielsk seien „30 bis 40 kranke nichttransportfähige Juden (Männer und Frauen) erschossen worden" (Fall 15). Ein SS-Mann habe die Erschießung durchgeführt, „während zwei andere SS-Angehörige sowie zwei Hilfspolizisten seiner Dienststelle die Kranken zu der vorbereiteten Grube geschleppt hätten".[269] Die Aussage Lampes reichte nicht aus, um den Beschuldigten Schweda zu überführen. Da jener „auch die Beteiligung seines Kommandos an dieser Exekution unwiderlegbar in Abrede" stelle „und ihre Durchführung durch ein anderes Kommando nicht auszuschließen" sei, könne „sie dem Beschuldigten nicht angelastet werden".[270]

Bei Fall 17 handelte es sich um die Festnahme und Erschießung von Einwohnern der Ortschaft Michałowo. Auch hier misslang die juristische Überführung des Beschuldigten. Aus einem Bericht Szymon Datners geht hervor, dass ein Gestapokommando unter Führung des KdS-Angehörigen Max Plewes im Oktober 1941 in Michałowo „eine unbestimmte Anzahl von Einwohnern festgenommen und vermutlich liquidiert habe". Plewe bestätigte zwar, im Zusammenhang mit seiner Tätigkeit beim Referat „Bandenbekämpfung" in Michałowo gewesen zu sein, stellte aber die Erschießung in Abrede. Die Einlassung des Beschuldigten sei „nicht zu widerlegen".[271] Die Erschießung kranker, nichtgehfähiger Juden bei der Auflösung des Ghettos Wysokie-Mazowiecki (Fall 18) wurde eingestellt, weil der Zeuge Wohlmann seine Aussage, die Opfer seien von dem Beschuldigten Bloch erschossen worden, vor dem Untersuchungsrichter nicht aufrechterhielt, weil Bloch die Erschießung in Abrede stellte und die Exekution von anderen Zeugen nicht bestätigt wurde.[272]

Bei sieben Tatkomplexen (Fälle 5, 6, 7, 8, 9, 12 und 16) waren nach Auffassung der Staatsanwaltschaft die Tatbestandsmerkmale des Mordes im Sinne des § 211 StGB nicht erfüllt. In der Mitwirkung der Beschuldigten wurden nur Totschlag oder Beihilfe zum Totschlag erkannt. Aufgrund dieser Beweiswürdigungen, die im Folgenden genauer analysiert werden, war eine Strafverfolgung wegen Verjährung ausgeschlossen. Seit der Verjährung von Totschlagsdelikten am 8. Mai 1960 konnten die Staatsanwaltschaften nur noch Straftaten wegen Mordes verfolgen. Auch Beihilfe zum Mord, die vor dem 5. Dezember 1939 begangen worden war, verjährte, es sei denn, die Verjährung

269 Ebd., Bl. 148.

270 Ebd., Bl. 148.

271 Ebd., Bl. 149.

272 Vgl. ebd., Bl. 150.

war unterbrochen worden. Die Abgrenzung zwischen Mord und verjährtem Totschlag ist abhängig von den Feststellungen, die im Hinblick auf die Art und Weise der Tötung und die Motive für die Tötungen getroffen werden können. Die Staatsanwaltschaft musste den Nachweis erbringen, dass die Tötung „aus niedrigen Beweggründen" begangen worden oder dass die Ausführung der Tötung „grausam" oder „heimtückisch" erfolgt war. Aus den ausführlichen staatsanwaltlichen Begründungen für die Einstellungen wegen Verjährung geht indes nicht in allen Fällen eindeutig hervor, warum die Tatbestandsmerkmale für Mord im Sinne des § 211 StGB verneint wurden. Die Argumentation der Staatsanwaltschaft hinsichtlich der Verneinung der Mordmerkmale ist nicht in allen Fällen überzeugend, weil auf eine genaue Prüfung der Tatbestandsmerkmale des Mordes verzichtet wurde. Die Begründungen werden am ermittelten Sachverhalt nicht explizit erläutert. Die Argumentationen fallen zu knapp aus und sind nicht in allen Fällen eindeutig.

Der ehemalige Kriminaloberassistent Alois Fischer gab in einer staatsanwaltlichen Vernehmung vom 20. Februar 1962 an, unter der Leitung des Angeschuldigten Heimbach zusammen mit etwa acht bis zwölf weiteren KdS-Angehörigen an einer Erschießung von etwa 40 polnischen Männern und Frauen beteiligt gewesen zu sein (Fall 5).[273] Es blieb unklar, ob es sich bei den Opfern um „Banditen" gehandelt hatte und ob sie von einem Standgericht verurteilt worden waren. Die mit einem LKW zum Erschießungsort transportierten Menschen wurden Fischer zufolge in zwei Schüben zu der bereits ausgehobenen Grube gebracht und dort erschossen. Heimbach soll noch „Gnadenschüsse" gegeben haben. Fischer gab an, ihm sei die Mitwirkung an der Erschießung zuwider gewesen, er habe sich jedoch dem Befehl nicht entziehen können.[274] Mangels weiterer Feststellungen ging die Staatsanwaltschaft von der Darstellung des Beschuldigten Fischer aus. Sie nahm Totschlag an, weil die Identität der Opfer nicht sicher festgestellt werden konnte und die Umstände der Tötung nicht hinreichend aufgeklärt werden konnten. Dem Beschuldigten wurde zugestanden, dass „nach der damals üblichen Terminologie" unter „Banditen Partisanen, Saboteure und Gewaltverbrecher zu verstehen" waren. „Da infolgedessen die qualifizierenden Merkmale des Mordes nicht mit Sicherheit festzustellen" seien, könne allenfalls Totschlag in Betracht kommen.[275] Die Strafverfolgung einer Totschlagshandlung sei jedoch bezüg-

---

273 Vgl. ebd., Bl. 137.

274 Vgl. Vernehmung Alois Fischer durch StA Schaplow v. 20.2.1962, in: L/StADT, D 21 A, Nr. 6147, Bl. 34–40, hier: Bl. 36f.

275 Vgl. Einstellungsverfügung des Leiters der Zentralstelle bei der Staatsanwaltschaft Dortmund (45 Js 1/61), v. 18.3.1965, Bl. 137.

lich Fischer wegen Verjährung ausgeschlossen, da seine Tatbeteiligung erst zum Zeitpunkt seiner Vernehmung bekannt geworden sei und damit nach der am 8. Mai 1960 eingetretenen Verjährung von Totschlag. Da bei Heimbach die Verjährung durch eine richterliche Handlung unterbrochen worden sei, sei eine Strafverfolgung wegen Beihilfe zum Totschlag noch möglich, es sei jedoch im Hinblick auf die Strafe, die der Angeklagte wegen der ihm in der Anklageschrift zur Last gelegten anderen Straftaten zu erwarten habe, eine Einstellung gemäß § 154 StPO[276] geboten.[277] Welche Strafe Heimbach zu erwarten habe, führte die Staatsanwaltschaft nicht näher aus.

Alois Fischer bekundete ferner, bei der Erhängung von sechs oder sieben Polen einem Absperrkommando angehört zu haben (Fall 6). Die Opfer seien wegen Sabotage in einem Industriebetrieb standgerichtlich zum Tode verurteilt worden.[278] Bezugnehmend auf die §§ 1 und 2 der Verordnung zur Abänderung der Verordnung über die Einführung der Strafrechtspflege im Bezirk Bialystok vom 19. Dezember 1941, nach der Todesurteile gegen Polen wegen schwerer Ausschreitungen, die das „deutsche Aufbauwerk“ gefährdeten, ausgesprochen werden konnten, argumentierte die Staatsanwaltschaft, dass „die Vollstreckung derartiger Todesurteile [...] nicht schlechthin als rechtswidrig“ bezeichnet werden könne und eine strafbare Handlung „schon objektiv nicht nachzuweisen“ sei. Sollten aber die Todesurteile unrechtmäßig gewesen sein, komme aufgrund fehlender Tatbestandsmerkmale des Mordes allenfalls Beihilfe zum Totschlag in Betracht. Eine Strafverfolgung des Beschuldigten sei jedoch wegen Verjährung ausgeschlossen.[279] Die Begründung der Staatsanwaltschaft lässt sich in diesem Fall gut nachvollziehen. Die Strafbarkeit der Handlung wird mit dem Verweis auf zur Tatzeit geltendes Recht verneint. Offensichtlich ging die Staatsanwaltschaft davon aus, dass der Widerspruch der damaligen Verordnung, also des positiven Gesetzes, zur Gerechtigkeit kein „unerträgliches Maß“ (Radbruch) erreichte und somit die Verordnung kein „unrichtiges Recht“ war. Die Prüfung der Tatbestandsebene ließ aus Sicht der Staatsanwaltschaft nur den Schluss zu, dass es sich allenfalls um Totschlag handelte.

---

276 § 154 Abs. 1 StPO lautet: „Von der Erhebung der öffentlichen Klage kann abgesehen werden, wenn die Strafe oder Maßregel der Sicherung und Besserung, zu der die Verfolgung führen kann, neben einer Strafe oder Maßregel der Sicherung und Besserung, die gegen den Beschuldigten wegen einer anderen Tat rechtskräftig verhängt worden ist oder die er wegen einer anderen Tat zu erwarten hat, nicht ins Gewicht fällt.“

277 Vgl. Einstellungsverfügung des Leiters der Zentralstelle bei der Staatsanwaltschaft Dortmund (45 Js 1/61), v. 18.3.1965, Bl. 138.

278 Vgl. Vernehmung Alois Fischer durch StA Schaplow v. 20.2.1962, Bl. 37.

279 Vgl. Einstellungsverfügung des Leiters der Zentralstelle bei der Staatsanwaltschaft Dortmund (45 Js 1/61), v. 18.3.1965, Bl. 138f.

Vermutlich waren ihr keine weiteren Tatumstände bekannt. Folglich konnte nicht festgestellt werden, ob die Tötung „grausam" oder „heimtückisch" oder „aus niedrigen Beweggründen" begangen worden war.

Ein weiterer Fall (Fall 7) betraf die Erschießung von Polen und Russen bei Białystok im Frühjahr 1943, an der der ehemalige KdS-Angehörige Bloch nach eigenen Angaben beteiligt gewesen war.[280] Bloch erklärte in seiner Vernehmung vor dem Untersuchungsrichter, der KdS-Angehörige Macholl habe ihn und neun andere „Kameraden" an einer Straße zur Absperrung des Geländes eingeteilt. Nach einiger Zeit habe er Schusssalven gehört, die auf eine Exekution hingedeutet hätten. Später habe er von dem Kraftfahrer Romer erfahren, dass Polen und Russen erschossen worden seien. Für die Staatsanwaltschaft ergab sich in diesem Fall das Problem, dass die Tatumstände nicht konkretisiert werden konnten. So konnten die Identität der Opfer und die Gründe für ihre Erschießung nicht geklärt werden. Es müsse davon ausgegangen werden, heißt es in der staatsanwaltlichen Begründung, dass „Zivilpersonen" erschossen worden seien. Indes stehe weder die Zahl der Getöteten „auch nur annähernd fest", noch lägen Hinweise dafür vor, dass auch Frauen und Kinder getötet worden seien. An der Erschießung Beteiligte hätten sich nicht ermitteln lassen. „Unter diesen Umständen" könne „die Erschießung mangels sicherer Hinweise für Tatbestandsmerkmale des Mordes allenfalls als Totschlag angesehen werden". Eine Strafverfolgung wegen Totschlags scheitere hinsichtlich des Beschuldigten Bloch an der Verjährung. Bezüglich Macholl erledige sich das Verfahren aufgrund seines Todes. Was den Beschuldigten Romer anbetrifft, verfügte die Staatsanwaltschaft eine vorläufige Einstellung, da „dessen Aufenthalt nicht zu ermitteln" sei.[281]

Auch in der von dem ehemaligen Kriminalsekretär Emil Zilian bekundeten Erschießung (Fall 8) erkannte die Staatsanwaltschaft keine Hinweise für die Tatbestandsmerkmale des Mordes. Emil Zilian erklärte in seiner Vernehmung durch den Untersuchungsrichter am 3. April 1963, in einem Waldgelände außerhalb der Stadt Białystok bei einer Erschießung von etwa 100 Häftlingen, die aus dem Gefängnis abgeholt worden seien, als Schütze mitgewirkt zu haben. Wer die Leitung der Exekution und die Feuerbefehle erteilt habe, könne er nicht mehr sagen. Was die Identität der Opfer anbetrifft, ließ sich Zilian dahin ein, dass es sich bei den Erschossenen wahrscheinlich um „Verbrecher" gehandelt habe. Zilian bekundete, „moralische Bedenken" gehabt zu haben,

280 Vernehmung Otto Bloch in der Voruntersuchungssache 13/62 durch LGR Dr. Fischer als Untersuchungsrichter v. 23.7.1963, in: L/StADT, D 21 A, Nr. 6156, Bl. 47–53.

281 Ebd., Bl. 140.

will aber keine Möglichkeit gesehen haben, sich der Aktion zu entziehen.[282] „Mangels weiterer Beweismittel", heißt es in der Einstellungsbegründung, sei von den Angaben Zilians auszugehen.[283] Die Staatsanwaltschaft wertete die Exekution als Totschlag und die Mitwirkung des Beschuldigten als Beihilfe zum Totschlag. Nach der Darstellung Zilians sei nicht festzustellen, dass Juden erschossen worden seien oder dass die Exekution grausam oder heimtückisch erfolgt sei. Hinsichtlich des Beschuldigten sei die Strafverfolgung verjährt, da seine Tatbeteiligung erst zum Zeitpunkt seiner Vernehmung bekannt geworden sei.[284]

Bei der von dem ehemaligen KdS-Angehörigen Launert erwähnten Erschießung (Fall 9) gab es nach Auffassung der Staatsanwaltschaft „keine konkreten Hinweise auf Tatbestandsmerkmale des Mordes im Sinne des § 211 StGB, zumal bei dieser Aktion Frauen und Kinder nicht getötet worden" seien.[285] Launert, der in der Abteilung V beim KdS beschäftigt gewesen war, erklärte vor dem Untersuchungsrichter, zusammen mit anderen Angehörigen der Kriminalpolizei, an deren Namen er sich nicht mehr erinnern konnte, befehlsgemäß um ein kleines Dorf einen Absperrring gebildet und von dort aus beobachtet zu haben, wie Angehörige der Gestapo die männlichen Bewohner des Dorfes aus den Häusern getrieben und hinter einen kleinen Hügel geführt hätten. Es seien Schüsse gefallen und danach sämtliche Häuser in Brand gesetzt worden. Aus Neugierde habe er sich hinter den Hügel begeben und dort Leichen in einer noch nicht zugeschütteten Grube gesehen. Später sei ihm mitgeteilt worden, dass es sich um eine Vergeltungsmaßnahme gehandelt habe und die Opfer Männer gewesen seien.[286] In der Mitwirkung des Beschuldigten könne „allenfalls eine Beihilfe zum Totschlag" erblickt werden. Die Strafverfolgung dieser Tat sei hinsichtlich des Beschuldigten jedoch verjährt, da seine Tatbeteiligung erst zum Zeitpunkt seiner Vernehmung bekannt geworden sei.[287] Bei diesem Fall bleibt unklar, ob die Staatsanwaltschaft die Tatbe-

---

282 Vgl. Vernehmung Emil Zilian in der Voruntersuchungssache 13/62 durch LGR Dr. Fischer als UR v. 3.4.1963, in: L/StADT, D 21 A, Nr. 6153, Bl. 110–115, hier: Bl. 113–115.

283 Einstellungsverfügung des Leiters der Zentralstelle bei der Staatsanwaltschaft Dortmund (45 Js 1/61), v. 18.3.1965, Bl. 141.

284 Ebd., Bl. 141.

285 Ebd., Bl. 142.

286 Vgl. Vernehmung Ewald Launert v. 17.4.1963 in der Voruntersuchungssache 13/62 durch LGR Dr. Fischer als UR, in: L/StADT, D 21 A, Nr. 6153, Bl. 158–164, hier: Bl. 162.

287 Einstellungsverfügung des Leiters der Zentralstelle bei der Staatsanwaltschaft Dortmund (45 Js 1/61), v. 18.3.1965, Bl. 142.

standsmerkmale des Mordes als nicht erfüllt ansah, weil die Erschießung als eine nicht gegen das Kriegsvölkerrecht verstoßende Maßnahme eingeschätzt wurde und damit als nicht rechtswidrig oder weil keine Frauen und Kinder erschossen worden waren. Der letztgenannte mögliche Grund kann indes nicht als Argument gegen die Tatbestandsmerkmale des Mordes dienen, denn keines der im StGB genannten Merkmale ist an Alter oder Geschlecht gebunden.

Nach einer vom KdS unterzeichneten Bekanntmachung vom 18. September 1943 wurden aufgrund eines Standgerichtsurteils wegen Schwarzschlachtens sieben Polen, darunter zwei Frauen, getötet (Fall 12). Verantwortlich für diese Exekution war – als damaliger Vorsitzender des Standgerichts – der Kommandeur Zimmermann. Standgerichtsurteile seien, so die Staatsanwaltschaft, zwar „nicht schlechthin rechtswidrig", es bestünden indes aufgrund der Angaben des Angeschuldigten Heimbach, wonach ab 1943 wegen der Vielzahl der Delinquenten keine formgerechte Durchführung von Standgerichtsverfahren erfolgt sei, „Bedenken" hinsichtlich der Rechtmäßigkeit des Urteils und der erfolgten Hinrichtungen. Zimmermann verweigerte in diesem Verfahren jede Einlassung.[288] Die Staatsanwaltschaft konnte nach dem Ergebnis der Ermittlungen keine qualifizierenden Tatbestandsmerkmale feststellen und nahm Totschlag an. Da der Inhalt der Bekanntmachung erst nach dem 8. Mai 1960 bekannt geworden sei, sei eine Strafverfolgung des Beschuldigten wegen Verjährung ausgeschlossen. Die Staatsanwaltschaft führt in ihrem Vermerk nicht näher aus, warum sie keines der Mordmerkmale belegen konnte.

Hinreichende Angaben über den Tathergang standen der Staatsanwaltschaft ferner im Fall der Erschießung von 25 bis 40 Personen bei Bielsk (Fall 16) nicht zur Verfügung. Aus dem von der Staatsanwaltschaft rekonstruierten Sachverhalt geht lediglich hervor, dass nach der Darstellung des Zeugen Zangenmeister im Jahre 1943 in einem Waldstück bei Bielsk 25 bis 40 Personen von drei Gestapobeamten, darunter Schröder, erschossen worden sein sollen.[289] „Mangels hinreichender Anhaltspunkte für qualifizierende Merkmale des Mordes" sei diese „Erschießung allenfalls als Totschlag anzusehen". Die Strafverfolgung des Beschuldigten Schröder sei „wegen Verjährung ausgeschlossen, da seine Tatbeteiligung erst durch die richterliche Vernehmung eines Zeugen am 23. Oktober 1963 bekannt geworden" sei.[290]

Die Analyse ausgewählter Einstellungsbegründungen hat Einblick gegeben in die Schwierigkeiten, die Tötungen als Mord im Sinne des § 211 StGB zu

288 Ebd., Bl. 145.

289 Ebd., Bl. 148f.

290 Ebd., Bl. 149.

qualifizieren. In vielen Fällen misslang der Nachweis, dass die Tötungen „aus niedrigen Beweggründen" begangen worden waren oder dass die Ausführung der Tötung „grausam" oder „heimtückisch" erfolgt war, weil den Ermittlungsbehörden zum Teil nur unzureichende Informationen über den Sachverhalt vorlagen. Die Staatsanwaltschaft bei der Zentralen Stelle Dortmund versuchte in der Regel, anhand des Opferkreises auf die Gründe für die Tötungen zu schließen. So lagen niedrige Beweggründe aus ihrer Sicht vor, wenn es sich um Tötungen von Juden handelte, nicht indes, wenn die Opfer Polen, Russen, „Partisanen", „Banditen", „Saboteure" oder „Verbrecher" gewesen waren. Die Tatsache, dass die Dortmunder Zentralstelle für bestimmte Gruppen niedrige Beweggründe als Tötungsmotive von vornherein ausschloss, muss vor dem Hintergrund der Erkenntnisse, die die historische Forschung in den letzten Jahren hinsichtlich der nationalsozialistischen Verfolgungs- und Vernichtungspolitik zu Tage gefördert hat, problematisch erscheinen. So dienten die Etikettierungen „Bandit" oder „Partisan" den deutschen Besatzern in vielen Fällen dazu, Erschießungen von Juden zu legitimieren. Darüber hinaus gilt es zu berücksichtigen, dass sich der Hass der Nationalsozialisten nicht allein gegen Juden, sondern auch gegen Slawen richtete, die ebenfalls als rassisch „minderwertig" galten. Christian Gerlach kommt in seiner Studie über die deutsche Verfolgungs- und Vernichtungspolitik in Weißrussland zu dem Ergebnis, dass die für die Ausführung der Verbrechen verantwortlichen „tatnahen Täter" häufig „weniger von Gedanken an besatzungspolitische Ziele getrieben" worden seien „als vom Haß auf Juden oder Slawen und von der rassistischen Einstellung, diese seien minderwertig".[291] Gerlach hat in seine Untersuchung den weißrussischen Abschnitt des Bezirks Bialystok miteinbezogen. Die Vermutung liegt nahe, dass auch im polnischen Teil des Bezirks die Gewalt gegen die einheimische Bevölkerung in vielen Fällen rassistisch motiviert war.

3. Vom „Ursprungsverfahren" 45 Js 1/61 abgetrennte Verfahren

Im letzten Abschnitt der Teileinstellungsverfügung vom 18. März 1965 sind 25 Tatkomplexe aufgelistet, bei denen die „Ermittlungsmöglichkeiten" nach Auffassung der Dortmunder Zentralstelle „noch nicht ausgeschöpft" waren.[292] Diese Fälle wurden vom „Ursprungsverfahren" gegen Dr. Zimmermann u.A. abgetrennt, und die Ermittlungen wurden in gesonderten Verfahren fortgesetzt.

291 *Gerlach*, Kalkulierte Morde, S. 1154.

292 Vgl. Einstellungsverfügung v. 18.3.1965, Bl. 158–169.

Da aus der Verfügung nicht hervorgeht, unter welchen Aktenzeichen die Ermittlungen fortgeführt und von welcher Staatsanwaltschaft sie bearbeitet wurden, erwies es sich als äußerst schwierig, die genaue Zahl der abgetrennten Verfahren zu bestimmen. Die Recherche ergab, dass wenigstens sechs Verfahren eingeleitet wurden, und zwar:

1. ein Ermittlungsverfahren gegen **Dr. Wilhelm Altenloh** (Az. 45 Js 14/65, Zentralstelle Dortmund) wegen Tötungshandlungen, die in der Zeit von August bis Oktober 1941 begangen wurden;
2. ein Ermittlungsverfahren gegen **Johann Nikolaus Poensgen u.A.** (Az. 45 Js 12/65, Zentralstelle Dortmund) wegen der Erschießung von etwa 200 fleckfieberkranken Häftlingen des Gefängnisses von Białystok um die Jahreswende 1941/1942;
3. ein Ermittlungsverfahren gegen **Richard Dibus u.A.** (Az. 45 Js 17/65, Zentralstelle Dortmund) wegen der Erschießung mehrerer Juden des Ghettos Białystok in „ruhigeren Zeiten", der Erschießung von 50 Personen in einem Waldstück in der Nähe von Białystok, der Erschießung von Häftlingen des Białystoker Gefängnisses, der Erschießung von Zivilpersonen ohne rechtmäßiges Urteil, der Erschießung von 100 Familien im Juli 1943, der Erschießung von etwa 50 Frauen und Kindern russischer Offiziere im Frühjahr 1944, der Erschießung von 50 Polen nach dem Brand des Soldatenheims in Białystok im Mai / Juni 1944, der Tötung von 100 Bewohnern in Jabloni-Debkach und wegen der Erschießung der Ghetto-Bewohner von Krynki;
4. ein Ermittlungsverfahren gegen **Wolfgang Erdbrügger** und andere Angehörige der KdS-Außenstelle in Łomża (Az. 45 Js 16/65, Zentralstelle Dortmund) wegen der Erschießung einer unbestimmten Anzahl von Juden des Ghettos Łomża nach einer Selektion, der Erschießung des Juden Rosental, der Erschießung von 10 Geiseln im Walde von Gielczyn, der Erschießung des Ordnungsdienstangehörigen Judka Winnicki, der Erschießung von 2.000 Ghettobewohnern im Wald von Gielczyn im Sommer 1942, der Erschießung einer unbekannten Jüdin im Ghetto von Łomża, der gewaltsamen Auflösung des Ghettos Łomża und der Überführung der Bewohner nach Zambrów zum Zwecke der späteren Deportation nach Auschwitz, der Erschießung von etwa 40 Patienten des jüdischen Krankenhauses, der „Räumung" des Durchgangslagers Zambrów und des Transports der Menschen nach Auschwitz, der Tötung einer unbestimmten Zahl von nicht transportfähigen Kranken im Anschluss an die Auflösung des Lagers Zambrów, der Erschießung von 18 bis 20 Einwohnern eines Dorfes in der Nähe von Zambrów im Sommer 1943 und der Tötung eines Polen;
5. ein Ermittlungsverfahren gegen **Dr. Theodor Paeffgen** und andere Angehörige eines Kommandos der Dienststelle KdS Białystok (Az. 45 Js 16/65, Zentralstelle Dortmund) wegen der Erschießung von etwa 140 Einwohnern (Männern und zwei oder drei Frauen) des Dorfes Rajsk bei Bielsk am 16. Juni 1942.

Vom „Ursprungsverfahren" 45 Js 1/61 abgetrennt wurde – „aus Gründen der Übersichtlichkeit und Zweckmäßigkeit"[293] – 1975 schließlich noch:

---

293 45 Js 1/61 Verfügung OStA Carree v. Juni 1975, in: L/StAM, Staatsanwaltschaft Dortmund, Zentralstelle für NS-Verbrechen, 45 12/75, Heft Arbeitsunterlagen.

6. das Verfahren gegen **Heinz Tiefensee**, das zunächst, wie bereits ausgeführt, gemäß § 205 StPO vorläufig eingestellt worden war.

Das Ermittlungsverfahren gegen ehemalige Angehörige der KdS-Außenstelle Grodno (Az. 45 Js 24/63, Zentralstelle Dortmund, Wiese u.A.) war bereits am 31. Oktober 1963 abgetrennt worden. Wiese war zunächst Beschuldigter im Verfahren gegen Dr. Zimmermann u.A., „er wurde jedoch nicht in den Kreis der Personen einbezogen, gegen die der Antrag auf Eröffnung der gerichtlichen Voruntersuchung gestellt worden ist, weil sein Aufenthalt nicht bekannt war und sein Tod für wahrscheinlich gehalten wurde".[294] Der Aufenthalt Wieses wurde erst in der Abschlussvernehmung des Angeschuldigten Heimbach in der Voruntersuchungssache gegen Dr. Zimmermann u.A. bekannt. Das Verfahren gegen Wiese und Errelis endete mit einer Anklageerhebung vor dem Landgericht Köln[295] und einer Verurteilung des Angeklagten Wiese wegen Mordes in sieben Fällen und wegen Beihilfe zum Mord in zehn Fällen. Errelis wurde freigesprochen.[296] Bezüglich Errelis wurde das am 27. Juni 1968 verkündete Urteil am 3. März und bezüglich Wiese am 13. August 1969 rechtskräftig. Aufgrund des Umfangs des Verfahrens, das eine eigene Untersuchung aus historischer und strafrechtlicher Sicht rechtfertigt, muss hier auf eine Analyse verzichtet werden.

NS-Prozesse stellen Ausschnitte aus einem umfassenden Geschehen dar. Die Ermittlungen gegen ehemalige KdS-Angehörige brachten zahlreiche Verbrechen an der jüdischen und nichtjüdischen Bevölkerung zum Vorschein, die nicht zum Tatvorwurf der Anklage gemacht wurden und deswegen in der Hauptverhandlung der Strafsache gegen Dr. Altenloh u.A. nicht zur Sprache kamen. Vor dem Bielefelder Schwurgericht wurde, wie die folgende Dokumentation belegt, nur ein Teil der Verbrechen, die von KdS-Angehörigen begangen wurden, verhandelt. Die Aufstellung der abgetrennten Verfahren gibt einen Einblick in die Dimensionen der Vernichtungspolitik im Bezirk Bialystok.

---

294 Dienstliche Äußerung StA Schaplow v. 19.11.1964, in: L/StAM, Staatsanwaltschaft Dortmund, Zentralstelle für NS-Verbrechen, Nr. 3314, Bl. 154–155.

295 Die Anklage der Zentralstelle bei der Staatsanwaltschaft Dortmund beschuldigte Wiese, in der Zeit von Dezember 1941 bis zum 13. März 1943 in Grodno „durch mehrere selbständige Handlungen aus niedrigen Beweggründen mindestens 179 Menschen getötet zu haben". Errelis wurde zur Last gelegt, in den Jahren 1942 und 1943 in Grodno „durch mehrere selbständige Handlungen aus niedrigen Beweggründen mindestens 27 Menschen getötet zu haben". Anklageschrift des Leiters der Zentralstelle bei der Staatsanwaltschaft Dortmund v. 4. April 1967, in: BStU, MfS-HA IX/11, RHE-West 417, Bl. 00004–000087, hier: Bl. 00005 und Bl. 000015.

Ad 1): Gegenstand des Verfahrens gegen **Dr. Wilhelm Altenloh u.A.** (45 Js 14/65) waren Tötungen von Zivilisten in Białystok im Jahre 1941.[297] Die Ermittlungen wurden aufgrund der Ereignismeldungen Nr. 122 und Nr. 91, die Angaben der Staatspolizeistelle Allenstein über die Durchführung von Exekutionen enthalten, von Amts wegen eingeleitet. In Ereignismeldung Nr. 91 heißt es, dass in der Zeit vom 25. August bis 9. September 1941 „595 Personen exekutiert" worden seien. Diese Zahl setze sich zusammen aus „Juden, kommunistischen Funktionären, IBV [Internationale Bibelforscher-Vereinigung] - Anhängern und gemeingefährlichen Geisteskranken". In Ereignismeldung Nr. 122 vom 23. Oktober 1941 gibt die Stapostelle Allenstein an, dass „insgesamt 63 Personen exekutiert worden" seien, „bei denen es sich durchweg um führende Kommunisten" gehandelt habe. Nach Feststellungen der Dortmunder Staatsanwaltschaft wurde am 10. August 1941 in Allenstein ein Einsatzkommando (EK) z.b.V. aufgestellt, das an Stelle des EK Birkner für die „sicherheitspolizeiliche Bearbeitung" des Bezirks Bialystok zuständig war. Dem Kommando unter der Führung von Waldemar Macholl wurden Beamte aller drei ostpreußischen Stapostellen (Allenstein, Königsberg, Tilsit) zugeteilt. Die Staatsanwaltschaft ging davon aus, dass die personelle Zusammensetzung auf einem Befehl des RSHA beruht habe. Im Rahmen der Ermittlungen konnte nicht geklärt werden, ob auch der Beschuldigte Altenloh an der Aufstellung des Kommandos mitgewirkt hatte. Das Einsatzkommando habe, so die Zentralstelle Dortmund, „in einem nicht näher feststellbaren Umfang" dem Leiter der Stapostelle Allenstein, Altenloh, unterstanden. Indes habe die Einheit in den ersten Wochen ihrer Tätigkeit auch vom RSHA unmittelbar Weisungen erhalten und mit diesem ohne Einschaltung der Stapostelle Allenstein im Schriftwechsel gestanden. Am 15. Oktober 1941 wurde das Einsatzkommando in eine Außenstelle der Stapostelle Allenstein umgewandelt.

Das Verfahren richtete sich neben Altenloh gegen den früheren stellvertretenden Leiter der Stapostelle Allenstein, Viktor Wachter, sowie gegen ehemalige Angehörige des EK z.b.V., namentlich gegen Waldemar Macholl, Richard Dibus, Hermann Plaumann, Max Plewe, Alfred Salden, Alfons Goldammer, Albert Quoos und Oskar Zimmermann. Soweit es die Beschuldigten Altenloh und Wachter betraf, wurde es eingestellt, weil ihnen ein strafbares Verhalten nicht nachgewiesen werden konnte. Es hätten sich keine Anhaltspunkte dafür ergeben, dass Altenloh die Tätigkeit der Einsatzkommandos unterstützt habe.

296 Vgl. 40 – 11/67 LG Köln; 24 Ks 1/67 (Z), Staatsanwaltschaft Köln, 24 Ks 1/67, Urteilsverkündung v. 27.7.1968, in: *Klarsfeld* (Hrsg.), Documents, Bd. V, S. 418–119.

297 Vgl. L/StAM, Staatsanwaltschaft Dortmund, Zentralstelle für NS-Verbrechen, Nr. 4779–4787.

Auch habe sich nicht feststellen lassen, dass Altenloh sich „durch schuldhafte Vernachlässigung, insbesondere durch mangelnde Dienstaufsicht über Macholl an den Willkürhandlungen des Kommandos in strafbarer Weise beteiligt" habe. Die Staatsanwaltschaft sah die Voraussetzungen des § 357 StGB[298] als nicht erfüllt an, weil, so die Argumentation, Altenloh weder Amtsvorgesetzter der Einsatzkommandoangehörigen gewesen sei noch irgendwelche Kontroll- und Aufsichtsfunktionen besessen habe. Aus den gleichen Erwägungen sei dem Beschuldigten Wachter ein strafbares Verhalten nicht nachzuweisen. Hinsichtlich der Beschuldigten Dibus und Plewe wurde das Verfahren mangels geeigneter Beweismittel eingestellt. Eine Beteiligung an den Exekutionen habe ihnen nicht nachgewiesen werden können. Gegen Salden wurde das Verfahren eingestellt, weil keine „sicheren Feststellungen über die Dauer seiner dortigen Tätigkeit und über seine Teilnahme an Tötungshandlungen" habe getroffen werden können. Der Aufenthalt der Beschuldigten Goldammer, Quoos und Zimmermann habe nicht ermittelt werden können. Die Staatsanwaltschaft stellte das Verfahren ein, weil sie die Fahndungsmöglichkeiten als erschöpft ansah. Hinsichtlich der Beschuldigten Macholl und Plaumann erledigte sich das Verfahren durch den Tod der Beschuldigten.[299]

Ad 2): Das unter dem Aktenzeichen 45 Js 12/65 geführte Strafverfahren der Zentralstelle bei der Staatsanwaltschaft Dortmund gegen **Johann Nikolaus Poensgen u.A.** richtete sich gegen ehemalige Angehörige der Kriminalleitstelle in Königsberg, Außenstelle Białystok, und ehemalige Angehörige des Polizeibataillons 13.[300] Das Ermittlungsverfahren wurde eingeleitet, weil der Zeuge Heinrich Meiners anlässlich einer Vernehmung durch den Untersuchungsrichter beim Bielefelder Landgericht eine Aussage über eine Erschießung von etwa 200 erkrankten Häftlingen gemacht hatte.[301] Meiners war nach eigenen Angaben vom 13. September 1941 bis zum 18. März 1942 als Kriminalassistent bei der Kriminalaußenstelle in Białystok tätig. Im Gefängnis von

298 § 357 Abs. 1 StGB lautet: „Ein Amtsvorgesetzter, welcher seine Untergebenen zu einer strafbaren Handlung im Amte vorsätzlich verleitet oder zu verleiten unternimmt oder eine solche strafbare Handlung seiner Untergebenen wissentlich geschehen lässt, hat die auf diese strafbare Handlung angedrohte Strafe verwirkt."

299 Zum Folgenden vgl. die Einstellungsverfügung des Leiters der Zentralstelle bei der Staatsanwaltschaft Dortmund v. 4.4.1968, in: L/StAM, Staatsanwaltschaft Dortmund, Zentralstelle für NS-Verbrechen, Nr. 4781.

300 Vgl. L/StAM, Staatsanwaltschaft Dortmund, Zentralstelle für NS-Verbrechen, Nr. 4698–4701.

301 Vgl. Vernehmung Heinrich Meiners im AG Landau durch LGR Dr. Fischer in der Voruntersuchungssache gegen Dr. Zimmermann u.A. (VU 13/62) v. 7.6.1963, in: L/StADT, D 21 A, Nr. 6155, Bl. 54–60.

Białystok, in das alle wegen des Verdachts strafbarer Handlungen festgenommenen Juden und Polen eingeliefert worden seien, sei eine Fleckfieber-Epidemie ausgebrochen. Er habe gehört, dass der Ausbruch der Seuche die Gestapo veranlasst habe, etwa 200 erkrankte Häftlinge erschießen zu lassen. Durchgeführt worden sei die Erschießung von Angehörigen eines in Białystok stationierten Polizeibataillons. Angehörige der Kriminalaußenstelle Białystok, vermutlich Friedrich Monien, Johann Poensgen, Karl Waldeck und Emil Zilian, hätten als Sicherungs- und Absperrkommando an der Erschießung teilnehmen müssen. Meiners erklärte, nach der Durchführung der Exekution habe ein Kameradschaftsabend stattgefunden, an dem die an der Erschießung beteiligten Männer im betrunkenen Zustand den Hergang geschildert hätten:

> „U.a. wurde erzählt, daß man die Häftlinge zunächst vor die Grube gestellt hätte. Dies habe sich aber als unzweckmäßig erwiesen, weil die Leichen nicht in die Grube gefallen seien. Die nächste Gruppe habe man hinter der Grube aufgestellt. Als auch jetzt nicht alle Leichen ordnungsgemäß in die Grube gefallen seien, habe man den restlichen Häftlingen befohlen, sich in die Grube zu legen. Diese habe man dann vom Grubenrand aus in der Grube erschossen.“[302]

Meiners erinnerte sich, dass Waldeck am Abend vor der Exekution im sehr betrunkenen Zustand Johannes Krebs zugerufen habe, dass „er drei Juden zum Zwecke des Erschießens für sich allein haben wolle“.[303] Meiners erklärte vor dem Untersuchungsrichter, die Schilderungen über diese Massenexekution hätten bei ihm zu einem Nervenzusammenbruch geführt. In einer weiteren Vernehmung zu den Einzelheiten der Tatausführung befragt, gab er an, sich an diese nicht mehr erinnern zu können.

Von den sechs ehemaligen Angehörigen der Kriminalaußenstelle Białystok, die ermittelt werden konnten, wurden vier vernommen. Der ehemalige Leiter der Abteilung V, Johannes Krebs, und dessen Stellvertreter Monien kamen als Beschuldigte nicht in Betracht, weil sie bereits verstorben waren. Die Beschuldigten Poensgen, Stenzel, Waldeck und Zilian gaben an, keine Kenntnis von der Erschießung der 200 kranken Häftlinge gehabt zu haben. Lediglich Stenzel schilderte eine Erschießung von Häftlingen des Białystoker Gefängnisses, bei der es sich nach Auffassung der Staatsanwaltschaft um die von Meiners erwähnte gehandelt haben könnte. Die Staatsanwaltschaft konnte nicht klären, ob es sich bei den getöteten Gefangenen um Juden oder um Fleckfieber-Kranke handelte. Sie hielt es für möglich, dass, wie der Beschuldigte Stenzel vermutete, die Opfer „Partisanen“ waren. „Unter diesen Umständen“, so die Argumentation, „lassen sich niedrige Beweggründe nicht feststellen“. Auch

302 Vernehmung Heinrich Meiners im AG Landau durch LGR Dr. Fischer, Bl. 58.

303 Ebd., Bl. 58.

ein anderes Tatbestandsmerkmal des § 211 StGB lag nach Auffassung der Staatsanwaltschaft nicht vor. Es komme allenfalls Totschlag in Betracht, zu dem der Beschuldigte Stenzel Beihilfe geleistet haben könnte. Wegen Beihilfe zum Totschlag sei die Strafverfolgung jedoch verjährt.[304]

Von den ehemaligen Angehörigen des Polizeibataillons 13[305] konnten 27 ermittelt werden. Diese wurden als Beschuldigte geführt. Sie erklärten in ihren Vernehmungen – von drei Ausnahmen abgesehen – übereinstimmend, sie seien weder an einer Erschießungsaktion im Raume Białystok beteiligt gewesen noch hätten sie von einer solchen Aktion erfahren. Ihre Einlassungen ließen sich aus Sicht der Staatsanwaltschaft mangels geeigneter Beweismittel nicht widerlegen. Der Beschuldigte Franz Ermisch erklärte, er sei einmal von seinem Kompaniechef gegen seinen Willen einem Exekutionskommando zugeteilt worden. Mit etwa 15 weiteren Angehörigen seiner Einheit habe er in einem außerhalb der Stadt Białystok gelegenen Waldgelände ungefähr 60 Männer und Frauen erschießen müssen. Er habe indes nur einen ungezielten Schuss abgegeben und sich dann zur Absperrmannschaft begeben. Über die Herkunft der Opfer und die Gründe für ihre Tötung konnte er keine Angaben machen.[306] Deshalb konnte die Staatsanwaltschaft nicht feststellen, ob es sich um Mord handelte. Da der Tatbestand der Beihilfe zum Totschlag verjährt war, musste das Verfahren eingestellt werden.

Ad 3): Das Verfahren gegen **Richard Dibus u.a.** (45 Js 17/65) richtete sich gegen ehemalige KdS-Angehörige, gegen die aufgrund ihrer Zugehörigkeit zur Dienststelle der Verdacht bestand, an der Tötung von Juden, Polen und Kriegsgefangenen beteiligt gewesen zu sein. Die den Gegenstand des Verfahrens bildenden 11 Tötungsfälle waren aufgrund von Zeugenaussagen und öffentlicher Bekanntmachungen des KdS bekannt geworden. Sie wurden in einem gesonderten Verfahren behandelt, weil sie im Sammelverfahren 45 Js 1/61 weniger im Vordergrund standen und ihre Klärung „zu Gunsten einer beschleunigten Anklageerhebung im Ursprungsverfahren zurückgestellt

---

304 Vgl. Einstellungsverfügung des Leiters der Zentralstelle bei der Staatsanwaltschaft Dortmund (45 Js 12/65) v. 28.12.1967, in: L/StAM, Staatsanwaltschaft Dortmund, Zentralstelle für NS-Verbrechen, Nr. 4700, Bl. 139–155, hier: Bl. 154f.

305 Von Oktober 1941 bis Frühsommer 1942 waren der Bataillonsstab und die erste und dritte Kompanie in der Stadt Białystok stationiert. Vgl. Einstellungsverfügung des Leiters der Zentralstelle bei der Staatsanwaltschaft Dortmund (45 Js 12/65) v. 28.12.1967, Bl. 144.

306 Vgl. ebd., Bl. 152.

werden sollte“.[307] In dem Verfahren 45 Js 17/65 wurden 60 ehemalige KdS-Angehörige ermittelt und vernommen. Die Ermittlungen zogen sich sehr lange hin. Dem Berichtsheft der Staatsanwaltschaft lassen sich einige Gründe für die Dauer der Ermittlungen entnehmen. Zunächst wollte die Staatsanwaltschaft den Ausgang der Schwurgerichtsverhandlung gegen Dr. Altenloh u.A. abwarten.[308] Um weitere Tatbeteiligte ermitteln zu können, erschien ihr das schriftliche Urteil unbedingt erforderlich.[309] Die Auswertung des 417 Seiten umfassenden Urteils vom September 1967 musste wiederum längere Zeit zurückgestellt werden, weil die Staatsanwaltschaft mit der Vorbereitung der Hauptverhandlung in der Strafsache gegen Wiese und Errelis beschäftigt war.[310]

Bei den Tötungshandlungen handelte es sich – von einer Ausnahme abgesehen – um Erschießungen.[311] Fall 1 betraf die Erschießung mehrerer Juden im Ghetto von Białystok. Der jüdische Zeuge Abram Oniman, Überlebender des Białystoker Ghettos, sagte in seiner konsularischen Vernehmung in Melbourne aus, er habe gesehen, wie der KdS-Angehörige Richard Dibus in „ruhigeren Zeiten“ im Ghetto mehrmals Menschen erschossen habe.

Gegenstand von Fall 2 war eine Erschießung von 50 Personen in einem Waldstück zwischen den polnischen Dörfern Nowosiółki und Fasty, etwa 12 Kilometer von Białystok entfernt. Der KdS-Angehörige Georg Breitmoser, der Heimbach zu der Exekutionsstätte hatte fahren müssen, erklärte, dass in dem Waldstück 50 Männer von Angehörigen der Schutzpolizei erschossen worden seien. Heimbach selbst habe 15 bis 20 Männer erschossen. Angaben über die Identität der Opfer und Gründe für ihre Erschießung konnte der Zeuge nicht machen.

Bei Fall 3 handelte es sich um Tötungen von Häftlingen des Białystoker Gefängnisses, die in der Nähe von Białystok von Angehörigen der Schutzpolizei erschossen worden seien. Der ehemalige Angehörige der Abteilung IV des

---

307 Einstellungsverfügung des Leiters der Zentralstelle bei der Staatsanwaltschaft Dortmund (45 Js 17/65) v. 1.2.1971, in: L/StAM, Staatsanwaltschaft Dortmund, Zentralstelle für NS-Verbrechen, Nr. 4892, Bl. 67–98, hier: Bl. 67.

308 Vgl. Verfügung Gerichtsassessor Käselau v. 15.6.1966, in: L/StAM, Staatsanwaltschaft Dortmund, Zentralstelle für NS-Verbrechen, Nr. 4894, Bl. 13.

309 Verfügung StA Carree v. 9.1.1968, in: L/StAM, Staatsanwaltschaft Dortmund, Zentralstelle für NS-Verbrechen, Staatsanwaltschaft Dortmund, Zentralstelle für NS-Verbrechen, Nr. 4894, Bl. 17.

310 Vgl. StA Carree, Sachstandsvermerk v. 20.6.1968, in: L/StAM, Staatsanwaltschaft Dortmund, Zentralstelle für NS-Verbrechen, Nr. 4894, Bl. 19.

311 Zum Folgenden vgl. Teil D der Einstellungsverfügung v. 1.2.1971.

KdS, Salden, sagte aus, in drei oder vier Fällen gemeinsam mit anderen KdS-Angehörigen Häftlinge zu einer Hinrichtungsstätte geführt zu haben. Am Exekutionsort seien diese den Angehörigen einer Schutzpolizeieinheit übergeben worden. Die Erschießung der Opfer – möglicherweise polnische Partisanen und Juden – habe er nicht beobachtet, weil er nach der Übergabe sofort wieder zur KdS-Dienststelle zurückgefahren sei.

Fall 4 betraf die Tötungen von Zivilpersonen ohne rechtmäßiges Urteil. Aufgrund einer Aussage Heimbachs bestand der Verdacht, dass ab 1943 eine Vielzahl von festgenommenen Personen ohne Standgerichtsverfahren hingerichtet worden sei.

Der Verdacht rechtswidriger Tötungen im Fall 5 ergab sich aufgrund einer Bekanntmachung des KdS vom 23. Juli 1943, der zufolge 100 Personen mit ihren Familienangehörigen aus dem Kreis Białystok erschossen worden waren.

Gegenstand von Fall 6 war die Erschießung von etwa 50 Frauen und Kindern russischer Offiziere. Sie kam der Staatsanwaltschaft zur Kenntnis durch den ehemaligen Polizeiinspektor beim Polizeipräsidenten in Białystok, Schörner, der aussagte, im Frühjahr 1944 seien etwa 50 Frauen und Kinder russischer Offiziere nach einer Haft von etwa einem halben Jahr von Gestapobeamten aus dem Gefängnis geholt und erschossen worden. Angaben darüber, wer die Erschießung angeordnet hatte und wer an ihr beteiligt gewesen war, konnte Schörner indes nicht machen.

Als Fall 7 wurde eine Erschießung von 50 Polen im Mai / Juni 1944 bezeichnet. Der ehemalige Direktor der Sparkasse in Białystok gab an, nach dem Brand des Soldatenheims in Białystok im Mai / Juni 1944 seien etwa 50 Polen mit dem Vorwurf, den Brand verursacht zu haben, auf dem Marktplatz zusammengetrieben und anschließend erschossen worden. Später habe sich indes herausgestellt, dass der deutsche Verwalter das Soldatenheim angezündet hatte.

Fall 8 ergab sich aufgrund von Verdachtsmomenten, die in dem von den polnischen Behörden geführten Strafverfahren gegen den ehemaligen Chef der Zivilverwaltung, Erich Koch, aufgetaucht waren. Der polnische Zeuge Kaczyński bekundete, in dem Dorf Jabłoń-Dobki seien etwa 100 Personen in einem Schweinestall verbrannt worden.

Der Verdacht, dass die Einwohner des Dorfes Kniaziowodce, Kreis Grodno, erschossen worden seien (Fall 9), ergab sich aus einer Bekanntmachung des KdS.

Von der Erschießung der Gefangenen des Ghettos von Krynki (Fall 10) erfuhr der jüdische Zeuge Kapłan, der für die Gestapo arbeiten musste. Er gab an, im Frühjahr 1943 von Kraftfahrern der Gestapodienststelle erfahren zu haben, dass der KdS-Angehörige Dibus die Bewohner des Ghettos Krynki in einem Wald habe erschießen lassen.

Fall 11 betraf die Erschießung der Einwohner einer unbekannten Ortschaft und die anschließende „Einäscherung" des Dorfes. Ein ehemaliger Angehöriger der Gendarmeriekompanie (mot.) Białystok und der ehemalige Fahrer des Kommandeurs der Gendarmerie sagten aus, im Winter 1942/43 seien aus Vergeltung für Übergriffe von Zivilisten oder Partisanen gegen Deutsche sämtliche Einwohner einer Ortschaft im nördlichen Teil des Bezirks Bialystok von Gestapoangehörigen aus den Häusern geholt worden, in zwei Scheunen geführt und dort erschossen worden. Danach seien die Scheunen und die übrigen Häuser des Dorfes niedergebrannt worden. Der ehemalige Fahrer des Kommandeurs der Gendarmerie erklärte, Kommandeur Limpert sei an der Aktion beteiligt gewesen. Nähere Angaben über die Gestapoangehörigen, die die Menschen zusammengetrieben haben sollen, konnten die Zeugen nicht machen.

Das Ermittlungsverfahren wurde laut der Einstellungsverfügung bei 58 Personen „in Ermangelung eines hinreichenden Tatverdachts" eingestellt. Die Zentralstelle bei der Staatsanwaltschaft Dortmund konnte die Einlassung der Beschuldigten, an den Tötungshandlungen nicht beteiligt gewesen zu sein, mangels geeigneter Beweismittel nicht widerlegen. Zwar bestanden nach Auffassung der Zentralstelle bei einigen Beschuldigten erhebliche Zweifel am Wahrheitsgehalt ihrer Aussagen. Diese reichten indes nicht aus. Um den Nachweis zu erbringen, dass die Beschuldigten in den erörterten Fällen beteiligt gewesen waren, fehlten der Zentralstelle hinreichende Beweismittel. Hinsichtlich der Beschuldigten Erdbrügger und Tiefensee entschied sie, dass die Tötungshandlungen in den gegen sie anhängigen Verfahren weiterverfolgt werden sollten.

Ad 4): Gegen den ehemaligen Leiter der KdS-Außenstelle in Łomża, **Wolfgang Erdbrügger**, und die ihm unterstellten Gestapoangehörigen leitete die Zentralstelle bei der Staatsanwaltschaft Dortmund ein Strafverfahren unter dem Aktenzeichen 45 Js 16/65 ein. Gegenstand der Ermittlungen waren zum einen Tötungen von Juden und eines Polen in den Jahren 1941 bis 1943 (12 Fälle), für die als Täter oder Teilnehmer ausschließlich Angehörige der Außenstelle Łomża in Betracht kamen. Lediglich drei ehemalige Angehörige der KdS-Außenstelle in Łomża (Wolfgang Erdbrügger, Otto Pluskat, Michael Priller) konnten lebend ausfindig gemacht werden – neun waren verstorben, und bei drei Personen ließ sich nach Angaben der Staatsanwaltschaft der Aufenthaltsort nicht ermitteln. Konkrete Belastungen ergaben sich jedoch aus Sicht der Staatsanwaltschaft lediglich gegen den Beschuldigten Erdbrügger.[312]

Zum anderen wurde in dem Ermittlungsverfahren die Verantwortung für Tötungshandlungen untersucht, die bereits in dem Verfahren gegen Dibus u.A. (45 Js 17/65) behandelt worden waren. Die Staatsanwaltschaft verdächtigte Wolfgang Erdbrügger der Tatbeteiligung an der Tötung von Juden, Polen und Kriegsgefangenen im Raum Białystok in der Zeit von März 1943 bis Sommer 1944 (11 Fälle), weil er am 1. März 1943 zur KdS-Hauptstelle nach Białystok versetzt worden war. Hinsichtlich dieser Tötungsfälle musste die Zentralstelle bei der Staatsanwaltschaft Dortmund das Verfahren indes „mangels hinreichenden Tatverdachts“ einstellen. Erdbrügger werde, so die staatsanwaltliche Begründung, „weder von einem Zeugen noch von Mitbeschuldigten belastet“.[313] Bezüglich der übrigen zwölf Tatkomplexe verfügte die Staatsanwaltschaft gegen die Beschuldigten Erdbrügger, Pluskat und Priller in acht Fällen eine Einstellung und beantragte gegen den Beschuldigten Erdbrügger in vier Fällen die Eröffnung der Voruntersuchung. Die Dortmunder Zentralstelle war der Auffassung, dass die Einlassungen der Beschuldigten Pluskat und Priller, sie seien als Kriminalhilfsangestellte zu Tötungshandlungen nicht herangezogen worden, in Ermangelung „geeigneter Beweismittel“ – es lagen keine konkreten Belastungen gegen sie vor – nicht widerlegt werden könnten.

Beweisschwierigkeiten waren auch bei fünf Tatvorwürfen (Fälle I, 1; I, 2; I, 3; I, 11; I, 12) gegen den Beschuldigten Wolfgang Erdbrügger ausschlaggebend für die Einstellung.[314] Fünf jüdische Zeugen hatten im Ermittlungsverfahren ausgesagt, dass im Ghetto von Łomża fortlaufend Juden, die nicht arbeiteten, darunter alte Leute, Frauen und Kinder, von Gestapoangehörigen aus Łomża selektiert und abtransportiert worden seien (Fall I, 1). Die Zeugen hätten später von polnischen Bauern erfahren, dass die Opfer an vorbereiteten Gruben erschossen worden seien. Erdbrügger werde, heißt es in der Einstellungsverfügung, „in diesem Zusammenhang von keinem Zeugen als Tatbeteiligter oder

312 Vgl. Schreiben des LKA an den Leiter der Zentralen Stelle bei der Staatsanwaltschaft Dortmund v. 22.4.1969, in: L/StAM, Staatsanwaltschaft Dortmund, Zentralstelle für NS-Verbrechen, Nr. 4813, Bl. 84–87, hier: Anlage: Sachstandsbericht v. 22.4.1969: Besprechung Kriminalobermeister Matyssek mit Staatsanwalt Carree am 31.1.1969, Bl. 86.

313 Vgl. Einstellungsverfügung des Leiters der Zentralstelle bei der Staatsanwaltschaft Dortmund (45 Js 16/65), StA Tönges, v. 28.2.1973, in: L/StAM, Staatsanwaltschaft Dortmund, Zentralstelle für NS-Verbrechen, Nr. 4800, Bl. 64–114, hier: Bl. 101f.

314 Vgl. ebd., Bl. 103–105, Fälle I, 1; I, 2; I, 3; I, 11; I, 12.

Befehlsgeber genannt". Ein weiteres Problem bestand aus Sicht der Staatsanwaltschaft darin, dass die Erschießungen zu einem Zeitpunkt begonnen haben sollen, als die Außenstelle Łomża noch nicht existierte. Nach den Bekundungen der jüdischen Zeugin Knott wurde ihr Schwiegervater, der Ingenieur Rosental, erschossen (Fall I, 2). Sie war indes nicht Augenzeugin des Vorfalls. In der Einstellungsverfügung heißt es, „die Aussage der Zeugin Knott hinsichtlich der Tötung ihres Schwiegervaters" sei „zu unbestimmt, da sie keine sichere Erkenntnis von der Tatbeteiligung Erdbrüggers" besitze, sondern „lediglich" annehme, dass der Beschuldigte verantwortlich sei. Die Staatsanwaltschaft sah aufgrund dieser schwachen Beweislage keine Anhaltspunkte für eine Tatbeteiligung Erdbrüggers und mutmaßte, „die Einlassung des Beschuldigten zu diesem Fall, die Zeugin Knott hege einen Kollektivhaß und wolle ihn für alle Gewaltmaßnahmen im Bereich der Außenstelle Lomza verantwortlich machen", könnte „in diesem Punkte zutreffend sein".[315] Hinsichtlich der Erschießungen von zehn Juden, die nach den Angaben der Zeugin Knott im September 1941 im Ghetto Łomża als Geiseln genommen und im Wald von Gielczyn erschossen worden waren (Fall I, 3), führte die Staatsanwaltschaft in der Einstellungsverfügung aus, dieser Fall bezeichne eine Tatzeit, zu der der Beschuldigte noch nicht in Łomża tätig geworden sein könne. Sie ging davon aus, dass Erdbrügger „mit Wirkung vom 28. Oktober 1941 in den Befehlsbereich des IdS Königsberg abgeordnet und sogleich als Leiter der Außenstelle" Łomża des KdS in Białystok eingesetzt worden sei.[316] Da die Staatsanwaltschaft an der Glaubwürdigkeit der Zeugin Knott zweifelte und weitere Zeugen nicht vorhanden waren, stellte sie das Verfahren in diesem Fall aus Mangel an Beweisen ein. Was die Erschießung von 18 bis 20 Einwohnern eines Dorfes in der Nähe von Zambrów im Sommer 1943 (Fall I, 11) und die Tötung eines Polen anbetrifft (Fall I, 12), folgte die Staatsanwaltschaft der Einlassung des Beschuldigten, er sei im Sommer 1943 bei der KdS-Außenstelle Łomża abgelöst und beim KdS in Białystok tätig gewesen. Beweise, die diese Behauptung hätten widerlegen können, lagen der Staatsanwaltschaft nicht vor.

Beweisschwierigkeiten ergaben sich nach Auffassung der Staatsanwaltschaft ferner hinsichtlich des Tatkomplexes der Auflösung des Ghettos von Łomża am 2. November 1942 und der Überführung der Bewohner in das Sammellager Zambrów (Fall I, 7). Zwar sah sie es aufgrund übereinstimmender Zeugenaussagen als erwiesen an, dass der Beschuldigte Erdbrügger den Transport der Juden nach Zambrów „angeordnet, geleitet und persönlich überwacht" habe.

---

315 Einstellungsverfügung des Leiters der Zentralstelle bei der Staatsanwaltschaft Dortmund (45 Js 16/65) v. 28.2.1973, Bl. 104.

316 Ebd., Bl. 71.

Die Überführung der Juden könne indes „nicht unter dem Gesichtspunkt der grausamen ‘Einleitung’ der Tötung im Sinne der Entscheidung des BGH vom 5. Februar 1970[317] als Beihilfe zum grausamen Mord angesehen werden“. Dagegen spreche zum einen die Zeit zwischen der Einweisung in das Lager Zambrów und dem Abtransport in das Vernichtungslager Auschwitz. Zum anderen könne „dem Beschuldigten nicht sicher nachgewiesen werden“, dass „er zum Zeitpunkt der Überführung“ gewusst habe, dass „es sich lediglich um eine kurzfristige Konzentrierung der Juden aus dem Kreis“ Łomża gehandelt habe und dass „ihr alsbaldiger Abtransport in das Vernichtungslager Auschwitz beabsichtigt war“.[318] Erdbrügger hatte im Ermittlungsverfahren ausgesagt, er habe „zum damaligen Zeitpunkt“ nicht befürchtet, die „abzutransportierenden Juden könnten oder sollten später liquidiert werden“.[319]

In drei weiteren Fällen (Fälle I, 6; I, 7; I, 9) wurde das Verfahren gegen Erdbrügger „in Ermangelung eines hinreichenden Tatverdachts“ eingestellt. Ein Tatvorwurf bezog sich auf Erschießungen durch Gestapoangehörige im Rahmen der Auflösung des Ghettos von Łomża (Fall I, 7), die die Zeugin Regina Gercek bekundete. Da sie weder nähere Einzelheiten der Erschießungen noch Angaben über die Täter habe machen können, hielt die Staatsanwaltschaft es für „unaufklärbar, ob der Beschuldigte etwaige Tötungen angeordnet oder billigend in Kauf genommen oder Tötungshandlungen seiner Untergebenen im Sinne von § 357 StGB[320] wissentlich geduldet“ habe. Aus diesem Grund erfolgte eine Einstellung „in Ermangelung eines hinreichenden Tatverdachts“.[321] In einem weiteren Fall (I, 6) handelte es sich um die Erschießung einer jüdischen Frau im Rahmen einer Selektion von 2.000 Ghettobewohnern, die über keine Arbeitsbescheinigungen verfügt hatten. Der Staatsanwaltschaft erschien die Aussage der einzigen Zeugin Knott, sie habe erfahren, Erdbrügger

---

317 Vgl. Kapitel V.5.

318 Ebd., Bl. 108f.

319 Vernehmung Wolfgang Erdbrügger im Ermittlungsverfahren gegen Erdbrügger u.A. durch StA Schaplow v. 30.8.1965, in: L/StAM, Staatsanwaltschaft Dortmund, Zentralstelle für NS-Verbrechen, Nr. 4822, S. 1–5, hier: S. 5 (keine Aktenpaginierung).

320 § 357 StGB lautet:
„(1) Ein Vorgesetzter, welcher seine Untergebenen zu einer rechtswidrigen Tat im Amt verleitet oder zu verleiten unternimmt oder eine solche rechtswidrige Tat seiner Untergebenen geschehen lässt, hat die für diese rechtswidrige Tat angedrohte Strafe verwirkt.
(2) Dieselbe Bestimmung findet auf einen Amtsträger Anwendung, welchem eine Aufsicht oder Kontrolle über die Dienstgeschäfte eines anderen Amtsträgers übertragen ist, sofern die von diesem letzteren Amtsträger begangene rechtswidrige Tat die zur Aufsicht oder Kontrolle gehörenden Geschäfte betrifft.“

321 Einstellungsverfügung des Leiters der Zentralstelle bei der Staatsanwaltschaft Dortmund (45 Js 16/65) v. 28.2.1973, Bl. 109.

habe eine am Fuß verletzte, gehunfähige jüdische Frau erschossen, „nicht geeignet, den Tatverdacht" gegen Erdbrügger „hinreichend zu begründen".[322]

Die Deportationen der Inhaftierten des Lagers Zambrów (Fall I, 9) waren, soweit sie die Verantwortung Altenlohs betrafen, Gegenstand des Bielefelder Białystok-Prozesses. Die Staatsanwaltschaft berief sich in der Einstellungsverfügung bei der Darstellung des Sachverhalts auf die entsprechenden Passagen des schriftlichen Urteils vom September 1967.[323] Sie ging davon aus, der Beschuldigte Erdbrügger habe die Befehle zur Auflösung des Durchgangslagers Zambrów und zum Abtransport der Juden nach Auschwitz von Altenloh erhalten und dann an den Kommandanten des Lagers Zambrów, Plaumann, weitergegeben. Die Menschen hätten sich bei eisiger Kälte – minus 30 Grad – zur 20 Kilometer entfernten Bahnstation (Czyżew) begeben müssen, von wo sie in der Zeit vom 10. bis zum 16. Januar 1943 in fünf aufeinanderfolgenden Zügen nach Auschwitz deportiert worden seien. Nach den Feststellungen des Bielefelder Schwurgerichts wurden schätzungsweise 7.500 Menschen aus Zambrów in Auschwitz ermordet. Nur 10 Menschen sollen überlebt haben. Hinsichtlich der Tatbeteiligung des Beschuldigten Erdbrügger sah die Staatsanwaltschaft „die objektiven Voraussetzungen der Beihilfe zum grausamen Mord an mindestens 7.500 Juden" als erfüllt an. Sie bezweifelte indes, dass Erdbrügger vorsätzlich gehandelt habe. Im Ermittlungsverfahren seien keine Anhaltspunkte dafür hervorgetreten, dass Erdbrügger, der mit der Auflösung des Lagers „nichts zu tun gehabt" haben wolle,[324] „sich über das Schicksal der Juden im klaren gewesen sei". Auch sei „keine Äußerung von ihm aus damaliger Zeit bekannt geworden, aus der man unmittelbar auf seine Kenntnis schließen könnte", so dass „ihm das Gegenteil nicht nachgewiesen werden" könne. Die Dortmunder Staatsanwaltschaft stellte das Verfahren „in Ermangelung eines hinreichenden Tatverdachts" ein.[325]

In vier Fällen (I 4; 5; 8 und 10) bestand dagegen aus Sicht der Staatsanwaltschaft gegen den Beschuldigten Wolfgang Erdbrügger Tatverdacht wegen Mordes bzw. wegen Beihilfe zum Mord. Deshalb beantragte sie bei folgenden Tatkomplexen die Eröffnung der gerichtlichen Voruntersuchung: Erdbrügger

322 Ebd., Bl. 107.

323 Vgl. Urteil 5 Ks 1/65, in: L/StADT, D 21 A, Nr. 6194, Bl. 80–82.

324 Vgl. Vernehmung Wolfgang Erdbrügger im Ermittlungsverfahren Zentralstelle bei der Staatsanwaltschaft Dortmund (45 Js 16/65) durch StA Schaplow v. 2.9.1965, in: L/StAM, Staatsanwaltschaft Dortmund, Zentralstelle für NS-Verbrechen, Nr. 4822, S. 1–4, hier: S. 2.

325 Einstellungsverfügung des Leiters der Zentralstelle bei der Staatsanwaltschaft Dortmund (45 Js 16/65) v. 28.2.1973, Bl. 111f.

wurde verdächtigt, den Angehörigen des jüdischen Ordnungsdienstes, Judka Winnicki, „wegen einer Geringfügigkeit aus eigener Machtvollkommenheit, ohne Befehl und ohne hierzu genötigt worden zu sein, getötet zu haben“ (Fall I, 4).[326] Der Zeuge Staniszewski, der nach eigenen Angaben während seines Aufenthaltes im Ghetto Łomża als Verbindungsmann zwischen der Gestapo und dem jüdischen Ordnungsdienst eingesetzt gewesen war und den Beschuldigten Erdbrügger gut gekannt hatte, sagte aus, im Sommer 1942 sei der Ordnungsdienstangehörige Judka Winnicki von deutschen Gendarmerieangehörigen beim Fleischschmuggel ertappt worden. Der Zeuge habe Winnicki mit zwei weiteren Ordnungsdienstangehörigen einige Tage später zum Dienstgebäude der Gestapo bringen müssen, wo Mahnke und ein weiterer Gestapomann sofort auf das Opfer eingeschlagen hätten. Dies beobachtend und rufend: „Was macht Ihr Euch an dem Juden schmutzig!“, habe Erdbrügger Winnicki aus dem Zimmer führen lassen und ihn in der Nähe eines Gebäudes mit einer Pistole erschossen. Der Zeuge Staniszewski gab an, er habe die Ermordung Winnickis aus einer Entfernung von 10 Metern gesehen.[327] Aus der Beweiswürdigung geht hervor, dass die Dortmunder Staatsanwaltschaft den Belastungszeugen als „glaubwürdig“ einschätzte und seine Schilderung „als frei von Widersprüchen“ wertete. Einen Irrtum hinsichtlich der Person des Beschuldigten hielt sie für ausgeschlossen, weil der Zeuge aufgrund seiner damaligen Tätigkeit den Beschuldigten gut gekannt und ihn auch nach 22 Jahren auf einem Foto gleich wiedererkannt habe.[328] Erdbrüggers Verhalten sei als „täterschaftlicher Mord aus eigenen niedrigen Beweggründen gemäß § 211 StGB anzusehen“.[329]

Die Aussage des Zeugen Staniszewski war auch hinsichtlich der Erschießung von 2.000 Bewohnern des Ghettos Łomża im Walde von Gielczyn im Sommer 1942 (Fall I, 5) von Bedeutung. Neben Staniszewski bekundeten sechs weitere jüdische Zeugen, dass unter der Leitung des Beschuldigten Erdbrügger im Sommer 1942 eine Massenerschießung von Ghettobewohnern ohne Arbeitsbescheinigung durchgeführt worden sei. Staniszewski erklärte, als Angehöriger des jüdischen Ordnungsdienstes habe er die Menschen, die unter der Leitung Erdbrüggers selektiert worden seien, fast bis zur Erschießungsstätte begleiten müssen und später Maschinenpistolen gehört. Etwa 15 Gestapoangehörige nahmen nach Angaben des Zeugen an der Erschießung teil. Er habe Erdbrügger sowohl bei der Selektion als auch auf dem Weg in den Wald von Gielczyn

326 Ebd., Bl. 106.

327 Ebd., Bl. 78f.

328 Ebd., Bl. 105.

329 Ebd., Bl. 106.

gesehen.[330] Die Staatsanwaltschaft hielt „die dürftige Einlassung“ des Beschuldigten, „er habe sich an diesem Tage wahrscheinlich nicht“ in Łomża aufgehalten, für „nicht geeignet, seine Verantwortung auf andere abzuschieben“. Sie ging aufgrund der Zeugenaussagen davon aus, dass Erdbrügger die Aktion persönlich angeordnet, geleitet und beaufsichtigt habe, und wertete seinen Tatbeitrag als „eine aus eigenen niedrigen Beweggründen geleistete Beihilfe zum grausamen Mord an 2.000 Menschen“. In der Beweiswürdigung heißt es weiter, die Erschießung sei mit „unvorstellbarer Härte und Grausamkeit durchgeführt“ worden.[331]

Gegen Erdbrügger richtete sich außerdem ein „erheblicher Tatverdacht“ hinsichtlich der Tötung von etwa 40 Patienten des Krankenhauses im Ghetto von Łomża, die sich nach Erkenntnissen der Staatsanwaltschaft im Zusammenhang mit dem Abtransport der Juden aus dem Ghetto ereignet hatte. Die Zeugin Knott erklärte, am dritten Tag der Ghettoauflösung seien Gestapoangehörige unter Führung des Außenstellenangehörigen Mahnke, der während des Ermittlungsverfahrens nicht ausfindig gemacht werden konnte, ins Krankenhaus gekommen und hätten erklärt, die Kranken würden in das polnische Heiliggeist-Krankenhaus gebracht und nach ihrer Genesung in das Lager Zambrów überführt werden. Die kranken Menschen seien auf einen LKW verladen und später erschossen worden.[332] Die Staatsanwaltschaft war der Überzeugung, dass der Beschuldigte Erdbrügger, der seine Verantwortlichkeit für die Überführung der Menschen nicht bestritten habe, „auch für die Beseitigung der Kranken verantwortlich war und entsprechende Anordnungen gegeben“ habe. Die Aktion habe „vorausschauend geplant und unter Zuweisung der Aufgaben an die Beteiligten sorgfältig vorbereitet werden“ müssen. Es müsse davon ausgegangen werden, dass „die Kranken unter menschenunwürdigen Begleiterscheinungen, also grausam umgebracht worden“ seien. Auf jeden Fall handelte es sich aus Sicht der Staatsanwaltschaft auch „wegen heimtückischer Tötung um Mord im Sinne des § 211 StGB“, da den Kranken und dem Pflegepersonal der Wahrheit zuwider angekündigt worden sei, sie würden in das Heiliggeist-Krankenhaus verlegt. Sie bewertete den Tatbeitrag des Beschuldigten, „der im Verdacht“ stehe, „die mit der Tötung verbundenen Anordnungen getroffen zu haben“, als „eine aus eigenen niedrigen Beweggründen geleistete Beihilfe zum heimtückischen Mord an mindestens 40 Menschen“.[333]

---

330 Ebd., Bl. 78.

331 Ebd., Bl. 106f.

332 Ebd., Bl. 84f.

333 Ebd., Bl. 110f.

Ein Verdacht der Tatbeteiligung des Beschuldigten Erdbrügger ergab sich nach den Erkenntnissen der Staatsanwaltschaft ferner im Fall der Tötung einer unbestimmten Zahl von nicht transportfähigen Kranken, die, wie den Aussagen dreier Überlebender der deutschen Verfolgungs- und Vernichtungspolitik zu entnehmen ist, nach Abschluss der Auflösung des Lagers in Zambrów an Ort und Stelle getötet worden waren. Der Zeuge Wiernik, der in Zambrów inhaftiert gewesen und von dort nach Auschwitz deportiert worden war, gab an, im Lager seien infolge einer Typhusepidemie viele Lagerinsassen gestorben. Schwerkranke transportunfähige Häftlinge seien nicht deportiert worden, sondern hätten sich selbst ein Massengrab ausheben müssen und seien anschließend lebendig begraben worden. Das Zurückbleiben der Kranken bestätigte auch die Zeugin Regina Gercek, die mit dem letzten Transport von Zambrów nach Auschwitz verschleppt worden war. Des Weiteren bekundete die Zeugin Szprocer, es seien zahlreiche Juden an Ort und Stelle getötet worden.[334] Die Staatsanwaltschaft hielt es für wahrscheinlich, dass die Tötung der Kranken eines ausdrücklichen Befehls bedurft hatte. Gehe man davon aus, dass „Erdbrügger die Tötung der Kranken nicht aus eigener Machtvollkommenheit angeordnet, sondern einen solchen Befehl lediglich weitergegeben" habe, so sei „auf Grund seiner negativen Einstellung zu den Juden der Verdacht begründet", dass „er, wenn er sich auch in diesen Tagen von Zambrow ferngehalten haben sollte, die grausame Tötung der Kranken billigend in Kauf genommen und sich die niedrigen Beweggründe der Haupttäter auch in diesem Fall zu eigen gemacht" habe. Folglich bezeichnete die Staatsanwaltschaft Erdbrüggers Tatbeitrag als „aus niedrigen Beweggründen geleistete Beihilfe zum grausamen Mord an einer unbestimmten Anzahl von Menschen".[335]

Der zuständige Richter beim Landgericht Bielefeld Feldmann erachtete den Antrag auf Eröffnung der Voruntersuchung zwar für zulässig, zweifelte jedoch daran, dass für einen Verdacht auf Täterschaft des Beschuldigten Erdbrügger „überhaupt zureichende Anhaltspunkte im Sinne des § 152 Abs. 2 StPO[336] vorliegen" würden.[337] Aus den angeführten Gründen ergibt sich, dass Feldmanns Beweiswürdigung sich deutlich von der staatsanwaltschaftlichen unterschied. Betreffend der Ermordung des Judka Winnicki hielt er es im

334 Ebd., Bl. 88.

335 Ebd., Bl. 112f.

336 § 152 Abs. 2 StPO lautet wie folgt: „Sie [die Staatsanwaltschaft] ist, soweit nicht gesetzlich ein anderes bestimmt ist, verpflichtet, wegen aller verfolgbaren Straftaten einzuschreiten, sofern zureichende tatsächliche Anhaltspunkte vorliegen."

337 Vfg. Feldmann, Richter am LG Bielefeld, v. 12.7.1973, in: L/StAM, Staatsanwaltschaft Dortmund, Zentralstelle für NS-Verbrechen, Nr. 4814, Bl. 353–358, hier: Bl. 353.

Gegensatz zur Staatsanwaltschaft „für offensichtlich", dass „der Zeuge Staniszewski den Beschuldigten Erdbrügger mit einem anderen Stapo-Führer (vermutlich Ennulat)" verwechsele. Der Bielefelder Richter war der Auffassung, die Einlassung des Beschuldigten, er sei während seiner Abordnung zum Unternehmen „Wisent"[338] nur noch selten in Łomża gewesen und praktisch in allen Dienstgeschäften von Ennulat vertreten worden, sei „nicht zu widerlegen". Von einer Verwechslung Erdbrüggers mit Ennulat ausgehend hielt Feldmann die belastende Aussage Staniszewskis auch hinsichtlich des Massenmordes an mindestens 2.000 Juden im Wald von Gielczyn für „nicht verwertbar". Weitere Aussagen, die auf eine Beteiligung Erdbrüggers hindeuteten, lägen nicht vor. Der Verdacht, Erdbrügger habe Beihilfe zum Mord an mindestens 40 nicht transportfähigen Juden in Łomża geleistet, galt Feldmann als nicht ausreichend. Aus seiner Sicht deutete nichts darauf hin, dass der „Beschuldigte einen Befehl zur Erschießung erteilt oder weitergegeben habe oder an einer Erschießung in sonstiger Weise beteiligt gewesen sein könnte". Seine Stellung als Leiter der KdS-Außenstelle Łomża reiche „für einen diesbezüglichen Verdacht" nicht aus. Hinsichtlich des Mordes an einer Vielzahl nicht transportfähiger Juden in Zambrów führte Feldmann aus, es hätten sich keine Anhaltspunkte dafür ergeben, dass „das Lager Zambrow überhaupt in den Zuständigkeits- und Verantwortungsbereich des Leiters der Außenstelle Lomza" gefallen sei. „Für eine Beteiligung Erdbrüggers an der Erschießung von nicht transportfähigen Juden" sei „nichts ersichtlich". Abschließend vermerkte Feldmann, „die weiteren Ermittlungen" könnten „nur in der Weise fortgesetzt werden", dass „Zeugen vernommen werden, von denen aufgrund allgemeiner Hinweise angenommen werden" könne, dass „sie sich zu den verschiedenen Tatzeiten in der Nähe der Tatorte aufgehalten haben könnten und deshalb eine vage Vermutung" bestehe, dass „sie als Tatzeugen in Betracht kommen". Dies würde eine Vernehmung von etwa 80 deutschen und etwa 40 der fast ausschließlich im Ausland lebenden jüdischen Zeugen bedeuten. „In Anbetracht der fragwürdigen Ausgangslage" erschien es Feldmann „sehr zweifelhaft", ob „ein solcher Aufwand zu vertreten" sei. „Bevor mit der Durchführung der Voruntersuchung erhebliche Kosten verursacht" würden, halte er es „für dringend geboten, die Zentralstelle zu einer Stellungnahme" zu seinem Vermerk und zu der Frage aufzufordern, ob der Antrag auf Eröffnung der Voruntersuchung aufrechterhalten werde.[339]

338 Zur Aktion „Wisent" vgl. *Gerlach*, Kalkulierte Morde, S. 933ff.

339 Vgl. Vfg. Feldmann, Richter am LG Bielefeld, v. 12.7.1973, in: L/StAM, Staatsanwaltschaft Dortmund, Zentralstelle für NS-Verbrechen, Nr. 4814, Bl. 353–358.

Die Staatsanwaltschaft hielt an ihrem Antrag auf Eröffnung der Voruntersuchung fest. Oberstaatsanwalt Carree erschien es „verfrüht", dem Hauptbelastungszeugen Staniszewski, der Erdbrügger die Tötung Judka Winnickis und die Verantwortung für die Tötung von mindestens 2.000 Juden zur Last gelegt hatte, „einen Irrtum über die Person des Beschuldigten zu unterstellen". Carree entgegnete: „Ohne einen persönlichen Eindruck von ihm zu haben und ohne eingehende Vorhalte", könne noch „nichts über seine Glaubwürdigkeit und Zuverlässigkeit in diesem Stadium des Verfahrens gesagt werden". Sich auf einen Einsatzbefehl des HSSPF für die Ukraine vom 26. August 1942 berufend betonte Carree ferner, die Abordnung Erdbrüggers zum Unternehmen „Wisent" habe nur einige Tage gedauert. Aus dieser „den Schluss zu ziehen", dass „sämtliche Zeugen, die ihn in dem fraglichen Zeitraum bei Aktionen in Lomza oder Zambrow gesehen haben wollen, einem Irrtum unterliegen", war aus Carrees Sicht „nicht statthaft". Hinsichtlich der Tötungsfälle, die Häftlinge des Lagers Zambrów betrafen, erklärte der Oberstaatsanwalt, der Tatverdacht gegen Erdbrügger ergebe sich daraus, dass dieser „als im Amt befindlicher Außenstellenleiter die Verlegung" der Ghettobewohner nach Zambrów „angeordnet, persönlich überwacht und durchgeführt" habe. Bereits das Schwurgericht Bielefeld habe „rechtskräftig festgestellt", dass „Erdbrügger mit der Räumung des Lagers beauftragt" gewesen sei.[340]

Der Beschuldigte selbst befürchtete, man bewege „sich in gefährlicher Grat-Nähe eines Justizirrtums", würde man „allein den fadenscheinigen Unterstellungen und lügenhaften Behauptungen der jüdischen Zeugen" folgen.[341] Erdbrüggers Antisemitismus zeigt sich auch in seiner ausführlichen Stellungnahme zu den Vorwürfen. Darin wehrte er sich dagegen, dass seine „Person ohne stichhaltige Begründung als Popanz eines gewissenlosen SS-Führers mit betont sadistischer Veranlagung" dargestellt werde, und führte mehrere Beispiele an, die belegen sollten, wie „man von jüdischer Seite bemüht war, dem Bild von dem 'Popanz mit cholerischer und hysterischer Veranlagung' Nahrung zu geben".[342]

---

340 Vfg. OStA Carree v. 27.8.1973, in: L/StAM, Staatsanwaltschaft Dortmund, Zentralstelle für NS-Verbrechen, Nr. 4814, Bl. 375–379.

341 Schreiben Wolfgang Erdbrügger an den Untersuchungsrichter Feldmann v. 3.8.1973, in: L/StAM, Staatsanwaltschaft Dortmund, Zentralstelle für NS-Verbrechen, Nr. 4800, Bl. 290.

342 Stellungnahme Erdbrüggers v. 31.7.1972, in: L/StAM, Staatsanwaltschaft Dortmund, Zentralstelle für NS-Verbrechen, Nr. 4814, Bl. 380–412, hier: Bl. 394f.

In der gerichtlichen Voruntersuchung, die am 30. August 1973 eröffnet wurde,[343] führte Erdbrügger zu seiner Verteidigung Erklärungen an, die sich in dem oben erwähnten Vermerk des Untersuchungsrichters Feldmann finden. So ließ sich der Angeschuldigte dahin ein, er sei während seiner Abordnung nach Łomża ausschließlich zur Partisanenbekämpfung im Rahmen der Aktion „Wisent" eingesetzt gewesen. Die Geschäfte des Außenstellenleiters habe sein verstorbener Vertreter Ennulat wahrgenommen. Erdbrügger schob ihm die Verantwortung für die Gewaltmaßnahmen zu und behauptete, dass die Zeugen, die ihn der Tötung von Juden verdächtigten, ihn mit Ennulat verwechseln müssten.[344]

Nach „dem Ergebnis der Ermittlungen und der Voruntersuchung" sei die Einlassung des Angeschuldigten, an der Tötung von Juden nicht beteiligt gewesen zu sein, „nicht zu widerlegen", heißt es in der Verfügung des Leiters der Zentralstelle Dortmund, in der beantragt wird, Erdbrügger in allen Fällen „außer Verfolgung zu setzen".[345] Zu den Gründen wird hinsichtlich der Tötung des Judka Winnicki ausgeführt, dass angesichts sich widersprechender Zeugenaussagen,[346] „die alle glaubwürdig erscheinen", nicht festzustellen sei, „unter welchen Umständen Judka Winnicki getötet worden" sei und „ob der Angeschuldigte Erdbrügger an der Tötung beteiligt war".[347] Erdbrügger sei aus „dem tatsächlichen Grunde des mangelnden Beweises" außer Verfolgung zu setzen. Auch die näheren Umstände der Massenerschießung von etwa 2.000 Juden im Wald von Gielczyn „konnten", heißt es in der Verfügung, „nicht geklärt werden, weil weder die jüdischen noch die deutschen Zeugen hierzu etwas aus eigenem Erleben" hätten bekunden können. Während die Zentralstelle bei der Staatsanwaltschaft Dortmund die Aussage des Zeugen Staniszewski im Ermittlungsverfahren noch für glaubhaft gehalten hatte, kam sie nach Abschluss der Voruntersuchung zu dem Ergebnis, dass die Angaben Staniszewskis „allein unter diesen Umständen" nicht ausreichten, um Erdbrüg-

343 Vgl. Beschluss des Untersuchungsrichters beim LG Bielefeld, Feldmann, v. 30.8.1973, in: L/StAM, Staatsanwaltschaft Dortmund, Zentralstelle für NS-Verbrechen, Nr. 4815, Bl. 434.

344 Vgl. Schreiben OStA Carree an den Justizminister des Landes NRW v. 15.8.1974, in: L/StAM, Staatsanwaltschaft Dortmund, Zentralstelle für NS-Verbrechen, Nr. 4816, Bl. 57–59, hier: Bl. 58.

345 Vfg. des Leiters der Zentralstelle bei der Staatsanwaltschaft Dortmund, OStA Weissing, v. 10.12.1976, in: L/StAM, Staatsanwaltschaft Dortmund, Zentralstelle für NS-Verbrechen, Nr. 4815, Bl. 673–684, hier: Bl. 675.

346 Vgl. Vfg. des Leiters der Zentralstelle bei der Staatsanwaltschaft Dortmund, OStA Weissing, v. 10.12.1976, in: ebd., Bl. 675–681.

347 Ebd., Bl. 681.

ger „einer Teilnahme zu überführen".[348] Der Zentralstelle zufolge „konnten die näheren Tatumstände" im Fall der Tötung von mindestens 40 Insassen des Krankenhauses im Ghetto Łomża, „insbesondere die Frage, ob und inwieweit der Angeschuldigte Erdbrügger an der Aktion beteiligt war", „nicht geklärt werden, weil keine Augenzeugen zu ermitteln waren, die etwas über die Befehlsgebung und die Durchführung der Erschießung hätten angeben können". Deshalb sei der Angeschuldigte aus dem „tatsächlichen Grunde mangelnden Beweises" außer Verfolgung zu setzen. Auch im Fall der Tötung transportunfähiger Kranker ergaben sich aus Sicht der Dortmunder Strafverfolgungsbehörde in der Voruntersuchung keine Erkenntnisse, die den Tatverdacht einer Beteiligung Erdbrüggers erhärteten. Die jüdischen Zeugen hätten „ihre Kenntnis nur vom Hörensagen".[349] Von der Vielzahl der vernommenen deutschen Zeugen habe lediglich ein Zeuge ausgesagt, er habe „nach der Räumung des Lagers Zambrow im Lager Schüsse gehört" und „sechs oder sieben Leichen gesehen, bei denen drei oder vier ihm unbekannte Uniformierte gestanden hätten".[350] In einer zweiten Vernehmung durch den Untersuchungsrichter habe der Zeuge seine Aussage indes abgeschwächt und angegeben, sich nicht mehr genau an den Vorfall und den Ort, an dem er sich ereignete, erinnern zu können.

Die 10. Strafkammer des Bielefelder Landgerichts bestätigte am 30. Dezember 1976 den Antrag der Zentralstelle bei der Staatsanwaltschaft Dortmund und beschloss, Erdbrügger in allen vier Fällen außer Verfolgung zu setzen. Der bundesdeutschen Justiz gelang es nicht, Wolfgang Erdbrügger, der nach 1945 bei der Polizei in Bielefeld beschäftigt war, wegen NS-Verbrechen im Bezirk Bialystok zur Verantwortung zu ziehen.

Ad 5): Das Verfahren gegen **Dr. Theodor Paeffgen** u.A. (Az. 45 Js 15/65) richtete sich gegen sechs ehemalige Angehörige eines Kommandos der KdS-Dienststelle in Białystok.[351] Es bestand der Verdacht, dass sie sich an der Erschießung der Einwohner des Dorfes Rajsk bei Bielsk beteiligt hatten. Nach den Erkenntnissen der Zentralstelle bei der Staatsanwaltschaft Dortmund ging die von den Deutschen als Vergeltungsmaßnahme bezeichnete Erschießungsaktion von etwa 140 Menschen auf eine koordinierende Besprechung des SSPF Fromm mit den Kommandeuren der Ordnungspolizei und der Sicher-

348 Ebd., Bl. 682.

349 Ebd., Bl. 683.

350 Ebd., Bl. 684.

351 Vgl. L/StAM, Staatsanwaltschaft Dortmund, Zentralstelle für NS-Verbrechen, Nr. 4715 und Nr. 4716.

heitspolizei zurück.[352] Die Dortmunder Staatsanwaltschaft[353] ging davon aus, dass am 14. Juni 1942 ein von einem polnischen Fahrer gesteuerter PKW mit zwei deutschen Eisenbahnern, deren Frauen und einem vierjährigen Mädchen beschossen worden sei. Der polnische Fahrer, die beiden Eisenbahner und eine der beiden Frauen seien dabei getötet worden, die zweite Frau habe „verwundet entkommen" können. Ein polnischer Pfarrer des Dorfes, ein Lehrer und ein weiterer Bewohner hätten das leicht verletzte Mädchen geborgen und versorgt. Zwei Tage später hätten Polizeikräfte das Dorf Rajsk in den frühen Morgenstunden umstellt und die Bevölkerung aufgefordert, sich auf dem Platz vor der Kirche einzufinden. Der polnische Bürgermeister habe die Namen der Einwohner des Dorfes verlesen müssen. Die Personen, von denen einige Männer fehlten, seien in vier Gruppen eingeteilt worden. Die erste Gruppe habe aus den Familien des Pfarrers, des Lehrers und des Einwohners, der an der Bergung und Versorgung des Mädchens beteiligt gewesen war, bestanden. In der zweiten Gruppe seien männliche und weibliche Jugendliche zusammengefasst worden. Kinder und Frauen mit Ausnahme derjenigen, deren Männer bei der Verlesung der Namen fehlten, hätten die dritte Gruppe gebildet. Diese Frau hätten sich zu der vierten Gruppe, den Männern des Dorfes, begeben müssen. Die Personen der vierten Gruppe seien hinter eine 300 Meter vom Dorf entfernte Anhöhe geführt worden, wo sie von Angehörigen der motorisierten Gendarmerie erschossen worden seien.

Die Dortmunder Zentralstelle konnte sechs ehemalige KdS-Angehörige, die bei der in Gegenwart des SSPF Fromm und des Kommandeurs der Ordnungspolizei Hirschfeld durchgeführten Erschießung anwesend gewesen waren, benennen. Bei zwei von ihnen – Macholl und Plaumann – erledigte sich das Verfahren, weil sie nicht mehr am Leben waren. Der Aufenthaltsort des Kraftfahres habe nicht ermittelt werden können. Zu den Einlassungen der übrigen Beschuldigten wird in der Verfügung Folgendes ausgeführt: Plewe erklärte, nur an einem Absperrposten eingesetzt worden zu sein, während der Beschuldigte Stenzel bekundete, sich nicht daran zu erinnern, an einer „Vergeltungsaktion" gegen das Dorf beteiligt gewesen zu sein. Paeffgen, der als Vertreter des in Allenstein verbliebenen Altenloh fungierte, gestand seine Beteiligung ein. Er sei angewiesen worden, zusammen mit anderen KdS-

352 Verfügung des Leiters der Zentralstelle bei der Staatsanwaltschaft Dortmund v. 2.9.1965 (45 Js 15/65), in: L/StAM, Staatsanwaltschaft Dortmund, Zentralstelle für NS-Verbrechen, Nr. 4715.

353 Die folgende Zusammenfassung beruht auf der sechs Seiten umfassenden staatsanwaltlichen Verfügung vom 2.9.1965. Sie befindet sich in: L/StAM, Staatsanwaltschaft Dortmund, Zentralstelle für NS-Verbrechen, Nr. 4715.

Angehörigen an der Vergeltungsmaßnahme, die unter der Leitung des SSPF Fromm gestanden habe, teilzunehmen.

Das Ermittlungsverfahren wurde hinsichtlich der Beschuldigten Paeffgen, Plewe und Stenzel wegen Verjährung eingestellt. Die Dortmunder Zentralstelle wertete die Vergeltungsmaßnahme als rechtswidrige Erschießung, weil „die hohe Anzahl der getöteten Personen nicht in einem vertretbaren Verhältnis zu dem Anlaß“ gestanden habe. Sie erfüllte aus ihrer Sicht indes nur den Tatbestand des Totschlags, nicht des Mordes. Warum die Staatsanwaltschaft das Tatbestandsmerkmal der Heimtücke als nicht erfüllt ansah, muss offen bleiben, da hierzu in der Einstellungsverfügung keine Angaben gemacht wurden. Niedrige Beweggründe wurden aus zwei Gründen ausgeschlossen. Zum einen habe es sich bei den Opfern nicht um Juden, sondern um Polen gehandelt. Daher sei die Vergeltungsmaßnahme „nicht schlechthin als eine aus niedrigen Beweggründen erfolgte Tötung“ anzusehen. Zum anderen habe die Aktion nicht „der Tendenz der nationalsozialistischen Vernichtungspolitik gegenüber der Intelligenz“ entsprochen, so dass „auch insoweit niedrige Beweggründe ausscheiden“. Das ergab sich aus Sicht der Zentralstelle allein schon aus dem Umstand, dass nicht ganze Familien, sondern vornehmlich „die wehrfähigen Männer“ des Dorfes erschossen worden waren. Bei der Prüfung des Tatbestandsmerkmals „grausam“ kam die Staatsanwaltschaft zu dem Schluss, dass die subjektiven Voraussetzungen des Mordmerkmals der Grausamkeit nicht erfüllt seien: „Selbst wenn das Tatbestandsmerkmal der Grausamkeit der Exekution in dem Umstand gesehen werden sollte“, dass „die Erschießung von den Wartenden akustisch wahrgenommen werden konnte“, werde „berücksichtigt werden müssen“, dass „die Täter die Erschießung hinter einen mehrere hundert Meter entfernten Hügel verlegt haben, um den Wartenden den Anblick der Tötung ihrer Leidensgenossen zu ersparen“. Die Staatsanwaltschaft glaubte keine Anhaltspunkte dafür zu erkennen, dass die Täter ihre Opfer aus „gefühlloser, unbarmherziger Gesinnung“ und damit grausam töteten, weil sich nicht ausschließen lasse, dass sie „den Opfern keine besonderen seelischen Qualen zufügen wollten und sich des Umstandes, daß schon die akustische Wahrnehmung der Erschießung für die Wartenden zu einer erheblichen seelischen Belastung führen konnte, nicht bewußt“ waren. Diese Begründung der Staatsanwaltschaft, die den Tätern eine Exkulpation aus subjektiven Gründen gewährte, vermag nicht zu überzeugen. Es bleibt unklar, woraus die Staatsanwaltschaft schloss, dass die Täter sich *nicht* darüber bewusst waren, grausam gehandelt zu haben. Darüber hinaus deuten die Umstände und das Verhalten der Täter auf eine grausame Tatausführung hin: Indem die Täter veranlassten, dass die Opfer beim Warten auf ihren Tod hören konnten, wie ihre Nachbarn erschossen wurden, fügten sie, so ließe sich argumentieren, ihnen seelische Qualen zu.

Der Tatbeitrag des Beschuldigten Paeffgen wurde als Täterschaft gewertet, da er als Vertreter Altenlohs teilgenommen habe und der SSPF Fromm ihm gegenüber nicht weisungsbefugt gewesen sei. Paeffgens Einlassung, er habe auf Anweisung gehandelt, war aus Sicht der Staatsanwaltschaft als „Schutzbehauptung" zu betrachten. Die Beteiligung Plewes und Stenzels bezeichnete sie als Beihilfe, da diese auf Befehl Paeffgens an der „Durchführung der Gesamtaktion mitgewirkt" hätten. Eine Strafverfolgung der drei genannten Beschuldigten wegen Totschlags scheitere an der eingetretenen Verjährung, da die Tatbeteiligung der Beschuldigten erst nach dem 8. Mai 1960 festgestellt worden sei und keine richterliche Handlung zur Unterbrechung der Verjährung vorliege.[354]

Ad 6): Das Verfahren gegen **Heinz Tiefensee**, das zweimal vorläufig eingestellt worden war, wurde im Juni 1975 vom „Ursprungsverfahren 45 Js 1/61" abgetrennt und unter dem Aktenzeichen 45 Js 12/75 fortgeführt.[355] Bei der Dortmunder Zentralstelle war man nunmehr der Ansicht, dass ein dringender Tatverdacht, der die Aufrechterhaltung des Haftbefehls gegen Tiefensee rechtfertigen würde, nicht mehr gegeben sei. Deswegen wurde beim Untersuchungsrichter in Bielefeld die Aufhebung des Haftbefehls vom 23. Juni 1967 beantragt und die Fahndung nach Tiefensee zurückgenommen.[356] Das Vorgehen der Zentralstelle bei der Staatsanwaltschaft Dortmund ist insofern überraschend, als man sich dort von 1969 bis 1974 für eine Festnahme Tiefensees eingesetzt hatte.[357] Warum wurde dann plötzlich im Juni 1975 die Auffassung

---

354 Vgl. Verfügung des Leiters der Zentralstelle bei der Staatsanwaltschaft Dortmund v. 2.9.1965, in: L/StAM, Staatsanwaltschaft Dortmund, Zentralstelle für NS-Verbrechen, Nr. 4715, Bl. 80.

355 Vgl. 45 Js 12/75, Verfügung StA Kaiser v. 26.6.1975, in: L/StAM, Staatsanwaltschaft Dortmund, Zentralstelle für NS-Verbrechen, 45 Js 12/75, Heft Arbeitsunterlagen und Handakten, Bl. 2.

356 Schreiben des Leiters der Zentralstelle bei der Staatsanwaltschaft Dortmund an den Vorsitzenden der I. Strafkammer des LG Bielefeld v. 3.7.1975, in: L/StAM, Staatsanwaltschaft Dortmund, Zentralstelle für NS-Verbrechen, 45 Js 12/75, Leitz-Ordner: Tiefensee wegen Beihilfe zum Mord, 45 Js 12/75, Beiakten, Bl. 234–235.

357 In dem Sachstandsvermerk des Ersten Staatsanwalts v. 13. Juni 1969 heißt es, die Fahndung nach dem Angeschuldigten Tiefensee werde fortgesetzt. L/StAM, Staatsanwaltschaft Dortmund, Zentralstelle für NS-Verbrechen, 45 Js 12/75, Sonderheft betr. Auslieferung Tiefensee, Bl. 72. Vgl. auch die Anträge der Dortmunder Zentralstelle auf Ausschreibung Tiefensees zur Festnahme v. 15.7.1970, 2.8.1971, 4.8.1972, 3.8.1973 und 6.8.1974, in: L/StAM, Staatsanwaltschaft Dortmund, Zentralstelle für NS-

vertreten, es bestehe kein dringender Tatverdacht gegen Tiefensee mehr? Zur Begründung verwies Staatsanwalt Kaiser von der Zentralstelle auf die angeblich dünne Beweislage und den Faktor Zeit. Hinsichtlich Tiefensees Teilnahme an den Deportationen der Juden des Białystoker Ghettos sei „in der Zwischenzeit kein neues Belastungsmaterial bekannt geworden“. Deshalb, so die Argumentation, beruhe der Verdacht der Beihilfe zum Mord „lediglich auf den teils widersprüchlichen, teils nicht genügend konkretisierten Zeugenaussagen“ und darauf, dass Tiefensee Angehöriger der Abteilung IV gewesen sei. Die Zentralstelle zweifelte an der Möglichkeit, Tiefensees Beteiligung an den Deportationen nachzuweisen. Die Bedenken bezogen sich sowohl auf die „objektive“ als auch auf die „subjektive“ Tatseite. Es sei „schon jetzt abzusehen“, dass „der Nachweis der Erfüllung auch der subjektiven Tatseite auf möglicherweise unübersehbare Schwierigkeiten stoßen“ werde. „Ein solcher Nachweis“ werde „voraussichtlich um so schwieriger zu führen sein, als die als Zeugen vorgesehenen Dr. Zimmermann, Heimbach, Plaumann und Bloch“ zwischenzeitlich verstorben seien. Von Altenloh seien „wegen seines Gesundheitszustandes keine sachlichen Angaben“ mehr zu erwarten. Der Staatsanwalt verwies außerdem darauf, dass seit der Hauptverhandlung gegen Dr. Altenloh u.A. zehn Jahre vergangen seien und die anderen Tiefensee belastenden Zeugenaussagen zwischen dreizehn und fünfzehn Jahren zurücklägen. Das Erinnerungsvermögen der Zeugen, so die Vermutung des Staatsanwalts, „dürfte daher weiter“ schwächer geworden sein.[358] Das Landgericht Bielefeld erhob keine Einwände gegen die Argumentation der Staatsanwaltschaft. Sie folgte dem Antrag der Dortmunder Zentralstelle und hob den Haftbefehl am 17. Juli 1975 auf.[359]

Die Prüfung und Neubewertung des Sachstandes durch Staatsanwalt Kaiser erfolgte, kurz nachdem die Dortmunder Zentralstelle erfahren hatte, dass Tiefensee von Australien in die Bundesrepublik zurückkehren wolle.[360] Über seinen Rechtsanwalt ließ Tiefensee mitteilen, dass er beabsichtige, „sich dem

---

Verbrechen, 45 Js 12/75, Leitz-Ordner: Tiefensee wegen Beihilfe zum Mord, 45 Js 12/75, Beiakten, Bl. 200, 218, 220, 222 und 224.

358 45 Js 1/61 Verfügung StA Kaiser v. 26.6.1975, in: L/StAM, Staatsanwaltschaft Dortmund, Zentralstelle für NS-Verbrechen, 45 Js 12/75, Heft Arbeitsunterlagen.

359 Vgl. Beschluss der X. Ferienstrafkammer des LG Bielefeld v. 17.7.1975, in: L/StAM, Staatsanwaltschaft Dortmund, Zentralstelle für NS-Verbrechen, 45 Js 12/75, Leitz-Ordner: Tiefensee wegen Beihilfe zum Mord, 45 Js 12/75, Beiakten, Bl. 242.

360 Vgl. Schreiben RA Jörg Wachsening an die Zentrale Stelle Ludwigsburg v. 10.3.1975, in: L/StAM, Staatsanwaltschaft Dortmund, Zentralstelle für NS-Verbrechen, 45 Js 12/75, Leitz-Ordner: Tiefensee wegen Beihilfe zum Mord, 45 Js 12/75, Beiakten, Bl. 228.

Verfahren zu stellen und nach Deutschland überzusiedeln und in Berlin Wohnung zu nehmen". Der Anwalt betonte darüber hinaus, dass die Ehefrau seines Mandanten sich der Übersiedlung nach Deutschland anschließen würde, so dass „von daher jeglicher Verdacht einer Fluchtgefahr" entfalle. Auf den schlechten Gesundheitszustand Tiefensees hinweisend fügte der Anwalt einschränkend hinzu, dass sein Mandant „die Übersiedlung nach Deutschland nur dann vornehmen" wolle, „wenn das Gericht einen Haftverschonungsbeschluß" ausspreche, „mit bestimmten vom Gericht noch zu treffenden Auflagen und Maßnahmen, die sicherstellen", dass sich Tiefensee dem Verfahren nicht entziehen werde.[361] Wann genau Tiefensee in die Bundesrepublik einreiste, lässt sich den Akten nicht entnehmen. Wahrscheinlich erfolgte seine Rückkehr zwischen dem 2. Juli und dem 31. August 1975, da ihm ein Reisepass ausgestellt worden war, der nur für diesen Zeitraum gültig war.[362] Merkwürdigerweise entging der Zentralstelle Dortmund Tiefensees Einreise. In einem Vermerk vom 12. August 1975 heißt es, Tiefensee sei „nach den bisherigen Erkenntnissen" noch nicht in die Bundesrepublik eingereist. Bis September 1988 wurden von der Dortmunder Zentralstelle halbjährlich bzw. jährlich Sachstandsvermerke angefertigt, in denen konstatiert wird, Tiefensee sei noch nicht in die Bundesrepublik eingereist und sein Aufenthaltsort sei unbekannt. Das Verfahren wurde am 28. November 1988 gem. § 170 Abs. 2 StPO endgültig eingestellt, nachdem Ermittlungen durch die Kriminalpolizei in Berlin ergeben hatten, dass Tiefensee bereits am 18. Februar 1977 in Berlin-Neukölln (Westberlin) gestorben war. Warum die Aufenthaltsermittlungen so lange dauerten, lässt sich den Akten nicht entnehmen. Obwohl eine Ausschreibung zur Aufenthaltsermittlung erfolgt war und die Behörden vom Tiefensees Absicht, zu seiner Familie nach Berlin zurückzukehren, Kenntnis erlangt hatten, gelang es nicht, ihn ausfindig zu machen. Dass seitens der Zentralstelle Dortmund seit 1975 kein großes Interesse an einer Strafverfolgung Tiefensees mehr bestand, ist bereits deutlich geworden. Warum schwand der Ahndungswille mit der Aussicht auf Tiefensees Rückkehr in die Bundesrepublik? Worauf sind die Versäumnisse der Ermittlungsbehörden zurückzuführen? Diese Fragen können anhand der Unterlagen der Zentralstelle Dortmund nicht beantwortet werden.

361 Schreiben RA Jörg Wachsening an die Staatsanwaltschaft Bielefeld v. 23.6.1975, in: L/StAM, Staatsanwaltschaft Dortmund, Zentralstelle für NS-Verbrechen, 45 Js 12/75, Leitz-Ordner: Tiefensee wegen Beihilfe zum Mord, 45 Js 12/75, Beiakten, Bl. 249–250.

362 Vgl. Vfg. OStA Carree (45 Js 12/75), hier: 1. Vermerk, v. 18.7.1975, in: in: L/StAM, Staatsanwaltschaft Dortmund, Zentralstelle für NS-Verbrechen, Leitz-Ordner: Tiefensee wegen Beihilfe zum Mord, 45 Js 12/75, Beiakten, Bl. 245.

Bei dem Verfahren gegen Dr. Zimmermann u.A. bzw. Dr. Altenloh u.A. handelt es sich um ein Sammelverfahren mit einer großen Zahl von Beschuldigten und einer Vielzahl von Straftaten. Den Akten lässt sich entnehmen, dass Tötungen von Juden und Polen zum Besatzungsalltag gehörten. Wie sind die Ermittlungen gegen ehemalige Angehörige des KdS in Białystok insgesamt zu bewerten? Das Ziel, *alle* von KdS-Angehörigen begangenen NS-Verbrechen im Bezirk Bialystok aufzuklären, wurde trotz langjähriger Ermittlungen nicht erreicht. Ein Grund für die lange Ermittlungsdauer ist in der großen Anzahl der Tötungsfälle und damit der Tatvorwürfe zu sehen. Dennoch hätten die Ermittlungen in einzelnen Fällen möglicherweise zügiger durchgeführt werden können, wenn der Vorschlag der Ludwigsburger Zentralstelle, die Zuständigkeit für die Białystok-Verfahren einer einzigen Staatsanwaltschaft zu übertragen, früher umgesetzt worden wäre. Auch die Entscheidung, einzelne Tatvorwürfe vom „Ursprungsverfahren“ abzutrennen, fiel relativ spät.

Die Auswertung der Akten hat gezeigt, dass die Zentrale Stelle in Ludwigsburg und die Zentralstelle bei der Staatsanwaltschaft in Dortmund von einer weiten Auslegung des Beschuldigtenbegriffs ausgingen und ihre Ermittlungen auf sämtliche Personen, die der KdS-Dienststelle angehört hatten, ausdehnten. Darunter befanden sich auch viele „abstrakte Beschuldigte“ (Grabitz), Personen, die zwar KdS-Angehörige gewesen waren, denen aber eine Teilnahme an Verbrechen nicht nachzuweisen war. Die hohe Anzahl der Verfahrenseinstellungen ist angesichts der Vorgehensweise der Ermittlungsbehörden nicht überraschend. Verfahrenseinstellungen erfolgten aus tatsächlichen Gründen (Nichtermittlung des Aufenthalts der Beschuldigten, Beweisschwierigkeiten, mangelnder Tatverdacht, „Ermangelung eines hinreichenden Tatverdachts“) und aus Rechtsgründen (Verjährung).

Den Schwierigkeiten der Sachverhaltsermittlung und der Bestimmung individueller Verantwortung konnte in vielen Fällen allein auf der Basis von Zeugenaussagen nicht begegnet werden. Der Nachweis einer Teilnahme bestimmter KdS-Angehöriger an den Verbrechen war mangels geeigneter Beweismittel – bei den Erschießungen gab es nur selten Augenzeugen, die nicht aus dem Kreis der deutschen Besatzer kamen – und aufgrund des Aussageverhaltens der Beteiligten nur schwer zu erbringen. In der Regel ließen sich Beschuldigte und Zeugen kaum ein, wenn sie an den Verbrechen beteiligt waren oder wenn der Verdacht bestand, dass sie an Verbrechen mitgewirkt hatten. Deswegen überrascht es nicht, dass die Staatsanwaltschaft nur gegen wenige ehemalige KdS-Angehörige Anklage erhob. Versäumnisse der Ermittlungsbehörden wie im Fall Tiefensee waren die Ausnahme, nicht die Regel. Der Zentralen Stelle bei der Staatsanwaltschaft in Dortmund kann jedoch vorgehalten werden, sich nicht genügend um die Recherche von Dokumenten bemüht zu haben. So werden in der Anklageschrift vom 15. Dezember 1964 nur 30 Urkunden aufgeführt.[363] Das Bielefelder Schwurgericht führte dagegen Hunderte von Urkunden in den Prozess ein.

Für die Einstellungen wegen Verjährung waren bestimmte Sachverhaltsinterpretationen ausschlaggebend, die nicht in allen Fällen einleuchten. Die Analyse der rechtlichen Würdigung der Tötungsfälle hat ergeben: Das Mordmerkmal „niedrige Beweggründe“ wurde in der Regel von der Zentralstelle bei der Staatsanwaltschaft Dortmund ausgeschlossen, wenn es sich bei den Opfern um Polen handelte. Dies hatte zur Folge, dass die Tötung von Polen – sofern die Mordmerkmale der Grausamkeit und der Heimtücke nicht vorlagen – als Totschlag qualifiziert und wegen Verjährung eingestellt wurde. Anders formuliert: Nur bei Tötungen von Juden sah die Staatsanwaltschaft den Tatbestand des Mordes aus niedrigen Beweggründen grundsätzlich als erfüllt an. Dass die deutschen Besatzer nicht nur Juden, sondern auch Polen als „rassisch minderwertig“ betrachteten und aus rassistischen Motiven töteten, wurde von der Staatsanwaltschaft ignoriert. Kein KdS-Angehöriger wurde von der westdeutschen Justiz wegen Verbrechen an der polnischen Bevölkerung des Bezirks Bialystok strafrechtlich zur Verantwortung gezogen. Tötungen von Polen wurden nur vor polnischen Gerichten – in den Prozessen gegen Koch, Friedel und Macholl – verhandelt. Die Tötungsfälle polnischer Zivilisten, die Zimmermann zur Last gelegt wurden, fanden im Bielefelder Białystok-Prozess keine Berücksichtigung, weil der Angeklagte sich vor Eröffnung der Hauptverhandlung das Leben genommen hatte.

4. 5 Ks 1/65: Das Verfahren gegen Dr. Altenloh und Andere vor dem Schwurgericht des LG Bielefeld

4.1 Die Tatvorwürfe der Anklage

Mit der Anklageschrift vom 15. Dezember 1964 gegen Zimmermann, Altenloh, Heimbach, Errelis, Dibus und Bloch (45 Js 1/61) beantragte Oberstaatsanwalt Dr. Hesse von der Zentralstelle bei der Staatsanwaltschaft Dortmund, das Hauptverfahren zu eröffnen und die Hauptverhandlung vor dem Landgericht – Schwurgericht – Bielefeld stattfinden zu lassen. Die Angeklagten sollten für ihre Teilnahme sowohl an Einzeltötungen als auch an den Deportationen von Juden aus dem Bezirk Bialystok in die Vernichtungslager zur

363 Vgl. Anklageschrift des Leiters der Zentralstelle bei der Staatsanwaltschaft Dortmund (45 Js 1/61), v. 15.12.1964, in: L/StADT, D 21 A, Nr. 6270, Bl. 1–184, hier: Bl. 36f.

Verantwortung gezogen werden. Die Anklage beschuldigte Errelis, Dibus und Bloch, Exzesstaten aus niedrigen Beweggründen begangen zu haben.

Der ehemalige Leiter der KdS-Außenstelle in Grodno, **Heinz Errelis**, sollte sich für die öffentliche Erhängung der Jüdin Lena Prenski und eines namentlich nicht bekannten Juden verantworten, die beide außerhalb des Grodnoer Ghettos angetroffen worden waren, sowie für die Erhängung des jüdischen Hausverwalters Spindler, der ihre Abwesenheit nicht gemeldet hatte. Weiter hieß es, er habe während der Vorbereitungen zum Abtransport der Juden aus den Ghettos von Grodno im Januar 1943 seinen Untergebenen Kurt Wiese veranlasst, den Vorsitzenden des Grodnoer Judenrats, Dr. David Brawer, auf der Straße zu erschießen. Eigenhändig habe Errelis eine junge Frau namens Okun erschossen, die aus einer zum Abtransport bestimmten Kolonne zu ihren zurückbleibenden Eltern gelaufen sei.[364]

Dem ehemaligen Sachbearbeiter im „Judenreferat“, **Richard Dibus**, wurde zur Last gelegt, in vier Fällen Tötungshandlungen als Exzesstaten begangen zu haben.[365] Er habe während der Deportationen aus dem Białystoker Ghetto im Februar 1943 „zwei oder drei Juden“, die mit anderen aus dem Ghetto geführt worden seien, erschossen, „ohne einen Befehl erhalten oder einen begründeten Anlaß gehabt zu haben“. Im März 1943 habe er einen Juden, der außerhalb des Białystoker Ghettos auf einer Baustelle arbeitete, erschossen.[366] Weiter habe er während der endgültigen Auflösung des Ghettos den jüdischen Chemiker Stefan Mantel sowie die Ehefrau des Zeugen Judelbaum und ihren zweijährigen Sohn Lowa erschossen.[367]

Hermann Bloch wurde der grausamen Tötung in drei Fällen beschuldigt. Seine Opfer, Juden des Durchgangslagers Zambrów, waren allesamt namentlich nicht auszumachen.[368]

Die ehemaligen Dienststellenleiter Zimmermann und Altenloh wurden beschuldigt, Einzeltötungen angeordnet zu haben. **Wilhelm Altenloh** wurde vorgeworfen, dem RSHA eine Erschießung von fünfzig Menschen im Ghetto Białystok vorgeschlagen zu haben, die sein Untergebener Heimbach als

364 Fälle 5, 6, 7. Vgl. Anklageschrift des Leiters der Zentralstelle bei der Staatsanwaltschaft Dortmund, OStA Hesse, v. 15.12.1964, in: L/StADT, D 21 A, Nr. 6270, Bl. 1–184, hier: Bl. 116f.

365 Fälle 11, 12, 14 und 15.

366 Vgl. Anklageschrift des Leiters der Zentralstelle bei der Staatsanwaltschaft Dortmund, OStA Hesse, v. 15.12.1964, Bl. 121.

367 Ebd., Bl. 124f.

368 Vgl. ebd., Bl. 114.

Vergeltung für das „Säureattentat" während der Februar-„Räumung" im Białystoker Ghetto veranlasst haben soll, ohne seinen Vorgesetzten darüber zu informieren und dessen Weisung abzuwarten. Altenlohs Nachfolger, **Herbert Zimmermann**, wurde zur Last gelegt, in zehn Fällen aus niedrigen Beweggründen und vorsätzlich getötet zu haben und in einem Fall zur Verdeckung einer anderen Straftat – der vorsätzlichen Tötung der an der „Enterdungsaktion" beteiligten jüdischen Arbeitskräfte (mindestens 30 Menschen) – wissentlich Hilfe geleistet zu haben.[369]

Neben den genannten Tötungen warf die Anklage allen Beschuldigten zusätzlich die „gemeinschaftliche Beihilfe zur vorsätzlichen Tötung" bei den Deportationen von Juden in die Vernichtungslager vor. Zimmermann, der nach Auffassung der Anklagebehörde im August 1943 „die Gesamtleitung" der Deportationen aus dem Białystoker Ghetto gehabt hatte, habe „zu der aus niedrigen Beweggründen begangenen vorsätzlichen Tötung von mindestens 15.000 Menschen wissentlich Hilfe geleistet". Unter seinem Befehl seien die Angeschuldigten Heimbach, Errelis und Dibus „maßgeblich" an der Białystoker Ghettoauflösung beteiligt gewesen. Georg Michalsen, Untergebener des mit der „Aktion Reinhardt" beauftragten SSPF von Lublin, Globocnik, habe Anfang August 1943 mit Zimmermann in Białystok „vorbereitende Besprechungen" durchgeführt, „die sich auf die Transportziele der für die verlagerten Betriebe nicht benötigten Juden erstreckten". Bei der Durchführung Mitte August 1943 habe Michalsen Zimmermann – zusammen mit anderen Angehörigen der Globocnik-Dienststelle – beraten und ihm geholfen. Während der „Räumungsaktion" seien nicht nur Juden, die sich versteckt hielten, „um so dem geahnten Schicksal zu entgehen", an Ort und Stelle erschossen worden. Auch „die Kleinstkinder und die nicht transportfähigen, bettlägerig kranken Patienten des Gettokrankenhauses" seien getötet worden. Während der Selektionen seien Juden, die für die verlagerten Betriebe als Arbeitskräfte benötigt worden seien, von den „nichtverwendungsfähigen Juden" getrennt worden.[370]

Wilhelm Altenloh habe auf Weisung des RSHA und „in Kenntnis des den Juden bevorstehenden Schicksals" die „Umsiedlung" von mindestens 6.000 Juden aus Zambrów (Januar 1943), von mindestens 10.000 aus Grodno (Januar und Februar 1943) und von mindestens 6.000 während der „Teilräumung" des Białystoker Ghettos im Februar 1943 zu verantworten.[371] Im Januar 1943 habe Altenloh „vom RSHA die fernschriftliche Anweisung" zur Auflösung des

369 Vgl. ebd., Bl. 5ff.

370 Fall 13, vgl. ebd., Bl. 121–124.

371 Ebd., Bl. 9f.

Durchgangslagers Zambrów und zum Abtransport der Menschen nach Auschwitz erhalten. Diese Anordnung habe er an den Führer des Kommandos in Zambrów, Plaumann, weitergegeben. Auf die von diesem geäußerten Bedenken gegen die Durchführung des Abtransports bei großer Kälte und in ungeheizten Güterwagen habe Altenloh „nach Rückfrage beim RSHA" die von Plaumann angeregte Verschiebung der Deportationen abgelehnt und „auf Ausführung des von ihm erteilten Befehls" bestanden, ohne darauf Rücksicht zu nehmen, dass angesichts der Umstände „mit dem Tode einiger Juden schon während des Transports gerechnet werden mußte".[372] Die Auflösung des Lagers Zambrów sei Mitte Januar erfolgt. Die Menschen seien auf Pferdefuhrwerken zu dem etwa 30 km entfernt liegenden Czyżew gebracht und von dort in Güterwagen mit der Bahn nach Auschwitz transportiert worden, „wo sie, von wenigen Ausnahmen abgesehen, getötet wurden".[373] Auch die Deportationen der Grodnoer Juden waren der Anklage zufolge „auf Anordnung des RSHA" erfolgt. Altenlohs Tatbeitrag sollte demnach lediglich in der Weitergabe des RSHA-Befehls an den Leiter der KdS-Außenstelle Grodno, Heinz Errelis, bestanden haben. Was die Deportationen von mindestens 6.000 Juden aus dem Ghetto von Białystok im Februar 1943 anbetrifft, ging die Anklage davon aus, dass der SS-Sturmbannführer Günther aus dem Referat IV B 4 im RSHA von Berlin nach Białystok gefahren sei, um „die völlige Räumung" des Ghettos zu verlangen. „Auf die von dem Angeschuldigten Dr. Altenloh erhobenen Gegenvorstellungen", die Liquidation der Ghettos würde zum Ausfall der nicht unerheblichen Rüstungsproduktion führen, habe sich Günther „auf die Forderung nach dem Abtransport der nicht arbeitenden und nicht arbeitsfähigen Juden beschränkt". Daraufhin seien „unter Mitwirkung von Angehörigen der Dienststelle des Angeschuldigten" Altenloh in der Zeit vom 5. bis zum 12. Februar 1943 mindestens 6.000 Juden in die Vernichtungslager Auschwitz und Treblinka gebracht worden, wo sie getötet wurden. Altenloh habe Günther „auf dessen Anforderung Angehörige seiner Dienststelle für diese Aktion zur Verfügung gestellt".[374]

Der Vorwurf gegen **Lothar Heimbach** lautete, im Februar 1943 ebenfalls zur Tötung der 6.000 und im August zur Tötung von mindestens 15.000 Menschen aus dem Ghetto Białystok beigetragen zu haben.[375] Im Februar habe er „unter Günther" den Einsatz von Angehörigen seiner Abteilung „bei der Erfassung

372 Ebd., Bl. 115.

373 Ebd., Bl. 116.

374 Ebd., Bl. 118f.

375 Ebd., Bl. 10f.

und dem Abtransport der Juden geleitet".[376] Im August habe Heimbach sich unter der Leitung von Zimmermann mit Angehörigen seiner Abteilung an den Deportationen der Juden beteiligt.

Richard Dibus wurde beschuldigt, zusammen mit Altenloh und Heimbach zur Tötung von mindestens 6.000 Menschen im Februar und zusammen mit Zimmermann, Heimbach und Errelis zur Tötung von mindestens 15.000 Menschen im August beigetragen zu haben. Im Februar habe sich Dibus am „Durchkämmen" von Straßen des Ghettos nach Juden, die sich versteckt hielten, beteiligt und das Hinausführen der erfassten und zur Deportation bestimmten Menschen „mit überwacht".[377] Bei der endgültigen Auflösung des Ghettos im August habe er sich am Zusammentreiben und an der „Aussonderung" von Juden, die als nicht arbeitsfähig galten, beteiligt sowie auf Anordnung von Zimmermann etwa 1.200 Kinder nach Theresienstadt gebracht.[378]

Die Anklage warf **Heinz Errelis** vor, „befehlsgemäß" den Abtransport von mindestens 10.000 Juden aus dem Ghetto I in die Vernichtungslager geleitet zu haben. Für die Deportationen aus Białystok im August 1943 habe Errelis persönlich die erforderliche Anzahl an Zügen bei der Reichsbahndirektion Königsberg bestellt und während der „Räumung" eine weißruthenische Schutzmannschaft befehligt.[379]

Was die angeklagten Handlungen zum Tatkomplex der Deportationen anbetrifft, fällt auf, dass die Staatsanwaltschaft nur einen Teil der Abtransporte von Juden aus dem Bezirk zum Gegenstand des Strafvorwurfs machte. So waren die ersten Deportationen von Juden aus Grodno und Umgebung im November und Dezember 1942, aus Sokółka und Wołkowysk im Januar 1943 sowie aus Pružana im Januar und Anfang Februar 1943 nicht Teil der Anklage. Dass diese Deportationen im Prozess überhaupt zur Sprache kamen, ist, wie noch zu zeigen sein wird, ein Ergebnis der Recherchen des Bielefelder Schwurgerichts während der Hauptverhandlung.

In der rechtlichen Würdigung nimmt die Anklageschrift Stellung zur strafrechtlichen Bewertung der Beteiligung an den Verbrechen. Die Tötung der Zivilbevölkerung im Bezirk Bialystok, die den Tatbestand des Mordes gemäß § 211 StGB erfülle, wurde vor dem Hintergrund der nationalsozialistischen Vernichtungspolitik interpretiert. Als „Urheber" dieser Politik und damit als

376 Ebd., Bl. 119.

377 Ebd., Bl. 119.

378 Ebd., Bl. 15f., Bl. 17 und Bl. 123.

379 Ebd., Bl. 14.

„Haupttäter" wurden Hitler, Göring und Himmler genannt, die „ihren auf die gewaltsame Beseitigung aller Juden und Angehörigen der polnischen Intelligenz gerichteten Plan unter Einschaltung des Reichssicherheitshauptamtes und nachgeordneter Dienststellen oder Einheiten [hätten] vorbereiten oder verwirklichen" lassen.[380] Hinsichtlich der Tatvorwürfe, die sich auf die Deportationen von Juden in die Vernichtungslager, die „Enterdungsaktion" und die Vergeltungsmaßnahme nach dem „Säureattentat" beziehen,[381] wurden die Angeschuldigten nicht als Täter, sondern als Gehilfen bezeichnet, da sie das Tatgeschehen nicht beherrscht und ohne eigenen Gestaltungswillen gehandelt hätten. Die Angeschuldigten hätten sich „als ausführende Organe der Haupttäter betrachtet und zur Verwirklichung einer fremden Tat fördernd beigetragen".[382] Dafür spreche insbesondere, dass Altenloh und Zimmermann als Leiter der Dienststelle Białystok „zwar die erhaltenen Befehle weitergegeben, auf deren Auswirkung aber nicht selbst eingewirkt, sondern diese anderen überlassen" hätten. Die Angeschuldigten Errelis und Heimbach waren nach Auffassung der Anklage bei den Deportationen „lediglich ausführende Organe, die sich an die erteilten Weisungen hielten".[383] Auch Dibus wurde von der Staatsanwaltschaft als einflussloser Gehilfe charakterisiert, der nur auf Befehl gehandelt und über „keine eigene Gestaltungsmöglichkeit" verfügt habe. Der Tatbeitrag der Angeschuldigten Altenloh und Heimbach zur Tötung von mindestens 50 Menschen des Białystoker Ghettos im Anschluss an das „Säureattentat" wurde als Beihilfe bewertet. Zur Begründung wurde angeführt, Altenloh habe „auf Grund interner Dienstvorschriften" gehandelt und Heimbach habe „sich als ausführendes Organ einer Aufgabe unterzogen", die „über den seiner Stellung als Leiter der Exekutive entsprechenden dienstlichen Aufgabenbereich" nicht hinausgegangen sei.[384] Die Angeschuldigten hätten indes „nicht nur alle Tatumstände", sondern „auch die niedrigen Beweggründe" gekannt und gebilligt. Aufgrund ihrer „politischen Bindung" und ihrer „ideologischen Ausrichtung" sei ihnen der „unerbittliche Kampf" der Machthaber gegen das Judentum bekannt gewesen.

Auf „Rechtfertigungs- und Entschuldigungsgründe" könnten sich die Angeklagten nicht berufen. Sie hätten gewusst, dass „die Tötung der Juden unrechtmäßig war und selbst ein Befehl Hitlers sie nicht zu einer rechtmäßigen

380 Ebd., Bl. 167.

381 Fälle 4, 8, 9, 10, 13, 26 der Anklageschrift.

382 Anklageschrift des Leiters der Zentralstelle bei der Staatsanwaltschaft Dortmund, OStA Hesse, v. 15.12.1964, Bl. 171.

383 Ebd., Bl. 171.

384 Ebd., Bl. 172.

Tat machen konnte".[385] Das Vorliegen eines Befehlsnotstandes wurde mit dem Verweis darauf ausgeschlossen, dass die Angeschuldigten „überzeugte Nationalsozialisten" und „langjährige Mitglieder nationalsozialistischer Organisationen" gewesen seien. Sie seien – wenn überhaupt – nicht „unverschuldet" in eine etwaige Notlage geraten.[386]

Durch den Eröffnungsbeschluss des Bielefelder Landgerichts vom 23. September 1965 wurde die Anklage zur Hauptverhandlung zugelassen.[387] Altenlohs Rechtsanwalt, Dr. Heino Friebertshäuser aus Hagen, der auch in anderen NSG-Verfahren als Strafverteidiger fungierte,[388] hatte zwei Tage zuvor gegen die Eröffnung des Hauptverfahrens ohne Erfolg Einwände erhoben. Er hatte Bedenken gegen den Vorwurf der Beihilfehandlung geäußert. Es gebe „keine sicheren Anzeichen" dafür, dass Altenloh die Befehle zur „Teilräumung" des Białystoker Ghettos „in Kenntnis der Vernichtungsabsicht" gegeben habe.[389] Ferner sei „die Kausalität" nach bisherigem Ermittlungsstand nicht nachgewiesen. Nach Auffassung Friebertshäusers fehlten Belege für den Tod der Deportierten: „Sind die Juden aus den Ghettos des Dienstbereichs des Angeklagten nämlich nicht in Vernichtungslager, sondern in Konzentrationslager gekommen, steht ihr Tod noch nicht einmal fest."[390] Das Bielefelder Schwurgericht begab sich während der Hauptverhandlung auf die Suche nach Dokumenten, die belegen konnten, dass die Mehrzahl der Deportierten in Vernichtungslagern ermordet wurde.

Bevor die Ermittlungen und die Feststellungen des Gerichts zum Tatkomplex der Deportationen behandelt werden, gilt es zunächst, Friebertshäusers Mandanten, den Angeklagten Altenloh, kurz vorzustellen. Dieser erscheint nach seinem Lebenslauf und nach der Bewertung des Schwurgerichts nicht als

---

385 Ebd., Bl. 174.

386 Ebd., Bl. 175.

387 Vgl. Beschluss der II. Strafkammer des LG Bielefeld v. 23.9.1965, in: L/StADT, D 21 A, Nr. 6161, Bl. 103–104.

388 Dr. Friebertshäuser verteidigte Angeklagte im Gusen- und Mauthausen-Prozess und in den beiden Sobibór-Prozessen in Hagen. Er wurde von Eberhard Risse, einem FDP-Politiker aus Hagen, gebeten, das Mandat für Dr. Altenloh zu übernehmen. Aussage Dr. Heino Friebertshäusers in einem Gespräch mit der Verfasserin am 10. Mai 2007. Zum Werdegang Dr. Friebertshäusers vgl. *Ludwig Koch*, Dr. Heino Friebertshäuser, Nestor der Strafverteidiger im DAV, in: Günter Bandisch (Hrsg.), Festgabe für den Strafverteidiger Heino Friebertshäuser. Mit Beiträgen von Praktikern zu Ehren des Praktikers und für die Praxis, Bonn 1997, S. 13–18.

389 Schreiben RA Dr. Friebertshäuser an das LG Bielefeld v. 21.9.1965, in: L/StADT, D 21 A, Nr. 6161, Bl. 98–101, Bl. 99.

390 Ebd., Bl. 100.

radikaler Nationalsozialist, der sich als Vollstrecker der rassistischen NS-Weltanschauung sah, sondern eher als typischer Vertreter einer Beamtenschaft, die Befehle und Anordnungen gehorsam ausführt. Folgt man der Tätertypologie Gerhard Pauls,[391] könnte man Altenloh als „traditionellen Befehlstäter" bezeichnen.

4.2 Exkurs: Der Angeklagte Wilhelm Altenloh

Karl Wilhelm Altenloh wurde am 25. Juni 1908 im westfälischen Hagen geboren. Er stammt aus einer alteingesessenen Fabrikantenfamilie. In seinem Elternhaus wuchs er zusammen mit drei jüngeren Geschwistern auf. In Hagen besuchte er von 1914 bis 1917 eine Privatvorschule und anschließend das Städtische Realgymnasium. Nach bestandener Reifeprüfung im Jahre 1926 studierte Altenloh acht Semester Rechtswissenschaft an den Universitäten Heidelberg, München und Bonn. Die erste juristische Staatsprüfung legte er vor dem OLG Köln im August 1930 mit der Note „ausreichend" ab. Während des juristischen Vorbereitungsdienstes, den er in Hagen, Schwerte und Hamm leistete, schrieb er eine Dissertation über ein handelsrechtliches Thema; er wurde am 12. Dezember 1931 an der Universität Erlangen zum Dr. jur. promoviert. Während seines Referendariats trat er sowohl der SA (am 1. April 1933)[392] als auch der NSDAP (am 1. Mai 1933) bei. Die zweite juristische Staatsprüfung bestand er im November 1934 – ebenfalls mit der Note „ausreichend". Auf seine Bewerbung beim Reichsministerium des Innern in Berlin wurde er am 14. Februar 1935 zum Geheimen Staatspolizeiamt (Gestapa) nach Berlin einberufen. Dort war er nacheinander in den Referaten Sekten, Überwachung des Vereinswesens und Presse tätig. Während seiner Tätigkeit für das Geheime Staatspolizeiamt, eine der drei Vorläuferorganisationen[393] des RSHA in Berlin, trat er der SS bei (am 14. September 1935) und wurde zum Regierungsassessor ernannt.

1938 trat er aus der evangelischen Kirche aus. Am 9. November 1938 wurde er zum Regierungsrat und SS-Hauptsturmführer ernannt und am 30. Januar 1939 zum SS-Sturmbannführer. Im Februar 1940 wurde Altenloh als Leiter der

391 *Gerhard Paul*, Von Psychopathen, Technokraten des Terrors und „ganz gewöhnlichen" Deutschen. Die Täter der Shoah im Spiegel der Forschung, in: ders. (Hrsg.), Die Täter der Shoah, S. 13–90, hier: S. 61. Paul unterscheidet zwischen „dem Weltanschauungstäter", „dem utilitaristisch motivierten Täter", „dem kriminellen Exzeßtäter" und „dem traditionellen Befehlstäter".

392 Altenloh gehörte vom 1. April 1933 bis zum 1. März 1935 der SA an. Vgl. Lebenslauf Wilhelm Altenlohs, in: L/StADT, D 21 A, Nr. 6324.

393 Die anderen Vorläuferorganisationen des RSHA waren der SD und die Kripo.

Staatspolizeistelle nach Allenstein (Ostpreußen) versetzt. Als die Deutschen im Juni 1941 Białystok und Umgebung zum zweiten Mal besetzten, richtete er in Białystok eine Außenstelle der Stapostelle Allenstein ein. Diese Außenstelle wurde im Frühjahr 1942 in die Dienststelle „Kommandeur der Sicherheitspolizei und des SD für den Bezirk Bialystok" umgewandelt. Kommandeur wurde Altenloh, der gleichzeitig Leiter der Stapostelle Allenstein blieb und dort seinen Dienstsitz behielt. Nachdem die Stapostelle Allenstein im Oktober 1942 in eine Außenstelle der Stapo Königsberg umgewandelt worden war, wurde Altenloh von seinem Amt als Leiter der Stapostelle Allenstein entbunden. Er zog im Oktober 1942 von Allenstein nach Białystok und war dort bis April 1943 in seiner Funktion als Kommandeur tätig. Im Mai 1943 wurde Altenloh von Herbert Zimmermann als KdS abgelöst. Nach seiner Abberufung aus Białystok war Altenloh zunächst bei der Sicherheitspolizei in Nancy tätig, danach beim Befehlshaber der Sicherheitspolizei in Paris. Im Sommer 1944 kam er nach Berlin zum RSHA. Dort übernahm er im Oktober 1944 im Amt V, Kripo, das Dezernat „Korruption in den Obersten Reichsbehörden". Gegen Ende des Krieges wurde er zum Wehrdienst in die Waffen-SS als Schütze eingezogen. Wegen Herzmuskelschwäche und wegen der Folgen einer Gehirngrippe (postencephalitischer Parkinsonismus) wurde er kurz vor Kriegsende entlassen.

Altenloh wurde am 4. Januar 1946 wegen seiner Zugehörigkeit zur Gestapo festgenommen. Eine Spruchkammer des Spruchgerichts Benefeld-Bomlitz verurteilte ihn am 18. März 1949 zu drei Jahren Gefängnis. Ein englisches Auslieferungsgericht (Extradition Tribunal) lehnte den Antrag der Volksrepublik Polen ab, Altenloh wegen seiner Tätigkeit als Kommandeur der Sicherheitspolizei in Białystok als Kriegsverbrecher nach Polen auszuliefern. Die Vorwürfe der polnischen Behörden bezogen sich ausschließlich auf Geschehnisse im Bezirk Bialystok: Altenloh wurde beschuldigt, Massenerschießungen polnischer Zivilisten angeordnet zu haben. Des Weiteren wurde ihm zur Last gelegt, für die Niederbrennung einer Vielzahl von Dörfern verantwortlich gewesen zu sein und als Vorsitzender des Standgerichts unrechtmäßige Todesurteile gesprochen zu haben.[394] In einer von der Polnischen Militärmission am 19. Juni 1947 durchgeführten Vernehmung gab Altenloh zu Protokoll, während seiner Diensttätigkeit in Białystok seien keine Straßenrazzien und öffentliche Erschießungen angeordnet und durchgeführt worden. Zum Ghetto Białystok befragt, erklärte Altenloh, er wisse, dass sich in der Stadt ein Ghetto mit ca. 40.000 Juden befunden habe. Als er aus Białystok weggegangen sei,

394 Vgl. IPN, Akta w sprawie Altenloh, BD-92.

habe das Ghetto noch bestanden.[395] Dass im Februar 1943 ein Teil der Ghettoinsassen unter seiner Führung in die Vernichtungslager deportiert worden war, erwähnte er in der Vernehmung nicht. Nach seiner Haftentlassung im Juli 1949 war Altenloh sieben Jahre bei der Firma Altenloh und Falkenroth GmbH in Hagen als Prokurist beschäftigt. Nach der Auflösung der väterlichen Firma arbeitete er als Prokurist für die Gießerei Johann Kaspar Post Söhne.

Altenloh befand sich aufgrund der Strafvorwürfe wegen NS-Verbrechen im Bezirk Bialystok vom 15. Mai bis zum 1. Juni 1965 und vom 15. bis zum 21. Juli 1965 in Untersuchungshaft.[396] Nach seiner Verurteilung durch das Bielefelder Schwurgericht am 14. April 1967 zu einer Zuchthausstrafe von acht Jahren wurde er nicht wieder in Haft genommen. Das Gericht erklärte in seiner letzten öffentlichen Sitzung, dass der Beschluss über die Verschonung des Angeklagten Altenloh von der Untersuchungshaft vom 29. Juli 1965[397] aufrechterhalten werde. Altenlohs Gesundheit sei „stark angegriffen". Deshalb sei „er sehr wahrscheinlich den Aufregungen, Gefahren und Beschwerlichkeiten einer Flucht nicht gewachsen". Das Gericht sah die Fluchtgefahr „weiterhin dadurch gemindert", dass „er eine Kaution von 50.000 DM hinterlegt, eine weitere in gleicher Höhe in Form einer Bankbürgschaft erbracht" habe und „verpflichtet" sei, „sich an drei Werktagen in der Woche bei einer zuständigen Polizeibehörde" zu melden.[398]

Der Leiter der Zentralstelle bei der Staatsanwaltschaft in Dortmund legte gegen den Beschluss des Schwurgerichts, die Außervollzugsetzung des Haftbefehls gegen Altenloh aufrechtzuerhalten, Beschwerde ein.[399] Bei einer Zuchthausstrafe von acht Jahren könnten „nur besondere Umstände die Lebenserfahrung ausschließen", dass „ein Angeklagter sich dem weiteren Verfahren entziehen" werde. „Solche besonderen Umstände" lägen „hier nicht vor". Es sei zu bedenken, dass der Angeklagte „offenbar mit einem Freispruch gerechnet" habe und „infolge der unerwarteten Verurteilung zu einer Kurzschlußhandlung neigen könnte". Darüber hinaus sei „der Gesundheitszustand

---

395 Protokol Polska Misja Wojskowa Badania Niemieckich Zbrodni Wojennych (Polish Military Mission for the Investigations of War Crimes in Europe), Zeugenvernehmung Altenloh v. 19.6.1947, in: IPN, Akta w sprawie Altenloh, BD-92, Bl. 437.

396 Vgl. Urteil 5 Ks 1/65, in: L/StADT, D 21 A, Nr. 6194, Bl. 13.

397 Vgl. dazu den Beschluss der II. Ferienstrafkammer des LG Bielefeld v. 29.7.1965, in: L/StADT, D 21 A, Nr. 6229, Bl. 66–73.

398 Beschluss des LG Bielefeld v. 14.4.1967, in: L/StADT, D 21 A, Nr. 6229, Bl. 98–99, hier: Bl. 98.

399 Schreiben des Leiters der Zentralstelle Dortmund an den Vorsitzenden der I. Strafkammer des LG Bielefeld v. 24.4.1967, in: L/StADT, D 21 A, Nr. 6229, Bl. 107–109.

des Angeklagten nicht so schlecht", dass „eine Flucht dauernd ausgeschlossen" erscheine.[400]

RA Friebertshäuser und der 4. Strafsenat des OLG Hamm sahen das anders. Altenlohs Verteidiger wies die Beschwerde des Leiters der Zentralstelle zurück. Aus seiner Sicht entsprach der Beschluss des Schwurgerichts „in vollem Umfange der Sach- und Rechtslage". Er verwies darauf, dass eine „Sicherheitsleistung in Höhe von 100 000 DM" sowie Reise- und Ausweispapiere seines Mandanten hinterlegt worden seien.[401] Friebertshäuser hielt den Verdacht einer Fluchtgefahr aufgrund der persönlichen, familiären, wirtschaftlichen und sozialen Verhältnisse des Angeklagten für unbegründet. Der Rechtsanwalt betonte, Altenloh habe „keine sogenannten Gesinnungsgenossen, die ihm mit falschen Papieren die Flucht ermöglichen würden". Er habe „allerdings Verwandte und Bekannte, die sich mit ihrer ganzen Person dafür verbürgen", dass „er sich dem weiteren Verfahren nicht durch die Flucht entziehen" werde.[402] Friebertshäuser nannte drei Hagener Bürger,[403] die sich für eine persönliche Bürgschaft zur Verfügung stellten, um den Verdacht der Fluchtgefahr auszuräumen.[404]

Das OLG Hamm verwarf die Beschwerde der Zentralstelle Dortmund durch seinen Beschluss vom 16. Mai 1967. Das Schwurgericht und die Strafkammer hätten „mit gewichtigen Gründen die Fluchtgefahr als so weit herabgemindert erachtet", dass „der Vollzug der Untersuchungshaft auch weiterhin, auch nach

---

400 Ebd., S. 108.

401 Vgl. Schreiben RA Dr. Friebertshäuser an das LG Bielefeld v. 9.5.1967, in: L/StADT, D 21 A, Nr. 6229, Bl. 120–123, hier: Bl. 120.

402 Ebd., Bl. 121.

403 Es handelt sich um: Eberhard Risse, Richard Funcke und Hermann Becker. Risse, „Komplementär der Firma Johann Caspaar Post Söhne", war nach Angaben Friebertshäusers im Jahre 1967 Vorsitzender des Arbeitgeberverbandes Hagen und stellvertretender Vorsitzender des Bezirksverbandes Westfalen-West der FDP. Von 1954 bis 1958 sei er für die FDP als Abgeordneter im nordrhein-westfälischen Landtag tätig gewesen. Richard Funcke war laut Friebertshäuser damals „Mitinhaber der Firma C.G. Funcke Sohn, Hagen, Vizepräsident der Südwestfälischen Industrie- und Handelskammer zu Hagen, Aufsichtsratsvorsitzender der Deutschen Industriebank, Düsseldorf-Berlin, stellvertretender Aufsichtsratsvorsitzender der Industriekreditbank Düsseldorf, Vorstand der Volmarsteiner Anstalten und Beirat der Berlinischen Lebensversicherung, Wiesbaden". Becker war nach Angaben Friebertshäusers „geschäftsführender Gesellschafter und Mitinhaber der Firma Gießerei Vorhalle, Gebr. Becker, Hagen-Vorhalle, Arbeitsrichter beim Arbeitsgericht Hagen, Vorst. des Fachverbandes Temperguß, Beirat des Arbeitgeberverbandes Hagen / Ennepe-Ruhr, Arbeitgebervertreter in der Vertreterversammlung der AOK, Hagen". Schreiben RA Dr. Friebertshäuser an das LG Bielefeld v. 9.5.1967, in: L/StADT, D 21 A, Nr. 6229, Bl. 120–123, hier: Bl. 121f.

404 Ebd., Bl. 122.

der Verkündung eines auf hoche Zuchthausstrafe lautenden Urteils, nach § 116 StPO[405] ausgesetzt werden könne". Diesen Erwägungen schloss sich das OLG Hamm unter Verweis auf Altenlohs schlechte Gesundheit sowie auf seine familiären und beruflichen Verhältnisse an. Der Gesundheitszustand des 58-jährigen Angeklagten, der seit Jahren an postencephalitischem Parkinson leide, sei „stark angegriffen". Altenloh habe nach der Hauptverhandlung einen schweren Kreislaufkollaps erlitten und befinde sich seit dem 15. April 1967 „in stationärer Krankenhausbehandlung". Sein körperlicher Zustand lasse darauf schließen, dass „er den Aufregungen, Gefahren und Beschwerlichkeiten einer Flucht nicht gewachsen sein würde". Zudem sei „in Höhe von 100,000,- DM Sicherheit geleistet" und Personalausweis, Reisepass und Führerschein Altenlohs „in polizeiliche Verwahrung genommen". Altenloh sei verheiratet und habe eine erst zehn Jahre alte Tochter. Er stamme „aus einer bekannten und geachteten Familie" und sei „seit vielen Jahren Prokurist einer angesehenen Firma seiner Heimatstadt, an der er mit einer Einlage von 30.000,- DM beteiligt" sei. „Trotz langjähriger Kenntnis der gegen ihn erhobenen Vorwürfe" habe „er sich bisher dem Strafverfahren und auch der Hauptverhandlung gestellt".[406]

Altenloh, der sich wiederholt in stationärer Behandlung befand,[407] wurde eine fortlaufende Haftunfähigkeit attestiert. Ein Jahr vor seinem Tod schrieb der

405 § 116 Abs. 1 StPO lautet: „Der Richter setzt den Vollzug eines Haftbefehls, der lediglich wegen Fluchtgefahr gerechtfertigt ist, aus, wenn weniger einschneidende Maßnahmen die Erwartung hinreichend begründen, daß der Zweck der Untersuchungshaft auch durch sie erreicht werden kann. In Betracht kommen namentlich: 1. die Anweisung, sich zu bestimmten Zeiten bei dem Richter, der Strafverfolgungsbehörde oder einer von ihnen bestimmten Dienststelle zu melden, 2. die Anweisung, den Wohn- oder Aufenthaltsort oder einen bestimmten Bereich nicht ohne Erlaubnis des Richters oder der Strafverfolgungsbehörde zu verlassen, 3. die Anweisung, die Wohnung nur unter Aufsicht einer bestimmten Person zu verlassen, 4. die Leistung einer angemessenen Sicherheit durch den Beschuldigten oder einen anderen.

406 Beschluss des OLG Hamm v. 16.5.1967, in: L/StADT, D 21 A, Nr. 6229, Bl. 113–114, hier: Bl. 114.

407 Vgl. Ärztliche Bescheinigung des Allgemeinen Krankenhauses für die Stadt Hagen v. 30.12.1967, in: L/StADT, D 21 A, Nr. 6229, Bl. 145; Ärztliche Bescheinigung der Städtischen Krankenanstalten, Klinikum Essen der Medizinischen Fakultät der Universität Münster v. 22.1.1968, in: ebd., Bl. 153; Schreiben der Städtischen Krankenanstalten, Klinikum Essen der Medizinischen Fakultät der Universität Münster an das LG Bielefeld v. 27.1.1968, in: ebd., Bl. 155. Am 13. August 1968 gestattete die I. Ferien-Strafkammer des LG Bielefeld dem Angeklagten Altenloh, „vom 12. August bis 29. August 1968 einschließlich eine ärztlicherseits für erforderlich erachtete Erholungskur" durchzuführen. 5 Ks 1/65 StA Bielefeld, Beschluss der I. Ferienstrafkammer v. 13.8.1968, in: ebd., Bl. 176. Am 22. Mai wurde Altenloh gestattet, seinen Erholungsurlaub in der Zeit vom 2. bis zum 23. August 1969 auf der Nordseeinsel Juist zu ver-

leitende Medizinaldirektor der Stadtverwaltung Hagen, Dr. Theofil, Folgendes an die Staatsanwaltschaft Bielefeld:

> „Wie die Durchsicht der Akten ergab, besteht seit 1970 Haftunfähigkeit. Das Zustandsbild hat sich – wie aus den Akten herauszulesen ist – verschlimmert. Unter Berücksichtigung der ärztlichen Unterbesetzung frage ich mich, welchen Sinn eine regelmäßige jährliche Untersuchung haben kann, deren Ergebnis von vornherein feststeht. Medizinisch ist mit einer Besserung nicht zu rechnen, es sei denn, wir würden Wunder ins Kalkül ziehen. Ich möchte Sie deshalb bitten, unsere personellen Schwierigkeiten zu berücksichtigen und die Frage zu prüfen, ob dieses aus medizinischer Sicht sinnlose Unterfangen nicht auch von Ihnen beendet werden könnte."[408]

Ein Jahr später, am 24. Februar 1985, verstarb Altenloh.

4.3 Die Suche nach Urkunden: Zu den Ermittlungen des Schwurgerichts während der Hauptverhandlung

Die Hauptverhandlung des Verfahrens gegen Dr. Altenloh u.A. wurde am 23. März 1966 eröffnet. Verhandelt wurde nur gegen vier Angeklagte: Altenloh, Heimbach, Dibus und Errelis. Bloch und Zimmermann hatten sich vor Prozessbeginn das Leben genommen. Sie entzogen sich damit der Feststellung ihres Tatbeitrages durch das Bielefelder Schwurgericht. Das Gericht setzte sich aus drei Berufsrichtern und sechs Geschworenen zusammen. Landgerichtsdirektor Günter Witte[409] führte den Vorsitz, die Landgerichtsräte Karl-Heinz Hoppe und Dr. Horst Gaebert fungierten als Beisitzer. Die Staatsanwälte Helmut Kiehler und Hubert Schaplow führten die Anklage. Mit Ausnahme von Altenloh erhielten die Angeklagten Pflichtverteidiger aus Bielefeld: Rechtsanwalt Klaus Heise erhielt das Pflichtmandat für Heimbach, Rechtsanwalt Dr. Arnold Riedenklau für Errelis und Rechtsanwalt Dieter Röllecke für Dibus.[410]

---

bringen. Vgl. 5 Ks 1/65 StA Bielefeld, Beschluss der I. Ferienstrafkammer v. 13.8.1968, in: ebd., nicht paginiert.

408 Schreiben des Gesundheitsamtes der Stadt Hagen an die Staatsanwaltschaft Bielefeld v. 2.7.1984, in: L/StADT, D 21 A, Nr. 6229, Bl. 109.

409 Der 1906 geborene Günter Witte war seit dem 1. September 1949 in verschiedenen Funktionen als Richter am LG Bielefeld tätig, als Beisitzer, stellv. Vorsitzender und schließlich Vorsitzender einer Strafkammer, aber auch als Vorsitzender einer Kammer für Handelssachen. Vom April 1967 bis zu seiner Pensionierung im Januar 1973 war er Vorsitzender der Jugendkammer. LGD Witte verstarb 1997 in Bielefeld. Materialien, die es ermöglichen, seinen Lebenslauf genauer zu verfolgen, unterliegen bis auf Weiteres den Anonymisierungsvorschriften der archivgesetzlichen Nutzungsbestimmungen.

410 Dibus sollte ursprünglich von RA Dr. Fürstenau verteidigt werden. Dieser hatte jedoch Anfang September 1965 beantragt, seine Bestellung zurückzunehmen und RA Röllecke als Pflichtverteidiger vorgeschlagen. Fürstenau war u.a. deshalb nicht mehr zu einer

Alle drei waren in Bielefeld ansässig.[411] Atenlohs Verteidiger Friebertshäuser und RA Röllecke waren bereits in anderen bundesdeutschen Verfahren wegen NS-Gewaltverbrechen tätig gewesen: Friebertshäuser hatte Angeklagte im Gusen- und Mauthausen-Prozess und in den beiden Sobibór-Prozessen in Hagen verteidigt, Röllecke war als Verteidiger an dem Verfahren gegen Heinrich Klaustermeyer vor dem Schwurgericht des Landgerichts Bielefeld beteiligt gewesen – Verhandlungsgegenstand des Prozesses waren zwanzig Morde an Juden im Warschauer Ghetto.[412]

Die Hauptverhandlung des Bielefelder Białystok-Prozesses war ursprünglich auf drei Monate angesetzt worden. Sie dauerte jedoch länger als ein Jahr.[413] Ein Grund für die lange Verhandlungsdauer war die schwache Beweislage: Aus Sicht der Richter war das von der Staatsanwaltschaft zusammengetragene Beweismaterial nicht ausreichend für den Schuldnachweis. Deshalb entschieden sie sich, eigenständige Ermittlungen durchzuführen. Der beisitzende Richter Gaebert erinnerte sich rückblickend:

> „Ich will keine Vorwürfe machen gegen die Beteiligten, das liegt mir gar nicht, nur sachlich möchte ich sagen, daß dieses Verfahren völlig falsch aufgezäumt worden ist. Weil es auf Zeugen abstellte, und mit diesen Zeugenaussagen war fast überhaupt nichts anzufangen, gar nichts. Und deshalb haben wir, als wir das merkten, daß unsere ganzen Beweismittel wegbrachen – da standen wir vor der Frage, was machen wir mit diesem Verfahren? Das können wir so nicht entscheiden. Alles, was wir hatten, brach weg, war unzuverlässig, und dann haben wir gesagt, ja was können wir denn überhaupt noch machen, wir haben doch eröffnet, wir waren also schon so anderthalb Monate an der Verhandlung. Was können wir denn machen verfahrensmäßig? Ja, zurückgeben an die Staatsanwaltschaft konnten wir nicht. Ja, wir können jetzt einfach dicht machen und sagen, mit diesen Beweismitteln kommen wir nicht weiter oder wir müssen wohl selbst ermitteln. Und diesen Schluß haben wir gezogen, es war auch wohl der einzig mögliche."[414]

Verteidigung bereit, „weil die Verfahren in den sogen. Judenmordprozessen und insbesondere die Begründungen der inzwischen bekannt gewordenen Urteile, insbesondere des Auschwitzurteils, gezeigt haben, daß in einem solchen teilweise politischen Prozeß der Verteidigung von vornherein Grenzen gesetzt sind." Daher könne er es mit seiner „persönlichen Überzeugung nicht vereinbaren, als vom Staat bestellter Verteidiger tätig zu werden". Schreiben RA Dr. Fürstenau an das LG Bielefeld v. 1.9.1965, in: L/StADT, D 21 A, Nr. 6161, Bl. 83–84; Schreiben des RA Röllecke an das LG Bielefeld v. 14.9.1965, in: ebd., Bl. 87.

411 Vgl. L/StADT, D 21 A, Nr. 6176, S. 1–9.

412 Vgl. *Mix*, Das Ghetto vor Gericht, S. 322–326.

413 Vgl. *Anders / Kutscher / Stoll*, Der Bialystok-Prozess vor dem Landgericht Bielefeld, S. 95.

414 Interview Dr. Gaebert v. 22.7.2002, in: *Anders* u.a. (Hrsg.), Bialystok in Bielefeld, CD-Rom.

Während Hoppe sich bemühte, weitere Zeugen zu benennen, versuchte Gaebert, Dokumente zu finden.[415] Gaebert, der von sich selbst sagt, er sei in dem Prozess als Historiker tätig gewesen, sandte Anfragen an die Zentrale Stelle Ludwigsburg, das Institut für Zeitgeschichte, die israelische Gedenkstätte Yad Vashem, das Bundesarchiv Koblenz, die Polnische Hauptkommission und an den Historiker Dr. Szymon Datner.[416] Das Gericht benötigte Dokumente, die den Tod der nach Treblinka und Auschwitz Deportierten dokumentierten. Von Bedeutung für das Gericht waren in diesem Zusammenhang die „Hefte von Auschwitz", in denen ein Kalendarium von Ereignissen, die das Konzentrations- und Vernichtungslager betreffen, zusammengestellt ist. Dieses Kalendarium listet unter anderem auch die Deportationen aus dem Bezirk Bialystok auf. Von dem Frankfurter Landgerichtsdirektor Josef Perseke erfuhr das Bielefelder Schwurgericht, dass im Frankfurter Auschwitz-Prozess auf Antrag der Verteidigung einige Passagen aus verschiedenen Auschwitz-Heften verlesen worden seien, aber keine Überprüfung der in der Zeitschrift enthaltenen Angaben auf ihre Richtigkeit erfolgt sei. Die Historikerin Danuta Czech, die an dem Kalendarium der Ereignisse mitgewirkt habe, sei in Frankfurt als Zeugin vernommen worden. Sie habe jedoch nur allgemein angeben können, dass „die Angaben im Kalendarium auf Berichten früherer Häftlinge während und nach der Lagerzeit, mündlichen Erklärungen früherer Häftlinge und Dokumenten beruhen". Sie habe ihre Angaben indes nicht konkret belegen können, da sie ihre Unterlagen aus dem Museum nicht mitgebracht habe. Perseke war jedoch der Ansicht, dass Frau Czech in der Lage sei, „auf eine entsprechende Anfrage [...] Beweismittel oder sonstiges Material für bestimmte im Kalendarium aufgeführte Judentransporte" anzugeben.[417] Einige Tage nach Erhalt von Persekes Schreiben vermerkte Gaebert:

> „Bitte, Frau Danuta Czech auf die Zeugen-Reserve-Liste zu setzen.
>
> Thema: Zustandekommen, Grundlagen und Zuverlässigkeit des 'Kalendariums der Ereignisse in Auschwitz' in den Auschwitz-Heften 3, 4 und 6, soweit es die RSHA-Transporte aus den Gettos Verwaltungsbezirk Bialystok
>
> Bialystok
> Verwaltungsbezirk Grodno
> Grodno
> Zambrow
> Durchgangslager Lomza
> Pruzana

---

415 Interview Dr. Gaebert v. 22.7.2002.

416 Vgl. L/StADT, D 21 A, Nr. 6171.

417 Vgl. Schreiben des LGD Frankfurt a.M., Josef Perseke, an das LG-Schwurgericht 5 Ks 1/65 v. 17.8.1966, in: L/StADT, D 21 A, Nr. 6171, Bl. 183–184, hier: Bl. 184.

Wolkowysk
Sokolka
Augustow
Ciechanow

in dem Zeitraum November 1942 bis August 1943 betrifft. Außerdem: Transport Bialystoker Kinder über Theresienstadt nach Auschwitz.

Worauf geht die Bezeichnung RSHA-Transport zurück?

Bedeutet Getto des Verwaltungsbezirks Grodno: Kielbasin?

Bitte, alle dokumentarischen Unterlagen für diese Transport [sic] mitzubringen.“[418]

Danuta Czech erhielt eine Ladung des Schwurgerichts und wurde am 24. und 26. Oktober 1966 gehört.[419]

Gaebert bemühte sich auch, Bronia Klibanska, die ein Inventarverzeichnis des Białystoker Geheimarchivs angefertigt hatte, dazu zu bewegen, von Israel nach Deutschland zu reisen und vor dem Schwurgericht als Zeugin über den Inhalt ihres Artikels und über die inhaltliche Richtigkeit von Urkunden aus dem Geheimarchiv eine Aussage zu machen.[420] Die Untersuchungsstelle für nationalsozialistische Gewaltverbrechen beim Landesstab der Polizei Israel musste Gaebert jedoch mitteilen, dass Frau Klibanska aufgrund einer längeren Reise nach Afrika nicht imstande sei, als Zeugin vor dem Bielefelder Schwurgericht zu erscheinen. Die Polizei in Israel war der Auffassung, dass der Herausgeber der Białystoker Judenratsmeldungen, Nachman Blumenthal, „ein für die Wahrheitsfindung wesentlich wichtigerer und bedeutenderer Zeuge“ sei als Frau Klibanska. Vor seiner Einwanderung nach Israel sei der Historiker Direktor des Historischen Instituts in Warschau gewesen und habe die Dokumente aus dem Untergrundarchiv, um deren Beschaffung sich das Gericht bemühe, im Original eingesehen. Er sei bereit, als Zeuge vor dem Schwurgericht Bielefeld zu erscheinen.[421] Blumenthal war für den 24. Oktober 1966 als Zeuge geladen, konnte jedoch nach eigenen Angaben aus gesundheitlichen Gründen nicht nach Deutschland reisen. Er bedauerte, keine Aussage vor

418 Vermerk LGR Dr. Gaebert v. 25.8.1966, in: L/StADT, D 21 A, Nr. 6171, Bl. 185.

419 Vernehmung Danuta Czech v. 24.10. und 26.10.1966, in: L/StADT, D 21 A, Nr. 6178, Bl. 736–737c und Bl. 748–753; L/StADT, D 21 A, Nr. 6342, Tonband 36 Rückseite, 37 Vorderseite.

420 Vgl. Schreiben des Vorsitzenden des Schwurgerichts Bielefeld, i.A. LGR Gaebert, an Bronia Klibanska v. 8.8.1966, in: L/StADT, D 21 A, Nr. 6171, Bl. 144–146.

421 Vgl. Schreiben der Untersuchungsstelle für NS-Gewaltverbrechen beim Landesstab der Polizei Israel an den Vorsitzenden des Schwurgerichts Bielefeld v. 11.8.1966, in: L/StADT, D 21 A, Nr. 6171, Bl. 163–164.

Gericht machen zu können, und betonte, er habe „den besten Willen" gehabt, „nach Deutschland zu kommen, um dem Gericht behilflich zu sein, die Wahrheit festzustellen". Er sei „noetigenfalls bereit", in Israel vor berufener Behörde auszusagen, da ihm dadurch „sowohl die Reisebeschwerden als auch die fremde, teilweise feindliche Umgebung erspart bleiben würde".[422]

Das Gericht hatte durch den Historiker Dr. Wolfgang Scheffler von Blumenthals Edition der Meldungen und Protokolle des Judenrats in Jiddisch und Hebräisch[423] sowie von der Veröffentlichung des Tagebuchs des Widerstandskämpfers Tenenbaum-Tamaroff in hebräischer Sprache[424] erfahren.[425] Zu Beginn der Hauptverhandlung hatte Gaebert an den Historiker geschrieben und ihn gebeten, für das Verfahren gegen Dr. Altenloh u.A. ein Gutachten zu erstatten zur Organisation der Judendeportationen, insbesondere in der Zeit von Mitte 1942 bis Oktober 1943. Schefflers Gutachten sollte zwei Problemfelder behandeln: die allgemeine Organisation der Judendeportation und die Deportationen in die Vernichtungslager. Was den ersten Punkt anbetrifft, interessierte sich das Gericht insbesondere für allgemeine Richtlinien, Zuständigkeiten, Befehlswege, mitwirkende Stellen und Einzelpersonen. Hinsichtlich der Deportationen in die Vernichtungslager wurde Scheffler gebeten, das Schicksal der Juden aus dem Bezirk Bialystok besonders zu berücksichtigen und auf die Frage der dienstlichen Kenntnis der mit den Deportationen befassten Stellen und Personen einzugehen.[426] Durch das schriftliche Gutachten erfuhr das Bielefelder Schwurgericht von der Existenz weiterer Dokumente. Es bemühte sich, alle von Scheffler verwendeten Quellen zu beschaffen und auf ihre Zuverlässigkeit prüfen zu lassen.[427]

---

422 Schreiben von Nachman Blumenthal an das LG Bielefeld v. 2.10.1966, in: L/StADT, D 21 A, Nr. 6177, Bl. 747.

423 *Nachman Blumenthal* (Hrsg.), Conduct and Actions of a Judenrat. Documents from the Bialystok Ghetto, Jerusalem 1962.

424 *Mordechai Tenenbaum-Tamaroff*, Dappim Min Ha-deleika, Ha-Kibbutz Ha-Meuhad 1947.

425 Urteil 5 Ks 1/65, in: L/StADT, D 21 A, Nr. 6195, Bl. 191. Das Gericht bat RA Dr. Friebertshäuser anlässlich seiner Israel-Reise im Rahmen des Sobibór-Prozesses, zwei Exemplare von Blumenthals Edition der Meldungen und Protokolle des Judenrats auf Kosten des Gerichts mitzubringen. Vgl. Schreiben des Vorsitzenden des Schwurgerichts Bielefeld an Dr. Friebertshäuser v. 20.7.1966, in: L/StADT, D 21 A, Nr. 6171, Bl. 109.

426 Vgl. Schreiben des LG Bielefeld, Dr. Gaebert, an Dr. Wolfgang Scheffler v. 7.4.1966, in: L/StADT, D 21 A, Nr. 6171, Bl. 56.

427 Vgl. den Artikel der Freien Presse v. 9.4.1966, Nr. 182, in: L/StADT, D 21 A, Nr. 6250.

Einige Urkunden gelangten unvorhergesehen in die Hände des Gerichts. So übersandte ein mit den Ermittlungen gegen ehemalige RSHA-Angehörige befasster Staatsanwalt namens Selle Landgerichtsdirektor Witte gegen Ende der Beweisaufnahme drei Fernschreiben des KdS in Białystok vom 6. März, 3. Mai und 17. August 1943 betreffend die „Überweisung von 350, 550 und 246 Schutzhäftlingen in die Lager Stutthof und Lublin". Staatsanwalt Selle wies darauf hin, dass die Unterlagen aus dem Bestand stammten, den die Zentrale Stelle Ludwigsburg aus Polen mitgebracht habe.[428] In einem Eilbrief an den Leiter der Zentralen Stelle Ludwigsburg, OStA Adalbert Rückerl, vom 30. November 1966 fragte Witte, warum dessen Dienststelle ihm diese Dokumente „nicht unmittelbar" zugesandt habe. Außerdem wollte der Bielefelder Landgerichtsdirektor von Rückerl wissen, ob dieser in den Besitz weiterer Urkunden gekommen sei, die sich auf den KdS in Białystok oder die Stapostelle Allenstein beziehen, und ob ihm der genaue Wortlaut von Himmlers Erlass vom 17. Dezember 1942 mitgeteilt werden könne.[429] In einem weiteren Schreiben an Rückerl bat Witte wegen seines „drängenden Tons um Verständnis und gütige Nachsicht". Zur Erklärung fügte er hinzu:

> „Sie werden mich verstehen, wenn Sie sich klarmachen, daß die erwähnten drei Fernschreiben des KdS Bialystok drei Minuten vor dem Ende der Beweisaufnahme mir bekannt geworden sind und daß diese drei Dokumente von nicht zu unterschätzender Bedeutung sind. Das schlimmste ist der Umstand, daß die drei Dokumente weitere Ermittlungen notwendig machen: Das Schwurgericht muß zumindesten den Wortlaut des Bezugserlasses kennen. Ich hoffe, daß Ihre Dienststelle oder der Suchdienst Arolsen mir helfen kann."

Witte beklagte sich über mangelnde Unterstützung und fehlende Ermittlungshilfe aus Ludwigsburg: „Bedrückend ist das Gefühl, daß uns Urkundenmaterial nicht bekannt geworden ist, weil einer Ihrer Sachbearbeiter an uns nicht gedacht hat."[430] Er sei dankbar dafür, dass Selle ihm die drei Dokumente „aus eigener Initiative" zugesandt habe. Wie reagierte Rückerl auf Wittes Schreiben? Rückerl wehrte sich gegen den impliziten Vorwurf, seine Behörde sei

---

428 Vgl. Schreiben des GStA bei dem Kammergericht Berlin, Erster StA Selle, an das Schwurgericht Bi, z. Hd. Herrn LGD Witte v. 28.11.1966, in: L/StADT, D 21 A, Nr. 6171, Bl. 272–273.

429 Vgl. Schreiben des LGD Witte an den Leiter der Zentralen Stelle Ludwigsburg v. 30.11.1966, in: L/StADT, D 21 A, Nr. 6171, Bl. 274.

430 Schreiben des LG-Schwurgericht Bielefeld, Der Vorsitzende, an den Leiter der Zentralen Stelle Ludwigsburg, Herrn OStA Dr. Rückerl v. 1.12.1966, in: L/StADT, D 21 A, Nr. 6171, Bl. 283–284.

untätig gewesen und habe es versäumt, ihrer Aufgabe gerecht zu werden.[431] Er verwies darauf, dass das bei der Zentralen Stelle Ludwigsburg angelegte Verzeichnis der Dokumente aus Polen an alle Empfänger der Ludwigsburger Rundschreiben versandt worden sei, u.a. auch an die Staatsanwaltschaften Dortmund und Bielefeld, den Untersuchungsrichter in Bielefeld und, soweit ihm bekannt sei, auch an den Landgerichtspräsidenten in Bielefeld. Durch das Verzeichnis sollten „alle interessierten Stellen in die Lage versetzt werden, Dokumente bei der Zentralen Stelle zu bestellen". Herr Selle habe „im Falle der drei erwähnten Fernschreiben von dieser Möglichkeit Gebrauch gemacht". Es sei der Zentralen Stelle „leider nicht möglich, die Verteilung von Dokumenten auf einzelne Verfahren schon während der Auswertung der Mikrofilme bei der Dokumentationsabteilung vorzunehmen". Der Leiter der Ludwigsburger Vorermittlungsbehörde vertrat die Auffassung, dies „würde bei der Zahl von über 1100 zur Zeit laufenden Ermittlungs-, Voruntersuchungs- und Strafverfahren zu viel Verwirrung bringen".[432] Rückerl hielt also im Gegensatz zu Witte eine engere Kooperation zwischen Ludwigsburg und den jeweiligen Staatsanwaltschaften und Gerichten für nicht durchführbar.

Das Bielefelder Schwurgericht bemühte sich auch aus eigener Initiative darum, Dokumente aus Polen zu beschaffen. Im Juli 1966 bat es die polnische Hauptkommission um die Zusendung der Strafverfahrensakten gegen Koch, Macholl und Friedel.[433] Obwohl das Gericht Dr. Szymon Datner, der zu diesem Zeitpunkt als Historiker für die Hauptkommission tätig war, bei der Beschaffung der Akten um Mithilfe gebeten hatte,[434] wurden die Unterlagen nicht nach Bielefeld geschickt. Warum die Hauptkommission das erbetene und, so Witte,

431 Vgl. die beiden Schreiben des Leiters der Zentralen Stelle Ludwigsburg, OStA Adalbert Rückerl, an das LG-Schwurgericht-Bielefeld v. 2.12.1966, in: L/StADT, D 21 A, Nr. 6171, Bl. 282 und Bl. 292–294.

432 Schreiben des Leiters der Zentralen Stelle Ludwigsburg, OStA Adalbert Rückerl, an den Vorsitzenden des Schwurgerichts beim LG Bielefeld, Herrn LGD Witte v. 2.12.1966, in: L/StADT, D 21 A, Nr. 6171, Bl. 292–294, hier: Bl. 293f.

433 Vgl. Schreiben des Vorsitzenden des Schwurgerichts Bielefeld, i.A. LGR Dr. Gaebert, an die Główna Komisja Zbrodni Hitlerowskich w Polsce, z.Hd. Herrn Pilichowski, v. 25.7.1966, in: L/StADT, D 21 A, Nr. 6171, Bl. 134–135.

434 Vgl. Schreiben des Vorsitzenden des Schwurgerichts Bielefeld, i.A. LGR Dr. Gaebert, an Dr. Szymon Datner v. 25.7.1966, in: L/StADT, D 21 A, Nr. 6171, Bl. 132–133, hier: Bl. 133; Schreiben des LG-Schwurgericht Bielefeld, Der Vorsitzende, an den Leiter der Zentralen Stelle Ludwigsburg, Herrn OStA Dr. Rückerl v. 1.12.1966, in: L/StADT, D 21 A, Nr. 6171, Bl. 283–284, hier: Bl. 284.

„eigentlich auch zugesagte Urkundenmaterial"[435] nicht zur Verfügung stellte, geht aus den gesichteten Quellen nicht hervor.

Resümierend kann konstatiert werden, dass sich das Gericht auf die Suche von Urkunden und Schriftstücken[436] begab, weil es der Auffassung war, der Schuldnachweis könne ohne die Bezugnahme auf zeitgenössische Quellen nicht erbracht werden. Hunderte von Urkunden wurden während der Beweisaufnahme in den Prozess eingeführt. Um diese im Urteil als Beweisgrundlage verwenden zu können, musste sich das Gericht zunächst von der Echtheit und Zuverlässigkeit der Dokumente überzeugen. Die Prüfung von Urkunden durch Sachverständige und Zeugen wird im Folgenden anhand von drei Beispielen analysiert. Es sind: die Quellen des Białystoker Judenrats, das Kalendarium der „Hefte von Auschwitz" und Dokumente der Reichsverkehrsdirektion in Minsk.

4.4 Zur Prüfung von Urkunden während der Beweisaufnahme: Entschlüsseln und Befragen

4.4.1 Der Sachverständige Dr. Szymon Datner zu den Dokumenten des Białystoker Judenrats

Dr. Bloch, die Frau des Stuttgarter Landesrabbiners, übersetzte die Protokolle des Białystoker Judenrats, Hans-Peter Stähli, Lektor für Hebräisch an der Theologischen Hochschule in Bielefeld-Bethel, die Meldungen des Judenrats.[437] Stähli, der auch eine Übersetzung des Tagebuchs von Tenenbaum-Tamaroff anfertigte, sollte nicht alle, sondern nur die für den Prozess relevanten Dokumente ins Deutsche übertragen. In den von Stähli ausgewählten Meldungen[438] geht es u.a. um: Verordnungen, Maßnahmen, Anweisungen, Mitteilungen, Drohungen und Warnungen deutscher Behörden, die Ausplünderung der Ghettobevölkerung durch die deutschen Dienststellen, die Arbeitssituation innerhalb und außerhalb des Ghettos, angedrohte bzw. vollzogene Strafmaßnahmen, hygienische und sanitäre Angelegenheiten, die Versorgung

---

435 Schreiben des LG-Schwurgericht Bielefeld, Der Vorsitzende, an den Leiter der Zentralen Stelle Ludwigsburg, Herrn OStA Dr. Rückerl, v. 1.12.1966, Bl. 284.

436 Zum Urkundenbeweis vgl. § 249 StPO. Ein begrifflicher Unterschied zwischen Urkunden und Schriftstücken besteht nicht.

437 Vgl. Urteil 5 Ks 1/65, in: L/StADT, D 21 A, Nr. 6195, Bl. 191. Stähli schloss seine Übersetzung am 23. August 1966 ab. Vgl. L/StADT, D 21 A, Nr. 6188, Bl. 196.

438 Stählis Übersetzung ist zu finden in: L/StADT, D 21 A, Nr. 6188.

der Ghettobevölkerung, die Deportation eines Teil der Bevölkerung nach Prużana, besondere Ereignisse im Ghetto.

Bevor die übersetzten Quellen des Białystoker Judenrats verlesen wurden, ließ das Gericht sie von dem Historiker Dr. Szymon Datner auf ihre Echtheit prüfen. Datner, der während des Krieges im Białystoker Ghetto gelebt und nach dem Krieg zu den Geschehnissen in Białystok und Umgebung unter deutscher Besatzung gearbeitet hatte, wurde im Bielefelder Białystok-Prozess mehrfach vernommen. Als Beweisperson übernahm er zwei verschiedene Rollen: die des Zeugen und die des Sachverständigen.

Der Sachverständige wirkt an der Aufklärungs- und Beweistätigkeit mit, indem er – eine spezielle, dem Richter fehlende Sachkunde anwendend – über Tatsachen oder Erfahrungssätze Auskunft erteilt oder einen bestimmten Sachverhalt beurteilt. Die Anwendung und Vermittlung von „Sachkunde" ist jedoch kein hinreichendes Kriterium für die exakte Abgrenzung der Rolle des Sachverständigen von der des Zeugen, denn gemäß § 85 StPO ist sachverständiger Zeuge, wer „zum Beweis vergangener Tatsachen oder Zustände, zu deren Wahrnehmung eine besondere Sachkunde erforderlich war", vernommen wird. Verfahrensrechtlich gesehen ist der sachverständige Zeuge ein Zeuge wie jeder andere auch.[439] Ausgehend vom „Idealtypus" des Sachverständigen, der nur sein Erfahrungswissen vermittelt, nennt Gerald Grünwald zwei Aspekte, die den Unterschied zwischen der Funktion des Sachverständigen und der des Zeugen begründen. Der erste betrifft die verschiedenen Leistungen, die erwartet werden. Der Zeuge solle „seine Erinnerung an *Wahrnehmungen* über konkrete Umstände mitteilen". Im Gegensatz dazu beziehe sich „die Tätigkeit des Sachverständigen auf die *Beurteilung* solcher Umstände mithilfe von allgemeinen Erfahrungssätzen".[440] Daraus folge, dass es „sachgemäß" sei, „dem Sachverständigen die (vorläufigen) Ergebnisse der Beweiserhebungen zu unterbreiten". Dem Zeugen dagegen sei „ihre Kenntnis (zunächst) so weit wie möglich vorzuenthalten", um sicherzustellen, dass er nicht durch sie beeinflusst werde. Da der Sachverständige „bei der Beurteilung von Fakten tätig" werde und das „beim Richter vorhandene Defizit an Fachwissen" beheben solle, werde er häufig als „Gehilfe des Richters" bezeichnet. Grünwald betont, er sei „nur Gehilfe", denn er solle dem Richter die Beurteilung nicht abnehmen, sondern sie vielmehr ermöglichen. Der Sachverständige habe dem Richter „nur bei der Beurteilung im Bereich des Tatsächlichen, nicht bei der

---

439 Vgl. *Sascha Vyhnálek*, Die Abgrenzung von Sachverständigen und Zeugen im Strafverfahren, Kiel 1997, S. 17.

440 *Gerald Grünwald*, Das Beweisrecht der Strafprozeßordnung, Baden-Baden 1993, S. 46f.

rechtlichen Bewertung" zu helfen. Als zweiten Aspekt nennt Grünwald, dass der Sachverständige im Gegensatz zum Zeugen „ersetzbar" sei. So verfüge „ein – mehr oder weniger großer – Kreis von Personen" über „die erforderliche Sachkunde". Es bedürfe „einer Entscheidung über die Auswahl des zu beauftragenden Sachverständigen".[441] Bestrebt, eine „genauere Abgrenzung zwischen der Sachverständigen- und der Zeugenrolle" vorzunehmen, nennt Grünwald zwei Voraussetzungen, die erfüllt sein müssen, damit eine Aussageperson, die über von ihr wahrgenommene Tatsachen berichtet, zum Sachverständigen wird: Es komme darauf an, dass es sich um Tatsachen handele, „die nur vermöge besonderer Sachkunde wahrgenommen oder verstanden werden" könnten und „die der Betreffende in Ausführung eines Auftrages zur Erstattung eines Gutachtens erkundet" habe.[442]

Die Frage der Abgrenzung von Zeugen und Sachverständigen war im Fall Datners insofern von Relevanz, als er am 31. Oktober 1966 zunächst als Zeuge vernommen wurde. Im Verlauf der Vernehmung entschied das Gericht indes, den Historiker, der während seiner Tätigkeit für das Jüdische Historische Institut in Warschau Unterlagen aus dem Białystoker Geheimarchiv eingesehen und ausgewertet hatte, zu bitten, sich gutachtlich über die von dem israelischen Historiker Nachman Blumenthal herausgegebenen Meldungen und Protokolle des Białystoker Judenrats zu äußern. Nachdem der Vorsitzende den Prozessbeteiligten verkündet hatte, dass er beabsichtige, Datner als Sachverständigen zu vernehmen, erfolgte eine Verhandlungspause, die der Historiker dazu nutzte, einen stichprobenartigen Abgleich der Blumenthal-Edition mit den Materialien aus Warschau vorzunehmen. Der genaue Wortlaut der Bitte, die das Gericht Datner mündlich erteilte, ist nicht überliefert. Ob Datner den Auftrag erhalten hatte, ein schriftliches Gutachten anzufertigen, lässt sich den Quellen nicht entnehmen. Wahrscheinlich hatte er nur Zeit, um sich Notizen zu machen, denn er trug dem Gericht keinen ausformulierten Text zum Thema Herkunft, Zustand und Quellenwert der Meldungen und Protokolle des Białystoker Judenrats vor, sondern er wurde lediglich dazu befragt. Der Vorsitzende bat den beisitzenden Richter Gaebert, der während der Hauptverhandlung federführend für die Beschaffung von Dokumenten zuständig war, die Vernehmung durchzuführen. Der Vorsitzende vergaß indes, Datner über seine veränderte Prozessrolle zu belehren, bevor er Gaebert das Wort erteilte:

Vorsitzender:	Herr Dr. Datner, bitte bleiben Sie sitzen *(schweigt)*. Ich habe Herrn Gerichtsrat Dr. Gaebert gebeten, ä die wenigen

441 Ebd., S. 47.

442 Ebd., S. 49.

	Fragen, die hierzu zu stellen sind, zu diesem Sachgebiet, zu stellen. Ich übergebe die ä weitere Verhandlungsführung Herrn Dr. Gaebert.
Beisitzer:	Herr Dr. Datner, als Erstes interessiert uns die Frage: Sind beim Jüdischen Historischen Institut in Warschau Judenratsprotokolle und Judenratsbekanntmachungen des früheren Judenrates von Białystok vorhanden?
Dr. Datner:	Ich kann es nur in der Vergangenheit sagen.
Beisitzer:	Bitte ja.
Dr. Datner:	Sie waren vorhanden, als sie in meine Hand kamen.
Beisitzer:	Und Sie waren von 1948 bis 1953 Mitarbeiter dieses Instituts?
Dr. Datner:	Jawohl.
Beisitzer:	Sie waren also bis 1953 enth_ ä dort vorhanden. Und in welcher Form waren sie vorhanden? Wie sahen diese Judenratsbekanntmachungen aus?
Dr. Datner:	Ä, ich möchte die Frage heute ä nicht mit Sicherheit beantworten, wie das technisch, technisch aussah ä_
Beisitzer:	Darf ich eine Ergänzungsfrage stellen?
Dr. Datner:	Ja.
Beisitzer:	Waren sie handschriftlich? Waren es Handschriften?
Dr. Datner:	Nein.
Beisitzer:	War es Schreibmaschin_
Dr. Datner:	Alle, sämtliche Unterlagen, sowohl die Judenratsprotokolle als auch die Judenrats sogenannte Meldungen
Beisitzer:	ja
Dr. Datner:	waren Jiddisch in ein_ durch eine ä, äm Handmaschine.
Übersetzerin:	Schreibmaschine.
Dr. Datner:	Durch eine Schreibmaschine geschrieben.
Beisitzer:	Durch Schreibmaschine geschrieben und in Jiddisch.
Dr. Datner:	und in Jiddisch.
Beisitzer:	Und in Jüdisch, jüdisch. Ja.
Dr. Datner:	Jawohl.
Beisitzer:	Und Sie selbst haben Bekanntmachungen und auch Meldungen gesehen, in der Hand gehabt, damit gearbeitet.
Dr. Datner:	Jawohl, ich hab' sie bearbeitet

Beisitzer:	ja
Dr. Datner:	und sogar teilweise veröffentlicht.
Beisitzer:	Teilweise veröffentlicht.
Dr. Datner:	Ja.
Beisitzer:	Trugen diese ä Schreibmaschinenblätter eine Unterschrift?
Dr. Datner:	Nein.
Beisitzer:	Keine Unterschrift.
Dr. Datner:	Sie trugen keine Unterschrift. Immer ma_ immer war es stereotypisch geschrieben Der Judenrat in Bialystok als Unter_
Beisitzer:	Stereotyp war als Unterschrift, aber kein Handzug, keine handschriftliche Unterschrift.
Dr. Datner:	Nein, soviel ich gedenke, keine. Keine.
Beisitzer:	Und ä wiesen diese Schreibmaschinenblätter sonst irgendeine Auffälligkeit auf? Waren sie zerknüddelt, zerknittert, gebraucht, oder waren sie frisch, neu, ungebraucht?
Dr. Datner:	Ä, soweit ich gedenke, ä waren sie nicht in einem schlechten Zustand, sondern ich möchte sagen, dass ä sie ein Jahr, ein halbes Jahr, zwei Jahre oder drei Jahre alt sind.
Beisitzer:	Ja. Gut lesbar.
Dr. Datner:	Sehr lesbar.
Beisitzer:	Sehr lesbar.
Dr. Datner:	Ja.
Beisitzer:	Und können Sie sich erinnern, bis zu welchem Zeitraum diese Judenratsbekanntmachungen in Polen, die also in Warschau vorhanden sind, gingen?
Vorsitzender:	Ach so, verzeihen Sie, ich hab' ja einen ganz schweren prozessualen Fehler gemacht. Ich musste ja erst den Beschluss verkünden, den Beschluss, den wir in der Pause gefasst haben, dass Dr. Datner sich gutachtlich äußern soll über Herkunft und ä Zustand und Quellenwert der Judenratsbekanntmachungen und Protokolle. Und dann muss ich Herrn Dr. Datner belehren: Als Sachverständiger sind Sie verpflichtet, unparteiisch und gewissenhaft sich zu äußern, d.h. also ohne Rücksicht auf Ihre innere Einstellung zu den Angeklagten sich so äußern, dass Sie es jederzeit auf Ihren Sachverständigeneid nehmen können. Der Sachverständigeneid lautet, dass Sie unparteiisch ein Gutachten nach bestem Wissen und Gewissen abgegeben haben. Ist klar, ja?

Dr. Datner:	Jawohl, Herr Präsident.
Vorsitzender:	Ja. Sie sind in Ihrer Rolle als Sachverständiger ein Gehilfe des Gerichts. Verstehen Sie? Ein Gehilfe des Gerichts und der kein_ also der kein Zeuge ist. Danke schön. Bitte nehmen Sie Platz.
Beisitzer:	Ich nehme an, dass Ihre Aussagen, die Sie bisher zu diesem Punkt gemacht haben, ausgerichtet waren an diesem Maßstab der m Sachgemäßheit und Wahrheits_
Vorsitzender:	Nachdem ich Sie belehrt habe, wiederholen Sie das, was Sie eben gesagt haben.
Beisitzer:	Ja.
Dr. Datner:	Jawohl, das will ich tun. Unparteiisch
Vorsitzender:	Jawohl
Dr. Datner:	und unbe_, be_, benommen.
Vorsitzender:	Ja.
Dr. Datner:	Ich glaube, dass es das Wort ist.
Vorsitzender:	Unvoreingenommen.
Dr. Datner:	Unvoreingenommen.
Vorsitzender:	Ja.
Dr. Datner	Jawohl.
Vorsitzender:	Bitte weiter.[443]

Erst durch die Belehrung des Vorsitzenden und die Verpflichtungserklärung Datners wurde dieser als Aussageperson in die forensische Rolle des Sachverständigen eingesetzt. Um allen Beteiligten eine erneute Vernehmung zu ersparen, baten die Richter Datner, nachträglich die Versicherung abzugeben, dass seine vorherigen Äußerungen an den in § 79 Abs. 2 StPO[444] formulierten Vorschriften orientiert waren. Der Vernehmungsauszug zeigt, dass der Historiker sich bei der Beantwortung der Fragen auf seine Erinnerung verlassen musste, denn er hatte die Dokumente aus dem Archiv des Jüdischen Histori-

443 Vernehmung Dr. Szymon Datner durch das Bielefelder Schwurgericht (Strafsache gegen Dr. Altenloh u.A., 5 Ks 1/65) v. 31.10.1966, in: L/StADT, D 21 A, Nr. 6341, Tonband 38 Vorderseite.

444 § 79 Abs. 2 StPO lautet: „Der Eid ist nach der Erstattung des Gutachtens zu leisten; er geht dahin, dass der Sachverständige das Gutachten unparteiisch und nach bestem Wissen und Gewissen erstattet habe."

schen Instituts nicht vor sich. Das Gericht hatte die Unterlagen aus Warschau nicht mehr anfordern können, da es den Beschluss, Datner als Sachverständigen zu den Dokumenten des Judenrats zu vernehmen, erst während seiner Vernehmung gefasst hatte.

Nach der Intervention des Vorsitzenden setzte Gaebert die Vernehmung mit Fragen zum Untergrundarchiv und zu dessen Überlieferungsgeschichte fort.[445] Danach kam er auf die zentrale Frage nach der Authentizität der Dokumente zu sprechen:

Beisitzer:	Haben bei Ihnen im Jüdischen Historischen Institut in Warschau Zweifel an der Echtheit dieser Dokumente bestanden?
Dr. Datner:	Niemals.
Beisitzer:	Niemals.
Vorsitzender:	Herr Heise oder Herr Riedenklau? Herr Riedenklau.
Dr. Datner:	Niemals.
Beisitzer:	Niemals. (*schweigt*) Und sind auch während der ganzen Zeit der historischen Forschungen, die sich ja eben auch gerade unter Ihrer Assistenz mit Białystok ä beschäftigt haben, nicht aufgetaucht, derartige Zweifel.
Dr. Datner:	Niemals sind solchwelche Zweifel aufgetaucht. Wenn etwas echt das ist, dann ist das echt.

445 Datner berichtete dem Gericht, dass Bronka Winicka (später Klibanska), ein ehemaliges Mitglied der Widerstandsgruppe Dror, ihn im Jahr 1944 aufgesucht und ihn um Mithilfe bei der Suche nach dem Białystoker Archiv gebeten habe. Winicka habe das Archiv in der Chmielna-Straße, die damals zum Ghetto gehört hatte, gesucht, es aber dort nicht gefunden. Eines Tages sei Menachem Turek, der Vorsitzende der Historischen Kommission beim Jüdischen Wojewodschaftskomitee, zu ihm gekommen und habe ihm erklärt, sie müssten 30.000 Złoty auftreiben, um das Białystoker Ghettoarchiv zu kaufen. Turek habe das Geld bekommen, und das Material sei beschafft worden. Wie es schließlich in das Jüdische Historische Institut gelangte, konnte Datner nicht genau sagen. Er vermutete, es sei nach Łódź zur Zentralen Jüdischen Historischen Kommission, die nach dem Umzug nach Warschau 1947 in das Jüdische Historische Institut umgewandelt wurde, befördert worden. In Warschau sah Datner die Quellen aus dem Archiv nach eigenen Angaben zum ersten Mal. Er erklärte dem Gericht, er habe in Stettin den Mann getroffen, der das Untergrundarchiv ausgegraben habe: Dr. Lejb Blumental. Blumental sei nicht im Ghetto gewesen, sondern von seiner polnischen Frau versteckt worden. Sein Bruder (Israel), ein naher Mitarbeiter Tenenbaums, habe Lejb Blumental durch Vermittlung seiner Frau einen Plan des Ortes übergeben, wo das Archiv außerhalb des Ghettos bei einem bekannten Polen namens Filipowski begraben worden sei. Blumental habe von seinem Bruder auch eine Flasche mit besonders wichtigen Dokumenten erhalten, die nicht vergraben worden sei. Die Flasche sei indes durch Kriegseinwirkungen zerstört worden.

[...]

Beisitzer:	Bitte schön.
RA Heise:	Herr Dr. Datner, wie sind nun diese Dokumente, die Bestandteil des Archivs sind, zustande gekommen. Da gibt es mehrere Möglichkeiten. Sprechen wir zuerst von den so genannten Bekanntmachungen. Es ist denkbar, dass es Originalbekanntmachungen sind, es ist aber auch denkbar, dass von den Originalbekanntmachungen schon von vornherein Abschriften zur Archivierung angefertigt worden sind. Haben Sie darüber irgendwelche Aufschlüsse erlangt?
Dr. Datner:	Ä ich kenne mit hundertprozentiger Sicherheit heute ohne Unterlagen_ ich bin so ein solcher Experte, der Unterlagen haben muss, sogar wenn er seinen eigene, seinen eigenen Aufsatz liest, das kann vielleicht kontrovers sein. Aber ich habe den Eindruck, dass die äm, dass die Judenratsmeldungen keine Abschriften waren, nur Originale waren, waren und sind, wenn sie sind_ wenn sie in Warschau noch vorhanden sind, weil ich mich jetzt erinnere, dass vielleicht an zwei oder drei ä Reversen es
Beisitzer:	Rückseiten
Dr. Datner:	auf der Rückseite.
Übersetzerin:	Rückseite.
Dr. Datner:	auch ä Handbemerkungen gemacht wurden.
Beisitzer:	Ja.
Dr. Datner:	Das ist natürlich noch nicht ein Beweis, dass das Original war, aber das sind originale handschriftliche Anmerkungen ä, äm auf diesem, auf der Rückseite. Und so, wie ich sehe, diese, ä bei den Judenratsprotokollen, so viel ich mich erinnere, gibt es keine handschriftliche_ und Unterschriften gab es überhaupt nicht. Bei den Judenratsprotokollen gibt's solche handschriftliche ä nicht. Die Judenratsprotokolle haben, so viel ich mich jetzt nach 16 oder 17 Jahren erinnern kann, teilweise den Eindruck Original gemacht, teilweise, dass sie Abschriften waren, aber darüber kann ich Ihnen, Herr Richter nicht
RA Heise:	Ja.
Dr. Datner:	auf das sichere_
RA Heise:	Es kann ja, es könnte ja so gewesen, dass man gleich Durchschläge angefertigt hat, nicht wahr?

Dr. Datner:	Jawohl.
RA Heise:	Und daher meine nächste Frage: Ist Ihnen erinnerlich, dass Sie Durchschläge gelesen haben? Sie wissen, was Durchschläge sind, also mit Kohlepapier.
Übersetzerin:	[...]
Dr. Datner:	*Kopie, kopie, kopie.* Ich bin fast sicher, dass die Judenratsmeldungen nicht Durchschläge waren, nur Originale. Ich kann diese Sicherheit dem Hohen Gericht nicht vortragen, was die Judenratsprotokolle anbelangt. Waren das Originale oder nicht. Ich müsste mir es noch heute anschauen, und vielleicht würde ich auch ä nicht die Sicherheit haben, ob das Original ist oder nicht, aber ich müsste alles durchschauen, und dann könnte ich zu einem Schluss kommen.[446]

Zwar konnte Datners Einschätzung, dass es sich bei den Judenratsmeldungen um Originale und bei den Protokollen der Sitzungen des Judenrats zum Teil um Originale und zum Teil um Abschriften handelt, nicht verifiziert werden. Aber durch seinen Hinweis auf die handschriftlichen Notizen auf der Rückseite der Meldungen, erhielt seine These in Bezug auf die Judenratsmeldungen eine gewisse Plausibilität. Datners Äußerung ist darüber hinaus ein Beleg dafür, dass er die Quellen intensiv studiert hatte. 1951 hatte er in der Zeitschrift *bleter far geszichte* einen Aufsatz über die Białystoker Judenratsmeldungen verfasst und für einen 1959 veröffentlichten Aufsatz eine aus dem Bestand des Jüdischen Historischen Instituts stammende Meldung abdrucken lassen. Es handelt sich um die Meldung vom 1. Januar 1943. Darin informiert der Judenrat die Ghettobevölkerung darüber, dass „wegen Diebstahls von Produkten aus der Ölfabrik“ drei Menschen (Lipa Szczedrowski, Eli Dworski und Jakow Jablonski) gehängt worden seien. Datner verglich für das Bielefelder Schwurgericht den Wortlaut und die Form dieser Meldung mit der bei Blumenthal abgedruckten. Er versicherte dem Gericht, dass der Inhalt beider Meldungen übereinstimmte. Bei seinem Vergleich hatte Datner lediglich zwei kleine Unterschiede entdeckt. Der erste betrifft die Nummerierung der Meldung. In der Blumenthal-Edition ist die Meldung mit der Nummer 376 versehen, während die in seinem Aufsatz abgedruckte Meldung die Nummer 375 trägt.[447] Die zweite Abweichung betrifft den Wortlaut des Textes. Datner wies

446 Vernehmung des Zeugen Dr. Szymon Datner in der Hauptverhandlung der Strafsache gegen Dr. Altenloh u.A. (5 Ks 1/65) v. 31.10.1966, in: L/StADT, D 21 A, Nr. 6342, Tonband 38 Vorderseite.

447 Die Meldung aus dem Bestand des Jüdischen Historischen Instituts in Warschau trägt die Nummer 376.

darauf hin, dass in der bei Nachman Blumenthal abgedruckten Meldung von Diebstahl aus der „Ölmühle“ die Rede sei, während in der Meldung, die 1959 in Datners Aufsatz veröffentlicht wurde, das Wort „Ölfabrik“ verwendet werde.[448] Das Gericht war von der Authentizität des Materials aus dem Białystoker Geheimarchiv überzeugt,[449] weil in der israelischen und polnischen Forschung keine Zweifel an der Echtheit bestanden[450] und weil einige der darin genannten Ereignisse und Geschehnisse von Zeugen bekundet oder in anderen Quellen erwähnt wurden.[451] So wurde die in der Meldung 376 genannte Erhängung dreier Juden u.a. von den jüdischen Zeugen Dr. Bejlin, Karasik, Zawadzki, Oniman, Schewach, Perman, Dr. Datner und Kapłan bezeugt.[452]

Die Meldungen und Protokolle des Białystoker Judenrats wurden am 77. und 78. Verhandlungstag (28. und 30. November 1966) verlesen.[453] Sie waren insofern von strafprozessualer Relevanz, als sie – wie noch zu zeigen sein wird – im Zusammenhang mit dem Schuldnachweis von Wilhelm Altenloh ein zentrales Element in der Argumentationskette des Gerichts bildeten.

4.4.2 Die Zeugin Danuta Czech zu dem Kalendarium der „Hefte von Auschwitz“

Während die Dokumente des Judenrats ein wichtiges Beweismittel für den Nachweis der Kenntnis Altenlohs von der Ermordung der Białystoker Juden darstellten, bildeten die Ereigniskalendarien der *Zeszyty Oświęcimskie* („Hefte von Auschwitz“)[454] eine zentrale Grundlage für die Feststellung des Geschehens. Die Kenntnis des Gerichts von den Deportationszügen nach Auschwitz beruht auf dem von der Historikerin Danuta Czech erstellten Kalendarium der

---

448 In der Meldung 376 aus dem Bestand des Jüdischen Historischen Instituts ist von „ojlmil“ die Rede.

449 Im Urteil heißt es dazu: „Das Gericht ist überzeugt, daß die genannten Veröffentlichungen [Blumenthals Edition der Meldungen und Protokolle des Judenrats von 1962 und die Edition der Tagebuchaufzeichnungen Tenenbaums von 1947] auf authentisches Material zurückgehen und es korrekt wiedergeben.“ Urteil 5 Ks 1/65, in: L/StADT, D 21 A, Nr. 6195, Bl. 191.

450 Vgl. ebd., Bl. 191.

451 Vgl. ebd., Bl. 193f.

452 Vgl. ebd., Bl. 195.

453 Vgl. Protokoll der Hauptverhandlung, in: L/StADT, D 21 A, Nr. 6177, Bl. 845–848. Aus dem Protokoll der Hauptverhandlung geht hervor, dass keiner der Anwälte Einspruch gegen die Einführung der Dokumente als Beweismittel erhob.

454 Das Staatliche Museum Auschwitz-Birkenau gibt die Hefte in polnischer und in deutscher Sprache heraus.

Ereignisse im Konzentrationslager Auschwitz-Birkenau. Czech wurde am 24. Oktober 1966 vom Gericht als Zeugin vernommen und zur Quellengrundlage der in den Auschwitzheften aufgeführten Transporte, die zwischen November 1942 und August 1943 aus dem Bezirk Bialystok nach Auschwitz gingen, befragt.[455] Dem Gericht lagen die Nummern 3, 4 und 6 der „Hefte von Auschwitz" in Ablichtung und in Auszügen vor. Dantua Czech, Mitglied der Redaktion der *Zeszyty Oświęcimskie*, erklärte in ihrer Vernehmung, das von ihr zusammengestellte Kalendarium basiere auf Dokumenten aus dem Archiv des Staatlichen Museums in Auschwitz und auf Material aus NS-Prozessen.[456] Bevor sie sich zu den einzelnen Einträgen äußerte, wurde sie darum gebeten, zu überprüfen, ob die Daten in den deutschsprachigen und in den polnischsprachigen Heften übereinstimmten. Ein stichprobenartiger Abgleich ergab, dass die Angaben identisch waren.[457]

RA Riedenklau verlas alle in dem Kalendarium aufgeführten Transporte, die für das Gericht von Interesse waren, und stellte Czech zu jedem einzelnen Transport Fragen nach der Quellengrundlage. Die Einträge zu den Deportationen von Juden aus dem Bezirk Bialystok enthalten – von einer Ausnahme abgesehen – nur Angaben über die Zahl der selektierten Häftlinge, nicht über die Zahl der Deportierten. Czech erklärte vor dem Bielefelder Schwurgericht, dass für diese Fälle keine Unterlagen über die Stärke der Transporte vorlägen.[458] In der dritten Nummer der Hefte von Auschwitz sind für das Jahr 1942 folgende Transporte von Juden aus dem Bezirk dokumentiert:

> „9.11. RSHA-Transport, Juden aus den Ghettos des polnischen Verwaltungsbezirks Białystok. Nach der Selektion lieferte man 190 Männer als Häftlinge ins La-

---

455 Vgl. Vernehmung Danuta Czech in der Hauptverhandlung der Strafsache gegen Dr. Altenloh u.A. (5 Ks 1/65) v. 24.10.1966, in: L/StADT, D 21 A, Nr. 6342, Tonband 36 Rückseite.

456 In der zweiten Ausgabe der Hefte von Auschwitz nimmt Czech ausführlicher zur Quellengrundlage Stellung. Sie schreibt, das Kalendarium stütze sich auf „Original-Dokumente der Nazi-Lagerbehörden, auf das in den Prozessen vor dem Polnischen Obersten Nationalgerichtshof in den Jahren 1946–1947 gesammelte Material, wie auch auf Aussagen ehemaliger Häftlinge des Konzentrationslagers Auschwitz-Birkenau, beziehungsweise auf Aussagen der in der Umgebung des ehemaligen Konzentrationslagers wohnhaften Zivilbevölkerung". *Danuta Czech*, Kalendarium der Ereignisse im Konzentrationslager Auschwitz-Birkenau, in: Hefte von Auschwitz 2 (1959), S. 98–118, hier: S. 98.

457 Vgl. Vernehmung Danuta Czech v. 24.10.1966, in: L/StADT, D 21 A, Nr. 6342, Tonband 36 Rückseite.

458 Vernehmung Danuta Czech v. 24.10.1966, in: L/StADT, D 21 A, Nr. 6342, Tonband 37 Vorderseite.

ger ein, sie bekamen die Nr. 74199–74388 sowie 104 Frauen bekamen die Nr. 24046–24149. Die Übrigen wurden vergast.

14.11. RSHA-Transport, Juden aus den Ghettos des polnischen Verwaltungsbezirks Białystok. Nach der Selektion lieferte man 282 Männer als Häftlinge ins Lager ein, sie bekamen die Nr. 75378–75659 sowie 379 Frauen bekamen die Nr. 24659–25037. Kinder, Mütter mit Kindern und Greise wurden vergast.

18.11. RSHA-Transport, Juden aus dem Ghetto in Grodno (Polen). Nach der Selektion lieferte man 165 Männer als Häftlinge ins Lager ein, sie bekamen die Nr. 75952–76116 sowie 65 Frauen bekamen die Nr. 25065–25129. Kinder, Frauen mit Kindern und Greise wurden vergast.

25.11. RSHA-Transport, Juden aus dem Ghetto in Grodno. Nach der Selektion lieferte man 305 Männer als Häftlinge ins Lager ein, sie bekamen die Nr. 77720–78024 sowie 128 Frauen bekamen die Nr. 25793–25920. Kinder, Mütter mit Kindern und Greise wurden vergast.

2.12. RSHA-Transport, Juden aus dem Ghetto des Verwaltungsbezirks Grodno (Polen). Nach der Selektion lieferte man 178 Männer als Häftlinge ins Lager ein, sie bekamen die Nr. 79390–79567 sowie 60 Frauen bekamen die Nr. 26287–26346. Kinder, Mütter mit Kindern und Greise wurden vergast.

8.12. RSHA-Transport, Juden aus dem Ghetto in Grodno. Nach der Selektion lieferte man 231 Männer als Häftlinge ins Lager ein, sie bekamen die Nummern 80764–80994. Kinder, Mütter mi[t] Kindern und Greise wurden vergast.“[459]

Die Transporte von Juden seien, so Czech, RSHA-Transporte genannt worden, weil sie auf Befehl des RSHA erfolgt seien. Das Archiv im Auschwitz-Museum sei im Besitz von deutschen Originalunterlagen mit solchen Bezeichnungen.[460] Zu den Deportationen vom 9. November 1942 befragt erklärte Czech, die Lagernummern stammten aus einem Transportverzeichnis, das illegal von den Häftlingen der „Schreibstube“ auf der Grundlage deutscher Dokumente angefertigt worden sei. Aus anderen Lagerdokumenten gehe hervor, dass die Mehrzahl der ins Konzentrationslager eingewiesenen Männer und Frauen, die am 9. November 1942 nach Auschwitz deportiert wurden, in Skidiel (Bezirk Bialystok) geboren sei. Czech erklärte, sie habe anhand der erhalten gebliebenen Unterlagen nicht feststellen können, aus welchem Ghetto des Bezirks die Juden gekommen seien. Deswegen habe sie „aus den Ghettos des polnischen Verwaltungsbezirks Białystok“ geschrieben. Auch für den Transport vom 14. November 1942 hatte Czech den Deportationsort nicht feststellen können. Sie schloss aus den Angaben über die Geburtsorte der ins Lager Eingewiesenen (Skidiel, Sidra und Lida, Bezirk Bialystok), dass die

459 *Danuta Czech*, Kalendarium der Ereignisse im Konzentrationslager Auschwitz-Birkenau, in: Hefte von Auschwitz 3 (1960), S. 47–110, hier: S. 100ff.

460 Vgl. Vernehmung Danuta Czech v. 24.10.1966, in: L/StADT, D 21 A, Nr. 6178, Bl. 736–737c, hier: Bl. 737.

Juden dieses Transports aus dem Bezirk kamen. Die Mehrzahl der Deportierten vom 18. November 1942 sei in Grodno geboren worden. Für die Deportationen vom 25. November, 2. Dezember und 8. Dezember 1942 sind Häftlingspersonalbögen erhalten geblieben, aus denen hervorgeht, dass die Transporte aus Grodno kamen. Zum Beweis zeigte Czech dem Gericht eine Auswahl der Originale. Nach den Feststellungen des Gerichts im Urteil wurden die im November und Dezember 1942 deportierten Juden aus dem Ghetto II in Grodno und dem Sammellager Kiełbasin nach Auschwitz deportiert.[461]

Für das Jahr 1943 werden in dem Kalendarium der Hefte von Auschwitz folgende Transporte von Juden aus dem Bezirk Bialystok aufgeführt:

> „7.1. RSHA-Transport, Juden aus dem Ghetto Augustów. Nach der Selektion lieferte man 296 Männer als Häftlinge ins Lager ein, sie bekamen die Nr. 85525–85820; 215 Frauen bekamen die Nr. 28069–28283. Die Übrigen wurden vergast.
>
> 13.1. RSHA-Transport, Juden aus dem Ghetto in Zambrów. Nach der Selektion lieferte man 148 Männer als Häftlinge ins Lager ein, sie bekamen die Nr. 86785–86932; 50 Frauen bekamen die Nr. 28634–28683. Die Übrigen wurden vergast.
>
> 16.1. RSHA-Transport, Juden aus dem Durchgangslager Łomża. Nach der Selektion lieferte man 170 Männer als Häftlinge ins Lager ein, sie bekamen die Nr. 88581–88750. Die Übrigen wurden vergast.
>
> 17.1. RSHA-Transport, Juden aus dem Durchgangslager Łomża. Nach der Selektion lieferte man 255 Männer als Häftlinge ins Lager ein, sie bekamen die Nr. 88751–89005. Die Übrigen wurden vergast.
>
> 18.1. [19.1.][462] RSHA-Transport, Juden aus dem Ghetto in Zambrów. Nach der Selektion lieferte man 164 Männer als Häftlinge in Lager ein, sie bekamen die Nr. 89845–90008; 134 Frauen bekamen die Nr. 29451–29584. Die Übrigen wurden vergast.
>
> 20.1. RSHA-Transport, Juden aus dem Ghetto in Grodno. Nach der Selektion lieferte man 155 Männer als Häftlinge ins Lager ein, sie bekamen die Nr. 90822–90976; 101 Frauen bekamen die Nr. 30035–30135. Die Übrigen wurden vergast.
>
> 21.1. RSHA-Transport, Juden aus dem Ghetto in Grodno. Nach der Selektion lieferte man 175 Männer als Häftlinge ins Lager ein, sie bekamen die Nr. 91115–91289; 112 Frauen bekamen die Nr. 30136–30247. Die Übrigen wurden vergast.
>
> 22.1. RSHA-Transport, etwa 3650 Juden aus dem Ghetto in Grodno. Nach der Selektion lieferte man 365 Männer als Häftlinge ins Lager ein, sie bekamen die Nr. 92544–92908; 229 Frauen bekamen die Nr. 30771–30999.

---

461 Vgl. Urteil LG Bielefeld 5 Ks 1/65, in: L/StADT, D 21 A, Nr. 6194, Bl. 57.

462 Czech erklärte vor Gericht, dass bezüglich des Datums in der deutschen Übersetzung ein Druckfehler passiert sei. In der polnischsprachigen Ausgabe der *Zeszyty Oświęcimskie* sei der Transport unter dem 19.1.1943 aufgeführt. Vgl. Vernehmung Danuta Czech v. 24.10.1966, in: L/StADT, D 21 A, Nr. 6342, Tonband 37 Vorderseite.

23.1. RSHA-Transport, Juden aus dem Ghetto in Grodno. Nach der Selektion lieferte man 235 Männer als Häftlinge ins Lager ein, sie bekamen die Nr. 92909–93143; 191 Frauen bekamen die Nr. 31000–31190.

24.1. RSHA-Transport, Juden aus dem Ghetto in Grodno. Nach der Selektion lieferte man 166 Männer ins Lager ein, sie bekamen die Nr. 93313–93478; 60 Frauen bekamen die Nr. 31362–31421. Die Übrigen wurden vergast.

26.1. RSHA-Transport, Juden aus dem Ghetto in Sokółka. Nach der Selektion lieferte man 161 Männer als Häftlinge ins Lager ein, sie bekamen die Nr. 93755–93915; 32 Frauen bekamen die Nr. 31559–31590. Die Übrigen wurden vergast.

28.1. RSHA-Transport, Juden aus dem Ghetto in Wołkowysk. Nach der Selektion lieferte man 280 Männer als Häftlinge ins Lager ein, sie bekamen die Nr. 94196–94475; 79 Frauen bekamen die Nr. 31948–32026. Die Übrigen wurden vergast.

30.1. RSHA-Transport, Juden aus dem Ghetto in Wołkowysk. Nach der Selektion lieferte man 140 Männer als Häftlinge ins Lager ein, sie bekamen die Nr. 97685–97824; 140 Frauen bekamen die Nr. 32744–32883. Die Übrigen wurden vergast.

30.1. RSHA-Transport, Juden aus dem Ghetto in Pružana. Nach der Selektion lieferte man 327 Männer als Häftlinge ins Lager ein, sie bekamen die Nr. 97825–98151; 275 Frauen bekamen die Nr. 32604, 32884–33157. Die Übrigen wurden vergast.

31.1. RSHA-Transport, Juden aus dem Ghetto in Pružana. Nach der Selektion lieferte man 249 Männer als Häftlinge ins Lager ein, sie bekamen die Nr. 98516–98764; 32 Frauen bekamen die Nr. 33326–33357. Die Übrigen wurden vergast.

31.1. RSHA-Transport, Juden aus dem Ghetto in Pružana, die am Tag vorher verhaftet worden waren. Nach der Selektion lieferte man 313 Männer als Häftlinge ins Lager ein, sie bekamen die Nr. 98778–99087, 99110–9912; 180 Frauen bekamen die Nr. 33358–33537. Die Übrigen wurden vergast.

2.2. RSHA-Transport, Juden aus dem Ghetto in Pružana. Nach der Selektion lieferte man 294 Männer als Häftlinge ins Lager ein, sie bekamen die Nr. 99211–99504; 105 Frauen bekamen die Nr. 33928–34032. Die Übrigen wurden vergast.

6.2. RSHA-Transport, Juden aus dem Ghetto in Białystok. Nach der Selektion lieferte man 85 Männer als Häftlinge ins Lager ein, sie bekamen die Nr. 100523–100607; 47 Frauen bekamen die Nr. 34728–34774. Die Übrigen wurden vergast.

7.2. RSHA-Transport, Juden aus dem Ghetto in Białystok. Nach der Selektion lieferte man 123 Männer als Häftlinge ins Lager ein, sie bekamen die Nr. 100608–100730. Die Übrigen wurden vergast.

8.2. RSHA-Transport, Juden aus dem Ghetto in Białystok. Nach der Selektion lieferte man 75 Männer als Häftlinge ins Lager ein, sie bekamen die Nr. 100731–100805 sowie 95 Frauen bekamen die Nr. 34779–34873. Die Übrigen wurden vergast.“[463]

463 *Danuta Czech*, Kalendarium der Ereignisse im Konzentrationslager Auschwitz-Birkenau, in: Hefte von Auschwitz 4 (1961), S. 63–111, hier: S. 65–72.

„29.8. RSHA-Transport, Juden aus dem Ghetto in Białystok. Nach der Selektion lieferte man 210 Männer als Häftlinge ins Lager ein, sie bekamen die Nr. 143962–144171; 17 Frauen bekamen die Nr. 57015–57031. Die Übrigen wurden vergast.

31.8. RSHA-Transport, Juden aus dem Ghetto in Białystok. Nach der Selektion lieferte man 280 Männer als Häftlinge ins Lager ein, sie bekamen die Nr. 144183–144462; 795 Frauen bekamen die Nr. 57033–57827. Die Übrigen wurden vergast.

7.10. RSHA-Transport, 1260 jüdische Kinder mit 53 Betreuern[464] aus dem Lager-Ghetto in Teresin. Am gleichen Tag wurden sie vergast."[465]

Czech erklärte, für die Transporte vom 31. Januar sowie vom 2., 6., 7. und 8. Februar 1943 seien Häftlingspersonalbögen erhalten geblieben. Die zusätzliche Information über den zweiten Transport aus Pružana vom 31. Januar – Juden, „die am Tag vorher verhaftet worden waren" – ergebe sich aus den Häftlingspersonalbögen. Grundlage für die Feststellungen über die Transporte vom 7., 13., 16., 17., 18., 20., 21., 23., 24., 26., 28. und 30. Januar sowie vom 29. und 31. August 1943 seien die in verschiedenen Lagerdokumenten verzeichneten Geburtsorte der Häftlinge gewesen. Auf die Frage RA Riedenklaus, worauf die Feststellung über die Gesamtstärke des Grodno-Transports vom 22. Januar 1943 beruhe, antwortete Czech, der ehemalige Häftling Jakób Gordon, der mit diesem Transport nach Auschwitz gekommen sei, habe während des Prozesses gegen Rudolf Höß ausgesagt, dass 3.650 Personen mit ihm im Transport gewesen seien. Gordon habe weiterhin angegeben, dass 265 Männer und ca. 80 Frauen ins Lager aufgenommen worden seien. Für das Kalendarium hatte Czech nur die Erklärung Gordons über die Zahl der Deportierten übernommen, da die von ihm genannte Zahl der Selektierten nicht mit ihren – anhand von Dokumenten rekonstruierten – Angaben übereinstimmte.[466]

Das Gericht hatte keinen Zweifel an der Verlässlichkeit von Aussage und Arbeit der Zeugin Czech. Für die Richtigkeit der Angaben sprach, dass die den Häftlingen auf dem Arm eintätowierten Nummern einiger jüdischer Zeugen in Czechs Auflistung für genau die Transporte aufgeführt sind, mit denen die Zeugen nach eigenen Angaben nach Auschwitz deportiert worden waren.[467]

---

464 Es handelte sich um Kinder aus Białystok. Sie wurden am 24.8.1943 nach Theresienstadt gebracht. Vgl. *Danuta Czech*, Kalendarium der Ereignisse im Konzentrationslager Auschwitz-Birkenau, in: Hefte von Auschwitz 6 (1962), S. 43–87, hier: S. 69, Fußnote 52.

465 Ebd., S. 59 und S. 69.

466 Vgl. L/StADT, D 21 A, Nr. 6342, Tonband 37 Vorderseite.

467 Vgl. Urteil 5 Ks 1/65, in: L/StADT, D 21 A, Nr. 6194, Bl. 61.

4.4.3 Die Zeugen Kayser und Wieck zu Dokumenten der Reichsverkehrsdirektion Minsk

Die Transporte aus Sokółka, Wołkowysk und Prużana, die in den Auschwitzheften angegeben sind, waren, wie bereits erwähnt, nicht Gegenstand der Anklage. Dass die Juden aus Prużana im Januar und Februar 1943 in vier Zügen vom Bahnhof in Oranczyce nach Auschwitz deportiert worden waren, wurde nicht von der Staatsanwaltschaft, sondern erstmalig vom Bielefelder Schwurgericht während der Hauptverhandlung festgestellt.[468] Oranczyce, 12 km von der Stadt Prużana entfernt, gehörte nicht mehr zum Bezirk Bialystok. Für die Abwicklung der Transporte aus Oranczyce war nicht die für den Bezirk zuständige Reichsbahndirektion (RBD) in Königsberg, sondern die Reichsverkehrsdirektion (RVD) Minsk verantwortlich. Dem Gericht lag ein Dokument der RVD Minsk vom 27. Januar 1943 vor, aus dem hervorgeht, der „Kommandeur der Sicherheitspolizei und des Sonderdienstes vom SD in Bialystok" habe „fernmündlich zur Abbeförderung von täglich 2.200 Juden je einen Sonderzug von Oranczyce nach Auschwitz am 28., 29., 30. und 31. Januar" beantragt.[469] Ein weiteres Bahntelegramm enthält eine Aufstellung der „Sonderzüge" von Oranczyce nach Auschwitz mit den Bezeichnungen Pj 99, 101, 103 und 105. Demnach wurden am 29. Januar 2.612 Juden, darunter 518 Kinder unter 10 Jahren, am 30. Januar 2.450 Juden, darunter 457 Kinder unter 10 Jahren, am 31. Januar 2.834 Juden, darunter 750 Kinder unter 10 Jahren, und am 1. Februar 1.265 Juden, darunter 95 Kinder unter 10 Jahren, nach Auschwitz deportiert.[470] Den Abgang der Transporte bestätigen vier erhalten gebliebene Vollzugsmeldungen.[471]

Der Bahnbeamte Kayser, der das Bahndiensttelegramm unterzeichnet hatte, wurde am 15. April und am 24. Juni 1966 vom Bielefelder Schwurgericht vernommen. Kurze Zeit nach der ersten Vernehmung des Zeugen leitete die Zentralstelle bei der Staatsanwaltschaft Dortmund ein neues Ermittlungsverfahren gegen Altenloh wegen Beihilfe zum Mord ein.[472] Die Deportationen der Juden aus dem Ghetto Prużana wurden schließlich durch die Ergänzungsanklage des Leiters der Dortmunder Zentralstelle vom 31. Oktober 1966, durch den Beschluss des LG Hagen vom 30. November 1966 und durch die Ent-

468 Vgl. ebd., Bl. 79.

469 Eine Kopie des Dokuments befindet sich in: L/StADT, D 21 A, Nr. 6251.

470 Vgl. L/StADT, D 21 A, Nr. 6251.

471 Vgl. ebd.

472 Vgl. Vfg. des Leiters der Zentralstelle bei der Staatsanwaltschaft Dortmund v. 27.4.1966 (Az. 45 Js 5/66), OStA Dr. Hesse, in: L/StADT, D 21 A, Nr. 6251, Bl. 1–4.

scheidung zur Verbindung mit dem Verfahren 5 Ks 1/65 vor dem Bielefelder Schwurgericht ebenfalls zum Strafvorwurf gemacht.[473]

Der Zeuge Kayser wurde in den beiden Vernehmungen vor dem Bielefelder Schwurgericht zu den Dokumenten der RVD Minsk befragt. Er erkannte die Unterschrift am 15. April 1966 als seine an. Auch die Vollzugsmeldungen hielt er für echt. Dass der Auftrag zur Zusammenstellung der Transporte von Oranczyce nach Auschwitz vom KdS in Białystok gekommen war, hielt Kayser trotz des handschriftlichen Vermerks des ihm untergebenen Sachbearbeiters im Dezernat 33 (Regelzüge und Sonderzüge im Personenverkehr) vom 27. Januar 1943 für unwahrscheinlich:

Vorsitzender:	Haben Sie damals als Dezernent 33 Aufträge entgegengenommen zwecks Zusammenstellung von Sonderzügen? Von irgendjemand. Ist mir ganz gleichgültig von wem. Ob das Organisation Todt oder Nachschub oder sonst irgendetwas war. Wehrmacht, Luftwaffe.
Zeuge Kayser:	(*schweigt*) Es geht ja aus dem Telegramm hervor, jetzt, also ich_ wie gesagt, in der Erinnerung hab' ich es nicht mehr, aber aus dem Telegramm geht hervor, dass wir ja die Transp_ diese ä Transportzüge zusammengestellt haben. Und diese, die Wagenbestellung ä war auf jeden Fall eine Sache, die aus einem anderen Dezernat kam, und wie die äm Wagen nun zu Zügen zusammengestellt wurden, das ist in meinem Dezernat behandelt worden, und dazu muss mir auf jeden Fall irgendjemand einen Auftrag gegeben haben.
Vorsitzender:	Ja, ist klar.
Zeuge Kayser:	In meinem Dezernat, ist gar kein Zweifel. Ob dieser Auftrag nun, sagen wir mal, von einer anderen Stelle der RVD Minsk gekommen ist, ob der Auftrag von einer Minsker Stelle oder von Berlin oder von Königsberg gekommen ist,
Vorsitzender:	Können Sie nicht sagen.
Zeuge Kayser:	entzieht sich meiner Kenntnis. Bitte.
RA Riedenklau:	Oder kann er auch direkt vom KdS in Białystok gekommen sein, der Auftrag. So wie's hier_ wie man dem Wortlaut an sich entnehmen muss.
Zeuge Kayser:	Nach dem Wortlaut müsste man's annehmen. Ich schätze nein, weil die Białystoker ja mit der RBD Königsberg zusammengearbeitet haben, nicht mit der RVD Minsk.

473 Vgl. Urteil 5 Ks 1/65, in: L/StADT, D 21 A, Nr. 6194, Bl. 63.

RA Riedenklau:	Und wie erklären Sie sich dann, dass Ihr Sachbearbeiter reinschreibt, ä nicht auf Anforderung der RBD Königsberg, sondern auf Anforderung des KdS Białystok? Können die, wenn das über Königsberg gelaufen ist, können die dann angegeben haben: die Sache wird angefordert vom KdS Białystok, und das also praktisch nur der formelle Befehlsweg über Königsberg war und das sich das so erklärt.
Zeuge Kayser:	Nur so könnte ich es mir erklären.
RA Riedenklau:	So könnten Sie sich's erklären.
Zeuge Kayser:	Nur so kann ich es mir erklären.
RA Dr. Friebertshäuser:	Darf ich eine Zusatzfrage_
Vorsitzender:	Was können Sie sich nur so erklären?
Zeuge Kayser:	Ich kann mir so erklären, dass zustande gekommen ist, dass er sagt, hier sagt, auf Anforderung der ä, ä, ä, des SDs in, in Białystok, ä, äm_ er hat hier nicht geschrieben auf
Vorsitzender:	eben.
Zeuge Kayser:	Anforderung von der RBD Königsberg, sondern auf Anforderung von Białystok. Wir haben ja_ ich ä jedenfalls mir ist nicht bekannt, dass ich mit dem Białystoker SD irgendwie zusammengearbeitet habe.
Vorsitzender:	Ich meine, die Bundesbahn, die Reichsbahn hat eine uralte Tradition für Genauigkeit. Können Sie sich vorstellen, dass Ihr Beamter hier etwas reinschreibt, was nicht der Wirklichkeit entspricht?
Zeuge Kayser:	Das, also hier, das kann ich mir vorstellen, dass er nicht den genauen Instanzenweg reingeschrieben hat. Ä, ä, hm und dieser genaue Instanzenweg war ja damals auch für mich ä, ä, bitte, ä, ich war mir ja gar keiner Folgen bewusst, für mich und auch für den betreffenden Sachbearbeiter, der das geschrieben hat, ging es ja nur um eine_, für ihn, ging es ja nur um eine Fahrplananordnung und diese Fahrplananordnung_ da interessierte uns dieser Instanzenweg ja nicht in erster Linie, sondern die Tatsache, dass wir einen Fahrplan machen mussten für einen bestimmten Transport, von dem der Sachbearbeiter_ ich nehme an, dass ich das so unterschrieben hab', dass ich also gar nicht mich weiter darum gekümmert hab', als das nun tatsächlich dieser Transport als solcher technisch durchführbar war.
Vorsitzender:	An der Handschrift können Sie nicht erkennen, wer das gewesen ist?

Zeuge Kayser:	Ä, aber es steht ja_
Vorsitzender:	Vielleicht können Sie aber aus den Zahlen doch erkennen_ Sie meinten eben, der Sachbearbeiter Nummer 10 sei es gewesen.
Zeuge Kayser:	Bfp 10 steht hier drauf.
Vorsitzender:	Und Sie meinen, der hat's auch geschrieben.
Zeuge Kayser	Und ä, der Fieck ist das.
Vorsitzender:	Ach, sehen Sie, doch.[474]

Der Zeuge Kayser erwähnte nicht, dass sein Dezernat eine Fahrplananordnung für Transporte von polnischen Juden nach Auschwitz erstellt hatte. Er sprach nur ganz allgemein von „Transportzügen" und von „einer" bzw. „dieser Fahrplananordnung" und verschleierte dadurch das Geschehen. Der Zeuge verschwieg, dass es sich um Fahrpläne handelte, die – im Gegensatz zum gewöhnlichen Personenverkehr – nur für *eine* Fahrt galten. Kayser, der damals gewusst hatte, wohin die Züge fuhren, wen sie beförderten und wie viele Menschen sie transportierten, lehnte jede Verantwortung für die Folgen seines Handelns ab („ich war mir ja keiner Folgen bewusst"). Der Vorsitzende reagierte auf Kaysers irreführende Vermutungen bezüglich der Frage nach dem Auftraggeber der Transporte mit Skepsis.

Im Gegensatz zu Kayser äußerte der Zeuge Hans Wieck, der bis 1953 unter dem Namen Fieck gelebt hatte, keine Zweifel an der inhaltlichen Richtigkeit des Aktenvermerks. Wieck erklärte vor dem Bielefelder Schwurgericht, er habe ihn damals geschrieben und auch abgezeichnet. An das Telefongespräch, das seiner Auffassung nach stattgefunden hatte, konnte sich Wieck nicht mehr erinnern. Was die Bereitstellung der vom KdS bestellten Züge anbetrifft, machte der Zeuge unterschiedliche Angaben. Zunächst erklärte er, die RVD Minsk habe die Züge aufgrund des Antrags aus Białystok bewilligt, um wenig später zu behaupten, sie seien Teil eines „Programms" gewesen und von einer „übergeordneten Stelle" zugewiesen worden. Er bekundete, die Nummern für die „Sonderzüge" seien nicht von der RVD Minsk vergeben, sondern sie seien ihr vielmehr von „einer höheren Stelle" mitgeteilt worden. Dem Vorsitzenden missfiel das widersprüchliche Aussageverhalten Wiecks. Den Zeugen nach

474 Vernehmung des Zeugen Hermann Kayser in der Hauptverhandlung der Strafsache gegen Dr. Altenloh u.A. (5 Ks 1/65) v. 15.4.1966, in: L/StADT, D 21 A, Nr. 6341, Tonband 8 Vorderseite.

dessen Kehrtwendung unterbrechend und zurechtweisend machte der Vorsitzende Richter aus seiner Unzufriedenheit über die gegensätzlichen Angaben Wiecks keinen Hehl:

Vorsitzender:	Ja, und nun dieser Wortlaut. Ich wiederhole: „Der Kommandeur der Sicherheitspolizei und des Sonderdienstes Bialystok beantragt fernmündlich zur Abbeförderung von täglich 2.200 Juden je einen Sonderzug Oranczyce nach Auschwitz." Und da schließt sich jetzt das Bahntelegramm an.
Zeuge Wieck:	Ja.
Vorsitzender:	Muss man nun davon ausgehen, dass diese, wenn ich so sagen darf, örtliche Bestellung die Bewilligung von vier Sonderzügen auslöste, ohne dass vorher in Berlin oder sonst wo rückgefragt worden ist.
Zeuge Wieck:	Ja.
Vorsitzender:	Ja.
Zeuge Wieck:	Ja.
Vorsitzender:	Muss man tun. Und es wiederholt sich im Bahntelegramm, wiederholen sich die Worte auf Bestellung der Sicherheitspolizei in Białystok verkehren Sonderzüge bestehend aus von Oranczyce nach Auschwitz. Und dann kommt Ihre technische, Ihr technischer
Zeuge Wieck:	ja.
Vorsitzender:	Befehl.
Zeuge Wieck:	Das vorne war der ja der Aktenvermerk, 'ne.
Vorsitzender:	Ja, eben.
Zeuge Wieck:	Ja.
Vorsitzender:	Ganz recht.
Zeuge Wieck:	Und nachher kommt die Ausführung.
Vorsitzender:	Das ist die Ausführung des Aktenvermerks.
Zeuge Wieck:	Ja.
[…]	
Vorsitzender:	Ja, nun haben Sie hier ein Bahntelegramm gemacht, und das hat Herr Kayser unterschrieben. Wie ging_ wie geht so 'ne Sache denn nun weiter? Sie hatten also genau angeordnet, beispielsweise hier Pj 99, Pj 101, 103, 105. Diese Zugbezeichnung Pj, erstens: Was heißt Pj?
Zeuge Wieck:	Wahrscheinlich heißt das polnische Juden.

Vorsitzender:	Wahrscheinlich polnische Juden.
Zeuge Wieck:	Ja.
Vorsitzender:	Und die zweite Geschichte: Woher nahmen Sie denn nun die Nummern? Die konnten Sie selber geben aus Ihrem Vorrat_
Zeuge Wieck:	Nein, ich glaube, Herr Vorsitzender, in diesem Fall wo diese Nummer angegeben war, da war die sicher vorangekündigt dieser Züge. Und wird uns mitgeteilt worden sein auf ä Anordnung vom ä Białystok, sind die Züge einzulegen und mit, unter dieser Nummer sind sie durchzuführen.
Vorsitzender:	Das wollen Sie uns bitte etwas näher kommentieren.
Zeuge Wieck:	Wir haben sicher, von irgendeiner_
Vorsitzender:	Warum denn nun <u>sicher</u>? Bisher waren Sie sich doch ganz sicher, dass Sie's aus eigener Machtvollkommenheit machen.
Zeuge Wieck:	Das können wir auch, aber_
Vorsitzender:	Können wir auch.
Zeuge Wieck:	Pj_
Vorsitzender:	Und jetzt frage ich Sie: Wo haben Sie die Nummern her?
Zeuge Wieck:	Dann is vom_
Vorsitzender:	Jetzt kippen Sie plötzlich um.
Zeuge Wieck:	Dann isse vom Verkehrsministerium gekommen, die Nummer.
Vorsitzender:	Warum?
Zeuge Wieck:	Weil die haben ja von anderen Stellen auch Züge eingelegt, weil die ja Pj 1 und Pj sowieso und dann haben die wahrscheinlich auch in anderen Richtungen Züge hinbefördert und die Züge, die kamen aus dem Raum Minsk.
Vorsitzender:	Diese Frage haben Sie mit Herrn Kayser besprochen vor Ihrer Vernehmung.
Zeuge Wieck:	Nein.
Vorsitzender:	Ja, schön, also jetzt geht das Ganze wieder von vorne los. Bisher waren Sie sich sicher: Sie konnten's aus eigener Machtvollkommenheit bewilligen. Jetzt sind wir bei den Zugnummern,
Zeuge Wieck:	Herr Vorsitzender_

Vorsitzender: da sagen Sie: Nein, ich nicht. Sondern?

Zeuge Wieck: Bei einzel_, Einzelzüge, da konnte man's, aber so war es ja 'nen großer Transport, der war ja in einem Programm drin. Und mit der Pj sowieso kommt aus 'em Raum Minsk, der aus dem Raum Königsberg und der aus 'em Raum so_

Vorsitzender: Moment mal, woher wissen Sie denn jetzt plötzlich vom Programm? Wir haben ja noch gar nicht vom Programm gesprochen.

Zeuge Wieck: Aber die, die Nummer, die Pj, die sind dann von einer höheren Stelle uns mitgeteilt worden. Die sind unter dieser Nummer durchzuführen, die Sonderzüge. Damit die in Auschwitz wissen, wo der Zug herkommt. Haben die auch 'nen Programm, der Pj so und so kommt aus der Richtung, der Pj kommt aus der Richtung_

Vorsitzender: Ja, wieso? Sie hatten doch wahrscheinlich, ich vermute das, eine Generalanweisung, bestimmte Zugarten mit einer bestimmten Bezeichnung zu versehen. Also beispielsweise Pj: Sagen wir mal polnische Juden, Da: Umsiedler, Lp: Leerzug.

Zeuge Wieck: Ja, die sind alle_ die ä, aber diese Sondertransporte, die haben eine_ die bekommen eine Bezeichnung, die von einer übergeordneten Stelle_ die haben dann ein Programm und die Züge Pj_

Vorsitzender: Sie haben doch eben gesagt, Sie konnten im Einzelfall an Ort und Stelle, nämlich in Minsk, bewilligen. Dann mussten Sie doch irgendwo eine Nummer hernehmen.

Zeuge Wieck: Die haben wir, die bekamen aber keine so 'ne ä Vorziffer, die haben einfach 'ne Sonderzugnummer bekommen aus unserem Sonderzug_

Vorsitzender: Wie war denn die normale Sonderzugnummer, wenn ich diesen merkwürdigen Ausdruck benutzen darf? Also die normale Sonderzugnummer wurde wie gebildet?

Zeuge Wieck: Im Bundesgebiet jede Direktion hat eine besondere_

Vorsitzender: Reden Sie nicht vom Bundesgebiet, sondern reden se vom Reichsbahngebiet, wir befinden uns im Jahr 1943.

Zeuge Wieck: (*schweigt*)

Vorsitzender: Bitte.

Zeuge Wieck: Wir haben 'ne Sonderzugnummerverzeichnis, ä, m verzeichnis geführt, Sonderzugnummer 1 verkehrt von dann, dann, ä verkehrt da und da hin. Und Sonderzugnummer 2 oder 3 oder 4 die wird immer dann durchgestrichen, die Sonderzugnummer wird ausgefüllt, der

	Sonderzug kriegt dann die entweder ä mit ä jetzt ä der Abkürzung der Bundesbahndirektion Karlsruhe K oder, oder Hamburg Hbg-Nummer, damit man weiß, der kommt aus Richtung Hamburg, aber diese Programme, diese ä_
Vorsitzender:	Schön, also Sie meinen aus der Nummer könnten Sie erkennen, es sei ein Zug im Rahmen eines Programms.
Zeuge Wieck:	Ja.
Vorsitzender:	Gut. Diese These hat was für sich, wenn Sie hören, dass am 16. Januar bei der GBL Ost, Generalbetriebsleitung Ost in Berlin, ein Programm gemacht worden ist, nach dem also verschiedene Züge laufen sollten. Das Ding nennt sich Deutsche Reichsbahn, Generalbetriebsleitung Ost, GBL Ost, 16. Januar. Und ich wiederhole, was wir schon mal gehört haben, aber für alle ist es sehr wichtig, es uns noch mal zu vergegenwärtigen: Da steht in diesem Generalplan Pj-Züge beginnend mit 107, Pj 107, erster Zug: 5. Januar, ä Verzeihung 5. Februar. Und dann sind die Nummern vergeben – ich trage Ihnen das vor, ich kann's Ihnen gleich vorlesen, vorlegen – da sind Nummern vergeben: 107, 109, 111. All die ungeraden Ziffern. Schließlich: 127, 129, 131 und so weiter. Und jetzt kommt's. Jetzt passen Sie auf. Jetzt wird's nämlich schwierig für Sie. Ob Sie das auch erklären können: Ihre vier Nummern sind genau die vier Nummern, die vor 107 kommen, nämlich die ungeraden Zahlen. Sie, Sie haben sich gemerkt: diese vier Züge, die Sie bewilligt haben,
Zeuge Wieck:	ja.
Vorsitzender:	hat die Nummer Pj 99, 101, 103, 105.
Zeuge Wieck:	Ja.
Vorsitzender:	Und dann kommt der Anschluss an den Generalplan von Berlin, GBL Ost, dann geht's mit 107 weiter. Und jetzt frage ich Sie: Wie kommen Sie denn an die Nummern?
Zeuge Wieck:	Die haben wir dann auch von_ dieses Programm dann 107 und so weiter, das hat nicht die ä Minsk betroffen, das hat 'ne andere Direktion wahrscheinlich betroffen.[475]

475 Vernehmung des Zeugen Hans Wieck in der Hauptverhandlung der Strafsache gegen Dr. Altenloh u.A. (5 Ks 1/65) v. 24.6.1966, in: L/StADT, D 21 A, Nr. 6341, Tonband 21 Vorderseite.

Der Vorsitzende interessierte sich für die einzelnen Schritte von der Bestellung des Transports bis zu den Details der Fahrplananordnung. So versuchte er die Frage zu klären, welche Reichsbahnstelle die Nummern für die Züge von Oranczyce nach Auschwitz zugewiesen hatte. Für die Annahme des Zeugen Wieck, dass die Oranczyce-Züge „Teil eines Programms" gewesen seien, fehlen dokumentarische Belege. In dem vom Vorsitzenden erwähnten Fahrplan der Generalbetriebsleitung Ost (GBL Ost) vom 16. Januar 1943[476] werden die Züge von Oranczyce nach Auschwitz nicht aufgeführt – weder „in der Zusammenstellung der am 15. Januar 1943 in Berlin vereinbarten Sonderzüge für Vd, Rm, Po, Pj und Da-Umsiedler, in der Zeit vom 20.1. bis 18.2.1943"[477] noch in dem „Umlaufplan für die mehrfach zu verwendenden Wagenzüge zur Bedienung der SdZ für Vd, Rm, Po, Pj und Da-Umsiedler, in der Zeit vom 20.1. – 18.2.1943".[478] Die vom Vorsitzenden genannten Zug-Nummern 107, 109, 111, 127 und 129 und 131 beziehen sich auf Sonderzüge aus Białystok. Laut dem von der GBL Ost erstellten Fahrplan sollten im Februar 1943 drei Züge von Białystok nach Auschwitz (am 5., 6. und 7. Februar 1943) und fünf Züge (am 9., 10., 11., 12. und 13. Februar) nach Treblinka gehen. Die Zahl der „Reisenden" sollte 2.000 je Zug betragen.

Da der Zeuge Wieck nicht in der Lage war, die Frage nach dem Zustandekommen der Nummerierung zu beantworten, bat der Vorsitzende den Zeugen Kayser um eine Stellungnahme. Kayser erklärte, die Zugnummern Pj 99, 101, 103, 105 seien von der „Zentrale", der Generalbetriebsleitung Ost, vergeben worden. Die Zusammenstellung der Züge – auch die für Oranczyce – habe sich aufgrund einer Fahrplanbesprechung ergeben. Die RVD Minsk habe vom Reichsverkehrsministerium den grundsätzlichen Auftrag erhalten, „solche Transporte in irgendeiner Rangfolge" durchzuführen. Der Vorsitzende war mit

476 Das Dokument der Deutschen Reichsbahn GBL Ost PW 113 Bfsv v. 16.1.1943 ist abgedruckt in: *Hilberg*, Sonderzüge nach Auschwitz, Anlage 45, S. 207–212. Die Abkürzung P steht für Person, W für Wagen, B für Betrieb, f für Fahrplan, s für Sonderzüge und v für Verwaltung Sonderzüge. Vgl. Vernehmung des Zeugen Hermann Kayser v. 24.6.1966, in: L/StADT, D 21 A, Nr. 6341, Tonband 21 Vorderseite.

477 *Hilberg*, Sonderzüge nach Auschwitz, S. 207. Vd war die Abkürzung für Volksdeutsche, Rm für Rumänen, Po für Polen, Pj für polnische Juden und Da für westliche Juden. Vgl. *Raul Hilberg*, Die Quellen des Holocaust. Entschlüsseln und Interpretieren, Frankfurt a.M. 2002, S. 88. Zu den Begriffen „Umsiedler"-Transporte und „Umsiedlung" vgl. *Andreas Ruppert*, Reichsbahn und Transport. Zur Reichsbahn, in: Gewerkschaft Öffentliche Dienste, Transporte und Verkehr (Hrsg.), Judenmord und öffentliche Verwaltung. 50 Jahre nach der „Wannsee-Konferenz", Stuttgart 1992, S. 65–74, hier: S. 66.

478 *Hilberg*, Sonderzüge nach Auschwitz, S. 211-212. Zu dem Umlaufplan vgl. *Hilberg*, Die Quellen des Holocaust, S. 88ff.

dieser allgemeinen Aussage noch nicht zufrieden. Bemüht, die damaligen Abläufe ganz genau zu rekonstruieren und zu verstehen, bat er den Zeugen Kayser darum, sich in die Position seines damaligen Untergebenen Wieck hineinzuversetzen:

Vorsitzender:	Jetzt muss ich Ihnen aber doch noch eine Denkaufgabe, eine Erinnerungsaufgabe setzen. Versuchen Sie sich mal zurückzuversetzen auf den 27. Januar. An dem Tage haben Sie, Blatt 127, den Aktenvermerk vorgelegt bekommen von Herrn Wieck. Und das vorverfügte Bahndiensttelegramm. Auf der zweiten Seite steht Ihre Unterschrift. Er kriegt einen Anruf, macht einen Aktenvermerk, Bahndiensttelegramm. Und jetzt versuchen Sie sich doch mal zurückzuversetzen in die Brust von Herrn Wieck, bevor er Ihnen das vorgelegt hat. Bevor er Ihnen das vorgelegt hat. Was hat dieser Ihr untergebener Oberinspekteur wahrscheinlich getan? Er kriegt einen Anruf, wenn der Vermerk richtig ist, macht einen Aktenvermerk, macht einen Aktenvermerk und macht dann ein Bahndiensttelegrammentwurf, in dem, wie ich jetzt hinzufüge als Laie, erstaunlicherweise die Zahlen Pj 99 bis 105 erscheinen. Erste Aufgabe: Unterstellen Sie, Herr Wieck hat von der Zusammenstellung vom 16. Januar nichts gewusst, denn die ist erst am 8. Februar eingegangen. Zweite Unterstellung: Er hat's gewusst. Ja? Erster Fall:
Zeuge Kayser:	Erster Fall_
Vorsitzender:	Er hat es nicht gewusst. Wie kommt der an Pj 99?
Zeuge Kayser:	Erster Fall: Er hat es nicht gewusst. Dann konnte er auf keinen Fall und ich als sein Vorgesetzter, wir beide, auf keinen Fall von uns aus alleine aufgrund des Antrages des Sicherheitsdienstes in Białystok diesen Transport durchführen, sondern da er, dieser Transport, in einen fremden Bezirk reinging. Er wusste also von Eisenbahnstellen nichts, nehme ich bei diesem ersten Fall an. Ä dann musste er sich mit der GVD [Generalverkehrsdirektion] Warschau in Verbindung, weil wir ins ä übrige Reich gar nicht reinkamen und GV_ er hätte also in diesem Fall erfahren, erstmalig erfahren, von dem Sicherheitsdienst in Białystok, dass solche Transporte geplant werden. Die grundsätzliche Anordnung hat er ja gehabt von unseren, unseren höchsten Stellen, dass solche Transporte mit irgendeinem Vorrang durchzuführen sind.

Vorsitzender: Das unterstellen Sie als möglich.

Zeuge Kayser: Das muss da gewesen sein.

Vorsitzender: Ja.

Zeuge Kayser: Das ist für das gesamte Reichsgebiet da gewesen. Und das ist auch sicherlich für uns da gewesen.

Vorsitzender: Ja.

Zeuge Kayser: Das muss da gewesen sein. Weil ja solche Transporte ganz allgemein zu Hunderten durchgeführt worden sind, in allen Bezirken.

Vorsitzender: Gut. Dann hätte sich Herr Wieck an die Strippe gehängt und hätte GVD Warschau angerufen.

Zeuge Kayser: Seinen Kollegen bei der GVD Warschau.

Vorsitzender: Ja.

Zeuge Kayser: Und dieser Kollege bei der GVD Warschau hätte dann diese Nummern von 99 bis sowieso

Vorsitzender: ihm durchgegeben.

Zeuge Kayser: erfragt. Ich kann mir aber nicht vorstellen, dass das das Einzige ist, dass nur die Nummern erfragt werden. Nämlich darüber hinaus muss ja ein Fahrplan gemacht werden. Und man kann nicht einfach bei der Reichsbahn früher oder heute bei der Bundesbahn über vier oder fünf Bezirke einen Fahrplan machen. Wir selbst saßen in Minsk in einem ziemlich abgeschlossenen Abschnitt. Wir hatten sehr viele Partisanenangriffe. Infolgedessen waren unsere Fernsprechleitungen sehr, sehr schlecht. Infolgedessen muss schon, bevor diese Transporte losgegangen seien, losgegangen sind, irgendeine Fahrplanbesprechung gewesen sein, wonach diese Transporte zumindestens bis Brest bearbeitet waren. Im Prinzip. Von Brest bis nach Auschwitz.

Vorsitzender: Das Bahndiensttelegramm geht aber bis Auschwitz. Oder nicht? Ja.

Zeuge Kayser: (*schweigt*) Einen Moment. Ich darf mal eben das Bahndiensttelegramm_

Vorsitzender: Ja, das müssen Sie sich in Ruhe jetzt mal durchlesen.

Zeuge Kayser: [...] „Nachrichtlich: Gedob Krakau, Gedob Krakau, GVD Ost in Warschau und Kommandeur der Sicherheitspolizei und des Sonderdienstes in Bialystok."

Vorsitzender: Ach, mehr nicht?

Zeuge Kayser:	Nein. Das sind, ist also weitergegangen außer an die Dienststellen von der RVD Minsk an die Stellen, die wahrscheinlich zentral die Fahrplanbearbeitung gemacht haben.
Vorsitzender:	Also, die mussten_
Zeuge Kayser:	Hier ist, wie ich sehe, die GBL Ost nicht mit genannt worden. Ich darf dazu Folgendes sagen:
Vorsitzender:	Ja, das ist doch erstaunlich.
Zeuge Kayser:	Die zentrale Fahrplanbearbeitung kann durch die GBL Ost gemacht worden sein, überbezirklich. Die kann auch von ä Gedob Krakau gemacht worden sein, das wissen wir nicht.
Vorsitzender:	Wissen wir nicht.
Zeuge Kayser:	Das wäre_ das ist ja rein technisch uninteressant.
Vorsitzender:	Ja.
Zeuge Kayser:	Das kann beides sein. Er hat mit Recht, Herr Wieck hat mit Recht die obersten Stellen mitbeteiligt. [...] Hier sind also die vorgesetzten Stellen verständigt worden.

[...]

Vorsitzender:	Also dann, das wäre Fall 1: Herr Wieck hat nicht gewusst,
Zeuge Kayser:	hat es nicht gewusst,
Vorsitzender:	dass es ein_
Zeuge Kayser:	musste sich dann aber erkundigen bei der GVD Warschau und hat durch die GVD Warschau davon Bescheid bekommen über die Fahrplangestaltung von Brest
Vorsitzender:	Hm.
Zeuge Kayser:	angefangen bis nach Auschwitz und zweitens auch, indem sich die GVD Warschau mit der OBL Ost in Verbindung gesetzt_ GBL Ost, hieß die ja damals, GBL Ost, in Verbindung gesetzt hat
Vorsitzender:	Ja.
Zeuge Kayser:	wegen der Nummern.
Vorsitzender:	Jetzt der zweite Fall: Er hat's gewusst, obwohl der, die schriftliche Zusammenstellung erst am 8. Februar bei ihm vorlag. Er hat's auf irgendeine andere Weise gewusst.

Zeuge Kayser:	Bei dem zweiten Fall ist es so, es kann aber trotzdem da gewesen sein, weil wir nicht wissen, ob nicht solch eine schriftliche Mitteilung über die Züge von 99
Vorsitzender:	Hm.
Zeuge Kayser:	bis 105 schon vorher in Minsk eingetroffen ist. Wir haben ja nur dieses eine Schreiben da.
Vorsitzender:	Ja.
Zeuge Kayser:	Es ist also sehr gut möglich, dass ein ähnliches Schreiben vorher zur RVD Minsk hingekommen ist. Ä falls solch ein Schreiben vorher bei der RVD Minsk vorgelegen hat, hat er schon vorher diese Nummern Pj 99 bis 105 gewusst. Er hat schon vorher die Fahrplanbearbeitung nach Brest gewusst. Er könnte, was ich nicht weiß, ich hab' mit ihm ja drüber nicht gesprochen, er könnte vorher auch an einer Fahrplanbearbeitung persönlich teilgenommen haben, um diese Transporte von Oranczyce nach Auschwitz durchzuführen. Nämlich irgendeine Fahrplanbesprechung wird dabei gewesen sein. Ob Minsk, wir kamen von Minsk ja schlecht raus, weil wir sehr schlecht zugänglich waren, ob Minsk nun daran beteiligt war an dieser Fahrplanbesprechung, das geht aus den Akten
Vorsitzender:	nicht hervor.
Zeuge Kayser:	nicht hervor. Aber es ist theoretisch möglich, dass Herr Wieck, auch ich, persönlich dran teilnahm. Ich nehme an, dass wegen dieser wenigen Transporte, wo nichts Grundsätzliches ist, ich als Dezernent nicht beteiligt war.[479]

Das Bielefelder Schwurgericht ging aufgrund der Aussagen der Zeugen Wieck und Kayser davon aus, dass für die Januar-Deportationen aus dem Bezirk Bialystok „ein bislang nicht gefundener Zug-Umlaufplan erstellt" worden sei. Dafür spreche, dass Wieck „aus einem überörtlichen Umlaufplan entnommene Züge zugewiesen" worden seien, namentlich die Transporte mit den Bezeichnungen Pj 99, 101, 103 und 105. Die Tätigkeit der KdS-Dienststelle, die zur Überzeugung des Gerichts die Bereitstellung der Züge veranlasst hatte,[480] „würde sich dann", wie es im Urteil heißt, „zwanglos dahin erklären", dass „sie diese ihr bereits zugewiesenen Züge für die letzten Tage der im General-

479 Vernehmung des Zeugen Hermann Kayser v. 24.6.1966, in: L/StADT, D 21 A, Nr. 6341, Tonband 21 Vorderseite.

480 Vgl. Urteil 5 Ks 1/65, in: L/StADT, D 21 A, Nr. 6194, Bl. 85.

befehl gesetzten Frist, für den 28., 29., 30. und 31. Januar in Oranczyce“, abgerufen „und zugleich die jeweilige Belegungsstärke“ angegeben habe.[481]

Der Angeklagte Altenloh bestritt in der Hauptverhandlung, die Züge bei der RVD Minsk beantragt zu haben. Er habe weder diese Züge noch irgendwelche anderen Züge bestellt.[482] Er sei weder an den Deportationen aus dem Ghetto Pružana beteiligt gewesen noch habe er davon etwas erfahren.[483] Das Schwurgericht hielt die Bekundungen Altenlohs für einen Entlastungsversuch.[484] Es möge sein, dass er sich „nicht mehr an die Zugbestellung“ für Pružana erinnere „oder an einen entsprechenden Auftrag“. Dies könnte aus Sicht des Gerichts dann der Fall gewesen sein, wenn Altenloh „die zentrale Organisation“ der Deportationen im Bezirk dem Leiter des „Judenreferates“ in der Abteilung IV beim KdS, Friedel, „übertragen und sich dann nicht mehr um die Einzelheiten der Durchführung gekümmert hätte“. Zur Überzeugung des Gerichts war Altenloh aber ein allgemeiner, an ihn gerichteter Gesamtbefehl für die Bezirksdeportationen mit den Transportzielangaben zur Kenntnis gekommen.[485]

Während das Gericht aufgrund der Bahndokumente die Beteiligung des Angeklagten an den Deportationen der Juden aus Pružana für erwiesen hielt, sah es sich nicht in der Lage, die Unkenntnisbeteuerungen des Angeklagten mit Hilfe der genannten Quellen zu widerlegen. Von Altenlohs Wissen um den Zielort Auschwitz schloss das Gericht nicht auf sein Wissen von der Vernichtung der Mehrheit der Deportierten. Dass Altenloh in seiner Position als Kommandeur der Sicherheitspolizei keine Kenntnis von den Geschehnissen in dem Konzentrations- und Vernichtungslager Auschwitz gehabt hatte, erscheint unwahrscheinlich. Für die juristische Überführung reichen Mutmaßungen jedoch nicht aus. Das Gericht benötigte konkrete Beweise für die positive Kenntnis. Diese konnte es für die Januar-Deportationen nicht liefern. Deshalb wurde Altenloh wegen der Organisation der Deportationen aus Grodno, Zambrów, Pružana, Sokółka und Wołkowysk nach Auschwitz im Januar 1943 strafrechtlich nicht zur Verantwortung gezogen. In diesen Fällen misslang der Nachweis des Vorsatzes.

---

481 Ebd., Bl. 78.

482 Vgl. die Aussagen Friebertshäusers und Altenlohs während der Vernehmung des Zeugen Kayser, in: L/StADT, D 21 A, Nr. 6341, Tonband 21 Vorderseite.

483 Vgl. Urteil 5 Ks 1/65, in: L/StADT, D 21 A, Nr. 6194, Bl. 76.

484 Ebd., Bl. 76 und 79.

485 Ebd., Bl. 79.

4.5. Zur Interpretation von Urkunden: Das Gutachten Dr. Wolfgang Schefflers

Die Dokumente des Białystoker Judenrats, das Kalendarium der „Hefte von Auschwitz“, das Dokument der GBL Ost vom 16. Januar 1943 und die Dokumente der RVD Minsk betreffend die „Sonderzüge“ von Oranczyce nach Auschwitz werden in dem schriftlichen Gutachten, das der Historiker Scheffler für das Gericht anfertigte und in der Hauptverhandlung am 8. Juli 1966 mündlich vortrug, erwähnt und interpretiert. Die Transportmitteilungen waren aus Schefflers Sicht deswegen von Bedeutung, weil sie vor den Deportationen aus Białystok entstanden waren und weil sie „die Verantwortung des KdS Bialystok für die Deportationen an sich bestätigen“. Zudem könne man aufgrund der Abfahrtsmeldungen aus Oranczyce und den Eingangslisten von Auschwitz genau bestimmen, wie viele Menschen dieser Transporte sofort in Auschwitz ermordet worden seien.[486] Nach den Berechnungen Schefflers wurden von den 9.161 von Oranczyce nach Auschwitz Deportierten 7.386 am Tage ihrer Ankunft getötet. 1.775 Menschen seien ins Konzentrationslager eingewiesen worden und hätten ein vorübergehendes Dasein als Arbeitssklaven gefristet.[487]

Schefflers Gutachten spielte für die Bemühungen des Gerichts, die historischen Vorgänge genau zu rekonstruieren, eine wichtige Rolle. Deswegen soll im Folgenden etwas ausführlicher darauf eingegangen werden. Das Gutachten zeichnet sich durch eine breite Quellengrundlage, eine exzellente Kenntnis der nationalsozialistischen Judenpolitik, eine detaillierte Beweisführung und ein hohes analytisches Niveau aus. Diese Leistung ist umso bemerkenswerter, wenn man bedenkt, dass die nationalsozialistische Verfolgungs- und Vernichtungspolitik in den 1960er Jahren zu den vernachlässigten Themen der deutschen Zeitgeschichtsforschung zählte. Scheffler gehörte zu den wenigen westdeutschen Historikern, die sich schon früh mit der Judenverfolgung befassten.[488]

---

486 *Scheffler*, Zur Organisation der Judendeportation, Bl. 61.

487 Ebd., Bl. 62.

488 Vgl. *Wolfgang Scheffler*, Judenverfolgung im Dritten Reich, Berlin 1960. Otto D. Kulka äußerte sich wie folgt über Schefflers kurze Gesamtdarstellung: „In ihrer Analyse ähnelte sie den allgemeinen deskriptiven Berichten über die ‘Endlösung’, die während der fünfziger Jahre im Ausland erschienen sind; sie unterscheidet sich von ihnen aber durch einen ersten rudimentären Versuch, die Reaktion der jüdischen Bevölkerung und ihre innere Organisation im Deutschland der dreißiger Jahre zu behandeln.“ *Otto D. Kulka*, Die deutsche Geschichtsschreibung über den Nationalsozialismus und die „Endlösung“, in: HZ 240 (1985), S. 559–640, hier: S. 613f.

In seiner Darstellung der Judenvernichtung im Bezirk Bialystok, die vor dem Hintergrund der Ermordung der Juden im Generalgouvernement analysiert wird,[489] befasst sich Scheffler mit dem Aufbau der SS- und Polizeibehörden, der Tätigkeit der Einsatzgruppen, der Geschichte des Białystoker Ghettos unter der Zivilverwaltung (Sommer 1941 bis Oktober 1942), der Auflösung der Ghettos im Bezirk (Ende 1942 / Anfang 1943), der „Räumungsaktion“ im Ghetto Białystok im Februar 1943 und der endgültigen Liquidierung des Białystoker Ghettos im August 1943.

In seinen Ausführungen zur Geschichte des Białystoker Ghettos vom Sommer 1941 bis zum Oktober 1942 stützt sich Scheffler auch auf die Mitteilungen des Judenrats, die für den Zeitraum vom 8. Juli 1941 bis zum 31. März 1943 vorliegen. Den Meldungen ist zu entnehmen, dass am 26. Juli 1941 die Bildung des Ghettos angeordnet und die Bevölkerung veranlasst wurde, bis Ende Juli dorthin umzuziehen.[490] Die Dokumente geben Auskunft über die Maßnahmen der deutschen Behörden gegenüber der Ghettobevölkerung. Scheffler nennt einige „Schwerpunkte“, die sich aus den Bekanntmachungen und Protokollen ergeben:

- „Bußezahlungen;“
- „Beschlagnahme von allen möglichen Gebrauchsgegenständen für die Belange der deutschen Behörden;“
- „häufige Registrierung der Bevölkerung;“
- „Arbeitseinsatz außerhalb des Ghettos;“
- „Ausgangssperre innerhalb des Ghettos;“
- „Kampf um die Lebensmittelversorgung der Bevölkerung;“
- „Einführung der allgemeinen Arbeitspflicht;“
- „Deportation von 4.500 Arbeitsunfähigen, Alten und Kranken nach Pruzhana und Notwendigkeit der Unterstützung des dortigen Ghettos durch den Judenrat in Bialystok;“
- „die wachsende Gefahr der illegalen Einwanderung in das Ghetto und die dadurch drohenden Deportationsmaßnahmen durch die deutschen Behörden;“
- „die immer wieder auftretende Gefahr einer Verkleinerung des Ghettos;“
- „die ständige Drohung der Behörden, bei Verstößen die Geheime Staatspolizei einzuschalten und die Todesstrafe anzuwenden;“
- „die sich verstärkende Flucht vor der Einbeziehung in die allgemein bekannten Massenexekutionen, wie sie sich laufend in den angrenzenden litauischen und sowjetischen Gebieten ereigneten“.[491]

---

489 Vgl. *Scheffler*, Zur Organisation der Judendeportation, Bl. 19–31.

490 Vgl. ebd., Bl. 48.

491 Ebd., Bl. 48f.

Scheffler führte drei Gründe für die Tatsache an, dass das Białystoker Ghetto relativ lange existierte: Erstens sei der Bezirk und damit auch das Ghetto nicht Teil des Generalgouvernements gewesen. Zweitens habe Gauleiter Koch „ein gewisses Interesse an der Existenz des Ghettos" gehabt. Drittens habe der Judenrat „die einzig richtige Politik in der Gefahr der drohenden Situation" eingeschlagen, „nämlich das Ghetto in bestimmter Weise für die deutschen Behörden interessant und wichtig erscheinen zu lassen". Der eigentliche Leiter des Judenrats, Barasz, habe erkannt, dass „in der systematischen Errichtung von Produktionsstätten im Ghetto eine gewisse Chance für das Fortbestehen des Ghettos lag".[492] Dem Judenrat sei es gelungen, die zuständigen Beamten der örtlichen Verwaltung bis zum Winter 1942/1943 „von der Notwendigkeit der Fortexistenz des Ghettos zu überzeugen". Der Judenrat habe neben der Zivilverwaltung und dem Stadtkommissar mit verschiedenen Abteilungen der Stadtverwaltung zu tun gehabt. Im März 1942 sei eine Ghettoverwaltung beim Stadtkommissar eingerichtet worden.[493] Dabei hätten sich die deutschen Behörden am Beispiel des Ghettos in Łódź orientiert. Der „Grundzug in der Behandlung der jüdischen Bevölkerung in den Ghettos" sei der gleiche gewesen: Die „restlose Ausnutzung der Arbeitskraft der isolierten Ghettobevölkerung".[494] Dennoch sei sich auch der Judenrat bewusst gewesen, dass die Ghettobevölkerung von der Vernichtung bedroht war. Barasz habe über „gute Informationen über die Geschehnisse außerhalb des Bezirks" verfügt, und auch in der Bevölkerung sei „die Kenntnis von der Existenz des Vernichtungslagers Treblinka weit verbreitet" gewesen. Am 11. Oktober 1942 habe Barasz gewarnt, die Vernichtung beginne bei denjenigen, die nicht arbeiteten.[495]

Die Auflösungen des Białystoker Ghettos im Februar und August 1943 analysierte Scheffler in erster Linie aus der Perspektive der Täter. Er vertrat die These, dass die Deportationen im Februar „bereits Mitte Januar 1943 angeordnet" worden seien.[496] Vorausgegangen waren, wie der Historiker anhand von Dokumenten aus NS-Beständen nachweist, Planungen und organisatorische Vorbereitungen des RSHA. So waren in einem Schreiben des Gestapochefs im RSHA, Heinrich Müller, an den Reichsführer SS und Chef der deutschen Polizei, Heinrich Himmler, die Deportationen von Juden aus dem Bezirk bereits im Dezember 1942 angekündigt worden. Darin wird eine Zahl von

492 Ebd., Bl. 49.

493 Vgl. ebd., Bl. 50.

494 Ebd., Bl. 51.

495 Ebd., Bl. 52.

496 Ebd., Bl. 63.

30.000 Juden aus dem Bezirk Bialystok genannt.[497] Scheffler zitiert außerdem ein Schreiben Himmlers an den Staatssekretär im Reichsverkehrsministerium, Albert Ganzenmüller, vom 20. Januar 1943, in dem es heißt, eine „Voraussetzung für die Befriedung des General-Gouvernements, von Bialystok und von russischen Gebieten“ sei „der Abtransport der ganzen Bandenhelfer und Bandenverdächtigen“. Dazu gehöre „auch in erster Linie der Abtransport der Juden“. Himmler bat um Ganzenmüllers „Hilfe und Unterstützung“ und erklärte, er müsse „mehr Transportraum“ bekommen. Das Schreiben endet mit den Worten: „Helfen Sie mir, verschaffen Sie mir mehr Züge.“[498] Scheffler vermutet, Ganzenmüller sei „schon vorher über die Wünsche Himmlers unterrichtet worden“, da auf „einer Fahrplankonferenz mit dem RSHA der Zugplan für die kommenden Wochen festgelegt und u.a. auch für Bialystok geregelt“ worden sei.[499] Der Historiker bezieht sich hier auf das bereits erwähnte Dokument der GBL Ost vom 16. Januar 1943. Obwohl sich aus dem Dokument selbst nicht ergibt, dass das RSHA an der Fahrplankonferenz teilgenommen hatte, ging Scheffler offenbar aus Gründen der inneren Logik von der Beteiligung der Zentralbehörde der Sicherheitspolizei und des SD in Berlin aus.

Die lokalen Behörden in Białystok erhoben jedoch Einwände gegen die Berliner Deportationspläne. Den Quellen lässt sich entnehmen, dass sich die für das Ghetto zuständigen deutschen Stellen bemühten, „die Produktionsstätten und die arbeitende Ghettobevölkerung für die Rüstungswirtschaft zu erhalten“.[500] Als Beleg verweist Scheffler auf ein Schreiben des Stadtkommissars von Białystok, Schwendowius, an den Oberpräsidenten von Ostpreußen und Chef der Zivilverwaltung für den Bezirk Bialystok, Erich Koch, vom 21. Januar 1943. Darin berichtet Schwendowius, er habe „wegen der Liquidierung der Ghetto-Betriebe mit dem Leiter der Treuhandstelle, Landrat v. Einsiedel verhandelt“, der im Sinne seiner Auffassung versuchen wolle, „eine Überleitung der Ghettobetriebe auf deutsche Betriebsführer und nichtjüdische Arbeiter vorzubereiten“. „Ebenso“ sei der Kommandeur der Sicherheitspolizei, Regierungsrat Altenloh, „nach Besichtigung der Ghettobetriebe und einer Besprechung“ mit ihm „ebenfalls der Auffassung, daß eine gewaltsame und plötzliche Lösung der jüdischen Arbeitskräfte aus dem Wirtschaftsprozess der Stadt erheblichen Schaden, insbesondere für die wehrwichtige Produktion herbeiführen würde“. Altenloh wolle „in diesem Sinne bei einer Berliner Zentralstelle

497 Das Dokument ist abgedruckt in: ebd., Bl. 59.

498 Zit. n.: ebd., Bl. 60f.

499 Ebd., Bl. 61.

500 Ebd., Bl. 63.

vorstellig werden“.[501] Die Frage, ob man die jüdischen Arbeiter durch nichtjüdische ersetzen könne, beschäftigte auch den Reichsminister für Bewaffnung und Munition, der Himmler in einem Schreiben vom 1. Februar 1943 mitteilte, ihm sei berichtet worden, dass im Bezirk Bialystok „eine größere Umsiedlungsaktion im Gange“ sei: „Etwa 40.000 Juden sollen aus dem Ghetto Bialystok evakuiert werden. Um den in dem Urwaldgebiet von Bialowitz [sic] noch befindlichen Partisanen die letzten Stützpunkte zu nehmen, sollen die dort lebenden Weißruthenen, hauptsächlich Kleinbauern – ebenfalls 40.000 Menschen – ausgesiedelt und in die in B. freigewordenen Judenwohnungen überführt werden.“[502] Scheffler schreibt, das RSHA habe den stellvertretenden Leiter des Referats IV B 4, Rolf Günther, nach Białystok entsandt. Die „Räumungs“-Aktion habe „nur in Zusammenarbeit mit allen in Bialystok zur Verfügung stehenden örtlichen Polizeikräften“ durchgeführt werden können. Den KdS-Angehörigen habe „klar sein“ müssen, dass „das Ghetto in Bialystok früher oder später in die allgemeinen Aktionen mit einbezogen werden würde“. Was die Vorbereitungen der Deportationen vor Ort anbetrifft, schreibt Scheffler, Barasz sei Anfang Februar vom Leiter der Abteilung IV beim KdS, Heimbach, aufgefordert worden, „Namenslisten für die Deportation zur Verfügung zu stellen“.[503] Vom Bielefelder Schwurgericht nach dem Beleg für diese Angabe befragt, zitierte Scheffler den Historiker Blumenthal, der in seiner Einleitung zu der Edition der Meldungen und Protokolle des Judenrats schreibt, Barasz sei am ersten Tag der Aktion „im Ghetto mit der Aussiedlungsliste“ herumgelaufen. „Diejenigen, die im Besitz von Arbeitsscheinen waren, und Juden in den Betrieben wurden nicht betroffen.“ Scheffler betonte, die „gesamte Politik“ des Judenratsvorsitzenden habe darauf beruht, „durch Gründung von Fabriken, Werkstätten usw., die Ghettobevölkerung vor der Deportation zu schützen“. Es habe indes „immer einen gewissen Prozentsatz der Bevölkerung“ gegeben, „der sich der (schützenden Heranziehung) zur Arbeit entzogen“ habe. Barasz habe die Ghettobevölkerung mehrfach darauf hingewiesen, dass diejenigen zuerst deportiert würden, die über keine Arbeitspapiere verfügten. Andererseits habe er „seinen ganzen Einfluß daran gesetzt, drohende Maßnahmen vom Ghetto durch Intervention bei deutschen Behörden abzuwenden“. Er habe „mit allen Mitteln“ versucht, „die Zahl der zu deportierenden Juden herabzudrücken“. Barasz habe „zwischen zwei Feuern“ gestanden: „der eigenen Bevölkerung gegenüber die Maßnahmen der deut-

---

501 Das Dokument ist abgedruckt in: *Jüdisches Historisches Institut Warschau* (Hrsg.), Faschismus – Getto – Massenmord, S. 448–449.

502 Barch, NS 17/127, zit. n. *Scheffler*, Zur Organisation der Judendeportation, Bl. 63f.

503 *Scheffler*, Zur Organisation der Judendeportation, Bl. 66.

schen Behörden verständlich zu machen, zum anderen, die deutschen Behörden, wenn möglich, zum Nachgeben zu bringen.“ Dass von deutscher Seite nur die Beseitigung des Ghettos gewollt worden sei, sei ihm „wohl erst am Ende“ bewusst geworden. „Man sollte sich davor hüten“, betonte Scheffler, „leichtfertig den Stab über die Politik der Judenratsvorsitzenden, zumal noch in pauschaler Weise, zu brechen“. Abschließend stellte Scheffler zur Frage nach dem Verhalten des Judenrats fest, dass dieser Listen über die Personen geführt habe, die sich der Arbeit entzogen hätten. Der Schluss liege nahe, dass „diese Listen mit als Grundlage für die Aktion im Februar 1943 dienten“.[504] Die jüdische Bevölkerung sei „von den eingesetzten deutschen Kräften“ gewaltsam aus ihren Häusern und Verstecken geholt und zum Sammelplatz getrieben worden. Hinsichtlich der Widerstandshandlung des Małmed oder Melamed und der nachfolgenden Vergeltungsmaßnahme hielt Scheffler die Feststellung des Historikers Bernard Mark für zutreffend, dass „die Anordnung zur Exekution vom Leiter der Abteilung IV und dem KdS vom RSHA eingeholt“ worden sei. Dies sei der „übliche Weg in solchen Fällen“ gewesen.[505] Scheffler schätzte, dass während der „Februar-Aktion“ ca. 16.000 Menschen aus Białystok in die Vernichtungslager deportiert worden seien.[506]

Nach den Deportationen im Februar habe es zunächst den Anschein gehabt, als ob das Białystoker Ghetto weiter bestehen bleiben sollte. Als Beleg zitierte Scheffler aus einer Notiz über eine Besprechung der Sicherheitspolizei, in der es um die weiteren Pläne bezüglich des Białystoker Ghettos ging. Darin heißt es, der Vertreter des Kommandeurs der Sicherheitspolizei habe erklärt, dass „mit einer weiteren Aussiedlung von Juden zunächst nicht zu rechnen sei. Es würde voraussichtlich bei dem Verbleib von 30 000 Juden im Ghetto bis Kriegsende bleiben“. Die örtliche Sicherheitspolizei beabsichtige, „das Ghetto vorläufig in gewissem Umfange bestehen zu lassen: beim RSHA in Berlin soll aber die Frage endgültig im Laufe des Monats entschieden werden“.[507] „Man“ könne, so Scheffler, „als sicher annehmen, daß das RSHA über die von den Zivilbehörden, der Rüstungsinspektion und dem Kommandeur der Sicherheitspolizei gemeinsam eingenommene Haltung hinsichtlich einer weiteren Aufrechterhaltung des Ghettos nicht begeistert war“. Scheffler führte das „vorsichtige“ Vorgehen des RSHA auf die „quasi reichsähnliche Stellung“ des Bezirks zurück. Entscheidende Auswirkungen auf das Schicksal des Białysto-

504 Ebd., Bl. 98–90.

505 Ebd., Bl. 67.

506 Ebd., Bl. 67.

507 Ebd., Bl. 69. Das Dokument ist abgedruckt in: *Jüdisches Historisches Institut Warschau* (Hrsg.), Faschismus – Getto – Massenmord, S. 449.

ker Ghettos hatte aus seiner Sicht eine Entwicklung im Generalgouvernement, namentlich die Gründung der Ostindustrie GmbH (Osti) durch die SS am 12. März 1943 und deren Ziel, die Arbeitskraft der Juden in „kriegs- und rüstungswichtigen Betrieben" auszubeuten und eine Reihe von Betrieben zu übernehmen. Zur Überzeugung Schefflers wurde der SSPF von Lublin, Odilo Globocnik, mit der Auflösung des Białystoker Ghettos im August 1943 beauftragt, weil er ein erfahrener „Deportationsspezialist" gewesen sei und als Geschäftsführer der Osti fungiert habe. Globocnik habe Anfang August das Ghetto besucht und Zimmermann „über die bevorstehende Räumung" informiert. Die Durchführung habe in den Händen des Sturmbannführers Michalsen gelegen. Obwohl Scheffler behauptete, dass die Liquidierung des Ghettos „von aus Lublin herbeigeführten Schutzpolizeieinheiten und ukrainischen Hilfsmannschaften durchgeführt" worden sei, ging er von einer Beteiligung des gesamten Apparates der Sicherheitspolizei aus. Die Annahme, durch den Einsatz der Lubliner Mannschaften seien die örtlichen Sicherheitspolizeikräfte weggefallen, widerspreche „allen bisher bekannten Vorgängen".[508] Die Zahl der Deportationszüge ergebe sich aus der Fahrplananordnung Nr. 290 der Reichsbahndirektion in Königsberg,[509] aus den Bahndiensttelegrammen bzw. Wagenzetteln und den Eingangslisten von Auschwitz. Die Gesamtzahl der im August 1943 deportierten Juden belief sich nach Schätzungen Schefflers auf 25.000.

Zum Thema der dienstlichen Kenntnis der mit den Deportationen befassten Stellen und Personen nahm Scheffler nicht schriftlich, sondern mündlich Stellung. In der Verhandlung am 8. Juli 1966 führte er dazu aus, dass es bei der Klärung dieser Frage entscheidend darauf ankomme, ob der „heutige Fragesteller auch den richtigen Zeitpunkt" und „die örtlichen Verhältnisse im Auge" habe.[510] Man könne nicht erwarten, dass „jeder Leiter der Staatspolizeistelle bei Vorliegen des Schreibens von Eichmann mit den Deportationsrichtlinien unter Ankündigung der Deportationen" gewusst habe, „was mit dem Begriff 'Endlösung' der Judenfrage in Deutschland und Europa" gemeint gewesen sei. Ebenso könne „man nicht voraussetzen, wann das Protokoll der Wannsee-Konferenz bekannt" gewesen sei. Es hänge „jeweils von den örtlichen Verhältnissen ab, von der Laufbahn des Betreffenden, von dem Einsatz des Betreffenden, was er wissen konnte". Indes, so war Scheffler überzeugt: „Wer bei den Einsatzgruppen tätig war, wußte genau, was mit den Juden zu geschehen hatte." Im Fall von Białystok sei zu berücksichtigen, dass ein Teil

508 *Scheffler*, Zur Organisation der Judendeportation, Bl. 70f.

509 Das Dokument ist abgedruckt in: *Hilberg*, Sonderzüge nach Auschwitz, S. 228.

510 *Scheffler*, Zur Organisation der Judendeportation, Bl. 74f.

der KdS-Angehörigen aus Ostpreußen gekommen sei. Dort seien die Vorgänge, beispielsweise in Tilsit, „weit diskutiert worden". Außerdem sei zu berücksichtigen, dass es „die Pflicht der Sicherheitspolizei mit ihren einzelnen Abteilungen" gewesen sei, „über die Vorgänge, beispielsweise im Getto, orientiert zu sein". Es sei „schwer vorstellbar", dass, „wenn im Getto bekannt war, was in Treblinka passierte, Dienststellenleiter bzw. die zuständigen Beamten der Sicherheitspolizei beim KdS nicht darüber informiert gewesen wären".[511] Abschließend stellte Scheffler fest, dass die Frage nach der Kenntnis der mit den Deportationen befassten Stellen und Personen „dokumentarisch nicht zu beweisen" sei. Um beantworten zu können, was der Einzelne gewusst habe, seien „die örtlichen Umstände und die normalen Informationsbedürfnisse und pflichtgemäße Informationsbedürfnisse mit zu berücksichtigen".[512]

4.6 Zum Nachweis des Vorsatzes: Die Einlassungen der Angeklagten und die Feststellungen des Schwurgerichts

Die Frage der Kenntnis von der Vernichtung der Deportierten war für den Nachweis des Vorsatzes von zentraler Bedeutung. Um die strafrechtliche Schuld der Angeklagten feststellen zu können, musste das Gericht den Nachweis erbringen, dass sie zum Zeitpunkt der Deportationen von den tödlichen Folgen der Deportationsbefehle gewusst und mit dem Vorsatz gehandelt hatten, durch ihr Tun zur Judenvernichtung beizutragen. Die Angeklagten leugneten keineswegs, dass die Deportationen stattgefunden hatten, Errelis und Dibus gaben sogar zu, beim Abtransport der Juden aus Grodno (Errelis) bzw. aus Białystok (Dibus) mitgewirkt zu haben, erklärten indes, zur Tatzeit nicht gewusst zu haben, dass die Deportierten am Zielort ermordet würden.[513]

Errelis bestritt, an der endgültigen Auflösung des Białystoker Ghettos im August 1943 teilgenommen zu haben. Er habe beim Zusammentreiben und Verladen der Juden weder „direkt noch indirekt" mitgewirkt. Seine Beteiligung habe sich darauf beschränkt, dass er am ersten Tag der „Räumung" einen Untersturmführer nach Königsberg begleitet habe. Dieser habe die Züge für den Abtransport der Juden bestellt.[514] Auch Heimbach bestritt, am Abtransport der Białystoker Juden beteiligt gewesen zu sein. Zu den August-Deportationen gab Heimbach zunächst keine Erklärung ab. Später behauptete er, er sei im

511 Ebd., Bl. 75.

512 Ebd., Bl. 76.

513 L/StADT, D 21 A, Nr. 6341, Tonband 1 Vorderseite.

514 Ebd.

August im Ghetto gewesen, aber „ohne dienstlichen Auftrag".[515] Was die Februar-„Aktion" anbetrifft, erklärten Heimbach und Altenloh, die „Räumung" des Ghettos sei zwar von KdS-Angehörigen durchgeführt worden, aber weder von dem Kommandeur der KdS-Dienststelle noch von dem Gestapochef geleitet worden. Sie habe vielmehr unter dem Oberbefehl von Eichmanns Stellvertreter Günther gestanden.

Angeklagte sind – im Gegensatz zu Zeugen – nicht verpflichtet, zur Wahrheitsfindung beizutragen. Gemäß § 243 Abs. 4 StPO steht es dem Angeklagten frei, „sich zu der Anklage zu äußern oder nicht zur Sache auszusagen". Nachdem die Angeklagten sich am ersten Verhandlungstag des Bielefelder Białystok-Prozesses grundsätzlich zur Aussage bereit erklärt und – abgesehen von dem Angeklagten Heimbach – eine kurze Stellungnahme abgegeben hatten,[516] vernahm der Vorsitzende sie am dritten Verhandlungstag, am 28. März 1966, und zu Beginn des vierten Verhandlungstags, am 30. März 1966, ausführlich zu den Vorwürfen der Anklage.[517] Darüber hinaus gab er ihnen während der Beweisaufnahme die Gelegenheit, zur Sache auszusagen.[518] Wichen die Einlassungen der Angeklagten in der Hauptverhandlung in entscheidenden Punkten von ihren Angaben im Ermittlungsverfahren ab, wurden sie mit den damals protokollierten Aussagen konfrontiert und aufgefordert, die Widersprüche auszuräumen. Darüber hinaus stellte das Gericht mit Hilfe von Urkunden die Plausibilität der mündlichen Einlassungen in Frage. Im Folgenden werden die Aussagen der Angeklagten und die Feststellungen des Schwurgerichts in Bezug auf die Deportationen aus Grodno im Januar und Februar 1943 und aus Białystok im Februar 1943 analysiert. Die Ausführungen kreisen um zwei Themenbereiche: die Beteiligung der Angeklagten an den Transporten und die Kenntnis der Angeklagten von der Vernichtung der Deportierten.

4.6.1 Angeklagte und Richter zu den Deportationen aus Grodno

Altenloh und Errelis gaben ihre Beteiligung am Abtransport der Juden aus dem Ghetto I in Grodno zu. Sie erklärten indes, sie hätten nicht gewusst, dass die Menschen deportiert wurden, um ermordet zu werden. Den Zielort der Transporte hätten sie nicht gekannt. Die Unkenntnisbeteuerungen der Angeklagten

---

515 L/StADT, D 21 A, Nr. 6341, Tonband 13 Rückseite.

516 Vgl. Protokoll der Hauptverhandlung, in: L/StADT, D 21 A, Nr. 6176, Bl. 3.

517 Vgl. ebd., Bl. 14–28 und Bl. 30.

518 Am Ende der Beweisaufnahme – am 6., 9. und 11. Januar 1967 – vernahm der Vorsitzende die Angeklagten erneut ausführlich zur Sache. Vgl. Protokoll der Hauptverhandlung, in: L/StADT, D 21 A, Nr. 6178, Bl. 905–909; Bl. 912–917; Bl. 919; Bl. 923–928; Bl. 938.

zeugen von strategischem Kalkül. Durch die Selbstdarstellung als unwissende Gehilfen versuchten sie, einer Verurteilung durch das Schwurgericht zu entgehen.

Altenloh behauptete vor Gericht, von Vernichtungslagern habe er damals nichts gewusst. Er erklärte, er habe einen fernschriftlichen Befehl des RSHA zum Abtransport der Juden aus Grodno erhalten. Darin sei ein Ziel genannt worden, aber er wisse nicht mehr, welches. Es sei von einem Lager „zum Arbeitseinsatz" die Rede gewesen. Er habe seinem Untergebenen Errelis den Inhalt des Fernschreibens aus Berlin mitgeteilt, sei jedoch nicht selbst vor Ort gewesen.[519] Im Fall Grodno hatte Altenloh – im Gegensatz zu den Deportationen der Juden aus dem Białystoker Ghetto im Februar 1943 –[520] keine Einwände gegen die Ghettoauflösung erhoben. Auf die Frage des Vorsitzenden, weshalb er angenommen habe, dass die Grodnoer Juden in Rüstungsbetriebe an einen anderen Ort gebracht werden sollten, gab Altenloh keine Antwort. Auch die Nachfrage des Vorsitzenden nach der Informationsquelle blieb unbeantwortet. Der Angeklagte zog es vor, sich selbst nicht zu belasten und an entscheidenden Stellen zu schweigen:

Vorsitzender:	Warum haben Sie im Falle Grodno keinen Widerspruch erhoben, <u>obwohl</u> die Masse der Juden arbeitete? Nämlich die Juden aus 'em alten Ghetto. Weshalb haben Sie da keinen Widerspruch erhoben? Beispielsweise, dass Ihnen, dass es Ihnen nicht mehr möglich sei, Wehrmachtsaufträge durchzuführen.
Angeklagter Altenloh:	Herr Direktor, in Białystok war es ja anders als in Grodno.
Vorsitzender:	Reden Sie nicht von Białystok. Sie brauchen nur nein zu sagen, ich habe keinen Widerspruch erhoben.
Angeklagter Altenloh:	Nein.
Vorsitzender:	Denn es war in Grodno anders als in Białystok. Was war denn in Grodno anders? Wir reden jetzt von Grodno.
Angeklagter Altenloh:	Ich (*schweigt*)
Vorsitzender:	Hm.
Angeklagter Altenloh:	In Grodno waren meiner Erinnerung nach wohl <u>viel</u> Außenkommandos, die auch draußen arbeiteten, ich

519 L/StADT, D 21 A, Nr. 6341, Tonband 2 Vorderseite.

520 Vgl. Urteil 5 Ks 1/65, in: L/StADT, D 21 A, Nr. 6194, Bl. 86ff.

glaub' aber nicht, dass im Ghetto von Grodno besondere Rüstungsbetriebe waren, im Ghetto.

Vorsitzender: Ah so. Sie meinen nicht.

Angeklagter Altenloh: Das muss ja Herr Errelis besser wissen, ich kann mich da irren.

[...]

Vorsitzender: Also, für Grodno, so wollen Sie sagen, war kein großer Rüstungseinsatz, oder doch?

Angeklagter Altenloh: Wie groß der Rüstungseinsatz war, weiß ich heute nicht mehr.

Vorsitzender: Gab's für Grodno einen besonderen Beauftragten der Wehrmacht von der Rüstungsinspektion?

Angeklagter Altenloh: Das ist möglich, ich weiß es aber nicht.

[...]

Vorsitzender: Ja, also hatten Sie Anlass anzunehmen, dass die Juden nunmehr in Rüstungsbetriebe nach Polen kommen sollten?

Angeklagter Altenloh: (*schweigt*) Das hab' ich angenommen.

Vorsitzender: Was, weshalb? Aufgrund welcher Tatsache?

Angeklagter Altenloh: Dass sie zum Arbeitseinsatz ä_

Vorsitzender: Arbeitseinsatz meinten Sie, sei identisch mit Rüstungsaufträgen und Rüstungsarbeit.

Angeklagter Altenloh: (*schweigt*) Nee, kriegswichtige Betriebe, nicht wahr.

Vorsitzender: Ja. Woher hatten Sie denn diese Auffassung? Wie kamen Sie denn zu dieser Auffassung? Irgendeiner muss Ihnen doch was erzählt haben? Oder nicht?

Angeklagter Altenloh: (*schweigt*)

Vorsitzender: Es brauch' ja nicht am Tage des Befehls von Berlin gewesen zu sein, sondern es kann Ihnen ja schon vorher einer was gesagt haben. Dass Sie das dienstlich oder außerdienstlich erfahren haben, im Generalgouvernement werden kolossale Wehrmachtsrüstungsbetriebe aufgebaut mit Hilfe der Juden. Ist doch denkbar, dass man Sie dahin unterrichtete.

Angeklagter Altenloh: (*schweigt*) Es war mir bekannt, dass ä

Vorsitzender: Hä?

Angeklagter Altenloh: diese Juden zum ä, zur Rüstungsindustrie gebraucht wurden.

Vorsitzender:	Also, woher wussten Sie das? Wer hat Ihnen das gesagt? Oder geschrieben?
Angeklagter Altenloh:	(*schweigt*)
Vorsitzender:	Können Sie nicht sagen mehr, nein?
Angeklagter Altenloh:	Herr Direktor, da bin ich überfragt, wer mir das gesagt hat, aber_
Vorsitzender:	Das können Sie ja dienstlich erfahren haben.
Angeklagter Altenloh:	Das glaub' ich sogar.
Vorsitzender:	Das glauben Sie sogar. Vor dem Fernschreiben schon? (*schweigt*) Durch eine allgemeine Information.
Angeklagter Altenloh:	(*schweigt*) Die Konzentration der Juden vorher, die vorher ging_
Vorsitzender:	Hm.
Angeklagter Altenloh:	(*schweigt*) war mir_ eigentlich auch, auch der Ansicht, dass die im Endeffekt mit der Absicht war, die Juden nunmehr ä zweckdienlich, d.h. ä arbeitsmäßig einzusetzen.
Vorsitzender:	Ich habe schon am Freitag mehrfach diese Frage gestellt, ob das nur Ihre Ansicht war, oder ob Sie dafür klare Richtlinien und Erklärungen des Reichssicherheitshauptamts hatten?
Angeklagter Altenloh:	(*schweigt*)
Vorsitzender:	Wir wollen das Thema fallen lassen.[521]

Seinem im Prozess zur Schau gestellten Selbstverständnis nach war Altenloh ein folgsamer, ahnungsloser Befehlsempfänger, dem die Ziele der nationalsozialistischen Verfolgungs- und Vernichtungspolitik, die er durch sein Handeln aktiv unterstützt und verwirklicht hatte, verborgen geblieben waren. Seine Strategie war zum Teil erfolgreich. Dass Altenloh bereits *vor* Februar 1943 die sichere Kenntnis von dem Todesschicksal der Juden gehabt hatte, sei „wahrscheinlich, zur Überzeugung des Gerichts jedoch nicht mit letzter Sicherheit nachgewiesen".[522] Das Gericht konnte Altenloh im Fall Grodno nur wegen seiner Mitwirkung an den Deportationen im Februar 1943 verurteilen. Es folgte der Einlassung des Angeklagten, die endgültige Auflösung des Ghettos I

521 Einlassung des Angeklagten Dr. Wilhelm Altenloh in der Hauptverhandlung der Strafsache gegen Dr. Altenloh u.A. (5 Ks 1/65) v. 28.3.1966, in: L/StADT, D 21 A, Nr. 6341, Tonband 2 Vorderseite.

522 Urteil 5 Ks 1/65, in: L/StADT, D 21 A, Nr. 6194, Bl. 142.

in Grodno sei auf Befehl des RSHA erfolgt.[523] Während Altenloh im Laufe der Hauptverhandlung behauptete, er habe für die Deportationen aus Zambrów und Grodno jeweils einen Einzelbefehl vom RSHA erhalten, war das Gericht davon überzeugt, er habe im Dezember 1942 einen „Gesamtbefehl" für den Abtransport der Juden aus dem Bezirk erhalten.[524]

Auch der Angeklagte Heinz Errelis behauptete, ihm sei das Ziel der Transporte „nie offiziell" mitgeteilt worden.[525] Er habe aber „keinen Zweifel" gehabt, dass sie nach Auschwitz gegangen seien.[526] Er habe damals nur gewusst, dass in Auschwitz ein Konzentrationslager gewesen sei.[527] Errelis leitete die Deportationen der Juden aus dem Ghetto I in Grodno im Januar und Februar 1943. Dennoch sah er sich selbst in erster Linie als ausführendes Organ seines Kommandeurs und Befehlsgebers Altenloh. Am 12. August 1966 beschrieb Errelis dem Gericht detailliert den Ablauf der Ghettoauflösungen. Nach den Schilderungen des Angeklagten hatte sich seine eigene Aufgabe bei der Durchführung darauf beschränkt, seinen Untergebenen Anweisungen zu erteilen und die Zusammenstellung der Transporte und ihren Abgang zu überwachen. Errelis betrachtete sich nicht als Organisator der Deportationen. Er wies sich vielmehr nachträglich die Rolle eines Kontrolleurs zu, der den reibungslosen Ablauf garantiert, aber nicht selbst ins Geschehen eingegriffen hatte. Nicht der KdS, sondern der Judenrat und die jüdische Polizei waren aus Errelis' Sicht für das Zusammentreiben der Juden federführend verantwortlich gewesen. Er habe dem Judenrat den Zeitpunkt der Abfahrtszeiten mitgeteilt, und dieser habe daraufhin Tage vorher die Transportlisten „fertig gestellt" und die Betroffenen benachrichtigt. Einen Tag vor Abgang der Züge habe die jüdische Polizei angefangen, die Menschen „zusammenzuholen". Zum Teil seien sie auch selbst zum Sammelpunkt in die Große Synagoge gekommen. Acht Stunden vor

---

523 Ebd., Bl. 79. Der Historiker Christian Gerlach hält es für „denkbar", dass „die gänzliche Leerung des Grodnoer Ghettos vom KdS Bialystok ursprünglich nicht vorgesehen war, sondern nur auf Grund einer Weisung des RSHA durchgeführt wurde". *Gerlach*, Kalkulierte Morde, S. 731.

524 Urteil 5 Ks 1/65, in: L/StADT, D 21 A, Nr. 6194, Bl. 70.

525 Einlassung des Angeklagten Heinz Errelis in der Hauptverhandlung der Strafsache gegen Dr. Altenloh u.A. (5 Ks 1/65) v. 2.8.1966, in: L/StADT, D 21 A, Nr. 6341, Tonband 26 Vorderseite. Das Gericht ließ eine Abschrift der Aussage des Angeklagten vom 12. August 1966 erstellen. Sie ist zu finden in: L/StADT, D 21 A, Nr. 6203.

526 Vgl. Einlassung des Angeklagten Heinz Errelis in der Hauptverhandlung der Strafsache gegen Dr. Altenloh u.A. (5 Ks 1/65) v. 28.3.1966, in: L/StADT, D 21 A, Nr. 6341, Tonband 2 Vorderseite und Protokoll der Hauptverhandlung, in: L/StADT, D 21 A, Nr. 6176, Bl. 19.

527 Vgl. Einlassung des Angeklagten Errelis v. 28.3.1966, in: L/StADT, D 21 A, Nr. 6341, Tonband 2 Vorderseite.

Abgang des Transports habe er zwei Beamte ins Ghetto geschickt. Diese hätten „bei der jüdischen Ordnungspolizei festgestellt, wer von der Transportliste noch nicht erschienen war“, und mit ihr zusammen die Wohnungen der zur Deportation Bestimmten durchsucht und die Menschen „nach Möglichkeit geholt“. Errelis suggerierte durch seine Wortwahl, das Zusammentreiben der Juden sei gewalt- und zwangfrei abgelaufen. Was mit den Kranken und Gehunfähigen geschah, erwähnte er nicht. Zwei bis drei Stunden vor Abgang des Zuges sei er ins Ghetto gegangen und habe sich berichten lassen, „ob der Transport komplett“ gewesen sei. Die Zahl der Abzutransportierenden sei ihm „immer vorgeschrieben worden“. Errelis hatte sich eifrig darum bemüht, die Vorgaben zu erfüllen:

> „Es wurde mir durchgegeben: Dann und dann geht ein Zug für 1.000 oder 1.500 oder 2.000 oder 3.000 Leute. Ich habe nach den Erfahrungen der ersten Transporte, habe ich die Zahl gegenüber dem Judenrat um etwa 10 % höher gesetzt, weil nie alle Leute, die auf der Liste standen, aufzufinden waren, so dass ich also diesen Verlust von vornherein schon einkalkuliert hatte. Und um diese Leute, die irgendwie abhanden gekommen waren, haben wir uns weiter überhaupt nicht gekümmert. Da ist nicht irgendwie eine besondere Fahndung oder sonst etwas veranstaltet worden. Ich hatte ja mit meinen sechs Beamten, die ich hatte – ich bitte zu bedenken, ich hatte sechs Beamte in Grodno –, keine große Streitmacht. Ich hatte technisch ja gar nicht die Möglichkeit, etwas in dieser Richtung zu unternehmen.“[528]

Von Angehörigen eines Polizeibataillons bewacht wurden die Juden zwei Stunden vor der Abfahrt des Zuges von der Großen Synagoge zum Bahnhof geführt. Errelis behauptete, der Transport zum Bahnhof und die Verladung der Menschen in die Züge seien – von einer Ausnahme abgesehen – „immer völlig ruhig vor sich gegangen“. Was mit den Menschen geschah, die unter seiner Aufsicht in die Züge gezwungen worden waren, hatte Errelis damals nicht weiter interessiert:

> „Und in dem Augenblick, wo die Türen geschlossen waren, war für mich ä der Fall erledigt. Da übergab ich, in dem Augenblick übergab ich den Transport dem Offizier, der das Begleitkommando führte. Damit war für mich der Transport schon fort, auch wenn der Zug noch da stand.“[529]

Über die Zahl der deportierten Juden machte Errelis keine Angaben. Die Gesamtzahl der Transporte schätzte er auf zehn.[530]

Während Errelis also behauptete, beim Abtransport der Juden sei keine Gewalt ausgeübt worden, gewann das Bielefelder Schwurgericht aufgrund der Aussa-

528 Einlassung des Angeklagten Errelis v. 28.3.1966, in: ebd.

529 Ebd.

530 Ebd.

gen der jüdischen Zeugen die Erkenntnis, dass die Deutschen bei den Ghettoauflösungen mit unglaublicher Brutalität vorgegangen waren. So heißt es im Urteil über die Zustände in der Synagoge während der so genannten 10.000er Aktion im Januar:

> „Die Menschen wurden in unvorstellbarer Enge in die Synagoge hineingepreßt und mußten dort unter Bewachung stundenlang verbleiben. Es wurde ihnen nicht gestattet, ihre Notdurft außerhalb der Synagoge zu verrichten. Es herrschte ein kaum zu ertragender Gestank. Es kam vor, daß Gestapoangehörige Schüsse gegen die Decke der Synagoge abgaben und damit Panik unter den Juden auslösten. Einmal wurden dabei die Gesetzestafeln mit den zehn Geboten zerschossen (berichtet von dem Zeugen Shulkes)."[531]

Ber Shulkes, ein ehemaliges Mitglied des Judenrats, erklärte vor Gericht, er habe während der „großen Aktion" Haufen von Toten auf dem alten jüdischen Friedhof und in verschiedenen Häusern gesehen, insgesamt „vielleicht 70, 80, vielleicht 120 oder auch 150 Leichen".[532] Der Zeuge Zwi Lipszyc sprach von 70 Toten.[533] Als der Vorsitzende dem Angeklagten die Aussagen der beiden Zeugen vorhielt, erklärte Errelis, er wisse „nichts davon", und „nach Lage der Dinge" könne er sich „eine derartige Zahl von Toten auch nicht vorstellen". Er blieb dabei, dass während der Ghettoauflösungen nur ein Jude, namentlich der Judenratsvorsitzende Brawer, getötet worden sei.[534] Das Schwurgericht hielt diese Einlassung für „völlig unglaubhaft".[535] Es ging davon aus, dass Errelis die „exzessiven Tötungen" nicht entgangen sein konnten, weil er sich nach eigenen Angaben häufig im Ghetto aufgehalten und das Zusammentreiben und den Abtransport der Juden überwacht hatte.[536] Das Gericht konnte dem Angeklagten zwar nicht nachweisen, dass er sich selbst an Tötungshandlungen während der Deportationen aus Grodno im Januar und Februar 1943 beteiligt hatte. Es war jedoch davon überzeugt, Errelis habe „sich als Herr über Leben und Tod in Grodno gefühlt".[537] Im Januar wurden nach den Feststellungen des Bielefelder Schwurgerichts mindestens hundert Männer, Frauen und Kinder

---

531 Urteil 5 Ks 1/65, in: L/StADT, D 21 A, Nr. 6195, Bl. 289f.

532 Vernehmung des Zeugen Ber Shulkes in der Hauptverhandlung der Strafsache gegen Dr. Altenloh u.A. (5 Ks 1/65) v. 29.4.1966, in: L/StADT, D 21 A, Nr. 6341, Tonband 11 Vorderseite.

533 Urteil 5 Ks 1/65, in: L/StADT, D 21 A, Nr. 6195, Bl. 269.

534 Einlassung des Angeklagten Heinz Errelis während der Vernehmung des Zeugen Shulkes v. 29.4.1966, in: L/StADT, D 21 A, Nr. 6341, Tonband 11 Vorderseite.

535 Urteil 5 Ks 1/65, in: L/StADT, D 21 A, Nr. 6195, Bl. 293.

536 Vgl. ebd., Bl. 293.

537 Ebd., Bl. 294.

von der Gestapo erschossen, im Februar habe es mindestens fünfzig Tote gegeben.[538]

Auch die Einlassung des Angeklagten, ihm sei das Ziel der Transporte nicht bekannt geworden, hielt das Gericht angesichts der Tatsache, dass Errelis als Leiter der Aktion die Zugunterlagen erhalten und einen genauen Überblick über den Umfang der Deportationen gehabt hatte, für unglaubhaft. Aus der Fahrplananordnung der Generaldirektion der Ostbahn in Krakau vom 1. Februar 1943 ergibt sich, dass für den 14. Februar 1943 ein „Sonderzug" von Grodno nach Treblinka vorgesehen war.[539] Dieser Zug (Pj 163) wird auch in dem Dokument der Deutschen Reichsbahn, Generalbetriebsleitung Ost in Berlin, vom 16. Januar 1943 erwähnt. Aus einem weiteren Bahntelegramm geht hervor, dass am 16. Februar 1943 ein Zug von Grodno nach Treblinka fuhr.[540] Der Vorsitzende Richter Günter Witte hielt dem Angeklagten am 12. August 1966 vor, ihm habe aufgrund dieser Dokumente, die in den Prozess eingeführt worden waren, das Ziel der Transporte bekannt sein müssen:

Vorsitzender:	Ich hab' jetzt aber noch eine Frage Herr Errelis, die müssen Sie mir noch unbedingt beantworten, ehe wir abbrechen. Wann haben Sie denn nun das Wort Treblinka zum ersten Mal gehört?
Angeklagter Errelis:	Nach dem Kriege, Herr Vorsitzender.
Vorsitzender:	Na, das kann doch nicht ganz gut möglich sein. Denn ich meine, das eine ist_ verzeihen Sie, wenn ich so grob Ihnen erwidere. Aber wir wissen doch aus der Urkunde, dass der Pj Zug 165 von Grodno nach Treblinka ging und das war im Januar 63, ä 43. Und außerdem wissen wir, dass im Februar ein Zug von Grodno nach Treblinka ging, und das kann sich Ihnen doch wohl eigentlich nicht (*schweigt*)
Angeklagter Errelis:	Herr Vorsitzender, den Zielort der Züge habe ich ja von Białystok nie genannt bekommen.
Vorsitzender:	Naja. Auschwitz haben Sie sehr schnell gehört. Und da nahmen Sie immer an, das geht nach Auschwitz?
Angeklagter Errelis:	Ja, natürlich.
Vorsitzender:	Und von Treblinka niemals was gehört?

538 Vgl. ebd., Bl. 287 und Bl. 290.

539 Das Dokument ist abgedruckt bei: *Hilberg*, Sonderzüge nach Auschwitz, Anlage 48, S. 216–217.

540 Urteil 5 Ks 1/65, in: L/StADT, D 21 A, Nr. 6195, Bl. 269.

Angeklagter Errelis:	Nein.
Vorsitzender:	Obwohl – ich vermute es jetzt, ich weiß es nicht, ist 'ne reine Behauptung, die ich aufstelle – vielleicht aus den Auschwitzer Eingangslisten sich ergibt, dass im Januar, Februar oder im Februar, im Februar überhaupt kein Transport aus Grodno angekommen ist.
Angeklagter Errelis:	Herr Vorsitzender_
Vorsitzender:	Also, dann dürfte vielleicht – bitte, reine Vermutung zunächst – von Ihnen aus alles nach Treblinka gegangen sein.
Angeklagter Errelis:	Herr Vorsitzender, das ist möglich, ich habe mich also, nachdem mir der Name Auschwitz bekannt war, nicht darum gekümmert, wo die Transporte hingingen.
Vorsitzender:	Na, ja, das wollte ich nur zur Kenntnis nehmen. Weiter nichts.[541]

Aus dem von der Historikerin Danuta Czech erstellten Kalendarium der Ereignisse im Konzentrationslager Auschwitz-Birkenau ergibt sich in der Tat, dass im Februar 1943 keine Transporte von Juden aus Grodno in Auschwitz eintrafen. Aus den Eingangslisten geht hervor, dass im Januar 1943 fünf Deportationszüge mit Juden aus Grodno in Auschwitz ankamen (je ein Transport am 20., 21., 22., 23. und 24. Januar). Das Gericht ging davon aus, dass die Deutschen im Januar „mindestens 7.500" jüdische Männer, Frauen und Kinder von Grodno nach Auschwitz verschleppt und dort getötet hatten.[542] Im Februar 1943 gingen nach den Feststellungen des Bielefelder Schwurgerichts „mindestens drei Transporte nach Treblinka, je einer am 13., 14. und 16. Februar". Mit diesen drei Zügen seien „mindestens 3.500" jüdische Männer, Frauen und Kinder in den Tod geschickt worden.[543] Die in Grodno verbliebenen Juden wurden im März 1943 ins Białystoker Ghetto gebracht.

Errelis habe, so das Bielefelder Schwurgericht, „spätestens als er den Befehl zur endgültigen Räumung" des Ghettos I erhalten habe, gewusst, dass „die zu deportierenden Juden für den Tod bestimmt waren".[544] Zum Nachweis der Kenntnis verweist das Gericht im Urteil auf die Verhältnisse in Grodno in der

541 Einlassung des Angeklagten Errelis v. 12.8.1966, in: L/StADT, D 21 A, Nr. 6341, Tonband 26 Vorderseite.

542 Vgl. Urteil 5 Ks 1/65, in: L/StADT, D 21 A, Nr. 6195, Bl. 278f.

543 Ebd., Bl. 267.

544 Ebd., Bl. 275.

Zeit von November 1942 bis Februar 1943 und führt anschließend folgende Umstände als Beleg für die Kenntnis des Angeklagten von der Vernichtung der im Februar nach Treblinka deportierten Menschen an: 1. die damalige Kenntnis der Juden von dem sie erwartenden Todesschicksal; 2. die Kenntnis vom Zielort Treblinka; 3. die Begleitumstände der Deportationen.[545]

Ad 1): 10 der 15 vom Gericht vernommenen Zeugen aus Grodno sagten vor Gericht aus, dass sie damals von der bevorstehenden Tötung Kenntnis erhalten hatten, mindestens vier hatten nach Feststellungen des Schwurgerichts „damals schon genau gewusst", dass „Auschwitz und Treblinka die in Frage kommenden Vernichtungslager waren".[546] Als Beleg für die weitverbreitete Kenntnis unter den Juden verweist das Gericht im Urteil außerdem auf zwei Aussagen deutscher Zeugen und auf einen Eintrag aus dem Tagebuch des Widerstandskämpfers Tenenbaum-Tamaroff. Am 18. Januar 1943 notierte Tenenbaum im Białystoker Ghetto: „Es sind Mädchen aus Grodno angekommen. Fortsetzung der Aktion. [...] Man wird noch bis an die 10.000 Leute wegführen. [...] Jetzt wissen bereits alle, daß man sie in den Tod führt und man nichts mehr zu verlieren hat."[547]

Ad 2): Errelis habe „entgegen seiner Einlassung" Kenntnis vom Ziel der Transportzüge gehabt. Das Gericht war aus Gründen der inneren Logik davon überzeugt, dass ihm die Transportziele in den Deportationsbefehlen genannt worden waren. Im Urteil heißt es, es sei „nicht einzusehen, warum die Transportziele einem Leiter der Gestapo gegenüber geheimgehalten werden sollten, wo sie doch jedem Eisenbahnbeamten bekannt gewesen" seien. Das Gericht hielt es für „geradezu selbstverständlich", dass „dem Leiter der Außenstelle mit der Mitteilung, daß Züge auf dem Bahnhof zum Abtransport bereit stehen, zugleich gesagt wird, wohin die Züge fahren". Es sei allenfalls vorstellbar, dass man – „aus Gründen der Geheimhaltung" – Errelis „ein falsches Transportziel genannt hätte, keineswegs aber", dass „man ihm nichts gesagt" hätte.[548]

Ad 3): Die „blutigen Begleiterscheinungen" der Deportationen im Januar und Februar 1943 waren nach Auffassung des Gerichts „ein starkes Beweisanzeichen" dafür, dass sich der Angeklagte „der Wertlosigkeit jüdischen Menschenlebens voll bewußt war". Er habe nicht angenommen, „die SS-Führung benötige die Grodnoer Juden als Arbeitskräfte an einem anderen Ort", sondern

545 Ebd., Bl. 295.

546 Ebd., Bl. 296.

547 Ebd., Bl. 297.

548 Urteil 5 Ks 1/65, in: L/StADT, D 21 A, Nr. 6195, Bl. 300.

„die angebliche Motivierung des Deportationsbefehls: Umsiedlung zum Arbeitseinsatz, als echte Tarnung erkannt".[549] Das Gericht war überzeugt, Errelis habe im Februar „die sichere Kenntnis von der bevorstehenden Vernichtung aller bei dieser Aktion aus Grodno deportierten Juden" erlangt, weil er zu diesem Zeitpunkt vom Transportziel Treblinka erfahren habe: „Mag er sich früher damit beruhigt haben, daß Auschwitz als Konzentrationslager auch Arbeitslager war, für Treblinka galt das nicht."[550] Es bleibe der „starke Verdacht bestehen", dass Errelis „bereits im Januar 1943 vor der 10.000er-Aktion Kenntnis" von der bevorstehenden Vernichtung gehabt hatte. Dies konnte „ihm jedoch nicht mit letzter Sicherheit nachgewiesen" werden.[551]

4.6.2 Angeklagte und Richter zu den Februar-Deportationen aus Białystok

Die Anklage warf Altenloh, Heimbach und Dibus die Mitwirkung an den Deportationen von Juden aus dem Białystoker Ghetto im Februar 1943 vor. Wie im Folgenden gezeigt wird, gestand nur der damalige Angehörige des „Judenreferates", Richard Dibus, seine aktive Beteiligung zu.

4.6.2.1 Wilhelm Altenloh

Altenloh behauptete am ersten Verhandlungstag vor dem Bielefelder Schwurgericht, die Deportationen der Białystoker Juden im Februar 1943 seien gegen seinen Willen durchgeführt worden. Er ließ sich dahin ein, er habe „nach Rücksprache mit der Wehrmacht und der Zivilverwaltung nach Berlin berichtet, dass das Ghetto in Białystok unbedingt erhalten bleiben müsste". Eine Antwort darauf habe er nicht erhalten. Etwa vier oder fünf Wochen später sei ein SS-Sturmbannführer Günther vom RSHA erschienen und habe erklärt, er habe den Befehl, das Ghetto in Białystok zu evakuieren. Altenloh habe erwidert, das ginge nicht, er hätte sich gegenüber der Wehrmacht und der Zivilverwaltung festgelegt, und im Ghetto seien wichtige industrielle Betriebe, die erhalten bleiben müssten. Günther habe nach einer längeren Debatte gesagt, er würde auf die „totale Evakuierung verzichten und 6.000 Mann evakuieren". Altenloh erklärte vor Gericht, er habe geantwortet, auch das sei „zu viel", da könne er „nicht mitmachen", weil er sich verpflichtet habe, das Ghetto zu erhalten. Günther habe daraufhin, ohne ihn einzuschalten, Leute seiner Dienst-

549 Ebd., Bl. 302.
550 Ebd., Bl. 302f.
551 Ebd., Bl. 304.

stelle mitgenommen und die „Räumung" durchgeführt.[552] Dass der ehemalige Kommandeur der Sicherheitspolizei an der Organisation der Deportationen im Februar 1943 angeblich nicht beteiligt gewesen war und über keinerlei Befehlsgewalt verfügt hatte, hielt das Gericht für nicht plausibel. Der Vorsitzende wies den Angeklagten daraufhin, er habe es im Ermittlungsverfahren nicht so „scharf" gesagt, dass Günther ihm alles aus der Hand genommen habe. Bestrebt, Altenloh zu einer Stellungnahme zu veranlassen, hielt der beisitzende Richter ihm seine unterschiedlichen Angaben vor:

Beisitzer:	Sie haben im Ermittlungsverfahren zwei verschiedene Angaben über die objektiven Geschehnisse gemacht.
Angeklagter Altenloh:	Hm.
Beisitzer:	Es ist natürlich möglich, dass Ihnen das in der Erinnerung durcheinander geht, aber ich muss es Ihnen vorhalten, vielleicht können Sie uns da jetzt etwas Genaues sagen. Sie haben einmal gesagt, wie Sie's heute gesagt haben, nämlich: Sturmbannführer Günther vom RSHA sei bei Ihnen erschienen und habe die vollständige Räumung verlangt.
Angeklagter Altenloh:	Jawohl.
Beisitzer:	Dem hätten Sie sich unter Hinweis auf die kriegswichtigen Rüstungsbetriebe widersetzt.
Angeklagter Altenloh:	Jawohl.
Beisitzer:	(*schweigt*) Wegen dieses Hinweises Ihrerseits habe sich Günther mit Berlin in Verbindung gesetzt und um neue Weisungen gebeten. Daraufhin habe Günther seine Forderungen reduziert. Daraufhin haben Sie aber, ich darf zu Ende referieren, gesagt, möglicherweise habe sich Günther auch nicht mit Berlin in Verbindung gesetzt, sondern von sich aus seine Forderungen reduziert. Es ist also so, dass Günther immer noch von Ihnen gefordert hat. In_ das ist eine Vernehmung_ das haben Sie ausgesagt in einer Vernehmung am 21.9.61. Herr Verteidiger, das ist im zwölften Bande, Blatt 119. In der zweiten Vernehmung vor dem Untersuchungsrichter in Bielefeld am 19.8.1963, das ist im einunddreißigsten Bande, Blatt 119, da haben Sie's etwas anders dargestellt. Da haben Sie gesagt: Etwa Januar oder Anfang Februar hätten Sie vom Reichssicherheitshauptamt die Mitteilung erhalten, dass nunmehr Tausende

552 Einlassung des Angeklagten Dr. Wilhelm Altenloh v. 23.3.1966, in: L/StADT, D 21 A, Nr. 6341, Tonband 1 Vorderseite.

	von Juden aus dem Ghetto abtransportiert werden sollten. Sie hätten daraufhin energisch beim Reichssicherheitshauptamt unter Hinweis auf die kriegswichtigen Ghettobetriebe protestiert. Erst daraufhin hin, also auf Ihren Protest in Berlin, sei Günther erschienen mit der Erklärung, er, Günther, sei angewiesen worden, den angekündigten Transport durchzuführen. (*schweigt*) Und dann sagen Sie, hätte Günther völlig selbstständig gehandelt, und Sie hätten sich bewusst da rausgehalten.
Angeklagter Altenloh:	Ja.
Beisitzer:	Das sind also zwei objektiv verschiedene Aussagen. Vielleicht könnten Sie dazu Stellung nehmen.
Angeklagter Altenloh:	(*schweigt*) Es ist also einmal so gewesen, dass von da von mir aus und andererseits Berlin berichtet hat vorher, Berlin Weisung gegeben hat.
Beisitzer:	Also, einmal haben Sie ja gesagt, nicht wahr, Sie hätten von Berlin Anweisung bekommen, zu räumen. Daraufhin hätten Sie protestiert
Angeklagter Altenloh:	Ja.
Beisitzer:	und Günther sei Ihnen darauf von Berlin geschickt worden. Und Günther habe dann gesagt, nicht wahr, dann mach' ich es alleine. Das ist die eine
Angeklagter Altenloh:	Ja.
Beisitzer:	Aussage. Und die andere, das ist die, die Sie heute gemacht haben: Dass völlig überraschend Günther erschienen sei mit dem Befehl, zu räumen, und dass Sie dann bei Günther protestiert hätten. Und dann
Angeklagter Altenloh:	Ja.
Beisitzer:	hätte Günther von sich aus und nach Rückfrage in Berlin seine Forderungen reduziert.
Angeklagter Altenloh:	Ich möchte hier keine_ ich sehe ein, das sind zwei verschiedene Darstellungen, ich bin aber heute nicht in der Lage zu sagen_ *(schweigt)*
Beisitzer:	Sie sind nicht in der Lage, den wirklichen Hergang nun sich
Angeklagter Altenloh:	Ich möchte sagen_
Beisitzer:	ins Gedächtnis zurückzurufen. Sie halten es für möglich, dass sowohl das eine als auch das andere passiert sein kann, ja, oder wie?
Angeklagter Altenloh:	Nach meiner Erinnerung_ ich vermag es nicht genau zu sagen, ob das eine oder das andere_

Beisitzer:	Ja.[553]

Die Rolle des Berichterstatters übernehmend, fasste der beisitzende Richter mit eigenen Worten die früheren Aussagen des Angeklagten über den Tatverlauf zusammen. Die Versuche des Beisitzers, dem Angeklagten eine eindeutige Stellungnahme zu entlocken, schlugen fehl. Altenloh besaß verschiedene Möglichkeiten: Er konnte schweigen, sich für eine Version entscheiden oder die Aussagendifferenz bestehen lassen. Er entschied sich für die letzte Variante. Der Angeklagte konnte oder wollte nicht begründen, warum er verschiedene Angaben gemacht hatte. Das Bielefelder Schwurgericht führte die Aussagendifferenz nicht auf Altenlohs Erinnerungsschwierigkeiten zurück, sondern auf sein strategisches Kalkül. In der staatsanwaltlichen Vernehmung vom September 1961 hatte Altenloh erklärt, er sei „dem Wunsche Günthers nach Abstellung einiger Leute" seiner Dienststelle nachgekommen.[554] Zur Überzeugung des Gerichts wich Altenloh erst von dieser Bekundung ab und stellte die Behauptung auf, Günther habe sich eigenmächtig der KdS-Angehörigen bedient, als ihm durch die Voruntersuchung klar geworden sei, dass „er damit wahrscheinlich bereits eine erhebliche Teilnahmehandlung an der Räumungsaktion zugestanden hatte".[555] Die folgende Vernehmung des Angeklagten zeigt, dass der Richter der Einlassung Altenlohs, die Februar-Deportationen seien ohne seine Teilnahme erfolgt, mit Skepsis begegnete:

Vorsitzender:	Können Sie mir sagen, wie ist das denn gewesen, hat denn Günther bis zum letzten Transport gewartet? Und Günther hat die Meldungen entgegengenommen von den Durchführungstrupps? Wen hat Günther denn als leitenden Chef für die Durchführungsaktion eingesetzt?
Angeklagter Altenloh:	Ich weiß, dass Macholl sehr aktiv eingesetzt war.
Vorsitzender:	Ja, und wo kamen die Meldungen an? Kamen bei Macholl die Meldungen an? Sie haben sich völlig da rausgehalten? Wie soll ich das verstehen?
Angeklagter Altenloh:	Wie ich bereits geschildert habe, hatte ich am Abend vorher eine etwas erregte Auseinandersetzung mit Günther.

553 Vernehmung Dr. Altenloh in der Hauptverhandlung der Strafsache gegen Dr. Altenloh u.A. (5 Ks 1/65) v. 28.3.1966, in: L/StADT, D 21 A, Nr. 6341, Tonband 2 Vorderseite.

554 Vernehmung Dr. Wilhelm Altenloh durch Staatsanwalt Schaplow v. 21.9.1961 (5 Js 342/59), in: L/StADT, D 21 A, Nr. 6143, Bd. XII, Bl. 157–170, hier: Bl. 166.

555 Urteil 5 Ks 1/65, in: L/StADT, D 21 A, Nr. 6194, Bl. 122.

[…]

Angeklagter Altenloh:	Ä, am Vorabend hatte ich ja eine Unterredung mit Günther stattgefunden,
Vorsitzender:	Hm.
Angeklagter Altenloh:	in deren Verlauf_
Vorsitzender:	Wer war daran beteiligt?
Angeklagter Altenloh:	(*schweigt*) Meiner Erinnerung nach nur Günther und ich.
Vorsitzender:	Ja, ja bitte, in deren Verlauf was?
Angeklagter Altenloh:	In deren Verlauf ich ä darauf hingewiesen habe, dass ich mich Wehrmacht und Zivilverwaltung gegenüber dafür eingesetzt habe
Vorsitzender:	Ja, ja.
Angeklagter Altenloh:	das Ghetto zu halten.
Vorsitzender:	Ja, ist klar. Das wissen wir.
Angeklagter Altenloh:	Und ä_
Vorsitzender:	Darüber haben Sie sich geäußert.
Angeklagter Altenloh:	Ja.
Vorsitzender:	Mich interessiert jetzt nur die Durchführung. Ja, sind Sie jetzt während der ganzen Aktion tagelang spazieren gegangen und haben_
Angeklagter Altenloh:	Keineswegs.
Vorsitzender:	und haben nichts getan? Ich meine, was die Räumung angeht.
Angeklagter Altenloh:	Herr Direktor_
Vorsitzender:	Noch nicht mal eine Meldung entgegengenommen? Und keine Meldung weitergegeben. Nicht.
Angeklagter Altenloh:	Das hat Günther gemacht.
Vorsitzender:	Also, der ist bis zum letzten Augenblick geblieben.
Angeklagter Altenloh:	Das kann ich nicht behaupten, dass Günther bis zum letzten Augenblick da gewesen ist.
Vorsitzender:	Ah so.
Angeklagter Altenloh:	Es könnte auch durchaus sein (*schweigt*), dass er die letzten beiden Tage_
Vorsitzender:	Hm. Und Macholl? Was hatte der für eine Aufgabe?
Angeklagter Altenloh:	Macholl war aktiv mit im Ghetto.

Vorsitzender:	Und wen hatte Macholl zur Unterstützung?
Angeklagter Altenloh:	(*schweigt*) Ä es war eine große Anzahl von Beamten
Vorsitzender:	Was war das?
Angeklagter Altenloh:	Eine größere Anzahl von Beamten war_
Vorsitzender:	Von Ihrer Dienststelle.
Angeklagter Altenloh:	Ja. Hat Günther ja mitgenommen.
Vorsitzender:	Nennen Sie doch mal 'nen paar Namen.
Angeklagter Altenloh:	Herr Direktor, es ist mir unmöglich, jetzt die Namen noch zu nennen, aber ich nehme an, oder halte es für selbstverständlich, dass die Leute vom Judenreferat mit waren.
Vorsitzender:	Vom Judenreferat. Danke, ich habe keine Frage.[556]

Bemüht, sich selbst und die anderen Angeklagten nicht zu belasten, wich Altenloh zu Beginn der Vernehmung den Fragen des Vorsitzenden aus. Aus seiner Sicht waren Günther und Heimbachs Stellvertreter Macholl federführend verantwortlich gewesen. Er folgte damit, wie noch zu zeigen sein wird, der Aussage Heimbachs. Dass Altenloh völlig unbeteiligt gewesen war, hielt der Vorsitzende für nicht plausibel. Er brachte seine Zweifel an der Glaubhaftigkeit der Einlassung des Angeklagten durch die ironische Frage, ob er während der Aktion die ganze Zeit spazieren gegangen sei, zum Ausdruck. Dies wies Altenloh zwar entrüstet zurück, aber er war nicht in der Lage zu erklären, was er zwischen dem 5. und 12. Februar 1943 stattdessen getan hatte. Der ehemalige Kommandeur der Sicherheitspolizei zeichnete von sich selbst das Bild eines passiven Mannes, der die Rolle eines unbeteiligten Zuschauers eingenommen hatte. Diese Deutung verwarf das Bielefelder Schwurgericht aus Gründen der inneren Logik. Es wertete Altenlohs Behauptung, Günther habe ihn ausgeschaltet und die Aktion alleine geleitet, als „unglaubhafte Schutzeinlassung".[557] Es sah es vielmehr als erwiesen an, dass Altenloh als Kommandeur „die Oberleitung" innegehabt hatte. Auf seinen Befehl, „mit seinem Wissen und Willen" seien Angehörige seiner Dienststelle aus allen Abteilungen eingesetzt worden, insbesondere Angehörige der Abteilung IV, Gestapo.[558] „Von Günther als dem Leiter und dem Befehlsgeber der Aktion, von seiner

556 Vernehmung Dr. Altenloh in der Hauptverhandlung der Strafsache gegen Dr. Altenloh u.A. (5 Ks 1/65) v. 28.3.1966, in: L/StADT, D 21 A, Nr. 6341, Tonband 12 Rückseite.

557 Urteil 5 Ks 1/65, in: L/StADT, D 21 A, Nr. 6194, Bl. 118.

558 Ebd., Bl. 113.

Anwesenheit und Tätigkeit im Getto, am Bahnhof, oder auf der KdS-Dienststelle während der Deportationen" wisse, so die Begründung des Gerichts, „nämlich im Grunde niemand etwas außer angeblich Dr. Altenloh und Friedel, denen an einer solchen Rolle Günthers zu ihrer Entlastung gelegen" sei.[559]

Der Nachweis der Kenntnis gestaltete sich schwieriger als der Nachweis der Beteiligung. Altenloh erklärte vor Gericht, er habe nicht gewusst, dass die Juden im Februar 1943 aus Białystok abtransportiert wurden, um in Vernichtungslagern ermordet zu werden. Da das Gericht keinen dokumentarischen Beleg dafür besaß, dass Altenloh die Deportationsziele schriftlich oder mündlich mitgeteilt worden waren, und da keine Äußerung Altenlohs aus der Zeit überliefert ist, aus der seine Kenntnis von der Vernichtung der Deportierten hervorgeht, war es auf andere Beweise angewiesen. Die Aussagen, die andere ehemalige Angehörige des deutschen Besatzungsapparates machten, trugen nicht dazu bei, die Frage nach der Kenntnis zu klären. So sagte der stellvertretende Chef der Zivilverwaltung, Friedrich Brix, vor Gericht aus, er habe angenommen, bei der Februar-„Aktion" habe es sich um eine „Umquartierung der Juden von einem Ghetto zu einem anderen Ghetto in Bialystok" gehandelt. Von Vernichtungslagern habe er nichts erfahren.[560]

Dass Altenloh spätestens bei der „Teilräumung" des Białystoker Ghettos „in dem klaren Bewußtsein" gehandelt hatte, „die Juden, die nicht in Auschwitz als Arbeitskräfte ausgesucht werden würden, in den sicheren Tod zu schikken", folgt zur Überzeugung des Gerichts aus vier Umständen, namentlich: erstens „aus der damaligen Kenntnis der Juden über das ihnen zugedachte Schicksal"; zweitens „aus der sogenannten Kleiderpanne Ende Januar 1943"; drittens „aus der Reaktion des Angeklagten dem RSHA bzw. Günther gegenüber, als auch Bialystok-Stadt von der Deportationswelle erfaßt werden soll," und viertens „aus der Durchführung der Teilräumung selbst".[561]

Ad 1): Was die Kenntnis der Juden von der Vernichtung anbetrifft, führt das Gericht Urkunden und Zeugenaussagen als Beweismittel an. Die Protokolle des Judenrats offenbarten dem Gericht, dass der Judenrat unter Führung von Barasz seit Herbst 1942 Kenntnis von den Massakern an Juden der Umgebung, von der Tötung der Juden aus dem Warschauer Ghetto in Treblinka im Som-

559 Ebd., Bl. 123.

560 Transkript der Vernehmung des Zeugen Friedrich Brix in der Hauptverhandlung der Strafsache gegen Dr. Altenloh u.A. (5 Ks 1/65) v. 30.3.1966, in: L/StADT, D 21 A, Nr. 6204.

561 Urteil 5 Ks 1/65, in: L/StADT, D 21 A, Nr. 6195, Bl. 183f.

mer 1942 und „von der akuten Todesdrohung für alle Juden“ gehabt hatte.[562] Barasz' Politik, das Ghetto für die Deutschen unverzichtbar zu machen, sei ein Versuch gewesen, dieser Bedrohung entgegenzuwirken. Um zu belegen, dass Barasz genau über die Todesgefahr informiert war, zitiert das Gericht im Urteil ausführlich aus den Protokollen der Sitzungen des Judenrats. Am 16. August 1942 erklärte Barasz demnach:

> „Die heutige Versammlung steht unter dem schweren Eindruck der Ereignisse, die sich in den letzten Wochen sowohl im Osten wie im Westen von uns abgespielt haben [...]Man darf die Augen nicht vor unserem eigenen Schicksal verschließen. Man muß der Wahrheit Auge in Auge gegenüberstehen. [...]
>
> Bialystok hat abgesehen von den schweren Erlebnissen in den ersten Monaten das letzte Jahr ein beinahe ruhiges Leben geführt. Unsere Aufgabe ist es, diese Situation aufrechtzuerhalten bis zum Ende, das doch einmal kommen wird.
>
> Aber mit welchen greifbaren für unserer Hände Kraft erreichbaren Mitteln können wir dies tun? Wir dürfen offen und deutlich erklären [...], daß wir nicht kommen und sagen können: Wir wollen leben, wir haben Frauen und Kinder! Es gibt kein Erbarmen. Nur ein Weg ist vorhanden: Taten! Das Getto in ein Element zu verwandeln, das zu vernichten einen Verlust bedeuten würde, weil es nützlich ist. Und das tun wir. [...].“[563]

Am 11. Oktober 1942 warnte Barasz:

> „[...] Das Feuer züngelt vom Osten und Westen her und hat schon beinahe unseren Bezirk erreicht. Vom Osten bis Derezin und vom Westen bis Malkinia. Damit das Feuer sich nicht ausbreitet, müssen alle und in erster Linie Bialystok selbst außerordentliche Maßnahmen ergreifen. Aber unser Getto benimmt sich gerade im Gegensatz dazu, als ob man absichtlich die Katastrophe herbeiführen wolle. Unser Getto ist in letzter Zeit nachlässig geworden, demoralisiert. Wenn von 35.000 nur 14.000 arbeiten, dann müssen selbst die gutgesinnten Machthaber fragen, wo sind die übrigen. [...] In diesem Prozentsatz von 14.000 Arbeitenden auf 35.000 Gettoeinwohner liegt der Gefahrenpunkt. Selbst wenn die Behörden von uns selbst keine Arbeiter verlangten, müßten wir selbst uns mit aller Kraft bemühen, in die Wirtschaft einzudringen; damit, falls man uns vernichten wollte, eine Lücke in der Wirtschaft entsteht und daß man uns deshalb schonen würde. Nur dann besteht Hoffnung für uns; Barmherzigkeit dürfen wir nicht erwarten, wie ich schon einmal gesagt habe; [...]
>
> Es wissen doch alle, was in Warschau, in Slonim geschehen ist. Heute ist es soweit, daß man schon die Städte zählen kann, in denen keine Katastrophen vorgekommen sind. Wo ist der Selbsterhaltungstrieb? Warum versteht man nicht, daß man besser nach Wolkowysk als nach Treblinka fährt? [...]

562 Ebd., Bl. 184.

563 Ebd., Bl. 185f.

> Wenn überhaupt eine Hoffnung besteht, daß Bialystok der Vernichtung entgehen wird, dann nur dank ihrer … (der Fabriken nämlich). […]."[564]

Barasz' Aussagen, die Tatsache, dass das Białystoker Ghetto ein Anlaufpunkt für Flüchtlinge der Vernichtungsstätten der näheren und weiteren Umgebung war, und ein Tagebucheintrag Tenenbaums vom 19. Januar 1943 über die Funktion Treblinkas als Vernichtungslager dienten dem Gericht als Beweis dafür, dass der Judenrat und die Widerstandsgruppe Tenenbaums über die Vernichtungsabsichten der Deutschen informiert waren.

Im Ghetto selbst sei die Kenntnis bezüglich „des den Juden allgemein zugedachten Todesschicksals" und hinsichtlich der Funktion Treblinkas „zunächst als konkrete, sich immer mehr verdichtende Befürchtung stark verbreitet" gewesen.[565] 12 der 17 jüdischen Zeugen, die das Gericht zum Tatkomplex der Deportationen im Februar 1943 vernahm, bekundeten, „bis zu Beginn der Februar-Räumung gewußt, geglaubt oder zumindest aufgrund bestimmter Anhaltspunkte gefürchtet" zu haben, dass „die Deportationen in den Tod gehen würden". Von diesen 12 Zeugen sagten 9 aus, „sie hätten damals bereits von Treblinka als Vernichtungsstätte erfahren". 5 Zeugen gaben an, „schon Ende des Jahres 1942 aus verschiedenen Anhaltspunkten, Nachrichten, Gerüchten, die drohende Todesgefahr für sie alle angenommen und von Vergasungen in Treblinka gehört zu haben".[566] So bejahte der Zeuge Datner die Frage des Vorsitzenden, ob er davon ausgehen solle, dass „die jüdische Bevölkerung des Ghettos bei Beginn der Februar-'Aktion' der Meinung war, dass die Züge auch in die Vernichtung und in den Tod" gingen. Von Wissen wollte Datner indes nicht sprechen:

Vorsitzender:	„Ich darf resümieren: Der damalige Tischler Datner[567] und seine Freunde und die Angehörigen seines Volkes vermuteten oder ahnten oder wußten es, dass diese sogenannte Aussiedlung der Vernichtung galt.
Zeuge Datner:	Wissen ist etwas ganz genau wissen, absolut wissen. Also von wissen konnte keine Rede sein. Wenn ich selber nach Treblinka gefahren wäre und das mit eigenen Augen gesehen hätte, dann hätte ich sagen können: Ich wußte es. Aber dann wäre ich hier auch nicht an dem Tisch gesessen. Aber wenn es um die Frage geht: fast Wissen, das

564 Ebd., Bl. 186f.

565 Ebd., Bl. 198.

566 Urteil 5 Ks 1/65, in: L/StADT, D 21 A, Nr. 6195, Bl. 199.

567 Datner arbeitete im Białystoker Ghetto als Tischler für die Oskar Steffen-Fabrik.

Ahnen und damit rechnen, ja, das kann ich bejahen."[568]

Von der Kenntnis der Opfer schloss das Gericht auf die Kenntnis der Täter. Altenloh hatte nach Auffassung des Gerichts „spätestens bis zu Beginn" der Februar-„Aktion" von den „Befürchtungen der Juden, getötet zu werden", und „von den unter ihnen umgehenden Nachrichten und Gerüchten über Treblinka als Vernichtungsstätte" erfahren. Zur Begründung heißt es im Urteil, es „wäre ein groteskes Ergebnis, annehmen zu müssen, die eingepferchten, bewachten und bespitzelten Opfer hätten mehr gewußt als die Handlanger der Täter. Es war nicht so, wenn Dr. Altenloh das auch glauben machen" wolle.[569]

Ad 2): Nach Feststellungen des Gerichts kehrten vor den Februar-Deportationen Eisenbahnwaggons aus Treblinka nach Białystok zurück, in denen sich Kleidungsstücke der bereits aus Białystok abtransportierten Juden befanden. Diese waren für die Lumpenzerreißfabrik in Białystok bestimmt. Die Juden, die beim Entladen der Wagen eingesetzt waren, hatten in den Kleidern Ausweise ihrer bereits deportierten Leidensgenossen entdeckt.[570] Nach den Erkenntnissen des Schwurgerichts gehörten die ins Ghetto Białystok transportierten Kleider Juden, die im Januar 1943 aus dem Lager Centipolk in Białystok nach Treblinka deportiert worden waren.[571] Die Juden hätten die Kleider erkannt und damit „den greifbaren Beweis für die Richtigkeit ihrer Befürchtungen" gehabt.[572] Aufgrund der Tagebucheintragungen Tenenbaums kam das Gericht zu der Feststellung, dass sich der Vorfall Ende Januar 1943, „wahrscheinlich vor dem 25. Januar, sicher aber vor dem 29. Januar 1943" ereignet habe.[573]

Mehrere Zeugen, sowohl aus den Reihen der Täter als auch der Opfer, erinnerten sich an dieses Ereignis. Auf die Frage des Vorsitzenden, ob er „jemals in Białystok – dienstlich, außerdienstlich, mit V-Leuten, ohne V-Leute – gehört" habe, „dass die Juden in Vernichtungslagern umgebracht werden", antwortete der Zeuge Hans-Heinrich Moller, Leiter der Referates SD beim KdS, er habe das „durch die Aktion Kleider" erfahren. Im Ghetto sei eines

568 Vernehmung des Zeugen Szymon Datner in der Hauptverhandlung der Strafsache gegen Dr. Altenloh u.A. (5 Ks 1/65) v. 23.5.1966, in: L/StADT, D 21 A, Nr. 6204 (Transkription des Gerichts).

569 Urteil 5 Ks 1/65, in: L/StADT, D 21 A, Nr. 6195, Bl. 200.

570 Ebd., Bl. 204.

571 Ebd., Bl. 206.

572 Ebd., Bl. 204.

573 Ebd., Bl. 204.

Tages, so Moller, „eine ziemliche Unruhe" entstanden, „die ihm zur Kenntnis" gekommen sei. Er habe erfahren, dass eine „große Menge gebrauchter Kleider zur Aufarbeitung ins Ghetto" geschickt worden sei und dass die Juden Eigentum von ihren Angehörigen gefunden hätten. Er habe Berlin von dieser „Panne" berichtet. Auf die Frage des Vorsitzenden, ob er „von dem Tage an" die „Gewissheit" gehabt habe, dass der Abtransport der Juden zu „Vernichtungszwecken" erfolge, antwortete Moller, das habe er ja wohl annehmen müssen.[574] Hinsichtlich des Zeitpunktes der „Kleiderpanne" konnte Moller keine genauen Angaben machen. Er war sich auch nicht sicher, ob Altenloh während dieser Zeit noch als Kommandeur der Sicherheitspolizei fungiert habe. Das Gericht wertete diese Aussage als Schutzbehauptung, „zu augenscheinlich" sei Mollers „Aussage auf der Linie aufgebaut: solange beteiligt, keine sichere Kenntnis; sobald sichere Kenntnis, nicht mehr beteiligt".[575] Seine frühere Bekundung vor dem Untersuchungsrichter Fischer, ihm sei damals „bei Kenntnis der Gesamtsituation klar" gewesen, dass „die Juden irgendwo umgebracht würden",[576] beziehe sich auf den Zeitpunkt vor den Deportationen im Februar. Es sei „sehr wahrscheinlich", dass Moller, „der unter starkem Teilnahmeverdacht" stehe, genau wie Altenloh vor der Februar-„Aktion" von der Kleiderpanne erfahren habe.[577]

Dass – abgesehen von den Zeugen Datner und Schörner – neben Moller auch alle anderen zu dem Vorfall vernommenen Zeugen bekundeten, sie hätten erst *nach* den Februar-Deportationen davon erfahren, sprach aus Sicht des Gerichts „nicht gegen die Richtigkeit" der Angaben Tenenbaums. Im Urteil heißt es, die Aussagen dieser Zeugen „mögen darauf beruhen", dass „die Kleiderpanne erst nach der zunächst alle Sinne gefangen nehmenden Februar-Aktion allgemein bekannt und gerade mit Rücksicht auf die Aktion bekannt geworden" sei. „Vielleicht", so eine andere Vermutung des Gerichts, habe „sich die Erinne-

574 L/StADT, D 21 A, Nr. 6341, Tonband 9 Rückseite.

575 Urteil 5 Ks 1/65, in: L/StADT, D 21 A, Nr. 6195, Bl. 218.

576 Vernehmung Hans-Heinrich Moller durch den UR Dr. Fischer v. 10.4.1963, in: L/StADT, D 21 A, Nr. 6153, Bl. 142–149, hier: S. 145. Moller sagte in der gerichtlichen Voruntersuchung zur Februar-„Räumung" aus, dass ein SS-Führer aus Berlin gekommen sei, der die „Aussiedlung" einer Anzahl von Juden verlangt habe. Für die Aussiedlungsaktion seien auf Anforderung des KdS fünf bis sechs Leute seiner Stelle abgestellt worden. Es seien nur alte, kranke und nichtarbeitsfähige Juden abtransportiert worden. Wohin die Juden abtransportiert worden seien, sei ihm damals nicht bekannt gegeben worden. Er habe in Erinnerung, dass einer seiner Männer erwähnt habe, dass die Juden in ein Lager bei Malkina kämen. Ihm sei „damals bei Kenntnis der Gesamtsituation klar" gewesen, dass „die Juden irgendwo umgebracht würden". Ebd., S. 144–145.

577 Urteil 5 Ks 1/65, in: L/StADT, D 21 A, Nr. 6195, Bl. 218.

rung dieser Zeugen auch verwischt". Sie erinnerten sich, dass es „Kleider von aus Bialystok deportierten Juden gewesen waren", und schlössen daraus heute, dass „diese Juden mit den Februar-Deportationen weggekommen waren".[578]

Da die Waggons zur Überzeugung des Gerichts nach ihrer Ankunft entladen worden waren und die Gestapo beim Entladen und Sortieren der Kleidungsstücke jüdische Arbeiter eingesetzt hatte, gingen die Richter davon aus, dass Altenloh und die zuständigen Abteilungen seiner Dienststelle „alsbald nach der Ankunft der Waggons, jedenfalls vor der Februar-Räumung", von der Rückkehr der Kleider aus Treblinka erfahren hatten.[579]

Ad 3): Das Gericht wertete Altenlohs „hartnäckige Remonstration" dem RSHA und Eichmanns Stellvertreter, SS-Sturmbannführer Rolf Günther, gegenüber als Beleg für „sein sicheres Wissen um das den Juden zugedachte Todesschicksal". Altenloh habe „dem Teilräumungsbefehl ohne Gegenargument gegenüber" gestanden. „Der Abtransport der vorgesehenen 16.000 (17.600) Menschen" sei „nämlich zu bewerkstelligen" gewesen, „ohne einen einzigen in den Gettobetrieben arbeitenden Menschen erfassen zu müssen". Altenloh habe nicht einwenden können, dass die Białystoker Juden „als Arbeiter benötigt würden".[580] Die „tatsächlich durchgeführte Deportation" habe nur die „asozialen Elemente und arbeitslosen Familien erfassen" sollen. Die „arbeitende Bevölkerung" habe stattdessen „ausdrücklich geschont werden" sollen.[581] Altenloh habe sich durch seinen Widerstand gegen den „Teilräumungsbefehl" dem Verdacht ausgesetzt, „ein schlechter Gefolgsmann, ein im nationalsozialistischen Sinne weicher, unfähiger Kommandeur, ein grundloser Opponent, ja vielleicht gar ein echter Gegner dieser nationalsozialistischen Politik zu sein". Das Gericht attestierte Altenloh „ganz gewichtige Gründe" für eine solche „ihn selbst sehr gefährdende Haltung": Er habe „sich solange und soweit wie möglich der Beteiligung an der ihm nunmehr gewissen Tötung der großen Mehrzahl aller zu deportierenden Juden entziehen" wollen. Deshalb habe „er mit Günther die Quote auf etwa 6.000 Menschen" heruntergehandelt.[582]

Altenlohs passives Verhalten während der Januar-Deportationen aus Zambrów und Grodno mit seiner Aktivität im Februar vergleichend betonte das Gericht, Altenloh sei erst aktiv geworden, als er die sichere Gewissheit gehabt habe,

578 Ebd., Bl. 205.

579 Ebd., Bl. 206.

580 Ebd., Bl. 208.

581 Ebd., Bl. 209.

582 Ebd., Bl. 212.

dass er „zum Handlanger der Judentötung werden" solle.[583] Treblinka, das als Vernichtungsstätte bekannt geworden sei, habe neben Auschwitz das Transportziel gebildet. Es sei auch klar gewesen, dass „man aus dem zu deportierenden nicht im Arbeitseinsatz beschäftigten jüdischen Bevölkerungsteil des Gettos wenn überhaupt nur sehr wenige Arbeitskräfte in Auschwitz würde gewinnen können".[584] Abschließend stellten die Richter zu diesem Punkt fest: „Der verbrecherische Zweck der befohlenen Maßnahmen lag auf der Hand. Dr. Altenloh hatte ihn erkannt."[585]

Ad 4): Ferner galten den Richtern die brutalen Begleitumstände der Deportationen, die in Kapitel VI.4 dieser Arbeit ausführlich behandelt werden, als Beleg für Altenlohs Wissen von der Ermordung der Juden. Nach den Feststellungen des Gerichts erschossen die KdS-Angehörigen – die 100 „Vergeltungsopfer" im Anschluss an das „Säureattentat"[586] nicht mit eingerechnet – „ohne zureichende Gründe mindestens 300 unschuldige Menschen". Und das, wie die Richter hervorheben, „obwohl nach dem Säureattentat nicht ein einziger Fall aktiven Widerstands der Juden oder des Versuchs eines solchen bekannt geworden" sei. „Mannschaften und Aktionsleitung" im Ghetto, „die derartiges tun und dulden, sind sich gewiß, dafür nicht belangt zu werden". So sei es auch gewesen. Keiner der Angehörigen der Sicherheitspolizei sei von Altenloh – wie er selbst zugebe – zur Verantwortung gezogen worden. Diese Tatsache wertete das Gericht als Beleg dafür, dass „man sich über das Schicksal der Juden keine Illusionen" gemacht habe. Zur Überzeugung des Gerichts hätte man so „nicht handeln können und nicht gehandelt, wenn man wirklich an den vorgegebenen Plan des Reichssicherheitshauptamtes, die Juden umzusiedeln und anderweitig als Arbeitskräfte einzusetzen, geglaubt oder ihn auch nur möglicherweise für echt gehalten hätte".[587]

4.6.2.2 Lothar Heimbach

Der Angeklagte Heimbach erklärte zu Beginn der Hauptverhandlung, er habe sich Eichmanns Stellvertreter Günther nicht unterstellt. Er habe lediglich auf Befehl Leute seiner Abteilung für die „Räumung" abgestellt. Um sich selbst zu entlasten, wies Heimbach seinem Untergebenen, Waldemar Macholl, die Hauptverantwortung zu:

583 Ebd., Bl. 214.

584 Ebd., Bl. 214f.

585 Ebd., Bl. 215.

586 Vgl. Kapitel VI.5 dieser Arbeit.

587 Urteil 5 Ks 1/65, in: L/StADT, D 21 A, Nr. 6195, Bl. 215.

Vorsitzender	Dann wäre das Resümee Ihrer Aussagen zu diesem Punkte (*schweigt*): Ich habe nicht gewusst, dass Juden durch Weißruthenen oder Polen ersetzt werden sollen, ich habe nicht an einer Vorbesprechung teilgenommen bei der ersten Räumung, ich habe nicht einen Generalplan für meinen Kommandeur gemacht in dessen Auftrag, ich habe den Generalplan überhaupt nicht gekannt, ich kenne, kannte nur den Ausschnitt, der meine Abteilung betraf, ich selber habe mich, habe überhaupt nicht mitgemacht, weil es mir aus diesen persönlichen und sachlichen Gründen zuwider war, mich einem fremden Manne zu unterstellen. Und was bleibt denn nun als (*schweigt*), als Ihre Mitwirkung überhaupt übrig? Haben Sie sich in Ihr Quartier gezogen, verzogen? Sind Sie ins Kasino gegangen? Haben Sie Ihre Leute alleine gelassen, oder was haben Sie getan?
Angeklagter Heimbach:	Die Leute waren gemäß_
Vorsitzender:	Oder haben Sie, was ja auch möglich ist, entschuldigen Sie, haben Sie den Befehl Ihrem Vertreter übergeben, das war wer?
Angeklagter Heimbach:	Das war Macholl.
Vorsitzender:	Macholl. Der Macholl war vielleicht besonders geeignet. Oder Friedel, hervorragend geeignet.
Angeklagter Heimbach:	Entschuldigen Sie, Herr Vorsitzender, ich habe das, für mich ist das ja ä, weil ich damals in diesen Dingen drin stand selbstverständlich, nicht wahr, und weil das für mich so selbstverständlich war, habe ich das hier eben nicht besonders heraus_, eh herausge_, gestellt. Ich war ja froh, dass ich diese Sache dem Macholl, dem ehrgeizigen Macholl_
Vorsitzender:	Ja. Also, jetzt will ich das noch mal besprechen. Sie haben also das dem Macholl überlassen, dem ehrgeizigen Kameraden da.
Angeklagter Heimbach:	Ja. Ja.
Vorsitzender:	Dem ehrgeizigen Kameraden da.
Angeklagter Heimbach:	Und der hatte da dann den Eindruck, er ist noch der Abteilungsleiter und so weiter und diese Sache_
Vorsitzender:	Und konnten Sie es denn nun_
Angeklagter Heimbach:	die habe ich ihm sehr gerne überlassen_
Vorsitzender:	Konnten Sie es denn nun fertigbringen, vier, fünf Tage während der ganzen Aktion oder sieben Tage sich zu diesem Punkte in passiver Resistenz zu halten? War

	das möglich? (*schweigt*) Die Zeit der passiven Resistenz müssten Sie doch aber ausgenutzt haben, um sich mit Ihrem Kommandeur mal bei einem Glase Schnaps zu unterhalten über die etwas unerfreuliche Lage, in die er selber gekommen war.
Angeklagter Heimbach:	Das möchte ich in keiner Weise bestreiten. Aber ich kann mich an einzelne Gespräche, und wie und wo_
Vorsitzender:	Nein, das_
Angeklagter Heimbach:	die unter Umständen geführt worden sind, heute nicht mehr erinnern.
Vorsitzender:	Aber Herr Heimbach, Sie tun immer so, als wär's eine ganz gewöhnliche Lage gewesen, in die Sie gekommen seien. Ich geh immer davon aus – und deshalb verstehen wir uns nicht immer so leicht –, ich gehe davon aus, dass es doch eine ungewöhnliche Situation war, in der sie beide waren, Ihr Kommandeur und Sie.
Angeklagter Heimbach:	Entschuldigen Sie, nebenbei_
Vorsitzender:	Nein?
Angeklagter Heimbach:	lief ja auch die ganze Arbeit eh im Bereich, nicht wahr, mit den täglichen Sprengungen, mit den Zugentgleisungen und so weiter und diesen Dingen, musste ja nun auch, und zwar in hervorragender Linie, Beachtung geschenkt werden. Das war ja doch überhaupt der Schwerpunkt unserer damaligen Arbeit.
Vorsitzender:	Und jetzt hab ich noch 'ne Frage, die mir gerade einfällt: Haben Sie Ihrem Kommandeur niemals, auch nicht in dieser Situation, erzählt, was Sie in Südrussland[588] erlebt haben?
Angeklagter Heimbach:	(*schweigt*) Zwischen ä meinem Kommandeur und mir hat insofern ä, ä kein engeres persönliches Verhältnis bestanden, und wir sind auch nicht allzu lange beieinander gewesen. Ich sagte Ihnen ja schon, dass ich, als ich dort eintraf, zunächst Verbindung mit_
Vorsitzender:	Ja.
Angeklagter Heimbach:	den Offizieren der Schutzpolizei und Gendarmerie aufgenommen hab', dass ich sogar vom ersten Tage an beim Major der_
Vorsitzender:	Also wollen Sie meine Frage mit nein beantworten. Sie haben's ihm nie erzählt.

588 Heimbach war, wie bereits erwähnt, von Frühjahr 1942 bis zum Herbst 1942 Mitglied des Sonderkommandos 10a der Einsatzgruppe D.

Angeklagter Heimbach:	Ich möchte sagen nein. Ich möchte sagen nein.
Vorsitzender:	Wollen Sie sagen, Sie haben auch niemals einem Kameraden in Białystok Ihre Erlebnisse aus Südrussland erzählt?
Angeklagter Heimbach:	Im Kasino, wenn wir zusammen waren, dass wir sicher über das gesprochen haben, was vorher (*schweigt*) der Fall war_
Vorsitzender:	Und Sie meinen, Ihr Kommandeur hat das nicht mitgehört.
Angeklagter Heimbach:	Der schlief ja öfter ein, wenn wir zusammen waren.
Vorsitzender:	Hm. (*schweigt*) Und damit hätten wir dann den Fall 1, hätten wir besprochen."[589]

Das Gericht konnte Waldemar Macholl zur Verteidigungsstrategie Heimbachs, er habe die Leitung seinem Vertreter überlassen, nicht befragen, da Macholl seit 1949 tot war. Er musste sich vom 8. bis zum 25. März 1949 vor dem Bezirksgericht in Białystok wegen Verbrechen an der Zivilbevölkerung in Białystok und Umgebung verantworten und wurde am 25. März zum Tode verurteilt. Das Urteil wurde am 15. Juli 1949 vollstreckt.[590] In einem Interview, das Aleksander Omiljanowicz 1948 im Gefängnis führte, machte Macholl, der bestätigte, Heimbachs Vertreter gewesen zu sein,[591] keinen Hehl aus seinem Wissen von der Judenvernichtung.[592] Gefragt, ob er gewusst habe, was mit den Gefangenen in den Konzentrationslagern, z.B. Auschwitz, passiert sei, antwortete er, Himmlers Befehle hätten keinen Zweifel daran gelassen, dass alle Juden vernichtet würden. Vor der Liquidierung des Białystoker Ghettos sei Eichmann nach Białystok gekommen und habe „ohne Umschweife gesagt, dass in den Gaskammern von Treblinka und Auschwitz alle Juden sterben, nicht nur diejenigen aus Białystok".[593] Macholl spricht in seinem Interview nur über die Auflösung des Ghettos im August 1943.[594] Über die Deportationen der Juden im Februar und die Rolle Heimbachs erfährt man von Macholl dagegen nichts.

589 L/StADT, D 21 A, Nr. 6341, Tonband 2 Rückseite.

590 Vgl. *Omiljanowicz*, Przed wyrokiem, S. 119.

591 Vgl. ebd., S. 41.

592 Vgl. ebd., S. 18.

593 Ebd., S. 23.

594 Vgl. ebd., S. 19f.

Gegen Ende der Hauptverhandlung bestritt der Angeklagte Heimbach erneut energisch seine Beteiligung an den Februar-Deportationen. Er habe „weder mit einem Federstrich noch durch irgendeine mündliche oder schriftliche Anordnung mitgewirkt". Mit der Vorbereitung und Durchführung der „Februar-Aktion" habe er nichts zu tun gehabt.[595]

Das Bielefelder Schwurgericht sah es stattdessen als erwiesen an, dass unter Heimbachs „Mitwirkung, wenn nicht gar – entsprechend einem allgemeinen Durchführungsauftrag seines Kommandeurs – auf seine Veranlassung hin", die Angehörigen der KdS-Dienststelle eingesetzt worden waren und „Friedel zum Leiter der Aktion im Ghetto bestimmt" worden war.[596] In einer staatsanwaltlichen Vernehmung vom 21. Mai 1962 hatte Heimbach erklärt, die Abteilung IV – und damit auch er als Leiter dieser Abteilung – habe sich „der Anordnung zur Teilevakuierung" des Ghettos nicht entziehen können. Er sei zusammen mit der Abteilung IV daran beteiligt gewesen.[597] Dieser Bekundung war die Ankündigung Heimbachs vorausgegangen, er wolle sich bemühen, mit aller ihm „gebotenen Möglichkeit aus der Schau von heute die Dinge von damals darzustellen" und die Ermittlungsbehörden „in der Feststellung der objektiven Wahrheit" zu unterstützen. Er wolle auch „nichts beschönigen".[598] Das Gericht war davon überzeugt, dass es „Heimbach damals mit dieser Haltung ernst war".[599] Darüber hinaus gingen die Richter aus Gründen der inneren Logik von der Beteiligung Heimbachs aus. So sei es „von vornherein kaum vorstellbar", dass „Heimbach als Leiter der Abteilung IV nicht in die Räumungsmaßnahmen eingeschaltet gewesen sein sollte, obwohl sein Vorgesetzter, der Kommandeur, und seine Untergebenen – der ihm unterstellte Friedel sogar an maßgeblicher Stelle – einbezogen" gewesen seien, „es sei denn, Heimbach sei ortsabwesend oder noch zu fremd, noch nicht genügend eingearbeitet gewesen".[600] Das Gericht verfügte sowohl über Anhaltspunkte für seine Anwesenheit als auch für die Tatsache, dass sich Heimbach nach seiner Ankunft in Białystok mit seinen Aufgaben vertraut gemacht hatte. Als Beleg für Heimbachs Teilnahme führte das Gericht die Vorgänge nach dem „Säureattentat" an, das sich zu Beginn der Februar-„Aktion" ereignete. Außerdem verwies das

595 Einlassung des Angeklagten Heimbach an den Sitzungstagen am 4.1. und 6.1.1967, in: L/StADT, D 21 A, Nr. 6203.

596 Urteil 5 Ks 1/65, in: L/StADT, D 21 A, Nr. 6194, Bl. 134.

597 Vgl. Vernehmung Lothar Heimbach durch Staatsanwalt Schaplow v. 21.5.1962 (45 Js 1/61), in: L/StADT, D 21 A, Nr. 6148, Bl. 138–158, hier: Bl. 151.

598 Ebd., Bl. 149.

599 Urteil 5 Ks 1/65, in: L/StADT, D 21 A, Nr. 6194, Bl. 137.

600 Ebd., Bl. 138.

Gericht auf die Aussagen des Angeklagten Altenloh und der ehemaligen KdS-Angehörigen Salden und Moller, denen die Mitwirkung Heimbachs als selbstverständlich galt.[601]

Heimbach habe – genau wie Altenloh – von dem Todesschicksal der Białystoker Juden gewusst. Die Ausführungen des Gerichts zum Nachweis der Kenntnis beginnen mit dem Hinweis auf Heimbachs Tätigkeit beim Sonderkommando 10a der Einsatzgruppe D. Heimbach sei „zumindest" an den Massenexekutionen in Krasnodar „unmittelbar beteiligt" gewesen.[602] Er habe gewusst, „wessen die nationalsozialistische Führung in ihrer Politik gegenüber den Juden des sowjetischen Raums fähig" gewesen sei, als er in Białystok „die Bezirksräumung miterlebt" und „der Kommandeur den Befehl zur Teilräumung" des Białystoker Ghettos erhalten habe.[603] Alle gegen Juden gerichteten Befehle seien in Heimbachs Zuständigkeit als Leiter der Abteilung IV gefallen. Das Gericht hielt es vor dem Hintergrund seiner „sehr aktiven, forschen, am Soldatischen ausgerichteten Dienstauffassung" für ausgeschlossen, dass der „demgegenüber passivere, weichere, mehr zivile Kommandeur Altenloh wichtige Einsatzaufgaben und -befehle nicht mit Heimbach besprochen und ihn übergangen haben sollte".[604] Heimbach habe, so das Gericht, „seinen Aufgabenbereich in vollem Umfang" übersehen, sei „seinen Pflichten vollauf gerecht" geworden, habe „seine Untergebenen und die Ausführung seiner Befehle scharf" überwacht und habe „von allen wichtigen Dingen Kenntnis" erhalten, „und zwar sowohl von oben als auch von unten".[605] „Selbst wenn man davon" ausgehe, dass „Heimbach nicht von vornherein in dem Teilräumungsbefehl eine Maßnahme zur Endlösung der Judenfrage erkannt" habe, „weil es hier anders als vorher in Südrußland um die Deportation gettoisierter Juden tief aus dem Hinterland der Front" gegangen sei, habe auch er von dem Todesschicksal der Juden gewusst. Folgende Umstände hätten ihm die Gewissheit gegeben: „die unzureichende amtliche Motivierung des auf die nichtarbeitenden Juden beschränkten Teilräumungsbefehls"; „die Transportziele Konzentrationslager Auschwitz und Lager Treblinka, in Verbindung mit Nachrichten über die bei den Juden umlaufenden Todes- und Treblinka-Gerüchte sowie die Kleiderpanne". Heimbachs Wissen um die bevorstehende

601 Vgl. ebd., Bl. 138. Zur Aussage Saldens vgl. Kapitel VI.2 dieser Arbeit.

602 Urteil 5 Ks 1/65, in: L/StADT, D 21 A, Nr. 6195, Bl. 220f. Das Gericht erfuhr von der Teilnahme Heimbachs an den Erschießungen durch den Zeugen Sechser, dem ermittelnden Staatsanwalt in dem gegen Heimbach gerichteten Verfahren 22 Js 202/61.

603 Urteil 5 Ks 1/65, in: L/StADT, D 21 A, Nr. 6195, Bl. 224.

604 Ebd., Bl. 224.

605 Ebd., Bl. 224f.

Vernichtung der Deportierten war aus Sicht des Gerichts ein Grund für „seine Gleichgültigkeit gegenüber den zahlreichen Todesopfern während der Räumungsdurchführung“, von denen er Kenntnis gehabt habe.[606]

4.6.2.3 Richard Dibus

Richard Dibus,[607] von Oktober 1941 bis Juli 1944 im „Judenreferat“ (IV B4) beim KdS tätig, gestand seine Beteiligung an den Februar-Deportationen zu, stritt jedoch ab, damals Kenntnis von der Vernichtung der zum Abtransport Bestimmten gehabt zu haben. Auf die Frage des Vorsitzenden nach dem Sinn und Zweck der „Räumung“ machte er widersprüchliche Angaben. Einerseits erklärte er, ihm sei mitgeteilt worden, die Juden kämen ins Generalgouvernement, andererseits ließ er sich dahin ein, es sei „damals davon gesprochen“ worden, dass „die Juden nach Auschwitz in ein Lager für die Wehrmacht“ gebracht werden sollten:

Vorsitzender:	Herr Dibus, das Letzte, was wir erörterten_ anfingen zu erörtern, war die Räumung, die erste Teilräumung von Białystok. Und da fingen Sie an, dass der jüdische Ordnungsdienst eingesetzt gewesen sei und außerdem die Männer des Stabes vom KdS. Richtig?
Angeklagter Dibus:	Ja.
Vorsitzender:	Und jetzt schilderten Sie uns, dass Sie auch selber in kleinen Trupps zu drei bis vier Beamten da tätig waren.
Angeklagter Dibus:	Ja.
Vorsitzender:	(*schweigt*) Was hat man Ihnen denn gesagt wegen der Räumung? Was das für ’nen Sinn und Zweck hat?
Angeklagter Dibus:	Ä Sinn und Zweck war der, wie mir gesagt wurde, die kommen nach dem Generalgouvernement, weil Białystok Reichsgebiet wird, nicht.
Vorsitzender:	Wa? Weil?
Angeklagter Dibus:	Weil der Bezirk Bialystok zum Reichsgebiet geschlagen wird, nicht.

606 Ebd., Bl. 225.

607 Dibus, am 11. März 1912 geboren, trat 1930 der SA und der NSDAP bei. Am 15. September 1941 wurde er Mitglied der Allgemeinen SS, erhielt aber keinen Führerrang. Er trug dennoch die Uniform eines SS-Obersturmführers. Dieser Dienstgrad entsprach dem, den er in der SA innehatte. Vgl. Urteil 5 Ks 1/65, in: L/StADT, D 21 A, Nr. 6194, Bl. 19.

Vorsitzender:	Zum, weil das_ (*schweigt*) Weil der Bezirk Bialystok zum Reichsgebiet geschlagen wird.
Angeklagter Dibus:	Ja.
Vorsitzender:	Na, da wird man fortsetzen müssen, weil der Bezirk judenfrei gemacht werden soll, oder was?
Angeklagter Dibus:	Ja.
Vorsitzender:	Und hat man Ihnen gesagt, wohin die Leute kamen?
Angeklagter Dibus:	Nein.
Vorsitzender:	(*schweigt*) Und hat man gesagt, zu welchem Zweck? Zum Arbeitseinsatz, oder?
Angeklagter Dibus:	Ja, zum Arbeitseinsatz.
Vorsitzender:	Oder zur Umsiedlung?
Angeklagter Dibus:	Tja, genau kann ich das heute nicht mehr sagen, aber_
Vorsitzender:	oder zur Aussiedlung?
Angeklagter Dibus:	es wurde damals gesprochen von Auschwitz, dass in Auschwitz ein großes Lager ist für die Wehrmacht, ja, die Wehrmacht, 10 Kilometer lang soll es gewesen sein, und so, nicht. Da sollen Betriebe angesiedelt worden sein.
Vorsitzender:	Hm. Haben Sie denn was davon gehört, dass sich Ihr Kommandeur oder die Herren von der Zivilverwaltung dagegen gewendet hatten, dass Białystok geräumt wird?
Angeklagter Dibus:	Nichts, gar nichts. Ich habe ja mit der Sache gar nichts zu tun gehabt. Mein Vorgesetzter war Inspekteur Friedel, und sein Vorgesetzter war der Kriminalrat Heimbach, und ich war der kleine Mann, ich habe davon nichts gewusst, gar nichts, ich wurde zu nichts_ zu keiner Besprechung herangezogen, nichts.
Vorsitzender:	War Ihnen denn klar, dass die Juden in Białystok aufhören mussten zu arbeiten?
Angeklagter Dibus:	Damals noch nicht bei der Teilräumung.
Vorsitzender:	Hm? Was war das?
Angeklagter Dibus:	Es war ja erst mal die Teilräumung.
Vorsitzender:	Na, ja. Waren denn da Juden dabei, bei dieser ersten Räumung, die bis dahin im Arbeitseinsatz waren?
Angeklagter Dibus:	Ja, ist wohl anzunehmen. Das könnte möglich sein. Ich weiß nicht. Das konnte man nicht wissen.
Vorsitzender:	(*schweigt*) Das konnten Sie nicht wissen, sagen Sie. Sie waren der kleine Mann.

[...]

Vorsitzender:	Sie haben also auch nicht an einer vorausgegangenen Besprechung teilgenommen?
Angeklagter Dibus:	Nein.
Vorsitzender:	Wo den Leuten des Stabes des KdS gesagt wurde, das und das soll gemacht werden und das und das haben Sie zu machen. Das war nicht, Sie kriegten einen Einzelbefehl von Friedel, und damit war die Sache für Sie erledigt.
Angeklagter Dibus:	Ja, wie das vonstattengegangen ist, weiß ich nicht, das ist nur deshalb, weil damals dieses Säureattentat da gewesen ist, da kommt vieles durcheinander. Das kann man heute nach 23 Jahren schlecht wissen.
Vorsitzender:	Also_
Angeklagter Dibus:	Aber der Befehl_ ich weiß nur, das eine Mal, das weiß ich nicht, ob das bei der ersten oder zweiten war, da war Inspekteur Friedel noch da, und wir rückten ins Ghetto ein, und da hielten wir, und da hat Inspekteur Friedel gesagt, so wird das gemacht, jetzt hier wird durchgegriffen ja, wir lassen uns nicht erschießen oder mit Säure ins Gesicht ä gießen, und ä ich weiß nur, wie er heute noch sagte, Plaumann das ist mein Vertreter, Du bleibst in meiner Nähe. Das weiß ich. Aber vorher_ sonst habe ich an keiner Besprechung teilgenommen.
Vorsitzender:	Der Chef der Abteilung IV war Herr Heimbach.
Angeklagter Dibus:	Ja.
Vorsitzender:	Und der hat auch nichts Allgemeines gesagt, was der Zweck der Übung ist?
Angeklagter Dibus:	Kann ich mich nicht erinnern.[608]

Dibus sah sich als „kleinen Mann", der in keine Entscheidungsprozesse und Besprechungen einbezogen worden war und deswegen auch keinen Einblick in die Vernichtungspläne seiner Vorgesetzten gehabt hatte. Seine aktive Mitwirkung beim Zusammentreiben der Juden gestand er dagegen zu. Er verschwieg nicht, dass die KdS-Angehörigen dabei auch Juden erschossen hatten, behauptete aber, nur zwei Todesfälle miterlebt und selbst niemanden getötet zu haben:

---

608 Einlassung des Angeklagten Richard Dibus in der Hauptverhandlung der Strafsache gegen Dr. Altenloh u.A. (5 Ks 1/65) v. 28.3.1966, in: L/StADT, D 21 A, Nr. 6341, Tonband 2 Vorderseite.

Vorsitzender:	Dann haben Sie also nur damit dazu beigetragen, dafür zu sorgen – im kleinen Trupp zu drei oder vier Beamten –, dass also die Juden sich richtig aufstellten und dass_
Angeklagter Dibus:	Nee, gar nicht. Wir brachten die zum Sammelplatz hin.
Vorsitzender:	Weiter nichts?
Angeklagter Dibus:	Weiter nichts.
Vorsitzender:	Und wie kamen die Leute zum Jammel_ Sammelplatz?
Angeklagter Dibus:	Ja, in der ersten Zeit wurde da nicht viel gemacht, aber später_ diejenigen, die nicht zum Platz gingen, liefen 100 Meter und liefen wieder ins Haus irgendwo rein, ja. Und aufem Platz ist keiner angekommen.
Vorsitzender:	Also, Sie wollen behaupten_
Angeklagter Dibus:	Und Inspekteur Friedel sagte, das geht nicht, er schimpft rum, er war ziemlich nervös, der Inspekteur Friedel, ja, und der sagte eben: Wo sind die Juden? Der Transport ist noch nicht zusammengestellt. Ja, da mussten wir dann immer hin und die Leute bis nach vorne zum Platz bringen.
Vorsitzender:	Verzeihung, ich hab' Sie falsch verstanden. Mussten Sie dafür sorgen in Ihrem Trupp, dass die Leute aus dem Ghetto, aus den Straßen und Wohnungen des Ghettos hinkamen zum Sammelplatz, oder mussten Sie die Leute vom Sammelplatz zum Bahnhof bringen?
Angeklagter Dibus:	Zum Sammelplatz.
Vorsitzender:	Zum Sammelplatz.
Angeklagter Dibus:	Innerhalb des Ghettos.
Vorsitzender:	Innerhalb des Ghettos. Zum Sammelplatz.
Angeklagter Dibus:	Weil die Juden sich unterwegs schon verpfiffen haben, nicht.
Vorsitzender:	Ja, und wie machten Sie das? Wie führten Sie den Befehl durch?
Angeklagter Dibus:	Auf der Straße.
Vorsitzender:	Was?
Angeklagter Dibus	Die wurden_
Vorsitzender:	Sie gingen in die Wohnungen.
Angeklagter Dibus:	Die wurden zusammengestellt, und wenn 20 Personen dabei waren, dann wurden die eben nach vorne gebracht zum Sammelplatz.

[...]

Vorsitzender:	Ja, und wie machten Sie das Einsammeln innerhalb des Got_ Ghettos? Sie gingen in die Wohnungen rein, die Leute versteckten sich doch zum Teil.
Angeklagter Dibus:	Ja, zum Schluss ja.
Vorsitzender:	Ja, und dann gingen Sie in die Wohnungen und holten se raus?
Angeklagter Dibus:	Ja, da sind wir auch in die Wohnungen gegangen, nicht. Zuerst hat ja Jud_ der jüdische Ordnungsdienst_
Vorsitzender:	Ist da Widerstand geleistet worden?
Angeklagter Dibus:	Ich weiß, auf einer Stelle, dass der eine sich verkrochen hat, nicht raus kam. Er wurde 'nen paar Mal angerufen, dass er rauskommen sollte, er kam nicht raus.
Vorsitzender:	Und dann?
Angeklagter Dibus:	Da hat er 'nen paar Minuten gewartet, und dann sagt er, wenn Du jetzt nicht raus kommst, wirst Du erschossen. Und der kam nicht raus, da hat er ihn erschossen.
Vorsitzender:	Wer?
Angeklagter Dibus:	Ja, das weiß ich nicht.
Vorsitzender:	Das haben Sie selbst miterlebt.
Angeklagter Dibus:	Ja.
Vorsitzender:	Das war der einzige Fall, wo Sie das Schießen erlebt haben?
Angeklagter Dibus:	Auch noch in einem anderen Fall.
Vorsitzender:	In zwei Fällen.
Angeklagter Dibus:	In zwei Fällen.
Vorsitzender:	(*schweigt*) Und wurde das denn nun Ihrem Abteilungschef, Herrn Heimbach, gemeldet?
Angeklagter Dibus:	Das weiß ich nicht. Das_ ich glaube nicht. […]
[…]	
Angeklagter Dibus:	Inspekteur Friedel bekam ja Bescheid. Aber ob er weiter gemeldet hat, das weiß ich nicht.
Vorsitzender:	Hm. (*schweigt*) Ah, das wissen Sie nicht. Das sind die beiden einzigen Fälle, die Sie miterlebt haben, wo ein Jude geschossen, erschossen wurde?
Angeklagter Dibus:	Ja.
Vorsitzender:	Haben Sie <u>sonst</u> gesehen oder gehört, dass da geschossen worden ist von anderen, also nicht innerhalb Ihres Trupps, sondern von anderen_

Angeklagter Dibus:	Geschossen wurde viel, aus dem Grunde, weil zum Beispiel_ Naja, jetzt ä das war allgemein, für die erste und für die zweite Räumung kann ich nur sagen. Ja, ich weiß nicht speziell, ob es bei der ersten oder zweiten Räumung war, das weiß ich nicht. Es wurde zum Beispiel, wenn ä wir in die Keller gegangen sind, ja da sagten wir aha, dann wurde eben, wenn keiner raus kam, da wurde nur so manchmal reingeschossen, ja. Habe ich gehört, wie die anderen das machten, nicht. Das wenn einer drin wär, der rauskommen sollte, nicht. Und so_
Vorsitzender:	Das hat man Ihnen erzählt. Ja, haben Sie Leichen denn liegen sehen?
Angeklagter Dibus:	Wie bitte?
Vorsitzender:	Haben Sie Leichen liegen sehen?
Angeklagter Dibus:	Ja, Leichen habe ich wohl liegen sehen.
Vorsitzender:	Wo denn?
Angeklagter Dibus:	Bei der ersten Teilevakuierung vorne.
Vorsitzender:	Wo?
Angeklagter Dibus:	Ja, wo, wo, vorne auf dem ä (*schweigt*), wo die 50_ wo die Geiselerschießung stattfinden sollte.
Vorsitzender:	Wo die Geiselerschießung
Angeklagter Dibus:	Ja.
Vorsitzender:	stattfand. Das war im Zuge des Säureattentats, ja?
Angeklagter Dibus:	Ja, ja.
Vorsitzender:	Darauf kommen wir nachher zu sprechen. (*schweigt*) Ich meine jetzt nicht auf einem Exekutionsplatz, wo Geiseln erschossen wurden, sondern auf der Straße, im Ghetto, in der Wohnung, auf dem Wege zum Bahnhof, auf dem Bahnhof selber.
Angeklagter Dibus:	Da bin ich gar nicht gewesen.
Vorsitzender:	Schön, also aufem Bahnhof waren Sie nicht. Aber haben Sie irgendwo Leichen liegen sehen?
Angeklagter Dibus:	Ja, ich glaube doch.
Vorsitzender:	Und haben nicht gefragt, wie das möglich war, dass die da erschossen wurden?

Angeklagter Dibus:	Das war damals_ nach dem_ war das Attentat da war, war das aufgeregt und da hat man sich weiter nicht darum gekümmert.[609]

Hinsichtlich der Frage nach der Mitwirkung folgte das Gericht den Bekundungen des Angeklagten Dibus.[610] Dessen Unkenntnisbeteuerungen hielten die Richter dagegen für Schutzeinlassungen.[611] Dem Angeklagten wurden seine früheren Aussagen vor den Staatsanwälten Kny und Schaplow und vor dem Untersuchungsrichter vorgehalten. Im Mai 1961 erklärte Dibus, er habe, als er Juden aus den Häusern geholt habe, noch nicht gewusst, „wohin dieser Transport gehen sollte". Erst später, als er zufällig gesehen habe, dass Friedel „Meldungen schrieb über diese Transporte, d.h. über den Zielort der jeweiligen Transportzüge", habe er gewusst, dass „die Juden in das Lager Treblinka" gekommen seien.[612] „Im Hinblick auf die Kenntnis", die er „über den Weg der Transporte der ersten Aktion erlangt hatte", sei für ihn klar gewesen, dass „auch die Transporte der zweiten Aktion nach Malkinia oder nach Auschwitz gehen würden".[613] Auch einen Monat später gab er bei einer staatsanwaltlichen Vernehmung an, die Zielorte damals erfahren zu haben:

> „Uns war bekannt, dass die Juden aus dem Ghetto nach Auschwitz und nach Malkinia gebracht werden sollten. Diese endgültigen Zielorte erfuhren wir aber erst im Zusammenhang mit der Februar-Aktion. Im August war es mir daher klar, dass die Juden in solche Lager verbracht wurden. Kein Mensch bei meiner Dienststelle kann der Meinung gewesen sein, dass die Juden etwa zum Arbeitseinsatz in das Reich geschickt werden sollen."[614]

Vor dem Untersuchungsrichter und am Ende der Hauptverhandlung vor dem Bielefelder Schwurgericht bekundete Dibus dagegen, er habe im Februar 1943 den Zielort der Transporte nicht gekannt.[615] Diese Aussage wertete das Gericht

609 Einlassung des Angeklagten Richard Dibus in der Hauptverhandlung der Strafsache gegen Dr. Altenloh u.A. (5 Ks 1/65) v. 28.3.1966, in: L/StADT, D 21 A, Nr. 6341, Tonband 2 Vorderseite.

610 Vgl. Urteil 5 Ks 1/65, in: L/StADT, D 21 A, Nr. 6194, Bl. 139f.

611 Vgl. Urteil 5 Ks 1/65, in: L/StADT, D 21 A, Nr. 6195, Bl. 227–230.

612 Vernehmung des Beschuldigten Richard Dibus durch Staatsanwalt Schaplow v. 8.5.1961, in: L/StADT, D 21 A, Nr. 6142, Bd. IX, Bl. 24–34, hier: Bl. 32.

613 Ebd., Bl. 34.

614 Vernehmung des Beschuldigten Richard Dibus durch Staatsanwalt Schaplow v. 26.6.1961, in: L/StADT, D 21 A, Nr. 6142, Bd. X, Bl. 16–22, hier: S. 19.

615 Dibus sagte am 2. September 1963 aus: „Wohin die Juden geführt wurden, kann ich aus eigener Kenntnis nicht sagen, weil ich keine Kolonne begleitet habe. Ich habe damals lediglich gesprächsweise gehört, daß die Juden zum Bahnhof von Bialystok geführt und dort mit Zügen abtransportiert würden. Wohin die Juden kommen sollten, habe ich

als reine Schutzbehauptung. Im Urteil heißt es, dass „Dibus als Angehöriger des Judenreferates den Aktionsbefehl – wahrscheinlich von Friedel – erfahren“ habe und dass „dieser Befehl für ihn angesichts der unzureichenden Motivierung, der Beschränkung auf die nichtarbeitenden Juden mit Kindern, Alten und Kranken, der Transportziele Auschwitz und Treblinka und seiner Kenntnis von den unter den Juden verbreiteten von Flüchtlingen herangetragenen Nachrichten über die bevorstehende Tötung der Juden und über Treblinka als Vernichtungsstätte eindeutig“ gewesen sei.[616]

Die Analyse der Aussagen von Angeklagten und Richtern am Beispiel der Deportationen aus Grodno und Białystok hat gezeigt, dass der Schuldnachweis auf einer Indizienkette beruhte. Um die Kenntnis der Angeklagten zu belegen, führte das Gericht Dokumente aus dem Aktenbestand der Deutschen Reichsbahn, Einträge aus dem Kalendarium der „Hefte von Auschwitz“, Zeugenaussagen Überlebender und schriftliche Zeugnisse, die im Ghetto von Białystok entstanden waren, als Beweismittel an. Für die Januar-Deportationen aus Zambrów, Prużana und Grodno fehlten dem Gericht zeitgenössische Quellen von Juden. Allein auf der Grundlage deutscher Dokumente konnte das Gericht den Schuldnachweis nicht erbringen. Ein weiteres Ergebnis der Untersuchung lautet: Die genaue Rekonstruktion des historischen Geschehens reichte nicht aus, um zu beweisen, dass die Angeklagten vorsätzlich gehandelt hatten.

4.7 Positionen der Staatsanwaltschaft und der Verteidigung: Zu den Plädoyers

Die Beweisaufnahme wurde am 90. Sitzungstag, dem 13. Januar 1967, geschlossen. Die Staatsanwaltschaft begann ihr Plädoyer mit einem Verweis auf das Ausmaß der Vernichtung der Białystoker Juden und das Leid der unschuldigen Opfer und warf die Frage auf, ob es möglich sei, Opfern und Tätern gerecht zu werden:

> „Vermag daher jemand heute noch das ganze Elend, das Leid sowie die Qualen der Opfer einerseits und die Schuld der Täter und Teilnehmer andererseits mit dem richtigen Maß zu messen? Vermag jemand das richtige Maß der Sühne für diejeni-

---

nicht erfahren. Mir ist auch nicht bekannt, daß die abzutransportierenden Juden nach bestimmten Gesichtspunkten ausgewählt wurden. Ich hatte damals den Eindruck, daß die abzutransportierenden Juden wahllos aus der Menge der Ghettobewohner herausgegriffen wurden. Mir fiel lediglich auf, daß überwiegend Männer abtransportiert wurden.“ Vernehmung des Angeschuldigten Richard Dibus durch LG Dr. Fischer als UR (VU 13/62) v. 2.9.1963, in: L/StADT, D 21 A, Nr. 6156, Bl. 164–178, hier: Bl. 168. Vgl. auch Urteil 5 Ks 1/65, in: L/StADT, D 21 A, Nr. 6195, Bl. 230.

616 Ebd., Bl. 228f.

gen zu bestimmen, die so maßlose Verbrechen begangen und Schuld auf sich gehäuft haben?"

Unabhängig von der Frage nach den Möglichkeiten und Grenzen des Strafrechts, die Verbrechen zu ahnden, vertrat die Staatsanwaltschaft die Auffassung, dass ein „Kulturvolk" eine besondere Verantwortung habe, die Vergangenheit aufzuarbeiten und die Rechtsgemeinschaft zu rehabilitieren. Das „tragische Geschehen" werfe „die Fragen auf nach unserer Teilnahme, unserem Bemühen um Klärung der Vorgänge, nach unserer Verantwortung und unserem Urteil". Der Deutsche, dem es ernst sei „um die Würde und das Ansehen seines Volkes", könne „diesen Fragen nicht ausweichen".[617] Die Staatsanwaltschaft sah die „Notwendigkeit und Rechtfertigung dieses Verfahrens" folglich darin, diese „Taten mit all ihren Gräßlichkeiten öffentlich in einer Gerichtsverhandlung zu untersuchen und aufzuklären, die Hintergründe aufzuhellen und damit der Welt zu zeigen", dass „wir die Hypothek der Vergangenheit, soweit es der Rahmen des vorliegenden Prozesses erlaubt, abzutragen bereit sind". Aus ihrer Sicht stellte sich „als Ergebnis der Untersuchung und Aufklärung in diesem wie auch in zahlreichen anderen Verfahren dieser Art" heraus, dass „Gott sei Dank nur ein ganz kleiner Teil deutscher Menschen sich dazu hergegeben" habe, „den Haupttätern Hitler, Himmler, Heydrich, Göring, Goebbels und anderen willfährig zu sein und ihnen in ihrem heute schier unbegreiflichen Wahn der Vernichtung und Ausrottung einer ganzen Volksgruppe zu folgen".[618]

Von der Annahme ausgehend, dass eine „zutreffende tatsächliche und rechtliche Beurteilung der Vorgänge", die Gegenstand des Verfahrens waren, nur vor dem Hintergrund des historischen Rahmens möglich sei,[619] ging die Staatsanwaltschaft ausführlich auf den Antisemitismus und die nationalsozialistische Judenpolitik ein. Sie vertrat die These, dass Hitler „Anfang 1941 den Befehl zur Endlösung der Judenfrage in Form der physischen Vernichtung aller in seinem Machtbereich befindlichen Juden gegeben" habe und dass „lediglich die Durchführung der Judenvernichtungen in technischer und organisatorischer Hinsicht in einzelnen Gebieten verschieden" gewesen sei.[620] Die Auffassung, die Judenvernichtung sei federführend von den Haupttätern Hitler, Himmler und Heydrich geleitet worden, hatte Auswirkungen auf die rechtliche Würdigung der Straftaten der Angeklagten. Die Staatsanwaltschaft bezog sich in diesem Zusammenhang insbesondere auf die „Staschynskij-Entscheidung" des

617 L/StADT, D 21 A, Nr. 6279, Bl. 1–91, hier: Bl. 2.

618 Ebd., Bl. 3.

619 Ebd., Bl. 4.

620 Ebd., Bl. 17.

BGH vom 19. Oktober 1962. Sie war überzeugt, dass Altenloh „nicht mit eigenem Gestaltungswillen“ gehandelt, „sondern sich als ausführendes Organ der Haupttäter betrachtet und zur Verwirklichung einer fremden Tat fördernd beigetragen“ habe. Dafür spreche „insbesondere“, dass „Dr. Altenloh zwar die erhaltenen Befehle weitergegeben, auf deren Ausführung aber nicht selbst eingewirkt, sondern dies anderen überlassen“ habe.[621] Im Gegensatz zu Altenloh schilderte die Staatsanwaltschaft Heimbach als einen Mann, der sehr an der „Tatbeteiligung und Tatausführung“ interessiert gewesen sei und dessen „Denken und Handeln“ sich „mit demjenigen seiner Taturheber“ decke. Die Staatsanwaltschaft bezeichnete Heimbach deshalb als „Mittäter“.[622] Hinsichtlich des Angeklagten Errelis habe die Hauptverhandlung „keine hinreichenden Anhaltspunkte für den Täterwillen des Angeklagten“ ergeben. Er habe sich als „Untergebener des Angeklagten Dr. Altenloh betrachtet und als ausführendes Organ ohne eigenen Gestaltungswillen die ihm erteilten Befehle ausgeführt“. Es lägen keine Hinweise dafür vor, dass er „über die ihm gegebenen Weisungen hinaus oder aus eigenem Antrieb gehandelt“ habe. Deshalb war Errelis aus Sicht der Staatsanwaltschaft nur Gehilfe.[623] Auch der Angeklagte Dibus habe das Tatgeschehen nicht beherrscht und gestaltet, sondern sich lediglich „als ausführender Befehlsempfänger der Haupttäter betrachtet“ und „zur Verwirklichung einer fremden Tat fördernd beigetragen“.[624]

Der Verteidiger des Angeklagten Errelis, Rechtsanwalt Riedenklau, begann sein Schlusswort mit einer Erwiderung auf die Behauptung von Staatsanwalt Schaplow, nur ein kleiner Teil der Deutschen habe sich an den Verbrechen beteiligt. Riedenklau fragte, wie diese Äußerung zu seinen „pathetischen Worten“ passe, mit Prozessen wie diesem „zeigten wir der Welt unsere Bereitschaft, die Hypothek der Vergangenheit abzutragen“, und zu der Aussage, die Bundesrepublik sei bereit, sich zu läutern. Der Widerspruch sei nicht zu lösen, weil beide Aussagen für sich genommen falsch seien: Der Satz „von der kleinen Mörderbande“ stimme nicht, und „als Beweisstück einer Läuterung unseres Volkes“ tauge „ein Strafgericht nicht“.[625] Das „Besondere, das Einzigartige und zugleich das Beunruhigende“ an NS-Prozessen war aus Riedenklaus Sicht, dass die Angeklagten „wie viele sind“ und dass „diese vielen weder pervers noch sadistisch, sondern schrecklich und erschreckend normal waren und sind“ und dass „sie alles andere als Mitglieder einer Verbrecherbande“

621 Ebd., Bl. 51.

622 Ebd., Bl. 58–59.

623 Ebd., Bl. 62.

624 Ebd., Bl. 64.

625 Schlussvortrag Rechtsanwalt Riedenklau II, in: ebd., Bl. 1–46, hier: Bl. 1–2.

waren.[626] Das Kernproblem des Białystok-Prozesses sei die Frage, ob „auf staatlichen Befehl straflos gemordet“ werden könne. Riedenklaus Argumentation liegt ein faktischer Geltungsbegriff zugrunde:

> „'Gelten' bedeutet [...] etwas anderes als 'im Gesetzbuch stehen'. Unabhängig vom Gesetzgebungsverfahren 'gilt' ein Strafgesetz nur dann, wenn es die Chance hat, befolgt und durchgesetzt zu werden. So jedenfalls die soziologische Geltungslehre, die nicht ich entdeckt habe. § 211 hatte aber für die Juden keine Chance, befolgt und durchgeführt zu werden.“[627]

Ein Gesetz gelte nur, „wenn die zur Überwachung des Gesetzes bestellten Behörden alles tun, um die Befolgung des Gesetzes durchzusetzen“.[628] Es habe während der NS-Zeit „keine Bemühungen gegeben, § 211 StGB bei Tötungen von Juden durchzusetzen“. Riedenklau vertrat die Ansicht, die „Verurteilung von NS-Tätern auf das Argument zu stützen, sie hätten gegen geltendes Recht verstoßen“, sei deshalb „weltfremd“ und „naiv“.[629] Sie hätten „nur gegen einige gedruckte Worte im Strafgesetzbuch verstoßen“. Das sei indes „nicht strafbar“. Dass die Frage nach der Geltung nicht gestellt werde, liege an zwei Argumenten: „a) Das Verbot des Mordes als naturrechtliches Verbot gilt immer. [...] b) Der Befehl Hitlers zur Ermordung der Juden sei nicht veröffentlicht worden.“ Dem Einwand, dem Tötungsverbot komme als naturrechtlicher Norm unbedingte Geltung zu, entgegnete er, dieses Argument habe mit der positiv rechtlichen Geltung des § 211 StGB nichts zu tun. Es sage nur: „Wir wollen heute verurteilen; wir sagen damit: der Täter hat heute für seine Tat einzustehen. Man erschleicht sich dieses Ergebnis mit dem Hinweis auf die ewige Geltung der Mordstrafbestimmungen.“[630] Das Argument, um § 211 StGB außer Kraft zu setzen, hätte es eines veröffentlichten Gesetzes bedurft, sei „unsinnig“. Es sage über die Geltung nichts, sondern begründe nur, „warum § 211 StGB noch im Strafgesetzbuch gedruckt war“. Abdruck im Strafgesetzbuch und Geltung einer Bestimmung seien nicht dasselbe. Riedenklau schloss somit die strafrechtliche Verurteilung der NS-Täter auf der Grundlage des StGB aus. Er forderte, man solle zugeben, dass die NS-Verbrecher verurteilt würden, „um derartiges Unrecht zukünftig zu verhindern“. Man verurteile sie, „um für die Zukunft die Geltung, Befolgung und Durchsetzung des § 211 sicherzustellen“.[631]

---

626 Ebd., Bl. 3.
627 Ebd., Bl. 4.
628 Ebd., Bl. 5.
629 Ebd., Bl. 6.
630 Ebd., Bl. 7.
631 Ebd., Bl. 7.

Zu der Frage, ob Errelis von der Ermordung der deportierten Menschen gewusst habe, führte der Rechtsanwalt aus, dass der Angeklagte dienstlich nicht von den Gaskammern in Treblinka und Auschwitz habe erfahren können, denn: „Wir haben hier keine Urkunde in den Händen gehabt, die diesen Schluß zuließe."[632] Die Position des Angeklagten, er sei der Meinung gewesen, dass „die Juden aus dem Bezirk Bialystok als reichsähnlichem Gebiet wie auch aus dem Reich selbst als unerwünschte Elemente fortgeschafft würden, und er habe nicht wissen können, zu welchen sonst noch kriegswichtigen Arbeiten die Juden noch hätten gezwungen werden sollen, deshalb habe er sich nicht gewundert, daß auch Alte, Kranke, Frauen und Kinder" hätten mitfahren müssen, „können wir", so Riedenklau in seinem Plädoyer, „nicht einfach in den Wind schlagen".[633] Das Argument, die Judenvernichtung sei unvorstellbar gewesen, dient zur Entlastung des Angeklagten Errelis, wenn es heißt, „niemand" habe genügend „Vorstellungskraft" besessen, den Gerüchten über den Gastod am Fließband zu folgen, „solange er nicht die Pläne dieser gigantischen Mordmaschinerie gesehen hatte, bevor er nicht begriffen hatte, dass die Wirklichkeit alles Vorstellbare übertraf".[634] Riedenklau beantragte, Errelis von dem Vorwurf der Beihilfe zum Mord an den Juden, die aus Grodno und Kiełbasin sowie aus Białystok abtransportiert worden waren, freizusprechen.[635] Darüber hinaus stellte er den Antrag, Errelis von dem Mord an dem Mädchen Okun und vom Mord an David Brawer und Lena Prenski und den Männern, die mit ihnen getötet worden waren, freizusprechen.[636]

Altenlohs Verteidiger Friebertshäuser begann sein Plädoyer mit einem Dank an das Gericht „für die mühevolle, faire und würdige Prozeßführung". Die lange Prozessdauer sei nicht die Schuld des Gerichts. Die jahrelangen Ermittlungen der Staatsanwaltschaft hätten „nicht ausgereicht, das Geschehen in Stadt und Bezirk Bialystok so aufzuklären, daß eine leichte Urteilsfindung möglich gewesen wäre". Friebertshäuser erinnerte daran, dass das Gericht selbst „in mühevoller Kleinarbeit noch während der Hauptverhandlung Ermittlungen" geführt hatte, „um festen Boden für diesen Prozeß unter die Füße zu bekommen". Allein darin zeige sich, dass dieser Prozess ein „anomaler" sei. „Mit der pauschalen Behauptung der Staatsanwaltschaft", Altenloh „habe die Deportation der Juden in der Zeit von November 1942 bis März 1943 in Kenntnis der Tatsache unterstützt", dass „diese Juden in Vernichtungslagern

632 Ebd., Bl. 12.

633 Ebd., Bl. 13.

634 Ebd., Bl. 14.

635 Ebd., Bl. 35 und 46.

636 Ebd., Bl. 45.

umgebracht wurden", könne „die Schuld oder Nichtschuld" des Angeklagten nicht bewiesen werden.[637] Es sei unfair, „die Judenpolitik des Dritten Reiches als historische Wahrheit aufzuzeigen und dann nur die aktiven Helfer dieser Politik anzusehen, die durch Zufall und nicht durch Neigung nah am Tatgeschehen" gewesen seien. Friebertshäuser war überzeugt, dass die deutsche Öffentlichkeit „kein Verständnis dafür" habe, dass „wir die Vergangenheit dadurch zu bewältigen suchen", dass „nur diejenigen büßen sollen, die infolge ihrer Dienststellung mit dem Geschehen um die Judenvernichtung – wenn auch ganz am Rande – befaßt waren".[638] Das Strafgesetzbuch war Friebertshäuser zufolge kein geeignetes Mittel für die juristische Aufarbeitung der NS-Verbrechen. Der Mordparagraph sei für „die Ausrottung einer ganzen Volksgruppe" nicht geschaffen worden. Die Angeklagten seien „Ausnahmetäter, die nur deshalb mit Verbrechen in Berührung gekommen" seien, „weil sie in die Mordmaschinerie des damaligen Staates ohne ihren Willen verstrickt worden" seien.[639] Friebertshäuser charakterisierte Altenloh als „Typ des preußischen Beamten, der bestrebt" gewesen sei, „auch in Kriegszeiten nach Möglichkeit dem Recht und der Gerechtigkeit zu dienen". Er führte verschiedene Beispiele an, um zu zeigen, dass sein Mandant „nicht der Typ des überheblichen, politisch fanatischen SS-Führers war".[640]

Friebertshäuser versuchte in seinem Plädoyer den Nachweis zu erbringen, dass Altenloh keine Kenntnis von den Zielen und dem Zweck der Transporte gehabt habe. „Das entscheidende Indiz für die Nichtkenntnis" Altenlohs seien seine Bemühungen um den Erhalt des Białystoker Ghettos. Friebertshäuser fragte das Gericht und die Geschworenen, welchen Sinn Altenlohs Interventionen beim RSHA und bei Günther gehabt haben sollten, wenn ihm bekannt gewesen wäre, dass es einen Plan zur Vernichtung aller Juden gegeben habe:

> „Nur wenn er selbst davon überzeugt war, daß die Juden an einem Ort zum Arbeitseinsatz kommen sollten, konnte er seine Argumente vortragen, daß bei der gegebenen Produktivität der jüdischen Ghettobetriebe aus kriegswirtschaftlichen Gründen eine derartige Verlagerung von Arbeitskräften ungünstig sei."[641]

Friebertshäuser kam zu dem Schluss, dass genauso viele Indizien für eine Kenntnis vom Ziel und Zweck der Transporte wie gegen eine Kenntnis sprächen. „Juristisch" könne das nur zu dem Ergebnis führen, dass Altenloh „diese

637 Plädoyer in der Strafsache gegen Dr. Altenloh, in: L/StADT, D 21 A, Nr. 6192, Bl. 1.

638 Ebd., Bl. 5f. Hervorhebung im Original.

639 Ebd., Bl. 7.

640 Ebd., Bl. 20.

641 Ebd., Bl. 75.

Kenntnis im Prozeß selbst nicht nachgewiesen" sei. Fehle diese Kenntnis, fehle auch der Vorsatz, durch seine Befehle die Judenvernichtung als Gehilfe gefördert zu haben. Friebertshäuser beantragte, Altenloh vom Vorwurf der Beihilfe zum Mord – hinsichtlich des Tatkomplexes der Deportationen und der „Vergeltungsmaßnahme" nach dem „Säureattentat" – freizusprechen.

Dem Plädoyer von Rechtsanwalt Heise, der den Angeklagten Heimbach vertrat, lag die Annahme zugrunde, die Prozessbeteiligten seien befangen oder voreingenommen gewesen. „Kein Mensch" könne „monatelang die entsetzlichen Schilderungen von Zeugen anhören, die Schlägen, Hunger, Durst und allen anderen erdenklichen Peinigungen ausgesetzt waren", die erlebt hatten, „wie Kinder in ihrer Anwesenheit von Müttern erstickt" worden seien, „nur damit sie durch ihr Weinen niemanden verrieten, die wissen, dass ihre Brüder, Mütter und Väter, ihre Nachbarn in Gasofen umgekommen sind, ohne dass er eine unbewusste Beziehung zu den Angeklagten" herstelle, „die ja nun mal in der fraglichen Zeit eine Position in Bialystok gehabt haben, der eine gewisse Einwirkungsmöglichkeit auf die Geschehnisse zukam".[642] Hinsichtlich der Februar-Deportationen erklärte Heise, ein „aktives Tun" seines Mandanten sei „nicht nachweisbar".[643] Er sei von „keinem der Zeugen" während der „Februar-Aktion" gesehen worden, „niemand" habe überzeugend angeben können, ob er eine Vorbesprechung geleitet oder an ihr teilgenommen habe.[644] Was die Erschießung im Anschluss an das „Säureattentat" anbetrifft, die Heimbach laut Anklage geleitet hatte, äußerte Heise grundsätzliche Zweifel daran, ob „tatsächlich eine derartige isolierte" Erschießung einer Gruppe von Personen stattgefunden habe.[645] Selbst wenn man von einer „Vergeltungsaktion" ausgehe, sei „nicht bewiesen, in welcher Art und Weise der Angeklagte Heimbach daran beteiligt" gewesen sei.[646] Heise beantragte bezüglich der Beteiligung Heimbachs an der „Geiselerschießung" und an den Deportationen im Februar und August 1943 Freispruch. Während der Auflösung des Ghettos im August habe Heimbach weder „eine Bedeutung noch eine besondere Aufgabe gehabt oder ausgeführt".[647] Zum Schluss verwies Heise darauf, dass „trotz eines in manchen Punkten zu diskutierenden Verdachts die Beweise nicht ausreichen,

642 Grundlagen des Plädoyers für den Angeklagten Lothar Heimbach im Schwurgerichtsverfahren 5 Ks 1/66 am 3. Februar 1967 von Rechtsanwalt Klaus Heise, in: L/StADT, D 21 A, Nr. 6191, hier: Bl. 12f.

643 Ebd., Bl. 51.

644 Ebd., Bl. 53.

645 Ebd., Bl. 56.

646 Ebd., Bl. 57.

647 Ebd., Bl. 64.

um jeden vernünftigen Zweifel" auszuschließen. Es werde hier kein Białystok-Verfahren geführt, sondern ein Prozess gegen Dr. Altenloh und Andere, es gehe „nicht darum, einen Ausgleich für die Vernichtung der Juden zu schaffen, sondern um die ganz exakte Feststellung der Beteiligung, der Schuld oder Nichtschuld nur dieser Angeklagten" an den Vorgängen in Białystok.[648]

Auch Rechtsanwalt Röllecke, Verteidiger des Angeklagten Dibus, forderte Freispruch für seinen Mandanten. Er wandte sich generell gegen die Möglichkeit, den Beweis aus der Erinnerung der Zeugen zu führen. Dabei stellte er gleichzeitig die Leistungsfähigkeit des Gerichts in Frage:

> „Wie gut das eigene Gedächtnis ist, können Sie an diesem Prozeß selbst bei sich überprüfen, meine Herren Richter: Erinnern Sie sich noch, wie die einzelnen Hauptzeugen aussahen? Haben Sie noch eine genaue Erinnerung an das, was sie aussagten? Oder ist nicht die genaue Erinnerung nur erst möglich, an Hand der Tonbandaufzeichnungen oder an Hand der Notizen, die der einzelne sich angefertigt hat? Wenn sie keine eigene Erinnerung haben, darauf hat schon mein Kollege Herr Laternser in seinem Plädoyer im Auschwitz-Prozeß hingewiesen, dann können sie nicht die Erinnerung eines anderen Richters oder eines anderen Geschworenen übernehmen und sich diese Erinnerung zu eigen machen. Haben sie keine Erinnerung und auch keine eigene Erinnerungsstütze, so müssen sie in Zweifelsfällen zu Gunsten des Angeklagten ihre Entscheidung fällen. In dubio pro reo."[649]

4.8 Rechtliche Würdigung: Zur strafrechtlichen Verantwortung der Angeklagten

Das Gericht sprach die Angeklagten jedoch nur hinsichtlich der „Exzesstaten" frei. In diesen Fällen reichten die Beweismittel für eine juristische Überführung der Angeklagten nicht aus.[650] Der Nachweis der Schuld gelang nicht, weil dem Gericht widersprüchliche Aussagen der „Opfer-Zeugen" vorlagen und die Angeklagten bestritten, die „Exzesstaten" verübt zu haben.

Die Angeklagten wurden der „gemeinschaftlichen Beihilfe zum gemeinschaftlichen Mord" schuldig gesprochen. Sie wurden wegen ihrer Beteiligung an den Deportationen aus Grodno (Februar 1943) und aus Białystok (Februar und August 1943) und an der Erschießung im Anschluss an das „Säureattentat" als Gehilfen der so genannten Haupttäter – „die nationalsozialistische Führungsspitze" (insbesondere Adolf Hitler, Hermann Göring, Heinrich Himmler, Reinhard Heydrich, Dr. Ernst Kaltenbrunner, Heinrich Müller, Adolf Eich-

648 Ebd., Bl. 71f.

649 Plädoyer Röllecke, in: L/StADT, D 21 A, Nr. 6992, Bl. 1–109, hier: Bl. 10f.

650 Vgl. Urteil 5 Ks 1/65, in: L/StADT, D 21 A, Nr. 6195, Bl. 351–374.

mann)[651] – verurteilt. Die Planer der Judenvernichtung – und nur diese – waren aus Sicht des Gerichts „mittelbare Täter".[652]

Die Tötung der Juden aus Białystok und Grodno, die sich „rechtlich als Mord im Sinne des damals geltenden § 211 StGB" darstelle, sei „allein aus rassischen Gründen und damit aus niedrigen Beweggründen" geschehen.[653] Den Angeklagten konnte nachgewiesen werden, dass sie ihre Tatbeiträge in Kenntnis der niedrigen Beweggründe der „Haupttäter" erbracht hatten. Zur Überzeugung des Schwurgerichts handelten Altenloh, Errelis, Heimbach und Dibus im Gegensatz zu den „Haupttätern" jedoch nicht aus eigenen „niedrigen Beweggründen" im Sinne des § 211 StGB. Wie begründeten die Richter ihre Einschätzung, die Angeklagten seien nicht als Mittäter, sondern als Gehilfen ohne eigenen Täterwillen anzusehen? Diese Frage wird im Folgenden am Beispiel des Tatkomplexes der Deportationen behandelt.[654]

Altenloh habe den „Haupttätern" bei der Ermordung der Juden aus Białystok und Grodno „wissentlich Hilfe" geleistet, indem er den Befehl zur „Räumung" vom RSHA entgegengenommen und „an seine Untergebenen zur Ausführung" weitergegeben habe.[655] Er habe „vorsätzlich gehandelt". Er habe bei den Deportationen im Februar 1943 aus Białystok und Grodno gewusst, dass die Ghettoauflösungen „der unmittelbaren Vorbereitung zur Tötung der Juden" dienten. Er habe gewusst, dass seine Tätigkeit – die Weitergabe der Deportationsbefehle und die Durchführung der Deportationen – die „Haupttat" gefördert habe. Er habe auch gewusst, dass „die Tötung der friedlichen und unschuldigen Menschen" aus Rassenhass erfolgt und damit „niedrigen Beweggründen" entsprungen sei. Er sei sich „des außerordentlichen Unrechts der Deportationsbefehle und ihrer Durchführung" bewusst gewesen. Deshalb habe „er sich u.a. auch zu der hartnäckigen Auflehnung gegen den Teilräumungsbefehl" für Białystok entschlossen.[656]

Zur Begründung der Strafbarkeit des Angeklagten verwies das Gericht auf das Militärstrafgesetzbuch, das für ihn gegolten habe. Altenloh sei nach Absatz 1 Ziffer 2 des § 47 MStGB „für seine Tat strafrechtlich verantwortlich, weil nach dieser Vorschrift den gehorchenden Untergebenen die Strafe des Teilnehmers

651 Ebd., Bl. 382.

652 Ebd., Bl. 384.

653 Ebd., Bl. 382.

654 Auf die rechtliche Würdigung der Erschießung von 100 Menschen im Anschluss an das „Säureattentat" wird in Kapitel VI.5 näher eingegangen.

655 Urteil 5 Ks 1/65, in: L/StADT, D 21 A, Nr. 6195, Bl. 385.

656 Ebd., Bl. 386.

dann" treffe, „wenn ihm positiv bekannt" gewesen sei, dass „der Befehl des Vorgesetzten eine Handlung" betreffe, „welche ein allgemeines Verbrechen bezweckte". Dem Angeklagten sei im Februar 1943 bekannt gewesen, dass „die Deportationsbefehle Massenmord bezweckten".[657] Das Schwurgericht hielt es jedoch für nicht ausgeschlossen, dass Altenloh trotz der Rechtswidrigkeit des erteilten Befehls an seine Verbindlichkeit geglaubt habe, weil er „von höchster Stelle" gekommen sei und weil er meinte, „zur höchsten SS-Führung in einem besonderen Befehls- und Gehorsamsverhältnis zu stehen".[658] Dieser Verbotsirrtum sei jedoch vermeidbar gewesen und führe deswegen nicht zur Straffreiheit, allenfalls zur Strafmilderung.[659] Bezugnehmend auf eine Entscheidung des BGH[660] stellte das Schwurgericht fest, dass der Glaube „an eine unbedingte Gehorsamspflicht gegenüber Befehlen der höchsten Staatsführung" den Angeklagten Altenloh „nicht von der Verpflichtung entbunden" habe, „sich vor seinem Gewissen darüber Rechenschaft abzulegen, ob das befohlene Tun mit den allgemeinen Geboten des rechtlichen Sollens vereinbar" gewesen sei.[661] Zur Überzeugung des Gerichts hätte Altenloh bei „sorgfältiger Gewissensanpassung", zu der er „damals verpflichtet und nach seiner Vorbildung auch in der Lage" gewesen sei, „ohne weiteres zu der Einsicht gelangen können und müssen", dass „es keinerlei Bindung an derartige verbrecherische Befehle geben konnte und kämen sie selbst vom Führer". Altenloh seien die „Geheimhaltungspraxis der NS-Machthaber und die Tarnsprache, deren sie sich bedienten", bekannt gewesen. Sie hätten ihm deutlich gezeigt, dass „auch seine Befehlsgeber sich über das Unrechtmäßige ihrer Handlungen durchaus im klaren waren und nicht wagten, in offenen Worten den Tatbestand zu kennzeichnen, der ihren Befehlen zugrunde" gelegen habe. Altenloh hätte klar sein müssen, dass „bei derartigen Befehlen die verbindliche Kraft eines Befehls" aufhöre.[662] Entschuldigungsgründe habe Altenloh nicht. Weder habe er sich darauf berufen noch seien „hinreichende Anzeichen dafür vorhanden", dass er „sich bei der Befehlsausführung in einem echten oder vermeintlichen Nötigungsstand (§ 52 StGB)" befunden habe. Das Gericht betonte, dass Altenloh aufgrund seines Verhaltens und seiner langjährigen Gestapozugehörigkeit „nicht unverschuldet in die Lage gekommen" sei, „mit den geschilder-

657 Ebd., Bl. 387.

658 Ebd., Bl. 388.

659 Vgl. ebd., Bl. 388 und Bl. 389.

660 Großer Senat für Strafsachen, Beschluss vom 18.03.1962, in: BGHSt 2 (1952), S. 194–212, hier: S. 201f.

661 Urteil 5 Ks 1/65, in: L/StADT, D 21 A, Nr. 6195, Bl. 388.

662 Ebd., Bl. 389.

ten Unrechtsbefehlen konfrontiert worden zu sein, sie ausführen zu sollen“.[663] Kurzum: Schuldausschließungsgründe lagen aus Sicht der Richter nicht vor. Das Schwurgericht betrachtete Altenloh als Gehilfen ohne eigenen Willen zur Tat. Er habe „die Tötung der Juden innerlich nicht gebilligt“ und sich mit der nationalsozialistischen Vernichtungspolitik „nicht identifiziert“.[664] Als Beleg dafür, dass er „die Verbrechensbefehle mißbilligt und ihnen widerstrebt, sie aber gleichwohl aus menschlicher Schwäche ausgeführt“ habe, verwiesen die Richter auf seine Bemühungen um Verhinderung des Abtransports der Juden und um Aufschub der „Teilräumung“ des Białystoker Ghettos im Februar 1943. Im Urteil heißt es, Altenloh habe die verbrecherischen Befehle deswegen befolgt, „weil er der Übermacht der Staatsautorität nicht gewachsen gewesen“ sei „und weil er den Mut zu weiteren Schritten nicht aufgebracht“ habe.[665]

Auch die Strafbarkeit des Angeklagten Heimbach, der wegen seiner Beteiligung an den Deportationen im Februar und August 1943 und an der Erschießung von 100 Menschen im Februar 1943 strafrechtlich zur Verantwortung gezogen wurde, ergebe sich aus § 47 Abs. 1 MStGB. Nach Auffassung des Gerichts hatte Heimbach vorsätzlich und mit Unrechtsbewusstsein gehandelt. Im Februar 1943 habe Heimbach, der die Durchführung der Deportationen mitorganisiert habe, ebenso wie Altenloh gewusst, dass die ihm übertragene Ausführung des Befehls ein Verbrechen bezweckt habe. Er habe erkannt und gewusst, dass „die Massentötungen der jüdischen Menschen ein Verbrechen darstellten“. Daher habe er auch gewusst, dass der Teil-„Räumungs“-Befehl „rechtswidrig“ gewesen sein. Dennoch hielt das Gericht es für möglich, dass er an die bindende Kraft „eines Befehls in Dienstsachen“ geglaubt habe. Ein „sich hieraus herleitender Verbotsirrtum“ sei indes aus den gleichen Gründen wie bei Altenloh vermeidbar gewesen.[666] Auch im August 1943 habe Heimbach die niedrigen Beweggründe der Haupttäter gekannt und ihre Tat durch seine Mitwirkung gefördert, indem er die ihm unterstellten KdS-Angehörigen beaufsichtigt und ihren Einsatz geleitet habe.

Im Gegensatz zur Staatsanwaltschaft sah das Bielefelder Schwurgericht Heimbach nicht als Mittäter, sondern lediglich als Gehilfen an. Obwohl er nach Einschätzung des Gerichts „ein weltanschaulich überzeugter SS-

---

663 Ebd., Bl. 390.

664 Ebd., Bl. 391.

665 Ebd., Bl. 392.

666 Ebd., Bl. 399.

Mann"[667] gewesen war, nahm es nicht an, dass er die Ziele der „Haupttäter" gebilligt und sie sich zu eigen gemacht hatte. Dafür gab es aus Sicht der Richter nicht genügend Belege. Sie konnten Heimbach nicht nachweisen, an „Exzesstaten" teilgenommen oder sie befohlen zu haben. Dass er sie nicht verhindert habe, beweise nicht, dass Heimbach sich mit den verbrecherischen Zwecken der Deportationsbefehle identifiziert habe.[668] Ein Täterwille sei ihm nicht nachzuweisen.

Im Fall des Angeklagten Errelis, der wegen seiner Teilnahme an den Februar-Deportationen aus Grodno und den August-Deportationen aus Białystok verurteilt wurde, argumentierten die Richter ähnlich. Errelis habe „sich mit dem Ziel der Haupttäter" nicht identifiziert. Die Todesopfer bei den Februar-Deportationen wertete das Gericht nicht als Indiz dafür, dass Errelis die Massenmorde an den Juden gebilligt und „als eigene Tat" gewollt hatte. „Wenn er die Exzesse geduldet" habe, so könne „das bei Mißbilligung der verbrecherischen Befehle auch darauf zurückzuführen sein", dass „er die Befehle – wie verlangt – genau, zügig durchführen wollte oder auch Scheu davor hatte, bei energischem Einschreiten gegen die Exzesse sein Gesicht zu verlieren". Deshalb betrachtete das Gericht Errelis nicht als Mittäter. Seine Strafbarkeit ergebe sich aus § 47 Abs. 1 MStGB. Er habe gewusst, dass „die ihm erteilten Befehle dazu dienten, die Juden an den Tötungsort zu bringen".[669] Das Gericht unterstellte zwar zu Errelis' Gunsten das Vorliegen eines Verbotsirrtums, betonte aber, ein solcher sei vermeidbar gewesen. Der Verbotsirrtum könne folglich nicht zu einer Strafbefreiung, wohl aber zu einer Strafmilderung führen.[670]

Auch Dibus wurde wegen seiner Beteiligung an den Deportationen aus Białystok im Februar und August 1943 als Gehilfe der „Haupttäter" verurteilt. Er habe die Vernichtung der Juden nicht aus eigenem Antrieb bejaht. Die Tatsache, dass er im August 1943 von seiner Schusswaffe Gebrauch gemacht habe, spreche „nicht ohne weiteres dafür", dass „Dibus sich innerlich den Absichten der Taturheber angenähert und sich damit in seiner persönlichen Überzeugung mit den verwerflichen Zielen der NS-Führung in Übereinstimmung befunden hätte".[671] Bezugnehmend auf eine Entscheidung des BGH vom November

---

667 Ebd., Bl. 399.

668 Ebd., Bl. 400.

669 Ebd., Bl. 406.

670 Ebd., Bl. 406f.

671 Ebd., Bl. 409.

1964[672] bezeichneten die Richter Dibus als einen Mann, der nicht aus eigenem Antrieb und Entschluss, sondern „als Werkzeug einer verbrecherischen Staatsführung gehandelt" habe.[673]

In Übereinstimmung mit der subjektiven Teilnahmetheorie und im Einklang mit der damaligen NSG-Rechtsprechung orientierte sich das Bielefelder Schwurgericht bei der Unterscheidung zwischen Täterschaft und Teilnahme an subjektiven Kriterien: Nicht der äußere Tatbeitrag – in diesem Fall die Organisation und Durchführung der Deportationen und der Erschießung von 100 Menschen –, sondern die Einstellung zur Tat war demnach entscheidend. Die Argumentation des Gerichts, die Angeklagten hätten nicht aus eigenen „niedrigen Beweggründen" gehandelt, obwohl sie die Befehle und damit auch das Vorhaben der Haupttäter als verbrecherisch erkannt hatten, überzeugt nicht. Nach Auffassung der Richter handelten die Angeklagten unwillig. Überzeugende Belege für diesen Unwillen lieferte das Gericht jedoch nur im Fall Altenlohs. Aufgrund welcher Umstände das Gericht zu dem Schluss kam, dass Heimbach, Errelis und Dibus die Ziele der Haupttäter nicht zur Grundlage ihrer eigenen Überzeugung gemacht hatten, bleibt unklar. Die Annahme, die Angeklagten hätten die Grundsätze der NS-Führung nicht verinnerlicht, sondern sich vielmehr von ihnen distanziert, erscheint angesichts der Tatsache, dass sie – abgesehen von Dibus – leitende Positionen beim KdS innegehabt und der SS angehört hatten, fragwürdig. Die schwerwiegenden Tatbeiträge der Angeklagten verloren durch den Verweis auf die angebliche Missbilligung der Befehle an Gewicht.

Das Gericht übernahm bei der Frage nach der inneren Einstellung zur Tat die Selbstdeutungen der Angeklagten. Sie erscheinen nach der rechtlichen Würdigung als passive Befehlsempfänger ohne eigenen Willen, als funktionierende Rädchen im System der arbeitsteiligen Vernichtung, die danach strebten, die ihnen erteilten Befehle zu erfüllen, ohne sich die Ziele der Taturheber zu eigen zu machen. Diese Deutung gilt es zu hinterfragen. So waren nach Auffassung von Raul Hilberg „Initiativen auf allen Ebenen" die „unbedingte Voraussetzung, um die Politik der Judenverfolgung zu fördern". Folgt man Hilberg, war weniger die Befehlsstruktur, sondern vielmehr das „Konzept der 'Federführung'" entscheidend. Seine These lautet: „Allein mit Befehlen wäre das Judentum nie vernichtet worden. Es bedurfte eines Willens, einer Bereitschaft,

672 Vgl. BGH, Urteil v. 20.11.1964 – 2 StR 71/64, in: *Christiaan Frederic Rüter* (Hrsg.), Justiz und NS-Verbrechen. Sammlung deutscher Strafurteile wegen nationalsozialistischer Tötungsverbrechen, Bd. XXI, Amsterdam 1979, S. 345–356.

673 Urteil 5 Ks 1/65, in: L/StADT, D 21 A, Nr. 6195, Bl. 410.

eines Gedankengangs und einer Übereinstimmung."[674] Das Gericht sprach den Angeklagten diesen Willen und diese Bereitschaft ab.

4.9 Strafzumessung

Das Gericht verweist in seinen Ausführungen zur Strafzumessung darauf, dass die Höchststrafe für die Angeklagten „lebenslanges Zuchthaus" betrage. Die Mindeststrafe „wäre nach den §§ 49, 44 StGB drei Jahre Zuchthaus".[675] Bei der Festsetzung des Strafrahmens berücksichtigte das Schwurgericht bei allen vier Angeklagten, dass „sie womöglich einem vermeidbaren Verbotsirrtum bezüglich der Verbindlichkeit der ihnen erteilten Befehle erlegen" seien. Deswegen kam es zu der Feststellung, „die Mindeststrafe nach den Grundsätzen über die Bestrafung eines Versuches" betrage „neun Monate Zuchthaus".[676]

Hinsichtlich des Angeklagten Altenloh, der zu einer Gesamtstrafe von acht Jahren Zuchthaus verurteilt wurde, nennt das Urteil mehr strafmildernde als strafschärfende Faktoren. Strafschärfend sei ins Gewicht gefallen, dass Altenloh „als Kommandeur besondere Verantwortung" getragen habe. Er sei „deshalb in höherem Maße schuldig" geworden „als seine damaligen Untergebenen". Er habe „nichts dafür unternommen, um dafür zu sorgen", dass in Białystok und Grodno „Brutalitäten und Tötungen beim Zusammentreiben, Selektieren und Verladen der Juden" vermieden worden seien. Bei der Erschießung der 100 „Vergeltungsopfer" habe er „Frauen und Kinder nicht ausnehmen lassen, obwohl er als Kommandeur dazu in der Lage gewesen wäre". Zudem werteten die Richter das Ausmaß der Februar-Deportationen aus Białystok und Grodno als strafschärfend. Dabei war für das Schwurgericht nicht die Zahl von mindestens 10.000 abtransportierten Menschen von Bedeutung, sondern die Tatsache, dass Altenloh „Beihilfe zur Ermordung einer beinahe unübersehbaren Menschenmenge geleistet" hatte. Für den Umfang der Schuld sei es „letztlich gleichgültig, ob sie aus 5.000, 10.000 oder 15.000 Menschen" bestanden habe.[677]

Strafmildernd stellte das Gericht in Rechnung, dass der Angeklagte „ein Kind" einer Zeit gewesen sei, in der „Staat und Gesellschaft langsam, aber stetig entartet" seien. Die Juden seien „nach und nach ihrer Menschenwürde beraubt

674 Raul Hilberg, zit. n. *Paul*, Von Psychopathen, Technokraten des Terrors und „ganz gewöhnlichen" Deutschen, S. 37.

675 Urteil 5 Ks 1/65, in: L/StADT, D 21 A, Nr. 6195, Bl. 412.

676 Ebd., Bl. 413.

677 Ebd., Bl. 415.

und zu Untermenschen gestempelt" worden. „Für viele" habe „kein Zweifel an der Richtigkeit" der von den NS-Machthabern in Reden, Zeitungen, Kunstwerken, Gerichtsurteilen und wissenschaftlichen Abhandlungen verbreiteten Meinung bestanden. Hitler habe „nach der damaligen Propaganda immer recht" gehabt, und „sein Wille" habe „als oberstes Gesetz" gegolten. Altenloh sei von den damaligen Anschauungen „zumindest beeinflußt, wenn nicht geprägt" gewesen. Im Urteil wird betont, dass der Angeklagte nur „in diesem Unrechtsstaat, der auch durch das Versagen der Gesellschaft bedingt" gewesen sei, „straffällig geworden" sei.[678] Als weitere strafmildernde Faktoren werden im Urteil genannt: der Umstand, dass Altenloh „in allen Fällen nur auf Befehl, nicht aus eigenem Antrieb tätig geworden" sei; die Annahme, er habe sich in einem „vermeidbaren Verbotsirrtum" befunden; die Versuche des Angeklagten, die „Räumung hinauszuschieben, sicher in der Absicht, sie ganz zu verhindern"; die Auffassung, der Angeklagte habe „sein Amt nicht als aktiver, scharfer SS-Führer versehen, sondern seiner Natur nach mehr passiv als Zivilbeamter verwaltet"; die „jeher schlechte Gesundheit des Angeklagten und die dadurch bedingte erhöhte Strafempfindlichkeit"; die Tatsache, dass „seit den Taten des Angeklagten 24 Jahre verstrichen" seien; die für den Angeklagten mehr als sieben Jahre andauernde seelische Belastung des Ermittlungsverfahrens und der Hauptverhandlung sowie die dreieinhalbjährige Internierungshaft aufgrund seiner SS-Zugehörigkeit.[679]

Beim Angeklagten Heimbach fiel „die fast unübersehbar große Menschenmenge, zu deren Tötung er Beihilfe geleistet" habe, strafschärfend ins Gewicht. Bei den Deportationen aus Białystok im Februar und August 1943 seien „mindestens 21.500 Menschen in die Vernichtungslager abtransportiert worden". Heimbach habe – wie Altenloh – „nichts unternommen, um Brutalitäten und Exzeßtaten zu unterbinden". Im Fall der „Vergeltungsaktion" habe Heimbach sich nicht bemüht, „Frauen und Kinder von der Erschießung auszunehmen und den Umfang der Exekutionen zu vermindern".[680]

Strafmildernd stellte das Schwurgericht im Fall Heimbachs folgende Umstände in Rechnung: Er sei, „vielleicht mehr noch als Dr. Altenloh, vom Unrechtsstaat geprägt worden". Er habe „nicht aus eigenem Antrieb, sondern auf Befehl gehandelt".[681] Das Gericht berücksichtigte die Möglichkeit, dass er „sich in einem vermeidbaren Irrtum über die Verbindlichkeit der ihm erteilten Befehle

678 Ebd., Bl. 415.

679 Vgl. ebd., Bl. 417f.

680 Ebd., Bl. 418.

681 Ebd., Bl. 418.

befunden" habe. Ferner wurde als strafmildernd gewertet, dass Heimbach „auch nicht wie Dr. Altenloh eine so hohe und verantwortungsvolle Stellung inne" gehabt habe, „wenn auch nicht zu verkennen" sei, dass „er als Leiter der Abteilung IV beim KdS unmittelbar hinter dem Kommandeur" rangiert habe. Heimbach sei „nicht aus politischem Fanatismus, sondern aufgrund seiner Zugehörigkeit zur Polizei in die SS gekommen". Er stehe „seit sieben Jahren unter dem Druck des gegen ihn laufenden Ermittlungs- und Strafverfahrens". Das Gericht berücksichtigte ferner, dass sich seine „Strafempfindlichkeit" – wie bei Altenloh – „seit der Tatbegehung durch die inzwischen vergangene lange Zeit erhöht" habe.[682]

Hinsichtlich des Angeklagten Errelis führt das Gericht im Urteil folgende strafschärfende Gründe an: „das Ausmaß der Tötungen (mindestens 18.500)", zu denen er im Februar in Grodno und im August 1943 in Białystok beigetragen habe, sowie die Tatsache, dass er bei den Februar-Deportationen aus Grodno „der verantwortliche Leiter" gewesen sei und „sich nicht bemüht" habe, „die Rohheit der Aktion und die dabei aufgetretenen Todesfälle zu verhindern".[683]

Auch beim Angeklagten Errelis bewertete das Gericht „die Zustände in Staat und Gesellschaft des Dritten Reiches" als strafmildernd. Er habe „nicht aus eigenem Antrieb, sondern auf Befehl gehandelt". Das Gericht berücksichtigte die Möglichkeit, dass er sich „über die Verbindlichkeit der ihm erteilten Befehle geirrt" habe. Die Richter waren davon überzeugt, Errelis sei „nicht aus blindem Fanatismus zur NSDAP und zur SS" gelangt. Im Grunde habe ihm erst die NS-Bewegung ermöglicht, den angestrebten Beamtenberuf zu ergreifen. Deshalb habe er sich ihrer Idee verpflichtet gefühlt und „beinahe bewußt die Schattenseiten" übersehen, „obwohl auch er sie im Laufe seiner staatspolizeilichen Tätigkeit erkannt hatte". Zugunsten des Angeklagten sprach nach Auffassung des Gerichts ferner die „seit der Tatbegehung verflossene Zeit, die lange Dauer des Ermittlungs- und Strafverfahrens". Strafmildernd habe weiterhin gewirkt, dass er „durch die Krankheit seiner Ehefrau mit einem schweren persönlichen Schicksal belastet" sei. Das lasse „ihn die über ihn verhängte Strafe empfindlicher spüren". Zur Überzeugung des Schwurgerichts war die Schuld des Angeklagten Errelis bei der Auflösung des Białystoker Ghettos „nicht so groß" wie bei Heimbach und Dibus. Er sei „daran nicht so schwerwiegend beteiligt" gewesen.[684]

---

682 Ebd., Bl. 419.

683 Ebd., Bl. 419f.

684 Ebd., Bl. 420f.

Auch hinsichtlich des Angeklagten Dibus bewertete das Gericht „das Ausmaß der Tötungen" als strafschärfend. Er habe sich an den „Räumungen" des Białystoker Ghettos „vielfältig und intensiv beteiligt". Die Richter verwiesen darauf, dass Dibus „als Mitglied der Räumungstrupps und als Überwacher von Judenkolonnen auf dem Weg zum Industriebahnhof" zu denjenigen gehört habe, „die durch aktives Handeln besondere Furcht verbreiteten". Zudem habe er während der August-Aktion „vor der Kartonagenfabrik mitgeschossen".[685]

Strafmildernd wurde berücksichtigt, dass auch Dibus „ein Kind seiner Zeit" gewesen und „durch sie geprägt worden" sei. „Auch er" habe „nur auf Befehl gehandelt" und sich möglicherweise „über die Verbindlichkeit dieser Befehle geirrt". Dies stellte das Gericht „nach den Grundsätzen über die Bestrafung des vermeidbaren Verbotsirrtums" in Rechnung. Zugunsten des Angeklagten habe außerdem gesprochen, dass „er trotz seines Führerranges als Obersturmführer eine recht untergeordnete Stellung bekleidet" habe. Auch bei Dibus wurden „die seit der Tatbegehung verstrichene lange Zeit und die Dauer des Ermittlungs- und Strafverfahrens" vom Gericht strafmildernd bewertet.

Das Gericht verhängte folgende Einzelstrafen:

1) Über Altenloh wegen seiner Mitwirkung an den Februar-Deportationen aus Białystok und Grodno sieben Jahre Zuchthaus und wegen seiner Beteiligung an der Erschießung von mindestens hundert Personen in Białystok im Februar 1943 vier Jahre Zuchthaus.

2) Über den Angeklagten Heimbach wegen seiner Mitwirkung an den Februar-Deportationen aus Białystok fünf Jahre und sechs Monate Zuchthaus, wegen seiner Beteiligung an der Erschießung von 100 Menschen im Februar 1943 drei Jahre Zuchthaus und wegen seiner Mitwirkung an den August-Deportationen aus Białystok vier Jahre Zuchthaus.

3) Über den Angeklagten Errelis wegen seiner Beteiligung an den Deportationen aus Grodno im Februar 1943 fünf Jahre und sechs Monate Zuchthaus und wegen seiner Mitwirkung an den Deportationen aus Białystok im August 1943 drei Jahre und sechs Monate Zuchthaus.

4) Über den Angeklagten Dibus wegen seiner Beteiligung an den Deportationen aus Białystok im Februar 1943 drei Jahre und sechs Monate Zuchthaus und wegen seiner Mitwirkung bei den Deportationen aus Białystok im August 1943 vier Jahre Zuchthaus.

Das Bielefelder Schwurgericht bildete – unter Berücksichtigung der erwähnten Strafzumessungsgründe und unter Anrechnung der Untersuchungshaft – folgende Gesamtstrafen: acht Jahre Zuchthaus für den Angeklagten Altenloh, neun Jahre Zuchthaus für den Angeklagten Heimbach, sechseinhalb Jahre für den Angeklagten Errelis und fünf Jahre für den Angeklagten Dibus. Den

685 Ebd., Bl. 421.

Angeklagten wurden die bürgerlichen Ehrenrechte aberkannt und zwar Altenloh, Heimbach und Errelis für einen Zeitraum von fünf Jahren und Dibus für einen Zeitraum von vier Jahren.

Am 14. April 1967, am Tag der Urteilsverkündung, beschloss das Bielefelder Schwurgericht, den Haftbefehl vom 6. Mai 1965 in Bezug auf den Angeklagten Dibus aufzuheben, sowie die Beschlüsse über die Verschonung des Angeklagten Dr. Altenloh von der Untersuchungshaft vom 29. Juli 1965 und über die Verschonung des Angeklagten Errelis von der Untersuchungshaft vom 3. August 1965 aufrechtzuerhalten.[686] Zur Begründung führte das Gericht im Fall Dibus an, dass dieser bereits 4/5 seiner Strafe in Untersuchungshaft verbüßt habe. Was die Angeklagten Altenloh und Errelis anbetrifft, könne, so die Argumentation des Gerichts, „der an sich bestehenden Fluchtgefahr mit anderen Mitteln als dem des Vollzugs der Untersuchungshaft begegnet werden". Die Gesundheit des Angeklagten Altenloh sei „stark angegriffen". Deswegen sei „er sehr wahrscheinlich den Aufregungen, Gefahren und Beschwerlichkeiten einer Flucht nicht gewachsen". Die Fluchtgefahr werde „bei ihm weiterhin dadurch gemindert", dass „er eine Kaution von 50.000,- DM hinterlegt, eine weitere in gleicher Höhe in Form einer Bankbürgschaft erbracht und verpflichtet" sei, „sich an drei Werktagen in der Woche bei einer zuständigen Polizeibehörde zu melden".[687] Im Fall Errelis verwies das Schwurgericht zur Begründung auf dessen Familiensituation. Seine Frau sei schwer krank und bedürfe „der ständigen Pflege und Betreuung durch den Angeklagten". Eine Kaution könne der Angeklagte Errelis nicht erbringen, sie sei „unter den beschriebenen Umständen auch nicht erforderlich". Errelis sei verpflichtet, sich täglich bei seiner zuständigen Polizeidienststelle zu melden, „um die Gefahr seiner Flucht weiter zu mindern".[688] Der Angeklagte Heimbach könne nicht von der Untersuchungshaft verschont werden. Die Fluchtgefahr sei „wegen der Höhe der über ihn verhängten Zuchthausstrafe besonders groß". Heimbach habe „keine nahen Familienangehörigen, bei denen er sich aufhalten könnte".[689]

686 Vgl. Beschluss des Schwurgerichts Bielefeld v. 14.4.1967 in der öffentlichen Sitzung des Schwurgerichts im Kreis- und Stadtkrankenhaus Minden, in: L/StADT, D 21 A, Nr. 6229, Bl. 98-99, hier: Bl. 98.

687 Ebd., Bl. 98.

688 Ebd., Bl. 99.

689 Ebd., Bl. 99.

5. 4 StR 272/68: Zur Revision des Angeklagten Dr. Altenloh und zur Entscheidung des BGH

Die Verteidiger der Angeklagten Altenloh, Heimbach und Errelis beantragten, das am 14. April 1967 verkündete Urteil des Bielefelder Schwurgerichts aufzuheben.[690] Da der Angeklagte Heimbach kurz nach dem Revisionsantrag seines Verteidigers verstarb, musste sich der BGH nur mit den Revisionen der Angeklagten Errelis und Altenloh auseinandersetzen.

Gegenstand der Revision sind Rechtsfehler. Sie führt nur zu einer revisionsgerichtlichen Überprüfung der Rechtsanwendung, nicht der Tatfrage. Bei den Revisionsgründen gilt es zwischen der Verfahrensrüge und der Sachrüge zu unterscheiden.[691] Die Revisionsführer im Verfahren gegen Dr. Altenloh u.A. beanstandeten sowohl Verfahrensverstöße als auch die Verletzung des sachlichen Rechts. Die Richter des 4. Strafsenats des BGH wiesen in ihrer Entscheidung vom 5. Februar 1970 alle von den Verteidigern monierten Verfahrensverstöße zurück.[692]

Die Überschreitung der Frist des § 229 StPO[693] sei „kein unbedingter Revisionsgrund". Die am 17. Februar 1967 unterbrochene Hauptverhandlung wurde aufgrund der Erkrankung eines Geschworenen länger als zehn Tage unterbrochen. Sie wurde erst am 9. März 1967 fortgesetzt. „Auf dem hierin liegenden Verstoß gegen § 229 StPO" könne „das Urteil jedoch nicht beruhen", so der BGH.[694] Auch die sachrechtlichen Rügen der schriftlichen Revisionsbegründung der Angeklagten Errelis und Altenloh wies der 4. Strafsenat zurück. Die Sachrüge soll hier – am Beispiel des Angeklagten. Altenloh – etwas ausführli-

690 Zu den Revisionsbegründungen vgl.: Schreiben RA Klaus Heise an das LG Bielefeld v. 22.12.1967, in: L/StADT, D 21 A, Nr. 6196, Bl. 116–155; Schreiben RA Dr. Arnold Riedenklau II an das LG Bielefeld v. 19.12.1967, in: L/StADT, D 21 A, Nr. 6196, Bl. 156–167; Schreiben Dr. Heino Friebertshäuser an das LG Bielefeld v. 22.12.1967, in: L/StADT, D 21 A, Nr. 6196, Bl. 60–115. Siehe auch die Gegenerklärung von Oberstaatsanwalt Hesse von der Zentralstelle Dortmund zur Rüge des formellen Rechts. Vgl. Schreiben des Leiters der Zentralstelle bei der Staatsanwaltschaft Dortmund an das LG Bielefeld v. 27.2.1968, in: L/StADT, D 21 A, Nr. 6196, Bl. 221–234.

691 Vgl. *Klaus Detter*, Revision in Strafsachen, Baden-Baden 2001, S. 31–57.

692 Vgl. BGH, Urteil v. 5.2.1970 – 4 StR 272/68, in: L/StADT, D 21 A, Nr. 6197, Bl. 318–329, hier: Bl. 320–325.

693 § 229 StPO regelt die Höchstdauer der Unterbrechung der Hauptverhandlung. § 229 Abs. 1 StPO lautete zum Zeitpunkt des Bielefelder Prozesses wie folgt: „Eine Hauptverhandlung darf bis zu zehn Tagen unterbrochen werden."

694 Vgl. BGH, Urteil v. 5.2.1970 – 4 StR 272/68, in: L/StADT, D 21 A, Nr. 6197, Bl. 318–329, hier: Bl. 321. Siehe auch: § 229 StPO, in: NJW 23 (1970), S. 767.

cher behandelt werden, weil sie für das Erkenntnisinteresse der Arbeit von besonderer Relevanz ist.

Die Sachrüge „ist die Rüge, der Tatrichter habe auf den von ihm – rechtsfehlerfrei – festgestellten Sachverhalt das sachliche Recht nicht richtig angewendet".[695] Dahs / Dahs betonen, „die Wirksamkeit der Sachrüge" setze voraus, „dass sie auf die Verletzung einer Rechtsnorm gestützt" sei (§ 337 I).[696] Sie sei „deshalb unzulässig bzw. unwirksam, wenn sie nach ihrer Begründung trotz gegenteiliger Angabe in Wirklichkeit gegen die Tatsachenfeststellungen gerichtet" sei, „die mit der Revision nicht angegriffen werden können".[697] Das Revisionsgericht ist an die Sachverhaltsfeststellungen des Tatgerichts gebunden. Rainer Hamm schreibt, das Revisionsgericht prüfe nur nach, „ob das Tatgericht auf seinem prozessualen Weg, der zu den festgestellten 'Tatsachen' – seien sie nun in Wahrheit Tatsachen oder nicht – geführt hat, und bei deren Bewertung das Recht richtig angewendet" habe.[698] Die Angriffsmöglichkeiten der Revision gegen die Beweiswürdigung sind begrenzt. Nach dem prozessrechtlichen Grundsatz der freien Beweiswürdigung entscheidet der Tatrichter über die Ergebnisse der Beweisaufnahme und stellt fest, ob ein Sachverhalt als bewiesen zu betrachten ist oder nicht. Rechtsfehler liegen nur dann vor, wenn, wie Klaus Detter in Berufung auf die BGH-Rechtsprechung betont, „die Beweiswürdigung in sich widersprüchlich, lückenhaft oder unklar" sei, „gegen die Denkgesetze oder gesichertes Erfahrungswissen" verstoße „oder an die zur Verurteilung erforderliche Gewißheit übertriebene Anforderungen" stelle.[699] Ferner müsse aus dem Urteil hervorgehen, dass „der Tatrichter solche Umstände, die geeignet sind, die Entscheidung zugunsten oder zuungunsten des Angeklagten zu beeinflussen, erkannt und in seine Überlegungen einbezogen" und sich „mit naheliegenden Möglichkeiten" auseinandergesetzt habe.[700] In Bezug auf Angriffe gegen die Strafzumessung gilt es zu berücksichtigen, dass diese „grundsätzlich Sache des Tatrichters" ist. So kann das Revisionsgericht nur eingreifen, wenn, wie Detter feststellt, „die Zumessungserwägungen in sich fehlerhaft sind, wenn das Tatgericht gegen rechtlich anerkannte Strafzwecke verstößt oder wenn sich die verhängte Strafe von ihrer Bestimmung

695 *Detter*, Revision, S. 51.

696 *Hans Dahs / Hans Dahs*, Die Revision im Strafprozeß. Bedeutung für die Praxis der Tatsacheninstanz, München 2001, S. 290.

697 Ebd., S. 239f.

698 *Rainer Hamm*, Die Revision in Strafsachen, Berlin ^{6}1998, S. 547.

699 *Detter*, Revision S. 52, in Berufung auf eine Entscheidung des BGH.

700 *Detter*, Revision, S. 52f.

löst, gerechter Schuldausgleich zu sein".[701] Zur fehlerhaften Strafzumessung zählen beispielsweise Verstöße bei der Strafrahmenwahl. Aus dem Urteil müsse hervorgehen, so Detter, „welcher Strafvorschrift der Strafrahmen entnommen" worden sei, „und auch, ob von bestimmten Milderungs- oder Schärfungsmöglichkeiten Gebrauch gemacht" worden sei.[702]

5.1 Die Revisionsbegründung Dr. Heino Friebertshäusers vom 2. Mai 1968

Die Sachrüge des Revisionsführers für den Angeklagten Altenloh ist mit Angriffen gegen verschiedene Teile des schriftlichen Urteils des Bielefelder Schwurgerichts verbunden, darunter die rechtliche Würdigung, die Beweiswürdigung und die Strafzumessung. Die Revisionsbegründung vom 2. Mai 1968, die Friebertshäusers Revisionsrechtfertigung vom 28. November 1967 ergänzt, nimmt in Kapitel A Stellung zur Schuldfrage und in Kapitel B zur Straffrage.

Die aus zwei Teilen bestehende Darstellung „Zur Schuldfrage" beginnt mit einem Verweis auf die „Pervertierung des Rechtsgewissens des Volkes" während des Nationalsozialismus, deren „Besonderheit" in vier Punkten gelegen habe. Erstens sei sie „getarnt vorangetrieben" worden, bis sie auch „Kernbereiche des Rechts" erfasst habe, zweitens sei sie „von einer wortgewaltigen, alle Publikationsmittel umfassenden, überzeugungskräftigen, von jeder Gegenäußerung verschonten, also allein herrschenden und allein wirkenden Propaganda eingehämmert" worden. Drittens sei sie „von der seit Menschengedenken gültigen, unbestrittenen Autorität" ausgegangen, „der des Staatsoberhauptes und der Staatsregierung". Viertens sei sie von einer zweiten Autorität, „der Wissenschaft", unterstützt worden.[703] Die beiden Autoritäten hätten „sehr nachdrücklich" bestimmt, „was Recht und was Unrecht sei", und sie hätten dem Gewissen des Kollektivs und des Individuums „Maßstäbe und Grenzen" gesetzt. „Alles bisher Gültige" sei „ins Fließen geraten, und für den, der zum Gefolgsmann des Nationalsozialismus gewonnen war", sei nur „ein Festes geblieben: der Wille des Führers und die Pflicht, ihm zu gehorchen".[704] Der Nationalsozialismus wird in der Revisionsschrift als eine totalitäre Herrschaftsform charakterisiert, und die Deutschen werden als Verführte ohne

701 Ebd., S. 54.

702 Ebd., S. 55.

703 Revisionsrechtfertigung Dr. Heino Friebertshäusers v. 2.5.1968, in: L/StADT, D 21 A, Nr. 6196, Bl. 246–295, hier: Bl. 248f.

704 Ebd., Bl. 249.

eigenen Handlungsspielraum dargestellt. Die Anhänger des Systems werden in zwei Gruppen unterteilt: Die eine Gruppe, „die Hitler in seiner Gedankenwelt und seinem Charakter verwandt" gewesen sei, habe „rasch dessen verbrecherische Pläne" durchschaut und „keine Skrupel gehabt", sie zu erfüllen. Die „durch seine Worte und die Propaganda" verblendete zweite Gruppe habe „an ihren Führer, wie an einen Götzen", geglaubt und „selbst das Unrecht, das klar vor ihren Augen" gelegen habe, „nicht oder erst sehr spät wahrzunehmen" vermocht.[705]

Der Revisionsführer moniert, das Bielefelder Schwurgericht habe es versäumt, sich ein Bild davon zu machen, „was damals hinsichtlich 'Rechtsauffassung', 'Tötungsrecht' und 'Judenbehandlung' alles auf den jungen, z.Zt. der Machtübernahme Hitlers 24 jährigen Juristen Dr. Altenloh" eingedrungen sei.[706] Bezugnehmend auf ausgewählte juristische Literatur aus der Zeit des Nationalsozialismus und der 1960er Jahre versucht die Revisionsschrift den Nachweis zu erbringen, dass das Rechtsgewissen des Angeklagten während des Nationalsozialismus massiv beeinflusst worden sei. Ein zentrales Argument lautet, der Wille Hitlers sei damals als Gesetz betrachtet worden. Altenloh sei „vorgesagt worden", dass „der Führer allein durch seinen Ausspruch Recht setze".[707]

Die Revisionsschrift behauptet, die „äußeren und inneren Umstände müssen" auch in der Strafsache gegen Dr. Altenloh u.A. „die Beurteilung wesentlichter Rechtsfragen beeinflussen". Dazu gehören nach Friebertshäuser: die Fragen des Wissens um die Tötungsfolge, das Unrechtsbewusstsein des Gehilfen, die Kenntnis vom verbrecherischen Zweck, die Vermeidbarkeit des Verbotsirrtums, das Wissen um die niedrigen Beweggründe der Haupttäter und den wirklichen oder vermeintlichen Befehls-, Nötigungs- oder Notstand. Diese Fragen hätten „ein derartiges Gewicht", dass „die Gefahr" naheliege, dass „der Tatrichter bei der Beurteilung sachlich-rechtliche Fehler" begehe. Er sei in der Tat dieser Gefahr erlegen[708] Im zweiten Teil von Kapitel A versucht die Revision des Angeklagten Altenloh den Nachweis zu erbringen, dass die Schuldfeststellung des Bielefelder Schwurgerichts auf sachrechtlichen Fehlern beruhe.

Die Ausführungen unter der Überschrift „Das Wissen der Tötungsfolge des Räumungsbefehls" enthalten den Vorwurf, die Beweiswürdigung des Gerichts zum Nachweis der Kenntnis weise „eine Reihe denkgesetzlicher Fehler" auf.

705 Ebd., Bl. 249.
706 Ebd., Bl. 250.
707 Ebd., Bl. 251.
708 Ebd., Bl. 257.

Es wird moniert, dass die Beweiswürdigung „lückenhaft" sei und das Gericht andere in Betracht kommende Möglichkeiten übersehen habe. Es fehle die Auseinandersetzung mit der „naheliegenden Möglichkeit", dass „der Angeklagte zu jener Gruppe von Systemanhängern" gehört habe, „die im dumpfen Glauben an die ethische und rechtliche Grundhaltung ihres Führers später als andere vor ihnen liegende, von ihrer Vorstellung abweichende Tatsachen sahen, die Meldungen und Gerüchten, die dieser Vorstellung widersprachen, keinen Glauben schenkten, weil sie nicht an sie glauben wollten".[709] Wäre das Schwurgericht, so die Behauptung, „von der 'Standortbestimmung' und von der richtigen 'Eingruppierung' des Angeklagten ausgegangen", dann sei anzunehmen, dass „alle die vom Schwurgericht angeführten Beweisanzeichen in neuer Beleuchtung eine rechtserheblich andere Wertung erfahren", dass „sie zumindest nicht ausgereicht hätten, um es davon zu überzeugen", dass „der Angeklagte schon zur Zeit der Teilräumungsaktion die letzte Folge des Räumungsbefehls, die physische Vernichtung dieser Juden, begriffen hatte".[710] Ferner wird gerügt, dass in der Beweisführung „ständig auf Schriftstücke verwiesen" werde, „deren Inhalt nicht angegeben" werde. Der Leser könne der 'lückenhaften' Beweiswürdigung nicht folgen. Die Tatsachen, so der Vorwurf, „werden nicht angegeben, sondern nur aus dem unbekannten Inhalt der Schriftstücke Folgerungen gezogen". Das gelte im besonderen Maße, wenn der Leser aufgefordert werde, zu 'vergleichen'. Der Angeklagte sei „nicht in der Lage, zu vergleichen, weil er das Material nicht" besitze. Aber auch das Revisionsgericht könne „mit einer solchen stückweise vorgetragenen Darstellung der Beweisführung nicht viel anfangen". Beide seien nicht im Stande, zu prüfen, „ob nicht irrig fehlerhafte Schlüsse aus dem Inhalt der dort zum Gegenstand des Beweises gemachten Urkunden gezogen worden" seien.[711]

Die Feststellungen des Gerichts zum Begriff des Unrechtsbewusstseins, so ein weiterer Kritikpunkt der Revisionsbegründung, seien „zu knapp". Es fehle „eine Darlegung und Erörterung der Umstände – die eigene Einlassung oder Beweisanzeichen –, die auf ein solches Unrechtsbewußtsein deuten und zu der Überzeugung des Gerichts geführt haben". Der Vorwurf geht dahin, dass – von einer Ausnahme abgesehen – „nur Folgerungen gebracht" würden, „ohne die Tatsachen, aus denen gefolgert" worden sei, „zu nennen".[712] Diese Ausnahme sei die Begründung, die für das Unrechtsbewusstsein in der rechtlichen Würdigung im Fall des Tatvorwurfs der Februar-Deportationen gegeben worden sei:

709 Ebd., Bl. 258.

710 Ebd., Bl. 259.

711 Ebd., Bl. 260f.

712 Ebd., Bl. 266.

„die Auflehnung" des Angeklagten gegen den Befehl zur Teil-„Räumung" des Białystoker Ghettos. Diese Annahme beruhe „aber auf Rechtsirrtum". Das Schwurgericht habe „die Denkgesetze verletzt". Es habe „aus der Tatsache der Auflehnung auf das Bewußtsein von Unrecht geschlossen, ohne sich der sich aufdrängenden naheliegenden Möglichkeit bewußt geworden zu sein", dass „diese Auflehnung nicht eine Folge des Bewußtseins von Unrecht, sondern etwa nur die Folge des Gefühls einer vor der Moral nicht vertretbaren Handlung, also des sittlichen Gewissens, gewesen sein" könne. „Recht und Moral", so der Vorwurf, seien „hier nicht unterschieden worden". Es habe auch „einfaches Mitleid" sein können, das den Angeklagten zu seinen Versuchen veranlasst habe, „die Täter zur Rücknahme des Befehls zu bewegen". Des Weiteren wird gemutmaßt, dass „auch bloße Gesichtspunkte der Zweckmäßigkeit" den Angeklagten dazu veranlasst haben könnten, „zu remonstrieren".[713] Zusammenfassend wird darauf hingewiesen, dass „es eine zu einseitige und daher rechtsfehlerhafte Betrachtungsweise" gewesen sei, „aus der Tatsache der Remonstration auf ein Unrechtsbewußtsein zu schließen, ohne die anderen mindestens gleichnahen Möglichkeiten überhaupt nur zu erwähnen".[714] Die Ausführungen zur Frage des Unrechtsbewusstseins schließen mit dem Verweis auf einen angeblichen denkgesetzlichen Widerspruch in den Urteilsgründen und dessen Folgen für die Schuldfrage.

Im Abschnitt „Das Kennen des verbrecherischen Zwecks" versucht die Revision des Angeklagten Altenloh zu zeigen, dass das Schwurgericht in der Behandlung von § 47 MStGB Rechtsfehler begangen habe. Ausgangspunkt ist die Annahme, das Gericht habe zu Unrecht festgestellt, dass der Angeklagte als Untergebener den verbrecherischen Zweck der Befehlsgeber erkannt habe.[715] Die Revision bemängelt zunächst, die Feststellungen und Erwägungen des Schwurgerichts zur Problematik des § 47 MStGB seien „zu knapp". Danach wird darauf verwiesen, dass die Voraussetzungen der Bestimmung „sehr eng" seien. So müsse der Untergebene „nicht nur zu seiner Überzeugung und Gewissheit erkennen", dass sich der Vorgesetztenbefehl „auf eine vorsätzliche und rechtswidrige Tötung eines Menschen" beziehe, sondern auch, dass „für den Vorgesetzten diese vorsätzliche und rechtswidrige Tötung der eigentliche Zweck d.h. das Ziel seines in Befehlsform gekleideten Wunsches war, nicht etwa nur ein mehr oder weniger notwendiges Übel zur Erreichung eines anderen umfassenderen Ziels".[716] Absicht sei „nach einhelliger Ansicht von

713 Ebd., Bl. 268.

714 Ebd., Bl. 269.

715 Vgl. ebd., Bl. 270.

716 Ebd., Bl. 270.

Rechtsprechung und Rechtslehre der direkt auf den Erfolg als Ziel gerichtete Wille“.[717] Es sei nicht erkennbar, ob sich das Schwurgericht „über die Tragweite“ des § 47 MStGB „im Klaren gewesen“ sei. Es sei nicht auszuschließen, dass es geglaubt habe, „es genüge auf Seiten des Angeklagten die Vorstellung der Todesfolge des Räumungsbefehls, und zwar als sichere Kenntnis, und die sichere Folgerung“, dass „eine solche Handlung ein Verbrechen sei, „während der Angeklagte die sichere Kenntnis gehabt haben“ müsse, dass „der Befehlsgeber gerade diese Folge des Befehls, die Tötung, beabsichtigt“ habe „und nicht etwa nur als notwendige Folge des Räumungsbefehls“ vorausgesehen „und in Kauf“ genommen habe.[718] Es wird moniert, das Schwurgericht habe sich nicht genügend in die damalige Gedankenwelt Altenlohs hineinversetzt und bestimmte Möglichkeiten nicht erwogen.[719] Um die Ausführungen zu § 47 MStGB zu stützen, werden Zitate von Roesen und Baumann angeführt.[720]

Zur Frage der Vermeidbarkeit des Verbotsirrtums heißt es, das Schwurgericht habe zu Recht unterstellt, dass der Angeklagte „an die Verbindlichkeit der Befehle geglaubt und sich insofern in einem Verbotsirrtum befunden“ habe. „Zu Unrecht“, so die Argumentation des Revisionsführers, habe es jedoch „die Überzeugung gewonnen, dieser Irrtum sei für den Angeklagten vermeidbar gewesen“.[721] Es wird geltend gemacht, das Schwurgericht habe zwei Denkfehler begangen und naheliegende Möglichkeiten übersehen.[722]

Die Rechtsausführungen des Schwurgerichts in Bezug auf die Feststellung, der Angeklagte habe gewusst, dass die Haupttäter aus niedrigen Beweggründen handelten, beruhten, so ein weiterer Vorwurf der Revisionsschrift, „auf Rechtsirrtum“. Das Schwurgericht setze voraus, dass der Angeklagte der Meinung gewesen sei, „die Täter handelten allein aus Rassenhaß“. Es habe sich nicht gefragt, ob Altenloh davon ausgegangen sei, dass „neben Rassenhaß noch andere Beweggründe die Tötungsbefehle veranlasst hatten, Beweggründe, die er nicht“ gekannt habe, „von denen er aber überzeugt“ gewesen sei, dass „sie irgendwie hochwertige oder jedenfalls nicht geringwertige oder gar auf der niedrigsten Stufe der Wertung stehende seien“. Das Gericht habe ferner „übersehen“, dass „der Angeklagte – nach seiner eigenen Vorstellung – die ganzen

717 Ebd., Bl. 270f.

718 Ebd., Bl. 272.

719 Vgl. ebd., Bl. 272f.

720 Vgl. ebd., Bl. 273f.

721 Ebd., Bl. 274.

722 Vgl. ebd., Bl. 275–277.

Umstände, die zu den Befehlen führten“, nicht gekannt habe.[723] Es wird betont, dass der Mordgehilfe nach Auffassung des BGH „sämtliche Tatsachen kennen“ müsse, „die die Bewertung des Beweggrunds der Täter als niedrig rechtfertigen“.[724]

Der Abschnitt zur Frage des „Befehls-, Nötigungs- und Notstandes“ befasst sich mit der Feststellung des Gerichts, der Angeklagte habe sich weder auf Entschuldigungsgründe berufen noch seien „hinreichende Anzeichen dafür vorhanden“, dass „er sich bei der Befehlsausführung in einem echten oder vermeintlichen Nötigungsstand“ oder „Notstand befunden hätte“.[725] Die Revision des Angeklagten Altenloh erkennt auch hier „mehrere Rechtsfehler“.[726]

Zusammenfassend bemerkt die Revisionsschrift über die Behandlung der Rechtsfragen durch das Bielefelder Schwurgericht:

> „Der Kardinalfehler des Schwurgerichts dürfte nach alledem wohl darin zu sehen sein, daß es nach Feststellung des objektiven Sachverhalts bemüht war, die Einlassung des Angeklagten über seine nicht vorhandene Vorstellung von der Tötung der Juden bei der Deportation und über seine zu späte Kenntnis von dem Befehl zur Geiselerschießung zu widerlegen; daß es dann aber nach der Widerlegung die dadurch entstandene neue Situation nicht beachtet hat. Da der Angeklagte infolge seiner Einlassung auf sie nicht hatte hinweisen können, ist es dem Schwurgericht entgangen, daß es in einem solchen Fall Aufgabe des Gerichts ist, den subjektiven Tatbestand, der sich nach Widerlegung der Einlassung des Angeklagten ergab, so zu prüfen, als ob der Angeklagte in dieser subjektiven Hinsicht genauere ihn entlastende Angaben gemacht hätte.“[727]

Dem Revisionsführer fehlt „die notwendige Auseinandersetzung mit den wesentlichen Fragen des inneren Tatbestandes“.[728] Abschließend wird festgestellt, es sei „nicht auszuschließen“, ja „sogar wahrscheinlich“, dass „das Schwurgericht“, hätte es nur einen der beiden „aufgezeigten sachlichrechtlichen Fehler“ vermieden, nicht zu dem Ergebnis gelangt wäre, der Angeklagte wäre Gehilfe an zwei Mordtaten“.[729]

---

723 Ebd., Bl. 278.

724 Ebd., Bl. 279f.

725 Urteil 5 Ks 1/65, in: L/StADT, D 21 A, Nr. 6195, Bl. 389f.

726 Revisionsrechtfertigung Dr. Heino Friebertshäusers v. 2.5.1968, in: L/StADT, D 21 A, Nr. 6196, Bl. 246–295, hier: Bl. 280. Zur Kritik an den Feststellungen des Schwurgerichts zur Frage des Befehls-, Nötigungs- und Notstandes vgl. ebd., Bl. 280–283.

727 Revisionsrechtfertigung Dr. Heino Friebertshäusers v. 2.5.1968, in: L/StADT, D 21 A, Nr. 6196, Bl. 246–295, hier: Bl. 283f.

728 Ebd., Bl. 284.

729 Ebd., Bl. 284.

Das Kapitel „Zur Straffrage“ befasst sich mit den im Urteil genannten strafschärfenden und strafmildernden Gesichtspunkten und nennt Aspekte, die das Gericht bei der Strafzumessung angeblich nicht bedacht habe. Die Bestimmung des Strafrahmens wird vom Revisionsführer nicht angegriffen, sondern vielmehr als „zutreffend“[730] bezeichnet.

Die Revisionsschrift setzt sich mit einigen vom Gericht angeführten strafschärfenden und strafmildernden Aspekten kritisch auseinander. Sie bezweifelt, dass der Angeklagte Altenloh als „Kommandeur besondere Verantwortung“ getragen habe, und argumentiert, er habe sich sowohl im Fall der Deportationen als auch im Fall der Erschießung von 100 Juden des Białystoker Ghettos „als passives, ersichtlich widerstrebendes, nur im Formalen – und dabei nur im Nötigsten – mitwirkendes Werkzeug gezeigt“.[731] Altenlohs „Verantwortung“ sei „damit nur noch eine rein äußerliche“ gewesen, „nämlich insoweit, als er nach seiner Stellung noch ‘Kommandeur’ und als solcher nicht ‘ausgeschaltet’“ gewesen sei. Es wird betont, dass er keine „tatsächliche Verantwortung“ getragen habe. Der Revisionsführer reduziert die Verantwortung Altenlohs auf die eines „untergeordneten Befehlsausführers, eines Kuriers, eines Boten“, ja „eines Briefträgers“, und trägt vor, diese „rein formale Verantwortung des Angeklagten“ sei „kein Umstand, der straferhöhende Wirkung haben könnte“.[732] Die Logik der Argumentation wird im Folgenden am Beispiel der Februar-Deportationen aus dem Białystoker Ghetto aufgezeigt: Ausgehend von den Feststellungen des Schwurgerichts zur Organisation der Februar-„Räumung“ behauptet der Revisionsführer, es sei nicht klargestellt worden, ob der Angeklagte oder Eichmanns Stellvertreter Günther „die Befehle zur Durchführung der Aktion an die ausführenden Organe gegeben“ habe. Das Schwurgericht habe nur festgestellt, dass die KdS-Dienststelle „die Deportation zu organisieren und durchzuführen hatte“.[733] Zu Gunsten des Angeklagten sei zu unterstellen, dass „Günther der Handelnde“ gewesen sei und dass Altenloh „allenfalls auf dessen Weisung seine Unterschrift auf die Befehle gesetzt bzw. die Befehle Günthers mündlich an seine Untergebenen weitergegeben“ habe.[734]

Der vom Gericht angeführte strafschärfende Umstand, Altenloh habe bei der Erschießung der „Vergeltungsopfer“ Frauen und Kinder nicht ausnehmen

730 Ebd., Bl. 290.

731 Ebd., Bl. 286.

732 Ebd., Bl. 287.

733 Ebd., Bl. 285.

734 Ebd., Bl. 286.

lassen, geht nach Darstellung des Revisionsführers fehl, weil, so die Argumentation, nicht erwiesen sei, dass der Angeklagte „überhaupt" gewusst habe „oder nur damit gerechnet" habe, dass „auch Frauen und Kinder erschossen werden sollten".[735] Der Strafausspruch dürfe nicht, wie in Bezug auf eine unveröffentlichte BGH-Entscheidung betont wird, auf „nicht erwiesene strafschärfende Umstände" gestützt werden. Altenloh treffe bezüglich des Todes der Frauen und Kinder „nicht der Vorwurf, den ihm das Schwurgericht bei der Strafzumessung" mache.[736]

Was die strafmindernden Faktoren anbetrifft, wird moniert, es werde nicht klar, ob sich das Gericht darüber bewusst geworden sei, dass es sich bei dem Handeln auf Befehl und dem vermeidbaren Verbotsirrtum um zwei selbstständige Strafminderungsgründe handele.[737] Außerdem wird die Wendung kritisiert, das Gericht habe „von seiner Befugnis der Strafmilderung nach den Grundsätzen des vermeidbaren Verbotsirrtums Gebrauch gemacht".[738] Diese besage nicht viel. Der Vorwurf geht dahin, das Schwurgericht hätte „bei der Strafzumessung im engeren Sinne darlegen müssen, in welchem Maße es den Verbotsirrtum strafmindernd berücksichtigt habe".[739] Bezugnehmend auf Baumann rügt der Revisionsführer außerdem, es sei nicht strafmindernd berücksichtigt worden, inwieweit „die Tat damals oder erst recht heute als persönlichkeitsfremd zu betrachten" sei.[740] Das Schwurgericht habe diesen Aspekt „allenfalls nur in einem Ausschnitt geprüft, wenn es davon" spreche, „der Angeklagte habe sein Amt nicht als aktiver, scharfer SS-Führer versehen" und seine Macht maßvoll gebraucht.[741]

Ferner wird beanstandet, das Schwurgericht habe bei der Strafzumessung „das Maß der Beihilfe" nicht beachtet. Bei der Verurteilung wegen Beihilfe genüge es nicht, „unter Berücksichtigung des § 44 StGB den Strafrahmen festzustellen". Das „tatsächliche Gewicht der Förderungshandlung" sei vielmehr „wesentlich". Bezugnehmend auf § 267 Abs. III StPO[742] betont der

735 Ebd., Bl. 288.

736 Ebd., Bl. 289.

737 Vgl. ebd., Bl. 289f.

738 Urteil 5 Ks 1/65, in: L/StADT, D 21 A, Nr. 6195, Bl. 416.

739 Revisionsrechtfertigung Dr. Heino Friebertshäusers v. 2.5.1968, in: L/StADT, D 21 A, Nr. 6196, Bl. 246–295, hier: Bl. 290.

740 Ebd., Bl. 291f.

741 Ebd., Bl. 292.

742 § 267 Abs. III StPO lautet: „Die Gründe des Strafurteils müssen ferner das zur Anwendung gebrachte Strafgesetz bezeichnen und die Umstände anführen, die für die Zumessung der Strafe bestimmend gewesen sind. Macht das Strafgesetz Milderungen von

Revisionsführer, der Tatrichter müsse die für die Strafzumessung „bestimmenden Umstände" angeben. Es könne kein Zweifel darüber herrschen, dass „bei einer Verurteilung wegen Beihilfe zu einer Tat die Art und das Maß dieser Beihilfehandlung für die Strafzumessung bestimmend sein sollte, man möchte sagen: in erster Linie".[743] Friebertshäuser versucht den Nachweis zu erbringen, dass der Angeklagte „nur ein Werkzeug von untergeordneter Bedeutung" war.[744] Zwischen objektiven und subjektiven Bestandteilen der Beihilfe differenzierend führt er zum ersten Aspekt aus: Objektiv habe die Beihilfe „nur aus einer Übermittlung, einer Weitergabe von Befehlen" bestanden. Die Tätigkeit des Angeklagten habe „objektiv eine relativ geringe Bedeutung" gehabt. Seine Person sei „auch durchaus auswechselbar" und „etwa durch Günther oder seinen Stellvertreter ohne jeden merkbaren Unterschied zu ersetzen" gewesen. Zum zweiten Gesichtspunkt schreibt Friebertshäuser, der Angeklagte habe „subjektiv", wie das Gericht mehrfach selbst festgestellt habe, „widerwillig" gehandelt. „Nur infolge eines Irrtums" habe er sich „verpflichtet" gefühlt, „mitzuwirken, aber nur in den engsten, auf das Notwendigste beschränkten Grenzen". Der Revisionsführer bezweifelt, dass im Fall Altenlohs vom Gehilfenwillen gesprochen werden könne.[745]

Am Ende seiner Argumentation kommt der Revisionsführer auf die Frage des wirklichen oder vermeintlichen Befehls-, Nötigungs- oder Notstandes zurück. Wenn dieser nicht bestanden haben sollte, dann müsse „doch zugegeben werden", dass „es sich hier auch insoweit um einen Grenzfall" gehandelt habe:

> „Mag eine Gefahr für Leib oder Leben nicht bestanden haben, mag der Angeklagte nicht gehandelt haben, um sich einer solchen zu entziehen: Tatsache ist doch nach den Feststellungen des Urteils, daß er jedenfalls nicht nach seiner Überzeugung und auch nicht nach seinem freien Willen handelte. Tatsächlich war er nur genötigt

---

dem Vorliegen minder schwerer Fälle abhängig, so müssen die Urteilsgründe ergeben, weshalb diese Umstände angenommen oder einem in der Verhandlung gestellten Antrag entgegen verneint werden; dies gilt entsprechend für die Verhängung einer Freiheitsstrafe in den Fällen des § 47 des Strafgesetzbuches. Die Urteilsgründe müssen auch ergeben, weshalb ein besonders schwerer Fall nicht angenommen wird, wenn die Voraussetzungen erfüllt sind, unter denen nach dem Strafgesetz in der Regel ein solcher Fall vorliegt; liegen diese Voraussetzungen nicht vor, wird aber gleichwohl ein besonders schwerer Fall angenommen, so gilt Satz 2 entsprechend. Die Urteilsgründe müssen ferner ergeben, weshalb die Strafe zur Bewährung ausgesetzt oder einem in der Verhandlung gestellten Antrag entgegen nicht ausgesetzt worden ist; dies gilt entsprechend für die Verwarnung mit Strafvorbehalt und das Absehen von der Strafe."

743 Revisionsrechtfertigung Dr. Heino Friebertshäusers v. 2.5.1968, in: L/StADT, D 21 A, Nr. 6196, Bl. 246–295, hier: Bl. 292.

744 Ebd., Bl. 294.

745 Vgl. ebd., Bl. 293.

und beugte sich einem Druck. Er war nicht nur ein untergeordnetes, sondern auch ein genötigtes Werkzeug."[746]

Wenn „dieser Gesichtspunkt" in der „Schuldfrage nicht anerkannt werden könne", so müsse er aber „in der Straffrage zu Gunsten des Angeklagten wirken".[747]

Die Ausführungen „Zur Straffrage" schließen mit dem Hinweis darauf, dass „die Suche nach der tat- und schuldgerechten Strafe für den einzelnen Täter oder Gehilfen" eines NS-Gewaltverbrechens für den Tatrichter aus einer Vielzahl von Gründen „eine kaum zu bewältigende Aufgabe" sei. Er vermöge sie nur zu erfüllen, „wenn er mit äußerster Sorgfalt, ohne jede Einseitigkeit und Voreingenommenheit, unter strenger Beachtung schuldstrafrechtlicher Grundsätze alle in Betracht kommenden für und gegen den Angeklagten sprechenden Umstände" berücksichtige und „in ihrem Gewicht" abwäge. Grundlage der Strafzumessung sei „neben der Bedeutung der Tat der Grad der Schuld". Die Revisionsschrift schließt mit der Warnung Baumanns, der Einzelne dürfe „uns nicht zum Repräsentanten eines verbrecherischen Regimes werden", und dessen Forderung, Recht müsse „in jedem Einzelfall für jeden einzelnen Täter nach seiner Schuld" gefunden werden. Der Revisionsführer bezweifelt, dass die vom Schwurgericht genannten Strafzumessungsgründe dieser Forderung nachkommen.

5.2 „Beihilfe zu grausamen Tötungen": Zum Urteil des BGH vom 5. Februar 1970

Die Auseinandersetzung des BGH mit den sachrechtlichen Rügen der Revision der Angeklagten Altenloh und Errelis fällt sehr knapp aus. Bevor die Richter des 4. Strafsenats genauer auf die schriftlichen Revisionsbegründungen eingehen, stellen sie fest, dass „keine Bedenken gegen die Annahme des Schwurgerichts" bestünden, „jeder der beiden Angeklagten habe in zwei Fällen Beihilfe zum Mord, begangen aus niedrigen Beweggründen, geleistet".[748] Zu den von der Revision des Angeklagten Altenloh vorgetragenen Ausführungen zur Schuldfrage nimmt der BGH in seinem Urteil wie folgt Stellung: Das Schwurgericht habe seine Feststellungen „widerspruchsfrei und lückenlos" getroffen. Die Beweiswürdigung wurde als rechtsfehlerfrei bewertet. „Rechtsfehler, insbesondere Verstöße gegen die Denkgesetze oder allgemeine Erfahrungssät-

746 Ebd., Bl. 294.

747 Ebd., Bl. 294.

748 BGH, Urteil v. 5.2.1970 – 4 StR 272/68, in: L/StADT, D 21 A, Nr. 6197, Bl. 318–329, hier: Bl. 325.

ze sowie den Satz 'im Zweifel für den Angeklagten'" seien darin „nicht zu erkennen". Das Schwurgericht habe „keine in Betracht kommende Möglichkeit übersehen". Die Ausführungen des Urteils zur Beweiswürdigung seien „angesichts der gesamten Sachlage ausreichend". Das Argument der Revisionsschrift, das Urteil beziehe sich ständig auf Schriftstücke, ohne deren Inhalt anzugeben, wies der BGH zurück. Die Richter stellten klar:

> „Soweit die Urteilsgründe auf bestimmte Schriftstücke Bezug nehmen, enthalten sie keine unzulässige Verweisung. Die Schriftstücke werden vielmehr jeweils als Beweismittel für bestimmte im Urteil festgestellte Tatsachen angeführt. Eine Auseinandersetzung mit ihnen im einzelnen schreibt das Gesetz nicht vor."[749]

Zur Überzeugung der Richter des 4. Strafsenats geben auch die Rechtsausführungen des Tatgerichts keinen Anlass zu Bedenken. Das gelte „vor allem auch, soweit das Schwurgericht die Kenntnis der Angeklagten von dem verbrecherischen Zweck der Tötungsbefehle bejaht und die Voraussetzungen des Notstandes verneint" habe. „An die Kenntnis im Sinne des § 47 Abs. 1 Nr. 2 MStGB" stelle „die Revision zu hohe Anforderungen". Der 4. Strafsenat betonte, dass ihre Ausführungen zur Frage des Notstandes „dem festgestellten Sachverhalt nicht gerecht" würden. Danach sei „dem Angeklagten seine Mitwirkung nicht abgenötigt worden".[750] Den Vorwurf der Revision des Angeklagten Altenloh, das Schwurgericht habe bei der Bewertung der Straftaten den historischen Kontext nicht genügend einbezogen, ließen die Richter des 4. Strafsenats nicht gelten. „Die geschichtlichen und politischen Hintergründe der Taten" habe „das Schwurgericht berücksichtigt". Das ergebe sich „aus den Erörterungen zur Strafzumessung".[751]

Die Strafzumessungsgründe ließen „ebenfalls keinen Rechtsfehler zum Nachteil der Angeklagten erkennen". Das Revisionsgericht verweist in seinem Urteil darauf, dass das Schwurgericht „sich insbesondere der Möglichkeit einer doppelten Strafmilderung (aus § 49 StGB und wegen vermeidbaren Verbotsirrtums)" bewusst gewesen sei. „Über das Ausmaß der von den Angeklagten geleisteten Beihilfe" habe „sich das Schwurgericht nicht im Irrtum befunden".[752] Auch der Beschluss des Schwurgerichts, dem Angeklagten Altenloh die bürgerlichen Ehrenrechte für einen Zeitraum von fünf Jahren abzuerkennen, war aus Sicht des Revisionsgerichts rechtlich nicht zu beanstanden.[753]

---

749 Ebd., Bl. 325.

750 Ebd., Bl. 325.

751 Ebd., Bl. 325.

752 Ebd., Bl. 328.

753 Vgl. ebd., Bl. 328.

Der 4. Strafsenat verwarf zwar die Revisionen. Er hätte die Angeklagten aber angesichts der Neufassung des § 50 Abs. 2 StGB[754] außer Verfolgung setzen können. Da das Schwurgericht als Mordmerkmale nur „niedrige Beweggründe" angenommen hatte, musste sich das Revisionsgericht mit der Entscheidung des 5. Strafsenats des BGH vom 20. Mai 1969 befassen, der zufolge „die Beihilfe zu einem Tötungsverbrechen, das allein wegen niedriger Beweggründe des Täters ein Mord ist", nach 15 Jahren verjähre, „wenn der Gehilfe nicht ebenfalls aus niedrigen Beweggründen handelte".[755] Die Richter des 4. Strafsenats argumentieren in ihrem Urteil vom 5. Februar 1970 jedoch, dass sich die Verjährungsfrage in diesem Fall nicht stelle, weil sich die Angeklagten in Białystok und Grodno der „Beihilfe zu grausamen Tötungen" schuldig gemacht hätten. Grausamkeit sei kein „täterbezogenes" Mordmerkmal im Sinne des § 50 Abs. 2 StGB, sondern ein „tatbezogenes".[756] Auf die Beihilfe zu einer grausamen Tötung sei § 50 Abs. 2 also nicht anzuwenden. Zwar hatte der BGH in seinem Urteil vom 20. Mai 1969 zu der Frage, ob das Mordmerkmal „grausam" „tatbezogen" sei, nicht Stellung genommen.[757] Die Richter des 4. Strafsenats verwiesen aber darauf, dass der BGH diese Frage in einer späteren

754 Die Neufassung des § 50 Abs. 2 StGB schrieb vor, dass die Strafe eines Gehilfen zu mildern sei, wenn bei diesem „besondere persönliche Eigenschaften, Verhältnisse oder Umstände (besondere persönliche Merkmale), welche die Strafbarkeit des Täters begründen", fehlen (BGBl. 1965 I, 506). Die Folge der Strafminderung war „eine Veränderung der Verjährungsfristen, sofern der Gehilfe selbst nicht aus niedrigen Beweggründen und ohne Täterwillen gehandelt hatte" (*Greve*, Amnestierung von NS-Gehilfen, S. 413). Folglich hätte der BGH für das Urteil des Bielefelder Schwurgerichts Verjährung annehmen können, weil den Angeklagten eigene niedrige Beweggründe nicht nachgewiesen worden waren und das tatbezogene Mordmerkmal „grausam" in der rechtlichen Würdigung nicht berücksichtigt worden war. Vgl. *Anders / Kutscher / Stoll*, Der Bialystok-Prozess vor dem Landgericht Bielefeld 1965–1967, S. 129 und Kapitel V. 5 dieser Arbeit.

755 BGH, Urteil v. 20.5.1969 – 5 StR 658/68, in: NJW 22 (1969), S. 1181–1184, hier: S. 1181.

756 Vgl. BGH, Urteil v. 5.2.1970 – 4 StR 272/68, in: L/StADT, D 21 A, Nr. 6197, Bl. 318–329, hier: Bl. 328.

757 So heißt es in der Entscheidung vom 20. Mai 1969: „Daß den Opfern besondere, über den Tötungszweck hinausgehende Schmerzen oder Qualen zugefügt worden seien, hat das SchwurG ersichtlich nicht feststellen können. Der Senat braucht daher nicht zu entscheiden, ob der mündlich vorgetragenen Auffassung des GenBA beizutreten ist, das Mordmerkmal 'grausam' sei schlechthin 'tatbezogen' und falle insoweit nicht unter § 50 Abs. 2 (n.F.) StGB, als es eine gefühllose, unbarmherzige Gesinnung erfordert." BGH, Urteil v. 20.5.1969 – 5 StR 658/68, in: NJW 22 (1969), S. 1181–1184, hier: S. 1183.

Entscheidung[758] – in Übereinstimmung mit der herrschenden Lehre – bejaht habe.[759]

Das Bielefelder Schwurgericht hatte in der rechtlichen Würdigung nicht explizit auf das Mordmerkmal „grausam“ verwiesen. Dies hinderte das Revisionsgericht nicht daran, Grausamkeit anzunehmen, denn: Der „vom Schwurgericht festgestellte Sachverhalt“ ergebe „eindeutig“, dass „es sich in allen Fällen, in denen die Angeklagten verurteilt worden“ seien, „auch um grausame Tötungen im Sinne des § 211 StGB“ handele.[760]

Auf welche Gründe stützt das Revisionsgericht seine Entscheidung? „Grausam“ töte, so der 4. Strafsenat in Berufung auf eine frühere BGH-Entscheidung, „wer seinem Opfer aus gefühlloser, unbarmherziger Gesinnung besondere Schmerzen oder Qualen“ zufüge. Davon ausgehend, dass sich die Grausamkeit „auch aus den Umständen ergeben“ könne, „unter denen die Tötung eingeleitet und vollzogen“ werde, erschloss das Revisionsgericht das Mordmerkmal „grausam“ aus den vom Schwurgericht im Urteil beschriebenen Tatumständen. Dass die deportierten Juden grausam getötet worden seien, folge „sowohl aus den festgestellten unmenschlichen Begleitumständen als auch aus den seelischen Qualen, welche die Opfer deshalb erlitten, weil sie sich über ihr Schicksal von Beginn der Aktionen im klaren“ gewesen seien. Das Revisionsgericht verweist in seinem Urteil darauf, dass die Menschen zu Beginn der Aktionen „mit unmenschlicher Härte und Grausamkeit zusammengetrieben“ worden seien, und betont, dass es dabei „schon zu einer größeren Zahl willkürlicher Tötungen“ gekommen sei. Ferner werden die entsetzlichen Transportbedingungen erwähnt: Die Opfer seien „in der menschenunwürdigsten Weise in den Waggons zusammengepfercht“ worden „und dabei ohne ausreichende Verpflegung und sonstige Hilfsmittel gelassen“ worden. Bei den Februar-Deportationen aus Białystok und Grodno seien die Opfer in den ungeheizten Waggons dem Erfrierungstod ausgesetzt gewesen. „Den so in der unbarmherzigsten Weise zusammengetriebenen und abtransportierten Juden“ sei bekannt gewesen, dass „sie dem Tode entgegengeführt wurden“.[761]

Das Revisionsgericht bejahte jedoch nicht allein die objektiven, sondern auch die subjektiven Voraussetzungen des Mordmerkmals der Grausamkeit. So betonte es, dass den Angeklagten die Umstände der Deportationen bekannt

758 Vgl. BGH, Urteil v. 27.10.1969 – 2 StR 636/68.

759 Vgl. BGH, Urteil v. 5.2.1970 – 4 StR 272/68, in: L/StADT, D 21 A, Nr. 6197, Bl. 318–329, hier: Bl. 328.

760 Ebd., Bl. 325.

761 Ebd., Bl. 326.

gewesen seien. Altenloh habe von den willkürlichen Tötungen während des Zusammentreibens der Juden aus dem Białystoker Ghetto gewusst.[762] Er habe „das den Juden bevorstehende Schicksal" sowohl während der Białystoker als auch der Grodnoer Februar-Aktion gekannt und gewusst, dass „die Juden sich über das ihnen bevorstehende Schicksal klar" gewesen seien. Errelis, der „persönlich führend an der grausamen Durchführung der Räumung" des Grodnoer Ghettos und am Abtransport der Juden beteiligt gewesen sei, seien die „Ausschreitungen seiner Untergebenen" während dieser Aktion bekannt gewesen. Er habe gewusst, dass der „Abtransport Vernichtung bedeutete". Diese Kenntnis habe er auch bei der „Räumung" des Białystoker Ghettos im August 1943 gehabt.[763]

Das Revisionsgericht legte auch dar, dass die Erschießung der mindestens 100 „Vergeltungsopfer" grausam durchgeführt worden sei. Auf die Begründung muss an dieser Stelle nicht näher eingegangen werden, da sie im fünften Teil des sechsten Kapitels dieser Untersuchung behandelt wird.

Die Richter des 4. Strafsenats berücksichtigten in ihren Ausführungen die Einstellung der „Haupttäter" der Vernichtungsaktionen. Der Strafsenat bezweifelte nicht, dass diese „aus einer gefühllosen und unbarmherzigen Gesinnung heraus mit einer grausamen Vornahme der Tötungen einverstanden" gewesen seien. „Denn", so das Argument, „solche Massenvernichtungen konnten nur grausam durchgeführt werden".[764]

Zusammenfassend stellte das Revisionsgericht fest: „Weil die Angeklagten die Umstände kannten, die das Merkmal der Grausamkeit ausmachten, haben sie sich in allen Fällen der Beihilfe zum Mord auch in der Form der grausamen Tötung schuldig gemacht"; sie „brauchten", so der Senat in Verweis auf ein früheres BGH-Urteil, „nicht selbst grausam zu handeln".[765]

Dem Strafsenat galt § 265 Abs. 1 StPO[766] bei seiner Entscheidung nicht als Hinderungsgrund. „Da das Tatgeschehen in den Urteilsgründen erschöpfend mitgeteilt" sei „und weitere Feststellungen einer neuen tatrichterlichen Hauptverhandlung nicht zu erwarten" seien, könne „das Revisionsgericht von sich

762 Vgl. ebd., Bl. 326.

763 Ebd., Bl. 327.

764 Ebd., Bl. 327.

765 Ebd., Bl. 327.

766 § 265 Abs. 1 StPO bestimmt: „Der Angeklagte darf nicht auf Grund eines anderen als des in der gerichtlich zugelassenen Anklage angeführten Strafgesetzes verurteilt werden, ohne daß er zuvor auf die Veränderung des rechtlichen Gesichtspunktes besonders hingewiesen und ihm Gelegenheit zur Verteidigung gegeben worden ist."

aus den Tatbestand der Beihilfe zu grausamen Tötungen feststellen".[767] Zwar seien die Angeklagten vom Bielefelder Schwurgericht „nicht auf die Möglichkeit einer Verurteilung auch wegen Beihilfe zu grausamen Tötungen hingewiesen worden". Das Gericht habe „aber in einer außergewöhnlich langen und sehr eingehenden Verhandlung die den Angeklagten zur Last gelegten Taten mit großer Sorgfalt soweit geklärt, wie dies überhaupt möglich" erscheine. Dabei seien „auch alle die Umstände erörtert worden, die die Tötungen zu grausamen machen". Aus Sicht des Senats hatten die Angeklagten „Gelegenheit, sich zu allen Einzelheiten der Taten eingehend zu äußern". Das hätten sie „auch weitgehend getan".[768] Es sei auszuschließen, dass die Angeklagten „sich im Falle eines Hinweises nach § 265 Abs. 1 StPO anders und wirksamer hätten verteidigen können, als sie es in der Hauptverhandlung vor dem Schwurgericht getan haben".[769]

Als Fazit ergibt sich: Der 4. Strafsenat des BGH leistete einen wichtigen Beitrag zu der Frage, unter welchen Bedingungen NS-Tötungsverbrechen als „grausam" im Sinne des § 211 StGB zu qualifizieren sind. Er stellte klar, dass die Umstände bei den Deportationen aus den Ghettos in die Vernichtungslager immer grausam waren. Die umfassende Aufklärungsarbeit des Bielefelder Schwurgerichts wirkte sich positiv aus, denn der Senat schloss aus den Feststellungen im Urteil und aus der Art und Weise, wie die Hauptverhandlung geführt worden war, dass die Angeklagten Beihilfe zu grausamen Tötungen geleistet hatten. Die „Opfer-Zeugen" hatten dem Schwurgericht die grausamen Umstände der Ghetto-„Räumungen" in aller Ausführlichkeit geschildert.[770]

Michael Greve vertritt die Auffassung, das Gericht habe das tatbezogene Mordmerkmal der Grausamkeit absichtlich negiert, um die Angeklagten mit Hilfe des § 50 Abs. 2 StGB amnestieren zu können.[771] Hätte Greve sich intensiv mit der Hauptverhandlung beschäftigt und das schriftliche Urteil ganz gelesen, anstatt nur die Entscheidung des BGH vom 2. Februar 1970 zur Kenntnis zu nehmen, wäre er möglicherweise nicht zu dem Schluss gekommen, dass das Bielefelder Schwurgericht absichtlich darauf verzichtet habe, das tatbezogene Mordmerkmal „grausam" festzustellen. In der Sachverhaltsdarstellung im Urteil weist das Gericht mehrfach auf die grausame Tatausfüh-

---

767 BGH, Urteil v. 5.2.1970 – 4 StR 272/68, in: L/StADT, D 21 A, Nr. 6197, Bl. 318–329, hier: Bl. 327.

768 Ebd., Bl. 327.

769 Ebd., Bl. 328.

770 Vgl. auch Kapitel VI.4 dieser Arbeit.

771 Vgl. *Greve*, Der justitielle und rechtspolitische Umgang, S. 389f.

rung durch die Angeklagten hin. Aus Sicht der Verfasserin ist die fehlende Annahme der Grausamkeit bei der rechtlichen Würdigung auf ein Versehen zurückzuführen. Der beisitzende Richter Gaebert erklärte in einem Interview, seine Kollegen und er hätten nicht an das Mordmerkmal „grausam" gedacht, weil sie im Prozess so „gefangen genommen" worden seien „von der Vorsatzfeststellung oder dem Freispruch".[772] Diese Aussage erscheint glaubhaft, wenn man bedenkt, dass sich das Schwurgericht noch während der Beweisaufnahme auf die Suche nach Dokumenten begab, um den Nachweis des Vorsatzes erbringen zu können.

Die Strafsache gegen Dr. Altenloh u.A. wegen gemeinschaftlicher Beihilfe zum gemeinschaftlichen Mord war mit der Entscheidung des 4. Strafsenats erledigt. Gleichwohl stellt sich die Frage, ob sie eine über den Einzelfall hinausgehende Wirkung entfalten konnte, d.h., ob die Annahme der „Beihilfe zu grausamen Tötungen" auch in anderen Verfahren wegen Deportationen von Juden zur Anwendung kam. Die Beantwortung dieser Frage erfordert eine neue Untersuchung.

772 Interview mit Dr. Hans Gaebert v. 22.7.2002, in: *Anders* u.a. (Hrsg.), Bialystok in Bielefeld, CD-Rom.

VI. Forensische Interaktionsdynamik und juristische Wirklichkeitsrekonstruktion im Bielefelder Białystok-Prozess

Gerichtliches Verhandeln vollzieht sich in Form mündlicher Rede. Nach dem Rechtsprinzip der Mündlichkeit darf das Urteil allein auf dem beruhen, was mündlich verhandelt worden ist. Die Gerichtsverhandlung kann als eine spezifische Form institutioneller Kommunikation angesehen werden, die nach vielfältigen Regeln abläuft. Kommunikation in Institutionen wie dem Gericht zeichnet sich in Abgrenzung zur Alltagskommunikation u.a. dadurch aus, dass die Beteiligten unterschiedliche Handlungsmöglichkeiten und -verpflichtungen haben, die Wahl und Relevanz der behandelten Themen präformiert und die Dauer der Kommunikation beschränkt ist.[1]

Die Interaktions- und Kommunikationsvorgänge vor Gericht sind in der Forschung mit Hilfe unterschiedlicher theoretischer Ansätze analysiert worden. Zu nennen sind Studien aus dem Bereich der Ethnomethodologie / Konversationsanalyse,[2] der linguistischen Diskursanalyse,[3] der sozialpsychologischen Diskursanalyse,[4] der Rechtssemiotik sowie Arbeiten, die das Erzählen vor

---

1 Vgl. *Löschper*, Bausteine, S. 277. Löschper nimmt Bezug auf Ludger Hoffmann, der insgesamt acht Merkmale institutioneller Kommunikation identifiziert. Vgl. *Ludger Hoffmann*, Kommunikation vor Gericht, Tübingen 1983, S. 10. Institutionelle Kommunikation ist nach Wolff und Müller „durch systematische Modifikationen der Handlungsmöglichkeiten der verschiedenen Beteiligten" gekennzeichnet. *Wolff / Müller*, Kompetente Skepsis, S. 24.

2 Die Begriffe werden zum Teil synonym gebraucht. Obwohl man, so Löschper, „nicht von *der* Ethnomethodologie oder *der* Konversationsanalyse sprechen" könne, bestehe in ethnomethodologischen und konversationsanalytischen Arbeiten Einigkeit darüber, dass „die Merkmale des sozialen Lebens über Sprechen und Handlungen […] produziert und reproduziert werden […] und linguistische Mittel zur Konstitution sozialer Ordnung entscheidend" seien. *Löschper*, Bausteine, S. 89.

3 Hoffmann definiert die linguistische Diskursanalyse wie folgt: „Diskursanalyse ist die linguistische Erforschung realer Kommunikationsabläufe, die in dokumentierter Gestalt zugänglich sind, mit dem Ziel, die Struktur und die Bedingungen einzelner Kommunikationsformen bzw. institutioneller Prozeduren zu erarbeiten, um den Zusammenhang von Handlungsmustern und Äußerungsformen, Wissensorganisation, Verstehen und Verständnisweisen der Teilnehmer zu klären." *Hoffmann*, Kommunikation vor Gericht, S. 9.

4 Vgl. dazu den Überblick bei *Löschper*, Bausteine, S. 154–207.

Gericht analysieren.[5] Die Ausführungen im ersten Teil dieses Kapitels verfolgen das Ziel, einen Überblick über ausgewählte Ansätze der Forschung zu geben, die Vielschichtigkeit der Problematik aufzuzeigen und deutlich zu machen, dass es keine allgemein verbindliche Definition dessen gibt, was unter Kommunikation vor Gericht zu verstehen ist. Das theoretische Bezugssystem und der methodische Ansatz bestimmen, was als das Besondere mündlicher Gerichtskommunikation angesehen wird und welche Aspekte des kommunikativ-interaktiven Handelns in den Blickpunkt der Untersuchung geraten. In diesem Kapitel wird auf Autoren Bezug genommen, die Hauptverhandlungen in Strafverfahren mit Hilfe der linguistischen Diskursanalyse, der Rechtssemiotik, der „Geschichtenphilosophie", des Narrationsmodells und der Ethnomethodologie analysiert haben. Die Verfasserin hat sich für die Auswertung des Quellenmaterials nicht strikt an einem Ansatz orientiert. Sie hat die Konzepte vielmehr als methodischen Baukasten angesehen und sich an geeigneter Stelle einzelner Werkzeuge, d.h. zentraler Begriffe und Erkenntnisse, bedient, um ausgewählte Ausschnitte aus der Gerichtsrede analysieren zu können. Es geht in diesem Kapitel nicht darum, die Struktur des Prozesses zu analysieren, sondern darum, konkrete Problemstellungen zu bearbeiten und bestimmte Redesituationen zu untersuchen.

Im Folgenden gilt es zunächst, die wichtigsten Grundannahmen der jeweiligen Ansätze darzulegen, die verschiedenen Perspektiven auf die Gerichtskommunikation zu erläutern und – sofern vorhanden – empirische Ergebnisse vorzustellen. Die Überlegungen zur Rolle des Richters beziehen sich, sofern nicht anders angegeben, auf den kontinentaleuropäischen Strafprozess.

1. Interaktions- und Kommunikationsvorgänge vor Gericht: Theoretische Ansätze und empirische Ergebnisse

1.1 Linguistische Diskursanalyse: Zentrale Erkenntnisse Ludger Hoffmanns

Gerichtsverhandlungen zeichnen sich, so der Befund der linguistischen Diskursanalyse, durch eine Asymmetrie der Beteiligungsrollen aus.[6] Ludger

---

5 Löschper setzt sich in ihrer Arbeit kritisch mit der Ethnomethodologie / Konversationsanalyse, der sozialpsychologischen und der linguistischen Diskursanalyse und dem „Storytelling"-Konzept auseinander. Leitend ist dabei die Frage, welchen Beitrag die verschiedenen Ansätze für eine Theorie richterlichen Urteilens leisten können. Vgl. *Löschper*, Bausteine, S. 82–332.

6 *Werner Kallmeyer*, Mündliche Kommunikation vor Gericht. Einige Bemerkungen zu ihrer linguistischen und sprachsoziologischen Behandlung, in: Hannelore Kaeber

Hoffmann verweist auf die unterschiedlichen Ausgangsbedingungen der „Agenten" (Staatsanwälte, Richter, Rechtsanwälte, Verwaltungsbeamte) und „Klienten" (Angeklagte und Zeugen). „Die Kommunikationsform des Strafverfahrens" beruhe darauf, dass „die Agenten der Institution nicht unbeteiligt die Auseinandersetzung zwischen Klienten beobachten und kontrollieren, um dann zu entscheiden, sondern selbst die Annäherung zwischen Recht und Sachverhalt betreiben".[7] Die Klienten verfügen jedoch über die Deutungshoheit und die Entscheidungsmacht. Das bedeutet: „Die rechtliche Bewertung bleibt in ihren Händen, auch wenn der Klient selbst Jurist ist und zu juristischer Interpretation in der Lage ist." So sei der Zeuge „auf eine instrumentelle Rolle als Beweismittel eingeschränkt, das hinsichtlich seiner Glaubwürdigkeit zu überprüfen" sei, „dem aber institutionell das Verfolgen fallspezifischer Strategien – im Unterschied zum Angeklagten – nicht zugestanden" werde.[8]

Die „grundsätzliche Asymmetrie zwischen den Teilnehmern" lasse sich „auf allen Analyseebenen (Themensteuerung und thematische Selektion; Sprecherwechsel; Interpretationsmacht; Wissensformen; Handlungsmuster und Besetzung von Muster-Positionen) aufweisen und mit institutionellen Bedingungen und Zwecken erklären".[9] Hoffmann unterscheidet drei grundlegende Anforderungen, die Agenten an die Aussage eines Klienten herantragen: Relevanz, Plausibilität und Kohärenz.[10]

Das Erkenntnisinteresse der linguistischen Diskursanalyse richtet sich auf die sprachlichen Formen der Handelnden. Sie wählt einen empirischen Zugang und ist bestrebt, im „Konkreten das Muster, die Tiefenstruktur aufzufinden".[11] Handlungsmuster,[12] Äußerungsformen und Strategien der Teilnehmer charak-

(Hrsg.), Recht und Sprache (Schriftenreihe der Bundeszentrale für politische Bildung, Bd. 199), Heidelberg 1983, S. 139–151, hier: S. 142.

7 *Hoffmann*, Kommunikation vor Gericht, S. 370f.

8 Ebd., S. 371.

9 Ebd., S. 371.

10 Vgl. ebd., S. 371.

11 *Ludger Hoffmann*, Fragen nach der Wirklichkeit. Der Beitrag der linguistischen Diskursanalyse, in: Detlev Frehsee u.a. (Hrsg.), Konstruktion der Wirklichkeit durch Kriminalität und Strafe, Baden-Baden 1997, S. 200–220, hier: S. 202.

12 Für die Definition des Begriffs Handlungsmuster bezieht sich Hoffmann auf Ehlich und Rehbein, die zum Begriff „sprachliche Handlungsmuster" ausführen: „Sprachliche Handlungsmuster, oder abkürzend gesagt, Muster, sind also die Formen von standardisierten Handlungsmöglichkeiten, die im konkreten Handeln aktualisiert und realisiert werden […]. Die einzelnen Muster bilden Potentiale für die Realisierung von Zwecken, derer sich die Handelnden bei ihren Handlungen bedienen." Handlungsmuster seien gesellschaftlich ausgearbeitete Formen, in denen „Konstellationen der Wirklichkeit" den „Bedürfnissen der Handelnden" entsprechend transformiert würden. *Konrad Ehlich /*

terisieren aus Hoffmanns Sicht die Kommunikation vor Gericht. Der Chronologie des Verfahrens folgend arbeitet er für die Vernehmung des Angeklagten zur Person und zur Sache sowie für die Vernehmung des Zeugen zur Person und zur Sache die unterschiedlichen Handlungsmuster und Strategien heraus.[13] Hoffmann unterscheidet folgende Muster und Strategien: aussagenspezifische, vernehmungsspezifische, verfahrensspezifische und alltagsspezifische.[14] Der Terminus „aussagenspezifisch" bezieht sich auf die Position des Aussagenden, der Begriff „vernehmungsspezifisch" auf die des Vernehmenden.[15] Aussagemuster sind nach Hoffmann z.B.: Annehmen, Behaupten, Einspruch zurücknehmen/aufrechterhalten. Zu den Aussagestrategien zählt er: Ausweichen, Belasten, Entlasten, Entschuldigungsgründe anführen, Gestehen, Leugnen, Schuldfähigkeit bestreiten, sich absichern, sich als loyal darstellen, sich aufwerten, sich Genugtuung verschaffen, sich rächen, sich rechtfertigen, Umdeuten, um Gnade bitten. Zur Kategorie des Vernehmungsmusters gehören laut Hoffmann u.a. das Anzweifeln, Bestreiten, Korrigieren, Feststellen, Fragen. Zu den Vernehmungsstrategien zählen u.a. das „Reformulieren", das Festlegen der Relevanz und das Vorhalten. Verfahrensspezifische Muster sind Hoffmann zufolge das Anklagen, das Belehren und das Interpretieren. Das Diskreditieren und das Unterstellen bezeichnet er als alltagsspezifische Strategien, Drohen als alltagsspezifisches Muster.[16]

Als grundsätzliche strategische Möglichkeiten des Angeklagten, der nicht verpflichtet ist, sich zur Sache einzulassen, nennt Hoffmann: Leugnen, Gestehen und Ausweichen.[17] Die Strategie des Ausweichens lässt sich aus seiner Sicht weiter ausdifferenzieren in: Schweigen, Zuständigkeit bestreiten, Thema wechseln, Drumherumreden, bewusstes Missverstehen, Gegenvorwurf erheben, das Auflaufenlassen, Bagatellisieren, Lächerlichmachen, Beschimpfen und Drohen.[18] Es fällt auf, dass Hoffmann eine strategische Möglichkeit des Angeklagten unberücksichtigt lässt, nämlich die, durch wahrheitsgemäße Darstellung Strafminderung zu erreichen.

Jochen Rehbein, Sprachliche Handlungsmuster, in: Georg Soeffner (Hrsg.), Interpretative Verfahren in den Text- und Sozialwissenschaften, Stuttgart 1979, S. 241–274, hier: S. 247ff. und S. 254f.

13 Hoffmanns Studie basiert auf Material aus 19 Strafverfahren bei drei verschiedenen Amtsgerichten.

14 *Hoffmann*, Kommunikation vor Gericht, S. 405–406.

15 Ebd., S. 406.

16 Ebd., S. 406–407.

17 Vgl. ebd., S. 80.

18 Vgl. *Hoffmann*, Kommunikation vor Gericht, S. 83.

Als zentrales sprachliches Muster der Strafverhandlung gilt Hoffmann die Frage. Sie sei die „dominante Form der Wissensprozessierung“.[19] Es gebe „keine Verhandlung ohne Fragen“.[20] Hoffmanns Untersuchungen zum richterlichen Fragen zeigen, dass dem Richter im kontinentaleuropäischen Strafprozess verschiedene Strategien zur Verfügung stehen, die je nach Situation des Verfahrens verwendet werden.[21] Im Fragemuster dominiere der Fragende, er entscheide, „was für ihn als offen oder geklärt“ gelte. Insofern füge das Fragemuster „sich gut zur institutionellen Diskursorganisation im Gericht, denn die Fragenden“ hätten „zugleich Deutungsmacht“.[22]

Größere Einheiten sprachlicher Handlungsmuster bezeichnet Hoffmann als Diskurstyp. Er unterscheidet u.a. zwischen „Sachverhaltsdiskurs“, „Aushandlungsdiskurs“ und „Normdiskurs“.[23] Sachverhalte werden, so das Ergebnis seiner Untersuchungen, durch unterschiedliche sprachliche Handlungsmuster (Frage-Antwort-Sequenzen, erzählende Darstellung, Argumentation, Berichte) in die Gerichtsverhandlung eingebracht und modifiziert.[24]

Hoffmann betont, dass alle Formen des Erzählens im Strafverfahren „in irgendeinerweise Bezug auf die der Anklage zugrundeliegenden Sachverhalte“ nähmen.[25] Er verwendet den Begriff „erzählende Darstellung“, um den spezifischen Charakter der Erzählformen vor Gericht zum Ausdruck zu bringen. Die „erzählende Darstellung“ sei „gebrochen durch die Orientierung an institutioneller Vorgabe und Relevanzsetzung“. Sie sei „geprägt durch die strategischen Ziele“. Sie werde verwendet, „um für bestimmte Sachverhalte einen Wahrheitsanspruch zu erheben und eine spezifische rechtliche Bewertung zu errei-

19 *Hoffmann*, Fragen nach der Wirklichkeit, S. 218.

20 Ebd., S. 207.

21 Hoffmann nimmt eine idealtypische Klassifizierung der Fragestrategien vor und unterscheidet zwischen: der „Elizitationsstrategie“, der „Sequenzstrategie“, der „Zoomstrategie“, der „Expansionsstrategie“ und der „Akkumulationsstrategie“. Vgl. *Hoffmann*, Fragen nach der Wirklichkeit, S. 205f.

22 Ebd., S. 207.

23 *Hoffmann*, Kommunikation vor Gericht, S. 13.

24 Vgl. *Ludger Hoffmann*, Vom Ereignis zum Fall. Sprachliche Muster zur Darstellung und Überprüfung von Sachverhalten vor Gericht, in: Jörg Schönert (Hrsg.), Erzählte Kriminalität. Zur Typologie und Funktion von narrativen Darstellungen in Strafrechtspflege, Publizistik und Literatur zwischen 1770 und 1920, Tübingen 1991, S. 87–113, hier: S. 111f.

25 *Hoffmann*, Kommunikation vor Gericht, S. 80.

chen".[26] Die „erzählende Darstellung" finde sich bei Angeklagten und bei Zeugen.[27]

Löschper sieht „die enorme Bedeutung" von Hoffmanns Arbeit darin, dass „umfassend die komplexen und untereinander zu Strategien verknüpften Handlungsmuster der Realitätskonstitution und der Kategorisierung von Personen im Strafverfahren, ihre interaktive Realisierung und die unterschiedlichen Positionen der Diskursbeteiligten herausgearbeitet werden".[28] Sie betont jedoch zu Recht, dass die Konzentration auf die mündliche Kommunikation vor Gericht „die Gefahr" in sich berge, „die Macht des schriftlichen Diskurses auszublenden", und sie verweist auf das Gewicht, das „Akten und institutionell Auf- und Festgeschriebenes für den Verlauf der mündlichen Kommunikation haben".[29] Die Befunde der linguistischen Diskursanalyse über die sprachlichen Handlungsmuster bedürfen daher aus ihrer Sicht der Ergänzung. Löschper plädiert dafür, dass in Untersuchungen mündlicher Gerichtsverhandlungen „die beteiligten Schriftstücke" stärker berücksichtigt werden.[30] Die folgende Analyse forensischer Interaktionsdynamik und juristischer Wirklichkeitskonstruktion im Bielefelder Białystok-Prozess schenkt der „Vermündlichung schriftlicher Texte"[31] Beachtung. Im dritten und fünften Teil dieses Kapitels wird gezeigt, dass die Vernehmungsprotokolle aus dem Ermittlungsverfahren bei der Einvernahme von „Täter-Zeugen" und der Befragung der Angeklagten insofern eine wichtige Rolle spielten als sie dem Gericht dazu dienten, Skepsis zu artikulieren und die Glaubhaftigkeit bestimmter Aussagen in Frage zu stellen. Die Richter glichen die mündlich vorgetragenen Schilderungen mit den früher protokollierten Darlegungen ab und wiesen „Täter-Zeugen" Angeklagte wiederholt auf Widersprüche hin mit dem Ziel, sie zu einer Stellungnahme zu veranlassen.

1.2 Rechtssemiotik: Zur Perspektive Thomas-M. Seiberts

Das „Spannungsfeld zwischen postulierter Mündlichkeit und praktizierter Schriftlichkeit" ist von Thomas-M. Seibert untersucht worden.[32] Seibert

---

26 *Hoffmann*, Vom Ereignis zum Fall, S. 100.

27 Vgl. ebd., S. 100f., S. 102 und S. 112.

28 *Löschper*, Bausteine, S. 263, Fußnote 491.

29 Ebd., S. 270.

30 Vgl. ebd., S. 270.

31 So die treffende Wortwahl von Wolff und Müller. Vgl. *Wolff / Müller*, Kompetente Skepsis, S. 244.

32 Vgl. *Thomas-M. Seibert*, Schriftform und Mündlichkeitsprinzip im Rechtsdiskurs, in: Ludger Hoffmann (Hrsg.), Rechtsdiskurse. Untersuchungen zur Kommunikation in Ge-

analysiert Gerichtsverfahren aus rechtssemiotischer Perspektive. Die Rechtssemiotik als Teilbereich der Semiotik beschreibt den Gebrauch von Zeichen – sprachlichen (seien sie geschrieben oder gesprochen) und nichtsprachlichen (seien sie visuell, kulturell oder historisch) – im rechtlichen Kontext.[33] Auf der Ebene forensischen Handelns und der dort maßgeblichen Texte seien „Zeichen", so Seibert, „gerade nicht die Buchstabenzeichen des Wortes oder die – nur – augenfälligen Kleidungszeichen der Berufsjuristen". Eine semiotische Perspektive müsse vom „Buchstaben bis zur Robe" reichen. Sie verkette „damit einzelne Zeichen zu übergreifenden Zusammenhängen", so dass „in neuerer Sicht auch regelmäßig von 'Zeichenketten' die Rede" sei.[34]

Seibert richtet seinen Blick nicht nur auf forensische Texte und „semantische Kämpfe",[35] sondern auch auf Objekte[36] und auf das Schweigen vor Gericht. Aus seiner Sicht besteht „eine Tendenz, auch Schweigen in unterschiedlicher Weise zur Äußerung zu rechnen und als Kommunikation zu behandeln".[37] Schweigen werde unter bestimmten Umständen zum Reden.[38] Zu „den wesentlichen Merkmalen der Kommunikation vor Gericht" zählen aus Seiberts Sicht „semantische Kämpfe". Die Teilnehmer an semantischen Kämpfen wechselten im Gericht sehr schnell. „Was gerade Gericht und Staatsanwaltschaft gegen die Verteidigung" verbunden habe, könne „sich in der nächsten Sitzung als Streit zwischen beiden darstellen". Noch wechselhafter seien „Kampfgruppierungen unter Anwälten". Vor allem die Verteidigung in Strafsachen entwickle und benutze „semantische Kampfmittel". Seibert verweist in diesem Zusammenhang darauf, dass in spektakulären Verfahren bereits vor Beginn der Hauptverhandlung „die Besetzung des Gerichts beanstandet, sein Verhalten gegenüber Verteidigern als befangen gerügt, die Zuständigkeit

---

richtsverfahren, Tübingen 1989, S. 217–250. Vgl. auch Seiberts Kapitel „Mündlichkeit und Aktenform" in: *Thomas-M. Seibert*, Gerichtsrede. Wirklichkeit und Möglichkeit im forensischen Diskurs, Berlin 2004, S. 155–190.

33 Vgl. *Thomas Wolter*, Die juristische Subsumtion als institutioneller Zeichenprozeß. Eine interdisziplinäre Untersuchung der richterlichen Rechtsanwendung und der forensischen Kommunikation, Frankfurt a.M. 1994, S. 17.

34 *Thomas-M. Seibert*, Zeichen, Prozesse. Grenzgänge zur Semiotik des Rechts, Berlin 1996, S. 10f.

35 Vgl. ebd., S. 61–78.

36 Vgl. ebd., S. 155–176.

37 Ebd., S. 99.

38 Vgl. ebd., S. 100. In Seiberts Buch Gerichtsrede heißt es: „Schweigen kann aber auch rhetorisch nicht einfach als Gegen-Satz zum Reden verstanden werden. Wer schweigt, äußert einen Satz." *Seibert*, Gerichtsrede, S. 116.

insgesamt angezweifelt und eine Einstellung des Verfahrens wegen großer Rechtswidrigkeiten im Ergebnis für selbstverständlich gehalten" werde.[39]

Seiberts neuestes Buch, das den Titel „Gerichtsrede" trägt, basiert auf Beispielen aus seiner eigenen gerichtlichen Arbeit. Er integriert in seine Untersuchung „Verfahrensverläufe, Dialoge und Sequenzen, so, wie [er] sie nach Abschluss der praktischen Situation erinnern konnte und in ganzen Sätzen notiert" habe. Seibert arbeitet mit den Mitteln „rhetorischer Dekonstruktion", d.h., er zerlegt das Reden vor Gericht „in kleine und kleinste Bestandteile".[40] Die „Verfahrensrhetorik (*elocutio*)" ist aus seiner Sicht gekennzeichnet durch Kooperation, Formbedingungen, Meinungsmäßigkeit, Erledigungszwang und Entscheidbarkeit.[41]

Um Seiberts rechtssemiotische Perspektive auf das Strafverfahren zu veranschaulichen, sei auf seine Ausführungen zur „dispositiven Funktion"[42] des Urteils verwiesen. Das Urteil schaffe zwei Sorten von Rezipienten: „den Angeklagten als Objekt und das Obergericht und das juristische Publikum als Adressaten". Es referiere „auf die Person, die eine Tat begangen" habe. Der Angeklagte werde „zum Referenzobjekt des Textes". Das Gericht beziehe „sich auf seine Person als die von jemandem, der gehandelt" habe „und der, weil er (so) gehandelt" habe, „verurteilt werden" müsse. Damit schaffe das Urteil „zwei Markierungen in der Zeit, von denen eine nicht beschrieben" werde, „weil es sich um die Urteilssituation selbst handele". Nur „vom Ergebnis des Verfahrens her" werde „die festgestellte Tat deutlich, auch wenn sie in der Zwischenzeit anders erlebt worden wäre". Aus Seiberts Sicht wird der Angeklagte durch die Feststellungen „zum Objekt des Verfahrens" gemacht und „in die dritte Person Einzahl" versetzt: „Er verübte Gewalt. Adressat des Urteils – als der Herr Angeklagte – ist er nicht."[43] Dass der Angeklagte nur Objekt und nicht gleichzeitig Adressat des Urteils sein soll, leuchtet nicht ein. Das Urteil – sowohl die mündliche als auch die schriftliche Fassung – richtet sich auch an den Angeklagten.

---

39 *Seibert*, Zeichen, Prozesse, S. 66.

40 *Seibert*, Gerichtsrede, S. 7.

41 Vgl. ebd., S. 105–154.

42 Zum Begriff des Dispositivs führt Seibert aus: „Das Dispositiv bildet ein Netz von Sätzen. Es verbindet den juristischen Diskurs mit Praktiken der Macht mit Hilfe eines rednerischen und gewaltförmigen Zugriffs auf Körper (wie Foucault für Urteile ausdrücklich hervorhebt)." *Seibert*, Zeichen, Prozesse, S. 79.

43 Ebd., S. 83.

Das „strafrechtliche Dispositiv“ beruht Seibert zufolge auf einem narrativen Modell. Die Tat müsse „immer ‘erzählt’, nämlich festgestellt werden“. Die Sachverhaltsfeststellung im Strafurteil knüpfe „an einen oder mehrere Akteure an“, sie beschreibe „– auf diese Akteure bezogen – die Handlung“ und charakterisiere „den Schaden als Erfolg dieser Handlung, am besten an einem Objekt, auf das sich das Geschehen richtet“. Das Kernstück sei die „Sachverhaltserzählung“.[44] Seibert vergleicht die „juristische Sachverhaltsform“ mit „der Erzählform“ und kommt dabei zu folgendem Ergebnis: „Als Sachverhalt für den juristischen Tatbestand wird eine Aussage (Prädikat) über einen Handelnden (Subjekt) benötigt, die tunlichst auf einen Erfolg (Objekt) gerichtet sein sollte.“[45] Sprachpragmatisch seien damit „drei Operationen der Sinnbildung“ verlangt: „Personalisierung, Substantiierung und Motivierung“. Die genannten Grundoperationen der juristischen Sinnbildung ergeben sich, so Seibert, „aus den allgemeinen Zugzwängen des Erzählens“.[46] Das bedeutet: Personalisierung, Substantiierung und Motivierung werden durch die Form des Erzählens kommunikativ hergestellt. Die erste Operation liege in der „Personalisierung des Geschehens“. Das heißt, dass Staatsanwälte oder Richter auf Erzählungen angewiesen sind, aus denen hervorgeht, „*wer* etwas gemacht hat“.[47] Der narrative Zugzwang der Detaillierung oder Substantiierung sei „deswegen notwendig, weil erst aus der emotionalen Distanz zu aktuellen Handlungsorientierungen und Interessenkonstellationen jene Bewertung möglich“ sei, „die der Rechtsdisziplin als ‘Entscheidung’ auferlegt“ sei.[48] „Die Erzählung des Sachverhalts“ zwinge „zur Auflösung sprachlich eingebrachter Bewertungen“.[49] Den Begriff „Motivierung“ definiert Seibert wie folgt: „Motivierung ist die alltägliche und nachträgliche Methode zur Charakterisierung einer Handlung, wobei diese Handlung schon sprachlich strukturiert, mithin als Text aufbereitet sein muß.“ Motivierung leiste die Erzählung „über den Zugzwang der Kondensierung von Ereignissen“. Der Erzähler müsse, da ihm nur eine begrenzte Zeit zur Verfügung stehe, ein „Gerüst von Abläufen

---

44 Ebd., S. 87.

45 *Thomas-M. Seibert*, Erzählen als gesellschaftliche Konstruktion von Kriminalität, in: Jörg Schönert (Hrsg.), Erzählte Kriminalität. Zur Typologie und Funktion von narrativen Darstellungen in Strafrechtspflege, Publizistik und Literatur zwischen 1770 und 1920, Tübingen 1991, S. 73–86, hier: S. 80.

46 Ebd., S. 82.

47 Ebd., S. 81.

48 Ebd., S. 81.

49 Ebd., S. 81f.

bereitstellen“, um einen „Inhalt“ darzustellen.[50] Die Erzählung bringe „den personenbezogenen, substantiierten und plausiblen Sachverhalt“ hervor.[51]

Seibert verwendet den Begriff „Erzählung“ auch in Bezug auf Zeugen und Angeklagte. Das Geständnis basiere – genau wie die Zeugenvernehmung zur Sache – auf dem Erzählen. Seibert bezeichnet das Geständnis als „die Erzählung des Angeklagten zum Tathergang“. Im Zusammenhang mit der Zeugenerzählung betont er, im Verfahren interessiere „nicht die freie Erzählung“. Die mit § 69 Abs. 1 StPO – „Der Zeuge ist zu veranlassen, das, was ihm von dem Gegenstand seiner Vernehmung bekannt ist, im Zusammenhang anzugeben“ – gemeinte Darstellungsleistung sei sprachlich als ‘gebundene Erzählung’ zu charakterisieren: Gebunden bleibe „sie ein vorgegebenes Thema, das der Erzähler nicht selbst bestimmen“ könne.[52]

1.3 Der Strafprozess als „mentaler Diskurs und Sprachspiel“: Zum Ansatz Walter Grasnicks

Bei Walter Grasnick[53] spielt der Erzählbegriff im Zusammenhang mit der Problematik der Schuld und der Schuldbestimmung eine zentrale Rolle. Er wählt einen theoretischen Zugang. „Was ist und wie reden wir von Schuld?“ Diese „Grundfrage“ kann aus Grasnicks Sicht „nur auf dem Boden der Philosophie gelöst werden“[54] – nicht dagegen, wie er überzeugend ausführt, auf der Grundlage der im juristischen Schrifttum vertretenen so genannten Punktstrafentheorie und der so genannten Spielraumtheorie. Nach der Punktstrafentheorie gibt es nur eine, von vornherein feststehende, schuldadäquate Strafe. Die zweite Theorie besagt, es gebe für jede Tat nicht nur eine, sondern stets eine ganze Reihe möglicher schuldangemessener Strafen. Schuld ist indes aus Grasnicks Sicht weder eine punktförmige Größe, noch lasse sich die „Schuld des Angeklagten als streckenähnliches Etwas […] gegenständlich erfassen“.[55]

---

50 Ebd., S. 82.

51 Ebd., S. 83.

52 Ebd., S. 75.

53 Grasnick ist Philosoph und Oberstaatsanwalt. Ausgangspunkt seiner Überlegungen „war die Grunderfahrung, die jeder“ mache, „der die Strafe im konkreten Fall“ beantrage oder verhänge. Sie zeige sich „in der Unsicherheit darüber, ob – beispielsweise – zehn Monate oder ein Jahr Freiheitsstrafe die schuldadäquate Reaktion auf die hier und heute abzuurteilende Tat“ seien. *Walter Grasnick*, Über Schuld, Strafe und Sprache. Systematische Studien zu den Grundlagen der Punktstrafen- und Spielraumtheorie, Tübingen 1987, S. 265.

54 Ebd., S. 266.

55 Ebd., S. 270.

Um zu zeigen, dass dennoch „auch künftig [...] sinnvoll von Schuld gesprochen werden"[56] kann, geht er von den fundamentalontologischen Analysen Martin Heideggers, der Sprachspielkonzeption Ludwig Wittgensteins und der Geschichtenphilosophie Wilhelm Schapps aus und greift auf Einsichten Karl Poppers sowie auf konsenstheoretische Aspekte zurück.[57]

Die Schuld des Angeklagten, so die These Grasnicks, lasse sich „nicht *gegenständlich erkennen*".[58] Sie sei „kein vorfindlicher, isolierter Gegenstand richterlicher Erkenntnis", sie „*ist* als solche überhaupt nicht". Es gebe „sie nur als Teil der Geschichte"[59] und zwar der Geschichte des Angeklagten. Und die werde erzählt: „von ihm, den Zeugen und auch von dem Richter selbst, der den Angeklagten schuldig *spricht*. Alle gehören sie zu dieser seiner Geschichte, die keinen Anfang" kenne „und keinen Schluß" habe, „der man lediglich strafprozessual bedingt ein – aus geschichtenontologischer Sicht stets nur vorläufiges – Ende" setze.[60] Diese These soll hier etwas näher erläutert werden. Bezug nehmend auf Wilhelm Schapp betont Grasnick, das Geschehen werde „zur Geschichte erst durch den [...], der in sie 'verstrickt'" sei.[61] Als Erzähler interpretiere der in die Geschichte Verstrickte das Geschehen, d.h., er gebe ihm Sinn, gestalte es und verfüge dadurch über die Geschichte.[62] Auch die anderen Prozessbeteiligten verfügten über die Geschichte des Angeklagten, der Richter z.B. „*entscheidend* dadurch", dass er seine Geschichte akzeptiere oder verwerfe. Grasnick verweist auf „die mannigfachen und vielgestaltigen Möglichkeiten", den Angeklagten dazu zu bewegen, seine „ursprünglich erzählte Geschichte" zu korrigieren. Indem der Angeklagte mit den Geschichten der anderen konfrontiert werde, erhalte er „ständig Gelegenheit, seine Geschichte zu ergänzen, teilweise zurückzunehmen, zu modifizieren, also in irgendeiner Weise umzu*gestalten*".[63] Die „Endlosigkeit" der Geschichte, „ihre prinzipielle Unabgeschlossenheit", bedinge, dass „jeweils bestimmte Momente des Geschehens hervorgehoben, andere dagegen weniger betont oder gar nicht genannt, vielleicht sogar bewußt verschwiegen" würden. Der Sinn entstehe „allein durch Wählen". Interpretation könne nur „durch Selektion und Akzentuierung" gelingen, denn: „Ohne den permanenten Zwang zur Auswahl – und

56 Ebd., S. 270.

57 Ebd., S. 270.

58 Ebd., S. 269.

59 Ebd., S. 275.

60 Ebd., S. 274.

61 Ebd., S. 236.

62 Vgl. ebd., S. 237.

63 Ebd., S. 236.

damit zur *Entscheidung* – könnte eine Geschichte gar nicht erzählt werden." Über das, was die Teilnehmer vor Gericht tun, schreibt Grasnick zusammenfassend: „Auswählen, Strukturieren, Sinngeben, genau das geschieht seitens der Prozeßbeteiligten in jeder Hauptverhandlung."[64]

Die Geschichtenphilosophie um Erkenntnisse Poppers und konsenstheoretische Aspekte ergänzend vertritt Grasnick im Sinne der Rechtsrhetorik die These, dass Geschichten „nicht verifiziert, sondern *akzeptiert*" würden. Dies geschehe, „indem nämlich die Beteiligten einen *Konsens*" darüber herbeiführten, „daß und wie eine Geschichte gelten" solle, „wobei freilich nicht zu verkennen" sei, dass „notfalls die fehlende Zustimmung des betroffenen Angeklagten zwangsweise ersetzt" werde.[65] „Die Rechtswirklichkeit" fordere „das Rechtsgespräch, den Dialog, den Diskurs, ohne den kein Recht" werde. Grasnick begreift den Strafprozess als „diskursives Sprachspiel". Kennzeichnend für Sprachspiele im Gerichtssaal ist aus seiner Sicht das dialogische Verfahren:

> „Also just dort [im Gerichtssaal], wo sich der Angeklagte möglicherweise darauf beruft, seine Tat sei eine aus Furcht gewesen, womit er nicht eine Beschreibung innerseelischer Daten gibt, sondern sein Tun begründet, sich in Rede und Gegenrede verteidigt, dies also in einem dialogischen Verfahren, das [...] geprägt ist durch autoritative Strukturen. Aber gleichfalls – und mit der Zeit immer stärker – gekennzeichnet wird durch kommunikatives Handeln aller Beteiligten: des um Ausgleich – und ggf. 'Vergleich' – bemühten Richters und des Staatsanwalts, der notfalls mit Gericht und Verteidigung Kontroversen austrägt, doch – wie in der ganz überwiegenden Mehrzahl der Fälle auch der Angeklagte – mit dem Ziel des Konsenses, welcher [...] häufig genug auch erzielt wird."[66]

Während diejenigen Teile in Grasnicks Argumentation überzeugen, die die Erkenntnisse der Geschichtenphilosophie für Theorie und Praxis des Strafverfahrens fruchtbar machen, erscheinen seine Thesen, die auf konsenstheoretischen Prämissen beruhen, eher fragwürdig.[67] Mit der Rede vom Konsens aller Beteiligten lässt sich die Perspektive des Angeklagten in der Hauptverhandlung nicht korrekt erfassen. Angeklagte und Richter verfolgen unterschiedliche Interessen. Die Bereitschaft der Angeklagten, einen Konsens zu erzielen, war zumindest in NSG-Verfahren nicht besonders stark ausgeprägt.

---

64 Ebd., S. 237.

65 Ebd., S. 275f.

66 *Walter Grasnick*, Der Strafprozeß als mentaler Diskurs und Sprachspiel, in: JZ 46 (1991), S. 285–295, hier: S. 295.

67 Zur Kritik an Grasnicks Konsens-These vgl. auch die Ausführungen in Kapitel VI.5 dieser Arbeit im Abschnitt *Zur Herstellung, Darstellung und Feststellung 'wahrer' Sachverhalte.*

Für Arthur Kaufmann ist die Grasnicksche Annahme, dass über Schuld in einem zwischen Richter und Angeklagtem stattfindenden Diskurs[68] gerungen werde, dessen Ziel ein Konsens sei, „eine aus der Position eines Oberstaatsanwalts erstaunliche Sichtweise". Aus Kaufmanns Sicht ist die Hauptverhandlung kein „Diskurs" im Sinne der Diskurstheorie[69] und „wenn", so seine Auffassung, „ihr Ziel ein Konsens wäre, müßte man sagen, daß der [kontinentaleuropäische] Strafprozeß in den allermeisten Fällen sein Ziel verfehlt (natürlich weiß der Verfasser, daß auch dann entschieden werden muß)".[70] Man komme, so die Überzeugung Kaufmanns, „um die Feststellung nicht herum", dass „an der Realität des Strafrichters das Verständnis der Rechtsfindung als eines herrschaftsfreien kommunikativen Prozesses" scheitere.[71]

Grasnicks Erkenntnisinteresse richtet sich auf die Makroebene gerichtlichen Handelns und richterlichen Entscheidens. Es geht ihm nicht um die Analyse von Geschichten vor Gericht, sondern darum, was mit diesen im Strafprozess und im Rahmen der Schuldfeststellung geschieht. Er geht davon aus, der „*wahre Sachverhalt* und die *richtige Entscheidung*" könnten nur „*hergestellt* werden" und zwar „in einem *diskursiven, argumentativen* Verfahren".[72] Grasnicks Thesen zur Produktion und Konstruktion des Sachverhalts werden im fünften Teil dieses Kapitels näher erläutert. Dort werden seine Überlegungen zur Sachverhaltsherstellung für die Untersuchung des Tatkomplexes der Erschießung von 100 Menschen im Anschluss an das „Säureattentat" fruchtbar gemacht.

1.4 Erzählungen in Aussagen von Zeugen und Angeklagten: Der Ansatz von Sandra Harris

Sandra Harris richtet ihr Augenmerk im Gegensatz zu Grasnick nicht auf die Makro-, sondern auf die Mikroebene. Sie analysiert Erzählstrukturen in Aus-

---

68 Zum Diskursbegriff bei Grasnick vgl. *Grasnick*, Über Schuld, Strafe und Sprache, S. 22f. und S. 222f.

69 Vgl. dazu *Arthur Kaufmann*, Läßt sich die Hauptverhandlung in Strafsachen als rationaler Diskurs auffassen?, in: ders., Über Gerechtigkeit. Dreißig Kapitel praxisorientierter Rechtsphilosophie, Köln 1993, S. 425–434.

70 *Arthur Kaufmann*, Rezension zu: Über Schuld, Strafe und Sprache. Systematische Studien zu den Grundlagen der Punktstrafen- und Spielraumtheorie. Von Walter Grasnick, in: NJW 41 (1988), S. 2785–2786, hier: S. 2785.

71 *Kaufmann*, Läßt sich die Hauptverhandlung in Strafsachen als rationaler Diskurs auffassen?, S. 432.

72 *Walter Grasnick*, Wozu Rechtsrhetorik? Versuch einer Aufklärung, in: GA 137 (1990), S. 483–494, hier: S. 485.

sagen von Zeugen und Angeklagten vor Gericht mit Hilfe eines Ansatzes, der sich an der Labovschen Definition von *narrative structure* orientiert.[73] Das empirische Material für ihre Untersuchung stammt aus drei amerikanischen Strafprozessen.[74] Der anglo-amerikanische Strafprozess weist eine Struktur auf, die dialogischer angelegt ist als der kontinentaleuropäische Prozess, in dessen Mittelpunkt das Verhör steht. Da es im empirischen Teil dieses Kapitels nicht um eine prozessuale Strukturanalyse geht, sondern vielmehr um die Analyse konkreter Aspekte der forensischen Interaktionsdynamik und der juristischen Wirklichkeitsrekonstruktion, ist das Problem der unterschiedlichen Verfahrensstruktur nicht erheblich und kann vernachlässigt werden.

Harris' analytischer Bezugsrahmen und ihre Vorgehensweise sollen hier vorgestellt werden, da die Autorin einen wichtigen Beitrag zur Klärung folgender Fragen leistet: Was sind Erzählungen und inwieweit unterscheiden sie sich von „Nicht-Erzählungen" (*non-narratives*)? Wie lassen sich Erzählstrukturen in Aussagen von Angeklagten und Zeugen analysieren?

Erzählungen in Aussagen vor Gericht zeichnen sich nach Harris durch folgende Merkmale aus:

„(1) they involve a recapitulation of past events, including speech events;

(2) they contain a predominance of past tense verbs which are often simple past;

(3) events are temporally ordered, though this temporal ordering sometimes includes an elaboration of an event which is itself non-temporal;

(4) at least two independent clauses are present."[75]

Harris betont, dass die meisten Erzählungen in Aussagen von Zeugen und Angeklagten „fragmentarisch" (*fragmented*) seien und viele Erzähler (*multiple tellers*) hätten, da die Informationen im Rahmen von Frage-Antwort-Sequenzen präsentiert würden. Die Folge sei, dass der Wissende (*the „knower"*) – diejenige Person, die das Geschehen erlebt oder beobachtet hat – und der Erzähler der Geschichte (*the „teller"*) nicht immer übereinstimmten, d.h.,

73 Vgl. *Sandra Harris*, Fragmented narratives and multiple tellers: witness and defendant accounts in trials, in: Discourse Studies 3 (2001), S. 53–74. Zur Definition von William Labov vgl. ebd., S. 59.

74 Es handelt sich um die Prozesse gegen O. J. Simpson (1996) und Louise Woodward (1998) und den „Oklahoma Bombers"-Prozess von 1997. Harris berücksichtigte für ihre Untersuchung nur Material aus einer bestimmten Prozessphase: „However, only the evidential portions of the three trials, i.e. the presentation of evidence by witnesses and defendants in direct and cross-examination, was used as the basis for the analysis [...]." *Harris,* Fragmented narratives and multiple tellers, S. 57.

75 Ebd., S. 58.

dass sie nicht unbedingt die gleiche Person sein müssen. So komme es oft vor, dass Erzählungen, bei denen der Wissende der Angeklagte oder der Zeuge sei, von Verteidigern (als Erzähler) in Form von Fragen vorgetragen würden, die der Wissende dann lediglich bestätige.[76]

Für die Analyse des empirischen Materials entwickelte Harris eine modifizierte Version der Labovschen Definition von narrativer Struktur.[77] Ihr Modell beinhaltet folgende Elemente:

> „Orientation – the circumstances which surround the narrative account.
>
> Core narrative – the account itself, i.e. what happened, including often what was said and seen as well as what was done.
>
> [Elaboration] – [provides further details, clarification, explication, etc. of the core narrative].
>
> Point – significance of the narrative account for the larger trial narrative, i.e. usually the guilt or innocence of the defendant. Addressed explicitly to the jury."[78]

Die drei Hauptelemente (*orientation*, *core narrative*, *point*) kommen nach Harris normalerweise in dieser Reihenfolge vor. Gelegentlich trete *point* vor *core narrative* auf. *Point* könne auf unterschiedliche Weise vermittelt werden, entweder explizit durch einen Zeugen oder Angeklagten als Antwort auf eine direkte Frage oder implizit durch eine Serie von rhetorischen Mitteln des Anwalts.[79]

Mit Hilfe der vier Kategorien analysiert Harris die Struktur von Erzählungen, die im Rahmen von *direct examination* und *cross-examination* vorkommen.[80] Sie untersucht den Grad der Fragmentierung von Erzählungen, den Wechsel zwischen „*teller*" und „*knower*" und die Strategien der Beteiligten, Erzählungen zu initiieren. So zeigt sie anhand eines *cross-examination*-Beispiels aus dem Prozess gegen O. J. Simpson, dass der Anwalt dem Zeugen keine Fragen stellte, um eine Erzählung einzufordern, sondern er formulierte um, was der

---

76 Ebd., S. 60.

77 Narrative Strukturen weisen laut Labov folgende Merkmale auf: „abstract – what the story is about; orientation – who, what, when, where?; complication action – then what happened?; evaluation – so what, why interesting?; result – what finally happened?; coda – bridging back to the current situation." *Harris*, Fragmented narratives and multiple tellers, S. 59. Labovs Forschungen zum Thema von mündlichen persönlichen Erzählungen basieren auf Interviews mit Männern aus der Arbeiterklasse einer afroamerikanischen Gemeinschaft. Vgl. *Harris*, Fragmented narratives and multiple tellers, S. 57.

78 Ebd., S. 60.

79 Ebd., S. 61.

80 Vgl. ebd., S. 61–71.

Zeuge in einer früheren Aussage gegenüber dem Staatsanwalt gesagt hatte. Harris bezeichnet diese Form der Erzählung als *reported narrative*.[81]

Harris fasst ihre Ergebnisse wie folgt zusammen: Erstens lasse sich ein beträchtlicher Teil in Aussagen von Angeklagten und Zeugen nicht als Erzählung im Sinne der modifizierten Version von Labovs Definition bezeichnen. Auch wenn es im Interesse der Anwälte sei, in *direct examination* Erzählungen zu entlocken, sei ein beträchtlicher Anteil „non-narrative in form".[82] Zweitens gebe es verschiedene Fragmentierungsgrade in erzählenden Berichten vor Gericht. Diese beinhalteten gewöhnlich viele Erzähler (*multiple tellers*), und Wechsel zwischen „*teller*" und „*knower*" seien häufig anzutreffen und oft von den Anwälten initiiert.[83] Drittens seien narrative Strukturen in Berichten von Zeugen und Angeklagten generell weniger komplex als diejenigen, die Labov für sein Material der mündlichen persönlichen Erzählungen vorgeschlagen habe.[84] Viertens seien Erzählungen ungleich verteilt zwischen *direct* und *cross examination*. Erzählungen kämen weniger häufig in *cross-examinations* vor.[85]

Harris' Instrumentarium wird im vierten Teil dieses Kapitels für die Analyse der Erzählstrukturen in den Aussagen der „Opfer-Zeugen" Dr. Bejlin und Perman fruchtbar gemacht.

1.5 Ethnomethodologie: Zu den Arbeiten von Wolff / Müller und von Legnaro / Aengenheister

Das Erkenntnisinteresse ethnomethodologischer und konversationsanalytischer Untersuchungen des Gerichtsverfahrens richtet sich auf die Methoden und Praktiken, die die Verfahrensbeteiligten anwenden, um Interaktionssituationen vor Gericht zu bewältigen. In den Blick geraten das kommunikativ-interaktive „Betriebssystem" und die Besonderheiten seiner Verwendung. Das „Betriebssystem" eröffne, so Stephan Wolff und Hermann Müller, „bestimmte Möglichkeiten der *kontextsensitiven* Ausgestaltung des Verhandlungsgeschehens".[86] Der Terminus „kontextsensitiv" ist dem Begriffsarsenal der auf die Ethnomethodologie zurückgehenden Konversationsanalyse entnommen.

81 Vgl. ebd., S. 70.

82 Ebd., S. 71.

83 Vgl. ebd., S. 71.

84 Vgl. ebd., S. 71.

85 Vgl. ebd., S. 72.

86 Vgl. *Wolff / Müller*, Kompetente Skepsis, S. 25.

Ausgehend von der Prämisse, dass Wirklichkeit im Vollzug alltäglicher Handlungen konstituiert wird,[87] fragt die Ethnomethodologie[88] danach, *wie* Gesellschaftsmitglieder Ordnung, Stabilität und Sinn sozialer Realität hervorbringen. Für die Ethnomethodologie ist soziale Ordnung „ein fortwährendes Ereignis von Sinnzuschreibungen und Interpretationsleistungen". Die „sinnvermittelte Wirklichkeitserzeugung" laufe, so die These der Ethnomethodologen, wahrnehmbar und „methodisch" ab.[89] Als fundamentales Prinzip der Wirklichkeitskonstitution wird die *dokumentarische Methode der Interpretation* betrachtet. Diese Methode, die „sowohl für alltagsweltliche als auch für sozialwissenschaftliche Entscheidungsfindung" kennzeichnend sei, umfasse „die Suche nach einem identischen (homologen) Muster, das einer Vielfalt unterschiedlicher Erscheinungen zugrunde" liege. „Jede einzelne Gegebenheit" werde „als Dokument, als Hinweis für ein dahinter vermutetes (latentes) Muster interpretiert".[90]

Erkenntnisziel der theoriegeschichtlich in der Ethnomethodologie verwurzelten Konversationsanalyse sei, so Jörg Bergmann, „soziale Formen und Prozesse in ihrer inneren Logik und Dynamik zu begreifen und zu bestimmen, welche Ressourcen erforderlich sind, um eine Äußerung in ihrem Sinngehalt erkennbar zu machen, in den Gesprächsverlauf einzubinden, situativ abzustimmen, zu kontextualisieren, wahrzunehmen und zu beantworten".[91] Die Konversationsanalyse betrachtet die Interagierenden als „kontextsensitive Akteure", d.h. als Akteure, die in der Lage sind, den Kontext ihrer Handlungen zu analysieren, zu interpretieren und ihre Äußerungen auf diesen Kontext abzustimmen.[92] Ihr Augenmerk richtet sich insbesondere auf den „sequentiellen Kontext". Konversationsanalytiker gehen davon aus, dass jede Äußerung „für die ihr sequentiell nachfolgende Äußerung ein kontextuelles Environment" produziert, „das für die Interpretation dieser nachfolgenden Äußerung bedeutsam ist".[93] Bestrebt, das soziale Geschehen im Verlauf der Datenverarbeitung möglichst in authentischer Form zu erhalten, verwendet die Konversationsanalyse ein

87 Vgl. *Regine Koeck*, Das Problem der „ethnomethodologischen Indifferenz". Ein Plädoyer für eine kritische Ethnomethodologie, in: Soziale Welt 27 (1976), S. 261–277, hier: S. 262, Fußnote 2. Der Begriff Vollzugswirklichkeit ist von Jörg Bergmann eingeführt worden.

88 Vgl. *Harold Garfinkel*, Studies in Ethnomethodology, Englewood Cliffs 1967.

89 *Jörg R. Bergmann*, Konversationsanalyse, in: Uwe Flick u.a. (Hrsg.), Qualitative Forschung. Ein Handbuch, Reinbeck 2000, S. 524–537.

90 *Koeck*, Das Problem der „ethnomethodologischen Indifferenz", S. 263.

91 *Bergmann*, Konversationsanalyse, S. 529.

92 Vgl. ebd., S. 529.

93 Ebd., S. 529.

Verfahren der Transkription, welches das aufgezeichnete Rohmaterial in seinen Details zu bewahren versucht. Die Transkripte enthalten Angaben über Pausenlängen, Intonationskonturen, Äußerungsüberlappungen, Stockungen, Versprecher etc. In ihrem methodischen Vorgehen lässt sich die Konversationsanalyse von der Prämisse leiten, dass „kein in einem Transkript auftauchendes Textelement a priori als Zufallsprodukt anzusehen und damit als mögliches Untersuchungsobjekt auszuschließen" sei.[94]

Ein Ergebnis ethnomethodologischer und konversationsanalytischer Untersuchungen zur Kommunikation vor Gericht lautet, dass sich das Handeln der Beteiligten innerhalb eines bestimmten Systems des Redeaustausches (*turn-taking-system*) vollzieht.[95] Dieses System regele, so Wolff und Müller, „die Reihenfolge der Teilnahme am Gespräch (turn pre-allocation), die Art der von den verschiedenen Teilnehmern zu verwendenden Redezugtypen (turn-type pre-allocation) sowie die Zuteilung von Redemöglichkeiten durch die Teilnehmer untereinander (turn mediation)".[96] Von Alltagskonversationen unterscheide sich die gerichtliche Kommunikation in drei Punkten. Erstens laufe das Gespräch vor Gericht „in *Serien von Frage-Antwort-Paaren*" ab. Die beiden Äußerungsformen des Fragens und Antwortens seien zweitens „jeweils bestimmten Beteiligtengruppen *zugewiesen*". Während der Zeuge „immer nur Antwortgeber" sei, könnten der verhandlungsführende Richter und mit seiner Erlaubnis auch Staatsanwälte, Verteidiger, Angeklagte oder Gutachter „als Fragesteller fungieren". Drittens werde die „*Redefolge*" von den Prozessbeteiligten „*nicht situativ geregelt* (locally managed)". Nach jedem Beitrag des Zeugen falle die Gesprächsinitiative automatisch wieder an den Richter zurück.[97]

Wolff und Müller bezeichnen die gerichtliche Zeugenbefragung als „Situationsgestalt",[98] die „aus einer Reihe aufeinander bezogener und sequentiell

---

94 Ebd., S. 532.

95 Vgl. *Maxwell J. Atkinson / Paul Drew*, Order in Court: The Organisation of Verbal Interaction in Judicial Settings, Cambridge 1979.

96 *Wolff / Müller*, Kompetente Skepsis, S. 51.

97 Ebd., S. 51.

98 Der Begriff der Situationsgestalt betone „die Einheitlichkeit der sozialen Organisation". Nach konversationsanalytischem Verständnis lasse sich dann von einer Situationsgestalt sprechen, wenn sich zeigen lasse, „daß und wie sich die Beteiligten in ihrem Handeln an dieser interaktiven Ordnung orientieren, in die sie einerseits eingebunden sind, die sie andererseits aber auch im interaktiven Vollzug Schritt für Schritt reproduzieren". Situationsgestalten seien „sequentiell geordnete Phänomene, d.h. die jeweiligen Teilaktivitäten bilden eine Gesamtheit von Zuständen [...], welche die Standards der

geordneter Teilaktivitäten" bestehe.[99] Sie unterscheiden: die Zeugenladung, den Zeugenaufruf, die Zeugenbelehrung, die Vernehmung zur Person, die Vernehmung zur Sache, die Zeugenvernehmung durch den Richter, Zeugenvernehmungen durch Staatsanwaltschaft, Verteidigung und Angeklagte, die Erörterung der Verteidigung und die Entlassung des Zeugen.[100] Wolff und Müller analysieren „die Einzelheiten der interaktiven Realisierung" der verschiedenen Teilaktivitäten zu analysieren. Im Gegensatz zur Zeugenvernehmung stelle die Vernehmung des Angeklagten „keine einheitliche Situationsgestalt" dar. Er könne „während der gesamten Beweiserhebung vernommen werden".[101]

Wolff und Müller untersuchen in ihrer Studie *Kompetente Skepsis* die soziale Konstruktion von Glaubwürdigkeit im Strafverfahren – sowohl auf der Ebene der mündlichen Beweiserhebung als auch auf der Ebene der textlichen Darstellung in Urteilen. Die Arbeit beruht auf Tonbandaufnahmen aus gerichtlichen Hauptverhandlungen. Zwischen Ende Juni 1992 und Mitte Dezember 1992 zeichneten die Autoren 36 Verfahren am Amtsgericht und ein Verfahren am Landgericht derselben Stadt auf. In zwei Fällen vor dem Einzelrichter ging es nicht um Straftaten. Gegenstand der Anklage in den untersuchten Verfahren waren überwiegend kleinere und mittelschwere Straftaten. Für ihr Projekt berücksichtigten die Autoren Ausschnitte aus 22 Verhandlungen.[102] Die Studie geht von der Annahme aus, Glaubwürdigkeit werde im Prozess interaktiv und argumentativ hergestellt: „Damit sich Glaubwürdigkeit oder auch Unglaubwürdigkeit als *soziale* Tatbestände etablieren können, müssen sie aber interaktiv konstituiert werden, d.h. irgendwie Eingang in das gerichtliche Kommunikationssystem finden."[103] Was die Ebene der mündlichen Verhandlung betrifft, lautet ein zentrales Ergebnis der Untersuchung, dass es in mündlichen Gerichtsverhandlungen „eine *Präferenz* dafür" gebe, „das Thema Glaubwürdigkeit nicht direkt anzusprechen". Vorhandene Skepsis werde, so die These der beiden Autoren, „*in indirekter Weise*" ausgedrückt und zwar durch verschiedene kommunikative Instrumente.[104] Wolff und Müller differenzieren zwischen „einer Phase der allgemeinen Glaubwürdigkeits- und Zuver-

---

strukturellen Organisation dieser Situationsgestalt" beschreibe. *Wolff / Müller*, Kompetente Skepsis, S. 52.

99 Ebd., S. 282.

100 Vgl. ebd., S. 52–66.

101 Ebd., S. 289.

102 Vgl. ebd., S. 35f.

103 Ebd., S. 90.

104 Ebd., S. 285.

lässigkeitsüberprüfung der Zeugenaussage und einer Phase der Konstruktion von Unglaubwürdigkeit".[105] In der Phase der allgemeinen Glaubwürdigkeitsprüfung werde Skepsis gegenüber den Angaben und der Person des Zeugen durch den Gebrauch „bestimmter Bezweifelungspartikel", durch „die Kontrastierung der gemachten Angaben mit Normalitätsvorstellungen" sowie durch die „Figur des Vorhalts" zum Ausdruck gebracht.[106] Die interaktive Konstruktion von Unglaubwürdigkeit sei an zwei Voraussetzungen gebunden. Eine Bedingung sei, dass „dem Zeugen ein *Motiv* zugeschrieben werden" könne, „falsch auszusagen". Ferner müsse Konstruktion von Unglaubwürdigkeit in der betreffenden Situation des Prozesses „*unvermeidlich* sein", d.h., dass „alternative Erklärungen für die Fehlerhaftigkeit der Aussage ausscheiden, keine anderen oder aber diametral entgegengesetzte Beweismittel vorliegen".[107] Die Bedeutung der Studie „Kompetente Skepsis" ist darin zu sehen, dass es Wolff und Müller gelingt, die kommunikativen Instrumente, die für die Zuschreibung von Glaub- bzw. Unglaubwürdigkeit verwendet werden, zu entschlüsseln. Auch für den Bielefelder Białystok-Prozess gilt, dass Skepsis an der Richtigkeit von Aussagen von den Vernehmenden indirekt geäußert wurde. Die Erkenntnisse Wolffs und Müllers sind insbesondere für die Vernehmung der „Täter-Zeugen" relevant.

Das Thema Glaubwürdigkeit ist auch von Aldo Legnaro und Astrid Aengenheister untersucht worden. Ihre Studie *Die Aufführung von Strafrecht* ist im Rahmen eines sozialwissenschaftlich-juristisch ausgerichteten Forschungsprojekts („Schuld im Strafprozeß als operationales Konstrukt. Aspekte geschlechtsspezifisch differentieller Entscheidungsfindung bei Tötungsdelikten") an der Universität Hamburg entstanden. In diesem Zusammenhang beobachteten die Autoren bundesweit 47 gerichtliche Hauptverhandlungen. Es handelte sich um Verfahren aufgrund einer Anklage wegen Mordes oder Totschlags mit insgesamt 56 Angeklagten.[108] Die genannte Studie beruht auf handschriftlich protokollierten Beobachtungsdaten der Verfasser, nicht auf Tonbandaufnahmen. Folglich finden sich in ihrer Arbeit keine detaillierten Analysen einzelner Kommunikationssituationen, sondern vielmehr Beschreibungen, Skizzen und Falldarstellungen. Die für die Realisierung der Hauptverhandlung wichtigsten strafprozessualen Vorschriften behandelnd unternehmen die Verfasser den Versuch, „Anwendung, darstellerische Bedeutung und systemischen Sinn

105 Ebd., S. 137.

106 Vgl. ebd., S. 91.

107 Ebd., S. 286.

108 Vgl. *Aldo Legnaro / Astrid Aengenheister*, Die Aufführung von Strafrecht. Kleine Ethnographie gerichtlichen Verhandelns, Baden-Baden 1999, S. 3.

dieser Regeln als Regelhaftigkeiten ihrer Auslegung zu beschreiben".[109] Neben den „expliziten Regeln" der StPO gilt ihr Interesse „den impliziten Regeln, die die Beweiswürdigung strukturieren und im sozialen Darstellungsraum des Verhandelns erarbeitet werden".[110] Zu den impliziten Regeln gehört aus Sicht der Verfasser die Konstruktion von Glaubwürdigkeit. Ihnen geht es jedoch im Gegensatz zu Wolff und Müller nicht um die Methoden der interaktiven Herstellung von Glaubwürdigkeit. Das Augenmerk Legnaros und Aengenheisters richtet sich vielmehr auf die gerichtlichen Begründungen von Glaubwürdigkeit bzw. Unglaubwürdigkeit.[111]

Da sich Teile dieses Kapitels mit den Zeugenvernehmungen im Bielefelder Białystok-Prozess befassen, bietet es sich an dieser Stelle an, Legnaros und Aengenheisters Ergebnisse zur Vernehmung zur Sache ausführlicher zu referieren. Ausgehend von den Bestimmungen des § 69 StPO[112] behandeln die Autoren die „Konstituierung der Prozeßrolle ‘Zeuge’", die „soziale Interaktionsstruktur der Zeugenvernehmung" und „soziale Erwartungen an die Reproduktion der Erinnerung".[113] Sie skizzieren zunächst den strukturellen Rahmen für die Zeugenvernehmung. In dem in § 69 StPO verwendeten Begriff der Vernehmung schimmere „die Aura des staatlichen Gewaltmonopols" durch. „Vernehmungen", so Legnaro und Aengenheister, „indizieren eine spezifische Kommunikationsform innerhalb einer spezifischen Machtstruktur", d.h.: Im „Rahmen einer Vernehmung" gebe „es einen Vernehmer und einen Vernommenen, und der erste" habe „das Recht zu fragen und auch das Recht auf eine Antwort". Der Vernommene habe „demgegenüber vor allem Pflichten: die zur wahrheitsgemäßen Aussage vor allem, also der Antwort auf gestellte Fragen", wenn auch „nicht jede Frage" zulässig sei, denn es handele sich „um eine Vernehmung ‘zur Sache’", und das begrenze „den Radius zwar nicht der möglichen und denkbaren, aber der zulässigen Fragen". Das bedeutet: Sie

109 Ebd., S. 4f.

110 Ebd., S. 5.

111 Vgl. ebd., S. 68.

112 § 69 StPO lautet:
„(1) Der Zeuge ist zu veranlassen, das, was ihm von dem Gegenstand seiner Vernehmung bekannt ist, im Zusammenhang anzugeben. Vor seiner Vernehmung ist dem Zeugen der Gegenstand der Untersuchung und die Person des Beschuldigten, sofern ein solcher vorhanden ist, zu bezeichnen.
(2) Zur Aufklärung und zur Vervollständigung der Aussage sowie zur Erforschung des Grundes, auf dem das Wissen des Zeugen beruht, sind nötigenfalls weitere Fragen zu stellen.
(3) Die Vorschrift des § 136a gilt für die Vernehmung des Zeugen entsprechend."

113 Vgl. *Legnaro / Aengenheister*, Die Aufführung von Strafrecht, S. 44–58.

„müssen zur Sache gehören, was im Einzelfall der Vorsitzende nach pflichtgemäßem Ermessen zu entscheiden" habe, „wie er auch darüber entscheidet, ob die Art der Fragestellung zulässig ist (§ 242 StPO)". Dadurch nehme der Vernommene „eine völlig von anderen definierte Rolle ein: Sie bestimmen den Inhalt von Fragen und ihre Zugehörigkeit zur Sache".[114] Genau wie Wolff und Müller betonen auch Legnaro und Aengenheister, dass die Vernehmung sich als Abfolge von Frage-Antwort-Paaren vollziehe. Für die „idealtypische Vernehmung" sei „eine gewisse Beschleunigung der Frage-und-Antwort-Paare" charakteristisch: „eine Einleitungssequenz, die mit einer allgemein gehaltenen Frage" beginne und „mit einer längeren, ausführlichen, erzählenden Antwort beantwortet werden" solle („Bericht"), „und im Anschluß eine Sequenz strukturierter Nachfragen, auf die Antworten im Rahmen der gleichen vorgegebenen Strukturierung erwartet werden („Verhör")".[115]

Der erste Satz des § 69 Abs. 1 StPO enthält aus Sicht der Verfasser eine „Handlungsaufforderung sowohl an den Vernehmer wie an den Vernommenen". Der Vernehmer habe „sich zurückzuhalten, nämlich nur initiierend-veranlassend aktiv zu werden", während dem Vernommenen aufgetragen sei, „verbal den Zusammenhang zu konstituieren, also von sich aus die zur Sache gehörenden Fakten, Erlebnisse, Schilderungen, Beschreibungen 'anzugeben'". Dies sei „als eine konkrete Anforderung an den Sprachgestus zu verstehen". Zeugen seien „nicht zum Erzählen aufgefordert, sondern zu Angaben über Personen, Sachen und Ereignisse". Der Text der StPO formuliere „diese Anforderung als eine Aufgabe und als eine Zuschreibung an die Performanz der Prozeßrolle 'Zeuge'".[116] Legnaro und Aengenheister verwenden den Begriff des Erzählens nur in Bezug auf die Vernehmung der Angeklagten, nicht der Zeugen. Sie beschreiben ausführlich die Modalitäten der Zeugenvernehmung. Nach ihrer Eröffnung beginne die Vernehmung zumeist „in offenen Fragestellungen". Was in einer solchen Vernehmung bei einzelnen Zeugen 'zu veranlassen' sei, richte sich „– abstrakt gesehen – im weiteren Verlauf vor allem danach, ob sie von sich aus sprechen oder nur auf Fragen hin antworten". Während es bei „den ersteren" genüge, „inhaltlich weit gehaltene Fragen zu stellen, die die Funktion von Stichworten erfüllen", müssten die Vorsitzenden „bei den letzteren [...] aktiv-strukturierend eingreifen und ihre Fragen jeweils auf kleine und überschaubare Details begrenzen".[117] Die Verfasser verweisen darauf, dass die übrigen Verfahrensbeteiligten ihre Nachfragen im

114 Ebd., S. 44.

115 Ebd., S. 45.

116 Ebd., S. 48.

117 Ebd., S. 49.

Anschluss an die Vernehmung durch den Vorsitzenden stellen. Der Ablauf der Befragung folge „dabei forensischen Usancen, die nirgends kodifiziert" seien: Dass „nach dem Gericht zuerst die Staatsanwaltschaft Fragerecht" habe, „dann die Nebenklage", anschließend die Sachverständigen und „erst abschließend die Verteidigung", entspreche „dem herrschenden Verständnis" und werde „nur in den seltenen Fällen durchbrochen, in denen Zeugen einzig auf Initiative der Verteidigung geladen worden" seien. Die Nachfragen nähmen auf das Gesagte Bezug und konstituierten so „einen referentiellen Charakter der Vernehmung". Es würden Fragen gestellt, die mit 'Sie haben eben gesagt' begännen, danach das Gesagte paraphrasierten und daran die eigentliche Frage anschlössen. Die Verfasser stellten bei ihrer teilnehmenden Beobachtung fest, dass Vorsitzende bei dem Versuch, Zeugen „zu einem Fazit, einer Resümierung, einem Gesamtbild 'zu veranlassen'", das Resümee selbst vorformulierten und in diesem Zusammenhang häufiger den Satz 'Ich will Ihnen nichts in den Mund legen' verwendeten. Es sei „das ehrliche Eingeständnis von Vorsitzenden, genau das gerade getan zu haben, indem sie die Resümierung oder Gesamtbild selbst" formulierten. „Dieses Eingeständnis" stelle „jedoch gleichzeitig auch die offene Struktur wieder her, indem es Zeuginnen und Zeugen zum Widerspruch" auffordere, „so sie den Eindruck haben, falsch verstanden worden zu sein". Der Effekt sei, dass Befragte „diese Feststellung abwehren und die Kennzeichnung, wie sie Vorsitzende vorgegeben" habe, „noch einmal explizit bestätigen oder versuchen, eigene Worte im Rahmen dieses offenen, aber durch die Vorgabe halbstrukturierten Assoziationsfeldes zu finden".[118]

Vom empirischen Einzelfall absehend stellen die Autoren in ihrer abschließenden Betrachtung der Zeugenvernehmung fest, die „primäre Funktion der Vernehmung" bestehe in „der inhaltlich strukturierten mündlichen Bereitstellung eines projektiven Feldes, das die Motivierung und Kontextualisierung einer Tat, den Ablauf einer Tat etc. verdeutlichen" solle.[119] Dies setzt nach Erkenntnissen Legnaros und Aengenheisters mehrere Interpretationsleistungen des Gerichts voraus. Sie nennen erstens „den Abgleich von Schilderungen, wie sie Angeklagte vorgetragen haben, mit den Schilderungen, die Zeugen vortragen", und zweitens den Abgleich der Aussagen von Zeugen als „Sekundär-Bericht" mit ihrem „Primär-Bericht" in vorhergehenden polizeilichen oder richterlichen Vernehmungen. Drittens seien unter Umständen die Berichte einzelner Zeugen abzugleichen mit den Aussagen anderer Zeugen und viertens

118 Vgl. ebd., S. 51.

119 Ebd., S. 57.

möglicherweise mit „Sachergebnissen, z.B. den Tatortbefunden und den sonstigen polizeilichen Ermittlungen".[120] Angesichts des Prinzips der freien Beweiswürdigung gebe „es nahezu keine kodifizierten Regeln, die vorschreiben, wie dieser vielfältige Abgleich vorzunehmen" sei. „Sein Ergebnis" bestimme „sich weitgehend nach den bei den einzelnen Beteiligten vorgenommenen Zuschreibungen von Glaubwürdigkeit, die ihrerseits wiederum Konsistenz zur grundlegenden richterlichen Anschauung des Sacherhalts herstellen sollen".[121]

Legnaro und Aengenheister gelingt es, nicht nur Muster des Vernehmens, sondern auch des „biographischen Erzählens" der Angeklagten herauszuarbeiten. Dabei konzentrieren sie sich vornehmlich auf zwei Aspekte: die strukturellen Gesichtspunkte des „biographischen Erzählens" und die Typen des narrativen Gestus. Was den ersten Punkt betrifft, nennen sie folgende Merkmale: „die Unfreiwilligkeit des Erzählens vor einem gesetzlich bzw. durch nicht steuerbare Zufälle bestimmten Publikum; den Zwang zur Retrospektivität; den Zwang zur Focussierung auf die Tat; den Zwang zur Begründung, Erklärung und Rechtfertigung."[122] Die Analyse des narrativen Gestus ergab, dass zwei Erzählabläufe häufig vorkamen. Zum einen sei da der Typus einer Geschichte, die sich zur Tat hin immer mehr verenge und in ihr kulminiere, so dass „die Tat selbst als 'natürlicher Höhepunkt' erzählt werden" könne. „Die dominierende Erzählstruktur" bestehe „aus einer chronologischen Aneinanderreihung von Konflikten und Auseinandersetzungen, die in logischer Steigerung miteinander verbunden" würden.[123] Von dieser Form unterscheiden Legnaro und Aengenheister „den Typus 'der unendlichen Geschichte' alltäglicher Auseinandersetzungen, bei der die Tat ein unfallartiges, nicht vorhersehbares Geschehen" darstelle. Die „dominierende Erzählstruktur" sei hier „die Schilderung von Konfliktpunkten, wobei die Tat lediglich als qualitative Steigerung eines ansonsten permanent gleichen Alltags" erscheine.[124]

Legnaros und Aengenheisters Arbeit zeigt, dass es sich bei der gerichtlichen Hauptverhandlung um eine von vielfältigen Regeln geprägte soziale Situation handelt, in der Recht angewendet, ausgelegt und durch bestimmte Verhaltensweisen erst hergestellt wird. Orientiert an Legnaros und Aengenheisters Ansatz wird im zweiten Teil dieses Kapitels die Anwendung und Auslegung einer

120 Vgl. ebd., S. 58.

121 Ebd., S. 58.

122 Ebd., S. 28.

123 Ebd., S. 33.

124 Ebd., S. 34.

strafprozessualen Regel (§ 55 StPO) untersucht, die für die Vernehmung der „Täter-Zeugen" von zentraler Relevanz war.

1.6 Fazit

Die Frage-Antwort-Abfolge – das Verhör – ist ein zentrales Kommunikationsmuster vor Gericht. Der Begriff des Verhörs taucht in Kommentaren zur StPO im Zusammenhang mit der Vernehmung des Zeugen zur Sache (§ 69 StPO) auf. Durch das Verhör, das aus Fragen und Vorhalten besteht, wird der Bericht des Zeugen vervollständigt und überprüft. Der Fragende – bei Vernehmungen von Angeklagten und Zeugen in der Regel der Vorsitzende – ist in einer Machtposition. Der Vorsitzende steuert die Kommunikation,[125] und er verfügt über die Interpretationsmacht. Neben der Verhörsituation gibt es auch monologisch strukturierte Verhandlungsphasen (Verlesung schriftlicher Gutachten, Plädoyers, Urteilsverkündung).

Der Überblick über den Forschungsstand hat gezeigt, dass in allen hier vorgestellten Ansätzen – Wolff/Müller ausgenommen – der Begriff der Erzählung eine Rolle spielt. Er wird in dieser Arbeit nicht in einem alltagsweltlichen oder literarischen Sinne gebraucht. Bei Erzählungen handelt es sich nicht um Fiktionen, sondern um *Annäherungen* an ein vergangenes Geschehen mit sprachlichen Mitteln, um sprachliche Darstellungen vergangener Ereignisse. Erzählungen produzieren – indem sie die Ereignisse darstellen – bestimmte Vorstellungen über das Abwesende, das Vergangene. Sie „entstehen", wie Gabriele Löschper betont, „in Wechselwirkung mit dem Publikum und im definierten Kontext mit bestimmten Zwecken. Narrationen handeln von etwas, sie haben eine Handlung – einen 'Plot' – und enthalten Charaktere – ihr 'Personal'."[126] Vor Gericht herrscht ein Zwang zu strukturierter Erzählung. Die Narrationen von Zeugen und Angeklagten entstehen in der Verhörsituation. Das bedeutet: Zeugen und Angeklagte können nicht frei erzählen, sie können keine eigenen Themenschwerpunkte setzen. Sie erhalten vielmehr bestimmte Vorgaben vom Vernehmenden, der Erzählungen einfordern, aber auch verhindern kann. Der Vorsitzende entscheidet darüber, ob Zeugen oder Angeklagte Gelegenheit zu einer erzählenden Darstellung bekommen. Erzählungen, so die Annahme, finden sich nur in bestimmten Verhandlungsabschnitten und in bestimmten Abschnitten von Aussagen. Beim Erzählen

---

125 Das gilt jedoch nur für den kontinentaleuropäischen Strafprozess. Im angloamerikanischen Strafverfahren ist die Rolle des Richters eine andere. Für diesen Hinweis danke ich Prof. Dr. Dr. Thomas Vormbaum.

126 *Löschper*, Bausteine, S. 73.

handelt es sich nur um ein Aussagemuster unter vielen anderen. Das Handeln der Gerichtsbeteiligten nimmt verschiedene Formen an und lässt sich nicht auf einen Begriff reduzieren bzw. mit einem Begriff erfassen.

Für die Analyse der forensischen Interaktionssdynamik im Verhältnis zur gerichtlichen Wirklichkeitsrekonstruktion gilt es in den folgenden Teilkapiteln zu unterscheiden zwischen den verschiedenen Erzählungen in Aussagen von Angeklagten und Zeugen vor Gericht und der Sachverhaltserzählung des Gerichts im Urteil. Das Gericht muss auf der Basis dessen, was die am Geschehen beteiligten Personen (die Zeugen und Angeklagten) über die Ereignisse berichteten, sowie auf der Grundlage von Dokumenten und Äußerungen der Sachverständigen eine geordnete und endgültige Erzählung – die Feststellung des Sachverhalts – verfassen. Anhand ausgewählter Quellen gilt es im empirischen Teil dieses Kapitels, die Logik des Erzählens und die Logik des Erzählten zu analysieren. Das Augenmerk richtet sich sowohl darauf, *wie* erzählt wird, als auch darauf, *was* erzählt wird bzw. *was nicht* erzählt wird. Um die Erzählstrukturen in den einzelnen Aussagen zu analysieren, wird auf die Begriffe Sandra Harris' zurückgegriffen (*core narrative*; *fragmented narratives*, *reported narratives*, *extended narratives* etc.).

Angesichts der Tatsache, dass sich die oben diskutierten Ansätze *nicht* mit Strafverfahren wegen nationalsozialistischer Gewaltverbrechen befassen, stellt sich die Frage, ob die Interaktion vor Gericht in NS-Prozessen Besonderheiten aufweist. Sie bietet genug Stoff für eine eigene Dissertation und kann hier nicht behandelt werden. Im Folgenden sollen lediglich Erkenntnisse über das Redeverhalten der Angeklagten im Auschwitz-Prozess vorgestellt werden auf die Situation der „Opfer-Zeugen" in NS-Prozessen eingegangen werden. Abschließend wird dargelegt, zu welchen Erkenntnissen Christoph Bitterberg in Bezug auf das Aussageverhalten von Zeugen und Angeklagten im Bielefelder Białystok-Prozess gekommen ist.

1.7 Zum Redeverhalten der Angeklagten im Frankfurter Auschwitz-Prozess

Heidrun Kämper hat kürzlich eine Studie über das kommunikative Verhalten der Angeklagten im 1. Frankfurter Auschwitz-Prozess (1963-1965) vorgelegt.[127] Aufgrund ihres Erkenntnisinteresses, das sich auf die sprachlichen Handlungsmuster richtet, in denen sich die „Wirklichkeitskonstruktionen der

127 *Heidrun Kämper*, Die Konstruktion der KZ-Welt im Gerichtssaal. Das Redeverhalten der Angeklagten im Auschwitz-Prozess, in: Dorothee Heller / Konrad Ehlich (Hrsg.), Studien zur Rechtskommunikation, Bern 2007, S. 289–318.

Täter" ausdrücken, konzentriert sich die Autorin ausschließlich auf die Redebeiträge der Angeklagten und lässt interaktionale Aspekte weitgehend unberücksichtigt.[128] Orientiert an der linguistischen Diskursanalyse Hoffmanns untersucht Kämper verschiedene Formen der „Beteiligungskonstitution" (Leugnen – Distanzieren – Gestehen) und der „Sachverhaltskonstitution" (Explizieren – Normalisieren – Fragmentieren).[129] „Generelle Voraussetzung des Redeverhaltens der Angeklagten" im Auschwitz-Prozess sei „die Behauptung ihrer persönlichen Unschuld", die durch Leugnen und Bestreiten der Teilnahme an Straftaten ausgedrückt werde.[130] Die im Auschwitz-Prozess abgelegten Geständnisse seien „bedingte" Geständnisse „im Rahmen der Grundvorstellung der Angeklagten 'unschuldig'".[131] Bedingte Geständnisse, „legen die Angeklagten insofern ab, als sie", so Kämper, „ihre Taten derart in einen Kontext von Sachzwängen stellen, dass sie als Akteure als in einer krisenhaften Situation befindlich erscheinen, in der sie keine Wahl hatten und tun mussten, was sie taten".[132] Kämper kommt zu dem Ergebnis, dass ein „strategischer Aspekt" der Gestehenshandlung der Angeklagten „die Einbeziehung des Selbstbildes" sei. „In der Logik des bedingten GESTÄNDNISSES und der entlastenden Berufung" auf eine Instanz, die übergeordnete Befehl gibt, habe „das Konzept der Selbsterniedrigung einen die Argumentation stützenden Platz".[133] Die Angeklagten realisieren damit den Topos 'wir kleinen Leute' und stellen sich als Befehlsempfänger dar.[134]

Indem die Angeklagten sprachliche Handlungsmuster verwenden, die Kämper dem Bereich „Sachverhaltskonstitution" (Explizieren, Normalisieren und Fragmentieren) zuordnet, kommunizieren sie „im Referenzrahmen[135] Nationalsozialismus", d.h., sie legen ihrer Argumentation das NS-Normsystem „als gültiges zugrunde".[136] Das Explizieren diene „der Rekonstruktion der Begebenheiten". Durch explizierende Sprechakte geben die Anklagten, wie Kämper

---

128 Vgl. ebd., S. 293.

129 Vgl. ebd., S. 294–312.

130 Ebd., S. 295.

131 Ebd., S. 297.

132 Ebd., S. 298.

133 Ebd., S. 301.

134 Vgl. ebd, S. 301.

135 Kämper übernimmt den Begriff Referenzrahmen von Harald Welzer. Welzer geht davon aus, „dass Menschen fähig sind, ihr Handeln in jeweils spezifische Referenzrahmen einzuordnen [...], die es ihnen erlauben, ihr Handeln als etwas von ihrer Person Unabhängiges zu betrachten". *Harald Welzer*, Täter. Wie aus ganz normalen Menschen Massenmörder werden, Frankfurt a. M. 2005, S. 14.

136 *Kämper*, Die Konstruktion der KZ-Welt, S. 314.

anhand ausgewählter Beispiele zeigt, „sachbezogen und ohne Einstellungskundgaben“ Auskunft „über die Beschaffenheit bestimmter Einrichtungen“ im Lager. Normalisieren wird von Kämper definiert als ein kommunikatives Muster, „bei dem der Sprecher die dargestellten Sachverhalte affirmierend in das Normsystem des Nationalsozialismus einfügt“.[137] Angeklagte, die normalisierende Sprechakte verwenden, drücken damit ihre Identifizierung mit dem normgebenden System aus. Am Beispiel eines Ausschnitts aus der Einlassung des Angeklagten Baretzki analysiert Kämper dessen „Normaussagen“[138] zur Organisation bestimmter Lagerabläufe. Das Handlungsmuster Fragmentieren diene dazu, „Abläufe, Situationen, Sachverhalte der KZ-Welt präzise, und das heißt zerlegt in Situationspartikel darzustellen“.[139] Mit der Zerlegung der Handlungszusammenhänge in einzelne Details verfolgt der Sprecher nach Auffassung Kämpers das „kommunikative Ziel“, das verbrecherische System des Massenmordes zu dekonstruieren, zu entwirklichen.

Kämper vertritt die These, dass die den Referenzbereichen „Beteiligungskonstitution“ und „Sachverhaltskonstitution“ zuordbaren Handlungsmuster „die Gültigkeit je spezifischer (und konkurrierender) Referenzrahmen mit ihren jeweiligen Normsystemen“ anzeigen.[140] Wer leugne, sich distanziere oder gestehe, kommuniziere „mit Bezug auf das demokratisch-rechtsstaatliche Werte- und Normsystem“.[141] Wer expliziere, normalisiere oder fragmentiere, kommuniziere „mit Bezug auf die nationalsozialistischen Normen und Werte“.[142] Kämper kommt zu dem Ergebnis, dass die von den Angeklagten verwendeten forensischen Handlungsmuster durch „Normkonkurrenz“ gekennzeichnet sind, da sie sich zum einen auf das demokratisch-rechtsstaatliche

---

137 Ebd., S. 310.

138 Mit dem Begriff „Normaussage“ ist Folgendes gemeint: „Der Sprecher stellt einen Sachverhalt apodiktisch in Aussagesätzen und / oder mit deontischen Verben […] dar – damit nicht nur vollkommenes Einverständnis mit den geschilderten Anforderungen dokumentierend, sondern auch absolute Identifizierung und Inkorporierung des normgebenden Systems. Die so reden, wollen auch noch in der Gegenwart diese ihre Werthaltung firmieren.“ *Kämper*, Die Konstruktion der KZ-Welt, S. 307. Wörter mit deontischer Bedeutung sind nach Fritz Hermanns, auf den sich Kämper bezieht, „solche […], die semantisch nicht nur deskriptiv sind, sondern ebenso auch präskriptiv sind; und die daher nicht allein ein Sein bedeuten, sondern auch ein Sollen; und die deshalb auch geeignet sind, ein Wollen anzuzeigen“. Zit. n. *Kämper*, Die Konstruktion der KZ-Welt, S. 307, Fußnote 32.

139 Ebd., S. 310.

140 Vgl. ebd., S. 314.

141 Vgl. ebd., S. 313.

142 Ebd., S. 314.

Normsystem, zum anderen auf das Normsystem des Nationalsozialismus beziehen.

Es stellt sich die Frage, ob diese „Normkonkurrenz“ auch für das Redeverhalten von Angeklagten in anderen NS-Prozessen kennzeichnend ist. Die Beantwortung dieser Frage erfordert eine neue Untersuchung.

1.8 Zeugenschaft vor Gericht: Zur Situation der „Opfer-Zeugen“ in NS-Prozessen

Sigrid Weigel und Aleida Assmann betonen, dass die Zeugnisse von Überlebenden des Holocaust im gerichtlichen Kontext notwendigerweise auf ihre Funktion als Beweismittel reduziert werden.

Für den Typus des „juridische[n] Zeuge[n]“[143] ist charakteristisch, dass er, so Aleida Assmann, „nicht für sich“ spreche, sondern, „eine ihm zugewiesene Rolle im übergeordneten Verfahren einer nachträglichen Wahrheitssuche und -findung“ übernehme.[144] „Was er zu sagen“ habe und „wie er es zu sagen“ habe, sei „Teil eines hoch formalisierten Verfahrens, in dem das Zeugnis Evidenz- und Beweisfunktion im Prozess der Urteilsfindung“ habe. Die Zeugenaussage finde „in der rigiden Form des Verhörs bzw. der Anhörung statt“. Das Zeugnis werde „dabei reduziert auf Aussagen, die von den Instanzen des Gerichts im größeren Kontext einer Argumentation oder Beweisführung als relevant erachtet werden“.[145]

Für diese Studie ist die analytische Unterscheidung Sigrid Weigels zwischen „Zeugnis“ und „Zeugenschaft“ relevant. Beim Zeugnis – von Weigel definiert als „Erinnerungsrede, die sich auf eine singuläre Erfahrung bezieht“, – gehe es „um den Gestus des Bezeugens und die entsprechende Situation“, die sich dadurch auszeichne, dass „Sprechende / Schreibende und Hörende / Lesende in eine Konstellation eintreten, die zuerst und vor allem durch die Ungleichheit und die Ungleichzeitigkeit ihrer Erfahrungen geprägt“ sei. Das Zeugnis liege „immer jenseits der Form der Aussagen oder der Mitteilung eines Inhaltes, weil es um das Bezeugen einer dem Anderen (dem Gegenüber oder dem

143 Assmann unterscheidet vier Grundformen von Zeugenschaft, die sie „als Idealtypen im Sinne Max Webers“ versteht. Es sind: „der juridische Zeuge“; „der religiöse Zeuge“; „der historische Zeuge“ sowie „der moralische Zeuge“. *Aleida Assmann*, Vier Grundtypen von Zeugenschaft, in: Fritz Bauer Institut (Hrsg.), Zeugenschaft des Holocaust. Zwischen Trauma, Tradierung und Ermittlung, Frankfurt a.M. 2007, S. 33–51, hier: S. 35.

144 Ebd., S. 35f.

145 Ebd., S. 36.

Leser) gerade unzugänglichen Erfahrung“ gehe. Das Zeugnis liege „jenseits der Historisierung und einer Logik der Evidenz“. In den Zeugnissen Überlebender gehe es „nicht einmal in erster Linie darum, Tatsachen zu *belegen* oder das, ‘was der Fall ist’ bzw. war, sondern darum, die Erfahrung des Geschehenen zu bezeugen“.[146] Der Gestus des Bezeugens gründe „in einer fehlenden unmittelbaren Gleichzeitigkeit mit dem geschichtlichen Geschehen bzw. in einer unteilbaren Erfahrung“.[147] Die „singuläre Ungleichzeitigkeit“ betreffe „vor allem die Erfahrung des Todes“. Das bedeutet: „Die Auslöschung der Individualität und des Gedächtnisses der Toten in der Vernichtung“ begründe „eine Unteilbarkeit der Erfahrung“, die gleichsam die „normale Todeserfahrung“ – bezeichnet als „*das* Paradigma unmöglicher Gleichzeitigkeit der menschlichen Erfahrung“ – radikalisiere und zu einer „unüberbrückbaren Distanz zwischen Überlebenden und den anderen“ zu gelten habe.[148] Schon der Begriff des „*Über*lebenden“ beschreibe den Zeugen „in der paradoxen Situation einer unmittelbaren Mittelbarkeit zum Tode“. Es sei ein „Sprechort, der im subjektiven Empfinden von Überlebenden oft zur nahezu untragbaren Last einer Zeugnis- und Erinnerungsverantwortung“ werde. Dem Zuhörer oder dem Leser komme in der „Konstellation der Ungleichzeitigkeit“ keine passive Rolle zu. Die Adressierung an ihn sei „konstitutiv für die Artikulation der Erinnerung“. Weigel gilt die „fehlende Teilhabe am Geschehen, das bezeugt werden soll“, als „Möglichkeitsbedingung des Zeugnisses“. Der „Mangel der Erfahrung beim Hörer“ bilde „die Folie für die Erinnerungen des Zeugnisses“.[149]

Dem Zeugnis eines Überlebenden komme es „zuerst darauf an“, dass „man ihm Glauben“ schenke, „wenn er mit seiner Erzählung und mit seiner Person von einer dem anderen unvorstellbaren Erfahrung“ zeuge.[150] Diese kommunikative Situation ist indes vor Gericht nicht gegeben. Zum einen interessiert die Juristen in der Regel nur das, was für den Schuldnachweis der Angeklagten relevant ist, und zum anderen müssen die Prozessbeteiligten den Aussagen von Zeugen mit Skepsis begegnen. Auch die Struktur der Vernehmungssituation verhindert, dass Zeugen ihre Geschichte frei erzählen können. Die Überlebenden mussten im Bielefelder Białystok-Prozess zwangsläufig wichtige Erlebnis-

146 *Sigrid Weigel*, Zeugnis und Zeugenschaft, Klage und Anklage. Die Geste des Bezeugens in der Differenz von „identity politics“, juristischem und historiographischem Diskurs, in: Rüdiger Zill (Red.), Zeugnis und Zeugenschaft (Jahrbuch des Einstein-Forums; 1999), Berlin 2000, S. 111–135, hier: S. 116.

147 Ebd., S. 116f.

148 Ebd., S. 117.

149 Ebd., S. 118.

150 Ebd., S. 115f.

se ihrer Leidensgeschichte ausklammern. So bedauerte der Zeuge Dr. Felix Zandman, dass er vor dem Bielefelder Landgericht nur über Morde sprechen konnte „and not about indignities, theft, vandalism, barbaric behaviour".[151]

Das „Konzept der Zeugenschaft" ist Weigel zufolge „an die Norm der Neutralität und die Unabhängigkeit der Zeugenaussage gebunden".[152] Die Norm der Neutralität kann indes aus ihrer Sicht nicht für die Überlebenden des Holocaust gelten, denn „alle, die davon erzählen könn(t)en, waren und sind auch nachträglich, nicht zuletzt mit ihren Affekten, in das Geschehen involviert".[153] Im Fall der „Endlösung" gebe es keine Zeugenaussagen, „die nicht vollständig außerhalb (und also ahnungslos im Hinblick auf das tatsächliche Geschehen) oder aber in irgendeiner Weise beteiligt und verwickelt" seien.[154] Den Unterschied zwischen Zeugnis und Zeugenschaft zu betonen, bedeutet aus Weigels Sicht „gerade nicht, den Berichten von Überlebenden ihre Beweiskraft für das Geschehen abzusprechen, sondern, weil sie, als Zeugenaussage verwendet, auf den Beweisstatus reduziert werden, ihre darüber hinausgehende, *andere* Bedeutung anzuerkennen".[155] Dieser Bedeutungsüberschuss könne sich erst außerhalb des Gerichts „entfalten, erst jenseits ihrer Indienstnahme als Beweis" könnten „die Erinnerungen der Überlebenden als Geste des Bezeugens verstanden werden, als Gedächtnisfigur, der die Nachträglichkeit zu einem Geschehen eingeschrieben ist, das niemals vollständig ins Bewusstsein zu integrieren sein" werde.[156]

Im Urteil finden nur Aussagen von Zeugen Berücksichtigung, die für die Rekonstruktion des Sachverhalts und für den Schuldnachweis relevant sind. Insofern ist Weigel zuzustimmen, dass die Erinnerungen der Überlebenden im Kontext von NS-Prozessen „auf beweisfähige Tatsachen oder Aussagen reduziert"[157] worden seien.

---

151 „The trials helped decent Germans to come to terms with themselves..." Ein Interview mit Felix Zandman, in: *Anders* u.a. (Hrsg.), Bialystok in Bielefeld, S. 138–143, hier: S. 141.

152 *Weigel*, Zeugnis und Zeugenschaft, Klage und Anklage, S. 120.

153 Ebd., S. 120.

154 Ebd., S. 121.

155 Ebd., S. 122f.

156 Ebd., S. 123.

157 Ebd., S. 120.

Zeugenschaft vor Gericht[158] ist mit bestimmten Verpflichtungen verbunden. Der Zeuge vor Gericht ist – im Gegensatz zum Angeklagten – grundsätzlich zur Aussage und zur Wahrheit verpflichtet. Die Strafprozessordnung bestimmt, dass Zeugen vor ihrer Vernehmung vom Gericht belehrt werden müssen.[159] Wie der folgende Auszug aus der Belehrung des Zeugen Lipszyc durch den Vorsitzenden Richter Witte am 27. April 1966 vor der Schwurgerichtskammer am LG Bielefeld zeigt, erwartete das Gericht von den „Opfer-Zeugen" einen distanzierten, emotionslosen Tatsachenbericht:

> „Nun, Herr Lipszyc, Sie sollen hier als Zeuge heute Morgen vernommen werden, und ich muss Sie belehren. Als Zeuge dürfen Sie nur die reine Wahrheit sagen, und Sie müssen sich anstrengen, dass Sie aus Ihrer Erinnerung das sagen, was Sie mit gutem Gewissen verantworten können. Sie müssen sich bemühen, nicht mit Gefühlen oder mit Hassgefühlen zu sprechen oder mit Abneigung, sondern Sie müssen sich bemühen, uns das zu sagen, was Sie gesehen und gehört haben. Ist klar, nicht wahr?"[160]

Der Zeuge Zwi Lipszyc wurde ermahnt, seine Aussage an den Prinzipien der Unparteilichkeit, der Neutralität und der Faktizität auszurichten. Die Aufforderung des Vorsitzenden an den Zeugen, während der Aussage keine Gefühle zuzulassen, deutet auf eine bestimmte Theorie des Zeugenberichts hin: Diejenigen „Opfer-Zeugen", die in der Lage sind, sich innerlich distanziert mit den Geschehnissen und den eigenen traumatischen Erlebnissen auseinanderzusetzen, verfügen, so die Annahme, über eine genauere Erinnerungsfähigkeit. Die Erinnerungen des Überlebenden werden hier allein unter dem Gesichtspunkt der juristischen Verwertbarkeit betrachtet: Von Relevanz sind allein präzise, faktische Informationen. Für unkontrollierte Emotionen und Erinnerungen an Schmerzen und Verzweiflung ist, so das Signal an den Zeugen, vor Gericht kein Raum.

Der Einsicht Weigels folgend, dass es darum gehe, „den Erinnerungen von Überlebenden ihr Recht als Zeugnis zu geben, auch wenn sie partiell als

---

158 Vgl. dazu mit Blick auf NSG-Verfahren, *Thomas Henne*, Zeugenschaft vor Gericht, in: Fritz Bauer Institut (Hrsg.), Zeugenschaft des Holocaust, S. 79–91. Henne betont, dass „die StPO den Täter, nicht das Opfer in den Mittelpunkt" stelle. Ebd., S. 81.

159 § 57 StPO lautet: „Vor der Vernehmung sind die Zeugen zur Wahrheit zu ermahnen und darauf hinzuweisen, dass sie ihre Aussage zu beeiden haben, wenn keine im Gesetz bestimmte oder zugelassene Ausnahme vorliegt. Hierbei sind sie über die Bedeutung des Eides, die Möglichkeit der Wahl zwischen dem Eid mit religiöser oder ohne religiöse Beteuerung sowie über die strafrechtlichen Folgen einer unrichtigen oder unvollständigen Aussage zu belehren."

160 Vernehmung des Zeugen Zwi Lipszyc in der Hauptverhandlung der Strafsache gegen Dr. Altenloh u.A. (5 Ks 1/65) v. 27.4.1966, in: L/StADT, D 21 A, Nr. 6341, Tonband 10 Vorderseite.

Zeugenaussagen Verwendung finden (müssen)",[161] sollen die Aussagen der „Opfer-Zeugen" in einem Teil dieses Kapitels (VI.4) nicht hinsichtlich ihres Beweiswertes im Verfahren, sondern ihres Überschusses an Bedeutung und damit jenseits ihrer Logik der Evidenz, untersucht werden. Die Erinnerungen der Überlebenden sind wichtig, weil sie von einer erlebten Wirklichkeit berichten, zu der wir sonst keinen Zugang hätten, und weil sie an die Frauen, Männer und Kinder erinnern, die ermordet wurden. Darin liegt ihr historischer Wert. Die Überlebenden schildern die Lebensbedingungen in den Ghettos Grodno und Białystok, und sie beschreiben die grauenhafte Realität, die sich hinter dem Euphemismus Ghetto-„Räumung" verbirgt.

1.9 Zum Aussageverhalten von Zeugen und Angeklagten im Bielefelder Białystok-Prozess: Ergebnisse Christoph Bitterbergs

Bitterberg wendet für seine Analyse ausgewählter Vernehmungen aus dem Bielefelder Białystok-Prozess die von Ludger Hoffmann aufgestellten Maximen der Kohärenz, Plausibilität und Relevanz auf die Aussagen von Zeugen und Angeklagten an. Der Verfasser vergleicht in seiner unveröffentlichten Magisterarbeit die Aussagen der deutschen Zeugen und Angeklagten zur Konzentrierung der jüdischen Bevölkerung des Bezirks Białystok am 2. November 1942 und befasst sich anhand der Aussagen von jüdischen Zeugen mit Ereignissen im Ghetto Grodno.[162]

Bitterbergs Analyse der Aussagen zum Komplex der Konzentrierung der Juden zeigt, dass die ehemaligen Angehörigen der Zivilverwaltung versuchten, sich so wenig wie möglich zu belasten. Da die vier von Bitterberg untersuchten deutschen Zeugen nicht alle relevanten Informationen angaben, setzten sie sich der Gefahr aus, dass das Gericht ihre Aussagen für unplausibel hielt. Dieser Möglichkeit versuchten sie, wie der Verfasser zeigt, durch die Anwendung bestimmter Strategien entgegenzuwirken.[163] Alle Zeugen hatten laut Bitterberg das Problem, dass „sie die Maximen des Gerichts nach Plausibilität, Kohärenz und Relevanz nicht mit ihren jeweiligen Strategien vereinbaren konnten".[164] Sie hätten einzelne Maximen jeweils unterschiedlich akzentuiert. Dennoch

161 *Sigrid Weigel*, Zeugnis und Zeugenschaft, Klage und Anklage. Zur Differenz verschiedener Gedächtnisorte und -diskurse, in: Jakob Tanner/Sigrid Weigel (Hrsg.), Gedächtnis, Geld und Gesetz. Um Umgang mit der Vergangenheit des Zweiten Weltkrieges, Zürich 2002, S. 39–62, hier: S. 48.

162 Vgl. *Bitterberg*, Der Bielefelder Prozeß, S. 48–69 und S. 70–87.

163 Vgl. ebd., S. 64.

164 Ebd., S. 64f.

seien ihre Strategien aufgegangen, da keiner vom Gericht der Falschaussage bezichtigt worden sei.[165] Trotzdem verdeutlicht Bitterbergs Analyse den Wert der Aussagen für Fragen nach dem historischen Geschehen, über das keine zeitgenössischen Quellen vorliegen. Anhand der Aussagen der deutschen Zeugen und Angeklagten kann Bitterberg belegen, dass „eine Konferenz zur Konzentrierung und Deportation der Juden im Bezirk Bialystok stattgefunden hat".[166] Bitterbergs Analyse zeigt jedoch auch, dass die verschiedenen Aussagestrategien „zahlreiche Widersprüche" aufwarfen. Diese betreffen die Zusammensetzung der Konferenz und die Frage, welche Folgen sie zeitigte. Um „innerhalb bestimmter Grenzen Aussagen über die Teilnehmer und den Rang der Konferenz" machen zu können, ist es deshalb aus Bitterbergs Sicht erforderlich, die Aussagen zu vergleichen, die Verteidigungsstrategien zu hinterfragen und alle zugänglichen historischen Quellen einzubeziehen.[167]

Für die Analyse der jüdischen Zeugenaussagen hat Bitterberg ausschließlich Überlebende aus Grodno ausgewählt. Er untersucht Aspekte zweier Zeugenaussagen (die von Zwi Lipszyc und Ber Shulkes) genauer und analysiert die Aussagen der jüdischen Zeugen zum Tatkomplex der Erhängung der Lena Prenski.[168] Die Auswertung der Vernehmungen zum Fall Prenski ergab, dass das Geschehen „fast allen Zeugen aufgrund seiner Symbolträchtigkeit gegenwärtig" war.[169] Die Erhängung sei „von den Zeugen in einen Zusammenhang mit Widerstand gegen die Deutschen" gebracht worden. Fünf Zeugen hätten berichtet, Lena Prenski habe vor der Hinrichtung ihrem Henker ins Gesicht gespuckt. Die Symbolkraft der Geschichte der Erhängung der Prenski liege, so Bitterberg, darin, dass „es ausgerechnet eine Frau war, die sich wehrte und ihre Würde bewahrte".[170] Da viele Zeugen in der Lage waren, Einzelheiten über den Verlauf der Erhängung anzugeben, obwohl sie sie nicht beobachtet hatten, kommt Bitterberg zu dem Schluss, dass „die Erhängung während der Ghettozeit und wahrscheinlich auch nach dem Krieg Gesprächsthema zwischen den Überlebenden war". Für die Bedeutung von Prozesserinnerungen bedeute das:

165 Ebd., S. 65.

166 Ebd., S. 68f.

167 Ebd., S. 69.

168 Die Anklage warf Heinz Errelis vor, er habe im Dezember 1942 die Jüdin Lena Prenski und die Juden Spindler und Drucker durch Angehörige seiner Dienststelle öffentlich im Grodnoer Ghetto erhängen lassen, weil sie sich dem Verbot, das Ghetto zu verlassen, widersetzt hatten. Vgl. Urteil 5 Ks 1/65, in: L/StADT, D 21 A, Nr. 6195, Bl. 358f.

169 *Bitterberg*, Der Bielefelder Prozeß, S. 87.

170 Ebd., S. 83.

Je „mehr Erinnerungen an ein Ereignis vorhanden sind, um so schwieriger" sei es, „den Wahrheitsgehalt festzustellen".[171]

Im Zentrum von Bitterbergs Arbeit steht die Frage nach der Verwertbarkeit von Materialien aus NS-Prozessen für die historische Forschung über die Verfolgung und Vernichtung der Juden. Im Mittelpunkt dieses Kapitels steht dagegen die Analyse der forensischen Interaktionsdynamik im Verhältnis zur juristischen Wirklichkeitsrekonstruktion. Die folgenden beiden Teilkapitel befassen sich mit der Interaktionsstruktur der Vernehmung von „Täter-Zeugen". Das Augenmerk richtet sich auf die sozialen Aushandlungsprozesse der Prozessbeteiligten.

2. Verhandeln und Aushandeln: Zur Anwendung und Auslegung von Regeln am Beispiel von § 55 StPO

Gemäß § 238 Abs. 1 StPO erfolgt die „Leitung der Verhandlung, die Vernehmung des Angeklagten und die Aufnahme des Beweises" durch den Vorsitzenden. Auch im Bielefelder Białystok-Prozess wurde die Interaktion der Prozessbeteiligten entscheidend vom Vorsitzenden bestimmt. Er vernahm in der Regel die Angeklagten, die Zeugen und die Sachverständigen. Nur in Ausnahmefällen übergab er die Verhandlungsführung an einen der beisitzenden Richter. Der Vorsitzende bezog jedoch, wie sich dem Tonbandmitschnitt entnehmen lässt, die anderen Prozessbeteiligten insofern mit ein, als er sich häufig während der Vernehmung bei ihnen erkundigte, ob sie zu einzelnen Punkten noch Fragen hätten. Er ermunterte insbesondere auch die Angeklagten dazu, Fragen zu stellen. Sie machten indes nur selten von ihrem Fragerecht gebraucht.

Die Aufgaben, Pflichten und Rechte der Prozessbeteiligten sind formal festgelegt. Die Strafprozessordnung gibt einen Rahmen vor, innerhalb dessen sich das kommunikativ-interaktive Handeln der Prozessbeteiligten bewegt. Die Ausgestaltung dieses Rahmens bleibt den Akteuren überlassen: Sie müssen in der forensischen Situation über die Anwendung und Auslegung einzelner strafprozessualer Regeln entscheiden. Was das genau bedeutet, wird im Folgenden anhand des § 55 StPO gezeigt. Die Bestimmungen des § 55 StPO wurden für die Analyse ausgewählt, weil sie bei der Vernehmung der „Täter-Zeugen" eine zentrale Rolle spielten.

171 Ebd., S. 86.

Zeugen sind – im Gegensatz zu Angeklagten – grundsätzlich verpflichtet, zur Sache auszusagen. Die StPO sieht indes in einigen Fällen Ausnahmeregelungen vor. Die Aussagepflicht ist durch Vernehmungsverbote, Zeugnisverweigerungsrechte und das Auskunftsverweigerungsrecht eingeschränkt. § 55 StPO räumt Zeugen bei Gefahr der Selbstbelastung das Recht ein, die Auskunft auf bestimmte Fragen zu verweigern:

> „(1) Jeder Zeuge kann die Auskunft auf solche Fragen verweigern, deren Beantwortung ihm selbst oder einem der in § 52 Abs. 1. bezeichneten Angehörigen die Gefahr zuziehen würde, wegen einer Straftat oder einer Ordnungswidrigkeit verfolgt zu werden.
>
> (2) Der Zeuge ist über sein Recht zur Verweigerung der Auskunft zu belehren."

Der 3. Strafsenat des BGH bezeichnete das Auskunftsverweigerungsrecht gemäß § 55 StPO in einer Entscheidung vom 13. April 1962 als Persönlichkeitsrecht und stellte fest, die „Erfüllung der gesetzlichen Zeugnispflicht" solle „nicht dahin führen", dass „der Zeuge dem Konflikt ausgesetzt" werde, „gegen sich selbst aussagen zu müssen".[172]

Worin besteht der Unterschied zwischen dem Auskunfts- und dem Zeugnisverweigerungsrecht? Zur Verweigerung des „Zeugnisses" im Sinne der StPO sind nach §§ 52 und 53 nur bestimmte Gruppen berechtigt. So haben der Verlobte des Beschuldigten, der Ehegatte und gewisse nahe Verwandte (§ 52 StPO) ein uneingeschränktes Zeugnisverweigerungsrecht, d.h. das Recht, die gesamte Aussage zu verweigern. Das Zeugnisverweigerungsrecht umfasst „den gesamten historischen Vorgang".[173] Über ein beschränktes Zeugnisverweigerungsrecht verfügen gewisse Vertrauenspersonen, darunter: „Geistliche über das, was ihnen in ihrer Eigenschaft als Seelsorger anvertraut worden oder bekanntgeworden ist" (§ 53 I Nr. 1 StPO), „Verteidiger des Beschuldigten über das, was ihnen in dieser Eigenschaft anvertraut oder bekanntgeworden ist" (§ 53 I Nr. 2); Angehörige bestimmter Berufsgruppen (Rechtsanwälte, Patentanwälte, Notare, Wirtschaftsprüfer, vereidigte Buchprüfer, Steuerberater und Steuerbevollmächtigte, Ärzte, Zahnärzte, psychologische Psychotherapeuten, Psychotherapeuten für Kinder- und Jugendliche, Apotheker und Hebammen) „über das, was ihnen in dieser Eigenschaft anvertraut worden oder bekanntgeworden ist" (§ 53 I Nr. 3); „Mitglieder des Bundestages, eines Landtages oder

---

172 BGH, Urteil v. 13.4.1962 – 3 StR 6/62. In einem Urteil vom 26. Mai 1992 erklärte der BGH, das Auskunftsverweigerungsrecht beruhe „ebenso wie das Schweigerecht des Beschuldigten auf dem Grundsatz", dass „niemand gezwungen werden" dürfe, „gegen sich selbst auszusagen". BGH, Urteil v. 26.5.1992 – 5 StR 122/92, in: NStZ 12 (1992), S. 448–449, hier: S. 448.

173 *Roxin*, Strafprozeßrecht, S. 210, Zitat S. 211.

einer zweiten Kammer über Personen, die ihnen in ihrer Eigenschaft als Mitglieder dieser Organe oder denen sie in dieser Eigenschaft Tatsachen anvertraut haben, sowie über diese Tatsachen selbst“ (§ 53 I Nr. 4); „Personen, die bei der Vorbereitung, Herstellung oder Verbreitung von periodischen Druckwerken oder Rundfunksendungen berufsmäßig mitwirken oder mitgewirkt haben, über die Person des Verfassers, Einsenders oder Gewährsmanns von Beiträgen und Unterlagen sowie über die von ihnen im Hinblick auf ihre Tätigkeit gemachten Mitteilungen, soweit es sich um Beiträge, Unterlagen und Mitteilungen für den redaktionellen Teil handelt“ (§ 53 I Nr. 5).[174]

Die Auskunftsverweigerung im Sinne des § 55 StPO beschränkt sich dagegen auf bestimmte Fragen. Grünwald betont indes, das Auskunftsverweigerungsrecht erstrecke „sich nicht notwendigerweise nur auf einzelne Fragen, sondern auf den gesamten Sachverhaltskomplex, dessen Aufklärung eine Strafverfolgung des Zeugen oder seines Angehörigen auslösen könnte“. Er schreibt, der Umfang des Auskunftsverweigerungsrechts komme „häufig dem des unbeschränkten Zeugnisverweigerungsrechts des § 52 StPO gleich“.[175]

Über die Frage nach dem Umfang des Auskunftsverweigerungsrechts mussten die Beteiligten im Bielefelder Białystok-Prozess im konkreten Fall verhandeln und entscheiden. Bevor dieser Aushandlungsprozess an einem Beispiel untersucht wird, gilt es zunächst, die Art und Weise der Zeugenbelehrung zu analysieren. § 55 Abs. 2 StPO macht über die Form der Belehrung keine Vorgaben. Es stellt sich daher die Frage, *wie* der Vorsitzende die „Täter-Zeugen“ über ihr Auskunftsverweigerungsrecht belehrte.

2.1 Zur Belehrung der „Täter-Zeugen“

Der Vorsitzende Richter Witte belehrte diejenigen „Täter-Zeugen“, die eine enge Affinität zum Tatgeschehen hatten und gegen die ein Ermittlungsverfahren wegen NS-Verbrechen im Bezirk Bialystok geführt wurde oder geführt worden war, in der Regel zu Beginn der Vernehmung in allgemeiner Form über ihr Auskunftsverweigerungsrecht. Häufig wiederholte er die Belehrung erneut, bevor er eine Frage stellte, von der er annahm, dass sie die Voraussetzungen von § 55 StPO erfülle. Die Form der Belehrung wird im Folgenden anhand ausgewählter Ausschnitte aus den Vernehmungen der „Täter-Zeugen“ Gustav Hanelt und Alfred Salden untersucht. Beide wurden wegen des Verdachts der Tatbeteiligung nicht vereidigt.

---

174 Ebd., S. 212–215.

175 *Grünwald*, Das Beweisrecht der Strafprozeßordnung, S. 37f.

Hanelt war Mitglied im Stabe des SS- und Polizeiführers für den Distrikt Lublin, Odilo Globocnik. Er gehörte zu einer Gruppe von Männern, die Globocnik im August 1943 nach Białystok schickte. Globocnik hatte seinen Untergebenen Georg Michalsen beauftragt, die endgültige Auflösung des Białystoker Ghettos federführend zu leiten. Michalsen wurde von zehn bis zwölf Männern begleitet, darunter Hanelt.[176] Die Staatsanwaltschaft Hamburg führte gegen Michalsen, Hanelt und andere Angehörige der Dienststelle des SSPF Lublin ein Ermittlungsverfahren. Das 1960 eingeleitete Strafverfahren, das die Verbrechen der „Aktion Reinhard" betraf, gliederte sich in verschiedene Sachkomplexe.[177] Der Bereich „Ghettoräumungen" umfasste die Deportationen aus verschiedenen Ghettos der Distrikte Lublin und Warschau sowie aus dem Ghetto Białystok im August 1943. Hanelt und Michalsen wurden von der Hamburger Staatsanwaltschaft beschuldigt, an der Liquidierung des Białystoker Ghettos beteiligt gewesen zu sein. Der Zeuge Hanelt erklärte jedoch vor dem Bielefelder Schwurgericht, er habe keine Anweisung bekommen, an der „Räumung" mitzuwirken, sondern lediglich einen Beobachtungsauftrag gehabt:

Vorsitzender:	Jetzt habe ich an Sie die Frage, auf die Sie die Auskunft verweigern dürfen: Hatten Sie von Globocnik den Auftrag, nach Białystok zu fahren und dort an der Räumung des Judenghettos teilzunehmen?
Zeuge Hanelt:	Nein. Das war nicht der Auftrag.
Vorsitzender:	(*schweigt*) Also, ich meine, jetzt kommt die Stelle, von wo an Sie jetzt die Aussage verweigern dürfen.
Zeuge Hanelt:	Ja. Ich weiß nicht, wie ich mich verhalten soll, Herr Vorsitzender.
Vorsitzender:	Das können Sie machen wie Sie wollen.
Zeuge Hanelt:	Denn ä_
Vorsitzender:	Ich hab gar keinen Wunsch. Ich bin aber auch nicht dazu da, Sie zu beraten.
Zeuge Hanelt:	Das ist_
Vorsitzender:	Von dieser Frage an können Sie die Auskunft verweigern, meine ich jedenfalls. Wenn ich Sie frage: Hatten Sie den Auftrag, nach Białystok zu fahren und in

176 Vgl. Urteil 5 Ks 1/65, in: L/StADT, D 21 A, Nr. 6195, Bl. 310.

177 Vgl. 141 Js 573/60 Sachbericht v. 22.5.1967 (Staatsanwalt Dr. Fründt, Gerichtsassessorin Grabitz, Gerichtsassessor Käselau), in: Staatsarchiv Hamburg, 213–12, StA LG-Nationalsozialistische Gewaltverbrechen, 0036–053, Bl. 1025–1029.

	irgendeiner Form an der Räumung teilzunehmen, können Sie sagen: Jetzt verweigere ich die Auskunft, denn gegen mich läuft ein Voruntersuchungsverfahren oder ein Ermittlungsverfahren.
Zeuge Hanelt:	Nein, diese Frage will ich gerne noch beantworten.
Vorsitzender:	Die wollen Sie noch beantworten.
Zeuge Hanelt:	Den Auftrag hatte ich nicht.
Vorsitzender:	Den hatten Sie nicht.
Zeuge Hanelt:	Ich hatte lediglich_
Vorsitzender:	Dann verraten Sie uns: Welchen Auftrag hatten Sie denn?
Zeuge Hanelt:	Ich hatte lediglich_ Herr Globocnik hat nur zu mir gesagt, als ich nach Herrn Michalsen fragte: Ja, der fährt jetzt nach Białystok. Da wird's Ghetto geräumt. Das sollten Sie sich mal anschauen. Das wäre mal ganz gut, wenn Sie so was auch mal sehen würden. Und nehmen's noch einen Mann mit. Das hab' ich getan. Ich habe keinerlei Auftrag gehabt. Das werden die anderen auch sicherlich bestätigen können.
Vorsitzender:	Jetzt stelle ich wiederum eine Frage, auf die Sie die Auskunft verweigern können: Haben Sie dann nach Ankunft in Białystok einen Auftrag bekommen? Beispielsweise von Michalsen, von dem KdS Dr. Zimmermann oder von dem angeblich anwesenden Globocnik? Sie können auch die Aussage darauf verweigern.
Zeuge Hanelt:	Nein.
Vorsitzender:	Sie haben keinen Auftrag bekommen.
Zeuge Hanelt:	Nein.
Vorsitzender:	Ich meine, Auftrag bekommen, mitzuwirken.
Zeuge Hanelt:	Nein.
Vorsitzender:	Über Ihren ursprünglichen Auftrag hinaus, anzuschauen. (*schweigt*) Und wollen Sie mir die nächste Frage beantworten, aber wie gesagt, ich stelle Ihnen bei jeder Frage es immer wieder erneut anheim, denn Sie sollen nicht den Eindruck haben, dass ich bei Ihnen irgendwie drängele, das steht in Ihrem freien Ermessen. Wollen Sie mir sagen, mit wem Sie rüber gefahren sind?
Zeuge Hanelt:	Es war ein Obersturmführer, Herr Vorsitzender. Ich komme nicht auf den Namen. Ich habe schon ä Herrn Staatsanwalt Herrn Dr. Klöckner gefragt, ob er mir den Namen nicht sagen kann. Ich hab den Namen_ weiß ich

	nicht mehr. Es war ein Obersturmführer, das weiß ich noch. Und ein Unterführer, der als Fahrer.
Vorsitzender:	Und wie viel Tage mögen Sie da geblieben sein?
Zeuge Hanelt:	Nach meiner Erinnerung bin ich an einem Tag um die Mittagszeit oder am frühen Nachmittag gekommen, bin den nächsten Tag da geblieben und bin am dritten Tag wieder zurückgefahren. Mir ist entgegengehalten worden bei der Vernehmung durch die Staatsanwaltschaft, ich müsse länger da gewesen sein, mindestens zwei weitere Tage, denn ich hätte ja noch in Erinnerung, dass ein Polizeioberleutnant schwer verwundet wurde
Vorsitzender:	Hm.
Zeuge Hanelt:	durch einen Oberschenkelschuss, und das hätte ich ja noch ä miterlebt, hätte ich ja noch gesehen. Nach meiner Erinnerung bin ich nur diese drei Tage da gewesen.
Vorsitzender:	(*schweigt*) Drei Tage. Aber Sie halten es für möglich, dass es auch länger war.
Zeuge Hanelt:	Durch_
Vorsitzender:	Nachdem Ihnen der Staatsanwalt den Vorhalt gemacht hatte.
Zeuge Hanelt:	Durchaus möglich, dass ich noch ein oder zwei Tage länger dort gewesen bin. Mit Sicherheit weiß ich, dass ich also noch während die Ghettoräumung dort lief, wie ich wieder zurückgefahren bin nach Lublin.
Vorsitzender:	Hm. Also, Sie brauchen, ich wiederhole es, zum dritten Mal, Herr Zeuge, Sie brauchen auf alle Fragen, die ich Ihnen stelle, überhaupt nicht zu antworten. Sie brauchen's nicht. Es ist Ihr freier Wille. Wenn Sie antworten wollen, gut, wenn Sie nicht antworten wollen, auch gut. Sie wollen also sagen: Ich war diese Zeit, mögen es nun zwei Nächte oder mögen es drei Nächte gewesen sein, zwei Tage oder drei Tage, diese Zeit war ich ohne Auftrag, nur mit dem Auftrag: Schauen Sie sich das mal an.
Zeuge Hanelt:	Ja.
Vorsitzender:	Könnten Sie dem Schwurgericht da mal sagen: Was sollte das für einen sachlichen Wert haben? Ein so aktiver Mann wie Globocnik, schickt der seine Leute zum Anschauungsunterricht, immerhin 80 bis 100 Kilometer nach Białystok, um zuzugucken.
Zeuge Hanelt:	Einen sachlichen Wert dürfte es nicht gehabt haben, Herr Vorsitzender.

Vorsitzender: (*schweigt*) Ja, oder sollte es eine Art Einübung oder eine Einweisung für spätere Aufträge sein?

Zeuge Hanelt: Herr Vorsitzender, dann müsste ich ja wissen ä, wo diese Aufträge hätten liegen sollen. Ich bin ja nicht für irgendwelche sonstigen Sonderaufgaben nach Lublin gekommen, sondern ich bin ja hingekommen ein Mannschaftshaus dort aufzubauen. Und ich bin ä dann mit anderen_

Vorsitzender: Ja, ja, gut.

Zeuge Hanelt: Aber ich bin ja Soldat gewesen. Und als Soldat ä, ä kann ich mir nicht vorstellen, dass ich als Soldat der Waffen-SS ä einen Auftrag hätte bekommen müssen oder sollen, der sich zum Beispiel mit der Räumung eines Ghettos befasst.

Vorsitzender: Was für 'ne Uniform trugen Sie?

Zeuge Hanelt: Ich trug die graue Waffen-SS-Uniform.

Vorsitzender: Waffen-SS. Also, Sie waren kein Polizeibeamter,

Zeuge Hanelt: Nein.

Vorsitzender: kein Kriminalbeamter, nichts, gar nichts.

Zeuge Hanelt: Nein.

Vorsitzender: Sie fühlten sich als Offizier der Waffen-SS.

Zeuge Hanelt: Ja.

Vorsitzender: In dieser Funktion nahmen Sie da teil an den Arbeiten einer Forschungsstelle.

Zeuge Hanelt: Ja.

Vorsitzender: Ja, nun vielleicht konnten Sie den Auftrag haben, durch Globocnik in dieser etwas versteckten Form, Herrn Michalsen zu beobachten oder zu überwachen.

Zeuge Hanelt: Herr Vorsitzender, ich hatte_ ä Globocnik hat nur zu mir gesagt, ich sag ja, schön, gut, an wen muss ich mich denn da wenden, wenn ich mir das ansehen soll, denn in ein Ghetto kommt man ja nicht hinein. Da sagt er: Gehen's, fahren's hin, der Michalsen ist da. Und ich bin hingefahren und habe mich bei Herrn Michalsen gemeldet. Ich habe keinerlei ä, ä Befehlsverhältnis mit Herrn Michalsen oder sonst jemanden überhaupt gehabt.

Vorsitzender: Hm.

Zeuge Hanelt:	Ich habe auch_ Herr Michalsen hat auch gesagt, als ich dort ankam: Sag mal, was, was, was willst Du denn überhaupt hier? Sage ich: Ja, Globus schickt mich hierher.
Vorsitzender:	Hatte man Ihnen denn gesagt, von wem der Räumungsbefehl kam?
Zeuge Hanelt:	Nein.
Vorsitzender:	Ihnen hatte Globocnik nur gesagt, dass Ghetto wird geräumt, fahren's mal hin.
Zeuge Hanelt:	Fahren's mal, schauen Sie sich's mal an.
Vorsitzender:	Schauen Sie sich's mal an.
Zeuge Hanelt:	Ja.
Vorsitzender:	Das war alles.
Zeuge Hanelt:	Ja.
Vorsitzender:	Ja, wissen Sie, wenn Sie noch Mitglied einer Propaganda-Kompanie gewesen wären und hätten nun 'nen Artikel schreiben sollen, dann würde ich die Sache als vernünftig bezeichnen, aber so? (*schweigt*) Das waren Sie doch nicht, Sie haben doch auch gar keinen schriftlichen Bericht gemacht, oder doch?
Zeuge Hanelt:	Nein.
Vorsitzender:	Irre ich mich?
Zeuge Hanelt:	Ich habe mündlich nur meine, meine – als ich zurückgekommen bin –, meine Meldung gemacht, was ich ä dort gesehen habe. Der Globocnik hat das zur Kenntnis genommen und hat gesagt: Ist schon gut, ist schon recht.
Vorsitzender:	[...][178]

Der Vorsitzende belehrte den Zeugen Hanelt, indem er ihm die Fragen, die er nicht zu beantworten brauchte, genau bezeichnete. Der Richter ging davon aus, dass sich Hanelt bei wahrheitsgemäßer Beantwortung der Frage, ob er von Globocnik den Auftrag bekommen habe, nach Białystok zu fahren und dort an der „Räumung“ teilzunehmen, selbst belasten müsste. Deswegen wies er den Zeugen auf sein Auskunftsverweigerungsrecht hin, bevor er die Frage stellte. Die Antwort des Zeugen widersprach den Erwartungen des Vorsitzenden. Dies

178 Vernehmung des Zeugen Gustav Hanelt v. 20.4.1966 in der Hauptverhandlung der Strafsache gegen Dr. Altenloh u.A. (5 Ks 1/65), in: L/StADT, D 21 A, Nr. 6341, Tonband 8 Rückseite.

zeigt sich daran, dass der Vorsitzende den Inhalt von Hanelts Äußerung zunächst ignorierte und daran, dass er den Zeugen nach einem längeren Schweigen erneut auf sein Recht, die Auskunft zu verweigern, hinwies. Als der Zeuge seine Unsicherheit bekundete, stellte der Vorsitzende klar, dass er von ihm keine Beratung erwarten könne. Der Vorsitzende war in einer schwierigen Situation. Einerseits war er sehr daran interessiert, von dem Zeugen Auskünfte zu erhalten, andererseits musste er die Bestimmungen des § 55 StPO einhalten und durfte ihn nicht dazu drängen, auszusagen. Um zu verhindern, dass der Zeuge sich unter Druck gesetzt fühlte, wies der Vorsitzende ihn wiederholt auf sein Auskunftsverweigerungsrecht hin. Durch Formulierungen wie „Das steht in Ihrem freien Ermessen“, „Sie brauchen auf alle Fragen, die ich Ihnen stelle, überhaupt nicht zu antworten“ und „Es ist Ihr freier Wille“ signalisierte der Vorsitzende, dass keinerlei Auskunftszwang bestand.

Auf die Erklärung des Zeugen, er sei nur zur Beobachtung nach Białystok gesandt worden und habe an der „Räumung“ nicht mitgewirkt, reagierte der Vorsitzende mit Skepsis. Dies wird daran deutlich, dass er die Antworten des Zeugen nicht einfach hinnahm und zur nächsten Frage überging, sondern Erklärungen einforderte und Hanelt dazu veranlasste, seine Aussagen zu wiederholen. Als Hanelt die Frage, ob er nach Ankunft in Białystok einen Auftrag bekommen habe, verneinte, fasste der Vorsitzende die Antwort mit eigenen Worten zusammen und stellte klar, was er unter „Auftrag bekommen“ verstand. Indem er die Antwort umformulierte und eine zusätzliche Erklärung gab, forderte er den Zeugen auf, sie erneut zu bestätigen. Durch die Frage „Was sollte das für einen sachlichen Wert haben?“ und den Satz „Ja, wissen Sie, wenn Sie noch Mitglied einer Propaganda-Kompanie gewesen wären und hätten nun 'nen Artikel schreiben sollen, dann würde ich die Sache als vernünftig bezeichnen, aber so?“ drückte der Vorsitzende seine Zweifel an der Richtigkeit der Aussage aus. Der Zeuge reagierte geschickt. Anstatt Erklärungsversuche zu unternehmen, entzog er sich der Frage des Vorsitzenden, indem er kurz und bündig antwortete: „Einen sachlichen Wert dürfte es nicht gehabt haben.“ Daraufhin schlug der Vorsitzende selbst mögliche Gründe vor (Einübung oder Einweisung für spätere Aufträge; Überwachung oder Beobachtung Michalsens). Durch den Verweis auf seine Waffen-SS-Mitgliedschaft und die Befehlsverhältnisse innerhalb des Stabes Globocnik versuchte der Zeuge, die Plausibilität der Mutmaßungen, die der Vorsitzende zuvor in Bezug auf den Sinn und Zweck des angeblichen Beobachtungsauftrages geäußert hatte, in Frage zu stellen. Es gelang dem Zeugen, sich dem Vorsitzenden zu entziehen.

Am Ende der Vernehmung hielt der Vorsitzende dem Zeugen eine Aussage Michalsens vor, und er befragte ihn nach seinen Beobachtungen während der „Räumung". Hanelts Antworten, die weitere Rückschlüsse auf seine Selbstdarstellung als passiver Beobachter zulassen, werden im nächsten Teil des Kapitels analysiert. An dieser Stelle ging es zunächst nur darum, die Form der Belehrung durch den Vorsitzenden und die Reaktionen des Zeugen zu untersuchen. Im Fall der Vernehmung Gustav Hanelts achtete der Vorsitzende sehr genau darauf, kenntlich zu machen, welche Fragen er nicht zu beantworten brauchte.

Bei dem Zeugen Alfred Salden, der am 22. April 1966 vor dem Bielefelder Schwurgericht vernommen wurde, kam der Vorsitzende dagegen seiner Belehrungspflicht – aus Sicht von Rechtsanwalt Heise – nicht nach. Während der Befragung zum Tatkomplex der Februar-„Räumung" forderte Heise den Vorsitzenden auf, den Zeugen erneut zu belehren. Der Verteidiger hatte ein Interesse daran, dass der Zeuge von seinem Auskunftsverweigerungsrecht Gebrauch machte, denn dessen Bekundung, alle Angehörigen der KdS-Dienststelle seien an den Deportationen der Juden aus dem Białystoker Ghetto im Februar 1943 beteiligt gewesen, belastete Heises Mandanten Heimbach. Der Angeklagte Heimbach hatte zu Beginn der Hauptverhandlung seine Teilnahme an den Februar-Deportationen abgestritten. Salden erklärte allerdings, am Abend vor dem Beginn der „Februar-Aktion" habe es eine Besprechung gegeben, auf der die Angehörigen der KdS-Dienststelle darüber informiert worden seien, dass das Ghetto am folgenden Tag teilweise „geräumt" werde. Die Besprechung sei entweder vom Kommandeur Altenloh oder von dessen Vertreter geleitet worden. Auf den Vorhalt des Vorsitzenden, er habe früher die Vermutung ausgesprochen, dass Heimbach der Leiter gewesen sein könnte, erklärte Salden, er wisse nicht mehr genau, ob Heimbach damals schon da gewesen sei.[179] Obwohl Salden sich hinsichtlich der Frage der Leitung nicht auf Heimbach festlegte, blieb zumindest der Verdacht, dass der Angeklagte an der Besprechung teilgenommen hatte. Dies hatte er zu Beginn der Hauptverhandlung geleugnet. Was die Anweisungen betrifft, die den KdS-Angehörigen auf dieser Vorbesprechung gegeben worden waren, hielt sich Salden mit Informationen zurück. Seine Auskunftswilligkeit hielt sich in Grenzen, da er aufgrund seiner eigenen Beteiligung an den Deportationen darum bemüht war, sich selbst nicht zu belasten:

---

179 Vernehmung des Zeugen Alfred Salden in der Hauptverhandlung der Strafsache gegen Dr. Altenloh u.A. (5 Ks 1/65) v. 22.4.1966, in: L/StADT, D 21 A, Nr. 6341, Tonband 9 Rückseite.

Vorsitzender: Jetzt die Vorbesprechung. Ist Ihnen denn da gesagt worden, was der Sinn und der Zweck der bevorstehenden Räumung ist?

Zeuge Salden: Nein. Das hieß nur, die werden evakuiert nach Litzmannstadt.

Vorsitzender: Wohin? Nach?

Zeuge Salden: Litzmannstadt.

Vorsitzender: Nach Litzmannstadt.

Zeuge Salden: Das ist mir noch in Erinnerung.

Vorsitzender: Hm.

Vorsitzender: Und wo_

Zeuge Salden: Ganze Familien sollen da verlegt werden.

Vorsitzender: Ganze Familien.

Zeuge Salden: Jawohl.

Vorsitzender: Und nicht gesagt worden, was dort geschehen soll?

Zeuge Salden: Nein.

Vorsitzender: (*schweigt*) Hm. Und wo sollten denn die Alten und Kranken und die Gehunfähigen bleiben?

Zeuge Salden: Tja, das ist schl_, da ist nichts gesagt worden. Da war ja das Dezernat, das Judenreferat, also ich weiß nicht, was die mit dem Judenrat damals besprochen haben. Ich weiß das nicht.

Vorsitzender: Jedenfalls: Ihnen ist nichts gesagt worden.

Zeuge Salden: Nein, von Kranken ist nichts gesagt worden.

Vorsitzender: Und Sie wurden, sollten einem Trupp zugeteilt werden?

Zeuge Salden: Jawohl.

Vorsitzender: War das ein Trupp, der aus Männern Ihrer Dienststelle bestand?

Zeuge Salden: Die ganze Dienststelle wurde eingesetzt.

Vorsitzender: Die ganze Dienststelle.

Zeuge Salden: Jawohl.

Vorsitzender: Und Sie bildeten kleine Trupps.

Zeuge Salden: Ja, zu vier, fünf Mann. Sechs Mann.

Vorsitzender: Ja. Wurde Ihnen denn auch was gesagt, ob Sie schießen dürfen oder sogar sollen?

Zeuge Salden:	Nein, das glaub' ich nicht. Es war ja damit auch nicht zu rechnen, dass da geschossen wird.
Vorsitzender:	Also, Sie meinen, dass nicht ein Schießbefehl erteilt worden ist.
Zeuge Salden:	(*schweigt*) Wär' vielleicht, dass der Widerstand gebrochen werden sollte. Vielleicht besteht die Möglichkeit, dass da was gesagt wurde, aber ein direkter Schießbefehl_
Vorsitzender:	Sie haben das früher nach meiner Erinnerung etwas anders geschildert.
RA Heise:	Herr Vorsitzender?
Vorsitzender:	Bitte.
RA Heise:	Ich habe eine ä Anfrage. Ä soweit ich verstehe, hat der Zeuge hier an der Februar-Aktion teilgenommen. Diese Februar-Aktion ist angeklagt. Ä, er ist zwar auf sein Zeugnisverweigerungsrecht aufmerksam gemacht worden, aber da die Angeklagten in der gleichen Situation sind, ä
Vorsitzender:	Hm.
RA Heise:	meine ich, dass er vielleicht noch einmal auf_
Vorsitzender:	Ich kann es noch mal sagen. Ä, Sie wissen, ich hat's Ihnen vorhin gesagt, Sie können auf Fragen die Auskunft verweigern, bei deren wahrheitsgemäßer Beantwortung Sie sich selbst mit einer strafbaren Handlung belasten müssten. Das habe ich Ihnen gesagt. Sie wissen's ja als alter Kriminalbeamter.
Zeuge Salden:	Ja, was soll_
Vorsitzender:	Dass Sie auf diese alle diese Fragen nicht zu antworten brauchen, wissen Sie.
Zeuge Salden:	Ich werd' das sagen, wie es sich tatsächlich zugetragen hat.
Vorsitzender:	Bitte schön, ja, ja, ja. Also, ich meine, Sie sind sich über Ihr Recht im Klaren, nicht wahr? Über Ihr Recht, die Auskunft zu verweigern, sind Sie sich im Klaren. Ja, bitte.
Staatsanwalt:	Ich darf ergänzend nur sagen, dass gegen Salden das Verfahren trotz Kenntnis der ganzen Beteiligung, so wie sie hier festgelegt worden ist, eingestellt worden ist.
Vorsitzender:	Ja, offenbar, das sagte der_

[...]

RA Heise:	Ja, ich meine, es ist doch klar, dass der Zeuge hier_
Staatsanwalt:	Ja, ich will_
RA Heise:	berichtet über eine Tat, wo er genauso gut angeklagt sein könnte.
Staatsanwalt:	Ich verbinde ja nichts weiter damit als nur die Bemerkung.
Vorsitzender:	Also, meine Herren, ich glaube, es ist doch die vornehmste Pflicht aller Beteiligten, diesen Mann darauf hinzuweisen.
RA Heise:	Ja.
Vorsitzender:	Aber wir können ihm nicht zureden, weder das Gericht noch der Verteidiger darf ihm zureden. Auch der Staatsanwalt darf ihm nicht zureden. Verweigern Sie jetzt Ihre Auskunft?
RA Heise:	Nein.
Vorsitzender:	Der Mann ist erwachsen genug, um zu wissen, was er tut.
RA Heise:	Ja, ich habe aber den Eindruck, dass er es nicht weiß.
Vorsitzender:	Ausgezeichnet. Jetzt haben wir ihm doch
RA Heise:	deshalb_
Vorsitzender:	den Eindruck richtig vermittelt,
RA Heise:	hier noch mal_
Vorsitzender:	glaube ich, und nun_
RA Heise:	Ja.
Vorsitzender:	wird er es also wissen.[180]

Der Auszug aus der Vernehmung lässt sich in zwei Teile gliedern. Im ersten Abschnitt äußerte sich Salden zu den Informationen und Anweisungen, die den Angehörigen der KdS-Dienststelle nach seiner Erinnerung vor dem Beginn der Teilliquidierung des Ghettos gegeben bzw. nicht gegeben worden waren. Der Vorsitzende steuerte die Kommunikation durch Fragen und Wiederholungen von Antworten des Zeugen. Im zweiten Abschnitt geht es um die Anwendung von § 55 StPO. Die Vernehmung zur Sache wurde unterbrochen durch die Intervention von Rechtsanwalt Heise, der den Vorsitzenden dazu aufforderte,

180 Vernehmung des Zeugen Alfred Salden in der Hauptverhandlung der Strafsache gegen Dr. Altenloh u.A. (5 Ks 1/65) v. 22.4.1966, in: L/StADT, D 21 A, Nr. 6341, Tonband 9 Rückseite.

den Zeugen über sein Auskunftsverweigerungsrecht zu belehren. Der Vorsitzende lenkte die Kommunikation, indem er zunächst den Zeugen belehrte und anschließend den Verteidiger und den Staatsanwalt zurechtwies und schließlich die Sache für erledigt erklärte („nun wird er es also wissen“).

Der Zeuge Salden wich der Frage des Vorsitzenden, wo die Alten, Kranken und Gehunfähigen bleiben sollten, aus. Anstatt seinen mit den Worten „Tja, das ist schl_,“ beginnenden Satz zu Ende zu führen, erklärte er, auf der Vorbesprechung sei „nichts gesagt“ worden. Als es darum ging, ob den KdS-Angehörigen die Erlaubnis und der Befehl erteilt worden sei, zu „schießen“, erwähnten weder der Vorsitzende noch der Zeuge, dass die Erschießung von Juden gemeint war. Sowohl in der Frage des Vorsitzenden, „ob Sie schießen dürfen oder sogar sollen“ als auch in der Antwort des Zeugen „Es war ja damit auch nicht zu rechnen, dass da geschossen wird“, fehlt das Objekt. Die darauffolgende Frage des Vorsitzenden „Also, Sie meinen, dass nicht ein Schießbefehl erteilt worden ist“ beantwortete der Zeuge nicht mit einem ja, sondern mit Äußerungen, die sich durch ihre Unklarheit auszeichnen („Wär' vielleicht, dass der Widerstand gebrochen werden sollte“; „Vielleicht besteht die Möglichkeit, dass da was gesagt wurde, aber ein direkter Schießbefehl_“). Der Zeuge ließ offen, was er mit Widerstandbrechen meinte. Im Mai 1962 hatte Salden während einer staatsanwaltlichen Vernehmung erklärt: „Wir sollten von Haus zu Haus gehen und die Juden auffordern, sich auf einen bestimmten Platz zu begeben. Bei Widerstand durfte von der Waffe Gebrauch gemacht werden.“[181] Als der Staatsanwalt den Zeugen in der Hauptverhandlung mit seiner früheren Aussage konfrontierte, schwieg Salden.[182]

Indem der Zeuge bekundete, er sei an der Februar-„Aktion“ beteiligt gewesen, belastete er sich selbst. Die Aufforderung von Rechtsanwalt Heise an den Vorsitzenden, den Zeugen über sein Auskunftsverweigerungsrecht zu belehren, erfolgte jedoch nicht deswegen, weil er Salden darauf aufmerksam machen wollte, dass er sich der Gefahr der Strafverfolgung aussetzte. Es ging Rechtsanwalt Heise vielmehr darum, seinen Mandanten Heimbach zu schützen, denn Salden belastete durch seine Aussagen nicht nur sich selbst, sondern auch die Angeklagten. Der Versuch des Strafverteidigers, den Zeugen dazu zu bewegen, von seinem Auskunftsverweigerungsrecht Gebrauch zu machen, scheiterte jedoch. Durch den Satz „Ich werd' das sagen, wie es sich tatsächlich zugetragen hat“ bekundete Salden seine Aussagebereitschaft. Heise nahm dies

181 Vernehmung Alfred Salden durch Staatsanwalt Schaplow v. 24.5.1962, in: L/StADT, D 21 A, Nr. 6148, Bl. 165–171, hier: Bl. 169.

182 Vgl. Vernehmung des Zeugen Alfred Salden vor dem Schwurgericht Bielefeld v. 22.4.1966.

nicht hin. Durch seine Intervention demonstrierte der Vorsitzende seine Definitions- und Interpretationsmacht. Er verwies auf den Unterschied zwischen Zeugenbelehrung und Zeugenbeeinflussung und erklärte Letztere für unzulässig. Heise reagierte ambivalent auf die Verhaltensvorschriften des Vorsitzenden. Einerseits akzeptierte er die Auffassung des Vorsitzenden, dass sich eine Einflussnahme der Prozessbeteiligten auf den Zeugen verbiete, andererseits vertrat er die Überzeugung, der Zeuge sei auf Hilfe angewiesen, weil er angeblich zuvor seine Unfähigkeit demonstriert hatte, von seinem Recht Gebrauch zu machen. Der Vorsitzende reagierte zunächst mit Ironie auf den Hinweis des Verteidigers, der Zeuge wisse nicht, was er tue, und sprach dann, Heise nicht mehr zu Wort kommen lassend, ein letztes Machtwort. Im Anschluss daran setzte er die Vernehmung fort.

Die Auseinandersetzung über die Frage der Belehrung zeigt, dass die Prozessbeteiligten im Hinblick auf die Anwendung des § 55 StPO unterschiedliche Interessen verfolgten. Um Aufklärung des Tathergangs bemüht waren der Staatsanwalt und das Gericht grundsätzlich auf die Aussagen der Zeugen angewiesen und an Auskünften der „Täter-Zeugen" interessiert. Die Verteidiger sahen ihre Aufgabe nicht nur darin, der Unschuldsvermutung ihrer Mandanten Geltung zu verschaffen, sondern sie traten auch für die Justizförmigkeit des Verfahrens ein. Dies zeigt sich auch an einer Auseinandersetzung über die Frage, ob die Bestimmungen des § 55 StPO dem Zeugen Wolfgang Erdbrügger ein totales Auskunftsverweigerungsrecht zubilligen.

2.2 Auskunftsverweigerungsrecht oder Aussageverweigerungsrecht?

Im Fall Erdbrügger war es nicht Rechtsanwalt Heise, sondern Rechtsanwalt Riedenklau, der sich während der Vernehmung zu einer Intervention veranlasst sah und sich für den Zeugen einsetzte. Erdbrügger war bis Ende 1942 bei der KdS-Außenstelle in Łomża tätig und kam nach der Auflösung des Ghettos Łomża zur KdS-Hauptstelle nach Białystok. Dort leitete er in der Abteilung IV, Gestapo, das Referat „Bandenerkundung und Bandenbekämpfung". Erdbrügger war, wie im fünften Kapitel dieser Arbeit erläutert wurde, zunächst Beschuldigter im Sammelverfahren 45 Js 1/61, das bezüglich Zimmermann, Altenloh, Bloch, Errelis, Dibus und Heimbach mit einer Anklageerhebung endete. Das Verfahren wurde hinsichtlich Erdbrügger eingestellt, aber die Staatsanwaltschaft bei der Zentralstelle Dortmund leitete wegen der Auflösung des Ghettos Łomża und der Überführung der Bewohner nach Zambrów zum Zwecke der späteren Deportation nach Auschwitz ein neues Ermittlungsverfahren gegen ihn ein. Der Zeuge Erdbrügger nahm deswegen in seiner Vernehmung am 6. Juni 1966 für sich das Recht in Anspruch, die Aussage zur Sache zu verweigern:

Staatsanwalt:	Ich darf noch darauf hinweisen, dass gegen den Zeugen noch ein Ermittlungsverfahren bei der Zentralstelle in Dortmund schwebt, das noch nicht zum Abschluss gekommen ist.
Vorsitzender:	Gegenstand?
Staatsanwalt:	Gegen den Zeugen.
Vorsitzender:	Ja, Gegenstand?
Staatsanwalt:	Gegen den Zeugen und Andere. Das Aktenzeichen ist mir im Augenblick nicht geläufig, aber ich kann es beschaffen. Und das [sic] Gegenstand des Verfahrens, des neuen Ermittlungsverfahrens gegen den Zeugen: die Vorgänge in Łomża und seine mögliche Mitwirkung bei der Deportation der Juden aus dem Gebiet Łomża nach Zambrów und so weiter in Betracht kommen.
Vorsitzender:	Ist richtig, ja?
Zeuge Erdbrügger:	Ja, ich möchte hier einhakend ä Folgendes sagen: Ich bin vor eineinhalb Jahren ä, ä vernommen worden durch Herrn Staatsanwalt Schaplow, der hier die Anklage vertritt, einen ganzen Tag lang und wurde anschließend daran in ä Begleitung von Herrn Staatsanwalt Schaplow zu Herrn, dem Ersten Staatsanwalt Herrn Staatsanwalt Kny äm verbracht und dort vernommen über einen Komplex, der äm Łomża anging.
Vorsitzender:	Hm.
Zeuge Erdbrügger:	Mir ist aber im Zuge dieser, bei Schluss der Vernehmung gesagt worden, dass ich verantwortlich_
Vorsitzender:	Auskunftsverweigerung. Ja, bitte.
Zeuge Erdbrügger:	ä, äm als Beschuldigter ä vernommen würde. Gleichzeitig wurde ich durch Herrn Untersuchungsrichter äm Schmidt am 30. August 65 über denselben Komplex, der erweitert wurde, vernommen. Auch hier war Herr, größtenteils, Herr Staatsanwalt Schaplow zugegen. Ich muss daraus folgern, dass ä, was ich jetzt gehört habe, dass ein ä Verfahren gegen mich anhängig ist und dass ä, äm sich daraus für mich als Zeugen Konsequenzen ergeben. Ich habe mich mit meinem äm Rechtsbeistand, Herrn Rechtsanwalt Wegener, ins Benehmen gesetzt, und Herr Rechtsanwalt Wegener hat mich dahingehend belehrt, dass ich äm mit Rücksicht auf die besonderen Umstände, die ich hier aufgezeigt habe, ä, äm das Recht

	der äm Zeugnisverweigerung haben würde. Ich würde in diesem Falle von diesem Recht Gebrauch machen und nur Angaben zu meiner Person machen dürfen.
Vorsitzender:	Hm. Das_
Staatsanwalt:	Zur Aufklärung sei Folgendes gesagt, dass die ersten von dem Zeugen erwähnten Vernehmungen sich ä befassten mit den Komplexen, die in dem Verfahren, das jetzt hier zur Anklage gelangt ist, ä stattgefunden haben. Dass aber die letzte Vernehmung durch den Amtsgerichtsrat Schmidt sich schon, ä schon in dem neuen Verfahren sich vollzog.
Vorsitzender:	Ach so. In dem neuen Verfahren, das dann_
Staatsanwalt:	Jawohl.
Vorsitzender:	das in Dortmund geführt wird.
Staatsanwalt:	Also, das alte Verfahren gegen Zimmermann und Andere hat ä zur Einstellung geführt bezüglich des Zeugen.
Vorsitzender:	Hm.
Staatsanwalt:	Das neue Verfahren aber, das sich gegen Erdbrügger und Andere richtete, ist das Verfahren, in dem Herr Erdbrügger im vorigen Jahr, ich glaube im August oder Juli
Zeuge Erdbrügger:	Ja, 30. August
Staatsanwalt:	von Amtsgerichtsrat Schmidt vernommen worden ist.
Vorsitzender:	Ja, Herr Erdbrügger, ich habe Ihnen ja schon gesagt: Sie können die Auskunft, die Auskunft, nicht das Zeugnis, die Auskunft verweigern auf solche Fragen, deren wahrheitsgemäße Beantwortung Ihnen die Gefahr einbrächte, sich selbst dem Verdacht strafbarer
Zeuge Erdbrügger:	Ja, Herr Vorsitzender,
Vorsitzender:	Handlungen auszusetzen.
Zeuge Erdbrügger:	Herr Landgerichtsdirektor Witte, es ist so: Wenn also in diesem Verfahren ä dieser Tatkomplex anstehen würde, Łomża, dann würde ich keine Aussagen dazu machen können hier, das ist ja begreiflich.
Vorsitzender:	(*schweigt*) Ja. Wir werden sehen, wenn wir an der Stelle sind, können Sie uns sagen, dass Sie die Auskunft verweigern wollen. Aber: Sie haben ja kein generelles Zeugnisverweigerungsrecht. Ich mein, Sie müssen uns ja Auskünfte geben über andere Dinge, da kommen Sie gar nicht_

Zeuge Erdbrügger:	Ja, ich stütze mich ja auch nur ä auf die äm Belehrung, die ich durch meinen Rechtsanwalt_
Vorsitzender:	Ja, ja, ja vollkommen klar.
Zeuge Erdbrügger:	Wegener
Vorsitzender:	vollkommen klar
Zeuge Erdbrügger:	ä erfahren habe, der das mir mitteilte.
Vorsitzender:	Sie brauchen, Sie brauchen auf Fragen, die im Zusammenhang mit Ihrem Verfahren stehen, wahrscheinlich keine Auskunft zu geben. Also: Wie alt sind Sie? Volle Jahre? Herr Rechtsanwalt Riedenklau.
RA Riedenklau:	Herr Vorsitzender, ich möchte Ihnen zwar nicht zu nahe treten, aber ich möchte, dass der Kollege Wegener, der ihm diese Auskunft gegeben hat, vielleicht mit Ihnen darüber spricht, ob er überhaupt 'ne Aussage macht. Denn vom subjektiven Tatkomplex ist es nach meiner Meinung überhaupt nicht zu trennen, was in Łomża passiert und was insgesamt passiert ist.
Zeuge Erdbrügger:	Das wurde ja_
RA Riedenklau:	Wenn er jetzt irgendwelche Aussagen macht über seine Beziehungen zur Hauptstelle und insgesamt 'ne Aussage macht, kann jeder eventuell daraus schließen: Er hat genau gewusst, um was es ging.
Zeuge Erdbrügger:	Herr Rechtsanwalt Wegener befindet sich zurzeit im Sitzungssaal 25 des Amtsgerichtes und nimmt dort eine Verteidigung wahr. Die ä Sache selbst dauert nach seiner Darstellung eineinhalb Stunde. Er ä brachte zum Ausdruck, wenn nach dieser Rechtshilfe keine Übereinstimmung erzielt werden könnte, möchte er verständigt werden, damit er von sich aus sich dazu äußern kann.
Vorsitzender:	Ich brauche keine Rechtsauskunft von Herrn Rechtsanwalt Wegener. Wir können aber darüber mal nachdenken.[183]

Im Zentrum der Diskussion um die Auslegung von § 55 StPO stand die Frage, wie weit das Auskunftsverweigerungsrecht im Fall des Zeugen Erdbrügger reiche. Für den Vorsitzenden beschränkte es sich auf das Recht, die Auskunft auf *einzelne* Fragen zu verweigern, für den Zeugen und seinen Verteidiger

183 Vernehmung des Zeugen Wolfgang Erdbrügger in der Hauptverhandlung der Strafsache gegen Dr. Altenloh u.A. (5 Ks 1/65) v. 6.6.1966, in: L/StADT, D 21 A, Nr. 6341, Tonband 19 Rückseite.

umfasste es das Recht, die Auskunft auf *alle* Fragen zur Sache abzulehnen. Im „semantischen Kampf" (Seibert) um die Interpretation von § 55 Abs. 1 StPO konnte sich der Zeuge gegenüber dem Vorsitzenden nicht durchsetzen. Erdbrüggers Versuch, der Rechtsauffassung seines Zeugenbeistandes Geltung zu verschaffen, schlug fehl. Auf dem Unterschied zwischen Auskunftsverweigerungs- und Zeugnisverweigerungsrecht beharrend nahm der Richter den Zeugen in die Pflicht, an der Sachaufklärung mitzuwirken. Die Auslegung des § 55 StPO durch den Vorsitzenden war im Sinne des BGH, der in mehreren Entscheidungen darauf hinwies, dass das Auskunftsverweigerungsrecht kein Zeugnisverweigerungsrecht im eigentlichen Sinne sei.[184] Die Deutungshoheit des Richters in Frage stellend unterbrach Rechtsanwalt Riedenklau den Versuch des Vorsitzenden, mit der Vernehmung fortzufahren. Aus Sicht des Verteidigers bestand die Gefahr, dass eine Aussage des Zeugen negative Folgen für das gegen ihn geführte Strafverfahren zeitigen könnte. Auf den Vorschlag des Zeugen und des Verteidigers, Erdbrüggers Rechtsanwalt zu konsultieren, ging der Vorsitzende nicht ein. Dieser hielt allein das Gericht für befugt, darüber zu entscheiden, wie im Fall Erdbrügger zu verfahren sei. Es zog sich zur Beratung zurück und ließ das Tonband für kurze Zeit abstellen. Danach teilte der Vorsitzende dem Zeugen die Entscheidung des Gerichts mit. Diese berücksichtigt Erdbrüggers Erklärung, er sei nicht bereit, Aussagen zum Tatkomplex Łomża zu machen:

Vorsitzender:	Ich habe Ihnen bekannt zu geben, dass das Schwurgericht auf alle Fragen verzichten will, die sich auf die Łomża-Räumung beziehen, auf die Räumung des Ghettos Łomża, die Ende 1942 erfolgt sein soll.
Zeuge Erdbrügger:	Darauf_
Vorsitzender:	Das Schwurgericht, darauf soll keine Frage gestellt werden, die sich auf diesen Zeitraum und auf diesen Vorgang bezieht. Ist Ihnen das klar?
Zeuge Erdbrügger:	Es ist mir klar, ja.
Vorsitzender:	Gut. Jetzt kommt das Zweite: Das Schwurgericht ist der Auffassung, dass es zulässig ist, Ihnen Fragen vorzulegen, die sich, bestimmte Fragen vorzulegen, die sich auf die Białystok-Räumungen eins und zwei im Februar 1943 und August 1943 beziehen. Das Schwurgericht hat deshalb zehn Fragen formuliert, die es Ihnen vorlegen will. Und bei jeder Frage – so belehre ich Sie jetzt ganz allgemein – müssen Sie pflichtgemäß abwägen, ob Sie durch wahrheitsgemäße Beantwortung der Frage sich

184 Vgl. *Meyer-Goßner*, Strafprozeßordnung, S. 186, Randnummer 2.

	selbst der Gefahr strafgerichtlicher Verfolgung aussetzen. Eine Frage, die Sie selber beantworten müssen. Wir haben zehn verschiedene Fragen, ich leg' Sie Ihnen vor, und Sie erwidern uns, was Sie sagen wollen. Haben Sie's begriffen?
Zeuge Erdbrügger:	Begriffen habe ich das, ja. Ist es nicht zulässig, dass ich trotzdem vorher meinen ä Rechtsbeistand, Herrn Rechtsanwalt Wegener, noch mal befrage? Ist das nicht zulässig?
Vorsitzender:	Sie haben ihn ja befragt.
Zeuge Erdbrügger:	Wie bitte?
Vorsitzender:	Ganz abgesehen davon_ Sie haben ihn ja befragt.
Zeuge Erdbrügger:	Sie haben Herrn Rechtsanwalt Wegener gefragt.
Vorsitzender:	Nein, Sie haben ihn_ ich habe nicht Rechtsanwalt Wegener befragt.
Zeuge Erdbrügger:	Ach so. Ich hatte ja da vorhin darum gebeten, dass ich vorher mit meinem Rechtsbeistand noch mal sprechen könnte hinsichtlich der grundsätzlichen ä Befragung als Zeugen meiner Person.
Vorsitzender:	Haben Sie das in der Zwischenzeit denn nicht getan?
Zeuge Erdbrügger:	Ich habe mich mehrfach bemüht. Die Verhandlung ä im Saal 25 müsste jetzt zu Ende sein. Sie war noch nicht zu Ende.
Vorsitzender:	Hm. Also, dass kann Ihnen kein Mensch außer Ihnen selbst beantworten, diese Frage, ob Sie antworten, ob Sie sich bei wahrheitsgemäßer Beantwortung_ Sie selber wissen, als alter Polizeibeamter, es kommt drauf an, ob Sie bei wahrheitsgemäßer Beantwortung einer Frage sich der Gefahr strafgerichtlicher Verfolgung aussetzen.
Zeuge Erdbrügger:	Ja, das habe ich verstanden.
Vorsitzender:	Das können nur Sie beantworten. Das kann Ihnen überhaupt kein Dritter sagen, auch nicht Ihr Anwalt.
Zeuge Erdbrügger:	Also, die Fragen sollen sich ä beschränken auf die beiden Ghettoräumungen in Białystok?
Vorsitzender:	Sie werden's gleich hören. Fangen Sie jetzt erst mal an mit den Personalien. Wie heißen Sie mit Vornamen?[185]

185 Vernehmung des Zeugen Wolfgang Erdbrügger in der Hauptverhandlung der Strafsache gegen Dr. Altenloh u.A. (5 Ks 1/65) v. 6.6.1966, in: L/StADT, D 21 A, Nr. 6341, Tonband 19 Rückseite.

Der Zeuge Erdbrügger wirkte aufgeregt und unsicher. Dies zeigt sich daran, dass er Bestätigungsfragen stellte und sich vorsichtig danach erkundigte, ob ein Gespräch mit seinem Rechtsanwalt möglich sei. Aus Sicht des Richters bestand indes weder für den Zeugen noch für ihn die Notwendigkeit, sich von Rechtsanwalt Wegener beraten zu lassen. Die Annahme des Zeugen, der Richter habe mit dem Anwalt Kontakt aufgenommen, wies der Vorsitzende entrüstet zurück. Die Empörung des Vorsitzenden, die sich auch im Tonfall seiner Stimme spiegelt, deutet darauf hin, wie fern ihm der Gedanke lag, eine Einschränkung seiner Interpretationsmacht zuzulassen. Er war sich seiner Sache absolut sicher, und er versuchte dem Zeugen deutlich zu machen, dass keine Unklarheiten mehr gegeben seien. Der Vorsitzende ging über den Wunsch des Zeugen, sich von seinem Verteidiger beraten zu lassen, hinweg. Indem er dem Zeugen die alleinige Verantwortung für die Interpretation von § 55 Abs. 1 StPO zuwies, erklärte er eine Konsultation des Rechtsanwalts für überflüssig.

Der Vorsitzende verkündete die Spielregeln der Vernehmung und veranlasste den Zeugen durch seine geschickte Gesprächsführung dazu, mitzuspielen. Er stellte dem Zeugen Erdbrügger indes nicht zehn Fragen, sondern Fragen zu zehn Themenkomplexen. Der Zeuge ließ sich darauf ein. Er kooperierte und beantwortete alle Fragen und machte von seinem Recht, die Auskunft zu verweigern, kein einziges Mal Gebrauch. Der Vorsitzende brachte den Zeugen durch seine genauen Nachfragen immer wieder in die Defensive und in Erklärungsnotstände. Dies sei an zwei Beispielen veranschaulicht: an der Frage nach der Beteiligung des Zeugen an den Deportationen der Białystoker Juden im Februar 1943 und an der Frage nach seiner Kenntnis von der geplanten Ermordung der Deportierten. Erdbrügger hatte im Ermittlungsverfahren sowohl seine Beteiligung an der Februar-„Räumung“ als auch seine Teilnahme an der endgültigen Auflösung des Ghettos im August 1943 abgestritten.[186] Er erklärte am 19. September 1961 gegenüber Staatsanwalt Schaplow, von der „endgültigen Räumung“ des Białystoker Ghettos habe er „persönlich überhaupt nichts mitbekommen“. Er behauptete, damals dienstlich unterwegs gewesen zu sein: „Sicher werde ich zu dieser Zeit durch meinen, die Bandenerkundung betreffenden Auftrag, nicht am Orte gewesen sein. Ich hatte ja auch mit dem Judenreferat nichts zu tun.“[187] Vor dem Bielefelder Schwurgericht wiederholte

186 Vgl. Vernehmung Wolfgang Erdbrügger durch Staatsanwalt Schaplow v. 19.9.1961 (5 Js 342/59), in: L/StADT, D 21 A, Nr. 6143, Bd. XII, Bl. 142–152, hier: Bl. 144.

187 Ebd., Bl. 144.

Erdbrügger dieses Argument, verwendete es jedoch diesmal im Zusammenhang mit den Deportationen der Juden im Februar 1943:

Vorsitzender:	Dritte Frage: Waren Sie an der Februar-Räumung 1943 beteiligt?
Zeuge Erdbrügger:	Ich bin daran nicht beteiligt gewesen.
Vorsitzender:	(*schweigt*) Und warum nicht?
Zeuge Erdbrügger:	Weil ich mich äm ä, wahrscheinlich zu diesem Zeitpunkt ä, äm in meinen Einsätzen befunden habe.
Vorsitzender:	Haben Sie einen Anhaltspunkt, warum Sie wahrscheinlich in Einsatz_
Zeuge Erdbrügger:	Ja, weil die Eigenart meiner Dienststelle dahin gelegen war, dass ich ä, äm, hm, durch ähm hm, hm Bewegung draußen in eine Erkundung ja einziehen musste. So war ich also ich sehr viel draußen, vornehmlich draußen unter Verbindungnahme mit Vertrauensleuten, die ich dort überall hatte, und in einzelnen Dienststellen. Das war ja der Sinn, dass ich mir ein klares Bild verschaffen musste über die äm Bandenlage.
Vorsitzender:	Hm.[188]

Anstatt sich mit der Antwort Erdbrüggers, er sei nicht beteiligt gewesen, zufriedenzugeben, stellte der Vorsitzende zwei weitere Nachfragen, die den Zeugen in Bedrängnis brachten. Durch die beiden „Warum"-Fragen machte der Richter den Zeugen auf die Erklärungsbedürftigkeit seiner Aussage aufmerksam. Erdbrügger bemühte sich, seiner Aussage Plausibilität zu verleihen, indem er darauf verwies, dass er zur Zeit der Deportationen „wahrscheinlich" gerade dienstlich unterwegs gewesen sei, und indem er seine Aufgaben im Referat „Bandenerkundung und Bandenbekämpfung" beschrieb. Die Behauptung des Zeugen, er sei bei den Februar-Deportationen nicht vor Ort gewesen, wirkte vor dem Hintergrund seiner dienstlichen Stellung beim KdS und angesichts der Aussage des Zeugen Salden, alle KdS-Angehörigen hätten an der Februar-„Aktion" teilgenommen, unglaubhaft. Der Zeuge versuchte, sich der Nachfrage des Vorsitzenden zu entziehen, indem er in eine unpersönliche, bürokratische Sprache („Eigenart meiner Dienststelle", „Erkundung einzie-

188 Vernehmung des Zeugen Wolfgang Erdbrügger in der Hauptverhandlung der Strafsache gegen Dr. Altenloh u.A. (5 Ks 1/65) v. 6.6.1966, in: L/StADT, D 21 A, Nr. 6341, Tonband 19 Rückseite.

hen", „Verbindungnahme", „Bandenlage") flüchtete. Durch den Gebrauch des Wortes „wahrscheinlich" und die förmliche Sprache entlarvte sich der Zeuge selbst. Da der Vorsitzende jedoch keinen Beweis für die Beteiligung Erdbrüggers hatte, gelang es ihm nicht, den Zeugen juristisch zu überführen.

Auch auf die Frage nach der Kenntnis von der Judenvernichtung reagierte Erdbrügger, indem er Ausflüchte machte:

Vorsitzender:	Nächste Frage: Haben Sie im Februar 1943 das den Juden bevorstehende Schicksal gekannt?
Zeuge Erdbrügger:	Februar_
Vorsitzender:	43.
Zeuge Erdbrügger:	43.
Vorsitzender:	Das den Juden bevorstehende Schicksal gekannt.
Zeuge Erdbrügger:	Ja, wenn ich mich da heute zurückerinnern soll, also das ä vermag ich nicht zu beantworten diese Frage.
Vorsitzender:	Was soll das heißen: Ich vermag's nicht zu beantworten.
Zeuge Erdbrügger:	(*schweigt*) Das weiß ich nicht zu sagen.
[...]	
Vorsitzender:	Schicksal der Juden_
Zeuge Erdbrügger:	Ja.
Vorsitzender:	Schicksal der Juden soll heißen_
Zeuge Erdbrügger:	Das ist mir klar. Nein, also da
Vorsitzender:	die bevorstehende Vern_
Zeuge Erdbrügger:	Nein, da habe ich den Vorsitzenden richtig verstanden.
Vorsitzender:	Ja, ja.
Zeuge Erdbrügger:	(*schweigt*). Ich müsste ä, ä ähnlich ä dem, was ich schon vorhin sagte, zum Ausdruck bringen, also da_ ich bin selbst damit nicht befasst gewesen und war so vollauf mit meinem Referat beschäftigt, dass, dass, dass mir_ vermag ich heute nicht mehr zu sagen. Weiß ich wirklich nicht.
Vorsitzender:	Hm. (*schweigt*) Dann muss ich noch mal zur Organisation 'ne Zwischenfrage stellen. Sie sagen: Ich war nur ein kleines Referat. Wie viel Leute hatten sie denn?
Zeuge Erdbrügger:	Ja, das wechselte natürlich, nicht wahr. Das kam auf die_ ä (*schweigt*) 5, 6 Leute, nicht wahr.

Vorsitzender:	Und Sie wollen sagen, Sie waren so überlastet, dass Sie nicht links, nicht rechts gucken konnten.
Zeuge Erdbrügger:	Ja, also, ä ich würde mich nicht so ausdrücken. Aber ich war voll beschäftigt und voll eingesetzt in die Auswertung des Materials. Das, das nimmt sehr viel Zeit in Anspruch. Dann war ich draußen und musste drinnen die Auswertung vollziehen, also da war ich vollauf beschäftigt. Und so beschäftigt, dass ich also ä praktisch ä, äm mit anderen Dingen mich ä, ä in Gedanken nicht befassen konnte. Das war eigentlich nicht möglich.
Vorsitzender:	Und mit den ä Kollegen vom Judenreferat?
Zeuge Erdbrügger:	Hab ich_
Vorsitzender:	Das ja ein Nachbarreferat Ihrer Abteilung war.
Zeuge Erdbrügger:	Ja, soweit das vielleicht räumlich äm, äm zu sagen ist. Aber sonst bestanden ja gar keine Zusammen_ bestand ä keine Zusammenarbeit. Also, da habe ich auch wenig Konnex mit gehabt. Insbesondere auch nicht, weil der, der Referatsleiter, ä der war aus Allenstein, den kannte, kannte ich überhaupt nicht. Und es hat sich nie die Notwendigkeit ergeben, da Konnex mit aufzunehmen. [...][189]

Erdbrügger wusste nicht, was er auf die Frage des Vorsitzenden erwidern sollte. Um Zeit zum Nachdenken zu gewinnen, stellte er eine Nachfrage bezüglich des Datums. Erdbrügger antwortete nicht mit ja oder nein, sondern versuchte, sich der Frage durch den Satz „das ä vermag ich nicht zu beantworten diese Frage“ zu entziehen. Der Vorsitzende ließ die Antwort des Zeugen jedoch nicht gelten und drängte ihn dazu, sich präzise auszudrücken. Auffällig ist, dass der Richter am Ende der Äußerung „Was soll das heißen: Ich vermag's nicht zu beantworten“ seine Stimme nicht anhob. Sein leicht aggressiver Tonfall verrät, dass er mit der Antwort des Zeugen unzufrieden war. Als der Vorsitzende versuchte zu erklären, was er mit der Wendung „Schicksal der Juden“ meinte, intervenierte der Zeuge Erdbrügger und hinderte den Vorsitzenden daran, das Wort „Vernichtung“ zu sagen. Der Vorsitzende und der Zeuge sprachen über den Mord an den Juden, ohne ihn direkt zu benennen. Auch bei anderen Strafverfahren wegen Deportationen von Juden,

---

189 Vernehmung des Zeugen Wolfgang Erdbrügger in der Hauptverhandlung der Strafsache gegen Dr. Altenloh u.A. (5 Ks 1/65) v. 6.6.1966, in: L/StADT, D 21 A, Nr. 6341, Tonband 19 Rückseite.

die von der westdeutschen Justiz seit den 1960er Jahren geführt wurden, lässt sich feststellen, dass Vernehmende, Zeugen und Beschuldigte es vermieden, die Vernichtung der Juden beim Namen zu nennen. Stattdessen wurde das Verbrechen durch Verschleierungsformeln wie „Schicksal der Juden" umschrieben.[190] Dass die Białystoker Juden umgebracht worden waren, konnte Erdbrügger nicht bestreiten. Aber er konnte leugnen, daran beteiligt gewesen zu sein und gewusst zu haben, dass die zur Deportation bestimmten Menschen am Zielort ermordet wurden. Um zu erklären, warum er die Frage des Vorsitzenden nach dem Wissen von der Vernichtung der Deportierten nicht beantworten konnte, verwies er auf seine dienstlichen Pflichten im Referat „Bandenbekämpfung und Bandenerkundung". Der Vorsitzende stellte die Plausibilität der Erklärung des Zeugen in Frage, indem er zusätzliche Informationen über seine damalige Arbeitssituation einforderte. Der Gebrauch des Partikels „denn" („Wie viele Leute hatten Sie denn?") erfüllte die Funktion, dem Zeugen zu signalisieren, dass seine Aussage nicht den Erwartungen entsprach und erklärungsbedürftig war. Der Zeuge unternahm den Versuch, sein Verhalten als ein unter den damaligen Umständen mögliches darzustellen. So bemühte er sich, den Widerspruch zwischen seiner angeblichen Arbeitsbelastung und der geringen Anzahl der Mitarbeiter, die er zu beaufsichtigen hatte, auszuräumen, indem er eine ausführliche Beschreibung seiner Tätigkeit lieferte und betonte, dass er die ganze Zeit „voll" bzw. „vollauf" mit seiner Arbeit „beschäftigt" gewesen sei. Der Frage des Vorsitzenden, ob er Kontakt mit den Kollegen vom „Judenreferat" gehabt habe, versuchte er sich durch den Hinweis auf die fehlende Zusammenarbeit und die Flucht in eine formale Sprache („Konnex") zu entziehen. Das Gericht hatte keinen Beweis dafür, dass der Zeuge Erdbrügger an den Deportationen aus dem Białystoker Ghetto mitgewirkt und von der Vernichtung der Juden gewusst hatte. Es bestand lediglich der Verdacht der Tatbeteiligung. Deswegen blieb er unvereidigt.[191]

Der Zeuge Erdbrügger wurde für den 28. September 1966 erneut geladen, aber nicht mehr vernommen. In einer schriftlichen Erklärung, die er dem Gericht in der Hauptverhandlung überreichte, begründete Erdbrügger, warum er aus § 55 StPO das Recht ableitete, die Aussage in vollem Umfang zu verweigern. Er führte im Zusammenhang mit der Frage, wann ein Auskunftsverweigerungsrecht zu einem Zeugnisverweigerungsrecht führen könne, eine Entscheidung des Reichsgerichts (die angeblich vom BGH bestätigt worden war) an, und er

---

190 Vgl. *Meyer*, Täter im Verhör, S. 341–344.

191 Vgl. Protokoll der Hauptverhandlung, in: L/StADT, D 21 A, Nr. 6177, Bl. 322.

erklärte mit Verweis auf das gegen ihn laufende Ermittlungsverfahren, das an seine Tätigkeit des KdS in Białystok anknüpfe:

> „Da ich mich wegen des Zeitablaufes außerstande sehe, mehr als 20 Jahre zurückliegende Vorgänge zuverlässig zu rekonstruieren und mögliche Zusammenhänge als solche zu erkennen, muß ich befürchten, durch eine Zeugenaussage in einem Verfahren, das ebenfalls Vorgänge im Bereich des Kommandeurs der Sicherheitspolizei in Bialystok zum Gegenstand hat, möglicherweise gegen mich bestehende Verdachtsmomente zu verstärken oder modifiziert auf mich zukommen zu sehen, ohne mir dieses Umstandes überhaupt bewußt zu sein oder bewußt sein zu können, weil ich – wie gesagt – nicht imstande bin, die Punkte, durch die ich belasten zu werden vermöchte, von den Punkten zu trennen, die insoweit als neutral angesehen werden könnten.“[192]

Im Protokollanlageband findet sich keine Stellungnahme des Gerichts zu dem Schreiben Erdbrüggers. Dessen Befürchtung, eine weitere Zeugenaussage in der Schwurgerichtsverhandlung gegen Dr. Altenloh u.A. könne mit negativen Konsequenzen für sein eigenes Ermittlungsverfahren verbunden sein, erscheint angesichts seines Verhaltens während der ersten Vernehmung vor dem Bielefelder Schwurgericht und angesichts der zum damaligen Zeitpunkt ungeklärten Rechtslage berechtigt. Erst 1992 stellte der BGH in einem Urteil fest, dass es unzulässig sei, „Schlüsse zum Nachteil des Angeklagten daraus zu ziehen“, dass „dieser sich als Zeuge in einem anderen, den gleichen Tatkomplex betreffenden Strafverfahren auf das Auskunftsverweigerungsrecht nach § 55 StPO berufen“ habe.[193]

Auch der ehemalige SS- und Polizeiführer für den Bezirk Bialystok, Werner Fromm, und der ehemalige Inspekteur der Sicherheitspolizei, Dr. Constantin Canaris, die beide nach ihrer ersten Vernehmung am 4. April 1966 erneut als Zeugen geladen wurden, verweigerten bei ihrem zweiten Auftritt vor dem Bielefelder Schwurgericht die Aussage. Beide verwiesen zur Begründung darauf, dass gegen sie ein Ermittlungsverfahren wegen der Geschehnisse in Białystok laufe.[194] Der Vorsitzende beabsichtigte, dem Zeugen Fromm am

192 Schreiben Wolfgang Erdbrüggers v. 28.9.1966, in: L/StADT, D 21 A, Nr. 6177, Bl. 653.

193 BGH, Urteil v. 26.5.1992 – 5 StR 122/92 (LG Berlin), in: NStZ 12 (1992), S. 448–449, hier: S. 448.

194 Die Zentralstelle bei der Staatsanwaltschaft Dortmund führte gegen Dr. Canaris und die Angehörigen seiner Dienststelle ein Ermittlungsverfahren. Ihnen wurde vorgeworfen, „im Rahmen der Endlösung der Judenfrage Tötungsbefehle weitergeleitet und deren Ausführung überwacht zu haben“. Das Verfahren wurde am 20. Februar 1974 eingestellt. Canaris behauptete, er sei an den Deportationen der Białystoker Juden nicht beteiligt gewesen. Im Februar 1943 habe er wegen einer Erkrankung seine Dienstgeschäfte nicht wahrnehmen können, und die Deportation im August 1943 sei für ihn „völlig überraschend gekommen“. Er habe „erst anläßlich einer Dienstfahrt rein zu-

14. Dezember 1966 einige Fragen in Bezug auf dessen Tätigkeit in Białystok und dessen Kenntnis von der Judenvernichtungspolitik zu stellen.[195] Fromm erklärte, er habe nach seiner Vernehmung am 4. April 1966 erfahren, dass gegen ihn ein Ermittlungsverfahren geführt werde, das die Vorgänge in Białystok betreffe. Sein Anwalt habe ihn dahingehend beraten, dass er die Aussage verweigern solle und dürfe. Fromm verwies ferner darauf, er könne „nicht ermessen, inwieweit seine Antworten in diesem Verfahren von belastender Bedeutung für sein eigenes Ermittlungsverfahren sein könnten", und erklärte abschließend, er werde keine an ihn gerichtete Frage beantworten.[196] Der Vorsitzende legte Fromm seine Fragen daraufhin nicht mehr vor. Der Zeuge wurde „im allseitigen Einverständnis entlassen". Auch Canaris wurde nicht mehr vernommen und im „Einverständnis aller Prozessbeteiligten" entlassen.[197] Im Urteil heißt es, Canaris, Fromm und Erdbrügger hätten „zuletzt die Aussagen gemäß § 55 StPO allgemein verweigert, weil sie – offenbar zu Recht – glaubten, mit Rücksicht auf die unentwirrbare Verflechtung des allgemeinen damaligen Geschehens mit möglichen Straftaten keine wahrheitsgemäße Aussage machen zu können, ohne sich der Gefahr strafgerichtlicher Verfolgung auszusetzen".[198] Vermutlich sah das Gericht keinen Sinn in einer erneuten Vernehmung und gestattete den Zeugen deswegen, die Aussage zur Sache zu verweigern.

---

fällig davon Kenntnis erlangt". Vgl. Einstellungsverfügung der Zentralstelle Dortmund, Verfahren gegen Dr. Canaris u.A. (45 Js 30/65), in: Barch B 162/2090, Bl. 317–331, hier: Bl. 317 und 325. Das Verfahren gegen Werner Fromm wurde von der Zentralstelle bei der Staatsanwaltschaft Dortmund unter dem Aktenzeichen 45 Js 18/64 geführt und richtete sich gegen ehemalige Angehörige der Dienststelle des SS- und Polizeiführers und gegen ehemalige Angehörige der Ordnungspolizei. Gegenstand des Verfahrens waren: „Vernichtungsmaßnahmen gegen die jüdische Bevölkerung", „Maßnahmen gegen die polnische Intelligenz", „Repressalien gegen die Bevölkerung" und die „Enterdungsaktion 1005". Eine Aufstellung der einzelnen Tatkomplexe findet sich in: Anlage I zum Schreiben des Leiters der Zentralstelle bei der Staatsanwaltschaft Dortmund an die Amtsgerichte Stuttgart, Lüneburg, Hannover, Berlin v. 22.4.1965, in: L/StAM, Staatsanwaltschaft Dortmund, Zentralstelle für NS-Verbrechen, Nr. 3636, Bl. 3–17. Das Verfahren wurde am 2. Februar 1968 eingestellt. Vgl. Einstellungsverfügung der Zentralstelle Dortmund, Verfahren gegen Fromm u.A. (Az. 45 Js 18/64), in: L/StAM, Staatsanwaltschaft Dortmund, Zentralstelle für NS-Verbrechen, Nr. 3652, Bl. 1–124.

195 Vgl. Protokoll der Hauptverhandlung, in: L/StADT, D 21 A, Nr. 6178, Bl. 864.

196 Ebd., Bl. 864.

197 Ebd., Bl. 865.

198 Urteil 5 Ks 1/65, in: L/StADT, D 21 A, Nr. 6194, Bl. 124.

2.3 Ausblick: Georg Michalsen – Ein auskunftswilliger „Täter-Zeuge“

Im Allgemeinen neigten die „Täter-Zeugen“ dazu, sich selbst und ihre ehemaligen Kollegen nicht zu belasten. Georg Michalsen, einst Mitarbeiter im Stabe Globocniks, war der einzige ehemalige SS-Angehörige, der „keinerlei Ausflüchte“ machte,[199] sondern sich zu seiner Mittäterschaft bekannte, obwohl die Hamburger Staatsanwaltschaft gegen ihn in Sachen „Ghettoräumungen“ ermittelte. Michalsen wurde vom Gericht als „Fachmann in Räumungsfragen“ bezeichnet.[200] Er war an den Deportationen aus dem Warschauer Ghetto im Sommer 1942, an den Liquidationen kleinerer Ghettos in den Distrikten Warschau und Lublin und an den August-Deportationen aus dem Białystoker Ghetto beteiligt.[201]

Der Vorsitzende belehrte den Zeugen Michalsen zunächst ganz am Anfang der Vernehmung über sein Recht, die Auskunft zu verweigern, und wies ihn dann erneut darauf hin, als es um die Frage nach seinem Wissen von der Vernichtung der Juden und um die Frage nach seiner Mitwirkung an der Organisation der Deportationen aus dem Białystoker Ghetto im August 1943 ging. Michalsen machte jedoch von seinem Auskunftsverweigerungsrecht in beiden Fällen keinen Gebrauch:

Vorsitzender:	Nun eine Frage. Ich glaube, auf die können Sie auch schon die Auskunft verweigern mit Rücksicht auf das Verfahren, das gegen Sie schwebt. Wann haben Sie denn nun zum ersten Mal gewusst oder deutlich geahnt, dass hier ein großer Teil der Juden vernichtet wird, ein anderer Teil allerdings, wie Sie sagen, zum Arbeitseinsatz geführt wird. Ich kann's auch anders ausdrücken: Wann haben Sie vom Zweck und Sinn von Bełżec gewusst?
Zeuge Michalsen:	Bełżec kann ich nicht sagen. Ich war aber in ä Warschau eingesetzt.
Vorsitzender:	Ja.

199 Urteil 5 Ks 1/65, in: L/StADT, D 21 A, Nr. 6195, Bl. 321.

200 Ebd., Bl. 308.

201 Vgl. *Andrej Angrick*, Georg Michalsen – Handlungsreisender der „Endlösung“, in: Klaus-Michael Mallmann / Gerhard Paul (Hrsg.), Karrieren der Gewalt. Nationalsozialistische Täterbiographien, Darmstadt 2004, S. 156–165.

Zeuge Michalsen: Und ich habe das schon verschiedentlich angegeben, dass ich im August 42 so etwa nach 14 Tagen Einsatz in Warschau (*schweigt*) davon (*schweigt*)

Vorsitzender: Hm.

Zeuge Michalsen: einen Begriff, Be_ Be_ Begriff bekam.

Vorsitzender: Wie war Ihre Formulierung eben? Einen? Einen Begriff bekam, ja. Und nun belehre ich Sie noch mal. Wenn ich Sie jetzt frage: (*schweigt*) Sind Sie im dienstlichen Auftrage nach Białystok gefahren und haben an der Räumung des Ghettos mitgewirkt, dann können Sie von jetzt an die Aussage verweigern, Auskunft verweigern, weil Sie sich nicht selbst zu belasten brauchen.

Zeuge Michalsen: Ich bin mitgefahren.

Vorsitzender: Sie sind mitgefahren. Und mit welchem Auftrag?

Zeuge Michalsen: Vom SS- und Polizeiführer Lublin.

Vorsitzender: Ja. Und was sollten Sie da machen?

Zeuge Michalsen: Das Ghetto sollte geräumt werden, und ä Arbeitskräfte und Gewerbebetriebe sollten in die Arbeitslager in den Distrikt Lublin überführt werden. Fühlungnahme mit dem_

Vorsitzender: Ja. Ehe ich auf die Durchführung komme, wollen wir das Ergebnis besprechen. Haben Sie denn nun Leute zum Arbeitseinsatz nach Lublin gebracht.

Zeuge Michalsen: Ja.

[...]

Vorsitzender: Ob Sie nur die arbeitsfähigen Frauen und Juden nach Lublin in die Gewerbebetriebe genommen haben und wo die anderen geblieben sind, das wäre die nächste Frage.

Zeuge Michalsen: Die sind am Bahnhof ä verteilt worden oder eingeteilt worden. Ich selbst war aber nicht am Bahnhof. Ich war im Ghetto selbst.

Vorsitzender: Einen Moment. Jetzt möchte ich gerne wissen, wie sind die Leute denn nach Lublin oder in die Lager bei Lublin gekommen?

Zeuge Michalsen: Per Zug. Weg mit der Eisenbahn.

Vorsitzender: Was ist denn der Bahnhof von Lublin, Lublin selber?

Zeuge Michalsen: Ja. (*schweigt*) Lublin selber, ja.

Vorsitzender: Und Sie meinen, die sind mit den Zügen dahin gefahren.

Zeuge Michalsen:	Ja, ja, ja.
Vorsitzender:	Da haben Sie keinen Zweifel?
Zeuge Michalsen:	Da hab' ich keinen Zweifel.
Vorsitzender:	Und sind Maschinen mitgekommen?
Zeuge Michalsen:	Ja. Auch Material.
Vorsitzender:	Wie? Im Eisenbahntransport?
Zeuge Michalsen:	(*schweigt*)
Vorsitzender:	Im Eisenbahntransport?
Zeuge Michalsen:	Ja.
Vorsitzender:	(*schweigt*) Was meinen Sie denn, wie viel Transporte waren das? Waren das Transporte, die nur den_ das Ziel hatten Lublin?
Zeuge Michalsen:	Nein, es ging auch in der anderen Richtung.
Vorsitzender:	Ja, ja, was heißt in der anderen Richtung?
Zeuge Michalsen:	Ja, ich weiß nicht, ob das nach Sobibór ging oder nach Treblinka. Ich weiß es nicht mehr.
Vorsitzender:	Ja. Schön. Nehmen wir_ oder ist es so gewesen, dass die Züge nach Treblinka gingen, und dort wurden sie zusammengestellt, und dann wurden sie von dort aus <u>nach der Auswahl</u> nach Lublin gebracht.
Zeuge Michalsen:	Das kann ich nicht sagen. Ich weiß bloß, dass in Lublin Arbeitskräfte angekommen sind.
Vorsitzender:	Na, nun sind Sie doch ein alter Kenner offenbar. Halten Sie es für möglich, dass man erst nach Treblinka gefahren hat, und dann hat man da auseinander gepuhlt, die Leute, Du bleibst hier_
Zeuge Michalsen:	Ich war in Białystok das erste Mal. Ich kenne also diese ä Raum dort, wie die Verbindungen sind und wie das geschehen ist_
Vorsitzender:	Ja, Sie wissen's doch_
[...]	
Vorsitzender:	Am Bahnhof in Białystok wurde eingeteilt.
Zeuge Michalsen:	Ja. Soviel ich das weiß, war das_
(*Vorsitzender und Beisitzer sprechen kurz im Flüsterton miteinander*)	

Vorsitzender:	Also, Sie_ dann müssten Sie ja also nach Ihrer Auffassung müssten Sie also sagen, in Białystok gab's 'nen Zug, der nach Treblinka fuhr, und 'nen Zug, der nach Lublin fuhr.
Zeuge Michalsen:	Ja, das ist meine Auffassung.
Vorsitzender:	[...][202]

In dem Vernehmungsauszug werden drei Themen behandelt: Michalsens Wissen von der Judenvernichtung, seine Beteiligung an den August-Deportationen und die Zielorte der Transporte. Michalsen zögerte keine Sekunde, die Frage des Vorsitzenden, ob er im dienstlichen Auftrage nach Białystok gefahren sei und an der „Räumung" des Ghettos mitgewirkt habe, zu beantworten. Er äußerte den Satz „Ich bin mitgefahren" unmittelbar im Anschluss an die Frage des Vorsitzenden. Der Zeuge Michalsen gab zu, den Befehl, das Ghetto zu liquidieren, ausgeführt zu haben. Michalsen konnte sich nach eigenen Angaben an die Zielorte der Transporte nicht mehr genau erinnern. Aber er wusste noch, dass nur ein Teil der Białystoker Juden „als Arbeitskräfte" nach Lublin gekommen war. Der andere Teil, so seine Wortwahl, ging „in der anderen Richtung". Dass diese andere Richtung für fast alle Juden den Tod bedeutete, sagte er nicht. Die Judenvernichtung wird in seiner Aussage durch die Formulierungen „einen Begriff bekam", „Einsatz" und „in der anderen Richtung" und durch die Artikel „die" und „das" sprachlich verschleiert. Michalsen vermied es, die Funktion von Sobibór und Treblinka als Vernichtungslager zu benennen. Es fällt auf, dass der Vorsitzende den Zeugen nicht danach fragte, ob er damals gewusst habe, dass es sich bei Sobibór und Treblinka um Vernichtungsstätten handelte. Michalsen wurde erst zu einem späteren Zeitpunkt der Vernehmung gefragt, ob ihm bekannt gewesen sei, „was Sobibór und was Treblinka bedeutete". Der Zeuge bejahte diese Frage, vermied es aber erneut, das Wort Vernichtung zu gebrauchen. Im Ermittlungsverfahren hatte Michalsen dagegen das Geschehen beim Namen genannt: Am 15. August 1961 erklärte er gegenüber den Bielefelder Staatsanwälten Kny und Schaplow, dass die „nichtarbeitsverwendungsfähigen" Białystoker Juden in „die Vernichtungslager Treblinka und Sobibor verbracht werden" sollten, „wo sie umgebracht werden sollten".[203] Zwei Jahre später sagte er aus, ihm sei

202 Vernehmung des Zeugen Georg Michalsen in der Hauptverhandlung der Strafsache gegen Dr. Altenloh u.A. (5 Ks 1/65) v. 20.4.1966, in: L/StADT, D 21 A, Nr. 6341, Tonband 8 Rückseite.

203 Vgl. Vernehmung Georg Michalsen durch die Staatsanwälte Kny und Schaplow v. 15.8.1961, in: L/StADT, D 21 A, Nr. 6143, Bl. 1–12, hier: Bl. 3.

damals bekannt gewesen, dass „in Treblinka und Sobibor Juden vergast" worden seien und dass die Juden – abgesehen von den Arbeitskräften – „in ein Vernichtungslager gebracht werden sollten".[204]

Nach den Erkenntnissen des Bielefelder Schwurgerichts wurden im August 1943 „mindestens 30.000 Menschen" aus dem Białystoker Ghetto abtransportiert, von denen 15.000 als „arbeitsfähig" galten.[205] Vom 17. bis zum 23. August seien zwölf Deportationszüge nach Treblinka gefahren, am 29. und 31. August seien zwei Züge aus Białystok in Auschwitz angekommen.[206] Auf den Bahnhöfen Małkinia oder Treblinka seien die Waggons mit den „arbeitsfähigen" Frauen und Männern abgehängt und nach Lublin befördert worden.[207] Die Juden, die als nicht „arbeitsfähig" eingestuft worden waren, wurden in Treblinka und Auschwitz ermordet. In Treblinka wurden die Menschen unmittelbar nach ihrer Ankunft getötet, in Auschwitz blieb ein kleiner Teil der Deportierten – ungefähr 1.300 Menschen – von der sofortigen Vernichtung verschont.[208]

Georg Michalsen war, wie im folgenden Teil des Kapitels gezeigt wird, federführend an der Organisation und Durchführung der Liquidation des Białystoker Ghettos im August 1943 beteiligt.

3. Deutungen und Selbstdeutungen: „Täter-Zeugen" zu den August-Deportationen aus Białystok

Nach den Erkenntnissen des Bielefelder Schwurgerichts erteilte die höhere SS-Führung „Ende Juli oder Anfang August" dem SSPF für den Distrikt Lublin, Globocnik, den Auftrag, das Białystoker Ghetto zu „räumen", die Mehrzahl seiner Bewohner in Vernichtungslager zu deportieren und, „nur, soweit notwendig, Arbeitskräfte" auszuwählen und diese nach Lublin zu bringen. Es stehe fest, dass Globocnik den Kommandeur der Sicherheitspolizei, Zimmermann, in Białystok aufgesucht habe, um mit ihm zu besprechen, wie die Ghettoauflösung, die Selektion der Arbeitskräfte und der Abtransport der

---

204 Vernehmung Georg Michalsen durch Landgerichtsrat Dr. Fischer als Untersuchungsrichter in der Voruntersuchungssache gegen Dr. Zimmermann u.A. (VU 13/62) v. 2.5.1963, in: L/StADT, D 21 A, Nr. 6154, Bl. 109–120, hier: Bl. 111.

205 Urteil 5 Ks 1/65, in: L/StADT, D 21 A, Nr. 6195, Bl. 315.

206 Ebd., Bl. 316f.

207 Ebd., Bl. 312.

208 Vgl. ebd., Bl. 319.

Białystoker Juden durchgeführt werden sollten.[209] Globocnik und Zimmermann seien sich darüber im Klaren gewesen, dass die Mehrzahl der Juden in Treblinka oder Auschwitz getötet werden sollte. Zimmermann habe seinen Widerstand gegen die Auflösung des Ghettos aufgegeben, aber geltend gemacht, er verfüge nicht über genügend Kräfte, um die „Räumung" durchzuführen. Globocnik habe sich bereit erklärt, für entsprechende Verbände zu sorgen.[210] Die höhere SS-Führung habe nach Rücksprache mit Globocnik bestimmt, dass sich das Polizeiregiment 26 dem KdS Zimmermann zur Absperrung des Ghettos zur Verfügung zu stellen habe. Einige Tage vor der Ghetto-„Räumung", deren Beginn auf den 16. August festgelegt worden sei, sei der Beauftragte Globocniks, der Zeuge Michalsen, in Białystok erschienen, „um sich an Ort und Stelle über die Möglichkeiten der Räumung zu informieren und mit dem KdS zu besprechen, wie sie im einzelnen durchzuführen sei".[211] Michalsen berichtete dem Bielefelder Schwurgericht, welche Themen nach seiner Erinnerung Gegenstand dieser Vorbesprechung – „etwa am 10. bis 12. August 1943"[212] – gewesen waren. Die Ausführungen des Gerichts über die Vorbereitung und Organisation der Deportationen beruhen in erster Linie auf den Bekundungen des Zeugen Michalsen. Anhand seiner Aussage lässt sich das krasse Missverhältnis aufzeigen zwischen einerseits der Brutalität der Ghetto-„Räumung" und dem Leid der Opfer, die völlig ausgeblendet werden, und andererseits dem Gehabe von Angeklagten und „Täter"-Zeugen um Rang, Hierarchie, Unterstellungsverhältnisse und Befehlsbefugnisse. Der Vorsitzende vernahm den Zeugen Michalsen zunächst ausführlich zur Frage der Zugbestellung:

[…]

Vorsitzender:	Nun schildern Sie mal, wie Sie das durchgeführt haben. Aber dann machen Sie ganz deutlich: Waren Sie zweimal in Białystok, einmal zu einer Vorbesprechung und dann zur Hauptdurchführung, oder ging das alles in einem Zuge durch?
Zeuge Michalsen:	Es war eine Vorbesprechung.
Vorsitzender:	Hm.
Zeuge Michalsen:	Die muss wenige Tage ä dazwischen gelegen haben.

209 Vgl. Urteil 5 Ks 1/65, in: L/StADT, D 21 A, Nr. 6195, Bl. 307. Das Gericht beruft sich hier auf eine Aussage des SSPF für den Bezirk Bialystok, Hellwig.

210 Vgl. Urteil 5 Ks 1/65, in: L/StADT, D 21 A, Nr. 6195, Bl. 308.

211 Ebd., Bl. 308.

212 Ebd., Bl. 309.

Vorsitzender:	Davor gelegen haben.
Zeuge Michalsen:	Ä davor gelegen haben, ja.
Vorsitzender:	Und wo war die? Mit wem?
Zeuge Michalsen:	Die war bei_ in der Dienststelle der Sicherheitspolizei.
Vorsitzender:	Und mit wem waren Sie da hingefahren?
Zeuge Michalsen:	Soweit ich weiß, der Untersturm_ oder Obersturmführer Claasen.
Vorsitzender:	Mit Claasen.
Zeuge Michalsen:	Ja.
Vorsitzender:	Der schon tot ist. Und einem Fahrer.
Zeuge Michalsen:	Und einem Fahrer, ja.
Vorsitzender:	Und was war der Sinn der Vorbesprechung?
Zeuge Michalsen:	Es war nur zu besprechen, wie das durchgeführt werden soll. Dass es durchgeführt werden sollte, das war_
Vorsitzender:	Das war kein Problem.
Zeuge Michalsen:	Das war für mich_
Vorsitzender:	Na, also die Durchführung hängt von der Transportbestellung ab, von der Zugbestellung ab.
Zeuge Michalsen:	Das war eine beschlossene Sache. Und für mich, ich hatte ja damit nichts zu tun, ich sollte lediglich fragen, wie sich die Dienststelle in Białystok die Durchführung denkt.
Vorsitzender:	Ja, und der Zug? Wo kam der her?
Zeuge Michalsen:	Der wurde bestellt.
Vorsitzender:	Wurde der bestellt als_ auf Grund der Vorbesprechung, oder lief diese Bestellung schon unabhängig?
Zeuge Michalsen:	Soweit ich weiß, wurde erst bestellt am Tage, am frühen Morgen der Durchführung.
Vorsitzender:	Der Durchführung?
Zeuge Michalsen:	Ja.
Vorsitzender:	Bestellt?
Zeuge Michalsen:	Am ersten Tage, ja.
Vorsitzender:	Ja, Sie sind doch nun ein großer Kenner von Warschau her. Sie können doch nicht heute Nachmittag 'nen Zug bestellen und morgen früh ihn haben.
Zeuge Michalsen:	Das ging damals.

Vorsitzender:	Na, Herr Michalsen. Sie meinen die Zugbestellung erst am Morgen der Durchführung?
Zeuge Michalsen:	Ich weiß noch, dass zwei Mann ä da hingefahren sind zu der nächsten Reichsbahndirektion.
Vorsitzender:	Ja, zwei Mann hingefahren, am Tage Ihrer Vorbesprechung aufgrund der Vorbesprechung, oder wann?
Zeuge Michalsen:	Nein, am Tag, am ersten Tag der Räumung.
Vorsitzender:	Also, Sie, wissen Sie, das klingt mir so unwahrscheinlich, Herr Michalsen, dass ich es Ihnen noch mal sagen muss.
Zeuge Michalsen:	Ja, ich weiß es_
Vorsitzender:	Denn wenn Sie räumen wollen und dann an dem Tage fährt jemand nach Königsberg und bestellt 'nen Zug, den können Sie doch erst frühestens am nächsten Tage oder übernächsten Tage haben.
Zeuge Michalsen:	Ja, also_
Vorsitzender:	Unter keinen Umständen am selben Tag.
Zeuge Michalsen:	Wir hatten dann ja auch diese ä
Vorsitzender:	Hm.
Zeuge Michalsen:	Panne, dass die Züge verspätet kamen.
Vorsitzender:	Ah so. Ja, darüber sprechen Sie sich mal aus.
Zeuge Michalsen:	Die Juden, die also schon außerhalb des Ghettos waren auf dem Sammelplatz ä viel länger warten mussten als vorgesehen.
Vorsitzender:	Ach so. Aber dann kamen sie doch noch rechtzeitig?
Zeuge Michalsen:	Ja, die Züge kamen dann.
Vorsitzender:	Aber die Juden mussten warten.
Zeuge Michalsen:	Ja. Man konnte sie_
Vorsitzender:	Länger als vorgesehen.
Zeuge Michalsen:	Man konnte sie ja nicht wieder zurückbringen.
Vorsitzender:	Nein, Nein. Mussten die da auch campieren während einer Nacht?
Zeuge Michalsen:	Ich glaube ja.
Vorsitzender:	Ja, bleiben wir jetzt aber mal historisch bei der Entwicklung. Sie hatten eine Vorbesprechung beim KdS. Erinnern Sie sich, wer der KdS war?
Zeuge Michalsen:	Ja, Dr. Zimmermann.

Vorsitzender:	Und wer war dabei?
Zeuge Michalsen:	Es war von seiner Dienststelle noch ä, ich weiß nicht, ein oder zwei Führer dabei, aber ich weiß nicht, wer das war.
Vorsitzender:	(*schweigt*) War's Herr Heimbach, der hier sitzt als zweiter von links?
Zeuge Michalsen:	Darüber bin ich schon mal in Biały_ in
Vorsitzender:	Eben.
Zeuge Michalsen:	gefragt worden, aber ich kann das nicht (*schweigt*)
Vorsitzender:	Man hat Ihnen doch auch Bilder vorgelegt.
Zeuge Michalsen:	Ja, ja.
Vorsitzender:	Sie können's nicht sagen.
Zeuge Michalsen:	Nein.
Vorsitzender:	Oder war Herr Errelis dabei?
Zeuge Michalsen:	Ich kenne ihn nicht. Ich habe nur einen ä noch im Gedächtnis, das ist so ein kleiner älterer gewesen.
Vorsitzender:	Kann der Friedel geheißen haben?
Zeuge Michalsen:	Ja, ja, das war dieser Mann.
Vorsitzender:	Friedel war, wie wohl unstreitig ist, der Judendezernent und ist nach Polen ausgeliefert und dort hingerichtet.
[…]	
Vorsitzender:	Bitte, gerne.
RA Röllecke:	Herr Michalsen, haben Sie Herrn Dibus von der Besprechung in Erinnerung? Oder kennen Sie Herrn Dibus überhaupt nach Ihrer Erinnerung?
Zeuge Michalsen:	Nein, nein.
RA Röllecke:	Gucken Sie ihn sich noch mal genau an. Herr Dibus ist dieser hier.
Zeuge Michalsen:	Nein, ich kenne ihn nicht.
RA Röllecke:	Vielen Dank.[213]
[…]	

213 Vernehmung des Zeugen Georg Michalsen in der Hauptverhandlung der Strafsache gegen Dr. Altenloh u.A. (5 Ks 1/65) v. 20.4.1966, in: L/StADT, D 21 A, Nr. 6341, Tonband 8 Rückseite.

Vorsitzender:	[...] Aber wenn Sie uns jetzt doch bitte noch mal sagen wollen: Was waren die Probleme im Einzelnen, die Sie in dieser Vorbesprechung wahrscheinlich zusammen mit Claasen, und auf der anderen Seite wahrscheinlich der KdS, gehabt haben? Oder wissen Sie's mit Sicherheit, dass es der KdS war?
Zeuge Michalsen:	Die Vorbesprechung?
Vorsitzender:	Ja.
Zeuge Michalsen:	Die war mit Sicherheit_
Vorsitzender:	Mit Sicherheit.
Zeuge Michalsen:	Ja.
Vorsitzender:	Und er hatte noch zwei
Zeuge Michalsen:	Führer
Vorsitzender:	Führer dabei, wie Sie sagen, aber Sie können nicht sagen, wer's war.
Zeuge Michalsen:	Nein, das weiß ich nicht.
Vorsitzender:	Nun, bitte die Probleme. Was wurde da besprochen? Also, das_ die Eisenbahn haben wir besprochen. Da sagen Sie, für Sie war es kein Problem, aber Sie müssen's doch besprochen haben.
Zeuge Michalsen:	Ja, das wurde auch besprochen, aber ä, soviel ich weiß, wurden die Züge bestellt am ersten Tage, also am Beginn der eigentlichen
Vorsitzender:	Ja.
Zeuge Michalsen:	Umsiedlung.
Vorsitzender:	Aber sicherheitshalber eine Frage. Oder wissen Sie, haben Sie damals erfahren, dass es damals einen Generalbetriebsplan der Eisenbahn gab, in dem diese Züge schon vorgesehen waren?
Zeuge Michalsen:	Ja, da gab es besondere Kennziffern und auf deren
Vorsitzender:	Ja.
Zeuge Michalsen:	mussten die Waggons sofort bestellt werden.

Vorsitzender:	Na, also Sie wissen ausem Warschauer Verfahren, das weiß heutzutage jedes Kind, denn das Warschauer Verfahren gegen General Karl Wolff ist abgeschlossen, dass an höchster, dass auf höchster Ebene zwischen der SS-Führung und der Generalleitung der Deutschen Reichsbahn ein Generalbetriebsplan gemacht wurde. Sie kennen das Datum 15. Januar. Ist 'nen großer Plan gemacht worden, vorher hatte ä Himmler durch Wolff Ganzenmüller gebeten, und Ganzenmüller hat teilweise diese Wünsche befriedigt. Kurzum: War's so ähnlich? Oder wissen Sie darüber nichts?
Zeuge Michalsen:	Ja, also wir hatten die Scheine wohl mit. Und ä es sind dann zwei Mann oder zwei Führer hingefahren, ich weiß nicht wohin noch, war es Königsberg, und haben die Züge dort bestellt.
Vorsitzender:	Ich habe das erste Wort nicht verstanden. Wir hatten was mit?
Zeuge Michalsen:	Die Scheine, diese Kennzifferscheine.
Vorsitzender:	Aha.
Zeuge Michalsen:	Vielleicht wurde auch noch vorher telefoniert. Ich weiß es nicht mehr genau.
Vorsitzender:	Ja.
Zeuge Michalsen:	Es ist ja auch interessant, wenn die Bahn zum Beispiel die Transportmittel nicht gestellt hätte, dann wäre ein solches Unternehmen überhaupt nicht durchführbar gewesen.
Vorsitzender:	Klar, eindeutig. Damit können wir das Problem Eisenbahn offenbar abschließen. Bitte, Herr Staatsanwalt.
Staatsanwalt:	Herr Zeuge, war es vielleicht so, dass diese Züge auf Abruf bereitzustellen waren? Also, das es nur dieses_ der Bekanntgabe des Tages X bedurfte, um diese Züge dann bei der Reichsbahndirektion Königsberg oder irgendwo abzurufen.
Zeuge Michalsen:	Nein, also dort kann es nicht so gewesen sein. In Warschau war es so.
Staatsanwalt:	Ja.
RA Riedenklau:	Können Sie sich erinnern, wer nach Königsberg geschickt worden ist?
Zeuge Michalsen:	Ich hab das ä, glaub ich, schon mal angegeben. Ich glaube, Claasen war's und noch einer. Aber ich weiß nicht_

RA Riedenklau:	Claasen war also mit Ihnen ja von Lublin her gekommen.
Zeuge Michalsen:	Ja, der war mit mir gekommen.
RA Riedenklau:	War der andere jemand vom KdS?
Zeuge Michalsen:	Das nehme ich an.
RA Riedenklau:	Das nehmen_ aber wer, wissen Sie nicht.
Zeuge Michalsen:	Weil wir ja auch die [...] (*unverständlich*) um den richtigen Weg da einzuschlagen, Bescheid wussten. Ich nehm' schon an, dass da einer vom KdS_
RA Riedenklau:	Und ä wurden nun beide mit derselben Aufgabe betraut, oder unterstand der eine dem anderen, oder wie war diese Aufgabenverteilung, oder können Sie darüber nichts sagen.
Zeuge Michalsen:	Nein, die sind beide zusammengefahren und haben alle beide denselben Auftrag gehabt.
RA Riedenklau:	Hatten beide denselben Auftrag.
Zeuge Michalsen:	Ja.
Vorsitzender:	Hm. Bitte.
Staatsanwalt:	Wissen Sie, ob Sie diesem Claasen und dem anderen den Auftrag erteilt hatten, den Zug zu bestellen, oder wer den Auftrag erteilt hat?
Zeuge Michalsen:	Das kann sein, dass ich das getan habe.
Staatsanwalt:	Haben Sie das von sich aus getan, oder hatten Sie dazu eine besondere Ermächtigung oder einen Befehl von Zimmermann vielleicht?
Zeuge Michalsen:	Dass das von Zimmermann war, das glaube ich nicht. Es wurde ja auch in der Vorbesprechung aufgeteilt, ich meine, ich kann die einzelnen_ den Plan nicht wiederholen, ich weiß ja heute nicht mehr, aber: wer was zu machen hat.
Vorsitzender:	Eben, das war ja der Sinn der Vorbesprechung.
Zeuge Michalsen:	Ja.
Vorsitzender:	Wer was zu machen hat. Problem Eisenbahn genug erörtert?
RA Heise:	Ich habe noch eine Frage zur Vorbesprechung.
Vorsitzender:	Ja, bitte, Herr Rechtsanwalt Heise.
RA Heise:	Herr Michalsen, der Vorsitzende hat eben gesagt ä bei der Vorbesprechung ä_, Sie hatten alles zusammengefasst, Ihre Aussage, es wäre also der KdS, Herr Zim-

	mermann, da gewesen, und zwei Angehörige seiner Dienststelle. Ä wer das wäre, wüssten Sie nicht. Nun darf ich Ihnen vielleicht in diesem Zusammenhang vorhalten Ihre Aussage bei dem Untersuchungsrichter, 29. Band, Blatt 111. Ä Sie hatten damals – ich vertrete den Angeklagten Heimbach – Sie hatten damals gesagt, ä die Name, ä die Namen dieser Offiziere kann ich nicht nennen, weil sie mir damals nicht bekannt waren. Heimbach und Dibus, die ich damals nicht gekannt habe, haben meiner Erinnerung nach nicht an dieser Besprechung teilgenommen.
Zeuge Michalsen:	Ja, das sind also Namen, man kann das eigentlich nicht sagen, nicht.
RA Heise:	Ist diese Aussage von damals richtig?
Zeuge Michalsen:	Ja, die ist richtig. Also ich kann aber auch nicht sagen, ob ein anderer das war, also ich kann also überhaupt nicht sagen, wer es war.
RA Heise:	Ist es richtig, der Angeklagte Heimbach hat es mir so geschildert, dass Sie spontan gesagt hätten, Sie würden ihn nicht kennen?
Zeuge Michalsen:	Das habe ich gesagt. Ich kenne ihn nicht.
RA Heise:	Danke schön.
[...]	
Staatsanwalt:	Soweit ich mich erinnere, ist hier in der Hauptverhandlung davon gesprochen worden, dass der Angeklagte Errelis nach Königsberg gefahren sein soll in Begleitung dieses anderen SS-Führers.
Vorsitzender:	Nicht besprochen. Das hat er gesagt.
Staatsanwalt:	Ja. Und ä dass davon gesprochen worden ist, dass Heimbach ihm, Errelis, den Befehl erteilt haben soll, nach Königsberg zu fahren. Oder gehe ich da von falschen Voraussetzungen aus? Vielleicht hören wir den Angeklagten noch mal dazu.
Angeklagter Errelis:	Also, ich habe sowohl bei, in der Vernehmung durch Herrn Opitz als auch durch Herrn Schaplow gesagt ä: Auf Befehl von Herrn Heimbach bin ich nach Königsberg gefahren. Aber das habe ich hier berichtigt. Also, ich habe meine eigene Erinnerung mit dem gemischt, was eigentlich oder wie es nach meiner Vorstellung hätte sein müssen.
Vorsitzender:	Sie haben uns doch am ersten Tage erzählt oder am zweiten, früh morgens

Angeklagter Errelis:	Ja.
Vorsitzender:	etwa um 4 Uhr, als noch kein Büro besetzt war, hätten Sie durch einen Melder den Befehl bekommen: Fahren Sie nach Königsberg und so. Ja, das haben Sie doch ganz plastisch geschildert. Begleiten Sie den sowieso
Angeklagter Errelis:	Ja.
Vorsitzender:	und dann fuhren Sie los.
Angeklagter Errelis:	Ja.
Vorsitzender:	Das haben Sie uns dann sehr detailliert erzählt.
Angeklagter Errelis:	Ich habe ja schon gesagt, dass Herr Heimbach zu diesem Zeitpunkt ganz sicher nicht auf der Dienststelle war, denn also, ich bin wie ein Dummer da losgeschickt worden
Vorsitzender:	Eben.
Angeklagter Errelis:	und hatte eine fürchterliche Wut im Bauch, nicht wahr, weil ich also mit einem Untersturmführer mitfahren musste – Herr Claasen muss zu der Zeit noch Untersturmführer gewesen sein – wenn er überhaupt_
Zeuge Michalsen:	Er war Obersturmführer.
Vorsitzender:	Na, ich habe nun natürlich, wenn wir schon auf den Punkt kommen, Ihnen entgegenzuhalten, was der Zeuge Michalsen sagt, denn: Mit Recht sagt der Zeuge, auf der Vorbesprechung war festgelegt worden, wer soll was machen. Und dann kann es ja nun eigentlich, wenn der Zeuge sich nicht irrt, kein Überraschungseffekt für Sie gewesen sein, dass morgens früh um 4 Uhr Sie plötzlich in Marsch gesetzt wurden.
Angeklagter Errelis:	Ä ich habe nicht nur an keiner ä Besprechung vor der Räumung teilgenommen, sondern ich bin durch die Räumung selbst völlig überrascht worden.
Vorsitzender:	Ja, dann wäre das nach Ihrer Darstellung eine Organisationspanne der Leitung, denn die hätte Ihnen ja schon früher Bescheid sagen können.
Angeklagter Errelis:	Ich habe mein Mitfahren nach Königsberg, habe ich immer so angesehen, dass ich als ä, ä Beauftragter oder Zuständiger der örtlich zuständigen Dienststelle
Vorsitzender:	Ja, ja.
Angeklagter Errelis:	des KdS Białystok mitgeschickt worden bin. Ich habe auch immer den Eindruck gehabt, dass ä_
Vorsitzender:	Nein, nein, es geht hier, Herr Errelis nur um das ä Überraschungsmoment, das Sie behaupten.

Angeklagter Errelis:	Ja.
Vorsitzender:	Herr Rechtsanwalt Riedenklau, bitte.
RA Riedenklau:	Ich wollte in Ihrem Sinne den Zeugen fragen, deswegen hatte ich mich gemeldet vorhin, ob er sich daran erinnern kann, dass, als Herr Michalsen den Herrn Claasen losschickte, irgendjemand vom KdS dabei war, oder als er ihm sagte, Sie müssen nach Königsberg fahren. Ich meine, vielleicht weiß er es im Detail nicht mehr.
Zeuge Michalsen:	Ja, ich weiß es nicht im Detail. Aber es ist ja wohl selbstverständlich, dass ein Angehöriger der Sicherheitspolizei von der Sicherheitspolizei den Befehl bekommen haben muss.
RA Riedenklau:	Ja, ja, das wird er vielleicht auch.
Vorsitzender:	Nein, der Herr Verteidiger will auf Folgendes hinaus: Haben Sie diese beiden Männer Richtung Königsberg in Marsch gesetzt?
Zeuge Michalsen:	Also, wenn, dann nur einen_ Claasen
Vorsitzender:	Hm.
Zeuge Michalsen:	von meinen_
RA Riedenklau:	Herr Michalsen, Sie haben gesagt, dass beide also im Ergebnis denselben Auftrag auszuführen hätten bzw. dass beide gemeinsam diesen Auftrag auszuführen haben. Nun sagt uns und hat uns der Angeklagte Errelis gesagt, er habe praktisch davon gar nichts erfahren, er habe bis nach, in Königsberg nicht gewusst, was er eigentlich außer der Begleitung hier für 'ne Aufgabe habe. Wenn Sie sagen, dass Sie also praktisch den Mann des KdS, wenn ich ihn mal so bezeichnen darf, nicht beauftragt haben, das kann möglich sein, Sie wissen nicht, inwieweit vom KdS der Befehl an den Mann der Sicherheitspolizei weitergeleitet worden ist. Das können Sie nicht sagen. Es war nur geplant, so sagen Sie, dass beide zusammen diesen Auftrag durchführen sollten.
Zeuge Michalsen:	Jawohl.
RA Riedenklau:	Danke schön.[214]

[…]

214 Vernehmung des Zeugen Georg Michalsen in der Hauptverhandlung der Strafsache gegen Dr. Altenloh u.A. (5 Ks 1/65) v. 20.4.1966, in: L/StADT, D 21 A, Nr. 6341, Tonband 9 Vorderseite.

Der Vorsitzende bezweifelte, dass die Bestellung aller für die Deportationen benötigten Züge erst kurz vor der Auflösung des Białystoker Ghettos erfolgt war. Die Frage des Richters, ob die Züge aus Białystok bereits in einem vorher festgelegten Plan aufgetaucht seien, beantwortete der Zeuge nicht direkt. Seine Aussage, bei der Fahrt zur Reichsbahndirektion nach Königsberg seien „Kennzifferscheine" mitgenommen worden, verweist jedoch darauf, dass die Organisatoren der Deportationen bereits vorher mit der Reichsbahn Kontakt aufgenommen hatten und die Züge bereits nummeriert worden waren. Die Zugbestellung war Sache der örtlichen Sicherheitspolizei. Möglicherweise erinnerte sich Michalsen deswegen nicht mehr genau daran, wann der KdS an die Reichsbahn herangetreten war.

Es fällt auf, dass der Zeuge Michalsen sich nur noch an Teilnehmer der Vorbesprechung erinnerte, die bereits tot waren. So erklärte er, es seien Zimmermann und Friedel vom KdS und SS-Untersturmführer Kurt Claasen aus dem Stab Globocniks anwesend gewesen. Dass Heimbach, Errelis und Dibus zu den Teilnehmern der Vorbesprechung gehörten, sagte er nicht. Im Urteil heißt es, es sei „sehr wahrscheinlich", dass „die Angeklagten Heimbach und Dibus an dieser Besprechung teilgenommen haben". Das Gericht konnte jedoch hierfür keinen sicheren Nachweis erbringen.[215]

Michalsen bekundete, es könne sein, dass er Claasen und dem Angehörigen des KdS bei der Vorbesprechung den Auftrag gegeben habe, die Züge zu bestellen. Auf die Frage, ob er die beiden Männer „in Marsch gesetzt" habe, erklärte er, „wenn, dann nur einen". Im Laufe der Hauptverhandlung stellte sich heraus, dass es sich bei dem von Michalsen genannten Mann aus dem Stab Globocniks, der zusammen mit Errelis zur Reichsbahndirektion nach Königsberg gefahren war, nicht um Claasen, sondern um den Zeugen Hübscher handelte.[216] Dieser erklärte in seiner auswärtigen Zeugenvernehmung, dass er zusammen mit Errelis nach Königsberg gefahren sei und mit ihm zusammen mit der Reichsbahn verhandelt habe.[217] Zur Überzeugung des Schwurgerichts hatte Michalsen Hübscher den Auftrag erteilt, nach Königsberg zu fahren, um dort Züge zu bestellen. Errelis habe dagegen von Heimbach den Befehl erhalten, Hübscher zu begleiten.[218] Damit folgte das Schwurgericht der ursprünglichen Einlassung des Angeklagten Errelis, die er während der

215 Urteil 5 Ks 1/65, in: L/StADT, D 21 A, Nr. 6195, Bl. 310.

216 Vgl. ebd., Bl. 310, 339 und 343.

217 Vgl. ebd., Bl. 342 und 343.

218 Vgl. ebd., Bl. 339.

Vernehmung des Zeugen Michalsen wieder zurücknahm. Heimbach selbst hielt es für möglich, dass er Errelis den Befehl zur Fahrt nach Königsberg erteilt habe.[219] Das Bielefelder Schwurgericht ging davon aus, dass Errelis den Befehl wahrscheinlich anlässlich der Einsatzbesprechung[220] einen Tag vor Beginn der „Räumung" erhalten habe, „vielleicht aber auch durch einen unbekannten Angehörigen der Dienststelle in der Frühe des nächsten Tages". Der Befehl habe gelautet: „Errelis sollte Hübscher bei der Beschaffung der Züge unterstützen und ihn, der ja aus Lublin kam, als in diesem Fall für den Bereich der RBD [Reichsbahndirektion] Königsberg zuständig legitimieren."[221] Es sei nicht sicher, ob Errelis „den Inhalt dieses Befehls mit Erklärung von Heimbach selbst, dem unbekannten Boten oder von Hübscher erfahren" habe. Das Gericht ging zugunsten des Angeklagten davon aus, dass „Errelis von Heimbach durch den unbekannten Boten in der Frühe des 16. August 1943 den Befehl bekommen" habe, „Hübscher nach Königsberg zu begleiten, mit der Weisung, sich von diesem die Einzelheiten des Auftrages übermitteln zu lassen". Errelis habe „von Hübscher den Auftrag und die zum Verständnis erforderlichen Einzelheiten erfahren".[222]

Das Schwurgericht glaubte dem Angeklagten Errelis nicht, dass er von dem Auftrag, nach Königsberg zu fahren, überrascht worden sei.[223] Errelis versuchte, seine Aussage, der Befehl sei für ihn unerwartet gekommen, zu stützen, indem er darauf verwies, dass er „wie ein Dummer da losgeschickt worden" und wütend gewesen sei, dass er als ranghöherer Beamter einen rangniederen, fremden SS-Führer habe begleiten müssen. Um seine Zweifel an der Einlassung des Angeklagten auszudrücken, konfrontierte der Vorsitzende Errelis mit der Aussage Michalsens, dass bei der Einsatzbesprechung die Aufgaben

219 Vgl. ebd., Bl. 329.

220 Nach den Feststellungen des Schwurgerichts erschien Michalsen am 14. oder 15. August 1943 erneut in Białystok, diesmal in Begleitung von zehn oder zwölf Männern aus dem Stab Globocniks. Am 15. August habe „die Einsatzbesprechung mit allen beteiligten Kräften", darunter den Angehörigen der KdS-Dienststelle, stattgefunden, „wobei den einzelnen Männern ihre Aufgaben zugewiesen" worden seien. Zur Überzeugung des Schwurgerichts gehörten zu den Teilnehmern der Besprechung „mit Sicherheit Heimbach, evtl. auch Errelis und Dibus". Die Anwesenheit Heimbachs ergebe sich „aus der Natur der Sache". Es sei „selbstverständlich", dass Heimbach „als Leiter der Gestapoabteilung, die für alle Judenfragen zuständig" gewesen und deshalb in der Hauptsache" mit der Ghetto-„Räumung" befasst gewesen sei, „an einer solchen Vorbesprechung teilgenommen" habe. Urteil 5 Ks 1/65, in: L/StADT, D 21 A, Nr. 6195, Bl. 311f. und 330.

221 Ebd., Bl. 339.

222 Ebd., Bl. 340.

223 Vgl. ebd., Bl. 342.

verteilt worden seien. Errelis versuchte, sich dem Vorhalt des Vorsitzenden durch die Aussage zu entziehen, er habe an keiner Besprechung teilgenommen und sei auch „durch die Räumung selbst völlig überrascht worden". Auf den Einwand des Vorsitzenden, nach Errelis' Darstellung habe es sich demnach um eine „Organisationspanne der Leitung" gehandelt, ging der Angeklagte nicht ein. Errelis bemühte sich, vom Thema abzulenken, indem er etwas zu der Funktion sagte, die er seiner Meinung nach gehabt hatte. Dass Errelis, wie am Ende der Vernehmung von Rechtsanwalt Riedenklau berichtet, bis zur Ankunft in Königsberg nicht gewusst habe, was er neben der Begleitung für eine Aufgabe gehabt habe, hielt das Gericht für nicht plausibel. Das Schwurgericht ging davon aus, dass Errelis neben der Anweisung, Hübscher zu legitimieren, den Auftrag erhalten habe, „Hübscher bei den Verhandlungen zu unterstützen". Dafür spreche „die innere Wahrscheinlichkeit", denn „Errelis war als Obersturmführer ranghöher als der Untersturmführer Hübscher".[224] Dass Errelis und Hübscher die Verhandlungen mit der Reichsbahndirektion erfolgreich beendeten, beweist die Fahrplananordnung Nr. 290 vom 17. August 1943, die eine Aufstellung mit Abfahrtszeiten von Zügen „zur Abbeförderung von Aussiedlern" von Białystok nach Treblinka (Pj 207, Pj 208, Pj 209, Pj 210) und folgenden Vermerk enthält: „Die Wagen sind rechtzeitig in Bialystok Industriebf bereitzustellen und nach Bialystok Hbf zum Anschluß an die angegebenen Pläne zu überführen. Besteller: Kommandeur der Sicherheitspolizei und des SD in Bialystok."[225]

Michalsen erwähnte in seiner Vernehmung auch, dass die Juden, die aus dem Ghetto zum Sammelplatz gebracht worden waren, „viel länger warten mussten als vorgesehen". Nach den Feststellungen des Schwurgerichts mussten sie „mehr als 24 Stunden" auf einer Wiese außerhalb des Ghettos verharren. Dort seien sie „von Einheiten der Polizei, der SS und der Hilfswilligen bewacht" worden. Die Juden „erhielten weder Verpflegung noch trotz der glühenden Sommerhitze Wasser".[226]

Nachdem der Vorsitzende den Zeugen Michalsen zum Thema Reichsbahn vernommen hatte, erörterte er mit ihm das Problem der bei der Ghetto-„Räumung" eingesetzten „Hilfskräfte":

---

224 Ebd., Bl. 342.

225 Deutsche Reichsbahn, Reichsbahndirektion Königsberg v. 17.8.1943, Telegrammbrief, Fahrplananordnung Nr. 290, an „BA 1, MA, VA, Zl, GA und Hbf Bialystok, Bialystok Industriebhf, Dienststellen von Bialystok bis Malkinia, Bf. Treblinka, OBD 33 Warschau – nach besonderem Verteiler –", in: *Hilberg*, Sonderzüge nach Auschwitz, Anlage 57, S. 228.

226 Urteil 5 Ks 1/65, in: L/StADT, D 21 A, Nr. 6195, Bl. 312.

[…]

Vorsitzender:	Jetzt käm das zweite Thema, was wir besprechen, was besprochen werden muss.
Zeuge Michalsen:	Dann kam es darauf an, ä genügend Kräfte
Vorsitzender:	Richtig.
Zeuge Michalsen:	zur Verfügung zu bekommen, um das ganze Ghetto abzusperren.
Vorsitzender:	Ganz Recht. Abzusperren,
Zeuge Michalsen:	Sicherheitskräfte und_
Vorsitzender:	zu sammeln
Zeuge Michalsen:	Ja.
Vorsitzender:	und zur Eisenbahn zu bringen.
Zeuge Michalsen:	Ja, ja.
Vorsitzender:	Gut.
Zeuge Michalsen:	Und da wurde_
Vorsitzender:	Wie stellte sich das Problem, und wie wurde es gelöst?
Zeuge Michalsen:	Ja, das wurde wohl durch Globocnik gelöst, indem ein Bataillon Polizei sich meldete.
Vorsitzender:	Globocnik war bei der Vorbesprechung nicht dabei.
Zeuge Michalsen:	Nein.
Vorsitzender:	Aber jetzt kann es doch so gewesen sein, dass Sie gesagt haben oder Zimmermann hat Sie gefragt, na haben Sie_
Zeuge Michalsen:	Das stand vorher schon fest, Herr Vorsitzender.
Vorsitzender:	Ach, das stand schon fest, ja?
Zeuge Michalsen:	Ja.
Vorsitzender:	Was stand_
Zeuge Michalsen:	Dass die eintreffen würden und zur bestimmten Zeit.
Vorsitzender:	Das stand schon fest, bevor Sie zur Vorbesprechung fuhren?
Zeuge Michalsen:	Nein, nein, das nicht. Das wurde dann ja in Lublin berichtet über die Vorbesprechung, und dann wurde eben veranlasst, dass ä ein Bataillon zur Verfügung steht.

Vorsitzender:	Dann stell ich's mir also so vor: Sie saßen sich mit Zimmermann gegenüber, und Sie erklärten: Ich habe keine Hilfskräfte.
Zeuge Michalsen:	Nein.
Vorsitzender:	Richtig?
Zeuge Michalsen:	Ja, ja.
Vorsitzender:	Und Zimmermann sagte?
Zeuge Michalsen:	Er hat auch keine.
Vorsitzender:	Und daraufhin kamen Sie zum Ergebnis, da muss also ein Dritter die Hilfskräfte stellen.
Zeuge Michalsen:	Ja.
Vorsitzender:	Und daraufhin haben Sie Globocnik gebeten oder berichtet?
Zeuge Michalsen:	Ja, ja, ich habe berichtet und_
Vorsitzender:	Und was hat denn nun Globocnik gemacht?
Zeuge Michalsen:	Er hat dieses Bataillon ä beschafft über ä, über den Obergruppenführer von dem Bach
Vorsitzender:	Von dem Bach-Zelewski als Chef der Bandenbekämpfung.
Zeuge Michalsen:	Ja.
Vorsitzender:	Das waren also keine Leute aus Lublin.
Zeuge Michalsen:	Nein, das war ein Bataillon, das auf dem Marsch an die, glaube nach
Vorsitzender:	Ja, ja.
Zeuge Michalsen:	irgendwie zum Einsatz an die Front ging.
Vorsitzender:	Jedenfalls, um es kurz noch mal negativ zu sagen: Streibel mit seinen ukrainischen Hilfsleuten war nicht – oder polnischen Hilfsleuten – war nicht beteiligt. So. Und was sollen denn da nun für Leute gekommen sein? Was für Leute hat von dem Bach-Zelewski, um da mal vorzugreifen, geschickt?
Zeuge Michalsen:	Ein Polizeibataillon.
Vorsitzender:	Deutsche?
Zeuge Michalsen:	Deutsche Polizei.
Vorsitzender:	Jetzt haben wir aber schon gehört, dass da fremdvölkische Hilfspolizisten da gewesen sein sollen, die überhaupt nicht Deutsch konnten.

Zeuge Michalsen:	Ja, ich weiß nicht, hat der KdS nicht auch so Fremdvölkische gehabt? So 'ne Einheit?
Vorsitzender:	Hm.
Zeuge Michalsen:	Ich weiß es nicht mehr.
Vorsitzender:	Sie bleiben dabei, dass ein deutsches Bataillon
Zeuge Michalsen:	Ja. Ja.
Vorsitzender:	einge_
Zeuge Michalsen:	Ja, ja, da sind ja sogar welche verwundet worden von diesen Polizeileuten.
Vorsitzender:	Und Sie meinen nicht Fremdvölkische? Dabei wollen Sie bleiben?
Zeuge Michalsen:	Ja.
Vorsitzender:	Und wenn Fremdvölkische, dann wären's also die eigenen, die Schutzmannschaften. Herr Errelis, was sagen Sie dazu?
Angeklagter Errelis:	Die Schutzmannschaft ist am ersten Tage eingesetzt gewesen.
Vorsitzender:	Hm.
Angeklagter Errelis:	Und zwar, wie mir gesagt wurde, zur Absperrung. Das habe ich deshalb ganz sicher in Erinnerung, weil einer der Schutzmänner ä geplündert hatte und daraufhin ä nach Stutthof ins SS-Straflager eingeliefert wurde für vier Wochen.
[...]	
Vorsitzender:	Ja, Sie hören's, was Herr Errelis als damaliger Führer der weißruthenischen Schutzmannschaft sagt.
Zeuge Michalsen:	Und ä_
Vorsitzender:	Er sagt, am ersten Tage haben meine Leute abgesperrt, das waren aber vielleicht nur_
Angeklagter Errelis:	Das sind nur knapp 100 Mann gewesen, also die keinen wesentlichen ä, ä Einfluss auf die Räumung genommen haben.
Zeuge Michalsen:	Dieses Polizeibataillon?
Angeklagter Errelis:	Nein, meine weißruthenische Schutzmannschaft. Sie sprachen eben
Zeuge Michalsen:	Ja, ja.
Angeklagter Errelis:	von den einheimischen Hilfskräften des KdS.
Zeuge Michalsen:	Ja, ja.

Angeklagter Errelis:	Und es gab tatsächlich solch eine Einheit, nicht wahr, aber das waren knapp 100 Mann, und die können also keinen wesentlichen Teil der Arbeit geleistet haben.
Zeuge Michalsen:	Der Überfall auf die Polizei, ich weiß es nicht mehr genau, das fand ja wohl nicht am ersten Tage statt, am zweiten oder am dritten. Wenn das feststeht, dann wär' das ja auch klar, dass die Polizei länger da war.
Vorsitzender:	Ich glaub, das Thema können wir fallen lassen. Das wird ja im Laufe der Beweisaufnahme auch weiterhin erörtert werden. Bitte, gerne.
RA Riedenklau:	Haben Sie denn noch in Erinnerung, ob Sie Angehörige, also auch fremdvölkische Absperrleute, nur am ersten Tage oder auch später getroffen haben?
Zeuge Michalsen:	Das kann ich nicht sagen.
RA Riedenklau:	Das können Sie nicht sagen. Danke schön.[227]

[...]

Der Vorsitzende steuerte die Kommunikation, indem er Michalsen Fragen stellte und ihm Vermutungen oder zusammenfassende Äußerungen zur Bestätigung vorlegte. Dass – wie Michalsen bekundete – Globocnik ein weiteres Bataillon zur Absperrung geschickt habe, hielt das Schwurgericht für möglich.[228] Michalsen konnte sich nicht mehr genau daran erinnern, ob neben deutschen Einheiten auch „fremdvölkische Hilfspolizisten" eingesetzt gewesen waren. Nach Erkenntnissen des Gerichts setzte sich eines der drei Bataillone des an den Deportationen beteiligten Polizeiregiments 26 aus hilfswilligen Ukrainern zusammen.[229] Das Schwurgericht folgte der Aussage des Angeklagten Errelis, dass die „weißruthenische Schutzmannschaft" am ersten Tag der „Räumung", also am 16. August 1943, mitgewirkt hatte. Es konnte jedoch weder den Nachweis erbringen, dass die Schutzmannschaft unter Errelis' Befehl gestanden hatte, noch beweisen, dass Errelis den Einsatzbefehl gegeben hatte. Errelis sei am 16. August „unwiderlegbar mit Hübscher in Königsberg gewesen".[230] Dass Errelis der ihm unterstellten Truppe vor seiner Fahrt nach

227 Vernehmung des Zeugen Georg Michalsen in der Hauptverhandlung der Strafsache gegen Dr. Altenloh u.A. (5 Ks 1/65) v. 20.4.1966, in: L/StADT, D 21 A, Nr. 6341, Tonband 9 Vorderseite.

228 Vgl. Urteil 5 Ks 1/65, in: L/StADT, D 21 A, Nr. 6195, Bl. 308.

229 Vgl. ebd., Bl. 308.

230 Ebd., Bl. 344.

Königsberg irgendwelche Einsatzbefehle erteilt hatte, konnte das Gericht nicht beweisen.[231]

Errelis betont in dem hier zitierten Vernehmungsauszug wiederholt, die weißruthenische Schutzmannschaft habe keinen großen Einfluss auf die „Räumung" gehabt. Er ließ sich dahin ein, sie sei nur am ersten Tage beteiligt gewesen. Der Zeuge Michalsen konnte dies nicht bestätigen. Aber er konnte auch nicht sagen, ob Angehörige der Schutzmannschaft an anderen Tagen mitgewirkt hatten. Im Urteil heißt es, es sei dem Angeklagten Errelis nicht zu widerlegen, dass „seine Schutzmannschaft am zweiten Tag und den folgenden Tagen nicht mehr eingesetzt gewesen" sei.[232]

Nachdem der Vorsitzende das Thema „Hilfskräfte" abgeschlossen hatte, befragte er den Zeugen Michalsen zur Durchführung der „Räumung" und zur Auswahl der Arbeitsfähigen:

Vorsitzender:	So, nun, nächster Punkt der Vorbesprechung. Jetzt haben wir Eisenbahn und Hilfskräfte. Nun weiter.
Zeuge Michalsen:	Ja, und dann, wie die Räumung vor sich gehen soll.
Vorsitzender:	Die Art und Weise der Durchführung der Räumung und Verladung, das hängt ja zusammen.
Zeuge Michalsen:	Es wurde ja vom KdS ä, ä vorgeschlagen und ä, weil wir die, das Ghetto überhaupt nicht kannten, da wurde ein, ein_ Die Umzäunung wurde an einer Stelle unterbrochen, so dass die dort rausmarschieren konnten.
Vorsitzender:	Hm.
Zeuge Michalsen:	Und ä die sind eben in Kolonne zu dem Sammelplatz gebracht worden.
Vorsitzender:	Und weshalb kamen die zu einem Sammelplatz?
Zeuge Michalsen:	Ja, um bereitgestellt zu werden für den Abtransport.
Vorsitzender:	Nur als Bereitstellung.
Zeuge Michalsen:	Ja. Also, wenn die Züge sofort da gewesen wären, dann wär das ja, dann hätte das ja gleich in die Züge gehen können am Bahnhof.
Vorsitzender:	Ja. Nun aber zu dieser Durchführung. Also Absperrung des Ghettos, dann Kommandos, die im Ghetto zusammenführen die Juden und Sammelplatz.

231 Vgl. ebd., Bl. 346.

232 Ebd., Bl. 346.

Zeuge Michalsen:	Mit dem Judenrat war das so besprochen, dass die selbst_ die hatten ja auch eine so genannte Polizei, eine jüdische Polizei.
Vorsitzender:	Hm.
Zeuge Michalsen:	Die haben sich selbst aufgestellt. Und es wurde erst dann, nachdem das Gros draußen war, noch mal durchkämmt.
Vorsitzender:	Das Gros wurde durchkämmt.
Zeuge Michalsen:	Nicht das Gros, sondern das ä Ghetto.
Vorsitzender:	Das Ghetto. Ah so, ob nicht jemand zurückgeblieben ist. Und das war auch alles Gegenstand der Vorbesprechung?
Zeuge Michalsen:	Ja.
Vorsitzender:	Soundso viel Leute sperren ab, soundso viel Leute führen zum Sammelplatz, die und die Leute kämmen durch,
Zeuge Michalsen:	Ja.
Vorsitzender:	damit keiner zurückbleibt. Das war alles schon besprochen.
Zeuge Michalsen:	Ja.
Vorsitzender:	Und das sollte wer machen?
Zeuge Michalsen:	Ja, also wir selbst_
Vorsitzender:	Ich meine leitend, federführend.
Zeuge Michalsen:	sind ja nur mit schwachen Kräften da gewesen. Wir waren ja nur zwölf Mann.
Vorsitzender:	Ja. Ja, ich wollte nur hören, auf der Vorbesprechung, was ist da gesagt worden? Sie haben gesagt: Ich komme überhaupt nur mit einer Handvoll Männern oder Offizieren, ja? Und nun hieß es also, Globocnik muss also ein Polizeibataillon besorgen, und wer macht's jetzt? Sie oder Zimmermann? Dieser, diesen ganzen taktischen Einsatz vom Absperren über_
Zeuge Michalsen:	Im Ghetto hab ich das geleitet. Also, Zimmermann war nie im Ghetto.
Vorsitzender:	Und das war von vornherein schon so vorgesehen?

Zeuge Michalsen:	Ja. Aber Zimmermann hat jeden Tag Bericht erstattet bekommen. Wir haben dort ja zu Mittag gegessen oder abends, ich weiß nicht mehr, ob er mittags Zeit hatte. Und wir haben auch ä, eine Nacht haben wir im Ghetto gewohnt, aber sonst haben wir auch bei der Sicherheitspolizei übernachtet.
Vorsitzender:	Hm. Und das war gleich so abgesprochen worden, von vornherein?
Zeuge Michalsen:	Ja. Und also_
Vorsitzender:	Ja, nun, Frage, es ist immer noch nicht klar. Es war abgesprochen worden, Sie sollen im Ghetto, wie sagten Sie, die Leitung haben.
Zeuge Michalsen:	Ja, wir haben eine ä Stelle im Judenratsbüro eingerichtet.
Vorsitzender:	Im Hause des Judenrats.
Zeuge Michalsen:	Da war auch Telefon und so weiter, und von dort wurde das eben
Vorsitzender:	Ja.
Zeuge Michalsen:	geleitet.
Vorsitzender:	Und da saßen Sie?
Zeuge Michalsen:	Ja.
Vorsitzender:	Paar Tage, paar Nächte.
Zeuge Michalsen:	Drei Tage oder vier Tage,
Vorsitzender:	Hm.
Zeuge Michalsen:	ich weiß nicht genau.
Vorsitzender:	Und Zimmermann?
Zeuge Michalsen:	Der saß auf seiner Dienststelle.
Vorsitzender:	Den Sie unterrichteten über den Fortgang der Handlung.
Zeuge Michalsen:	Ja.
Vorsitzender:	Und wer gab denn nun die Befehle? Der und der sperrt ab, der und der kämmt durch, der und der hat die Wache auf dem Sammelplatz.
Zeuge Michalsen:	Ja, die Polizei, also die Absperrung, ihr Kommandierender hat die Anweisung bekommen,
Vorsitzender:	Ah so.
Zeuge Michalsen:	was er zu tun hat.

Vorsitzender:	Hm. Der kriegte also einen Auftrag. Und wie er den durchführte, das war seine Sache.
Zeuge Michalsen:	Ja.
Vorsitzender:	Mit welchen Männern und so weiter.
Zeuge Michalsen:	Die Räumung selbst ging ja also ganz reibungslos vor sich, weil die Juden von sich aus alles getan haben.
Vorsitzender:	Hm.
Zeuge Michalsen:	Es ist nicht viel eingegriffen worden. Es ist auch Polizei, ä Sicherheitspolizeikommando war auch im Ghetto
Vorsitzender:	Ja.
Zeuge Michalsen:	unter der Führung von diesem äm_
Vorsitzender:	Verzeihen Sie, Herr Michalsen, wenn ich so ganz stur an der Linie bleibe: Inhalt der Vorbesprechung. Wir greifen, das liegt in der Natur der Sache, schon immer etwas vor, wie es dann nachher gemacht worden ist. Jetzt ist doch aber nicht nur das technisch-taktische des Zusammenführens und Verladens besprochen worden, denn jetzt muss doch nun auch Ihr Auftrag zur Darstellung gekommen sein. Ihr Auftrag nämlich, Sie sollen sich um die gewerblichen Betriebe und die arbeitsfähigen Juden kümmern. Das muss doch schon vorbesprochen sein.
Zeuge Michalsen:	Ja, das ist alles besprochen worden.
Vorsitzender:	Ja, was ist denn da besprochen worden?
Zeuge Michalsen:	Ja, dass eben soweit die Juden arbeitseinsatzfähig sind
Vorsitzender:	Hm.
Zeuge Michalsen:	nach Lublin kommen, während die anderen, ich weiß nicht, nach Sobibór oder Treblinka, in welches Lager ä, weiß ich nicht.
Vorsitzender:	Naja, also schön, das ist der Generalauftrag. Jetzt müssten Sie doch in der Vorbesprechung doch schon gesagt haben, wie Sie diesen Auftrag durchführen wollen.
Zeuge Michalsen:	Ja.
Vorsitzender:	Ja, wie, wie, wie?
Zeuge Michalsen:	Ja, die Leitung der Juden auf den_ in die Züge.
Vorsitzender:	Ja, und dann?

Zeuge Michalsen:	Dazwischen kam, dass die Züge nicht da waren, auf den Sammelplatz.
Vorsitzender:	Ja.
Zeuge Michalsen:	Von dort in die Züge, entweder nach Lublin oder nach Sobibór.
Vorsitzender:	Ja und auf dem Sammelplatz, ist da nicht schon mal eingeteilt worden, du kommst in den Zug, oder ihr kommt in den Zug nach Treblinka_
Zeuge Michalsen:	Die Juden haben von sich aus schon_ also diesen Borstenbetrieb zum Beispiel.
Vorsitzender:	Ja.
Zeuge Michalsen:	Der Judenratälteste, der ist ja auch mitgefahren nach Lublin. Die haben ja von sich aus schon Einteilungen vorgenommen.
Vorsitzender:	Könnten Sie sich vielleicht doch etwas mehr vorsetzen, damit wir 'nen bisschen besser verstehen können, ich glaube, den Geschworenen wird's schwer, Sie zu verstehen. Ja, der Borstenbetrieb, um das schnell mal herauszugreifen als Exkurs. Wie groß war der denn, mit vielen Leuten? Schätzungsweise. Bitte, es kommt gar nicht auf ein paar Hundert an.
Zeuge Michalsen:	Ja, ich kann's wirklich nicht mehr sagen.
Vorsitzender:	Hundert, zweihundert, dreihundert Leute?
Zeuge Michalsen:	Ja, bestimmt paar Hundert.
Vorsitzender:	Paar Hundert.
Zeuge Michalsen:	Ja.
Vorsitzender:	Sie hatten sich diesen Betrieb angesehen.
Zeuge Michalsen:	Ich hatte ihn angesehen, ja.
Vorsitzender:	Und zwar, wie Sie sagten, früher sagten, am Abend des Vorbesprechungstages.
Zeuge Michalsen:	Am Nachmittag wohl.
Vorsitzender:	Oder am Nachmittag. Hätten Sie sich von irgendeinem Sachverständigen dahin führen lassen.
Zeuge Michalsen:	Ja.
Vorsitzender:	Und waren da auch Maschinen bei? Nein.
Zeuge Michalsen:	Ja, viel Maschinen sind da nicht.
Vorsitzender:	Nein.
Zeuge Michalsen:	Aber das sind ja alles Fachleute.

Vorsitzender:	Ja, ja. Ja nun, Herr Michalsen, das muss doch nun vorbesprochen worden sein, dass Sie auch diese Leute kriegen, auf die Sie persönlich so besonderen Wert gelegt haben. Also, wurde die Einteilung aufem Sammelplatz gemacht, aufem Bahnhof oder sonst wo?
Zeuge Michalsen:	Ä die wurde erst ä bei der Verladung gemacht. Also am_ also ich selbst war nicht am Bahnhof. Ich kam da gar nicht hin.
Vorsitzender:	Nein, nein, Sie sagten ja, Sie saßen im Ghetto fest.
Zeuge Michalsen:	Ja. Aber ä es waren ja andere von uns da_
Vorsitzender:	Es muss doch aber einer eingeteilt gewesen sein aufem Bahnhof. Von alleine geht es doch nicht. Und dem Judenrat kann man's doch nicht überlassen.
Zeuge Michalsen:	Herr Hanelt war ja auch am Bahnhof. Ä ob Claasen da war. Und dann, es waren ja auch noch andere, es waren ja im Ganzen zwölf Mann, ich kenn ja die Namen nicht von diesen Leuten.
Vorsitzender:	Ach so.
Zeuge Michalsen:	Denn die vom Mannschaftshaus waren also, die kannte ich ja nur, oder kenne ich nur Herrn Hanelt.
Vorsitzender:	Ja, waren die für diese Aufgabe eingesetzt?
Zeuge Michalsen:	Ja, am Bahnhof. Im Ghetto selbst waren von uns (*schweigt*)
Vorsitzender:	Also, im Ghetto war keine Einteilung, aufem Sammelplatz auch nicht.
Zeuge Michalsen:	Also im Ghetto waren von uns selbst keine Leute eingesetzt,
Vorsitzender:	Keine Leute eingesetzt.
Zeuge Michalsen:	weil wir keine hatten.
Vorsitzender:	Und aufem Sammelplatz auch nicht.
Zeuge Michalsen:	Aufem Sammelplatz waren unsere Leute.
Vorsitzender:	Unsere Leute heißen also?
Zeuge Michalsen:	Die von Lublin.
Vorsitzender:	Die Lubliner zwölf Leute. Ja? Die waren auch aufem Sammelplatz, oder nicht?
Zeuge Michalsen:	Ich?
Vorsitzender:	Nein, die zwölf Leute.
Zeuge Michalsen:	Ja, ja, Sammelplatz bzw. Bahnhof.

Vorsitzender:	Bzw. Bahnhof.
Zeuge Michalsen:	Die haben wohl auch die ä den Anfang mit hinausbegleitet aus dem Ghetto.
Vorsitzender:	Herr Michalsen, Sie sind 'nen alter Kenner
Zeuge Michalsen:	Das ist, glaube ich, wohl etwas übertrieben.
Vorsitzender:	insofern, als Sie die Sache ja schon einmal geübt hatten und als die Sache ja von Ihrem Standpunkt aus ja 'nen ganz spezifisches Ziel hatte, nämlich arbeitsfähige Juden zu kriegen. Frage: Was war denn da vorbesprochen worden, dass Sie auch wirklich die Arbeitsfähigen kriegten? Man verlasst, man verlässt sich auf 'en Judenrat? Wie kontrolliert man das?
Zeuge Michalsen:	Ja, weil er sie ja am besten kennt.
Vorsitzender:	Ja, klar.
Zeuge Michalsen:	Wenn ein Laie das macht, dann ä sucht der eben nur arbeitsfähige Leute raus, und es kann passieren, dass er Fachleute nicht mitnimmt.
Vorsitzender:	Ja.
Zeuge Michalsen:	Weil die rein äußerlich
Vorsitzender:	Ja, ja.
Zeuge Michalsen:	nicht als Arbeitskraft_
Vorsitzender:	Ich meine, selbst wenn der Judenrat bereit war, es zu machen, und er war wohl bereit, dann musste er doch aber aufgefordert werden, eine Liste herzustellen und_
Zeuge Michalsen:	Nee, das, dazu war keine Zeit für Listen.
Vorsitzender:	Dazu war keine Zeit.
Zeuge Michalsen:	Nein.
Vorsitzender:	Ja, verzeihen Sie_
Zeuge Michalsen:	Das sollte ja in, ganz schnell vor sich gehen.
Vorsitzender:	Verzeihen Sie, aber zwischen der Vorbesprechung und der tatsächlichen Durchführung, wie viel Tage lagen denn da?
Zeuge Michalsen:	Es muss ganz kurz gewesen sein, ich weiß es auch nicht mehr, wie viel Tage. Drei Tage vielleicht.
Vorsitzender:	Wie viel?
Zeuge Michalsen:	Drei.
Vorsitzender:	Drei.

Zeuge Michalsen:	Ich, also, ich kann es nicht mit Bestimmtheit sagen.
Vorsitzender:	Ja, und in den drei Tagen war keine Zeit? Der Judenrat war bei der_
Zeuge Michalsen:	Der Judenrat sollte das ja gar nicht wissen.
Vorsitzender:	Wegen der Überraschung. Ja. Ah so. Ja, und wann haben Sie den unterrichtet? Herrschaften sortiert mir.
Zeuge Michalsen:	Am Tage der Aussiedlung, morgens um 4 Uhr wohl.
Vorsitzender:	Um 4 Uhr früh.
Zeuge Michalsen:	Ja.
Vorsitzender:	Das haben Sie selbst gemacht?
Zeuge Michalsen:	Ja, mit dieser ä Judenreferent. Ein Untersturmführer war auch dabei.
Vorsitzender:	Vom KdS?
Zeuge Michalsen:	Ja. Ja, und dann unsere Leute, die da waren, die waren auch da, denn die hatten ja im Moment keine Aufgabe.
Vorsitzender:	Ja nun, und die zwölf Beamten, die Sie da mitgebracht hatten, die aufem Sammelplatz oder aufem Bahnhof standen, hatten die denn nun den Auftrag, irgendwie zu kontrollieren, dass nun die arbeitsfähigen Leute nun ausgesondert sind?
Zeuge Michalsen:	Ja.
Vorsitzender:	Da sind Sie sich sicher?
Zeuge Michalsen:	Ja, ja.
Vorsitzender:	Bitte.
Zeuge Michalsen:	Die ganze Sache wurde ja nur etwas ä in Verdrängung gebracht dadurch, dass die Juden zu lange warten mussten.
Vorsitzender:	Ja.
Beisitzer:	Herr Zeuge, ist es vielleicht so gewesen, dass man den Juden, die in den Betrieben beschäftigt gewesen waren, gesagt hatte: Ihr müsst auf Eure Arbeitsplätze gehen?
Zeuge Michalsen:	Die sind zusammen geblieben, das hat man dem Judenrat gesagt. Die sollten sich zusammenhalten als Betrieb.
Beisitzer:	Ja.
Zeuge Michalsen:	Dass das einfacher ist.
Beisitzer:	Ja.

Zeuge Michalsen:	Wahrscheinlich haben wir sie auch getrennt marschieren lassen oder geschlossen.
Beisitzer:	Das leuchtet ein, dass man ihnen sagt: Ihr begebt Euch auf Eure Arbeitsplätze, und die anderen nimmt man mit. Also, das leuchtet ein. Nun ist es aber doch so gewesen, und das haben Sie ja auch vor der Pause gesagt, dass auf der Wiese, Sie haben das Wort Einteilungen benutzt, dass auf der Wiese eingeteilt wurde.
Zeuge Michalsen:	Das ist dann, glaube ich, nicht auf der Wiese, das ist aufem Bahnhof passiert.
Beisitzer:	Also, sind da auch noch Aussonderungen vorgenommen worden.
Zeuge Michalsen:	Ja. Ja, jedenfalls_
Beisitzer:	Nach welchen Gesichtspunkten hat man da nun Leute rausgesucht, die äußerlich noch kräftig aussahen, junge Leute?
Zeuge Michalsen:	Also, zunächst mal Arbeits_ es haben ja nicht alle gearbeitet. Also die Arbeitenden, die also ein Handwerk haben, ä betreiben.
Vorsitzender:	Waren die denn erkenntlich durch irgendeinen Ausweis? Arbeitsausweis.
Zeuge Michalsen:	Also, der Judenrat kannte sie alle, weil die besondere Zuteilungen auch bekamen.
Vorsitzender:	Ah so. Lebensmittelzuteilungen.
Zeuge Michalsen:	Ja.
Beisitzer:	Vielleicht noch eine Frage.
Vorsitzender:	Bitte, gerne.
Beisitzer:	Als Sie zu der Vorbesprechung kamen, hatten Sie da feste Richtlinien, wie viel Juden für die Arbeit ausgesondert werden sollten?
Zeuge Michalsen:	Nein, die Zahl stand nicht fest, weil wir keinen Überblick hatten.
Beisitzer:	Das wissen Sie genau?
Zeuge Michalsen:	Ja.
Beisitzer:	Die Zahl stand nicht fest.
Zeuge Michalsen:	Nein, nein.
Beisitzer:	Danke.
Zeuge Michalsen:	Aber das wurde dann annähernd festgestellt in der_

Beisitzer:	Wann? Während der Räumung?
Zeuge Michalsen:	Ja, dieser jüngere, nicht junge, dieser ältere Untersturmführer wusste das annähernd.
Beisitzer:	Und wissen Sie die Zahl noch?
Zeuge Michalsen:	Ich glaube, das war die Hälfte etwa von den Juden. Es sollen 25.000 gewesen sein.
Vorsitzender:	Insgesamt, meinen Sie.
Zeuge Michalsen:	Ja.
Vorsitzender:	Und davon die Hälfte Arbeitsfähige?
Zeuge Michalsen:	Ja, vielleicht die knappe Hälfte, ich weiß nicht.
Vorsitzender:	Ja, nun noch 'ne Frage: Diese arbeitsfähigen Leute, die also nun eingeteilt wurden, entweder nach Betrieben, also nach Belegschaften, oder nach Arbeitsausweis oder nach den Bestimmungen des Judenrats, durften die denn nun mit Familien an ihren neuen Zielort oder ohne Familien?
Zeuge Michalsen:	Die sind bestimmt mit Familien herausgezogen, also ä erfahrungsgemäß haben die das, haben die Familienmitglieder ja nicht, sind sie ja immer zusammengeblieben, die Familien.
Vorsitzender:	Ja, ich weiß es nicht.
Zeuge Michalsen:	Ja, also wie das im Endeffekt dann war_
Beisitzer:	Herr Zeuge, das muss ich Ihnen gleich vorhalten. Es werden im Laufe dieses Verfahrens Zeugen auftreten, jüdische Zeugen, die wahrscheinlich bekunden werden, dass bei diesen Gelegenheiten Familien auseinandergerissen worden sind.
Zeuge Michalsen:	(*schweigt*)
Beisitzer:	Also, können Sie sich in diesem Punkte nicht irren? Oder wissen Sie genau, dass_
Zeuge Michalsen:	Genau kann ich es nicht sagen, nein.
Beisitzer:	Sie vermuten das nur.
Zeuge Michalsen:	Ja.
Beisitzer:	Danke schön.
Vorsitzender:	Hm.
Zeuge Michalsen:	Wir haben zum Beispiel im Lager Poniatowa Familien gehabt, die in Siedlungen wohnten. Also, das Lager hatte so ä Siedlungs_ ein früheres Wehrmachtslager, nicht, also es sind Familien überführt worden.

Vorsitzender:	So haben Sie's mit Trawniki und mit Poniatowa gemacht.
Zeuge Michalsen:	In Trawniki war dazu ä keine Möglichkeit, Familien unterzubringen.
Vorsitzender:	So. Also, da hätte man doch wohl dann eine Trennung gemacht.
Zeuge Michalsen:	Ja.
Vorsitzender:	Damals. Aber Sie können es mit Bestimmtheit nicht sagen.
Zeuge Michalsen:	Nein, kann ich nicht.
Vorsitzender:	Es werden wohl bestimmt Familien mit dabei gewesen sein. Aber Sie wollen es nicht ganz exakt behaupten.
Zeuge Michalsen:	Nein.[233]

[…]

Es fällt auf, dass Michalsen es vermied, das Wort „Juden" auszusprechen. Am Anfang des hier zitierten Vernehmungsauszugs sprach er von „die" und „das". Er betonte – genau wie in früheren Vernehmungen –, die Juden hätten sich bereitwillig „aufgestellt". Er suggerierte damit, die Deportationen seien zwang- und gewaltfrei verlaufen. Durch die Verwendung der militärischen Begriffe „rausmarschieren" und „Kolonne" sowie die Passiv-Konstruktion „bereitgestellt werden" verschleierte Michalsen, dass die Deutschen die Juden unter strengster Bewachung aus dem Ghetto hinausgeführt und jeden oder jede, der oder die sich weigerte, den deutschen Befehlen Folge zu leisten, zu erschießen gedroht hatten. Nach Michalsens Darstellung blieben die Deutschen passiv, weil „die Juden von sich aus alles getan haben". Nicht die Organisatoren der Deportationen erscheinen in Michalsens Aussage als aktiv Handelnde, sondern die Juden. Der Vorsitzende unterbrach Michalsens Schilderung über den Ablauf der Auflösung des Ghettos und fragte ihn danach, welche Vereinbarungen auf der Vorbesprechung in Bezug auf die Selektion der arbeitsfähigen Juden getroffen worden seien. Die allgemeine Antwort des Zeugen stellte den Vorsitzenden nicht zufrieden. Er wollte genau wissen, wie Michalsens Auftrag durchgeführt werden sollte. Der Zeuge ging jedoch nicht auf die Planungen und Absprachen der deutschen Organisatoren der Deportationen

233 Vernehmung des Zeugen Georg Michalsen in der Hauptverhandlung der Strafsache gegen Dr. Altenloh u.A. (5 Ks 1/65) v. 20.4.1966, in: L/StADT, D 21 A, Nr. 6341, Tonband 9 Vorderseite.

ein, sondern er kam erneut auf die Durchführung zu sprechen und wies darauf hin, dass die Juden „von sich aus schon Einteilungen vorgenommen" hätten. Am Beispiel des Borstenbetriebes versuchte der Vorsitzende die Frage zu klären, welche Maßnahmen getroffen worden waren, um sicherzustellen, dass die arbeitenden Juden für die Transporte nach Lublin ausgewählt wurden. Michalsen erwähnte nicht, ob und wie die Juden des Borstenbetriebes selektiert worden waren. Nach einem Geschäftsbericht der Ostindustrie wurden im August 1943 fünf jüdische Betriebe (eine elektrotechnische Werkstatt, eine mechanische Werkstatt, eine kleine Bürstenfabrik, eine Großschneiderei und eine Großschmiede) von Białystok nach Lublin überführt. Im Urteil heißt es, es sei nicht bekannt, „ob auch die dazu gehörenden Menschen – ganz oder auch nur zum Teil – mitgenommen worden" seien. „Aber wenn das auch der Fall gewesen sein sollte, können es", so das Gericht, „nur einige Hundert gewesen sein".[234]

Wie die Deutschen vorgingen, um sicherzustellen, dass die Arbeitsfähigen ausgesucht wurden, und nach welchen Gesichtspunkten die Auswahl der Menschen erfolgte, sagte Michalsen nicht. Zur Überzeugung des Gerichts wurden „nicht alle Menschen, die wirklich arbeitsfähig waren, auch zur Arbeit ausgesondert". Man habe „nur solche genommen, deren äußerer Eindruck die Hoffnung" erweckt habe, dass „sie noch einige Zeit produktiv wirksam sein könnten". Das Gericht ging „mangels hinreichender Anhaltspunkte" davon aus, dass „alle denkbar Arbeitsfähigen auch zur Arbeit selektiert worden" seien.[235]

Michalsen erklärte, „knapp die Hälfte" der Juden sei selektiert worden, also fast 12.500 Menschen. In früheren Vernehmungen hatte er niedrigere Zahlen angegeben. Der beisitzende Richter und der Staatsanwalt konfrontierten Michalsen am Ende der Vernehmung mit seinen abweichenden Aussagen:

Beisitzer:	Ich wollte Ihnen noch einen anderen Punkt vorhalten. Sie haben gesagt [in einer Vernehmung im so genannten Treblinka-Verfahren in Düsseldorf], dass etwa 25.000 Juden deportiert wurden und dass vielleicht knapp die Hälfte in Arbeitsläger [sic] gekommen seien.
Zeuge Michalsen:	Ja.
Beisitzer:	Und bei dieser Vernehmung haben Sie etwas anderes gesagt. Die Aussiedlung der Juden aus Białystok ist im August 1943 gewesen. Bei dieser Gelegenheit hat Höfle

234 Vgl. Urteil 5 Ks 1/65, in: L/StADT, D 21 A, Nr. 6195, Bl. 320.

235 Ebd., Bl. 318.

	nicht mitgewirkt, vielmehr hatte ich unmittelbar von Globocnik den Befehl erhalten, diese Aussiedlung zusammen mit dem Kommandeur der Sicherheitspolizei und des SD Białystok Dr. Zimmermann durchzuführen. Insgesamt soll das Ghetto 25.000 Menschen stark gewesen sein. In der Masse sind diese etwa 25.000 Menschen ebenfalls vergast worden. Die Transportzüge sind von Białystok nach Treblinka gegangen. Sind jedoch etwa 2.000 männliche Arbeitskräfte nach Lublin gegangen. Diese sind dann in Industriebetrieben, welche von Białystok nach Lublin verlagert worden sind, eingesetzt worden. Ich erinnere mich, dass ein Transport mit Kindern gesondert abgegangen ist und zwar auf Veranlassung des Kommandeurs der Sicherheitspolizei und des SD in Białystok. Dieser Transport soll, wie ich jetzt bei Vernehmungen erfahre, nach Theresienstadt gegangen sein. Also, worauf es mir hier ankommt: Hier haben Sie nur von 2.000 männlichen Arbeitskräften gesprochen, die in Arbeitsläger [sic] gekommen sein sollen, wobei Sie dann gesagt haben, in der Masse seien die ganzen 25.000 Menschen vergast worden.
Zeuge Michalsen:	Ja, ich habe ja nach den einzelnen Vernehmungen auch Überlegungen angestellt und ä mir das noch mal durch den Kopf gehen lassen. Denn so 'ne Vernehmung, die einen so überfällt_ man hat das ja auch nicht ä_ manches wird einem auch in den Mund gelegt. Aber 2.000, das kann_ Ich bin von Herren hier […] (*unverständlich*) in der Sache öfter genommen worden, und da hat man auch ä zu dieser Zahl von der Hälfte oder 10, oder 12.000 in die Arbeitslager_ ä ich weiß nicht, ob man dafür Unterlagen hatte, jedenfalls die hatte man als etwa ä stimmend hingenommen.
Beisitzer:	Also, haben Sie diese Angabe eigentlich mehr von anderen, diese 12.000 Mark oder die 12.000 Menschen.
Zeuge Michalsen:	Ja, das kam einen dann mehr in Erinnerung, als man so etwas hörte.
Beisitzer:	Ja, also Ihre Erinnerungen gehen dahin, dass 2.000 zu wenig seien.
Zeuge Michalsen:	Ja.
Beisitzer:	Das meinen Sie, könnte nicht sein,
Zeuge Michalsen:	Nein, nein.
Beisitzer:	es müssen mehr gewesen sein.
Zeuge Michalsen:	Ja.

Beisitzer:	Naja, danke schön.
Staatsanwalt:	Herr Zeuge, in Ihrer Vernehmung durch den Untersuchungsrichter in dieser Sache haben Sie von einer Zahlenrelation gesprochen: 10.000 jüdische Arbeitskräfte nach Lublin, der Rest von 25.000 woanders hin.
Zeuge Michalsen:	Ja.
RA Heise:	Wo steht das, bitte? Der Rest von 25.000.
Vorsitzender:	Wo soll das stehen?
Staatsanwalt:	Nach meiner Schätzung sind mit den Betrieben
Vorsitzender:	Seite?
Staatsanwalt:	etwa 10.000
Vorsitzender:	Seite?
RA Heise:	Blatt 116, im 29. Band
Staatsanwalt:	Ach so.
RA Heise:	29. Band, Blatt 116.
Staatsanwalt:	29. Band, 109.
RA Heise:	109.
Staatsanwalt:	Da steht: Nach meiner Schätzung sind mit den Betrieben etwa 10.000 jüdische Arbeitskräfte nach Lublin gekommen.
RA Heise:	Das muss Blatt 116 sein.
Staatsanwalt:	Moment, ja, das ist Blatt 116, ja.
Vorsitzender:	Naja, Blatt 116.
Staatsanwalt:	Und nun meine Frage: Dann sind also die Übrigen nicht nach Lublin gekommen, sondern woanders hin.
Zeuge Michalsen:	Ja.
Staatsanwalt:	Mich interessierte nur hier dieses Zahlenverhältnis, 10 zu 25.000.
Zeuge Michalsen:	Ja.
Staatsanwalt:	Entspricht ja in etwa dem, was Sie vorhin gesagt haben. Sie sprachen von der Hälfte, das wären 12.500.
Zeuge Michalsen:	(*schweigt*)[236]

Michalsen distanzierte sich von seiner früheren Aussage, 2.000 Menschen seien als Arbeitskräfte ausgewählt worden, aber es gelang ihm nicht, eine überzeugende Erklärung für die unterschiedlichen Zahlenangaben zu liefern. Der Zeuge versuchte, sich dem Vorhalt des Beisitzers, er habe die Zahl 12.000 „von anderen" übernommen, durch die Flucht in eine unpersönliche Sprache zu entziehen. Es fällt auf, dass Michalsen seine Aussage aus dem Ermittlungsverfahren, die Mehrheit der 25.000 Juden seien ermordet worden, vor Gericht nicht bestätigte. Zur Überzeugung des Bielefelder Schwurgerichts war Michalsen „nicht ganz frei von dem Verdacht, zugunsten der Angeklagten, seinen ehemaligen Kameraden, die Zahl der [zur Arbeit] Ausgesonderten reichlich hoch angegeben zu haben".[237] Dennoch nahm das Gericht an, dass „höchstens 15.000 Menschen" – in Białystok und Auschwitz – zur Arbeit ausgewählt worden seien.[238]

Nach den Bekundungen Michalsens wurden die Selektionen in Białystok von den SS-Leuten Globocniks durchgeführt. Der Zeuge Hanelt bestritt jedoch in seiner Vernehmung vor dem Bielefelder Schwurgericht, auf dem Bahnhof Selektionen durchgeführt zu haben:

Vorsitzender:	[...] Tja, nun gibt es ja auch eine Meinung, Sie wissen auch, dass Herr Michalsen sie vertritt, Sie wären hauptsächlich aufem Bahnhof gewesen und hätten auf <u>dem Bahnhof</u> 'nen Auftrag gehabt.
Zeuge Hanelt:	Herr Vorsitzender, das mag sein, dass Herr Michalsen ä heute die Meinung hat.
Vorsitzender:	Hm.
Zeuge Hanelt:	Aber ich habe keinen_ ich bin an dem Bahnhof, es war ja ä der Güterbahnhof, wo die Verlade ä stelle dort, da bin ich gewesen, das hab ich auch gesehen.
Vorsitzender:	Ja.
Zeuge Hanelt:	Aber ich habe <u>keinerlei</u> Auftrag gehabt, und ich bin ä bei der Vernehmung bei der Staatsanwaltschaft in Hamburg Michalsen gegenübergestellt worden,
Vorsitzender:	Hm.

236 Vernehmung des Zeugen Georg Michalsen in der Hauptverhandlung der Strafsache gegen Dr. Altenloh u.A. (5 Ks 1/65) v. 20.4.1966, in: L/StADT, D 21 A, Nr. 6341, Tonband 9 Vorderseite.

237 Urteil 5 Ks 1/65, in: L/StADT, D 21 A, Nr. 6195, Bl. 321.

238 Ebd., Bl. 319.

Zeuge Hanelt:	und Herr Michalsen ist gefragt worden, Herr Vorsitzender, ob er mir dazu einen Befehl hätte überhaupt erteilen können. Und da hat der Michalsen das verneint. Das konnte er auch nicht, denn ich stand ihm ja_ es war ja kein Unterstellungsverhältnis.
Vorsitzender:	(*schweigt*) Ja, ich bin ja nur deswegen so vorsichtig, weil er ja auf jede Frage die Auskunft verweigern will, und ich will hier nicht den Anschein erwecken, als drängte ich ihn zu irgendetwas. Aber jetzt ist es viel einfacher, wenn ich Ihnen folgenden Vorschlag mache: Dann erzählen Sie doch mal, Ihre Eindrücke, Impressionen, Gefühle, Denken, die Sie in den drei Tagen hatten. Denn Sie wollen uns ja offensichtlich Auskunft geben. Nur in Klammern, Sie sind Jurist genug, um zu wissen, Sie haben doch vorm Untersuchungsrichter 'ne Aussage gemacht oder nicht?
Zeuge Hanelt:	Das habe ich gemacht, Herr Vorsitzender. Ich habe ja auch nur vorhin erwähnt,
Vorsitzender:	Ja, vollkommen klar.
Zeuge Hanelt:	weil mein Anwalt mir das geraten hat ä
Vorsitzender:	Wir können also_
Zeuge Hanelt:	im Hinblick darauf, dass das Ermittlungsverfahren nicht abgeschlossen ist.
Vorsitzender:	Vollkommen klar. Sie sind ja 'nen ausgewachsener Mann, Sie wissen, was Sie wollen, Sie haben schon viel entscheidende oder interessante Fragen, haben Sie beantwortet. Dann schildern Sie doch mal im Zusammenhang, dann hört sich das viel besser an, als wenn ich Sie einzeln frage: Was haben Sie denn nun da gesehen?
Zeuge Hanelt:	Herr Vorsitzender, und hier ist der Punkt, wo ich nicht mehr ä aussagen möchte.
Vorsitzender:	Ah so.
Zeuge Hanelt:	Denn: Ich habe diese Dinge, was ich dort gesehen habe, zu Protokoll gegeben und bin mehrfach ä darüber belehrt worden, dass meine Ortsangaben zum Beispiel nicht richtig sein könnten.
Vorsitzender:	Hm.
Zeuge Hanelt:	Ich habe also dafür, davon keine Vorstellung mehr, wie es_ wie die örtlichen Gegebenheiten dort gewesen sind. Ich könnte, wenn ich jetzt ä Ihrer Aufforderung nachkommen wollte ä, das zu schildern, was ich gesehen habe, es sowohl örtlich als auch zeitlich durcheinander

	bringen, und dieser Gefahr möchte ich mich nicht aussetzen.
Vorsitzender:	Na, das wäre kein Grund, die Auskunft zu verweigern. Sie könnten höchstens die Auskunft verweigern, mit der Begründung: Wenn ich jetzt Einzelheiten erzähle, dann könnte mir das angelastet werden, dass ich selber daran beteiligt war.
Zeuge Hanelt:	Das ist vielleicht auch möglich.
Vorsitzender:	Das wäre eine, glaube ich, strafprozessual zulässige Begründung. Dass Sie objektiv etwas Unrichtiges sagen könnten, berechtigt Sie nicht, die Auskunft zu verweigern. Also, Sie wollen_ bei diesem Punkte wollen Sie sagen: Nein, jetzt ist Schluss, jetzt will ich nichts mehr sagen, weil ich mich sonst in Gefahr bringe ä, irgendwie mich zu belasten. Dann könnten wir's abbrechen.[239]
[...]	

Der Vorsitzende nahm die Aussage Hanelts, er sei lediglich ein passiver Beobachter gewesen und habe keinerlei Auftrag gehabt, hin. Er verzichtete mit Rücksicht auf das Recht des Zeugen, die Auskunft zu verweigern, darauf, Hanelt weitere Vorhalte zu machen. Der Vorsitzende ließ die Begründung, die Hanelt für den Gebrauch des Auskunftsverweigerungsrechts anführte, nicht gelten. Anstatt den Zeugen jedoch erneut aufzufordern, seine Eindrücke zu schildern, bot er ihm eine strafprozessual zulässige Begründung an. Der Vorsitzende wertete die unklare Antwort des Zeugen das sei vielleicht auch möglich als Zustimmung und sah davon ab, Hanelt weitere Fragen zu den Geschehnissen, die sich am Bahnhof abgespielt hatten, zu stellen. Er kam damit dem Zeugen entgegen.

Während Hanelt bekundete, Michalsen habe ihm keine Befehle erteilen können, erklärte Michalsen vor Gericht, Hanelt habe ihm befehlsgemäß unterstanden. Gegen Ende der Vernehmung konfrontierte der Vorsitzende den Zeugen Michalsen mit seiner früheren Aussage, dass Hanelts Einlassung, nicht an der Ghetto-„Räumung" mitgewirkt zu haben, „nicht stichhaltig" sei. Michalsen bestätigte seine frühere Äußerung jedoch vor Gericht nicht – in Anwesenheit Hanelts –, um seinen ehemaligen „Kameraden" nicht zu belasten:

239 Vernehmung des Zeugen Gustav Hanelt v. 20.4.1966 in der Hauptverhandlung der Strafsache gegen Dr. Altenloh u.A. (5 Ks 1/65), in: L/StADT, D 21 A, Nr. 6341, Tonband 8 Rückseite.

Vorsitzender:	[...] Wie war das denn nun mit Herrn Hanelt, um das noch mal zu sagen,
Zeuge Michalsen:	Ja.
Vorsitzender:	sind Sie mit ihm schon bei der ersten Fahrt zusammen gewesen, nein?
Zeuge Michalsen:	Das war es nicht, nein, nein. Aber bei meiner zweiten Fahrt war er dabei, er fuhr aber in einem extra Wagen. Ich weiß auch gar nicht, ob die zusammen fuhren, jedenfalls sind sie wohl ä am ersten Tag_ ist er auch am ersten Tag dort gewesen, und ich nehme an mit fünf Leuten ä (*schweigt*). Und ich habe ja in meiner ersten Vernehmung ausgesagt, dass er mit eingesetzt war.
Vorsitzender:	Ja.
Zeuge Michalsen:	Bei einer Gegenüberstellung bei Herrn Dr. Klöckner in Hamburg
Vorsitzender:	Hm.
Zeuge Michalsen:	ä kam ich in Zweifel, er behauptet ja ä also von den Mannschaftshäusern aus ä aus informatorischen Gründen dort gewesen zu sein,
Vorsitzender:	Ja.
Zeuge Michalsen:	mit seinen fünf Leuten oder vier Leuten. Ja.
Vorsitzender:	Ja, und was_
Zeuge Michalsen:	Er war auch am Bahnhof, nicht wahr, und hat auch wohl auch Juden heraus begleitet also_ Er mag wohl ä (*schweigt*) nicht hundertprozentig aktiv gewesen sein.
Vorsitzender:	Tja, was soll das nun heißen?
Zeuge Michalsen:	Ja.
Vorsitzender:	Gehörte er zu Ihrem Lubliner Trupp, wenn ich so sagen darf?
Zeuge Michalsen:	Ja, ich, wie gesagt, ich bin in Zweifel gekommen, ich hab das in meiner ersten Vernehmung ä bejaht, aber nachdem er mir bzw. seine Anwältin Vorhalte machte, habe ich ä daran gezweifelt. Ich wusste ja nur, dass er da war mit seinen Leuten und dass er auch am Bahnhof war und dass er auch im Anfang mit ä hinausging mit ä also mit den ä, mit den gesammelten Juden.
Vorsitzender:	Ich darf Ihnen das mal sagen. Sie wurden hier gegenübergestellt, Herrn Hanelt.
Zeuge Michalsen:	Ja.

Vorsitzender:	Und da heißt es, da werden Sie erst gefragt: Ist Herr Hanelt mit Ihnen nach Białystok gefahren? Da sagen Sie: Soweit ich mich erinnere, ja. Ist er mit Sicherheit mit demselben Auftrag nach Białystok gefahren wie Sie? So nehme ich es an, so muss es gewesen sein. War er es bis zum Schluss, war er bis zum Schluss da? Ja. Ist er gleichzeitig zusammen mit Ihnen zusammen zurückgefahren? Ja, aber mit einem anderen Wagen. Und dann heißt es hier: Der Beschuldigte Michalsen berichtet sodann über Einzelheiten der Räumung noch Folgendes, einen Moment. Und da werden Sie gefragt: (*schweigt*) Ich hatte den Eindruck, dass er, Hanelt, geholfen hat. Wie aber sein Auftrag genau lautete, weiß ich nicht. Ich müsste mich schon schwer getäuscht haben, wenn meine bisherige Annahme unrichtig sein sollte. Ich weiß, dass Herr Hanelt da war, und zwar mit einigen Männern vom Mannschaftshaus, und ich meine, dass er die ganze Aktion über da geblieben ist. Ich meine, er war bei der Verladung am Bahnhof eingesetzt, denn ich selbst war ja gar nicht am Bahnhof. So haben Sie damals gesagt.
Zeuge Michalsen:	Ja.
Vorsitzender:	Ist das_
Zeuge Michalsen:	Ja, ich habe das gesagt.
Vorsitzender:	Ist das die richtige Richtung, die Sie heute auch zum Inhalt Ihrer Aussage machen wollen?
Zeuge Michalsen:	Tja. (*schweigt*) Das sind so Vorstellungen, die man sich gebildet hat, und ich kann es auch nicht genau sagen. (*schweigt*) Es ist ja so, wenn jemand von ä seiner Dienststelle mit dabei ist, dann nimmt man natürlich ä an, dass er mit eingesetzt ist,
Vorsitzender:	Ja.
Zeuge Michalsen:	und das ist wohl auch mein Schluss.
Vorsitzender:	Man hat Ihnen die ganz anders lautende Aussage von Herrn Hanelt vorgehalten und zwar ein paar Tage nach der großen Vernehmung durch die Staatsanwälte Klöckner und Beyer, glaube ich, nicht wahr?
Beisitzer:	Ja.
Vorsitzender:	Die erste große Vernehmung war am 8. April, und am 26. April hat man Ihnen die ganze Sache Hanelt vorgehalten. Und da haben Sie sich kritisch mit auseinandergesetzt und haben gesagt: Insgesamt kamen drei oder vier Angehörige des Mannschaftshauses mit nach Białystok, nämlich: Hanelt, ein Unter- oder Obersturm-

führer sowie ein oder zwei Mann. Besondere Kraftfahrer waren nicht dabei, denn Hanelt war leidenschaftlicher Kraftfahrer und hat nach meiner Erinnerung einen PKW gefahren. Ich glaube, das bestreitet Herr Hanelt. Bestreiten Sie nicht? Sie haben selbst gefahren. Außerdem kam ein Beiwagenkrad mit. Ich erinnere mich jetzt, dass dieses Beiwagenkrad in Białystok die Verbindung zwischen meiner Befehlsstelle im Ghetto und im Bahnhof aufrechterhielt.

Zeuge Michalsen: Ja.

Vorsitzender: So etwas Ähnliches sagten Sie eben ja auch. Da es keine Telefonverbindung zum Bahnhof gab, musste ich von Zeit zu Zeit informiert werden, ob die Verladung am Bahnhof glatt lief. Teilweise kam einer der Leute von Hanelt mit dem B-Krad vom Bahnhof ins Ghetto. Ein paar Mal kam meiner Meinung nach auch Hanelt selbst, der das B-Krad fahren konnte. Wollen Sie das heute auch so sagen?

Zeuge Michalsen: Ja, also ich glaube schon, dass er mit dem B-Krad ä auch gekommen ist.

Vorsitzender: Die Namen des Offiziers und der Leute von Hanelts Dienststelle weiß ich ohne Vorhalt heute nicht mehr. Im Mannschaftshaus war ein häufiger Wechsel. Mir ist noch der Untersturmführer Laßmann in Erinnerung, der wahrscheinlich Architekt war und zu Hanelts Dienststelle gehörte. Wenn Hanelt gesagt hat, so haben Sie damals zu Protokoll gegeben, er habe mit der Ghetto-Räumung nichts zu tun, weil er einer anderen Dienststelle angehört hat, so ist das nicht stichhaltig. In Białystok waren u.a. auch Helligsberger und Susitti dabei, von denen der Erstere in der Registratur des Stabes und der Letztere in der Stabsführung tätig war. Auch diese waren bis dahin niemals in Judenangelegenheiten tätig gewesen. Globocnik schickte eben, wen er gerade für abkömmlich hielt.

Zeuge Michalsen: Tja, das, das tat er auch.

Vorsitzender: Dieser letzte Satz war typisch für Globocnik.

Zeuge Michalsen: Ja, ja, ja.

Vorsitzender: Was er greifen konnte, das setzte er für die Aufträge, die ihm am Herzen lagen,

Zeuge Michalsen: Ja.

Vorsitzender: das setzte er ein.

Zeuge Michalsen:	Ja, es sind so reine Zufälle, dass einer eingesetzt werden konnte oder nicht. Wer gerade im Moment nicht voll ausgelastet war, der wurde einfach dazugezogen.
Vorsitzender:	Ja. (*schweigt*) Und dann sagen Sie weiter: Unzutreffend von Hanelt ist sicher auch die Darstellung von Hanelt über seine Ankunft in Białystok am Tage vor der Ghettoräumung. Keinesfalls war dieses schon von Polizeieinheiten abgeriegelt. Die Absperrung wurde erst im Laufe der Nacht durchgeführt. Das haben Sie heute auch geschildert so.
Zeuge Michalsen:	Ja.
Vorsitzender:	Keinesfalls hat auch zu dieser Zeit schon eine Besprechung im Judenrat stattgefunden. Diese war erst am nächsten Morgen gegen 4 Uhr. Am Tage der Ankunft fand nachmittags im Gebäude der Sicherheitspolizei eine Einsatzbesprechung statt, an der Dr. Zimmermann teilnahm. Bei dieser Besprechung war Hanelt bestimmt zugegen. Also am Vorabend, am Vornachmittag der endgültigen Räumung.
Zeuge Michalsen:	Ja, war am Abend, also ä_
Vorsitzender:	Das kann ich mit aller Sicherheit erklären, haben Sie damals erklärt. Wenn Hanelt erklärt, er kenne Dr. Zimmermann nicht, so kann diese Behauptung unmöglich stimmen. Umgekehrt mag es richtig sein, dass Dr. Zimmermann Hanelt nicht mehr kennt, und zwar schon deshalb, weil Hanelts Gesicht infolge der schweren Verbrennungen sich in der Zwischenzeit erheblich verändert hat. Selbst nach seiner eigenen Darstellung, dass er nur als Beobachter in Białystok war, hätte Hanelt sich bei Dr. Zimmermann melden müssen. Ja?
Zeuge Michalsen:	Ich hab das Letzte nicht verstanden.
Vorsitzender:	Auch wenn Hanelt keinen Auftrag gehabt hätte, sondern den Auftrag, Beobachter zu sein, so haben Sie damals gesagt, dann hätte er sich melden müssen bei Zimmermann.
Zeuge Michalsen:	Ja.
Vorsitzender:	Ja, weil Zimmermann eben der Kommandeur war.
Zeuge Michalsen:	Ja, ganz recht. Ja.
Vorsitzender:	Dann haben Sie noch einen Satz gemacht: Es ist völlig undenkbar, dass er nach Białystok kam und lediglich mich aufsuchte. Solche Bräuche gab es damals nicht.

Zeuge Michalsen:	Ja, damals, es ist überhaupt nicht üblich, nicht, also er kann mich ja nicht nur besuchen, dann muss er sich eben auch bei der Dienststelle melden, beim Kommandeur.
Vorsitzender:	Also, wollen Sie denn heute auch sagen: Ich halte es für undenkbar, dass Hanelt lediglich als Schlachtfeldbeobachter_
Zeuge Michalsen:	Er kann so einen Auftrag gehabt haben, aber er hat bestimmt auch Dr. Zimmermann kennengelernt und_
Vorsitzender:	Tja, Zimmermann.
Zeuge Michalsen:	Das ist also_
Vorsitzender:	Wozu neigen Sie denn heute mehr, zu sagen, Hanelt hat einen Beobachtungsauftrag gehabt, oder er hat auch effektiv mitgewirkt, beispielsweise am Bahnhof?
Zeuge Michalsen:	Es ist sehr schwierig ä, das zu sagen.
Vorsitzender:	(*schweigt*) Weshalb ist das schwierig?
Zeuge Michalsen:	Ja, weil mich mein ä Erinnerungsvermögen täuschen kann, und ich möchte ja nicht ä jemandem weh tun oder Schaden zufügen, wenn es nicht der Fall ist.
RA Riedenklau:	Vielleicht darf ich mal dazu fragen?
Zeuge Michalsen:	Ja.
RA Riedenklau:	Ä, die Männer, die mit Ihnen aus Lublin ins Ghetto nach Białystok gefahren sind, unterstanden die Ihnen alle befehlsgemäß? Waren Sie der höchste Mann?
Zeuge Michalsen:	Ja, ja.
RA Riedenklau:	Sie hätten also auch die Möglichkeit gehabt, Herrn Hanelt einzusetzen, ihm einen Befehl zur Mitwirkung zu geben.
Zeuge Michalsen:	Wenn er vom Gruppenführer Globocnik einen anderen Auftrag hat, dann kann ich das ja nicht.
RA Riedenklau:	Also, darüber herrschte bei Ihnen gar keine Klarheit, welche der Leute, die nun aus Lublin mitkamen, Ihnen tatsächlich unterstanden?
Zeuge Michalsen:	Nein, die mit in meinem Wagen fuhren.
RA Riedenklau:	Die Sie mit in Ihrem Wagen hatten, aha. Aber das bezog sich nicht auf die, die in dem anderen Wagen für sich fuhren.

Zeuge Michalsen: Das war, das Mannschaftshaus war sowieso ein besonderer ä_ eine Sonderdienststelle. Nicht Dienststelle, sondern innerhalb der Dienststelle ein besonderes Ressort oder_

RA Riedenklau: Bezüglich dieser Leute war Ihnen also von Globocnik nicht etwa gesagt worden: Die unterstehen Ihrem Kommando, die können Sie einsetzen.

Zeuge Michalsen: Ich kann das heute nicht sagen, ich weiß es nicht.

RA Riedenklau: Können Sie heute nicht sagen.

Zeuge Michalsen: Aber, wenn Herr Hanelt sagt, es ist so_

RA Riedenklau: Dann ist es möglich.

Zeuge Michalsen: Ich kann's nicht widerlegen, ich_ Es wäre ja für solche Fälle immer günstig, wenn ein anderer Zeuge da wäre, das_ Tja, ich kann mich_

Vorsitzender: Herr Michalsen, Sie haben damals in Ihrer Vernehmung das Zusatzprotokoll mit folgendem Satz abgeschlossen. Können Sie mich gut verstehen?

Zeuge Michalsen: Ich verstehe, Herr Vorsitzender.

Vorsitzender: Als ich hörte, dass Hanelt behauptete – nämlich jetzt behauptete –, er sei nur als Beobachter nach Białystok geschickt worden, war ich zunächst völlig überrascht und überlegte, ob meine Erinnerung mich nicht doch vielleicht in Stich ließ. Unter Berücksichtigung der vielen Ereignisse während der Kriegszeit kann man nach so vielen Jahren nicht mehr jede Einzelheit im Kopf haben. Meine Überzeugung war und ist aber, dass Hanelt dienstlich mit der Ghettoräumung in Białystok etwas zu tun hatte.

Zeuge Michalsen: Ja.

Vorsitzender: Das war das Ergebnis einer langen zusätzlichen Überlegung.

Zeuge Michalsen: Hm. Ja, wie schon gesagt, also ich war zuerst der Meinung, dass er mit eingesetzt war. Bei dieser ä Gegenüberstellung und bei diesen Vorhalten ä da kam ich ins Wanken mit meiner Ansicht.

Vorsitzender: Hm.

Zeuge Michalsen: Aber selbst_

Vorsitzender:	Dann wurden Sie aber drei Wochen später noch mal befragt, und dann haben Sie nach dieser Überlegungspause von drei Wochen, haben Sie das Fazit Ihrer neuen Überlegung so zusammengefasst, wie ich es Ihnen eben vorgelesen habe.
Zeuge Michalsen:	Ja.[240]

[...]

Michalsen musste vor Gericht zugeben, dass er in früheren Vernehmungen gesagt hatte, Hanelt habe sich an der endgültigen Auflösung des Białystoker Ghettos beteiligt. Der Vorsitzende versuchte den Zeugen dazu zu bringen, seine Aussage aus dem Ermittlungsverfahren, Hanelt sei bei „der Verladung" am Bahnhof eingesetzt gewesen, zu bestätigen. Michalsen beantwortete die Frage des Vorsitzenden, ob das „die richtige Richtung" sei, die er „heute auch zum Inhalt" seiner Aussage machen wolle, jedoch nicht. Der Zeuge erklärte, er könne es nicht mehr „genau sagen", und stellte danach Überlegungen darüber an, wie er zu seiner früheren Aussage gekommen war. Michalsen bestätigte lediglich Teile seiner früheren Aussage, namentlich die Bekundung, Hanelt sei in einem Beiwagen-Krad ins Ghetto gekommen, und den Satz, Hanelt habe sich bei Zimmermann melden müssen. Michalsen distanzierte sich von seiner Erklärung aus dem Ermittlungsverfahren, Hanelt könne keinesfalls nur einen Beobachtungsauftrag gehabt haben. Es fällt auf, dass der Vorsitzende in einer Frage an Michalsen von Hanelt als „Schlachtfeldbeobachter" sprach – als habe es sich bei den Deportationen um eine militärische Auseinandersetzung gehandelt. Der zentralen Frage des Vorsitzenden, ob er heute dazu neige, zu sagen, Hanelt habe „einen Beobachtungsauftrag gehabt" oder Hanelt habe „effektiv mitgewirkt", wich Michalsen aus. Der Vorsitzende gab sich mit der Antwort des Zeugen, es sei „schwierig, das zu sagen", nicht zufrieden und forderte eine Erklärung ein. Michalsen entzog sich der Frage des Vorsitzenden durch den Verweis auf sein „Erinnerungsvermögen" und die Aussage, niemanden belasten zu wollen. Die Versuche des Vorsitzenden, Michalsen dazu zu bewegen, seine Bekundungen aus dem Ermittlungsverfahren vor Gericht zu wiederholen, scheiterten. Michalsen rückte am Ende des hier zitierten Vernehmungsabschnitts erneut von seiner früheren Aussage, Hanelt habe bei der Ghetto-„Räumung" mitgewirkt, ab. Im Urteil wird Hanelt im Zusammenhang mit den Selektionen der Białystoker Juden nicht erwähnt. Die Richter konstatierten in

---

240 Vernehmung des Zeugen Georg Michalsen in der Hauptverhandlung der Strafsache gegen Dr. Altenloh u.A. (5 Ks 1/65) v. 20.4.1966, in: L/StADT, D 21 A, Nr. 6341, Tonband 9 Vorderseite.

allgemeiner Form, dass „die SS-Leute des Globocnik aus Lublin auf der Wiese“ vor dem Ghetto „aus allen Juden Arbeitskräfte“ ausgewählt hätten.[241]

Wolfgang Scheffler schreibt in seinem Gutachten für das Bielefelder Schwurgericht, es widerspreche „allen bisher bekannt gewordenen Vorgängen, wenn man annehmen wollte, durch den Einsatz der Lubliner Mannschaften seien die örtlichen sicherheitspolizeilichen Kräfte in Wegfall gekommen“. Für „den Nichteinsatz der örtlichen Kräfte“ habe „überhaupt keine Veranlassung“ bestanden.[242] Das Bielefelder Schwurgericht erbrachte den Nachweis, dass Michalsen, der die August-Deportationen federführend leitete, nicht nur von Männern aus dem Stab Globocniks, sondern auch von Angehörigen der Sicherheitspolizei unterstützt worden war. Nach den Feststellungen des Gerichts ordneten Angehörige der Abteilung IV beim KdS im „Einvernehmen mit dem Räumungskommando aus Lublin“ an, dass die Juden, die für die Gestapo arbeiten mussten, sich in der Kartonagenfabrik sammeln sollten. Es war geplant, diese Juden von den Deportationen auszunehmen. Auf der Grundlage von Aussagen jüdischer Zeugen kam das Gericht zu der Erkenntnis, im Ghetto habe sich herumgesprochen, dass die Gestapoarbeiter und ihre Angehörigen in der Fabrik „konzentriert werden und dadurch eine Sonderstellung erhalten sollten“. Nach der Sachverhaltsfeststellung im Urteil bewachten Gestapobeamte die Zugänge zu dem Gebäude und trieben alle, die hineinzugelangen versuchten, mit Gewalt zurück. Es sei zu „Schießereien“ gekommen und habe Todesopfer gegeben. Die Gestapoarbeiter seien nach zwei Tagen von ihren Familien getrennt worden. Im Urteil heißt es dazu: „Bei dem Heraustreiben der Juden aus der Fabrik kam es zu erschütternden Szenen. Unter den etwa 300 eingeschlossenen Menschen brach eine Panik aus.“[243]

Das Gericht ging davon aus, dass es bei den Deportationen „mindestens 300 Todesopfer“ gegeben habe. Diese Menschen seien „beim Durchkämmen der Wohnungen, bei aktiven Widerstandshandlungen, vor der Kartonagenfabrik, in den Gettostraßen und bei den Selektionen erschossen worden“.[244] Angehörige der Sicherheitspolizei beteiligten sich am Zusammentreiben der Juden. Im Urteil heißt es, der Angeklagte Heimbach sei während der Aktion im Ghetto gewesen und habe das Kommando über die Männer seiner Dienststelle geführt. Er habe „den taktischen Einsatz seiner Leute geleitet“ und sei auch vor der Kartonagenfabrik gewesen, ohne dass mit Sicherheit festgestellt werden

241 Urteil 5 Ks 1/65, in: L/StADT, D 21 A, Nr. 6195, Bl. 319.

242 *Scheffler*, Zur Organisation der Judendeportation, Bl. 72.

243 Urteil 5 Ks 1/65, in: L/StADT, D 21 A, Nr. 6195, Bl. 313.

244 Ebd., Bl. 314.

könne, dass er mit anderen Gestapobeamten geschossen habe. Er sei „anwesend“ gewesen, als 70 Juden, die aus dem „Brunnenbunker“ geholt worden waren, erschossen wurden.[245] Auch der Angeklagte Dibus habe an der Ghetto-„Räumung“ mitgewirkt und zwar vom 16. bis zum 20. August 1943 und nach seiner Rückkehr aus Theresienstadt – Dibus brachte am 21. August 1.264 Białystoker Kinder nach Theresienstadt, die im Oktober 1943 nach Auschwitz deportiert und dort sofort nach ihrer Ankunft ermordet wurden.[246] Er habe zusammen mit anderen die Wohnungen von Juden „durchkämmt“ und „vorgefundene Juden zum Sammelplatz gebracht“, er sei vor der Kartonagenfabrik gewesen, er habe sich dort an „Schießereien“ beteiligt, und er habe Juden zur Verladung an die Eisenbahnrampe begleitet.[247] Dibus gab zu, Wohnungen nach sich versteckt haltenden Juden durchsucht und vorgefundene Juden zum Sammelplatz geführt zu haben. Aber er bestritt, vor der Kartonagenfabrik gewesen zu sein. Es gelang dem Bielefelder Schwurgericht, diese Einlassung des Angeklagten mit Hilfe der Aussagen der „Opfer-Zeugen“ Anna Ribald, Bronisława Ferber, Sara Perman, Michael Kremer, Abram Oniman und Borys Schewach, die als Arbeiter für die Gestapo beschäftigt gewesen waren, zu widerlegen. Die Gestapoarbeiter gehören zu den wenigen Überlebenden der August-Deportationen. Sie wurden von Białystok zunächst nach Grodno, dann nach Łomża und von dort nach einigen Monaten in das Konzentrationslager Stutthof deportiert. Von dort wurden sie noch in andere Konzentrationslager gebracht, zumeist nach Auschwitz.[248]

In den Aussagen der „Täter-Zeugen“ und der Angeklagten kommen die Gewalt der Täter und das Leiden der Opfer nicht vor. Was das Wort „Räumung“ für die Juden bedeutete, wird erst verständlich, wenn man die Aussagen der Überlebenden liest bzw. hört. Am Beispiel der Februar-Deportationen wird im Folgenden die Perspektive der „Opfer-Zeugen“ auf das Geschehen dargestellt.

4. Erzählen und Bezeugen: „Opfer-Zeugen“ zu den Februar-Deportationen aus Białystok

Nach den Feststellungen des Bielefelder Schwurgerichts wurden im Februar 1943 mindestens 8.000 Menschen aus dem Białystoker Ghetto abtransportiert, „davon höchstens 4.500 nach Auschwitz, die übrigen nach Treblinka“.[249] Die

245 Ebd., Bl. 326.

246 Vgl. dazu die Aussage von Aron Bejlin in Kapitel VI.4.

247 Ebd., Bl. 330f.

248 Vgl. ebd., Bl. 313f.

249 Urteil 5 Ks 1/65, in: L/StADT, D 21 A, Nr. 6194, Bl. 101f.

Mehrzahl der Deportierten wurde in den Vernichtungslagern ermordet. „Allenfalls 500 dieser 8.000 Juden" seien „von der Tötung sofort nach der Ankunft verschont" geblieben.[250] Das Gericht bezeichnete die Geschehnisse, die sich zwischen dem 5. und dem 12. Februar 1943 im Białystoker Ghetto abspielten, mit dem Begriff „Teilräumung" bzw. „Räumung". Sie sei von der Sicherheitspolizei „mit unerbittlicher Härte und Grausamkeit" durchgeführt worden. Während der ganzen „Aktion" seien „ohne Rücksicht auf Geschlecht und Alter Hunderte von Menschen durch die Räumungstrupps der Sicherheitspolizei erschossen" worden. Nach den Feststellungen des Schwurgerichts schossen die KdS-Angehörigen „aus Willkür auf Kranke, auf Nichtgehfähige, auf Bittsteller, auf Juden, die sich in den bereits durchkämmten Teil des Gettos retten wollten, auf solche, die nicht, nicht sofort oder nicht schnell genug aus ihren Verstecken kamen und aus dergleichen Anlässen mehr".[251] Das Gericht ging davon aus, auf diese Weise seien mindestens 300 Menschen getötet worden.[252]

Die Feststellungen des Gerichts über die Umstände der Februar-„Aktion" beruhen auf dem Tagebuch Mordechai Tenenbaum-Tamaroffs und auf den Aussagen der jüdischen Zeugen. Die Angeklagten hielten sich mit Angaben über den Ablauf der Deportationen zurück. Sie nahmen lediglich zu der Frage Stellung, ob es während der „Räumung" Todesopfer gegeben habe. Am 9. Mai 1966 befragte der Vorsitzende zunächst den Angeklagten Heimbach und danach den Angeklagten Altenloh zu diesem Punkt. Der ehemalige Leiter der Abteilung IV (Gestapo) beim KdS, Heimbach, leugnete nicht, dass es Tote gegeben hatte und dass ihm die Zahl damals bekannt gewesen war, aber er erklärte dem Gericht, er könne sich an die Zahl der Toten nicht mehr erinnern:

Vorsitzender:	Sie haben gesagt, im Februar hätten Sie sich Günther nicht unterstellen wollen und Sie hätten sich auch nicht unterstellt. Und Sie hätten die Sache Macholl übertragen, und Macholl sei ehrgeizig genug gewesen, um sich zu freuen, dass er mal so 'nen selbstständigen Auftrag hat. So ähnlich drückten Sie sich aus_
Angeklagter Heimbach:	In dem Sinne habe ich mich ausgedrückt, Herr Vorsitzender.
Vorsitzender:	So ähnlich. Ja.
Angeklagter Heimbach:	Das ist richtig.

250 Ebd., Bl. 102.
251 Ebd., Bl. 102.
252 Ebd., Bl. 102.

Vorsitzender:	Jetzt frage ich Sie: Was hat's denn nach Ihrer Kenntnis im Februar an Toten gegeben?
Angeklagter Heimbach:	(*schweigt*)
Vorsitzender:	Was hat man Ihnen gemeldet?
Angeklagter Heimbach:	Ich würde dem Gericht die genaue Zahl sagen, wenn ich's heute wüsste. Dass ich damals davon Kenntnis hatte, (*schweigt*) kann (*schweigt*) nicht bestritten werden.
Vorsitzender:	Hm.
Angeklagter Heimbach:	Ich bin heute wirklich
Vorsitzender:	Was meinen Sie denn?
Angeklagter Heimbach:	nicht in der Lage, Ihnen mit Zahlen dienen zu können.
Vorsitzender:	Nein, sollen Sie nicht. Aber schätzen Sie's doch mal ab. Man muss Ihnen doch irgendwas gesagt haben.
Angeklagter Heimbach:	Ich bin ja überzeugt, dass die Zahl der Toten seinerzeit schriftlich festgehalten worden ist,
Vorsitzender:	Hm
Angeklagter Heimbach:	nicht nur in unseren Berichten, sondern in den Berichten, die allseits – auch von anderen Dienststellen, einschließlich der militärischen Abwehrstelle –
Vorsitzender:	Hm
Angeklagter Heimbach:	nach oben gegeben worden sind. Ich persönlich würde es begrüßen,
Vorsitzender:	Hm
Angeklagter Heimbach:	wenn in den Ermittlungen auch intensiv nachgeforscht worden wäre nach diesen Unterlagen. Vielleicht ist es möglich, sie noch nachträglich zu beschaffen.
Vorsitzender:	Hm.
Angeklagter Heimbach:	Dann würde_
Vorsitzender:	Wir geben uns alle Mühe, Herr Heimbach.
Angeklagter Heimbach:	Herr Vorsitzender, ich bin wirklich_ ich bin wirklich heute nicht in der Lage, Ihnen über die Anzahl der seinerzeitigen Toten etwas sagen zu können.
Vorsitzender:	Sie meinen aber, dass Sie die Meldung kennengelernt haben.
Angeklagter Heimbach:	Äm.
Vorsitzender:	Hä?

Angeklagter Heimbach:	Ich halte es für selbstverständlich, dass nicht nur ich, sondern wir, die wir seinerzeit in Białystok waren, über die zumindest ungefähre Anzahl der Verluste, auch der Gegenseite, damals Kenntnis gehabt haben. Aber ich kann Ihnen das heute nicht mehr sagen.[253]

Der Angeklagte sprach über die Deportationen, als habe es sich dabei um eine militärische Auseinandersetzung zwischen gleich starken Gegnern gehandelt, bei der tödliche „Verluste" unvermeidbar gewesen seien. Die Versuche des Vorsitzenden, Heimbach dazu zu bewegen, eine Zahl zu nennen, scheiterten. Dass der Angeklagte nicht kooperierte, verweist auf sein strategisches Kalkül. Es kann vermutet werden, dass Heimbach annahm, es sei von Nachteil für ihn, wenn er eine Schätzung vornehme. Der Angeklagte machte deutlich, dass er seine Aufgabe nicht darin sah, an der Aufklärung des Tatgeschehens mitzuwirken. Heimbach versuchte, sich der Frage des Vorsitzenden und damit auch der Sache zu entziehen, indem er zunächst schwieg, dann vom Aktiv („dass ich damals davon Kenntnis hatte") ins Passiv („kann nicht bestritten werden"; „dass die Zahl der Toten seinerzeit schriftlich festgehalten worden ist") wechselte, betonte, wer noch alles Empfänger der Berichte gewesen sei, und auf mögliche Versäumnisse des Gerichts aufmerksam machte. Durch den Verweis auf die Existenz schriftlicher Quellen, in denen die Zahlen der Toten dokumentiert seien, rief er die Rolle der Richter als Historiker auf den Plan. Aus Heimbachs Sicht hatte das Gericht es versäumt, intensive Quellenforschung zu betreiben.

Im Gegensatz zu Heimbach bestritt sein ehemaliger Kommandeur, dass ihm die genaue Zahl der Getöteten damals gemeldet worden sei:

Vorsitzender:	Herr Dr. Altenloh, Sie sagten das letzte Mal: Tote hat's gegeben. Einige, wenige, fügten Sie hinzu. Keine astronomischen Zahlen. Dann frage ich Sie: Welche_ in welcher Größenordnung denken Sie denn? Was nennen Sie nicht astronomisch?
Angeklagter Altenloh:	Ja, Herr Direktor, ä, ich glaube nicht, dass ich damals über die genauen Zahlen unterrichtet worden bin.
Vorsitzender:	Nein?

253 Einlassung des Angeklagten Lothar Heimbach in der Hauptverhandlung der Strafsache gegen Dr. Altenloh u.A. (5 Ks 1/65) 9.5.1966, in: L/StADT, D 21 A, Nr. 6341, Tonband 13 Rückseite.

Angeklagter Altenloh:	Weil ich ä mich sehr distanziert hatte, und man mir wahrscheinlich nicht alles vorgelegt hat.
Vorsitzender:	Hm.
Angeklagter Altenloh:	Dass es natürlich Tote gegeben hat, weiß ich auch.
Vorsitzender:	Vielen Dank.[254]

Auch der Angeklagte Altenloh lehnte es ab, die Zahl der Toten zu beziffern. Der Widerstandskämpfer Tenenbaum-Tamaroff spricht in seinem Tagebuch von 800 bis 900 Toten. Das Gericht hielt diese Zahl für „wahrscheinlich richtig“ und für „nicht überhöht“. Dennoch ging es „zugunsten der Angeklagten“ von der „einer in ihrem Ausmaß kaum vertretbaren Mindestschätzung“ von 300 Toten aus.[255] Die Argumentation des Gerichts ist in diesem Fall widersprüchlich und nicht nachvollziehbar. So stellt sich die Frage, warum die Richter Tenenbaum nicht folgten, *obwohl* sie seine Zahlenangaben für nah an der Wahrheit hielten. Worauf die richterliche Mindestschätzung von 300 beruht, bleibt ebenfalls unklar. Im Urteil heißt es lediglich, dass diese Mindestgrenze „so vorsichtig gewählt“ sei, dass „damit in jedem Falle auch alle Tötungen ausgeschlossen sind, die unter Umständen“ gegen Ende der Februar-„Aktion“ oder in ihrem Anschluss „von den Juden selbst aus den Denunzianten in ihren eigenen Reihen verübt worden sind“.[256]

Die Zeugen Dr. Aron Bejlin und Sara Perman, die im Februar 1943 aus dem Białystoker Ghetto zum Industriebahnhof, dem Deportationsbahnhof, geführt worden waren, berichteten von zahlreichen Erschossenen. Sie schilderten dem Gericht, wie brutal die Deutschen vorgingen, als sie die Menschen aus ihren Häusern und Verstecken zum Sammelplatz und von dort zum Güterbahnhof trieben. Bejlins und Permans Zeugenaussagen vermitteln einen Eindruck von dem Leid, das die Deutschen den Białystoker Juden zufügten. Sie berichteten von ihren persönlichen Erfahrungen während der Februar-Deportationen und erinnerten an das Leben und den Tod derer, die nicht mehr vor Gericht als Zeugen auftreten konnten, weil sie von den Deutschen ermordet worden waren. Sara Perman, die für die Sicherheitspolizei als Schneiderin arbeiten musste, gelang es erst im letzten Moment, die Deportationskolonne zusammen mit ihrer kleinen Tochter zu verlassen und ins Ghetto zurückzukehren:

---

254 Einlassung des Angeklagten Dr. Wilhelm Altenloh in der Hauptverhandlung der Strafsache gegen Dr. Altenloh u.A. (5 Ks 1/65) v. 9.5.1966, in: L/StADT, D 21 A, Nr. 6341, Tonband 13 Rückseite.

255 Urteil 5 Ks 1/65, in: L/StADT, D 21 A, Nr. 6194, Bl. 110.

256 Ebd., S. 112.

Vorsitzender:	Wir können jetzt mal zur Februar-Räumung kommen, zur ersten Aktion. Wie haben Sie die erste Aktion erlebt?
Zeugin Perman:	Der erste Aktion, das war am 5. Februar. (*schweigt*)
Vorsitzender:	Hm.
Zeugin Perman:	Hab' ich meinen Sohn mit Eltern geschickt in ein Behältnis. Und die kleine, die Tochter hat gehabt_ (*wendet sich polnisch sprechend an Übersetzerin*)
Übersetzerin:	Keuchhusten,
Zeugin Perman:	Ja.
Übersetzerin:	hatte die Kleine.
Zeugin Perman:	Hat man nicht gelassen, sich zu verstecken. Hat niemand gelassen das.
Vorsitzender:	Sie haben also den Sohn und die Eltern in ein Versteck geschickt.
[…]	
Zeugin Perman:	Und mit die Kleine bin ich gegangen in ein zweiten Platz. Ich hab' Angst gehabt, dass man so nicht erwischen die Eltern mit Kind oben in diese Stube, wo ich hab gewohnt. Hab' ich gehabt eine Bekannte in der Ende der Białostoczańska, dort wo ich hab' gewohnt im Ghetto.
Vorsitzender:	Zu einer Bekannten.
Zeugin Perman:	Ja. Sie war noch selbst, selbst allein. Ein ältere Fräulein.
Vorsitzender:	Älteres Fräulein.
Zeugin Perman:	Ja.
Vorsitzender:	Hm.
[…]	
Zeugin Perman:	Und wir sind beide mit dem kleinen Kind dort gesessen, und Freitag ganz früh haben wir gehört […] so eine Gebrüllerei von hinten, schreckliche Geschrei, es war noch dunkel. (*schweigt*). <u>Aufmachen!</u> Wir haben in groß Schreck aufgemacht, sind rein sehr viel Menschen, und […]
Vorsitzender:	Einen Moment, Frau Perman. Da kam also_ Sie versteckten sich also bei der Bekannten_
Zeugin Perman:	Das war nicht Versteck. Wir haben oben gesessen
Vorsitzender:	gesessen

Zeugin Perman:	in der Wohnung.
Vorsitzender:	Ja.
Zeugin Perman:	Wir haben nicht gehabt, wo sich zum Verstecken.
Vorsitzender:	Hm. Und da kam jemand und rief_
Zeugin Perman:	Und da kommen Leute, und es war so eine Geschrei solche, alles raus.
Vorsitzender:	Hm.
Zeugin Perman:	Wir sind raus. Ich hab genommen den Kind mit sich, und die Fräulein ist auch mitgegangen, so gar nicht bewiesen sich anziehen die Schuhe, sie ist mitgegangen. Und wenn wir sind raus, draußen war schon <u>sehr, sehr viele Juden</u>.
Vorsitzender:	Hm.
Zeugin Perman:	Ich hab so dahingestellt. Und sie hat gewollt sich retten, ausrücken, ist sie erschossen geworden, gleich am Platz.
Vorsitzender:	Wer? Die Frau?
Zeugin Perman:	Die Fräulein, ja. Und ich bin in der Reihen rein mit dem Kind.
Vorsitzender:	Ich hab' das nicht ganz verstanden. Weshalb ist das alte Fräulein erschossen worden?
Zeugin Perman:	Sie ist <u>auch runter von die Treppen</u>
Vorsitzender:	Ganz recht
Zeugin Perman:	zugleich mit mir.
Vorsitzender:	Hm.
Zeugin Perman:	Und sie hat sich gewollt sich irgendwie verstecken.
Übersetzerin:	Weglaufen.
Zeugin Perman:	Weglaufen.
Vorsitzender:	Ach, sie wollte weglaufen.
Zeugin Perman:	Von der Reihe. Hat man sie gleich am Platz erschossen.
Vorsitzender:	Da waren Sie dabei?
Zeugin Perman:	Ja. Und ich bin in der Reihen rein mit dem Kind.
Vorsitzender:	Hm.
Zeugin Perman:	Nachdem sind wir gekommen in der Straße von Judenrat. Das war die Kupiecka-Straße.
Vorsitzender:	Ja.

Zeugin Perman:	Da war der Aufsicht über die alle der Friedel.
Vorsitzender:	Hm.
Zeugin Perman:	Er hat alle mit da hingestellt zu fünft in ein Reihe. Und wir sind so gestanden. Es war voll ganz Kupiecka-Straße mit Juden.
Vorsitzender:	Hm.
Zeugin Perman:	Nachdem hat man uns geführt zu der ä (*wendet sich Polnisch sprechend an Übersetzerin*)
[...]	
Übersetzerin:	[...] zur Bahn. Ja?
Zeugin Perman:	Ja. Hat man uns geführt_
Übersetzerin:	Zur Bahnlinie Polesien, das also dieses Gebiet, Weißrussland,
Zeugin Perman:	Ja, ja.
Übersetzerin:	in Białystok nennt sich das Polesien.
Zeugin Perman:	Nur Katholiken haben da gewohnt.
Vorsitzender:	Ach so.
Zeugin Perman:	Das war außer dem Ghetto. Da ist gestanden Waggone, Viehwaggone. Und man hat allen in die Waggone getrieben.
Vorsitzender:	Hm. Auch Sie? Auch Sie mit Ihrem Kind?
Zeugin Perman:	Hab' ich gebeten, Herr Friedel, ich bin doch von dieser Baustelle [...] Ich bin doch von Ihrer Baustelle.
Vorsitzender:	Hm.
Zeugin Perman:	Und Herr Plaumann ist vorbei. Herr Plaumann, lassen Sie mich, ich bin doch von Ihrer Baustelle. Und ich zeigen, dass ich habe eine Bescheinigung von der Gestapo.
Vorsitzender:	Hm.
Zeugin Perman:	Sagt er, jetzt ist keine Bescheinigung. Hau ab!
Vorsitzender:	Hm.
Zeugin Perman:	Ich bin gestanden, ist vorbeigegangen einer: Bloch. Er hat auch von dieser Baustelle, war er. Hab' ich angefangen zu weinen und schreien, Herr Bloch, retten Sie mich.
Vorsitzender:	Hm.

Zeugin Perman: Machen Sie was für mich. Und wirklich, der Bloch ist zugegangen, er war noch mit ein Kamerad, das gedenk ich so wie jetzt, Kommissar Gradin.

Vorsitzender: Wie heißt der?

Zeugin Perman: Gradin.

Vorsitzender: Gradin.

Zeugin Perman: Gradin.

Vorsitzender: Ja.

Zeugin Perman: Der alle beiden sind gegangen. Hab' ich ihm gebeten: Herr Gradin, Herr Bloch, retten Sie mich.

Vorsitzender: Hm.

Zeugin Perman: Haben Sie Mitleid mit meines kleines Kind.

Vorsitzender: Ja.

Zeugin Perman: Und wirklich, der Bloch ist zu und hat gesagt dem Friedel, das ist doch die Schneiderin von unserer Baustelle, lassen Sie. Hat er mich gegeben mit so einer ä_ (*wendet sich Polnisch sprechend an Übersetzerin*)

Übersetzerin: mit so einer Peitsche, ja.

Zeugin Perman: Zweimal am Kopf, und ich bin raus von der Reihe. Und_

Vorsitzender: Wer hat mit der Peitsche Ihnen was gegeben? Wer war das?

Zeugin Perman: Friedel.

Vorsitzender: Und dann ließ er sie laufen?

Zeugin Perman: Und dann hab' ich angefangen laufen, und ich bin gekommen zu mein Stube, es war schon nachts, bin ich dort zwei Tage gewesen. Nachdem ist gekommen eine Verordnung, dass alle Handwerker von diese Baustelle erhalten besondere Isolierung. Ist gekommen der Vermittler Zutker, der war ein Jude.

Vorsitzender: Hm.

Zeugin Perman: Und der hat mich angerufen, ich war ganz alleine mit dem Kind.

Vorsitzender: In Ihrer Wohnung.

Zeugin Perman: In meine Wohnung. Hat er mich angerufen. Zuerst hab' ich sehr Angst gehabt runtergehen. Nachdem er hat er gesagt, bin ich Zutker, bin ich raus, und er hat mich mitgenommen in den allgemeinen Block, wo es waren schon viel Handwerker. Das war auf der Kupiecka-

	Straße daneben dem Judenrat. (*schweigt*) Also, kann ich weiter?
Vorsitzender:	Neben dem Judenrat. Und wer war da in dem Haus?
Zeugin Perman:	In dem Haus waren die Handwerker von Gestapo. Mit die Familie.
Vorsitzender:	Hm. Da waren, da waren Gestapoarbeiter, also Leute aus der Werkstatt, Juden aus der Werkstatt.
Zeugin Perman:	Juden aus der Werkstatt, der Gestapo von ä
Vorsitzender:	Ja.
Zeugin Perman:	Sienkiewicza.
Vorsitzender:	Und wie lange haben Sie da noch in dem Haus_
Zeugin Perman:	Uns hat man jeden Tag rausgenommen zu der Arbeit
Vorsitzender:	Ach so.
Zeugin Perman:	und zurückgenommen, die Schneider.
Vorsitzender:	Aber wo schliefen Sie denn dann?
Zeugin Perman:	Wir haben gehabt_ dort waren Wohnungen. In diesem Haus.
Vorsitzender:	Ach so.
[...]	
Vorsitzender:	Und wie lange dauerte das?
Zeugin Perman:	Das hat gedauert, das ist angefangen Freitag früh. Hab' ich dann den nächsten Freitag gehen.
Vorsitzender:	Ach so. Erst am nächsten Freitag durften Sie dann wieder in Ihre eigene Wohnung zurück.
Zeugin Perman:	Ja, ja, ganz genau.
Vorsitzender:	Was geschah denn nun mit den anderen, die nicht Gestapoarbeiter waren?
Zeugin Perman:	Die nicht Gestapoarbeiter, haben wir gehört, dass man hat 12.000 Juden rausgeführt.
Vorsitzender:	Das haben Sie gehört.
Zeugin Perman:	Ja.
Vorsitzender:	Aber was haben Sie selbst gesehen, Frau Perman?
Zeugin Perman:	Wir haben gesehen sehr viel Menschen, hat man an Gestapohof gebracht. Frauen, Männer und kleine Kinder. Und man hat sie mit dem Gesicht an Wand gestellt.

Vorsitzender:	Frauen, Männer, Kinder.
Zeugin Perman:	Ja.
Vorsitzender:	Und was geschah mit denen?
Zeugin Perman:	Das hab' ich nicht gesehen. Ich hab' nur gesehen, dass um früh hat man gebracht und am Abend hat man sie weggeführt.
Vorsitzender:	Hm.
Zeugin Perman:	Und sie sind schon nicht zurückgekommen. Im Ghetto hab' ich die schon nicht gesehen. Das weiß ich.
Vorsitzender:	Nun haben Sie den ganzen Weg mit Ihrer kleinen Tochter gemacht, vom Ghetto bis zum Bahnhof,
Zeugin Perman:	Ja, ja das war sehr_
Vorsitzender:	bis an den Zug, bis an die Waggons.
Zeugin Perman:	Ja, ja.
Vorsitzender:	Was haben Sie denn auf diesem Wege erlebt?
Zeugin Perman:	Auf diesem Weg hab' ich denselben Plaumann, habe ich gesehen, sagt er: Was machst Du? Hast Du ausgerückt? Sag ich nein, Herr Plaumann, man hat mich entlassen, man hat mich freigelassen. Der Herr Bloch hat mich freigelassen. Hau ab. Verzeihen Sie mich, Herr Präsident, für den Ausdruck, Du dreckige Juden, hau ab, hast viel Glück gehabt.
Vorsitzender:	Da sagt Plaumann zu Ihnen, hau ab,
Zeugin Perman:	Ja.
Vorsitzender:	Du Dreckige.
Zeugin Perman:	Ja.
Vorsitzender:	Hm, hast viel Glück gehabt. (*schweigt*) Das war auf dem Rückweg.
Zeugin Perman:	Ja, ja.
Vorsitzender:	Wie war denn der Hinweg? Waren da
Zeugin Perman:	den Hinweg_
Vorsitzender:	viele Bewachungsleute?
Zeugin Perman:	Ja, ja. Viel Gestapo.
Vorsitzender:	Hm.
Zeugin Perman:	Und das war nur die Gestapo aus Białystok.
Vorsitzender:	(*schweigt)* Kannten Sie die Gesichter?

Zeugin Perman:	(*schweigt*) Waren sehr viel.
Vorsitzender:	Das waren sehr viele. Waren auch unbekannte Gesichter dabei?
Zeugin Perman:	Dibus war auch drin.
Vorsitzender:	(*schweigt*) Den haben Sie mit Sicherheit gesehen?
Zeugin Perman:	Bitte?
Vorsitzender:	Haben Sie Dibus mit Sicherheit gesehen auf dem Hinweg?
Übersetzerin:	[...]
Zeugin Perman:	*Tak, tak, widziałam go.* Ja, ich hab' gesehen. (*schweigt*) Die alle von Gestapo waren.
Vorsitzender:	Wen mögen Sie denn da noch gesehen haben?
Zeugin Perman:	(*schweigt*) Kann mich nicht erinnern so genau jetzt.
Vorsitzender:	Ja. Aber Sie sind sich bei Dibus sicher?
Zeugin Perman:	Ja, den Dibus hab' ich schon dann gekennt.
Vorsitzender:	Haben Sie denn auch Herrn Heimbach gesehen?
Zeugin Perman:	Der Heimbach war noch nicht, es war nur Friedel. Der Heimbach ist gekommen nach der ersten *akcje.*
Vorsitzender:	Hm. Sie meinen nach der ersten Aktion?
Zeugin Perman:	Ja.
Vorsitzender:	Und haben Sie Dr. Altenloh gesehen?
Zeugin Perman:	(*schweigt*)
Vorsitzender:	Ich meine immer auf diesem Marsch_
Zeugin Perman:	Das gedenke ich nicht.
Vorsitzender:	Nicht gesehen.
Zeugin Perman:	Ich gedenk' das nicht.
[...]	
Vorsitzender:	Jetzt würd's mich interessieren, als Sie diesen Weg machten vom Ghetto zum Bahnhof, haben Sie da selbst erlebt, dass auch geschossen worden ist?
Zeugin Perman:	Ja, natürlich.
Vorsitzender:	So?
Zeugin Perman:	Man hat sehr viel geschossen, sehr viel. In meiner Reihen ist ein alte Frau gegangen, hat man sie rausgeschmissen und am Platz erschossen.

Vorsitzender:	Warum denn wohl?
Zeugin Perman:	Sie war zu schwach, hat nicht gekönnt so schnell gehen wie die anderen, die Jungen. Und natürlich, ich war doch noch so jung.
Vorsitzender:	Hm, hm. Ja, ja, klar. Also, da gingen Sie in der Kolonne, ja?
Zeugin Perman:	Ja.
Vorsitzender:	Und eine Frau war zu alt und zu schwach,
Zeugin Perman:	Zu schwach.
Vorsitzender:	und da hat man sie rausgenommen und hat sie
Zeugin Perman:	Ja.
Vorsitzender:	erschossen?
Zeugin Perman:	Das war nicht nur ein Fall. Es waren viel solche Fall.
Vorsitzender:	Und das haben Sie selbst erlebt?
Zeugin Perman:	Ja. Das haben wir gesehen.[257]

Die Zeugin benannte wesentliche Elemente der grauenhaften Wirklichkeit, die sich hinter dem Euphemismus „Räumung“ verbirgt: die Trennung von Familienmitgliedern bei dem Versuch, sich vor den Deutschen in Sicherheit zu bringen; Gefühle der Ohnmacht, als die Deutschen in die Häuser eindrangen und die Bewohner zwangen, alles stehen und liegen zu lassen, um sie aus ihren Wohnungen zum Sammelplatz zu scheuchen; das Zusammentreiben der Menschen in von den Deutschen bewachten Kolonnen; das Erschießen von Juden, die zu fliehen versuchten oder nicht schnell genug zum Sammelplatz gingen; der Weg von der Jurowiecka-Straße im Ghetto zum Industriebahnhof im Nordosten der Stadt und schließlich das Hineintreiben der zur Deportation bestimmten Menschen in die Waggons.

Der Vorsitzende Richter ließ die Zeugin Perman zunächst in ihrer Erzählung gewähren und unterbrach sie nur, wenn er etwas nicht genau verstanden hatte. Wie sieht die narrative Struktur der Erzählung aus? Der Anfang des zitierten Vernehmungsabschnitts kann mit der Terminologie Harris' als *orientation* bezeichnet werden, denn er enthält die Rahmenbedingungen für die nachfolgende Erzählung. Perman berichtete, dass sie ihren Sohn und ihre Eltern in ein

257 Vernehmung der Zeugin Sara Perman in der Hauptverhandlung der Strafsache gegen Dr. Altenloh u.A. (5 Ks 1/65) v. 13.5.1966, in: L/StADT, D 21 A, Nr. 6341, Tonband 17 Rückseite.

Versteck gebracht hatte und zusammen mit ihrer kranken Tochter zu ihrer Bekannten gegangen war. Die Kern-Erzählung oder *core narrative* (Harris) beginnt mit Permans Bekundungen über die Begegnung mit den Deutschen eines „Räumungstrupps" in dem Haus ihrer Bekannten. Perman ahmte das Gebrüll („Aufmachen") der Deutschen, das sie in Angst und Schrecken versetzt hatte, nach. Die Geschichte ihrer „Rettung" bewegte sie emotional am stärksten. Sie erzählte von der damaligen Situation, als würde sie sie in ihrer Erinnerung erneut durchleben („das gedenk ich so wie jetzt"). Die Zeugin beantwortete die Frage des Vorsitzenden nicht, ob sie und ihr Kind auch in den zum Abtransport bereitstehenden Zug getrieben worden seien, sondern sie berichtete stattdessen ausführlich davon, wie es dazu gekommen war, dass sie von der Deportation verschont blieb. Permans Stimme wurde lauter und kräftiger, als sie dem Gericht schilderte, wie sie – unter Berufung auf ihre Tätigkeit als Schneiderin für die KdS-Dienststelle und an das Mitleid derjenigen appellierend, die sie kannten – versucht hatte, sich und ihr Kind zu schützen. Am Ende berichtete Perman davon, wie sie zu der Gruppe der anderen Gestapoarbeiter kam, mit denen sie bis zum Ende der Deportationen zusammenblieb.

Der auf die Kern-Erzählung folgende Dialog (*point*) – beginnend mit der Frage des Vorsitzenden, was mit den anderen geschehen sei, die nicht für die Gestapo arbeiteten – weist Züge eines Verhörs auf. Perman durfte nicht länger von ihren persönlichen Erlebnissen berichten und bekam angesichts der präzisen Fragen des Vorsitzenden keine Gelegenheit, aus dem engen Korsett des Frage-Antwort-Musters auszubrechen. Die faktenorientierten Fragen des Richters spiegeln das Erkenntnisinteresse des Gerichts, das sich auf strafrechtlich relevante Tatkomplexe und ihre Begleitumstände richtete. Dazu gehörten die Beteiligung der Angeklagten an den Deportationen und die Art und Weise ihrer Durchführung. Der Richter bestand darauf, zu erfahren, ob die Zeugin auf dem Weg zu den Waggons die Angeklagten gesehen hatte und ob sie im Ghetto und außerhalb des Ghettos Erschießungen miterlebt hatte. Die Antwort der Zeugin auf die Frage des Vorsitzenden, was sie auf dem Hinweg erfahren habe, zeigt, dass sie sich gut an Vorkommnisse erinnern konnte, die sie selbst betrafen. Sie berichtete dem Gericht von der Demütigung durch den KdS-Angehörigen Plaumann, dem sie angesichts seiner Macht, über Leben und Tod zu bestimmen, schutzlos ausgeliefert gewesen war. Da sich Perman damals in Lebensgefahr befand, ist es verständlich, dass sich ihr persönliche Begegnungen und Erlebnisse stärker einprägten als Wahrnehmungen, die weder sie selbst noch Verwandte, Freunde oder Bekannte betrafen. Dass Perman schließlich im Februar nicht in einen Zug gepfercht und in ein Todeslager geschickt wurde, hing letztlich nur von Willkür ab, denn: Es war nicht voraussehbar, dass Angehörige der Sicherheitspolizei eine jüdische Frau mit einem kleinen Kind auf dem Arm von der Deportation verschonen würden.

Im Gegensatz zu Sara Perman, die der Deportation im Februar 1943 entging, wurde der Arzt Dr. Aron Bejlin, der im Ghetto Direktor des in der Jurowiecka-Straße 7 gelegenen Spitals für Infektiöse Krankheiten war, während der „Teilliquidierung" des Białystoker Ghettos abtransportiert. Im Urteil heißt es, Bejlin sei „der einzige bekannte und vernommene Zeuge, der einen der drei Februar-Transporte nach Auschwitz" überlebt habe.[258] Hört man seine Aussage, wird klar, dass sich das, was die Deportierten erfuhren und erlitten, nicht auf einen einzelnen Begriff wie „Räumung" reduzieren lässt. Bejlin beschrieb dem Gericht das Verhalten der Deutschen gegenüber den Juden und die Reaktionen der Opfer, er schilderte die Umstände, unter denen Menschen um ihr Leben gebracht worden waren, er berichtete von der Verzweiflung der Opfer, die geahnt oder befürchtet hatten, dass sie am Ende ihrer Reise der Tod erwartete, und er beschrieb die Szenen, die sich bei der Ankunft der Deportierten in Auschwitz abgespielt hatten. In Bejlins Aussage ist das Andenken an die Ermordeten aufbewahrt. Er erwähnte nicht nur Bekannte und Familienangehörige – seine Frau und seine Mutter –, sondern auch diejenigen, die ihm unbekannt waren. Auch die Namenlosen, deren Gesichter sich in sein Gedächtnis eingeschrieben hatten, tauchen in seiner Aussage auf. Bejlin sprach für diejenigen, die nicht mehr vor Gericht als Zeugen auftreten konnten, wie seine Frau, die im August 1943 den Białystoker Kindertransport nach Theresienstadt begleitete. Von dort wurde sie nach Auschwitz deportiert, wo sie am 24. Dezember 1943 an Flecktyphus starb. Da der Richter an einer chronologischen, geordneten Erzählung über den Hergang der Geschehnisse im Februar interessiert war, musste Bejlin seinen Bericht über das Schicksal seiner Frau und das der Białystoker Kinder zunächst ausklammern:

Vorsitzender:	Jetzt darf ich Sie ganz speziell fragen: Als die Februar-Aktion begann, der Sie ja auch zum Opfer fielen, war da Barasz bei Beginn der Aktion der Auffassung, die Sache ist hoffnungslos?
Zeuge Dr. Bejlin:	Kann ich, kann ich davon_
Vorsitzender:	Ja.
Zeuge Dr. Bejlin:	von der Februar-Aktion erzählen?
Vorsitzender:	Bitte, wenn Sie, also ä eh Sie das Einzelne der Aktion erzählen, wäre ich Ihnen dankbar, wenn Sie uns versuchten zu rekonstruieren: Als das erste Signal zur

258 Urteil 5 Ks 1/65, in: L/StADT, D 21 A, Nr. 6194, Bl. 103.

	Februar-Aktion kam, ob Sie und Barasz und Ihre Freunde schon der Auffassung waren, das ist der Weg in den Tod.
Zeuge Dr. Bejlin:	Jawohl.
Vorsitzender:	Für diejenigen, die wegkommen.
Zeuge Dr. Bejlin:	Jawohl. Wir wussten gar nicht, dass, dass nur ein Teil wegkommt. Wir haben gemeint, dass_
Vorsitzender:	Ja, also, wenn Sie unter diesem Gesichtspunkt uns das bitte beginnen wollen.
Zeuge Dr. Bejlin:	Ein paar Tage vorher waren vage Gerüchte im Gange, dass etwas_ dass die Gefahr in der Luft liegt.
Vorsitzender:	Ja.
Zeuge Dr. Bejlin:	Etwas ist in Vorbereitung, im Anrücken.
Vorsitzender:	Ja.
Zeuge Dr. Bejlin:	Wir wussten nur nicht genau, was. Ich habe den Barasz gesprochen. Barasz hat gesagt, wenn das_ wenn Sie hören werden, dass geschossen wird, verstecken Sie sich im Bunker meines Hauses. Und zwar im Hause, in dem er gelebt hat, war ein Kartoffelkeller.
Vorsitzender:	Ja.
Zeuge Dr. Bejlin:	Und in diesem Kartoffelkeller hab' ich mich versteckt mit meiner Mutter. Und meine Frau ist in einen anderen Bunker gegangen.
Vorsitzender:	Ja.
Zeuge Dr. Bejlin:	Wir ä_ aus der Voraussetzung heraus, dass es ist besser, wenn wir uns zerstreuen,
Vorsitzender:	Hm.
Zeuge Dr. Bejlin:	da werden wir nicht auf einmal ge_ erwischt.
Vorsitzender:	Ja.
Zeuge Dr. Bejlin:	Wenn ein Platz erwischt wird, wird vielleicht der andere unentdeckt bleiben.
Vorsitzender:	Hm.
Zeuge Dr. Bejlin:	Und aus diesem_ die Mutter war eine ältere Frau,
Vorsitzender:	Ja.
Zeuge Dr. Bejlin:	musste sie mit ihrem Sohn zusammen sein.
Vorsitzender:	Ist klar.

Zeuge Dr. Bejlin: Aber meine Frau war jung, und infolgedessen begab sie sich in einen anderen Bunker. Ich weiß nicht einmal_

Vorsitzender: Hatten Sie damals schon Kinder?

Zeuge Dr. Bejlin: Nein.

Vorsitzender: Nein.

Zeuge Dr. Bejlin: Ich weiß nicht einmal, wohin,

Vorsitzender: Ja.

Zeuge Dr. Bejlin: ä

Vorsitzender: Gut. Und wie ging's jetzt wei_

Zeuge Dr. Bejlin: in welchen Bunker sie gegangen ist.

Vorsitzender: Hm.

Zeuge Dr. Bejlin: Ich werde ja gleich von den Białystoker Kindern erzählen.

Vorsitzender: Ja.

Zeuge Dr. Bejlin: Und sie hat zum Begleitpersonal gehört.

Vorsitzender: Ja.

Zeuge Dr. Bejlin: Und ich habe sie später in Auschwitz getroffen. Aber im August 43. Das heißt, bei der endgültigen Liquidation des Ghettos. Ich war ja im Februar weggenommen.

Vorsitzender: Ja, ganz recht.

Zeuge Dr. Bejlin: Nachher hat ja das Ghetto sechs Monate existiert.

Vorsitzender: Schieben Sie das bitte noch zurück, das Schicksal Ihrer Frau. Also, erst mal Februar, und jetzt möchte ich gerne wissen_

Zeuge Dr. Bejlin: Jawohl.

Vorsitzender: Wie_

Zeuge Dr. Bejlin: Und wir haben diesen Bunker, diesen Bunker besichtigt, diesen Keller.

Vorsitzender: Ja, ganz recht.

Zeuge Dr. Bejlin: Nennen wir das nicht Bunker, weil das war kein speziell gegrabenes

Vorsitzender: Nein, nein.

Zeuge Dr. Bejlin: ä gegrabener Versteck, sondern es war ein Kartoffelkeller im Hause da. Wir wollten es nur als ä Versteck später wahrnehmen, ausnutzen.

Vorsitzender: Hm.

Zeuge Dr. Bejlin:	Und da am fünften ganz früh, hab' ich da erste Schüsse gehört.
Vorsitzender:	Hm.
Zeuge Dr. Bejlin:	Also, vereinzelte.
Vorsitzender:	Ja, ganz recht.
Zeuge Dr. Bejlin:	Eins, zwei. Und bin heraus vor die_ also vors Haus und habe gesehen, die Leute rennen, in Panik. Hab' ich gefragt: Was ist? Hat man mir nur ein Wort zurückgeschleudert: Aktion! Da ist meine Frau weg, und ich habe mich mit meiner Mutter und mit noch zwei, ja, Raj_ Dr. Rajgrodzki ist inzwischen im Ghetto gestorben.
Vorsitzender:	Hm.
Zeuge Dr. Bejlin:	Wie gesagt, Mangel an Herzmitteln.
Vorsitzender:	Ja.
Zeuge Dr. Bejlin:	Geblieben ist nur seine Frau und seine Schwägerin, die sich wieder anderweitig versteckt haben. In diesem Bunker war meine Mutter, ich und noch eine Frau und ein Kind, ein kleiner Säugling, den ä die Mutter erstickt hat, damit es nicht schreit. Damit es den Bunker nicht verrät.
Vorsitzender:	Ja.
Zeuge Dr. Bejlin:	Aber sie hat ihn erstickt in der letzten Minute. Es war unnötiger Tod, sowieso wäre es_ heute wissen wir jetzt nachträglich, dass es ist egal, aber mit den eigenen Händen ein eigenes Kind zu ersticken ist etwas ganz anderes, wie wenn ein anderer das Kind ermordet.
Vorsitzender:	Das war in seinem_ in Ihrem Bunker?
Zeuge Dr. Bejlin:	Jawohl. Und ä und wir haben oben die Türen geschlossen, abgeschlossen, damit wir hören, wenn die Leute kommen suchen, wenn sie suchen kommen und finden natürlich die Tür geschlossen, werden sie mit dem Gewehrkolben
Vorsitzender:	Ja.
Zeuge Dr. Bejlin:	einschlagen, und da werden wir unten das Geräusch hören, weil der Keller war ziemlich dicht. Wir wollten sicher sein, dass wir wissen, wann die Leute da sind, oben. Und so war es auch. Wir haben die Türen, waren oben verglast, und die haben mit dem Gewehrkolben wahrscheinlich das Glas ausgebrochen und hineingeschaut durch dieses Loch, ob jemand da ist. Vielleicht haben sie auch die Türen geöffnet, wir waren schon nicht in diese Wohnung zurückgekehrt.

Vorsitzender:	Ja.
Zeuge Dr. Bejlin:	Man hat uns direkt von dort genommen. Und wie das Kind angefangen hat zu schreien, hat die Mutter natürlich sofort den Mund des Kindes_ aber das war wie gesagt, ein unnützer Tod, weil die haben's gehört. Jetzt der Eingang in den Kartoffelkeller war <u>verschüttet</u>, das heißt von oben hat meine Frau, bevor sie in den anderen Bunker ging, hat sie uns sozusagen <u>getarnt</u>. Und die haben es aber doch ausgeschnüffelt, wo das ist, sie haben es geöffnet, sind_ einer ist die Treppe herunter, hat gesagt, er schießt hinein, wenn wir nicht herausgehen, und da sind wir freiwillig hinausgegangen.
Vorsitzender:	Ja.
Zeuge Dr. Bejlin:	Und der hat mich mit einem Gewehrkolben_ der erste Schlag ä, den ich bekommen habe, aber nicht der letzte. Und so wurden wir auf den Umschlagplatz geführt. Man hat noch aus den Nachbarhäusern zu_ paar Leute, die alle, die man ausgefischt hat, entweder aus den Bunkern oder aus den Zimmern oder aus den Kleiderschränken, ich weiß ja nicht, wo die Leute sich da versteckt haben, und man hat uns zum Sammelplatz geführt.
Vorsitzender:	Und wo war der Sammelplatz?
Zeuge Dr. Bejlin:	Der Sammelplatz, das war gegenüber mein, des, gegen dem Spital gegenüber. Gerade_
Vorsitzender:	Ach so.
Zeuge Dr. Bejlin:	Ich stand angelehnt an die Wand des Spitals. Das Spital war_ ä also so: Jurowiecka, wie gesagt,
Vorsitzender:	Ja.
Zeuge Dr. Bejlin:	Jurowiecka 7.
Vorsitzender:	Hm.
Zeuge Dr. Bejlin:	Gegenüber war die Fabryczna.
Vorsitzender:	Ja.
Zeuge Dr. Bejlin:	Das war der Sammelplatz. Die Fabryczna war mit Leuten überschwemmt. Auch der_ das Stückchen Jurowiecka, und ich stand mit meiner Mutter an der Wand des Spitals.
Vorsitzender:	Ja.

Zeuge Dr. Bejlin:	Also an die Wand angelehnt. Und habe gesehen natürlich, wie Leute, wie Leute flüchteten oder bemühten sich zu flüchten und wurden unterwegs erschossen. Die Straße war mit Leichen besät. Und die_ und natürlich Schreie und ä_
Vorsitzender:	Das haben Sie alles selbst gesehen?
Zeuge Dr. Bejlin:	Jawohl.
Vorsitzender:	Ja.
Zeuge Dr. Bejlin:	Da bin ich Augenzeuge.
Vorsitzender:	Ja.
Zeuge Dr. Bejlin:	Und ä es wurde
Vorsitzender:	Wurden_
Zeuge Dr. Bejlin:	heftig geschossen.
Vorsitzender:	Wurden auch Kinder und Frauen_
Zeuge Dr. Bejlin:	Alle, alle, alle, alle, ohne Ausnahme. Ohne Ausnahme. Keiner wurde zurückgestellt.
Vorsitzender:	Nein, erschossen mein' ich.
Zeuge Dr. Bejlin:	Jawohl. Das heißt, wenn eine Mutter mit einem Kind auf dem Arm lief, vom Transport aus, vom Umschlagplatz,
Vorsitzender:	Hm, ja.
Zeuge Dr. Bejlin:	hat er angelegt und hat geschossen. Und die, die Straße, ich kann Ihnen nicht genau sagen, ob Leich_ Kinderleichen da waren, das hab' ich ja gar nicht gesehen.
Vorsitzender:	Ja.
Zeuge Dr. Bejlin:	In diesem Moment
Vorsitzender:	Hm.
Zeuge Dr. Bejlin:	nimmt man solche Dinge nicht wahr. Man nimmt nur die_ das Grauen wahr.
Vorsitzender:	Ja.
Zeuge Dr. Bejlin:	Hab' ich aber gesehen, die Straße, also die Jurowiecka entlang
Vorsitzender:	Ja.
Zeuge Dr. Bejlin:	und Ecke Fabryczna waren mit Leichen besät. Es müssten an die 150 bis 200 Leichen gewesen sein.
Vorsitzender:	Hatte man Ihnen eigentlich Zeit gelassen, irgendetwas mitzunehmen an Gepäck?

Zeuge Dr. Bejlin:	Kein Mensch hat doch mich überhaupt nicht gefragt. Er hat mit dem Gewehrkolben geschlagen, und er hat mich getrieben zusammen mit der Gruppe zum Umschlagplatz. Der hat ja überhaupt nicht gesprochen. Waren zwei dabei.
Vorsitzender:	Sie konnten überhaupt nichts mitnehmen? Gar nich_
Zeuge Dr. Bejlin:	Ach wo, ach wo.
Vorsitzender:	Hm.
Zeuge Dr. Bejlin:	Und wir wurden verladen, also wir_
Vorsitzender:	Ja, nun schildern Sie uns bitte vom Sammelplatz aus
Zeuge Dr. Bejlin:	Jawohl.
Vorsitzender:	zum Verladebahnhof. Passierte_ wurden Sie nun von diesem Sammelplatz auf einen größeren Sammelplatz geführt?
Zeuge Dr. Bejlin:	Nee.
Vorsitzender:	Sondern direkt_
Zeuge Dr. Bejlin:	Wir wurden getrieben die Fabryczna hinauf, die Sienkiewicza zu der so genannten, zum Güterbahnhof, das hat geheißen Polesie-Bahn, Polesie-Bahnhof.
Vorsitzender:	Hm, hm.
Zeuge Dr. Bejlin:	Und dort wurden wir verladen. Und zwar_ die Aktion hat angefangen natürlich mit dem Morgengrauen. Und verladen wurden wir am späten Nachmittag, sagen wir so um zwei, drei.
Vorsitzender:	Hm.
Zeuge Dr. Bejlin:	Das war alles, ohne Wasser, ohne Essen. Und da haben sich natürlich im Zug, wie der Zug zu fahren anfing, fürchterliche Szenen abgespielt. Ä Leute wussten genau, wohin sie fuhren. Wir dachten nur, dass wir doch nach Treblinka fuhren.
Vorsitzender:	Das nahmen Sie an?
Zeuge Dr. Bejlin:	Ja, weil Małkinia_ Małkinia, das ist ein Bahnknotenpunkt.
Vorsitzender:	Ja.
Zeuge Dr. Bejlin:	Ist ungefähr eineinhalb bis zwei Stunden von Białystok entfernt.
Vorsitzender:	Ja.
Zeuge Dr. Bejlin:	Und Treblinka ist ein Seitengleis von Małkinia.

Vorsitzender:	Hm. Und wussten Sie schon in_ aufem Bahnhof in Białystok, dass Sie nach Małkinia fahren?
Zeuge Dr. Bejlin:	Nein, wir haben vermutet.
Vorsitzender:	Ja.
Zeuge Dr. Bejlin:	Wir haben vermutet. Dass es Vernichtung bedeutet, haben wir fast mit Sicherheit gewusst, aber, dass das Małkinia sein wird oder Treblinka sein wird oder ein anderes Lager, das haben wir nur vermutet.
Vorsitzender:	Ja. Und_
Zeuge Dr. Bejlin:	Und vor Małkinia_
Vorsitzender:	Was waren das für Wagen, in die Sie gepackt wurden?
Zeuge Dr. Bejlin:	Also, das war der erste Transport. Und ich muss sagen, die Transportgelegenheit war erträglich. In Bezug auf die Wagen, aber nicht auf die Enge. Man hat uns zusammengepfercht,
Vorsitzender:	Hm.
Zeuge Dr. Bejlin:	und das hat natürlich die Fahrt unmöglich gemacht. Wir waren 70 in einem Wagen. Aber das waren Personenwagen mit Fenstern.
Vorsitzender:	Personenwagen
Zeuge Dr. Bejlin:	Jawohl.
Vorsitzender:	mit Fenstern.
Zeuge Dr. Bejlin:	Wir waren 70 in einem Wagen, 70, 75, ä, ich habe es auch nicht gezählt, aber es war fürchterlich.
Vorsitzender:	Sie wollten gerade anfangen zu sagen, nachdem diese Menschen alle kein Wasser und keine Nahrung den Tag bekommen hatten, haben sich fürchterliche Szenen abgespielt.
Zeuge Dr. Bejlin:	Nicht deswegen.
Vorsitzender:	Sondern?
Zeuge Dr. Bejlin:	Sondern weil sie wussten, was sie erwartet.
Vorsitzender:	Lag in den Zügen vielleicht Verpflegung?
Zeuge Dr. Bejlin:	Nein, ich hab's nicht gesehen. Und ich habe erst in Warschau, darauf komme ich noch zurück, einen Eimer Wasser bei einem_ für die Kinder, die in meinem Abteil waren, ä für eine goldene Uhr gekauft. Er hat noch gesagt, aber den Eimer bitte zurück. Das hat mir ein Deutscher verkauft. Ein ä Unteroffizier von der Wachmannschaft. Der ging in den Bahnhof, hat mir einen Eimer Wasser gebracht. Wie er gesehen hat_ ich habe

	ihm gezeigt, ich gebe Ihnen diese Uhr für einen Eimer Wasser. Hat er gesagt, aber den Eimer zurück.
Vorsitzender:	Bitte schildern Sie jetzt weiter, Sie fuhren am späten Nachmittag ab_
Zeuge Dr. Bejlin:	Also, nicht am späten Abend, sondern am späten Nachmittag.
Vorsitzender:	Ja.
Zeuge Dr. Bejlin:	Fuhren wir, und da haben schon Leute angefangen zu schreien, und ä also Verzweiflungsakte, sie haben sich die Venen aufgeschnitten mit Rasierklingen, irgendwo hat jemand eine Rasierklinge in unserem Abteil gehabt, und er hat sie_ und da haben sich paar insbesondere_ das waren Frauen. Männer sind gesprungen.
Vorsitzender:	Rausgesprungen.
Zeuge Dr. Bejlin:	Jetzt war aber so: An jeder Plattform standen zwei Wachleute. Und wie einer so heraussprang, haben sie ihn ins Kreuzfeuer genommen. Und wir haben Blut auf dem Schnee gesehen. Ob sie verwundet wurden oder getötet, das konnten wir natürlich nicht ver_ beurteilen, weil der Zug ging ja weiter.
Vorsitzender:	Ä sprangen denn diese Männer während der Fahrt heraus?
Zeuge Dr. Bejlin:	Jawohl, nur während der Fahrt.
Vorsitzender:	Und während der Fahrt standen die bewaffneten Wachmänner_
Zeuge Dr. Bejlin:	Die Bewachung stand während der Fahrt auf den Plattformen. Natürlich eingehüllt in Pelzen, war ja kalt.
Vorsitzender:	Ja, eben.
Zeuge Dr. Bejlin:	Und der Zug ging ja schnell, aber auf der Plattform standen zwei Wachleute von beiden Seiten.
Vorsitzender:	Hm.
Zeuge Dr. Bejlin:	Und wie einer heraussprang, haben sie ihn ins Kreuzfeuer genommen. Und meistens getroffen auch, weil wir haben ja das Blut auf dem Schnee gesehen.
Vorsitzender:	Und ging die Reise nun wirklich nach Małkinia? Oder wo ging die Reise hin?
Zeuge Dr. Bejlin:	Jetzt kamen wir nach Małkinia. Wir haben ja die Möglichkeit gehabt, die Stationen durchs Fenster zu beobachten. Und waren sicher, dass von hier aus fahren wir nach Treblinka.

Vorsitzender:	Ja.
Zeuge Dr. Bejlin:	War aber nicht der Fall.
Vorsitzender:	Ja.
Zeuge Dr. Bejlin:	Wir fuhren weiter. Und nach paar Stunden waren wir in Warschau. Und eben in Warschau habe ich diesen Eimer Wasser gekauft.
Vorsitzender:	Ja.
Zeuge Dr. Bejlin:	Und da ging heraus_ das war wahrscheinlich der Kommandant oder der stellvertretende Kommandant des Bahnhofes. Ein Wehrmachtsoffizier.
Vorsitzender:	Hm.
Zeuge Dr. Bejlin:	Und sagt zu einem der Wachmannschaften, weil jener hat uns nicht erlaubt, durch die Fenster zu schreien nach Hilfe. Nämlich, es waren dort Frauen, die die polnischen ä Bahnbeamten angesprochen haben und haben gesagt, Hilfe, das ist doch ein gemeinsamer Feind. Und da hat die Wachmannschaft mit den Bajonetten diese ä, diese im Zug waren zurückgedrängt von den Fenstern
Vorsitzender:	Ja.
Zeuge Dr. Bejlin:	in den Zug.
Vorsitzender:	Hm.
Zeuge Dr. Bejlin:	Da kam ein Offizier hinaus und sagt: Was machen Sie da? Sagt der: Das sind Juden. Und da ist er weg. Das war übrigens nicht das einzige Mal, wo ich gesehen habe, dass ein Deutscher von jeder Maßnahme Abstand nahm, wie er gehört hat so das verpönte Wort Juden. Es war auch auf dem Todesmarsch von Auschwitz aus, aber das hat ja hier zur Sache, nichts zur Sache.
Vorsitzender:	Von Warschau fuhren Sie jetzt weiter.
Zeuge Dr. Bejlin:	Fuhren wir weiter und eine ganze Nacht. Und unterwegs blieben wir stehen und fuhren wieder, und wir unterschieden schon keine Stationen mehr, ja_
Vorsitzender:	Und das war schon die zweite Nacht?
Zeuge Dr. Bejlin:	Nein, das war die erste Nacht, wieso die zweite?
Vorsitzender:	Nein, Verzeihung. Verzeihung. Sie sind am_
Zeuge Dr. Bejlin:	Spät am Nachmittag am fünften_
Vorsitzender:	Am späten Nachmittag sind Sie losgefahren.
Zeuge Dr. Bejlin:	Am fünften.
Vorsitzender:	Fünften. Und wann waren Sie in Warschau?

Zeuge Dr. Bejlin: In Warschau waren wir ä so vor Sonnenuntergang. Es war noch so grau.

Vorsitzender: Ach so.

Zeuge Dr. Bejlin: Am selben Tag, ja.

Vorsitzender: Ach so. So schnell geht das.

Zeuge Dr. Bejlin: Ja, das ging schnell. Von Białystok nach Warschau hat normal die Fahrt gedauert im Vorkriegspolen vier Stunden.

Vorsitzender: Ja.

Zeuge Dr. Bejlin: Das ist ja_

Vorsitzender: So, und dann fuhren Sie die ganze nächste Nacht, mal blieben Sie stehen_

Zeuge Dr. Bejlin: Jawohl, wir blieben stehen,

Vorsitzender: Vollkommen klar.

Zeuge Dr. Bejlin: fuhren wieder, wir unterschieden keine Stationen, inzwischen haben sich natürlich im Zug die Frauen die Venen geöffnet, wie gesagt.

Vorsitzender: Hm.

Zeuge Dr. Bejlin: Es waren Blutlachen da.

Vorsitzender: Das haben Sie selber erlebt?

Zeuge Dr. Bejlin: Jawohl, ich habe sie verbunden.

Vorsitzender: Und wie viel Fälle mögen das gewesen sein?

Zeuge Dr. Bejlin: Ungefähr_ also in meinem Wagen

Vorsitzender: Ja, in Ihrem Wagen.

Zeuge Dr. Bejlin: fünf Fälle, an die ich mich erinnern kann, darunter eine Sängerin, die im Zuge der Polen-Aktion nach Białystok zugewandert ist, die hat geheißen Tilaforsza, da kann ich noch ihre_ kann mich noch an ihren Namen_ das war ein Fräulein,

Vorsitzender: Hm.

Zeuge Dr. Bejlin: das später mit dem Leben bezahlt hat, weil sie sich zu einem Kinde ä also gehörig erklärt hat. Das war schon auf der Rampe, darauf komme ich zurück,

Vorsitzender: Ja.

Zeuge Dr. Bejlin: das war, wie wir gekommen sind.

Vorsitzender: Nun, also_

Zeuge Dr. Bejlin: Und die hat sich die Venen geöffnet, noch vier Frauen.

Vorsitzender:	Hm.
Zeuge Dr. Bejlin:	Ein Mann hat sich herausgelehnt und wurde getroffen, bevor er gesprungen ist oder seine Leiche im Abteil lag. Und wie sie schon etwas zu riechen anfing, haben wir sie durchs Fenster herausgeschmissen – auf mein Anraten. Ich kann doch keine verwesende Leiche im Abteil halten, das gefährdet ja die Übrigen, obwohl diese Leben ja sowieso nicht so viel Wert waren.
Vorsitzender:	Und wie viel Fälle, wie viel Fälle von Herausspringen mögen Sie selbst beobachtet
Zeuge Dr. Bejlin:	Also,
Vorsitzender:	haben?
Zeuge Dr. Bejlin:	in meinem Abteil müssten es fünf gewesen sein, die den Mut hatten. Der sechste ist ja erschossen worden, bevor_ nur bei der Herauslehnung.
Vorsitzender:	Hm.
Zeuge Dr. Bejlin:	Und seine Leiche war bei uns im Abteil.
Vorsitzender:	Hm.
Zeuge Dr. Bejlin:	Und da kamen wir_ ä also im Morgengrauen nächsten Tages, wie wir uns schon, wie es scheint, Auschwitz genähert haben, wir wussten gar nicht, dass es Auschwitz ist,
Vorsitzender:	Hm.
Zeuge Dr. Bejlin:	haben wir ausgemergelte Gestalten links des Bahn_ der Bahnschienen gesehen.
Vorsitzender:	Ja.
Zeuge Dr. Bejlin:	Und wir haben Ihnen zugeschrien durch die Fenster: Wo sind wir? Keiner geantwortet. Überhaupt stumme, ausgemergelte Gestalten in Sträflingsanzügen. Ä die Füße mit ä, mit ä Lumpen gewickelt, und die gruben links aus den, der Bahnschiene, mit Spaten in den Händen und mit einem Aufseher, und unweit stand eine Wache. Und die haben uns nicht geantwortet. Wir fragten: Wo sind wir? (*schweigt*) Und da kamen wir auf die berüchtigte Auschwitzer Rampe. Da war aufgeschrieben Auschwitz-Birkenau. Und wir wurden aus den Zügen herausgepeitscht und zwar durch Häftlinge mit SS-Leuten zusammen. Raus, raus, raus, raus! Und in Fünferreihen aufstellen. Kinder und Frauen und Männer. Und da stand vorne eine Gruppe Leute, da war darunter der SS-Arzt, den ich später als SS-Arzt gekannt habe, erkannt habe, das war Dr. Rohde, r, h, o, d, e. Er hat die Selektion vorgenommen, nach dem bekannten

	Muster links, rechts. Natürlich ist meine Mama gegangen sofort ä rechts, und ich war links gegangen,[259] und da_ ich meine im ersten Transport, der mit mir angekommen ist, waren wahrscheinlich an die zweitausend Leute.
Vorsitzender:	A, zweitausend Leute. In wie viel Wagen etwa?
Zeuge Dr. Bejlin:	Wie viel Wagen?
Vorsitzender:	Ja, Wagen, Personen_
Zeuge Dr. Bejlin:	Kann ich nicht beurteilen.
Vorsitzender:	Können Sie nicht beurteilen.
Zeuge Dr. Bejlin:	Das war ein langer Zug
Vorsitzender:	Ja.
Zeuge Dr. Bejlin:	aus vielen Wagen, aber das kann ich Ihnen genau nicht sagen.
Vorsitzender:	Und die standen jetzt also alle auf der Rampe.
Zeuge Dr. Bejlin:	Jawohl, eine lange Kolonne.
Vorsitzender:	Hm.
Zeuge Dr. Bejlin:	Und der hat nur so gezeigt, hat ein Schoßhündchen am Arm gehalten und hat die Arie aus Rigoletto gepfiffen, La donna è mobile, und hat so gezeigt.
Vorsitzender:	Und was bedeutete rechts, und was bedeutete links?
Zeuge Dr. Bejlin:	A, später hab' ich das erfahren. Also, auf meiner Seite waren ungefähr zweihundert Männer und separat zweihundert Frauen.
Vorsitzender:	Ja.
Zeuge Dr. Bejlin:	Und alles andere als formlose, amorphe Masse war auf der anderen Seite, darunter meine Mutter.

---

259 In seiner Vernehmung im Frankfurter Auschwitz-Prozess sagte Bejlin über die Selektion Folgendes aus: „Er [Rohde] hat bestimmt, wer stehenbleibt und wer nach rechts geht. Wir sind nach rechts gegangen. Das war die Gruppe, die später leben blieb, das heißt ins Lager hineinkam. Bei mir war es so: Im Białystoker Ghetto wurden den Ärzten auf Anordnung der Gestapo Binden verteilt mit einem violetten Kreuz, nicht rot – da ein jüdischer Arzt nicht würdig ist, ein Arzt zu sein, so haben sie es ach motiviert. Da haben wir violette Kreuze gehabt. Und das ist natürlich an meinen Mantel angenäht worden und auch geblieben, während man mich nach Auschwitz brachte. Da hat Rohde dieses Kreuz bemerkt und hat gefragt: 'Sanitäter?' Habe ich gesagt: 'Nein, Arzt.' Hat er macht: 'Rechts!' Und meine Mutter ist stehengeblieben.“ Vernehmung des Zeugen Aron Bejlin v. 28.8.1964 (83. Verhandlungstag), in: *Fritz Bauer Institut / Staatliches Museum Auschwitz-Birkenau* (Hrsg.), Der Auschwitz-Prozess, Das Verfahren, AP130.041, S. 0.

Vorsitzender:	Ja.
Zeuge Dr. Bejlin:	Und ä die sind dann_ kamen die Wagen mit den umkippbaren Plattformen. Bis sich die Plattform in die Höhe hebt.
Vorsitzender:	Ach so, ja.
Zeuge Dr. Bejlin:	So wie für Kartoffeln.
Vorsitzender:	Ja, ganz recht, ja.
Zeuge Dr. Bejlin:	Die mussten hinaufklettern in die große Gruppe, da kamen ungefähr vier Dutzend Wagen, aber große Wagen, das müssen Acht- bis Zwölftonner gewesen sein, so schätzungsweise. Und dann hat sich die Plattform wieder in die Höhe gehoben, die Hintertür zugeschlossen, zugeklappt und gefahren in der Richtung, von der ich später wusste, dass es die Richtung in die Gaskammer und Krematorien war, aber das war erst später. Wo ich vor dem Lager stand, hab ich natürlich keine Ahnung gewusst, was diese Richtung_ keine Ahnung gehabt, was diese Richtung bedeutet. Und wie wir so_ bis zum <u>Abend</u> standen wir vor den Toren des Lagers, konnte_ konnten und durften uns nicht setzen.
Vorsitzender:	Keine Verpf_, keine_ nichts zu essen?
Zeuge Dr. Bejlin:	Von Verpflegung keine Rede.
Vorsitzender:	Nichts zu trinken?
Zeuge Dr. Bejlin:	In einem fürchterlichen Frost. Müsste an die zwanzig gewesen sein. Bis man uns ins Lager hineingelassen hat, unter Bewachung natürlich, standen wir. Was ich aber gesehen habe_ hab' ich gesehen, wie jenseits des Zauns, das war ein elektrisch geladener Zaun, das haben wir auch erst später erfahren, fuhren Autos mit Kleidern. Und ich habe – mit der ganzen Gewissheit kann ich es behaupten – den Mantel meiner <u>Mama</u> gesehen, meiner Mutter.
Vorsitzender:	Hm, ja.
Zeuge Dr. Bejlin:	Das war ein grauer Loden, so mit Borsten, so Haare.
Vorsitzender:	Ja.
Zeuge Dr. Bejlin:	Und diesen Mantel habe ich erkannt. Und da habe ich die Wahrheit gewusst. Hab' es natürlich_ hab' mich gehütet, jemandem das mitzuteilen, um seinen Geist nicht zu brechen. Braucht ja davon nicht zu wissen, wo unsere Verwandten gegangen sind. Aber ich war schon ein gebrochener Mann. Und da hat man uns am Vora_ also am ä, also in der Dämmerung hat man uns den Einlass ins Lager gewährt, und da hat der Wachmann

	gemeldet dem Transp_ dem Rapportführer, von dem ich später wusste, dass es Rapportführer Schillinger ist, das war eine berüchtigte Gestalt im Lager, den ä allerdings eine polnische Jüdin erschossen hat bei einem der nächsten Transporte, aber das ist eine Geschichte für sich, und er hat ihm gesagt: Herr Rapportführer oder Herr Oberscharführer, dreihundert oder zweihundertfünfzig, ich kann Ihnen genau nicht sagen, zweihundert Männer, ungefähr zweihundertfünfzig, zweihundertfünfzig Figuren, RSHA-Transport Białystok. Damit war die Sache abgetan. Und man hat uns sofort zur Tätowierung und zum kalten Bad in die Brause gebracht. Das war die so genannte Sauna.
Vorsitzender:	War Ihnen denn der Ausdruck RSH, RSHA damals schon bekannt?
Zeuge Dr. Bejlin:	Nein, gar nicht geläufig, Herr Vorsitzender. Ich habe nur mir die Buchstaben gemerkt,
Vorsitzender:	Hm.
Zeuge Dr. Bejlin:	und habe es später bei einem Schreiber gefragt,
Vorsitzender:	Ja.
Zeuge Dr. Bejlin:	was bedeutet das, RSHA?
Vorsitzender:	Ja, ach so.
Zeuge Dr. Bejlin:	Hat er gesagt Reichssicherheitshauptamt. Ich hab's nicht gewusst, ich hab' nicht einmal gewusst, dass so etwas existiert. Aber, dass wir zu zweihundertfünfzig Figuren herabgewürdigt wurden, das hab' ich sofort gemerkt. Und dass wir die Nummer an der Hand bekommen haben, und wir hörten auf P, also Personen zu sein, sondern Nummern, das hab' ich auch gemerkt.
Vorsitzender:	Welche Nummer haben Sie bekommen, Herr Dr. Bejlin?
Zeuge Dr. Bejlin:	100736.[260]

[...]

Der zitierte Ausschnitt aus der Vernehmung beginnt mit den Vorgaben des Vorsitzenden an den Zeugen (*orientation*, Harris). Darauf folgt die Kern-Erzählung, die mit Bejlins Satz „Ein paar Tage vorher waren vage Gerüchte im

260 Vernehmung des Zeugen Aron Bejlin vor dem Schwurgericht Bielefeld (Strafsache gegen Dr. Altenloh u.A., 5 Ks 1/65) v. 25.5.1966, in: L/StADT, D 21 A, Nr. 6341, Tonband 18 Rückseite.

Gange, dass etwas_ dass die Gefahr in der Luft liegt" einsetzt. Der Vorsitzende wirkte zu Beginn etwas ungeduldig und versuchte immer wieder, die Erzählung des Zeugen in eine bestimmte Richtung zu lenken. Bejlin gelang es trotz des engen Korsetts der Vernehmungsstruktur, eigene Schwerpunkte zu setzen und ausführlich von Ereignissen zu erzählen, die ihm wichtig waren. Der Vorsitzende konnte sich dem Bericht des Zeugen nur schwer entziehen. Dies zeigt sich daran, dass er Bejlin im Laufe der Vernehmung immer längere Redeanteile gewährte. Bejlin war ein erfahrener Zeuge, der in dem Erzählen vor Gericht geübt war. Er hatte sowohl im Jerusalemer Eichmann-Prozess[261] als auch im Frankfurter Auschwitz-Prozess als Zeuge ausgesagt.[262]

Bejlin gab an, er habe sich am 5. Februar versteckt und sei am gleichen Tag festgenommen und mit dem ersten Transport deportiert worden. Aus seinem erhalten gebliebenen Auschwitz-Häftlingspersonalbogen geht indes hervor, dass er am zweiten Tag der „Räumung" verhaftet worden und am 8. Februar 1943 in Auschwitz eingetroffen sei. Diese Abweichungen – für die, wie es im Urteil heißt, „vielfältige Erklärungen denkbar" seien –[263] berechtigen zur Überzeugung der Richter nicht dazu, „von vornherein allgemein durchgreifende Bedenken gegen die Zuverlässigkeit der Aussagen dieses Zeugen zu hegen". Bejlin machte „auf das Gericht einen hervorragenden persönlichen Eindruck". Es bestehe kein Zweifel an „seiner Glaubwürdigkeit und an der Glaubhaftigkeit seiner Aussagen".[264]

---

261 Bejlin machte seine Aussage auf Hebräisch. Eine englische Übersetzung findet sich unter: http://www.nizkor.org/hweb/people/e/eichmann-adolf/transcripts/Sessions/Session-069-01.html, Aufruf am 8. September 2008. Im Urteil werden Teile von Bejlins Aussage zitiert. Vgl. *Yablonka*, As Heard by Witnesses, the Public, and the Judges, S. 583.

262 Vgl. *Fritz Bauer Institut / Staatliches Museum Auschwitz-Birkenau* (Hrsg.), Der Auschwitz-Prozess. Tonbandmitschnitte, Protokolle, Dokumente, Berlin ²2005. Auf der DVD findet sich das Transkript der Vernehmung Bejlins vom 28.8.1964. Es besteht also die Möglichkeit, Bejlins Aussagen vor dem Frankfurter und dem Bielefelder Schwurgericht miteinander zu vergleichen. Um den Rahmen dieses Teilkapitels nicht zu sprengen, wurde jedoch an dieser Stelle auf die Durchführung eines Vergleichs verzichtet. Es wird im Folgenden lediglich in einigen Fußnoten auf ausgewählte Passagen aus Bejlins Vernehmung v. 28.8.1964 verwiesen.

263 Im Frankfurter Auschwitz-Prozess gab Bejlin selbst eine Erklärung: „Mir kam [es so] vor, daß mein Transport der erste Transport war. Es ist ja leicht möglich, daß vor mir noch ein anderer Transport ging. In dieser panikartigen Stimmung – das war eine Katastrophenstimmung mit [Geschrei] und Lärm und so – konnte man sich nicht zurechtfinden, ob ich gerade der erste Transport bin oder vor mir noch ein oder zwei Transporte schon weggeschickt wurden." Vernehmung des Zeugen Aron Bejlin v. 28.8.1964 (83. Verhandlungstag), in: *Fritz Bauer Institut / Staatliches Museum Auschwitz-Birkenau* (Hrsg.), Der Auschwitz-Prozess, Das Verfahren, AP130.031, S. 0.

264 Urteil 5 Ks 1/65, in: L/StADT, D 21 A, Nr. 6194, Bl. 111.

Die Aussage des Zeugen vermittelt einen Eindruck von dem Leid der Opfer. Für Bejlin begann das Verhängnis mit der Trennung von seiner Frau und der Ungewissheit über ihr weiteres Schicksal. Es setzte sich fort, als er erleben musste, wie eine Frau in seinem Versteck ihren Säugling tötete, bevor die Deutschen ihn und seine Leidensgenossen gewaltsam aus ihrem Versteck holten, zum Sammelplatz und von dort zum Industriebahnhof führten und in den Deportationszug trieben. Bejlin berichtete dem Gericht, er habe 150 bis 200 Erschossene am Sammelplatz liegen sehen. Dass auch Kinder darunter waren, hielt er für selbstverständlich, obwohl er sich nicht daran erinnern konnte, Kinderleichen gesehen zu haben. Zur Erklärung verwies Bejlin auf die Grenzen seiner damaligen Wahrnehmungsfähigkeit: „Man nimmt in dieser Situation nur das Grauen wahr.“ Bejlin erzählte nicht nur davon, was er selbst erlebt und gesehen hatte, sondern er reflektierte auch über seine Wahrnehmung und den eigenen Erinnerungsprozess. Das Schwurgericht hielt die von Bejlin genannte Zahl von 150 bis 200 Erschossenen für realistisch. Im Urteil heißt es, das sei selbstverständlich nur „eine Größenordnungsschätzung, als solche aber unter Berücksichtigung möglicher Ungenauigkeiten bei dem angegebenen Zahlenbereich durchaus zuverlässig“.[265]

Das Bielefelder Schwurgericht schenkte auch Bejlins Aussage über die Zustände in seinem Transport Glauben.[266] Bejlins Schilderung über die schrecklichen Erfahrungen, die er auf der Fahrt von Białystok nach Auschwitz machte, nehmen einen breiten Raum in seiner Erzählung ein. Er sprach von „fürchterlichen Szenen“, die sich in seinem Wagen abgespielt hatten. Zu den grauenhaften Verhältnissen und Erlebnissen gehörten: die Enge, die Todesangst der Menschen, die Selbstmordversuche der Frauen und die Fluchtversuche der Männer, der Tod einzelner Deportierter, das Fehlen von Essen und Trinken, die verzweifelten Hilferufe der Eingeschlossenen, die Brutalität der Wachmannschaften, der Mangel an Mitgefühl und Solidarität von Seiten der Zuschauer und das Bewusstsein der Ausweglosigkeit.

Bejlins Schilderungen über das Ritual, das die Ankunft und die Einweisung in das Konzentrationslager begleitete, verdeutlichen den radikalen Bruch, den Auschwitz bedeutete. Bejlin erinnerte sich an Häftlinge, die den Neuen und deren Fragen keine Beachtung schenkten, und an Gefangene, die dabei halfen, ihn und seine Leidensgenossen aus dem Zug zu treiben. Als Bejlin davon erzählte, ahmte er das Gebrüll des Befehls „Raus“ nach. Als er berichtete, er habe stundenlang zusammen mit den anderen Neuankömmlingen vor den

---

265 Ebd., Bl. 111.

266 Vgl. ebd., Bl. 112.

Toren des Lagers warten müssen, fragte der Vorsitzende in einem Tonfall, der Entsetzen ausdrückte: „Keine Verpf_, keine_ nichts zu essen?" Diejenigen, die nicht sofort ermordet wurden, sondern ins Lager kamen, waren in den Augen der SS nur noch „Figuren", nur noch Nummern. Bejlin bekundete, dass sich ihm das gesamte Ausmaß der Vernichtungsmaschinerie nicht sofort erschlossen habe. In seiner Erinnerung ist der Moment, als er sich der Allgegenwart des Todes in Auschwitz und der ausweglosen Situation bewusst wurde, mit dem wirklichen oder vermeintlichen Erkennen des Mantels seiner Mutter verbunden: „Und da habe ich die Wahrheit gewusst." Bejlin schien in diesem Moment zum ersten Mal die Hoffnung verloren zu haben: „Aber ich war schon ein gebrochener Mann." Dennoch überlebte Bejlin sowohl das Konzentrationslager Auschwitz als auch einen mehrere Monate dauernden Todesmarsch, von dem er ausführlich berichten durfte, obwohl das Thema keinerlei Relevanz für den Gegenstand des Prozesses besaß:

Vorsitzender:	Sie haben uns gesagt, dass von diesen zweihundertfünfzig ausgesuchten, ungefähr zweihundertfünfzig ausgesuchten Männern infolge der so genannten Fleckfieberbekämpfung, die Sie uns sehr deutlich geschildert haben, etwa zehn Prozent übrig geblieben sind.
Zeuge Dr. Bejlin:	Nach der Quarantäne, nach vier Wochen.
Vorsitzender:	Ja, innerhalb der, von vier Wochen, in der so genannten Quarantänestation. Und jetzt würde sich das Schwurgericht dafür interessieren, wie lange Sie in Auschwitz-Birkenau geblieben sind, <u>und</u> – da liegt der Schwerpunkt darauf – haben Sie erlebt, dass noch weitere Transporte von Białystok nach Auschwitz kamen? Wenn Sie das bitte als nächsten Punkte erörtern wollen.
Zeuge Dr. Bejlin:	Ich blieb in Birkenau, also einer, sozusagen der Überlebender der ältesten Häftlinge, es sind noch ältere als ich da, aber wenige. Und zwar ab Februar 43 bis zum 18. Januar 45, wie die Evakuierung des Lagers vor dem Ansturm der Roten Armee anbefohlen war. Und wir sind in den berüchtigten Todesmarsch hinausgetrieben wurden, worden, also die kläglichen Reste der Überlebenden. Dort haben wir auf den Straßen des, der, des Isergebirges, des Riesengebirges und Eulengebirges unsere letzten und fast_ und fast, sind fast alle umgekommen, eine lächerliche Zahl ist geblieben. Das_
Vorsitzender:	Wie lang war diese Strecke?
Zeuge Dr. Bejlin:	Januar, 18., in der Nacht vom 17. auf den 18. Januar sind wir hinausgetrieben worden nach dem Stammlager

aus Birkenau, und abmarschiert sind wir am 18. Januar früh, und gelandet bin ich in Reichenau[267] bei Gablonz,[268] das ist allerdings ein Zweigslager von Groß-Rosen, Gablonzer Schmuck_

Vorsitzender: Ja, ganz Recht, ja.

Zeuge Dr. Bejlin: An der Neiße.

Vorsitzender: Ja.

Zeuge Dr. Bejlin: Dort sind wir gelandet ä im April. Das heißt, wir sind marschiert bis Ende Januar, die letzten zehn Tage Januar, Februar, März und eine, paar Tage im April.

Vorsitzender: Alles Fußmarsch?

Zeuge Dr. Bejlin: Alles Fußmarsch. Zwei Stunden von Gleiwitz aus Zug, später aus dem Zug raus, die Wehrmacht benötigte die Transportmittel, so hat man uns gesagt, und wir sind zu Fuß gegangen, natürlich ist unterwegs der Transport vernichtet worden. Das war eine Gruppe mit den Nebenlagern, die sich an diese Gruppe angeschlossen haben. Also, Buna-Werke, die Kohlengruben, rings um Auschwitz, also alle Nebenlager. Ä nicht, nicht sämtliche Nebenlager, aber viele. Da waren wir 25.000. Ich weiß nicht, ob, ob 180 überlebt haben. 180 Personen, sage und schreibe. Wir sind jeden Tag und mit der vorigen Zeit immer in vor, in, in größerer Zahl haben wir den Gnadenschuss bekommen. Was der Gnadenschuss bedeutet, das will ich auch kurz schildern, obwohl das zur Sache überhaupt nichts hat. Ä, ein Mann, der nicht weitergehen konnte, saß, setzte sich auf einen Meilenstein und – von der Reihe aus –, und das heißt, das er bittet um den Gnadenschuss. Warum Gnade? Weil in Auschwitz hat man einen Juden nicht erschossen. Für den war um eine Kugel viel zu schade, das musste für die Front bewahrt werden, da waren viel bequemere, billigere, massenhaftere Methoden der

267 Das Lager Reichenau, das im März 1944 bei der „Gesellschaft für technische und wirtschaftliche Entwicklung mbH Getewent" entstand, war ein Außenlager des Konzentrationslagers Groß-Rosen. Vgl. *Pavla Plachá / Andrea Rudorff*, Reichenau (Rychnov u Jablonce nad Nison), in: Wolfgang Benz / Barbara Distel (Hrsg.), Der Ort des Terrors. Geschichte der nationalsozialistischen Konzentrationslager, Bd. 6: Natzweiler, Groß-Rosen, Stutthof, München 2007, S. 421–427.

268 In der zweiten Novemberhälfte 1944 wurde in Gablonz bei der Feinapparatebau GmbH Gablonz, einem Ableger der Feinapparatebau GmbH Jena, ein Außenlager des Konzentrationslagers Groß-Rosen errichtet. Die Fabrik hatte ihren Sitz im Ortsteil Reinowitz, fünf Kilometer nördlich von Gablonz. Häftlingstransporte aus Auschwitz machten Anfang Februar 1945 in Gablonz Station. Vgl. *Dorota Sula*, Gablonz (Jablonec nad Nisou), in: Benz / Distel, Der Ort des Terrors, Bd. 6, S. 305–308, hier: S. 305 und S. 307.

Vernichtung wie eine einzige Kugel. Deswegen hat es geheißen Gnadenschuss. Und durch diesen Gnadenschuss ist im Laufe dieser drei Monate oder dreieinhalb Monate, wie viel da raus kommt, ist der Transport fast völlig vernichtet worden. Weil übernachtet haben wir entweder auf dem Schnee oder in irgendwelchen Scheunen, in der Kälte, ohne Nahrung. Wenn irgendein Bürgermeister eines Städtchens so viel Herz hatte, dass er für diesen Transport und für diese immer schmelzende, immer mehr schmelzende Zahl der Häftlinge irgend paar Kessel Suppe zur Verfügung hatte, da war es eben gut, aber nicht alle waren so. Außerdem haben wir noch unterwegs eine Katastrophe erlebt, man hat uns zur Übernachtung in einen Bunker bei Krumhelz, Liebethal, in Niederschlesien hineingetrieben, wo es überhaupt kein Luft da war.

Vorsitzender: Wo was nicht war?

Zeuge Dr. Bejlin: Krumhelz, Liebethal. So etwas.

Vorsitzender: Keine Luft war.

Zeuge Dr. Bejlin: Keine Luft. Da waren_ a, man hat uns später gesagt, dass da Uranium-Ausgrabungen vorgenommen worden sind und die Arbeiter mit ä mit Sauerstoffapparaten arbeiteten. Uns hat man natürlich ohne Sauerstoffapparate hineingetrieben, und wir haben dort 5.000 erstickte Häftlinge gelassen im Laufe einer Nacht. Äm und da komm ich eben darauf zurück, dass der Polizei ä Kommandant dieser Stadt kam natürlich früh rasend gelaufen und den Transportführer zur Rede gestellt. Da stand da ein Schild. Polizeilich Eintritt verboten. Wie wagten Sie es, diesen Transport von Leuten in diesen Bunker hineinzutreiben. Da hat er gesagt dasselbe, was, was der Unteroffizier dem Bahnkommandanten, dem Bahnhofkommandanten in Warschau_ ä Herr_ hat ihn tituliert, ich weiß nicht mal, was für einen Titel, Herr Polizeimeister oder so etwas, das sind Juden. Ach so. Und ist weg. Und wir haben natürlich die 5.000 hinausgetragen, und mit den letzten Kräften mussten wir sie begraben.

Vorsitzender: Es muss doch im Januar, Februar auch Hunderte oder Tausende von Erfrierungen gegeben haben, oder nicht?

Zeuge Dr. Bejlin: Wir haben in, in_

Vorsitzender: Was wurde denn mit den Leuten gemacht, die nun Erfrierungen hatten?

Zeuge Dr. Bejlin: Im Riesengebirge gibt es ein Städtchen, heißt es

Zeuge Dr. Bejlin:	Im Riesengebirge gibt es ein Städtchen, heißt es Reichenbach.
Vorsitzender:	Ja.
Zeuge Dr. Bejlin:	Und dort war ein Lager, das hat geheißen die Sportschule. Und in dieser Sportschule haben wir 3.000 Leute mit Erfrierungen gelassen. Was aus ihnen geworden ist, kann ich Ihnen nicht sagen. (*schweigt*)
Vorsitzender:	Und dann, wie ging Ihr persönliches Schicksal weiter? Sie kamen im April in Gablonz an.
Zeuge Dr. Bejlin:	Jawohl.
Vorsitzender:	Und blieben da?
Zeuge Dr. Bejlin:	Jawohl.
Vorsitzender:	Da kamen dann nachher die Amerikaner, ja?
Zeuge Dr. Bejlin:	Nein, es kamen, also die tschechischen Partisanen
Vorsitzender:	Hm.
Zeuge Dr. Bejlin:	einen Tag vor der Roten Armee.
Vorsitzender:	Hm.
Zeuge Dr. Bejlin:	Das war so. Wir sind leider Gottes erst am 9. Ap_, am 9. Mai, also einen Tag nach der Unterzeichnung der bedingungslosen Kapitulation er_ befreit worden. Andere waren schon in 44 frei. Wir haben noch einen Tag darüber hinaus leiden müssen. Pech. Ä, die Sache war so. Ich weiß nicht, ob Ihnen der Begriff aus den Lagern bekannt ist: Muselmann.
Vorsitzender:	Muselmann?
Zeuge Dr. Bejlin:	Muselmann. Haben Sie schon mal gehört?
Vorsitzender:	Nein, hier nicht, nein.
Zeuge Dr. Bejlin:	Ä Muselmann, das ist das Vorstadium des Hungertodes. Und zwar saß so ein Mann oder eine Frau mit einer, in einer Decke einen orientalischen Sitz, also mit gekreuzten Beinen, weil sie sich auf den Beinen gar nicht halten konnten. Völlig gefühllos. Und reagierten kaum auf Schläge <u>sogar</u>. Ä die_ der Lagerjargon hat diese Art getauft als Muselmann, weil die erinnerten an die Moslems, die in Mekka oder anderswo angelehnt an die Wand beteten. Und da hat sie der Volksmund im Lager Muselmann getauft. Und da waren zweierlei Muselmänner. Entweder bis auf die Knochen ausgetrockneten oder aber von Hunger geschwollenen. Jetzt ä_ Muselmann war eine gefährliche Angelegenheit, weil die wurden immer in ä die Gaskammer gewählt. Ich weiß

nicht, ob Sie wissen, was das heißt: der Goebbelskalender[269] in Auschwitz. Goebbelskalender hat geheißen der Kalender der jüdischen Feiertage. Und an diesen Feiertagen wurde mit besonderer Sorgfalt wurden Juden in den Gas gewählt. Also, natürlich auch Samstag, als jüdischer Feiertag. Und die Muselmänner, da waren die ersten Opfer. In Gablonz, also in diesem Lager Reichenau, weil die Bahnstation von Gablonz heißt ja gar nicht Gablonz, sondern Reichenau. In diesem kleinen Lager waren keine Gaskammern, und die ä es waren ja 450 Leute insgesamt, das war eine Radiofabrik, die haben, die hat geheißen Getewentwerke. Und Juden waren dort überhaupt keine da. Wir waren die ersten Juden in diesem Lager. Das waren Spezialisten. Polen, Russen, ä Franzosen. Und in diesem Reichenau wurde ich langsam zum Muselmann. Obwohl ich marschiert bin, und während des Marsches natürlich sind dann Athleten,[270] also Berufsboxer zum Beispiel, gefallen. Ich habe es irgendwie überlebt. Ich weiß gar nicht wie. Aber in Gablonz ä in Reichenau habe ich meine Widerstandskraft völlig verloren. Und dann nahm man die Neuankömmlinge zur Arbeit in die so genannte Baukolonne. Wir haben nämlich eine Villa gebaut für den Rapportführer in Rotkowitz. Und da ich zu schwach war, hat man mich zur Arbeit im Block gelassen, also die Fußböden scheuern. Das war die Blockarbeit für die Schwachen. Und so wie ich sitze und den Fußboden scheuere, da sehe ich ein paar Schachtstiefeln nähern sich, und das war schon sozusagen ein Instinkt bei jedem Häftling, der langjährig eingesperrt war, dass er sich sofort auf die Beine stellte und still gestanden, kommt ja ein SS-Mann. Ich schau: Dr. Mengele. Jetzt müssen Sie wissen, meine Herren, dass ich unter Dr. Mengele im Zigeunerlager ein Jahr gearbeitet habe. Unter dem berüchtigten Josef Mengele. Er und Horst Schumann, der Sterilisier-Schumann, der

---

269 Bei der Transkription dieses Wortes war sich die Verfasserin nicht sicher, ob der Zeuge „Goebbelskalender“ oder „Gebenskalender“ sagte. In der schriftlichen Abschrift der Aussage Bejlins vor dem Frankfurter Schwurgericht im Auschwitz-Prozess findet sich das Wort „Goebbelskalender“. Vgl. Vernehmung des Zeugen Aron Bejlin in der Schwurgerichtssache gegen Mulka u.A. (4 Ks 2/63) v. 28.8.1964, in: *Fritz Bauer Institut / Staatliches Museum Auschwitz-Birkenau* (Hrsg.), Der Auschwitz-Prozess.

270 Bei der Transkription dieses Wortes war sich die Verfasserin sehr unsicher. „Athleten“ ist möglicherweise das falsche Wort. Im gerichtsinternen Transkript wurde diese Stelle ausgelassen. Vgl. Vernehmung des Zeugen Aron Bejlin vor dem Schwurgericht Bielefeld (Strafsache gegen Dr. Altenloh u.A., 5 Ks 1/65) v. 25.5.1966, in: L/StADT, D 21 A, Nr. 6204.

jetzt angeblich von der ghanesischen Regierung ausgeliefert werden soll, weil die deutsche Bundesregierung hat ein Begehren nach Auslieferung gestellt, so ging es durch die Presse, ich weiß ja nicht, wie viel daran richtig ist, und ob er ausgeliefert wird. Und Mengele hat mich trotz meiner Schwellungen erkannt. Er hat immer gefragt, der hat immer gesprochen sehr leise. Der hat zwei Doktorate gehabt, der Philosophie und der Medizin. Leise gesprochen und immer per Sie. Er hat auch ganze Gruppen per Sie in Gas geschickt. Da hat er mich gefragt: Was machen Sie hier? Er ist nämlich auch aus Auschwitz geflüchtet und ist inzwischen nach Groß-Rosen gekommen und war wahrscheinlich auf einer Inspektionsreise der Nebenlager. Daher kam er auch nach Reichenau. Nur habe ich natürlich geantwortet: Ich scheuere den Fußboden, Herr Hauptsturmführer. Sagt er: So? Weiter machen. Am Abend desselben Tages habe ich das Bewusstsein verloren. Da legte man mich auf den Sterbeblock. Und daher_ das hat mir das Leben gerettet. Weil später, wie ich im Spital aufwachte nach der Befreiung, haben mir meine, meine Kollegen erzählt, dass Mengele noch am selben Abend mich gesucht hat. Da man ihm gesagt hat, dass ich im Sterbeblock bin, hat er mich für gestorben gehalten und hat von weiteren, von weiterem Suchen abgesehen. Er wollte nämlich mich als Zeugen, als Zeugen seiner Verbrechen – das steht auf einem anderen Blatt, nicht auf diesem – ä weghaben. Und ich war benommen. Ich wusste gar nicht, was da gespielt wird. Aber später, wie ich im Spital in Gablonz im Städtischen Krankenhaus lag und mir die Kameraden erzählten, dass er mich gesucht hat, hab' ich es verstanden. Ich war der Letzte vor der Befreiung wahrscheinlich, der den Mengele gesehen hat. Ab dieser Zeit hat man Mengele nicht ausfindig machen können. Bis heute noch, obwohl sein Bruder natürlich in Günzburg lebt und eine Fabrik der pneumatischen Hammer hat. Das ist wieder Karl Mengele. Ä ich möchte nur hier eine Sache erzählen und zwar das Schicksal der Białystoker Kinder.

Vorsitzender:	Ja, bitte schön.
Zeuge Dr. Bejlin:	Wenn Sie erlauben, Herr Vorsitzender.
Vorsitzender:	Jawohl.
Zeuge Dr. Bejlin:	Das hat mit Auschwitz einen unmittelbaren Zusammenhang und mit Białystok.
Vorsitzender:	Jawohl. Bitte.

Zeuge Dr. Bejlin: Ich wusste natürlich von der letzten Aktion überhaupt nichts. Ich bin am 6. Februar in Birkenau eingeliefert worden und dadurch von der übrigen Welt hermetisch abgeschlossen. Es ist mir nur gelungen, eine Karte ins Białystoker Ghetto zu schreiben. Ich war der Einzige, von dem eine Postkarte von Auschwitz nach Białystok kam, und zwar unter dem Vorwand, dass ich ein reichsdeutscher Jude bin. In Auschwitz waren so genannte, die so genannten Schreibtage. Und die Schreibtage haben ein, ein festumrissenes Ziel verfolgt. Es war nicht aus Liebe zu den Häftlingen und zu ihren Familien, die da draußen geblieben sind. Es war gedacht daran, um die Verstecke der Juden, die sich bei anderen Familien vielleicht verbergen, durch diese Adressen der Häftlinge ausfindig zu machen. Die haben nämlich genau gewusst, dass aus solchen Ländern wie Frankreich, Holland, Belgien nicht alle Juden mit der Wurzel ausgerissen wurden so wie in Polen und Griechenland, sondern eine gute Hälfte hat sich in den Klostern und bei der Untergrundbewegung versteckt, bei den französischen Maquis, die so genannten Maquisarden. Um diese Verstecke ausfindig zu machen, erlaubte man den Häftlingen natürlich zu schreiben, unter der Voraussetzung, dass sie in erster Reihe an ihre Verwandten, die sich so in einem solchen Versteck aufhalten, schreiben werden. Das war auch logisch. Nun haben aber die Häftlinge Wind bekommen. Und diese Häftlinge, die Verwandte hatten, die sich, die sie in einem Versteck wussten, von denen sie wussten, dass sie sich versteckt haben, natürlich wurde an solche nicht geschrieben. Und da war natürlich eine Bekanntmachung: Heute ist Schreibtag für alle Häftlinge außer griechische und polnische Juden. Weil die griechischen Juden und die polnischen wurden ja ausgesiedelt völlig. Die paar Tausend, die sich da versteckt haben, das war ein Tropfen im Meer. In Polen waren dreiundeinhalb Millionen Juden, wenn man sich_ wenn man bedenkt, mit Zeitungen, mit Theatern, mit wissenschaftlichen Instituten ist eine Welt vernichtet worden. Es ist keine Gruppe, keine Glaubensgemeinschaft, sondern eine ganze Welt. Und die wussten genau, dass sie hier haben nichts zu suchen. Wenn sich paar zehner Tausende sich da versteckt haben, auf einem Gebiet_ ä auf dem polnischen Gebiet, das spielt ja keine Rolle. Sie wollten im Westen die großen Zahlen ausfindig machen. Der Schreibtag war nicht für polnische und griechische Juden. Und ich wusste, dass wir administrativ, das wusste ich von Barasz, an Allenstein gekoppelt waren und überhaupt zu Ostpreußen als Regierungsbezirk, auf jeden Fall nicht zum Generalgouvernement gehörten, bin ich ja kein polnischer Jude mehr. Bin ich ja nach der neuen Geographie quasi ein reichsdeutscher Jude. Da hab' ich beschlossen, im Lager daraus Gebrauch zu machen, und ging auf die Schreibstube und sagte dort dem Schreiber: Geben Sie mir bitte eine Karte nach Haus. Der Schreiber war zufällig ein Pole. Sagt er: Du bist ja verrückt, Du bist ja ein polnischer Jude. Sage ich: Nein, Du kennst Dich in der deutschen Geographie schlecht aus. Wir sind Regierungsbezirk Białystok, an Ostpreußen gekoppelt. Sagt er: Das kann ja nicht sein. Sag ich: Es ist aber so. Und in diesem Moment öffnet sich natürlich die Tür, und es kommt ein SS-Mann hinein. Und der hat ihm die Frage gestellt, natürlich sehr ungeschickt redigiert, weil wenn er gefragt hätte: Sagen Sie, Herr Hauptscharführer, Białystok ist doch eine deutsche Stadt, nicht wahr? Hätte er ihm eventuell nein sagen können. Aber er hätte nicht fragen sollen: Sagen Sie, Herr Hauptscharführer, Białystok ist doch eine polnische Stadt, nicht wahr? Da hat er natürlich gekriegt geschlagen. Und mit polnische Sau und so weiter, so wie so das Übliche. Und da ist er weg, der SS-Mann, und der hat noch natürlich, es, er hat's mir übel genommen, dass ich ihn in diese Situation_ es war aber nicht meine Schuld, und er hat mir eine Karte gegeben. Und ich habe geschrieben: Ghetto Białystok. Das waren vorgedruckte Formulare, ich wollte nur ein Zeichen geben meiner Frau, dass ich lebe.

Vorsitzender: Hm.

Zeuge Dr. Bejlin: Platz frei war nur für die Unterschrift. Alles andere, alles andere war vorgedruckt: Es geht mir gut und so weiter und so fort. Was dieses gut bedeutet, haben schon Juden gewusst. Ä und das ist angekommen. Jetzt werden Sie fragen, woher ich das weiß.

Vorsitzender: Ja.

Zeuge Dr. Bejlin: Im, im August 1943, Ende, so um den 26. August rum, also genau fast auf den Tag ein Jahr nach meiner Operation,

Vorsitzender: Ja.

Zeuge Dr. Bejlin: kam ein Arzt zu uns ins Lager, und das war ein Arzt, der Bewegungsfreiheit hatte. Nämlich müssen Sie wissen, dass der Gesundheitsdienst in Auschwitz war kein Gesundheitsdienst, das war nur berechnet, um den Schein zu wahren für eventuelle Kommissionen. Waren Ärzte eingesetzt mit Papierverbänden, die sofort nach der Anlegung des Verbandes herunterfielen, waren paar Tabletten da, die die Juden mit sich aus verschiedenen Transporten gebracht haben, und es war der Schein eines Gesundheitsdienstes. Da war darunter ein Arzt, der war ein Augenarzt, und der, und hatte die Bewegungsfreiheit auch ins Frauenlager. Und in seiner Sanitätstasche hat er immer Korrespondenz geschmuggelt, wofür natürlich die Todesstrafe stand. Darauf stand die Todesstrafe für Schmuggel, Korrespondenz von einem Abschnitt in den anderen. Da kommt_ das war ein Pariser Arzt. Heute_ da kommt er einmal zu mir und sagt: Du, Deine Frau ist im Frauenlager. Sag ich: Das ist unmöglich, ich habe sie ja im Ghetto gelassen. Sagt er: Hier hast Du einen Brief von ihr. Und die schreibt mir: Als Begleiterin eines Kindertransportes aus Białystok ist sie nach Theresienstadt gekommen, und zwar hat sie die Zahl genannt, tausendzweihundert Kinder und paar Erwachsene, darunter Sanitäter, und Dr. Kacenelson stand an der Spitze der Begleiter. Und Dr. Kacenelson ist auch in Auschwitz eingetroffen, weil die, sie haben die Kinder in Theresienstadt gelassen. Und das Begleitpersonal ist zurück nach Auschwitz befördert worden. Und sie hat_ sie war Apothekerin von Beruf, und man hat diesen Transport als besonders privilegiert betrachtet, und man wollte ihr irgendwie wiedergutmachen diese, dieses Unglück, dass man mich weggenommen hat, hat man sie als Begleiterin zu diesem Transport bestimmt in der, unter der Voraussetzung, dass dies ist ein privilegierter Transport. Irgendwie_ man braucht doch, um Kinder zu vergasen, sie nicht nach Theresienstadt bringen. Daraus haben die Leute gefolgert, und sie wollten auch folgern, dass irgendwie werden die Kinder mit ihren Begleitern verschont werden. Die kannten schlacht, schlecht die Vernichtungstaktik des Dritten Reiches in Bezug auf Juden. Man hat sie nach Theresienstadt gebracht, und das Begleitpersonal hat man sofort nach Auschwitz in zwei Wagen befördert. Und zwar so lange es durch die Tschechei ging, da waren sie fast vie_, da waren sie fast frei. Auch die Kinder, wie sie durch die Tschechei fuhren, da waren sie fast frei, in sehr menschlichen Waggons von Białystok aus, d.h. von der allgemeinen Aktion wurden sie herausgenommen, die tausendzweihundert Kinder mit ihren Begleitern, wurden in einem Haus außerhalb des Ghettos untergebracht, später in einem Personenzug mit Verpflegung und Wasser verladen und drei Tage gefahren, wobei sich die Wache gar nicht bemerkbar hatte ä machte, so dass die Kinder – sowohl die Kinder als auch die Erwachsenen –

	überhaupt vergessen haben, was da gespielt wird, und das war ja wie Ausflug (*Tonband 18 Rückseite endet hier*).[271]
[...]	
Zeuge Dr. Bejlin:	Ja, einmal war ich bei meiner Frau im Frauenlager.
Vorsitzender:	Hm.
Zeuge Dr. Bejlin:	Das heißt früher habe ich Briefe bekommen, und einmal hat mich der SDG [Sanitätsdienstgrad] aus dem Zigeunerlager – ich war ja dann im Zigeunerlager –, hat er mir erlaubt, unter dem Vorwand, dass wir irgendwelche Bänke oder Pritschen holen, jedes Mal waren solche, solche Aufgaben zu erfüllen, hat er mir erlaubt, ins ä Frauenlager zu gehen, und ich habe meine Frau gesehen, das war ungefähr im November 43.
Vorsitzender:	Hm.
Zeuge Dr. Bejlin:	Und da hat sie mir das erzählt.
Vorsitzender:	Ja.
Zeuge Dr. Bejlin:	Aber über das Schicksal der Białystoker Kinder hat sie nicht gewusst,
Vorsitzender:	Ja.
Zeuge Dr. Bejlin:	sondern ich habe es von den Prager Ärzten erfahren, die nach Theresienstadt kamen, und das war der Transport von Dezember 43. Und sie haben mir gesagt, dass die Kinder sind weggenommen worden aus Theresienstadt, also in corpore, so wie sie waren, als Gruppe. Wohin, wussten sie nicht. Aber da wusste ich aus einer anderen Quelle. In Auschwitz war ein so genanntes Sonderkommando. Dieses Sonderkommando hat im Krematorium und in den Gaskammern gearbeitet. Und das war ein geschlossener Block, und der Zutritt zu diesem Block war für alle Häftlinge verboten. Er war mit Stacheldraht umzäunt. War umzäunt ringsherum und stand eine Häftlingswache. Aber natürlich wenn ein SS-Mann erwischt hätte einen Häftling, der in den, in den Sonderkommandoblock gekommen wäre, da hätte es, da hätte es ihn das Leben gekostet. Natürlich war das ein Tabu. Wir hatten mit dem Sonderkommando überhaupt nichts zu tun, umso mehr, dass wir wussten, dass das Sonderkommando alle drei Monate liquidiert

271 Vernehmung des Zeugen Aron Bejlin vor dem Schwurgericht Bielefeld (Strafsache gegen Dr. Altenloh u.A., 5 Ks 1/65) v. 25.5.1966, in: L/StADT, D 21 A, Nr. 6341, Tonband 18 Rückseite.

wird und andere stattdessen ausgewählt werden. Der Einzige, der Bewegungsfreiheit hatte, vom Sonderkommando, war der Arzt des Sonderkommandos. Er kam nämlich in die Apotheke, Medikamente, also paar Tabletten, Schmerztabletten und so weiter, für seine Sanitätstasche holen. Und bei dieser Gelegenheit hat er uns immer erzählt, welche Transporte da vergast wurden. Hat uns auch erzählt von katholischen Priestern, die aus Dachau völlig ausgemergelt gekommen sind, und verschiedene andere Dinge. Also, die meisten, das waren natürlich Juden. Und eines gewissen Tages hat er uns erzählt. Er ging immer mit seinem Kommando zur Arbeit. Er hat's auch begleitet. Also, die Sonderkommandoleute kamen nicht in die Ambulanz, in die gemeinsame Ambulanz, wohin alle Häftlinge nach der Arbeit zu Verbänden oder zur Untersuchung sich gemeldet haben. Die haben eigenen Arzt gehabt, und wenn sie krankenhausbedürftig waren, da wurden sie in einer separaten Stube im Kb, im Krankenbau, hospitalisiert unter Bewachung. Da erzählt der uns, und er hat geheißen: Dr. Pech. Französisch: p, e, c, h. Aber ausgesprochen hat sich das Französisch, war junger blonder Arzt, der hat, der hat, der war immer guter Laune, obwohl er immer solchen grausamen Dingen zusehen musste, ich hab's nicht verstehen können. Und der hat uns erzählt vom Schicksal der Białystoker Kinder. Er hat nämlich erzählt, dass eines gewissen Tages kam ein Transport aus Theresienstadt mit zwölfhundert Kindern. Die waren aus Białystok. Und das war natürlich ein Transport, von dem natürlich kein Einziger ins Lager kam, weil das Lager bestand ja aus lauter Erwachsenen, außer paar Jugendliche-Blocks, aber die Jugendlichen waren ab vierzehn. Das waren Kinder von sechs bis vierzehn. Und die wurden alle vergast. Das ist mir über das Schicksal der Białystoker Kinder bekannt.

(*Richter sprechen im Flüsterton miteinander*)

Vorsitzender: Ja, ja. Sie haben mit Ihrer Frau im November über den Kindertransport gesprochen. Hat Ihre Frau Ihnen erzählt, oder wissen Sie's durch irgendjemand anders, wann wohl der Kindertransport abgegangen ist?

Zeuge Dr. Bejlin: Ja, natürlich weiß ich das. Bei der Liquidation des Ghettos. Also, sie hat mir gesagt, Ende_ die andere Hälfte August.

Vorsitzender: Ja, am Anfang_

Zeuge Dr. Bejlin: Ende August 43.

Vorsitzender:	Ja, ganz recht. August 43. Die Frage ist, ob man's noch etwas näher bestimmen kann.
Zeuge Dr. Bejlin:	Ich habe meine Frau am 26. gesehen. In Auschwitz.
Vorsitzender:	Ja. Ob es eben in, am ersten Tage oder in den nächsten Tagen der August-Aktion oder am Ende war.
Zeuge Dr. Bejlin:	Jawohl.
Vorsitzender:	Das_
Zeuge Dr. Bejlin:	Wie lange sie dort im Hause außerhalb des Ghettos untergebracht waren, bevor ein Transportmittel, also Wagen, ihnen zur Verfügung stand, das kann ich Ihnen nicht sagen.
Vorsitzender:	Ja.
Zeuge Dr. Bejlin:	Es ist zu vermuten, dass eine Woche. Aber wissen, natürlich weiß ich es nicht.
Vorsitzender:	Ja.
Zeuge Dr. Bejlin:	Weil ich habe sie am 26. gesehen. Das war ungefähr zwei Tage_ ä nicht gesehen, am 26. von ihrer Ankunft erfahren. Entschuldigung, ich irre mich da.
Vorsitzender:	Ja, ja.
Zeuge Dr. Bejlin:	Durch diesen <u>Arzt.</u>
Vorsitzender:	Hm, hm.
Zeuge Dr. Bejlin:	Also, und es ist zu vermuten, dass sie zwei Tage vorher in Auschwitz eingetroffen war. Dar_ ich entnehme das noch einer Tatsache, von der ich vergessen habe zu berichten, nämlich den Dr. Kacenelson habe ich ja persönlich <u>gesehen</u>.
Vorsitzender:	Ach so.
Zeuge Dr. Bejlin:	Und zwar am 24. Und das war ein, ein frischer Zugang. Das hat geheißen in Auschwitz ein Zugang.
Vorsitzender:	Ja.
Zeuge Dr. Bejlin:	Da wurde er noch an irgendeinen Zugang gekoppelt, er und noch paar Leute, darunter war ein Sanitäter, der hat geheißen Bernstein, darunter war einer aus dem Ordnungsdienst. Und da schickte man uns immer die alten Pfleger,
Vorsitzender:	Ja.

Zeuge Dr. Bejlin:	die alten Pfleger, um einen neuen Transport zu untersuchen, eventuell auf, ä auf Läuse, auf ä Fieber und so weiter. Und da hab' ich den Dr. Kacenelson gesehen. Und der hat mir gesagt: Er hat gehört zu einem Begleittransport, er hat aber von meiner Frau merkwürdigerweise nichts erlebt.
Vorsitzender:	Ach.
Zeuge Dr. Bejlin:	Von der hab' ich erst erfahren von, aus diesem Brief, den ihr gelungen ist, mir durch diesen Augenarzt zu ä,
Vorsitzender:	Ja.
Zeuge Dr. Bejlin:	zu schmuggeln.
Vorsitzender:	Und Herr Dr. Bejlin, hat Ihnen der Dr. Kacenelson oder – verzeihen Sie, den Namen verstümmele ich immer etwas – hat ihn dieser Kollege und Ihre Frau gesagt, dass sie <u>sofort</u> von Theresienstadt in Marsch gesetzt worden sind nach Auschwitz, oder sind sie da noch paar Tage geblieben.
Zeuge Dr. Bejlin:	Nein, nein, nein, nein. Die Wagen, sind abge_ ä zwei Wagen.
Vorsitzender:	Hm.
Zeuge Dr. Bejlin:	Die saßen am Bahnhof.
Vorsitzender:	Hm.
Zeuge Dr. Bejlin:	Die Kinder sind in den, ins Lager hinein, und die saßen am Bahnhof und haben gewartet, und man hat sie in zwei Wagen verladen und nach Auschwitz geschickt. Sie waren nicht in Theresienstadt.
Vorsitzender:	Sie haben also praktisch den Bahnhof gar nicht verlassen.
Zeuge Dr. Bejlin:	Praktisch nicht.
Vorsitzender:	Gar nicht verlassen.
Zeuge Dr. Bejlin:	Kann sein, dass sie vielleicht mit den Kindern bis zu den Toren des Lagers gegangen sind und von dort aus zurückbefördert wurden, auf jeden Fall passierte es in einem Schub.
Vorsitzender:	Ja, in einem Zug, in einem Zug. Und haben Sie etwas darüber gehört, wie lange Zeit wohl der Kindertransport von Białystok bis Theresienstadt gebraucht hat?
Zeuge Dr. Bejlin:	Wie_
Vorsitzender:	Wie viel
Zeuge Dr. Bejlin:	lange?

Vorsitzender:	Stunden, wie viel Tage die unterwegs waren?
Zeuge Dr. Bejlin:	Also, sie hat mir etwas von drei Tagen gesprochen. Ob das stimmt natürlich, weiß ich nicht.
Vorsitzender:	Ja, ist klar.
Zeuge Dr. Bejlin:	Aber sie hat von drei Tagen gesprochen. Sie hat es nur gesagt, durch Wiesen fuhren wir, haben viel Grünes gesehen
Vorsitzender:	Hm.
Zeuge Dr. Bejlin:	und eine freie Welt außerhalb,
Vorsitzender:	Hm, hm.
Zeuge Dr. Bejlin:	also jenseits der Wagenfenster.
Vorsitzender:	Zu dieser_ zu dem Thema Kindertransport noch 'ne Frage, sonst möchte ich 'nen neues Thema anfangen. Lebt Ihre Frau noch, oder ist sie in Auschwitz geblieben?
Zeuge Dr. Bejlin:	Nein, sie hat sich natürlich_ ä im Dezember, ist sie flecktyphuskrank geworden. Und es ist ein bemerkenswertes Datum für mich, nicht nur, weil sie da gestorben ist, aber weil das der Heilige Abend 43 war, am 24. Dezember. Da war bei uns im Zigeunerlager eine Paketausteilungsstelle. Nämlich die Polen haben Pakete von zu Haus bekommen. Und natürlich für Weihnachten waren immer aus dem Frauenlager, immer aber auch an, an diesem Tag aus dem Frauenlager Pakete holen zwei Frauen gekommen. Das war aber am Ende des Lagers. Und da kam einer der Pfleger zu mir und sagte: Du, eine der Frauen, die auf der Paketstelle si_ ist, ä aus dem Frauenlager, hat für Dich eine Nachricht von Deiner Frau. Ich musste mich natürlich am Hinterweg der Weg der Blocks, weil das war verboten, irgendwie stehlen und habe mich ä herangemacht an diese, an diesen, an diese Paketstelle und abgewartet, bis die Frauen mit den Paketen mit den Wägelchen herauskommen. Da hab ich gesagt, wer ich bin, hat sie gesagt: Ihre Frau ist sehr stark krank, hat nämlich Flecktyphus mit Gehirnkomplikationen, und ä, und wenn Sie das schaffen können irgendwas, also Herzmittel oder so, da werde ich morgen wieder hier sein, und Sie werden das mir geben. Ich habe natürlich im Lager rumgeschnüffelt und gebettelt und habe zwei Ampullen Cardiazol auftreiben können. War natürlich nichts. Am nächsten Tag kam sie, das war am 25. Und hat mir gesagt, dass in der Nacht ist meine Frau gestorben. Hat mir noch geschildert, dass man sie_ alle Toten

stellte man immer vor den Block, damit der Lagerarzt, der da kommt, weiß Bescheid, wie viel da Leichen sind. Da ist Mengele gekommen und hat aufgehoben, hat gefragt, wer ist das? Hat man ihr, ihm gesagt – sie war nämlich eine Pflegerin,

Vorsitzender: Ja,

Zeuge Dr. Bejlin: auf einem Krankenblock – gesagt, das ist die Pflegerin Bejlin. Hat er gesagt, raus mit ihr und so weg. Am 24. Dezember ä 1943.

Vorsitzender: Können Sie uns 'nen ganz kurzes Wort sagen, was Ihre Tätigkeit im Zigeunerlager war.

Zeuge Dr. Bejlin: Natürlich. Im Zigeunerlager_ das war so: Wir haben einen Arzt also im weißen_

Vorsitzender: Aber Sie können sich zu diesem Punkt kurz fassen,

Zeuge Dr. Bejlin: Jawohl.

Vorsitzender: weil wir nur wissen wollen, was_

Zeuge Dr. Bejlin: absichtlich weißes Lager

Vorsitzender: Ja.

Zeuge Dr. Bejlin: im Gegensatz zu dem Zigeunerlager, obwohl ich natürlich von Rassevorurteilen völlig frei bin. Aber sozusagen eine Bezeichnung. Also, bei uns im weißen Lager, war ein Lagerarzt, der hat geheißen Helmersen. Man hat gesagt, dass er ein Sohn des Polizeipräfekten Berlins ist. Ich weiß nicht, inwieweit das stimmt. Ä_

Vorsitzender: Ja, ja, ich will's nur ganz kurz machen.

Zeuge Dr. Bejlin: Hat eines gewissen Tages verlangt, achtzehn jüdische Ärzte für einen völlig leeren Abschnitt. Wir wussten gar nicht, was dort sein wird. Und darunter war ich auch.

Vorsitzender: Hm.

Zeuge Dr. Bejlin: Und wie wir in diesen Abschnitt, nach diesem Abschnitt kamen, kamen gleichzeitig mit uns achtzig Polen, polnische Ärzte aus dem Stammlager. Also nicht Juden, sondern Polen.

Vorsitzender: Polen, ja, ja.

Zeuge Dr. Bejlin: Und da kamen, da haben wir gewartet, da kam ein Sozialdemokrat, ein ehemaliger deutscher Soz_ ä österreichischer Sozialdemokrat, er hat geheißen Schuster, der lebt noch jetzt irgendwo in Wien, so hab ich gehört. Der saß zwölf Jahre im La_ ä der, nein, der saß nach dem Anschluss, ab 38. Also ein alter Häftling,

	und hat uns gesagt: Kinder, hier wird ein Zigeunerlager gegründet. Haben wir natürlich mit Erstaunen, was machen hier Zigeuner wieder. Und am Abend sind sie gekommen mit den Gitarren ohne Entlausung, mit den farbigen Schals und mit der Musik. Ein Familienlager. Da war ein Wöchnerinnenheim sogar. Sie haben Kinder geboren im Lager. Und so haben sie konzentriert im Zigeunerlager im Laufe von paar Wochen 18.000 Zigeuner.
Vorsitzender:	Und da sind Sie dann als Arzt tätig gewesen.
Zeuge Dr. Bejlin:	Jawohl.
Vorsitzender:	Ja, gut.
Zeuge Dr. Bejlin:	Da habe ich gearbeitet als Arzt und Mengele
Vorsitzender:	Ja.
Zeuge Dr. Bejlin:	War der Ober_ der SS-Arzt.
Vorsitzender:	Ja. Ganz recht.
Zeuge Dr. Bejlin:	Und_
Vorsitzender:	Danke. Das genügt. Jetzt aber kommt für uns die Frage, die uns wesentlich mehr interessiert: Haben Sie noch die Ankunft weiterer Transporte aus Białystok erlebt, und haben Sie da Mitglieder dieses Transports gesprochen?
Zeuge Dr. Bejlin:	Jawohl. [...][272]

Der Auszug aus der Vernehmung des Zeugen Bejlin ist bemerkenswert, sowohl was den Inhalt als auch die Form angeht. Der zentrale Aspekt ist der „Gestus des Bezeugens“ (Weigel). Bejlin bezeugte „die Erfahrung des Geschehenen“ (Weigel). Er zeugte mit seinen Erinnerungen und mit seiner Person „von einem *anders nicht* tradierten Wissen“, nämlich „von den Erfahrungen derjenigen, die von den Nazis zur Vernichtung bestimmt waren, und von einem Erfahrungsort unmittelbar zur ‚Endlösung‘“.[273] In dem Bewusstsein, zu den wenigen Davongekommenen zu gehören, berichtete Bejlin von dem Geschehen in Auschwitz und von den Geschehnissen während des Todesmarsches. Bejlin zeugte mit seinen Erinnerungen und mit seiner Person von der Todeserfahrung in Auschwitz, von dem Phänomen des Muselmannes, das er

272 Vernehmung des Zeugen Aron Bejlin vor dem Schwurgericht Bielefeld (Strafsache gegen Dr. Altenloh u.A., 5 Ks 1/65) v. 25.5.1966, in: L/StADT, D 21 A, Nr. 6341, Tonband 19 Vorderseite.

273 *Weigel*, Zeugnis und Zeugenschaft, Klage und Anklage, S. 45.

nicht nur beobachtete und unter medizinischen Gesichtspunkten analysierte, sondern selbst erfahren hatte. Bejlin stand an der Schwelle zum Tod. Paradoxerweise überlebte er aufgrund seiner Muselmann-Erfahrung, denn, wäre Mengele nicht fälschlicherweise davon ausgegangen, Bejlin sei tot, hätte er ihn umbringen lassen oder umgebracht.

Obwohl der Vorsitzende den Zeugen zu Beginn der Vernehmung bat, den Schwerpunkt auf die Ankunft der Transporte aus Białystok zu legen, unterbrach er Bejlins langen Bericht über den Todesmarsch, der vom Thema wegführte, nicht. Im Gegenteil: Der Vorsitzende regte den Zeugen durch seine Nachfragen dazu an, fortzufahren und immer weitere Details zu erzählen. Der Vorsitzende war von Bejlins Bekundungen ergriffen. Dies zeigt sich nicht nur daran, dass er Bejlin in seiner Erzählung gewähren ließ und sich auf Verständnis- und Nachfragen beschränkte. Auch die veränderte Stimme des Vorsitzenden spiegelt seine Erschütterung. Die Art und Weise, wie er die Nachfrage „Alles Fußmarsch?“ betonte, drückt Entsetzen aus. Auch Bejlins Bericht über die Białystoker Kinder bewegte den Vorsitzenden hörbar. Er reagierte auf Bejlins Sätze „Jetzt werden Sie fragen, woher ich das weiß“, „Im, im August 1943, Ende, so um den 26. August rum, also genau fast auf den Tag ein Jahr nach meiner Operation“ und „Aber über das Schicksal der Białystoker Kinder hat sie nicht gewusst“ mit einem leisen „Ja“, das sehr traurig klingt. Die Stimme und das Verhalten des Vorsitzenden lassen ein empathisches Interesse an der Person Bejlins und dessen Erfahrungen erkennen. Nur am Ende des hier zitierten Vernehmungsabschnitts stellte der Vorsitzende sein persönliches Interesse zurück. Einer der beisitzenden Richter scheint den Vorsitzenden dazu aufgefordert zu haben, mit der Vernehmung zum Thema Transporte aus Białystok fortzufahren, denn der Satz „Ja, ja, ich will’s nur ganz kurz machen“ richtete sich nicht an den Zeugen, sondern an das Gericht.

Die Hauptthemen der Kern-Erzählung, die mit Bejlins Antwort auf die erste Frage des Vorsitzenden beginnt und mit dem Satz „Das ist mir über das Schicksal der Białystoker Kinder bekannt“ endet, werden in den Kontext des Systems der Konzentrationslager eingeordnet. Bejlin sprach das Thema Zwangsarbeit und die perfide Logik der Vernichtung an, er berichtete von bestimmten Abläufen, Phänomenen und Situationen im Konzentrationslager Auschwitz, er erwähnte den totalen und globalen Charakter des Judenmordes, er verwies auf die Demütigungen, die die Häftlinge in Auschwitz erleiden mussten, er ging auf die Mentalität der Täter ein und er erläuterte Termini des Lagerdeutschen und des Lagerjargons. Bejlin gelang es, konkrete Situationen und Erlebnisse mit allgemeinen oder aktuellen Entwicklungen zu verknüpfen. Als er von dem KZ-Arzt Horst Schumann sprach, erwähnte er das Thema der

Strafverfolgung von NS-Verbrechen in der Bundesrepublik. Als er darauf hinwies, dass Mengele ihn immer gesiezt habe, bemerkte er, dass der KZ-Arzt Menschen „per Sie" ins Gas geschickt habe. Als er erklärte, welchem Zweck die „Schreibtage" in Auschwitz dienten, erwähnte er – scheinbar nebenbei –, dass die Deutschen mit der Vernichtung der polnischen Juden eine ganze Welt ausgelöscht hatten. Als er bekundete, dass ein Arzt des Sonderkommandos ihm von der Vernichtung der Białystoker Kinder berichtet habe, erzählte er von der Arbeit des Sonderkommandos und von dem Wissen der anderen Häftlinge. Kurzum: Bejlin versuchte, dem Vorsitzenden die Welt des Lagers zu erklären und die Dimensionen der nationalsozialistischen Verfolgungs- und Vernichtungspolitik aufzuzeigen. Bejlins Sprache zeichnet sich durch ihre Differenziertheit und Anschaulichkeit aus. Er erzählte plastisch, und er beschrieb einzelne Menschen und Situationen sehr genau. Als er beispielsweise von den Menschen in dem „Zigeunerlager" sprach, erwähnte er ihre „farbigen Schals" und ihre Musik. Die Erfahrungen und Beobachtungen, die er in Auschwitz machte, werden in seiner Erinnerungsrede in Bildern und in Episoden repräsentiert.

Bejlin reflektierte über seine Wahrnehmungen und über seine Erzählung. Er war sich dessen bewusst, dass er dem Gericht Ereignisse und Begebenheiten schilderte, die keine Relevanz für den Gegenstand des Prozesses besaßen, die – wie er es formulierte – „nichts zur Sache haben". Er berichtete dennoch davon, weil es ihm vor allem darum ging, das Geschehene zu bezeugen. So bekundete er, dass Häftlinge, die von den Strapazen des Marschierens bei eisiger Kälte und von dem Mangel an Nahrung zugrunde gerichtet worden waren, durch einen „Gnadenschuss" getötet worden seien. In seiner Zeugenaussage vor Gericht legte er also auch für diejenigen Zeugnis ab, die nicht mehr erzählen und bezeugen konnten. Wenn er seine damaligen Beobachtungen um Kenntnisse und Erfahrungen ergänzte, die er erst nach dem Erleben einer bestimmten Situation erworben hatte, machte er dies sprachlich kenntlich.

Die Erzählung des Zeugen über den Kindertransport lässt sich als *reported narrative* (Harris) bezeichnen. Bejlin erfuhr durch andere – seine Frau, Dr. Kacenelson und Dr. Pech – von der Deportation der Kinder nach Theresienstadt, von der Ankunft der Begleiter in Auschwitz und von der Vernichtung der Kinder. Ihre Bekundungen sind in Bejlins Erzählung aufbewahrt.

Der auf die Kern-Erzählung folgende Abschnitt (*point*, Harris) – beginnend mit „Sie haben mit Ihrer Frau im November über den Kindertransport gesprochen" und endend mit „jenseits der Wagenfenster" – zeichnet sich durch Fragen des Vorsitzenden aus, die der Vervollständigung und Überprüfung der Zeugenaussage dienen. In diesem Teil geht es um die Gerichtsrelevanz der

Erzählung. Da das Schwurgericht den Sachverhalt zum Tatkomplex der Deportationen genau rekonstruieren musste, wollte der Vorsitzende wissen, wann der Kindertransport Białystok verlassen hatte, wann er in Theresienstadt eintraf und wann die Begleiter in Auschwitz ankamen. Das Gericht folgte der Aussage Bejlins, dass der Kindertransport drei Tage von Białystok nach Theresienstadt unterwegs gewesen sei. Im Urteil wird unter Berufung auf Bejlins Zeugenaussage klargestellt, dass seine Frau am 21. August 1943 aus Białystok abgefahren, am Morgen des 24. August in Theresienstadt eingetroffen, von dort sofort weitergefahren und am Abend desselben Tages in Auschwitz angekommen sei.[274]

Bevor der Vorsitzende auf seine Ausgangsfrage zurückkam und den Zeugen über weitere Transporte aus Białystok und Umgebung vernahm, erkundigte er sich nach Bejlins Frau und fragte nach seiner Tätigkeit im „Zigeunerlager". Bejlin verzichtete darauf, Auskunft darüber zu geben, welche Aufgaben Mengele ihm übertragen hatte. Der Zeuge führte seinen Satz „Im Zigeunerlager_" nicht zu Ende, sondern berichtete stattdessen ausführlich über die Entstehung des Lagers. Bejlins Aussageverhalten ist ein weiterer Beleg dafür, dass es ihm nicht um seine Person ging, sondern um das Geschehene, das er bezeugen wollte. Bejlin konnte seine Erzählung über das „Zigeunerlager" jedoch nicht zu Ende führen. Der Vorsitzende hinderte ihn daran, weil er auf das für den Prozess relevante Thema der Deportationen zurückkommen wollte.

Die Aussagen der „Opfer-Zeugen" Perman und Bejlin zeigen, dass die Deportationen und die Vernichtung grausam durchgeführt worden waren. Darin liegt ihre juristische Relevanz. Bejlins Bekundungen waren ferner deswegen von besonderer Bedeutung für das Gericht, weil er die Ankunft in Auschwitz miterlebt hatte und bestätigen konnte, dass nur ein kleiner Teil der Deportierten von der sofortigen Vernichtung ausgenommen wurde. Für diejenigen, die nicht sofort ermordet wurden, begann, wie das Beispiel Aron Bejlin zeigt, ein Leidensweg, den nur wenige überstanden. Die Aussagen der Zeugen Bejlin und Perman haben insofern eine über den Prozess hinausgehende Relevanz, als sie Ausschnitte aus einem als „Räumung" bezeichneten Geschehen schildern, das in ihren Erzählungen konkret wird. In den Vernehmungen der „Täter-Zeugen" und der Angeklagten bleibt es dagegen abstrakt.

Während der Deportationen im Februar 1943 ereignete sich das „Säureattentat", in dessen Folge 100 Menschen im Białystoker Ghetto im Zuge einer „Vergeltungsmaßnahme" erschossen wurden. Im Folgenden wird gezeigt, wie

274 Vgl. Urteil 5 Ks 1/65, in: L/StADT, D 21 A, Nr. 6195, Bl. 336.

das Schwurgericht das Tatgeschehen mit Hilfe der Aussagen von Zeugen und Angeklagten rekonstruierte.

5. Herstellen, Darstellen, Feststellen: Zur Sachverhaltsarbeit des Bielefelder Schwurgerichts am Beispiel der Erschießung von 100 Juden des Białystoker Ghettos nach dem „Säureattentat"

Das Gericht ist gesetzlich verpflichtet, die Wahrheit zu erforschen (§ 244 Abs. 2 StPO). Die „Findung der Wahrheit" gilt dem BGH als „oberstes Ziel des Strafverfahrens".[275] Im Strafverfahren soll – gemäß der richterlichen Aufklärungs- und Wahrheitspflicht – „der Sachverhalt, so, wie er sich zugetragen hat, erforscht werden, um damit ein möglichst getreues Abbild der geschehenen Tat zu erstellen".[276] Gemäß § 264 Abs. 1 StPO ist „die in der Anklage bezeichnete Tat" wahrheitsgemäß zu erforschen. Der Richter muss die Frage beantworten, ob es wahr ist, dass „der Angeklagte jenen Sachverhalt verwirklicht hat, der ihm vorgeworfen wird", d.h., er soll klären, ob sich „jener Sachverhalt als geschichtliches Ereignis *tatsächlich* so ereignet" hat, „wie es dem Angeklagten vorgeworfen wird oder – so – *nicht*".[277] Die „Wahrheitsfindung" wird als Voraussetzung für ein gerechtes Urteil angesehen.[278] So gilt Karl Heinz Gössel eine richterliche Entscheidung nur dann als gerecht, „wird der ihr zugrunde liegende Sachverhalt *wahrheitsgemäß* festgestellt".[279]

Es stellt sich die Frage, was wahrheitsgemäße Feststellung des Sachverhalts bedeutet – und zwar sowohl in der juristischen Theorie als auch in der forensischen Praxis. Im folgenden ersten Abschnitt werden zunächst einige Ansätze zur Wahrheitsfindung und zur Sachverhaltsarbeit vorgestellt. Dabei wird indes

275 BGH, Urteil v. 23.5.1956 – 6 StR 14/56, in: NJW 9 (1956), S. 1646–1647, hier: S. 1647. Dass der Wahrheitserforschung im Strafprozess eine hohe Bedeutung zukomme, sei, so Thomas Vormbaum, „im juristischen Schrifttum unbestritten". Indes: „Der Annahme eines prinzipalen Charakters des Wahrheitsfindungszieles, womit alle anderen Finalelemente des Prozesses zu bloßen Einschränkungen dieses primären Zieles würden", bedürfe es nicht. Das zentrale Stichwort bei Vormbaums Interpretation des § 244 StPO lautet Intention: „Die strafprozessualen Funktionsträger – so kann § 244 StPO interpretiert werden – sollen sich in ihrem Verhalten im Strafprozeß von der *Intention* auf Wahrheitsfindung leiten lassen." *Vormbaum*, Der strafrechtliche Schutz des Strafurteils, S. 130.

276 *Wolff / Müller*, Kompetente Skepsis, S. 12.

277 *Gössel*, Ermittlung oder Herstellung von Wahrheit?, S. 8.

278 Vgl. *Stamp*, Die Wahrheit im Strafverfahren, S. 21f.

279 *Gössel*, Ermittlung oder Herstellung von Wahrheit?, S. 18.

nicht angestrebt, die schwierige Problematik erschöpfend zu behandeln. Auf eine ausführliche Abhandlung zum Wahrheitsbegriff aus rechtsphilosophischer, rechtstheoretischer, rechtssoziologischer und rechtshistorischer Sicht muss an dieser Stelle verzichtet werden. Nicht Vollständigkeit ist im Folgenden das leitende Kriterium, sondern die Signifikanz der Ansätze für den analytischen Bezugsrahmen und das Erkenntnisinteresse dieser Untersuchung. Der zweite Abschnitt analysiert anhand des Tatvorwurfs der Erschießung von 50 Juden nach dem „Säureattentat", wie das Bielefelder Schwurgericht zu seinen Feststellungen gelangte und warum es im Gegensatz zur Anklage von 100 erschossenen Menschen ausging. In einem dritten Schritt wird die „Sachverhaltserzählung" (Seibert) des Gerichts hinsichtlich des ausgewählten Tatkomplexes bewertet und vor dem Hintergrund der theoretischen Ausgangsüberlegungen gewürdigt.

5.1 Zur Herstellung, Darstellung und Feststellung „wahrer" Sachverhalte

Michael Stolleis vertritt die These, dass es „die Wahrheit" nicht gebe, sondern nur Berichte. „Wo diese Berichte", so Stolleis, „übereinstimmen, nennen wir diesen Teil 'Wahrheit'".[280] Die Arbeit des Richters mit der des Historikers vergleichend konstatiert er, dass beide „an der sprachgebundenen Rekonstruktion vergangener Ereignisse" arbeiten und „ein als sicher geltendes sprachliches Konstrukt handhaben". Historiker und Richter hätten ferner eine leitende Hypothese, „eine 'Idee', wie es gewesen sein könnte", und nähmen eine Bewertung des in eine Geschichtserzählung umformulierten Ergebnisses vor. Diese Erzählung berichte indes „nicht die Wahrheit", sondern bilde „nur eine konsensfähige Summe dessen, was erzählt worden" sei. Während der Richter im Hinblick auf eine Norm, der er unterworfen ist, eine Bewertung vornehme, bewerte der Historiker „nach den von ihm selbst gesetzten Maßstäben". Im Gegensatz zum Historiker müsse der Richter eine verbindliche „Entscheidung mit Folgen" treffen. Seine „Wahrheit" sei „formell, reduktionistisch und 'endlich'", während die des Historikers „'unendlich' und steter Revision unterworfen" sei.[281]

Genau wie Michael Stolleis betont auch Walter Grasnick die Bedeutung des Konsenses bei der Wahrheitsfindung im Strafverfahren. Von einem handlungstheoretischen Wahrheitsbegriff ausgehend vertritt er die These, dass die

280 *Michael Stolleis*, Der Historiker als Richter – der Richter als Historiker, in: Frei u.a. (Hrsg.), Geschichte vor Gericht, S. 173–183, hier: S. 175.

281 Ebd., S. 177ff.

Wahrheit vor Gericht ausgehandelt werde, dass man sich in der forensischen Praxis darauf einige, was gelten solle.[282] Aussagen und Sachverhalte seien nicht an einer vorgegebenen Wirklichkeit zu messen, die es nicht gebe, sondern daran, ob sie akzeptiert würden. An „die Stelle der Korrespondenz mit Tatsachen" trete „der Konsens der Beteiligten".[283] Man müsse, konstatiert Grasnick, „die Wahrheit nicht suchen, sondern herstellen". Dies könne „man aber nicht allein, sondern nur zusammen mit anderen". Aus Grasnicks Sicht ist „die Wahrheit nicht zu trennen [...] von ihrer Geltung und dem Verfahren, in welchem man sich darüber *einigt*, was gelten *soll*". Konsens verbürge „nicht nur Wahrheit; Konsens ist Wahrheit".[284] Am Ende eines Prozesses stehe „nicht ein mathematisch-naturwissenschaftlicher Beweis, vielmehr der argumentativ erzielte Konsens". Dieser sei „Teil der erzählten und verstandenen Geschichte".[285]

Grasnick und Stolleis kann insofern gefolgt werden, als die Wahrheit im Strafverfahren nicht experimentell nachgeprüft werden kann, sondern das Ergebnis forensischer Interaktionsdynamiken und Auseinandersetzungen ist. Den Autoren ist indes entgegenzuhalten, dass bei ihnen der Wahrheitsbegriff im Konsensbegriff aufgeht. Wenn sich alle einig sind, dass eine bestimmte Tatsache zutrifft, bedeutet dies indes noch nicht, dass diese auch wahr ist. Die Verkürzung der Wahrheitsfindung auf die Herstellung eines Konsenses wird darüber hinaus dem, was ein Gericht in einem Strafverfahren *anstrebt*, nicht gerecht. Das Gericht unternimmt den Versuch, einen bestimmten Ausschnitt vergangener Wirklichkeit, der für den juristischen Tatbestand relevant ist, wahrheitsgemäß zu rekonstruieren.

Vor Gericht werden konkurrierende Versionen von Wahrheit verhandelt. Die Wirklichkeit verschwinde, so Ludger Hoffmann, „hinter konfligierenden Darstellungen". Nicht alles, was dargestellt werde, könne „zugleich wahr sein".[286] Das Gericht müsse sich „für das Urteil auf eine Version der Geschichte festlegen, die es für plausibel" halte.[287] Hoffmann nennt folgende Anforderungen, die sich daraus ergeben:

---

282 Vgl. *Walter Grasnick*, Wahres über die Wahrheit – auch im Strafprozeß, in: Jürgen Wolter (Hrsg.), 140 Jahre Goltdammer's Archiv für Strafrecht. Eine Würdigung zum 70. Geburtstag von Paul-Günter Plötz, Heidelberg 1993, S. 55–75, hier: S. 66. Vgl. *Grasnick*, Über Schuld, Strafe und Sprache, S. 220.

283 *Grasnick*, Wahres über die Wahrheit, S. 74.

284 *Grasnick*, Über Schuld, Strafe und Sprache, S. 220.

285 Ebd., S. 277.

286 *Hoffmann*, Vom Ereignis zum Fall, S. 98.

287 Ebd., S. 108.

„– zu den vorgebrachten Sachverhalten sind spezifische Einstellungen auszubilden (sie können für plausibel, falsch, fraglich, wahrscheinlich, möglich, unentscheidbar etc. gehalten werden);

– Lücken in den Darstellungen sind durch Inferenzen (z.B. Induktion, Folgerung) zu schließen, wenn es sich um relevante Ereignisse handelt;

– zwischen vorgebrachten Sachverhalten, die für unverträglich gehalten werden (nicht zugleich wahr sein können), ist zu entscheiden."[288]

Für Grasnick lautet das entscheidende Stichwort nicht Plausibilität, sondern Interpretation. Seine Theorie des Sachverhalts beruht auf der Annahme, dass Sachverhalte via Sprache konstruiert werden. Der Sachverhalt werde „nicht festgestellt", sondern „hergestellt" und „zwar der gesamte Sachverhalt, will sagen, der Sachverhalt als Aussage und der Sachverhalt als Geschehnis".[289] Ausgangspunkt der Überlegungen Grasnicks ist seine Überzeugung, Aussage und Geschehnis seien „nur Interpretationen".[290] Er vertritt die These, dass die erzählten Geschichten vor Gericht „collagiert, zum Sachverhalt zusammengefügt" werden. Diese Geschichten sind aus seiner Sicht nicht als Abbild vergangener Wirklichkeit aufzufassen, denn:

> „Wenn gilt 'Wir können nicht nicht interpretieren' – und es gilt nun einmal –, dann sind der Angeklagte und die Zeugen von diesem universellen Geltungsanspruch nicht ausgenommen. Das bedeutet: Sie schildern dem Richter nicht, wie es wirklich gewesen ist, beschreiben keine sprach- und subjektunabhängige Realität. Sondern sie erzählen Geschichten dessen, was sie erlebten. Wobei die Geschichten ihrerseits nichts anderes sind als interpretative Konstrukte."[291]

Um aus den vor Gericht vorgetragenen Geschichten einen Sachverhalt herzustellen, muss der Richter aus Grasnicks Sicht die einzelnen Collageteile bearbeiten: „Unwesentliches wurde ausgesondert. Unvollständiges durch Nachfragen ergänzt. Das Glaubhafte vom Nichtglaubhaften gesondert."[292] Diese Collage kenne „kein Bild, von dem sie Abbild sein könnte", sie sei vielmehr „Urbild". Der Sachverhalt müsse „stimmig sein", d.h. zunächst, dass „die Collage in sich stimmen" müsse. Das bedeute, dass sie keine Texte enthalte, die nicht zueinander passen: „Herkömmlich gesprochen: daß die

---

288 Ebd., S. 108.

289 *Walter Grasnick*, Das Recht der Zeichen – im Zeichen des Rechts, in: Josef Simon / Werner Stegmaier (Hrsg.), Fremde Vernunft, Zeichen und Interpretation IV, Frankfurt a.M. 1998, S. 194–237, hier: S. 210.

290 Ebd., S. 227.

291 *Walter Grasnick*, Entscheidungsgründe als Textcollage, in: Friedrich Müller / Rainer Wimmer (Hrsg.), Neue Studien zur Rechtslinguistik. Dem Gedenken an Bernd Jeand'Heur, Berlin 2001, S. 27–44, hier: S. 29.

292 Ebd., S. 30.

Darstellung des Sachverhalts nicht in sich widersprüchlich ist." Die Collage dürfe „auch keine gleichsam leeren Stellen haben". Traditionell spreche man davon, dass „in der Beweiswürdigung nichts" fehle, „also beispielsweise keine nahe liegenden Möglichkeiten unerörtert bleiben".[293] Der collagierte Sachverhalt müsse „nicht nur stimmen, sondern auch passen", in „unser Weltbild" passen. Das „fällige Stichwort" laute „Kohärenz-Theorie der Wahrheit".[294] Der Angeklagte erzähle „seine Geschichte, seine Interpretation des Geschehens, des Geschehensablaufs, den es als seine Handlung nur gibt, indem er ihn sich selbst *als* Handlung zuschreibt und zwar zuschreibt als sein eigener Historiker, als Historiker 1. Ordnung". Er erzählt sie dem Richter, „dem Historiker 2. Ordnung". Dieser tue „nichts anderes, als die ihm vorgetragene Interpretation seinerseits zu interpretieren, auch umzuinterpretieren". Es könne durchaus vorkommen, dass „allein" der Richter es sei, „der dem Angeklagten als dessen Handlung" zuschreibe, „was dieser als von ihm zu verantwortendes Tun nicht gelten lassen" wolle. Der Richter bediene sich dabei „erforderlichenfalls auch jener Geschichten, der Interpretationen, die ihm nicht zuletzt die Zeugen liefern, in seltenen Ausnahmefällen diese allein". Der „Sachverhalt als Aussage", von Grasnick definiert als „ein Text aus Texten, eine Text-, eine Zeichencollage", sei das „Endprodukt der richterlichen Interpretation".[295] Das richterliche Interpretationskonstrukt werde, „falls strafprozessual erforderlich, weitergereicht, und zwar an den Revisionsrichter". Als „Historiker 3. Ordnung" gehe dieser „seinerseits interpretatorisch" damit um – zwar „nicht nach freiem Belieben", aber „immerhin doch so wie einer, der aus denselben Farbflecken ein neues Bild" male.[296] Es fällt auf, dass Grasnick Zeugen nicht als „Historiker" einstuft. Sachverständige fehlen gänzlich in seinen Überlegungen. Diese spielten jedoch gerade in NS-Prozessen eine wichtige Rolle, denn die Richter griffen bei der Einordnung der Taten in den historischen Kontext oftmals auch auf die Gutachten der historischen Sachverständigen zurück. Die Deutungen der Geschehnisse durch professionelle Historiker hatten Einfluss auf die richterliche Interpretation.

Grasnick kann insofern gefolgt werden, als der durch das Gericht hergestellte Sachverhalt ein Interpretationskonstrukt ist. Denn der Richter isoliert aus den vor Gericht vorgetragenen Versionen über den Tathergang einzelne Elemente und entwickelt – Versatzstücke relevanter Aussagen zu einer neuen Erzählung zusammensetzend – eine eigene Interpretation der Realität, ein eigenes Bild

293 Ebd., S. 30f.

294 Ebd., S. 32.

295 *Grasnick*, Das Recht der Zeichen, S. 226.

296 Ebd., S. 227.

vom Geschehen. Kurzum: Die Sachverhaltsdarstellung bildet nicht die Wirklichkeit ab, sondern sie ist eine *Interpretation* der Wirklichkeit. Indes: Das wirkliche Geschehnis, das „Urbild“ – um in Grasnicks Bild zu bleiben – existiert.

Es gilt, wie Gössel[297] betont, zu unterscheiden „zwischen dem *Bild* vom wahrheitsgemäßen Geschehen und diesem Geschehen selbst als dem Gegenstand des Wahrheitsbildes“.[298] Jeder Verfahrensbeteiligte erschaffe sich „sein *eigenes* Bild vom wahrheitsgemäßen, verfahrensgegenständlichen Geschehen“.[299] Als Grundlage der Urteilsfindung diene indes „*allein* das aus dem Inbegriff der Verhandlung gewonnene Wahrheitsbild des *Richters*“.[300] Zu der Frage, ob die Wahrheit vor Gericht hergestellt oder ermittelt wird, führt Gössel zusammenfassend aus: Im Strafverfahren werde „*allerdings* ein richterliches Wahrheitsbild hergestellt – neben diesem Bild aber“ sei „die Existenz eines wirklichen Geschehensablaufs anzuerkennen, von dem das richterliche Bild dieses Ablaufs durchaus abweichen“ könne – „und deshalb auch – glücklicherweise – überprüfbar“ bleibe. „Die Wahrheit“ werde „in der Tat *ermittelt* und nicht *hergestellt*, jedoch nach dem Bilde des Richters, welches sich *dieser* nach seiner freien Überzeugung selbst“ erschaffe und damit herstelle.[301] Die Annahme, im Strafprozess werde die Wahrheit nur hergestellt, geht aus Gössels Sicht fehl, weil sie einen Verzicht auf die inhaltliche Richtigkeit der Wahrheit impliziert: „Wer Wahrheit nur für *herstellbar*“ halte, der müsse „jedes Wahrheitsbild akzeptieren, sofern es nur prozeßordnungsgemäß zustandegekommen“ sei, und „dies selbst dann, wenn es offensichtlich dem wahren Geschehen“ widerspreche. Dann würde die Rechtsordnung auch auf ein „*unverzichtbares Kontrollmittel* für das tatrichterliche Wahrheitsbild verzich-

---

297 Gössel ist ein Vertreter der Korrespondenztheorie der Wahrheit. Er geht davon aus, eine Vorstellung sei wahr, wenn sie mit dem vorgestellten Gegenstand übereinstimme. Vgl. *Gössel*, Ermittlung oder Herstellung von Wahrheit?, S. 14. Indes gilt auch nach diesem Ansatz, dass Wahrheit weder das Sein („die Wirklichkeit“) noch das Denken, sondern die Übereinstimmung des Seins mit dem Denken ist. Die Korrespondenztheorie der Wahrheit geht auf Aristoteles zurück. Arthur Kaufmann führt dazu aus: „Nach der traditionellen, auf Aristoteles zurückgehenden Lehre findet sich die Wahrheit primär am Gegenstand; dies ist die ontologische Wahrheit. Die gnoseologische Wahrheit liegt in der Entsprechung des Denkens mit der Wahrheit des Gegenstands. In der klassischen Formel kommt dieser Korrespondenzcharakter der Erkenntniswahrheit klar zum Ausdruck: ‘Veritas est adaequatio intellectus et rei.’“ *Kaufmann*, Läßt sich die Hauptverhandlung in Strafsachen als rationaler Diskurs auffassen?, S. 426.

298 *Gössel*, Ermittlung oder Herstellung von Wahrheit?, S. 15f.

299 Ebd., S. 15.

300 Ebd., S. 9.

301 Ebd., S. 19.

ten, und der Rechtsbefehl der Wiederaufnahme wegen neuer Tatsachen oder Beweismittel dürfte *gar nicht* zulässig sein, weil ja eben nicht auf ein wirklich existierendes Geschehen in der Vergangenheit abgestellt werden dürfte, sondern nur darauf, ob das frühere Wahrheitsbild *prozeßordnungsgemäß zustande gekommen* wäre".[302] Wer, so Gössel, „nur eine prozedurale Gerechtigkeit" anerkenne und „einen subjektunabhängigen wahrheitsgemäßen Sachverhalt" leugne, der habe „das Wissen um Wahrheit und Unwahrheit *verloren* – und damit *auch* die Unterscheidung zwischen beidem". Das sei „der Grund, warum wir auch im Strafprozeß nach der Wahrheit suchen *müssen*, auch wenn wir sie niemals vollständig erfassen können".[303]

Gössels Einwand, das Wahrheitsbild müsse, wenn man der Grasnickschen Position folge, nur prozessordnungsgemäß zustande kommen, geht fehl. Denn wenn man wie Grasnick davon ausgeht, dass die Wahrheitsfindung lediglich eine Konsensfindung bedeutet, dann ist ein solcher Konsens gerade nicht gefunden worden, wenn eine Seite Rechtsmittel einlegt. Auch eine Wiederaufnahme bleibt möglich, da damit der Konsens, was Wahrheit ist, aufgekündigt wird. Gössel ist weiter entgegenzuhalten, dass er übersieht, welche Gefahren – z.B. für die Wahrung der Menschenrechte – mit dem Primat der Wahrheitsfindung verbunden sind.

Zusammenfassend lässt sich festhalten: Um das, was wahr ist, wird vor Gericht eine Auseinandersetzung geführt. Die Prozessbeteiligten erheben unterschiedliche Wahrheitsansprüche über das in Rede stehende und vom Richter zu beurteilende Ereignis. Das Wahrheitsverständnis des Zeugen unterscheidet sich von dem des Juristen. Für den Zeugen müsse es, so Thomas Henne, „*eine*, 'die' persönliche Wahrheit geben". Dies müsse „zugleich diejenige sein, die ihm einen Umgang mit seiner Erinnerung" ermögliche. Die „prozessuale Wahrheit" arbeite „mit Wahrscheinlichkeiten". Es könne, „wenn über eine Frage allgemeine Einigkeit" herrsche, „die entsprechende Annahme (häufig) als wahr unterstellt werden".[304] Vor Gericht werden verschiedene Versionen des vergangenen Geschehnisses konstruiert, formuliert und verhandelt. Für die Prozessbeteiligten ergeben sich dabei unterschiedliche Ausgangssituationen und Strategien.[305]

Sachverhalte, so die hier vertretene These, werden *her*gestellt, *dar*gestellt und *fest*gestellt. Der Begriff Sachverhalts*herstellung* verweist darauf, dass der

302 Ebd., S. 19.

303 Ebd., S. 20.

304 *Henne*, Zeugenschaft vor Gericht, S. 83 und S. 84.

305 Vgl. *Löschper*, Bausteine, S. 226f.

Richter die vor Gericht vorgetragenen Aussagen über den Tathergang deutet und eine Version des Tatverlaufs konstruiert, die er für wahrheitsgemäß hält. Dabei gilt es zu berücksichtigen, dass Sachverhalte und vergangenes Geschehen im Prozess „im Hinblick auf die juristische Bewertung" thematisiert werden.[306] Das Ergebnis des Herstellungsprozesses ist der „Sachverhalt als Aussage" (Grasnick), also die Sachverhalts*darstellung* im Urteil, die anschließend ausführlich begründet wird. Ergebnis und Begründung des Ergebnisses bilden die Entscheidung.[307] Das Gericht beschreibt im Urteil, was es als wahr festgestellt und als verbindliche Lesart durchgesetzt hat. Der Begriff Sachverhalts*feststellung* impliziert somit den normativen Akt der Setzung einer bestimmten Wirklichkeitsinterpretation durch die Autorität des Gerichts. Sie gilt solange, bis sie durch die höhere Instanz aufgehoben wird. Mit der „Sachverhaltserzählung" im Urteil stellt das Gericht „fest, was Tatsache zu sein scheint".[308]

5.2 Das „Säureattentat" und seine Folgen. Zum Sachverhalt der „Erschießung von 100 Vergeltungsopfern"

Ausgehend vom Erkenntnisinteresse dieser Studie, das sich auf die Logik sowohl der juristischen Aufklärung als auch der Wirklichkeitsrekonstruktion richtet, und orientiert an Grasnicks Überlegungen zum „collagierten Sachverhalt" wird in diesem Abschnitt untersucht, wie das Gericht die Aussagen der Zeugen und Angeklagten über das „Säureattentat" und seine Folgen interpretierte und bewertete und wie es zu seiner finalen Erzählung im Urteil gelangte. Den Ausgangspunkt für die Analyse bildet die Sachverhaltsschilderung des Bielefelder Schwurgerichts zur „Erschießung von 100 Vergeltungsopfern".

Dieser Tatkomplex bietet sich aus mehreren Gründen als Untersuchungsgegenstand an: Erstens ist die Gruppe der zu diesem Fall vernommenen Zeugen im Vergleich zum Anklagevorwurf der Deportationen relativ klein. Zweitens ist die Sachverhaltsschilderung des Schwurgerichts zu diesem Tatkomplex kurz und deshalb besonders gut geeignet für eine Feinanalyse. Drittens handelt es sich um ein Verbrechen, das den Vernichtungswillen der Sicherheitspolizei unmittelbar dokumentiert. Die Tötungen fanden nicht weit entfernt in den Vernichtungsstätten von Auschwitz oder Treblinka statt, sondern im Białysto-

306 Ebd., S. 226.

307 Vgl. *Jürgen Weitzel*, Werte und Selbstwertung juristisch-forensischen Begründens heute, in: Albrecht Cordes (Hrsg.), Juristische Argumentation – Argumente der Juristen, Köln 2006, S. 11–28, hier: S. 15.

308 *Seibert*, Zeichen, Prozesse, S. 99.

ker Ghetto selbst. Sie waren sichtbar, sowohl für die Angehörigen des KdS als auch für die im Ghetto Eingeschlossenen. „Genocide is", so Omer Bartov, „ultimately, also about the encounter between the killer and the killed, usually with a fair number of spectators standing by".[309] Im Fall der Erschießung von 100 unschuldigen und unbeteiligten Menschen und der Erhängung des „Säureattentäters" begegneten sich Täter und Opfer unmittelbar. Die Aussagen der Angeklagten und Zeugen vor Gericht geben Auskunft darüber, wie die Beteiligten die Ereignisse wahrnahmen und bewerteten. Viertens handelt es sich bei der Widerstandshandlung Icchok Małmeds, die von den deutschen Besatzern als „Säureattentat" bezeichnet wurde, um ein wichtiges Ereignis in der Geschichte des Białystoker Ghettos, das in den Zeugnissen der Opfer Erwähnung findet. Nach Angaben Rogalewskas ist die Tat Małmeds zum ersten Mal von Pesach Kapłan beschrieben worden.[310] In einem Artikel, den er im März 1943 im Białystoker Ghetto auf Jiddisch verfasste, heißt es dazu:

> „Am ersten Tag [‚der Aktion'] ereignete sich etwas besonders Dramatisches im Haus an der Kupiecka-Straße 25[311]. Als die Todesbrigade zur Jagd eintraf, spritzte plötzlich jemand einem deutschen Soldaten Salzsäure[312] ins Gesicht. Der Soldat schoss sofort, aber er traf nicht den Juden, der diese Flüssigkeit gespritzt hatte, sondern seinen Kameraden, einen deutschen Soldaten, und tötete ihn dabei. Die Vergeltung dafür war schrecklich. Hauptsächlich wurden 100 Leute aufgegriffen, sowohl aus diesem Haus als auch aus anderen zufällig ausgewählten Häusern. Sie wurden alle zum Garten Pragers geführt und dort erschossen. [...] Bald erfuhr man, dass er [Icchok] Malmed heiße und dass eine Belohnung für seine Ergreifung ausgesetzt worden sei. Anfangs betrug sie 5000, später 10 000 Mark. Am gleichen Tag stellte er sich freiwillig. Er wurde in die Hände der Gestapo übergeben, die ihn zum Tode durch den Strang verurteilte. Das Urteil wurde am folgenden Tag vollstreckt, an demselben Ort, an dem der Anschlag verübt worden war. Man erzählt, dass er sich während der Exekution heldenhaft verhalten habe und seinen Folterknechten einige harte Worte ins Gesicht geschleudert habe. Er hing dort einige Tage, mit den Füßen berührte er den Boden, ganz so, als stünde dort ein Lebender."[313]

---

309 *Omer Bartov*, From the Holocaust in Galicia to Contemporary Genocide. Common Ground – Historical Differences, Washington 2003, S. 19.

288 Vgl. Rogalewska, Getto białostockie, S. 94.

289 Hier ist Kapłan ein Fehler unterlaufen. Es muss Kupiecka-Straße 29 heißen.

312 In anderen Zeugnissen und in den Zeugenaussagen vor Gericht ist von Vitriol, also Schwefelsäure, die Rede.

313 Der Artikel Kapłans wurde von Adam Rutkowski ins Polnische übertragen. Die deutsche Übersetzung der Passage basiert auf der polnischen Fassung, in der es heißt: „Pierwszego dnia [‚akcji'] szczególnie dramatyczne
wydarzenie miało miejsce w domu przy Kupieckiej 25. Kiedy brygada śmierci przybyła tu na łów, ktoś znienacka bryznął kwasem solnym niemieckiemu żołnierzowi

Małmeds Widerstandshandlung, die auch in den Erinnerungen Überlebender erwähnt wird,[314] ist ein zentraler Bestandteil der Erinnerung an das jüdische Leben und Sterben in der Stadt Białystok. Nach dem Krieg wurde die Straße, in der Małmed gehängt wurde nach ihm benannt. In der ul. Małmeda 10 erinnert eine Tafel an den Tod Małmeds.[315]

Über den Tatkomplex der „Erschießung von 100 Vergeltungsopfern“ heißt es im Urteil des Bielefelder Schwurgerichts:

> „Am 5. Februar 1943 – etwa 5 Uhr morgens, eine Stunde nach Beginn der Räumungsaktion – widersetzte sich der Jude Melamed [Małmed][316] im Hause Kupieckastraße 29 dem Befehl des KdS-Dienststellenangehörigen Muth, das Haus zu verlassen und auf dem Sammelplatz anzutreten, indem er ihm Vitriol ins Gesicht schüttete. Muth wurde schwer verletzt. In der dadurch entstandenen Verwirrung kam es zu der Tötung des Beamten Wilhelm, der mit Muth einem Räumungstrupp angehörte. Wilhelm ist wahrscheinlich von dem durch das Vitriol geblendeten Muth erschossen worden.

---

w twarz. Żołnierz natychmiast strzelił, ale trafił nie Żyda, który prysnął tym płynem, ale swego kompana, niemieckiego żołnierza, kładąc go trupem. Odwet za to był straszny. Przede wszystkim zabrali 100 ludzi zarówno z tego domu, jak i z innych, przypadkowych. Zaprowadzili wszystkich do ogrodu Pragera i tam ich rozstrzelali. [...] Niebawem dowiedziano się, że nazywa się on Malmed i że wyznaczono nagrodę za jego odnalezienie. Początkowo wynosiła ona 5000 a potem 10 000 marek. Tego samego dnia sam się zgłosił. Został oddany w ręce gestapo, które skazało go na śmierć przez powieszenie. Wyrok został wykonany na drugi dzień, w tym samym miejscu, gdzie dokonał zamachu. Opowiadają, że podczas egzekucji zachował się bohatersko i że cisnął swoim oprawcom w twarz kilka mocnych słów. Wisiał kilka dni, nogami doytkał ziemi, jakby stał żywy.“
Pesach Kapłan, Zagłada Żydów Białegostoku, in: Biuletyn ŻIH 12 (1966), S. 77–88, hier: S. 80f.

314 Vgl. *Klementinowski*, leben un umkum, S. 53; *Reizner*, der umkum fun bialistoker jidntum, S. 121–123; *Grossman*, Die Untergrundarmee, S. 286.

315 Auf der Erinnerungstafel ist auf Jiddisch und Polnisch zu lesen:
do is umgekumen fun hitleristische merder dem 8tn februar 1943 Itshak Malmed
heldiszer kemfer fun bialistoker geto
koved sejn andenk
Tu zginął z rąk morderców hitlerowskich 8.II.1943 Icchok Małmed
Bohater bojownik getta Białostockiego
Cześć Jego pamięci
[Hier starb durch die Hände der hitleristischen Mörder am 8. Februar 1943 Itshak Malmed. Heldenhafter Kämpfer des Białystoker Ghettos. Ehret sein Andenken.].

316 Es wurden beide Formen des Namens verwendet. Im Jiddischen schreibt sich der Name wie folgt: מאלמעד (Małmed), die hebräische Schreibweise lautet: מלמד. Da Jiddisch die offizielle Sprache im Białystoker Ghetto war – die Meldungen des Judenrats an die Bevölkerung wurden auf Jiddisch verfasst – und die Mehrheit der Prozessbeteiligten die jiddische Form verwendete, findet sich im Fließtext die Schreibweise Małmed. Im Urteil ist dagegen von Melamed die Rede. In den Zitaten aus dem Urteil hat die Verfasserin deswegen die jiddische Form in eckige Klammern gesetzt.

Dr. Altenloh begab sich sofort zum Tatort ins Getto, kümmerte sich um den Verletzten und machte dann einen Bericht über den Vorfall mit Verlustmeldung an das Reichssicherheitshauptamt. Er war an diesem Morgen auch beim Judenratsvorsitzenden Barrasch im Getto. Er forderte ihn auf, nach dem Attentäter zu fahnden und ihn der Sicherheitspolizei zu melden, andernfalls Maßnahmen ergriffen würden.

Auf den Bericht ordnete das Reichssicherheitshauptamt durch ein an den KdS gerichtetes Fernschreiben die Erschießung von hundert jüdischen Personen als Vergeltungsmaßnahme an. Dr. Altenloh nahm von diesem Fernschreiben nach Eingang Kenntnis und übergab es dem Angeklagten Heimbach als dem Chef der Exekutivabteilung zur Ausführung. Heimbach ließ daraufhin mit Hilfe seines Judenreferenten Friedel hundert Juden – Männer, Frauen, Kinder – im Wohnhaus des Melamed [Małmed], wo der Widerstand geleistet war, und in den benachbarten Häusern verhaften und in Pragers Garten, einem großen Platz vor der Synagoge, exekutieren. Dr. Altenloh und Heimbach waren sich bewußt, daß der Befehl des Reichssicherheitshauptamts und ihre eigenen Durchführungsbefehle ein Verbrechen bezweckten: Sie hatten erkannt, daß hier Vergeltung an unschuldigen Menschen verübt werden sollte für eine Tat, die für Melamed [Małmed] lediglich die Abwehr eines gegen sein und seiner Familie Leben gerichteten Angriffs darstellte.

Dr. Altenloh meldete am Abend des 5. Februar dem Reichssicherheitshauptamt Vollzug durch Fernschreiben. Melamed [Małmed] stellte sich am 7. Februar freiwillig zur Abwehr weiteren Unheils. Er ist am Morgen des folgenden Tages öffentlich gehängt worden. Heimbach, Friedel, Lange und andere KdS-Dienststellenangehörige waren bei der Erhängung zugegen. Nachdem beim ersten Versuch der Strick gerissen war, gab Lange auf Befehl Heimbachs Melamed [Małmed] den Gnadenschuß. Anschließend wurde die Leiche aufgehängt. Sie hing etwa zwei Tage lang zur Abschreckung."[317]

Diese „Sachverhaltserzählung" (Seibert) des Gerichts gibt Auskunft über die rechtswidrige Tat, die Tatverantwortlichen, den Tatort, die Tatumstände und die Opfer. Alle wesentlichen Begebenheiten, die zur Überzeugung der Richter zum Ereignis der „Erschießung von 100 Vergeltungsopfern" gehören, werden in chronologischer Reihenfolge aufgeführt. Das „Endprodukt der richterlichen Interpretation" (Grasnick) enthält keine Angaben darüber, warum das Gericht zu *dieser* Version des Tatverlaufs gelangt ist. Im Urteil erfolgt die Präsentation der Beweise, die die Feststellungen belegen, im Anschluss an die Sachverhaltsdarstellung. Diese basiert im Wesentlichen auf den Aussagen der „Opfer-Zeugen" Hirsz Ugajnik, Abraham Karasik, Majer Zawadzki, Abram Oniman, Chaim Kapłan und Dr. Szymon Datner und der „Täter-Zeugen" Heinz Lange und Jakob Muth[318], außerdem noch auf einer Aussage des ehemaligen „Juden-

317 Urteil 5 Ks 1/65, in: L/StADT, D 21 A, Nr. 6195, Bl. 232–234.

318 Jakob Muth wurde als Beschuldigter in dem Sammelverfahren 45 Js 1/61 der Zentralstelle Dortmund gegen ehemalige Angehörige des KdS für den Bezirk Bialystok geführt. Das Verfahren gegen ihn wurde am 18. März 1965 mangels Beweises eingestellt.

referenten“ Fritz Friedel aus dem Jahr 1949 sowie auf Angaben der Angeklagten Heimbach und Altenloh, soweit das Gericht meinte, ihnen folgen zu können. Im Urteil werden die Aussagen der Zeugen und Angeklagten über das „Säureattentat“ und seine Folgen in dem Abschnitt „Beweisgrundlagen und Beweiswürdigung“ bewertet.[319] Darin erfolgt nicht nur eine Wiedergabe der relevanten Aussagen, sondern auch eine Auseinandersetzung mit denjenigen Erklärungen der Zeugen und Angeklagten, die aus Sicht des Gerichts nicht stimmen. Das Gericht begründet ausführlich, warum es die Beteiligung der Angeklagten an der Erschießung für erwiesen hält. Für die Analyse der gerichtlichen Wirklichkeitsrekonstruktion stellen die im Urteil genannten Gründe eine wichtige Quelle dar, denn: Zum einen geht aus der Interaktion zwischen den Prozessbeteiligten oft nicht eindeutig hervor, welche Darstellungen das Schwurgericht für überzeugend hielt, zum anderen gibt es angesichts des Primats der freien Beweiswürdigung[320] „keine formalen Regeln“ darüber, „wem was in welchem Umfang zu glauben ist“[321] Dabei gilt es zu berücksichtigen, wie Wolff und Müller betonen, dass die Richter „nicht von der Strafprozessordnung, wohl aber interaktionslogisch ‘Partei’“ sind, die „zwar Einwände, Begründungen und Zweifel der Gegenpartei berücksichtigen kann, im wesentlichen aber ihren eigenen Standpunkt als den einzig gültigen darstellt und begründet“.[322]

Die Quellenanalyse ist auf vier Ebenen ausgerichtet: auf die Aussagen der Zeugen und Angeklagten, auf die forensische Interaktionsdynamik, auf die finale Erzählung des Gerichts und auf die Entscheidungsbegründung. Im Gegensatz zur Entscheidungsbegründung, die im Urteil transparent gemacht wird, kann über den Vorgang der Entscheidungs*findung* aufgrund fehlender Quellen – die Beratungen des Gerichts über die verhandelten Fälle sind aufgrund des Beratungsgeheimnisses nicht schriftlich dokumentiert – kaum etwas in Erfahrung gebracht werden. Da kein Zugang zu den gerichtsinternen Begründungen und Bewertungen besteht, sind der Analyse der Sachverhalts*herstellung* von vornherein Beschränkungen auferlegt.

Vgl. Einstellungsverfügung des Leiters der Zentralstelle Dortmund im Ermittlungsverfahren 45 Js 1/61 v. 18.3.1965, L/StADT, D 21 A, Nr. 6159, Bl. 98-99.

319 Vgl. Urteil 5 Ks 1/65, in: L/StADT, D 21 A, Nr. 6195, Bl. 226–257.

320 Dem Richter werden keine Vorschriften mehr darüber gemacht, unter welchen Voraussetzungen er eine Tatsache für bewiesen bzw. nicht für bewiesen zu halten hat. Vgl. *Meyer-Goßner*, Strafprozeßordnung, S. 917, mit Verweisen auf die relevanten BGH-Entscheidungen.

321 *Legnaro / Aengenheister*, Die Aufführung von Strafrecht, S. 68.

322 *Wolff / Müller*, Kompetente Skepsis, S. 252.

Im Folgenden werden die für die Sachverhalts*darstellung* relevanten Aussagen, die das Gericht hinsichtlich ihrer Plausibilität und Kohärenz prüfen musste, rekonstruiert. Dabei wird die Chronologie der Hauptverhandlung bewusst durchbrochen: Zwar hatten die Angeklagten als Erste Gelegenheit, sich zum Anklagevorwurf zu äußern; doch da die finale Erzählung des Gerichts mit der Widerstandshandlung des Juden Małmed beginnt, soll zunächst die Aussage eines „Täter-Zeugen" zum Vorfall des „Säureattentats" dargestellt werden. Danach werden die Einlassungen der Angeklagten und die Aussagen der Zeugen wiedergegeben und interpretiert.

Dass das „Säureattentat" stattgefunden hatte, wurde von vielen Zeugen bestätigt. Sowohl „Opfer-Zeugen" als auch „Täter-Zeugen" erklärten in der Hauptverhandlung, damals davon gehört zu haben. Dem Gericht gelang es, einen Augenzeugen, den ehemaligen KdS-Angehörigen Muth, dem die Säure ins Gesicht geschüttet worden war, zu vernehmen. Er schilderte am 15. Juli 1966, was sich ereignete, als er zu Beginn der „Räumung" des Białystoker Ghettos im Februar 1943 mit seinem Kollegen Franz Gottlieb Wilhelm in Małmeds Haus eindrang, um die für den Abtransport bestimmten Menschen mit Gewalt aus ihren Wohnungen zu holen:

Zeuge Muth:	Also, Wilhelm und ich und der Pole gingen in das Haus rein_
Vorsitzender:	Hm.
Zeuge Muth:	Und da ist 'ne Frau ä drin, 'ne ganz trübe Birne noch irgendwo.
Vorsitzender:	Hm.
Zeuge Muth:	Und ich sage: Wo ist Pan? Pan nix da. Nächste Tür ist verschlossen. Sag ich: Was nu? Wilhelm sagt: Aufmachen. Aufgemacht, mit Gewalt. Im selben Moment kommt aus dem Dunkeln die Soße ins Gesicht. Ich wusste nicht, was es war. Also ein, ein, ein Zischen, die Haut verbrannt. Ich hörte nur das Zischen, das Ohrensausen, ja?
Vorsitzender:	Hm.
Zeuge Muth:	Springe zurück, an die Wand, und die Schrecksekunde, ja, springe vor und schieße
Vorsitzender:	Hm.
Zeuge Muth:	und mache, dass ich raus komme. Jetzt habe ich mir den Eingang gemerkt, also die Örtlichkeit, war ja, wie gesagt, am, am Anfang. Und unten in der Hausecke ä, ä im Hof war noch, es war, wir sind durch'n, durch'n, nicht von der Straße, sondern hinten durch'n Hintereingang hoch,

Vorsitzender:	Hm.
Zeuge Muth:	vorne war wohl zu.
Vorsitzender:	Hm.
Zeuge Muth:	Und da war 'ne großes Tor. Und da hab ich dann um Hilfe gerufen. Da hat mich einer geschnappt und gesagt: Kerl, wie siehst Du denn aus? Gell.
Vorsitzender:	Hm.
Zeuge Muth:	Habe ich wohl – gibt's ja heute noch die Narbe –, ä also habe ich das Blut, alles verkrustet und so weiter, habe ich wohl ausgesehen wie so'n Neger.
Vorsitzender:	Hm, hm.
Zeuge Muth:	Der hat mich geschnappt und mit dem nächsten Auto zur Dienststelle. Das ist mein ganzer Einsatz, ja.
Vorsitzender:	Und ä, Wilhelm ist ä dabei geblieben, ja?
Zeuge Muth:	Ja, wie ich nachher gehört habe, ist Wilhelm tot, ja, denn ich habe_
Vorsitzender:	Man behauptet_
Zeuge Muth:	Es ist kein Wort da oben drin gesprochen worden. Gesagt, was ich eben gesagt habe. Und die haben wohl, ich weiß nicht, ob Wilhelm auch noch was abgekriegt hat von der Sache oder was und wo der Pole geblieben ist. Ich weiß es nicht. Also, ich habe jedenfalls gemacht, dass ich raus kam.
Vorsitzender:	Sie wissen gar nicht, ob Ihre Schüsse nun ä diejenigen waren, die den Wilhelm getötet haben? Das wissen Sie gar nicht?
Zeuge Muth:	Das konnte ja unmöglich sein. Denn ich bin ja, ich habe, wir hatten ja in der Schule gelernt, nicht voll in der Türfüllung zu stehen, also nach Kriminaldings,
Vorsitzender:	Hm, hm
Zeuge Muth:	Wie man irgendwie Verbrecher oder so etwas fängt, und habe links seitlich gestanden, und die haben wohl rechts von mir gestanden. Jetzt bin ich zurückgetaumelt in dem Gang und bin, also nach dieser Schrecksekunde, bin ich vorgesprungen, da hätte ich ja jemand berühren müssen.
Vorsitzender:	(*schweigt*) Ja, gut. Jetzt, wie lange sind Sie ausgefallen? Also das war, wie viel Zeit nach offiziellem Beginn der Räumung? Eine Stunde, zwei Stunden, fünf, sechs Stunden?
Zeuge Muth:	Nach, in den ersten zehn Minuten.

Vorsitzender:	In den ersten zehn Minuten.
Zeuge Muth:	Ja.
Vorsitzender:	Es war also im Ganzen_
Zeuge Muth:	Wir haben keinen Juden auf die Straße gebracht.
Vorsitzender:	Ja.
Zeuge Muth:	Es ist gleich_
Vorsitzender:	Im ganzen frühen Morgen war das, ja?
Zeuge Muth:	Ist gleich passiert bei mir. Also ich war gleich k.o., war aus.
Vorsitzender:	Es war Dämmerung, oder war's schon hell?
Zeuge Muth:	Nee, ich sagte Ihnen ja, es war_
Vorsitzender:	War hell.
Zeuge Muth:	Etwas Schnee lag, und dadurch war die Helligkeit ein bisschen da, zumindest nebelig.
Vorsitzender:	Hm, hm.
Zeuge Muth:	Ich habe ja nichts mehr gesehen.
Vorsitzender:	Ja, ist klar.[323]

Muth, der vom Vorsitzenden aufgefordert worden war, kurz über das „unerfreuliche Unglück" zu berichten, das ihm widerfuhr, redete in Stakkato-Sätzen über die Geschehnisse im Haus des Małmed. Dieser kommt in seiner Erzählung als aktiv Handelnder nicht vor. Nicht eine Person schüttete ihm die Säure ins Gesicht, sondern diese sei ihm „aus dem Dunkeln" entgegengekommen. Er erwähnte nicht, dass er versucht hatte, den Juden, der sich zur Wehr gesetzt hatte, zu erschießen. Muths Behauptung, der KdS-Angehörige Wilhelm sei nicht durch seine Schüsse getötet worden, veranlasste Rechtsanwalt Heise am Ende der Vernehmung zu folgenden Nachfragen:

RA Heise:	Herr Zeuge, wenn ich Sie recht verstanden habe, haben Sie vorhin gesagt, es könne unmöglich sein, dass Sie Wilhelm erschossen hätten. Sie haben vorhin gesagt, es kann un_, soweit ich Sie richtig verstanden habe,
Zeuge Muth:	Ja.

323 Vernehmung des Zeugen Jakob Muth in der Hauptverhandlung der Strafsache gegen Dr. Altenloh u.A. (5 Ks 1/65) v. 15.7.1966, in: L/StADT, D 21 A, Nr. 6341, Tonband 23 Vorderseite.

RA Heise:	es kann unmöglich sein, dass ich Wilhelm erschossen habe.
Zeuge Muth:	Ja, ich war_
RA Heise:	Ha, haben Sie doch gesagt vorhin.
Zeuge Muth:	Ja.
RA Heise:	Ja.
RA Heise:	Nun, ä, war Wilhelm doch mit Ihnen da.
Zeuge Muth:	Ja.
RA Heise:	Und nun haben Sie vorhin gesagt, Sie wären hinterher noch nach Białystok gekommen, mit_
Zeuge Muth:	Ja.
RA Heise:	später noch mal. Hat man Ihnen da irgendetwas gesagt über den Tod von Wilhelm? Da war doch Wilhelm wohl nicht mehr da. Das muss Ihnen doch aufgefallen sein.
Zeuge Muth:	Ja, ich habe weder, ich habe selbst wohl 'nen Bild von seinem Grab. Hatte aber keine Zeit und Gelegenheit an, an den Friedhof zu kommen. Und die Zeit geschehen, die Zeit, die mittlerweile so verflossen war, weder vom Ghetto noch von Wilhelm irgendetwas gehört nachher, ja.
RA Heise:	Ja.
Zeuge Muth:	Ja, weil ja_
RA Heise:	Kein Mensch hat Ihnen gesagt, dass Sie eventuell Wilhelm erschossen haben könnten.
Zeuge Muth:	Ja, wo, wo denn?
RA Heise:	Als, als Sie vorsprangen und ins Dunkel schossen.
Zeuge Muth:	Ja, erst mal weiß ich nicht, wo man Wilhelm überhaupt gefunden hat.
RA Heise:	Ja.
Zeuge Muth:	Und außerdem hab' ich vorhin gesagt, dass außer den ä Worten, die ich zu der Frau gesagt habe: Wo ist Pan?, und ä Wilhelm gesagt hat: Aufmachen, kein Wort gefallen ist, und ich weiß auch nicht, wie Wilhelm ausgesehen hat, ob der auch von dieser Soße ins Gesicht bekommen hat, von dieser Schwefelsäure. Es, ich stand vorne und bin zurückgetaumelt in dem Gang an die Wand und nach der Schrecksekunde vorgesprungen. Wo sollten die dann gewesen sein? Dann hätte ich die ja in den Rücken gestoßen. Dann hätt' ja hinten

	nichts geknallt, wär' ja hinten kein Glas und Porzellan runtergefallen. Gesehen habe ich ja nichts mehr, aber ich hätte doch was fühlen müssen.
RA Heise:	Ja, aber Sie haben vorhin gesagt, andere Schüsse hätten Sie nicht gehört, nur Ihre Schüsse. Ist das richtig, wohl?
Zeuge Muth:	Wie, wann?
RA Heise:	Als Sie dort waren im Dunkeln. Da hat es geschossen. Und Sie sagen: Ich habe geschossen. Ist das richtig?
Zeuge Muth:	Ich sage, habe gesagt, ich habe geschossen, ja.
RA Heise:	Hat noch ein anderer geschossen, wodurch Wilhelm eventuell getroffen worden sein könnte?
Zeuge Muth:	Ja, ob in der Nachbarschaft, das war ja Lärm und Radau draußen, auch auf der Straße und so weiter.
RA Heise:	Ach das, danke schön.[324]

Muth reagierte zunächst völlig überrascht auf die Frage des Rechtsanwalts, ob ihm jemand gesagt habe, dass er eventuell Wilhelm erschossen haben könnte, und wich dann der Frage aus, indem er erneut erzählte, was ihm widerfahren war. Auch den Fragen Heises, ob er andere Schüsse gehört habe und ob Wilhelm durch die Schüsse eines anderen habe getötet werden können, wich er aus. Die Erklärungen Muths wirkten auf das Gericht nicht überzeugend. Es hielt es aus Plausibilitätsgründen für „wahrscheinlich", dass Wilhelm „von dem durch das Vitriol geblendeten Muth erschossen worden" war.[325] Das Gericht ging ferner davon aus, dass sich der Vorfall ungefähr eine Stunde nach Beginn der „Räumung" ereignet hatte, obwohl Muth erklärte, das „Säureattentat" sei in den ersten zehn Minuten passiert. Über den weiteren Verlauf der „Räumungsaktion" konnte Muth keine Angaben machen, weil er sofort nach dem „Säureattentat" ins Lazarett gebracht worden war.

Die Aussage des Zeugen Muth war deswegen von Bedeutung für das Gericht, weil sie deutlich machte, dass es keine Rechtfertigungsgründe für die nachfolgende Erschießung gab. Małmeds Tat war ein Akt der Selbstverteidigung, kein Angriff, auch wenn die deutschen Besatzer darin eine kriminelle Handlung gesehen hatten, ein „Attentat", für das sie Rache nahmen. Die von den Deutschen unter dem Deckmantel der „Vergeltungsmaßnahme" gerechtfertigte

324 Vernehmung des Zeugen Jakob Muth in der Hauptverhandlung der Strafsache gegen Dr. Altenloh u.A. (5 Ks 1/65) v. 15.7.1966, in: ebd.

325 Urteil 5 Ks 1/65, in: L/StADT, D 21 A, Nr. 6195, Bl. 232.

Tötung war rechtswidrig. Die Richter bewerteten Małmeds Verhalten als Notwehr[326]:

> „Von einer Vergeltung kann nur gesprochen werden, wenn die Vergeltungsaktion die Antwort auf eine rechtswidrige Tat der Gegenseite darstellt. Das ist hier nicht der Fall. Die Tat, die 'vergolten' werden sollte, war das sogenannte Säureattentat des Melamed [Małmed]. Die Tat des Melamed [Małmed] war nicht Unrecht, sondern durch Notwehr gerechtfertigt. Die Räumung des Gettos war eine rechtswidrige Tat. Im Rahmen dieser Räumung wurde Melamed [Małmed] angegriffen. Sein sogenanntes Säureattentat geschah in der Verteidigung gegen diesen rechtswidrigen Angriff. Handelte aber Melamed [Małmed] rechtmäßig, so konnte es gegen seine Handlung im rechtlichen Sinne keine Vergeltung geben. Jede sogenannte Vergeltungsaktion war demnach rechtswidrig. Das war auch den Befehlsgebern im Reichssicherheitshauptamt bekannt. Sie wußten, daß die Räumungsaktion rechtswidrig war. Damit wußten sie auch, daß ein Widerstand durch Notwehr gerechtfertigt war. Wenn sie gleichwohl befahlen, daß wegen dieses Widerstandes hundert jüdische Menschen erschossen werden, dann nur deshalb, weil sie ihrer rechtswidrigen Räumungsanordnung durch die Erschießung umso stärkeren Nachdruck verleihen wollten. Sie bekräftigten eine rechtswidrige Aktion durch eine weitere rechtswidrige Maßnahme. Dies wußten sie und wollten es auch. Sie handelten damit vorsätzlich."[327]

Das Gericht ließ die Sichtweise der deutschen Besatzer, die in dem Widerstand gegen die Deportationen einen rechtswidrigen Angriff erblickt und der Erschießung durch die Bezeichnung „Vergeltungsaktion" das Mäntelchen der Rechtmäßigkeit umgehängt hatten, nicht gelten. Die mit dem Begriff „Räumung" bezeichnete Aktion der Sicherheitspolizei, die der Vorbereitung zur Tötung der Ghettobewohner diente, als rechtswidrige Tat und Małmeds Widerstand dagegen als rechtmäßige Handlung bestimmend stellte das Gericht fest, dass es sich bei den Deportationen und bei der Erschießung von hundert Menschen um Verbrechen handelte. Ausgehend vom Prinzip der Unantastbarkeit des menschlichen Lebens erkannten die Richter Małmed das Recht auf Schutz seines eigenen Lebens, das die deutschen Besatzer ihm abgesprochen hatten, nachträglich wieder zu.

Die Anklage warf Altenloh vor, er habe den Vorfall des „Säureattentats" „weisungsgemäß fernschriftlich dem RSHA" gemeldet und die Erschießung von 50 Juden als „Vergeltungsmaßnahme" vorgeschlagen. Von KdS-Angehörigen seien daraufhin mindestens 50 Personen, darunter die Frau und das Kind des „Attentäters", festgenommen worden. Außerdem sei der Judenrat

---

326 § 32 StGB bestimmt Notwehr wie folgt:
„(1) Wer eine Tat begeht, die durch Notwehr geboten ist, handelt nicht rechtswidrig.
(2) Notwehr ist die Verteidigung, die erforderlich ist, um einen gegenwärtigen rechtswidrigen Angriff abzuwenden."

327 Urteil 5 Ks 1/65, in: L/StADT, D 21 A, Nr. 6195, Bl. 393f.

aufgefordert worden, den Täter auszuliefern, „anderenfalls das gesamte Getto liquidiert werde". Daraufhin habe sich der „Attentäter" gestellt und sei öffentlich erhängt worden. Als nach einiger Zeit als Antwort auf die Meldung Altenlohs „der fernschriftliche Befehl zur Erschießung von 50 Juden auf der Dienststelle" eingegangen sei, habe Heimbach das Fernschreiben entgegengenommen und habe, „ohne seinen Vorgesetzten Dr. Altenloh zu unterrichten und dessen Weisung abzuwarten", die Erschießung durchführen lassen.[328]

Auf die Frage des Vorsitzenden Richters, wie er sich zu dem Anklagepunkt des „Säureattentats" „in der Hauptlinie" verteidigen wolle, ließ sich Altenloh wie folgt ein:

Angeklagter Altenloh:	Wie ich vorher schon gesagt habe, habe ich an der Aktion selbst nicht teilgenommen. Ich wurde dann in der Nacht ä geweckt, da wurde mir gesagt, dass einer meiner Männer erschossen worden sei. Wir nahmen zuerst an, er wär' von einem Juden erschossen worden, hinterher stellte sich heraus, dass er von dem blind geschossenen Dienststellenangehörigen erschossen worden war.
Vorsitzender:	Ja.
Angeklagter Altenloh:	Ich habe mich sofort darum gekümmert, dass der Mann in ein Lazarett kam, wo ein Augenspezialist war. Ich habe dann pflichtgemäß dem Reichssicherheitshauptamt gemeldet, dass ein Mann ä, den Sachverhalt gemeldet, dass er erschossen worden war.
Vorsitzender:	Das war alles?
Angeklagter Altenloh:	Einen Vorschlag habe ich nicht gemacht.
Vorsitzender:	Sie sagen also in einem einzigen Satz: Es ist richtig, ich habe dieses Attentat und seine Folgen meiner vorgesetzten Dienststelle gemeldet, habe aber keine Vergeltungsmaßnahmen vorgeschlagen. Frage: Ist aus Berlin eine Anweisung gekommen, eine Vergeltungsmaßnahme vorzunehmen?
Angeklagter Altenloh:	Ja.
Vorsitzender:	Haben Sie, ist diese, dieser Befehl, eine Vergeltung vorzunehmen, durchgeführt worden von Ihnen?
Angeklagter Altenloh:	Ich erhielt erst Kenntnis von dem Befehl, als der Befehl schon durchgeführt war.

328 Anklageschrift des Leiters der Zentralstelle bei der Staatsanwaltschaft Dortmund v. 15.12.1964 (45 Js 1/61), in: L/StADT, D 21 A, Nr. 6270, Bl. 120.

Vorsitzender:	Ah, Sie haben's also nicht durchgeführt?
Angeklagter Altenloh:	Nein.
Vorsitzender:	Das war ein anderer?
Angeklagter Altenloh:	Jawohl.
Vorsitzender:	Danke sehr.[329]

Es fällt auf, dass der Vorsitzende den Angeklagten nicht fragte, wer dieser „Andere", der die Erschießung befehlsgemäß durchgeführt haben soll, gewesen war. Der Richter begnügte sich bei der ersten Vernehmung mit den Angaben, die Altenlohs damaliges Verhalten betrafen. Der Angeklagte verschwieg dem Gericht, ob er dem RSHA mitgeteilt hatte, *wer* den deutschen Beamten erschossen hatte. Die Vermutung liegt nahe, dass er in seinem Bericht erwähnt hatte, der deutsche Beamte sei von einem Juden erschossen worden, denn von dieser Annahme war er „ursprünglich" ausgegangen. Dies hatte er bereits am Anfang des Ermittlungsverfahrens betont. In einer Vernehmung, die Staatsanwalt Schaplow im September 1961 durchführte, gab er an, es habe sich erst „nach mehreren Tagen" – also *nach* seiner Berichterstattung an das RSHA – herausgestellt, dass der KdS-Angehörige von dem durch das „Attentat" Verletzten, der wild um sich geschossen habe, erschossen worden sei. Ursprünglich sei er davon ausgegangen, dass der Tote „das Opfer eines Attentats gewesen" sei, „und zwar in Zusammenhang mit dem Säureattentat".[330]

Altenloh erwähnte in seiner Einlassung vom 23. März 1966 auch nicht, dass er nach dem „Säureattentat" den Judenratsvorsitzenden Barasz aufgesucht hatte. Fünfeinhalb Jahre zuvor hatte er gegenüber Staatsanwalt Schaplow erklärt, er sei nach dem Attentat „aus Anlaß einer Aussprache" bei Barasz gewesen, und er habe ihm gesagt, „der Attentäter möchte sich melden". Altenloh gab zu, es sei möglich, dass er „dem Sinne nach gesagt" habe, „der Attentäter solle sich innerhalb einer gewissen Frist melden, andernfalls würden Maßnahmen ergriffen werden". Was unter „Maßnahmen" zu verstehen sei, erläuterte Altenloh damals nicht. Das Wort galt ihm als „Floskel", die er nur gebraucht habe, „um der Aufforderung Nachdruck zu verleihen". Etwas „Konkretes" habe ihm dabei nicht vorgeschwebt.[331] Er erklärte lediglich, er habe „keinesfalls" damit

329 Einlassung des Angeklagten Dr. Wilhelm Altenloh v. 23.3.1966, in: L/StADT, D 21 A, Nr. 6341, Tonband 1 Vorderseite.

330 Vernehmung Dr. Wilhelm Altenloh v. 21.9.1961 durch StA Schaplow (Az. 5 Js 342/59), in: L/StADT, D 21 A, Nr. 6143, Bl. 157–170, hier: Bl. 168f.

331 Ebd., Bl. 168f.

gedroht, dass sonst Tausende Juden erschossen würden. Das „Konkrete" ergibt sich indes aus dem Zusammenhang: Wenn es auch nicht sprachlich explizit formuliert wurde, so kann doch angenommen werden, dass dem Sprechenden damals (zur Tatzeit und zur Zeit der Vernehmung) klar war, dass die Dienststelle des KdS einen Angriff auf einen Deutschen durch eine „Vergeltungsmaßnahme" ahnden würde. Die Bekanntmachungen des KdS zeigen, dass Erschießungen einer größeren Anzahl von Menschen Teil der Verfolgungs- und Vernichtungspolitik der deutschen Besatzer waren. Auch Barasz war damals klar, was die angedrohten „Maßnahmen" bedeuteten.

In der Hauptverhandlung ließ sich Altenloh dahin ein, er habe keine Maßnahmen angedroht, sondern sich mit einer „dringenden Aufforderung" gegenüber Barasz begnügt.[332] Das Gericht hielt es dagegen, wie sich der Beweiswürdigung entnehmen lässt, für „ausgeschlossen", dass „der Kommandeur frühmorgens ins Getto zum Judenrat gefahren" sei, „nur um eine solch harmlose Erklärung abzugeben". Wie sich aus der Beweisaufnahme ergebe, sei es „zu wahrscheinlich ganz massiven Drohungen gekommen für den Fall, daß der Täter nicht schleunigst in die Gewalt der Sicherheitspolizei" komme.[333] In der finalen Erzählung wird indes nicht näher erläutert, um was für Drohungen es sich gehandelt habe. Das Gericht übernahm die Formulierung Altenlohs aus der Vernehmung vom September 1961, dass „Maßnahmen ergriffen würden".

Das Gericht folgte dem Angeklagten Altenloh insofern, als es annahm, dass er den als „Säureattentat" bezeichneten Vorfall dem RSHA gemeldet, jedoch keine „Vergeltungsmaßnahme" vorgeschlagen hatte. Davon ausgehend, dass Altenloh bei der Exekution nicht anwesend gewesen sei, übernahm es auch die Einlassung des Angeklagten, er habe mit der unmittelbaren Durchführung der Exekution nichts zu tun gehabt. In früheren Vernehmungen hatte Altenloh nicht nur seine direkte oder indirekte Mitwirkung an der Erschießung bestritten, sondern darüber hinaus auch seinen ehemaligen Untergebenen Heimbach schwer belastet. In einer staatsanwaltlichen Vernehmung aus dem Jahr 1961 gab Altenloh zu Protokoll, er sei bei Eingang des fernschriftlichen Befehls vom RSHA, der die Erschießung von 50 Geiseln angeordnet habe, nicht auf der Dienststelle gewesen. Als er zur Dienststelle zurückgekommen sei, sei der von Berlin gegebene Befehl bereits ausgeführt gewesen. Er habe erfahren, dass Heimbach das Schreiben entgegengenommen und „von sich aus alles weitere veranlaßt" habe. Zu Einzelheiten der Durchführung der Exekution sagte Altenloh aus, keine Angaben machen zu können. Er erklärte, „nichts darüber"

---

332 Urteil 5 Ks 1/65, in: L/StADT, D 21 A, Nr. 6195, Bl. 243.

333 Ebd., Bl. 243.

zu wissen, „ob nun wirklich 50 oder mehr oder weniger Personen erschossen worden" seien. Ihm sei allerdings gesagt worden, es seien 50 gewesen. Er habe nicht erfahren, wer die Aktion geleitet, wer geschossen habe und welche Personen im Einzelnen erschossen worden seien. Nachdem er erfahren habe, dass die „Geiselerschießungen" erfolgt waren, sei eine Vollzugsmeldung nach Berlin abgegangen. Es sei möglich, dass er diese fernschriftliche Meldung erstattet habe.[334]

Auch in seiner Aussage vor dem Untersuchungsrichter zwei Jahre später erklärte Altenloh, er sei von dem fernschriftlichen Befehl des RSHA, 50 Juden als Vergeltung für das Attentat zu erschießen, erst nach dessen Ausführung unterrichtet worden. Heimbach habe ihm erzählt, dass er die Erschießung der 50 Juden gemäß der Weisung des RSHA veranlasst habe. Er habe Heimbach daraufhin zur Rede gestellt und gefragt, warum man nicht seinen Befehl abgewartet habe, sei aber „innerlich froh" gewesen, dass er sich „mit der Angelegenheit nicht mehr zu befassen brauchte". Von der „Durchführung der Aktion selbst" habe er „kaum etwas gesehen". Die Wortwahl „kaum" verweist darauf, dass Altenloh bewusst verschwieg, was er gesehen hatte, um sich nicht selbst zu belasten. Im Protokoll heißt es weiter, er habe später gehört, dass der jüdische „Attentäter" erschossen worden sei. Wer den Befehl zur Erschießung gegeben habe, sei ihm nicht bekannt. Er habe ihn nicht erteilt.[335] Es fällt auf, dass Małmed nach Angaben Altenlohs nicht erhängt, sondern erschossen worden war.

Vor Gericht schwächte Altenloh seine frühere Einlassung ab, Heimbach habe die Erschießung durchgeführt, und behauptete stattdessen, es habe genauso gut Rolf Günther (der im Februar 1943 vom RSHA nach Białystok entsandte Untergebene Eichmanns) gewesen sein können.[336] Am Ende der Hauptverhandlung – am 11. Januar 1967 – erklärte Altenloh schließlich, ihm sei der Vollzug der „Geiselerschießungen" gemeldet worden und dabei sei der Name Heimbach erwähnt worden. Altenloh behauptete indes nicht, Heimbach habe die Erschießungen geleitet oder sei daran beteiligt gewesen.[337] Warum nahm

---

334 Vernehmung Dr. Wilhelm Altenloh v. 21.9.1961 durch StA Schaplow (Az. 5 Js 342/59), in: L/StADT, D 21 A, Nr. 6143, Bl. 157–170, hier: Bl. 168.

335 Vernehmung des Angeschuldigten Dr. Altenloh in der Voruntersuchungssache 13/62 durch UR Dr. Fischer v. 19.8.1963, in: L/StADT, D 21 A, Nr. 6156, Bl. 114–125, hier: Bl. 120.

336 Einlassung des Angeklagten Dr. Wilhelm Altenloh in der Hauptverhandlung der Strafsache gegen Dr. Altenloh u.A. (5 Ks 1/65) v. 31.10.1966, in: L/StADT, D 21 A, Nr. 6342, Tonband 37 Rückseite.

337 Vgl. Protokoll der Hauptverhandlung, in: L/StADT, D 21 A, Nr. 6178, Bl. 926.

Altenloh die Belastung Heimbachs im Prozess zurück? Bei der Beantwortung dieser Frage gilt es zu berücksichtigen, dass ein Angeklagter vor einem deutschen Gericht nicht jemanden zu Unrecht belasten darf. Dies ist als „falsche Verdächtigung" strafbar. Möglicherweise hatte Altenloh im Ermittlungsverfahren die Unwahrheit gesagt und seinen ehemaligen Untergebenen Heimbach beschuldigt, um sich selbst zu entlasten. Die Interpretation des Gerichts lautet wie folgt: Altenloh habe Heimbach in der Hauptverhandlung nicht belastet, weil er sich davor gescheut habe, „einen ehemaligen Untergebenen zu beschuldigen", da er „befürchten konnte oder mußte, daß Heimbach ihn dann seinerseits schwer belasten könnte", und weil er „durch die wahrheitsgemäße Belastung Heimbachs sich selbst noch stärker in den Verdacht der Teilnahme an der Erschießung der Vergeltungsopfer bringen mußte".[338]

Was die Anzahl der Opfer anbetrifft, beharrte Altenloh darauf, es seien 50 Menschen erschossen worden, obwohl, wie noch zu zeigen sein wird, mehrere Zeugen von 100 sprachen. Der Vorsitzende differenzierte bei der Frage nach der Opferzahl zwischen dem Befehl zur Erschießung und der Vollzugsmeldung:

Vorsitzender:	Ä, das mit den äm Erschießungen aufgrund des Attentats mit den 100, da sind wir uns einig, oder nicht?
Angeklagter Altenloh:	Mir ist damals ä, ä nur gesagt worden_ ich weiß noch, das Fernschreiben lautete über 50.
Vorsitzender:	Über 50.
Angeklagter Altenloh:	50, nein, ä 50, also ä_
Vorsitzender:	50.
Angeklagter Altenloh:	50.
Vorsitzender:	Hm. Und nicht 100.
Angeklagter Altenloh:	Nicht 100.
Vorsitzender:	Und wer hat Ihnen das gesagt?
Angeklagter Altenloh:	Ich habe das Fernschreiben hinterher ja gesehen.
Vorsitzender:	Sie haben's gesehen? Verzeihen Sie, ich hab's nicht_
Angeklagter Altenloh:	Das Fernschreiben des Reichssicherheitshauptamts ist mir hinterher vorgelegt worden.

338 Urteil 5 Ks 1/65, in: L/StADT, D 21 A, Nr. 6195, Bl. 255.

Vorsitzender:	Ja, das haben Sie_ das wissen wir ja. Sie haben uns gesagt, das Fernschreiben kam gleichzeitig mit der Meldung, dass der Auftrag zu exekutieren schon durchgeführt ist. So sagten Sie uns.
Angeklagter Altenloh:	Jawohl.
Vorsitzender:	Ich habe gleichzeitig Kenntnis davon bekommen.
Angeklagter Altenloh:	Jawohl.
Vorsitzender:	Ich habe überhaupt nichts mehr veranlassen können, und dann wissen Sie, dass also von 50 die Rede war. Und wissen Sie denn auch_ ist Ihnen gemeldet worden, dass 50 Geiseln erschossen sind oder 100?
Angeklagter Altenloh:	Mir sind 50 gemeldet worden.
Vorsitzender:	50 gemeldet worden. Wer hat Ihnen das gemeldet? Heimbach?
Angeklagter Altenloh:	Das kann ich nicht mehr mit Bestimmtheit heute behaupten, wer's mir gemeldet hat.[339]

Die Einlassung des Angeklagten Altenloh, er sei nicht an der Durchführung des vom RSHA angeordneten Vergeltungsbefehls beteiligt gewesen, sondern er habe von dem Befehl erst *nach* der Exekution Kenntnis erhalten, war nach Auffassung des Schwurgerichts aus Gründen der inneren Logik widerlegt. Im Urteil wird ausführlich begründet, warum das Gericht davon überzeugt war, dass Altenloh den Vergeltungsbefehl zur Kenntnis genommen und zur Ausführung an seinen Untergebenen Heimbach übergeben hatte. Zunächst spreche die „innere Wahrscheinlichkeit“[340] dafür: Altenloh sei Kommandeur in Białystok gewesen, er sei am 5. Februar 1943 ortsanwesend gewesen, er habe das Berichtsfernschreiben mit der Verlustmeldung unterzeichnet und zugegeben, dass das RSHA den Vergeltungsbefehl an ihn als Kommandeur gerichtet habe. Er habe „das Fernschreiben in der Hand“ gehabt, er habe es gelesen, und er habe Heimbach „keine Vorwürfe bezüglich der Durchführung des Vergeltungsbefehls gemacht“. Die Vergeltungsaktion wurde vom Gericht als „Ereignis von besonderer Bedeutung“ eingeschätzt, so dass es nur schwer vorstellbar sei, „sie könne ohne Einverständnis des Kommandeurs durchgeführt worden sein“.[341]

339 Vernehmung des Angeklagten Dr. Wilhelm Altenloh in der Hauptverhandlung der Strafsache gegen Dr. Altenloh u.A. (5 Ks 1/65) v. 28.3.1966, in: L/StADT, D 21 A, Nr. 6341, Tonband 12 Rückseite.

340 Vgl. Urteil 5 Ks 1/65, in: L/StADT, D 21 A, Nr. 6195, Bl. 240.

341 Ebd., Bl. 241.

Das Bielefelder Schwurgericht war ferner davon überzeugt, Heimbach habe seinen Vorgesetzten in diesem Fall nicht übergangen. Ausführlich werden in der Urteilsbegründung Altenlohs eigene Einlassungen aus dem Ermittlungsverfahren und aus der Hauptverhandlung zum „Säureattentat" diskutiert, die nach der Überzeugung des Gerichts „sein Bestreiten unglaubhaft" machen. Dass Günther dem Białystoker Gestapochef Heimbach den Befehl zur Durchführung der Vergeltungsaktion gegeben habe, hielt das Schwurgericht für „abwegig", da Günther keine Veranlassung gehabt habe, „den nicht an ihn gerichteten Befehl ausführen zu lassen, zumal da der Adressat ortsanwesend und erreichbar" gewesen sei. Altenloh hätte „nicht den Vollzug einer Maßnahme gemeldet, die ein anderer angeordnet hatte". Schließlich war das Gericht der Auffassung, Altenloh habe „sich selbst durch die – nach Überzeugung des Gerichts wahre – Aussage belastet, Heimbach habe die Erschießung durchgeführt". Daraus ergebe sich „die nicht geringe Wahrscheinlichkeit", dass „er den Befehl dazu von seinem unmittelbaren Vorgesetzen erhalten" habe. Dafür, dass Altenloh Heimbach befohlen habe, den Vergeltungsbefehl durchzuführen, spreche die Erklärung Heimbachs, er hätte nicht hinter dem Rücken seines Kommandeurs gehandelt.

Der Angeklagte Heimbach bestritt in der Hauptverhandlung sowohl die Erschießung der „Vergeltungsopfer" als auch seine eigene Beteiligung. Im Ermittlungsverfahren hatte er widersprüchliche Antworten auf die Frage nach seiner Mitwirkung gemacht. So hatte er im Mai 1962 gegenüber Staatsanwalt Schaplow erklärt, er habe die Hinrichtung von etwa 50 festgenommenen Geiseln aufgrund eines Fernschreibens des RSHA nicht veranlasst, wie von Altenloh behauptet. Es erscheine ihm unmöglich, „ohne Unterrichtung von Dr. Altenloh selbständig gehandelt zu haben". Heimbach hatte damals ausgesagt, „weder von der Tatsache der Berichterstattung noch von dem Fernschreiben des RSHA zu dieser Erschießungsaktion" sei ihm „heute noch etwas in Erinnerung".[342] Eine genauere Erinnerung hatte Heimbach eineinhalb Jahre später während einer Vernehmung im Rahmen der gerichtlichen Voruntersuchung. Im Oktober 1963 erklärte er, es treffe zu, dass ein Fernschreiben des RSHA mit einer Anweisung zur Erschießung der Geiseln eingetroffen sei. Der Befehl dazu habe dem von der Dienststelle gemachten Vorschlag entsprochen. Heimbach gab damals an, nicht ausschließen zu können, dass er die Initiative für die Durchführung der Exekution übernommen habe: „Es mag auch zutreffen, daß ich auf Grund des Fernschreibens des RSHA die Erschießung dieser jüdischen Geiseln veranlasst habe, jedoch nicht ohne Kenntnis von Dr. Altenloh." Auf

342 Vernehmung Lothar Heimbach v. 21.5.1962 durch StA Schaplow (Az. 45 Js 1/61), in: L/StADT, D 21 A, Nr. 6148, Bl. 138–158, hier: Bl. 153.

die Frage des Staatsanwalts, ob er „keine Bedenken" gegen die Ausführung des Befehls gehabt habe, „auf Grund dessen nach den Feststellungen auch die Ehefrau und das Kind des Attentäters getötet worden" seien, erwiderte Heimbach, er könne sich nicht vorstellen, dass bei dieser Gelegenheit die Frau und das Kind des Attentäters erschossen worden seien. Die Anordnung der Erschießung der übrigen Juden habe er „auf Grund des zuvor gestellten Antrags für rechtmäßig" gehalten.[343]

In der ersten Vernehmung vor dem Bielefelder Schwurgericht gab der Angeklagte Heimbach auf den Rat seines Verteidigers zum Anklagepunkt des „Säureattentats" keine sachliche Erklärung ab.[344] Auch während der Beweisaufnahme zog er es vor, sich zu diesem Tatkomplex nicht zu äußern. Der Vorsitzende fragte den Angeklagten wiederholt, ob er eine Aussage machen wolle, so am 9. Mai 1966, nach der Vernehmung der Zeugin Bronisława Ferber:

Vorsitzender:	Herr Heimbach, noch eine zweite Frage. Sie haben sich ja zu dem Fall Melamed mit der Erschießung des Attentäters noch nicht geäußert. Ich ä frage Sie nur, um nichts zu versäumen: Wollen Sie sich heute äußern zu dem Fall des Attentats?
Angeklagter Heimbach:	Herr Vorsitzender, ich bin bereit, mich in aller Ausführlichkeit zu dieser Sache zu äußern, halte es aber aus ä Gründen (*schweigt*), aus strafprozessualen Gründen im Augenblick für noch nicht geboten, diese Erklärung abzugeben.[345]

Heimbach reagierte auf die „Kooperationsfrage"[346] des Vorsitzenden mit dem sprachlichen Muster der begründeten Zurückweisung. Seine Erklärung verweist auf strategisches Kalkül. Er hielt die Nachteile der Kooperation (Zugzwänge der Vernehmung) zu diesem Zeitpunkt offenbar für größer als die Vorteile (Möglichkeit zur Darstellung der eigenen Sichtweise).

343 Ebd., Bl. 90.

344 Vgl. Vernehmung des Angeklagten Lothar Heimbach in der Hauptverhandlung der Strafsache gegen Dr. Altenloh u.A. (5 Ks 1/65) v. 28.3.1966, in: L/StADT, D 21 A, Nr. 6341, Tonband 2 Rückseite.

345 Einlassung des Angeklagten Heimbach v. 9.5.1966, in: L/StADT, D 21 A, Nr. 6341, Tonband 13 Rückseite.

346 Zur sprachlichen Form der Kooperationsfrage vgl. *Ludger Hoffmann*, Verstehensprobleme in der Strafverhandlung, in: ders. (Hrsg.), Rechtsdiskurse. Untersuchungen zur Kommunikation in Gerichtsverfahren, Tübingen 1989, S. 165–195, hier: S. 187ff.

Ausführlich Stellung zum „Säureattentat" nahm Heimbach erst am Ende des Prozesses. In der Verhandlung am 6. Januar 1967 erklärte er, die Tat des Małmed, die er „als Tat eines Heckenschützen" bezeichnete, sei „geahndet" worden, indem „alle Maßnahmen getroffen wurden, um des Täters habhaft zu werden", aber „nicht durch eine Reihe von wahllosen Erschießungen". Die Erschießung im Anschluss an die Widerstandshandlung des Małmed galt ihm als eine Erfindung der „Nachkriegsgeschichte". Seiner Erinnerung nach waren „die eingesetzten Kräfte" bei der „Räumung" des Ghettos im Februar lediglich „scharf" verfahren, als sie in die Häuser der Menschen eingedrungen waren. Heimbach erklärte, er hätte aufgrund eines Fernschreibens des RSHA nie seinen Vorgesetzten übergangen. Bei seiner „ganzen Erziehung" und seiner damaligen „Dienstauffassung" sei das vollkommen ausgeschlossen. Auf die Frage des Vorsitzenden Richters, wie die Tat des Małmed geahndet worden sei, erwiderte Heimbach, er habe es offen gelassen, wie „das im Einzelnen abgelaufen" sei. Mit seiner ungenauen Aussage zog er sich den Zorn seines Verteidigers RA Heise zu, der, seinem Mandanten ins Wort fallend, eine konkrete Erklärung forderte. Der Vorsitzende begrüßte die Intervention Heises, der seinem Berufskollegen in dieser Situation näher war als seinem Mandanten:

RA Heise:	Herr Heimbach, es geht, Entschuldigung, es geht um Ihre Beteiligung. (*sehr laut*) Wann haben Sie was gemacht, wo waren Sie dabei! Jetzt müssen Sie mal endlich konkret werden! Entschuldigen Sie bitte, Herr Vorsitzender.
Vorsitzender:	Gerne.
RA Heise:	Ich muss dem Angeklagten das mal vorhalten. (*sehr laut*) Sie geben uns völlig verwaschene, verschwommene Erklärungen. Zunächst sagen Sie, Sie wären nicht dabei gewesen. Sie hätten keine Erinnerung. Dann äußern Sie sich zu Einzelheiten. Dann sagen Sie wieder nein, dann sagen Sie wieder ja. Wir müssen eine ganz klare Erklärung von Ihnen haben oder gar keine![347]

RA Heises Forderung an seinen Mandanten, zu kooperieren und eine eindeutige Einlassung hinsichtlich seiner Beteiligung abzugeben, überrascht insofern, als ein Angeklagter vor einem deutschen Gericht nicht dazu verpflichtet ist,

347 Einlassung des Angeklagten Lothar Heimbach v. 6.1.1967, in: L/StADT, D 21 A, Nr. 6342, Tonband 41 Vorderseite.

zur Sache auszusagen. RA Heise machte durch seine Intervention die Strategie Heimbachs, sich nicht festzulegen zunichte. Wie lässt sich Heises Erregung und Unzufriedenheit erklären? Offenbar hielt der Verteidiger es für klüger, dem Gericht einen akzeptablen Gegenentwurf zur Erzählung der Anklage zu präsentieren. Darauf ließ sich Heimbach indes nicht ein. Nach der Intervention seines Verteidigers schilderte er keine alternative Version des Tatverlaufs, sondern bestritt den von der Anklage erhobenen Vorwurf der Erschießung und wich damit von seiner früheren Einlassung ab:

Vorsitzender:	Also Melameds Tat ist geahndet worden. Erstens durch die Erhängung des Täters. Ja? Oder nein? Und zweitens durch Geiselerschießungen. Ja oder nein?
Angeklagter Heimbach:	Ich behaupte, der Täter ist (*schweigt*) anschließend zu Tode gebracht worden. Ich erkläre, ich bestreite, dass im Zusammenhang mit der Tat des Małmed Geiselerschießungen stattgefunden haben.
Vorsitzender:	Ach so. Keine Geiselerschießungen? Und wie erklären Sie sich Ihre Aussage, die ich Ihnen eben vorgehalten habe, dass Sie sagen – und eben haben Sie es ja auch selber expressis verbis gesagt –, ganz selbstverständlich kam es zu Repressalien in einem Augenblick, wo 'nen deutscher Beamter erschossen war oder totgegangen ist.
Angeklagter Heimbach:	Ja, wahrscheinlich bin ich da wieder falsch verstanden worden.
Vorsitzender:	Bitte, verzeihen Sie, ich darf's Ihnen nochmals vorhalten.
Angeklagter Heimbach:	Ja, ich weiß, Herr Vorsitzender.
Vorsitzender:	Hier, ich hab' es in der Hand. Da sagten se: Es liegt nahe, dass Repressalien angedroht wurden. Ob und was im Einzelnen geschehen ist, entzieht sich meiner Kenntnis, sagten Sie bei Ihrer ersten Vernehmung, nicht wahr? Hinsichtlich der Geiselerschießungen sind die Angaben von Dr. Altenloh richtig. Und das haben Sie im Einzelnen dargestellt. Später in der Oktober-Vernehmung sagen Sie: Es trifft zu, dass ein Fernschreiben des Reichssicherheitshauptamtes mit der Anweisung kam, Geiseln einzu_ zu erschießen. Aber das ist alles geschehen auf Grund unseres Vorschlags. Dieser Vorschlag kam vom Kommandeur. Ich mag dieses Fernschreiben selbst gemacht haben, aber nichts ohne Kenntnis meines Kommandeurs. Und dann kam das Reichssicherheitshauptamt und hat gesagt: Schießt se tot. Das hab ich getan, mit Kenntnis meines Kommandeurs. Und Sie sagten selber: Hören Sie mal, nach meiner ganzen

	Erziehung, Herr Vorsitzender, war es für mich etwas unmöglich, so etwas Gewichtiges ohne Kenntnis und Billigung meines Kommandeurs zu machen. So habe ich Sie eben verstanden. Jetzt überraschen Sie mich mit dem Satz, dass keine Geiselerschießungen gekommen sind. Also, was ist jetzt richtig?
Angeklagter Heimbach:	Herr Vorsitzender, ich bin, glaube ich, damals sogar noch weitergegangen, nicht wahr, als mir das vorgehalten wurde. Ich war immer in dem Gedankengang
Vorsitzender:	Hm.
Angeklagter Heimbach:	und in der Annahme, da liegen exakte Unterlagen vor,
Vorsitzender:	Ja, ja.
Angeklagter Heimbach:	dass tatsächlich die Erschießungen stattgefunden haben. Und da habe ich gesagt, nicht wahr, dann müsste das doch so gewesen sein, dass ä beispielsweise vom hm SS- und Polizeiführer ein solcher Vorschlag unterbreitet worden ist, möglicherweise auch von unserer Dienststelle. Und wenn von unserer Dienststelle ein solcher Vorschlag unterbreitet worden ist, dann kann das nur so und nicht anders
Beisitzer:	Herr Heimbach_
Angeklagter Heimbach:	gewesen sein.
Beisitzer:	Warum haben Sie das denn nicht in dieser Form zu Protokoll gegeben? Warum haben Sie denn nicht gesagt: Wenn das so gewesen ist, dann müsste es so und so gewesen sein? Sie haben aber stattdessen gesagt: Es ist richtig, dass ein Fernschreiben eingetroffen ist.
Angeklagter Heimbach:	Man mag mich steinigen oder wie man das beurteilt, das mag ja alles richtig sein. Aber darüber hinaus auch noch das Folgende: Ich habe diesen Dingen, man mag mich hinsichtlich meiner geistigen Kapazität abqualifizieren, ich habe hinsichtlich des Punktes Geiselerschießung auch nie und nimmer angenommen, nicht wahr, dass das ein Anklagepunkt werden würde, nicht wahr, oder dass es insofern eine Rolle spielen würde. Im Übrigen bin ich der Ansicht gewesen, dass selbst wenn, wenn ä ein deutscher Uniformierter aus dem Hinterhalt erschossen worden ist,
Vorsitzender:	Ja, ja.
Angeklagter Heimbach:	dass durchaus ein Standpunkt ist, dass man daraufhin etwas unternimmt_
Beisitzer:	Richtig, Herr_

Angeklagter Heimbach:	Und ich habe gesagt, ich würde dann möglicherweise, selbst wenn ich dann einen solchen Befehl bekäme, es für durchaus angebracht halten, nicht wahr, dann selbst an Ort und Stelle das ä, durchzuführen, wenn ich, nicht wahr, von einer_
RA Heise:	Geiselerschießungen oder Erhängen oder Erschießen?
Angeklagter Heimbach:	Wie bitte?
[…]	
Vorsitzender:	Klar, Sie wollen, Sie wollen also das, was da steht, wollen Sie sagen, das bestreite ich in diesem Umfang. Es war eigentlich mehr eine theoretische Überlegung. Wenn es dazu gekommen sein sollte, dann lagen Repressalien eigentlich nahe.
[…]	
Vorsitzender:	Hier kommt es doch praktisch nur darauf an, dass Sie sich konkret dazu äußern: Hab' ich nun ein Fernschreiben nach Berlin geschickt mit Kenntnis von Dr. Altenloh oder ohne Kenntnis. Hab ich 'ne Anweisung von Berlin bekommen, ja oder nein. Es scheint Ihnen Schwierigkeiten zu machen, dass Sie sich jetzt distanzieren von Dr. Altenloh. Und Sie wollen offenbar nicht in den Verdacht geraten, dass Sie jetzt im Schlussakt Herrn Dr. Altenloh belasten, obwohl Sie selber sagen: Ich muss ihn belasten, denn ich bin nicht ein Mann, der hier willkürlich etwas selbständig macht hinter dem Rücken seines Kommandeurs. Das scheint Ihnen offenbar kolossale Schwierigkeiten zu machen. Oder irre ich mich?
Angeklagter Heimbach:	Herr Vorsitzender, ich kann Ihnen nur das eine Faktum sagen: Es hat dort nichts gegeben, was nicht korrekt gewesen wäre. Und zwar, ich wiederhole, ich habe nie und nimmer ein Fernschreiben ohne Wissen eines Vorgesetzten_
Vorsitzender:	Eben.
Angeklagter Heimbach:	Ich habe nie und nimmer eine Aktion durchgeführt, rechtens oder nicht rechtens, nicht wahr, und ich ä kann Ihnen aus meiner heutigen Vorstellung nicht sagen, und ich glaube, es ist auch nicht so gewesen, dass da 40 oder 50, wie doch der Anklagevorwurf lautet, nicht wahr, 40, 50 Leute an die Wand gestellt worden seien und seien von uns erschossen worden. Wenn ich es wüsste, ich würde es Ihnen ja doch sagen, nicht wahr. Ich muss Ihnen, ich muss einräumen, dass mit dem Małmed, dass der zu Tode gekommen ist, ja, nicht wahr.

Vorsitzender:	Das wollen Sie sagen.
Angeklagter Heimbach:	Beteiligt oder nicht beteiligt, das ist mir eine vage Erinnerung. Da habe ich auch eine Erinnerung, dass man bei dem Versuch, des Täters habhaft zu werden, etwas unternommen hat. Aber nicht in dem Sinne, dass da nun unsere Leute reingingen. Wenn ich eben sagte, nicht wahr, die Tat ist geahndet worden, man sprach von den Männern nach meiner Vorstellung, so ist es doch nun wirklich mit Sicherheit ä, äm gewesen. Die sehen da ä einen verblutenden Kameraden, nicht wahr. Und dann wird geschossen. Sie sind dann, dann gehen die in die Häuser, nicht wahr, und ohne Warnung schießen die rein, und dann gibt es Tote. Und es mag sein, dass im Rahmen dieser Maßnahmen, nicht wahr, es ä mehr Verluste auf der Gegenseite gegeben hat, als zu erwarten war. Und dann waren doch noch einmal, nach den späteren Vorstellungen, hat's 10 oder meinetwegen auch 15 Tote gegeben.
RA Heise:	Herr Heimbach, Sie sind schon wieder_
Vorsitzender:	Ja, erledigt! Das Thema genügt. Bitte, fragen Sie.[348]

Der Vorhalt[349] des Vorsitzenden entlarvte die Widersprüchlichkeit in den Aussagen Heimbachs während des Ermittlungsverfahrens und des Hauptverfahrens. Die Logik seiner früheren Einlassung erklärend unternahm Heimbach den Versuch, den Widerspruch aufzulösen. Sein Argument, er habe seine frühere Aussage nur gemacht, weil er damals von der Annahme ausgegangen sei, dass der Staatsanwaltschaft schriftliche Beweismittel über die „Geiselerschießung" vorlägen, ließ das Gericht indes nicht gelten. Sich um Kopf und Kragen redend, verfing Heimbach sich in Widersprüche: Obwohl er die Erschießung und seine eigene Beteiligung daran nicht eingestand, rechtfertigte er sie gleichzeitig indirekt und erklärte sie für rechtmäßig. Heimbachs Wendung „Verluste auf der Gegenseite" offenbart, dass er die Juden als Kombattanten angesehen hatte, als Gegner in einer militärischen Auseinandersetzung. Dass

348 Einlassung des Angeklagten Lothar Heimbach v. 6.1.1967, in: ebd.

349 Zur Funktion des Vorhalts schreiben Henk Pander Maat und Christoph Sauer: „Mit der Handlung VORHALTEN wird in jedem Fall das Bestehen eines G e g e n s a t z e s zwischen dem gerade Geäußerten und dem schriftlich Vorliegenden bzw. zwischen der erwarteten Reaktion und den Akten betont." *Henk Pander Maat / Christoph Sauer*, Konfrontieren und Rügen im niederländischen Politierechter-Prozess, in: Ludger Hoffmann (Hrsg.), Rechtsdiskurse. Untersuchungen zur Kommunikation im Gerichtsverfahren, Tübingen 1989, S. 129–163, hier: S. 136.

die Juden keine Waffen gehabt hatten, um sich gegen die Angriffe auf ihr Leben zu verteidigen, ignorierte er. Ihm galt nicht die Widerstandshandlung Małmeds, sondern die „Vergeltungsmaßnahme“ des KdS als Akt der Selbstverteidigung.

Nach der Vernehmung durch den Vorsitzenden unternahm der beisitzende Richter Gaebert einen neuen Versuch, dem Angeklagten klare und eindeutige Aussagen zu entlocken. Nachdem der Vorsitzende dem Beisitzer das Wort erteilt hatte („Bitte, fragen Sie“), kontrollierte dieser die Gesprächsführung und verhörte Heimbach. Gaebert begann die Vernehmung mit einer Frage nach dem Fernschreiben. Der beisitzende Richter Gaebert wollte wissen, wer das Schreiben nach Berlin geschickt hatte:

Beisitzer:	Nur, ganz kurz, Herr Heimbach. Also, haben Sie das Fernschreiben nach Berlin abgeschickt? Ja oder nein? Haben Sie da ’ne Erinnerung dran? Ja oder nein? Bitte. Haben Sie ’ne Erinnerung dran, oder nicht.
Angeklagter Heimbach:	Heute nein. Kann ich Ihnen
Beisitzer:	Keine Erinnerung.
Angeklagter Heimbach:	nicht sagen.
Beisitzer:	Haben Sie eine Erinnerung dran, ob Herr Dr. Altenloh das_ ein solches Fernschreiben abgeschickt hat?
Angeklagter Heimbach:	Kann ich heute auch nicht sagen.
Beisitzer:	Können Sie auch nicht sagen. Haben Sie Erinnerungen an diesen Säurevorfall, dass da ein ä Mitglied Ihrer Dienststelle mit Säure begossen worden ist, dass da ein Attentat es gegeben hat?
Angeklagter Heimbach:	Da habe ich eine Vorstellung.
Beisitzer:	Daran haben Sie eine Vorstellung. Und wer war der Getroffene?
Angeklagter Heimbach:	Ä, es muss jetzt angenommen werden_
RA Heise:	Nein!
Beisitzer:	Ich frage nur nach Ihrer Erinnerung. Haben Sie ’ne Erinnerung, dass es
Angeklagter Heimbach:	Ja, zunächst also_
Beisitzer:	Wilhelm war?
Angeklagter Heimbach:	So komme ich jetzt_
Beisitzer:	Ich frage nur_

Angeklagter Heimbach:	seit meiner Verteidigung, jetzt weiß ich selbst nicht mehr, was ich sagen soll.
Beisitzer:	Herr Heimbach, ich möchte nur ganz_
RA Heise:	Kurz und klar.
Beisitzer:	Ich möchte nur klar hören Ihre Einlassung.
Angeklagter Heimbach:	Es war ein Angehöriger meiner Abteilung IV!
Beisitzer:	Gut. Sie wissen aber nicht wer_ erinnerungsmäßig haben Sie keine Vorstellung mehr_
Angeklagter Heimbach:	Es war ein Angehöriger meiner Abteilung IV.
Beisitzer:	Gut. Und die nächste Frage: Erinnern Sie sich an Maßnahmen, die Sie zur Ergreifung des Täters veranlasst haben? Oder andere Ihrer Dienststelle?
Angeklagter Heimbach:	Ä, ob ich die speziell ausgelöst habe oder nicht, das weiß ich nicht. Dass aber Maßnahmen durchgeführt worden sind und dass damit auch die Abteilung IV befasst war, ist selbstverständlich, jawohl.
Beisitzer:	Gut. Und welche Maßnahmen haben Sie da in Erinnerung?
Angeklagter Heimbach:	Ob_
Beisitzer:	Welche Maßnahmen? Ist eine Belohnung ausgesetzt worden? Ist ein Memorandum gesetzt worden?
Angeklagter Heimbach:	Ha_ halte ich für möglich, also dass ausgelobt worden ist.
Beisitzer:	Nicht was_ mich interessieren jetzt nicht Ihre Spekulationen, Ihre theoretischen Möglichkeiten.
Angeklagter Heimbach:	Nein, eine präzise Vorstellung habe ich davon auch nicht mehr.
Beisitzer:	Nicht. Haben Sie eine Erinnerung an die Ergreifung von Melamed [Małmed], des Täters.
Angeklagter Heimbach:	Möchte ich sagen ja.
[…]	
Beisitzer:	Von wem ist der ergriffen worden?
Angeklagter Heimbach:	Wie bitte?
Beisitzer:	Von wem ist der ergriffen worden, der Täter?
Angeklagter Heimbach:	Ä
Beisitzer:	Oder welche Erinnerung ist das an die Ergreifung, die Sie_

Angeklagter Heimbach:	Jetzt könnte mir natürlich das unterlaufen, was ich jetzt inzwischen seit Abschluss der Vernehmung weiß, das gesagt worden ist_
Beisitzer:	Also eine unklare Erinnerung.
Angeklagter Heimbach:	er ist verraten worden, wenn ich also jetzt sagen würde, er ä hat, ist durch Verrat uns zugespielt ä worden, nicht wahr, aber auch insofern habe ich keine exakte Erinnerung.
Beisitzer:	Keine exakte Erinnerung. Und haben Sie nun eine exakte Erinnerung an den Tod des Attentäters?
Angeklagter Heimbach:	(*schweigt*) Ich hm ä möchte also jetzt als Ergebnis der, der Verhandlung_
Beisitzer:	Nein, Erinnerung an damals.
Angeklagter Heimbach:	An damals möchte ich auch sagen: Der Täter ist getötet worden.
Beisitzer:	Und wo, und auf welche Art?
Angeklagter Heimbach:	Ä, das wüsste ich heute nicht mehr zu sagen, da könnte aber auch Erhängungstod in Frage gekommen sein.
Beisitzer:	Aber es ist nicht Ihre Erinnerung. Das schließen Sie aus der Beweisaufnahme.
Angeklagter Heimbach:	Wie bitte?
Beisitzer:	Das ist nicht Ihre Erinnerung. Sie sehen ihn nicht hängen
Angeklagter Heimbach:	ist nicht_
Beisitzer:	in ihrem Erinnerungsbild.
Angeklagter Heimbach:	Herr Rat, es ist nicht meine exakte Er_ Erinnerung_
Beisitzer:	Eine undeutliche Vorstellung.
Angeklagter Heimbach:	Ich möchte es aber nicht ausschließen, dass nach meinem damaligen Wissen, ich nicht wusste, dass_
Beisitzer:	Ist klar. Mich interessiert nur Ihre heutige Erinnerung. Und Frage: Wie ist das mit der Leitung bei dieser Erhängung? Von Melamed [Małmed]. Hatten Sie diese Leitung?
Angeklagter Heimbach:	Möchte ich sagen nein.
Beisitzer:	Was heißt: Möcht ich sagen?
Angeklagter Heimbach:	(*schweigt*)
Beisitzer:	Wollen Sie sagen: Nein,
Angeklagter Heimbach:	Nein, nein.

Beisitzer:	ich hatte Sie nicht mehr, oder wollen Sie sagen:
Angeklagter Heimbach:	Nein,
Beisitzer:	Ich hatte sie,
Angeklagter Heimbach:	nein, nein,
Beisitzer:	oder wollen Sie sagen: Ich weiß es nicht mehr.
Angeklagter Heimbach:	nein, nein.
Beisitzer:	Sie wollen sagen: Nein, ich hatte Sie nicht.
Angeklagter Heimbach:	Ja.
Beisitzer:	Sie wissen, dass wir_
Angeklagter Heimbach:	Ja,
Beisitzer:	gegenteilige Zeugenaussagen
Angeklagter Heimbach:	ist_
Beisitzer:	hier_
Angeklagter Heimbach:	dazu könnte man eigentlich sagen_
Beisitzer:	Haben Sie eine Erinnerung daran, dass der Attentäter, als er hing, äm runtergefallen ist,
Angeklagter Heimbach:	Nein.
Beisitzer:	dass der Strick gerissen ist?
Angeklagter Heimbach:	Nein, nein, nein.
Beisitzer:	Haben Sie eine Erinnerung daran, dass er dann, (*schweigt*) dass dann ein Schuss auf ihn abgegeben worden ist?
Angeklagter Heimbach:	Nein.
Beisitzer:	Mal vorsichtig ausgedrückt.
Angeklagter Heimbach:	Nein, nein.
Beisitzer:	Keine Erinnerung. Also, an die ganzen Umstände der Erhängung keine
Angeklagter Heimbach:	Nein.
Beisitzer:	nähere Erinnerung.
Angeklagter Heimbach:	Nein. Da habe ich ä also ä, äm ä, das geht also dann auch etwas durcheinander, ich habe also inzwischen nach dem Kriege Einiges in der polnischen Literatur ä, äm ä gelesen, und da sind mir diese Sachen erst ä zur Kenntnis_

Beisitzer:	Und wie ist es nun mit der Geiselerschießung? Sind Sie dabei gewesen, als während der Februar-Aktion Geiseln erschossen worden sind?
Angeklagter Heimbach:	Nein.
Beisitzer:	Wollen Sie sagen, Sie sind nicht dabei gewesen oder Sie haben keine Erinnerung?
Angeklagter Heimbach:	Nein.
Beisitzer:	Sie sind nicht dabei gewesen. Wissen Sie, dass Leute Ihrer Dienststelle Geiseln erschossen haben in diesem Zusammenhang?
Angeklagter Heimbach:	Weiß ich, weiß ich nicht.
Beisitzer:	Wissen Sie nicht.
	(*Schweigen aller Beteiligten*)
RA Heise:	Und wie erklären Sie sich Ihre gegenteiligen Aussagen im Ermittlungsverfahren?
Angeklagter Heimbach:	(*schweigt*)
RA Heise:	Wollen Sie sagen, Sie sind falsch verstanden worden?
Angeklagter Heimbach:	(*schweigt*)
RA Heise:	Oder wollen Sie sagen, Sie haben damals nicht die Wahrheit gesagt?
Angeklagter Heimbach:	Herr_
RA Heise:	Oder wollen Sie sagen, Sie hatten damals 'ne andere Erinnerung?
Angeklagter Heimbach:	Ja.
RA Heise:	Irgendwie muss das ja erklärt werden.
Angeklagter Heimbach:	Ja, ja, es ist eine, eine Wahl des Ausdrucks, ich will bestimmt nicht damit ä sagen, nicht wahr, also, dass ich also von äm dem Herrn der Staatsanwaltschaft unter Druck gesetzt worden bin. Was damals protokolliert worden ist, ist von mir unterschrieben worden. Das habe ich gesagt. Ich überlasse es dem Gericht, zu bewerten. […] Ich kann es schwerlich in Ausdrücke fassen, jedenfalls ist es hinsichtlich des Tatbestands nicht so gewesen, wie ich es damals gesagt habe.
RA Heise:	Sie wollen also sagen: Ich kann heute nicht mehr sagen, wieso ich damals zu einer anderen Aussage gekommen bin.
Angeklagter Heimbach:	Ja.

RA Heise: Gut.[350]

Obwohl der beisitzende Richter Gaebert und RA Heise den Angeklagten aufforderten, nur seine eigene Erinnerung an die damaligen Geschehnisse zu schildern, unternahm Heimbach wiederholt den Versuch, Ergebnisse der Beweisaufnahme vorzutragen. Da Heimbach von einigen Zeugen schwer belastet worden war, erscheint sein Verhalten auf den ersten Blick überraschend, ja unklug. Möglicherweise versuchte er das Gericht davon zu überzeugen, dass eine genaue Rekonstruktion der Geschehnisse nach einer langen Zeit und aufgrund unterschiedlicher Erzählungen und Deutungen nicht möglich sei. Daher sein Verweis auf die Lektüre der „polnischen Literatur", die seine Erinnerung überformt habe. Durch seine Interventionen signalisierte RA Heise, dass er die Strategie seines Mandanten missbilligte. Heimbach reagierte zornig – der Satz „Es war ein Angehöriger meiner Abteilung IV" klingt sehr aggressiv – und dann verunsichert („jetzt weiß ich selbst nicht mehr, was ich sagen soll") auf die Zurechtweisungen seines Verteidigers. Dieser brachte Heimbach am Ende der Vernehmung durch Fragen bezüglich des Widerspruchs zwischen den Aussagen im Ermittlungsverfahren und vor Gericht in Erklärungsnotstände. Die Fragen des Verteidigers machten Heimbach sprachlos. Er wusste nicht, was er darauf antworten sollte. Deswegen schwieg er. Es gelang ihm nicht, eine überzeugende Begründung für das Zustandekommen der divergierenden Aussagen zu liefern. Heimbachs Sprachlosigkeit und Unsicherheit waren für alle Beteiligten sichtbar. Da er über keine überzeugende Erklärung verfügte, war er auf das Deutungsangebot seines Verteidigers angewiesen.

Die beiden Vernehmungsausschnitte verdeutlichen die Relevanz der Ermittlungsakten für das Gericht. Zum Verhältnis von Mündlichkeit und Aktenform vor Gericht führt Seibert aus, dass de facto „die Akten mit ihrer Sammelfunktion und Aufbewahrungsfunktion entgegen allen Verfahrensgrundsätzen Vorrang beanspruchen". Die Akte informiere „nicht nur darüber, was geschehen" sei, sondern sie weise „auch alle in ihr nicht enthaltenen Sätze als Unerheblichkeiten oder Halbwahrheiten ab – jedenfalls zunächst".[351] Dies gilt auch in diesem Fall: Die neuen Sätze Heimbachs waren nicht relevant. Von Bedeutung für das Gericht waren allein seine damals protokollierten Aussagen. Heimbachs mündliche Einlassung aus der Hauptverhandlung konnte sich nicht

350 Einlassung des Angeklagten Lothar Heimbach v. 6.1.1966, in: L/StADT, D 21 A, Nr. 6342, Tonband 41 Vorderseite.

351 *Seibert*, Gerichtsrede, S. 182.

gegen den Akteninhalt durchsetzen. Das Gericht hielt die protokollierte Aussage des Angeklagten Heimbach vom Oktober 1963[352] zum „Säureattentat“ für näher an der Wahrheit als seine in der Hauptverhandlung vorgetragene Darstellung. Zur Begründung heißt es im Urteil, das Schwurgericht wisse „aus den Niederschriften seiner mit ihm erörterten Vernehmungen“ sowie „aus neunzig Hauptverhandlungen, daß Heimbach sich meist bewußt umschreibend, verklausulierend und verschwommen“ ausdrücke. Wenn er also sage, „es mag zutreffen, daß ich die Erschießung geleitet habe“, so bedeute das: „Ich habe die Erschießung geleitet.“[353] Den von der Staatsanwaltschaft im Ermittlungsverfahren protokollierten Satz Heimbachs, er hätte „nicht ohne Kenntnis von Dr. Altenloh gehandelt“, interpretierte das Gericht als Beleg dafür, dass der ehemalige Kommandeur den „Befehl erhalten und zur Durchführung an Heimbach weitergegeben“ habe.[354] Das Gericht war von der Richtigkeit der Aussage Heimbachs, er hätte nicht hinter dem Rücken seines Kommandeurs gehandelt, überzeugt. Der Vorsitzende Richter vermutete, Heimbach habe seinen ehemaligen Vorgesetzten nicht belasten wollen und deshalb nicht zugegeben, dass er den Vergeltungsbefehl von Altenloh erhalten hatte. Heimbach machte auf das Gericht aufgrund seiner früheren Angaben und seiner Einlassungen in der Hauptverhandlung den Eindruck eines erfahrenen Kriminalisten, „der zumeist sehr genau“ gewusst habe, „worauf es ankam und wo es angezeigt erscheinen konnte, Tatbestände zu verschleiern“. Er habe sich „aus leicht erklärlichen Gründen sorgsam“ davor gehütet, „seine früheren Kameraden (in erster Linie seinen damaligen Kommandeur) zu belasten“. Vor diesem Hintergrund kam das Gericht zu folgendem Schluss:

---

352 Auf die Frage des Staatsanwalts im Ermittlungsverfahren, ob es zutreffe, dass das Schreiben mit dem entsprechenden Vorschlag zur Vergeltungsaktion von Altenloh verfasst und zur Fernschreibstelle gegeben worden sei, oder ob es so gewesen sei, dass Altenloh die Abfassung und die Absendung des Schreibens angeordnet habe, hatte Heimbach erklärt, aus der Stellung des RSHA gegenüber der KdS-Dienststelle habe sich ergeben, dass „Fernschreiben an die höchste Dienststelle nur von dem Kommandeur gezeichnet werden mussten“. Davon sei auch bei der Frage, ob Altenloh dieses Fernschreiben unterzeichnet habe, auszugehen. Heimbach fügte hinzu: „Ich vermag allerdings nicht zu sagen, ob er [Altenloh] das Schreiben selbst verfasst, oder ob er es lediglich unterschrieben hat. Ich vermag auch nicht zu sagen, ob ich es selbst verfasst habe. Als Motiv für das Fernschreiben ist die Notwendigkeit anzusehen, dass bei besonderen Ereignissen im RSHA Meldung zu erstatten war. Mir ist erinnerlich, dass darüber ein Erlass bestanden hat, und ich meine, dass der jeweiligen Meldung ein entsprechender Vorschlag über die weitere Behandlung der Dinge beizufügen war.“ Vernehmung des Angeschuldigten Lothar Heimbach in der Voruntersuchungssache 13/62 durch Staatsanwalt (StA) Schaplow v. 18.10.1963 (Fortsetzung der Vernehmung v. 16.10.1963), in: L/StADT, D 21 A, Nr. 6157, Bl. 92-101, hier: Bl. 100f.

353 Urteil 5 Ks 1/65, in: L/StADT, D 21 A, Nr. 6195, Bl. 257.

„Wenn dieser äußerst vorsichtige Heimbach auf die Angaben Dr. Altenlohs, die ihn – Heimbach – mit der Durchführung der Vergeltungsaktion in Verbindung brachten, antwortete, er habe nichts ohne Kenntnis seines Kommandeurs unternommen, so ist das so gemeint gewesen, glaubhaft und verläßlich."[355]

Frühere Aussagen der Angeklagten spielten in der Entscheidungsbegründung des Gerichts eine wichtige Rolle. Bei der Rekonstruktion des Geschehens, an dessen Ende die Erschießung gestanden hatte, konnte sich das Gericht – im Gegensatz zum Tatvorwurf der Deportationen – nicht auf Dokumente stützen. Die Argumentation des Gerichts beruht auf der Annahme einer Befehlskette und auf der Annahme einer arbeitsteiligen Täterschaft.

Welche Bedeutung hatten nun die Aussagen der „Opfer-Zeugen" für den Schuldnachweis? Sie bestätigten zum einen die Tatsache der Erschießung. Darüber hinaus konnten die Zeugen genauere Angaben über die Identität und die Zahl der Opfer machen. Aufgrund einer während der Vernehmung des Historikers Dr. Szymon Datner eingeführten Aussage des damaligen „Judenreferenten" Friedel und aufgrund der Aussagen der Zeugen Hirsz Ugajnik, Majer Zawadzki, Abraham Karasik, Dr. Szymon Datner und Abram Oniman, die damals im Ghetto gelebt hatten, kam das Gericht zu dem Ergebnis, dass eine Erschießung von 100 Menschen – Frauen, Männer, Kinder – stattgefunden hatte. Altenloh behauptete, es seien 50 Juden erschossen worden und Frauen und Kinder seien nicht darunter gewesen. Die oben genannten „Opfer-Zeugen" erklärten dagegen übereinstimmend, auch Frauen und Kinder seien erschossen worden. Was die Zahl der Opfer anbetrifft, machten die Zeugen unterschiedliche Angaben. Ob sie in der Lage waren, eine genaue Zahl zu nennen, oder ob sie lediglich Schätzungen vornehmen konnten, hing davon ab, wie nah oder fern sie dem Tatgeschehen damals gestanden hatten.

Der Zeuge Hirsz Ugajnik, der seine Aussage größtenteils auf Jiddisch machte, erklärte, 103 Menschen seien in Pragas Garten erschossen worden. Ugajnik, damals Mitglied der Ghettofeuerwehr, war kein Augenzeuge der Exekution. Er erklärte, er habe die Leichen mit Schnee bedeckt und am nächsten Tag mitgeholfen, sie zum Friedhof zu fahren. Sie seien neben dem Friedhof in einer Grube begraben worden. Auf die Frage des Beisitzers, woher er wisse, dass es 103 Leichen waren, erklärte Ugajnik:

Zeuge Ugajnik:	Weil ich hab gezählt. [...]
Übersetzer Bogner:	Also, er sagt ä, dass bei der Beerdigung war ein, einer

354 Ebd., Bl. 259.

355 Ebd., Bl. 258.

	von der Gestapo oder ein deutscher Mann,
Zeuge Ugajnik:	Ja.
Übersetzer Bogner:	und der hat gesagt, man soll zählen die Leichen, welche man ins Grab reintut.
Zeuge Ugajnik:	Und ich hab gezählt, und ich hab gesehen 103 Menschen.
Staatsanwalt:	Waren das Männer, Frauen und Kinder?
Zeuge Ugajnik:	Frauen, Kinder, Männer.[356]

Im Urteil heißt es, das Schwurgericht habe keine Bedenken, „dem vitalen und schlichten Zeugen hierin zu folgen, weil er durch die Art seiner Tätigkeit den Vorgängen besonders nahe“ gestanden habe. Angesichts dieser Einschätzung mag es überraschen, dass sich das Schwurgericht nicht auf die Zahl 103 festlegte. Es hielt offenbar, wie noch zu zeigen sein wird, eine Erklärung Fritz Friedels, der nach eigener Darstellung Augenzeuge der Exekution war, für überzeugender.

Im Gegensatz zu Ugajnik konnte der Zeuge Oniman, der die Erschießung von seinem Versteck aus beobachtet hatte, die Zahl der Opfer nicht mehr genau angeben. Seine Aussage war indes insofern von Bedeutung für das Gericht, als es von ihm erfuhr, dass die Erschießung in Pragas Garten stattgefunden hatte und dass die Opfer der „Vergeltungsaktion“ zu den Bewohnern des Hauses gehörten, in dem Małmed sich den KdS-Angehörigen Muth und Wilhelm entgegengestellt hatte. Oniman, der nach der Befreiung nach Australien emigriert war, machte seine Aussage auf Deutsch. Gelegentlich wandte er sich an seine Übersetzerin, wenn ihm der deutsche Ausdruck für ein polnisches Wort nicht einfiel. Hin und wieder benutzte er auch englische Wörter:

Vorsitzender:	Berichten Sie dem Gericht, was Sie aus Ihrem Versteck heraus beobachtet haben!
Zeuge Oniman:	Wir haben immer, wir haben immer gewechselt, jemand von uns immer hat aufgepasst, ob das, ob die Deutschen kommen nicht, unser Teil ä der Straße ä *opróżnić*, leer zu machen.
Übersetzerin:	Ja.

356 Vernehmung des Zeugen Hirsz Ugajnik in der Hauptverhandlung der Strafsache gegen Dr. Altenloh u.A. (5 Ks 1/65) v. 4.5.1966, in: L/StADT, D 21 A, Nr. 6341, Tonband 12 Rückseite.

Vorsitzender:	Hm.
Zeuge Oniman:	Also, wir müssen aufpassen. Also, ich war da nicht beim Fenster mit'm Fernglas, aber plötzlich haben wir gehört ä Knallen.
Vorsitzender:	Ja.
Zeuge Oniman:	Dann ich rausgeschaut, habe ich gesehen durch das Fernglas, ä wie werden Juden geholt zu der Synagoge, das war also die Seite, welche war in *front of* uns, also *in front* zu uns.
Übersetzerin:	Die man einsehen konnte, vom Versteck aus.
Zeuge Oniman:	Ja, und ä, Männer, Frauen und Kinder, und sie wurden erschossen. Wir wussten nicht, was ist geschehen. Als wir kamen nach dem Judenrat, hat man uns erzählt, dass einer Małmed, ein Jude, hat ein Gestapomitglied (*spricht Polnisch*)_
Vorsitzender:	Ah so.
Zeuge Oniman:	(*spricht Polnisch*)
Übersetzerin:	Ach so, mit Schwefelsäure hat ein_
Vorsitzender:	Ja, halt, bleiben wir mal dabei. Sie haben mit dem Fernglas Beobachtungen gemacht.
Zeuge Oniman:	Ja.
Vorsitzender:	Was konnten Sie denn sehen? Konnten Sie nur eine Straße sehen, oder?
Zeuge Oniman:	Das war kein Straße, das war eine Fläche,
Vorsitzender:	Ach, von Ihrem_
Zeuge Oniman:	das war bevor ein Garten, aber leider wir haben kein Holz zur Beheizung gehabt. Also, das Holz wurde weggenommen von den Juden, von dem Garten.
Vorsitzender:	Ja. Ja.
Zeuge Oniman:	Und es war eine Fläche.
Vorsitzender:	Eine freie Fläche.
Zeuge Oniman:	Eine freie Fläche. *And in front* (*spricht Polnisch*)
Übersetzerin:	Und davor stand das Gebäude, die Synagoge, ja.
Zeuge Oniman:	Ja.
Vorsitzender:	War das denn in der Nähe von Prages Garten?
Zeuge Oniman:	Das war in Prager Garten. Mein Haus, wo ich wohnte, das, die Fenster gingen raus auf Prager.

Vorsitzender:	Ach, so. Von Ihrem Hause aus konnten Sie auf Pragers Garten_
Zeuge Oniman:	In normale, normalen Zeiten aber,
Vorsitzender:	Ja.
Zeuge Oniman:	in dieser Zeit von der Versteck.
Vorsitzender:	Ja, ganz Recht.
Zeuge Oniman:	Ja.
Vorsitzender:	Konnten Sie auf Pragers_
Zeuge Oniman:	Ja.
Vorsitzender:	Garten_
Zeuge Oniman:	Ja.
Vorsitzender:	Und dabei auch die Synagoge, ja?
Zeuge Oniman:	Ja.
Vorsitzender:	War da die Synagoge in der Nähe?
Zeuge Oniman:	Ja.
Vorsitzender:	Ja. Und Sie waren also nicht gehindert durch Häuser?
Zeuge Oniman:	Nein, ganz frei.
[…]	
Vorsitzender:	Und Sie hatten ein Fernglas mit, und was sahen Sie_
Zeuge Oniman:	Wir haben mehrere gehabt.
Vorsitzender:	Mehrere sogar.
Zeuge Oniman:	Ja.
Vorsitzender:	Und was konnten Sie sehen?
Zeuge Oniman:	Die ä Männer, Frauen und Kinder wurden erschossen.
Vorsitzender:	Da sind Sie sich ganz sicher, dass es nicht nur Männer, sondern auch Frauen_
Zeuge Oniman:	Kinder und Frauen, ja. Das, wir haben später, man hat die Körper weggenommen, haben wir alle gesehen.
Vorsitzender:	Und zu welcher Tageszeit war das?
Zeuge Oniman:	Das war ä, ich kann mich nicht deutlich erinnern, aber es war am hellen Tag noch.
[…]	
Vorsitzender:	Und auch kein ä Schnee oder Regen, oder_?
Oniman:	Nein, es war herrliches Wetter.

Vorsitzender:	Und was meinen Sie denn, wie viel Menschen waren das denn?
Zeuge Oniman:	Ich kann nicht swach, sagen, wie viel. Aber das waren einige zehnige, sicher, mehr als 30, mehr als 40. Angeblich, von jemanden hab ich gehört, gehört das 100, aber ich weiß nicht, ob 100 waren oder weniger, ich kann nicht sagen. Ich weiß nur eine Sache: dass sie alle Einwohner, ä im Haus, das war ä Blockhaus, offlets, Sie verstehen, Herr Direktor?
Vorsitzender:	Ja, ich verstehe.
Zeuge Oniman:	Also das war, verschiedene, viele Wohnungen_
Übersetzerin:	Wohnblock, ja.
Zeuge Oniman:	Ja. Also alle Einwohner, wo wurde der ä, ä Gestapomitglied ä *podane*
Übersetzerin:	begossen
Zeuge Oniman:	begossen
Übersetzerin:	mit Schwefelsäure.
Zeuge Oniman:	Und der zweite, wurde, ich glaube, der zweite Wilhelm hat geheißen, wurde ä verwundet von den, der Opfer, also alle wurden geholt.
Vorsitzender:	Sie wollen also sagen, wenn ich Sie recht verstehe: Die Einwohner desjenigen Hauses_
Zeuge Oniman:	Ja.
Vorsitzender:	in dem Melamed oder Małmed genannt_
Zeuge Oniman:	Ja.
Vorsitzender:	wohnte_
Zeuge Oniman:	Wurden geholt.
Vorsitzender:	Die wurden geholt.
Zeuge Oniman:	Und erschossen.
Vorsitzender:	So hat man's Ihnen nachträglich erzählt.
Zeuge Oniman:	Ja, ja.[357]

357 Vernehmung des Zeugen Abram Oniman in der Hauptverhandlung der Strafsache gegen Dr. Altenloh u.A. (5 Ks 1/65) v. 16.5.1966, in: L/StADT, D 21 A, Nr. 6341, Tonband 16 Vorderseite.

Der Zeuge Oniman wirkte sehr aufgeregt, als es um die Frage ging, wie viele Menschen erschossen worden waren: Er sprach sehr schnell und fiel dem Vorsitzenden durch ein lautes „Ja" wiederholt ins Wort, als dieser versuchte, die Aussage Onimans, die Opfer stammten aus dem Haus des Małmed, zusammenzufassen („Sie wollen also sagen: […]"). Das Gericht war, wie sich der Sachverhaltserzählung im Urteil entnehmen lässt, davon überzeugt, dass die Angaben des Zeugen zum Exekutionsort und zur Identität der Opfer stimmen. Obwohl Oniman nur gehört und nicht selbst gesehen hatte, dass die Opfer aus dem Haus des Małmed stammten, folgte das Gericht seinen Angaben. Mit Skepsis reagierte es dagegen auf die Aussage Onimans, er habe gesehen, dass die Gestapobeamten Friedel, Dibus, Winkler und Lemke an der Erschießung beteiligt waren:

Vorsitzender:	Haben Sie denn da [bei der Erschießung in Pragas Garten] deutsche Beamte erkannt, wer dabei war?
Zeuge Oniman:	Ja, ich hab genennt paar Namen.
Vorsitzender:	Diese Namen_
Zeuge Oniman:	Es waren_
Vorsitzender:	Friedel, ä Friedel, Dibus, Lemke.
Zeuge Oniman:	Lemke, ä
Zeuge Oniman und Vorsitzender:	Winkler.
Zeuge Oniman:	Es waren mehrere, ich kennte, kennte sie alle,
Vorsitzender:	Ja.
Zeuge Oniman:	aber ich kann mich nicht erinnern.
Vorsitzender:	Haben Sie gesehen, wer von diesen Genannten auch geschossen hat?
Zeuge Oniman:	Alle haben geschossen.
Vorsitzender:	(*schweigt*) Hm. (*schweigt*) Ja.
[…]	
Vorsitzender:	Konnte man denn sehen, wie die Leute mit ihren Gewehren anlegten? Konnte man sehen, wer geschossen hat? Und wie sie geschossen haben?
Übersetzerin:	[…]

Zeuge Oniman:	Na, ich kann nicht sagen, dass ich hab gesehen, der und der geschossen, diese und diese Person. Aber geschossen haben alle diese Personen, welche ich hab genannt.[358]

Onimans Erklärung über die beteiligten Täter – allesamt KdS-Angehörige –, die die Opfer erschossen hatten, floss nicht in die Sachverhaltserzählung des Gerichts ein. Es stellt sich die Frage, warum das Gericht dem Zeugen Oniman in diesem Punkt nicht folgte, denn dieser kannte aufgrund der Dienste, die er im Gebäude der Gestapo leisten musste, viele ehemalige KdS-Angehörige sehr genau. Das Gericht hielt es offenbar für nicht plausibel, dass der Zeuge, der nicht am Tatort gewesen war, sondern das Geschehen lediglich aus der Ferne beobachtet hatte, die Täter genau erkannt hatte. Betrachtet man die kommunikativ-interaktive Situation vor Gericht genauer, zeigt sich, dass der Vorsitzende seine Zweifel an der Aussage Onimans indirekt äußerte. Auf die Antwort des Zeugen, alle hätten geschossen, reagierte der Vorsitzende mit einer langen Pause und einem Nachdenken signalisierenden „Hm", gefolgt von einer weiteren langen Pause. Durch sein Schweigen und durch Fragen, die auf Details des Erschießungsvorgangs zielten, brachte der Richter seine Skepsis über die Glaubhaftigkeit der Aussage Onimans zum Ausdruck. Im Urteil heißt es lediglich, Heimbach habe die Exekution mit Hilfe von Friedel durchführen lassen.

Von Heimbachs Beteiligung an der Erschießung der Geiseln und an der Erhängung Małmeds erfuhr das Gericht durch Szymon Datner, der sich auf eine Aussage Fritz Friedels vom Februar 1949 bezog. Friedel, der ehemalige Leiter des „Judenreferates" in der von Heimbach geleiteten Abteilung IV (Gestapo) beim KdS, musste sich im Sommer 1949 vor einem Białystoker Gericht wegen seiner Verbrechen in Białystok verantworten. Er wurde zum Tode verurteilt und hingerichtet. Datner sagte am 23. Mai 1966 vor dem Bielefelder Schwurgericht aus, Friedel habe ihm im Gefängnis von Białystok gesagt, es seien 100 Personen erschossen worden, auch Frauen und Kinder. Die Aktion, bei der Rolf Günther vom RSHA anwesend gewesen sei, sei von Heimbach geleitet worden. Heimbach sei damit beauftragt worden, das Standgericht zu organisieren und die Exekution zu leiten. Beim Aufhängen des Małmed sei der Strick gerissen. Der Kriminalsekretär Lange habe auf den Heruntergefallenen ge-

358 Vernehmung des Zeugen Abram Oniman in der Hauptverhandlung der Strafsache gegen Dr. Altenloh u.A. (5 Ks 1/65) v. 16.5.1966, in: ebd.

schossen und ihn auf Befehl von Heimbach totgeschlagen.[359] Datner wurde vom Gericht zweimal zum „Säureattentat“ befragt. Während bei der zweiten Vernehmung am 31. Oktober 1966 die Aussage Friedels, die Datner für das Gericht aus dem Polnischen ins Deutsche übersetzte und vollständig vortrug, im Mittelpunkt stand, ging es bei der ersten Vernehmung am 23. Mai 1966 vor allem darum, was der Zeuge Datner zur Tatzeit über die Umstände der Erschießung erfahren hatte.

Datner, der nicht Augenzeuge der Erschießung gewesen war, aber damals im Białystoker Ghetto eingesperrt gewesen war, erklärte, es habe im Ghetto Gerüchte gegeben, dass 100 oder 120 Menschen erschossen worden seien. Er erinnerte sich daran, dass sich unter den Opfern eine Frau befunden hatte, die für die Gestapo gearbeitet hatte: „Und in diese Aktion vom Erschießen wurde eine Frau, gedenke ich, die für Gestapo gearbeitet hat, sie hatte einen Schein. Und sie sagte: ‘Meine Herren’ – sie war, glaube ich, Schneiderin – ‘ich bin Gestapo’. Nein, man ordnete, dass alle, die gesammelt wurden, erschossen wurden.“[360] Nachher sei im Ghetto bekannt geworden, dass dem Judenratsvorsitzenden Barasz im Anschluss an die Erschießung ein Ultimatum gestellt worden sei. Die Deutschen hätten damit gedroht, 5.000 Menschen zu erschießen, wenn der Attentäter nicht gefasst werde:

> „Wenn der Täter binnen einer gewissen Zeit nicht erwischt wird, ich gedenke nicht, ich glaube, es war eine Frage nicht von Tagen, sondern von Stunden, so wird, werden 5.000 Leute mit ihrem Leben dafür büßen, 5 oder 6.000 Leute. Ich glaube, es war eine Drohung, und vielleicht war es nicht eine Drohung. Der Täter wurde binnen dieser sechs Stunden nicht gefunden. Diese 5.000 Leute, ob sie geschossen wurden dafür, weiß ich nicht. Denn im Laufe der ganzen Aktion wurden im Getto Białystok keine 5.000 Leute geschossen, ihre Zahl war viel kleiner. Also, glaub ich, dass nur, dass es nur eine Drohung war, aber Barasz mit seinen Mitteln und seinen Einfluss, er hatte gewisse Einflüsse [...]. Also es gelang, es ging vorbei

---

359 Vernehmung des Zeugen Dr. Szymon Datner in der Hauptverhandlung der Strafsache gegen Dr. Altenloh u.A. (5 Ks 1/65) v. 23.5.1966, in: L/StADT, D 21 A, Nr. 6341, Tonband 18 Vorderseite. Vgl. auch die Abschrift des Gerichts, in: L/StADT, D 21 A, Nr. 6204. Friedel hat die Aussage, auf die sich Datner bezieht, am 14. Februar 1949 im Gefängnis von Białystok gemacht. Das Original befindet sich im Archiv des Jüdischen Historischen Instituts in Warschau. Vgl. Protokoł przesłuchania zbrodniarza wojennego Friedla Fritza Gustawa, dok. odbytego dnia 14.2.1949 w Białymstoku, w gmachu więziennym pod kierownictwem ppor. Laskowskiego, w obecności przewodniczącego Wojewódzkiego Komitetu Żydowskiego Hakmjera i sekretarza tego Komitetu Białostockiego. Przesłuchania dokonał współpracownik Żydowskiego Instytutu Historycznego w Warszawie, Dr. Szymon Datner, in: AŻIH, 344/26, Bl. 1–6, hier: Bl. 3, pierwszwa akcja w getcie białostockim.

360 Vernehmung des Zeugen Dr. Szymon Datner in der Hauptverhandlung der Strafsache gegen Dr. Altenloh u.A. (5 Ks 1/65) v. 23.5.1966, in: L/StADT, D 21 A, Nr. 6341, Tonband 18 Vorderseite.

ein Tag vielleicht, zwei Tage. Und dann lauf, lief das Gerücht, dass der Täter erwischt wurde. Und dieser Täter wurde an selbem Ort und Stelle, wo er diese seine, erlauben Sie, hohes Gericht, heldische Tat begangen hat, er wurde dort aufgehängt. Das wusste ich, das wussten wir im Ghetto, sein Name wurde bald bekannt, Małmed, Itzhak Małmed [...].“[361]

Aus Datners Sicht war Małmed ein Held. Er betonte ganz zu Anfang seiner Vernehmung, dass er ihn als Helden betrachte und dass das Wort „Täter“ für ihn in diesem Zusammenhang nicht in einem pejorativen Sinne gemeint sei. Der Vorsitzende reagierte darauf und schlug die Bezeichnung „Attentäter“ vor. Er war sich indes, wie aus einer Frage an Datner hervorgeht, darüber bewusst, dass auch das vermeintlich neutralere Wort „Attentäter“ die Perspektive der Gestapo spiegelt.

Auf die Frage des Vorsitzenden Richters, aufgrund welcher Umstände er sagen könne, dass die wahllos zusammengesuchten Menschen noch am selben Tag erschossen worden seien, antwortete Datner, das sei allgemein im Ghetto bekannt geworden: „So, wie wir, ich war nicht in Amerika. Aber ich weiß, dass Amerika besteht. Und das ist ä, das ist ä allgemeiner [sic] Wissen, was man nicht_ das ist eine Aktion, was man weiß, dass Amerika besteht. Es wurde bekannt im Ghetto, dass denselben Tag diese Leute erschossen wurden. Ob vor diesen sechs Stunden oder nach diesen sechs Stunden, das weiß ich nicht.“[362] Den Vergleich mit Amerika bemühte Datner auch, als er vom beisitzenden Richter gefragt wurde, wie ihm die Zahl von 120 Erschossenen bekannt geworden sei:

Zeuge Dr. Datner:	Ä, das ist dasselbe wie mit dem Amerika.
Beisitzer:	Ja.
Zeuge Dr. Datner:	Es wurde im Allgemeinen bekannt worden, dass im Ghetto 100, ich gedenke heute nicht, ob man 120 sagte oder 100. Ich, in meinem Büchlein habe ich 100 geschrieben.[363] Aber es sind zwei Versionen vorhanden. Das war allgemeine Kenntnis.

361 Vernehmung des Zeugen Dr. Szymon Datner v. 23.5.1966, in: ebd.

362 Vernehmung des Zeugen Dr. Szymon Datner v. 23.5.1966, in: ebd.

363 Es handelt sich um Datners Studie *Walka i zagłada białostockiego ghetta* von 1946, die das Gericht ins Deutsche übersetzen ließ. Darin spricht Datner in der Tat von 100 Menschen. Er erwähnt auch die Drohung der Deutschen, 5.000 Menschen zu erschießen. Über das „Säureattentat“ und das Verhalten der Deutschen schreibt Datner: „An der Kupiecka (Kaufmanns-) Strasse 29 übergiesst Icchok Małmed eine Gruppe SS-Männer mit Vitriol, einer wird blind, ein anderer, der versengt wurde, schiesst in der Verwirrung auf seinen Kameraden und tötet ihn dabei. Małmed benutzt das Durcheinander

Beisitzer:	Gut, das wollte ich wissen.
Zeuge Dr. Datner:	Das war doch eine Sensation, dass das erste Mal in den, in der Geschichte des Ghettos fiel ein Deutscher von jüdischer Hand. Also, das erregte doch Erstaunen, wenn hier Presseleute möchte sagen, sitzen möchten und wenn ich dieses Wort gebrauchen darf – nicht zynisch –, möchte ich sagen, dass es eine Sensation hervorgerufen hat. Ich war noch kein Mitglied der Widerstandsbewegung. Es wurde doch Sensation. Es wurde Erstaunen. Ja, man kann doch einen Deutschen schießen, der dich_
Beisitzer:	Ja. Also, diese_
Zeuge Dr. Datner:	töten will.
Beisitzer:	Verzeihen_
Zeuge Dr. Datner:	Das wusste man.
Beisitzer:	Verzeihen, Sie bitte.
Zeuge Dr. Datner:	Ja.
Beisitzer:	Diese Zahl ist Ihnen also damals sofort bekannt geworden.
Zeuge Dr. Datner:	Sofort.
Beisitzer:	Darüber wurde gesprochen.
Zeuge Dr. Datner:	Jawohl.[364]

Folgt man Datner, verbreitete sich die sensationelle Nachricht über die Widerstandshandlung des Małmed schnell unter der Ghettobevölkerung. Auch die Erschießung und die Zahl der Opfer waren seiner Erinnerung nach damals Gegenstand von Diskussionen und Gesprächen. Der Historiker Datner hatte

und flieht. Die rasenden Deutschen führen hundert Menschen, Männer, Frauen und Kinder, aus den Nachbarhäusern und erschiessen sie im Garten des Prager und drohen gleichzeitig an, dass sie noch fünftausend Personen erschiessen würden, wenn der Täter sich nicht innerhalb der nächsten sechs Stunden freiwillig melden würde. Małmed meldet sich freiwillig, wird Torturen unterzogen und in einem Haustor an der Kupiecka-Strasse erhängt. Es gelingt ihm noch, vor der Exekution eine flammende Rede zu halten, in welcher er die Deutschen anklagt und ihnen eine baldige Niederlage und Rache voraussagt.“ *Datner*, Der Kampf und die Vernichtung des Białystoker Ghettos, in: Barch, B 162/AR-Z 900/68, Bl. 0351–0416, hier: Bl. 0392f. Aus dem Text geht nicht hervor, auf welcher Quellengrundlage Datners Darstellung beruht.

364 Vernehmung des Zeugen Dr. Szymon Datner v. 23.5.1966, in: L/StADT, D 21 A, Nr. 6341, Tonband 18 Vorderseite.

keinen Grund, an der Version von 100 oder 120 Erschossenen, die er damals gehört hatte, zu zweifeln, weil er bei seinen Forschungen über die Geschehnisse in Białystok auf keine niedrigeren Opferzahlen gestoßen war. So erwiderte er auf den Vorhalt des Beisitzers, einige Zeugenaussagen sprächen „von 30, von 50, von 100 und 120" Opfern: „Ja, also, ich als Tischler Datner, Tischler, kann Ihre Frage in dieser Hinsicht beantworten, dass in meinem Gedächtnis nur die Zahl 100 und 120, niemals schon als Forscher bekam ich keine Version über 30 oder 40".[365]

Die Erklärungen des Zeitzeugen Datner sind aus juristischer Perspektive nur von geringem Wert. Seine damalige Kenntnis über die Erschießung beruht nicht auf eigenen Beobachtungen, sondern lediglich auf Gerüchten. Gerüchte sind ungeprüfte, unbestätigte Informationen, deren Wahrheitsgehalt ungewiss ist. Das Gericht hätte die Tat folglich nicht belegen können, wenn es lediglich die Aussage eines Zeugen zur Verfügung gehabt hätte, der, wie Datner, etwas „allgemein" und vom Hörensagen wusste. Obwohl Datner in diesem Fall kein Augenzeuge war, wies das Gericht seiner Aussage eine besondere Bedeutung zu. So heißt es in der Beweiswürdigung, er wisse „aus eigener Anschauung", dass „auch Frauen, darunter eine ihm bekannte Gestapoarbeiterin, und Kinder exekutiert worden" seien.[366] Möglicherweise spielte hier eine Rolle, dass das Gericht Datner als einen zuverlässigen, seriösen Zeugen einschätzte. Im Urteil heißt es, er sei „gewissenhaft darum bemüht" gewesen, „keine wissenschaftlichen Erkenntnisse zeugenschaftlich zu bekunden".[367] So vergewisserte er sich in seiner ersten Vernehmung, ob die Fragen des Vorsitzenden Richter an den Zeugen Datner oder an den Historiker Datner gerichtet waren. Vielleicht hielt das Bielefelder Schwurgericht das Gerücht deshalb für nah an der Wahrheit, weil Datner unmittelbar nach den Erschießungen von diesen erfahren hatte, diese auch von anderer Seite bestätigt worden waren und keine Anhaltspunkte ersichtlich waren, dass sich diesbezüglich falsche Gerüchte im Ghetto verbreitet hatten. Ferner fiel ins Gewicht, dass Datner später als Forscher „keinen Anlaß" hatte, der Zahl 100 bis 120, die er damals „vom Hörensagen" erfahren hatte, zu misstrauen.[368]

Das Gericht weist im Urteil ferner darauf hin, dass „der verstorbene Inspekteur Friedel" sich – als Zeuge – gegenüber Datner zur Erschießung geäußert und

---

365 Vernehmung des Zeugen Dr. Szymon Datner v. 23.5.1966, in: ebd.

366 Urteil 5 Ks 1/65, in: L/StADT, D 21 A, Nr. 6195, Bl. 237.

367 Ebd., Bl. 205.

368 Ebd., Bl. 237.

von 100 Personen gesprochen habe.[369] Datners Verweis auf eine Aussage Friedels zum Tatkomplex des „Säureattentats“ und seinen Folgen veranlasste den Angeklagten Heimbach nach der Vernehmung des Zeugen Heinz Lange am 5. September 1966 zu folgender Erklärung:

> „Herr Vorsitzender, ich bedauere, wenn ich noch eine Frage stellen muss, aber ich vertrete folgende Meinung: Wir haben heute unter Berücksichtigung der Białystoker Verhältnisse die geistige Kapazität der Dienststelle da gehabt. Der Lange war einer meiner besten Beamten. […] Wenn wir heute keine Gelegenheit finden oder wenn das Gericht keine Gelegenheit findet, der Wahrheit in etwa näher zu kommen, dann vermag ich nicht zu beurteilen, wie wir dann einen Weg zur Wahrheitsfindung bekommen. Gestatten Sie mir daraufhin nur noch einige Fragen.“

Der Vorsitzende gab der Bitte des Angeklagten Heimbach statt und forderte ihn auf, seine Fragen an das Gericht zu stellen:

Angeklagter Heimbach:	Zunächst, um dem Zeugen mal Gelegenheit zu geben zu einer Erklärung, weil es auch in dieser Verhandlung vorgebracht worden ist, und zwar von einem renommierten ausländischen Zeugen. Ich erinnere das Gericht, dass der Herr Zeuge Dr. Datner mit Bezug auf die Aussage von Friedel erklärt hat, Thema Säureattentat, der Zeuge Lange hätte damals geschossen und Günther sei dabei gewesen. Das ist also jetzt zunächst die erste Frage an den Zeugen: Waren Sie dabei? Stimmt das, was der ausländische Zeuge gesagt hat, ich wiederhole: Der jüdische Zeuge Dr. Datner, jetzt im Justizministerium Warschau, hat mit Bezug auf eine Aussage des Friedel erklärt: Friedel habe gesagt, Sie seien bei den Maßnahmen im Anschluss an das Säureattentat im Februar 1933 [sic] dabei gewesen, Lange hätte geschossen und Günther sei dabei gewesen – wenn Sie mich belehren ä wollen oder berichtigen wollen, bitte ich gleich nachzuschlagen in den Protokollierungen des Zeugen Datner. Und zwar bring’ ich deshalb die Frage, weil ja diese Sachen damals in öffentlicher Verhandlung gebracht worden sind_
Vorsitzender:	Ja, ja, nein, nein, ich bin Ihnen sehr dankbar_
Angeklagter Heimbach:	und ja auch publiziert_
Vorsitzender:	dass Sie die Frage bringen_
Angeklagter Heimbach:	ja auch publiziert worden sind und damit ja auch ein Angriff besteht gegen den Polizeibeamten Lange. Die Frage also, Herr Lange, stimmt das, was_

369 Ebd., Bl. 237.

Vorsitzender:	Eine Sekunde, bitte, eine Sekunde – zum Nachdenken für den Zeugen und zum Nachdenken für uns. Ja?
Angeklagter Heimbach:	Nicht verstanden?
Vorsitzender:	Eine Sekunde, bitte.
Angeklagter Heimbach:	Herr Lange!
Vorsitzender:	Eine Sekunde, lassen Sie, Herr Heimbach, Ihre Frage ist vollkommen klar, ist eindeutig, wir wollen nur sehen, Sie fragen mit Recht, ob das Gericht Ihrer Fragestellung zustimmt.
(*Gericht berät sich kurz*)	
Vorsitzender:	Also, Herr Heimbach, Sie wollen dem Zeugen welche Frage formuliert vorlegen: Haben Sie im, in der Verfol_, im Verfolg des Säureattentats geschossen, und zwar auf wen?
Angeklagter Heimbach:	Ja, ah, also ich wollte das vorbringen, was der ausländische Zeuge_
Vorsitzender:	Ja, vollkommen klar.
Angeklagter Heimbach:	erklärt hat.
Vorsitzender:	Vorzüglich, Herr Heimbach!
Angeklagter Heimbach:	Und ich habe den ausländischen Zeugen oder seine Aussage so in Erinnerung, dass er mit Bezug auf das Säureattentat erklärte:
Vorsitzender:	Ja.
Angeklagter Heimbach:	Lange sei in Vollstreckung_
Vorsitzender:	Hm.
Angeklagter Heimbach:	der Maßnahmen, wie sie von der, dieser Seite behauptet
Vorsitzender:	Hm, hm.
Angeklagter Heimbach:	worden sind, dabei gewesen, und er habe selbst geschossen, und bei diesem Schießen, an dem sich Lange beteiligt hätte, sei der Günther, das ist ein SS-Sturmbannführer oder Hauptsturmführer aus Berlin, dabei gewesen. Diese Aussage des ausländischen Zeugen, Herr Lange, erlaube ich mir, nicht Ihnen vorzuhalten, sondern die Frage zu stellen, damit Sie als Polizeibeamter und Zeuge die Gelegenheit haben_
Vorsitzender:	Moment, Herr Heimbach, Ihre Frage ist vollkommen berechtigt im Grundtenor. Und ich bin Ihnen dankbar, ausgesprochen, dass Sie die Frage noch mal aufwerfen und daran erinnern, was Dr. Datner gesagt hat. Das mal zunächst vorab. Jetzt müssen wir uns nur einigen, wie

> wir die Frage formulieren, nämlich im Hinblick auf das, was Datner gesagt hat. Nämlich: Jetzt möchte ich ganz allgemein formulieren an den Zeugen Herrn Lange, folgende Frage stellen: Sie haben gehört, dass es bei der Räumung ein Attentat mit Säure gab. Frage: Sind Sie beteiligt gewesen nach dem Säureattentat an irgendeiner Maßnahme, die die Dienststelle getroffen hat, sei es die Hinrichtung des Attentäters, sei es bei einer anderen Maßnahme, die eine Vergeltung sein, gewesen sein könnte? Und wenn Sie beteiligt waren, in welcher Form?[370]

Der Angeklagte betonte wiederholt, der Vorwurf an Lange sei von dem „ausländischen Zeugen“ Datner gemacht worden. Das Adjektiv „ausländisch“ wurde von Heimbach insgesamt fünfmal verwendet, einmal redete er vom „jüdischen“ Zeugen. Heimbach, der Lange dazu drängte, Stellung zu Datners Erklärung zu nehmen, versuchte, so eine mögliche Interpretation, sich die Loyalität seines ehemaligen Kollegen zu sichern, indem er einen Freund-Feind-Gegensatz aufbaute. Mit seinen diffamierenden Äußerungen verfolgte Heimbach das Ziel, Datner als unglaubwürdigen Zeugen hinzustellen. Seine Gesprächsführungsmacht verteidigend unterband der Vorsitzende Richter den Versuch Heimbachs, sich mit seiner Frage direkt an den Zeugen zu wenden. Bevor Lange sich zu der Frage des Vorsitzenden, ob er an irgendeiner Maßnahme im Anschluss an das „Säureattentat“ beteiligt gewesen sei, äußern konnte, wurde er vom Vorsitzenden aufgrund einer Intervention des Verteidigers Friebertshäuser darüber belehrt, dass er gemäß § 55 StPO die Auskunft auf die Frage verweigern könne, wenn er sich selbst mit einer strafbaren Handlung belasten müsste. Nach diesem Hinweis begann die Vernehmung durch den Vorsitzenden:

Vorsitzender:	So, ich wiederhole meine Frage: Wissen Sie etwas von dem Säureattentat? Ja oder nein?
Zeuge Lange:	Ja.

370 Erklärung des Angeklagten Lothar Heimbach v. 5.9.1966, in: L/StADT, D 21 A, Nr. 6341, Tonband 28 Vorderseite.

Vorsitzender:	Jetzt kommt die zweite Frage: Waren Sie beteiligt in irgendeiner Form? Anwesen_ Anwesenheit würde auch schon genügen. Anwesenheit oder Betätigung bei einer Maßnahme, die die Dienststelle getroffen hat nach dem Säureattentat, und diese Maßnahme könnte gewesen sein_ (*schweigt*) Waren Sie bei einer Maßnahme beteiligt, aktiv handelnd oder durch bloße Anwesenheit, die erfolgt ist, nach dem Säureattentat. So muss ich mich ganz allgemein ausdrücken. Mehr kann ich nicht tun. Und jetzt müssen Sie antworten, ob Sie was wissen oder nicht.
Zeuge Lange:	Ja.
Vorsitzender:	Bitte.
Zeuge Lange:	Da war, wann das war, weiß ich nicht. Der Täter, der das, ä die Säure gegossen hat, soll gefasst worden sein.
Vorsitzender:	Ja.
Zeuge Lange:	Und dann wurde er_ (*schweigt*), da wurde ein Gerichtsurteil, ein Standgerichtsurteil vorgelesen und erhängt.
Vorsitzender:	Waren Sie dabei?
Zeuge Lange:	Ja.
Vorsitzender:	(*schweigt*) Und wer war denn noch dabei?
Zeuge Lange:	Waren Är_, Är_, Ärzte_
Vorsitzender:	Wer? Ärzte?
Zeuge Lange:	Es waren mehrere.
[…]	
Zeuge Lange:	Er wurd' ja untersucht.
Vorsitzender:	Ja, waren Beamte der Dienststelle dabei?
Zeuge Lange:	Ja, das kann ich nicht sagen.
Vorsitzender:	Ja, Sie waren doch nicht, Sie waren doch nicht alleine da.
Zeuge Lange:	Nein, da waren mehrere.
[…]	
RA Riedenklau:	Waren Sie der einzige Vertreter des KdS?
Zeuge Lange:	Nein.
RA Riedenklau:	Ja eben.
Zeuge Lange:	Friedel.
Vorsitzender:	Weiter.

Zeuge Lange:	Dann Herr Heimbach.
Vorsitzender:	Hm. Weiter.
Zeuge Lange:	(*schweigt*)
Vorsitzender:	Dibus?
Zeuge Lange:	Das weiß ich nicht mehr.
Vorsitzender:	Dr. Altenloh?
Zeuge Lange:	Weiß ich auch nicht, kann ich auch nicht sagen.
Vorsitzender:	Na, was meinen Sie denn noch?
Zeuge Lange:	(*schweigt*)
Vorsitzender:	Also, mehrere Beamte waren dabei?
Zeuge Lange:	Es waren mehrere.
Vorsitzender:	Und wer hat das Vorlesen gemacht vom Standgerichtsurteil?
Zeuge Lange:	Das Urteil wurde, glaube ich, von Herrn Friedel vorgelesen.
Vorsitzender:	Und wer machte das Erhängen?
Zeuge Lange:	Das weiß ich nicht.
Vorsitzender:	Haben Sie nun was dabei getan beim Erhängen?
Zeuge Lange:	Nein.
Vorsitzender:	Sie haben aber den Akt des Erhängens persönlich gesehen?
Zeuge Lange:	Ja.
Vorsitzender:	(*schweigt*) Ich halte Ihnen jetzt vor, worauf Herr Heimbach hinaus wollte: Haben Sie in diesem Zusammenhang irgendwie von Ihrer Schusswaffe Gebrauch gemacht?
Zeuge Lange:	(*schweigt*)
Vorsitzender:	Sie persönlich?
Zeuge Lange:	Ja.
Vorsitzender:	Was haben 'se denn gemacht?
Zeuge Lange:	Und zwar, als er untersucht wurde und, weiß ich noch, der Tod festgestellt wurde_ (*schweigt*)
Vorsitzender:	Sicherheitshalber?
Zeuge Lange:	Wie bitte?

Vorsitzender:	Haben Sie einen Sicher_? War der Mann schon tot, oder haben Sie ihm einen so genannten Gnadenschuss gegeben?
Zeuge Lange:	Nein, der war schon tot.
Vorsitzender:	Und weshalb haben Sie geschossen?
Zeuge Lange:	Ich bekam den Befehl.
Vorsitzender:	Auf wen haben Sie geschossen?
Zeuge Lange:	Den Gnadenschuss zu geben.
Vorsitzender:	Den Gnadenschuss. Und wer, und wer gab Ihnen – den so genannten Gnadenschuss –, er war aber schon tot.
Zeuge Lange:	Ja.
Vorsitzender:	Und wer hat Ihnen den Befehl gegeben?
Zeuge Lange:	Herr Heimbach.
Vorsitzender:	Herr Heimbach. Und das ist die lautere Wahrheit?
Zeuge Lange:	Das ist die lautere Wahrheit.
[...]	
Vorsitzender:	War ein hoher, fremder SS-Offizier dabei?
Zeuge Lange:	Das kann ich heute nicht mehr sagen.
Vorsitzender:	Sagt Ihnen der Name Günther etwas? Mit dem Range eines Sturmbannführers oder Obersturmbannführers?
Zeuge Lange:	Nein.
Vorsitzender:	Und weshalb haben Sie mir diese ganze Geschichte nicht sofort erzählt, als ich Sie danach fragte?
Zeuge Lange:	(*schweigt*)
Vorsitzender:	Erzählen Sie.
Zeuge Lange:	(*schweigt*)
Vorsitzender:	Warum haben Sie das nicht sofort gesagt?
Zeuge Lange:	(*schweigt*)[371]

Heimbachs Strategie, mit Hilfe des Zeugen Lange die Glaubwürdigkeit des Zeugen Datner zu erschüttern und sich selbst zu entlasten, ging nicht auf: Lange bestätigte, er habe auf Befehl Heimbachs auf Małmed geschossen. Das

371 Vernehmung des Zeugen Heinz Lange in der Hauptverhandlung der Strafsache gegen Dr. Altenloh u.A. (5 Ks 1/65) v. 5.9.1966, in: L/StADT, D 21 A, Nr. 6341, Tonband 28 Vorderseite.

Schwurgericht hielt diese Aussage für glaubhaft. Der Zeuge Lange antwortete in sehr kurzen Sätzen auf die Fragen, oder er beantwortete sie gar nicht. Der Vorsitzende musste immer wieder nachfragen, um dem Zeugen Informationen zu entlocken. Es liegt nahe, dass der ehemalige KdS-Angehörige Lange, der wegen des Verdachts der eigenen Beteiligung nicht vereidigt wurde, dem Gericht seine Teilnahme an der Erhängung Małmeds verschweigen wollte, denn die Frage des Vorsitzenden, warum er ihm nicht früher davon erzählt habe, beantwortete Lange nicht. Der Richter begegnete seiner Erklärung, Małmed sei schon tot gewesen, als er den Gnadenschuss abgegeben habe, mit der skeptischen Gegenfrage, weshalb er denn geschossen habe. Dass es Heimbach war, der ihm den Befehl gab, zu schießen, sagte Lange im Flüsterton. Seine leise Antwort, er habe auf Befehl Heimbachs den Gnadenschuss abgegeben, obwohl Małmed bereits tot gewesen sei, nahm Heimbachs Rechtsanwalt Heise nach einer kurzen Verhandlungspause zum Anlass für folgende Fragen:

RA Heise:	Sie haben gesagt, es wären Ärzte dabei gewesen. Können Sie sich daran erinnern, ob Herr Dr. Kenneweg dabei war?
Zeuge Lange:	Also, Herr Rechtsanwalt, das kann ich mich nicht erinnern. Dass mir Dr. Kenneweg als Amtsarzt und SS-Arzt bekannt war [...], das ja. Aber Arzt, und dann kann ich's auch annehmen, dass er auch dabei gewesen ist, es waren ja mehrere, es waren ja viele Leute da, ich war ja nicht der Einzige. Und untersucht wurde er, und er wurde für tot erklärt.
RA Heise:	Ja, nur dann steht es natürlich im Widerspruch, wenn er für tot erklärt war, dass Sie noch mal schießen mussten.
Zeuge Lange:	Ja, das weiß ich nicht mehr zu sagen. Aber ein Arzt_
RA Heise:	Nicht? Das steht doch im Widerspruch dazu: Wenn jemand für tot erklärt wird und dass dann noch mal geschossen wird, das steht doch im Widerspruch.
Zeuge Lange:	Ja, ja, ja. [...]
RA Heise:	Ja. Dann noch eine Frage. Sie haben gesagt – soweit ich eben verstand –, gesagt, den Befehl gab Heimbach. Das haben Sie im Tenor so etwas leise gesagt und halb fragend – wie ich es verstanden habe –, als ob es nicht ganz sicher sei, dass der Befehl von Heimbach gegeben worden ist. Kann der Befehl auch von jemanden anders gegeben worden sein? Es waren noch andere Führer da.
Zeuge Lange:	Ja, sind da gewesen. Aber wer, das kann ich nicht sagen.

RA Heise:	Sie, es könnte also auch anders gewesen sein? Oder könnte es nicht anders gewesen sein? Wissen Sie's noch genau? Ich meine, es ist jetzt natürlich wichtig, so eine Frage.
Zeuge Lange:	(*schweigt*) Den Befehl habe ich erhalten – wenn ich mich nicht täusche, kann es nur Heimbach gewesen sein.
RA Heise:	Wenn Sie sich nicht täuschen von Heimbach, wollen Sie sagen.
Zeuge Lange:	Ja, dann_
RA Heise:	Kann es, kann es nur Heimbach gewesen sein.
Zeuge Lange:	Ja, ja.[372]

Der Zeuge konnte den Widerspruch, auf den der Rechtsanwalt ihn hinwies, nicht erklären. Seine Antworten auf die Frage Heises, ob er es noch genau wisse, dass Heimbach ihm den Befehl gegeben habe, waren so leise, dass RA Heise zur Kontrolle nachfragen musste. Der Vorsitzende beendete die Zeugenvernehmung mit der Frage an den Zeugen, ob es richtig sei, dass beim Erhängungsakt der Strick gerissen sei. Lange verneinte sowohl diese Frage als auch die Frage des Vorsitzenden, ob das Reißen des Stricks der Grund für das Schießen gewesen sei. Dennoch ging das Gericht, wie sich der Sachverhaltsschilderung im Urteil entnehmen lässt, davon aus, dass der Strick beim Erhängungsakt gerissen war und dass Lange deshalb Małmed auf Befehl Heimbachs den „Gnadenschuss“ gegeben hatte. Ob Małmed schon tot war oder nicht, als Lange auf ihn schoss, geht aus dem Urteil nicht hervor.

Małmed hing nach der Darstellung des „Opfer-Zeugen“ Karasik drei Tage am Tor der Kupiecka-Straße 29. Er habe sich zwei oder drei Tage nach der Widerstandshandlung selbst gemeldet. Zu diesem Zeitpunkt seien die 120 Menschen, die der Zeuge in Prages Garten sah – die Erschießung selbst hatte er nicht beobachtet –, bereits tot gewesen. Der Zeuge Karasik zählte die Leichen nicht, hörte aber von anderen Leuten, dass es 120 gewesen seien. Karasik erklärte dem Gericht, die aus der Umgebung des Wohnhauses von Małmed stammenden Menschen seien sofort erschossen worden, nachdem dieser Widerstand geleistet habe:

372 Vernehmung des Zeugen Heinz Lange v. 5.9.1966, in: ebd.

Vorsitzender:	War denn da keine Bekanntmachung, dass sich Geisel, dass Geiseln genommen, festgenommen worden sind?
Übersetzerin:	(*übersetzt die Frage des Vorsitzenden ins Jiddische*)
Zeuge Karasik:	(*antwortet auf Jiddisch*)
Übersetzerin:	Sie wurden sofort erschossen.
Vorsitzender:	(*schweigt*) Sofort. Und wo hat man die 120 Leute hergenommen?
Übersetzerin:	(*übersetzt die Frage des Vorsitzenden ins Jiddische*)
Zeuge Karasik:	(*antwortet auf Jiddisch*)
Übersetzerin:	In den Häusern, die ä, die in der Umgebung von Małmed oder von der Tat standen.
Vorsitzender:	Sie wollen also sagen, man hat gar nicht gewartet, ob sich der Täter Małmed meldet oder nicht.
Übersetzerin:	(*übersetzt die Frage des Vorsitzenden ins Jiddische*)
Zeuge Karasik:	(*antwortet auf Jiddisch*)
Übersetzerin:	Nein.
Vorsitzender:	Warum mag sich denn Małmed gemeldet haben, wenn die 120 Geiseln ohnehin schon tot geschossen waren?
Übersetzerin:	(*übersetzt die Frage des Vorsitzenden ins Jiddische*)
Zeuge Karasik:	(*antwortet auf Jiddisch*)
Übersetzerin:	Man drohte, wenn sich Małmed nicht melden würde ä, würde das ganze Ghetto liquidiert werden.
[…]	
Übersetzerin:	Das hat man Małmed zugetragen, und daraufhin meldete er sich beim Judenrat.[373]

Karasik bestätigte die Aussage Onimans, demnach die Opfer der Erschießungen aus den Häusern in der Nähe der Kupiecka-Straße 29 stammten. Das Gericht folgte dem Zeugen Karasik insofern, als es davon ausging, dass die Erschießung stattgefunden hatte, bevor Małmed sich meldete. Über die Gründe dafür, warum Małmed sich freiwillig in die Hände des KdS begab, heißt es in der finalen Erzählung lediglich, er habe sich „freiwillig zur Abwehr weiteren Unheils" gestellt. Um was für ein „Unheil" es sich handelte, konnte das Ge-

373 Vernehmung des Zeugen Abraham Karasik in der Hauptverhandlung der Strafsache gegen Dr. Altenloh u.A. (5 Ks 1/65) v. 13.5.1966, in: L/StADT, D 21 A, Nr. 6341, Tonband 15 Vorderseite.

richt nicht mit letzter Sicherheit feststellen, weil die Zeugen zu diesem Punkt widersprüchliche Angaben machten: Während Karasik von der Liquidierung des Ghettos sprach, hatte Datner von der Drohung gehört, dass 5.000 oder 6.000 Juden erschossen werden sollten. Dennoch zweifelte das Schwurgericht nicht daran, dass es zu Drohungen gekommen war. Es ging, wie sich aus der Beweiswürdigung ergibt, davon aus, dass „auf die Juden nach Melameds [Małmeds] Widerstand und vor seiner freiwilligen Meldung ein besonderer Druck ausgeübt worden" sei.[374] Als Beleg diente eine Tagebucheintragung des Widerstandskämpfers Tenenbaum-Tamaroff vom 6. Februar 1943, der zufolge der Ordnungsdienst des Judenrats „auf Befehl der deutschen Behörde" per öffentliche Bekanntmachung demjenigen, der Małmed finde oder etwas über ihn wisse, eine Belohnung von 10.000 Mark versprochen habe.[375] Nach Darstellung des Zeugen Datner erwähnte auch Fritz Friedel, dass 10.000 Mark zur Belohnung ausgesetzt worden waren.

Den Wortlaut der Friedel-Aussage vom 14. Februar 1949 verlas Datner auf Wunsch des Gerichts gegen Ende der Beweisaufnahme. Er übersetzte sie dem Gericht am 31. Oktober 1966 aus dem Polnischen ins Deutsche. Auf die Frage Datners, ob er kürzen oder den Text wörtlich vortragen solle, erklärte der Vorsitzende, es habe „viel für sich, wenn Sie's uns wörtlich mitteilen, weil wir ja dann Ihren damaligen, unmittelbaren Eindruck haben zur Zeit der Vernehmung". Zum „Säureattentat" und seinen Folgen erklärte Datner daraufhin:

Zeuge Dr. Datner:	[...] In diese Aktion [der Räumung des Białystoker Ghettos im Februar 1943] hat sich eingeschaltet auch Heimbach und Wilhelm, Kriminaloberassistent von Abteilung IV in Białystok. Es war auch dort ein gewisser Munther. Später wird es Munthe. Einmal Munther, hier ist es Munther. Friedel hat ein Telefonat bekommen, dass er komme, nehme eine Leiter (*Datner wendet sich Polnisch sprechend an Übersetzerin*)
Übersetzerin:	Fotoapparat, Leica.
Zeuge Dr. Datner:	Fotoapparat und ins Ghetto gehen. Da hat er sich, ä da hat er im Judenrat, d.h. im Judenratgebäude, den Wilhelm getroffen, als er schon seinen letzten Hauch abgab.
Vorsitzender:	Ja.
Zeuge Dr. Datner:	*Oddawał ostatnego ducha*

374 Urteil 5 Ks 1/65, in: L/StADT, D 21 A, Nr. 6195, Bl. 244.

375 Ebd., Bl. 245.

Übersetzerin:	aushauchte
Zeuge Dr. Datner:	aushauchte. Er wurde mit Vitriol begossen und mit einer Kugel verständlich geschossen. Munthe – hier habe ich nicht Munther, sondern nur Munthe –, Munthe hat erzählt: Sie haben in eine Tür angeklopft_
Übersetzerin:	An eine Tür.
Zeuge Dr. Datner:	an eine Tür angeklopft, und dort wurden sie begossen, und hat man auch geschossen. Man hat sie geführt ins Judenrat. Altenloh hat sein Auto abgegeben, und man hat sie geführt, und man hat geführt ins Lazarett. Friedel hat fotografiert. Altenloh, Heimbach und Günther haben *naradę*? Haben eine Besprechung,
Übersetzerin:	Besprechung, Beratung.
Zeuge Dr. Datner:	haben abgehalten eine Beratung und haben kommuni_ und haben kommuniziert,
Übersetzerin:	haben ä bekanntgegeben
Zeuge Dr. Datner:	bekanntgegeben Barasz, dass bis acht bis zwölf Stunden, d.h. von acht bis zwölf Stunden
Übersetzerin:	von acht bis zwölf Stunden
Zeuge Dr. Datner:	der Täter muss *ujawniony*.
Übersetzerin:	muss bekannt gegeben werden.
Zeuge Dr. Datner:	Wenn nicht, werden 100 Geiseln erschossen werden. Die Zeit ging vorbei. Um 14 Uhr hat Heimbach abgerechnet 100 Mann, hat von den ä arrestierten Juden. Und man hat sie erschlossen, erschossen. Heimbach hat kommen_ ä, kommen_
Übersetzerin:	Kommando gegeben.
Zeuge Dr. Datner:	hat das Kommando gegeben. Er hat geheißen, er hieß zu fünf Leute stellen und erschieß sie. Er, d.h. Friedel, konnte darauf nicht schauen. Es waren Frauen und Kinder. Was ist Wahrheit? Das muss er zugeben. Bei der Exekution war Heimbach, Günther. Man hat sie zu fünft geführt. Sie stellten sich bei den Toten und man hat weiter geschossen. Der Judenrat hat einen Preis von 10.000 Mark bestimmt und paar Tage nachher im, *w nawiasie*
Übersetzerin:	In ä Klammern.

Zeuge Dr. Datner:	in Klammern. Vier bis fünf Tage kam Barasz zu Friedel sehr ä_
Übersetzerin:	Aufgeregt.
Zeuge Dr. Datner:	aufgeregt und hat gesagt, dass der Täter ist gefasst und ä dass er ihn arrestiert hat.

[...]

Zeuge Dr. Datner:	Friedel ist zusammen mit Barasz zu Heimbach gekommen und sagte, dass es ist vorhanden der Mann, der den Małmed ausgegeben_
Übersetzerin:	Verraten hat, oder nicht?
Zeuge Dr. Datner:	*Wydał.*
Übersetzerin:	Ja, verraten.
Zeuge Dr. Datner:	Verraten.
Übersetzerin:	Oder herausgegeben.
Zeuge Dr. Datner:	Ja ich weiß, ä verraten ja, natürlich, natürlich, aber *wydał*_
Übersetzerin:	Preisgegeben, ja.
Zeuge Dr. Datner:	Preisgegeben.
Vorsitzender:	Das ist der richtige Ausdruck.
Zeuge Dr. Datner:	So ist es. Er hat ihn preisgegeben. Dieser, d.h. Heimbach, hat gefordert, man soll ihm diesen Mann ä zeigen. Barasz hat ihn vorgeführt, d.h. den Mann, der verraten hat, der preisgegeben hat. Friedel war dabei anwesend. Er fragte – da weiß ich nicht, ob das Friedel war oder jemand anders –, er fragte: Hat er diesen Mann gefunden? Und jener sagte, jener hat zugegeben, dass ja. Barasz sagte auch ja. Heimbach hat sich mit dem Kommandeur verstätigt, verständigt, und man hat ausgezahlt nicht 10.000, nur 7.000. Wie hat dieser Denunziant,
Übersetzerin:	Ja.
Zeuge Dr. Datner:	Denunziant, Verräter ausgesehen? Er, und ä Friedel sagt zu mir: Er sprach nicht wie Sie, aber er sprach ein jiddisches Dialekt, er hatte ein breites Gesicht, *wysterczające*,
Übersetzerin:	Ä so hervor_ ä hervorquellende.
Zeuge Dr. Datner:	hervorragende,

Übersetzerin:	Hervorquellende Augen.
Zeuge Dr. Datner:	hervorquellende Augen, aber nicht zu viel. Seine Höhe: 1 Meter 70. Alter: ungefähr 50. Altenloh hat bevollmächtigt Heimbach ein Standgericht zu_ (*wendet sich polnisch sprechend an Übersetzerin*)
Übersetzerin:	Zu bilden.
Zeuge Dr. Datner:	zu bilden. Und in ä Klammern: dort kann nur oder tot sein oder freisprechen. Es fiel *zapaść wyrok*.
Übersetzerin:	Ä das Urteil.
Zeuge Dr. Datner:	Das Urteil wurde gef_, das_,
Übersetzerin:	Gefällt.
Zeuge Dr. Datner:	das Todesurteil wurde gefällt durch Hängen. Heimbach hat geheißen aufstellen *szubienicę*,
Übersetzerin:	Einen Galgen.
Zeuge Dr. Datner:	den Galgen, auf dem Ort, wo ä der Attentat standfand ä,
Übersetzerin:	Stattfand.
Zeuge Dr. Datner:	stattfand. Das war ä Uhr, 14, zwischen 14 und 15 Uhr. Heimbach hat geheißen Friedel und Lange, ä das ist Kriminalsekretär, und noch zwei von ihnen hereingehen in das, hereingehen, *wejść*,
Übersetzerin:	Ja, herein.
Zeuge Dr. Datner:	hereingehen in das Ghetto. Und zusammen mit ihnen sind sie ins Ghetto herein. Der Ordnungsdienst hat den Małmed gebracht, und Heimbach hat ihm *komunikował*_
Übersetzerin:	Gemeldet.
Zeuge Dr. Datner:	gemeldet den Urteil. Und was sagt er dazu? Małmed hat gefordert, dass man ihm erlaubt, sich auf das Dach,
Übersetzerin:	Hm.
Zeuge Dr. Datner:	auf das Dach, auf ein Dach heraufzugehen, auf ein Dach eines hohen Hauses heraufzugehen und herunterzuspringen. Heimbach hat es verweigert und hat ihn geheißen herab, herab, herunterspringen von dem Sessel_
Übersetzerin:	Stuhl.
Zeuge Dr. Datner:	von dem Stuhl.
Übersetzerin:	Hocker.

Zeuge Dr. Datner:	Er ist_
Übersetzerin:	*Stołek.*
Zeuge Dr. Datner:	er sprang, er sprang,
Übersetzerin:	Er sprang.
Zeuge Dr. Datner:	und *sznur*,
Übersetzerin:	Der Strick.
Zeuge Dr. Datner:	und der Strick hat sich zerrissen. Er lebte noch, aber war schon_
Übersetzerin:	Besinnungslos.
Zeuge Dr. Datner:	besinnungslos. Heimbach hat geheißen Lange, dass er ihn ins Kopf schieße. Heimbach hat den Leichnam dem Judenrat übergeben. Es ist nicht ausgeschlossen, dass er noch 2 Tage hang. Aber er, d.h. Friedel, hat es nicht gesehen. Und es endet in deutscher Sprache: Die Leute gingen weiter ihrer Arbeit nach. [...][376]

Folgt man der Terminologie Sandra Harris', lässt sich die von Datner übersetzte Erzählung Friedels als *reported narrative* bezeichnen. Datner bekundete, was Friedel ihm am 14. Februar 1949 im Białystoker Gefängnis gesagt hatte. Es stellt sich die Frage, warum das Gericht die Übersetzerin nicht damit beauftragt hatte, die Friedel-Aussage vorzutragen, denn an einigen Stellen war Datner unsicher und auf Hilfe angewiesen. Eine fehlerfreie, einwandfreie Übersetzung war für das Gericht in diesem Fall zweitrangig. Es legte größeren Wert darauf, Datner zu hören, da dieser Friedel damals vernommen hatte. Die Rolle der Übersetzerin beschränkte sich darauf, den Zeugen zu bestätigen oder ihn zu korrigieren. Als es um die Frage ging, mit welchem Verb die Handlung des Mannes, der Małmed an die Deutschen ausgeliefert hatte, zu bezeichnen sei, war Datner nicht bereit, die Korrektur der Übersetzerin zu übernehmen. Datner kämpfte für ein Verb, dem keine pejorative Konnotation anhaftet – *wydać* bedeutet zwar in diesem Kontext „verraten", worüber er sich bewusst war, aber er suchte dennoch nach einem neutraleren Verb. Den Vorschlag der Übersetzerin – „preisgeben" –, den der Vorsitzende durch seine Intervention

376 Vernehmung des Zeugen Dr. Szymon Datner in der Hauptverhandlung der Strafsache gegen Dr. Altenloh u.A. (5 Ks 1/65) v. 31.10.1966, in: L/StADT, D 21 A, Nr. 6342, Tonband 38 Vorderseite. Vgl. auch das polnische Original der Friedel-Vernehmung, in: AŻIH, 344/26, Bl. 1–6.

(„das ist der richtige Ausdruck“) aufwertete, nahm Datner befriedigt zur Kenntnis.

Worin liegt der Wert der Friedel-Aussage für den Schuldnachweis der Angeklagten? Im Falle Altenlohs waren die zeitlichen Angaben Friedels bedeutsam. Friedels Aussage über den Zeitpunkt der Verhaftung entkräftete nach Auffassung des Gerichts die frühere Einlassung Altenlohs aus dem Ermittlungsverfahren, er habe „gegen Mittag“ von dem „Eingang des Vergeltungsbefehls und seiner Vollstreckung erfahren“. Das Gericht vertrat indes die Auffassung, die Exekution habe „zu diesem Zeitpunkt allenfalls eingeleitet (‘veranlasst’), aber nicht beendet worden sein“ können. Sie habe vielmehr „erst nach dem Mittag stattgefunden“.[377] Als Beleg wird im Urteil auf die Aussage Friedels verwiesen, Heimbach habe um 14 Uhr hundert Personen verhaften lassen und anschließend zu je fünf Personen exekutieren lassen. Diese Aussage sei „glaubhaft, weil sie die innere Wahrscheinlichkeit für sich“ habe.[378]

Folgt man Friedel, war Heimbach in die verschiedenen Handlungen und Maßnahmen der KdS-Dienststelle im Anschluss an das „Säureattentat“ eingebunden. Demnach wirkte er an allen entscheidenden Schritten mit, die von der Sicherheitspolizei nach dem Vorfall in die Wege geleitet wurden: Er beriet sich Friedel zufolge mit seinem Kommandeur und mit Eichmanns Stellvertreter und einigte sich mit ihnen zusammen auf ein Ultimatum, das Barasz mitgeteilt wurde, er ließ die 100 Menschen verhaften, er gab den Erschießungsbefehl, er ließ die Erhängung Małmeds durchführen, und er befahl seinem Untergebenen Lange, auf Małmed zu schießen, nachdem der Strick gerissen war. Das Gericht ging davon aus, dass Friedels Bekundungen über Heimbachs Mitwirkung der Wahrheit entsprachen. So hielt es die Angabe Friedels, Altenloh habe sich mit Heimbach beraten, aus Gründen der inneren Wahrscheinlichkeit für glaubhaft. Es sei „selbstverständlich“, dass sich der Kommandeur Altenloh nach der Widerstandshandlung, die „er als ein Attentat auf die deutsche Polizei angesehen“ habe, „zum mindesten mit dem Chef seiner Exekutabteilung beraten“ habe, „welche Schritte hinsichtlich der Fahndung und gegebenenfalls auch der Vergeltung notwendig seien“.[379]

Was die Beteiligung Heimbachs an der Erschießung anbetrifft, scheint das Schwurgericht berücksichtigt zu haben, dass Friedel sich selbst entlasten wollte, indem er seine eigene Rolle auf die eines Zuschauers reduzierte und Heimbach die alleinige Verantwortung für die Exekution zuwies. Das Gericht

377 Urteil 5 Ks 1/65, in: L/StADT, D 21 A, Nr. 6195, Bl. 250.

378 Ebd., Bl. 251.

379 Ebd., Bl. 264.

ging indes, wie sich der Sachverhaltsdarstellung entnehmen lässt, davon aus, dass Heimbach und Friedel *gemeinsam* die Opfer verhaftet hatten („Heimbach ließ [...] mit Hilfe seines Judenreferenten Friedel hundert Juden [...] verhaften"), dass Friedel also an der Vorbereitung beteiligt gewesen war. Hinsichtlich der Durchführung der Exekution folgte das Schwurgericht Friedel indes insofern, als es Heimbach in der Hauptverantwortung sah. Es ging davon aus, Friedel sei lediglich bei der Exekution anwesend gewesen, habe aber nicht selbst geschossen. Das Schwurgericht wertete seinen Satz, er habe nicht hinsehen können, als Beleg dafür, dass er „Abscheu vor der Exekution" und „Mitleid mit den Exekutierten" empfunden hatte.[380] Friedels Bekundung, es seien 100 Menschen, darunter Frauen und Kinder, erschossen worden, hielt das Gericht für glaubhaft, weil er nach eigener Erklärung Augenzeuge der Exekution gewesen war.[381] Über die genauen Umstände der Exekution finden sich keine Angaben in der finalen Gerichtserzählung.

Das Gericht war davon überzeugt, dass Heimbach bei der Erhängung Małmeds zugegen gewesen sei und bei dieser Gelegenheit Lange den Befehl erteilt habe, einen „Gnadenschuss" zu erteilen.[382] Friedels Aussage, der Erhängung Małmeds sei ein Standgerichtsverfahren vorausgegangen, fehlt in der Sachverhaltsdarstellung des Gerichts. Altenloh hatte behauptet, er könne sich nicht an ein Standgerichtsverfahren erinnern. Das Schwurgericht war davon überzeugt, Altenloh wolle „sich an ein Standgerichtsverfahren wohl deshalb nicht erinnern, weil er sonst zugeben müßte, daß er das Todesurteil mitgefällt" habe. Es ging davon aus, ein Standgericht habe mit „hoher Wahrscheinlichkeit" stattgefunden. Der „sichere Nachweis" sei aber „nicht zu führen". Aus Sicht des Gerichts stritt Altenloh die „Kenntnis von der Exekution und ihren Einzelheiten" deswegen ab, um sich selbst zu entlasten.[383]

Die von Datner vorgetragene Aussage erfüllte eine besondere Funktion in der kommunikativen Interaktionssituation vor Gericht: Sie bot dem Vorsitzenden die Gelegenheit zu einem Vorhalt. Er benutzte die Friedel-Vernehmung, um den Angeklagten Heimbach zu provozieren und ihn zu einer Gegendarstellung zu bewegen:

380 Ebd., Bl. 237.
381 Ebd., Bl. 237.
382 Vgl. ebd., Bl. 264.
383 Ebd., Bl. 246.

Vorsitzender:	Was sagen Sie dazu, Herr Heimbach?
Angeklagter Heimbach:	(*schweigt*) Vergleichbar mit einem Filmmanuskript eines Hitchcockfilmes.
Vorsitzender:	Ja, also: Was ist falsch, was ist richtig?
Angeklagter Heimbach:	Der ä Sachverhalt ist von dem Herrn Zeugen bereits bei seiner ersten Vernehmung_
Vorsitzender:	Hm.
Angeklagter Heimbach:	hier gesagt worden, ich weiß nicht, ob ich mich damals dazu geäußert ä habe_
Vorsitzender:	Ja, äußern Sie sich heute.
Angeklagter Heimbach:	Wie bitte?
Vorsitzender:	Äußern Sie sich heute. Sie haben heute den Wortlaut der Friedelschen_
Angeklagter Heimbach:	Da kann ich nur ein Wort sagen: Ich bestreite ganz entschieden.
Vorsitzender:	Schön, also, was ist, also was bestreiten Sie, und was ist richtig? Wie ist's nach Ihrer Darstellung richtig?
[…]	
Angeklagter Heimbach:	Aus meiner heutigen Erinnerung ist es unmöglich, mich an einzelne Tatbestände zu erinnern. Dass im Zusammenhang_
Vorsitzender:	Sagen Sie's doch ganz grobschlächtig, in paar kurzen Stichworten, wie der Ablauf war.
Angeklagter Heimbach:	Herr Vorsitzender, ich_
Vorsitzender:	Sagen Sie doch nur 'nen paar Stichworte. Attentat, Vitriol auf Wilhelm.
Angeklagter Heimbach:	Ja, Vit_, Vitriol, ich kann ä Ihnen heute nicht sagen, ob da mit Vitriol_
Vorsitzender:	Also schön, sagen Sie nicht Vitriol, sondern sagen se Attentat.
Angeklagter Heimbach:	gearbeitet worden ist. Ich kann Ihnen auch heute nicht_
Vorsitzender:	Erstes Stichwort Attentat, zweites_
Angeklagter Heimbach:	Es, Herr Vorsitzender, es ist ein Angriff auf Einsatzkräfte erfolgt.
Vorsitzender:	Ja.
Angeklagter Heimbach:	Und in meiner heutigen Erinnerung ist das auch in Zusammenhang zu bringen mit einem Namen, Małmed oder Melamed.

Vorsitzender:	Hm.
Angeklagter Heimbach:	Das ist in meiner Erinnerung. In meiner Erinnerung ist, dass es ein, zwei Tote gegeben hat, Verletzte. Ich glaube sogar, ä, ä inzwischen ist hier der Name hier ja mal gefäll_, gefallen, oder ich habe es irgendwie in den letzten Tagen gelesen. Ein Verwaltungsbeamter unserer Dienststelle ist dabei auch verletzt worden. Gehen wir also davon aus, nicht wahr, dass es zumindest einen Toten und zwei Verletzte an Angehörigen der Dienststelle gegeben hat.
Vorsitzender:	Hm.
Angeklagter Heimbach:	Und es ist auch richtig, dass daraufhin ganz selbstverständlich Fahndungsmaßnahmen zur Ergreifung des Täters
Vorsitzender:	Hm.
Angeklagter Heimbach:	einsetzten und dass der Täter gegriffen worden ist. Nun vermag ich Ihnen aber im Einzelnen heute nicht mehr zu sagen, wie dann der weitere Ablauf war. Was nicht richtig ist, was unter keinen Umständen stimmt, und wenn das der Fall gewesen wäre, müsste das in meiner Erinnerung sein, dass im Zusammenhang mit einem solchen Attentat über Veranlassung der Kommandeurdienststelle 10, 20, 50 oder 100 – diese Zahlen sind ja hier genannt worden – so genannte Geiseln erschossen worden sind und dass sich diese Sache so abgespielt haben sollte, wie das hier dargestellt worden ist, mit Foto Friedel, ich habe Friedel niemals mit einem Fotoapparat gesehen, unmöglich für mich, ä heute noch sich vorzustellen, dass der Friedel überhaupt in der Lage gewesen wäre, einen Fotoapparat zu bedienen, ganz abgesehen davon, dass wir ihn nicht hatten, wir hatten ein Spezialgerät, das habe ich allenfalls_
Vorsitzender:	Sie sagen_
Angeklagter Heimbach:	und dass_
Vorsitzender:	Sie sagen, 50 bis 100 Geiseln sind nicht erschossen worden. Sind denn weniger erschossen worden? Oder überhaupt keine?
Angeklagter Heimbach:	Herr Vorsitzender, ich bestreite ganz entschieden, aus meiner Sicht, dass da überhaupt auch nur einer_
Vorsitzender:	Herr Dr. Altenloh, Sie haben doch gesagt_
Angeklagter Heimbach:	erschossen worden ist.
Vorsitzender:	dass vom Reichssicherheitshauptamt die Genehmigung gekommen ist, wozu?

Angeklagter Altenloh:	(*schweigt*)
Vorsitzender:	Vom Reichssicherheitshauptamt kam die Genehmigung, etwas zu tun. Aber es war schon getan, als Sie davon erfuhren.
Angeklagter Altenloh:	Das war keine Genehmigung_
Vorsitzender:	Sondern?
Angeklagter Altenloh:	'nen Befehl.
Vorsitzender:	Was?
Angeklagter Altenloh:	'nen Befehl.
Vorsitzender:	Befehl zu was? Geiseln zu erschießen.
Angeklagter Altenloh:	Ja.
Vorsitzender:	Und sie sind erschossen worden.
Angeklagter Altenloh:	(*schweigt*)
Vorsitzender:	Als Sie das, den Befehl bekamen, wurde Ihnen die Durchführung des Befehls schon gemeldet. Danke. Herr Heimbach, Sie hören Herrn Dr. Altenloh. Wissen Sie, wissen Sie schon seit langem, nicht wahr, so ist immer seine Einlassung gewesen.
Angeklagter Heimbach:	Herr Vorsitzender, ich hab jetzt, pardon, ich habe jetzt nicht gehört, dass Dr. Altenloh gesagt haben sollte, die Geiseln seien erschossen worden. Ich bitte, ihn nochmals zu befragen.
Vorsitzender:	Er hat genickt. Genügt ja völlig. Er hat's doch immer gesagt, Herr Heimbach. Seit sechs Monaten wissen Sie das doch. Sie wissen doch, dass doch einmal die Stunde kommt, wo Sie sag_, zu dieser Aussage von Herrn Dr. Altenloh Stellung nehmen müssen. Die Stunde ist jetzt da in diesem Augenblick. Jetzt antworten Sie.
Angeklagter Heimbach:	Ja. Darauf antworte ich, dass diese Geiseln nicht erschossen worden sind. Wenn Dr. Altenloh behauptet, dass sie erschossen worden sind, ja dann müsste er dabei gewesen sein, dann müsste er ja gesehen haben, dass es da Leichen gegeben hat.
Vorsitzender:	Nein, Sie haben ja gehört, dass er sagt: Mir wurde gleichzeitig das Fernschreiben mit dem Befehl vorgelegt und die Meldung: Herr Heimbach hat's gemacht. Also: ganz klare Einlassung von Dr. Altenloh.
Angeklagter Heimbach:	Und von mir eine ganz klare Antwort darauf, Herr Vorsitzender, entschuldigen Sie,
Vorsitzender:	Bitte.

Angeklagter Heimbach:	dass ich so laut bin, da ich erregt bin ä, nicht wahr, ä.
Vorsitzender:	Bitte.
Angeklagter Heimbach:	Nach meiner Erinnerung vom ersten Augenblick an, wo mir das vorgehalten worden ist bzw. wo ich das mal in der Literatur gelesen habe, dass ich beispielsweise dabeigestanden haben sollte wie Hitler mit Schnurrbart, nicht wahr, und mit_
Vorsitzender:	Lassen Sie doch das weg! Lenken Sie nicht ab, sondern bleiben Sie bitte bei dem Punkt!
Angeklagter Heimbach:	Das war ja das erste Mal, dass ich davon überhaupt Kenntnis bekommen hatte, nicht wahr, hat es eine derartige Geiselerschießung nie gegeben. Im Zusammenhang_
Vorsitzender:	Herr Dr. Altenloh, ist für den Denunzianten 10 000 Mark versprochen worden, und sind ihm 7 000 ausgezahlt worden?
Angeklagter Altenloh:	Ich weiß weder von einem Versprechen von 10 000 Mark noch von einer Auszahlung von 7 000 Mark.
Vorsitzender:	Ich hab's nicht verstanden.
Angeklagter Altenloh:	Ich weiß weder von einer, von einer, ä von einem Versprechen_
Vorsitzender:	Ach so.
Angeklagter Altenloh:	von 10 000 Mark noch von einer Auszahlung von 7 000 Mark.
Vorsitzender:	Noch von einer Auszahlung. Herr Heimbach,_
Angeklagter Altenloh:	Ä ich bitte zu ergänzen noch_
Vorsitzender:	wissen Sie was von dem Versprechen, 10 000 Mark dem Denunzianten zu geben, und dass 7 000 ausgezahlt sind?
Angeklagter Heimbach:	Halte ich für vollkommen ausge_, geschlossen, weder im Fall Małmed oder noch sonst sind, nicht wahr, 10 000 D-Mark in Aussicht gestellt worden. Ich kann mir auch gar nicht vorstellen, dass der Judenrat über D-Mark-Beträge
Vorsitzender:	Hm.
Angeklagter Heimbach:	verfügt hätte. Und die D-Mark-Beträge in dieser Höhe standen auch nicht_
Vorsitzender:	Gut, danke, genügt. Herr Heimbach: Sagt denn nun Friedel hinsichtlich Günther auch die Unwahrheit?

Angeklagter Heimbach:	Ich höre hier, dass Günther Regierungsrat gewesen sein soll. Es müsste aus den Akten bzw. aus den Ermittlungen der Staatsanwaltschaft einwandfrei ergeben können, ob Günther Regierungsrat war, ich bezweifele_
Vorsitzender:	Nun lassen Sie den Regierungsrat oder Oberregierungsrat weg. Das ist ja 'ne Kleinigkeit.
Angeklagter Heimbach:	Herr Vorsitzender, das sind aber nach meiner Auffassung die_
Vorsitzender:	Ob Friedel hinsichtlich Günther, seinem Verhalten und seiner Ausrüstung und seiner Tätigkeit[384] die Unwahrheit sagt: ja oder nein?
Angeklagter Heimbach:	Kann ich nicht sagen. (*schweigt*)
Vorsitzender:	Hm, bitte.
Angeklagter Heimbach:	Das kann ich nicht sagen.
Vorsitzender:	Wieso können se das nicht sagen?
Angeklagter Heimbach:	Weil ich ja bei der Konfrontierung, wenn sie der Fall gewesen ist, zwischen Friedel und Günther nicht da, dabei war. Was Friedel über Günther ä weiß, das ist ja in sein Wissen gestellt, damit habe ich ja nichts zu tun. Ganz abgesehen davon, ich komme ja auf diesen Punkt auch vielleicht später noch zurück, nicht wahr, dass ich mich um diese Zeit wirklich mich nicht um die Dienstgeschäfte gekümmert habe aus den verschiedensten Gründen.[385]

Heimbach wich zunächst den Fragen des Vorsitzenden aus, bevor er Stellung bezog und den Vorfall der „Geiselerschießung" erneut bestritt. Er weigerte sich, eine zusammenhängende Gegendarstellung zu Friedels Aussage, die er für erfunden und übertrieben hielt, zu geben. Stattdessen unternahm er den Versuch, der Friedelschen Version die Legitimität abzusprechen, indem er die Richtigkeit einzelner Details anzweifelte – z.B. die Aussage, Friedel habe fotografiert, oder die Behauptung, der Judenrat habe 10 000 Mark versprochen und es seien 7 000 an den Denunzianten ausgezahlt worden – und indem er Einzelheiten hinzuerfand. Heimbach zurechtweisend unterband der Vorsitzen-

384 Datner sagte zu Beginn der Vernehmung, Friedel habe erklärt, im Februar sei ein Regierungsrat, ein Sturmbannführer aus Berlin vom RSHA gekommen und habe sich bei Altenloh angemeldet. Er habe ungefähr 200 Schutzpolizisten und 40 Sicherheitspolizisten mitgebracht, und er habe auch Züge bestellt.

385 Einlassungen der Angeklagten Dr. Wilhelm Altenloh und Lothar Heimbach v. 2.11.1966, in: L/StADT, D 21 A, Nr. 6342, Tonband 38 Vorderseite.

de die Strategie des Angeklagten, auf Wege abzugleiten, denen keine Bedeutung für die Klärung des Sachverhalts zukam. Der Vorsitzende versuchte Heimbach zu provozieren und zu isolieren, indem er Altenloh in die Vernehmung einbezog und den Angeklagten erneut mit der Aussage seines ehemaligen Vorgesetzten konfrontierte. Heimbach bestand darauf, Altenloh könne nicht wissen, dass die Erschießung stattgefunden habe, weil er sie nicht selbst gesehen habe. Diese Position ließ der Vorsitzende indes nicht gelten: Er hielt dem Angeklagten Heimbach erneut vor, dass er nach Aussage von Altenloh für die Durchführung der Erschießungsaktion verantwortlich gewesen sei. Der Vorhalt des Vorsitzenden konstituierte einen Widerspruch, den Heimbach nicht auflösen konnte. Heimbachs „Wahrheitsbild" konnte sich nicht durchsetzen: Seine Darstellung dessen, was im Anschluss an das „Säureattentat" geschehen bzw. nicht geschehen war, hielt das Gericht für unglaubhaft.

5.3 Befehlsempfänger ohne Willen zur Tat? Zur Wirklichkeitsinterpretation des Gerichts

Bei der Sachverhaltsherstellung war das Bielefelder Schwurgericht mangels zeitgenössischer Dokumente auf die Aussagen der Angeklagten – die „Historiker 1. Ordnung" (Grasnick) – angewiesen. Deren Motivation, einen Beitrag zur Aufklärung der Geschehnisse zu leisten, war – wie vor allem die Einlassungen Heimbachs zeigen – gering. Sie machten von ihrem Recht Gebrauch, sich selbst nicht zu belasten und zu schweigen. Daher war das Gericht auf ihre früheren Aussagen aus dem Ermittlungsverfahren angewiesen. Die Richter – die „Historiker 2. Ordnung" (Grasnick) – griffen für ihre Interpretation der Geschehnisse – für die Herstellung des collagierten Sachverhalts – nicht allein auf Fragmente aus den Vernehmungen der Angeklagten zurück, die sie für glaubhaft hielten. Sie bedienten sich auch der Aussagen der Zeugen. Das „Endprodukt der richterlichen Interpretation" (Grasnick) im Urteil enthält Informationen über die Tat, die Tatverantwortlichen, den Tatort und die Tatumstände. Die Leistung des Gerichts besteht in der präzisen Rekonstruktion der Geschehnisse, die sich zwischen dem 5. und 7. Februar 1943 im Białystoker Ghetto ereigneten.

Die „Sachverhaltserzählung" (Seibert) des Gerichts zum Strafvorwurf der „Erschießung von 100 Vergeltungsopfern" beschränkt sich auf die Darstellung der *wesentlichen* Momente, die das Ereignis ausmachen. Das narrative Interpretationskonstrukt enthält nur Informationen, die zur Überzeugung der Richter als 'gesichert' gelten konnten. Auf Details und auf ausführliche Erläuterungen einzelner Begriffe – wie z.B. „Maßnahmen", „Verlustmeldung" an das RSHA, „Unheil“ – wurde verzichtet. Die Darstellung des Sachverhalts ist in sich geschlossen und klar.

Die Sachverhaltsdarstellung spiegelt das Bestreben nach einem geringen Fehlerrisiko, die Feststellung einer, wenn man so will, minimalen Wahrheit. Dies zeigt sich am Beispiel der Opferzahl. So stellt sich die Frage, warum das Gericht von 100 (Aussage Friedel) Erschossenen ausging und nicht von 103 (Aussage Ugajnik).Vermutlich berücksichtigte es die Möglichkeit, dass sich der Zeuge Ugajnik verzählt hatte. In der Beweiswürdigung und der rechtlichen Würdigung heißt es wiederholt, es seien „mindestens“ 100 Menschen erschossen worden.[386] Aus Sicht des Gerichts sprach jedoch „die innere Wahrscheinlichkeit“ für die Zahl 100. Als Beleg wird im Urteil darauf verwiesen, dass nach dem Befehl des Oberkommandos der Wehrmacht vom 16. September 1941 für den Tod eines deutschen Soldaten „50-100 fremdvölkische Kommunisten zu erschießen“ waren und gleiche oder „noch schärfere Maßstäbe“ bei der Sicherheitspolizei galten.[387] Die Argumentation des Gerichts erscheint vor dem Hintergrund der Praxis der „Geiselerschießungen“ in den Gebieten unter deutscher Besatzung plausibel. So erschoss die Wehrmacht in Serbien für jeden getöteten deutschen Soldaten 100 Zivilisten. Juden gehörten zu den bevorzugten „Vergeltungsopfern“.[388]

Nach der Wirklichkeitsinterpretation des Schwurgerichts handelten die ehemaligen KdS-Angehörigen im Auftrag ihrer übergeordneten Dienststelle; sie hielten sich an die Anordnung des RSHA und verwirklichten diese gehorsam. Das Gericht ging von der Annahme aus, dass – wie Heimbach im Ermittlungsverfahren erklärt hatte – der KdS dem RSHA „besondere Ereignisse“ melden musste und dass das RSHA seiner untergeordneten Dienststelle nach Meldung „besonderer Ereignisse“ Befehle erteilte. Die Richter konnten sich auch auf den historischen Sachverständigen Wolfgang Scheffler stützen. Nach Einschätzung Schefflers war es üblich, dass die Anordnung zur Exekution in solchen Fällen vom RSHA eingeholt wurde.[389] Die Möglichkeit, dass die KdS-

---

386 Vgl. Urteil 5 Ks 1/65, in: L/StADT, D 21 A, Nr. 6195, Bl. 239 und Bl. 393.

387 Ebd., Bl. 239.

388 Vgl. *Longerich*, Politik der Vernichtung, S. 459; *Hamburger Institut für Sozialforschung* (Hrsg.), Verbrechen der Wehrmacht. Dimensionen des Vernichtungskrieges 1941–1944, Hamburg 2002, S. 514.

389 Vgl. Wolfgang Scheffler, Zur Organisation der Judendeportation unter besonderer Berücksichtigung des Schicksals der Juden im Bezirk Bialystok (1941-1943), Gutachten v. 8.7.1966, erstattet vor dem Schwurgericht Bielefeld, in: Barch [Bundesarchiv], B 162/153, 4063, Bl. 1-94, hier: Bl. 67. Bezugnehmend auf Bernard Marks Buch *Der Oyfshtand in Bialystoker Geto* schreibt Scheffler in seinem Gutachten: „Es ist zutreffend, wenn Mark feststellt, daß die Anordnung zur Exekution [von 100 Juden im Biały-

Dienststelle aus eigener Initiative die Erschießung angeordnet und durchgeführt hatte, hielt das Gericht für ausgeschlossen. Altenloh habe den Befehl des RSHA in Empfang genommen und an seinen Untergebenen Heimbach weitergeleitet, der dann die Erschießung habe durchführen lassen. Indes: Ob das RSHA wirklich einen Befehl gegeben hatte und ob Altenloh das Fernschreiben „in der Hand gehabt"[390] hatte, konnte nicht mit letzter Sicherheit bewiesen werden, denn das Dokument lag dem Gericht nicht vor.

Die Angeklagten wurden wegen ihrer Mitwirkung an der Erschießung von mindestens hundert Juden wegen „gemeinschaftlicher Beihilfe zum gemeinschaftlichen Mord" verurteilt. Zur Überzeugung des Gerichts wussten die Angeklagten, dass sowohl die Tat der Haupttäter – der Befehl des RSHA – als auch ihr eigener Beitrag zur Verwirklichung der Tat Unrecht war. Sowohl Altenloh als auch Heimbach hätten den verbrecherischen Zweck des Befehls erkannt. Sie hätten gewusst, dass die „Räumung" des Ghettos „rechtswidrig" war und Małmed sich „in einer Notlage gegenüber diesem rechtswidrigen Angriff" befand. Ihnen sei klar gewesen, dass „alle Maßnahmen, die zur Vergeltung dieses Widerstandes getroffen wurden, damit unrechtmäßig waren".[391] Bei der Strafzumessung wertete das Gericht die Tatsache, dass Altenloh und Heimbach Frauen und Kinder nicht von der Erschießung ausgenommen hatten, als strafverschärfend.[392] Sich „in die vermeintliche Unabänderlichkeit des Befehls aus Berlin" ergebend habe Altenloh „schwere Schuld auf sich geladen".[393]

Heimbach und Altenloh erscheinen nach den gerichtlichen Feststellungen als Befehlsempfänger ohne Täterwillen. So heißt es in der rechtlichen Würdigung, Altenloh sei die Ausübung des RSHA-Befehls „schwergefallen" und er habe „die Durchführung innerlich abgelehnt". Deshalb müsse er „insoweit als Gehilfe und nicht als Mittäter angesehen werden".[394] Auch Heimbachs Tatbeitrag – die Entgegennahme des Befehls und die Veranlassung der Erschießung – wurde als Beihilfe zum Mord gewertet. Das Gericht ging davon aus, dass er

---

stoker Ghetto] vom Leiter der Abteilung IV und dem KdS vom RSHA eingeholt wurde. Dies war der übliche Weg in solchen Fällen." Als Beleg führt Scheffler ein Fernschreiben des Referates IV B 4 vom 23.5.1942 an, das die Staatspolizeistelle Ziechenau / Schröttersburg betraf. Scheffler, Zur Organisation der Judendeportation, Bl. 67. Vgl. *Scheffler*, Judendeportationen, S. 67.

390 Urteil 5 Ks 1/65, in: L/StADT, D 21 A, Nr. 6195, Bl. 241.

391 Ebd., Bl. 261f. und Bl. 265.

392 Vgl. ebd., Bl. 414 und Bl. 418.

393 Ebd., Bl. 414.

394 Ebd., Bl. 395.

sich – genau wie im Fall der Deportationen – „mit den Zielen der NS-Führung" nicht identifiziert habe.[395] Er habe „mit dem Willen, die ihm anbefohlene Tat zu fördern", gehandelt. Dass „er die Tat als eigene wollte", sei ihm jedoch nicht nachzuweisen.

Seibert hat darauf hingewiesen, dass das Gericht nicht nur sieht, „was Zeugen, Sachverständige oder urkundliche Schriftstücke erkennen lassen". Es sehe „vor allem auch, was es schon vor dem Verfahren" gewusst und gesehen habe, „und diese Erlebnisse" seien „vorgeprägt".[396] Ob das Gericht seine Überzeugung allein „aus dem Inbegriff der Hauptverhandlung" gewann, erscheint vor dem Hintergrund der damals herrschenden Meinung hinsichtlich der strafrechtlichen Beurteilung der Beteiligung an NS-Verbrechen fragwürdig. In der NSG-Rechtsprechung dominierte die rechtliche Bewertung der an NS-Verbrechen Beteiligten als Gehilfen, als willenlose Befehlsempfänger. Ausschlaggebend für die Abgrenzung zwischen Täterschaft und Teilnahme war nicht der äußere Tatbeitrag, sondern die „innere Einstellung zur Tat". Demnach galt als Täter, wer die Tat „als eigene" wolle, wer „Täterwillen" habe, als Gehilfe galt hingegen, wer „fremdes Tun" fördere.[397] Die Folgen einer solchen Betrachtungsweise sind am Beispiel der strafrechtlichen Bewertung der Beteiligung an der Erschießung im Anschluss an das „Säureattentat" deutlich geworden: Die schwerwiegenden Tatbeiträge Altenlohs und Heimbachs verloren durch den Verweis auf die innerliche Ablehnung (bei Altenloh) und das Nicht-Wollen (bei Heimbach) an Gewicht. Während das Gericht bei der Beschreibung der objektiven Tatseite den Aussagen der Angeklagten aus dem Ermittlungsverfahren und den Zeugen folgte (Zahl der Opfer und deren Identität), übernahm es bei der Frage nach der inneren Einstellung zur Tat zum Teil die Selbstdarstellungen der Angeklagten vor Gericht.

Dem Gericht galt bei der rechtlichen Würdigung des Strafvorwurfs der „Erschießung von 100 Vergeltungsopfern" – genau wie bei dem Tatbestand der Deportationen – nicht die konkrete Handlung, sondern die Einstellung zu dieser als entscheidendes Element für die Schuld- und Strafzumessung. Die Figur der Organisationsherrschaft hebt dagegen auf das Verhalten der Beteiligten ab. Mit Roxins Konzeption der *Willensherrschaft kraft organisatorischer Machtapparate*, das er 1963 entwickelte, ließe sich Altenloh als mittelbarer Täter einstufen, denn er besaß Herrschaft *über* eine Organisation –

395 Ebd., Bl. 400.

396 *Seibert*, Zeichen, Prozesse, S. 68.

397 Vgl. *Hanack*, Zur Problematik der gerechten Bestrafung nationalsozialistischer Gewaltverbrecher, S. 331.

die KdS-Dienststelle – und konnte *mittels* dieser Organisation Tatherrschaft ausüben.[398] Altenloh hatte einer ihm unterstellten Person – in diesem Fall Heimbach – einen Durchführungsbefehl erteilt und damit seine Weisungsbefugnisse für die Verwirklichung einer strafbaren Handlung eingesetzt. Sowohl Altenloh als auch Heimbach hatten Einfluss darauf, wann und wie die Tötungen verwirklicht wurden.

Die Richter des vierten Strafsenats des BGH – die „Historiker 3. Ordnung" (Grasnick) – revidierten die Einstufung der Angeklagten als Gehilfen nicht, kamen aber in ihrer Interpretation der Feststellungen des Schwurgerichts zu dem Schluss, dass die Erschießung der mindestens einhundert „Vergeltungsopfer" auch „grausam" im Sinne des § 211 StGB durchgeführt worden sei. Dies zeige „sowohl das unbarmherzige Vorgehen des damit beauftragten Kommandos als auch die Miterschießung von Frauen und Kindern". Altenloh, „der selbst bei der Exekution nicht zugegen gewesen sei", habe „zumindest mit der grausamen Ausführung des Erschießungsbefehls" gerechnet und sie gebilligt. Das ergebe sich daraus, dass „es sich bei dieser Aktion um einen – allerdings rechtlich selbständigen – Ausschnitt aus der Gesamtaktion" gehandelt habe, „die zur Vernichtung von zusammen wenigstens zehntausend Gettoinsassen" geführt habe und „die insgesamt, wie er" gewusst habe, „grausam durchgeführt" worden sei.[399]

Am Beispiel des Tatvorwurfs der „Erschießung von 100 Vergeltungsopfern" ist deutlich geworden, in welcher Weise gerichtliche Verfahren einen Beitrag zur Aufklärung über die NS-Verbrechen leisten können. Um die individuelle Schuld der Angeklagten feststellen zu können, musste sich das Gericht zunächst ein genaues Bild von der Sachlage verschaffen. In der Sachverhaltsdarstellung werden die Geschehnisse im Anschluss an das „Säureattentat" präzise rekonstruiert, und es wird klargestellt, dass es für die Erschießung von 100 wehrlosen und unschuldigen Menschen, die mit der Widerstandshandlung Małmeds nichts zu tun hatten, keine Rechtfertigung gab, sondern, dass es sich hierbei um ein Verbrechen, um Mord im Sinne des auch zur Tatzeit geltenden § 211 StGB handelte. Diese Sichtweise offiziell festsetzend schob das Gericht

398 Kai Ambos betont, dass Organisationsherrschaft immer „Herrschaft *über* eine Organisation, d.h. ein Kollektiv ersetzbarer Tatmittler, und damit auch Herrschaft *mittels* dieser Organisation" voraussetze. Diese Herrschaft akkumuliere und verdichte sich „mit zunehmender Entscheidungsmacht und Verfügbarkeit personeller Ressourcen". *Kai Ambos*, Tatherrschaft durch Willensherrschaft kraft organisatorischer Machtapparate. Eine kritische Bestandsaufnahme und weiterführende Ansätze, in: GA 145 (1998), S. 226–245, hier: S. 238.

399 BGH, Urteil v. 5.2.1970 – 4 StR 272/68, in: L/StADT, D 21 A, Nr. 6197, Bl. 318–329, hier: Bl. 327.

einer Verharmlosung ideologisch motivierter NS-Verbrechen als Kriegsverbrechen einen Riegel vor. Die Bedeutung der gerichtlichen Feststellungen erschöpft sich also nicht in der Aufklärung des Tatgeschehens. Entscheidend ist ferner die Bewertung des Geschehens als verbrecherische Handlung. Kurzum: Das Gericht leistete einen wichtigen Beitrag zur Klärung der Sach- *und* Rechtslage.

Wie lassen sich Ergebnis und Begründung des Ergebnisses, zu dem das Bielefelder Schwurgericht gelangte, abschließend bewerten? Lege vertritt die These, eine Entscheidung sei gelungen, wenn sie „eine mindestens befriedigende Begründung für ein vertretbares Ergebnis" aufweise.[400] Legt man diesen Maßstab an, lässt sich die Entscheidung des Gerichts als „juristisch gelungen" betrachten. Vor dem Hintergrund der Tatsache, dass die Ermordung der Juden „nicht zentralisiert" (Hilberg) war, erscheinen die Annahme einer strengen Befehlskette vom RSHA zum KdS und die Bereitschaft zu Gehorsam als Voraussetzungen für die Erschießung zumindest fragwürdig. Aus der Perspektive eines Juristen mag die rechtliche Beurteilung der Angeklagten als willenlose Befehlsempfänger überzeugend sein, aus der Perspektive des Historikers oder der Historikerin erscheint sie als eine Deutung, die es ihrerseits zu historisieren gilt.

Das Defizit der gerichtlichen Entscheidung liegt in der Beurteilung der Angeklagten als willenlose Mordgehilfen der „Haupttäter", das Verdienst in der unanfechtbaren Feststellung des Geschehenen und dem Nachweis der individuellen Schuld. In den beiden letztgenannten Punkten liegt die historische Bedeutung der Bielefelder Entscheidung, denn: erstens endeten nur wenige westdeutsche Strafverfahren wegen NS-Verbrechen mit einer Verurteilung der Angeklagten[401], und zweitens wurden, worauf Friedrich Dencker hingewiesen hat, die kriminellen Handlungen der Angeklagten in vielen anderen NS-Prozessen bereits auf dem juristischen Weg der Tatsachenfeststellung und der Beweiswürdigung entkriminalisiert. So kommt Dencker in seiner Untersu-

400 *Joachim Lege*, Pragmatismus und Jurisprudenz. Über die Philosophie des Charles Sanders Peirce und über das Verhältnis von Logik, Wertung und Kreativität im Recht, Tübingen 1999, S. 605.

401 Nach Recherchen Andreas Eichmüllers wurden in den Jahren 1945 bis 2005 von westdeutschen und bundesrepublikanischen Staatsanwaltschaften und Generalstaatsanwaltschaften insgesamt 3 6393 Strafverfahren wegen NS-Verbrechen geführt, die sich gegen 17 2294 namentlich benannte Beschuldigte richteten. Insgesamt wurden 6 656 Personen verurteilt. Vgl. *Andreas Eichmüller*, Die Strafverfolgung von NS-Verbrechen, S. 624, 625 und 639.

chung über die „Euthanasie"-Prozesse vor westdeutschen Gerichten[402] zu dem Schluss: „Wenige Angeklagte haben und hatten jemals vor deutschen Gerichten die Chance, daß ihnen so viel geglaubt wird oder daß ihre Einlassungen in einem solchen Maße als jedenfalls nicht mit letzter Sicherheit widerlegt angesehen werden."[403] Die Angeklagten Altenloh und Heimbach trafen dagegen auf Richter, die an der lückenlosen Aufklärung des Geschehens interessiert waren und die Einlassungen der Angeklagten kritisch hinterfragten.

---

402 Zwischen 1946 bis 1986 fanden 30 „Euthanasie"-Verfahren statt. Insgesamt waren in den Verfahren 108 Angeklagte angeklagt worden. Bei den Angeklagten handelte es sich nach Angaben Denckers neben einigen wenigen Verwaltungsbeamten hauptsächlich um Ärzte, Krankenschwestern und Angehörige des Pflegepersonals. Vgl. *Dencker*, Strafverfolgung, S. 113.

403 Vgl. ebd., S. 114.

VII. Resümee und Ausblick

Ausgangspunkt dieser Arbeit war die Frage nach der Beziehung von Strafrecht und staatlich initiierten Massenverbrechen. Hannah Arendt war davon überzeugt, das Strafrecht müsse an den Dimensionen der NS-Massenmorde scheitern. Aus ihrer Sicht waren die NS-Verbrechen mit den Mitteln des Rechts nicht zu fassen. Auch Historiker und Juristen vertraten und vertreten die Auffassung, dass die Paragraphen des Strafgesetzbuches nicht geeignet waren, die Massenmorde rechtlich zu erfassen.[1] Die Alliierten schufen neue Tatbestände, um die nationalsozialistischen Verbrechen zu bestrafen. Sie setzten sich damit über den Grundsatz *nullum crimen sine lege, nulla poena sine lege* hinweg. Während in der DDR das von den Alliierten geschaffene neue Recht zur Anwendung kam, wurden die NS-Verbrechen in der Bundesrepublik Deutschland seit Beginn der 1950er Jahre ausschließlich auf der Grundlage des StGB verfolgt. Die westdeutsche Justiz war nur bis zum 31. August 1951 ermächtigt, NS-Straftaten auf der Grundlage des Kontrollratsgesetzes Nr. 10 zu verfolgen – allerdings nur dann, wenn Täter und Opfer beide Deutsche waren oder das Opfer staatenlos war. Danach konnten deutsche Gerichte nur noch nach den Vorschriften des deutschen Strafrechts urteilen. Die Verfolgung der NSG-Verfahren auf der Grundlage des StGB wurde von einigen Vertretern der Strafrechtswissenschaft kritisiert. Werle und Jakobs gehen davon aus, dass sich aufgrund des NS-Rechts Rechtfertigungsgründe für die Tötungen ableiten ließen. Sie argumentieren, die Massenmorde seien durch innerstaatlich geltendes Recht abgesichert gewesen. Während die Frage nach der Strafbarkeit von NS-Verbrechen auf der Grundlage des StGB in der Strafrechtswissenschaft umstritten war, bejahte der BGH Anfang der 1950er Jahre diese Frage. Er sprach den nationalsozialistischen Diskriminierungsgesetzen und Tötungsermächtigungen die Rechtsgültigkeit ab und postulierte, es gebe einen „Kernbereich des Rechts", der von keinem Staat verletzt werden dürfe. Neben dem Problem der Strafbarkeit stellte sich die Frage, wie die Beteiligung an NS-Gewaltverbrechen strafrechtlich zu beurteilen sei. Roxin hat mit seiner Konzeption der *Willensherrschaft kraft organisatorischer Machtapparate* zu zeigen versucht, dass sowohl die Befehlsgeber in einem Apparat, wie z.B. die „Schreibtischtäter", als auch die Ausführenden vor Ort im arbeitsteilig organisierten Vernichtungsprozess Täter sein können. Roxins Anfang der 1960er Jahre entwickeltes Modell wurde jedoch von den Gerichten in Verfahren

1 So beispielsweise Michael Wildt. Vgl. *Wildt*, Generation des Unbedingten, S. 837.

wegen NS-Gewaltverbrechen nicht angewendet. Sie folgten der so genannten subjektiven Teilnahmetheorie.

Nach dieser Theorie galt nur derjenige als Täter, der die Tat als eigene gewollt hatte. Wer keine innere Anteilnahme bei der Tatbegehung zeigte, wurde lediglich als Gehilfe eingestuft. Warum konnte sich Roxins Tatherrschaftskonzeption in den 1960er Jahren nicht zur herrschenden Meinung entwickeln, und warum fand seine Rechtsfigur der *Willensherrschaft kraft organisatorischer Machtapparate* keinen Eingang in die Rechtsprechung des BGH und der Schwurgerichte in Verfahren wegen NS-Gewaltverbrechen? Diese Fragen bedürfen weiterer Forschung.

Trotz der Schwierigkeiten, die nationalsozialistischen Verbrechen strafrechtlich zu erfassen, individuelle Schuld auch bei Verbrechen nachzuweisen, die im Zuge von Massenvernichtungsmaßnahmen verübt wurden, und zu einer rechtlich überzeugenden Strafzumessung zu gelangen, unternahm die bundesdeutsche Justiz vor allem seit den 1960er Jahren zunehmend Anstrengungen, die NS-Verbrechen aufzudecken und zu verfolgen. Bis zur Gründung der Zentralen Stelle Ludwigsburg bestand das Problem, welche Staatsanwaltschaft die NS-Verbrechen bearbeiten sollte. Die StPO sieht vor, dass die Staatsanwaltschaft zuständig ist, in deren Bereich die Tat begangen wurde. Da die Mehrzahl der NS-Tötungsverbrechen in Osteuropa verübt worden war, konnte zunächst keine Zuständigkeit hergeleitet werden. Zwar konnte auch der aktuelle Wohnsitz des Beschuldigten die Zuständigkeit einer Staatsanwaltschaft bestimmen, aber in vielen Fällen waren die Täter und ihre Wohnorte unbekannt. Die systematische Strafverfolgung von im Ausland begangenen NS-Tötungsverbrechen wurde erst durch die Gründung der Zentralen Stelle Ludwigsburg möglich. Diese war und ist nicht an das Tatortprinzip gebunden, sondern beauftragt, Material über NS-Verbrechen, die außerhalb des Bundesgebiets, in Konzentrations- und Vernichtungslagern, in Ghettos und durch Angehörige der Einsatzgruppen begangen worden waren, zu sammeln, zu sichten und auszuwerten, mit dem Ziel, Sachverhalte und Beschuldigte zu ermitteln.

Die Zentrale Stelle Ludwigsburg führte auch in dem Verfahren gegen Angehörige der Sicherheitspolizei für den Bezirk Bialystok die Vorermittlungen durch. Sie vernahm Zeugen und wertete Literatur und Dokumente aus. Die in Ludwigsburg ermittelten Tatkomplexe wurden nach Abgabe des Verfahrens von der Staatsanwaltschaft bei der Zentralstelle Dortmund weiterbearbeitet. In dem Sammelverfahren gegen Dr. Zimmermann u.A. (45 Js 1/61) wurde eine Fülle von Straftaten bekannt, deren Einzelheiten rekonstruiert werden konnten. Aufgrund der Vielzahl der Tötungsfälle wurden einige Tatkomplexe von dem

„Ursprungsverfahren“ abgetrennt und in gesonderten Verfahren behandelt. Die Staatsanwälte versuchten, den Tatort, die Tatzeit, den Kreis der Opfer und die beteiligten Täter genau zu bestimmen. Die Ermittlungen brachten neben den Deportationen aus den Ghettos des Bezirks Bialystok zahlreiche Erschießungen der jüdischen und nichtjüdischen Bevölkerung zum Vorschein. Die Verbrechen wurden als solche benannt, lokalisiert und datiert. Die juristische Überführung der Täter gelang jedoch in vielen Fällen nicht. Bei den Einstellungsbeschlüssen kamen juristische Vorgaben des Gesetzgebers und bestimmte Sachverhaltsinterpretationen zum Tragen. Ein zentrales Ergebnis der Untersuchung lautet, dass die Staatsanwaltschaft nur bei Tötungen von Juden den Tatbestand des Mordes im Sinne des StGB grundsätzlich als erfüllt ansah.

Am Beispiel der Strafsache gegen Dr. Altenloh u.A. wurde gezeigt, was engagierte Richter in NS-Prozessen unter Berücksichtigung der strafprozessualen Bestimmungen an Aufklärung über die während des Nationalsozialismus begangenen Tötungsverbrechen leisten konnten. Die Hauptverhandlung und das schriftliche Urteil vermitteln einen Eindruck von der Art und Weise, in der das Bielefelder Schwurgericht die Verbrechen aufarbeitete: durch die Suche nach Dokumenten, durch das Befragen, Entschlüsseln und Interpretieren von Urkunden, durch die Prüfung von Aussagen der Angeklagten und Zeugen auf ihre inhaltliche Richtigkeit, Plausibilität und Glaubhaftigkeit, durch die Befragung von Sachverständigen und sachverständigen Zeugen und die Auswertung von Gutachten sowie durch die Herstellung, Darstellung und Feststellung wahrer Sachverhalte. Es gelang den Richtern, die Organisation der Judendeportationen aus dem Bezirk Bialystok zu erfassen, die Beteiligung der Sicherheitspolizei zu belegen und den Angeklagten konkrete Tatbeiträge nachzuweisen.

Das schriftliche Urteil des Bielefelder Schwurgerichts ist ein Beispiel vorbildlicher Sachaufklärung. Die Richter rekonstruierten die Morde an der jüdischen Bevölkerung, die den Angeklagten im Bielefelder Białystok-Prozess zu Last gelegt wurden, sehr genau. Das Schwurgericht arbeitete mit größter Sorgfalt und wertete alle zur Verfügung stehenden Quellen aus. Die Ausführungen im Urteil basieren auf einer Vielzahl von Dokumenten und auf ausgewählten Bekundungen von Zeugen und Angeklagten. Die Mitwirkung der Angeklagten an den Deportationen konnte anhand von Dokumenten und Zeugenaussagen zweifelsfrei belegt werden. Für den Nachweis des Vorsatzes standen dem Gericht dagegen keine Quellen zur Verfügung, aus denen die Kenntnis der Angeklagten von der Vernichtung der Deportierten hervorgeht. Zur Überzeugung des Gerichts sprachen jedoch die innere Logik und eine Kette von Indizien dafür, dass die Angeklagten spätestens seit Februar 1943 gewusst hatten, dass die Mehrzahl der aus den Ghettos Grodno und Białystok abtransportierten Juden am Zielort ermordet wurde.

Bei der juristischen Würdigung der Straftaten bediente sich das Schwurgericht – der herrschenden Meinung und der damaligen NSG-Rechtsprechung folgend – der subjektiven Teilnahmetheorie. Der BGH bestätigte die Einstufung der Angeklagten als willenlose Mordgehilfen, aber er nahm eine Ergänzung der rechtlichen Beurteilung vor. Der 4. Strafsenat entschied, dass die Angeklagten nicht nur Beihilfe zum „aus niedrigen Beweggründen" begangenen Mord, sondern auch Beihilfe zum „grausam" begangenen Mord geleistet hatten. Zur Überzeugung des Senats ergab sich die Grausamkeit im Fall der Deportationen aus den Umständen, unter denen die Tötungen eingeleitet und vollzogen worden waren. Die grausamen Begleitumstände hatte das Schwurgericht mit Hilfe der Aussagen der „Opfer-Zeugen" in der Sachverhaltsfeststellung eindeutig nachgewiesen. Die Relevanz der BGH-Entscheidung für andere NS-Prozesse ist in der Feststellung zu sehen, dass die „Räumung" der Ghettos, die Deportationen und die Tötungen in den Vernichtungslagern immer grausam durchgeführt wurden. Es fällt auf, dass der 4. Strafsenat seine Ausführungen zum Tatbestand der Beihilfe zu grausamen Tötungen nicht veröffentlichte – in der Entscheidungssammlung des BGH in Strafsachen und in der NJW sind lediglich die Feststellungen zu § 229 StPO abgedruckt. Sie wurden daher von der Strafrechtswissenschaft nicht kommentiert. Es ist jedoch davon auszugehen, dass die mit NSG-Verfahren befassten Juristen die Entscheidung zur Kenntnis nahmen. So verweist die Hamburger Staatsanwältin Helge Grabitz, die über dreißig Jahre mit der Strafverfolgung von NS-Verbrechen befasst war, im Zusammenhang mit der Frage, welche Definition hinsichtlich des Mordqualifikationsmerkmals „grausam" entwickelt worden sei, auf die Ausführungen des 4. Strafsenats.[2]

NS-Prozesse leisten durch die öffentliche Feststellung von Schuld einen wichtigen Beitrag zur Aufarbeitung der Vergangenheit, und zwar insbesondere durch die Benennung der Taten als Verbrechen und die offizielle Anerkennung des Unrechts, durch die Bestimmung individueller Verantwortung und die Aufklärung über den historischen Kontext der Verbrechen sowie durch die Thematisierung der Ereignisse aus der Perspektive beteiligter Täter und Opfer. Die Analyse ausgewählter Ausschnitte aus der Gerichtskommunikation im Bielefelder Białystok-Prozess hat gezeigt, dass Angeklagte sowie „Täter-Zeugen" und „Opfer-Zeugen" in verschiedenen Sprachen über die Geschehnisse redeten. „Täter-Zeugen" und Angeklagte verwendeten oft unpersönliche

2 Vgl. *Grabitz*, NS-Prozesse, S. 94.

Wendungen und Passiv-Konstruktionen und versuchten, ihre und die Handlungen anderer durch abstrakte Wörter und Begriffe zu verschleiern. Die „Opfer-Zeugen" gebrauchten dagegen eine konkrete, auf einzelne Personen und Ereignisse orientierte Sprache. Zwar wurden die Aussagen der jüdischen Zeugen im Prozess notwendigerweise auf ihre Funktion als Beweismittel reduziert. Dennoch erhielten einige von ihnen die Gelegenheit, von Geschehnissen und Ereignissen zu berichten, die keine unmittelbare Relevanz für den Verhandlungsgegenstand des Prozesses besaßen. Die „Opfer-Zeugen" sprachen im Namen derjenigen, die ermordet worden waren und nicht vor Gericht als Zeugen auftreten konnten. Es wäre wichtig, die Tonbandaufnahmen der Öffentlichkeit zur Verfügung zu stellen, um zu gewährleisten, dass die Aussagen der wenigen Überlebenden der deutschen Verfolgungs- und Vernichtungspolitik nicht vergessen werden.

Die Auswertung des Sammelverfahrens in Sachen KdS hat gezeigt, dass es notwendig ist, weitere Untersuchungen durchzuführen, die auf den Erkenntnissen dieser Arbeit aufbauen. Es wäre lohnend, Strafverfahren gegen andere ehemalige Angehörige deutscher Besatzungsinstitutionen im besetzten Polen, die an den Deportationen von Juden in die Vernichtungslager beteiligt waren, in vergleichender Perspektive zu untersuchen. In diesem Zusamnenhang würde es sich anbieten, die Zahl der Strafverfahren und der Verurteilungen zu ermitteln und – auf der Grundlage der Urteilssammlung und der Forschungsarbeit Christiaan Frederik Rüters – einen Vergleich zu den Strafverfahren wegen Judendeportationen aus dem Deutschen Reich durchzuführen. Ein Vergleich des Bielefelder Białystok-Prozesses mit dem Hamburger Prozess gegen Michalsen und Hantke könnte ein weiterer interessanter Untersuchungsgegenstand sein. Michalsen wurde am 25. Juli 1974 vom Schwurgericht Hamburg wegen Beihilfe zum Mord in zwei Fällen zu einer Freiheitsstrafe von 12 Jahren verurteilt.[3] Ein Fall betraf Michalsens Beteiligung an der endgültigen Auflösung des Białystoker Ghettos im August 1943. Michalsen gab nicht nur in dem Bielefelder, sondern auch im Hamburger Prozess zu, an den Deportationen mitgewirkt zu haben. Im Hamburger Verfahren wurden viele Zeugen vernommen, die auch im Bielefelder Prozess ausgesagt hatten. Es wäre lohnend, einen Aussagevergleich durchzuführen und die Ausführungen des Bielefelder Schwurgerichts zu den August-Deportationen mit den Sachverhaltsfeststellungen des Hamburger Schwurgerichts zu vergleichen. Auch die Presseberichterstattung über die beiden Verfahren könnte analysiert und verglichen werden. Für den Bielefelder Białystok-Prozess gilt, dass nur die Lokalpresse von dem

3 Vgl. Staatsarchiv Hamburg, 213–12, StA-LG – Nationalsozialistische Gewaltverbrechen, 0038–003, Bl. 22690f.

Verfahren Notiz nahm. Auch wenn die Medien sich damals kaum für den Prozess interessierten, bleibt festzuhalten, dass die Schwurgerichtssache gegen Dr. Altenloh u.A. bedeutsam war und ist, weil die Geschehnisse in Białystok und Umgebung in der Öffentlichkeit zur Sprache kamen und in den Verfahrensakten und auf den Tonbandaufnahmen dokumentiert sind.

ANHANG

Karten

Thomas Buri, © tombux

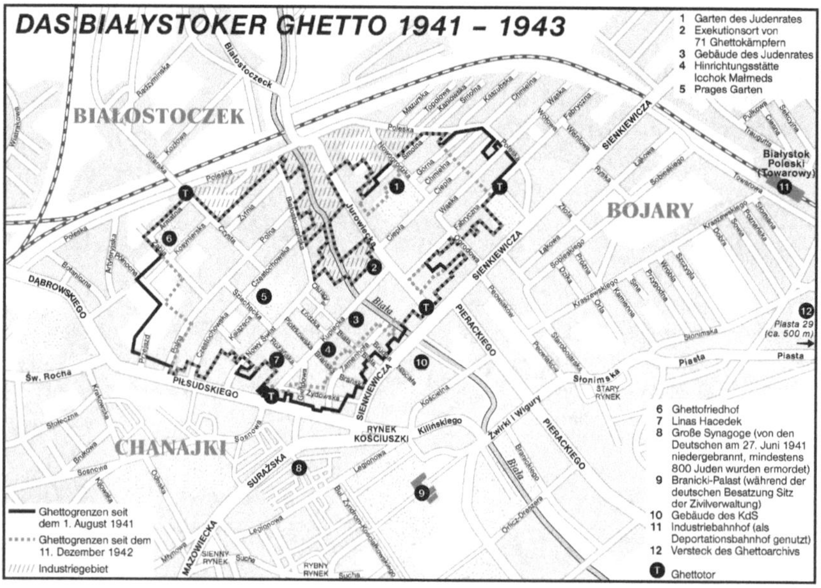

Thomas Buri, © tombux

Quellenverzeichnis

1. Unveröffentlichte Quellen / Archivalien

Archiwum Żydowskiego Instytutu Historycznego w Warszawie [Archiv des Jüdischen Historischen Instituts Warschau]

Archiwum Podziemne Getta Białostockiego: 204/1-19

Dokumenty Niemieckie Białystok: 221/58

Procesy: 344/26, 27, 30, 31, 35, 36, 37, 80, 85, 86

Bundesarchiv Bayreuth

Ost-Dok. 8/793

Ost-Dok. 8/797

Ost-Dok. 8/803

Ost-Dok. 8/805

Ost-Dok. 13/70

Ost-Dok. 13/71

Ost-Dok. 13/439

Bundesarchiv Ludwigsburg

B 162/AR-2684/65

B 162/AR-Z 13/62

B 162/AR-Z 900/68

B 162/Dok.-Slg., Ordn. 140

B 162/153

B 162/197

B 162/1500

B 162/2062

B 162/2063

B 162/2066

B 162/2069

B 162/2071

B 162/2073

B 162/2077

B 162/2084

B 162/2090

B 162/2094

B 162/3155

B 162/3156

Dok.-Slg.: 74

Die Bundesbeauftragte für die Unterlagen des Staatssicherheitsdienstes der ehemaligen Deutschen Demokratischen Republik

Archiv der Zentralstelle, MfS-HA IX/11, RHE-West 417

Archiv der Zentralstelle, MfS-HA XX, Nr. 3871

Instytut Pamięci Narodowej [Institut des Nationalen Gedächtnisses]

Akta procesu Kocha, Sąd Wojewódzki dla województwa warszawskiego (SWWW), sygn. 745, 746, 753, 759

Akta w sprawie Altenloh, sygn. BD-92

Akta w sprawie Fromma, sygn. 368

Archiwalna II 531

GK 214/20A

GK 162/1314

Sąd Okręgowy w Białymstoku (SOB), 279

Landesarchiv Nordrhein-Westfalen, Staats- und Personenstandsarchiv Detmold

D 21 A, Nr. 4821

D 21 A, Nr. 6134-6360

D 21 A, Zug. 25/94, 5 Ks 3/59

Landesarchiv Nordrhein-Westfalen, Staatsarchiv Münster

Staatsanwaltschaft Dortmund, Zentralstelle für NS-Verbrechen, Nr. 1390
Staatsanwaltschaft Dortmund, Zentralstelle für NS-Verbrechen, Nr. 2977-2986
Staatsanwaltschaft Dortmund, Zentralstelle für NS-Verbrechen, Nr. 3012-3017
Staatsanwaltschaft Dortmund, Zentralstelle für NS-Verbrechen, Nr. 3297
Staatsanwaltschaft Dortmund, Zentralstelle für NS-Verbrechen, Nr. 3302
Staatsanwaltschaft Dortmund, Zentralstelle für NS-Verbrechen, Nr. 3306
Staatsanwaltschaft Dortmund, Zentralstelle für NS-Verbrechen, Nr. 3314
Staatsanwaltschaft Dortmund, Zentralstelle für NS-Verbrechen, Nr. 3629-3672
Staatsanwaltschaft Dortmund, Zentralstelle für NS-Verbrechen, Nr. 4698-4701
Staatsanwaltschaft Dortmund, Zentralstelle für NS-Verbrechen, Nr. 4715
Staatsanwaltschaft Dortmund, Zentralstelle für NS-Verbrechen, Nr. 4716
Staatsanwaltschaft Dortmund, Zentralstelle für NS-Verbrechen, Nr. 4779-4787
Staatsanwaltschaft Dortmund, Zentralstelle für NS-Verbrechen, Nr. 4800
Staatsanwaltschaft Dortmund, Zentralstelle für NS-Verbrechen, Nr. 4813-4816
Staatsanwaltschaft Dortmund, Zentralstelle für NS-Verbrechen, Nr. 4822
Staatsanwaltschaft Dortmund, Zentralstelle für NS-Verbrechen, Nr. 4892
Staatsanwaltschaft Dortmund, Zentralstelle für NS-Verbrechen, Nr. 4894
Staatsanwaltschaft Dortmund, Zentralstelle für NS-Verbrechen, 45 Js 30/65
Staatsanwaltschaft Dortmund, Zentralstelle für NS-Verbrechen, 45 Js 12/75

Staatsarchiv Hamburg

213-12, StA-LG – Nationalsozialistische Gewaltverbrechen, 0036-053

213-12, StA-LG – Nationalsozialistische Gewaltverbrechen, 0038-003

213-12, StA-LG – Nationalsozialistische Gewaltverbrechen, 0597-022

2. Veröffentlichte / Gedruckte Quellen

Amtsblatt der Militärregierung Deutschland Nr. 2; Nr. 3.

Amtsblatt des Kontrollrats in Deutschland, Nr. 3, 31. Januar 1946.

Blumenthal, Nachman (Hrsg.), Conduct and Actions of a Judenrat. Documents from the Bialystok Ghetto, Jerusalem 1962.

Bundesgesetzblatt 1949 I; 1952 II; 1954 I; 1956 I; 1998 I.

Der Nürnberger Prozess gegen die Hauptkriegsverbrecher vor dem Internationalen Militärgerichtshof vom 14. November 1945 bis 1. Oktober 1946, Bd. 1.

Deutscher Bundestag, Drucksache IV/3124, Bericht über die Verfolgung nationalsozialistischer Straftaten.

Friedrich, Klaus-Peter (Bearb.), Die Verfolgung und Ermordung der europäischen Juden durch das nationalsozialistische Deutschland 1933-1945. Band 4. Polen, September 1939–Juli 1941, München 2011.

Fritz Bauer Institut / Staatliches Museum Auschwitz-Birkenau (Hrsg.), Der Auschwitz-Prozess. Tonbandmitschnitte, Protokolle, Dokumente, Berlin [2]2005.

Justiz und NS-Verbrechen. Gesamtübersicht der westdeutschen Urteile, in: http://www1.jur.uva.nl/junsv/brd/Lfdnrfr.htm, Aufruf am 2. September 2008.

Jüdisches Historisches Institut Warschau (Hrsg.), Faschismus – Getto – Massenmord, Berlin [2]1961.

Klarsfeld, Serge (Hrsg.), Documents Concerning the Destruction of Jews of Grodno 1941-1944, Bd. IV: Grodno in the Bialystok Trial (1966-1967), Paris 1986.

Klein, Peter (Hrsg.), Die Einsatzgruppen in der besetzten Sowjetunion 1941/42. Die Tätigkeits- und Lageberichte des Chefs der Sicherheitspolizei und des SD, Berlin 1997.

Köhler, Lotte / Saner, Hans (Hrsg.), Hannah Arendt, Karl Jaspers. Briefwechsel 1926-1969, München [2]2001.

Kontrollratsgesetz Nr. 13 v. 1.1.1950

Kümmel, Wilhelm, Gesetz zur Regelung der Rechtsverhältnisse der unter Artikel 131 des Grundgesetzes fallenden Personen in der Fassung vom 11. Mai 1951, vom September 1953, vom 11. September 1957, vom 21. August 1961, Hannover 1961.

Landesstelle Ostpreußen für Nachkriegsgeschichte, Die völkischen Verhältnisse des Bezirkes Bialystok und ihre geschichtliche Entwicklung, (Bericht Nr. 8) 1942.

Machcewicz, Paweł / Persak, Krzysztof (Hrsg.), Wokół Jedwabnego, Tom 2, Dokumenty Warszawa 2002.

Röhr, Werner (Hrsg.), Die faschistische Okkupationspolitik in Polen (1939-1945), Berlin 1989.

Verordnung des Oberpräsidenten als Chef der Zivilverwaltung für den Bezirk Bialystok über die Errichtung der Treuhandstelle für den Bezirk Bialystok v. 3.9.1941, in: Amtsblatt des Oberpräsidenten, Zivilverwaltung für den Bezirk Bialystok, Folge 11, 21.9.1941.

Verordnung des Oberpräsidenten als Chef der Zivilverwaltung für den Bezirk Bialystok über die Verwertung jüdischen Vermögens im Bezirk Bialystok v. 27.11.1942, I.V. gez. Dr. Brix, in: Amtsblatt des Oberpräsidenten, Zivilverwaltung für den Bezirk Bialystok, Folge 18, 1.12.1942.

Verordnung des Oberpräsidenten als Chef der Zivilverwaltung für den Bezirk Bialystok über die Einführung der Strafrechtspflege im Bezirk Bialystok v. 19.12.1941, in: Amtsblatt des Oberpräsidenten, Folge 1, 20.1.1942.

Verordnung des Oberpräsidenten als Chef der Zivilverwaltung für den Bezirk Bialystok über die Einführung des deutschen Rechts im Bezirk Bialystok v. 30.9.1942, in: Amtsblatt des Oberpräsidenten, Zivilverwaltung für den Bezirk Bialystok, Folge 16, 29.10.1942.

Verordnung des Oberpräsidenten als Chef der Zivilverwaltung für den Bezirk Bialystok über die Einführung der Arbeitspflicht im Bezirk Bialystok v. 1.4.1942, in: Amtsblatt des Oberpräsidenten, Zivilverwaltung für den Bezirk Bialystok, Folge 6, 15.4.1942.

Verordnung des Oberpräsidenten, Zivilverwaltung für den Bezirk Bialystok (in Vertretung gez. Dr. Brix), über die Errichtung einer staatlichen Polizeiverwaltung in der Stadt Bialystok v. 16.5.1942, in: Amtsblatt des Oberpräsidenten, Zivilverwaltung für den Bezirk Bialystok, Folge 8, 30.5.1942.

Verordnung über den Erlass von Rechtsverordnungen durch die Kreisbehörden im Bezirk Bialystok v. 21.7.1942, in: Amtsblatt des Oberpräsidenten, Zivilverwaltung für den Bezirk Bialystok, Folge 21, 1.8.1942.

Landgerichtliche Urteile

LG Bochum (v. 5.6.1968) 16 Ks 1/66, in: Christiaan F. Rüter / Dick W. de Mildt (Hrsg.), Justiz und NS-Verbrechen. Sammlung deutscher Strafurteile wegen nationalsozialistischer Tötungsverbrechen 1945-1999, Bd. XXIX, Amsterdam / München 2003, Lfd. Nr. 678.

LG Freiburg (v. 12.7.1963) I AK 1/63, in: Christiaan F. Rüter u.a. (Hrsg.), Justiz und NS-Verbrechen. Sammlung deutscher Strafurteile wegen nationalsozialistischer Tötungsverbrechen 1945-1966, Bd. XIX, Amsterdam 1978, Lfd. Nr. 555.

LG München I (v. 21.7.1961) 22 Ks 1/61, in: Christiaan F. Rüter u.a. (Hrsg.), Justiz und NS-Verbrechen. Sammlung deutscher Strafurteile wegen nationalsozialistischer Tötungsverbrechen 1945-1966, Bd. XVII, Amsterdam 1977, Lfd. Nr. 519.

Entscheidungen des BGH in Strafsachen

BGH, Urteil v. 29.1.1952 – 1 StR 563/51, in: BGHSt 2 (1952), S. 234-242.

BGH, Urteil v. 18.3.1952 – GSSt 2/61, in: BGHSt 2 (1952), S. 194-212.

BGH, Urteil v. 16.2.1954 – 1 StR 578/53, in: NJW 7 (1954), S. 649-651.

BGH, Urteil v. 17.5.1955 – 5 StR 350/54, in: JR (1955), S. 304-305.

BGH, Urteil v. 10.1.1956 – 5 StR 529/55, in: NJW 12 (1956), S. 475-477.

BGH, Urteil v. 23.5.1956 – 6 StR 14/56, in: NJW 9 (1956), S. 1646-1647.

BGH, Urteil v. 18.10.1956 – 4 StR 278/56, in: BGHSt 10 (1958), S. 8-15.

BGH, Urteil v. 9.2.1957 – 2 StR 508/56, in: BGHSt 10 (1958), S. 208-217.

BGH, Urteil v. 19.10.1962 – G. St. 9 StE 4/62, in: NJW 16 (1963), S. 355-358.

BGH, Urteil v. 4.2.1964 – 1 StR 510/63, in: JZ 19 (1964), S. 561-562.

BGH, Urteil v. 20.11.1964 – 2 StR 71/64, in: Christiaan Frederic Rüter (Hrsg.), Justiz und NS-Verbrechen. Sammlung deutscher Strafurteile wegen nationalsozialistischer Tötungsverbrechen, Bd. XXI, Amsterdam 1979, S. 345-356.

BGH, Urteil v. 20.5.1969 – 5 StR 658/68, in: NJW 22 (1969), S. 1181-1184.

BGH, Urteil v. 5.2.1970 – 4 StR 272/68, in: L/StADT, D 21 A, Nr. 6197, Bl. 318-329.

BGH, Urteil v. 26.5.1992 – 5 StR 122/92, in: NStZ 12 (1992), S. 448-449.

BGH, Urteil v. 16.11.1995 – 5 StR 747/94, in: NJ 50 (1996), S. 154-157.

BGH, Urteil v. 8.11.1999 – 5 StR 632/98, in: NJW 53 (2000), S. 443-451.

Entscheidungen des Obersten Gerichtshofes für die Britische Zone

OGH, BrZ, Urteil v. 15.11.1949 – StS 227/49, in: NJW 3 (1950), S. 272-275.

Gesetz des Deutschen Bundestages

Gesetz zur Aufhebung nationalsozialistischer Unrechtsurteile in der Strafrechtspflege v. 25.8.1998 (BGBl. I, S. 2501), geändert durch Artikel 1 des Gesetzes vom 23.7.2002 (BGBl. I, S. 2714), in: http://bundesrecht.juris.de/bundesrecht/ns-aufhg/gesamt.pdf, Aufruf am 28. August 2008.

Literaturverzeichnis

Ackermann, Felix, Palimpsest Grodno. Nationalisierung, Nivellierung und Sowjetisierung einer mitteleuropäischen Stadt, 1919–1991, unveröffentl. Dissertation, Frankfurt/Oder 2008.

Adler, Hans G., Theresienstadt, 1941–1945, Tübingen ²1960.

Ainsztein, Reuben, Jüdischer Widerstand im deutschbesetzten Osteuropa während des Zweiten Weltkrieges, Oldenburg 1993.

Aleksiun, Natalia, Polish Historiography of the Holocaust – Between Silence and Public Debate, in: German History. The Journal of the German History Society 22 (2004), S. 406–432.

Aleksiun, Natalia, The Central Jewish Historical Commission in Poland 1944–1947, in: Polin. Studies in Polish Jewry 20 (2008), S. 74–97.

Alexy, Robert, Begriff und Geltung des Rechts, Freiburg i. Br. / München 2002.

Ambos, Kai, Tatherrschaft durch Willensherrschaft kraft organisatorischer Machtapparate. Eine kritische Bestandsaufnahme und weiterführende Ansätze, in: GA 145 (1998), S. 226–245.

Anders, Freia / **Kutscher**, Hauke-Hendrik / **Stoll**, Katrin, Der Bialystok-Prozess vor dem Landgericht Bielefeld 1965–1967, in: dies. (Hrsg.), Bialystok in Bielefeld. Nationalsozialistische Verbrechen vor dem Landgericht Bielefeld 1958–1967, Bielefeld 2003, S. 76–133.

Anders, Freia / **Stoll**, Katrin / **Wilke**, Karsten (Hrsg.), Der Judenrat von Białystok. Dokumente aus dem Archiv des Białystoker Ghettos 1941–1943, Paderborn 2010.

Angrick, Andrej / **Vogt**, Martina / **Ammerschubert**, Silke / **Klein**, Peter, „Da hätte man schon ein Tagebuch führen müssen". Das Polizeibataillon 322 und die Judenmorde im Bereich der Heeresgruppe Mitte während des Sommers und Herbst 1941, in: Helge Grabitz u.a. (Hrsg.), Die Normalität des Verbrechens. Bilanz und Perspektiven der Forschung zu den nationalsozialistischen Gewaltverbrechen. Festschrift für Wolfgang Scheffler zum 65. Geburtstag, Berlin 1994, S. 325–385.

Angrick, Andrej, Besatzungspolitik und Massenmord. Die Einsatzgruppe D in der südlichen Sowjetunion 1941–1943, Hamburg 2003.

Angrick, Andrej, Georg Michalsen – Handlungsreisender der „Endlösung", in: Klaus-Michael Mallmann / Gerhard Paul (Hrsg.), Karrieren der Gewalt. Nationalsozialistische Täterbiographien, Darmstadt 2004, S. 156–165.

Arad, Yitzhak, Belzec, Sobibor, Treblinka. The Operation Reinhard Death Camps, Indianapolis 1987.

Arendt, Hannah, Introduction, in: Bernd Naumann, Auschwitz. A Report on the Proceedings against Robert Ludwig Mulka and Others before the Court at Frankfurt, London 1966, S. XI–XXX.

Arendt, Hannah, Organisierte Schuld, in: dies., Die verborgene Tradition. Acht Essays, Frankfurt a.M.1976, S. 32–45.

Arendt, Hannah, Der Auschwitz-Prozeß, in: Eike Geisel / Klaus Bittermann (Hrsg.), Hannah Arendt. Nach Auschwitz. Essays und Kommentare 1, Berlin 1989, S. 99–136.

Arendt, Hannah, Eichmann in Jerusalem. Ein Bericht von der Banalität des Bösen, München [10]2000.

Arendt, Hannah, Elemente und Ursprünge totaler Herrschaft. Antisemitismus, Imperialismus, Totalitarismus, München [8]2001.

Arndt, Adolf, Umwelt und Recht, in: NJW 17 (1964), S. 486–488.

Artikel Erntefest, in: Eberhard Jäckel u.a. (Hrsg.), Enzyklopädie des Holocaust. Die Verfolgung und Ermordung der europäischen Juden, Berlin 1993, Bd. I, S. 418–419.

Artikel Polen, in: Eberhard Jäckel u.a. (Hrsg.), Enzyklopädie des Holocaust. Die Verfolgung und Ermordung der europäischen Juden, Berlin 1993, Bd. II, S. 1121–1150.

Assmann, Aleida, History, Memory, and the Genre of Testimony, in: Poetics Today. International Journal for Theory and Analysis of Literature and Communication 27 (2006), S. 261–273.

Assmann, Aleida, Vier Grundtypen von Zeugenschaft, in: Fritz Bauer Institut (Hrsg.), Zeugenschaft des Holocaust. Zwischen Trauma, Tradierung und Ermittlung, Frankfurt a.M. 2007, S. 33–51.

Atkinson, Maxwell J. / **Drew**, Paul, Order in Court: The Organisation of Verbal Interaction in Judicial Settings, Cambridge 1979.

Banach, Jens, Heydrichs Elite. Das Führungskorps der Sicherheitspolizei und des SD 1936–1945, Paderborn [3]2002.

Bankier, David / **Michman**, Dan, Holocaust and Justice. Representation and Historiography of the Holocaust in Post-War Trials, Jerusalem 2010.

Bartov, Omer, From the Holocaust in Galicia to Contemporary Genocide. Common Ground – Historical Differences, Washington 2003.

Bassiouni, M. Cherif, Crimes Against Humanity in International Criminal Law, The Hague [2]1999.

Bauer, Fritz, Im Namen des Volkes. Die strafrechtliche Bewältigung der Vergangenheit, in: Helmut Hammerschmidt (Hrsg.), Eine deutsche Bilanz 1945–1965, München 1965, S. 301–314.

Bauer, Fritz, Ideal- oder Realkonkurrenz bei nationalsozialistischen Verbrechen?, in: JZ 22 (1967), S. 625–628.

Bauer, Fritz, Das „gesetzliche Unrecht" des Nationalsozialismus, in: Arthur Kaufmann (Hrsg.), Gedächtnisschrift für Gustav Radbruch, Göttingen 1968, S. 302–307.

Baumann, Jürgen, Beihilfe bei eigenhändiger voller Tatbestandserfüllung, in: NJW 16 (1963), S. 561–565.

BAUMANN, Jürgen, Die strafrechtliche Problematik der nationalsozialistischen Gewaltverbrechen, in: Reinhard Henkys, Die nationalsozialistischen Gewaltverbrechen. Geschichte und Gericht, Stuttgart / Berlin 1964, S. 267–322.

BAUMANN, Jürgen, Rechtmäßigkeit von Mordgeboten?, in: NJW 17 (1964), S. 1398–1405

BAUMANN, Jürgen, Vorsicht bei Verjährung von NS-Gewaltverbrechen!, in: NJW 22 (1969), S. 1279–1282.

BEER, Matthias, Die Ost-Dokumentation. Zur Genesis und Methodik der größten Sammlung biographischer Zeugnisse in der Bundesrepublik, in: Heinke M. Kalinke (Hrsg.), Brief, Erzählung, Tagebuch. Autobiographische Dokumente als Quellen zu Kultur und Geschichte der Deutschen in und aus dem östlichen Europa, Freiburg 2000, S. 23–50.

BENDER, Hans-Udo, Merkmalskombinationen in Aussagen, Tübingen 1987.

BENDER, Sara, From Underground to Armed Struggle – The Resistance Movement in the Bialystok Ghetto, in: Yad Vashem Studies 23 (1993), S. 145–171.

BENDER, Sara, The „Reinhardt Action" in the „Bialystok District", in: Freia Anders u.a. (Hrsg.), Bialystok in Bielefeld. Nationalsozialistische Verbrechen vor dem Landgericht Bielefeld 1958–1967, Bielefeld 2003, S. 186–208.

BENDER, Sara, The Jews of Białystok during World War II and the Holocaust, Waltham Mass. 2008.

BENZ, Wolfgang, Typologie der Herrschaftsformen in den Gebieten unter deutschem Einfluß, in: ders. u.a. (Hrsg.), Die Bürokratie der Okkupation. Strukturen der Herrschaft und Verwaltung im besetzten Europa, Berlin 1998, S. 11–25.

BENZLER, Susanne / PERELS, Joachim, Justiz und Staatsverbrechen – Über den juristischen Umgang mit der NS-„Euthanasie", in: Hanno Loewy / Bettina Winter (Hrsg.), NS-„Euthanasie" vor Gericht. Fritz Bauer und die Grenzen juristischer Bewältigung, Frankfurt a.M. 1996, S. 15–34.

BERGMANN, Jörg R., Konversationsanalyse, in: Uwe Flick u.a. (Hrsg.), Qualitative Forschung. Ein Handbuch, Reinbeck 2000, S. 524–537.

BEULKE, Werner, Strafprozessrecht, Heidelberg ^{8}2005.

BIRN, Ruth Bettina, Wehrmacht und Wehrmachtsangehörige in den deutschen Nachkriegsprozessen, in: Rolf-Dieter Müller / Hans-Erich Volkmann (Hrsg.), Die Wehrmacht. Mythos und Realität, München 1999, S. 1081–1099.

BITTERBERG, Christoph, Der Bielefelder Prozeß als Quelle für die deutsche Judenpolitik im Bezirk Bialystok, unveröff. Magisterarbeit, Hamburg 1995.

BLANKENAGEL, Alexander, Verfassungsgerichtliche Vergangenheitsbewältigung, in: ZNR 13 (1991), S. 67–82.

BOCK, Michael, Metamorphosen der Vergangenheitsbewältigung, in: Clemens Albrecht u.a., Die intellektuelle Gründung der Bundesrepublik. Eine Wirkungsgeschichte der Frankfurter Schule, Frankfurt a.M. 2000, S. 530–572.

BÖMELBURG, Hans-Jürgen, Die deutsche Besatzungspolitik in Polen 1939–1945, in: Bernhard Chiari (Hrsg.), Die polnische Heimatarmee. Geschichte und Mythos der Armia Krajowa seit dem Zweiten Weltkrieg, München 2003, S. 51–86.

BORNSTEIN-BIELICKA, Chasia, Jüdischer Widerstand in Grodno und Bialystok. Erinnerungen eines Verbindungsmädchens zur arischen Seite, in: Dachauer Hefte 20 (2004), S. 71–87.

BRAKEL, Alexander, Was there a „Jewish Collaboration" under Soviet Occupation? A Case Study from the Baranowicze Region, in: Elazar Barkan / Elisabeth A. Cole / Kai Struve (Hrsg.), Shared History – Divided Memory. Jews and Others in Soviet-Occupied Poland, 1939–1941, Leipzig 2007, S. 225–244.

BRAKEL, Alexander, Unter Rotem Stern und Hakenkreuz: Baranowicze 1939 bis 1944. Das westliche Weißrussland unter sowjetischer und deutscher Besatzung, Paderborn 2009.

BROCHHAGEN, Ulrich, Nach Nürnberg. Vergangenheitsbewältigung und Westintegration in der Ära Adenauer, Hamburg 1994.

BROWNING, Christopher, Ganz normale Männer. Das Reserve-Polizeibataillon 101 und die „Endlösung" in Polen, Hamburg 1998.

BROWNING, Christopher R., Judenmord. NS-Politik, Zwangsarbeit und das Verhalten der Täter, Frankfurt a.M. 2001.

BROWNING, Christopher, Die Entfesselung der „Endlösung". Nationalsozialistische Judenpolitik 1939–1942. Mit einem Beitrag von Jürgen Matthäus, Berlin 2006.

BRUNNER, Bernhard, Der Frankreich-Komplex. Die nationalsozialistischen Verbrechen in Frankreich und die Justiz der Bundesrepublik Deutschland, Frankfurt a.M. 2007.

BRUNNER, José, Trauma in Jerusalem? Zur Polyphonie der Opferstimmen im Eichmann-Prozess, in: Fritz Bauer Institut (Hrsg.), Zeugenschaft des Holocaust. Zwischen Trauma, Tradierung und Ermittlung, Frankfurt a.M. 2007, S. 92–115.

BUCHHEIM, Hans, Befehl und Gehorsam, in: ders. u.a., Anatomie des SS-Staates, München ^{7}1999, S. 263–289.

BUCHNER, Silke, Die Rechtswidrigkeit der Taten von „Mauerschützen" im Lichte von Art. 103 II GG unter besonderer Berücksichtigung des Völkerrechts: ein Beitrag zum Problem der Verfolgung von staatlich legitimiertem Unrecht nach Beseitigung des Unrechtssystems, Frankfurt a.M. 1996.

BUCHOWSKA, Anna, „Te dzieci są moje!" Losy białystockiego transportu dziecięcego z 5 października 1943r. w relacjach świadków, in: Studia Podlaskie XVI (2006), S. 179–296.

BUSSE, Dietrich, Juristische Semantik, Grundfragen der juristischen Interpretationstheorie in sprachwissenschaftlicher Sicht, Berlin 1993.

CHIARI, Bernhard, Alltag hinter der Front. Besatzung, Kollaboration und Widerstand in Weißrussland 1941–1944, Düsseldorf 1998.

CHOLAWSKY, Shalom, The Jews of Bielorussia during World War II, Amsterdam 1998.

CITRON, Tuvia, The History of the Bialystok Ghetto Uprising, Tel Aviv 1995.

Curilla, Wolfgang, Die deutsche Ordnungspolizei und der Holocaust im Baltikum und in Weißrussland 1941–1944, Paderborn 2006.

Cytron, Tobias, Das tragische Schicksal der Kinder aus dem Getto in Białystok, in: Hefte von Auschwitz 22 (2002), S. 363–370.

Czech, Danuta, Kalendarium der Ereignisse im Konzentrationslager Auschwitz-Birkenau, in: Hefte von Auschwitz 2 (1959), S. 98–118.

Czech, Danuta, Kalendarium der Ereignisse im Konzentrationslager Auschwitz-Birkenau, in: Hefte von Auschwitz 3 (1960), S. 47–110.

Czech, Danuta, Kalendarium der Ereignisse im Konzentrationslager Auschwitz-Birkenau, in: Hefte von Auschwitz 4 (1961), S. 63–111.

Czech, Danuta, Kalendarium der Ereignisse im Konzentrationslager Auschwitz-Birkenau, in: Hefte von Auschwitz 6 (1962), S. 43–87.

Dahs, Hans / **Dahs**, Hans, Die Revision im Strafprozeß. Bedeutung für die Praxis der Tatsacheninstanz, München 2001.

Datner, Szymon, Walka i zagłada białostockiego ghetta, Łódź 1946.

Datner, Szymon, Di meldungen fun bialystoker judenrat, in: Bleter far geszichte 4 (1951), S. 56–74.

Datner, Szymon, Eksterminacja ludności żydowskiej w okręgu białostockim, in: Biuletyn ŻIH 60 (1966), S. 3–50.

Datner, Szymon, Las sprawiedliwych: Karta z dziejów ratownictwa Żydów w okupanowanej Polsce, Warszawa 1968.

Datner, Szymon, der untererdischer bialistoker geto-archiv (m-t-archiv), in: bleter far geszichte 18 (1970), S. 3–23.

Datner, Szymon, Getto białostockie i jego podziemne archiwum, in: Jerzy Antoniewicz / Jerzy Jok (Hrsg.), Studia i materiały do dziejów miasta Białegostoku, tom II, Białystok 1970, S. 93–112.

Datner, Szymon, Szkice do studiów nad dziejami żydowskiego ruchu partyzanckiego w Okręgu Białostockim, in: Biuletyn ŻIH 73 (1970), S. 3–46.

Datner, Szymon, Sonderkommando 1005 i jego działalność ze szczególnym uwzględnieniem okręgu Białostockiego, in: Biuletyn ŻIH 100 (1976), S. 63–78.

Datner, Szymon, Opinia biegłego w procesie szefa Referatu Żydowskiego w białostockim Gestapo (1942–1944), in: Biuletyn ŻIH 99 (1976), S. 42–58.

Datner, Szymon, Wojewódzka Komisja do Badania Zbrodni Niemieckich w Białymstoku (1944–1945). Zeznanie Gerszuaniego, in: Biuletyn ŻIH 123/124 (1982), S. 85–98.

Dencker, Friedrich, Die strafrechtliche Beurteilung von NS-Rechtsprechungsakten, in: Peter Salje (Hrsg.), Recht und Unrecht im Nationalsozialismus, Münster 1985, S. 294–310.

Dencker, Friedrich, Vergangenheitsbewältigung durch Strafrecht? Lehren aus der Justizgeschichte der Bundesrepublik, in: KritV 73 (1990), S. 299–312.

Dencker, Friedrich, Täterschaft und Beihilfe bei NS-Gewaltverbrechen, in: ZNR 27 (2005), S. 49–61.

Dencker, Friedrich, Strafverfolgung der Euthanasie-Täter nach 1945, in: JJZG 7 (2005/2006), S. 113–124.

Detter, Klaus, Revision in Strafsachen, Baden-Baden 2001.

Diestelkamp, Bernhard, Die strafrechtliche Ahndung von NS-Unrecht. Ein Forschungsbericht, in: ZNR 21 (1999), S. 417–435.

Diestelkamp, Bernhard / **Jung**, Susanne, Die Justiz in den Westzonen und der frühen Bundesrepublik, in: APuZ 39 (1989), S. 19–29.

Diewald-Kerkmann, Gisela, Politische Denunziation im NS-Regime oder Die kleine Macht der Volksgenossen, Bonn 1995.

Dmitrów, Edmund, Die Einsatzgruppen der deutschen Sicherheitspolizei und des Sicherheitsdienstes zu Beginn der Judenvernichtung im Gebiet von Łomża und Białystok im Sommer 1941, in: ders. u.a. (Hrsg.), Der Beginn der Vernichtung. Zum Mord an den Juden in Jedwabne und Umgebung im Sommer 1941. Neue Forschungsergebnisse polnischer Historiker, Osnabrück 2004, S. 95–208.

Doll, Natascha, Streichelstrafen für Mördernazis, in: Rg 2 (2003), S. 198–200.

Douglas, Lawrence, The Memory of Judgement. Making Law and History in the Trials of the Holocaust, New Haven / London 2001.

Dreher, Eduard, Strafgesetzbuch mit Nebengesetzen und Verordnungen, Berlin ^{24}1962.

Dreier, Ralf, Der Begriff des Rechts, in: ders., Studien zur Rechtslehre, Bd. 2: Recht – Staat – Vernunft, Frankfurt a.M. 1991, S. 95–119.

Dreier, Ralf, Juristische Vergangenheitsbewältigung, Baden-Baden 1995.

Ducklau, Volker, Die Befehlsproblematik bei NS-Tötungsverbrechen, Freiburg i.Br. 1976.

Eichmüller, Andreas, Die Strafverfolgung von NS-Verbrechen durch westdeutsche Justizbehörden seit 1945, in: VfZ 56 (2008), S. 621–640.

Ehlich, Konrad / **Rehbein**, Jochen, Sprachliche Handlungsmuster, in: Georg Soeffner (Hrsg.), Interpretative Verfahren in den Text- und Sozialwissenschaften, Stuttgart 1979, S. 241–274.

Etzel, Matthias, Die Aufhebung von nationalsozialistischen Gesetzen durch den Alliierten Kontrollrat (1945–1948), Tübingen 1992.

Faßbender, Heinz, Der Prozess gegen Lischka, Hagen und Heinrichsohn aus der Sicht des damaligen Schwurgerichtsvorsitzenden, in: Anne Klein / Jürgen Wilhelm (Hrsg.), NS-Unrecht vor Kölner Gerichten nach 1945, Köln 2003, S. 177–182.

Febvre, Lucien, Ein Historiker prüft sein Gewissen, in: Fernand Braudel (Hrsg.), Wie Geschichte geschrieben wird, Berlin 1998, S. 15–29.

Fikentscher, Wolfgang / **Koch**, Reiner, Strafrechtliche Wiedergutmachung nationalsozialistischen Unrechts, in: NJW 38 (1983), S. 12–15.

Fleiter, Rüdiger, Die Ludwigsburger Zentrale Stelle – eine Strafverfolgungsbehörde als Legitimationsinstrument? Gründung und Zuständigkeit 1958 bis 1965, in: KJ 35 (2002), S. 253–272.

Forster, Karl (Hrsg.), Möglichkeiten und Grenzen für die Bewältigung historischer und politischer Schuld in Strafprozessen, Würzburg 1962.

Frankenberg, Günter / **Müller**, Franz J., Juristische Vergangenheitsbewältigung – Der Volksgerichtshof vorm BGH, in: KJ 16 (1983), S. 145–163.

Frei, Norbert, Vergangenheitspolitik. Die Anfänge der Bundesrepublik und die NS-Vergangenheit, München 1996.

Frei, Norbert, Amnestiepolitik in den Anfangsjahren der Bundesrepublik, in: Gary Smith / Avishai Margalit (Hrsg.), Amnestie oder Die Politik der Erinnerung, Frankfurt a.M. 1997, S. 120–136.

Frei, Norbert, Vergangenheitspolitik in den fünfziger Jahren, in: Wilfried Loth / Bernd-A. Rusinek (Hrsg.), Verwandlungspolitik: NS-Eliten in der westdeutschen Nachkriegsgesellschaft, Frankfurt a.M. 1998, S. 79–92.

Frei, Norbert, Die Rückkehr des Rechts. Justiz und Zeitgeschichte nach dem Holocaust, in: ders., 1945 und Wir. Das Dritte Reich im Bewußtsein der Deutschen, München 2005, S. 63–82.

Friedrich, Klaus-Peter, Erinnerungspolitische Legitimierungen des Opferstatus: Zur Instrumentalisierung fragwürdiger Opferzahlen in Geschichtsbildern vom Zweiten Weltkrieg in Polen und Deutschland, in: Dieter Bingen (Hrsg.), Die Destruktion des Dialogs: Zur innenpolitischen Instrumentalisierung negativer Fremd- und Feindbilder. Polen, Tschechien, Deutschland und die Niederlande im Vergleich, 1900–2005, Wiesbaden 2007, S. 176–191.

Freudiger, Kerstin, Die juristische Aufarbeitung von NS-Verbrechen, Tübingen 2002.

Fritz Bauer Institut (Hrsg.), „Gerichtstag halten über uns selbst...“. Geschichte und Wirkung des ersten Frankfurter Auschwitz-Prozesses, Frankfurt a.M. 2001.

Fröhlich, Claudia, Die Gründung der „Zentralen Stelle“ in Ludwigsburg, in: Gerhard Pauli / Thomas Vormbaum (Hrsg.), Justiz und Nationalsozialismus – Kontinuität und Diskontinuität, Berlin 2003, S. 213–249.

Fröhlich, Claudia, Wider die Tabuisierung des Ungehorsams. Fritz Bauers Widerstandsbegriff und die Aufarbeitung von NS-Verbrechen, Frankfurt a.M. 2006.

Garfinkel, Harold, Studies in Ethnomethodology, Englewood Cliffs 1967.

Gerlach, Christian, Die Einsatzgruppe B, in: Peter Klein (Hrsg.), Die Einsatzgruppen in der besetzten Sowjetunion 1941/42. Die Tätigkeits- und Lageberichte des Chefs der Sicherheitspolizei und des SD, Berlin 1997, S. 52–70.

Gerlach, Christian, Die Ausweitung der deutschen Massenmorde in den besetzten sowjetischen Gebieten im Herbst 1941, in: ders., Krieg, Ernährung, Völkermord. Forschungen zur deutschen Vernichtungspolitik im Zweiten Weltkrieg, Hamburg 1998, S. 10–84.

GERLACH, Christian, Kalkulierte Morde. Die deutsche Wirtschafts- und Vernichtungspolitik in Weißrussland 1941 bis 1944, Hamburg 2000.

GERLACH, Jürgen von, Die Begründung der Beschuldigteneigenschaft im Ermittlungsverfahren, in: NJW 22 (1969), S. 776–780.

GINZBURG, Carlo, Der Richter und der Historiker. Überlegungen zum Fall Sofri, Berlin 1991.

GŁOWACKI, Albin, Sowieci wobec Polaków na ziemiach wschodnich II Rzeczypospolitej 1939–1941, Łódź 1997.

GNATOWSKI, Michał, Białostocczyzna w latach wojny i okupacji hitlerowskiej, Białystok 1979.

GNATOWSKI, Michał u.a., Wieś białostocka oskarża. Ze studiów nad eksterminacja wsi na Białostocczyźnie w latach wojny i okupacji hitlerowskiej, Białystok 1982.

GNATOWSKI, Michal, Nationalsozialistische Okkupationspolitik im „Bezirk Bialystok" 1941–1944, in: Freia Anders u.a. (Hrsg.), Bialystok in Bielefeld. Nationalsozialistische Verbrechen vor dem Landgericht Bielefeld 1958–1967, Bielefeld 2003, S. 161–185.

GODAU-SCHÜTTKE, Klaus Detlev, Die Heyde/Sawade-Affäre. Wie Juristen und Mediziner in Schleswig-Holstein den NS-Euthanasieprofessor Werner Heyde deckten und straflos blieben, in: Heribert Ostendorf / Uwe Danker (Hrsg.), Die NS-Strafjustiz und ihre Nachwirkungen, Baden-Baden 1999, S. 167–187.

GODAU-SCHÜTTKE, Klaus Detlev, Die Heyde/Sawade-Affäre, Baden-Baden ^{2}2001.

GODAU-SCHÜTTKE, Klaus Detlev, Holocausttäter machen Nachkriegskarriere in Schleswig-Holstein, in: Alfred Gottwaldt u.a. (Hrsg.), NS-Gewaltherrschaft. Beiträge zur historischen Forschung und zur juristischen Aufarbeitung, Berlin 2005, S. 369–377.

GOLCZEWSKI, Frank, Polen, in: Wolfgang Benz (Hrsg.), Dimension des Völkermords. Die Zahl der jüdischen Opfer des Nationalsozialismus, München 1991, S. 411–497.

GOLDHAGEN, Daniel, Hitlers willige Vollstrecker. Ganz gewöhnliche Deutsche und der Holocaust, München 2000.

GÖSSEL, Karl Heinz, Ermittlung oder Herstellung von Wahrheit im Strafprozeß?, Berlin 2000.

GRABITZ, Helge, NS-Prozesse – Psychogramme der Beteiligten, Heidelberg 1985.

GRABITZ, Helge, Die Verfolgung von NS-Verbrechen in der Bundesrepublik Deutschland und in der DDR, in: Claudia Kuretsidis-Haider / Winfried R. Garscha (Hrsg.), Keine „Abrechnung". NS-Verbrechen, Justiz und Gesellschaft in Europa nach 1945, Leipzig 1998, S. 144–179.

GRABITZ, Helge, Überblick, in: dies. / Justizbehörde Hamburg (Hrsg.), Täter und Gehilfen des Endlösungswahns. Hamburger Verfahren wegen NS-Gewaltverbrechen 1946-1996, Hamburg 1999, S. 27–50.

GRASNICK, Walter, Über Schuld, Strafe und Sprache. Systematische Studien zu den Grundlagen der Punktstrafen- und Spielraumtheorie, Tübingen 1987.

GRASNICK, Walter, Wille und Willensbenehmen. Zum sogenannten Täterwillen und seiner Feststellbarkeit, in: Hermann Witter (Hrsg.), Der psychiatrische Sachverständige im Strafrecht, Berlin 1987, S. 287–312.

GRASNICK, Walter, Wozu Rechtsrhetorik? Versuch einer Aufklärung, in: GA 137 (1990), S. 483–494.

GRASNICK, Walter, Der Strafprozeß als mentaler Diskurs und Sprachspiel, in: JZ 46 (1991), S. 285–295.

GRASNICK, Walter, Wahres über die Wahrheit – auch im Strafprozeß, in: Jürgen Wolter (Hrsg.), 140 Jahre Goltdammer's Archiv für Strafrecht. Eine Würdigung zum 70. Geburtstag von Paul-Günter Plötz, Heidelberg 1993, S. 55–75.

GRASNICK, Walter, Das Recht der Zeichen – im Zeichen des Rechts, in: Josef Simon / Werner Stegmaier (Hrsg.), Fremde Vernunft, Zeichen und Interpretation IV, Frankfurt a.M. 1998, S. 194–237.

GRASNICK, Walter, Entscheidungsgründe als Textcollage, in: Friedrich Müller / Rainer Wimmer (Hrsg.), Neue Studien zur Rechtslinguistik. Dem Gedenken an Bernd Jeand'Heur, Berlin 2001, S. 27–44.

GREVE, Michael, Neuere Forschungen zu NS-Prozessen. Ein Überblick, in: KJ 32 (1999), S. 472–480.

GREVE, Michael, Amnestierung von NS-Gehilfen – eine Panne? Die Novellierung des § 50 Abs. 2 StGB und dessen Auswirkungen auf die NS-Strafverfolgung, in: KJ 33 (2000), S. 412–424.

GREVE, Michael, Der justitielle und rechtspolitische Umgang mit den NS-Gewaltverbrechen in den sechziger Jahren, Berlin 2001.

GREVE, Michael, Täter oder Gehilfen? Zum strafrechtlichen Umgang mit NS-Gewaltverbrechen in der Bundesrepublik Deutschland, in: Ulricke Weckel / Edgar Wolfrum (Hrsg.), „Bestien“ und „Befehlsempfänger“. Frauen und Männer in NS-Prozessen nach 1945, Göttingen 2003, S. 194–221.

GROSS, Jan Tomasz, Und wehe, du hoffst ... Die Sowjetisierung Ostpolens nach dem Hitler-Stalin-Pakt 1939–1941, Freiburg i.B. 1988.

GROSS, Jan Tomasz, The Sovietisation of Western Ukraine and Western Byelorussia, in: Norman Davies / Antony Polonsky (Hrsg.), Jews in Eastern Poland and the USSR, 1939–46, London 1991, S. 60–76.

GROSS, Jan, The Jewish Community in the Soviet-Annexed Territories on the Eve of the Holocaust. A Social Scientist's View, in: Lucjan Dobroszycki / Jeffrey S. Gurock (Hrsg.), The Holocaust in the Soviet Union. Studies and Sources on the Destruction of the Jews in the Nazi-Occupied Territories of the USSR, 1941–1945, New York 1993, S. 155–171.

GROSS, Jan T., A Tangled Web: Confronting Stereotypes Concerning Relations between Poles, Germans, Jews, and Communists, in: István Deák / Jan T. Gross / Tony Judt (Hrsg.), The Politics of Retribution in Europe. World War II and its Aftermath, New Jersey 2000, S. 74–129.

GROSS, Jan T., Nachbarn. Der Mord an den Juden von Jedwabne, München 2001.

GROSSMAN, Chaika, Die Untergrundarmee. Der jüdische Widerstand in Bialystok. Ein autobiographischer Bericht, Frankfurt a.M. 1993.

GRÜNWALD, Gerald, Zur Kritik der Lehre vom überpositiven Recht, Bonn 1971.

GRÜNWALD, Gerald, Das Beweisrecht der Strafprozeßordnung, Baden-Baden 1993.

HABERMAS, Jürgen, Faktizität und Geltung. Beiträge zur Diskurstheorie des Rechts und des demokratischen Rechtsstaats, Frankfurt a.M. 1998.

HAMBURGER INSTITUT FÜR SOZIALFORSCHUNG (Hrsg.), Verbrechen der Wehrmacht. Dimensionen des Vernichtungskrieges 1941–1944, Hamburg 2002.

HAMM, Rainer, Die Revision in Strafsachen, Berlin ^{6}1998.

HANACK, Ernst-Walter, Zur Problematik der gerechten Bestrafung nationalsozialistischer Gewaltverbrecher, in: JZ 22 (1967), S. 329–338.

HARRIS, Sandra, Fragmented narratives and multiple tellers: witness and defendant accounts in trials, in: Discourse Studies 3 (2001), S. 53–74.

HASSEMER, Winfried, Einführung in die Grundlagen des Strafrechts, München ^{2}1990.

HASSEMER, Winfried, Staatsverstärkte Kriminalität als Gegenstand der Rechtsprechung. Grundlagen der „Mauerschützen"-Entscheidungen des Bundesgerichtshofs und des Bundesverfassungsgerichts, in: Claus-Wilhelm Canaris u.a. (Hrsg.), 50 Jahre Bundesgerichtshof. Festgabe aus der Wissenschaft, Bd. IV: Strafrecht, Strafprozeßrecht, München 2000, S. 439–463.

HAUS DER GESCHICHTE BADEN-WÜRTTEMBERG (Hrsg.), Die Mörder sind unter uns. Der Ulmer Einsatzgruppen-Prozess 1958, Stuttgart 2008.

HEINE, Günter, Täterschaft und Teilnahme in staatlichen Machtapparaten. NS- und DDR-Unrecht im Vergleich der Rechtsprechung, in: JZ 55 (2000), S. 920–926.

HENKEL, Heinrich, Einführung in die Rechtsphilosophie. Grundlagen des Rechts, München 1977.

HENNE, Thomas, Zeugenschaft vor Gericht, in: Fritz Bauer Institut (Hrsg.), Zeugenschaft des Holocaust. Zwischen Trauma, Tradierung und Ermittlung, Frankfurt a.M. 2007, S. 79–91.

HENNING, Ruth (Hrsg.), Die „Jedwabne-Debatte" in polnischen Zeitungen und Zeitschriften (Transodra 23: Deutsch-polnisches Informationsbulletin), Potsdam 2001.

HERBERT, Ulrich (Hrsg.), Nationalsozialistische Vernichtungspolitik 1939–1945, Frankfurt a.M. ^{2}1998.

HERBERT, Ulrich, Vernichtungspolitik. Neue Antworten und Fragen zur Geschichte des „Holocaust", in: ders. (Hrsg.), Nationalsozialistische Vernichtungspolitik 1933–1945. Neue Forschungen und Kontroversen, Frankfurt a.M. ^{2}1998, S. 9–66.

HERF, Jeffrey, Zweierlei Erinnerung. Die NS-Vergangenheit im geteilten Deutschland, Berlin 1998.

HERZBERG, Rolf, Antwort auf die Anmerkungen von Prof. Dr. Roxin, in: Knut Amelung (Hrsg.), Individuelle Verantwortung und Beteiligungsverhältnisse bei Straftaten in bürokratischen Organisationen des Staates, der Wirtschaft und der Gesellschaft, Sinzheim 2000, S. 57–61.

HERZBERG, Rolf, Der Vorsatz als „Schuldform", als „aliud" zur Fahrlässigkeit und als „Wissen und Wollen"?, in: Claus-Wilhelm Canaris u.a. (Hrsg.), 50 Jahre Bundesgerichtshof. Festgabe aus der Wissenschaft, Bd. IV: Strafrecht, Strafprozeßrecht, München 2000, S. 51–82.

HERZBERG, Rolf, Mittelbare Täterschaft und Anstiftung in formalen Organisationen, in: Knut Amelung (Hrsg.), Individuelle Verantwortung und Beteiligungsverhältnisse bei Straftaten in bürokratischen Organisationen des Staates, der Wirtschaft und der Gesellschaft, Sinzheim 2000, S. 33–55.

HEY, Bernd, Die NS-Prozesse – Versuch einer juristischen Vergangenheitsbewältigung, in: GWU 6 (1981), S. 331–362.

HILBERG, Raul, Sonderzüge nach Auschwitz, Berlin 1987.

HILBERG, Raul, Täter, Opfer, Zuschauer. Die Vernichtung der Juden 1933–1945, Frankfurt a.M. 1997.

HILBERG, Raul, Die Quellen des Holocaust. Entschlüsseln und Interpretieren, Frankfurt a.M. 2002.

HIRSCH, Günter E., Die Strafzumessung bei nationalsozialistischen Gewalt- und Kriegsverbrechen, Neuburg a.d. Donau 1973.

HÖRDLER, Stefan, Aspekte der *Täterforschung*. Eine kritische Bilanz, in: Petra Fank / Stefan Hördler (Hrsg.), Der Nationalsozialismus im Spiegel des öffentlichen Gedächtnisses. Formen der Aufarbeitung und des Gedenkens, Berlin 2005, S. 23–45.

HOFFMANN, Friedrich, Die Verfolgung der nationalsozialistischen Gewaltverbrechen in Hessen, Baden-Baden 2001.

HOFFMANN, Jens, „Das kann man nicht erzählen". Aktion 1005 – Wie die Nazis die Spuren ihrer Massenmorde in Osteuropa beseitigten, Hamburg 2008.

HOFFMANN, Ludger, Kommunikation vor Gericht, Tübingen 1983.

HOFFMANN, Ludger, Verstehensprobleme in der Strafverhandlung, in: ders. (Hrsg.), Rechtsdiskurse. Untersuchungen zur Kommunikation in Gerichtsverfahren, Tübingen 1989, S. 165–195.

HOFFMANN, Ludger, Vom Ereignis zum Fall. Sprachliche Muster zur Darstellung und Überprüfung von Sachverhalten vor Gericht, in: Jörg Schönert (Hrsg.), Erzählte Kriminalität. Zur Typologie und Funktion von narrativen Darstellungen in Strafrechtspflege, Publizistik und Literatur zwischen 1770 und 1920, Tübingen 1991, S. 87–113.

HOFFMANN, Ludger, Fragen nach der Wirklichkeit. Der Beitrag der linguistischen Diskursanalyse, in: Detlev Frehsee u.a. (Hrsg.), Konstruktion der Wirklichkeit durch Kriminalität und Strafe, Baden-Baden 1997, S. 200–220.

HOMANN, Ulrike, Herausforderungen an den Rechtsstaat durch Justizunrecht. Die Urteile bundesdeutscher Gerichte zur strafrechtlichen Aufarbeitung von NS- und DDR-Justizverbrechen, Berlin 2003.

HORN, Sabine, „...ich fühlte mich damals als Soldat und nicht als Nazi“: Der Majdanek-Prozess im Fernsehen – aus geschlechtergeschichtlicher Perspektive betrachtet, in: Ulricke Weckel / Edgar Wolfrum (Hrsg.), „Bestien“ und „Befehlsempfänger“. Frauen und Männer in NS-Prozessen nach 1945, Göttingen 2003, S. 222–249.

ISENSEE, Josef (Hrsg.), Vergangenheitsbewältigung durch Recht. Drei Abhandlungen zu einem deutschen Problem, Berlin 1992.

IZHAR, Neomi, Chasia Bornstein-Bielicka, One of the Few. A Resistance Fighter and Educator 1939–1947, Jerusalem 2009.

JÄGER, Herbert, Verbrechen unter totalitärer Herrschaft. Studien zur nationalsozialistischen Gewaltkriminalität, Konstanz 1967.

JÄGER, Herbert, Verbrechen unter totalitärer Herrschaft, in: Rudolf Sieverts / Hans Joachim Schneider (Hrsg.), Handwörterbuch der Kriminologie, Berlin 1975, S. 453–464.

JÄGER, Herbert, Makrokriminalität. Studien zur Kriminologie kollektiver Gewalt, Frankfurt a.M. 1989.

JÄGER, Herbert, Makrokriminalität und das Selbstverständnis der Kriminologie, in: ders., Makrokriminalität. Studien zur Kriminologie kollektiver Gewalt, Frankfurt a.M. 1989, S. 11–39.

JÄGER, Herbert, Arbeitsteilige Täterschaft. Kriminologische Perspektiven auf den Holocaust, in: Hanno Loewy (Hrsg.), Holocaust: Die Grenzen des Verstehens. Eine Debatte über die Besetzung der Geschichte, Reinbek 1992, S. 160–165.

JÄGER, Herbert, Makroverbrechen als Gegenstand des Völkerstrafrechts. Kriminalpolitisch-kriminologische Aspekte, in: Gerd Hankel / Gerhard Stuby (Hrsg.), Strafgerichte gegen Menschheitsverbrechen. Zum Völkerstrafrecht 50 Jahre nach den Nürnberger Prozessen, Hamburg 1995, S. 325–354.

JÄGER, Herbert, „... ich hatte die naive Vorstellung, Juristerei nach 1945 ist Auseinandersetzung mit dem Holocaust, mit Völkermord“, in: Thomas Horstmann / Heike Litzinger (Hrsg.), An den Grenzen des Rechts. Gespräche mit Juristen über die Verfolgung von NS-Verbrechen, Frankfurt a.M. 2006, S. 35–67.

JÄGER, Horst / Schmidt, Robert, Die praktische Entscheidung der Staatsanwaltschaft. Anklageschrift – Antrag auf Erlaß eines Strafbefehls – Einstellungsverfügung, Düsseldorf 1972.

JAH, Akim, Juristische und historische Wahrheitssuche im Berliner Bovensiepen-Verfahren. Die Deportation der Berliner Juden und das Verfahren gegen Mitarbeiter der Stapoleitstelle Berlin, in: Traverse. Zeitschrift für Geschichte 11 (2004), S. 51–63.

JAKOBS, Günther, Vergangenheitsbewältigung durch Strafrecht? Zur Leistungsfähigkeit des Strafrechts nach einem politischen Umbruch, in: Josef Isensee (Hrsg.), Vergangenheitsbewältigung durch Recht. Drei Abhandlungen zu einem deutschen Problem, Berlin 1992, S. 37–64.

JAKOBS, Günther, Untaten des Staates – Unrecht im Staat. Strafe für die Tötungen an der Grenze der ehemaligen DDR?, in: GA 141 (1994), S. 1–14.

JASIEWICZ, Krzysztof, Pierwsi po diable. Elity sowieckie w okupowanej Polsce 1939–1941 (Białostocczyna, Nowogródczyzna, Polesie, Wileńszczyzna), Warszawa 2001.

JASPERS, Karl, Die Schuldfrage, Heidelberg 1946.

JASPERS, Karl, Die Bundestagsdebatten vom 10. und 25. März 1965 über die Verjährung von Morden des NS-Staates, in: ders., Wohin treibt die Bundesrepublik? Tatsachen, Gefahren, Chancen, München 1966, S. 47–123.

JUST-DAHLMANN, Barbara / JUST, Helmut, Die Gehilfen. NS-Verbrechen und die Justiz nach 1945, Frankfurt a.M. 1988.

JUSTIZ UND NS-VERBRECHEN. Schwerpunkte der Strafverfolgung in Westdeutschland 1945–1947, Institut für Strafrecht der Universität von Amsterdam, Christiaan Frederik Rüter und Dick de Mildt, in: http://www1.jur.uva.nl/junsv/Strafverfolgung BRD.htm, Aufruf am 2. September 2008.

JUSTIZMINISTERIUM DES LANDES NRW (Hrsg.), Die nordrheinwestfälische Justiz und ihr Umgang mit der nationalsozialistischen Vergangenheit. Abschlussbericht. Interdisziplinäres Forschungsprojekt der Westfälischen Wilhelms-Universität Münster, Düsseldorf 2001.

KALLMEYER, Werner, Mündliche Kommunikation vor Gericht. Einige Bemerkungen zu ihrer linguistischen und sprachsoziologischen Behandlung, in: Hannelore Kaeber (Hrsg.), Recht und Sprache (Schriftenreihe der Bundeszentrale für politische Bildung, Bd. 199), Heidelberg 1983, S. 139–151.

KAPISCHKE, Jürgen, Die Zentralstellen zur Verfolgung nationalsozialistischer Gewaltverbrechen im Land Nordrhein-Westfalen – Entstehung und Aufgabenfeld, in: Justizministerium des Landes NRW (Hrsg.), Die Zentralstellen zur Verfolgung nationalsozialistischer Gewaltverbrechen. Versuch einer Bilanz (Juristische Zeitgeschichte, Bd. 9), Geldern 2001, S. 1–11.

KAPŁAN, Pesach, Judenrat w Białymstoku, in: Biuletyn ŻIH 60 (1966), S. 51–76.

KAPŁAN, Pesach, Zagłada Żydów Białegostoku, in: Biuletyn ŻIH 60 (1966), S. 77–88.

KAUFMANN, Arthur, Analogie und „Natur der Sache“, Heidelberg ^{2}1982.

KAUFMANN, Arthur, Rezension zu: Über Schuld, Strafe und Sprache. Systematische Studien zu den Grundlagen der Punktstrafen- und Spielraumtheorie. Von Walter Grasnick, in: NJW 41 (1988), S. 2785–2786.

KAUFMANN, Arthur, Läßt sich die Hauptverhandlung in Strafsachen als rationaler Diskurs auffassen?, in: ders., Über Gerechtigkeit. Dreißig Kapitel praxisorientierter Rechtsphilosophie, Köln 1993, S. 425–434.

KAUFMANN, Arthur, Rechtsphilosophie, München ^{2}1997.

KAUFMANN, Arthur, Gustav Radbruch und die Radbruchsche Formel. Brief an meinen Enkel Finn Baumann, in: RJ 19 (2000), S. 604–607.

KELSEN, Hans, Reine Rechtslehre, Wien 1960.

KÄMPER, Heidrun, Die Konstruktion der KZ-Welt im Gerichtssaal. Das Redeverhalten der Angeklagten im Auschwitz-Prozess, in: Dorothee Heller / Konrad Ehlich (Hrsg.), Studien zur Rechtskommunikation, Bern 2007, S. 289–318.

KIEPE, Jan Henning, Zur Selbstdarstellung und Fremddarstellung von NS-Tätern in den Ermittlungs- und Strafverfahren gegen ehemalige Mitglieder des Hamburger Reservepolizeibataillons 101 in den 1960er Jahren, unveröffentl. Magisterarbeit, Göttingen 2005.

KIERES, Leon, Vorwort, in: Edmund Dmitrów u.a. (Hrsg.), Der Beginn der Vernichtung. Zum Mord an den Juden in Jedwabne und Umgebung im Sommer 1941. Neue Forschungsergebnisse polnischer Historiker, Osnabrück 2004, S. 7–9.

KIRN, Michael, Heißes Eisen kalt geschmiedet. Zur Entscheidung des BGH über die Verjährungsfristen vom 20.5.1969, in: ZRP 2 (1969), S. 124–125.

KLEINKNECHT, Theodor, Strafprozeßordnung. Gerichtsverfassungsgesetz, Nebengesetze und ergänzende Bestimmungen, München [24]1963.

KLEINKNECHT, Theodor / MEYER-GOßNER, Lutz, Strafprozeßordnung. Gerichtsverfassungsgesetz, Nebengesetze und ergänzende Bestimmungen, München [32]1975.

KLEMENTINOWSKI, David, leben un umkum in bialistoker geto, New York 1946.

KLEMP, Stefan, „Nicht ermittelt“. Polizeibataillone und die Nachkriegsjustiz – Ein Handbuch, Essen 2005.

KLIBANSKI, Bronia, The Underground Archives of the Bialystok Ghetto Founded by Mersyk and Tenenbaum, in: Yad Vashem Studies 2 (1958), S. 285–329.

KOBIERSKA-MOTAS, Elżbieta, Ekstradycja przestępców wojennych do Polski z czterech stref okupacyjnych Niemiec 1946–1950, Część I, Warszawa 1991, Część II, Warszawa 1992.

KOCH, Ludwig, Dr. Heino Friebertshäuser, Nestor der Strafverteidiger im DAV, in: Günter Bandisch (Hrsg.), Festgabe für den Strafverteidiger Heino Friebertshäuser. Mit Beiträgen von Praktikern zu Ehren des Praktikers und für die Praxis, Bonn 1997, S. 13–18.

KOCHAVI, Arieh J., The role of the Genocide of European Jewry in the Preparations for the Nuremberg Trials, in: David Bankier / Dan Michman, Holocaust and Justice. Representation and Historiography of the Holocaust in Post-War Trials, Jerusalem 2010, S. 59–80.

KOECK, Regine, Das Problem der „ethnomethodologischen Indifferenz“. Ein Plädoyer für eine kritische Ethnomethodologie, in: Soziale Welt 27 (1976), S. 261–277.

KOEPPEN, Wolfgang, Jakob Littners Aufzeichnungen aus einem Erdloch, Frankfurt a.M. 1992.

KOHLHAAS, Max, Vom ersten Zugriff zum Schlußgehör, in: NJW 18 (1965), S. 1254–1257.

KÖNIG, Helmut, Die Zukunft der Vergangenheit. Der Nationalsozialismus im politischen Bewußtsein der Bundesrepublik, Frankfurt a.M. 2003.

KORN, Hans-Joachim, Täterschaft oder Teilnahme bei staatlich organisierten Verbrechen, in: NJW 18 (1965), S. 1206–1210.

KOSELLECK, Reinhart, Diesseits des Nationalstaats. Föderale Strukturen der deutschen Geschichte, in: Transit 7 (1994), S. 63–76.

KOSELLECK, Reinhart, Darstellung, Ereignis und Struktur, in: Fernand Braudel, Wie Geschichte geschrieben wird, Berlin 1998, S. 113–125.

KOSELLECK, Reinhart, Die Geschichte der Begriffe und Begriffe der Geschichte, in: ders., Begriffsgeschichten. Studien zur Semantik und Pragmatik der politischen und sozialen Sprache, Frankfurt a.M. 2006, S. 56–76.

KOSELLECK, Reinhart, Sozialgeschichte und Begriffsgeschichte, in: ders., Begriffsgeschichten. Studien zur Semantik und Pragmatik der politischen und sozialen Sprache, Frankfurt a.M. 2006, S. 9–31.

KOSELLECK, Reinhart, Sprachwandel und Ereignisgeschichte, in: ders., Begriffsgeschichten. Studien zur Semantik und Pragmatik der politischen und sozialen Sprache, Frankfurt a.M. 2006, S. 32–55.

KOSMALA, Beate, Polen – Juden – Deutsche. Die Debatte um die Ereignisse in Jedwabne, in: Wolfgang Benz (Hrsg.), Wann ziehen wir endlich den Schlussstrich? Von der Notwendigkeit öffentlicher Erinnerung in Deutschland, Polen und Tschechien, Berlin 2004, S. 113–133.

KRAMER, Bernhard, Grundbegriffe des Strafverfahrensrechts. Ermittlung und Verfahren, Stuttgart u.a. 1984.

KRAMER, Helgard (Hrsg.), NS-Täter aus interdisziplinärer Perspektive, München 2006.

KRANZ, Tomasz, Eksterminacja Żydów na Majdanku i rola obozu w realizacji „Akcji Reinhardt", in: Zeszyty Majdanka 22 (2003), S. 7–55.

KRAŚNICKA, Urszula, Wstęp, in: dies. / Krzysztof Filipow, Żydzi białostoccy. Getto – KL Stutthof – KL Auschwitz Białystok 2003, S. 5–7.

KRAUSE, Peter, Der Eichmann-Prozeß in der deutschen Presse, Frankfurt a.M. 2002.

KULKA, Otto D., Die deutsche Geschichtsschreibung über den Nationalsozialismus und die „Endlösung", in: HZ 240 (1985), S. 559–640.

KURETSIDIS-HAIDER, Claudia, „Das Volk sitzt zu Gericht". Österreichische Justiz und NS-Verbrechen am Beispiel der Engerau-Prozesse 1945–1954, Innsbruck 2006.

KWIET, Konrad, Von Tätern zu Befehlsempfängern, in: Jürgen Matthäus u.a., Ausbildungsziel Judenmord? „Weltanschauliche Erziehung" von SS, Polizei und Waffen-SS im Rahmen der 'Endlösung', Frankfurt a.M. 2003, S. 114–138.

LAAGE, Clea, Die Auseinandersetzung um den Begriff des gesetzlichen Unrechts nach 1945, in: KJ 22 (1989) S. 409–432.

LAAK, Dirk von, Widerstand gegen die Geschichtsgewalt. Zur Kritik an der „Vergangenheitsbewältigung", in: Norbert Frei u.a. (Hrsg.), Geschichte vor Gericht. Historiker, Richter und die Suche nach Gerechtigkeit, München 2000, S. 11–28.

LACKNER, Karl / KÜHL, Kristian, StGB. Strafgesetzbuch mit Erläuterungen, München ^{26}2007.

LEGNARO, Aldo / AENGENHEISTER, Astrid, Die Aufführung von Strafrecht. Kleine Ethnographie gerichtlichen Verhandelns, Baden-Baden 1999.

LEVIN, Dov, The Lesser of Two Evils. European Jewry under Soviet Rule, 1939–1941, Philadelphia 1995.

LEWALD, Walter, Das Dritte Reich – Rechtsstaat oder Unrechtsstaat?, in: NJW 17 (1964), S. 1658–1661.

LICHTENSTEIN, Heiner, Kurt Lischka. Ein Prozeß mit skandalöser Vorgeschichte, in: ders., Im Namen des Volkes? Eine persönliche Bilanz der NS-Prozesse, Köln 1984, S. 99–112.

LICHTENSTEIN, Heiner, Polizisten als Mörder. Das Verbrechen von Bialystok, in: ders., Im Namen des Volkes? Eine persönliche Bilanz der NS-Prozesse, Köln 1984, S. 63–82.

LICHTENSTEIN, Heiner, Niemand spricht für die Zeugen. Medien, öffentliches Interesse und NS-Prozesse, in: Anne Klein / Jürgen Wilhelm (Hrsg.), NS-Unrecht vor Kölner Gerichten nach 1945, Köln 2003, S. 158–164.

LONGERICH, Peter, Politik der Vernichtung. Eine Gesamtdarstellung der nationalsozialistischen Judenverfolgung, München 1998.

LÖSCHPER, Gabriele, Bausteine für eine psychologische Theorie richterlichen Urteilens, Baden-Baden 1999.

LÜDERSSEN, Klaus, Genesis und Geltung in der Jurisprudenz, Frankfurt a.M. 1996.

LUDZ, Ursula (Hrsg.), Hannah Arendt. Zwischen Vergangenheit und Zukunft. Übungen im politischen Denken I, München 1994.

MAAß, Ulrich, Beschreibung der Zentralstelle Dortmund und Darstellung der Verfolgung von NS-Tätern an einem Fallbeispiel, in: Alfred Gottwaldt u.a. (Hrsg.), NS-Gewaltherrschaft. Beiträge zur historischen Forschung und zur juristischen Aufarbeitung, Berlin 2005, S. 409–419.

MAAT, Henk Pander / SAUER, Christoph, Konfrontieren und Rügen im niederländischen Politierechter-Prozess, in: Ludger Hoffmann (Hrsg.), Rechtsdiskurse. Untersuchungen zur Kommunikation im Gerichtsverfahren, Tübingen 1989, S. 129–163.

MACHCEWICZ, Paweł / PERSAK, Krzysztof (Hrsg.), Wokół Jedwabnego, Tom 1, Studia, Warszawa 2002.

MACHCEWICZ, Paweł, Rund um Jedwabne, in: Edmund Dmitrów u.a. (Hrsg.), Der Beginn der Vernichtung. Zum Mord an den Juden in Jedwabne und Umgebung im Sommer 1941. Neue Forschungsergebnisse polnischer Historiker, Osnabrück 2004, S. 19–94.

MADAJCZYK, Czesław, Die Okkupationspolitik Nazideutschlands in Polen 1939–1945, Berlin 1988.

MARK, Bernard, der ojfschtand in bialistoker geto, Warszawa 1950.

MARK, Bernard, W dziesiątą rocznicę powstania w getcie białostockim (16 sierpnia 1943–16 sierpnia 1953), in: Biuletyn ŻIH 6/7 (1953), S. 181–192.

MARRUS, Michael R., The Holocaust at Nuremberg, in: Yad Vashem Studies 26 (1998), S. 5–41.

MARRUS, Michael R., History and the Holocaust in the Courtroom, in: Ronald Smelser (Hrsg.), The Holocaust and Justice (Lessons and Legacies, Bd. V), Evanston 2002, S. 215–239.

MEDICK, Hans, Mikro-Historie, in: Winfried Schulze (Hrsg.), Sozialgeschichte, Alltagsgeschichte, Mikro-Historie, Göttingen 1994, S. 40–53.

MEINDL, Ralf, Ostpreußens Gauleiter. Erich Koch – eine politische Biographie, Osnabrück 2007.

MEUSCH, Matthias, Von der Diktatur zu Demokratie. Fritz Bauer und die Aufarbeitung der NS-Verbrechen in Hessen, Wiesbaden 2001.

MEYER, Ahlrich, Täter im Verhör. Die „Endlösung" der Judenfrage in Frankreich 1940–1944, Darmstadt 2005.

MEYER, Birga, Im Zeichen der Zeit. Die Konstruktion von Täterschaft im Prozess gegen den ehemaligen Lagerkommandanten Fritz Hildebrand, in: Wojciech Lenarczyk u.a. (Hrsg.), KZ-Verbrechen. Beiträge zur Geschichte der nationalsozialistischen Konzentrationslager und ihrer Erinnerung, Berlin 2007, S. 73–88.

MEYER-GOSSNER, Lutz, Strafprozeßordnung, Gerichtsverfassungsgesetz, Nebengesetze und ergänzende Bestimmungen, ^{45}München 2001.

MICHLIC, Joanna B., Anti-Polish and Pro-Soviet? 1939–1941 and the Stereotyping of the Jew in Polish Historiography, in: Elazar Barkan / Elisabeth A. Cole / Kai Struve (Hrsg.), Shared History – Divided Memory. Jews and Others in Soviet-Occupied Poland, 1939–1941, Leipzig 2007, S. 67–101.

MICHMAN, Dan, „Judenräte" und „Judenvereinigungen" unter nationalsozialistischer Herrschaft. Aufbau und Anwendung eines verwaltungsmäßigen Konzepts, in: ZfG 46 (1998), S. 293–304.

MICHMAN, Dan, The Holocaust as History, in: John K. Roth (Hrsg.), Remembering for the Future. The Holocaust in an Age of Genocide, Bd. 3: Memory, Basingstoke 2001, S. 358–366.

MICHMAN, Dan, Die „Shoah" in den Augen der Historiker: Probleme der Konzeptualisierung, Periodisierung und Deutung, in: ders., Die Historiographie der Shoah aus jüdischer Sicht. Konzeptualisierungen, Terminologie, Anschauungen, Grundfragen, Hamburg 2002, S. 14–45.

MIQUEL, Marc von, Ahnden oder amnestieren? Westdeutsche Justiz und Vergangenheitspolitik in den sechziger Jahren, Göttingen 2004.

MIX, Andreas, Von der „Hauptkommission" zum Institut des Nationalen Gedenkens, in: Wolfgang Benz (Hrsg.), Wann ziehen wir endlich den Schlussstrich? Umgang mit schwieriger Geschichte in Deutschland, Polen und Tschechien, Berlin 2004, S. 75–94.

MIX, Andreas, Organisatoren und Praktiker der Gewalt. Die SS- und Polizeiführer im Distrikt Warschau, in: Timm C. Richter (Hrsg.), Krieg und Verbrechen. Situation und Intention: Fallbeispiele, München 2006, S. 123–134.

MIX, Andreas, Das Ghetto vor Gericht. Zwei Strafprozesse gegen Exzeßtäter aus dem Warschauer Ghetto vor bundesdeutschen und DDR-Gerichten im Vergleich, in: Stephan Alexander Glienke u.a. (Hrsg.), Erfolgsgeschichte Bundesrepublik? Die Nachkriegsgesellschaft im langen Schatten des Nationalsozialismus, Göttingen 2008, S. 319–345.

MŁYNARCZYK, Jacek Andrzej (Hrsg.), Polen unter deutscher und sowjetischer Besatzung 1939–1945, Osnabrück 2009.

MOGILANSKI, Roman, The Ghetto Anthology, Los Angeles 1985.

MÖLLER, Christina, Völkerstrafrecht und Internationaler Strafgerichtshof – kriminologische, straftheoretische und rechtspolitische Aspekte, Münster 2003.

MONKIEWICZ, Waldemar / KOWALCZYK, Józef, Zagłada ludności żydowskiej w Białymstoku, Białystok 1983.

MORIN, Guy / SHULHANI, Shlomit (Hrsg.), The Yad Vashem Encyclopedia of the Ghettos during the Holocaust, Jerusalem 2009.

MORITZ, Günther, Gerichtsbarkeit in den von Deutschen besetzten Gebieten 1939–1945, Tübingen 1955.

MÜLLER, Ingo, NS-Justiz im Spiegel bundesdeutscher Nachkriegsrechtsprechung, in: Justizministerium des Landes NRW (Hrsg.), Justiz und Judentum (Reihe Juristische Zeitgeschichte, Bd. 8), Geldern 1999, S. 37–46.

MÜNCH, Ingo von, Geschichte vor Gericht. Der Fall Engel, Hamburg 2004.

MUSIAL, Bogdan, NS-Kriegsverbrecher vor polnischen Gerichten, in: VfZ 47 (1999), S. 25–56.

MUSIAL, Bogdan, „Konterrevolutionäre Elemente sind zu erschießen“. Die Brutalisierung des deutsch-sowjetischen Krieges im Sommer 1941, Berlin ²2001.

MUSIAL, Bogdan, Indigener Judenhaß und die deutsche Kriegsmaschinerie. Der Nordosten Polens im Sommer 1941, in: Osteuropa 53 (2003), S. 1830–1841.

MUSIAL, Bogdan (Hrsg.), „Aktion Reinhardt“. Der Völkermord an den Juden im Generalgouvernement 1941–1944, Osnabrück 2004.

MUSIAL, Bogdan, Das Schlachtfeld zweier totalitärer Systeme. Polen unter deutscher und sowjetischer Herrschaft 1939–1941, in: Klaus-Michael Mallmann / Bogdan Musial (Hrsg.), Genesis des Genozids. Polen 1939–1941, Darmstadt 2004, S. 13–35.

NALEWAJKO-KULIKOV, Joanna, Trzy kolory: szary. Szkic do potretu Bernarda Marka, in: Zagłada Żydów 4 (2008), S. 263–284.

NAUCKE, Wolfgang, Die strafjuristische Privilegierung staatsverstärkter Kriminalität, Frankfurt a.M. 1996.

NEHMER, Bettina, Täter als Gehilfen? Zur Ahndung von Einsatzgruppenverbrechen, in: Redaktion Kritische Justiz (Hrsg.), Die juristische Aufarbeitung des Unrechts-Staats, Baden-Baden 1998, S. 635–668.

NEUMANN, Ulfried, Rechtspositivismus, Rechtsrealismus und Rechtsmoralismus in der Diskussion um die strafrechtliche Bewältigung politischer Systemwechsel, in: Cornelius Prittwitz u.a. (Hrsg.), Festschrift für Klaus Lüderssen. Zum 70. Geburtstag am 2. Mai 2002, Baden-Baden 2002, S. 109–126.

NIERMANN, Hans-Eckhard, Die nordrhein-westfälische Justiz und ihr Umgang mit der nationalsozialistischen Vergangenheit. Ergebnisse eines Forschungsprojektes, in: JJZG 2 (2001), S. 288–307.

Nowak, Felicja, Mein Stern. Erinnerungen einer Holocaust-Überlebenden, Gerlingen 2001.

Odersky, Walter, Die Rolle des Strafrechts bei der Bewältigung politischen Unrechts, Heidelberg 1992.

Ogorreck, Ralf, Die Einsatzgruppen und die „Genesis der Endlösung", Berlin 1996.

Okroy, Michael, „Man will unserem Batl. was tun ..." – Der Wuppertaler Bialystok-Prozess 1967/68 und die Ermittlungen gegen Angehörige des Polizeibataillons 309, in: Alfons Kenkmann / Christoph Spieker (Hrsg.), Im Auftrag – Polizei, Verwaltung und Verantwortung, Münster 2001, S. 301–317.

Omiljanowicz, Aleksander, Macholl, August Artur – Przed wyrokiem: rozmowy z gestapowcem, Białystok 1998.

Ophir, Adi, Between Eichmann and Kant: Thinking on Evil after Arendt, in: History and Memory 8 (1996), S. 89–136.

Oppitz, Ulrich-Dieter, Strafverfahren und Strafvollstreckung bei NS-Gewaltverbrechen, Ulm 1976.

Ostendorf, Heribert, Die – widersprüchlichen – Auswirkungen der Nürnberger Prozesse auf die westdeutsche Justiz, Gerd Hankel / Gerhard Stuby (Hrsg.), Strafgerichte gegen Menschheitsverbrechen. Zum Völkerstrafrecht 50 Jahre nach den Nürnberger Prozessen, Hamburg 1995, S. 73–97.

Ostendorf, Heribert, Der „Nürnberger Juristenprozess" und seine Auswirkungen auf eine internationale Strafgerichtsbarkeit, in: ders. / Uwe Danker (Hrsg.), Die NS-Strafjustiz und ihre Nachwirkungen, Baden-Baden 1999, S. 125–135.

Ott, Walter, Rechtspositivismus. Kritische Würdigung auf der Grundlage eines juristischen Pragmatismus, Berlin ^{2}1992.

Paech, Norman, Die vergessenen Leiden der Herero, in: Frankfurter Rundschau Nr. 9 v. 12.1.2004, S. 8.

Papier, Hans-Jürgen / **Möller**, Johannes, Die rechtsstaatliche Bewältigung von Regime-Unrecht nach 1945 und nach 1989, in: NJW 52 (1999), S. 3289–3297.

Parnass, Peggy, Im Namen des Volkes, in: dies., Prozesse. 1970 bis 1978, Frankfurt a.M. 1978, S. 209–220.

Paul, Gerhard (Hrsg.), Die Täter der Shoah. Fanatische Nationalsozialisten oder ganz normale Deutsche?, Göttingen ^{2}2003.

Paul, Gerhard, Von Psychopathen, Technokraten des Terrors und „ganz gewöhnlichen" Deutschen. Die Täter der Shoah im Spiegel der Forschung, in: ders. (Hrsg.), Die Täter der Shoah. Fanatische Nationalsozialisten oder ganz normale Deutsche?, Göttingen ^{2}2003, S. 13–90.

Pauli, Gerhard, Die Zentrale Stelle der Landesjustizverwaltung in Ludwigsburg – Entstehung und frühe Praxis, in: Justizministerium des Landes NRW (Hrsg.), Die Zentralstellen zur Verfolgung nationalsozialistischer Gewaltverbrechen. Versuch einer Bilanz (Juristische Zeitgeschichte, Bd. 9), Geldern 2001, S. 45–62.

Pauli, Gerhard, Sühne von NS-Unrecht unter deutscher Strafjustiz vor und nach Gründung der Bundesrepublik, in: Anne Klein / Jürgen Wilhelm (Hrsg.), NS-Unrecht vor Kölner Gerichten nach 1945, Köln 2003, S. 37–44.

Pawlik, Michael, Strafrecht und Staatsunrecht. Zur Strafbarkeit der „Mauerschützen", in: GA 141 (1994), S. 472–483.

Pendas, Devin, The Frankfurt Auschwitz Trial, 1963–1965. Genocide, History, and the Limits of the Law, Cambridge Mass. 2006.

Perels, Joachim, Amnestien für NS-Täter in der frühen Bundesrepublik, in: ders., Das juristische Erbe des „Dritten Reiches", Beschädigung der demokratischen Rechtsordnung, Frankfurt / New York 1999, S. 203–214.

Perels, Joachim, Die Nachwirkungen der NS-Diktatur im demokratischen Rechtsstaat, in: ders., Das juristische Erbe des „Dritten Reiches", Beschädigung der demokratischen Rechtsordnung, Frankfurt / New York 1999, S. 11–38.

Perels, Joachim, Die schrittweise Rechtfertigung der NS-Justiz. Der Huppenkothen-Prozeß, in: Das juristische Erbe des „Dritten Reiches", Beschädigung der demokratischen Rechtsordnung, Frankfurt / New York 1999, S. 181–202.

Perels, Joachim, Pläne der US-Administration für ein anderes Deutschland. Die Arbeiten der Neumann-Gruppe, in: ders., Das juristische Erbe des „Dritten Reiches", Beschädigung der demokratischen Rechtsordnung, Frankfurt / New York 1999, S. 39–46.

Perels, Joachim, Die Strafsache gegen Mulka und andere 4 Ks 2/63 – Juristische Grundlagen, in: Irmtrud Wojak (Hrsg.), Auschwitz-Prozeß 4 Ks 2/63 Frankfurt am Main, Köln 2004, S. 124–147.

Perels, Joachim, Die Übernahme der Beamtenschaft des Hitler-Regimes. Benachteiligung der Entlassenen und Privilegierung der Amtsinhaber der Diktatur, in: KJ 37 (2004), S. 186–193.

Perels, Joachim, Entsorgung der NS-Herrschaft? Konfliktlinien im Umgang mit dem NS-Regime, Hannover 2004.

Peschel-Gutzeit, Lore Maria, Aufarbeitung von Systemunrecht durch die Justiz, Berlin 1996.

Peschel-Gutzeit, Lore Maria, Vorwort, in: Helge Grabitz / Justizbehörde Hamburg (Hrsg.), Täter und Gehilfen des Endlösungswahns. Hamburger Verfahren wegen NS-Gewaltverbrechen 1946–1996, Hamburg 1999, S. 7.

Pinchuk, Ben Cion, Facing Hitler and Stalin. On the Subject of Jewish "Collaboration" in Soviet-Occupied Eastern Poland 1939–1941, in: Joshua D. Zimmermann (Hrsg.), Contested Memories. Poles and Jews during the Holocaust and its Aftermath, New Brunswick, 2003, S. 61–68.

Plachá, Pavla / **Rudorff**, Andrea, Reichenau (Rychnov u Jablonce nad Nison), in: Wolfgang Benz / Barbara Distel (Hrsg.), Der Ort des Terrors. Geschichte der nationalsozialistischen Konzentrationslager, Bd. 6: Natzweiler, Groß-Rosen, Stutthof, München 2007, S. 421–427.

POHL, Dieter, War, Occupation and the Holocaust in Poland, in: Dan Stone (Hrsg.), The Historiography of the Holocaust, Basingstoke 2004, S. 88–119.

POHL, Dieter, Prosecutors and Historians: Holocaust Investigations and Historiography in the Federal Republic 1955-1975, in: David Bankier / Dan Michman (Hrsg.), Holocaust and Justice. Representation and Historiography of the Holocaust in Post-War Trials, Jerusalem 2010, S. 117–129.

POLLMANN, Viktoria, NS-Justiz, Nürnberger Prozesse, NSG-Verfahren. Auswahl-Bibliographie, Frankfurt a.M. 2000.

PÖSCHKO, Hans (Hrsg.), Die Ermittler von Ludwigsburg. Deutschland und die Aufklärung nationalsozialistischer Verbrechen, Berlin 2008.

PUFELSKA, Agnieszka, Die „Judäo-Kommune". Ein Feindbild in Polen. Das polnische Selbstverständnis im Schatten des Antisemitismus 1939–1948, Paderborn 2007.

PRITTWITZ, Cornelius, Der Mitbeschuldigte im Strafprozeß, Frankfurt a.M. 1984.

QUARITSCH, Helmut, Theorie der Vergangenheitsbewältigung, in: Der Staat 31 (1992), S. 519–551.

RADBRUCH, Gustav, Gesetzliches Unrecht und übergesetzliches Recht, in: SJZ 1 (1946), S. 105–108.

RADBRUCH, Gustav, Vorschule der Rechtsphilosophie, Göttingen ^{3}1965.

RADBRUCH, Gustav, Gesetzliches Unrecht und übergesetzliches Recht, in: Erik Wolff / Hans-Peter Schneider (Hrsg.), Gustav Radbruch. Rechtsphilosophie, Stuttgart ^{8}1973, S. 339–350.

RADBRUCH, Gustav, Fünf Minuten Rechtsphilosophie (1945), in: Arthur Kaufmann (Hrsg.), Gustav Radbruch Gesamtausgabe, Bd. 3: Rechtsphilosophie, Heidelberg 1990, S. 78–79.

RAIM, Edith, Der Wiederaufbau der Justiz in Westdeutschland und die Verfolgung von NS-Verbrechen 1945–1949, in: Hans Braun / Uta Gerhardt / Everhard Holtmann (Hrsg.), Die lange Stunde Null. Gelenkter sozialer Wandel in Westdeutschland nach 1945, Baden-Baden 2007, S. 141–173.

REICHEL, Peter, Vergangenheitsbewältigung in Deutschland. Die Auseinandersetzung mit der NS-Diktatur von 1945 bis heute, München 2001.

REISNER, Rafael, der umkum fun bialistoker jidntum 1939–1945, Melbourne 1948.

RENZ, Werner, Der erste Frankfurter Auschwitz-Prozeß. Völkermord als Strafsache, in: 1999. Zeitschrift für Sozialgeschichte des 20. und 21. Jahrhunderts 15 (2000), S. 11–48.

RENZ, Werner, Der 1. Frankfurter Auschwitz-Prozeß. Zwei Vorgeschichten, in: ZfG 50 (2002), S. 622–641.

RENZ, Werner, Opfer und Täter: Zeugen der Shoah. Der Tonbandmitschnitt des 1. Frankfurter Auschwitz-Prozesses als Geschichtsquelle, in: Tribüne. Zeitschrift zum Verständnis des Judentums 41 (2002), S. 126–136.

Renz, Werner, Tonbandmitschnitte von NS-Prozessen als historische Quelle, in: Jürgen Finger u.a. (Hrsg.), Vom Recht zur Geschichte. Akten aus NS-Prozessen als Quellen der Zeitgeschichte, Göttingen 2009, S. 142–153.

Riedel, Joachim, Zwei deutsche Diktaturen und ihre strafrechtliche Aufarbeitung im Vergleich, in: Pöschko, Hans (Hrsg.), Die Ermittler von Ludwigsburg. Deutschland und die Aufklärung nationalsozialistischer Verbrechen, Berlin 2008, S. 152–161.

Roesen, Anton, Rechtsfragen der Einsatzgruppen-Prozesse, in: NJW 17 (1964), S. 133–136.

Roesen, Anton, Nochmals: Rechtsfragen der Einsatzgruppen-Prozesse, in: NJW 17 (1964), S. 1111–1112.

Rogalewska, Ewa, Sprawa Fritza Friedla, in: Biuletyn IPN, Heft 3 (2004), S. 65–69.

Rogalewska, Ewa, Getto Białostockie. Doświadczenie Zagłady – świadectwa literatury i życia, Białystok 2008.

Rogall, Klaus, Bewältigung von Systemkriminalität, in: Claus-Wilhelm Canaris u.a. (Hrsg.), 50 Jahre Bundesgerichtshof. Festgabe der Wissenschaft, Bd. IV: Strafrecht, Strafprozeßrecht, München 2000, S. 383–438.

Roggemann, Herwig, Politischer Systemwechsel, Systemunrecht und Strafrecht – Zur Kritik des deutschen Modells aus vergleichender Sicht, in: Jürgen Weber / Michael Piazolo (Hrsg.), Justiz im Zwielicht: ihre Rolle in Diktaturen und die Antwort des Rechtsstaates, München 1998, S. 325–349.

Roman, Wanda Krystyna, Die sowjetische Okkupation der polnischen Ostgebiete 1939 bis 1941, in: Bernhard Chiari (Hrsg.), Die polnische Heimatarmee. Geschichte und Mythos der Armia Krajowa seit dem Zweiten Weltkrieg, München 2003, S. 87–109.

Rosenkötter, Bernhard, Treuhandpolitik. Die „Haupttreuhandstelle Ost" und der Raub polnischer Vermögen 1939–1945, Essen 2003.

Rossino, Alexander B., Polish 'Neighbours' and German Invaders: Anti-Jewish Violence in the Białystok District during the Opening Weeks of Operation Barbarossa, in: Polin. A Journal of Polish Jewish Studies 13 (2003), S. 431–452.

Roth, Karl Heinz, „Generalplan Ost" – „Gesamtplan Ost". Forschungsstand, Quellenprobleme, neue Ergebnisse, in: Mechthild Rössler / Sabine Schleiermacher (Hrsg.), Der „Generalplan Ost". Hauptlinien der nationalsozialistischen Planungs- und Vernichtungspolitik, Berlin 1993, S. 96–117,

Rotsch, Thomas, Die Rechtsfigur des Täters hinter dem Täter bei der Begehung von Straftaten im Rahmen organisatorischer Machtapparate und ihre Übertragbarkeit auf wirtschaftliche Organisationsstrukturen, in: NStZ 18 (1998), S. 491–495.

Rottleuthner, Hubert, Kontinuität und Identität: Justizjuristen und Rechtslehrer vor und nach 1945, in: Franz Jürgen Säcker (Hrsg.), Recht und Rechtslehre im Nationalsozialismus, Baden-Baden 1999, S. 241–254.

Roxin, Claus, Straftaten im Rahmen organisatorischer Machtapparate, in: GA 110 (1963), S. 193–207.

Roxin, Claus, Täterschaft und Tatherrschaft, Göttingen 1963.

Roxin, Claus, Bemerkungen zum „Täter hinter dem Täter“, in: Günter Warda u.a. (Hrsg.), Festschrift für Richard Lange zum 70. Geburtstag, Berlin 1976, S. 147–171.

Roxin, Claus, Probleme von Täterschaft und Teilnahme bei organisierter Kriminalität, in: Erich Samson u.a. (Hrsg.), Festschrift für Gerald Grünwald zum siebzigsten Geburtstag, Baden-Baden 1999, S. 549–561.

Roxin, Claus, Anmerkungen zum Vortrag von Prof. Dr. Herzberg, in: Knut Amelung (Hrsg.), Individuelle Verantwortung und Beteiligungsverhältnisse bei Straftaten in bürokratischen Organisationen des Staates, der Wirtschaft und der Gesellschaft, Sinzheim 2000, S. 57–61.

Roxin, Claus, Die Abgrenzung von Täterschaft und Teilnahme in der höchstrichterlichen Rechtsprechung, in: Claus-Wilhelm Canaris u.a. (Hrsg.), 50 Jahre Bundesgerichtshof. Festgabe aus der Wissenschaft, Bd. IV: Strafrecht, Strafprozeßrecht, München 2000, S. 177–198.

Roxin, Claus, in: „Wir wollten ein neues Strafrecht schaffen“, in: Thomas Horstmann / Heike Litzinger (Hrsg.), An den Grenzen des Rechts. Gespräche mit Juristen über die Verfolgung von NS-Verbrechen, Frankfurt a.M. 2006, S. 203–215.

Roxin, Claus, Strafprozeßrecht, München ^{15}1997.

Rückerl, Adalbert (Hrsg.), Nationalsozialistische Vernichtungslager im Spiegel deutscher Strafprozesse. Belzec, Sobibor, Treblinka, Chelmno, München 1977.

Rückerl, Adalbert, Die Strafverfolgung von NS-Verbrechen 1945–1978. Eine Dokumentation, Heidelberg 1979.

Rückerl, Adalbert, NS-Prozesse: Warum erst heute? – Warum noch heute? – Wie lange noch?, in: ders. (Hrsg.), NS-Prozesse. Nach 25 Jahren Strafverfolgung: Möglichkeiten – Grenzen – Ergebnisse, Karlsruhe 1972, S. 13–34.

Rückert, Joachim, Strafrechtliche Zeitgeschichten – Vermutungen und Widerlegungen, in: KritV 84 (2001), S. 223–254.

Rundholz, Eberhard, Dortmund zum Beispiel. Eine deutsche Zentralstelle für die Bearbeitung nationalsozialistischer Massenverbrechen, in: Blätter für deutsche und internationale Politik 41 (1996), S. 1339–1348.

Ruppert, Andreas, Reichsbahn und Transport. Zur Reichsbahn, in: Gewerkschaft Öffentliche Dienste, Transporte und Verkehr (Hrsg.), Judenmord und öffentliche Verwaltung. 50 Jahre nach der „Wannsee-Konferenz“, Stuttgart 1992, S. 65–74.

Ruppert, Andreas, Das Tagebuch des Adam Czerniaków. Warschau 6. September 1939 – 23. Juli 1942, in: Freia Anders / Katrin Stoll / Karsten Wilke (Hrsg.), Der Judenrat von Białystok. Dokumente aus dem Archiv des Białystoker Ghettos, Paderborn 2010, S. 493–506.

Rüter, Christiaan Frederik, Ost- und westdeutsche Strafverfahren gegen die Verantwortlichen für die Deportation der Juden, in: Anne Klein / Jürgen Wilhelm (Hrsg.), NS-Unrecht vor Kölner Gerichten nach 1945, Köln 2003, S. 45–56.

RÜTER-EHLERMANN, Adelheid L. / **RÜTER**, Christiaan Frederic, Einleitung, in: dies. (Hrsg.), Justiz und NS-Verbrechen. Sammlung deutscher Strafurteile wegen nationalsozialistischer Tötungsverbrechen 1945–1966, Bd. I, Amsterdam 1968, S. XI–XXIII.

SALIGER, Frank, Radbruchsche Formel und Rechtsstaat, Heidelberg 1995.

SAUERLAND, Karol, Polen und Juden. Jedwabne und die Folgen, Berlin 2004.

SCHEFFLER, Wolfgang, Der Beitrag der Zeitgeschichte zur Erforschung der NS-Verbrechen – Versäumnisse, Schwierigkeiten, Aufgaben, in: Jürgen Weber / Peter Steinbach (Hrsg.), Vergangenheitsbewältigung durch Strafverfahren? NS-Prozesse in der Bundesrepublik Deutschland, München 1984, S. 114–133.

SCHEFFLER, Wolfgang, NS-Prozesse als Geschichtsquelle. Bedeutung und Grenzen ihrer Auswertbarkeit durch den Historiker, in: Werner Bergmann / Wolfgang Scheffler (Hrsg.), Lerntag über den Holocaust als Thema im Geschichtsunterricht und in der politischen Bildung, Berlin 1988, S. 13–27.

SCHEFFLER, Wolfgang / **GRABITZ**, Helge, Einleitung, in: Helge Grabitz / Justizbehörde Hamburg (Hrsg.), Täter und Gehilfen des Endlösungswahns. Hamburger Verfahren wegen NS-Gewaltverbrechen 1946–1996, Hamburg 1999, S. 9–26.

SCHIKOWSKY, Die Einführung des deutschen Rechts in Bialystok, in: Zeitschrift für osteuropäisches Recht 10 (1943), S. 50–53.

SCHLAFFER, Rudolf, GeRechte Sühne? Das Konzentrationslager Flossenbürg. Möglichkeiten und Grenzen der nationalen und internationalen Strafverfolgung von NS-Verbrechen, Hamburg 2001.

SCHLINK, Bernhard, Die Bewältigung der Vergangenheit durch Recht, in: Helmut König u.a. (Hrsg.), Vergangenheitsbewältigung am Ende des zwanzigsten Jahrhunderts, Opladen 1998, S. 433–451.

SCHLÖSSER, Jan, Soziale Tatherrschaft. Ein Beitrag zur Frage der Täterschaft in organisatorischen Machtapparaten, Berlin 2004.

SCHMIDT, Eberhardt, Der Stand der Rechtsprechung zur Frage der Verwendbarkeit von Tonbandaufnahmen im Strafprozeß, in: JZ 19 (1964), S. 538–542.

SCHNEIDER, Peter / **MEYER**, Hermann J. (Hrsg.), Rechtliche und politische Aspekte der NS-Verbrecherprozesse, Mainz 1968.

SCHREIBER, Rupert, Die Geltung von Rechtsnormen, Berlin u.a. 1966.

SCHROEDER, Friedrich-Christian, Der Täter hinter dem Täter. Ein Beitrag zur Lehre von der mittelbaren Täterschaft, Berlin 1965.

SCHROEDER, Friedrich-Christian, Der Sprung des Täters hinter dem Täter aus der Theorie in die Praxis, in: JR (1995), S. 177–180.

SCHULZ, Lorenz, Rechtsbeugung und Mißbrauch staatlicher Macht. Die Rechtsprechung des Bundesgerichtshofs zur Rechtsbeugung unter dem SED-Regime, in: StV 15 (1995), S. 206–212.

SCHULZ, Lorenz, Normiertes Misstrauen. Der Verdacht im Strafverfahren, Frankfurt a.M. 2001.

SCHULZ, Lorenz, Kollektive Erinnerung durch Feststellen strafrechtlicher Verantwortung, in: Freia Anders u.a. (Hrsg.), Bialystok in Bielefeld. Nationalsozialistische Verbrechen vor dem Landgericht Bielefeld 1958–1967, Bielefeld 2003, S. 18–53.

SCHWINDT, Barbara, Das Konzentrations- und Vernichtungslager Majdanek. Funktionswandel im Kontext der „Endlösung“, Würzburg 2005.

SEGESSER, Daniel Marc, Die historischen Wurzeln des Begriffs „Verbrechen gegen die Menschlichkeit“, in: JJZG 8 (2006/2007), S. 75–101.

SEIBERT, Thomas-M., Schriftform und Mündlichkeitsprinzip im Rechtsdiskurs, in: Ludger Hoffmann (Hrsg.), Rechtsdiskurse. Untersuchungen zur Kommunikation in Gerichtsverfahren, Tübingen 1989, S. 217–250.

SEIBERT, Thomas-M., Erzählen als gesellschaftliche Konstruktion von Kriminalität, in: Jörg Schönert (Hrsg.), Erzählte Kriminalität. Zur Typologie und Funktion von narrativen Darstellungen in Strafrechtspflege, Publizistik und Literatur zwischen 1770 und 1920, Tübingen 1991, S. 73–86.

SEIBERT, Thomas-M., Zeichen, Prozesse. Grenzgänge zur Semiotik des Rechts, Berlin 1996.

SEIBERT, Thomas-M., Gerichtsrede. Wirklichkeit und Möglichkeit im forensischen Diskurs, Berlin 2004.

SEIDEL, Robert, Deutsche Besatzungspolitik in Polen. Der Distrikt Radom 1939–1945, Paderborn 2006.

SOLF, Ursula, Wenn das Recht im Auge des Betrachters liegt: NS-Täter aus juristischer Perspektive, in: Helgard Kramer (Hrsg.), NS-Täter aus interdisziplinärer Perspektive, München 2006, S. 79–93.

SPECTOR, Smuel, Aktion 1005 – Effacing the Murder of Millions, in: Holocaust and Genocide Studies 5 (1990), S. 157–173.

SPENDEL, Günther, Der „Täter hinter dem Täter“ – eine notwendige Rechtsfigur? Zur Lehre von der mittelbaren Täterschaft, in: Günter Warda u.a. (Hrsg.), Festschrift für Richard Lange zum 70. Geburtstag, Berlin 1976, S. 147–171.

SPUHLER, Gregor, Die Bergier-Kommission als „Geschichtsbarkeit“? Zum Verhältnis von Geschichte, Recht und Politik, in: Traverse. Zeitschrift für Geschichte 11 (2004), S. 100–114.

STACH, Stephan, Geschichtsschreibung und politische Vereinnahmungen: Das Jüdische Historische Institut in Warschau 1947–1968, in: Jahrbuch des Simon-Dubnow-Instituts / Simon Dubnow Institute Yearbook VII (2008), 401–431.

STAMP, Frauke, Die Wahrheit im Strafverfahren. Eine Untersuchung zur prozessualen Wahrheit unter besonderer Berücksichtigung der Perspektive des erkennenden Gerichts in der Hauptverhandlung, Baden-Baden 1998.

STÄHLI, Hans-Peter, Die Protokolle und Meldungen des Białystoker Judenrats in einer Übersetzung und mit einem Vorwort, in: Freia Anders / Katrin Stoll / Karsten Wilke (Hrsg.), Der Judenrat von Białystok. Dokumente aus dem Archiv des Białystoker Ghettos 1941–1943, Paderborn 2010, S. 39–288.

STÄNDIGE Deputation des Deutschen Juristentages (Hrsg.), Probleme der Verfolgung und Ahndung von nationalsozialistischen Gewaltverbrechen. Sonderveranstaltung des 46. Deutschen Juristentages in Essen 1966. Entschließung der Königsteiner Klausurtagung, Bericht, Referate und Schlusswort, München / Berlin 1967.

STEINBACH, Peter, Nationalsozialistische Gewaltverbrechen. Die Diskussion in der deutschen Öffentlichkeit nach 1945, Berlin 1981.

STOLL, Katrin, „... aus Mangel an Beweisen". Das Verfahren gegen Dr. Herbert Zimmermann vor dem Bielefelder Landgericht 1958/1959, in: Freia Anders u.a. (Hrsg.), Bialystok in Bielefeld. Nationalsozialistische Verbrechen vor dem Landgericht Bielefeld 1958–1967, Bielefeld 2003, S. 54–75.

STOLL, Katrin, Einführung zu den ausgewählten Tonbandausschnitten aus den Vernehmungen der Hauptverhandlung, in: Freia Anders u.a. (Hrsg.), Bialystok in Bielefeld. Nationalsozialistische Verbrechen vor dem Landgericht Bielefeld 1958–1967, Bielefeld 2003, S. 209–215.

STOLL, Katrin, Die „Räumung" des Białystoker Ghettos in den Aussagen von „Täter-Zeugen", in: Wolfgang Schulte (Hrsg.), Die Polizei im NS-Staat. Beiträge eines internationalen Symposiums an der Deutschen Hochschule der Polizei in Münster, Frankfurt a.M. 2009, S. 263–304.

STOLL, Katrin, Hitler's Unwilling Executioners? The Representation of the Holocaust through the Bielefeld Białystok Trial of 1965–1967, in: David Bankier / Dan Michman (Hrsg.), Holocaust and Justice. Representation and Historiography of the Holocaust in Post-War Trials, Jerusalem 2010, S. 159–193.

STOLLEIS, Michael, Rechtsordnung und Justizpolitik, in: Norbert Horn (Hrsg.), Europäisches Rechtsdenken in Geschichte und Gegenwart. Festschrift für Helmut Coing zum 70. Geburtstag, Bd. I, München 1982, S. 383–407.

STOLLEIS, Michael, Der Historiker als Richter – der Richter als Historiker, in: Norbert Frei u.a. (Hrsg.), Geschichte vor Gericht. Historiker, Richter und die Suche nach Gerechtigkeit, München 2000, S. 173–183.

STREIM, Alfred, Zum Beispiel: Die Verbrechen der Einsatzgruppen in der Sowjetunion, in: Adalbert Rückerl (Hrsg.), NS-Prozesse nach 25 Jahren Strafverfolgung: Möglichkeiten – Grenzen – Ergebnisse, Karlsruhe 1972, S. 65–106.

SÜDDEUTSCHE JURISTENZEITUNG, Zur Auswirkung der Gesetzgebung der Besatzungsmächte auf das deutsche Strafgesetzbuch, in: SJZ 1 (1946), S. 121–124.

SULA, Dorota, Gablonz (Jablonec nad Nisou), in: Wolfgang Benz / Barbara Distel (Hrsg.), Der Ort des Terrors. Geschichte der nationalsozialistischen Konzentrationslager, Bd. 6: Natzweiler, Groß-Rosen, Stutthof, München 2007, S. 305–308.

SZAROTA, Tomasz, Mord w Jedwabnem. Udział ludności miejscowej w Holokauście, in: ders., Karuzela na placu Krasińskich. Studia i szkice z lat wojny i okupacji, Warszawa 2007, S. 172–186.

TAGUNGSBERICHT *Das Gericht als Tribunal oder: Wie der NS-Vergangenheit der Prozess gemacht wurde.* 24.11.2006–25.11.2006, Göttingen, in: H-Soz-u-Kult, 21.12.2006, http://hsozkult.geschichte.hu-berlin.de/tagungsberichte/id=1427, Aufruf am 2. September 2008.

Tenenbaum-Tamaroff, Mordechai, Dappim Min Ha-deleika, Ha-Kibbutz Ha-Meuhad 1947.

Thamer, Hans-Ulrich, Die nordrhein-westfälische Justiz und der Umgang mit der nationalsozialistischen Vergangenheit, in: Justizministerium des Landes NRW (Hrsg.), Justiz und Judentum (Reihe Juristische Zeitgeschichte, Bd. 8), Geldern 1999, S. 47–57.

The trials helped decent Germans to come to terms with themselves…" Ein Interview mit Felix Zandman, in: Freia Anders u.a. (Hrsg.), Bialystok in Bielefeld. Nationalsozialistische Verbrechen vor dem Landgericht Bielefeld 1958–1967, Bielefeld 2003, S. 138–143.

Traverso, Enzo, Auschwitz denken. Die Intellektuellen und die Shoah, Hamburg 2000.

Tych, Feliks, Deutsche, Juden, Polen: Der Holocaust und seine Spätfolgen, Bonn 2000.

Tych, Feliks, The Emergence of Holocaust Research in Poland. The Jewish Historical Commission and the Jewish Historical Institute (ŻIH), 1944–1989, in: David Bankier / Dan Michman (Hrsg.), Holocaust Historiography in Context. Emergence, Challenges, Polemics and Achievements, Jerusalem 2008, S. 227–244.

Ueberschär, Gerd R. (Hrsg.), Der Nationalsozialismus vor Gericht. Die alliierten Prozesse gegen Kriegsverbrechen und Soldaten 1943–1952, Frankfurt a.M. 1999.

Vest, Hans, Genozid durch organisatorische Machtapparate. An der Grenze von individueller und kollektiver Verantwortlichkeit, Baden-Baden 2002.

Vismann, Cornelia, Sprachbrüche im Nürnberger Kriegsverbrecherprozess, in: Stephan Braese (Hrsg.), Rechenschaften. Juristischer und literarischer Diskurs in der Auseinandersetzung mit den NS-Massenverbrechen, Göttingen 2004, S. 47–66.

Vormbaum, Thomas, Der strafrechtliche Schutz des Strafurteils. Untersuchungen zum Strafrechtsschutz des strafprozessualen Verfahrenszieles, Berlin 1987.

Vyhnálek, Sascha, Die Abgrenzung von Sachverständigen und Zeugen im Strafverfahren, Kiel 1997.

Wagner, Patrick, Die Resozialisierung der NS-Kriminalisten, in: Ulrich Herbert (Hrsg.), Wandlungsprozesse in Westdeutschland. Belastung, Integration, Liberalisierung 1945–1980, Göttingen [2]2003, S. 179–213.

Wajsenberg, Jenny, Toward an Interpretation of Ghetto: Bialystok, a Case Study, in: John Milfull (Hrsg.), Why Germany? National Socialist Anti-Semitism and the European Context, Oxford 1993, S. 193–207.

Wamhof, Georg (Hrsg.), Das Gericht als Tribunal oder: *Wie* der NS-Vergangenheit der Prozess gemacht wurde, Göttingen 2009.

Wamhof, Georg, Einleitung, in: ders. (Hrsg.), Das Gericht als Tribunal oder: *Wie* der NS-Vergangenheit der Prozess gemacht wurde, Göttingen 2009, S. 9–37.

Wassermann, Rudolf, Fall 3: Der Nürnberger Juristenprozeß, in: Gerd R. Ueberschär (Hrsg.), Der Nationalsozialismus vor Gericht. Die alliierten Prozesse gegen Kriegsverbrechen und Soldaten 1943–1952, Frankfurt a.M. 1999, S. 99–109.

WEBER, Jürgen / STEINBACH, Peter (Hrsg.), Vergangenheitsbewältigung durch Strafverfahren? NS-Prozesse in der Bundesrepublik Deutschland, München 1984.

WEBER, Jürgen, Vergangenheitsbewältigung, in: Wolfgang Benz (Hrsg.), Legenden, Lügen, Vorurteile. Ein Lexikon zur Zeitgeschichte, München 1990, S. 180–183.

WEBER, Wolfgang, Die Kölner Zentralstelle zur Aufklärung von NS-Verbrechen, in: Anne Klein / Jürgen Wilhelm (Hrsg.), NS-Unrecht vor Kölner Gerichten nach 1945, Köln 2003, S. 57–71.

WEIGEL, Sigrid, Zeugnis und Zeugenschaft, Klage und Anklage. Die Geste des Bezeugens in der Differenz von „identity politics", juristischem und historiographischem Diskurs, in: Rüdiger Zill (Red.), Zeugnis und Zeugenschaft (Jahrbuch des Einstein-Forums; 1999), Berlin 2000, S. 111–135.

WEIGEL, Sigrid, Zeugnis und Zeugenschaft, Klage und Anklage. Zur Differenz verschiedener Gedächtnisorte und -diskurse, in: Jakob Tanner / Sigrid Weigel (Hrsg.), Gedächtnis, Geld und Gesetz. Um Umgang mit der Vergangenheit des Zweiten Weltkrieges, Zürich 2002, S. 39–62.

WEINKE, Annette, Die Verfolgung von NS-Tätern im geteilten Deutschland. Vergangenheitsbewältigungen 1949–1969 oder: Eine deutsch-deutsche Beziehungsgeschichte, Paderborn 2002.

WEINKE, Annette, Überreste eines „unerwünschten Prozesses". Die Edition der Tonbandmitschnitte des 1. Frankfurter Auschwitz-Prozesses (1963–1965), in: Zeithistorische Forschungen / Studies in Contemporary History 2 (2005), S. 314–320.

WEINKE, Annette, Die Nürnberger Prozesse, München 2006.

WEINKE, Annette, Eine Gesellschaft ermittelt gegen sich selbst. Die Geschichte der Zentralen Stelle Ludwigsburg 1958–2008, Darmstadt 2008.

WEITZEL, Jürgen, Werte und Selbstwertung juristisch-forensischen Begründens heute, in: Albrecht Cordes (Hrsg.), Juristische Argumentation – Argumente der Juristen, Köln 2006, S. 11–28.

WELZER, Harald, Täter. Wie aus ganz normalen Menschen Massenmörder werden, Frankfurt am Main 2005.

WERLE, Gerhard, Justiz-Strafrecht und polizeiliche Verbrechensbekämpfung im Dritten Reich, Berlin / New York 1989.

WERLE, Gerhard, Der Holocaust als Gegenstand der bundesdeutschen Strafjustiz, in: NJW 45 (1992), S. 2529–2535.

WERLE, Gerhard, Rückwirkungsverbot und Staatskriminalität, in: NJW 41 (2001), S. 3001–3008.

WIELAND, Günther, Naziverbrechen und bundesdeutsche Strafjustiz, hrsg. v. Werner Röhr (Bulletin für Weltkriegs- und Faschismusforschung, Bd. 3), Berlin 2004.

WIERZBICKI, Marek, Polacy i Białorusini w zaborze sowieckim. Stosunki polsko-białoruskie na ziemiach północno-wschodnich II Rzeczypospolitej pod okupacją sowiecką 1939–1941, Warszawa 2000.

Wierzbicki, Marek, Polacy i Żydzi w zaborze sowieckim. Stosunki polsko-żydowskie na ziemiach północno-wschodnich II RP pod okupacją sowiecką (1939–1941), Warszawa 2001.

Wierzbicki, Marek, Die polnisch-jüdischen Beziehungen unter sowjetischer Herrschaft. Zur Wahrnehmung gesellschaftlicher Realität im westlichen Weißrussland 1939–1941, in: Klaus-Michael Mallmann / Bogdan Musial (Hrsg.), Genesis des Genozids. Polen 1939–1941, Darmstadt 2004, S. 187–205.

Wildt, Michael, Differierende Wahrheiten. Historiker und Staatsanwälte als Ermittler von NS-Verbrechen, in: Norbert Frei u.a. (Hrsg.), Geschichte vor Gericht. Historiker, Richter und die Suche nach Gerechtigkeit, München 2000, S. 46–57.

Wildt, Michael, Generation des Unbedingten. Das Führungskorps des Reichssicherheitshauptamtes, Hamburg 2002.

Wilhelm, Jürgen, Einführung, in: Anne Klein / Jürgen Wilhelm (Hrsg.), NS-Unrecht vor Kölner Gerichten nach 1945, Köln 2003, S. 7–19.

Wilke, Karsten, Momentaufnahmen des Angeklagten Lothar Heimbach. Fotografische Quellen zur nationalsozialistischen Besatzungspolitik aus dem „Bezirk Bialystok", in: Freia Anders u.a. (Hrsg.), Bialystok in Bielefeld. Nationalsozialistische Verbrechen vor dem Landgericht Bielefeld 1958–1967, Bielefeld 2003, S. 144–160.

Winters, Peter Jochen, Helge Grabitz (2. August 1934 – 17. Juli 2003) – eine Würdigung, in: Alfred Gottwaldt u.a. (Hrsg.), NS-Gewaltherrschaft. Beiträge zur historischen Forschung und zur juristischen Aufarbeitung, Berlin 2005, S. 531–536.

Wittmann, Rebecca, Beyond Justice. The Frankfurt Auschwitz Trial, Cambridge Mass. 2005.

Wojak, Irmtrud, Fritz Bauer 1903–1968. Eine Biographie, München 2009.

Wojak, Irmtrud, Die Verschmelzung von Geschichte und Kriminologie. Historische Gutachten im ersten Frankfurter Auschwitz-Prozeß, in: Norbert Frei u.a. (Hrsg.), Geschichte vor Gericht. Historiker, Richter und die Suche nach Gerechtigkeit, München 2000, S. 29–45.

Wojak, Irmtrud, Im Labyrinth der Schuld. Fritz Bauer und die Aufarbeitung der NS-Verbrechen nach 1945, in: dies. / Susanne Meinl (Hrsg.), Im Labyrinth der Schuld. Täter – Opfer – Ankläger, Frankfurt a.M. 2003, S. 17–40.

Wolff, Stephan / **Müller**, Hermann, Kompetente Skepsis. Eine konversationsanalytische Untersuchung zu Glaubwürdigkeit in Strafverfahren, Opladen 1997.

Wolfrum, Edgar, Täterbilder. Die Konstruktion der NS-Täter durch die deutsche Nachkriegsjustiz, in: Hans Braun / Uta Gerhardt / Everhard Holtmann (Hrsg.), Die lange Stunde Null. Gelenkter sozialer Wandel in Westdeutschland nach 1945, Baden-Baden 2007, S. 117–139.

Wolter, Thomas, Die juristische Subsumtion als institutioneller Zeichenprozeß. Eine interdisziplinäre Untersuchung der richterlichen Rechtsanwendung und der forensischen Kommunikation, Frankfurt a.M. 1994.

Yablonka, Hanna, As Heard by Witnesses, the Public, and the Judges: Three Variations on the Testimony in the Eichmann Trial, in: David Bankier / Dan Michman

(Hrsg.), Holocaust Historiography in Context. Emergence, Challenges, Polemics and Achievements, Jerusalem 2008, S. 567–587.

YABLONKA, Hanna, The State of Israel vs. Adolf Eichmann, New York 2004.

YOUNG, James E., Beschreiben des Holocaust. Darstellung und Folgen der Interpretation, Frankfurt a.M. 1997.

ZANDMAN, Felix, Nie die letzte Reise. Vom polnischen Ghetto an die Wallstreet, München 1999.

ZENTRALE STELLE DER LANDESJUSTIZVERWALTUNGEN ZUR AUFKLÄRUNG VON NS-VERBRECHEN, http://www.zentrale-stelle.de, Zentrale Stelle in Zahlen, Aufruf am 2. September 2008.

ZIMMERMANN, Stefan, Die strafrechtliche „Bewältigung" der deutschen Diktaturen, in: JuS 36 (1996), S. 865–871.

ZIMMERMANN, Volker, NS-Täter vor Gericht. Düsseldorf und die Strafprozesse wegen nationalsozialistischer Gewaltverbrechen, Düsseldorf 2001.

ŻBIKOWSKI, Andrzej, Pogromy i mordy ludności w Łomżyńskiem i na Białostocczyźnie latem 1941 roku w świetle relacji ocalałych Żydów i dokumentach sądowych, in: Paweł Machcewicz / Krzysztof Persak (Hrsg.), Wokół Jedwabnego, Tom 1, Studia, Warszawa 2002, S. 159–271.

ŻBIKOWSKI, Andrzej, Żydzi na kresach północno-wschodnich II Rzeczypospolitej, wrzesień 1939–lipiec 1941, Warszawa 2006.

ŻBIKOWSKI, Andrzej, Pogroms in Northeastern Poland – Spontaneous Reactions and German Instigations, in: Elzar Barkan / Elizabeth A. Cole / Kai Struve (Hrsg.), Shared History – Divided Memory. Jews and Others in Soviet-Occupied Poland, 1939–1941, Leipzig 2007, S. 315–353.

Namensregister

Juristische Zeitgeschichte

Herausgeber: Prof. Dr. Dr. Thomas Vormbaum, FernUniversität in Hagen

Abteilung 1: Allgemeine Reihe

1 *Thomas Vormbaum (Hrsg.):* Die Sozialdemokratie und die Entstehung des Bürgerlichen Gesetzbuchs. Quellen aus der sozialdemokratischen Partei und Presse (1997)
2 *Heiko Ahlbrecht:* Geschichte der völkerrechtlichen Strafgerichtsbarkeit im 20. Jahrhundert (1999)
3 *Dominik Westerkamp:* Pressefreiheit und Zensur im Sachsen des Vormärz (1999)
4 *Wolfgang Naucke:* Über die Zerbrechlichkeit des rechtsstaatlichen Strafrechts. Gesammelte Aufsätze zur Strafrechtsgeschichte (2000)
5 *Jörg Ernst August Waldow:* Der strafrechtliche Ehrenschutz in der NS-Zeit (2000)
6 *Bernhard Diestelkamp:* Rechtsgeschichte als Zeitgeschichte. Beiträge zur Rechtsgeschichte des 20. Jahrhunderts (2001)
7 *Michael Damnitz:* Bürgerliches Recht zwischen Staat und Kirche. Mitwirkung der Zentrumspartei am Bürgerlichen Gesetzbuch (2001)
8 *Massimo Nobili:* Die freie richterliche Überzeugungsbildung. Reformdiskussion und Gesetzgebung in Italien, Frankreich und Deutschland seit dem Ausgang des 18. Jahrhunderts (2001)
9 *Diemut Majer:* Nationalsozialismus im Lichte der Juristischen Zeitgeschichte (2002)
10 *Bianca Vieregge:* Die Gerichtsbarkeit einer „Elite". Nationalsozialistische Rechtsprechung am Beispiel der SS- und Polizeigerichtsbarkeit (2002)
11 *Norbert Berthold Wagner:* Die deutschen Schutzgebiete (2002)
12 *Miloš Vec:* Die Spur des Täters. Methoden der Identifikation in der Kriminalistik (1879–1933), (2002)
13 *Christian Amann:* Ordentliche Jugendgerichtsbarkeit und Justizalltag im OLG-Bezirk Hamm von 1939 bis 1945 (2003)
14 *Günter Gribbohm:* Das Reichskriegsgericht (2004)
15 *Martin M. Arnold:* Pressefreiheit und Zensur im Baden des Vormärz. Im Spannungsfeld zwischen Bundestreue und Liberalismus (2003)
16 *Ettore Dezza:* Beiträge zur Geschichte des modernen italienischen Strafrechts (2004)
17 *Thomas Vormbaum (Hrsg.):* „Euthanasie" vor Gericht. Die Anklageschrift des Generalstaatsanwalts beim OLG Frankfurt/M. gegen Werner Heyde u. a. vom 22. Mai 1962 (2005)
18 *Kai Cornelius:* Vom spurlosen Verschwindenlassen zur Benachrichtigungspflicht bei Festnahmen (2006)
19 *Kristina Brümmer-Pauly:* Desertion im Recht des Nationalsozialismus (2006)
20 *Hanns-Jürgen Wiegand:* Direktdemokratische Elemente in der deutschen Verfassungsgeschichte (2006)
21 *Hans-Peter Marutschke (Hrsg.):* Beiträge zur modernen japanischen Rechtsgeschichte (2006)

Abteilung 2: Forum Juristische Zeitgeschichte

1 *Franz-Josef Düwell / Thomas Vormbaum (Hrsg.):* Themen juristischer Zeitgeschichte (1) – Schwerpunktthema: Recht und Nationalsozialismus (1998)
2 *Karl-Heinz Keldungs:* Das Sondergericht Duisburg 1943–1945 (1998)
3 *Franz-Josef Düwell / Thomas Vormbaum (Hrsg.):* Themen juristischer Zeitgeschichte (2) – Schwerpunktthema: Recht und Juristen in der Revolution von 1848/49 (1998)
4 *Thomas Vormbaum:* Beiträge zur juristischen Zeitgeschichte (1999)
5 *Franz-Josef Düwell / Thomas Vormbaum:* Themen juristischer Zeitgeschichte (3), (1999)
6 *Thomas Vormbaum (Hrsg.):* Themen juristischer Zeitgeschichte (4), (2000)
7 *Frank Roeser:* Das Sondergericht Essen 1942–1945 (2000)
8 *Heinz Müller-Dietz:* Recht und Nationalsozialismus – Gesammelte Beiträge (2000)
9 *Franz-Josef Düwell (Hrsg.):* Licht und Schatten. Der 9. November in der deutschen Geschichte und Rechtsgeschichte – Symposium der Arnold-Freymuth-Gesellschaft, Hamm (2000)
10 *Bernd-Rüdiger Kern / Klaus-Peter Schroeder (Hrsg.):* Eduard von Simson (1810–1899). „Chorführer der Deutschen" und erster Präsident des Reichsgerichts (2001)
11 *Norbert Haase / Bert Pampel (Hrsg.):* Die Waldheimer „Prozesse" – fünfzig Jahre danach. Dokumentation der Tagung der Stiftung Sächsische Gedenkstätten am 28. und 29. September in Waldheim (2001)
12 *Wolfgang Form (Hrsg.):* Literatur- und Urteilsverzeichnis zum politischen NS-Strafrecht (2001)
13 *Sabine Hain:* Die Individualverfassungsbeschwerde nach Bundesrecht (2002)
14 *Gerhard Pauli / Thomas Vormbaum (Hrsg.):* Justiz und Nationalsozialismus – Kontinuität und Diskontinuität. Fachtagung in der Justizakademie des Landes NRW, Recklinghausen, am 19. und 20. November 2001 (2003)
15 *Mario Da Passano (Hrsg.):* Europäische Strafkolonien im 19. Jahrhundert. Internationaler Kongreß des Dipartimento di Storia der Universität Sassari und des Parco nazionale di Asinara, Porto Torres, 25. Mai 2001 (2006)
16 *Sylvia Kesper-Biermann / Petra Overath (Hrsg.):* Die Internationalisierung von Strafrechtswissenschaft und Kriminalpolitik (1870–1930). Deutschland im Vergleich (2007)
17 *Hermann Weber (Hrsg.):* Literatur, Recht und Musik. Tagung im Nordkolleg Rendsburg vom 16. bis 18. September 2005 (2007)
18 *Hermann Weber (Hrsg.):* Literatur, Recht und (bildende) Kunst. Tagung im Nordkolleg Rendsburg vom 21. bis 23. September 2007 (2008)
19 *Francisco Muñoz Conde / Thomas Vormbaum (Hrsg.):* Transformation von Diktaturen in Demokratien und Aufarbeitung der Vergangenheit (2010)

Abteilung 3: Beiträge zur modernen deutschen Strafgesetzgebung Materialien zu einem historischen Kommentar

1 *Thomas Vormbaum / Jürgen Welp (Hrsg.):* Das Strafgesetzbuch seit 1870. Sammlung der Änderungen und Neubekanntmachungen; Vier Textbände (1999–2002) und drei Supplementbände (2005, 2006)

2 *Christian Müller:* Das Gewohnheitsverbrechergesetz vom 24. November 1933. Kriminalpolitik als Rassenpolitik (1998)
3 *Maria Meyer-Höger:* Der Jugendarrest. Entstehung und Weiterentwicklung einer Sanktion (1998)
4 *Kirsten Gieseler:* Unterlassene Hilfeleistung – § 323c StGB. Reformdiskussion und Gesetzgebung seit 1870. (1999)
5 *Robert Weber:* Die Entwicklung des Nebenstrafrechts 1871–1914 (1999)
6 *Frank Nobis:* Die Strafprozeßgesetzgebung der späten Weimarer Republik (2000)
7 *Karsten Felske:* Kriminelle und terroristische Vereinigungen – §§ 129, 129a StGB (2002)
8 *Ralf Baumgarten:* Zweikampf – §§ 201–210 a.F. StGB (2003)
9 *Felix Prinz:* Diebstahl – §§ 242 ff. StGB (2003)
10 *Werner Schubert / Thomas Vormbaum (Hrsg.):* Entstehung des Strafgesetzbuchs. Kommissionsprotokolle und Entwürfe. Band 1: 1869 (2002); Band 2: 1870 (2004)
11 *Lars Bernhard:* Falsche Verdächtigung (§§ 164, 165 StGB) und Vortäuschen einer Straftat (§ 145d StGB), (2003)
12 *Frank Korn:* Körperverletzungsdelikte – §§ 223 ff., 340 StGB. Reformdiskussion und Gesetzgebung von 1870 bis 1933 (2003)
13 *Christian Gröning:* Körperverletzungsdelikte – §§ 223 ff., 340 StGB. Reformdiskussion und Gesetzgebung seit 1933 (2004)
14 *Sabine Putzke:* Die Strafbarkeit der Abtreibung in der Kaiserzeit und in der Weimarer Zeit. Eine Analyse der Reformdiskussion und der Straftatbestände in den Reformentwürfen (1908–1931), (2003)
15 *Eckard Voßiek:* Strafbare Veröffentlichung amtlicher Schriftstücke (§ 353d Nr. 3 StGB). Gesetzgebung und Rechtsanwendung seit 1851 (2004)
16 *Stefan Lindenberg:* Brandstiftungsdelikte – §§ 306 ff. StGB. Reformdiskussion und Gesetzgebung seit 1870 (2004)
17 *Ninette Barreneche †:* Materialien zu einer Strafrechtsgeschichte der Münchener Räterepublik 1918/1919 (2004)
18 *Carsten Thiel:* Rechtsbeugung – § 339 StGB. Reformdiskussion und Gesetzgebung seit 1870 (2005)
19 *Vera Große-Vehne:* Tötung auf Verlangen (§ 216 StGB), „Euthanasie" und Sterbehilfe. Reformdiskussion und Gesetzgebung seit 1870 (2005)
20 *Thomas Vormbaum / Kathrin Rentrop (Hrsg.):* Reform des Strafgesetzbuchs. Sammlung der Reformentwürfe. Band 1: 1909 bis 1919. Band 2: 1922 bis 1939. Band 3: 1959 bis 1996 (2008)
21 *Dietmar Prechtel:* Urkundendelikte (§§ 267 ff. StGB). Reformdiskussion und Gesetzgebung seit 1870 (2005)
22 *Ilya Hartmann:* Prostitution, Kuppelei, Zuhälterei. Reformdiskussion und Gesetzgebung seit 1870 (2006)
23 *Ralf Seemann:* Strafbare Vereitelung von Gläubigerrechten (§§ 283 ff., 288 StGB). Reformdiskussion und Gesetzgebung seit 1870 (2006)
24 *Andrea Hartmann:* Majestätsbeleidigung (§§ 94 ff. StGB a.F.) und Verunglimpfung des Staatsoberhauptes (§ 90 StGB). Reformdiskussion und Gesetzgebung seit dem 19. Jahrhundert (2006)
25 *Christina Rampf:* Hausfriedensbruch (§ 123 StGB). Reformdiskussion und Gesetzgebung seit 1870 (2006)

26 *Christian Schäfer:* „Widernatürliche Unzucht" (§§ 175, 175a, 175b, 182, a.F. StGB). Reformdiskussion und Gesetzgebung seit 1945 (2006)
27 *Kathrin Rentrop:* Untreue und Unterschlagung (§§ 266 und 246 StGB). Reformdiskussion und Gesetzgebung seit dem 19. Jahrhundert (2007)
28 *Martin Asholt:* Straßenverkehrsstrafrecht. Reformdiskussion und Gesetzgebung seit dem Ausgang des 19. Jahrhunderts (2007)
29 *Katharina Linka:* Mord und Totschlag (§§ 211–213 StGB). Reformdiskussion und Gesetzgebung seit 1870 (2008)
30 *Juliane Sophia Dettmar:* Legalität und Opportunität im Strafprozess. Reformdiskussion und Gesetzgebung von 1877 bis 1933 (2008)
31 *Jürgen Durynek:* Korruptionsdelikte (§§ 331 ff. StGB). Reformdiskussion und Gesetzgebung seit dem 19. Jahrhundert (2008)
32 *Judith Weber:* Das sächsische Strafrecht im 19. Jahrhundert bis zum Reichsstrafgesetzbuch (2009)
33 *Denis Matthies:* Exemplifikationen und Regelbeispiele. Eine Untersuchung zum 100-jährigen Beitrag von Adolf Wach zur „Legislativen Technik" (2009)
34 *Benedikt Rohrßen:* Von der „Anreizung zum Klassenkampf" zur „Volksverhetzung" (§ 130 StGB). Reformdiskussion und Gesetzgebung seit dem 19. Jahrhundert (2009)
35 *Friederike Goltsche:* Der Entwurf eines Allgemeinen Deutschen Strafgesetzbuches von 1922 (Entwurf Radbruch) (2010)
36 *Tarig Elobied:* Die Entwicklung des Strafbefehlsverfahrens von 1846 bis in die Gegenwart (2010)
37 *Christina Müting:* Sexuelle Nötigung; Vergewaltigung (§ 177 StGB) (2010)
38 *Nadeschda Wilkitzki:* Entstehung des Gesetzes über Internationale Rechtshilfe in Strafsachen (IRG) (2010)
39 *André Brambring:* Kindestötung (§ 217 a.F. StGB). Reformdiskussion und Gesetzgebung seit 1870 (2010)
40 *Wilhelm Rettler:* Der strafrechtliche Schutz des sozialistischen Eigentums in der DDR (2010)
41 *Yvonne Hötzel:* Debatten um die Todesstrafe in der Bundesrepublik Deutschland von 1949 bis 1990 (2010)
42 *Dagmar Kolbe:* Strafbarkeit im Vorfeld und im Umfeld der Teilnahme (§§ 88a, 110, 111, 130a und 140 StGB). Reformdiskussion und Gesetzgebung seit dem 19. Jahrhundert (2011)

Abteilung 4: Leben und Werk. Biographien und Werkanalysen

1 *Mario A. Cattaneo:* Karl Grolmans strafrechtlicher Humanismus (1998)
2 *Gerit Thulfaut:* Kriminalpolitik und Strafrechtstheorie bei Edmund Mezger (2000)
3 *Adolf Laufs:* Persönlichkeit und Recht. Gesammelte Aufsätze (2001)
4 *Hanno Durth:* Der Kampf gegen das Unrecht. Gustav Radbruchs Theorie eines Kulturverfassungsrechts (2001)
5 *Volker Tausch:* Max Güde (1902–1984). Generalbundesanwalt und Rechtspolitiker (2002)

6 *Bernd Schmalhausen:* Josef Neuberger (1902–1977). Ein Leben für eine menschliche Justiz (2002)
7 *Wolf Christian von Arnswald:* Savigny als Strafrechtspraktiker. Ministerium für die Gesetzesrevision (1842–1848), (2003)
8 *Thilo Ramm:* Ferdinand Lassalle. Der Revolutionär und das Recht (2004)
9 *Martin D. Klein:* Demokratisches Denken bei Gustav Radbruch (2007)
10 *Francisco Muñoz Conde:* Edmund Mezger – Beiträge zu einem Juristenleben (2007)
11 *Whitney R. Harris:* Tyrannen vor Gericht. Das Verfahren gegen die deutschen Hauptkriegsverbrecher nach dem Zweiten Weltkrieg in Nürnberg 1945–1946 (2008)
12 *Eric Hilgendorf (Hrsg.):* Die deutschsprachige Strafrechtswissenschaft in Selbstdarstellungen (2010)
13 *Tamara Cipolla:* Friedrich Karl von Strombeck. Leben und Werk – Unter besonderer Berücksichtigung des Entwurfes eines Strafgesetzbuches für ein Norddeutsches Staatsgebiet (2010)
14 *Karoline Peters:* J. D. H. Temme und das preußische Strafverfahren in der Mitte des 19. Jahrhunderts (2010)

Abteilung 5: Juristisches Zeitgeschehen Rechtspolitik und Justiz aus zeitgenössischer Perspektive

Mitherausgegeben von Gisela Friedrichsen („Der Spiegel") und RA Prof. Dr. Franz Salditt

1 *Diether Posser:* Anwalt im Kalten Krieg. Ein Stück deutscher Geschichte in politischen Prozessen 1951–1968. 3. Auflage (1999)
2 *Jörg Arnold (Hrsg.):* Strafrechtliche Auseinandersetzung mit Systemvergangenheit am Beispiel der DDR (2000)
3 *Thomas Vormbaum (Hrsg.):* Vichy vor Gericht: Der Papon-Prozeß (2000)
4 *Heiko Ahlbrecht / Kai Ambos (Hrsg.):* Der Fall Pinochet(s). Auslieferung wegen staatsverstärkter Kriminalität? (1999)
5 *Oliver Franz:* Ausgehverbot für Jugendliche („Juvenile Curfew") in den USA. Reformdiskussion und Gesetzgebung seit dem 19. Jahrhundert (2000)
6 *Gabriele Zwiehoff (Hrsg.):* „Großer Lauschangriff". Die Entstehung des Gesetzes zur Änderung des Grundgesetzes vom 26. März 1998 und des Gesetzes zur Änderung der Strafprozeßordnung vom 4. Mai 1998 in der Presseberichterstattung 1997/98 (2000)
7 *Mario A. Cattaneo:* Strafrechtstotalitarismus. Terrorismus und Willkür (2001)
8 *Gisela Friedrichsen / Gerhard Mauz:* Er oder sie? Der Strafprozeß Böttcher/Weimar. Prozeßberichte 1987 bis 1999 (2001)
9 *Heribert Prantl / Thomas Vormbaum (Hrsg.):* Juristisches Zeitgeschehen 2000 in der Süddeutschen Zeitung (2001)
10 *Helmut Kreicker:* Art. 7 EMRK und die Gewalttaten an der deutsch-deutschen Grenze (2002)
11 *Heribert Prantl / Thomas Vormbaum (Hrsg.):* Juristisches Zeitgeschehen 2001 in der Süddeutschen Zeitung (2002)

12 *Henning Floto:* Der Rechtsstatus des Johanniterordens. Eine rechtsgeschichtliche und rechtsdogmatische Untersuchung zum Rechtsstatus der Balley Brandenburg des ritterlichen Ordens St. Johannis vom Spital zu Jerusalem (2003)
13 *Heribert Prantl / Thomas Vormbaum (Hrsg.):* Juristisches Zeitgeschehen 2002 in der Süddeutschen Zeitung (2003)
14 *Kai Ambos / Jörg Arnold (Hrsg.):* Der Irak-Krieg und das Völkerrecht (2004)
15 *Heribert Prantl / Thomas Vormbaum (Hrsg.)*: Juristisches Zeitgeschehen 2003 in der Süddeutschen Zeitung (2004)
16 *Sascha Rolf Lüder:* Völkerrechtliche Verantwortlichkeit bei Teilnahme an „Peace-keeping“-Missionen der Vereinten Nationen (2004)
17 *Heribert Prantl / Thomas Vormbaum (Hrsg.)*: Juristisches Zeitgeschehen 2004 in der Süddeutschen Zeitung (2005)
18 *Christian Haumann:* Die „gewichtende Arbeitsweise“ der Finanzverwaltung. Eine Untersuchung über die Aufgabenerfüllung der Finanzverwaltung bei der Festsetzung der Veranlagungssteuern (2008)
19 *Asmerom Ogbamichael:* Das neue deutsche Geldwäscherecht (2011)
20 *Lars Chr. Barnewitz:* Die Entschädigung der Freimaurerlogen nach 1945 und nach 1989 (2011)

Abteilung 6: Recht in der Kunst

Mitherausgegeben von Prof. Dr. Gunter Reiß

1 *Heinz Müller-Dietz:* Recht und Kriminalität im literarischen Widerschein. Gesammelte Aufsätze (1999)
2 *Klaus Lüderssen (Hrsg.):* »Die wahre Liberalität ist Anerkennung«. Goethe und die Juris prudenz (1999)
3 *Bertolt Brecht:* Die Dreigroschenoper (1928) / Dreigroschenroman (1934). Mit Kommentaren von Iring Fetscher und Bodo Plachta (2001)
4 *Annette von Droste-Hülshoff:* Die Judenbuche (1842) / Die Vergeltung (1841). Mit Kommentaren von Heinz Holzhauer und Winfried Woesler (2000)
5 *Theodor Fontane:* Unterm Birnbaum (1885). Mit Kommentaren von Hugo Aust und Klaus Lüderssen (2001)
6 *Heinrich von Kleist:* Michael Kohlhaas (1810). Mit Kommentaren von Wolfgang Naucke und Joachim Linder (2000)
7 *Anja Sya:* Literatur und juristisches Erkenntnisinteresse. Joachim Maass' Roman „Der Fall Gouffé“ und sein Verhältnis zu der historischen Vorlage (2001)
8 *Heiner Mückenberger:* Theodor Storm – Dichter und Richter. Eine rechtsgeschichtliche Lebensbeschreibung (2001)
9 *Hermann Weber (Hrsg.):* Annäherung an das Thema „Recht und Literatur“. Recht, Literatur und Kunst in der NJW (1), (2002)
10 *Hermann Weber (Hrsg.):* Juristen als Dichter. Recht, Literatur und Kunst in der NJW (2), (2002)
11 *Hermann Weber (Hrsg.):* Prozesse und Rechtsstreitigkeiten um Recht, Literatur und Kunst. Recht, Literatur und Kunst in der NJW (3), (2002)
12 *Klaus Lüderssen:* Produktive Spiegelungen. 2., erweiterte Auflage (2002)
13 *Lion Feuchtwanger:* Erfolg. Drei Jahre Geschichte einer Provinz. Roman (1929). Mit Kommentaren von Theo Rasehorn und Ernst Ribbat (2002)

14 *Jakob Wassermann:* Der Fall Maurizius. Roman (1928). Mit Kommentaren von Thomas Vormbaum und Regina Schäfer (2003)
15 *Hermann Weber (Hrsg.):* Recht, Staat und Politik im Bild der Dichtung. Recht, Literatur und Kunst in der Neuen Juristischen Wochenschrift (4), (2003)
16 *Hermann Weber (Hrsg.):* Reale und fiktive Kriminalfälle als Gegenstand der Literatur. Recht, Literatur und Kunst in der Neuen Juristischen Wochenschrift (5), (2003)
17 *Karl Kraus:* Sittlichkeit und Kriminalität. (1908). Mit Kommentaren von Helmut Arntzen und Heinz Müller-Dietz (2004)
18 *Hermann Weber (Hrsg.):* Dichter als Juristen. Recht, Literatur und Kunst in der Neuen Juristischen Wochenschrift (6), (2004)
19 *Hermann Weber (Hrsg.):* Recht und Juristen im Bild der Literatur. Recht, Literatur und Kunst in der Neuen Juristischen Wochenschrift (7), (2005)
20 *Heinrich von Kleist:* Der zerbrochne Krug. Ein Lustspiel (1811). Mit Kommentaren von Michael Walter und Regina Schäfer (2005)
21 *Francisco Muñoz Conde / Marta Muñoz Aunión:* „Das Urteil von Nürnberg". Juristischer und filmwissenschaftlicher Kommentar zum Film von Stanley Kramer (1961), (2006)
22 *Fjodor Dostojewski:* Aufzeichnungen aus einem Totenhaus (1860). Mit Kommentaren von Heinz Müller-Dietz und Dunja Brötz (2005)
23 *Thomas Vormbaum (Hrsg.):* Anton Matthias Sprickmann. Dichter und Jurist. Mit Kommentaren von Walter Gödden, Jörg Löffler und Thomas Vormbaum (2006)
24 *Friedrich Schiller:* Verbrecher aus Infamie (1786). Mit Kommentaren von Heinz Müller-Dietz und Martin Huber (2006)
25 *Franz Kafka:* Der Proceß. Roman (1925). Mit Kommentaren von Detlef Kremer und Jörg Tenckhoff (2006)
26 *Heinrich Heine:* Deutschland. Ein Wintermährchen. Geschrieben im Januar 1844. Mit Kommentaren von Winfried Woesler und Thomas Vormbaum (2006)
27 *Thomas Vormbaum (Hrsg.):* Recht, Rechtswissenschaft und Juristen im Werk Heinrich Heines (2006)
28 *Heinz Müller-Dietz:* Recht und Kriminalität in literarischen Spiegelungen (2007)
29 *Alexander Puschkin:* Pique Dame (1834). Mit Kommentaren von Barbara Aufschnaiter/Dunja Brötz und Friedrich-Christian Schroeder (2007)
30 *Georg Büchner:* Danton's Tod. Dramatische Bilder aus Frankreichs Schreckensherrschaft. Mit Kommentaren von Sven Kramer und Bodo Pieroth (2007)
31 *Daniel Halft:* Die Szene wird zum Tribunal! Eine Studie zu den Beziehungen von Recht und Literatur am Beispiel des Schauspiels „Cyankali" von Friedrich Wolf (2007)
32 *Erich Wulffen:* Kriminalpsychologie und Psychopathologie in Schillers Räubern (1907). Herausgegeben von Jürgen Seul (2007)
33 *Klaus Lüderssen:* Produktive Spiegelungen: Recht in Literatur, Theater und Film. Band II (2007)
34 *Albert Camus:* Der Fall. Roman (1956). Mit Kommentaren von Brigitte Sändig und Sven Grotendiek (2008)

35 *Thomas Vormbaum (Hrsg.):* Pest, Folter und Schandsäule. Der Mailänder Prozess wegen „Pestschmierereien“ in Rechtskritik und Literatur. Mit Kommentaren von Ezequiel Malarino und Helmut C. Jacobs (2008)

36 *E. T. A. Hoffmann:* Das Fräulein von Scuderi – Erzählung aus dem Zeitalter Ludwigs des Vierzehnten (1819). Mit Kommentaren von Heinz Müller-Dietz und Marion Bönnighausen (2010)

37 *Leonardo Sciascia:* Der Tag der Eule. Mit Kommentaren von Gisela Schlüter und Daniele Negri (2010)

Abteilung 7: Beiträge zur Anwaltsgeschichte

Mitherausgegeben von Gerhard Jungfer, Dr. Tilmann Krach
und Prof. Dr. Hinrich Rüping

1 *Babette Tondorf:* Strafverteidigung in der Frühphase des reformierten Strafprozesses. Das Hochverratsverfahren gegen die badischen Aufständischen Gustav Struve und Karl Blind (1848/49), (2006)

2 *Hinrich Rüping:* Rechtsanwälte im Bezirk Celle während des Nationalsozialismus (2007)

Abteilung 8: Judaica

1 *Hannes Ludyga:* Philipp Auerbach (1906–1952). „Staatskommissar für rassisch, religiös und politisch Verfolgte“ (2005)

2 *Thomas Vormbaum:* Der Judeneid im 19. Jahrhundert, vornehmlich in Preußen. Ein Beitrag zur juristischen Zeitgeschichte (2006)

3 *Hannes Ludyga:* Die Rechtsstellung der Juden in Bayern von 1819 bis 1918. Studie im Spiegel der Verhandlungen der Kammer der Abgeordneten des bayerischen Landtags (2007)

FSC
www.fsc.org
MIX
Papier | Fördert
gute Waldnutzung
FSC® C083411

Kolibri 360 GmbH
Ferdinand-Jühlke-Straße 7
99095 Erfurt, Deutschland
produktsicherheit@kolibri360.de